SACHSEN

15 - 1945

Schicksalsbuch des Sächsisch-Thüringischen Adels 1945

—— Bestellnummer 689 ——

ISBN 3 - 7980 - 0689 - X

Gesamtherstellung in eigener Verlagsdruckerei

Gewidmet

unseren Frauen und Müttern,

die - oft völlig auf sich allein gestellt - unter

unsäglichen Gefahren, Entbehrungen und Strapazen

den Fortbestand unserer Geschlechter

gesichert haben.

AUS DEM DEUTSCHEN ADELSARCHIV

Im Auftrage des Deutschen Adels-Archivs e. V.
herausgegeben von Klaus Freiherr v. Andrian-Werburg

Band 11 der Schriftenreihe

SCHICKSALSBUCH

des
Sächsisch-Thüringischen Adels
1945

Herausgegeben vom Verband „Der Sächsische Adel e. V.";
bearbeitet von Adam v. Watzdorf a. d. H. Störmthal
nach den von Familien eingesandten Berichten

1994

C. A. Starke Verlag · Limburg

Inhaltsverzeichnis

Geleitwort

Ein Jahrtausend ist der Adel ein staatstragender Stand. Deshalb galt ihm der ganze Haß der Kommunisten, besonders derjenigen, die ab 1933 vor allem in Moskau im Exil lebten und vom russischen Diktator für die Übernahme der Macht in Europa ausgebildet wurden.

Als die russische Armee Teile Europas, darunter Mitteldeutschland, also auch unsere sächsisch-thüringische Heimat besetzte, befand sich in ihrem Gefolge eine beträchtliche Anzahl fanatischer deutscher Kommunisten, die - im Gegensatz zu ihren Gesinnungsgenossen in Gefängnissen und Konzentrationslagern des "Dritten Reiches" - bevorzugt in die "Schaltstellen" der Macht gelangten, um, gemäß ihrem Auftrag aus Moskau, den Kommunismus auszubreiten.

Da dem der deutsche Adel den größten Widerstand entgegensetzen würde - er hatte sich bereits einige Zeit vorher tatkräftig gegen die Diktatur in Deutschland aufgelehnt - galt es, ihn in erster Linie zu beseitigen. Obwohl er keine Sonderrechte mehr besaß, stellte er eine Gemeinschaft dar, die mehrheitlich fest im Christentum verankert, durch Landbesitz, mit Burgen, Gutshäusern und Ansitzen, mit einer eindrucksvollen Tradition und Kultur, in der Heimat seit Jahrhunderten verwurzelt, immer wieder Mitglieder kennt, die in Unabhängigkeit den Staaten dienten. Um ihm diese Grundlage zu entziehen, erschien den Kommunisten jedes Mittel recht.

Für dieses Ziel setzten sie alle Machtmittel ein. Nach Hetze, Verleumdungen, folgten Beraubungen, Enteignungen, Verhaftungen, Verschleppungen (ins KZ Mühlberg, wo viele verhungerten, oder auf die Insel Rügen, wo viele aus Erschöpfung das Zeitliche segneten) und die Vertreibungen außer Landes. Viele der so Verfolgten setzten dem eine unbeugsame Haltung und eisernen Überlebenswillen entgegen. Sehr oft fanden sie Unterstützung durch die eingesessene Bevölkerung. Manche Dorfbewohner, die über dieses Unrecht empört und bestürzt waren, aber auch Soldaten der Besatzungsarmeen, warnten vor den Schritten der neu eingesetzten kommunistischen Bürgermeister, ja gaben sogar Uhrzeit und Tag der Verhaftung und Verschleppung durch, lange vor dem Eintreffen der Schergen.

Der Öffentlichkeit gegenüber wurde das Ganze als "Bodenreform" hingestellt. Wenige Jahre später wurde der ganze Betrug offenbar, als dann auch die Bauern und später die Neusiedler enteignet wurden.

Während all dies geschah, befanden sich die wehrfähigen Männer, so sie nicht gefallen waren, in Kriegsgefangenschaft. Die Leidtragenden waren also Alte, Kranke und Kinder, jedoch in erster Linie unsere Frauen und Mütter. Auf ihnen lastete oft die ganze Verantwortung, und man kann sich heutzutage kaum mehr vorstellen, was sie damals an Entbehrungen, Gefahren und Strapazen auf sich genommen haben, um die ihnen anvertrauten Angehörigen zu retten. Manche unserer Geschlechter verdanken ihnen ihren Fortbestand. Zu Recht sei die vorliegende Dokumentation ihnen gewidmet.

Dieser Vernichtungsfeldzug gegen eine ganze Gruppe unseres Volkes stellt sich für die Betroffenen natürlich als eine Summe von Einzelschicksalen dar. Als solche wurden sie zu einem erschütternden Bild zusammengestellt, auch um unseren Landsleuten, die in dem zu Weihnachten 1989 zusammengebrochenen kommunistischen Regime in Mitteldeutschland leben mußten, dieses zu vermitteln. Dies geschah nicht, um Haß zu schüren oder Rache und Vergeltung zu üben, sondern als Mahnung und Warnung an künftige Generationen, niemals wieder gewissenlosen Fanatikern die Macht im Staate zu überlassen. Das Unheil, das sie damit anrichten, ist grenzenlos. Unser nun zu Ende gehendes Jahrhundert zeigt das mit erschreckender Deutlichkeit.

Maria Emanuel Markgraf von Meißen, Herzog zu Sachsen

Weihnachten in der "ascania nova" La Tour de Peilz am Genfer See mit unseren Wahlsprüchen "Providentiae memor" und "Fideliter et constanter"

Donnerstag, 24. Dezember 1992

Einleitung

Dieses Buch konnte nur geschrieben werden, weil Vertreter vieler Familien bereit waren, daran mitzuwirken. Dies geschah auf unterschiedliche Weise. Die meisten stellten Material zur Verfügung, das vom Chronisten zu Berichten verarbeitet werden konnte. Andere verfaßten fertige Artikel, die wörtlich übernommen wurden.

Die überlassenen Unterlagen waren vielfältiger Natur. Sie umfaßten Familien-Geschichten und Rundschreiben, Biographien, Tagebuchaufzeichnungen (gelegentlich auch von Außenstehenden) bis hin zu hinterlassener Korrespondenz mit Verwandten und Freunden. Oft mag es nicht leicht gewesen sein, diese Schriftstücke aus der Hand zu geben, enthielten sie doch auch viele persönliche Dinge, die nur für die nächsten Angehörigen bestimmt waren. Es zeugte dies von einem Vertrauen darauf, daß hier gebotene Diskretion gewahrt würde. Besonders für dieses Vertrauen, aber eben auch für die gesamte Mitwirkung sei allen Beteiligten an dieser Stelle gedankt.

So verschiedenartig das zur Verfügung gestellte Material war, so unterschiedlich stellt sich das geschilderte Erlebte und Erlittene dar. Das war nicht unbedingt vorauszusehen, zumal der Inhaltsschwerpunkt eindeutig im Zusammenhang mit der sogenannten "Bodenreform" steht. Der äußere Rahmen war ja immer mehr oder weniger derselbe, jedoch der tatsächliche Ablauf durchaus verschieden. Dabei sei einleitend ein Aspekt besonders herausgehoben, nämlich das Verhalten der auf der Gegenseite handelnden Personen. Bei den neuen kommunistischen Machthabern reichte die Skala von unmenschlicher Brutalität - etwa wenn eine Mutter auf die flehende Bitte, den schwerkranken Sohn von der Deportation auszunehmen, weil dies nach Ansicht des Arztes seinen Tod bedeuten könne, die zynische Antwort erhielt: "Dann stirbt er eben." - bis hin zu menschlich anständigen Bürgermeistern, die das persönliche Risiko in Kauf nahmen, ihre Opfer vor der bevorstehenden Verhaftung zu warnen, um sie so vor Kerker und Verschleppung zu bewahren und ihnen die rettende Flucht in den Westen zu ermöglichen. Auch unter den Besatzern leuchtete mitunter in dunkelster Zeit ein Strahl von Menschlichkeit auf, und von den freigelassenen Zwangsarbeitern aus Polen, Rußland und anderen Ländern waren nicht alle nur marodierende Plünderer, es gab auch Fälle, in denen sie sich schützend vor ihre bisherigen Herren gestellt haben.

Natürlich sind auch andere schicksalhafte Erlebnisse zu Wort gekommen; z. B. völlig willkürliche Verhaftungen mit zermürbenden Scheinprozessen und jahrelangen Haftstrafen, die mitunter nicht überlebt wurden, oder die Schrecknisse der Dresdener Bombennacht. Manche unserer Landsleute hat ihr Schicksal außerhalb der Heimat ereilt, und einzelne Berichte sind auch dadurch besonders erwähnenswert, weil sie viele Begegnungen mit anderen Leidensgenossen schildern - auch mit solchen, die selbst nichts für das Schicksalsbuch geschrieben haben.

Es war natürlich nicht möglich, alle betroffenen Familien für einen Beitrag zu gewinnen, zumal nach diesem großen zeitlichen Abstand. Doch dürften etwa hundert geschilderte Einzelschicksale aus den Reihen sächsisch-thüringischer Adelsfamilien wohl für sich in Anspruch nehmen, repräsentativ für das Geschehen in dieser geschichtlich einmaligen Leidenszeit zu sein. Dieses Buch soll ja auch dazu beitragen, daß diese Epoche nicht nur aus den "Erfolgsmeldungen" der Gegenseite in die Geschichtsschreibung eingeht, im übrigen eines Erfolges, der sich inzwischen als der größte Mißerfolg herausgestellt hat. Künftige Generationen sollen sich auch ein Bild aus der Sicht der Betroffenen machen können, und daraus erkennen, welches unsägliche Leid und Unrecht politische Fanatiker anrichten können, wenn sie die Macht erlangen.

Zugleich soll diese Dokumentation aber auch eine Quelle für künftige Familiengenealogen sein, die die Geschichte ihres Geschlechtes weiterführen wollen. Deshalb wird das gesamte zur Verfügung gestellte Material, incl. der dazu gehörenden Korrespondenz im Archiv des Verbandes "Der Sächsische Adel e.V." archiviert. Es befindet sich beim Deutschen Adelsarchiv in Marburg. Dort kann es von Interessenten eingesehen werden.

Die nun nachfolgenden Berichte enden meistens mit der mehr oder weniger abenteuerlichen Flucht in den Westen. Nur wenige kurze Ausblicke richten sich auf die nachfolgende Zeit. Wie das Leben für die Kinder von damals weiterging, könnte einer künftigen Dokumentation vorbehalten sein. Nur eines steht schon heute fest: Das angestrebte Ziel seiner Gegner, den Adel zu vernichten, wurde nicht erreicht!

Möge die Lektüre dieses Buches künftigen Adelsgenerationen ein Ansporn sein, sich auch ohne Rückhalt ererbten Besitzes ihres alten Namens würdig zu erweisen.

Stuttgart, im Dezember 1992

Adam von Watzdorf

XIV

Schicksalsbuch des Sächsisch-Thüringischen Adels

I. Entstehung

In dem ersten Rundschreiben an die Mitglieder kurz nach der Gründung des "Sächsischen Adels" vom Dezember 1951 heißt es: "Nachdem der Sächsische Adel, der Gewalt weichend, die Heimat verlassen mußte, hat er sich über ganz Westdeutschland verstreut. Die Bande, die die alten Familien viele Jahrhunderte glücklich vereinten, drohen loser und loser zu werden. . . Die bei der Gründung vereinigten Standesgenossen waren sich darin einig, daß der Adel die Pflicht hat, an einem Wiederaufbau der Heimat in einem wiedervereinigten Deutschland zum Wohle unseres Sachsenlandes sich überall positiv zu beteiligen. Durch den Zusammenschluß soll bis dahin eine breite Basis geschaffen werden, auf der dann gearbeitet werden kann. Das alte Fundament ist zerschlagen. Wir müssen von vorn anfangen. . ."

Die Mitglieder des Sächsischen Adels blieben stets davon überzeugt, daß die Wiedervereinigung kommen werde und sind dafür eingetreten. So schrieb z. B. der Vorsitzende des "Sächsischen Adels" (1956-1971) Achaz v. Zehmen: "Markersdorf z. Zt. Lay bei Koblenz". Bei der ersten Tagung des Adelskapitels in Kaufungen wurde 1976 gegenüber den Gastgebern von der Althessischen Ritterschaft gesagt: "Wir danken für Ihre Gastfreundschaft und werden sie eines Tages auf der Albrechtsburg erwidern." 1982 wurde vom "Arbeitskreis Sächsische Armee/Militärgeschichte" Militaria dem Wehrgeschichtlichen Museum in Rastatt mit dem Vorbehalt übergeben: "Sobald die Wiedervereinigung erfolgt ist, gehen die Bestände an das Armee-Museum in Dresden."

1951 wird in einem Beitrittsaufruf unter den Aufgaben, die sich der Sächsische Adel gestellt hat, geschrieben: "Wir wollen: . . . Die Herausgabe eines Heimatheftes und eines Schicksalsbuches des Sächsischen Adels ab 1914 vorbereiten." Mit dem Jahresbericht 1952 wird ein Fragebogen zur Aufstellung eines Schicksalsbuches versandt, dessen Rücksendung an Herrn Claus v. Oppel in Bielefeld erbeten wird.

Im Januar 1955 heißt es: "In erfreulicher Weise hat fast die Hälfte unserer Mitglieder der Bitte entsprochen, Angaben über ihr Familienschicksal in und nach den beiden Weltkriegen zu machen. Es war hier die richtige Erkenntnis maßgebend, daß diese Angaben wertvolle rechtliche und geschichtliche Tatsachen enthalten, die späterhin nicht nur für die Familien selbst, sondern im Hinblick auf die erschütternden Umstände unserer Enteignung und Flucht überhaupt bedeutsam werden. Leider hat eine Anzahl der Einsender sich offenbar gescheut, eine über die gestellten Fragen hinausgehende Darstellung der letzten und furchtbarsten Vorkommnisse zu geben. Aber gerade daran ist uns gelegen, denn hier ist äußerster Realismus am Platze. Es ist wichtig, z. B. aktenkundig nachzuweisen, daß die sogenannten Junker- und Großgrundbesitzer-Familien in keinem Fall von ihren

Leuten verlassen, ausgeplündert oder gar ermordet worden sind. Im Gegenteil! Sie erfuhren überall selbstlose und mutige Hilfe."

In den folgenden Jahren finden sich regelmäßig Aufrufe zu Einsendungen von Berichten für das Schicksalsbuch. Im Januar 1968 heißt es z. B.: "Der Aufruf im vergangenen Jahr hat zu einem beachtlichen Erfolg geführt." Im Januar 1970 wird beklagt, daß ".. . Aufrufe zu Einsendungen leider keinen großen Widerhall gefunden haben." Die ständig auftauchenden Hinweise und Aufrufe zeigen das Auf und Ab in der Bearbeitung und daß über alle Jahre seit 1951 an dem Schicksalsbuch gearbeitet wurde.

Als Sachbearbeiter des Schicksalsbuches werden genannt:
Claus v. Oppel-Zöschau (geb. 1883, gest. 1968)
Gräfin Anne-Eleonore Vitzthum v. Eckstädt, geb. v. Oppel (geb. 1895, gest. 1982)
Witho v. Ponickau (geb. 1908)
Dr. Sigrid v. Moisy (geb. 1943)
Adam v. Watzdorf (geb. 1910)

Allen diesen Sachbearbeitern sei hier gedankt für ihren Einsatz.

Meiner Frau Agnes, geb. Gräfin zu Münster, danke ich für ihre große Unterstützung bei der Vorbereitung des Manuskripts für den Druck, für die Abstimmung mit den Einsendern und die Bearbeitung von einer Reihe nachgereichter Berichte sowie das Korrekturlesen und die Erstellung der Register.

1989 übernahm Herr v. Watzdorf die Unterlagen für das Schicksalsbuch mit dem Ziel, die Berichte für eine Veröffentlichung zu bearbeiten und noch fehlende Beiträge einzufordern. In seinem Brief vom 15.1.1993, mit dem er das abgeschlossene Manuskript des Schicksalsbuches an den Vorsitzenden übersandte, schreibt er:

"Drei Jahre Arbeit finden nun ihren Abschluß, und ich bin mir nicht sicher, ob ich sie damals übernommen hätte, wenn ich deren ganzen Umfang übersehen hätte. Es ging ja nicht nur um die jetzt vorliegende Niederschrift; u. a. waren ca. 200 Briefe erforderlich, um das Material zusammenzubringen. Es mußten Tausende von Seiten aus Familiengeschichten, Biographien, Tagebuchaufzeichnungen und Briefen durchgearbeitet werden, um daraus die einzelnen Artikel zu erstellen, und manche Stunde in der Landesbibliothek war erforderlich, um die Daten zur genauen Identifikation der einzelnen Personen zu bekommen, denn künftige Familienforscher und Genealogen sollen eindeutiges Material zur Verfügung haben. . . .

Ich habe diese Arbeit gern getan, denn ich bin von der Notwendigkeit überzeugt, daß die Art und die Haltung, in der sich unsere Familien in dieser so außergewöhnlich schweren Notzeit bewährt haben, nicht in Vergessenheit geraten dürfen. Was damals vollbracht wurde, ist beispielgebend für alle Zukunft, und kann späteren Generationen Mut machen, sich bei schweren Aufgaben zu bewähren."

Diese bescheidenen Worte lassen erahnen, welch eine große Leistung Herr v. Watzdorf erbracht hat, für die der "Sächsische Adel" ihm ganz besonders dankt!

II. 101 Berichte ohne Emotionen

Mit diesem Buch veröffentlichen wir 101 Schicksale einzelner Personen und ganzer Familien. Wir möchten damit die Erinnerung an Vorgänge aufrechterhalten, die in der Geschichte des Sächsisch-Thüringischen Adels einmalig sind.

Gleichzeitig soll mit diesen Berichten von Betroffenen ein Beitrag zur Aufarbeitung dieser Vorgänge geliefert werden. Der historische Wert der Erzählungen ist - je nach Zeitpunkt ihrer Entstehung - sicherlich unterschiedlich zu sehen. Teilweise sind sie von den Nachkommen nach Unterlagen oder Aufzeichnungen der Betroffenen geschrieben worden. Herr v. Watzdorf hat in der Überarbeitung Dinge herausgelassen, die sehr persönlich waren. Alles dies sollte der Leser berücksichtigen, wenn er die Berichte bewertet. Auffällig ist, daß alle bemüht waren, nüchtern und ohne anklagende Emotionen zu schreiben. Es fehlen sicherlich die Aussagen über Erlebnisse, die die Chronisten in ihrer tiefsten Seele verletzt haben, die entehrend waren und die über viele Jahre mit Mühe verdrängt wurden. Es war vielen schwer, die Erlebnisse nach Jahren der Verdrängung, aber ungebrochener Heimatliebe, nach Jahren harten Aufbaus einer neuer Existenz unter schwersten Randbedingungen, niederzuschreiben.

Die Berichte zeigen, daß die letzte Zeit des Krieges, des Zusammenbruchs und der Vertreibung eine Zeit der Frauen war. Die Frauen sahen sich Tag für Tag mit unendlich großen Problemen konfrontiert im Kampf für ihre Kinder, für die ältere Generation und für die Erhaltung des Besitzes ihrer Familien. Wenn es den Adelsfamilien möglich war, ihr Leben zu retten und im Westen neu anzufangen, so lag dies überwiegend an den großen Leistungen dieser Frauen!

Ein ganz dunkles Thema ist kaum angesprochen, das sind die vielen Vergewaltigungen der Frauen und Mädchen durch russische Soldaten 1945. In einem Dokumentarfilm "Befreier und Befreite" und in einem Artikel in der Frankfurter Allgemeinen Zeitung vom 9. 12. 1992 wird dieses Thema als "totgeschwiegenes Trauma einer ganzen Generation" bezeichnet. 1,9 Millionen Frauen sollen allein während des Vormarsches der Roten Armee auf Berlin vergewaltigt worden sein, viele haben das nicht überlebt.

III. Kommunistische Vertreibung

Die Erschießungen von Gutsbesitzern beim Vormarsch, die nahezu vollständige Vertreibung des Adels aus der sowjetischen Besatzungszone, die totale Enteignung des Landbesitzes und die Anlage besonderer Lager (Coswig, Rügen) beweist, daß die Sowjetunion ganz planmäßig gegen den Adel vorging.

Lager Coswig

Frau Hildegard Baumann aus Coswig schickt im Dezember 1993 eine Aufnahme von dem Gebäude und Gelände, in dem sich das Sammellager 1945 vorübergehend befand; die Situation ist bis heute kaum verändert. Sie schreibt dazu:

. . . Mein Mann war zu dieser Zeit einziger Arzt im Ort Coswig und Umgebung und wir wurden zur medizinischen Betreuung für dieses Lager mit eingesetzt. Ich arbeitete damals als Schwester und entsinne mich noch genau daran, da mich das Schicksal dieser Leute sehr bewegte. Das Lager bestand nur wenige Wochen hier in Coswig. Mein Mann ist schon sechzehn Jahre tot, sonst kann ich auch keine Augenzeugen aus dieser Zeit ermitteln . . .

Die westlichen Siegermächte planten eine gesellschaftliche Umerziehung (resocialization) Deutschlands. Bei den Sowjets kamen zu den Überlegungen der Umerziehung auch die Gedanken des Klassenkampfes hinzu. Schon während des Krieges hatte die Sowjetunion Pläne, den "germanischen Militarismus" dauerhaft zu zerstören, Nachkriegsdeutschland gesellschaftspolitisch grundlegend neu zu ordnen und aus ideologischen Gründen das Sowjetsystem in ihre Besatzungszone zu exportieren (siehe dazu Prof. Liszkowski "Die deutsche Einheit in der Politik von Zarenreich und Sowjetstaat 1870-1990" in Historische Mitteilungen der Ranke-Gesellschaft, 5/1992, S. 233ff). Bei diesen Überlegungen geriet der Adel, egal welche Rolle er im Hitlerreich gespielt hatte, aus ideologischen Gründen auf die Seite der zu bekämpfenden oder gar auszurottenden Bevölkerungsgruppen.

Was die Sowjetunion tatsächlich mit dem Adel vorgehabt hat, muß späteren Forschungen überlassen bleiben. Wir können hier nur aufzeigen, was tatsächlich geschah.

XVIII

Lager Mühlberg

Inneres einer Lagerbaracke

Bekannt ist, wie die Kommunisten mit den Angehörigen des Adels in Rußland umgegangen sind: Sie wurden enteignet, getötet oder vertrieben. Die Nachkommen russischer Adelsfamilien leben noch heute im Exil außerhalb der Nachfolgestaaten der UdSSR. Nur wenige russische Adelige, die untertauchen konnten, leben verstreut in ihrer Heimat.

Nach der Besetzung von Ostpolen durch die Sowjetunion wurden in Katyn polnische Offiziere in großer Zahl erschossen, um diesen Teil der polnischen Elite auszulöschen. Deutsche gefangene Offiziere waren in Sonderlagern, auch hier war erkennbar, daß gegen die militärischen Eliten gesondert vorgegangen wurde. Gerade der deutsche Adel wurde als wesentliche Gruppe innerhalb des Offizierskorps angesehen.

Nach dem Sieg über Deutschland richteten die Sowjets in ihrem Machtbereich sofort Sonderlager ein, zumeist in ehemaligen Konzentrations- oder Gefangenen- lagern. In ihnen wurden 1945 bis 1950 mehr als 120.000 Menschen interniert, mehr als 40.000 von ihnen kamen dort "infolge von Krankheiten" ums Leben, andere wurden in die Sowjetunion deportiert oder "verurteilt". In diese Lager kamen auch Adelige in großer Zahl, denen keine Verfehlungen vorgeworfen werden konnten. Die Tatsache, daß sie "Gutsbesitzer" oder Angehörige waren, reichte aus, um sie in das Lager Coswig oder Rügen zu bringen. Auch nach Mühlberg, Sachsenhausen oder Bautzen kamen Adelige ohne erkennbaren Grund, bzw. nur ihres Namens wegen.

IV. Adel 1938

Das Jahrbuch der Deutschen Adelsgenossenschaft 1938 - das letzte vollständige Friedensjahr - enthält die Mitgliederverzeichnisse der Landesabteilungen Magde- burg-Anhalt mit 692, Sachsen mit 1.226 und Thüringen mit 809, zusammen also 2.727 Mitglieder in dem Gebiet der heutigen Bundesländer Sachsen, Sachsen- Anhalt und Thüringen.

Der Anteil des Adels an der Gesamtbevölkerung beträgt in Deutschland ca. 7-8 Promille. Im Bereich dieser Bundesländer lebten 1938 ca. 10,3 Mio. Einwohner, das würde ca. 7.200-8.200 Adelige ergeben. Bezogen auf diese Gesamtzahl wären also ein Drittel aller Adeligen Mitglied der Adelsgenossenschaft gewesen. Diese Zahlen sind plausibel, denn die Mitgliedschaft konnte erst mit Volljährigkeit erworben werden, so daß einschließlich der Kinder annähernd die Hälfte der Adeligen in der Adelsgenossenschaft zusammengeschlossen war.

Die größte Zahl der in diesem Buch veröffentlichten Berichte betrifft Familien aus Sachsen. Diesen auch nach der Mitgliederzahl größten Bereich habe ich mir herausgenommen und zunächst statistisch untersucht. Unter den Mitgliedern sind 570 Männer und 656 Frauen (u. a. eine Folge der hohen Kriegsverluste des Ersten Weltkrieges, in dem bis zu 30 % aller Männer eines Jahrgangs im Adel fielen). Die Mitglieder entstammen insgesamt 382 Familien (230 sächsische und 152 nicht- sächsische Familien). Durchschnittlich sind daher ca. 3 Personen pro Familie Mit-

XX

glied. Dieser Durchschnitt ist wegen der geringen Mitgliederzahl aus nichtsächsischen Familien so niedrig, da 75 Familien mit nur einem Mitglied vertreten sind.

Sächsische Familien sind unter den Mitgliedern zahlreicher vertreten. An der Spitze steht die
Familie v. Carlowitz mit 28 Mitgliedern, es folgen
die Freiherren und Herren v. Schönberg (22),
die Herren v. Arnim (20),
Grafen und Herren v. Einsiedel (19),
Freiherren v. Welck (18),
Freiherren v. Friesen und Grafen Vitzthum v. Eckstädt (17),
Fürsten und Grafen von Schönburg (15),
Herren v. Loeben (14),
Freiherren v. Fritsch, Edlen v. der Planitz und Herren v. Zeschau (13)
Herren v. Nostitz(-Wallwitz) (12),
Herren v. Wolffersdorff und v. Zezschwitz (11)
Freiherren und Herren v. Beschwitz, Grafen zu Münster, Grafen v. Rex und die Grafen Schall-Riaucour (10),
Herren v. Abendroth, v. Haebler, v. Hopffgarten, v. Kap-herr, v. Minckwitz, v. Römer, v. Stieglitz, v. Tümpling, v. Watzdorf und v. Zehmen (9),
Herren v. Boxberg, v. Heynitz, Grafen und Freiherren v. Koenneritz, Grafen und Herren v. Metzsch, Freiherren v. Vietinghoff v. Riesch (8)

Die nach Mitgliederzahl 10 größten Familien habe ich weiter daraufhin untersucht, wieviele volljährige (und damit mitgliedsfähige) Mitglieder diese Familien hatten. Dazu habe ich die Gothaischen genealogischen Taschenbücher der Jahre 1935 bis 1942 ausgewertet. Die größte Familie, die der

Grafen und Herren v. Einsiedel mit 105 volljährigen Familienmitgliedern ist nur mit 18 % durch Mitgliedschaft vertreten,

Herren v. Arnim (nur sächsischer Ast) mit	54 %,
Herren v. Carlowitz mit	36 %,
Freiherren v. Friesen mit	42 %,
Freiherren v. Fritsch mit	52 %,
Herren v. Loeben mit	21 %,
Freiherren und Herren v. Schönberg mit	28 %,
Fürsten und Grafen v. Schönburg mit	31 %,
Grafen Vitzthum v. Eckstädt mit	36 %,
Freiherren v. Welck mit	50 %

Die guten familiären und gesellschaftlichen Bindungen zwischen den Familien lassen sich an dem hohen Anteil von Ehen innerhalb der Adelsfamilien ablesen. 66,4 % aller Ehefrauen sind aus adeliger Familie.

Von den 570 Männern haben 517 einen Beruf angegeben. Es dominiert mit 198 Nennungen der militärische Bereich (einschließlich Polizei, militärische Verwaltungsränge). Aktive Offiziere/Soldaten habe ich 89 gezählt, davon 64 aus sächsischen Familien und 25 aus nichtsächsischen Familien. Sehr häufig ist die

Angabe eines militärischen Ranges mit dem Zusatz a. D. oder d. Res. Diese Mitglieder habe ich nur dann unter den oben genannten 198 Militärs mitgezählt, wenn nicht ein anderer Beruf noch zusätzlich genannt wurde (z. B. Landwirt, Lt. a. D. - in diesem Fall als Landwirt gezählt).

An zweiter Stelle stehen die juristischen Berufe (einschließlich Verwaltungsbeamte, Rechtsanwälte, Richter, aber auch Forstbeamte des Staates) mit 103 Nennungen.

An dritter Stelle folgen Land- und Forstwirte mit 96 Nennungen, dann die kaufmännischen und technischen Berufe (Kaufmann, Bankkaufmann, Verlagskaufmann, Ingenieur) mit 60 Nennungen, dann Ausbildung (Student, Referendar, einmal Reichsarbeitsdienst) mit 38 Nennungen, sonstige 22.

Nicht überraschend ist die hohe Zahl der Militärs, denn Dresden zog mit seiner bedeutenden Garnison Offiziere an. Überraschend ist die unerwartet geringe Nennung von land- und forstwirtschaftlichen Berufen. Eine weiter unten erfolgende Auswertung des Güteradreßbuches zeigt, daß doch mehr sächsische Adelsfamilien ihre Lebensgrundlage in einem land- und forstwirtschaftlichen Beruf gehabt haben. Die Lösung dieses vermeintlichen Widerspruchs ergibt sich aber daraus, daß in den landbesitzenden Familien der gesellschaftliche Kontakt zwischen den Nachbargütern eine große Rolle spielte, der Bedarf an Kontakten in der Adelsgenossenschaft war naturgemäß deshalb geringer. Die Ausbildung in der Landwirtschaft erfolgte damals nicht akademisch. Man lernte als "Eleve" auf mehreren Gütern, arbeitete wenn möglich zeitweise unter dem Vater oder Inspektor auf dem künftigen eigenen Besitz. In der Elevenzeit entstanden zwischen den Familien auch enge Verbindungen.

Besonders auffällig ist der verhältnismäßig hohe Anteil juristischer und kaufmännischer Berufe. Hierin spiegelt sich einmal die Industrialisierung Sachsens, aber auch die traditionell starke Hinwendung des Adels in Sachsen zu zivilen Berufen wider. Die Reihenfolge bei der Berufswahl der Söhne einer landbesitzenden Familie war z. B. vielfach: 1. Landwirt (als Erbe des landwirtschaftlichen Betriebes), 2. Jurist (Ziel Staatsdienst), 3. Soldat oder anderer Beruf.

Bei den Frauen findet sich überwiegend keine Berufsangabe (299 Ehefrauen, 186 Witwen, 105 unverheiratet, 13 Stiftsdamen), nur 53 Frauen geben einen Beruf an, davon sind Oberin und Angestellte (darunter 3 Gutssekretärinnen) mit jeweils 9, Schwester mit 7 und Bibliothekarin mit 3 die häufigsten Nennungen. Bei den Frauen war es selbstverständlich, daß sie eine gute Ausbildung in Schule und Familie erhielten, um später die Aufgabe einer Gutsfrau übernehmen zu können.

V. Gutsbesitz des Adels

Interessant ist die Frage, wieweit Grundbesitz prägend für die Stellung des Adels im Staate war. Gerade die Geschichtsschreibung auf der Basis kommunistischer

Ideologie sieht den Grundbesitz als die entscheidende Machtbasis. Der im vorigen Jahrhundert dafür geprägte agitatorische Begriff des "Junkers" wird noch heute verwendet und hat in der politischen Diskussion der letzten Jahre wieder eine Renaissance erlebt. Möglicherweise sind wegen dieser Vorurteile und mangelhaften Kenntnisse falsche politische Entscheidungen getroffen worden.

Ich habe Niekammers Güter-Adreßbuch, Band IX., Königreich Sachsen, Leipzig 1910, ausgewertet. Dieser Band erschien mir besonders geeignet, da hier vor dem Ersten Weltkrieg noch der ungebrochene adelige Landbesitz gegeben ist. Durch den Ersten Weltkrieg, Inflation, Weltwirtschaftskrise, Auflösung von Fideikommiß und Majorat ist der adelige Landbesitz bis 1945 zurückgegangen.

Im Niekammer sind sämtliche Güter ab ca. 35 Hektar erfaßt. Ich habe die Betriebe addiert und insgesamt

4.470 Betriebe (davon 420 in adeliger Hand)

mit 647.081 ha land- und forstwirtschaftlicher Fläche (davon 142.015 ha in adeliger Hand) und

mit einer durchschnittlichen Größe von 144,76 ha (davon 338,13 ha in adeliger Hand) gefunden.

Die Auswertung nach Familien ergab weitere interessante Erkenntnisse. 161 adelige Familien (darunter 10 Familien des Hohen Adels) sind als Gutsbesitzer genannt. Innerhalb der Familien fand ich unterschiedliche Eigentümer, gezählt habe ich 310 verschiedene Personen, so daß durchschnittlich ein adeliger Gutsbesitzer 1,35 Betriebe hatte. Auf der anderen Seite besaßen 78 Familien nur einen Betrieb.

Aus diesen Zahlen kann nun abgeleitet werden, daß land- und forstwirtschaftliche Flächen in Sachsen weit gestreut waren und der Adel weder in der Summe der Flächen noch in der Zahl der Betriebe, noch in seinem Anteil eine dominierende Position hatte. Interessant ist die durchschnittliche Größe der Betriebe von 338,13 ha (wovon bei vielen Betrieben nennenswerte Anteile bis über 90 % Forst waren!), die aus heutiger Sicht gerade die Größe hatten, die nach EG-Sicht anzustreben ist. Betriebe mit einer geringeren Größe werden zukünftig nicht mehr wirtschaftlich in Europa geführt werden können.

Die Adelsfamilie mit dem flächenmäßig größten Land- und Forstbesitz in Sachsen war die Familie der Freiherren und Herren v. Schönberg. Nach dem Bericht auf S. 352 hatte sie 1945 20 Betriebe mit 10.224 ha, davon ein Betrieb in Schlesien. Diese Zahlen könnten nun wieder Vorurteile wie "Latifundien in Adelshand" wecken. Genaueres Hinsehen zeigt aber, daß diese 20 Betriebe im Eigentum von 12 verschiedenen Personen standen. Die Schönbergs sind zudem die sächsische Familie mit der größten Kopfzahl.

Einen wichtigen Aspekt möchte ich noch hervorheben. Sehr viele der Güter sächsischer Adeliger hatten ein Herrenhaus, ein Schloß oder eine Burg. Diese wichtigen

Denkmäler wurden als selbstverständliche Aufgabe von den Familien aus den Erträgen der zumeist professionell und erfolgreich selbst geführten Güter unterhalten. Die Schönbergs waren z. B. verantwortlich für so bedeutende Bauwerke wie Bornitz, Reichstädt, Reinsberg, Roth-Schönberg, Dahlen, Thammenhain.

Es wäre nicht richtig, den Grundbesitz nur unter wirtschaftlichen Gesichtspunkten allein zu sehen. Eine ganz wesentliche Bedeutung lag darin, daß das Herrenhaus Mittelpunkt der Familie war. In der Familiengeschichte der Freiherren v. Welck "Lebensbilder", 2. Auflage 1992, heißt es auf Seite 167: "Die Bedeutung, die dem Besitz von Radibor als Heimstätte der Familie zukommt, reicht aber weit über die kurze Besitzzeit hinaus. Hier wuchsen ja die Söhne - nun nicht mehr Großstadtkinder - auf in engstem Zusammenhang mit der Natur, in Liebe zu der angestammten Heimat. Die alten Ideale der Ansässigkeit, der Verantwortlichkeit, der ererbten Grundbesitz, der Verpflichtung auch gegenüber der mit ihm nachbarlich und wirtschaftlich verbundenen Ortsbewohnerschaft, wachten auf zu etwas Gegenwärtigem, Lebendigem, Bestimmendem, wirkten nun fort als Maßstab und Zielpunkt. Und auch in den Herzen der Vettern und Basen setzt sich das Gefühl, das sie in Radibor und im Gedenken an Radibor haben durften - es gibt wieder eine Heimstätte der Gesamtfamilie - als Vorbild fort."

Mit dem Verlust dieser Sitze gingen sorgfältig gehütete und vererbte Kulturwerte der Familien (u. a. Familienbilder, Familienarchive) verloren. Soweit sie noch vorhanden sind, wird heute die Rückgabe verweigert.

Wegen dieser besonderen Rolle der Grundbesitze für die Familie ist es nur verständlich, daß sich die eingereichten Berichte gerade um diese Schicksale ranken, war doch damit die Familie in ihrem Kern getroffen.

Es ist daher nicht verwunderlich, daß sich viele Maßnahmen der Kommunisten, überwiegend der deutschen Kommunisten (!), nach Vertreibung der Familien auch noch gegen diese Bauwerke richteten.

Mir liegen Kopien aus der Akte Min. des Innern Nr. 3791 der Landesregierung Sachsen (Staatsarchiv Dresden) mit einer Auflistung der Besitzungen (Schlösser, Herrenhäuser und Gutshäuser) des Kreises Großenhain vor. Darin werden Angaben zum baulichen Zustand und zur derzeitigen Nutzung gemacht. Eine Liste wird unter dem Betreff: "Abbruch der Herrenhäuser, Schlösser usw." für die am 28. 2. 1948 stattfindende Sitzung der Landesbodenkommission vorgelegt. Auf dieser Liste finden sich dann die handschriftlichen Vermerke "Abbruch" oder "Abbr. m. Neubau", obgleich die Gebäude fast durchweg in gutem Zustand waren, bewohnt und für eine weitere Nutzung vorgeschlagen wurden. Viele der damals nicht abgerissenen Bauten verfielen in den folgenden Jahren. Damit gingen unschätzbare Werte verloren. Die Frage, in wessen Händen diese Denkmäler besser aufgehoben gewesen wären und auch heute noch sind, beantwortet sich von selbst, nämlich in den Händen der rechtmäßigen Eigentümer mit Verantwortungs- und Pflichtgefühl gegenüber ihren Vorfahren und vor ihren Nachkommen und für die Allgemeinheit.

Dresden, den 11. Jan. 1946
vorm. Ständehaus
Brühl'sche Gasse, Eingang D
Sprechzeit von 9 - 12 Uhr
Tel. 861570

An den

Bürgermeister zu Linz

L i n z Krs.Großenhain

Wie bekannt geworden ist, sind in letzter Zeit die unter Denkmalschutz stehenden Kunst- und Einrichtungsgegenstände aus dem Schlosse
Linz entfernt und unter die Gemeinde verteilt worden. Da es sich
bei den angegebenen Stücken um Besitz des Landes Sachsen handelt,
sind Sie nicht berechtigt, darüber zu verfügen. Sie haben umgehend
alle entwendeten historischen Möbel, Kunst- u. Einrichtungsgegenstände
in einem verschließbaren Raum zusammenzustellen und sind persönlich
haftbar, daß keines von den verteilten Stücken abhanden kommt. Über
die weitere Verwendung der o.a. Stücke wird die Landesverwaltung
Sachsen entscheiden.

Landesamt für Denkmalpflege

Oberregierungsrat

Durchschlag für Herrn Reg.-Rat Dr. Kretzschmar

Betr.: Sicherung von privatem Kunst-und Kulturgut aus Schloßbesitz
im Zuge der Bodenreform-Maßnahmen durch die Landesverwaltung Sachsen

Am 26. Februar 1946
hat der mit der Auffindung und Sicherung von privatem Kunst-
und Kulturgut in den durch die Bodenreform-Maßnahmen betroffenen Schlössern im Landkreis Großenhain beauftragte Herr
Wagner-Schwepnitz

das von ihm im Schloß Linz (Landkreis Großenhain)
sichergestellte Kunst-und Kulturgut, und zwar:

3 Kisten, enthaltend Tafel-Porzellan,
1 Kiste,   )
1 größeren Carton,   ) enthaltend Tafel-Silber
1 kleineren Carton   )
1 kleine Rokoko-Kommode
1 kleinen Rokoko-Damen-Schreibtisch
1 Stapel (mehrere hundert) Bücher

im Albertinum abgeliefert.
Die Inhaltsverzeichnisse zu den 4 Kisten und 2 Cartons
wird Herr Wagner unverzüglich nachreichen.
Die Gegenstände sind von Herrn Dr.Ing. . Fischer einst-
weilen in Verwahrung genommen worden.

Nachrichtlich

(gez.) G r u v e

Im Rahmen der „Schloßbergungsaktionen" wurden Wert- und Kulturgegenstände,
Gemälde, Bibliotheken und Archive abgeholt.
Einige Beispiele von Dokumenten dieser Jahre zeigen deutlich, daß es d e u t -
s c h e Behörden waren, die die Enteignungen in durchaus selbstherrlicher Willkür durchführten

Sächs. Forstamt
Schönfeld

An den
Herrn Beauftragten der
Landesverwaltung Sachsen
für die Sicherstellung u. Verwertung
des nichtlandwirtschaftlichen Inventars
der durch die Bodenreform enteigneten Herrenhäuser

D r e s d e n . A l

Schönfeld, den 7.5.1947
über Großenhain
Tel. Lampertswalde 13

Betr.: Sicherstellung von Büchern des ehemaligen Schlosses Linz,
Kreis Großenhain, Schloßb.: 4,13/46.

Im Jahre 1946 wurde die Bibliothek des Schlosses Linz durch
einen Lehrer der Gemeinde Linz einer Sichtung unterzogen. Ein Teil d
Bücher wurde zur Einstampfung freigegeben und der restliche Teil dur
die Gemeinde Linz sichergestellt. Unter diesen Büchern befanden sich
35 wertvolle Fachbücher der Dendrologischen Gesellschaft Dortmund.
Diese Bücher eignete sich der ehemals beschä
tigte Haumeister Alfred Fröhlich mit dem Einverständnis des Bürger-
meisters der Gemeinde Linz an. Nach Ausscheiden des Haumeisters Fröh-
lich aus dem Arbeitsverhältnis beim Forstamt Schönfeld wurden diese
Bücher durch uns sichergestellt.

Durchschlag für die Akten

regierung

am 9.Sept.1947
Gr/Doh

Schloßb.: 2.264/47

...n den
Gemeinderat
zu L i n z
Kreis Großenhain/Sa.

Auf den fernmündlichen Anruf des Herrn Bürgermeisters zu Linz übersend
ich Ihnen anliegend ein Verzeichnis des auf Grund der Verordnung der
Landesverwaltung Sachsen vom 17. Mai 1946 -Präs.3 A I 1909/46 - aus
dem durch die Bodenreform enteigneten Schloß Linz, Kreis Großenhain,
entnommenen und am 26. Februar 1946 für die Landesregierung gesicher-
ten und nach Dresden überführten nichtlandwirtschaftlichen Inventars.

Hierzu:
1 Verzeichnis.

Im Vertretung:

	Gegenstand	Name des Künstlers	Nähere Beschreibung	Derz.Aufbewahrung Wohin abgegeben
42	1 Teeglashalter			
43	1 Trinkhorn			ab. *Ellofs.* 1,39
44	1 Aschebecher			
✓ 45	1 Kristallflasche			V.3, 13/45
46	Zuckerschale		4 Füße, Innen vergoldet	V: L, 1/48
47	9 Serviettenringe		verschieden	
48	5 Salzfässer		groß, Glaseinsatz	ab. *Schloß.*: 43
49	1 Salzfäßchen		m. Kugelfüßen	
50	3 kleine Salzfäßchen		m. Kugelfüßen, Glaseinsatz	
51.	1 Silberbecher ✓		innen vergoldet	V.3,120/...
52a	13 große Löffel			Au *Glyndell*, 1,58 L
b	13 Löffel			A. 4, 38/48
✓ c	10 große Suppenlöffel V.4, 29/48			
✓ d	13 große Suppenlöffel V.4, 29/48			

	Gegenstand	Name des Künstlers	Nähere Beschreibung	Derz.Aufbewahrung Wohin abgegeben
15	1 Tablett, oval			
16	1 Tablett, oval			abg. *Ellofs.*: 1
17	1 Tablett, oval			1.1.?
18	5 Bieruntersetzer		verschiedene Wappen	
19	1 Bieruntersetzer			
✓ 20	6 Bieruntersetzer		Monogramm M u.Wappen	
✓ 21	1 Schale, oval			V.3, 12/49
✓ 22	1 Schale, oval			
23	1 Schüssel, oval		4 Füße	
24	1 Schüssel, oval			
25	1 Schüssel, rund			abg. *Ellofs.*: 1.
26	1 Schüssel, oval			
29	2 Schüssel, rund			
28	1 Schüssel, rund			

DER LANDRAT ZU GROSSENHAIN.

Abtlg.: Landwirtschaft-Bodenordnung- Fernruf Nr. 191

(in der Rückantwort anzugeben)

An die

Landesregierung Sachsen
Ministerium f.Land-u.Forst-
wirtschaft
- Bodenordnung -
D r e s d e n - A. 50

Hausapp. 57

Briefbuch No. # 203/47.

Meine Zeich.:

Dort. Zeich.:

vom :

Großenhain, den
10.5.1947

Betreff:

Landeseigene Schlösser,Herrenhäuser u.
Gutshäuser.

In der Anlage überreichen wir eine
Aufstellung der Besitzungen (Schlösser-
Herrenhäuser u. Gutshäuser).
Grundbuch- u. Katasterauszüge sind nicht
mehr vorhanden.

Der Kreisrat d.Landkreises
Grossenhain
Der L a n d r a t

Zu Seite XXVI

XXVIII

C) Inventar	Baulicher Zustand (abbruch-reife Gebäude od.Ruinen sind aufzuführ.	Anzahl u.Art d.Räume	Schätzungs weise Kost. der Instandsetzung.	Derzeit. Verwendgs-zweck(auch wenn v.Ums. od.Neubauern bewohnt.	Für welchen Zweck ist d.Besitzg. geeignet.	51 Legen Stadt (Geme eine Körpe schaf Wert Erwer Bosit
Berbisdorf keins	1 Pavillon	21 I-Räume 1 Schul-raum 1 Raum FDJ	20.000.-	Wohnungen Schule Jugendheim	Erholgs-heim.	Gemei wünsc das e bleib
Dobra keins	kleine Reparaturen	28 große Räume	3-4.000.-	leerstehend	Erholungs-heim	nein
Frauenhain ins,abge rt an Landes-Reg.	Dach muß erneuert werden	25 Räume	53.000.-	Umsiedler-wohnungen.	Schule	nein
Forberge keins	Durch Plün-derung aus-besserungs-reif	50 Räume	100.000.-	z.Zt. Umbau	Alters-heim	Stadt Riesa i Besitze
Grödel keins	Dach erneuern	11 Kammern 6 Räume 5 Räume Küche	40.000.-	Berufsschule Kindergarten Umsiedler	Nach Um-bau für Wohnzwecke	Kreis-verband der VdgB.
Jahnishausen keins	——	nicht angegeben	nicht erforderlich	Staatsgut u. Landwirtsch. Schule.	Schule	bleibt
Lauterbach ins	gut erhalten	1.Etage 9Räume,1Saal 2.Etage 14 Räume Eg.4 Räume 1 Saal	nicht erforderlich	Eg.u.1.Etage war 2.Stage Umsiedler	Rote Armee als Alters-heim vor-gesehen.	nein
Linz keins	Althau, innen aus-baufähig	2 Säle, 14 Wohnräume Keller u. Küche.	——	Wohnhaus 50 Umsiedl.	Wohnhaus	Gemeind Linz
Merschwitz keins	Gebäude gut erhalten.O-geschoß muß ausgeh.werd	Eg.8 Räume 1.Etag. 2. 6	2.500-300 0	Wohn-bewohnt	Wohn-stück	Gemeinde Merschwit
Naunhof keins	Gebäude erhalten	Kinderheim der Landes-Reg.	——	Kinderheim	Heim	——

Blatt aus dem Verzeichnis der Gutshäuser, Herrenhäuser und Schlösser zum nebenstehenden Schreiben vom 10. 5. 1947 des Landrates zu Großenhain.

Zu Seite XXVI

DER KREISRAT DES LANDKREISES GROSSENHAIN

Abtlg.: Bodenordnung

(In der Rückantwort anzugeben)

An die
Landesregierung Sachsen
Ministerium f. Land-u.
 Forstwirtschaft
-Abt. Bodenordnung -

D r e s d e n - A. 50

Fernruf Nr. 191

Hausapp. 57

Briefbuch Nr.

Unsere Zeichen:

Dort. Zeichen:
vom:

Großenhain, den 26.2.48

Betreff: Abbruch der Herrenhäuser, Schlösser usw.
Bez: Sitzung der LBK v. 3.2.48.

.In der Anlage überreichen wir eine Liste
zur Vorlage bei der am 28.d.Mon. statt-
findenden Sitzung der Landesbodenkommission.

Der Kreisrat des Landkreises
Grossenhain
Der L a n d r a t
I.A.

XXX

13.) Grödel:
    Herrenhaus - 		15.-18. Jh., 	erhaltenswert
                          Dachreparatur   Denkmalschutz
                              -
                          23 Räume
                          z.Zt.: Berufsschule, Umsiedler- u.Neubauernwohnungen.
                          Künftig: Wohnungen.

14.) Jahhishausen: -		15.-18. Jh., 	Schloß-Pavillon
15.)   Staatsgut   kulturhist.u. baukünstlerisch wertvoll
                          Torbau   Denkmalschutz
                          umgebaut
                          52.- ar   -
                          1o Räume   z.Zt. von Neubauern bewohnt

16.) Koselitz:
        Herrenhaus

17.) Lauterbach: von der Roten Armee belegt
        Schloß   29 Räume   erhaltenswert
                          Künftig: Altersheim   Denkmalschutz

18.) Linz: -		15.-19. Jh.
        Schloß   Wert: RM 15530.—   kulturhist.u.baukünstl.wertvoll
                          reparaturbedürftig
                          16 Räume
                          z.Zt.: von Umsiedlern bewohnt
                          Künftig: Gemeindeamt, Erholungsheim
                          Nebengebäude werden abgebrochen.

19.) Ponikau: Vorwerk -		17. Jh., 	erhaltenswert
        Herrenhaus   reparaturbedürftig
                          15 ar Land
                          17 Räume   z.Zt.: von Umsiedlern bewohnt.

2o.) Merschwitz: Geschw.Lange 15.-19. Jahrh., 	erhaltenswert
        Herrenhaus   II.Stockwert ausbaufähig   Denkmalschutz
                          6 ar Land
                          22 Räume
                          z.Zt.: von Neubauern bewohnt
                          Künftig: desgl.

21.) Naundörfchen: -
        Herrenhaus   z.Zt. VdgB

22.) Niederrödern: zu Stollberg, Rossla   14.-16. Jahrh.
        Schloß   ausbesserungsbedürftig   Gesamtanlage
                          121 ar   kulturhist. u. baukünstlerisch wertvoll.
                          19 Räume
                          z.Zt.: von Neubauern und Umsiedlern bewohnt
                          Künftig: desgl.

23.) Niederrödern: zu Stollberg, Rossla
        Schäferei   schlecht
                          1 Abstellraum   z.Zt. v. Neubauern benutzt.

24.) Oelsnitz: -		18. Jahrh., 	erhaltenswert
        Schloß   gut
                          z.Zt.: von Umsiedlern bewohnt
                          Künftig: desgl.

25.) Pochra: Dr. Popendicker
        Herrenhaus   gut
                          125 ?   Land
                          ca. 5o Gebäude
                          z.Zt. von Neubauern bewohnt.

Blatt aus der Anlage zum nebenstehenden Schreiben des Kreisrates des
Landkreises Großenhain vom 26. 2. 1948.

Plakat deutscher Sozialisten —
die Analogie zum „Stürmer" ist unverkennbar.

VI. Wer mußte gehen - wer konnte bleiben

In den Jahren von 1900 bis 1945 hat es in Deutschland Umwälzungen gegeben, wie sie vorher in Schnelligkeit der Abfolge und ihrem Umfang nicht bekannt waren. Der Adel war als Schicht, die im Staat und Militär eine wichtige Rolle spielte, ganz besonders betroffen. Zu diesen tiefgreifenden Belastungen zählten vor allem der Erste Weltkrieg mit seinen im Adel besonders hohen Kriegsopfern, die Revolution mit dem Verlust von beruflichen Positionen im Staat, die Inflation mit Verlust ererbter Geldvermögen, die Weltwirtschaftskrise mit Zusammenbruch von landwirtschaftlichen Betrieben.

Die 1874 gegründete Adelsgenossenschaft zeigte daher mit steigender Mitgliederzahl ein Zusammenrücken (Königreich Sachsen 1906 = 216 Mitglieder, 1909 = 264, 1921 = 283, 1928 = 889, 1938 = 1226, 1940 = 1237).

Interessant ist das Zunehmen von kaufmännischen Berufen, die vorher nicht so üblich waren. Trotz aller Änderungen war es den Adelsfamilien gelungen, sich anzupassen, die Familienbindungen aufrechtzuerhalten und adelige Traditionen fortzuführen.

Während die Umwälzungen bis 1945 dem Adel die Chance ließ, sich in verändertem Umfeld gleichberechtigt wie jeder andere Bürger auch zu bewähren, war dies 1945 nach dem Zusammenbruch des Deutschen Reiches völlig anders. Totale Enteignungen und Vertreibungen gaben den sächsischen Adelsfamilien nicht die Chance, in der Heimat nach der Katastrophe des Zusammenbruchs einen Neuanfang zu machen.

Um eine möglichst breite Aussage zum Schicksal des Sächsischen Adels machen zu können, habe ich versucht, die Schicksale der Mitglieder der Landesabteilung Sachsen nach dem 9. 5. 1945 festzustellen. Ich wertete dazu folgende Bücher aus:

Gothaische Taschenbücher des Adels 1938 bis 1944,
Genealogische Handbücher des Adels 1951 bis 1992,
Gedenkbuch des deutschen Adels, 1967, mit Nachtrag von 1980,
Genealogisches Handbuch des in Bayern immatrikulierten Adels, 1975 bis 1982,
und Unterlagen des Verbandes "Der Sächsische Adel" u. a. das Königlich Sächsische Adelsbuch und die Sächsisch-Thüringische Adelsmatrikel.

Die Auswertung zeigte folgende Ergebnisse:
1226 Mitglieder in Sachsen 1938, davon
171 bis zum 9. 5. 1945 eines natürlichen Todes gestorben
112 Kriegsopfer
216 Schicksale nicht aufklärbar
727 Schicksale nach dem 9. 5. 1945 weiterverfolgt

Die Zahl von 216 Personen, deren Schicksal nicht aufzuklären ist, mag hoch erscheinen. Allerdings gab es 1938 schon eine Reihe von Familien, die bereits im Mannesstamm erloschen waren oder ein Erlöschen kurz bevorstand. Bei Familien mit kleinem Personalbestand ist das Interesse an einer Veröffentlichung geringer.

Gerade bei Familien, die mit einem oder zwei Mitgliedern im Mitgliederverzeichnis 1938 vertreten waren, fehlen neuere Veröffentlichungen.

Von den 727 Personen sind 174 in der SBZ/DDR geblieben bzw. dort gestorben. Unter diesen Personen ist der Anteil von Witwen (61) und unverheirateten Damen (20) sehr hoch. Das durchschnittliche Alter dieses Personenkreises betrug 1945 bereits 68 Jahre! Nur wenige Jüngere fallen in diesem Kreis auf, allerdings ist in den meisten Fällen eine Erklärung für den Verbleib in der SBZ/DDR möglich, z. B. Ärzten wurde das Bleiben leicht gemacht, bei ihnen sowie einem Pfarrer spielte das Berufsethos eine wichtige Rolle. Auf der anderen Seite sind mehrere, die Kaufmann als Beruf angegeben hatten, in der Heimat geblieben. Sie waren wegen ihres nicht adelstypischen Berufs nicht gefährdet.

Die Zahlen und das hohe Durchschnittsalter lassen die Aussage zu, daß ältere Menschen, die selbst nicht mehr gefährdet waren und auf Grund ihres Alters einen Neuanfang im Westen nicht mehr wagen konnten, in der Heimat geblieben sind.

553 Personen, 76 % der verfolgten Schicksale, sind in den Westen (einschließlich westliches Ausland) gegangen. Es waren die Jüngeren, die auf Grund von Enteignungen, Vertreibungen, Verhaftungen und der kommunistischen Propaganda keine Zukunft in der Heimat sahen. Diese Familien sind sicherlich schweren Herzens gegangen, sie waren seit Jahrhunderten mit der Heimat verwurzelt, hatten in der Regel keine Berufe, die einen Neuanfang im Westen leicht erscheinen ließ, materielle Werte konnten kaum mitgenommen werden. Es ging hier überwiegend um die Rettung des nackten Lebens! Die ungebrochene Liebe zur Heimat und der Wunsch zur Rückkehr zeigte sich dann in der Gründung des Verbandes "Der Sächsische Adel" mit dem Ziel, zurückzukehren und am Wiederaufbau der Heimat mitzuwirken.

Die Aussage, daß der Adel nahezu total vertrieben worden ist, wird bestätigt bei unseren Bemühungen, in den neuen Bundesländern Sachsen, Sachsen-Anhalt und Thüringen Bezirksgruppen der Adelsvereinigung aufzubauen. Die Mitgliederwerbung ist deshalb so schwierig, weil kaum noch Adelige in diesen Ländern wohnen. Mit Stand des Mitgliederverzeichnisses vom 1. 2. 1992 hatten wir 35 Mitglieder in den neuen Bundesländern, überwiegend ältere Personen. Nur vier Ehepaare mit Kindern unter 18 Jahren sind darunter.

Es erwies sich teilweise als recht schwierig, noch lebende Adelige in den Heimatländern anzuschreiben, da Namen und Adressen zu einem großen Teil nicht bekannt waren. Die Auswertung von Telefonbüchern ergab z. B. für Leipzig 27 Anschriften (in Leipzig waren eine Reihe von Mitgliedern geblieben, die als Beruf "Kaufmann" angegeben hatten), für Magdeburg 11, für Jena 6 Anschriften. Unser einziges Mitglied vor der Wende in der DDR, Frau Wera v. Heygendorff, Dresden, hatte seit vielen Jahren Listen über Adelige in Sachsen geführt, deren Namen ihr in irgendeiner Form bekannt wurden. Diese Liste umfaßte 83 adelige Namensträger. Briefe an alle kamen z. T. zurück (verstorben, unbekannt verzogen) oder wurden zu einem großen Teil nicht beantwortet. Aus den Genealogischen Handbüchern ergab sich ein überwiegend hohes Alter. Diese Erfahrungen bestätigen die oben getroffene Aussage, die ich hier in ganz deutlicher Form zusammenfasse:

Der sächsische Adel wurde unter Verletzung fundamentaler Menschenrechte aus politischen Gründen aus seiner Heimat vertrieben!

VII. Neuanfang im Westen

Der Wiederanfang war für die Familien des Adels, wie für alle Flüchtlinge, im zerstörten Westdeutschland nicht einfach. Materielle Werte hatte niemand mitgebracht. Die erlernten Berufe der Männer waren in der Regel wertlos. Offiziere fanden nach der Auflösung der Wehrmacht keine Verwendung. Beim Wiederaufbau der Bundeswehr wurde darauf geachtet, daß der Anteil adeliger Offiziere klein gehalten wurde. Adelige Offiziere, die ihre Reaktivierung in der Bundeswehr betrieben, wurden gegenüber bürgerlichen Bewerbern benachteiligt. Heute sind deutlich unter 10 % der Offiziere Adelige.

Landwirte hatten im Westen kaum eine Chance in ihrem Beruf tätig zu werden. Siedlerstellen gaben wegen ihrer geringen Größe keine Lebensgrundlage und mußten wieder aufgegeben werden. Söhne von Gutsbesitzern lernten im Westen in vielen Fällen Landwirtschaft, um nach der erhofften Rückkehr den elterlichen Betrieb übernehmen zu können. Da dieser Wunsch nicht in Erfüllung ging, mußte dann noch ein weiterer Beruf erlernt werden. Der Aufbau einer neuen Existenz erwies sich wegen der traditionellen Berufe des Adels als besonders schwer. Noch schwerer war es für die Frauen, die überwiegend keinen erlernten Beruf nachweisen konnten. In vielen Fällen waren sie es, die nach der Flucht, während der Kriegsgefangenschaft der Männer oder als Kriegerwitwen eine Stelle finden mußten, um die Familie zu ernähren. Umso erstaunlicher ist es, zu sehen, wie hervorragend es den Adelsfamilien gelungen ist, eine neue Lebensgrundlage im Westen aufzubauen.

Unter den Mitgliedern des "Sächsischen Adels" finden wir daher heute die ganze Breite "bürgerlicher Berufe" ohne daß eine bestimmte Berufsgruppe dominiert. Man kann aber feststellen, daß durchweg die höheren Ränge in den einzelnen Berufen erreicht werden, akademische Berufe stark überwiegen und Erfolge wegen außerordentlicher Tüchtigkeit weit verbreitet sind. Ingelore Winter "Der Adel, ein deutsches Gruppenportrait", 1981, stellt daher erstaunt fest: "Nur unter Arbeitern sucht man sie vergeblich. Auch Handwerker wird man unter den Adelsleuten noch immer mit der Lupe suchen müssen - außer im Kunsthandwerk, einschließlich der Goldschmiedekunst und der Modeindustrie."

Der gelungene Neuanfang im Westen ist auch aus der Existenz des Verbandes "Der Sächsische Adel" mit über 900 Mitgliedern sowie deren 208 aufgeführten Kinder unter 18 Jahren ablesbar. 193 der Vollmitglieder sind unter 30 Jahre alt - also ein sehr niedriges Durchschnittsalter. Seit 1965 setzt die Sächsisch-Thüringische

Adelsmatrikel das bis 1945 geführte Königlich Sächsische Adelsbuch fort. In neun Bezirksgruppen in Deutschland treffen sich die Mitglieder. Eine aktive Jugendgruppe lädt mehrfach im Jahr zu Wochenendveranstaltungen ein.

28 Familienverbände sächsisch-thüringischer Familien sind im Adelskapitel zusammengeschlossen und treffen sich jährlich. 44,8 % aller Ehefrauen der Mitglieder des "Sächsischen Adels" sind aus adeligen Familien, ein Beweis dafür, daß Familienbindungen trotz der Vertreibung aufrechterhalten blieben oder mit dem westdeutschen Adel aufgebaut werden konnten. Diese hohe Zahl adeliger Eheschlüsse ist erstaunlich, zumal wenn verglichen wird mit Bayern, einem Bundesland ohne Vertreibung, wo 1990 (Gen. Handb. des in Bayern immatr. Adels, Band XVIII) nur 26,7 % der Ehen mit einer adeligen Ehefrau festgestellt wurden.

Die nach der Mitgliederzahl im Mitgliederverzeichnis von 1938 größten sächsischen Familien habe ich noch einmal daraufhin untersucht, wie der Bestand heute im Vergleich zu 1938 aussieht.

Familie	Voll- jährige Familien- mit- glieder	Mit- glieder 1938 — An- zahl in %	Kriegs- opfer im 2. Welt- krieg	Voll- jährige Familien- mit- glieder	Mit- glieder 1992 — An- zahl in %	Familien- verband im Adels- kapitel
Herren v. Carlowitz	78 (1940)	28 = 36 %	13	66 (1985)	16 = 24 %	ja
Freiherren u. Herren v. Schönberg	78 (1940/41)	22 = 28 %	4	79 (1973/80)	8 = 10 %	ja
Herren v. Arnim (sächs. Ast)	37 (1940)	20 = 54 %	2	34 (1987)	18 = 53 %	nein
Grafen u. Herren v. Einsiedel	105 (1940/42)	19 = 18 %	12	94 (1977/79)	18 = 19 %	ja
Freiherren v. Welck	36 (1941)	18 = 50 %	5	32 (1971)	13 = 41 %	ja
Freiherren v. Friesen	41 (1940)	17 = 42 %	10	38 (1979)	13 = 34 %	ja
Grafen Vitzthum v. Eckstädt	47 (1942)	17 = 36 %	8	47 (1991)	6 = 13 %	nein
Fürsten u. Grafen v. Schönburg	49 (1937)	15 = 31 %	12	49 (1987)	4 = 8 %	nein
Herren v. Loeben	66 (1941)	14 = 21 %	7	48 (1985)	9 = 19 %	ja
Freiherren v. Fritsch	25 (1935)	13 = 52 %	8	33 (1992)	20 = 61 %	ja

Erschütternd sind die hohen Kriegsverluste in diesen großen sächsischen Familien. Lediglich bei der Familie v. Schönberg ist die Zahl der volljährigen Namensträger leicht gestiegen, bei den Grafen Vitzthum und den Grafen Schönburg gleich geblieben. Besonders erfreulich ist es für den Sächsischen Adelsverband, daß der Anteil der Mitglieder bei den Freiherren v. Fritsch deutlich von 52 auf 61 % gestiegen ist und bei den Grafen und Herren v. Einsiedel von 18 auf 19 %. Leider ist bei zwei Familien mit starkem Rückgang - den Grafen Vitzthum und den Grafen Schönburg - ein Familienverband nicht im Sächsischen Adelskapitel vertreten.

Die Zahlen zeigen deutlich, daß die Auswirkungen der beiden Weltkriege in unseren Familien große Lücken hinterlassen haben. Die Adelsvereinigung hat sich im Exil kräftig entwickelt, hat aber bisher nicht den Stand erreicht, den sie 1938 insgesamt und in den bedeutendsten Familien hatte.

VIII. Zukunft?

Vertreibungen waren in Europa immer ein Verlust für das Land selbst. Ein Beispiel dafür sind die Hugenotten. Noch nach 100 Jahren spürte man in Frankreich diesen Verlust. Preußen verdankte seinen Aufstieg im 18. Jahrhundert zu einem ganz wesentlichen Teil dieser aktiven Bevölkerungsgruppe.

War die Vertreibung des Adels nicht auch ein Verlust für Sachsen, Sachsen-Anhalt und Thüringen?

Wolf Jobst Siedler schreibt zur Mark Brandenburg in seinem Buch "Abschied von Preußen" u. a.: "Heute mutet die Welt zwischen der Uckermark und dem Barnim merkwürdig geschichtslos an; alles fehlt, was ihr so lange Bedeutung gegeben hat, Bürger und Bauer und Edelmann. . . Aus dem Land getrieben oder geflohen sind die Menschen, die ihm einst seine unverwechselbare Farbe gaben. Zuerst gingen die Juden . . .

Dann, als die Rote Armee das Land besetzte, ging der Adel, und die alten Herrensitze - der der Marwitz' in Friedersdorf wie der der Finckensteins in Reitwein - wurden oft erst zehn, ja zwanzig Jahre nach dem Kriege abgerissen. Für die deutschen Kommunisten waren die meist überaus bescheidenen Gutshäuser 'Zwingburgen der Junker', wie Wilhelm Pieck, der erste und einzige Präsident des Arbeiter- und Bauernstaates, in einer Rede sagte.

Schließlich gingen auch die Bürger der märkischen Kleinstädte. . . Ganz zum Schluß verließen auch die Bauern ihr Land und flohen zu Hunderttausenden in den Westen, als man ihnen von Bauernbefreiung sprach. . .

Und es fehlt selbst die Handwerkerschaft, die das Land seit Jahrhunderten prägte. . . Nicht nur die Städte, das Wasser, die Luft und den Boden hat der Sozialismus verwüstet, sondern auch, was den eigentlichen Reichtum Brandenburgs ausmachte, die Menschen."

Gelten diese Sätze nicht in ähnlicher Weise auch für alle Gebiete der SBZ/DDR? Ist in 45 Jahren kommunistischer Mißwirtschaft und Vertreibung nicht jahrhundertelange Aufbauarbeit vernichtet worden? Gibt es überhaupt in absehbarer Zeit nach der Vertreibung wichtiger Bevölkerungsgruppen einen Aufstieg? Sind die alten Familien des Sächsisch-Thüringischen Adels nicht gefordert, zurückzukehren und mit anzupacken? Bisher sieht es so aus, daß weder die Politik noch die öffentliche Meinung die Rückkehr der vertriebenen Bevölkerungsgruppen will. Spielen dabei nicht Neid und Beutegier eine unheilvolle Rolle?

Die Verantwortlichen haben ihr großes historisches Verdienst verspielt. Sie erkannten und nutzten die Möglichkeit der Wiedervereinigung, gaben aber die Fundamente unserer Demokratie, nämlich Rechtstaatlichkeit und Privateigentum, auf.

Das Bundesverfassungsgericht erklärte mit Entscheidung vom 23. April 1991 die Festschreibung der Enteignungen von 1945 bis 1949 für verfassungskonform. Grundlage dieser Entscheidung war die Aussage des Vertreters der Bundesregierung, daß die Sowjetunion die Aufrechterhaltung dieser Enteignungen gefordert habe. Inzwischen ist nachgewiesen, daß die Aussage falsch war. Es waren die deutschen Verhandlungspartner selbst, die Beute machen wollten, sie sind Hehler der nach der Haager Landesfriedensordnung völkerrechtswidrigen Enteignungen geworden. Adelsfamilien haben ein langes Gedächtnis. Noch nach vielen Generationen wird über dieses eklatante Unrecht und die dafür verantwortlichen Personen gesprochen werden.

Warum sollten Vertriebene zurückkehren, wenn ihnen fortgesetzt Unrecht geschieht? Alle, die einen neuen Anfang in der alten Heimat machen wollen, sprechen resignierend von bürokratischen Widerständen, Schikanen und bewußtem Schwergang. Dieses Schicksalsbuch erscheint zu einem Zeitpunkt, in dem der Adel wieder in die Heimat zurückkehren könnte. Es wird später darüber zu berichten sein, ob ihm das zum Wohle der Heimat überhaupt möglich gemacht worden ist, oder ob die Entscheidung des Bundesverfassungsgerichtes einer zweiten Enteignung gleichkommt.

Henning v. Kopp-Colomb

Vorsitzender der Vereinigung
"Der Sächsische Adel"

XXXVIII

Reich ist man nicht durch das, was man besitzt,
sondern mehr noch durch das,
was man in Würde zu entbehren weiß.
Und es könnte sein, daß die Menschheit reicher wird,
indem sie ärmer wird,
und gewinnt, indem sie verliert.

Immanuel Kant

Ferdinand v. Abendroth auf Kössern

Das Rittergut Kössern liegt im Kreis Grimma bei Leipzig, ca. 2 Kilometer nördlich des Zusammenflusses von Freiberger und Zwickauer Mulde. Es hatte seinerzeit eine Größe von 234 ha, davon 173 ha landwirtschaftliche Nutzfläche und 51 ha Wald. Kössern besaß eine Spiritusbrennerei. Das Herrenhaus ist teilweise abgerissen, der Rest in desolatem Zustand. Die Familie v. Abendroth war seit 1772 im Besitz von Kössern.

Zur Familie des letzten Eigentümers gehören:

Max Hermann F e r d i n a n d v. A b e n d r o t h, * Leipzig 18. 11. 1881, † Göttingen 17. 1. 1969, auf Kössern (§), Kgl. sächs. Rittmeister a. D., RRr des JohO.;
✕ Gersdorf, OLausitz, 17. 11. 1907 Jutta K r u g v. N i d d a, * Dresden 1. 5. 1887, † Göttingen 13. 9. 1956, T. d. Kgl. sächs. Gen. d. Kav. a. D. Hans K. v. N. auf Gersdorf u. d. Jutta-Marie Freiin v. Salza u. Lichtenau.

Kinder:

1. Ferdinand H a n s - J o a c h i m, * Dresden 13. 7. 1909, † Göttingen 14. 4. 1973, UnivAngest., RRr d. JohO.;
✕ Göttingen 12. 6. 1938 Carola Gfin V i t z t h u m v. E c k s t ä d t, * Kiel 16. 2. 1913, † Göttingen 7. 2. 1975, T. d. em. o. Prof. der Kunstgesch. an der Univ. Göttingen Dr. phil. Georg Gf V. v. E. u. d. Gertrud Gfin v. der Schulenburg.

Kinder:

1) Ferdinand F r i e d r i c h, * Dresden 19. 3. 1939, Oberstlt a. D., RRr d. JohO.;
✕ (standesamtl.) Besenhausen 6. 8., (kirchl.) Niedergandern 7. 8. 1971 Christiane v. K l i t z i n g, * Göttingen 28. 3. 1949, T. d. Oberstlts a. D. Hans Jürgen v. K. u. d. Sitta Freiin v. Wintzingerode-Knorr.

2) E l i s a b e t h, * Göttingen 15. 5. 1940;
✕ New York 3. 2. 1968 Peter M a y e r, * Wien 29. 10. 1925, Kunstphotograph.

3) C h r i s t o p h, * Leisnig 14. 3. 1943, Pfarrer;
✕ Völkershausen, Kr. Eschwege, 10. 1. 1976 Barbara S c h w a r z, * Warburg, Westf., 26. 6. 1955, T. d. Ldwirts Martin Sch. u. d. Brigitte v. Wrisberg.

2. Jutta Anna M a r i e - L u i s e, * Dresden 3. 5. 1912;
✕ Nikolausberg bei Göttingen 12. 7. 1952 Walter H a b e n i c h t, * Northeim 23. 9. 1909, † Osnabrück 9. 5. 1967, Dr. jur., ORegRat.

Die nachfolgenden Aufzeichnungen über das Schicksal der Familie im Jahre 1945 sind einem Bericht des letzten Besitzers von Kössern, Ferdinand v. Abendroth, entnommen.

Verlust meiner Heimat

Am Donnerstag, 13. September 1945, wurde mir mein geliebtes Kössern enteignet. Da schon vorher allerlei Gerüchte darüber kursiert waren, hatte ich einige Schafe und Inventarstücke verkauft. Als Treuhänder wurde mein Freund Wittenburg, der als schlesischer Flüchtling bei uns war, eingesetzt.

Am 7. Oktober erhielt ich vom Bürgermeister die Mitteilung, daß ich das Schloß bis zum 13. Oktober zu räumen hätte. Als Wohnung wurde die von meiner Schwester bewohnte Mühle zugewiesen, die ihrerseits ins Schloß umziehen mußte. Wertgegenstände, Kleidung und Vorräte wurden zu verschiedenen Stellen ausgelagert. Einiges haben wir später holen können, aber das meiste ist verlorengegangen.

Am Sonnabend, 13. Oktober, wurde ich verhaftet und ins Gefängnis nach Grimma gebracht. Man befürchtete wohl, daß ich am nächsten Tag bei der "Feier der Bodenreform" Sabotage treiben würde. Wegen meines Alters wurde ich aber am gleichen Nachmittag wieder entlassen. Mit einem Transparent "Junkerland in Bauernhand" über dem Hoftor fand dann am Sonntag die große Feier statt. Man hatte ein Schwein geschlachtet usw. Wir verbrachten den Tag in der Mühle, abends kam der Landrat und deutete an, daß wir demnächst ganz fort müßten.

Schon am nächsten Tag, Montag, 15. Oktober, war es soweit. Um 11.30 Uhr überbrachte uns der Gendarm den Befehl, Kössern mit der ganzen Familie zu verlassen und bis 16.00 Uhr in Colditz zu sein. Unseren beiden Haushalten (meine Frau Jutta und ich mit unserer Tochter Marie-Luise sowie unserer Schwiegertochter Carola mit ihren drei Kindern Friedrich [6], Elisabeth [5] und Christoph [2]) wurden zwei Dreizimmerwohnungen zugewiesen. Unser Sohn Hansjo, Carolas Mann, war auf mein Anraten nach Göttingen gefahren und bekam von dort aus bei Carolas Vetter Hardenberg eine Tätigkeit und Deputatwohnung auf dessen Vorwerk Elvese.

Wittenburg stellte uns fünf Wagen zum Transport unserer Möbel. Wertsachen, die wir nicht mitnehmen konnten, wurden noch versteckt, sie sind aber später gefunden worden.

Nachmittags um 4 Uhr fuhren Jutta, Marie-Luise, Carola und die drei Kinder in einem Wagen von der Mühle ab, ich per Fahrrad in Begleitung des Gendarms, einer ungewissen Zukunft entgegen. In Colditz wurden wir nach dem Schloß geleitet, einem ehemaligen Offiziersgefangenenlager. Aus den Dreizimmerwohnungen war ein einziger Raum geworden. Da aber außer uns erst eine Familie da war, konnten wir uns ein schönes großes Zimmer aussuchen mit einem guten Ofen. Wir teilten den Raum in ein Wohn- und Schlafzimmer und richteten uns gemütlich ein. Von einem Fenster aus hatten wir einen Blick muldeabwärts in Richtung Kössern. Das Kochen übernahm Marie-Luise auf einem Herd im Flur. Lebensmittel hatten wir reichlich mitgenommen.

Am nächsten Tag kamen noch viele Familien aus Grimma und der Wurzener Gegend. Man besuchte sich gegenseitig und durfte auch Besuch von auswärts empfangen. Wir hatten Dr. Uhlmann aus Colditz wegen Carola zu uns gebeten. Sie war noch recht elend nach ihrer Nierenoperation. Er hat dann später einen großen Teil unseres Geldes, Schmucksachen und andere Wertgegenstände aus dem Lager in seine Wohnung geschmuggelt. Einem Kohlenhändler, der Briketts ins Lager brachte, gaben wir mehrere unserer Teppiche mit, weil ruchbar geworden war, daß wir abtransportiert werden sollten. Eines Tages erschien ein Staatsanwalt aus Grimma, der uns freistellte, Beschwerde einzulegen, wenn man glaubte, unberechtigt verhaftet worden zu sein. Ich tat dies mit der Begründung, daß ich

2

Schloß Kössern
1945
Der linke Flügel (neben dem Giebel) wurde abgerissen,
das Haus von der Gemeinde an viele Familien vermietet.

stets Antifaschist gewesen sei, immer Krach mit den Orts- und Kreisleitern gehabt hätte und zweimal knapp am KZ vorbeigekommen sei. Ich wurde abgewiesen, weil ich das nicht als Proletarier sondern als Stahlhelmer und Deutschnationaler getan hätte.

Zwei Tage vor unserem Abtransport kam er noch einmal und verkündete uns, daß wir auf die Insel Rügen kämen. Die dortigen Bewohner seien evakuiert, wir wären dort ganz allein, könnten die schwarz-weiß-rote Fahne hissen, einen König ernennen usw. Vorher müßten wir aber bis auf 3 kg je Familie alle Lebensmittel und allen Alkohol abgeben. Sie würden an bedürftige Kinder verteilt. Es kamen große Mengen zusammen, und sie haben alles selber gegessen, und es begann ein entsetzliches Fressen und Saufen im Lager. Dann wurden noch einige Räume von den Kommunisten durchsucht, so auch der unsere, da sie auf mich einen besonderen "Bitteren" hatten. Sie fanden aber unsere Verstecke nicht, wütend zogen sie ab und nahmen die Hälfte unseres Holzstapels neben dem Ofen mit.

Es sei hier noch erwähnt, daß in diesen Tagen ein in Leipzig ausgebombter Flüchtling, der bei uns in Kössern lebte, viele wertvolle Sachen bei seinen täglichen Fahrten zur Arbeit in Leipzig mitnahm und dort versteckte. Später haben wir das alles wieder holen können. Bei uns im Lager waren inzwischen feste Besuchszeiten eingerichtet, und wir hatten viele Besuche von Verwandten und unseren Leuten in Kössern. Sie brachten uns immer etwas für den täglichen Bedarf mit.

Am 1. November kam noch ein großer Schub Verhafteter, sofern sie mit den Besitzern verwandt oder befreundet waren. Bei uns waren dies meine Schwester Ella

3

Welck mit ihrer Tochter Hertha v. der Oelsnitz mit ihren Söhnen Gert und Quirin. Auch mein Freund Wittenburg mit seiner Familie war dabei. Ich bemühte mich sehr um ihre Unterbringung, denn das Haus war ja schon voll belegt. Zu den Mitverhafteten gehörten u. a. auch: Schönbergs-Thammenhain mit 84jähriger Mutter, die 87jährige Frau v. Carlowitz-Heyda, Seckendorffs mit Monika Carlowitz als zufälligem Gast, Carlowitzens-Falkenhain mit Tochter Kirchbach usw.

Unser Staatsanwalt verlangte am nächsten Tag bis 22 Uhr eine Liste mit den Namen all derjenigen, die etwas versteckt hätten. Als ihm gemeldet wurde, daß alle etwas versteckt hätten, war die Sache erledigt. Abends wurde uns dann mitgeteilt, daß wir am nächsten Tag abtransportiert würden. Es dürfte nur soviel mitgenommen werden, wie jeder tragen könne. Nur die Kranken und die Betten würden per LKW zur Bahn gefahren. Alles andere würde beschlagnahmt. Wir packten noch die ganze Nacht. Ria Minckwitz hatte noch erreicht, daß uns ein Gottesdienst gehalten wurde, was sehr feierlich war.

Wir hatten nun drei bis vier Handkoffer mit dem notwendigsten Hausrat, etwas Silberbesteck, Kleidung und schwere Lebensmittel, die uns auf der langen Fahrt gute Dienste leisteten. Dazu kamen noch ein schwerer Rucksack und einige kleinere Pakete. Jeder mußte etwas tragen. Sogar der zweieinhalbjährige Christoph hatte einen kleinen Rucksack und einen Henkeltopf. Carola wurde mit den anderen Kranken und Alten mit zwei schweren Koffern und unseren Betten im LKW zur Bahn gefahren. Wir anderen hatten mehrere Kleidungsstücke übereinander gezogen und schwankten schwitzend und schwer beladen zum Bahnhof. Den Bewohnern war es verboten, uns mit Handwagen zu helfen. Als sich der Zug ziemlich in die Länge zog, wagten es dann doch einige, uns einen Teil des Gepäcks abzunehmen.

Beim Verlassen unseres "gastlichen Hauses" waren wir am Tor noch einmal von den kommunistischen Polizisten scharf kontrolliert worden. Einer von uns wollte einen großen Rohrplattenkoffer auf kleinen Rädern mitnehmen. Er wurde ihm fortgenommen, der arme Kerl hatte nun gar nichts mehr. Auf dem Bahnhof stand ein Güterzug bereit. Wir hatten mit Selchows (Freunden aus Schlesien) und Vetter Sandersleben-Frankenberg (Gut unter 100 ha) einen Wagen für uns und konnten uns ganz nett einrichten. Auf der Seite war ein Loch im Fußboden, etwa 50 x 50 cm, das zum Entleeren gewisser Gefäße sehr dienlich war. Die Kinder benahmen sich musterhaft. Sie konnten durch die Luke etwas ins Freie sehen. Wir hatten einige Spiele und Bücher zum Vorlesen mit und abends spielte Marie-Luise immer einige Lieder auf ihrer Mundharmonika. Zum Abschluß kam jeden Abend "Guten Abend, gute Nacht", das wir alle mitsangen.

Einmal konnten wir unterwegs bei einem längeren Aufenthalt einen Waggon mit Kartoffeln plündern und ein anderes Mal wurden einige Wagen mit Kühen angehängt, die froh waren, von einigen jungen Mädchen unseres Transportes gemolken zu werden. Das waren höchst erwünschte Zugaben, denn während der gesamten 8 Tage erhielten wir nur einmal eine dünne Suppe und zweimal Kaffee, wofür wir pro Person vier Mark an die Begleitpolizei bezahlen mußten. Einen nächtlichen Aufenthalt in Borsdorf benutzten einige zur Flucht, infolgedessen lagen wir 24 Stunden fest, während die Polizei die Gegend vergeblich nach den Flüchtlingen absuchte. Nunmehr wurden unsere Waggons verschlossen und wir durften sie nur noch zu gewissen Zeiten verlassen. Männlein und Weiblein mußten nun im Freien ohne Sichtschutz voreinander ihre Geschäfte erledigen. Wir waren nun sehr froh über unser Loch im Fußboden, das ansonsten durch einen Koffer getarnt wurde.

Unsere Fahrt ging über Leipzig, Halle, Berlin-Pankow, Pasewalk nach Stralsund. Dort hielt auf dem Nebengleis ein anderer Güterzug, der sich als Transport von Schicksalsgenossen aus Coswig entpuppte. Wir durften ja aus unseren verschlossenen Wagen nicht aussteigen, aber sie kamen zu uns, u. a. auch Karl Boxberg-Großwelka mit Familie. Gegen Abend wurden bei uns in allen Wagen die Koffer durchsucht und viel gestohlen, vor allem Rauchwaren, Kerzen und Lebensmittel, soweit man sie nicht verstecken konnte. Mir wurden meine braunen Stiefel ausgezogen, und ich mußte in Gummistiefeln laufen. Eine Familie mußte beim Aussteigen den Inhalt eines Lederkoffers auf den Bahnsteig kippen, weil ein Polizist den Koffer haben wollte.

Am nächsten Morgen kam die Mitteilung, daß wir über den Rügendamm laufen müßten. Wir dürften nur mitnehmen, was wir tragen konnten, das übrige würde am nächsten Tag nachgefahren. Leider war dies eine Lüge. Wir verloren alles, was wir daließen. Also erneutes Umpacken, viele Wertsachen und Kleidung blieben in den einzustellenden Koffern, und wir nahmen hauptsächlich Lebensmittel, Eßgeräte, sonstige wichtige Sachen und Decken mit. Je einen schweren Koffer und prallen Rucksack für Marie-Luise und mich; Jutta, Carola und die Enkel waren auch bepackt. Carola wankte schließlich an zwei Stöcken am Ende des langen Zuges bei scheußlichem Sturm und Schneegestöber über Schnee und Pfützen über den endlos erscheinenden Rügendamm nach Altefähr. Dieser Marsch war wohl die größte Anstrengung der ganzen Verschleppung. Ich hielt nur durch, indem ich mich planmäßig 100 Schritte mit dem Gepäck vorwärts schleppte und dann eine halbe Minute rastete. Auch für Jutta mit den zwei Kindern an der Hand und mit Gepäck waren die zwei Stunden Marsch bei dem Sauwetter eine erstaunliche Leistung. In Altefähr gab es nochmals eine besondere Anstrengung als wir zum Bahnhof hochstiegen, um wieder stundenlang auf den Zug zu warten.

Unsere Fahrt ging nach Prora, dem geplanten KdF-Bad, wo wir in der Nacht ankamen. In einer Verpflegungsbaracke war es schön warm und es gab eine Suppe. Carola war so schlapp, daß sie im Wagen liegen bleiben mußte. Ich blieb bei ihr und holte uns etwas Suppe aus der Baracke. Wir hatten nun alle Decken für uns und froren daher nicht zu sehr in dem eiskalten Wagen, die anderen schliefen auf Stühlen und Tischen in der warmen Baracke.

Am nächsten Morgen, 11. November, wurden wir in unsere Baracken eingewiesen, in denen wir künftig bleiben sollten. Es waren große helle Räume, aber ohne Heizung und Beleuchtung. Wir organisierten einige Regale und Schränke und für Carola eine halbkaputte, eiserne Bettstelle. Stroh gab es genug, und da wir jeder eine Decke hatten, froren wir nicht so wie manche andere. Als Verpflegung bekamen wir am Morgen nur Kaffee, mittags eine Suppe und abends wieder nur Kaffee. Noch konnten wir uns mit unseren Vorräten helfen.

Drei Tage später erneuter Aufbruch per Bahn nach Samtens an der Westküste. Und dann kam wieder ein Fußmarsch von 8 km zu einem Lager bei Dreschwitz. Nur Carola und Christoph konnten mit den Alten und Kranken im Wagen fahren. Da

Carola bei unserem Eintreffen nicht da war, ging ich den ganzen Weg nochmals zurück und fand sie schließlich in einem Wagen mit Selchows. Das Lager bestand aus kleinen Baracken für fünfzehn bis zwanzig Personen und war denkbar primitiv. Wir lagen mit Selchows, Sanderslebens, Seydewitzens und einigen anderen zusammen. Da sämtliche sanitären Einrichtungen fehlten - das Trinkwasser entnahmen wir einer Jauchetonne - verbreitete sich sehr schnell die Ruhr. Auch hier gab es wieder kaum Verpflegung.

Dann wurden wir zur Arbeit auf mehrere landwirtschaftliche Betriebe verteilt, die auch enteignet waren. Marie-Luise und ich mußten mit einer größeren Kolonne Zuckerrüben ohne jegliches Gerät mit den Händen roden. Zum Glück war der Boden locker. Jutta und Carola konnten im Lager bei anderen Arbeiten bleiben. Plötzlich wurde ich mit elf anderen Leidensgenossen - unter ihnen auch Karl Boxberg - nach dem 10 km entfernten Ummanz gebracht. Von dort ging es über eine Brücke auf eine kleine Insel mit einem Klostergut, das ein ehemaliger Pferdeknecht bewirtschaftete, der uns nach Strich und Faden schikanierte und mit "Ihr sächsischen Faschistenschweine" titulierte. Einem Jugendlichen war es gelungen, unseren Verbleib auszukundschaften und so erreichte uns am Sonntag, 18. November, ein Wagen, der uns Decken, Waschzeug, Brot und vor allem Briefe von unseren Frauen brachte. Es war wie im Krieg, wenn die Feldpost kam, und für mich war es eine große Geburtstagsfreude, an den seit diesem Tage Karl Boxberg alljährlich gedacht hat.

Am 20. November kamen wir nach Dreschwitz zurück und wurden mit großer Freude im Lager begrüßt. Inzwischen war im Lager ein Kind an Ruhr gestorben. Als noch ein weiteres Kind erkrankte, beschlossen wir zu fliehen, was ja anderen Familien auch schon gelungen zu sein schien. Marie-Luise lief nach Samtens, um sich nach Bahngelegenheiten zu erkundigen. Sie besuchte auch den dortigen Pastor und bat ihn, uns für die Nacht aufzunehmen. Ich war am gleichen Tag nach Kleinkubitz gelaufen, wo ein Fischer regelmäßig Weizen nach dem Festland fuhr und dabei Flüchtlinge mitnahm. Leider hatte er gerade die letzte Fuhre hinter sich. Desto erfreuter war ich über Marie-Luises Erfolg. Abends um halb 7 Uhr brach Carola mit den beiden Kleinen auf, da sie nicht so schnell laufen konnte. Wir folgten später mit einem von Marie-Luise organisierten Handwagen, den sie mit Jutta zusammen zog. Ich war mit dem Rucksack und zwei Handkoffern beladen. Nach zweistündigem, anstrengendem Marsch kamen wir bei Pastors an, die uns rührend aufnahmen, mit Kaffee, Brot und Sirup versorgten, und einige von uns konnten in den angebotenen Betten herrlich schlafen.

Am nächsten Morgen um 8 Uhr ging unser Zug nach Altefähr, aber an der Schranke zum Rügendamm gab es kein Durchkommen. Wir sahen, wie der russische Posten andere Frauen mit Gewehrkolbenschlägen zurücktrieb. Völlig verzweifelt standen wir auf der Straße, als plötzlich ein LKW vorbeifuhr mit Alten und Kranken, denen die Rückkehr aufs Festland erlaubt war. Da der Wagen vor der Schranke warten mußte, stürzte ich hin und fragte, ob Carola mit dem Gepäck mitfahren könnte, was vom Fahrer bejaht wurde. Wir schleppten nun alles hin, Carola stieg auf und wir folgten so nach und nach. Plötzlich kam ein Russe und verlangte ausgerechnet den Ausweis von Carola. Die Abmeldung aus Kössern wurde als ungenügend zurückgewiesen. Wir anderen hatten uns inzwischen

Ausweise der schon Kontrollierten geben lassen, versuchten den Posten abzulenken, versteckten Carola unter einer Decke und warteten aufgeregt, daß der LKW endlich losfahren würde. Aber kurz vorher kam der Posten zurück und verlangte, daß die Frau mit dem braunen Hut aussteigen müsse. Es war Carola, die doch das Fahren am nötigsten gebraucht hätte. Da ich sie nicht allein lassen konnte, stieg ich mit ihr aus. Die anderen fuhren mit unbekanntem Ziel davon. Ein Versuch, mit einem Fischerkahn überzusetzen, schlug fehl, da sie von den Russen beschossen würden. Wir ruhten uns in einer Scheune aus, wo wir Stroh und Schutz vor dem scheußlichen Wind fanden. Dann ging es zu Fuß zurück nach Altefähr, und wir hatten das Riesenglück, daß die Posten gewechselt hatten. Bei dem dauernden Hin- und Herlaufen am Schlagbaum konnten wir in einem günstigen Moment hindurchschlüpfen und marschierten voller Angst über den Rügendamm. Wir wähnten uns schon in Sicherheit, als wir mitten auf dem Damm wieder einen russischen Posten sahen. Er ließ uns zum Glück durch und das gleiche wiederholte sich am Ende des Dammes. Nun waren wir endgültig frei. Völlig erschöpft machten wir eine kleine Rast und gelangten bei völliger Dunkelheit gegen 8 Uhr auf dem Bahnhof Stralsund an. Der überfüllte Wartesaal war wegen Stromausfalles stockdunkel. Auf unseren Familienpfiff kam vom anderen Ende Antwort und wir waren wieder vereint.

Ohne Schwierigkeiten bekam ich eine Fahrkarte nach Berlin, aber nicht weiter. Auf dem Bahnhof trafen wir noch Manfred Trebra und unseren Neffen Quirin Oelsnitz. Ich ging dann noch zu dem Speicher, bei dem ich unser Gepäck abgestellt hatte. Ich wagte aber nicht, mich an die Polizei zu wenden. Später erfuhr ich dann, daß ein großer Teil unserer Sachen nach Rügen weitergeschickt worden war und dann dort unter die Flüchtlinge verteilt wurde. Jahre später haben wir einiges wiederbekommen. Der Zug nach Berlin sollte um 12 Uhr abfahren, aber schon Stunden vorher war ein solches Gedränge an der Sperre, daß wir befürchteten, daß unsere Kinder zerquetscht würden. Wir kamen aber doch noch alle mit. Unterwegs war nun die große Frage, wie man von Berlin weiterkäme. Es wurde berichtet, der Stettiner Bahnhof, die Endstation unseres Zuges, sei völlig zerstört und wir würden die Nacht dort im Freien verbringen müssen. Außerdem gäbe es vom Anhalter Bahnhof keine Möglichkeit des Fortkommens, da dort eine Kontrolle wäre. Dagegen würde man von Lichterfelde Ost sicher mitkommen. So stiegen wir am Gesundbrunnen aus, begaben uns in die U-Bahn und warteten auf den letzten Zug, der über Nacht dort blieb. Alle konnten in der 2. Klasse bequem liegen und wir wären restlos zufrieden gewesen, wenn uns der Zustand von Carola nicht Sorgen gemacht hätte. Sie hatte Fieber und konnte kaum noch weiter.

Um 4.30 Uhr mußten wir den Zug verlassen; man teilte uns mit, daß kein Zug mehr in Lichterfelde hielte. Wieder war guter Rat teuer. Da kam Marie-Luise der herrliche Einfall, zu Roques zu gehen, die nicht weit vom Bahnhof wohnten und die sie von ihrer Pflege her kannte. Freudestrahlend kam sie zurück, sie könnten uns alle unterbringen, und wir könnten sogar in Betten schlafen. Wir fanden rührende Aufnahme und fühlten uns wie im Schlaraffenland! Roques behandelten Carola und waren sehr fürsorglich zu ihr. Ich fuhr zu Gersdorff, durch dessen Vermittlung ich im Reisebüro eine Fahrkarte zur Grenzstation Arenshausen über Halle - Heiligenstadt bekam. Ohne ihn wären wir kaum aus Berlin herausgekommen. Aber nun erklärte Roques, daß Carolas Zustand so bedenklich sei, daß an ein Reisen am folgenden Tag nicht zu denken sei. So blieben wir noch. Da Roques Bürgermeister war, hatte er keine Mühe, uns zu verpflegen, und wir genossen noch einmal eine Nacht in richtigen Betten und der Möglichkeit, sich zu waschen. Mit einiger Mühe konnte ich die Fahrkarten auf einen Tag später umbuchen.

Am 28. November ging es dann früh raus. Wir bekamen noch ein reichliches Frühstück und Brote für die Reise und schieden dankerfüllten Herzens von diesen guten Menschen. Carola schleppte sich an meinem Arm durch die Trümmer von Berlin, der Zug war wie üblich überfüllt, aber wir fanden in einem fensterlosen Wagen alle Platz. In Wittenberg mußten wir umsteigen. Auf einen Anschlußzug hätten wir stundenlang warten müssen. Da hörten wir, daß ein Güterzug nach Halle führe. In größter Eile kletterten wir über die hohen Wände eines offenen Güterwagens als sich der Zug schon in Bewegung setzte. Es war eine schöne Fahrt, die leider in Bitterfeld schon wieder endete. Mit Mühe drängten wir uns dort in einen Zug nach Halle. Dort verbrachten wir die Nacht auf dem Fußboden im Flüchtlingslager Schützenhaus, bekamen aber eine warme Suppe. Früh um 5 Uhr ging es weiter, wieder in einem überfüllten Güterzug, und wir landeten am Nachmittag um 5 Uhr in Heiligenstadt. Normalerweise dauert diese Fahrt zwei Stunden. Wir wurden in die Schule eingewiesen und übernachteten in einem Klassenzimmer.

Nach langen Verhandlungen bekam ich einen Übergangsschein in die britische Zone, ebenso unter größten Schwierigkeiten die Erlaubnis für Carola mit den beiden kleinsten Kindern und für mich - wegen meiner geschwollenen Füße - nebst unserem Gepäck mit der Bahn nach Arenshausen fahren zu dürfen. Jutta, Marie-Luise und Elisabeth mußten die 15 km zu Fuß gehen. So mußten wir die letzte Etappe vor der Grenze getrennt bewältigen. Carola konnte mit den beiden Kleinen im Krankenwagen ins Lager Friedland fahren, ich gelangte auf Umwegen zu Fuß dorthin. Noch am gleichen Tag fuhren wir nach Göttingen, wo wir von Carolas Eltern freudig willkommen geheißen wurden. Am nächsten Tage begab ich mich zurück zur Grenze, um Jutta, Marie-Luise und Elisabeth durchzulotsen, was auch nach einigen Schwierigkeiten dank der Einsicht eines englischen Offiziers gelang, denn meinen Passierschein hatte man uns am Vortage abgenommen. Nun ging es erst einmal wieder ins Lager Friedland, wo Stunden mit Registrierung, Entlausung, Empfang von Marschverpflegung usw. vergingen. Als wir dann schließlich abends um 8 Uhr in Göttingen von Vater Vitzthum mit Carola am Bahnhof abgeholt wurden, waren wir wieder glücklich vereint. In Göttingen trafen wir viele Bekannte, so u. a. Sohn Seydewitz, mit dessen Eltern wir in Rügen zusammengewesen waren, Trebras, bei denen wir einen gemütlichen Ersten Adventsabend verbrachten, Gräfin Schulenburg-Steiger, Poserns und Sabi Salza, die uns mit Lebensmittelkarten versorgte. Dann trennten sich unsere Wege und es begann der Aufbau eines neuen Lebens im Westen.

Wilhelm v. Altrock auf Gröba

Rittergut Gröba, Kreis Riesa, Größe ca. 300 ha. Es war im Jahr 1887 durch Erbschaft von der Familie v. Kommerstädt in den Besitz der Altrocks gelangt.

Zur Familie des letzten Eigentümers gehören:

W i l h e l m Eduard Paul Hugo v. A l t r o c k , * Gröba 24. 8. 1887, † Diedersen bei Hameln 26. 2. 1952, auf Gröba (§) bei Riesa, GenLt a. D.; ✕ Gröba 22. 9. 1922 Gertrud v. M e d i n g , * Greiz, Thür., 17. 11. 1895, † Göttingen 7. 2. 1977, T. d. Reg.- u. KonsistorialPräs. d. Fstt. Reuß ä. L., WGehRats u. Khrn, Bevollm. zum Deutschen Bundesrat, Erbldmarschalls d. Fstt. Lüneburg August v. M. u. d. Helene Freiin v. Uslar-Gleichen.

Kinder:

1. G e o r g Ernst-August Hans Werner, * Königsbrück 3. 2. 1924, ✕ (vermißt) im Mittelabschnitt der Pripjet-Sümpfe, Rußld, 19. 3. 1944, Fjkr-Uffz. im KavRgt Mitte.

2. A l e x a n d e r Wilhelm Ernst Dietrich, * Königsbrück 17. 12. 1925, † Hameln 6. 4. 1987, Lt a. D., Geschäftsführer; ✕ Hameln 31. 12. 1954 Helga C o n r a d t , * Hameln 2. 11. 1931, T. d. Kaufm. Herbert C. u. d. Alfriede Mayer.

3. M o n i k a Helene Gertrud Elisabeth, * Freiberg 17. 1. 1928, Säuglings- u. Kinderschwester.

Der nachfolgende Bericht stammt von der Gemahlin des letzten Besitzers, Frau Gertrud v. Altrock-Gröba, geb. v. Meding.

Es ist Oktober 1945. Den Russeneinmarsch haben wir hinter uns, und wir dürfen wieder in unser Gutshaus einziehen. Wenn auch in Haus und Stall viel geplündert wurde, so sind wir doch dankbar und zuversichtlich. Leicht fällt uns die Arbeit, unser Heim wieder wohnlich zu gestalten, um vor allen Dingen meinem Mann und den beiden Söhnen wieder ein Zuhause zu schaffen, wenn sie dereinst aus der Kriegsgefangenschaft zurückkehren.

Es ist viel davon die Rede, daß alle Güter enteignet würden. Aber ich will nicht recht daran glauben, und zumindest bleibt die Hoffnung, daß wir im Hause wohnen bleiben dürfen und daß ein Garten unser Betätigungsfeld bleiben wird. Doch mit einem Schlage sind alle Pläne zunichte. Am 13. Oktober gegen 14 Uhr erscheint der Bürgermeister von Forberge, Lehmann, begleitet von zwei Polizisten, und verliest ein Schreiben des Landrates von Großenhain. Es heißt darin, daß ich mit meiner Tochter Monika das Gut innerhalb von 24 Stunden zu verlassen hätte und nie wieder betreten dürfe. An Gepäck sei so viel mitzunehmen, als wir in der Hand tragen könnten. Ich bat um eine Abschrift dieser Verfügung, was mir verweigert wurde.

Nachdem sich die erste Bestürzung gelegt hatte, hieß es schnell handeln. Der getreue Bauer Knepper in Reußen ist bereit, uns aufzunehmen, so wie er es vorher schon in so dankenswerterweise getan hatte. Mit Hilfe guter Freunde wird auf Handwagen im Schutze der Dunkelheit vielerlei zu Knepper gebracht, der die neue Belastung gern auf sich nimmt. Es ist nur gut, daß durch alle Unruhe die letzten Stunden rasch vergehen und keine Zeit für einen richtigen Abschied bleibt. -

Zwischendurch wurde mir ein Zettel gezeigt, der mir sagt, daß Monika und ich uns am 14. Oktober 1945 bis abends 12 Uhr im Gasthof "Bergkeller" in Zieschen bei Großenhain einfinden sollen; da mir dieses nicht recht einleuchten will, denke ich nicht weiter darüber nach, sondern ziehe am 14. mittags meiner eigenen Wege. Zuerst zu einigen Besorgungen nach Riesa, dann 17.30 Uhr zum Bahnhof. Dort treffen wir Anita v. Behr, die mit uns nach Dresden fahren will. Doch dann fragt uns ein Gröbaer Polizist nach unserem Reiseziel und befiehlt, zu warten, bis er wiederkäme. Reichlich verdutzt stehen wir da, weil wir gar nicht ahnen, was das zu bedeuten hat. Der Zug läuft ein, und kein Polizist ist zu sehen. Wir steigen also ein und haben den dringenden Wunsch, der Zug möge sofort abfahren. Er tut uns den Gefallen nicht. Der Polizist kommt, sucht bis er uns findet und herausholt. Mit unserem Gepäck beladen wandern wir zur Gröbaer Polizeiwache, wo wir zusammen mit unserem Inspektor eintreffen, den das gleiche Schicksal ereilt hat. Nach geduldigem Warten heißt es gegen 21 Uhr: "Auf zur Polizei nach Riesa." Das bedeutet wieder einen langen Fußmarsch mit unserem Gepäck. Der begleitende Polizist ist menschenfreundlich und lädt auf sein Rad, was er kann. So geht es durch die dunklen, menschenleeren Straßen von Riesa. Nur einige Russen wollen unseren kleinen Koffer durchsuchen, es gelingt ihnen jedoch nicht.

Auf der Polizeiwache wurden wir sehr freundlich dem Hauptmann übergeben, der behauptete, den Grund unserer Verhaftung nicht zu kennen, es läge nichts gegen uns vor. Wir dürfen von unserem Mitgebrachten ein kleines Abendbrot verzehren und werden dann höflich aufgefordert - der Inspektor, Monika und ich -, es uns für die Nacht in Zelle 3 möglichst bequem zu machen, und ich bin erstaunt, daß wir tatsächlich etwas geschlafen haben. Unser Staunen ist groß, als am anderen Morgen noch mehr Landwirte mit Familien zum Vorschein kommen. Wir bekommen Kaffee und ein Fettbrot und haben bis 11 Uhr Zeit, unsere eigenartige Lage zu besprechen.

Dann fährt ein Trecker vor mit Anhänger, wir darauf und fort geht es unter Bewachung nach Zieschen bei Großenhain. Dort ist der Gasthaussaal schon dicht mit Leidensgenossen besetzt. Aber zum Glück finden wir noch eine Ecke an der Bühne, wo wir, so gut es geht, unser Strohlager einrichten. Der Wirt zeigte viel Verständnis für unsere Lage, er sorgte, daß der Saal gut warm ist und wir dank mitgebrachter Vorräte reichlich zu essen haben. Die Stimmung ist ganz gut, da wir mit baldiger Entlassung rechnen. Wir nehmen an, eingesperrt zu sein, um die Bodenaufteilung nicht zu stören. Ein Polizist sorgt dafür, daß uns nicht zu wohl wird. Die Fenster nach der Straße dürfen wir nicht öffnen, keine Besuche empfangen, die Morgenspaziergänge nur im hinteren Teil des Gartens ausführen. Täglich kontrolliert er, ob alle da sind. Der Landrat läßt uns sagen, er sei sehr um unser Wohl besorgt, nur merken wir nichts davon. Im Gegenteil, am 21. Oktober nachmittags heißt es, sofort alles einpacken, es geht weiter.

Wir werden wieder auf offene Wagen verladen, diesmal ohne Sitzgelegenheit und bei Regen und Sturm. In schneller Fahrt geht es bei Dunkelheit einem unbekannten Ziel entgegen. Es wird uns etwas bang zumute. Was würde unser Schicksal sein? Wir werden in ein größeres Lager in Radeberg bei Dresden gefahren. Da für uns nichts vorbereitet ist, verbringen wir die erste Nacht recht kümmerlich in einer Baracke, in der wir aus dem Großenhainer Bezirk beisammen bleiben. Am

Schloß Gröba
Es steht unter Denkmalschutz; der Turm wurde beseitigt.
Im Haus befindet sich das Landratsamt.

nächsten Tag geht es an eine gründliche Reinigung unserer Behausung, die nicht frei von Ungeziefer ist. Reichlich Stroh gibt es, einen Tisch, ein paar Hocker und sogar einen Ofen, auf dem hin und wieder Kartoffeln gekocht werden. Unsere Verpflegung ist mehr als schlecht. Die Tage bringen reichlich Abwechslung. Immer wieder werden Gutsbesitzer aus dem Sachsenland gebracht, und mancher Bekannte ist dabei. Alle Altersstufen sind vertreten, vom Säugling an und die älteste Dame zählt 89 Jahre. Die übereifrigen Landratsämter haben zudem Menschen geschickt, die mit der Bodenreform überhaupt nichts zu tun haben. Um dem abzuhelfen, hat die Dresdner Regierung einige junge Männer geschickt, die jeden über Einzelheiten des Besitzes verhören. Danach werden Inspektoren usw. entlassen.

Das Lager wird sehr stark bewacht, die Polizei versucht, uns mit Drohungen einzuschüchtern und gibt von Zeit zu Zeit, auch nachts, Schreckschüsse ab. Mit der Außenwelt haben wir keinerlei Verbindung, die Polizei ließ fast nie eine Unterhaltung zu mit Angehörigen, die versuchten, ins Lager zu kommen. So vergehen die Tage in zermürbender Spannung und Ungewißheit.

Am 28. Oktober verlassen wir das gastliche Lager, sind ab 10 Uhr startbereit und um 15 Uhr geht die Fahrt endlich los. Die Wartezeit wurde statt mit einem Mittagessen mit Drohungen und Verhaltensmaßregeln ausgefüllt. Diesmal in bequemen Autobussen geht die rasende Fahrt nach Coswig, dem größten Lager, wo endgültig alle Landwirte beisammen sind. Zum Glück haben wir einige Kartoffeln mit für unser Abendbrot. In fürchterlicher Enge verbringen wir die Nacht, um am nächsten Tag ab 10 Uhr am Tor bereitzustehen, irgendeinem neuen Lebensabschnitt entgegen. Mittagbrot dürfen wir draußen, auf unserem Gepäck hockend, einnehmen. Eine junge Mutter hatte die Geistesgegenwart, ihren Säugling einer auf der Straße stehenden Bekannten zur Pflege zu übergeben, mit ihren vier größeren Kindern und leerem Kinderwagen zieht sie los, als wir endlich nachmittags zum

Bahnhof marschieren. Dort stehen Güterwagen bereit, die uns nach Rügen bringen sollen, wie es gerüchteweise heißt. Der Versuch, es uns etwas bequem zu machen, mißlingt, da einige Wagen abgehängt werden, deren Insassen in die restlichen Wagen drängen. Und nun beginnt eine Fahrt von fünf Tagen und Nächten, die unerhörte Anforderungen an uns stellt. Wir haben kein Lager, uns nachts vernünftig hinzulegen, außer einmal 200 g Brot gibt es keine Verpflegung, an Waschgelegenheit natürlich nicht zu denken. Fahrtpausen gibt es oft und lange, aber nur ganz kurze Zeit werden unsere Türen geöffnet. Es spottet überhaupt jeder Beschreibung, mit welchen Drohungen und Schimpfwörtern uns die Polizei bedenkt, und wie sie aufpaßt. Trotzdem gelingt einem Leidensgenossen in Tempelhof die Flucht. Dafür muß sich sein Bruder einer Prügelstrafe unterziehen, was auch einem anderen widerfährt, der Zettel und Briefe aus dem Zug geworfen hat. Wir in unserem Großenhainer Wagen verhielten uns brav, singen Lieder und es kommen ganz anregende Unterhaltungen zustande. Als Verpflegung haben Monika und ich täglich zwei Scheiben Brot und einen Apfel, Dinge, die wir rührenderweise geschenkt bekommen haben. Schließlich rührten wir uns aus rohen Kartoffeln, Mehl, Apfel und Tee, den wir uns mit Lokwasser aufgegossen haben, einen Brei. Monika hat zudem eine Bindehautentzündung bekommen.

Endlich sind wir in Stralsund und werden auf dem Güterbahnhof ausgeladen. Einen traurigen Anblick mögen wir Häuflein Menschen bieten. Ungepflegt, müde und entkräftet, so wandern wir los, das Gepäck mühsam schleppend. An Trümmern vorbei, auf schlechtem Weg außerhalb der Stadt geht es zum Rügendamm und weiter zu Fuß darüber, immer die schimpfende Polizei um uns herum. Am Ende des Dammes gibt es langen Aufenthalt bei der russischen Wache. Unsere Begleiter versäumen nicht, sich durch Schreckschüsse wichtig zu tun und allen, die es hören konnten, zu erzählen, wir seien Faschisten und die reinsten Verbrecher. Inzwischen ist es dunkel geworden und ein recht kalter Wind bläst uns um die Ohren. Auf dem Bahnhof "Altefähr" dürfen wir wieder endlos stehen, frieren und hungern. Die Angst unserer Begleiter ist groß, daß in der Dunkelheit einer entwischen könnte. Schließlich dürfen wir in die bereitstehenden Güterwagen einsteigen, und werden mit der Bemerkung eingeschlossen, daß erst am anderen Tag eine Lokomotive käme. Schließlich geht auch diese Nacht vorbei, und am nächsten Vormittag zieht uns die ersehnte Lok von Bahnhof zu Bahnhof über die Insel hin. In Prora steigen wir aus, und der kurze Weg durch den Wald ins Lager ist bald geschafft.

Es fehlt uns richtig, daß uns kein Uniformierter mehr stört. Im Lager neue Überraschung, es gibt wohl schöne, große Steinbaracken, aber nichts darin, kein Stuhl, kein Tisch, kein Nachtlager, kein Licht, nichts! Wir suchen uns also trockenes Farnkraut und dergleichen. Einzelne Bänke und Schemel finden sich in den Riesenbauten am Strand. Endlich gibt es warme Abendsuppe in der weit abgelegenen Kantine und sobald es dunkel wird, legen wir uns. Wir Großenhainer sind wieder zusammen, jede Familie hat sich ihr kümmerliches Eckchen in dem großen Raum abgetrennt. Die nächsten Tage verlaufen eintönig. Das Mittagessen ist reichlich und gut. Abends kochen wir uns draußen gestoppelte Kartoffeln und gesammelte Pilze. Außenstehende, die zufällig durch das Lager kommen, müssen einen trostlosen Eindruck mitgenommen haben. Wir sehen alle kummervoll aus, die innere Not und Sorge steht jedem auf dem Gesicht geschrieben, die äußere

Pflege fehlt. Es ist wie ein Wunder, daß Krankheiten nicht überhand nehmen und die kleinsten Kinder alles überstehen. Welche Opfer werden aber auch gebracht! Eine Mutter wickelt sich die nassen Windeln ihres Kindes zum Trocknen um den Leib!

Über unsere Zukunft ahnen wir gar nichts, bis am 5. November vom Bürgermeister verkündet wird, daß wir nun so frei seien, wie jeder andere auch, und tun und lassen könnten, was wir wollten. Wir werden in Privatquartieren untergebracht. Wir Großenhainer sind für Rambin bestimmt und drei unserer Herren machen sich auf den Weg, um Quartiere zu suchen. Das war recht gut bei der Überfüllung, und mit ein klein wenig Zuversicht fahren wir nach. Von Rambin aus durchwandern wir eine weite Strecke auf schlechten Feldwegen bis Götemitz, wo Monika und ich ein recht bescheidenes Unterkommen auf der Wirtschaft Wolf fanden. Der Besitzer ist enteignet. Ein 70jähriges Fräulein und deren geistig behinderte Nichte versorgen Haus und Tiere. Die Außenwirtschaft wird vom Nachbarhof aus besorgt. Dieser Landwirt ist ganz wohlwollend, verlangt aber tüchtige Arbeit von uns. Monika zieht also, ganz unzulänglich bekleidet, bei entsetzlichem Wetter aufs Feld, ich finde reichlich Betätigung in der Küche. Unsere Gedanken sind nur darauf gerichtet, diese Insel so schnell wie möglich zu verlassen. Einigen unserer Leidensgenossen glückt es sofort. Acht Tage später fahre ich also nach Bergen, um uns einen Passierschein zu besorgen. Dort heißt es, für die Sachsen gibt es keine Passierscheine. Mir wird klar, daß uns möglicherweise noch weit Schlimmeres bevorsteht und wir so schnell als möglich die Insel verlassen müssen. Ich wandere also am nächsten Tag den weiten Weg nach Altefähr, um einen Fischer zu bitten, uns nach Stralsund überzusetzen. Kein Fischer ist zu finden, aber die Einwohner meinen, wenn wir morgens in der Dämmerung am Strand wären, würde es klappen. Ins Haus Wolf zurückgekehrt, werden Reisevorbereitungen getroffen, Abschied genommen und nachts um vier Uhr geht es bei völliger Dunkelheit und strömendem Regen fort. Schon nach fünf Minuten steht das Wasser in unseren Schuhen, die Kleider sind durchnäßt und das wenige Gepäck wird zur schweren Last. Aber die winkende Freiheit erleichtert alles, und nach dreistündigem Marsch stehen wir an der Ostsee, Stralsund gegenüber. Neue Enttäuschung, denn kein Fischerboot ist weit und breit zu sehen. Die Polizei ist hinter diese Schleichwege gekommen und versucht, sie zu verhindern. Also, es hilft nichts, wir - es ist noch eine uns bekannte Familie dabei - müssen beim Russen um gut Wetter bitten, damit er uns über den Rügendamm läßt.

Mit erlahmten Kräften geht es dorthin. Unsere Begleiter stürzen sich sofort auf die russischen Posten und bitten um Durchlaß. Vergeblich, ohne richtige Papiere ist nichts zu machen. Monika und ich stehen in der Nähe auf Beobachtungsposten bis die russische Wache sich langweilt und in leidlichem Deutsch nach unserem Begehr fragt. Ich zeige ihm Monikas kaputte Schuhe und erkläre, daß wir nach Stralsund müßten, um bessere Sachen zu holen. Und siehe da, einige Papiere müssen vorgezeigt werden, und weiter dürfen wir über die Brücke wandern. Die andere Familie müssen wir leider zurücklassen, ohne je zu erfahren, wie es ihnen weiter ergangen ist. Wir brauchen lange, bis wir den Damm überquert haben, denn das Gepäck wird zur Last und die nassen Sachen hindern. Nun muß noch der Posten am anderen Ende des Dammes überwunden werden. Doch wir haben wieder

Glück, dieser läßt uns ohne jede Kontrolle durch. Endlich können wir aufatmen und uns unserer Freiheit freuen. Nur so ganz von Herzen kommt diese Freude nicht. Wir wollen noch einmal nach Dresden fahren, um uns etwas Kleidung zu verschaffen, und es ist eine Schande, zu gestehen, daß wir Angst vor den eigenen Landsleuten haben müssen. Die deutsche Polizei wird uns unweigerlich wieder inhaftieren, wenn sie unserer habhaft wird. - Von den Verwandten und Bekannten in Dresden wurden wir in liebevollster Weise aufgefrischt und versorgt. Nach wenigen Tagen fuhren wir weiter ins englische Besatzungsgebiet. Auch diese Reise ist nicht ganz einfach wegen des Grenzübertritts. Doch es wurde alles gut überwunden, und am 1. Dezember 1945 kamen wir in Diedersen an, wo wir bei den Geschwistern ganz besonders fürsorgliche und die Heimat ersetzende Aufnahme fanden.

Allard v. Arnim auf Kriebstein

Das Rittergut Kriebstein liegt im Kreis Döbeln in der Nähe des Städtchens Waldheim im Zschopautal. Seit dem Jahre 1825 befand es sich in Arnimschem Besitz. Zusammen mit dem Vorwerk Beerwalde hat es eine Größe von 460 ha, davon 277 ha Wald. Allard v. Arnim, aber auch sein Vater Erik waren bekannte und passionierte Tierzüchter und hatten in langjähriger Arbeit eine hervorragende Herdbuch-Herde auf der Grundlage schwarzbunter ostfriesischer Rinder aufgebaut. Sie war noch im Jahre 1941 mit dem I. Staatspreis ausgezeichnet worden. Sie wurde im Herbst 1945 an die Neusiedler aufgeteilt und dadurch zerschlagen. Der letzte Zuchtbulle ist von den Russen fortgetrieben worden.

Die Burg Kriebstein ist im 13. Jahrhundert zum Schutz gegen die Wenden und Sorben gebaut worden, 1380 wurde sie erstmals urkundlich erwähnt. Zum ältesten Teil gehören der Torturm mit der Umfassungsmauer und dem Wehrgang, ferner der Pallas und die Kapelle mit dem darüberliegenden Saal. Bei Restaurierungsarbeiten im Jahre 1934 entdeckte man in der Kapelle unter sechs Putzschichten gotische Fresken, die mit großer Sorgfalt freigelegt und wiederhergestellt wurden. Sie stellen das Leben Marias dar und gehören zu den besterhaltenen Fresken Sachsens aus der Zeit um 1400 bis 1425.

Nach dem tragischen Aussterben der Planitzer Linie der Familie v. Arnim fielen deren Besitzungen Planitz, Irfersgrün und Voigtsgrün an Erik. Dieser übertrug seine Güter im Jahre 1923 an seine drei Söhne; Allard, der Älteste, erhielt Kriebstein mit Beerwalde.

Zur Familie des letzten Eigentümers gehören:

A l l a r d Hans Wolf v. A r n i m , * Leipzig 29. 5. 1901, † (im Dienst verunglückt) Heiloo bei Alkmaar, Niederlde, 29. 3. 1945, auf Kriebstein, OLt d. Res.;
× Schloß Mansfeld 14. 3. 1930 Ilse Freiin v. der R e c k e , * Pasewalk 15. 5. 1908, T. d. Majors a. D. Joachim Frhr v. der R. auf Schloß Mansfeld usw. u. d. Luise v. Düring.

Kinder:

1. A n n a - L u i s e , * Kriebstein 20. 2. 1931, Leiterin eines Seniorenwohnheims.

2. Elisabeth C h r i s t i n e , * Kriebstein 4. 10. 1933, selbst. Kauffrau, Inh. einer Diskothek;
× Maracaibo, Venezuela, 4. 2. 1959 Klaus N i e t h a m m e r , * Dresden 19. 3. 1931, † ... 13. 7. 1976, Kaufm. (gesch. ... 13. 5. 1974).

3. Ilse D o r o t h e e , * Kriebstein 25. 4. 1935;
× Unterbessenbach 20. 8. 1961 Peter C o l s m a n n , * Wuppertal-Elberfeld 27. 6. 1933, Dr. oec., Bankdir.

4. K a t h a r i n a Konstanze, * Kriebstein 29. 11. 1939, Krankenschwester.

5. E r i k Hans Joachim (posthumus), * Kriebstein 7. 4. 1945, DiplIng. agr., Kaufm.;
× Bad Homburg vor der Höhe (standesamtl.) 18. 7., (kirchl.) 20. 7. 1975 Charlotte v. B r u n n , * Bad Homburg 12. 4. 1955, T. d. GerAssessors a. D., Präs. a. D. des Verb. der Automobilindustrie e. V. Dr. jur. Johann Heinrich v. B. u. d. Katharina (Katrin) v. Wilm.

Als Beitrag zur Geschichte des Geschlechts v. Arnim hat Ilse v. Arnim-Kriebstein, geb. Freiin v. der Recke, die Witwe von Allard, das Schicksal ihrer engeren Familie und von Kriebstein niedergeschrieben. Ihren Aufzeichnungen über die Geschehnisse der Jahre 1945/46 ist der nachstehende Bericht auszugsweise entnommen.

Vom ersten Kriegstage an war Allard zu dem in Döbeln liegenden Inf.-Rgt. Nr. 101 eingezogen worden, wurde zu Sonderkommandos verwendet und lernte so fast alle Kriegsschauplätze kennen. Zu Kriegsende befand er sich in Holland als Sonderbeauftragter für die Freiwilligenverbände. Auf einer Dienstfahrt als Soziusfahrer auf einem Krad stürzte er, als der Fahrer wegen eines Drahthindernisses scharf bremsen mußte, so unglücklich, daß er sich einen Schädelbruch zuzog. Am 23. April 1945 erlag er seinen Verletzungen, eine Woche vor der Geburt seines Sohnes Erik.

Der junge Erik war gerade sieben Tage alt, als Kriebstein geräumt werden mußte, weil dort eine Panzersperre eingerichtet wurde. Kriebstein sollte verteidigt werden. Eriks Mutter war noch bettlägerig. Zusammen mit mehreren Arnimschen Verwandten aus dem Osten, die sich als Flüchtlinge in Kriebstein befanden, wurde in aller Eile das Notwendigste zusammengepackt und nach Schloß Ehrenberg getreckt, wo Herr v. Sahr gastfreundliche Aufnahme zugesagt hatte. Dort erhielt Ilse am 25. April durch das AOK XXV die Nachricht vom Tode ihres Mannes. Er war am 31. März 1945 auf dem Soldatenfriedhof in Hilversum beigesetzt worden. Später wurde er auf den Soldatenfriedhof in Ysselstein bei Verray umgebettet, wo 27.000 deutsche Soldaten ruhen.

Nach ca. zwei Wochen kehrte man nach Kriebstein zurück. Das Gebiet entlang der Zschopau war damals sogenanntes Niemandsland, es war weder von den Amerikanern, noch von den Russen besetzt. Der Gasthof in Kriebstein war als Lazarett eingerichtet, so daß man sich unter dem Schutz des Roten Kreuzes ziemlich sicher fühlte. Doch dann kamen die Russen! Zuerst ein einzelner, der mit einem Ostarbeitermädchen die Kleiderschränke plünderte. Dann kamen sie täglich und holten Getreide, Kartoffeln und Vieh. Die täglichen Hausdurchsuchungen waren nervenaufreibend. Einmal im Mai fanden sie in einer Kommode einen Revolver, der völlig in Vergessenheit geraten war. Sämtliche Bewohner des Hauses wurden zusammengetrieben und ich mußte mit vier Russen nach Waldheim fahren. Die Stadt war vollkommen verwandelt, überall rote Fahnen und Lautsprechergequärre. Das Rathaus war Kommandantur geworden. Der Posten am Eingang fragte: "Du Frau, was gemacht?" Als er den Grund erfuhr, ermutigte er mich: "Dann Du Frau erschossen!" Zum Verhör war es an diesem Tag schon zu spät, begleitet von zwei Russen mit aufgepflanztem Bajonett wurde ich die Kellertreppe hinuntergestoßen. Die Nacht verbrachte ich in einem Verschlag auf zwei Stühlen mit einem alten Kartoffelsack als Decke. Das Verhör am nächsten Morgen vor dem Kommandanten verlief günstig, und ich wurde wieder entlassen.

Die Sommermonate vergingen mit vielen Aufregungen. Immer wieder wurden neue Termine für die Ablieferung der diversen Ernten angesetzt, immer wieder kamen Russen ins Haus. Mein Schwiegervater war gerade in Kriebstein, das erste Mal nach Allards Tod und der Geburt seines Enkels, da erhielt ich am 12. September

1945 vom neu gebildeten "Rat für Land- und Forstwirtschaft" ein Schreiben folgenden Inhalts:

"Lt. Verfügung der Landesverwaltung Sachsen teilen wir Ihnen mit, daß das Rittergut Kriebstein der Stadt Waldheim übereignet wird. Inwieweit eine Landaufteilung an Kleinbauern und Landarbeiter erfolgt, wird noch näher festgelegt."

Das war die entschädigungslose Enteignung!

Am 18. September 1945 kam ein weiteres Schreiben, diesmal vom Bürgermeister der Stadt Waldheim. Es lautete:

"An Frau v. Arnim und Familie v. Arnim! Wir setzen Sie hiermit davon in Kenntnis, daß aufgrund der Verordnung über die Bodenreform der Landesverwaltung Sachsen vom 3. 9. 1945 das Rittergut Kriebstein einschl. Schloß mit sämtlichem lebenden und toten Inventar der Familie v. Arnim enteignet und der Stadt Waldheim zum Eigentum übergeben ist. Vom heutigen Tage ab verliert die Familie v. Arnim jedes Verfügungsrecht über die Besitzung und deren Erträgnisse. Die gesamte Finanzverwaltung des Besitzes ist mit sofortiger Wirkung der Stadthauptkasse Waldheim zu übergeben. Als Treuhänder der Stadt Waldheim werden bis auf weiteres eingesetzt: (es folgen drei Namen). Der Familie v. Arnim wird das Wohnrecht im Gutshaus bis einschließlich 30. September 1945 eingeräumt. Es wird ihr zugestanden, bei der Räumung ihr persönliches Hab und Gut (Wäsche, Möbel, Hausrat) in dem noch vom Magistrat zu bestimmenden Umfange mitzunehmen. Irgendwelche Gegenstände dürfen ohne Genehmigung des Magistrats der Stadt Waldheim nicht entfernt werden."

Da wir das Rittergut verlassen mußten, bezog ich am 20. Oktober mit meinen fünf Kindern eine Zweizimmerwohnung im Altenteil des Bauern Seidel in Beerwalde. Man beließ uns nur die Möbel einer sogenannten bürgerlichen Einrichtung, also an Betten, Tischen und Stühlen das unbedingt Notwendige.

Am Montag, 22. Oktober, erschien gegen 10 Uhr ein Volkspolizist und teilte mir mit, daß ich mit allen fünf Kindern zu einem Verhör nach Waldheim zu kommen habe. Auf meinen Einwand, daß das Baby doch keine Aussagen machen könne, erwiderte er, es sei ausdrücklich bestimmt worden: "Gesamtfamilie". Mein Wunsch, Betten mitzunehmen, wurde abgelehnt mit der Begründung, daß wir abends wieder zurück seien. Bauer Seidel mußte uns mit einem Wagen nach Waldheim fahren lassen. In einem Gasthof trafen wir mit anderen Grundbesitzern und Fabrikanten des Kreises Döbeln zusammen. Unsere Namen wurden aufgerufen, dann wurden wir mit unbekanntem Ziel auf Lastwagen verladen. Im ehemaligen Arbeitsdienstlager Radeberg bei Dresden wurde uns mit drei Erwachsenen und sieben kleinen Kindern ein mit Strohschütte versehener Raum in einer Baracke zugewiesen. Dort blieben wir bis Sonntag, dem 28. Oktober. Die Ernährung bestand aus Kaffee am Morgen und später einem Bierglas mit Kartoffelwassersuppe. Meine älteren Kinder erhielten für Kartoffelschälen ein zweites Bierglas dieser wäßrigen Suppe, dazu drei Scheiben Brot. Für das Baby bekam ich täglich einen halben Liter Magermilch. Da ich für den kleinen Erik nicht genügend Vorräte dabei hatte, halfen mir hilfreiche Mitgefangene mit Grieß, so daß ich ihm wenigstens einen Brei kochen konnte. Anna Luise war mir mit ihren 14 Jahren eine große Hilfe, und auch die anderen Kinder hielten sich tadellos. Die sanitären Einrichtungen waren äußerst mangelhaft.

Nach zwei Tagen wurden wir zu einem sogenannten Verhör beordert. Man stellte pro forma Protokolle auf mit folgenden Fragen: Einheitswert des Besitzes, Bargeldbestand, ob Parteimitglied, Behandlung und Bezahlung der Belegschaft, Beurteilung der Bodenreform (!) etc. Am nächsten Tag hieß es, die Formulare seien verlorengegangen und falsch, es müßten nochmals Angaben gemacht werden. Diesmal machten die schreibenden Jünglinge es sich noch einfacher. Auf rote Karteikarten wurde nur der von uns gegebene Einheitswert und die Namen von uns und dem Gut eingetragen. Das ganze war ein Farce.

Am Sonntag, 28. Oktober, morgens, wurde uns mitgeteilt, das Lager sei voll, die namentlich Aufgerufenen kämen in ein anderes Lager und sollten sich fertigmachen. Ohne Frühstück fuhr man uns mit Lastwagen zum Lager Coswig bei Dresden; dort blieben wir weiter ohne Essen. Auch Milch für das Baby erhielt ich nicht. Am Montagmorgen hieß es: Fertigmachen zum Abtransport! Ein Ziel wurde uns wieder nicht mitgeteilt. Auf meine Frage, wie für das Baby gesorgt würde, antwortete ein Volkspolizist: "Wir haben bisher für Sie gesorgt, wir werden auch weiter für Sie sorgen." Da wurde mir klar, daß ein halbjähriges Kind einen tagelangen Transport nicht überleben würde. Ich mußte den Jungen fortgeben. Ein Fräulein Koch aus Radebeul hatte auch Verwandte im Lager und war sich über die Verhältnisse im klaren. Durch Zufall traf ich sie am Zaun, und sie erklärte sich sofort bereit, den kleinen Erik an die von mir auf einem Zettel angegebene Adresse zu bringen. In einer unbewachten Minute konnte ich den in eine Wolldecke gehüllten Jungen, ungesehen von den Polizisten, durch ein halboffenes Pförtchen Fräulein Koch herausreichen. Nur wenige Minuten später rief man unsere Namen auf, und mit dem leeren Kinderwagen und Eriks vier Schwestern wurde ich registriert, bevor wir auf die Straße gelassen wurden, auf der sich der lange Zug der Gefangenen sammelte, um zum Bahnhof zu gehen.

Wir wurden zu 56 Personen in einen Viehwagen verladen und blieben darin bis Freitag, 2. November. Während dieser fünf Tage erhielten wir, bis auf einmal warmen Kaffee, keinerlei Verpflegung. Die Polizisten behandelten uns wie Schwerverbrecher. Die Wagentür durfte nur einmal am Tag kurz geöffnet werden. Endlich kam dieser menschenunwürdige Transport in Stralsund an. Geschwächt von Hunger und Luftmangel mußten wir trotzdem abends noch über den Rügendamm wanken. Abermals wurden wir nach langem Warten auf zugigem Bahnsteig in Viehwaggons gesteckt, die über Nacht stehen blieben. Wir froren jämmerlich. Am nächsten Morgen ging es zum Lager Prora, einem ehemaligen KdF-Bad. Unsere Unterkunft bestand aus leeren Räumen mit Ziegelfußboden und ohne Heizmöglichkeit.

Schon bei der Abfahrt in Coswig sahen wir meine Schwiegereltern, sie kamen aber in einen anderen Waggon, so daß wir uns erst in Stralsund wiedertrafen. Gegen Ende des Dritten Reiches war mein Schwiegervater wegen "politischer Unzuverlässigkeit" allerhand Schikanen unterworfen worden. Bei Kriegsende war Irfersgrün zunächst von den Amerikanern besetzt, so erfuhren sie erst Mitte April von Allards Tod und Eriks Geburt. Kurz nach seinem Besuch Mitte September in

Kriebstein wurde auch Irfersgrün enteignet. Das Herrenhaus hatten die Russen für sich beschlagnahmt, und die Schwiegereltern waren in das Waldhaus Voigtsgrün umgezogen. Am 22. Oktober wurden sie verhaftet und im offenen Lastwagen zum Amtsgericht Lengenfeld gebracht. Von dort aus ging es in der Nacht weiter nach Kirchberg, wo sie in einem Tanzsaal mit Strohschütte kampieren mußten. Zusammen mit anderen Gefangenen wurden sie am nächsten Tag in das Zuchthaus Zwickau per Bus gefahren. Nach drei Tagen landeten sie dann im Lager Coswig. Nach der schrecklichen Fahrt nach Stralsund war mein Schwiegervater seelisch und körperlich so angegriffen, daß Schwiegermutter es durchsetzte, daß er in einem Wagen über den Rügendamm gefahren wurde. Gemeinsam landeten wir dann mit ihnen im Lager Prora.

Nach dreitägigem Lageraufenthalt verteilte man uns als sogenannte "Neusiedler" auf die Gemeinden der Insel. Ich sollte mit den Kindern nach Ralswiek am Jasmunder Bodden. Die Schwiegereltern blieben im Lager zurück, und wir planten, daß sie nachkommen sollten, sobald ich Quartier gemacht hätte. Als ich den Zug verließ und mit vier Kindern und dem leeren Kinderwagen allein, ohne Hilfe, ohne Geld auf der nebligen Landstraße nach Bergen stand, habe ich mich so verlassen gefühlt, wie nie wieder und nie zuvor. Wir wanderten auf Ralswiek zu. Es bestand aus dem Schloß und den dazugehörenden Arbeiterhäusern. Der Bürgermeister wies uns einen Raum in einem Gartenhaus zu, was bedeutete: drei Wände Glasfenster eine Wand Tür. Holz war nicht vorhanden, und wir besaßen überhaupt keinen Gegenstand. Die Bevölkerung konnte auch nicht aushelfen, da sie von den Russen ausgeplündert war. Wir suchten Holz, holten Kartoffeln und Rüben von den Feldern, und Christine angelte kleine grätenreiche Fische. Schlimm war, daß es kein Salz und keine Seife gab, und daß wir keine Betten hatten. Nach fünf Tagen bekam ich die Nachricht, daß mein Schwiegervater gestorben sei, und ich fuhr nach Binz zu seiner Beerdigung.

Gott sei Dank bekamen wir kurz darauf ein Zimmer in der Försterei Prora und konnten mit den Kindern dorthin umziehen. Meine Schwiegermutter kam nun auch zu uns. Wir hausten in unseren "Slums", graugrüne Wehrmachtswäsche, die mir meine Schwester geschickt hatte, und die das Waschen mit Buchenholzasche vertrug. Die Wäsche trocknete an einem Strick im Zimmer, Wasser mußte an der Pumpe geholt werden etc. Einen Vorteil hatten wir jedoch gegenüber anderen, wir hatten es den Winter über warm. Anna Luise und ich holten im Wald einen trockenen Stamm, schleppten ihn zum Hof und zersägten ihn.

Wir bekamen auch einen Personalausweis mit dem russischen Stempel: "Darf die Insel Rügen nicht verlassen." Nach dem Tode ihres Mannes erhielt Schwiegermutter die Erlaubnis, nach Sachsen zurückzukehren mit der Auflage, 30 km entfernt vom ehemaligen Besitz zu wohnen. Anfang Dezember erschien der treue Beamte Hempel aus Irfersgrün, um sie abzuholen. Bei dem eisigen Wind und dem hohen Schnee wäre sie den Anstrengungen dieser Reise jedoch nicht gewachsen gewesen. Da die Gelegenheit aber genutzt werden sollte, beschlossen wir, Hempel Christine und Dorothee mitzugeben, zumal wir alle an der "Rügenkrankheit" (Durchfall) litten und ohne Seife und ohne Salz die Kinder nicht gesund erhalten werden konnten. Hätte ich vorhergesehen, was für eine Reise ihnen bevorstand, hätte ich die 11- und 12jährigen Mädchen nicht mitgeschickt.

Am Abreisetag mußten sie bei schneidender Kälte zwei Stunden nach Bergen laufen, um dort zu erfahren, daß kein Zug mehr gehe, also weiterer Fußmarsch zur Quartiersuche. Am anderen Morgen fuhren sie bis Altefähr, und dort fing das Pech an! Es hieß fünf Stunden bei Wind und Kälte am Rügendamm stehen, weil der russische Posten sie nicht passieren ließ. Endlich, bei Wachablösung glückte es. Aber nun stellte sich heraus, daß der Zugverkehr für drei Tage eingestellt war. In einem Kaffee sagte ihnen ein Mann, daß er in drei Stunden mit einem Auto nach Berlin führe und bot ihnen an, mitzufahren. Drei Kilometer vor Greifswald war auf der Straße ein Loch, und der Lastwagen landete im Straßengraben. Wie durch ein Wunder war niemand verletzt, dafür Feder und Kühler des LKW, zwei Tage Aufenthalt. Endlich Ankunft in Berlin. Hempel holte Fahrkarten, bekam aber nur zwei, so daß Christine allein ohne Fahrkarte in den Zug gesetzt werden mußte. Während Dorothee bei Jagwitzens in Rodewisch freundlich aufgenommen wurde, dort auch eine Zeitlang zur Schule ging, landete Christine in Gnandstein. Dort besaß der Bruder unserer langjährigen Wirtschafterin, Frau Helene Mäder, einen Bauernhof. Er war z. Zt. auch noch Bürgermeister. Dorthin hatte ich aus dem Lager den kleinen Erik durch Fräulein Koch bringen lassen. Während unseres Rügenaufenthaltes war er von Frau Mäder aufs beste betreut, und Christine war bei ihrer Nichte in der Mühle geborgen. Von dort ging sie in die Schule, bis ich sie später ins Altenburger Stift bringen konnte.

Als im März die große Kälte vorbei war, beschlossen wir, die Insel zu verlassen. Da meine Schwiegermutter Aufenthaltsgenehmigung bei ihrem Pflegesohn, Horst v. Jagwitz in Rodewisch, bekommen hatte, war dies ihr Ziel, Katharina fuhr mit ihr, blieb aber nur ein paar Tage und fuhr dann nach Gnandstein zu Mäders, wo sie über ein Jahr blieb, bis sie auch ins Altenburger Stift kam. Frau Mäder und ihrer ganzen Familie haben wir sehr zu danken, mit welcher Treue und steten Hilfsbereitschaft sie uns in dieser schweren, gefahrvollen Zeit beigestanden haben.

Schwiegermutter ist es über verschiedene Stationen gelungen, den ihr gehörenden Recherhof in Tirol im März 1948 zu erreichen. Er war als deutsches Eigentum unter Treuhandschaft und beschlagnahmt worden. Nur unter Einschaltung englischer Freunde dauerte es acht Jahre lang, bis sie zunächst das Wohnrecht und schließlich die uneingeschränkte Verfügungsgewalt über ihr Eigentum zurückerlangte.

Als letzte verließen Anna Luise und ich die Insel Rügen und erreichten nach entsetzlicher Fahrt Berlin, schließlich Gnandstein, um den jungen Erik abzuholen. Dankbaren Herzens nahmen wir Abschied von diesen treuen Menschen und landeten nach dreitägiger Reise über das Flüchtlingslager Eisenach bei meiner Schwester, Baronin Luise v. Gemmingen, in Unterbessenbach. Sowohl von ihr als auch von ihren Schwiegereltern wurden wir reizend aufgenommen, so daß Bessenbach meinen Kindern zur zweiten Heimat wurde. Von hier besuchten sie die Schule in Aschaffenburg, und von hier gingen sie in ihre Berufsausbildungen.

Curt v. Arnim

Auf Kitzscher und Otterwisch, Besitzer des Hotels Bellevue in Dresden. Kitzscher liegt im Bezirk Leipzig, es hatte eine Größe von 700 ha und befand sich seit dem Jahre 1871 im Besitz der Arnims. Da Kitzscher dem Kohleabbau zum Opfer fiel, wurde es bis auf das Vorwerk Lindthardt an die im Staatsbesitz befindliche A.G. Sächsische Werke verkauft und dafür das benachbarte, seinem Vetter Hanskarl v. Arnim gehörende Rittergut Otterwisch mit einer Größe von 1000 ha erworben.

Zur Familie des letzten Eigentümers gehören:

Curt David v. Arnim, * Dresden 9. 9. 1894, † Köln 5. 12. 1977 (seit 1903 Adoptivsohn d. Kgl. sächs. Khrn Arndt v. Arnim, auf Kitzscher), auf Kitzscher (seit 1871 im Bes. d. Fam.; §) u. Otterwisch (seit 1940; §), Kgl. sächs. OLt a. D.;
× Berlin-Charlottenburg 22. 6. 1922 Stephanie v. Stechow, * Rastatt 7. 1. 1900, † Königswinter 22. 11. 1980, T. d. Oberstlts a. D. Viktor v. St. u. d. Erna v. Horschitz.

Kinder:

1. Christa Irene, * Leipzig 2. 7. 1923, D. d. bayer. TheresienO.; × Oberkassel bei Bonn 3. 3. 1948 Ernst August Pr. zur Lippe, * Dresden-Blasewitz 1. 4. 1917, † Ansbach 13. 6. 1990, auf Hohenzieritz u. Zippelow mit Forst Rosenholz (§), Meckl., Autor u. Ordenssachverständiger.

2. Max Arndt Arwed, * Leipzig 9. 2. 1925, DiplIng. der Elektrotechnik; × I. Bennigsen, Deister, 9. 9. 1950 Maria Grote, * Mellendorf, Kr. Burgdorf, 29. 7. 1930 (gesch. ... 15. 5. 1960), T. d. Dr. med. Julius G. u. d. Hedwig (Hete) Rodewald; × II. Bremervörde 30. 11. 1962 Gisela Icken, * Bremervörde 16. 6. 1938, T. d. Dr. med. Erwin I. u. d. Elisabeth Heinrici.

3. Stephanie Renate, * Leipzig 5. 3. 1926; × Niedergandern 5. 6. 1946 Georg v. Posern, * Dresden 20. 7. 1921, VersKaufm. (gesch. Göttingen 20. 5. 1982).

Ein Bericht von Curt v. Arnim ist nachstehend auszugsweise wiedergegeben.

Kitzscher liegt in dem weiten Leipziger Tieflandbecken im Nordwesten Sachsens, inmitten des mitteldeutschen Braunkohlengebietes bei Borna, 25 km südlich von Leipzig.
Im 7. Jahrhundert hatten sich slawische Sorben zwischen Elster und Mulde angesiedelt und befestigte Erdwälle und Burgringe, die meist durch Wasserläufe geschützt waren, angelegt. So entstand Kitzscher im Winkelgelände zwischen den Bächen Eula und Jordan. Ihren Namen erhielt die Siedlung nach dem Obmann der Sorbensippe: "Kycera", der Stolze. Erst König Heinrich I. konnte das weitere Vordringen der Sorben aufhalten. Er gab seinen siegreichen Rittern die sorbischen Siedlungen zu Lehen, die dann die Burgringe zu Wasserburgen ausbauten. Aus Kycera entstand der Name Kitzscher. Erstmalig wird 1251 ein Ritter Guntherus de Kitzscher erwähnt. 1676, nach dem Dreißigjährigen Krieg, folgten dem letzten Herrn von Kitzscher viele Familien: Teller, Treusch v. Buttlar, Freiherr v.

Hohenthal, Fürst Jablonowsky, der 1777 den Schloßturm erbaute, Freiherr v. Niebecker, Freiherr v. Keller und v. Witzleben. 1871 ging es in das Eigentum von Arndt v. Arnim aus dem Hause Kriebstein über.

Als mein Großonkel Arndt, der jüngste Bruder meines Großvaters Heinrich Curt, geboren am 7. Oktober 1850 in Kriebstein, nach Beendigung des Krieges 1870/71 heimkehrte, an dem er als Seconde-Leutnant im Kgl. sächs. Carabinier-Regiment teilgenommen hatte, erwarb seine Mutter Maria, geb. v. Mehrhoff-Holderberg, für ihn das Rittergut Kitzscher. Er war der Jüngste eines großen Geschwisterkreises. Er baute das alte Wasserschloß modern aus, stockte es auf und verwandelte den ehemals offenen Innenhof in ein glasverdecktes Treppenhaus mit einer dreiteiligen Freitreppe aus weißem Cararamarmor. Sie sollte eine Nachbildung der Treppe in der Pariser Oper sein, die Onkel Arndt während der Pariser Besatzungszeit stark beeindruckt hatte. Das Hauptanliegen von Onkel Arndt bestand in der Verschönerung und Mehrung des Besitzes Kitzscher, der eine Größe von 600 ha erreichte.

Das einzige Kind aus seiner Ehe mit Helene v. Schönberg aus dem Hause Oberreinsberg starb im Alter von zwei Jahren, und da ihnen keine weiteren Kinder beschieden waren, sollte mein Vater Max Arnim den Besitz erben. Dieser, geboren am 22. Februar 1867, gestorben am 6. August 1899, heiratete am 28. Dezember 1892 Josie Leavitt, eine Amerikanerin, deren Eltern sich, als sie kaum vier Jahre alt war, in Dresden niedergelassen hatten. Ihr Haus am Wiener Platz wurde zum Mittelpunkt großer Geselligkeit. Die Familien Leavitt und Hartt, der letzteren entstammte meine Großmutter, waren englischen Ursprungs. Beide gehörten zu den Puritanern, die im Jahre 1620 mit der "May Flower" nach Amerika ausgewandert und sich dort als "first settlers" niedergelassen hatten. Sie waren Mitbegründer von New England in Massachusetts.

Meine Mutter war sehr musikalisch und spielte Klavier. Ihr Salon hatte durch den Verkehr mit bekannten Künstlern ein besonderes Gepräge. Ihr verdanken meine Geschwister Max und Kitten sowie ich unsere Liebe und Begabung für Musik. Nach dem frühen Tod meines Vaters im Jahre 1899 wurde ich 1903 von meinem Großonkel Arndt und meiner Großtante Helene adoptiert.

Mit acht Jahren aus dem fröhlichen Kreis von Mutter und Geschwistern als nunmehr einziges Kind zu den mir damals so alt erscheinenden Adoptiveltern verpflanzt zu werden, bedeutete einen starken Einschnitt in meinem Leben. Die tiefe Herzensgüte und warme Mütterlichkeit, die Tante Helene bis zu ihrem Lebensende auszeichneten, erleichterten mir das Einleben. Ich wurde in Kitzscher sehr glücklich und danke Tante Helene für all ihre Güte. Ich gedenke Onkel Arndts, der mich mit so viel Liebe umgab. Ich achte aber auch in tiefer Bewunderung und Dankbarkeit das Opfer meiner Mutter. Im Alter von 15 Jahren erlebte ich den Tod meines Adoptivvaters. Nach einer Jagd in Kitzscher, die übrigens die erste war, an der ich teilnehmen durfte, traf ihn ein Herzschlag und setzte am 16. November 1909 dem Leben des 59jährigen im Kreise froher Jagdgäste ein plötzliches Ende.

Es folgten stille Jahre für Kitzscher. Die prunkvollen Feste, die Winter im Hotel Bellevue in Dresden, die mit Dienst am Sächsischen Hof und mit Geselligkeiten ausgefüllt waren, gehörten der Vergangenheit an. Tante Helene lebte und wirkte

Schloß Kitzscher
Es wurde von einem Fanatiker, Herrn Vogel, gegen den Willen der
Bevölkerung und der Militärregierung nach dem Kriege gesprengt.

nur für mich und Kitzscher. Sie setzte sich ein Denkmal durch die großzügige Umgestaltung des Parks.

Nach einem glücklichen Studiensemester in Kiel trat ich bei Beginn des Ersten Weltkrieges als Junker beim Kgl. Sächs. Carabinier Regiment in Borna ein, kämpfte in Polen, Kurland und Finnland, wo ich verwundet wurde, und erlebte im Dezember 1918 die schmachvolle Heimkehr der geschlagenen revolutionären Armee.

Im Jahre 1919 übernahm ich die Bewirtschaftung von Kitzscher, unterstützt von Nachbarn, bei denen ich auch die Landwirtschaft erlernte. In Stephanie v. Stechow fand ich 1922 die Frau, die meinem Leben Inhalt und Glück gegeben hat, und die mir unsere Kinder Christa, Arndt und Stephanie geschenkt hat. Trotz ihres bisher stadtgebundenen Lebens als Offizierstochter und als Bibliothekarin im Auswärtigen Amt in Berlin, wurde sie eine überaus tätige und vorbildliche Landfrau. Meine Adoptivmutter schloß ihre Schwiegertochter schnell ins Herz. Sie übergab ihr das Haus und siedelte nach Dresden in die Lindengasse 6 über, wo sie bis zu ihrem Tode Ende 1942 Mittelpunkt der Familie war. Bevor sie ihre Augen für immer schloß, waren ihre letzten Worte an mich: "Ihr werdet schweren Zeiten entgegengehen!" Ich habe diesen seherischen Ausspruch nicht ernst genommen, wie gesichert erschien mir damals unser Glück und unsere Zukunft.

Unsere gemeinsame Lebensaufgabe wurde die Entwicklung Kitzschers zu einem vorbildlichen Betrieb in Zusammenarbeit mit wissenschaftlichen Instituten. Auch das geliebte Hotel Bellevue, das meine Adoptiveltern in den 70er Jahren erworben hatten, wurde laufend weiter ausgebaut und modernisiert unter sorgfältiger Wahrung seines Charakters und seiner Tradition.

1939 wurde unsere langjährige Befürchtung Wahrheit, der Kohlebergbau griff auf Kitzscher über. Eine ausgedehnte Bergarbeitersiedlung sollte auf einem Gelände errichtet werden, das sich an unseren herrlichen Park anlehnte. Die Entwicklung war nicht aufzuhalten. So nahmen wir es als eine Fügung an, daß wir 1940 von Vetter Hanskarl, dessen einziger Sohn jung gestorben war, das benachbarte schöne Otterwisch mit einer Größe von 1.000 ha erwerben konnten. Schweren Herzens entschlossen wir uns, einen Großteil von Kitzscher nebst Schloß, aber ohne das Vorwerk Lindhardt an die dem Staat gehörende A.G. Sächsische Werke zu verkaufen. Das Wohn- und Pachtrecht behielten wir uns vor. In Kitzscher und Otterwisch begannen nun vier schwere und sorgenvolle Jahre.

Dann brach alles zusammen. Am 13. Februar 1945 wurde Dresden zerstört und mit dieser einzigartigen Stadt auch unser geliebtes Bellevue. Meine Mutter, die die Schreckensnacht in den Kellern des Bellevue überlebt hatte, konnten wir erst nach Wochen aus einem Flüchtlingslager in der Sächsischen Schweiz zu uns nach Kitzscher holen.

Unser Haus in Kitzscher war voll belegt von zuströmenden und weiterziehenden Flüchtlingen, vorwiegend aus Schlesien, unter ihnen auch der Muskauer Vetter mit seinem Treck. Die nahegelegenen Kohle- und Benzinwerke waren allnächtliche Ziele der feindlichen Bombengeschwader. Unsere tiefen Keller wurden Zeugen mancher Schreckensstunde. Kitzscher zählte an die 1.000 Bombentrichter, die z. T. so groß waren, daß ein voll beladener Erntewagen hineinging. In Otterwisch waren 50 ha für einen E-Flugplatz beschlagnahmt worden. Der Wald brannte nach einem Fliegerangriff vier Wochen lang an vielen Stellen.

Anfang Mai 1945 zogen amerikanische Truppen ein. Wir mußten mit allen Flüchtlingen mehrmals das Haus vorübergehend räumen. Meine Frau, unterstützt von unseren beiden Töchtern, hat dabei wahre Wunder der Organisation geleistet. Fünfzehn Kilometer östlich von uns an der Mulde stand der Russe dem Amerikaner gegenüber. Das Potsdamer Abkommen sollte uns zum Verhängnis werden. Die Westmächte überließen den Sowjets im Juli 1945 Sachsen und Thüringen gegen Zugeständnisse in Berlin. Die sich nun anschließende russische Besatzung brachte schwere Sorgen und Nöte. Man fühlte förmlich, daß unsere Lage täglich aussichtsloser wurde.

Mit der "Totalen Enteignung" im September 1945 war unser Schicksal besiegelt. Während des Erntefestes in Otterwisch wurden wir von einer Kommission aus Grimma von der Enteignung in Kenntnis gesetzt. Wortlos und ohne Abschied von unseren Leuten zu nehmen, verließen wir heimlich das fröhliche Fest und haben Otterwisch nicht wieder betreten.

In Kitzscher entgingen wir nach der Enteignung dem Schicksal vieler unserer Nachbarn, nach Rügen verschleppt zu werden. Vielmehr erhielt ich den Auftrag von der Landesregierung in Dresden, Kitzscher treuhänderisch weiter zu bewirtschaften. So hielten wir bis Dezember 1945 durch, ohne die Möglichkeit zu haben, Werte in Sicherheit zu bringen. Auf Befehl der Russen wurde schließlich auch unsere Verhaftung angeordnet. Die rechtzeitige Warnung und tatkräftige Hilfe führender Kommunisten ermöglichten uns die Flucht.

Kurz entschlossen vertrauten wir meine Mutter, die sich bisher als amerikanische Staatsangehörige eines besonderen Schutzes erfreut hatte, der Obhut unserer im Hause wohnenden befreundeten Flüchtlinge an, um sie nicht den Gefahren einer Flucht mit uns auszusetzen. Das Unerwartete trat ein, sie wurde wohl aus Wut über unsere gelungene Flucht, schimpflich aus dem Hause gejagt und des Kreises verwiesen. Gebrochen und elend, ohne jede Habe, erreichte die 77jährige nach unsäglichen Strapazen Söcking am Starnberger See, wo unsere Verwandten Dziembowskis sie rührend aufnahmen und bis zu ihrer Rückkehr nach New York betreuten. Ohne sich dort wieder einleben zu können, ist sie 1953 mit gebrochenem Herzen durch einen sanften Tod von allem Leid erlöst worden.

Die Flucht mit unseren beiden Töchtern geschah in wenigen Nachtstunden. Zu packen gab es nichts, da wir ja nur das Notwendigste in Handkoffern mitnehmen konnten. Beim heimlichen Verlassen des Hauses durch einen Hinterausgang ermöglichte eine Mondfinsternis das unentdeckte Erreichen des Autos, das uns wohlgesinnte Menschen zur Verfügung gestellt hatten. Eine berittene russische Streife vor dem Bahnhof in Leipzig wurde durch gefälschte Papiere getäuscht.

Nach vier Tagen abenteuerlicher Bahnfahrten erreichten wir am 22. Dezember 1945 das Lager Friedland. Wir waren gerettet.

Christa v. Block, geb. v. Nostitz-Wallwitz

L o t h a r Rudolf Fritz Hans v. B l o c k , * Lübben 21. 5. 1889, GenMajor a. D., ERr d. JohO.; ✕ I. Kolberg 3. 8. 1920 Luise Freiin v. der G o l t z , * Paderborn 11. 11. 1888, † Dresden 7. 2. 1933 (✕ I. Berlin 21. 11. 1912 Paul v. Wolfframsdorff, ✕ vor Verdun 8. 9. 1916, Kgl. preuß. OLt u. KompFührer), T. d. Kgl. preuß. Majors a. D. Waldemar Frhr v. der G. u. d. Luise Klawitter; ✕ II. Dresden 16. 3. 1935 Christa v. N o s t i t z - W a l l w i t z , * Wurzen i. Sa. 3. 12. 1904, T. d. Kgl. sächs. Oberstlts z. D. Max v. N.-W. u. d. Helene v. Minckwitz.

Kinder: a) erster Ehe:

1. I r m g a r d Luise Friederike Martha, * Kolberg 1. 5. 1921.
2. E b e r h a r d Max Fritz, * Kolberg 19. 4. 1923, OLt a. D., Kaufm.; ✕ Goslar 9. 4. 1949 Barbara S p e r b e r , * Hannover 24. 10. 1919, Apothekerin (✕ I. Berlin 8. 12. 1939 Johannes Schlesier, † Goslar 29. 3. 1947, Apotheker), T. d. MinRats Dr. jur. Alwin Sp. u. d. Emilie Ebbecke.

   b) zweiter Ehe:

3. G a b r i e l e Ottilie Helene Carola, * Potsdam 30. 4. 1936; ✕ Bonn 28. 2. 1975 Carl Otto v. H o e n n i n g O'C a r r o l l , * Teichnitz bei Bautzen 26. 11. 1925.
4. E l i s a b e t h Sidonie, * Dresden 30. 12. 1943; ✕ ... 29. 12. 1990 Hubertus v. F r a n k e n b e r g u. P r o s c h l i t z .

Die Erlebnisse ihrer Familie in Dresden um 1945 berichtet Frau Christa v. Block.

Meine Mutter, Helene v. Nostitz-Wallwitz, wurde am 16. August 1868 als Tochter des Oberhofmeisters beim Herzog zu Altenburg Max v. Minckwitz und der Helene, geb. Edle v. der Planitz, in Altenburg geboren.

Eng sollte sich das Leben und Schicksal meiner Mutter mit dem von Dresden verbinden. Als junges Mädchen kam sie Ende des vorigen Jahrhunderts in diese Stadt, da sie zur Hofdame bei einer Altenburger Prinzessin, die in Dresden lebte, berufen worden war. Sie erlebte eine heitere Metropole mit glanzvollen Festen und vielen Opern- und Theaterbesuchen.

1890 heirateten meine Eltern. Mein Vater, Max v. Nostitz-Wallwitz, war damals Rittmeister bei den Karabiniers in Borna. Nach nur 21jähriger, glücklicher Ehe starb mein Vater mit 56 Jahren in Leipzig. Wieder zog meine Mutter nach Dresden, aber diesmal nun als Witwe mit acht Kindern, die sie allein erziehen mußte. Mein Bruder Jobst war ihr mit seinen 19 Jahren schon eine große Hilfe, aber es kam der Erste Weltkrieg und mein Bruder fiel. Der Tod ihres zweiten Sohnes Gustav Adolf blieb ihr erspart.

Trotz ihres schweren Lebens war meine Mutter ein fröhlicher Mensch. Sie schöpfte ihre ausgeglichene Heiterkeit aus ihrem Glauben, den sie uns Kindern vorlebte. Lange Zeit war sie als einzige Frau Mitglied des Kirchenvorstandes der Frauenkirche. Sie gehörte der Bekennenden Kirche an und war eng befreundet mit Superintendent Hugo Hahn, dem Führer des Pfarrernotbundes.

In der Nacht vom 13./14. Februar 1945, als Dresden in Schutt und Asche fiel, kam auch meine Mutter ums Leben. Nach dem ersten Luftangriff, der gegen 22 Uhr begann, brannte ihr Haus auf der Johann-Georgen-Allee. Um dem Qualm zu entgehen, flüchtete sie mit mehreren Bewohnern zur Elbe in das Kinderheim der Frauenkirchengemeinde. Beim zweiten Angriff gegen 2 Uhr morgens bekam das Haus einen Volltreffer. Nach Berichten einer noch lebend aus den Trümmern gezogenen Frau, soll meine Mutter von einem herabstürzenden Balken getroffen worden sein. Gebe Gott, daß das stimmt und sie einen schnellen Tod hatte.

Mein Mann, Lothar v. Block, und ich wohnten in Dresden-Blasewitz. Er war zu der Zeit Kommandeur der Kriegsgefangenen im Wehrkreis IV. Am Morgen des 14. Februar hatte er nach unserer Mutter nachforschen lassen und von ein paar Soldaten, die in der Nähe der Johann-Georgen-Allee untergebracht waren, erfahren, daß die Bewohner ihres Hauses in Ruhe zur Elbe geflüchtet waren. Das beruhigte uns sehr. Was dann passiert war, erfuhren wir erst einige Tage später. Unser Haus war nicht getroffen worden, nur ein paar Türen und Fenster waren durch den Luftdruck herausgeflogen, und es herrschte bis zu uns draußen ein entsetzlicher Feuersturm.

Mein Mann hielt es für besser, uns aufs Land zu bringen, und so fuhren wir mit unseren beiden Kindern, Gabriele und Elisabeth, gegen Mittag los, gerade als der dritte Angriff begann, der diesmal den Vororten galt. Nach einigen Umwegen, die Straßen waren manchmal nicht passierbar, die Elbbrücken kaputt, kamen wir am späten Nachmittag bei meinen Geschwistern Burgk in Schönfeld bei Großenhain an. Einige Tage später ging es weiter zu Sahrs nach Dahlen. Dort löste ein Flüchtlingstreck den anderen ab, trotzdem wurden wir herzlich aufgenommen.

Anfang März wurde mein Mann von Hitler nach Wien versetzt. Er hatte sich mit dem Polizeipräsidenten von Dresden total überworfen. Welches Glück! Er kam dadurch in amerikanische Gefangenschaft.

Das Frühjahr 1945 war besonders schön und warm, und der Park zeigte sich noch einmal von seiner schönsten Seite. So hielten wir uns viel draußen auf, bis das nicht mehr ging wegen der Tiefflieger, die auf alles schossen, auch auf Kinder. Wir lebten nun im Haus und warteten voll Bangigkeit, was uns die Zukunft bringen würde. Daß diese Zeit trotz allem so harmonisch verlief, haben wir Sahrs, besonders aber Janna, zu verdanken.

Und dann waren Anfang Mai die Russen da. Wir hatten uns alle im Musikzimmer versammelt, ungefähr 20 Frauen und mindestens so viele Kinder. Wir wollten nur keine Angst zeigen und machten uns gegenseitig Mut. Janna fing an zu singen: Geh aus mein Herz und suche Freud. Wir fielen alle mit ein, die Russen hörten andächtig zu und wie durch ein Wunder geschah nichts. Wir wurden dann für einige Tage in den Gerichtssaal gepfercht, der zum Wirtschaftshof gehörte, während die Russen im Schloß ihre Siegesfeste feierten, aber gottlob ging auch das ohne uns Frauen ab. Später, als wir alle wieder in unseren Zimmern waren, suchten sie nach meinem Mann. Jeder wurde befragt. Als letztes kamen sie zu uns, lächelten meinen Kindern zu, strichen Elisabeth über das Haar, die auf ihrem Töpfchen saß und verschwanden wieder, ohne eine Frage an mich gerichtet zu haben, ja, als ob ich überhaupt nicht anwesend gewesen wäre. - Ein anderes Mal wurden wir Frauen auf dem Marktplatz zusammengetrommelt und mußten dann unter Aufsicht russischer Soldaten die Eisenbahnschienen der Hauptstrecke Dresden - Leipzig abmontieren, die dann anschließend nach Rußland transportiert wurden.

Da die Russen ja nun sowohl in Dresden als auch in Dahlen waren, fuhr ich Mitte Juni mit meinen beiden Kindern mit dem ersten Zug, der wieder ging, von Dahlen nach Riesa und von dort mit dem Schiff nach Dresden. Züge nach dort gab es noch nicht wieder.

In meiner Wohnung fand ich außer meinen Geschwistern Wilucki und noch einigen anderen ausgebombten Verwandten einen russischen Kapitän vor, der in unserem Fremdenzimmer wohnte. Er hieß Alexander, war kinderlieb und hatte ein gutes Herz. Elisabeth schenkte er Bonbons und mit Gabriele ging er auf die Kirmes und schoß Arme voll Plastikblumen für sie. Manche komische Situationen gab es, wenn ich jetzt daran zurückdenke. Als ich einmal nach Hause kam, saß meine alte Tante völlig verschreckt in der Diele mit einem ebenso verängstigten und laut gackernden Huhn auf dem Schoß. Alexander hatte es ihr in den Arm gedrückt mit der Aufforderung, ein Frikassee daraus zu machen. Unser Hausmeister schlachtete das Huhn und ich kochte ein schönes Essen für ihn; ein klein wenig blieb dann immer in den Töpfen für uns hängen.

Nur einmal gab es einen sehr unerfreulichen Auftritt, als er mich beschuldigte, seidene Stoffe aus seinem Zimmer gestohlen zu haben. Ich habe ihn angebrüllt, wie ich es noch nie in meinem Leben getan hatte: Die Frau eines deutschen Generals tut so etwas nicht, und im übrigen hätte ich genug seidene Kleider! Ich habe mich auf dem Absatz umgedreht und die Tür zugeknallt. Am nächsten Tag kam er ganz kleinlaut zu mir und sagte: Christa gut, Feldwebel schlecht. Am Tag der Oktoberrevolution mußte ich für ihn und seine Freunde ein Diner kochen, zu dem ich dann auch zu erscheinen hatte. Er führte mich zu Tisch, zeigte auf mich und sagte stolz: Frau General!

Als er nach einem Jahr versetzt wurde, habe ich mir von ihm ein Zeugnis ausstellen lassen. Darin schreibt er: Ich war voll zufrieden, das Zimmer immer sauber und aufgeräumt, und im übrigen waren meine Beziehungen zur Genossin Block rein kultureller Art.

Im Frühjahr 1947 wurde mein Mann aus amerikanischer Gefangenschaft entlassen. Da es unmöglich war, daß er nach Dresden zurückkehrte, bin ich mit meinen beiden Kindern 1949 nach dem Westen gegangen, wo wir bis zu seinem Tod 1967 noch viele schöne gemeinsame Jahre hatten.

28

Carl v. Böhlau auf Döben und Ölzschau

Das Rittergut Döben, Kreis Grimma, liegt am rechten Ufer der vereinigten Mulde, ca. 5 km flußabwärts der Kreisstadt. Es hatte eine Größe von 312 ha, davon 160 ha Ackerland, 21 ha Wiesen und 119 ha Wald. Der Ort war als befestigte Anlage um das Jahr 929 errichtet worden mit einer Burg, die den Namen "Burg Grobi" erhielt und als Schutz gegen die Sorben dienen sollte. Sie hatte eine wechselvolle Geschichte, wurde mehrfach zerstört und wieder aufgebaut. Als erster Besitzer ist ein Graf Dewin überliefert; aus der Abwandlung dieses Namens ist wohl das heutige Döben entstanden. Im Jahre 1782 kam es an Anton v. Below als Mitgift seiner Gemahlin Marie-Charlotte, geb. v. Arnim. Es blieb bis 1945 im Besitz dieser Familie, die allerdings 1785 ihren Namen in "v. Böhlau" umänderte. Anton v. Böhlau hat dann später das Rittergut Ölzschau im Kreis Torgau zusätzlich erworben.

Zur Familie des letzten Eigentümers gehören:

Carl Christian Ehrenreich v. B ö h l a u , * Döben bei Grimma, Sachsen, 15. 6. 1865, † ebd. 18. 7. 1945, auf Döben u. Ölzschau (§); ╳ Fahrenstedt 6. 9. 1893 Anna Freiin v. G e r s d o r f f , * Fahrenstedt 26. 6. 1872, † Döben 2. 11. 1946, T. d. Karl Frhr v. G., Fkhr auf Fahrenstedt, u. d. Charlotte Sultana (Fstin) Krim-Ghirey.

Kinder:

1. Amalie Charlotte E l s e , * Döben 10. 9. 1895, † Dresden 6. 7. 1976.

2. L u i s e , * Döben 25. 6. 1897, † Gersdorf bei Roßwein 21. 10. 1929; ╳ Döben 29. 5. 1923 Henning Carl D a n i e l v. H o e n n i n g O'C a r r o l l , * Bad Lausigk in Sa. 7. 8. 1881, † (ermordet von den Russen) Gersdorf 15. 5. 1945.

3. Carl O t t o , * Döben 26. 11. 1901, ╳ Krylow, Polen, 15. 7. 1944, OLt u. Kommandant des Hauptquartiers der XLII. Armeekorps.

4. H e r t h a , * Döben 4. 7. 1904, † Dresden 30. 9. 1990; ╳ Döben 6. 9. 1934 Gerhard M ü l l e r , * Altvalm, Kr. Neustettin, 21. 3. 1900, ╳ ..., Polen, 27. 1. 1945, Ldwirt.

5. J u t t a , * Döben 22. 1. 1912, † Bad Camberg 24. 12. 1987; ╳ Döben 6. 9. 1932 Wenzel Frhr v. R e i s w i t z u. K a d e r s i n , * Dauzogir, Litauen, 17. 11. 1908, auf Podelwitz u. Collmen (§) (vorm. Fkm.), Ldwirt.

Dieser sich "v. Böhlau" nennende Zweig der Familie v. Below ist somit im Mannesstamm erloschen. Über die Geschehnisse in Döben nach dem Zweiten Weltkrieg liegt ein Bericht von Wenzel Freiherr v. Reiswitz vor, der nachstehend auszugsweise wiedergegeben wird.

Während des Zweiten Weltkrieges waren die wirtschaftlichen Aktivitäten ziemlich unverändert weitergelaufen, wenn auch unter gesteigerten Schwierigkeiten. In den letzten Kriegstagen des Jahres 1945 lagen amerikanische Truppen schließlich direkt unter dem Schloßberg auf dem westlichen Ufer der Mulde, nur durch diese getrennt. Das Ostufer war noch in deutscher Hand. Ein junger Leutnant beging die

Torheit, vom Balkon des Schlosses aus, weithin sichtbar und hörbar, einen Befehl ins Muldetal hinunter zu rufen. Sofort setzte amerikanischer Artilleriebeschuß ein, durch den das noch von der Familie bewohnte Schloß stark beschädigt wurde. Die Schäden konnten in den nächsten Wochen nur notdürftig beseitigt werden.

Anfang Juni 1945 kam ich schwer verwundet per Fußmarsch von Berlin nach Hause auch durch Döben. Ich fand meinen Schwiegervater, Carl v. Böhlau, in einem gesundheitlich schwer angeschlagenen Zustand, aber nicht physisch krank, vor, desgleichen meine Schwiegermutter, Anna v. Böhlau. Ich verließ Döben am nächsten Tag. Meinen Schwiegervater hatten die schmerzlichen Ereignisse vor allem seelisch stark mitgenommen. Er starb überraschend am 18. Juli 1945 im Alter von 80 Jahren. Erbin wurde nun - für ein paar Wochen - die älteste, unverehelichte Tochter, Else v. Böhlau. Bei der nachfolgenden Enteignung brachte sie ihre Mutter, damals ebenfalls schon leidend, im Pfarrhaus unter, wo sie am 2. November 1946 starb. Else v. Böhlau war also die letzte Herrin auf Döben und Ölzschau. Sie ist, ebenfalls achtzigjährig im Jahre 1976 in Dresden gestorben.

Im September 1945 wurde Döben, wie alle größeren Landbesitze, entschädigungslos enteignet, d.h. geraubt. Jeder Eigentümer mußte froh sein, wenn es ihm gelang, unbeschädigt mit seiner Familie zu entkommen.

Später wurde das Schloß - angeblich einsturzgefährdet und nicht wiederherstellungsfähig - mit allen Teilen, auch den unversehrt gebliebenen, gesprengt und bis auf den letzten Stein abgetragen. Mit dem anfallenden Schutt wurde das gesamte Kellergeschoß, das unzerstörbar in den Felsen gehauen war, sowie der tiefe Wallgraben an der Ostseite, aufgefüllt. Das gibt eine Fundgrube für Archäologen späterer Zeiten!

Nach Ansicht von Baufachleuten und Kennern des Schlosses wäre eine Instandsetzung, wenn auch mit erheblichen Kosten, durchaus möglich gewesen. Ende der siebziger Jahre war ich noch einmal in Döben und fand dort nur noch eine Art von Schutthalde vor.

Christoph v. Boxberg (Haus Zschorna)

Georg C h r i s t o p h v. B o x b e r g, * Rochlitz 23. 7. 1879, † Halchter bei Wolfenbüttel 9. 5. 1964, Kunstmaler, Kgl. sächs. Referendar a. D., ERr d. JohO.

Über seine Erlebnisse nach dem Zweiten Weltkrieg und über die Bombennacht von Dresden berichtet er für das Familienarchiv unter dem 2. Februar 1950. In einem Auszug daraus heißt es:

Ich erlebte im Jahre 1945 am 13. und 14. Februar die furchtbare Katastrophe von Dresdens Zerstörung in meiner Wohnung Carusstrasse 20. Nur der Tatsache, daß ich nach dem ersten Angriff gegen 10 Uhr abends den Luftschutzkeller verließ und mich in den Großen Garten flüchtete, habe ich es zu verdanken, daß ich am Leben geblieben bin. Nach dem zweiten Angriff um halb 1 Uhr nachts waren sämtliche Anwesenden im Luftschutzkeller tot (Lungenriß). Wie alles andere, war auch mein nötigstes Gepäck verbrannt. Beim zweiten Angriff flüchtete ich in den Keller des Palais Großer Garten, das bereits in hellen Flammen stand, aber noch brauchbar war und sich bewährte. - Am Aschermittwoch, 14. Februar, verließ ich gegen 7 Uhr früh die brennende Stadt zwischen Trümmerhaufen und an zahllosen Leichen vorbei, manchmal in großen Haufen liegend und fast alle nackt, und begab mich nach Schloß Burgk bei Freital zu meinem Bruder Max v. B. Dort wurde ich sehr gastlich aufgenommen und mit dem Nötigsten ausstaffiert. Desgleichen auch von meinem ältesten Bruder Friedrich, dessen Haus in Dresden-Blasewitz glücklicherweise von der Katastrophe verschont geblieben war. Ein älterer Soldat, der alle Schlachten in Rußland mitgemacht und die Nacht von Dresden zufällig miterlebt hatte, sagte mir später, etwas Entsetzlicheres als die Dresdener Bombenangriffe habe er an keiner Front mitgemacht. So war z. B. nach Augenzeugenberichten der Platz vor dem Hauptbahnhof besät mit unzähligen Kinderleichen.
Schloß Burgk mußte ich leider nach einigen Wochen wieder verlassen, weil es militärische Einquartierung erhielt. Ich begab mich nach Sophienreuth in Oberfranken, südwestlich von Hof zu unserer Cousine Waldtraut v. der Borch, geb. v. Arnim, wo ich freundliche Aufnahme fand. Zahlreiche Flüchtlinge waren schon da. Als dann die Amerikaner kamen, wurde mein Vetter Borch verhaftet und für zwei Jahre interniert, da er Mitglied der SA gewesen war. Leider konnte ich in Sophienreuth meinem malerischen Beruf so gut wie gar nicht nachgehen. Es lag ja nur wenige Kilometer von der tschechischen Grenze entfernt. Gelegentlich malte ich die kleine Tochter des Arztes im Nachbarort Schönwald, sowie Sohn und Gattin des dortigen Pfarrers. Den Kommandanten der in Sophienreuth vorübergehend stationierten berittenen Grenzpolizei, einen Oberleutnant Price, malte ich gegen Zigaretten, alle Bilder zur vollsten Zufriedenheit.
Erst im Oktober 1949 verließ ich dieses gastliche Haus, da ich verschiedene Aufträge im norddeutschen Raum hatte. Weihnachten verbrachte ich in Halchter bei Watzdorfs und deren Tochter und Schwiegersohn Itzenplitz, und genoß dort endlich einmal wieder ein harmonisches Familienleben. Uns allen geht das traurige Los unserer Schwester Elinor Salza, die zu 25 Jahren wegen "Spionage" verurteilt wurde, sehr zu Herzen. Man hofft auf baldige Entlassung.

Karl v. Boxberg

auf Groß-Welka, Kreis Bautzen (ca. 5 km nördlich von Bautzen). Größe: 145 ha, davon 105 ha Feld, 15 ha Wiesen, 20 ha Wald. In der Familie v. Boxberg seit 1875.

Zur Familie des letzten Eigentümers gehören:

K a r l Albert v. B o x b e r g, * Borna 20. 4. 1884, † Oldendorf bei Elze, Hann., 8. 10. 1967, auf Großwelka (§), ORegRat a. D; × Dresden 8.7.1912 Sibylle v. W i n c k l e r, * Dresden 21.7.1891, † Kloster Wülfinghausen bei Springe am Deister 20. 3. 1983, T. d. Kgl. sächs. Khrn Georg v. W. u. d. Elisabeth v. Craushaar.

Kinder:

1. A l b r e c h t Kurt Georg, * Dresden 4. 5. 1913, † Burgdorf 12. 9. 1985, DiplLdwirt, Oberst a. D., RRr d. JohO.;
   × I. Wien 9. 3. 1942 Ursula S e i d l, * Mährisch-Schönberg 23. 8. 1920, † Wien 31. 1. 1970, T. d. Industriellen Ignaz S. u. d. Paula Siegl, AdoptivT. (Wien 9. 7. 1935) d. Großindustriellen Dr. jur. Erwin Seidl v. Hohenveldern;
   × II. Burgdorf 7. 10. 1972 Mechtild S t e i f e n s a n d, * Stolp 3. 1. 1925 (× I. Beversdorf, Pomm., 8. 9. 1944 Bernhard Martini-Rodewitz, * Leipzig 21. 10. 1915, † München 26. 7. 1968, Oberstlt), T. d. Ldwirts Wilhelm St. u. d. Ursula Mach.

2. F r e y a Maria Elisabeth, * Großwelka 22. 1. 1921;
   × Dresden-Plauen 5. 6. 1948 Reinhold M ü l l e r, * Leipzig 12. 6. 1917, † Oldendorf bei Elze, Hann., 3. 8. 1975, Betonsteinwerkbes.

3. W o l f r a m Ottomar, * Großwelka 22. 10. 1931, DiplLdwirt, RRr d. JohO.;
   × Tübingen 21. 7. 1962 Karin Baronesse v. B i s t r a m, * Berlin-Tempelhof 31. 8. 1933, T. d. Majors Gerhard Baron v. B. u. d. Irmgard Gfin v. Stosch.

Auszüge aus den für die Familienchronik verfaßten Niederschriften von Karl und Wolfram v. Boxberg über die Zeit 1945/46.

Zunächst Karl v. Boxberg:

In der zweiten Januarhälfte 1945 machten sich die Folgen der Einbrüche in der Ostfront durch immer stärker werdende Flüchtlingstrecks aus Schlesien bemerkbar. Bis zu 50 Personen kamen bei uns unter, alle Ställe und Scheunen standen voller Pferde und Wagen. Als die Front immer näherrückte, schickten wir Utti mit den Kindern nach Oberfranken, wo Albrecht in der Nähe von Bamberg eine Bleibe für sie organisiert hatte. Meine Schwester Sidi Hodenberg, die nach den Bombenangriffen auf Hamburg viel bei uns in Welka war, ging nach Dresden zu Seydewitzens.

Auch wir trafen nun Vorbereitungen, um Welka per Treck zu verlassen. Wagen erhielten Aufbauten und ein Dach und wurden innen mit Teppichen ausgeschlagen. Koffer und Kisten wurden gepackt, Lebensmittel und Pferdefutter für ein paar

Wochen bereitgestellt, Silber und Porzellan vergraben (aber von den Russen später gefunden).

Eine besondere Belastung für uns war es, daß ich mich mit meinem Amt auf eine Nebenstelle in Kirchau, südlich von Bautzen, begeben mußte, während dem Welkaer Treck die einzig richtige Marschrichtung nach Westen vorgeschrieben war. Mich in einer solchen Situation von meiner Familie trennen zu müssen, war wohl das Äußerste, was der Dienst von mir fordern konnte. . .

Über die Erlebnisse des Welkaer Trecks schreibt sein jüngster Sohn Wolfram:

In der Nacht zum 16. April 1945 hörten wir schweres Trommelfeuer, das die Russen auf die ca. 40 km entfernte Neißestellung legten. Vom Pferdestalltürmchen wurde eine Glocke heruntergeholt, sie sollte als Feindwarnung dienen. Der Gefechtslärm näherte sich, die Luft war vom Dröhnen der Flugzeuge erfüllt. Angeblich war der Russe zwischen Guben und Forst durchgebrochen und die ganze Front ins Wanken geraten. Am 17. April bombardierten die Russen Bautzen, die Autobahnbrücke über die Spree war gesprengt, und die Nacht war taghell erleuchtet. Wir verluden alle Kisten und Koffer auf die großen Treckwagen. Am nächsten Vormittag wurden einzelne Panzersperren geschlossen, und vom Kleinwelkaer Wasserturm konnte man mit dem Glas die ersten Russen sehen, aber immer noch kein Befehl zum Abrücken. Allmählich sammelte sich das ganze Dorf bei uns auf dem Hof, endlich am Nachmittag durften wir losfahren.

Unser Treck bestand aus zwei gummibereiften Wagen, einem Kutschwagen, sowie einem Tafelwagen, hauptsächlich für Pferdefutter und Lebensmittel. Drei Paar Pferde (ein Paar zur Aushilfe) und ein Trecker gehörten zu unserem Treck. Voraus fuhr der Ortsbauernführer, es folgten einige Bauern, dann unsere Leute mit einer Karawane von Handwagen, die sich überall anhängten. Das Geschützfeuer krachte schon verdächtig nahe hinter uns. Über Schmochtitz, Uhna und Göda kamen wir gegen Abend nach Gaußig, wo wir die Nacht, trotz der schon herrschenden Überfüllung, beim Grafen Schall im Schloß untergebracht wurden. Bei der Weiterfahrt am nächsten Morgen ging es nur schrittweise vorwärts. Alle Straßen waren verstopft. Von Gaußig bis Naundorf, kaum drei Kilometer, brauchten wir einen halben Tag. Mittags wurden wir durch nahes Geschützfeuer von Panzern aufgeschreckt. In großer Eile suchten wir im nahen Wald Schutz. Mit Vorspann gelang es, die schweren Wagen einen steilen Berg hinaufzubringen. Im Walde richtete sich das ganze Dorf für die Nacht ein, es war die erste Nacht im Freien. Oben vom Berg konnten wir das brennende Bautzen sehen. Da die Russen am nächsten Morgen noch nicht da waren, fuhren wir auf der anderen Seite des Berges wieder hinunter, um bald wieder auf der verstopften Hauptstraße warten zu müssen. Gegen Mittag begann es leicht zu regnen, und wir zogen es vor, uns bald in den Wald bei Trobichau zu verkriechen, Feuerstellen zu bauen und Essen zu kochen. Gegen 15 Uhr begannen heftige Schützenfeuer und einige Soldaten rannten in Richtung Putzkau davon. Bald sah man die ersten Russen heftig schießend den Naundorfer Berg herabkommen. Das Geschützfeuer nahm noch zu, und wir verkrochen uns in eine Dickung, weil wir nicht wußten, was geschehen würde. Wie lange wir dort mit eingezogenem Kopf saßen, weiß ich nicht mehr, aber die

Einschläge klangen schon recht nahe. Beim vorsichtigen Annähern an unsere Wagen sagten die Bauern: "Die Russen sagen: heim!" Sie hatten sich auf wendisch verständigen können. Die hereinbrechende Nacht verbrachte ich mit Mutter und unserem Dackel auf dem Kutschbock eines Wagens.

Am nächsten Morgen trat das ganze Dorf auf Anordnung des Ortsbauernführers den Rückweg an, da andere Dörfer schon voraus wären. Unser Weg führte abermals durch Gaußig, das leer und verlassen war. Wir begegneten dort einer russischen Streife. Auf dem Rittergut Dreuschkowitz konnten wir uns überzeugen, wie die Russen gehaust hatten. Die brüllenden Kühe im Stall wurden schnell gemolken. Nach einer kurzen Rast bewegte sich unser Treck auf die Kreuzung der Straße Dresden - Kamenz über Bautzen zu. Dort wurde unser Treck durch eine vorgehende motorisierte Einheit geteilt. Die vorderen Wagen wurden in Richtung Welka abgedrängt, während wir nur die Möglichkeit hatten, nach Süden umzukehren, um in Überförßgen Schutz zu suchen. Dabei wurden uns mehrere Pferde sowie der Trecker weggenommen, so daß Wagen stehenbleiben mußten, von denen später einer in Brand geschossen war.

Am Nachmittag fuhren wir weiter nach Neukirch zu. Es war eine ungemütliche Fahrt, denn überall beschossen Flieger die Straßen. Hundert Meter vor uns stürzte ein deutsches Jagdflugzeug brennend in ein Kleefeld. Wir waren sehr froh, als wir die deutschen Linien an den Bergen erreicht hatten und während um die Nachbargemeinde Putzkau noch gekämpft wurde, bezogen wir im Rittergut Neukirch unser Nachtquartier und blieben dort auch während der nächsten Zeit.

Ein deutscher Gegenangriff warf den Gegner weit zurück, die Festung Bautzen wurde entsetzt. So konnte ich mit unserem Pächter, Herrn Schneider, noch zweimal nach Welka fahren, um unsere Lebens- und Futtermittelbestände wieder zu ergänzen. In Großwelka brannten noch drei Wohnhäuser und unsere Feldscheune mit dem Dreschsatz. Eine Bombe war in den Hof gefallen und hatte alle Fenster der Hofseite zertrümmert. Große Teile der Dächer waren beschädigt. Eine Granate war durch das Museumsfenster vor Vaters Gewehrschrank explodiert. Die Russen hatten schlimm gehaust, alle Schränke waren erbrochen und ausgeraubt. Auf dem Hof fehlte der gesamte Viehbestand.

Als wir von Neukirch weiter flüchten mußten, waren wir noch 25 Personen mit zwei Wagen. Alle Dorfbewohner waren nach dem Zusammenstoß mit den Russen nach Großwelka abgedrängt worden und tagelang in drei Räumen unseres Hauses, z. T. auch im Keller, eingesperrt. Sie hatten Böses durchgemacht.

Unser Weg ging nun über Sebnitz, Schandau, Herrnskretschen nach Bodenbach. Im Elbtal blühten schon die Obstbäume. Die Nachtquartiere in Lichtenhain und Herrnskretschen waren wenig schön.

In Bodenbach herrschte ein tolles Gewühl von Fahrzeugen aller Art, zurückflutendem Militär und endlosen Flüchtlingszügen. Gegen Abend konnten wir in einer Brauerei unterkriechen. Zu 25 Personen mit zahlreichen Kindern verbrachten wir die Nächte auf dem blanken Boden liegend, immer wieder aufgeschreckt von Schießereien und Schreien. Tagsüber hielten wir uns hinter den Gebäuden im Freien auf, wo wir den Einzug der Russen am 8. Mai beobachten konnten. Gleich am ersten Tag wurde Bodenbach bombardiert, und wir konnten nur noch mit knapper Not Schutz in den tiefen Kellern finden.

Die Russen fanden natürlich bald die Brauerei und erfrischten sich ausgiebig an dem edlen Naß. Am Sonntag mußten wir helfen, Bierflaschen zu füllen und zu etikettieren. Nach dem Waffenstillstand erhob sich die Frage, auf welchem Wege wir heimfahren sollten. Wir entschieden uns für den gleichen Weg wie hinzu, und kamen verhältnismäßig unbelästigt, aber in steter Unruhe nach Neukirch. Dort fanden wir Gott sei Dank Vater wieder, der uns schon überall gesucht hatte.

Soweit der Bericht von Sohn Wolfram, und jetzt kommt wieder der Vater zu Wort:

Nachdem Sibylle und Wolfram mit dem Treck unseres Pächters Welka verlassen hatten und der Artillerie-Beschuß auf Bautzen ein weiteres Verbleiben sinnlos machte, fuhr ich am späten Nachmittag des 18. April 1945 mit meinem Dienstwagen in die vorbereitete Ausweichstelle nach Kirschau. Das Leben der Bevölkerung auf den Landstraßen, die Sammlung, Verpflegung und Weiterleitung zahlreicher Ausländer waren Probleme, die uns vordringlich beschäftigten, ebenso die aus Strafanstalten Entlassenen bzw. Entwichenen.
Als Bautzen um den 26. April wieder zurückerobert war, erhielt ich von militärischen Stellen den Befehl, das Amt in Bautzen sofort wieder einzurichten und der Industrie Arbeitskräfte zu vermitteln. In der Stadt sah es schlimm aus, nur die Ortenburg war leidlich erhalten, im Hof die Gräber der Hitlerjungen, ihrer Hauptverteidiger.
Erst nach Tagen kam dank freundlicher Vermittlung durch Herrn v. Ponickau, Steinigtwolmsdorf, die Verbindung mit Sibylle in Oberneukirch zustande. Dieses Wiedersehen ließ allen Schmerz über das, was unsere arme Heimat erlitten hatte, vergessen.
Als dann der Russe zum Gegenstoß aus der Heide antrat, wurde die Stadt und mit ihr der südliche Teil des Kreises geräumt. Auch bei dieser Flucht war es nicht möglich, mit den Meinen zusammenzubleiben, weil der für Pferdewagen günstigere Weg über Sebnitz, Schandau führte, während ich zunächst nach Rumburg gehen mußte. Aber wenigstens konnte ich den Rest des Welkaer Trecks rechtzeitig in Marsch setzen und ein gemeinsames Ziel, Bodenbach, vereinbaren, wo wir hofften, daß der Amerikaner die Elbe erreicht haben würde. In der Nacht zum 7. Mai, als der Russe immer näherrückte, brach ich dann mit dem Rest meines Amtes im Wagen nach Rumburg - Sudetengau - auf. Die meisten Angestellten hatte ich schon vorher in Marsch gesetzt, von da weiter nach Bodenbach, wo Sibylle kurz vor meinem Eintreffen auf dem Arbeitsamt nach mir gefragt hatte. Die dauernden Fliegerangriffe machten aber ein Verbleiben in Bodenbach unmöglich.
Nachdem ich meinen Welkaer Treck auf der Straße nach Außig vergeblich per Rad gesucht hatte, blieb ich auf einem Gut in der Nähe von Tetschen. Als am Abend des 7. Mai die Kapitulation bekannt wurde, entschloß ich mich, so schnell als möglich wieder über die Elbe nach Bodenbach zu gelangen. Da ich unseren letzten betriebsfähigen Wagen einem Kriegsbeschädigten und dessen Familie, sowie dem Rest der Akten überlassen hatte, machte ich mich per Rad auf den Weg. In Bodenbach fragte ich wieder vergeblich nach Sibylle, wurde aber von der Gemeindeverwaltung aufgefordert, die Stadt umgehend zu verlassen. Zahlreiche Trecks aus der Lausitz befanden sich wieder auf dem Rückmarsch, der durch

dauernde Russentransporte und Kontrollen der nach Wertsachen fahndenden Soldaten stark gehemmt wurde. In Neukirch traf ich die Meinen nicht an. Erst nach Tagen quälenden Wartens kamen die beiden übriggebliebenen Wagen des Welkaer Trecks mit zum Teil vertauschten Pferden, aber nicht ausgeplündert, an. Das Wiedersehen mit Sibylle und Wolfram ließ alles andere zurücktreten und half über den Anblick hinweg, den bei der Rückkehr am folgenden Tag unser armes Welka bot, um das hart gekämpft worden war und dabei mehrfach den Besitzer gewechselt hatte. Überall auf den Feldern frische Soldatengräber, Schützenlöcher, Laufgräben und Stellungen, sowie verendetes Vieh, tote Pferde, zerschossene Panzer und Geschütze. Im Hof und Garten waren zahlreiche Bombentrichter, abgedeckte Dächer, kaum noch Fensterscheiben im Haus, das auch Artillerieeinschläge trug. Mehrere Gebäude, zwei Arbeiterhäuser und die Feldscheune mit den meisten Maschinen waren abgebrannt. Alles lebende Inventar war fort, auch im Dorf mehrere abgebrannte Häuser: das war das Bild, das uns empfing.

Unser Haus war nun ständig das Ziel militärischer Untersuchungen und befand sich in einem Zustand wildester Unordnung. So waren wir froh, im Hause eines unserer Arbeiter, das völlig intakt geblieben war, zunächst Unterkommen zu finden. Hier mußten wir auch weiter verbleiben, da das Gutshaus mit Einquartierung belegt wurde, zuletzt sieben Wochen lang von über 100 zur Entlassung kommender Russen aus der Gefangenschaft. Es ist unvorstellbar, was die im Hause fertigbrachten, zumal sie dauernd wechselten. Das allein würde Bände füllen, wenn man die Erlebnisse und das Ergebnis schildern wollte. Am gleichen Tag, als uns der letzte dieser "Gäste" verließ, trat wie eine Erscheinung Freya in den Garten. Sie war von Thurn per Rad und Anhalter bis Altenhain zu Gontards gelangt, hatte dort den Einmarsch der Russen erlebt und konnte nach langem Warten die meist gesperrte Mulde bei Grimma überschreiten. Es war wie ein Wunder, daß sie heil durchkam, für uns nun eine große Hilfe im Garten sowie im Haus, das einem Chaos glich.

Die mancherlei Anstrengungen der Flucht waren an mir nicht spurlos vorübergegangen. Besonders legten mich ein Sturz mit dem Rad und der Schlag eines Pferdes auf dem Rücktreck ziemlich lahm. So mußte ich die Vorgänge zunächst vom Bett aus betrachten, vor allem die endlosen Viehherden, die nach Osten getrieben wurden und die, um das unpassierbare Bautzen zu meiden, meist bei uns durchkamen.

Die erste Beschäftigung galt dem Vergraben des herumliegenden Viehs. Auch wurde der Versuch unternommen, die Frühjahrsbestellung zu Ende zu bringen. Die dauernden Versuche der Russen, die Pferde vom Felde weg zu holen, machten das fast unmöglich. Schließlich mußten noch Äcker liegen bleiben, da die Saatkartoffeln requiriert wurden.

Als ich wieder soweit war, mir den Fußmarsch nach Bautzen, das anders nicht zu erreichen war, zuzutrauen, versuchte ich mein Amt in Bautzen wieder zu übernehmen. Das Gebäude war völlig erhalten und zeigte nur geringe Einschüsse. Obwohl der Russe nach Prüfung meiner Personalien keine Einwendungen gegen mich erhob - ich war ja nicht Pg gewesen -, schlugen alle Bemühungen fehl. Es waren höchst unerquickliche Verhandlungen, dazu mit stundenlangem Warten erkauft. Auch meine Meldung beim Landesarbeitsamt hatte nur negativen Erfolg.

So blieb nur eine Betätigung in dem mühsam in Gang kommenden Betrieb meines Pächters sowie in unseren Gärten. Diese erste Zeit war durch die umherstreifende russische Soldateska besonders schlimm in den Nächten, die von Schießereien und Geschrei erfüllt waren. Die Frauen mußten sich nachts meist in den Roggenfeldern verbergen.

Ende Juli, nach Abzug der letzten Einquartierung, konnten wir uns mit den noch vorhandenen Möbeln drei Zimmer im Haus einrichten. Nun folgten aber die sich täglich wiederholenden Schikanen der neugebildeten kommunistischen Partei im Zuge der seit Wochen gegen die Gutsbesitzer betriebenen Hetze, die mit der sogenannten "Bodenreform" ihren Höhepunkt erreichte. Es war eine aufreibende Zeit, in der die Zukunft der Besitzer in sich ständig widersprechender Weise behandelt wurde. Ursprünglich sollten ihnen Restgüter verbleiben, dann sollten sie als Siedler einen Anteil erhalten, das Wohnrecht sollte ihnen auf jeden Fall erhalten bleiben. So ist es verständlich, daß wir gleich den meisten Nachbarn - so besonders Adam Schall-Gaußig, und Watzdorfs-Luttowitz, mit denen wir uns regelmäßig austauschten - in Welka verblieben. Es ließ ja auch nichts darauf schließen, daß die späteren Gewaltmaßnahmen gegen die Besitzer persönlich und ihre totale Enteignung eingeleitet werden würden. In der Überzeugung, nur ein Aushalten in Welka könne unsere Rechte erhalten, blieben wir auch dann noch dort, als wir Ende Oktober einen am Tag darauf allerdings wieder zurückgezogenen Ausweisungsbefehl erhalten hatten.

In dieser letzten Zeit in Welka fanden wir in den Herrnhutern in Kleinwelka eine besonders mitfühlende und tragende Hilfe, die vor allem den schweren inneren Fragen in bereitwilliger Aussprache Klärung und Stärke brachten.

Nachdem mir auf dem Gute jegliche Betätigung und Verfügung untersagt worden war, erfolgte an einem Sonntag die Verteilung der Fluren an Flüchtlinge und eingesessene Landwirte, was als eine Art Volksfest aufgezogen wurde. Dabei wurden von unserem Balkon aus die unflätigsten Hetzreden gegen uns gehalten.

Am 29. Oktober 1945 wurden wir dann per LKW durch bewaffnete Polizei abgeholt. Dabei wurde uns eröffnet, es handele sich um keine Verhaftung, sondern nur um eine Mitnahme zu einer Vernehmung für zwei bis drei Tage in der Kreisstadt - eine Floskel, vermutlich um zu verhindern, daß wir die Vorführung vor einen Richter forderten. Tatsächlich war es eine Verhaftung, wurde uns doch später angedroht, daß bei Fluchtversuchen von der Waffe Gebrauch gemacht werde. Daß wir ausgewiesen waren, erfuhren wir nur durch die entrüstete Bevölkerung.

Bei unserer Abholung blieb uns nur eine halbe Stunde, um das Notwendigste zu packen. Rucksack, Handtasche und einige Decken waren unser Gepäck, das wir auf diese Fahrt mitnehmen konnten, die abends nicht in der Kreisstadt, sondern in einem ehemaligen Arbeitsdienstlager bei Radeberg endete, das sich in verwahrlostem Zustand befand. Hier trafen wir zahlreiche Schicksalsgenossen, meist aus der preußischen Lausitz (diesseits der Neiße), so Wiedebachs-Wiesa, Krugs-Gersdorf, Roons-Reichenbach, Fallois-Paulsdorf. Mangelhaft verpflegt, nur mit Strohlager versehen, verbrachten wir hier acht Tage. Täglich wuchs unsere Zahl, bis wir in einem ähnlichen Lager bei Coswig mit einem anderen Transport vereinigt wurden, um in Viehwagen eng gedrängt verladen zu werden. Ohne Zielangabe erreichten wir in viertägiger Fahrt, für die uns je ein Brot als einzige

Verpflegung gegeben wurde, Stralsund, wo wir mit einem aus Grimma kommenden Transport zusammentrafen. Im Fußmarsch über den zum Teil nur notdürftig geflickten Damm, erreichten wir die Insel Rügen.

In den Massenlagern, deren letzte Insassen Russen gewesen waren, und die uns als Aufenthalt für etwa 600 Angehörige der enteigneten Gutsbesitzer zugewiesen wurden, brach dank der beispiellosen hygienischen Einrichtungen bald Typhus aus. Das führte zu einer Aufteilung in Einzelquartiere in den Gemeinden um Bergen. Hervorzuheben ist aus dieser Zeit das mustergültige Zusammenhalten, der vorzügliche Geist, die gegenseitige Hilfsbereitschaft und die tadellose Haltung, die die meisten an den Tag legten.

Zuerst bei netter, mitfühlender und hilfsbereiter Landarbeiterfamilie des Rittergutes Patzig untergebracht, wurde uns später ein tolles Loch zugewiesen, in dem wir uns nur durch einen geliehenen Terrier des Nachts die Ratten von unseren feuchten Lagern fernhalten konnten. Recht anstrengende Waldarbeit mit Anmarsch von über einer Stunde täglich brachte mir eine so erhebliche Kreislaufstörung, daß Arme und Beine völlig versagten, dazu noch die mangelhafte und einseitige Ernährung.

Inzwischen war die Verbindung mit Albrecht bzw. mit Utti in Thurn hergestellt und uns zur Vereinigung mit ihnen die Zuzugsgenehmigung erteilt worden. Freya war zuvor schon einmal in Welka gewesen und hatte manch Nützliches mitbringen können, so daß wir nun doch einiges Gepäck hatten. Das hat sie nun alles zumeist per Landmarsch zur Küste geschafft, wo sie bei einem Schiffer für Seydewitzens und uns die Mitnahme mit dem ersten Kahn, der nach Greifswald fuhr, vereinbart hatte. Eine tüchtige Leistung von ihr. Direkt aus dem Krankenhaus, unter freundlicher Mithilfe der Krankenschwester, erreichte ich dann glücklich den Hafen Lauterbach. Am letzten Märztage 1946 verließen wir nach fünf Monaten dieses, jedenfalls im Winter recht ungastliche Eiland. Über Berlin, eine Nacht auf den Stufen des zerschossenen Bahnhofs sitzend, Jella (meine Schwester Seydewitz) und Freya fuhren unterdessen das Gepäck auf kleinen Rollern durch die Stadt zum Anhalter Bahnhof, erreichten wir ziemlich erledigt Leipzig. Wolfram hatten wir dorthin vorausgeschickt. Wir trennten uns von den Seydewitzens, die zu ihrem Sohn Hans Karl nach Naumburg fuhren. Es war das letzte Mal, daß wir den guten Max sahen. Er konnte sich von den Strapazen der vergangenen langen Zeit nicht wieder erholen.

In Leipzig wurden wir bei der Familie Ezold, wo Wolfram bereits Unterkommen gefunden hatte, rührend aufgenommen, und konnten uns zunächst einmal erholen. Wir hatten die Kinder Ezold in der Zeit größter Fliegergefahr in Welka aufgenommen. Bei der völligen Ungewißheit unserer nächsten Zukunft waren wir froh, Wolfram zunächst dort in bester Pflege zur Fortsetzung des begonnenen Schulbesuchs lassen zu können. Dieser hatte in letzter Zeit sehr gelitten. In Ermangelung jeglicher Papiere - den Rügenausweis mit dem Vermerk: "Darf die Insel nicht verlassen" hatten wir vernichtet - mußten wir über die grüne Grenze gehen. Wir erreichten sie nach zweitägiger Bahnfahrt bei Schalkau in der Nähe von Sonneberg (Thüringen). Von Einheimischen geführt, gelangten wir nachts unangefochten hinüber. Mit Sibylles und Freyas Hilfe gelang auch mir dieser aufregende Marsch. Am folgenden Tag brachte uns ein Milchauto nach Coburg. Am

18. April 1946, genau ein Jahr nachdem wir Großwelka zum ersten Mal verlassen mußten, trafen wir dann hier in Thurn, Kreis Forchheim, ein.

Hier war Freya im letzten Kriegsjahr Gärtnerin bei Gräfin Benzel, geb. Brandt-Sturmfeder v. Horneck, gewesen. Das hatte dazu geführt, daß Utti mit den Kindern beim Nahen der Front hierher geholt wurde. So fand auch Albrecht hier Aufnahme und uns verschaffte es die Rechtsgrundlage für den Zuzug und somit die Vereinigung der Familie. Von den Kindern rührend aufgenommen, fanden wir in Thurn die ersehnte äußere und innere Ruhe.

Den Flüchtlingsalltag haben wir in den kommenden Jahren hinreichend kennengelernt. Seine Hauptlast liegt auf der Hausfrau. Nachdem Freya sehr bald ihren Beruf als landwirtschaftliche Lehrerin an der Herrnhuter Frauenschule in Neudietendorf wieder aufgenommen hatte, lag die Hauptlast auf Sibylle. Ich selbst habe meine Zeit geteilt zwischen Beschaffung und Zerkleinerung von Holz, im Sommer Bestellung unserer Beete, Pilz- und Beerensuchen. Die schlechte Kartoffelernte 1947 ließ mich rechtzeitig mit Sammeln auf abgeernteten Feldern beginnen, wobei ich die fränkischen Bauern gut kennenlernte. Diese Aktion brachte mir damals ca. 10 Zentner ein. Als dann die Währungsreform auch uns auf die Kopfquote verwies, verlegte ich mich auf das Sammeln von Heilkräutern, von denen ich über zwei Zentner trocken abliefern konnte. Der Hauptgewinn bestand aber in einer gesunden Beschäftigung und der willkommenen Auffrischung meiner botanischen Kenntnisse.

Mit Welka stehen wir, besonders durch Freya, in dauernder Verbindung und haben dabei viele Beweise treuer Anhänglichkeit erfahren. Die Felder sind dort aufgeteilt, im Holz eine schlimme Verwüstung angerichtet, und unser liebes Haus zur Unkenntlichkeit verunstaltet. Ein Teil ist Siedlerwohnung, der andere Teil Scheune und Stall. So gingen 20 bewohnbare Zimmer verloren.

Dieses Werk der Verwüstung, das durch das Fällen der alten Hoflinden und Kastanien sowie der Napoleonsallee eingeleitet wurde, nicht mit ansehen zu müssen, empfinden wir immer wieder als eine Fügung, die uns unsere Ausweisung als gnädige Führung erkennen läßt. Wir erkennen heute, daß es wohl der tiefste Sinn des Geschickes ist, das über uns kam, daß in allem Zerstörten unendlich viel Unzerstörbares lebt.

Max Albrecht v. Boxberg (Haus Zschorna)
auf Burgk und Pesterwitz bei Freital, Bezirk Dresden

Das Rittergut Burgk gehörte in Erbengemeinschaft seiner Frau und ihren Geschwistern und wurde von Max v. Boxberg verwaltet. Burgk hatte eine Größe von ca. 220 ha, davon 70 ha Feld und 150 ha Wald. Dazu gehörte umfangreicher Hausbesitz und ferner drei Kohleschächte mit ihren Gebäuden, wovon ein Schacht noch in Betrieb war.
Pesterwitz war im Alleinbesitz seiner Frau, Ibeth v. Boxberg, geb. Freiin v. Burgk. Seine 200 ha landwirtschaftliche Nutzfläche waren verpachtet.

Zur Familie des letzten Eigentümers gehören:

Max-Albrecht v. Boxberg, * Dresden 19. 12. 1882, † Bückeburg 6. 8. 1969, Oberstlt a. D.;
× Dresden 23. 4. 1919 Elisabeth Freiin v. Burgk, * Schönfeld bei Großenhain 25. 2. 1889, † Bückeburg 22. 3. 1971 (× I. Schönfeld 24. 7. 1912 Haubold v. Einsiedel, × bei Goldap 11. 9. 1914, Kgl. sächs. Rittmeister u. EskChef im GardeReiterRgt), T. d. Kgl. sächs. Khrn u. Rittmeisters a. D. Maximilian Frhr v. B., Fkhrn auf Burgk, auf Schönfeld usw., u. d. Gabriele (Ella) v. Boxberg a. d. H. Zschorna.
Kinder:
1. Helga, * Dresden 24. 2. 1920, VerwAngest. i. R.
2. Wolf-Heinrich Ulrich, * Torgau 24. 4. 1921, × (vermißt) Rethem an der Aller ... 4. 1945, ...
3. Gisela, * Camitz bei Graditz 2. 7. 1922;
   × Brackwede 27. 12. 1963 Ernst-Eugen Bandel, * Düsseldorf 7. 9. 1920, DiplVolkswirt.
4. Ulrich Max, * Dresden 5. 10. 1923, Ldwirt, VersAngest.;
   × Bückeburg 23. 2. 1957 Gertrud Kuss, * Stettin 31. 7. 1923, † ... 21. 3. 1989, T. d. BauIng. Arthur K. u. d. Hedwig Zietlow.

In einem für das Familienarchiv bestimmten Bericht schildern Max-Albrecht v. Boxberg und sein Sohn Uli die Geschehnisse unmittelbar nach dem Zweiten Weltkrieg. Nachfolgend ein Auszug daraus:

Am 7. Mai 1945 fuhr der Regimentsstab eines IR-mot. auf dem Hof von Burgk vor. Vier Offiziere baten um die Erlaubnis, bei uns zu Abend essen zu dürfen. Sie hatten alles mit, holten eine Flasche Likör und erzählten von ihren Kämpfen gegen die Russen an der Elbe. Sie meinten: "Morgen abend ist der Russe hier!" Sie rieten meiner Frau und den Töchtern, sich ihnen anzuschließen. Diese lehnten das Anerbieten jedoch ab, sie wollten mich und die Heimat nicht verlassen. Plötzlich stand ein General im Zimmer: "Remer!" stellte er sich vor. Ich erkannte sofort, daß er der Führer des Wachbataillons in Berlin am 20. Juli 1944 gewesen war. Nachdem er meine Frau mit: "Grüß Gott, gnädige Frau" begrüßt hatte, stauchte er den Regimentskommandeur, daß er ihm keine Meldung von seinem Abmarsch von der Elbe gemacht habe. Dieser protestierte, er habe ihn per Funkspruch benachrichtigt. Ich machte General Remer darauf aufmerksam, der Krieg sei zu Ende, Graf

Schloß Burgk
Heute „Haus der Heimat" der Stadt Freital.

Schwerin-Krosigk habe dies heute früh im Rundfunk verkündet, worauf der General erwiderte: "Alles Lügen vom Auslandssender, für mich geht der Krieg weiter, und wenn er noch acht Jahre dauert." Damit empfahl er sich.
Nach herzlichem Abschied fuhr der Regimentsstab ab. Die Prophezeiung stimmte.
Am 8. Mai, 17 Uhr fuhr eine russische Sanitätskompanie auf unseren Hof. Ein Stabsarzt und ein älterer Feldwebel, der schon in der zaristischen Armee gedient hatte, baten darum, sich bei uns etwas ausruhen zu dürfen und zu essen. Sie holten Brot und Butter, zwei gebratene Hühner aus ihrem Wagen, auch eine große Flasche Wodka wurde nicht vergessen. Wir setzten uns mit ihnen an einen Tisch und bekamen auch zu essen und zu trinken. Der Stabsarzt war sehr schweigsam, desto redseliger der Feldwebel. Um die Stimmung zu heben, spielte Uli etwas Ziehharmonika, so daß der Feldwebel und ein anderer Unteroffizier uns einen Krakowiak

41

vortanzten. Als sie abrückten, kam das dicke Ende: Mit den Worten "Ur, Ur" knöpfte uns der Stabsarzt unsere Uhren ab. Ich war darauf vorbereitet und trug eine alte, noch mit einem Schlüssel aufzuziehende Uhr. Sein Ärger war so groß, daß er mir einen schönen Reisewecker vom Nachttisch klaute.

Nun zogen zwei Tage und eine Nacht russische Kolonnen über Kolonnen durch Burgk. Die Disziplin war aber so gut, daß trotz öfterem Halt vor dem Hoftor kein Russe auf den Hof kam. Dagegen kamen die hinter den Russen herziehenden Versprengten und Drückeberger jede Nacht ins Haus. Es war zwar verriegelt, aber mit Kolbenstößen gegen die Tür wurde ich geweckt und mußte ihnen öffnen. Unter dem Vorwand, nach Waffen zu suchen, gingen sie durch alle Zimmer und leuchteten überall hin, auch unter die Betten. Die Mädels waren vorher in den Park geflüchtet, später schliefen sie im Turm, die Tür zum Aufgang wurde verkleidet. Am Pfingstsonntag früh um 5 Uhr wurden wir von vier russischen Flintenweibern aus den Betten gejagt. Sie wollten Nachtquartier haben. Dies war aber nur ein Vorwand, sie stahlen wie die Raben. Um 11 Uhr mußte ein Mittagessen für sie bereitstehen, und zwar Huhn mit Reis. Wir mußten unsere letzten beiden eingeweckten Hühner opfern, Reis hatten sie mitgebracht. Zwei Soldaten waren mit einem Landauer gekommen, einer war ein Jude, der Kutscher ein Zivilist aus der Ukraine. Der Wagen war voll gestohlener Sachen und stand in einer Scheune. Helga versuchte die uns gehörenden Gegenstände zu retten, wurde aber erwischt und bekam eine donnernde Bußpredigt von der Obristin. Meiner Frau wurde vorgehalten, welch ungeratene Tochter sie habe. Zum Schluß wurde Uli noch verhaftet, weil in seinem Zimmer ein paar alte Bergmann-Stichdegen hingen. Er wurde auf die Kommandantur gebracht, aber sofort wieder entlassen. Wir waren froh, als die Flintenweiber um 14 Uhr weiterfuhren, ihr Reiseziel war Kiew.

Am 16. September wurde ich verhaftet. Zunächst wurde mir gesagt, daß ich nur als Zeuge in Sachen meines schon vor zehn Tagen verhafteten Schwagers Arthur Burgk vernommen werden sollte. Abends wäre ich wieder zu Hause und brauchte nichts mitzunehmen. Als Dolmetscher fungierte der letzte Chauffeur von Arthur, der mir mitteilte, wir führen auf die Kommandantur in Dresden. Die Fahrt ging aber nach Schönfeld. Dort mußte ich eine Stunde im Auto vor der Kommandantur warten. Ich verständigte eine Schönfelder Frau, sie möge sofort eine Karte an meine Frau schreiben, daß sie mich in Schönfeld gesehen habe. Wir landeten dann auf dem Truppenübungsplatz Königsbrück in der Gärtnerei der früheren Kommandantur, wo auch Arthur Burgk inhaftiert war. Ich bekam ihn aber nicht zu sehen. Zunächst wurde ich im Mansardenzimmer eines Einfamilienhauses etabliert, saß auf einem früheren Burgker Sofa. Es war der heißeste Tag des Jahres. Der Posten vor der Tür schlief ein und schnarchte so laut, daß mir der Gedanke an Flucht kam. Aber wie? Um zum Fenster hinauszuspringen, war es zu hoch, aber unten lag eine alte Leiter. Ich winkte einem Jungen, der auf der Straße daherkam, und deutete ihm durch Zeichen, die Leiter anzulegen. Dies tat er auch und ging dann weiter. Ich hatte schon ein Bein auf der obersten Sprosse, zog es aber zurück, als ein Auto vorfuhr, dem der Oberleutnant entstieg, der mich verhaftet hatte. Die Leiter sehend, machte er mir eine Szene, und ich mußte ihm folgen. Mein neues Quartier war ein feuchter Schweine- und Ziegenstall gegenüber der GPU. Dort saß ich nun dreieinhalb Wochen. Bei den dauernden Verhören wurde mir vorgeworfen, ich hätte einen Goldschatz vergraben, wenn ich sagte, wo, würde ich sofort entlassen. Ich beteuerte dauernd, ich hätte kein Gold gehabt, mein letztes 20-Mark-Stück hätte ich im letzten Krieg abgegeben. Beköstigt wurde ich wie die russischen Soldaten, früh um 10 Uhr eine Suppe mit noch warmem, klebrigen Brot, um 16 Uhr eine Kraut- oder Graupensuppe und abends eine noch dünnere Suppe mit Brot. Gehungert habe ich nicht, da ich keine Bewegung hatte, entsetzlich war die Langeweile. In der Tür war ein grünes Drahtgitter, durch das ich das Treiben der GPU beobachten konnte, wenn der Vorhang nicht von außen zugezogen war. Der GPU-Kommandant war ein russischer Major, sehr verschlagen und sarkastisch. Jedes Verhör blieb ergebnislos, entlassen wurde ich nicht. Übel waren die Nächte. Eine Holzpritsche, als Kopfkissen ein Kistendeckel, eine Decke zum Zudecken gab es nicht. Meine Bitte um eine Decke für die Nacht wurde mit "Wodka" beantwortet, und tatsächlich erhielt ich früh einen süßen, grünen Kartoffelschnaps, dazu zwei bis drei Tomatenscheiben. Das ist eine Spezialität beim Russen. Wenn er viel Wodka trinkt, ißt er dazu Massen von Tomaten, weil ihm damit der Schnaps besser bekäme. Die Nächte waren schon ziemlich kalt, so daß ich schon bald nach dem Einschlafen ganz steif am ganzen Körper wieder aufwachte. Ich stand auf, machte meine Freiübungen, so vergingen sie nur sehr langsam. Zu meiner Bewachung hatte man außer dem Posten, der meistens schlief, eine scharfe Polizeihündin mit zwei Jungen an meine Tür gebunden. Die Jungen froren auch und jaulten deshalb die ganze Nacht, was mich um den Rest von Schlaf brachte, dazu Tag und Nacht eine 100-kW-Lampe unter der Decke.

Nach drei Tagen bekam ich Gesellschaft, einen früheren Schirrmeister von Königsbrück. Er hatte, per Rad von Kamenz kommend, Holunderbeeren an einer öffentlichen Straße des Übungsplatzes gepflückt und wurde der Spionage verdächtigt. Er war todunglücklich, zumal seine herzkranke Mutter ihn abends zurück erwartete. Ich tröstete ihn, sicher würde er bis zum nächsten Abend wieder entlassen. Er blieb aber vier Tage mein Stallgenosse. Am Morgen, nach seiner Einlieferung, Revision durch einen üblen russischen Oberst. Er beanstandete den Krug Wasser in meiner Zelle, aus dem ich bisher getrunken hatte, und mich auch waschen konnte. Er wurde entfernt. Als der Oberst im Freien Schmutzwinkel entdeckt hatte, mußten wir mit bloßen Händen verhärtete Nachtwächter und anderen Unrat ins Klo schaffen, wenig angenehm! Dieses Klo war überhaupt ein tristes Kapitel. Nach längerem Klopfen an der Tür führte mich der Posten zu dem 50 Meter entfernten Holzhäuschen. Die Wachmannschaften hatten aber nie den Deckel beiseite geschoben, sondern stets auf den Deckel gemacht. Am Nachmittag mußten wir über ein Zentner schwere Steinpfosten zusammentragen, bis dem Schirrmeister, dem, da lungenleidend, ein Thermophor eingesetzt war, die Puste ausging und er umfiel. Ganz schlimm waren die Nächte, wenn wir Zuwachs durch Soldaten bekamen, die sich an Brennspiritus betrunken hatten. Sie stanken wie die Pest, heulten im Delirium die ganze Nacht und schrien abwechselnd: Mamuschka! Papuschka! Am nächsten Morgen, halbwegs ernüchtert, meinten sie nur: Dobje, Spiritus! und hätten, wenn sie Sprit gehabt hätten, sofort weitergesoffen.

Ich lebte nach der Sonne, da man mir bei Einlieferung meine gute goldene Glashütter Uhr mit goldener Kette, Ehering und Geldbeutel abnahm. Ring und Börse erhielt ich bei der Entlassung wieder. Ein ganz witziger russischer Unteroffizier, der etwas Deutsch konnte, wurde für 24 Stunden zu mir gesperrt. Er hatte bei einem Spaziergang seiner deutschen Frau sein Käppi aufgesetzt und war von einem Offizier ertappt worden. Zunächst sehr heiter, wurde er sehr ernst, als Degradierung angekündigt wurde. Nach einem ergebnislosen Verhör, bei dem ich auf einem Wappenstuhl des Schönfelder Schlosses saß, sagte mir der Kommandant: "Morgen kommt Ihre Frau." Ich freute mich wie ein Kind, wartete von Stunde zu Stunde in meiner Zelle, während sie drei Meter entfernt saß und nicht zu mir gelassen wurde, auch nicht ahnte, daß ich so in ihrer Nähe war. Einmal wurde ich nachts um zwei Uhr von einem ziemlich betrunkenen Leutnant, der gerade aus Paris gekommen war und dann im Kasino pokuliert hatte, auf französisch vernommen. Wie alle anderen, war auch dieses Verhör negativ. Der GPU-Kommandant drohte, mich nach Rußland zu schaffen, hätte es wohl auch getan, wenn nicht meine gute Frau unser ganzes Silber im Gewicht von 68 kg geopfert hätte. Darauf schien die Befreiungsstunde zu schlagen. Als ich wieder zum Verhör geführt wurde, sah ich sie mit Gisela auf dem Hof stehen. Aber erst zwei Tage später sollte die Befreiungsstunde schlagen.

Eine Beobachtung möchte ich noch nachholen: Als eine Waschfrau kam, um dem Kommandanten ein Päckchen zu bringen, schenkte er ihr einen 100-Mark-Schein und ließ sich mit ihr fotografieren. Beim Wiederkommen händigte er ihr das Foto aus und ließ sie, da es regnete, mit einem 8-Zylinder-Ford nach Hause fahren. Das war die Taktik der Russen, und solche Leute schwärmten natürlich für sie.

Als Ibeth und Gisela mich nach zwei Tagen abholten, mußten wir auf einem Lastauto mit einem Oberleutnant und zwei Soldaten nach Burgk fahren. Hier mußte ich sie in den Luftschacht des stillgelegten Bergwerks führen, der in unseren Garten mündete, und in dem wir unser ganzes Silber und Porzellan versteckt hatten. Durch das Einschreiten des russischen Kommandanten in Freital wurde verhindert, daß das Porzellan auch noch abgefahren wurde. Ich hoffte, nun endlich frei zu sein, mußte aber wieder einsteigen, und die Fahrt ging nach Bautzen. Der Offizier erzählte mir, das Silber käme auf die Bank zum Einschmelzen, würde dann geprägt und von dem Erlös würde Rußland wieder aufgebaut. Das Ziel in Bautzen war aber keine Bank, sondern das Gefängnis, wo der arme Arthur Burgk bereits inhaftiert war. Wir hielten dort zwei Stunden, aber man übernahm mich nicht, warum weiß ich nicht. Das Silber hat der GPU-Kommandant natürlich für sich behalten, es wurde von Bautzen wieder zu ihm zurückgebracht. Die Fahrt ging zurück in Richtung Königsbrück. In Hermsdorf ließ mich der Offizier aussteigen, ich sei entlassen. Ein Lastwagen nahm mich mit und abends um zehn Uhr fiel ich gerührt in die Arme meiner Frau und dankte ihr für all ihre Bemühungen um meine Freilassung.

Ich komme nun zur sogenannten Bodenreform, die schon vor meiner Verhaftung eingeleitet war. Wir hatten einen üblen Treuhänder, einen Herrn Benkenstein, der angab, Inspektor beim Grafen Arnim in Boizenburg gewesen zu sein. Einmal sagte er mir: "Die Zeiten, wo ich mit dem Hut in der Hand vor dem Grafen stehen mußte, sind vorbei." Durch Zufall traf ich später in Pyrmont den Sohn Arnim, der mir versicherte, daß sie nie einen Inspektor dieses Namens gehabt hätten. Benkenstein war als Landwirt im Osten gewesen und behauptete, seine Sachen auf der Flucht verloren zu haben. Er beschlagnahmte zwei Zimmer mit Möbeln für

44

sich, und nahm ein genaues Inventarverzeichnis im Schloß und Hauptbüro auf mit der Anordnung, daß nichts mehr herausgeschafft werden dürfe. Infolgedessen konnten wir nur noch nachts einige Wertgegenstände wie Teppiche, Bronzen und Bilder in die Wohnungen unserer alten treuen Beamten retten. Der Stallschweizer hatte sich zu einem strammen Kommunisten entwickelt, er war der König von Burgk und hatte engen Kontakt zur Sächs. Regierung. Eines Morgens war der Hof mit Fichten und Transparenten mit der Aufschrift: "Junkerland in Bauernhand" geschmückt. Zur Feier des Tages schlachtete er eine Kalbe vom Gutspächter Riedel und wollte sie mit dem Bodenreformausschuß verspeisen. Zum Glück schritt der Bürgermeister ein, er ließ das Fleisch an die Armen der Stadt Freital verteilen.

Der Besitz der Erbengemeinschaft in Burgk bestand aus 70 ha Feld, die aufgeteilt wurden. Die 150 ha Wald sind in dem strengen Winter 1946/47 fast vollständig abgeholzt worden. Die stillgelegten drei Schächte mit ihren Baulichkeiten, sowie weiterer umfangreicher Grundstücksbesitz ging an die Gemeinden Burgk und Weißeritz. Der zwischen Burgk und Weißeritz gelegene Stollen wurde wieder erschlossen und in vier Jahren die letzte Kohle herausgeholt. Jetzt soll an verschiedenen Stellen nach Pechblende geschürft werden.

Die Erbengemeinschaft Burgk hatte in den letzten Jahren keinen Pfennig entnommen. Die Einnahmen aus Pachten und Mieten langten nur durch Grundstücksverkäufe dazu, um die hohen Pensionslasten für die Beamten der seit 1930 stillgelegten Schächte aufzubringen. Bei unserer Enteignung betrugen sie noch 32.000 Mark. Ein Antrag, den Besitz unter Vorlage des Pensionsstatutes zu retten, wurde von der Landesregierung abgelehnt.

Pesterwitz war mit seinen 200 ha landwirtschaftlicher Nutzfläche im Alleinbesitz meiner Frau und an einen Major d. Res. Buchheim verpachtet. Als dieser noch als Heeresstreife die Straßen der Umgebung abfuhr und seine Frau und Tochter in den Wald geflohen waren, um einer Vergewaltigung zu entgehen, wurde das gesamte lebende Inventar abgetrieben. Pesterwitz wurde nicht aufgeteilt, sondern Besatzungsgut für die russische Garnison Dresden. Allmählich wurde von anderen Gütern wieder lebendes und totes Inventar hingebracht. Heute ist es Staatsgut.

Jetzt kam eine neue Verhaftungswelle über die sächsischen Großgrundbesitzer. Wir entgingen der Verschleppung auf die Insel Rügen dadurch, daß meine Frau vom Oberbürgermeister erfuhr, daß er uns am nächsten Tag verhaften müsse (16. Oktober 1945). Mit viel Glück erwischten wir noch einen Lastzug, der das Elternpaar und Uli bis Halle mitnahm. Je ein Rucksack und Handkoffer waren unser Reisegepäck. Gisela blieb rührenderweise zurück und rettete so als Volksschullehrerin in Freital die Einrichtung von zwei Zimmern, die ihr als Ausstattung von den Roten zugebilligt wurden. Einige Wochen durfte sie noch im Schloß wohnen, dann mußte sie am 16. Januar 1946 nach Freital übersiedeln.

Unsere Erlebnisse auf der Flucht schildert mein Sohn Uli wie folgt:

Hennig (später Kultusminister von Hessen): "Wenn Ihnen Ihre Freiheit wichtiger ist als Ihr Besitz, dann wissen Sie, was Sie zu tun haben." Herr Hennig, SPD, war kurz der Schulrat von Gisela und gab uns deshalb den sehr persönlichen Rat.

Gisela, weder BDM-Mitglied noch später Frauenschaft, wurde als Pädagogin von Hennig sehr geschätzt.

Da mein Vater der Inhaftierung durch die russische Besatzung nach mehr als drei Wochen nur wie durch ein Wunder entgehen konnte, war der Entschluß verständlich, einer solchen Gefahr nach Möglichkeit zu entgehen. Am 16. Oktober 1945 ergab sich für Vater, Mutter und mich die Gelegenheit, mit einem LKW der Union-Zigarettenwerke nach Halle zu gelangen. Im überfüllten Wagen ging es quer durch Sachsen nach unserem Ziel, wo wir nach einer Kontrolle durch die Russen, die aber zum Glück das Frachtgut nicht untersuchten, gegen Mitternacht anlangten. Schwieriger ließ sich jedoch die Weiterfahrt an. Zwei Züge mußten wir wegen Überfüllung auslassen, ehe wir uns Platz in einem Wagen erkämpfen konnten. In Nordhausen war die Fahrt zu Ende. Von dort fuhren wir mit einer Kleinbahn nach Weißenborn, acht Kilometer entfernt von der Grenze. Durch seine frühere Tätigkeit als Pferdeankäufer der WI in Erfurt kannte mein Vater dort einen Bauern, der bereit war, unser Gepäck mit seinem Ochsenwagen zum Grenzort Zwinge zu bringen. Am Mittag des 17. Oktober kreuzten wir vor der dortigen Hengststation und Gastwirtschaft auf. Der Hengsthalter nahm uns in vorbildlicher Weise auf. Wir sollten bis zum Einbruch der Dunkelheit bei ihm warten. Dann würde er uns einen Knecht mitgeben, der ortskundig sei, und der uns, wie schon viele Flüchtlinge sicher über die Grenze bringen werde. Am Nachmittag ging ich einmal über Land, um mir einen Überblick zu verschaffen. Ich mußte feststellen, daß der Grenzübergang äußerst schwierig war, weil er durch eine breite Stacheldrahtsperre verrammelt war. Ich beobachtete eine Gruppe Grenzgänger, die bei dem Versuch, hinüber zu kommen, nach kurzer Zeit von Russen eingekreist und abgeführt wurden.

Mit großer Spannung erwarteten wir den Abend. Gegen 9 Uhr kam unser Begleiter, der aber keine große Meinung zu dem Unternehmen hatte, da der Vollmond alles hell erleuchtete. Im Dorfe war es ziemlich unruhig, weil am Vortage das Kommando gewechselt hatte und die neue Truppe sehr diensteifrig war. Einzelne Schüsse fielen, als wir in Abständen von 200 m das schützende Haus verließen, mit unserem verräterischen Gepäck durch das lange Dorf landeinwärts schlichen, um dann auf einem Seitenweg zur Brücke über die Eller zu gelangen. Dabei hätte mich beinahe das Schicksal erreicht. Als der Kommandant aus dem Fenster heraus nach dem Rechten sehen wollte und mich erblickte, kam er sofort auf die Straße heraus, wo zufällig der Hengsthalter mit einer Gruppe von Leuten stand. Geistesgegenwärtig lüftete er meinen Hut, um mein Gesicht besser sehen zu können, und bemerkte, ich käme gewiß aus der britischen Zone, um ins Landesinnere weiterzureisen. Der Russe gab sich damit zufrieden, und ich verschwand schleunigst um die nächste Ecke im Dunkel.

Nachdem unter der Brücke ein kurzer Kriegsrat abgehalten worden war, schlich unser Führer allein nach vorn, um die Lage zu erkunden. Nach längerer Zeit kam er besorgt zurück, da diese helle Nacht denkbar ungünstig sei. Er wies uns aber an, ihm möglichst geräuschlos zu folgen. In gebückter Haltung zogen wir nun etwa 300 m dem Bach entlang, bis unser Ortskundiger uns anwies, abermals zu warten, bis er zurück sei. Er schlich allein weiter und wir kauerten uns nieder und hatten, da der Pfad in eine Wiese eingeschnitten war, etwas Deckung. Angespannt lauschten wir nach vorn, ob wir etwas von den patrouillierenden Posten hören könnten, bis plötzlich eine Stimme deutlich "Halt!" rief und im nächsten Moment zwei Schüsse über uns hinwegfegten. Weitere folgten, zwischendurch vernahmen wir die Schritte unseres flüchtenden Führers, der geistesgegenwärtig nicht direkt auf uns zulief, sondern weit genug neben uns über den Bach sprang. Als erfahrener Rußlandkämpfer war er im Zickzack gelaufen und dadurch nicht von den Schüssen getroffen worden. Die Russen hatten ja nun gemerkt, daß etwas nicht in Ordnung war. Sie verließen ihren Standort an einem hohen Telegraphenmast und kamen auf uns zu. Dabei unterhielten sie sich so laut, daß wir die Entfernung von 10 m zu unserem Versteck leicht schätzen konnten. Alle Hoffnungen zerrannen, denn im nächsten Moment mußten wir erkannt sein. Mit einem Male waren die schimpfenden Russen still geworden, offenbar um zu lauschen, da knallte es auf der anderen Seite des Baches, man hörte Stimmen, vermutlich war dort jemand gefaßt worden. Das war unsere Rettung, denn nun waren unsere Russen abgelenkt, wandten sich um und setzten ihren Gang entlang des Verhaues weiter fort. Nach dieser Feuertaufe wuchs unsere Zuversicht wieder schnell an, obwohl uns klar war, daß wir ohne ortskundigen Geleitschutz sehr gefährdet waren. Wir kannten weder unseren genauen Standort, noch die Entfernung zur Grenze oder das Terrain dahinter. Zunächst blieben wir regungslos in unserer Stellung. Dann verschwanden unsere Koffer geräuschlos und mit Schilf getarnt in der Uferböschung. Als sich nach längerem Warten nichts Verdächtiges mehr hören ließ, kroch ich allein auf Erkundung vor, immer am Bach entlang durch Büsche und Gestrüpp, um mit den Posten, die ja mal zurückkommen müßten, Fühlung aufzunehmen. Da aber niemand kam, war ich sicher, daß sie schliefen. Da sie immer volle 24 Stunden im Dienst waren, schien eine kleine Nachtruhe durchaus wahrscheinlich. So schlich ich voller Hoffnung zu den Eltern zurück. Nun zog unsere kleine Karawane weiter. Die Sperre konnten wir umgehen, weil sie nicht über den Bach gezogen war, so daß wir nach etwa halbstündigem Marsch die Grenze passiert hatten. Zwar waren wir uns dessen noch nicht ganz sicher, erst als wir die Ellernmühle erreicht hatten, von der wir wußten, daß sie sich auf britischem Boden befand. Wir erreichten sie gegen drei Uhr morgens. Ein unsagbar beglückendes Gefühl durchwärmte uns trotz der Kühle dieser Herbstnacht, und wir fielen uns erst einmal vor Freude um den Hals.

Doch dann verspürten wir nach all den Aufregungen Anzeichen von Erschöpfung und den Wunsch nach Ruhe und Schlaf. Dazu gab es hier jedoch wenig Raum. So blieb uns nichts anderes übrig, als zu versuchen, in einem windigen Holzschober etwas Schlaf zu finden, was bei der Kälte aber schlecht gelang. Noch vor Tagesgrauen waren wir wieder auf den Beinen, um den Weg nach Duderstadt, der nächsten Grenzstadt, zu finden. Ein anstrengender Marsch führte uns ins nächste Dorf, wo wir nach einigem Warten einen Bus nach Duderstadt und später weiter nach Göttingen bekamen. Dort blieben wir über Nacht bei Georg Vitzthum, um am nächsten Tag nach Northeim und weiter nach Imbshausen zu fahren. Es ist deprimierend, daß solche Unternehmungen mitten durch Deutschland auch heute noch, Jahre nach Kriegsende gang und gäbe sind!

Soweit Sohn Uli, abschließend nochmals der Vater Max-Albrecht v. Boxberg:

Weitere Stationen unseres Flüchtlingsdaseins waren Hehlen, Northeim, Emmertal und Bad Pyrmont, bis wir dann in Bückeburg zur Ruhe kamen. Bis es endlich zur Auszahlung unserer Pensionen kam, habe ich unseren Lebensunterhalt als Fuhrwerker und Sportberichterstatter für Pferderennen verdient. Ibeth handelte mit Pullovern, Wollstrümpfen, Bielefelder Wäsche, Seifenartikeln und Stearinkerzen. Sie entpuppte sich als fabelhaftes Verkaufsgenie. Endlich fanden wir in Bückeburg eine nette Wohnung, wo uns auch die von Gisela geretteten Möbel erreichten. Dies und viele nette Leute erleichterten uns dort das Flüchtlingsleben.

Was die Zukunft bringen wird, steht in den Sternen. . .

Bernhard v. Breitenbuch auf Brandenstein

Das Rittergut Brandenstein liegt im Kreis Pößneck, in dem Teil Thüringens, der früher der preußische Kreis Ziegenrück war. Es war ca. 400 ha groß und sehr schwierig zu bewirtschaften: Die Senken bestanden aus schwerem Lehmboden, die Bergriffel aus Kalkstein, der mühsam und spärlich angeforstet war. Landschaftlich war es dadurch von eigenartiger Schönheit.

Seit Ende des 16. Jahrhunderts war Brandenstein in Breitenbuch'schem Besitz, damals kaufte Melchior v. Breitenbauch das Gut von den Herren v. Brandenstein. Albert v. Breitenbauch, der aus zwei Ehen 18 Kinder hatte, mußte sich während der Franzosenkriege sehr stark verschulden, so daß seine Erben nach seinem Tode Schloß und Rittergut Brandenstein im Jahre 1853 an die Herren v. Gleichen-Rußwurm verkaufen mußten. Aber schon 30 Jahre später kauften zwei seiner Enkel aus der Ransiner Linie den Besitz zurück, der nun bis zur "Bodenreform" 1945 im Besitz der Familie verblieb.

Das heutige Schloß stammt aus dem Beginn des 18. Jahrhunderts. Von einer älteren Anlage sind nur die Grundmauern und einige Kellerreste erhalten. Es liegt auf einem Felsen mit steilem Abfall nach Westen. Der einfache zweistöckige Bau mit Mittelrisalit hat ein schiefergedecktes Zeltdach. Die Wirtschaftsgebäude liegen auf einem tieferen Niveau.

Der letzte Besitzer von Brandenstein war Bernhard I., der auf die ursprüngliche Schreibweise des Namens "v. Breitenbuch" getauft wurde. Durch Überlassungsvertrag von 1937 übernahm er Schloß und Rittergut von seiner Mutter Clementine (Mense) v. Breitenbuch, geb. Freien v. Münchhausen, Witwe des 1914 gefallenen Kgl. preuß. Hofkammer- und Forstrates Arthur v. Breitenbuch.

Zur Familie des letzten Eigentümers gehören:

Arthur B e r n h a r d Hans Georg Kurt v. B r e i t e n b u c h , * Erfurt 10. 4. 1907, † Bovenden 5. 6. 1975, auf Brandenstein (§), Propst u. Kirchenrat i. R., RRr d. JohO.;
⨯ Beetzendorf 10. 10. 1933 Asta Gfin v. der S c h u l e n b u r g , * Beetzendorf 12. 2. 1910, T. d. Kgl. preuß. OFörsters a. D. Adolf-Friedrich Gf v. der Sch. auf Beetzendorf u. d. Hertha v. Gerlach.
Kinder:
1. M e n s e Luise Asta, * Ranis 6. 8. 1934, staatl. gepr. Wirtschaftsleiterin;
⨯ I. Siegen, Westf., 28. 3. 1957 Hubertus W a l d r i c h , * Siegen 30. 4. 1926, DiplIng. (gesch. Düsseldorf 14. 7. 1960);
⨯ II. (standesamtl.) Köln 7. 3., (kirchl.) Frankfurt am Main 11. 3. 1961 Hans Jürgen P e i p e r , * Frankfurt am Main 4. 12. 1925, Dr. med., o. Prof. f. Chirurgie an der Univ. Göttingen.
2. L u d w i g Börries, * Ranis 23. 9. 1935, auf Parensen, staatl. gepr. Ldwirt, RRr d. JohO.;
⨯ (standesamtl.) Parensen 27. 6., (kirchl.) Schonungen am Main 18. 7. 1970 Yvonne Gfin zu O r t e n b u r g , * Würzburg 2. 1. 1948, T. d. Alfred-Friedrich Gf zu O. auf Bayerhof u. d. Jutta v. Lücken.
3. A s t a - Sibylle Herta Frieda, * Ranis 28. 6. 1940, Fachärztin f. Innere Medizin;
⨯ Weimar 24. 8. 1968 Peter S c h r ö d e r , * Weimar 25. 8. 1939, Dr. med., Facharzt f. Urologie.

Die Gemahlin des letzten Besitzers von Brandenstein, Frau Asta v. Breitenbuch, hat über das Schicksal ihrer Familie im Jahre 1945 den nachfolgenden Bericht für das Schicksalsbuch des Sächsischen Adels geschrieben, der fast wörtlich wiedergegeben wird.

Den schicksalsschweren Sommer 1945 verlebte die Familie in Brandenstein. Bernhard, der als Reserveoffizier alle Feldzüge mitgemacht hatte, um der SA nach der Eingliederung des "Stahlhelm" zu entgehen, hatte sich am 20. Juli 1944 aktiv an der Verhaftung aller SS-Dienststellen in Paris unter General Freiherr v. Boyneburgk beteiligt. Da er dies freiwillig und nicht mehr unter der Befehlsgewalt des Generals stehend getan hatte, wurde er an der Normandiefront "versteckt" und bald darauf schwer verwundet mit Oberschenkelamputation. Über ein Jahr verbrachte er in Lazaretten, da die Behandlung und Betreuung damals schon recht mäßig war.

Wir, seine Familie, erlebten in Brandenstein wechselreiche Zeiten: Einmarsch der Amerikaner, Durchsuchung, Ablieferung aller reichlich vorhandenen Jagd- und Studentenwaffen, Evakuierung sämtlicher Schloßbewohner - an die 50 Personen aus aller Herren Länder von Spanien bis Lettland, da ein NS-Verlag dort eine Modezeitschrift in den Sprachen der besetzten Länder herausbrachte. Diese Gruppe Amerikaner blieb nicht lange und hinterließ das Schloß wie einen Schweinestall, abgesehen davon, daß sie aus Übermut und Schießwütigkeit alle elektrischen Birnen - damals unersetzbar - aus den Kronleuchtern zerschossen und den Familienbildern z. T. die Augen ausgeschossen hatten. Wir zogen aber wieder ein, ebenso die Dauermieter, und bald füllte sich das Schloß wieder mit Flüchtlingen aus dem Osten auf.

Dann kam mit mancherlei Zwischenfällen der Wechsel von den Amerikanern zu den Russen. Die Landwirtschaft übernahmen Zivilrussen, ehemalige Zwangsarbeiter, die im Schloß wohnten, und die ich bekochte - sehr zu meinem Nutzen, denn sie brachten jeden Tag Fleisch der frischgeschlachteten Kühe (hochgezüchtetes Höhenfleckvieh) und flaschenweise Sahne mit. Da wir als Selbstversorger nichts mehr aus der Wirtschaft erhielten und der Kommandant trotz mehrmaligen Versprechens nichts dagegen unternahm, erhielt uns das am Leben. Nur unser rührender Bäcker, bei dem wir auch ohne Marken weiterhin Brot holen durften, versorgte uns, was ihm nie vergessen sei!

Auf dem Hof war ein Pferdelazarett eingezogen, Kirgisen und Tataren. Unter einem Veterinär-Leutnant aus Rußlands nordeuropäischen Provinzen, der eine große Liebe zu unserer blonden fünfjährigen Tochter entwickelte, sie oft abholte, beschenkte, weil er wohl selbst ein solches Kind in seiner fernen Heimat hatte, war die Disziplin hervorragend. Obgleich viele junge Mädchen auf dem Hof arbeiteten, kam kein Übergriff vor. Unsere Kinder durften zu ihrem größten Vergnügen die Pferde in die Schwemme reiten. Am Hoftor stand ein russischer Posten.

Im September wurde Bernhard endlich aus dem Lazarett entlassen und kam an Krücken. Hin und wieder durfte er mit unserem Kutschwagen mit Russenpferden (z. T. Beutetrakehner) und einem Russenkutscher nach Pößneck zum Arzt fahren. Als er das erstemal mit einer Prothese zurückkam, liefen die Russen zusammen. Er mußte die Hose hochkrempeln, und die Männer aus der Steppe betasteten das Wunderbein.

Schloß Brandenstein
Äußerlich fast unverändert, innerlich verschandelt und verkommen.
Die Hofgebäude sind fast alle abgerissen.

All das klingt wie paradiesische Zustände. Es war ja auch sehr mitmenschlich, obgleich das Leben, die nackte Existenz, sehr mühsam war. Im Laufe des Sommers konnte ich dann auch, als wieder Züge verkehrten, zu unserer Wohnung nach Gera fahren. Dort waren inzwischen zwei Zimmer durch Bombenschaden unbrauchbar geworden. In drei anderen wohnten Evakuierte aus Schlesien und Baden. Uns waren noch zwei Räume geblieben, in die alle Möbel aus den beschlagnahmten Zimmern hineingepackt waren. Inzwischen hatte ich aus Gardinen und uralten Badeanzügen Kleidung für die Kinder genäht. Wir waren ja nur mit Gepäck für die Osterferien nach Brandenstein gekommen!

Wir schmiedeten nun Pläne fürs Pfarramt, wollten fort aus Gera und wieder ins Oberland zu unseren alten Gemeinden nach Saalburg mit seinen Filialen. Auch kamen inzwischen Gerüchte auf über eine bevorstehende Bodenreform. Wir dachten aber nicht an eine totale Enteignung, sondern meinten, 100 ha sowie Haus und Hof behalten zu können. Meine Schwiegermutter wollte 40 ha Land "siedeln", die dann dazugeschlagen würden.

Am 9. Oktober 1945 erschienen am späten Vormittag zwei uns unbekannte Männer. Sie wollten Auskunft für die Bodenreform. Zur Klärung von Grenzverhältnissen sollte Bernhard mitkommen und die Flurkarte mitbringen. Kein Wort von Verhaftung - wir waren ahnungslos. Am nächsten Morgen - die Kinder waren in der Schule - kam ein Auto den Schloßberg herauf. Wir dachten, sie brächten meinen Mann zurück. Aber nein: Unser Inspektor, der später selber siedelte, bald aber elend umkam, und zwei Russen kamen zu uns rauf und eröffneten uns: Mein Mann sei verhaftet, alles enteignet, wir selbst kreisverwiesen. Wir durften für jeden einen Koffer mitnehmen und etwas Nahrungsmittel. Pro Person ein Bett und einen Stuhl, sowie für alle zusammen einen Tisch und einen Schrank sollten wir für einen späteren Abtransport zusammenstellen. Wortlos gingen wir ans Packen.

Sie selbst bedienten sich gleich, packten Silber, Radios und Teppiche in Säcke. Sobald wir einen Koffer fertig gepackt hatten, stülpten die Russen ihn zur Kontrolle um, dann gings von vorne los. Von der aus der Vorratskammer geholten harten Wurst wurde die Hälfte abgeschnitten und gleich selbst verzehrt.

Aber all das waren nur Belanglosigkeiten, gemessen an der Sorge um Bernhard und dem großen Verlust. Schmerz oder Wut kamen nicht auf, alles Denken und Tun war auf das Nächstliegende gerichtet, z. B., ob die Kinder rechtzeitig aus der Schule kämen. Sie schafften es. Um 12 Uhr stiegen wir den Schloßberg hinab, stumm. Stumm standen auch unsere Leute da. Den Hund meiner Schwiegermutter hatten wir Mietern übergeben, unseren Foxterrier führten wir mit. Ich ließ meine Schwiegermutter und die Kinder bei uns bekannten Leuten, die dadurch nicht gefährdet wurden, in Krölpa, und ging selbst zum Bahnhof und zum Gemeindeamt wegen der Lebensmittelkarten und um uns abzumelden. Es war nur der Amtsschreiber da, der aus allen Wolken fiel, als ich ihm sagte, wir seien kreisverwiesen. Schließlich sagte er: "Das ist doch unmöglich!" Ich erwiderte: "Warum?" Er druckste etwas: "Früher wurden nur Verbrecher über die Grenze abgeschoben." "So werden wir anscheinend als Verbrecher betrachtet!" Er meldete uns auch nicht für die Versorgung um, so daß in den folgenden Wochen unsere 11jährige Tochter Mense jede Woche einmal zum Einkaufen von Gera nach Krölpa fahren mußte, um für die ganze Familie einzukaufen. Die Karten galten damals nur innerhalb eines Kreises. Wie froh und dankbar war ich jedesmal, wenn sie heil und unberaubt wieder zurück war!

In Gera richteten wir uns in unserer Wohnung ein - zwei Betten für sechs Personen! Aber es ging uns ja tausendmal besser als unseren Nachbarn allen, die in die Fremde, ins Ungewisse gestoßen wurden. Am nächsten Tag kam Bernhard und erzählte, daß er nur freigelassen worden sei, weil er Pfarrer war. Mit der Kirche wollte man sich nicht anlegen. Unser Nachbar, Freiherr v. Erffa-Wernburg, ist nie wieder aufgetaucht. Wahrscheinlich wurde er schon auf dem Wege nach Buchenwald ermordet. Bernhard hatte in einem Stallgebäude übernachtet und war am nächsten Tag in einem Auto unter Bewachung zu den Vertreibungen anderer Grundbesitzer mitgenommen worden. Dann war er mit dem Hinweis entlassen worden, von einem "ausländischen" Bahnhof abzufahren. Auf seine Frage, ob sie Warschau oder Prag meinten, hieß es: Nein, aber nicht von Krölpa (vormals Preußen), sondern von Pößneck (Sachsen-Meiningen). Darauf hatte Bernhard gesagt, sie müßten ihn da schon hinfahren und ihm eine Fahrkarte kaufen, anders ginge es nicht, auf Krücken und ohne Geld. Das taten sie dann auch!

Ihm wurde ein Lager auf der Diele beim Hundeplatz bereitet. Der Hund lag bei ihm und wärmte ihn, denn es war kalt, weil das Fenster in der Diele seit dem Bombenangriff noch kein Glas wieder hatte. Am nächsten Morgen tat sich die Tür zu seinem Anziehzimmer auf, und in Bernhards Schlafanzug, seinen Pantoffeln und seinem Bademantel erschien der völlig senile Regierungsrat aus Breslau, stellte sich neben sein dürftiges Lager und meinte: "Sie müssen sich wohl nach einer anderen Bleibe umsehen." Das war zuviel!

Bernhard versuchte mit Hilfe von Zeugenberichten als Kämpfer gegen den Faschismus anerkannt zu werden, um dadurch Brandenstein zurück zu bekommen. Es wurde ihm aber verweigert.

Brandenstein wurde in meist kleine Parzellen aufgesiedelt, die Hofgebäude nach und nach abgerissen, das hübsche Torhaus beseitigt, nachdem man den dort wohnenden Hofmeister umgebracht hatte. Das Schloß wurde nach Ausweisung aller Bewohner zunächst Wohnheim für Arbeiter der Maxhütte in Unterwellenborn. Wegen der großen Entfernung zum Bahnhof ging das aber auf die Dauer nicht. Darauf wurde es Jugendherberge. Die schöne alte Holztreppe mußte Betonstufen weichen. Als es hereinregnete, so daß der Stuck von der Decke fiel, zog man eine zweite darunter. Nach und nach wurde aus dem herrschaftlichen Anwesen ein Klein-Leute-Bereich. Das war wohl der Zweck der Sache!

Der Familienfriedhof der Vettern von Ranis, Ludwigshof und Brandenstein, in einem nahegelegenen Wäldchen, wurde mehrfach geschändet und der Grabsteine beraubt, bis in einer Ratsversammlung in Ranis der denkwürdige Ausspruch fiel: "Das is nu egal, ob Jude oder Junker, an Gräbern vergreift man sich nicht!"

"Geliebte, geschundene Heimat!"

Familie v. Bültzingslöwen auf Großböhla

Das Rittergut Großböhla liegt im Kreis Oschatz, ca. 3 km von der kleinen Stadt Dahlen entfernt. Es hatte eine Gesamtgröße von 505 ha, davon 473 ha landwirtschaftliche Nutzfläche, 25 ha Wald und 7 ha Fischteiche. Zum Gut gehörte je eine eigene Wind- und Wassermühle, sowie eine Brennerei. Leicht lehmiger bis mittelschwerer Boden erlaubte den Anbau aller hier üblichen Feldfrüchte. Während der letzten Jahre war der Betrieb auf biologisch-dynamische Wirtschaftsweise umgestellt worden. Auf einem Schäfereihof stand eine Schafherde von ca. 300 Muttertieren.

Großböhla war ursprünglich Krosigkscher Besitz. Von General Maximilian v. Krosigk erbte es im Jahre 1919 dessen Tochter Armgard Luise v. Bültzingslöwen, geb. v. Krosigk. Ihr Gemahl, Fritz v. Bültzingslöwen, nahm das Gut aus der Pacht und, da er sehr vermögend war, steckte er viel Geld in den Umbau von Haus und Hof. Da beide Eheleute während des Krieges 1943 und 1944 starben, erbten ihre drei Töchter das Gut gemeinsam und waren somit die letzten Besitzer. Ihre zwei Brüder waren zuvor durch Absturz als Pilot ums Leben gekommen bzw. gefallen.

Zur Familie des letzten Eigentümers gehören:

Friedrich (Fritz) v. Bültzingslöwen, * Probolingo, Java, 7. 4. 1874, † Vaduz, Liechtenstein, 30. 11. 1943, Kgl. preuß. Major a. D., ERr d. JohO.; ⚭ I. Berlin 25. 6. 1903 Armgard v. Krosigk, * Karlsruhe 24. 8. 1880, † Großböhla 1. 5. 1944 (gesch. ... 15. 12. 1940), T. d. Kgl. preuß. GenLts Max v. K. auf Großböhla u. d. Anna Gfin v. Kielmansegg; ⚭ II. Maienfeld, Graubünden, 15. 1. 1941 Hon. Elizabeth Waldegrave, * Srinagar, Kashmir, 22. 9. 1902, † Planken, Liechtenstein, 2. 12. 1988, T. d. Montagu W., 5. Lord Radstock, B. A., auf Castle Town, Queens Co., Irland, u. d. Constance Marian Brodie of Lethen.

Kinder: a) erster Ehe:

1. Siegfried Günther, * Gera 2. 11. 1906, † Oschatz 20. 10. 1939, Dr. jur., Lt d. Res.; ⚭ Großböhla 15. 12. 1932 Anne-Marie (Annemarie) Fink, * Wilhelmshaven 9. 1. 1910, † ... 6. 2. 1989 (gesch. Berlin 22. 6. 1938; ⚭ II. Netzow bei Templin 24. 9. 1938 Hans-Georg Gf v. Arnim, † Kleve 7. 4. 1975, Bevollm. Verw. von Zichow, Netzow u. Kleinow, auf Thelenhof [seit 1946] bei Uedem, Kr. Kleve, Ldwirt, Verw. der Jagden der August-Thyssen-Hütte), T. d. Kpt. z. See a. D. Max F. u. d. Irmgard Rabl-Rückhardt.

2. Wulf Heinrich Maximilian, * Gera 8. 3. 1908, ⚔ bei Staraja Russa 16. 7. 1942, auf Farm Asenburg, Tanganjika, Lt im ArtRgt 48; ⚭ Arusha, Ostafrika, 13. 3. 1936 Elisabeth-Charlotte Gfin v. Bothmer, * Oldenburg i. O. 15. 8. 1914, † Koschelew, Westpr., 8. 4. 1944 (gesch. Berlin 25. 10. 1940; ⚭ II. Dresden 24. 8. 1943 Walter Fritz Bauer, * Plauen 1. 9. 1905, DiplKolonialLdwirt), T. d. Kgl. preuß. OLts Wilhelm Gf v. B. u. d. Elisabeth v. Winterfeld.

Kinder:

1) Friedrich-Wilhelm Günther Imo, * Arusha 17. 2. 1937, Zivil-Ing.;

$\times$ Göteborg ... 1974 Inger E v e r s , * Göteborg 6. 5. 1947, Zahn-
ärztin (gesch. Göteborg ... 1982), T. d. Zivilökonomen Dr. phil.
Knut E. u. d. Mag. phil. Ulla Freiin Palmstierna.

2) K a t h r i n Armgard Regina, * Arusha 16. 5. 1938;
$\times$ ..., USA, ... 1965 Louis W i l e y , * ..., ...

3) Adelheid (H e i d i) Elisabeth Freda Veronica, * Dresden 8. 9. 1939,
Krankenschwester;
$\times$ ... 1970 Rune J o h a n s s o n , * Långshyttan, Schweden, 25. 6.
1941, ServiceIng. f. Industrie-Roboter.

3. Maria E l i s a b e t h , * Gera 22. 8. 1909, † Percha bei Starnberg 3. 4.
1978, Organistin;
$\times$ München 13. 12. 1941 Friedrich S c h m i d N o e r r , * Durlach 30. 7.
1877, † Percha 12. 6. 1969, Dr. phil., Prof. der Philosophie an der Univ.
Heidelberg, Schriftsteller.

4. R e g i n a Armgard Feodora, * Dresden 30. 9. 1911;
$\times$ I. Neubiberg bei München 15. 11. 1935 Bernhard K l e i n , * Mann-
heim 11. 3. 1910, Musiker (gesch. Heidelberg 12. 5. 1949);
$\times$ II. Basel 13. 9. 1954 Dietegen F l u r y , * Basel 4. 8. 1908, kaufm.
Angest. u. Musiklehrer.

5. F r e d a Viktoria Anna, * Dresden 19. 7. 1914, Gymnastik- u. Musik-
lehrerin;
$\times$ München 4. 3. 1952 Gottfried P f l ü g e r , * Chemnitz 22. 4. 1907,
Kunsthistoriker (gesch. München 8. 3. 1954).

b) zweiter Ehe:

6. Friedrich (F r e d d y) Johannes Heimart, * Chur 16. 3. 1941, Dr. med.,
OArzt;
$\times$ Garmisch-Partenkirchen 25. 11. 1966 Ursula v. W i l l e r t , * Breslau
9. 12. 1941, DiplÜbersetzerin, T. d. Kgl. preuß. Referendars a. D.
Arthur v. W. auf Giesdorf, Kr. Namslau, u. d. Vera Freiin v. Reh-
lingen.

Über das Schicksal der Familie in den ersten Jahren nach dem Krieg berichtet Frau
Regina Armgard Flury-von Bültzingslöwen in kurzen Stichworten das Folgende:

1945 waren unsere beiden Eltern tot, beide Brüder ebenfalls. Wir drei Schwestern
lebten - zwei verheiratet, eine beruflich bedingt - im späteren "Westen". Dadurch
entgingen wir dem Einmarsch der russischen Soldaten und dem allgemeinen
Schicksal derer, die ihnen in die Hände fielen.

Das kleine Schloß Großböhla wurde im Laufe des Kriegsendes und der ersten
Nachkriegsmonate mehrmals beraubt, zuerst von den zurückflutenden deutschen
Soldaten, dann von den Russen, die wertvolle Teppiche zerschnitten und das ge-
samte kostbare Meißner und Berliner Porzellan zum Fenster hinaus auf den Hof
warfen. Alle wertvollen Möbel wurden in offenen Güterwagen auf dem Bahnhof
Dahlen "verladen" und dort stehengelassen. In Sonnenhitze und Winterkälte, in
Regen und Schnee sind sie zerstört worden. Dann drohten eines Tages die Bewoh-
ner von Oschatz, Dahlen und Wurzen, unser herrenloses Schloß zu plündern, was
die Groß- und Kleinböhlaer zum Anlaß nahmen, dies selbst gründlich zu besorgen.
Wir erfuhren lediglich, daß wir uns auf keinen Fall in Großböhla sehen lassen
dürften. Dafür gab es drei Gründe: Erstens hatten wir das Rittergut von unserer
Mutter geerbt. Zweitens hatten wir einen adeligen Namen. Drittens hatten wir uns

der "Strafe der Verhaftung durch Abwesenheit entzogen". Dieses war so gravierend, daß auf unsere Köpfe ein "Kopfpreis" stand. Wer uns erwischt hätte, hätte ihn bekommen. Wir wissen nur, daß es den Dahlener Sahrs und deren dorthin geflüchteten Verwandten während der Anwesenheit der russischen Soldaten sehr schlecht ergangen ist, und daß viele unserer alten Nachbarn nach der Insel Rügen verschleppt worden sind.

Wir drei Schwestern konnten nicht nach Großböhla zurück. Der Versuch unserer jüngsten Schwester, Freda, sich wenigstens einmal umzuschauen, wie es in Großböhla stehe, endete mit ihrer schleunigen nächtlichen Flucht über die Mauer des Kirchhofes und eilendem Fußmarsch nach Dahlen zum Bahnhof. Das Schloß war bis unter das Dach voll mit Bombenflüchtlingen aus Leipzig, die sich wohl auch mit "diesem oder jenem" aus unserem Besitz versehen haben mögen. Unsere alte, treue Gärtnerin hat uns lange ein paar Gegenstände bewahrt. Sonst haben wir so gut wie nichts aus Großböhla retten können. Wir konnten sie später zurückholen. Sie sind teure Andenken, auch in der jungen Generation, die samt und sonders eine starke Bindung an unser geliebtes, altes Großböhla haben, obwohl sie es nur von flüchtigen Besuchen in den letzten Jahren her kennen.

Den Abschluß, den endgültigen Verlust der geliebten Heimat, erlebten wir allerdings erst jetzt, als vor wenigen Tagen mit Abschluß des Vertrages zwischen der Bundesrepublik und der DDR vereinbart wurde, daß "die 1945 Enteigneten weder ihr Eigentum zurückbekommen noch eine Entschädigung erhalten".

Dazu wäre zu bemerken, daß schon etwa im Jahre 1965 einer der ärgsten Kommunisten im Dorfe geäußert hat: "Wenn nur der Herr Baron mit sei'm Geld wieder da wäre und alles wieder in Ordnung brächte!" S i c !

Arthur Freiherr v. Burgk auf Schönfeld

Das in der Amtshauptmannschaft Großenhain gelegene Rittergut Schönfeld hatte eine Gesamtgröße von 955 ha. Davon entfielen auf die landwirtschaftliche Nutzfläche 412 ha, auf Wald 386 ha und auf Teiche 128 ha. Der Rest waren Park, Gärten und Wege. Zum Betrieb gehörten eine Brennerei und ein Gestüt, in dem ursprünglich schwere Pferde gezüchtet wurden, das aber später auf leichte Gebrauchspferde umgestellt wurde.

Zur Familie des letzten Eigentümers gehören:

Arthur Karl Friedrich August Freiherr v. Burgk, * Schönfeld 11. 5. 1886, † Nürnberg 17. 7. 1970, auf Schönfeld (§), Mitinh. u. GenBevollm. der Freiherrl. von Burgker Steinkohlenwerke Freital-Burgk, RRr d. JohO.; ⚭ Dresden 12. 11. 1920 Jutta v. Nostitz-Wallwitz, * Borna 17. 3. 1894, † Arlesheim bei Basel, Schweiz, 19. 11. 1951, T. d. Kgl. sächs. Oberstlts z. D. Max v. N.-W. u. d. Helene v. Minckwitz.

Adoptivtochter (Vertrag ... 12. 3., amtsgerichtl. bestät. Großenhain 11. 8. 1937) d. Arthur Frhr v. Burgk, * 1886, † 1970, s. o.:

Jutta-Maria Barbara von Kistowsky, * Rüdersdorf, Kr. Niederbarnim, 22. 6. 1936, führte den Namen „Freiin von Burgk", Bibliothekarin; ⚭ I. Erlangen 17. 12. 1963 Hermann Gerhard Rohrer, * Ingolstadt 9. 10. 1940, Dr. ... (gesch. 1978); ⚭ II. Erlangen 4. 2. 1988 Wolfgang Hans Peter Schwarz, * Semiatycze bei Bialystok 24. 9. 1943, Bildhauer.

Aus einem von Arthur Freiherrn v. Burgk verfaßten Lebenslauf und Ergänzungen seiner Adoptivtochter stammt der folgende Bericht.

Bei Ausbruch des Zweiten Weltkrieges lebte ich mit meiner Frau und unserer Adoptivtochter in Schloß Schönfeld bei Großenhain und bewirtschaftete das Gut. Ende August 1939 wurde ich als Kompaniechef zu den Landesschützen eingezogen. Zunächst in Polen zum Bahnschutz eingesetzt, kam ich im September 1940 als Wehrmachtskommandant nach Amersfoort in Holland. Zuvor war ich Ende 1939 zum Rittmeister d. Res. befördert worden. In Holland hatte ich an Kaisers Geburtstag auf das Wohl des alten Herrn mit zwei anderen Offizieren angestoßen. Das hatten zwei SS-Leute beobachtet und angezeigt. Darauf wurde ich im März 1941 aus dem Wehrdienst entlassen und in Schönfeld U.k. gestellt. Ich wurde aber verpflichtet, beim Volkssturm Kompanieführer zu werden. Dieser trat aber nicht in Aktion.

Ende April 1945 wurden Dorf und Rittergut Schönfeld evakuiert und treckten nach Kaufbach bei Wilsdruff. Schönfeld wurde von den Russen besetzt und ausgeplündert. Da eine Rückkehr ins Schloß unmöglich geworden war, zogen wir zu meiner Schwester Ibeth v. Boxberg nach Burgk und mieteten uns gleichzeitig bei Bäckersleuten in Schönfeld ein. Mit meinem letzten Bargeld hatte ich noch die Löhne für unsere Leute bezahlt, so daß wir selbst kaum noch Geld zur Verfügung hatten.

Anfang September 1945 wurde ich in Schönfeld von den Russen verhaftet und in das Konzentrationslager Bautzen transportiert. Trotz ungezählter Verhöre konnte man mir wohl nichts nachweisen. In dieser Zeit bekam ich über einen Mittelsmann

Kontakt zu meiner Kusine Elinor v. Salza, geb. v. Boxberg. Auf diesem Wege erfuhr ich, wie es meiner Frau und Tochter sowie meinen Schwestern ging (s. auch dort). Das war eine große Beruhigung für mich.

In Bautzen blieb ich, ohne zu wissen warum, viereinhalb Jahre. Anfang Januar 1950 wurde ich dann in das Zuchthaus Waldheim verlegt. Im Zuge der berüchtigten "Waldheimer Prozesse", die von besonders fanatischen Richtern geführt wurden, kam meine "Verhandlung" im Mai 1950 dran. Ich wurde zu zehn Jahren Gefängnis verurteilt. Begründung: "Da ich als Wehrmachtskommandant in Holland an der völkerrechtswidrigen Besetzung dieses Staates teilgenommen habe und außerdem dem Stahlhelm (Bund der Frontsoldaten) angehört habe."

Meine Frau, die mit unserer Tochter zunächst in Burgk, dann in der Nähe von Schönfeld und schließlich in Dresden gelebt hatte, ist Anfang 1951 in die Bundesrepublik geflohen. Sie wurde von meiner Schwägerin, der verwitweten Frau v. Wilucki, liebevoll betreut. Jutta ist dann am 19. November 1951 in Arlesheim/Schweiz gestorben.

In Waldheim lag ich mit fünf bis sieben Mitgefangenen zusammen in einer Zweimannzelle. Dadurch, daß ich arbeiten konnte (z. B. Felle zupfen), habe ich die Zeit überstanden. Wenn ich manchmal mein Pensum nicht schaffen konnte, wurde ich von kräftigeren Leidensgenossen unterstützt.

Anfang des Jahres 1954 wurde ich wieder nach Bautzen überführt und am 13. Juli 1954 von Präsident Pieck begnadigt. Schönfeld war ja schon 1945 im Zuge der Bodenreform entschädigungslos und total enteignet worden und ich des Kreises verwiesen. Ich beantragte daher meine Entlassung in die Bundesrepublik und erhielt im Lager Friedland die Notaufnahme nach Bayern am 15. Juli 1954.

Ich ging nun ebenfalls zu meiner Schwägerin, Frau v. Wilucki, die mich in ihrer Wohnung Fröbelstraße 143 in Schwarzenbruck, Kreis Nürnberg, aufnahm. Dort habe ich eine zweite Heimat gefunden, wofür ich von Herzen dankbar bin.

* * *

Arthur v. Burgk hat bis zu seinem Tode am 17. Juli 1970 dort gelebt und konnte sich in seinen letzten Lebensjahren an seinem Enkel Bernhard Rohrer erfreuen.

Georg v. Carlowitz auf Falkenhain

Das Rittergut Falkenhain liegt in der Amtshauptmannschaft Grimma. Es hatte eine Größe von 451 ha, davon 242 ha landwirtschaftliche Nutzfläche und 206 ha Wald. Zu dem Betrieb gehörten eine Brennerei und eine Brauerei.

Zur Familie des letzten Eigentümers gehören:

G e o r g Anton v. C a r l o w i t z , * Dresden 15. 12. 1866, † (im Internierungslager) Woorke bei Patzig, Rügen, 9. 12. 1945 (eingetr. in das Kgl. sächs. Adelsbuch 11. 5. 1914 unter Nr 509), auf Falkenhain (§), Oberst a. D., Kmdr II. Kl. d. sächs. Mil. St. HeinrichsO.;
✕ Leipzig 15. 1. 1896 Elisabeth D u f o u r Freiin v. F e r o n c e (Genehmigung zur Führung d. Adels durch Kgl. sächs. MinErlaß Dresden 23. 1. 1902), * London 15. 8. 1873, † Bad Godesberg 22. 9. 1960, T. d. Bankdir. u. Großkaufm. Ferdinand D. Frhr v. F. u. d. Marie Lampe.

Kinder:

1. M a r i e - J o s e p h e , * Spandau 7. 4. 1898, † Bonn-Bad Godesberg 8. 6. 1971;
✕ Falkenhain 14. 10. 1920 Stefan Frhr v. F r i e s e n , * Leipzig 12. 1. 1897, ✕ bei Rosslawl, Rußld, 22. 9. 1943, auf Schleinitz bei Lommatzsch, Dr. jur., Oberst.

2. M a r i a n n e (Janna) Elisabeth Margarete, * Dresden 10. 11. 1902;
✕ I. Falkenhain 15. 11. 1923 Siegfried S a h r e r v. S a h r , * Dahlen, Kr. Oschatz, Sachs., 20. 12. 1891, † Angermund bei Düsseldorf 29. 1. 1953, auf Dahlen (§), Dr. jur., Kgl. sächs. Referendar a. D.;
✕ II. Mülheim an der Ruhr 15. 1. 1955 Franz H a m m , * Neu-Verbász, Kom. Bács, Ungarn, 18. 3. 1900, † … 5. 8. 1988, DiplKaufm., Ministerialreferent, weltl. Ldeskirchenpräs. a. D.

3. J o b Oswald, * Dresden 9. 1. 1906, † Naumburg an der Saale 17. 10. 1965, akad. gepr. Ldwirt;
✕ Nausitz bei Gehofen an der Unstrut 15. 9. 1932 Marie-Erika v. M ü n c h h a u s e n , * Nausitz 9. 8. 1908, T. d. Majors a. D. u. vorm. dienstt. Flügeladjutanten d. Kaisers u. Kgs Leopold Frhr v. M. u. d. Erika v. Römer auf Nausitz.

Kinder:

1) Georg Christoph (J ü r g e n), * Falkenhain 2. 1. 1934, VersMakler;
✕ (standesamtl.) Bad Homburg vor der Höhe 17. 8., (kirchl.) Gonzenheim bei Bad Homburg 18. 8. 1961 Margarete v. P f u h l s t e i n , * Hannover 17. 3. 1938, T. d. GenLts a. D. Alexander v. P. u. d. Gerda Freiin v. Frydag.

2) I l s e - M a r i e , * Wurzen, Sachsen, 17. 1. 1935;
✕ Bad Godesberg-Mehlem 9. 9. 1961 Horst T a n n e b e r g e r , * Berlin 17. 8. 1928, DiplLdwirt, Oberstlt.

3) Georg H e i n r i c h Leberecht, * Falkenhain 12. 2. 1937, ForstDir.;
✕ Hovedissen 5. 5. 1967, Ehrengard Gfin v. der S c h u l e n b u r g , * Bielefeld 29. 10. 1940, Fotografin, T. d. DiplLdwirts Dr. sc. nat. Leopold Gf v. der Sch. u. d. Ida-Marie v. Borries v. Vogelsang.

4) Georg Job L e o p o l d , * Falkenhain 8. 11. 1940, VersKaufm., Oberstlt, ERr d. JohO.;
✕ Munster 21. 8. 1971 Christina M e l m s , * Görlitz 3. 4. 1944, Lehrerin, T. d. DiplLdwirts Malte M. u. d. Ruth Mättig.

5) Georg Ehrenfried W i l h e l m , * Falkenhain 12. 7. 1944, Dipl-Kaufm., Bankdir., ERr d. JohO.;
⚯ Assenheim (standesamtl.) 9. 10., (kirchl.) 10. 10. 1971 Astrid v. E n g e l b r e c h t e n - I l o w , * Uchtspringe 16. 11. 1944, Studienrätin, T. d. Gfl. solms. Kammerdir. Malte v. E.-I. auf Lüderitz usw. u. d. Ruth-Barbara Schaefer a. d. H. Kehnert.

Die letzte Besitzerin von Falkenhain, Elisabeth v. Carlowitz, geb. Dufour Freiin v. Feronce, hat über das Schicksal der Familie und die Geschehnisse in Falkenhain während der letzten Kriegsmonate bis zur Enteignung ausführliche Aufzeichnungen hinterlassen. Ihre Schwiegertochter Erika (Echen), geb. Freiin v. Münchhausen - auch unter Verwendung von Briefen ihres Schwiegervaters Georg v. Carlowitz - beschreibt die anschließende Zeit, insbesondere die Verschleppung nach der Insel Rügen. Dem nachfolgenden Schicksalsbericht liegen Auszüge aus beiden Niederschriften zugrunde.

An Georgs 78. Geburtstag, 15. Dezember 1944, fand die Taufe von Jobs viertem Sohn, Georg Ehrenfried Wilhelm, statt. Es war das letzte Mal, daß Schloß Falkenhain Festschmuck anlegte. Die Diele war mit Fichtenbäumchen geschmückt, auf dem Tauftisch stand das Kruzifix mit zwei silbernen Leuchtern und der alten Carlowitzschen Taufschale mit Krug, mit denen seit Generationen alle Kinder unseres Zweiges getauft worden sind. Die Innenfahne hing zur Feier des Tages im Treppenhaus, das gestickte Wappen auf rotem Samt. Das große Eßzimmer sah so festlich aus mit dem Münchhausenschen Damast, dem Falkenhainer Porzellan und dem Dufourschen Silber. Der Tag war wie eine Freudeninsel in der sorgenvollen Zeit.
Mein Bruder Albert Dufour hatte sich aus Berlin für Silvester angesagt, es waren anregende Stunden mit ihm, am 2. Januar fuhr er wieder weg, ich sollte ihn nie wieder sehen, denn nun hatte das Schreckensjahr 1945 begonnen. Tag und Nacht sahen und hörten wir die Riesenpulks von Flugzeugen durch die Luft ziehen und sahen die Brände am Horizont. Als am 13. Februar Dresden vernichtet wurde, konnten wir die Feuersbrünste 86 Kilometer weit sehen. Im Februar trafen die ersten Trecks aus Schlesien hier ein. Meine Schwägerin Bülow war die erste, die wir aufnahmen, es folgten noch viele! Meine Friesen-Enkel waren alle in der Unglücksnacht in Dresden gewesen, die beiden Mädels als Helferinnen beim Roten Kreuz, Georg Dietrich sollte gerade operiert werden, um seine Prothese einzupassen. In Pyjama und Mantel stürzte er vor das Tor des St. Josephsstiftes und rief mit gezogener Pistole: "Ich schieße jeden nieder, der nicht hilft, Verwundete zu retten." Das Lazarett brannte nieder, er entkam mit Brandwunden am Kopf, die Nonnen berichteten später: "Leutnant v. Friesen übernahm das Kommando und hat viele gerettet."
Den Geburtstag unserer Tochter Marie-Josephe Friesen (Mariechen) verlebten wir bei ihnen in Schleinitz. Es war wie eine Oase in der gräßlichen Zeit, sie und die Kinder wiederzusehen. Wer weiß, wann dies einmal wieder geschehen wird. Auch ihr Haus war voll besetzt, u. a. lernte ich dort Feldmarschall v. Kleist kennen. Die Unterhaltung mit ihm war sehr anregend und interessant. Auf der Rückreise

60

machte ich Station bei den Sahrs in Dahlen. Die Eisenbahn war in üblem Zustand, schmutzige Abteile, die Fenster zerschossen, viele Schwerverwundete unterwegs. Zu Hause beratschlagten wir, was wir tun sollten, Wertgegenstände vergraben, verstecken oder einpacken, falls wir fliehen müßten? Georg und ich beschlossen, nicht zu fliehen, wenn wir nicht von den Behörden evakuiert würden. Daß der Krieg für Deutschland verloren war, mußte jedem klar sein. Am 20. Juli 1944 hatte sich der Zorn entladen, das Attentat auf Hitler war mißlungen und hatte unzähligen unserer besten Leute das Leben gekostet. Nun ging es mit unserem Vaterland unabwendbar dem furchtbaren Ende entgegen.

Am 24. April hatten wir das Haus übervoll, aus Strehla waren Pflugks und Seydlitzens geflüchtet, die Gräfin Schweinitz mit Kindern und Waldenburgs waren schon da. Das Erdgeschoß war mit Flüchtlingen aus Lodz belegt und auf dem Hof hatten wir 600 gefangene Engländer, die in meiner Waschküche abkochten. Schon vorher hatten wir verschiedene Durchmärsche erlebt, gefangene Russen, Badoglio-Italiener und - besonders erschütternd - Juden in KZ-Kleidung. Plötzlich erschienen deutsche Truppen, ich sollte sie auch noch unterbringen, und wir waren gerade dabei noch enger zusammenzurücken, als der Ruf erscholl: "Die Amerikaner kommen!" Mit flinken kleinen Autos waren sie auf einmal da. Die Engländer ließen alles stehen und liegen und rannten ihnen mit Hurra entgegen, um mit ihnen mitzukommen. Den paar Deutschen blieb nichts anderes übrig, als sich entwaffnen zu lassen. Es war ein schauderhaftes Bild, wie alle Waffen auf unserem Hof zusammengeworfen und zerbrochen wurden. Georg und ich standen als stumme Zeugen dabei. Einige Amerikaner liefen in unser Haus, ich ging ihnen nach, sie suchten deutsche Soldaten. Der einzige, den sie hätten finden können, wäre Georgheino Münchhausen gewesen, der aber war schon mit Schuhen von Georg und einem Anzug von Job entkommen. Er hatte nach dem 20. Juli Furchtbares durchgemacht. Zwar hatte er nicht zu den Verschwörern gehört, aber sein Freund Lehndorf, mit dem er im Hauptquartier lange zusammengewohnt hatte. Münchhausen war auch verhaftet worden, zehn Wochen hatte er - immer den Tod vor Augen - in einer winzigen Zelle verbracht. Nie durfte er an die Luft, nachts von starken Scheinwerfern angestrahlt. Endlich kam er frei, man konnte ihm keine Schuld nachweisen. Nach einem längeren Urlaub hätte er jetzt zu seiner Truppe nach Bayern zurückgehen sollen, kam aber nicht mehr durch.

Pflugks, Waldenburgs und Schweinitzens waren nach Westen weitergetreckt. Inzwischen hatten die Russen Wurzen besetzt, die Muldebrücken waren gesprengt worden und die Amerikaner hatten sich nach Bennewitz zurückgezogen. Zweimal waren sie noch in Falkenhain, sie machten einen guten Eindruck, sahen sich unser Haus an, interessierten sich vor allem für die Ahnenbilder sowie für die Geweihe und Gehörne. Zum Schluß verabschiedeten sie sich mit den Worten "Thank you very much".

In Dahlen war es inzwischen so brenzlig geworden, daß Sahrs beschlossen, alle ihre Flüchtlingsgäste zu uns zu schicken. Max und Daisy, diese noch krank, bezogen die leergewordenen Räume. Es ging alles sehr harmonisch zu, von den Engländern hatte ich Nahrungsmittel geerbt. Eines Morgens erschien ein Fremder und berichtete, Oberinspektor Henning in Dahlen habe flüchten müssen, da die Russen ihm nach dem Leben trachteten. Gegen Abend kamen Janna und Siegfried

Sahr zu uns, wagten aber nicht, hier zu übernachten. Ach, wie ich sie mit ihrem Rucksack weiterwandern sah, so heimatlos, sie, die so vielen Heimat geboten hatten! Aber Gott war mit ihnen, sie fanden Aufnahme bei Viktor Carlowitzens in Wurzen, wo die Amerikaner für Ordnung sorgten. Nach ein paar Tagen kehrte Janna nach Dahlen zurück, und am nächsten Tag hingen in Wurzen die roten Fahnen, die Amis waren über die Mulde verschwunden. Die Flüchtlingsfamilien aus Litzmannstadt (Lodz) suchten sich im Dorf Quartier, wo sie sich sicherer fühlten, nur Frau Scheunert blieb, sie konnte russisch und hat uns damit öfter geholfen.

Sahrs wünschten, daß ihre Flüchtlingsgruppe nach Dahlen zurückkäme, weil sie befürchteten, sonst Kommunisten ins Haus zu bekommen. Nur Max und Daisy blieben hier, Daisy war so krank, daß sie nicht transportfähig war. In die nun leer gewordenen Räume zogen Reumonts mit Kindern und Frau v. Heinitz mit 14 Menschen ein. Plötzlich erschien ein Kerl mit roter Armbinde, "Herr Scholz", der hatte schon bei den Amerikanern gedolmetscht. Er erklärte, daß er hier für Ordnung zu sorgen habe, und daß ein russischer Kommissar bei uns wohnen würde. Zwei Mann für zwei Tage. Er müsse sehr gut untergebracht und vor allem verpflegt werden (24 Eier auf Speck zum Frühstück). Bald darauf erschien er, sah sich stumm alle Räume an und entschied sich für das weiße Gästezimmer und Georgs Zimmer, in dem das Radio stand.

Am 29. April hatten wir die erste sehr unangenehme Begegnung mit den Russen. Zwei Soldaten klopften wie wild an die Haustür und schlugen auch gleich die Fenster ein. Sie wollten Schnaps, Wurst und Eier. Ich nahm sie in die Küche, gab ihnen zu essen und sie trollten sich wieder. Aber gleich hinterher kam eine viel schlimmere Gruppe. Sämtliche Taschenuhren wurden geklaut, Georg und Max mißhandelt und zu Boden geworfen, weil sie ihre Ringe nicht schnell genug abziehen konnten. Vor Wut wollten sie Georg die Hände abschießen - und Schnaps, Schnaps schien das einzige Wort zu sein, das sie kannten. Als sie den Flügel entdeckten, verlangten sie, daß ich spielen sollte. Ich tat dies unter der Bedingung, daß sie danach gleich gingen. Ich spielte Chopin, und der, der am allerwildesten gewesen war, hörte ganz verzückt zu.

Nach diesem Überfall hofften wir, weniger gefährdet zu sein, wenn der Kommissar sein Quartier hier hätte. Da wir den Krach im Schlafzimmer nicht aushalten konnten, wenn das Radio Tag und Nacht nebenan schrie, zogen wir um ins Bücherzimmer, das abschließbar war. Aus den zwei Mann waren inzwischen zehn geworden. Der Konsum an Lebensmitteln war ungeheuer, und da die Mädchen sich nicht in ihre Zimmer trauten, blieb mir nichts anderes übrig, als die Dreckbuden aufzuräumen.

Der Krieg ging mit Schrecken seinem Ende entgegen. Mussolini war an der Schweizer Grenze ermordet worden, Goebbels hatte sich und den Seinen das Leben genommen, Göring war in Kriegsgefangenschaft geraten, an Hitlers "Heldentod" glaubte kein Mensch. Mit Raub und Vergewaltigungen verbreitete sich überall im Lande großer Schrecken. Ein guter Bekannter hatte seine Frau und sein Töchterchen getötet und dann selbst Gift genommen. Als ich von deren Beerdigung zurückkam, feierten die Russen ihren Sieg. "Frau, Frau, mittrinken", sie boten mir ein volles Wasserglas voll Schnaps an, ich nippte daran und sagte: "Ich trinke auf den Frieden, Krieg kaputt", da johlten sie vor Freude und umringten mich: "Frau, Frau, bravo, Anglobritannika!"

Die Russengruppe, die unser altes Dach beherbergte, vermehrte sich noch dauernd um Polen. Allnächtlich gingen sie auf Raub aus. Schamlos wurden Lebensmittel und Kleidung im kleinen Eßzimmer gestapelt. Am ärgsten trieben es die vier Flintenweiber, einen Überfall auf meine Speisekammer verhinderte der Kommissar, der überhaupt versuchte, mir beizustehen.

Die Verbindung zwischen uns und Sahrs in Dahlen erhielt Max zu Fuß aufrecht, Post ging ja nicht. Von Mariechen in Schleinitz hörten wir nichts, dort sind natürlich auch die Russen, aber sie haben treue Leute. Wir hatten hier schlimme Feinde unter den eigenen Leuten, Inspektor Kluge und seine Frau, beide entpuppten sich als unerträglich und Georg hatte ihnen gekündigt, nun wollten sie sich rächen. Sie denunzierten ihn bei den Russen. Am Pfingstsonntag wurde Job unter Beihilfe von Frau Kluge ins Kellerhaus gesperrt, sogar die Treppe herunter geschossen, wurde aber nicht verletzt, da er in einer Nische Deckung fand. Wir wußten nicht, wo er geblieben war, deshalb ging Echen pfeifend durchs Gelände und zu ihrer Freude antwortete er mit seinem Pfiff. Echen holte den Kommandanten, der Job wieder befreite und den Missetäter anraunzte.

Am 19. Mai rückte russisches Militär ins Dorf ein, in unser Haus kamen Offiziere, der Kommissar und seine Leute mußten sofort räumen inklusive ihren ukrainischen Mädchen, mit denen ich ganz gut ausgekommen war. Wir sollten sofort den unbeschreiblichen Dreck aufräumen. Nicht wieder gutzumachen war der Schaden an den Gemälden; einen Raisky von Georgs Vater hatten sie beschossen, das Bild von Großvater Treitschke in Uniform als General war zerfetzt, und andere hatten sie in den Wallgraben geworfen. Mitten in der Arbeit kam der Befehl: Alle Deutschen verlassen das Haus. Nun hieß es in aller Eile das Notwendigste packen, und wir fanden Aufnahme im kleinen Haus bei Jobs, zusammen mit Brockhausens, Reumonts und leider auch Kluges.

Als unser Haus leer war, kam ein höherer Offizier und ich ging mit Echen rüber, setzte mich zu ihm in die Diele und sagte: "Ich bin Frau vom Gospodin und will fragen, ob etwas gewünscht wird." Über den Dolmetscher antwortete er, es sei alles gut, es kommt nichts weg, Ihr könnt Eure Sachen holen, wenn Ihr wollt. Wir dankten und gingen. Wenn es nur wahr gewesen wäre! Ehe die Polen abrückten, haben sie das Vorratsgewölbe und die Wäscheschränke aufgebrochen und restlos ausgeräumt. Nur das Silber und Porzellan in der großen Bodenkammer haben sie nicht gefunden. Tag und Nacht war reger Betrieb, man schoß unentwegt, meist aus Übermut, auf Geflügel oder auf Karpfen im Teich, einmal sogar durch das Plumeau unseres kleinen Wilhelms, den Echen gerade zum Füttern ins Haus geholt hatte.

Bei mir hinterließen Aufregung und Erschöpfung ihre Spuren. Eines Tages fand mich Daisy in der Dämmerung wie tot auf der Erde liegend. Von dieser tiefen Ohnmacht hatte ich keine Ahnung. Als ich erwachte, saß Janna - von Max benachrichtigt - auf meinem Bettrand. Sie berichtete, daß sie von einem Mann aus der Schleinitzer Gegend gehört habe, daß dort alles verhältnismäßig ruhig sei, aber von Friesens wußte sie nichts. Nun will Max versuchen, hinzukommen und auch gleich weiter nach Pillnitz.

Am 28. Mai rückten die Russen plötzlich ab unter Hinterlassung von unbeschreiblichem Dreck. Ich war noch zu schlapp, um mich am Großreinemachen zu beteiligen. Unser Arzt, Dr. Paul, ist wieder hier, täglich kommen 12 bis 15 Frauen zu ihm, um sich von Russenüberfällen reinigen zu lassen. Was nun wird, weiß ich nicht. Bei uns ist nicht so viel zerstört und weggekommen, wie in vielen Nachbargütern, Echen hatte eine so famose Art, die Männer zu bändigen. Sie redete freundlich mit ihnen, ließ ihnen aber nichts durch und vor allem, sie ließ sich keine Angst anmerken.

Eine kommunistische Regierung hat sich bei uns gebildet. Alle Nazi-Parteibonzen sind verhaftet worden. Vereinzelt tauchten Russen auf, die sich Kommissar oder Adjutant nannten, aber vor allem nach Schnaps suchten. Dafür geben sie alles hin, gegen eine Flasche kann man Pferd und Wagen tauschen. Uns hatten sie dauernd im Verdacht, Sprit versteckt zu haben; angeblich hatte Kluge dieses Märchen verbreitet, um uns zu schaden. Sie sollen den Russen auch gesagt haben, wir hätten Waffen versteckt, so ging die Sucherei und Plünderei erst recht los. Ganz schlimm war es am 4. Juni, ich lag fest und konnte mich nicht rühren, da hörte ich Echen auf dem Hof entsetzlich schreien und Heini brüllte: "Mutter, Mutter!" Sie wollte mit Job zusammen Georg helfen, der von den Russen mit Gewehrkolben traktiert wurde, an Händen und Armen verletzt war und eine Rippe gebrochen hatte. Alle drei wurden in den Kartoffelkeller gesperrt. Aus Sorge um die Kinder, die noch auf dem Hof waren, guckte Job durch ein Astloch in der Tür. Sofort wurde auf ihn geschossen, und er erhielt eine lange Wunde von der Schulter bis zu Hüfte, die dann hohes Fieber verursachte.

Max war nach seiner Fahrt über Dahlen, Schleinitz nach Pillnitz und zurück heil wiedergekommen. Er hatte in Schleinitz Mariechen mit allen fünf Kindern wohlbehalten angetroffen, auch dort hatte es Kämpfe und Schwierigkeiten gegeben, aber jetzt war es verhältnismäßig ruhig. In Pillnitz hatte er seine Schwester ebenfalls wohl angetroffen, ihr Haus sauber, aber von Fremden bewohnt. Max und Daisy planen, am 16. Juni in ihr Haus zurückzukehren, ich bin so froh, daß sie dieses Heim gerettet haben.

Immer noch kommen Flüchtlinge, die in den Osten evakuiert waren und nun zurück ins Rheinland wollen. Manche haben unterwegs Schlimmes erlebt, aber in Wurzen sind die Brücken gesprengt, und niemand wird in den Westen gelassen.

Am 18. Juni hatten Georg, dem es nach dem Überfall langsam besser ging, und ich einen Gang durch den Wald gemacht. Wir sahen das verlassene russische Barackenlager, alles leer, aber auch schon unbrauchbar, oft stand das Grundwasser in den Gebäuden, Holz, Nägel und Dachpappe lag in Unmengen herum, sogar ein Theater hatten sie gehabt, der Pflanzgarten war Pferdekoppel gewesen, alles in allem war es ein trauriger Anblick. Aus der Nachbarschaft hörten wir, daß Herr v. Seckendorff abgeholt worden sei, niemand weiß wohin. In Dornreichenbach hat sich der Inspektor mit seiner ganzen Familie erschossen. Hier wurden der Tierarzt Schubert und Melker Zimmermann verhaftet, man erfährt nichts über ihren Verbleib.

Die Amerikaner schienen ihre Gefangenen schnell zu entlassen, die Russen dagegen nicht, dort mußten die Kriegsgefangenen zunächst erst Aufbauarbeiten leisten. Ganz langsam begann sich das Leben zu normalisieren, der Wurzener

Anzeiger erschien mit einem Blatt zweimal in der Woche mit Verordnungen, die Post fing langsam an, zu funktionieren, sogar das Telefon in bescheidenen Grenzen. Alle unsere Papiere waren völlig durcheinander, zum Glück fand ich meinen britischen Paß und auch die Kriegsbriefe vom Armeeführer Carlowitz, die mir seine Tochter Liselotte Wallwitz zum Aufheben geschickt hatte, sowie eine Mappe mit Erinnerungen von Börries Münchhausen kamen wieder zum Vorschein. Am 16. Januar war meine liebe Anna Münchhausen in Windischleuba gestorben, Börries vermißte sie so sehr, am 16. März erlöste ihn ein gnädiger Tod. Frau Nette soll wieder in Müglenz sein, bei ihr ist die Witwe des Feldmarschalls v. Reichenau, sie hatten an der Elbe ein Gut als Dotation bekommen, das ist nun verloren.

Am 23. Juni feierten Georg und ich unseren goldenen Verlobungstag, 50 Jahre gehöre ich nun zu Falkenhain. In diesem Jahr war nicht viel Zeit an früher zu denken. Schon zum ersten Frühstück erschienen Sahrs aus Dahlen. Jobs kamen mit den Kindern zum Mittag, Jürgen hatte Krebse gefangen. Sehr fehlten uns Friesens, aber die waren z. Zt. unerreichbar. Gleich nach Tisch wurden Sahrs nach Dahlen gerufen, wo die Russen wieder mal zum Plündern erschienen waren, es ist aber glimpflich abgelaufen. Furchtbar nahe geht uns das Schicksal von Heinrich Metzsch, der sich und seine zwölfköpfige Familie erschossen hat.

Eines Tages erschien Obergendarm Bachmann, verkleidet als Russe mit Lederjoppe und weißer Bluse mit gestickten Kanten. Mit strenger Miene räumte er unter den Drohnen auf. Die Flüchtlinge müßten viel mehr arbeiten, und Frau Kluge erschrak nicht wenig, als auch sie zur Feldarbeit kommandiert wurde, erst recht, als er sie anherrschte, mit welchem Recht sie sich Heidelbeeren von Arbeiterfrauen pflücken ließe.

Schrecklich haben die Russen bei uns in der Schäferei gehaust. Sie hatten das Haus umstellt, so daß es kein Entkommen gab, die arme Frau wurde wüst geschändet und der Mann roh geprügelt. Die geschändeten Frauen dürfen sich nicht mehr vom Arzt behandeln lassen, die Russenkinder sollen geboren werden, wohl eine Rache für unseren Rassenwahn!

Job hat wieder starke Schmerzen an seiner Schußwunde. Durch Sahrs hörten wir, daß Friesens aus Schleinitz ausgewiesen seien, Mariechen habe aus Siebeneichen angerufen. Zwei ehemalige Nazis aus Schleinitz hatten, um sich rein zu waschen, behauptet, Friesens hätten sie dazu überredet. Stefan war neun Tage im Gefängnis und kam nur dadurch frei, weil sein Schafmeister für ihn bürgte. Nun hoffen wir, daß ihnen Schleinitz erhalten bleibt. Wenn sich nur Job erholen könnte, er liegt wieder fest mit hohem Fieber.

Am 30. Juni war großer Lärm auf der Landstraße. Tausende von Russen rückten mit vollem Gepäck und allen Fahrzeugen ab in Richtung Wurzen. Alle möglichen Gerüchte kamen auf. Drei Tage später erfuhren wir, daß die Russen Leipzig, Weimar und Erfurt besetzt hätten, und daß sie ihre Herrschaft noch weiter nach Westen ausdehnen würden.

Ich besuchte einige alte Frauen im Dorf. Von einer erfuhr ich, daß sich die Russen erkundigten, ob wir Faschisten gewesen wären, doch sie hätte ihnen mit Überzeugung gesagt, nein, der Herr Oberst hat niemals Heil Hitler gesagt oder gedacht. Am 9. Juli erfuhr Georg, daß sich am 1. August ein neuer Inspektor melden würde, somit stand zu hoffen, daß wir von den intriganten Kluges bald befreit würden. Der

Bewerber für seine Nachfolge machte einen guten Eindruck; hoffen wir, daß er sich für uns entscheidet.

Von anderen Gütern hatten wir erfahren, daß im Flüchtlingsgepäck Waffen gefunden worden waren, und daß man dadurch in Teufels Küche kommt. Wir entschlossen uns, die Sachen mit der Polizei durchsuchen zu lassen. Es fanden sich keine Waffen, aber die sogenannte Polizei hielt es für angebracht, allerlei anderes mitzunehmen, Wäsche, Uniformteile, vor allem Stiefel, und Eßbares zu beschlagnahmen. Mein Protest, daß dies alles doch nicht staatsgefährlich sei, nützte nichts, selbst die geforderte Quittung habe ich nie bekommen.

Seit dem 28. Juli ist die Muldebrücke in Wurzen freigegeben. Tausende ziehen gen Westen, auch unsere Flüchtlinge aus Köln und Aachen müssen fort, sie bekommen hier keine Lebensmittelkarten mehr. Friesens sind immer noch in Siebeneichen und warten darauf, nach Schleinitz zurück zu können. Am 6. August wollte ich Mariechen in Siebeneichen besuchen. Es war eine mühsame Reise. Unterwegs machte ich in Seerhausen Station, das Schloß ist völlig ausgeplündert, beide Brüder Fritsch in Trauer, Frau v. Fritsch wurde erschossen. Um Zeit zu sparen, ging ich das letzte Stück nach Meißen zu Fuß. Auf mein Winken hielt unterwegs ein russischer Lastwagen und nahm mich mit. So sauste ich stehend durch das schöne Elbetal. So schön wie nur je, baute sich Meißen vor mir auf. Zum Dank bot ich dem Fahrer ein hartes Ei an, er lehnte ab: "Du dünn, ich dick", was auch stimmte. Als ich entlang der Elbe weiter nach Siebeneichen wanderte, begleitete mich für einige Zeit ein alter Mann. Es ist also wahr, daß die Porzellanmanufaktur nach Rußland geschafft wurde und ein Teil der Belegschaft gleich mit. Es war schön, Mariechen und die Kinder wieder in die Arme schließen zu können. Sie wurden von Miltitzens rührend aufgenommen und die Schleinitzer Bevölkerung pilgert zu ihnen, um Lebensmittel zu bringen. Die reizenden Stunden dort mußte ich mit einer gräßlichen Rückfahrt büßen. Mit vier Stunden Verspätung kam ich nachts in Dahlen an, wo mich Georg abholte. Zu meinem Geburtstag am 15. August hatten sich alle Kinder und Enkel angesagt, es war eine einzige Wonne, sie alle bei mir zu haben.

Am 18. August erschien ein Beamter und beschlagnahmte unser Haus für den Oberbürgermeister Lorenz. Alle Dörfer des Kreises Grimma unterstehen ihm, und er braucht Platz für seinen großen Stab. Wir haben das Erdgeschoß bezogen, und ihm das ganze übrige Haus überlassen. Er blieb aber nur wenige Tage, an seiner Stelle kam ein Herr Neubert. Nun mußten alle Bilder weg, auch die alten Ritter im Flur, sie konnten ja Faschisten gewesen sein, Militär waren sie auf jeden Fall!

Am 1. September wurde ich ersucht, mich beim politischen Leiter einzufinden. An der Tür hing ein Schild: "Kommunistische Partei" (Georgs Stube), drinnen als einziges Bild - Stalin! Er brauchte Trauerflor, um bei einer Veranstaltung die Bilder von Lenin und Thälmann zu schmücken.

Die Hetze auf die Junker wurde immer schlimmer. Wir erfuhren, daß Dahlen enteignet sei, und so würde es weiter gehen, totale Enteignung ohne Entschädigung, gleichgültig ob weniger erzeugt würde, Hauptsache Enteignung. Wir hofften, mit einer Eingabe, daß ich als englische Staatsbürgerin mein Vermögen zusammen mit meinem Mann in Falkenhain angelegt hätte, der Enteignung entgehen zu können. Am 1. Oktober platzte dann die Bombe, auch wir wurden enteignet.

Hier endeten die Aufzeichnungen von Elisabeth v. Carlowitz. Aus ihren Briefen an ihren Mann und aus eigenem Erleben hat ihre Schwiegertochter, Marie-Erika (Echen) v. Carlowitz, die nachfolgenden Ereignisse aufgeschrieben, die nun wiederum auszugsweise über das weitere Schicksal der Familie berichten.

Am 1. Oktober 1945 erschien eine Kommission von Falkenhainer Kommunisten und teilte uns mit, daß wir enteignet seien und nichts mehr mit dem Betrieb zu tun hätten. Wenigstens durften wir wohnen bleiben. In meinem ganzen Leben hat mich nichts so gekränkt und bewegt als der Umstand, daß die Glocken läuteten zur Bekanntgabe der Bodenreform.

Ich mußte die Gutskasse an das größte Ekel von Falkenhain, Herrn Vetter, übergeben. Mit Hilfe des neuen Inspektors, Herrn Täubner, konnte ich noch schnell ein paar Posten in unsere Tasche buchen. Sein Vorgänger, der den Betrieb für sich haben wollte, hatte es z. B. fertiggebracht, ein Gewehr auf dem Futterboden zu verstecken, damit die Russen es finden sollten. Das sollte Job an den Kragen gehen.

Wir stellten nun soviel wir konnten bei zuverlässigen Leuten im Dorf unter, Silber, Wäsche, Vorräte usw. Da wir mit unserem Geld sehr haushalten mußten, entließ ich sofort unsere Mädchen. Mein Vater hatte mir einen Fuchs geschenkt, und ich hatte vor, mit ihm ein Fuhrgeschäft zu eröffnen. Der Bedarf war groß, denn der Omnibus ging noch nicht wieder, und das funktionierte auch ein paar Tage recht gut. Aber dann verweigerten sie uns den Fuchs. Ich setzte mich sofort aufs Rad, um auf dem Landratsamt vorstellig zu werden. Aber ich wurde auch dort nicht als mein Privateigentum anerkannt. Als ich zurückkam, war gerade mein Schwiegervater vom Hof weg verhaftet und per Auto mit unbekanntem Ziel abtransportiert worden.

Am 13. Oktober wurde auch Job verhaftet, aber wenigstens hatte man uns soviel Zeit gelassen, seinen Mantel und vor allem seine Medizin mitzunehmen. Am 15. fragte ich den Gendarm, wo er ihn denn hingebracht habe?: "Dahin, wo Sie jetzt auch hinkommen." Wir hätten zwei Stunden Zeit zum Packen von Betten für jeden von uns, für Heizmaterial für acht Tage und Verpflegung für drei Tage, außerdem Kerzen und Streichhölzer. Wir würden mit dem Trecker abgeholt. Also eifriges Packen. Jürgen half umsichtig und ideenreich mit, auch Imli (Tochter Ilse-Marie) war schon gut zu brauchen. Nach zwei Stunden lag ein ganzer Berg von Gepäck vor dem Haus. Der Beauftragte des Landrates, Herr Kaufhold, tobte: "Da sieht man mal, wie solche Leute leben!" Daß wir so viele Menschen waren, bedachte er nicht. Die Hälfte mußte dableiben, ausgerechnet auch alle Unterlagen über Falkenhain! Da es zum Abtransport zu spät geworden war, mußten wir alle zusammen im Eßzimmer des großen Hauses übernachten. Die Gutsbesitzer der ganzen Umgebung mit ihrem evakuierten Anhang wurden bei uns gesammelt, so Carlowitzens aus Heyda, Seckendorffs, Schönbergs, Rahns, Zechs und Schraders. Es war schließlich so eng in dem großen Raum, daß wir wie die Heringe Mann an Mann lagen. Schlimm waren die Gerüchte, was weiter mit uns geschehen würde, Rache für die Judenverfolgungen, Sibirien, irgendwo aufs tote Gleis und verhungern lassen. . .

Am anderen Morgen um sieben Uhr wurden wir auf Trecker verladen, jeder auf seine Sachen, und bei Sonnenaufgang gings los. Ich kann diese letzte Fahrt aus Falkenhain nie vergessen, ein paar von unseren Leuten wollten den Wagen nicht loslassen und weinten, ein Bauer reichte uns eine Flasche Milch hinauf, der

Schweizer weinend 50 Mark! Auch Schwester Berta steckte mir Geld in die Tasche. Dann ging es in einem langen Konvoi ab, alles wurde immer kleiner, bis es unseren Blicken entschwunden war. Am Mittag landeten wir in Colditz. Die alte Burg war erst Irrenanstalt gewesen, als die Armen alle umgebracht waren, war sie zunächst ein KZ und zuletzt Gefangenenlager für Offiziere. Nun waren wir die Gefangenen. Bei unserer Ankunft gab es einen Stau, Jürgen schlängelte sich vor und machte uns Quartier in einem Raum mit heilen Fensterscheiben und scheinbar gutem Ofen. Wenigstens gab es viel heißes Wasser und das Zimmer wurde warm.

In den letzten Tagen waren noch viele Flüchtlinge durch Falkenhain geflutet in der Hoffnung, noch über die Mulde nach Westen zu entkommen. Darunter waren auch Reinersdorffs aus Schlesien mit ihrer Hauslehrerin, Fräulein Seidel. Die brauchten sie nicht mehr, sie schloß sich mir an, und da sie mir leid tat, nahm ich sie mit. Unterrichten tat sie aber nicht mehr, das wäre aber der Sinn gewesen.

Die Ernährung in Colditz war nicht gerade üppig, pro Kopf drei Kartoffeln und etwas Brot. Einmal gabs eine Suppe, aber die Kessel hatten Grünspan angesetzt, die Folgen waren grauslich! Nach ein paar Tagen kam Job zu uns, er war in Grimma im Untersuchungsgefängnis gewesen, hatte es aber erträglich gehabt. Der Schloßhof war so eng, daß nur mittags die Sonne kurze Zeit bis herunter schien. So erreichte ich mit einigen anderen Müttern, daß unsere Babys vor dem Tor in der Sonne stehen durften. Das Tor wurde abgeschlossen, hatte aber ein Guckfensterchen. Einmal sah ich, daß Wilhelm mit seinem Wagen umgefallen und aus seinem Windelpack geschlüpft war, im Oktober! Endlich fand ich einen Aufseher und konnte raus, um unseren Jungen zu retten. Die Kinder konnten herrlich auf dem Hof und verwinkelten Böden spielen. Auf dem Hof standen alte Autos, die sie ausschlachteten, Jürgen brachte einmal Draht mit, der uns als Wäscheleine diente, auch eine Hammerzange und Stiefelfett.

Es war so tröstlich, daß wir alle das gleiche Schicksal teilten, so half jeder jedem, z. B. hatten wir immer von jemandem Milchpulver für unsere Babys. Trotzdem war die Stimmung gedrückt, man bangte um seine Angehörigen, was war aus Schwiegervater geworden, was aus meinen Leuten? Wir sangen gemeinsam Lieder, die uns trösten sollten, hatten auch einmal einen Gottesdienst in der Burgkapelle. Post bekamen wir fast gar nicht.

Eines Tages wurden wir aufgefordert, zu packen, da wir abtransportiert würden - ohne Zielangabe - alle Lebensmittel seien abzugeben. Das gab eine Riesenaufregung, ich tat das Zeug einfach auf einen Stuhlsitz und schob den unter den Tisch, da wurde es nicht gefunden. Nachts wurde eifrig gepackt. Die Betten würden gefahren, sonst dürften wir mitnehmen, soviel wir tragen könnten. Am nächsten Morgen um 9 Uhr, es war der 2. November, auf dem Hof Antreten und Verlesen der Namen - die Männer erst hinterher, um uns Angst zu machen - und dann ging es den Berg hinunter zum Bahnhof. Diesen Weg werde ich meinen Lebtag nicht vergessen. Jedes Kind hatte seine eigene Habe auf dem Rücken. Der Kinderwagen war rundum behängt mit Kochtöpfen, Wilhelm saß auf den noch geretteten Resten unserer Lebensmittel. Als wir durch das Tor wankten, setzte eine alte Dame ihr schweres Gepäck schwupp auf Wilhelm oben auf! Und ich hatte ohnehin schon Angst, daß der Wagen die Last von unserem Kram nicht aushalten würde. Auf dem Bahnhof sehe ich Jürgen so verdächtig still auf einem Gepäckstück sitzen. In seine

Joppe hatte er Hexe, Jobs geliebten Terrier, hineingeknöpft. Das war natürlich unstatthaft, aber er schaffte es, daß die sehr gemeinen Polizisten nichts merkten. Wir wurden dann in Viehwagen verladen, zusammen mit Schönbergs in einen Waggon. Angeblich würde die Reise zwei Tage dauern und wir hatten als Reiseproviant jeder ein Brot bekommen. Tatsächlich dauerte sie dann neun Tage! Einmal bekamen wir unterwegs noch merkwürdiges, papierartiges Weißbrot, und bei einem Aufenthalt auf freier Strecke konnten wir aus einem neben uns haltenden Güterzug Kartoffeln holen und abkochen. Daß in einem Viehwagen keine hygienischen Verhältnisse herrschen, ist bekannt. Es dauerte manchmal 17 Stunden, bis wir einmal wieder herausgelassen wurden. Dann verschwand die ganze Gesellschaft unter polizeilicher Bewachung hinter dem Zug. Wer anschließend nicht schnell genug in den Wagen zurückklettern konnte, bekam rohe Püffe, gelegentlich auch Ohrfeigen. Sie versuchten auch, noch etwas von uns zu erben, und verlangten, eventuell durchgeschmuggelte Schokolade, Zigaretten oder Seife herauszugeben. Ich zeigte ihm mein dünnes Stück Seife, da befiel ihn wohl ein menschliches Rühren beim Anblick meiner Dreckspatzen und er gab mir ein richtiges, anständiges Stück Seife. Unterwegs gelang es einigen, zu flüchten, seitdem waren die Polizisten noch schärfer. Als sie einmal bei uns plötzlich die Tür aufrissen, saß Karl-Friedrich Schönberg traurig nachdenkend davor. Ob sie wohl dachten, er wolle auch fliehen? Sie warfen ihn auf den Bahnsteig und traten ihn auf das roheste. In der lautlosen Stille bei uns drinnen hörte man die dumpfen Schläge draußen im Dunkeln, bis Rena anfing, mit den Kindern inbrünstig zu beten. Tagelang hatte er ein ganz verschwollenes Gesicht, blau unterlaufene Augen und Flecke. Dem jungen Trebra haben sie bei einer solchen Gelegenheit das Nasenbein gebrochen.

Leos Geburtstag fiel in diese Zeit. Er war ganz glücklich über seine "Geschenke" - gezeichnete Pferdchen auf abgerissenen Notizblättern und über seine "Torte" - Brot, eingebrockt in einem Kochtopf mit Milch. Wir waren vorübergehend an einen Viehtransport angehängt, daher die Milch. Leider regnete es an den letzten Tagen, unser Dach war undicht und die Matratzen wurden naß und schmutzig.

Ich habe heute noch ein schlechtes Gewissen gegenüber Schönbergs. Wir hatten gleichviel Brot bekommen, aber sie hatten es großzügiger verteilt und darauf vertraut, daß die angegebene Reisezeit stimme. Nun hatten sie nichts mehr, und ich habe ihnen nichts abgegeben. Endlich, nach neun Tagen hielten wir in Stralsund. Auf dem Nebengleis stand noch so ein mit Stacheldraht gesicherter Güterzug. Aus dem Fensterchen neben uns sah Viktor Carlowitz heraus und wir konnten fragen, ob er was von Vater wüßte? Er war im gleichen Waggon, konnte aber nur einen Moment aufstehen. Ich kann das liebe Gesicht nicht vergessen, das so elend und gelb durch den Stacheldraht blickte. Er war die ganze Zeit in Dresden im Gefängnis gewesen! Mutter durfte nicht zu ihm in den direkt neben uns stehenden Zug umsteigen! Am nächsten Tag in Altefähr erfuhren wir, daß er in Stralsund im Krankenhaus geblieben sei.

Unser Marsch über den kaputten Rügendamm war sagenhaft gewesen. Sowieso schon total durchnäßt, goß es unentwegt weiter. Alle trugen so schwer wie sie nur konnten. Ich lockte die Kinder von einem Nahziel zum nächsten mit einem Stückchen Backobst, Leo nannte es Backpulver. Schließlich landeten wir auf dem

Bahnhof Altefähr. Mutter bekam ein paar Stunden Urlaub, um Vater zu suchen. Zur vorgeschriebenen Zeit kam sie total ausgepumpt, gehetzt und außer Atem zurück. Der begleitende Wachmann hatte sie immer mit dem Gewehrkolben gestoßen, wenn sie nicht weiter konnte. Vater hatte sie nicht gefunden!! Nun ging es wieder in Viehwagen weiter bis Prora, es war aber zu spät, um noch ausgeladen zu werden.

Diese Nacht - durch und durch naß auf blankem Boden - wollte kein Ende nehmen! In Prora hatte Hitler rund um die Bucht ein acht Kilometer langes Kraft-durch-Freude-Hotel erstellen wollen. Das Projekt war aber erst im Rohbau fertig, wir wurden im Lager der Zimmerleute untergebracht. Dieses war schrecklich verdreckt, dazu dünnes, feuchtes und schmutziges Stroh, auf dem wir liegen mußten. Alles war naß, die Mäntel, sogar Wilhelms Daunendeckchen, und es war ein Wunder, daß er so brav war, er war doch ganz wund, weil ich nichts Trockenes und Sauberes für ihn hatte.

Einmal am Tag bekamen wir eine wäßrige Suppe, die nicht satt machte. Erst nach drei Tagen bekamen wir etwas Brot, ich konnte Mutter gerade vier hauchdünne Scheiben mitgeben, als sie erneut auf die Suche nach Vater ging. Sie bekam in Bergen einen Passierschein nach Stralsund, aber am gleichen Tag kam Vater zu uns! Kein Krankenhaus hatte ihn aufgenommen, und so hatte er sich, hinfällig wie er war, zu Fuß auf den Weg gemacht. Auf dem Rügendamm war er zusammengebrochen, zwei Krankenschwestern hatten ihn gefunden und auf ihrem Handwagen weiterbefördert. Als wir ihn holten, saß er in der sogenannten Kantine, völlig am Ende. Zu zweit mußten wir ihn führen und in unserem Zimmer hinlegen. Aber da war ja nur das ekelhafte Stroh, schließlich fanden wir eine noch scheußlichere Matratze, von der konnten wir ihn besser hochbringen aus von der blanken Erde. Er sprach überhaupt nichts, und so haben wir auch nie herausbekommen, was er inzwischen erlebt hatte. Das waren die allerschlimmsten Tage! Fräulein Seidel kochte uns etwas zwischen zwei Steinen, es gab noch Holunderbeeren und wenn man etwas Glück hatte, einige Pilze. Job und Jürgen ergatterten dazu noch ein paar Kartoffeln. Ich hatte in Binz ein paar alte Lappen erbettelt und fand dann einen mitleidigen Bahnwärter, bei dem ich sie waschen konnte, nur bekam ich sie nicht trocken, dazu war die Luft zu feucht. Rena Schönberg und ich glaubten nicht, daß wir unsere Jüngsten durchbekommen würden. Von Mutter hörten wir nichts - das war doch ganz unheimlich.

Plötzlich, eineinhalb Stunden vor Abgang des Zuges hieß es, daß wir weiter transportiert würden. Der Abschied von Prora ist wohl keinem schwer geworden. Hoffentlich brauche ich das nie, nie wieder zu sehen! Nun ging es wieder in die Viehwagen, für Vater hatten wir so eine Art Sitz aus dem Gepäck gebaut, aber er rutschte immer wieder ab. Niemand verlor ein Wort darüber, daß Mutter nicht da war. Wie sollte sie uns nur wiederfinden, wo Prora ja nicht nur von uns, sondern auch von den Russen geräumt wurde? In Samtens war Endstation. Die acht Kilometer bis Dreschwitz mußten wir laufen. Dieser Weg war für die Kinder bitter schwer mit der Last des feuchten Gepäcks und dem eisigen Gegenwind. Besonders Imli litt sehr, sie sah zum Umpusten aus! Wir alle hatten Durchfall, kein Spaß, bei dem eisigen Wind immer wieder im Chausseegraben zu verschwinden! Job und Vater waren in Samters geblieben, weil Vater ja nicht transportfähig war. Sie fanden Quartier bei einem netten Postbeamten. Jürgen war wieder vorausgeeilt, um Quartier zu machen. In Dreschwitz hatten wir Raum in einem Barackenlager zusammen mit 41 Personen. Es waren an der einen Wand Verschläge mit schönem, frischem Stroh, in die man als Bett kriechen konnte, ähnlich wie ein Kaninchenstall. Wir waren dort mit vielen Bekannten wie z. B. Seckendorffs, Eschweges, Vera Carlowitz mit Mutter Lüttwitz und Zechs. Der Raum war klein und dunkel, in der Mitte ein rauchender Ofen, Wasser gab es kaum, warmes schon gar nicht. Einen Tag gönnte man uns Ruhe, dann mußten alle, die nur eben konnten, nach Unrow zur Arbeit. Isa Zech blieb zu Hause bei den Kindern, Jürgen baute einen Herd aus zwei Ziegelsteinen, zwischen denen er gestoppelte oder geklaute Kartoffeln kochte. Wir mußten Hackfrüchte ernten, mitunter ohne Geräte, wurden aber gut ernährt und konnten manchmal den Kindern etwas mitbringen. Der Aufseher vom Gutshof meinte, wenn er immer eine so gute Rotte gehabt hätte, sähe der Betrieb anders aus! Im großen ganzen war es eine Verbesserung unserer Lage. Abends saßen wir beisammen und sangen, jemand spielte Flöte. Später arbeitete ich nur noch halbe Tage, es ging wegen der Kinder nicht anders. Leider konnte sich Job das gute Essen nicht verdienen, er mußte Holz für das Lager hacken. Die anderen Männer waren auf eine Insel zur Arbeit bei den Russen geholt worden. Plötzlich kam aus Bergen die Nachricht, daß Mutter den Vater, der doch bei uns war, in Stralsund tot gefunden habe! Wir bekamen seinen Totenschein, auf dessen Rückseite sie geschrieben hatte, sie sei so verzweifelt, daß sie in ihr geliebtes Meer ginge. Dann hörten wir nichts mehr!

Vater wagten wir nicht, etwas davon zu sagen, es ging ihm ja so schlecht, er hatte ganz dicke Beine, sprach überhaupt nichts und wir konnten natürlich auch seine Herzmittel nicht beschaffen. Zusammen mit zehn alten Leuten lag er im Krankenzimmer, lauter ehemalige Exzellenzen aus der Hofgesellschaft. Ein Eimer stand in der Ecke mit einem ausgesägten Verkehrsschild als Sitz darauf! In unserem Lager Dreschwitz sollen 101 Personen gestorben sein.

Am 26. November fuhren Leiterwagen vor. Wir wurden mit Sack und Pack verladen, das Ziel war Patzig. Es war ein eisiger Schneesturm und Vaters Decke drohte immer wegzuwehen, so blieb ich bei ihm sitzen, um sie festzuhalten. Die Kinderwagen standen im nächsten Wagen, und als ich mich umblickte, sah ich Wilhelms nackte Beinchen im Schneesturm herumfuchteln. Die Fahrt schien in meiner Erinnerung kein Ende zu nehmen, obwohl es gar nicht so weit war. Als man durch die Schneeflocken eine Mühle erraten konnte, sagte unser stotternder Fuhrmann, das sei Patzig. Es dauerte aber noch lange, bis wir ein Dach über dem Kopf hatten, und was für eines! Der Bürgermeister war verzweifelt, in Patzig war doch schon alles voll von Pommern und Ostpreußen. Schließlich kamen Schönbergs, Eschweges und wir im sogenannten Rattenloch in Woorke unter. Das Zimmer war klein, aber wir konnten alle nebeneinander auf der Erde liegen, Vater auf einem Drahtbett mit Stroh. Später ergatterte ich noch einen Stuhl für ihn. Die Fahrt war ihm erstaunlicherweise gut bekommen, er konnte etwas aufstehen und essen. Aber das war nur von kurzer Dauer. Am 3. Dezember hatte er eine schlechte Nacht, ich mußte an seinem Bett bleiben und nach langem Bitten kam ein Arzt. Er stellt völlige Entkräftung und einen Schlaganfall fest. Er sagte, daß es hoffnungslos sei, ordnete aber mit einem Blick auf die fürchterliche Umgebung eine Überführung ins Krankenhaus an. Aber bei den Wegen und dem Wetter war ein Transport unmöglich. Wir versuchten, die nächsten Verwandten über seinen Zustand zu benachrichtigen.

Da kam die Nachricht von Mutter aus Pillnitz. Sie hatte gedacht, daß es für uns leichter sei ohne sie und hatte deshalb auf dem Totenschein einen Selbstmord vorgetäuscht. Nun kam sie sofort zurück, aber die Schwierigkeiten des Reisens waren zu groß. Sie kam völlig ausgepumpt und kaputt durch den hohen Schnee gestapft, aber zu spät, um Vater noch lebend anzutreffen. Es war unbeschreiblich traurig. Vater war in der Nacht des 6. Dezember nach nochmaligen Schlaganfällen erlöst worden von allen Sorgen und bitterer Not. Daß man ihm die letzte Zeit nicht schöner machen, ihn nicht besser pflegen konnte, das wurmt mich heute noch. Sein Sterben in diesem Milieu hat mich tief erschüttert und mir den Tod so nahegebracht. Wie ganz selbstverständlich hat es Tod und Leben nebeneinandergestellt, wenn ich mich umdrehte, lagen da die fünf Kinder und schliefen. Als Omi am Sonntagmittag kam, lag Vater schon in der Kirche von Patzig.

Mutter hatte seinerzeit Schreckliches durchgemacht. Sie hatte völlig entkräftet und abgehetzt überall in Stralsund nach Vater gefragt, in allen Krankenhäusern und Herbergen. Schließlich wurde ihr in einer Herberge gesagt, in der fraglichen Nacht sei ein alter Mann ohne Papiere mühselig angekommen und gleich gestorben. Die Beschreibung paßte, aber sie durfte ihn wegen Fleckfiebergefahr nur von weitem und zugedeckt sehen. Sie hatte geglaubt, daß es Vater sei, sie ließ ihn begraben und den Totenschein an uns schicken. Sie hatte uns immer wieder geschrieben, aber man bekam ja keine Post, so war diese Tragödie!

Die alte Frau v. Schönberg, geb. v. Savigny, war am gleichen Tag gestorben wie Vater. An die Jagd nach Brettern, Nägeln und einem Mann, der uns dann einen Sarg machte, erinnere ich mich nur noch vage. Am 9. Dezember 1945 war die Beerdigung auf dem Friedhof von Patzig, nahe der schönen, alten Backsteinkirche mit Blick über den Jasmunder Bodden und das wirklich schöne Land mit den Hünengräbern.

Wir lebten nun ganz still, immer in größter Sorge um Mutter, die zu verlöschen drohte. Aber als sie kurz vor Weihnachten ein Zimmer in der Pfarre von Patzig bekam, sogar mit einem richtigen Bett, erholte sie sich langsam wieder. Sehr hilfreich war, daß Müller Görge, der Besitzer vom Rattenloch, Lübbener Jäger bei meinem Vater gewesen war. Wir bekamen Schrot von ihm für unsere Frühstückssuppe und manchmal auch Mehl. Sein stetes: "Die Sonne muß mal wieder scheinen" war mir immer ein Trost.

Wir beabsichtigten nun, an unser noch in Stralsund lagerndes Gepäck heranzukommen. Eine Abordnung von uns, Renate Seckendorff und Karl-Friedrich Schönberg, bekamen Passierscheine und holten einen Wagen voll. Welche Enttäuschung, daß nichts von uns dabei war. Da ich nach Vaters Tod etwas beweglicher geworden war, nahm ich die Sache mit unserem Gepäck nun selbst in die Hand. Ich mußte es mit Schönberg zusammen schwarz versuchen, weil ich keinen Passierschein bekam, und es gelang tatsächlich. Die Leichenfrau in Altefähr nahm uns freundlich auf und ließ mich sogar im eigenen Bett schlafen. Wir bekamen nun unser Gepäck, das auf einem Schulboden lag, ausgeliefert. Nach mancherlei Schwierigkeiten landeten wir abends glücklich, sogar mit etwas gehamsterter Butter zu Hause, allerdings mit völlig wundgelaufenen Füßen. War das ein Fest, frische Wäsche und Schuhe!

Kurz vor Weihnachten war dann der Umzug in die Pfarre. Man fühlte sich wie neu geboren, direkt zivilisiert. Man konnte sich wieder waschen und das Zimmer sauber halten. Das Essen schmeckte nicht mehr nach Rauch. Die strenge Zucht von Frau Pastor und ihrer Mutter war manchmal schwer zu ertragen, aber ich nahm mir vor, nicht beleidigt zu sein, so gewöhnte man sich schneller an Ordnung und Rücksicht. In einer unbenutzten Stube ließ sie uns einen eigenen Herd bauen, weil es in der gemeinsamen Küche doch unangenehm eng war. Am 2. Januar zu Jürgens Geburtstag war er fertig, wir freuten uns alle darauf - und dann war es ein schrecklicher Reinfall, das dürre Fichtenreisig verbrannte viel zu schnell, wir brauchten Berge, bis ein Essen gar war. Für Wilhelm bekam ich eine Box geborgt, er hatte ja in seinem Wagen gelebt und war damit dauernd umgekippt, denn zum Krabbeln war es ja viel zu kalt und schmutzig gewesen. Er lernte nun auch bald laufen und hatte einen Riesenspaß damit. Kurz vor Weihnachten hatten wir auch endlich Lebensmittelkarten bekommen. Und als man wieder Post bekommen konnte und Päckchen von einem Pfund, schickte uns Vater Päckchen und dachte sich immer neue Freuden aus. Auch Schwester Berta schrieb aus Falkenhain, schickte Stopfgarn und sogar einmal Geld von "ungenannt". Unser Zimmer hatten wir ganz wohnlich eingerichtet, nur fehlte ein Schrank oder Regal, so daß die Sachen in Säcken und Koffern bleiben mußten. Zu Weihnachten hatten wir ein Bäumchen mit Strohketten und Hagebutten und sogar einer Kerze. Unser Weihnachtsgebäck war eine Art Knäckebrot aus Schrot und Wasser. Die Frauen im Backhaus guckten etwas spöttisch, kamen aber nicht auf den Gedanken, von ihren verlockend duftenden Pfefferkuchen etwas abzugeben.

Allmählich verließen uns immer mehr von unseren Leidensgenossen. Schönbergs, die sehr elend waren, wurden von einem Franzosen ins Saargebiet geholt, Seckendorffs, ohne etwas vorher zu sagen, Seydewitzens schafften es beim zweiten Anlauf per Schiff. Jürgen war seit Weihnachten in einem Internat, das kostete 30 Mark im Monat, aber er hatte Schule und sein Essen, leider aber keine Aufsicht. Ernährungsmäßig wurde es etwas besser, ich konnte auf dem verpachteten Pfarrhof arbeiten und bekam dafür Kartoffeln. Jede Woche ging ich nach Bubkewitz und bekam dort bei Frau Minssen ein Brot, und zwar nicht nur als Almosen an der Tür, sondern richtig ausruhend in der Wohnstube. Ich bin mit ihr jetzt noch in Verbindung!

Da es keine Kohlen gab, mußten wir für Holz selber sorgen. In Ralswiek bekamen wir Bäume zugewiesen. Das ist eine meiner schlimmsten Erinnerungen, weder Job noch ich waren geschickte Holzfäller, wir säbelten drauflos mit dem Erfolg, daß der Baum in der Krone hängen blieb. Nach langen Mühen hatten wir doch einen Stapel Holz beisammen, aber die geborgte Säge war durch unser Ungeschick zerbrochen. Ich fühle noch heute, wie peinlich es war, als ich bei dem Besitzer beichten mußte. Dem armen Job wurde das alles viel zu viel, zumal es natürlich auch mit seinen Medikamenten haperte.

Natürlich ventilierten wir immer wieder, ob wir versuchen sollten, auszureißen. Die vielen mißlungenen Versuche waren nicht sehr ermutigend, zumal jetzt im Winter mit so vielen Personen. So vergeht die Zeit mit vielen großen und kleinen

Sorgen. Da man jetzt aber mit Sorgen nichts anfangen kann, lebt man von der Hand in den Mund und freut sich, wenn man mal ein Stück Butter oder sonst etwas zu essen erwischt. Job ist erschütternd elend, sein Amt ist der Verkehr mit Müller Görge, mit dem er sich bei der Jagd findet, und Gemüse beim Gärtner holen, Holz mit mir sägen und hacken, sowie Wasser holen und das gebrauchte wegtragen. Sonntags müssen alle in den Wald, um Holz zu machen für die Gemeinde. Wir hatten zwei dicke Kiefern, die natürlich wieder hängen blieben. Wir hatten unser Soll längst nicht geschafft. Wenn Jürgen da ist, hilft er immer beim Reisigholen für den Herd. Einmal gab es eine tolle Überraschung, ein totgeschossener Hirsch lag im Dickicht! Nur eine Keule fehlte. War das ein Glück! Natürlich gaben wir Pastors und unseren Genossen davon ab. Eines Tages sah ich im Wald eine Menge Birkenreisig. Ich fragte den Förster, ob ich davon nehmen dürfte. Er war sogar froh, es loszuwerden. Jürgen organisierte Draht, und ich begann, Reisigbesen zu binden. Als ich dann mit zehn Besen losging, brachte ich dafür zehn Mark, drei Eier, zwei Liter Milch und 40 Pfund Kartoffeln nach Hause. Mir schwoll der Kamm, und ich sah mich schon als Großunternehmerin. Vorsichtshalber beschaffte ich mir einen Gewerbeschein. Als ich eines Abends im März nach Hause kam, war hellste Aufregung. Ein Polizist war dagewesen und hatte hinterlassen, daß Job und ich in ein Lager für Asoziale und Mißlinge auf der Insel Ummanz kämen, allerdings war inzwischen ein vorläufiger Widerruf gekommen, weil dort Fleck-fieber ausgebrochen war. In der ersten Panik hatten sie Jürgen, der gerade da war, Geld gegeben, und er sollte versuchen, zu meinem Vater nach Naumburg durchzukommen. Ich kam zu spät, um ihn noch zu stoppen, denn er war natürlich gleich losgestürmt. Meine Angst und Verzweiflung mag jetzt im nachhinein merkwürdig erscheinen, aber er war doch gerade erst zwölf geworden. Es dauerte drei Tage, bis ein Telegramm seine Ankunft meldete. Ich versuchte nun, die Kinder sicher unterzubringen, Wilhelm in ein Kinderheim, Imli nahm der Superin-tendent für einige Zeit auf, aber die beiden Kleinen bei Fräulein Seidel und Omi zu lassen, wie sollte das nur gehen?

So kam man dem Gedanken einer Flucht immer näher. Janna drängte, daß Omi zu ihnen kommen solle, schließlich entschied sie sich dazu. Fräulein Seidel blieb in Rügen, sie hoffte dort auf eine Lehrerstelle. Es war ja nun nicht mehr so kalt und stürmisch, aber nach all den Erfahrungen, die andere hinter sich hatten, gehörte doch rechter Mut zu dem Entschluß bei der großen Familie. Durch glückliche Umstände bekamen wir Papiere vom Gesundheitsamt. Job konnte mit einem Schiff fahren, wir anderen wanderten mit Sack und Pack über den Rügendamm. Als der russische Posten unsere Papiere sehen wollte und aus seinem Schilderhäuschen herauskam, ging der Henkel des Eimers mit unserer Schrotsuppe kaputt, und mit einem Schwapp ergoß sich ein Teil des Inhalts auf seine Stiefel. Darüber mußte er so lachen, daß er uns passieren ließ. Wer da nicht an ein Wunder glauben will?

Drei Tage waren wir unterwegs, bis wir in Naumburg landeten, wo wir allerdings erst noch in ein Quarantänelager mußten. Am 19. April waren wir dann wirklich und wahrhaftig in einer normalen Wohnung mit Möbeln, und wenn auch eng, so doch zusammen und keine drohende Unsicherheit mehr.

74

Viktor v. Carlowitz-Hartitzsch auf Heyda

Das Rittergut Heyda liegt bei Wurzen im Bezirk Leipzig auf dem rechten Ufer der Mulde. Es hatte eine Größe von 462 ha, davon 219 ha landwirtschaftliche Nutzfläche, 220 ha Wald und der Rest Teiche, Gärten usw. Besitzer waren im Jahre 1945 die Erben des am 14. Juni 1935 in Heyda gestorbenen Hans-Georg v. Carlowitz-Hartitzsch auf Heyda, Kgl. sächs. Khr. u. Schloßhauptmann, WGehRat u. Oberstlt. a. D., und zwar seine Witwe Clementine v. Carlowitz-Hartitzsch, geb. v. Carlowitz-Maxen, geb. 1. Januar 1858 in Macao, China, gest. 27. November 1945 in Patzig auf Rügen, und seine Söhne Hans Viktor v. Carlowitz-Hartitzsch, geb. 17. Oktober 1880 in Dresden, gest. 6. März 1955 in Hannover sowie Hans-Georg Job, geb. 1. Dezember 1887 in Dresden, gest. 3. oder 5. Juli 1947 in russischer Gefangenschaft.

Über die Geschicke der Familie v. Carlowitz-Hartitzsch in Heyda berichtet der letzte Mitbesitzer, Viktor, in einer Niederschrift, die dem nachfolgenden Bericht für das Schicksalsbuch zugrunde liegt.

Hans V i k t o r v. C a r l o w i t z - H a r t i t z s c h, * Dresden 17. 10. 1880, † Hannover 6. 3. 1955, Kgl. sächs. Kjkr, RRr d. JohO.; ✕ Dresden 18. 5. 1912 Helene v. A r n i m, * Prossen 17. 11. 1891, † Marburg an der Lahn 30. 1. 1981, T. d. Kgl. sächs. Lts a. D. Karl v. A. auf Nieder-Sohland am Rothstein u. d. Elisabeth v. Zezschwitz.

Kinder:

1. R i c h a r d i s Christine Helene Sophie, * Ober-Sohland 19. 11. 1913; ✕ Wurzen 9. 4. 1940 Hermann L a n g e m a n n, * Neuhof, Hann., 9. 8. 1913, ... (gesch. Flensburg 10. 4. 1959).

2. H a n s - G e o r g Job Karl Viktor, * Ober-Sohland 24. 9. 1915, ✕ auf See im Atlantik 6. 2. 1942, OLt zur See.

3. H a n s - C h r i s t o p h Alfred Kurt Maximilian, * Dresden 15. 1. 1917, Major i. G. a. D., Kommerzialrat, RRr d. JohO.; ✕ (standesamtl.) Wien 24. 9., (kirchl. kath.) Wien-Grinzing 25. 9. 1940 Elisabeth v. S c h o e l l e r, * Wien 16. 11. 1919 (kath.), T. d. Großindustriellen u. Bankiers Dr. mont. h. c. Philipp Rr v. Sch. u. d. Gisela Freiin v. Weckbecker.

4. C h r i s t a Clementine Elisabeth Victoria, * Löbau, Sachsen, 24. 12. 1919, † ... 14. 2. 1989, Krankenschwester, Lehrschwester u. stellvertr. Oberin im Deutschen Roten Kreuz i. R.

5. A d e l h e i d Clara Ottilie Pauline, * Heyda 23. 5. 1923; ✕ Lammspringe, Niedersachsen, 2. 10. 1949 Martin S c h m i d t, * Neu-Paleschken, Westpr., 5. 4. 1909, † Hameln 18. 5. 1964, Dr. phil., OStudienrat.

Wir lebten damals in Wurzen, wo Helene (Leni), meine Frau, dem Kirchenvorstand der "Bekennenden Kirche" angehörte und als Bezirksleiterin des christlichen Frauendienstes tätig war. Während des Krieges arbeitete sie noch zusätzlich für die Innere Mission bei der Versorgung und Betreuung von Flüchtlingen und der Bahnhofsmission. Meine berufliche Tätigkeit in Leipzig war hinfällig geworden, da meine Firma ausgebombt war, so daß ich mich dem Oberbürgermeister von Wurzen für besondere Aufgaben zur Verfügung gestellt hatte.

Seit Januar 1945 hatten unsere Gegner in Ost und West die Grenzen überschritten und waren in stetem Vorgehen. Im April hatten die Westalliierten Thüringen und kurz darauf die Mulde bei Wurzen erreicht. Dort blieben sie stehen und jeden Augenblick konnte die Beschießung der Stadt beginnen, zumal der Garnisonskommandeur sich offenbar entschlossen hatte, Wurzen zu verteidigen und die Muldebrücke sprengen ließ. Der Oberbürgermeister hatte mir die Betreuung des US-Hauptmannes La Patka, der an der Mulde verwundet in unsere Hände gefallen war, übertragen. Ich versorgte ihn im Lazarett mit englischer Lektüre, wofür er dankbar war. Auf Wunsch des Kommandierenden Generals, der jetzt nach der Einnahme von Dresden in Torgau lag, verhörte ich ihn über militärische Dinge, konnte da aber nichts aus ihm herausbekommen.

Der Streifen noch unbesetzten deutschen Gebietes wurde immer schmaler, und am 24. April verhandelte unser Oberbürgermeister, Dr. Graebert, mit den Amerikanern wegen der Übergabe, um Blutvergießen und Zerstörungen zu vermeiden. Er wollte mich als Dolmetscher dabeihaben, aber ich war nach einem Besuch bei Mama und unserer Tochter Christa in Heyda geblieben. Das tat ich öfter, in diesem Falle bin ich nun um diese interessante Verhandlung gekommen. Schon in Heyda erfuhr ich von der Übergabe und eilte nach Wurzen zurück, gemeinsam mit einem langen Zuge von entlassenen Engländern, Amerikanern und Franzosen, die nach Westen strömten. Die Amerikaner waren nun Herren der Stadt, ihre Patrouillen durchzogen die Stadt. Das Militärlazarett, in dem unsere älteste Tochter, Richardis, Sekretärin des Chefarztes gewesen war, wurde aufgelöst, Ärzte und Offiziere kamen in Gefangenschaft. Christa arbeitete wieder in der Kinderabteilung des Wurzener Krankenhauses.

Leider rückten die Amerikaner nicht bis an die Elbe vor, im Gegenteil, zwölf Tage später, am 5. Mai, übergaben sie die Stadt den Russen. Nun bildete die Mulde die Grenze. An ein Überqueren der scharf bewachten Notbrücke war nicht zu denken.

Mein Bruder Job war aus Albanien nach Chemnitz zurückgekehrt und wurde dort von den Amerikanern verhaftet. Bis Anfang Dezember 1945 war er US-Gefangener in Frankreich, die längste Zeit davon in Attichy. Weihnachten verbrachte er bei Freunden in der Nähe von Marburg, ging dann aber entgegen allen Warnungen wieder nach Leipzig, wo er am 30. Januar 1946 von den Russen wieder verhaftet wurde. Seitdem wissen wir nichts mehr von ihm.

Heyda, das von Flüchtlingen überfüllt war, allein im Herrenhaus über 80, war dauernden Requirierungen ausgesetzt. Die Russen nahmen alle Pferde und schlachteten Rinder, Schafe und Schweine nach Belieben. Unser Förster Friedemann wurde erschossen und ich engagierte einen neuen namens Wegener, der sich stark kommunistisch gegen uns betätigte. Bürgermeister von Heyda wurde ein Flüchtling, Hubert Roitzheim, der allmächtig über alles verfügte, sich aber sehr der Flüchtlinge annahm und uns bei russischen Übergriffen zu helfen versuchte.

Eines Tages mußte das Herrenhaus vollständig für die Russen geräumt werden. Mama, Christa und einige andere Verwandte, die nach Heyda geflüchtet waren, kamen in dem linken Pavillon bei Pächter Schraders unter, die sie höchst freundlich aufnahmen. Nach sechs Wochen, am 7. Juni, verließen die Russen das Haus wieder, und wir zogen allmählich wieder herüber. Der Zustand war unbeschreiblich, alles voller Schmutz, Kot, Scherben und Speiseresten. Alle Schränke

Schloß Heyda
1989 ein Heim für schwer erziehbare Kinder.

und Kommoden waren aufgebrochen und das meiste gestohlen. Nur den Geldschrank hatten sie nicht aufbekommen, so daß Silber, Schmuck und meine wertvolle Briefmarkensammlung noch vorhanden waren. Wir hatten 14 Tage zu tun, um das Haus wieder bewohnbar zu machen, mußten uns aber immer mehr einschränken, weil der Bürgermeister laufend mehr Leute einwies. In unserer kleinen Küche kochten sechs Parteien, natürlich mit Mamas Geschirr. Mama hielt die großen Aufregungen fabelhaft durch, nur ihr angegriffenes Herz wurde immer schlechter. Ich war oft zu Fuß draußen, um ihr zu helfen und sie seelisch aufzurichten. In Wurzen betätigte ich mich mit Zustimmung des neuen Oberbürgermeisters im Heimatmuseum. Vom 18. bis 22. September 1945 war ich noch einmal in Mamas Heimat Niedersohland bei Löbau. Ich stand vor dem niedergebrannten Herrenhaus, und wie immer fand ich bei unserem Pächter eine rührende Aufnahme.

Die sächsische Verwaltung hatte inzwischen per 13. September die entschädigungslose Enteignung von sämtlichem Grundbesitz über 100 ha verfügt. Wir verloren Heyda und Niedersohland. Dagegen hatte ich in Dresden Einspruch erhoben mit der Begründung, daß ich niemals Mitglied der NSDAP gewesen sei und daß mein 1941 gestorbener Bruder Alfred, der ja auch Mitbesitzer gewesen war, sogar von den Nazis eingesperrt worden sei. Natürlich nützte das nichts, vielmehr wurde ich am Abend des 8. Oktober in der Wohnung verhaftet, und am nächsten Tag zusammen mit unserem Familiensenior, Georg (Falkenhain), ins Polizeigefängnis in der Schiessgasse 4 in Dresden gebracht. Man hatte mir Geld, Taschenuhr, Brieftasche und alle Papiere abgenommen, auch die Schnürsenkel aus den Schuhen, und es war schon ein merkwürdiges Gefühl, als hinter mir die

77

Zellentür zuschnappte. Da man nichts zum Schreiben und Lesen hatte, war es zunächst recht langweilig. Auf meine Bitte bekam ich dann die Bibel, die mir ein großer Trost war.

Am 12. Oktober abends war die erste Vernehmung und ich erfuhr erst jetzt den Grund meiner Verhaftung. Ein junger Beamter der Landesverwaltung schnauzte mich an, daß ich es gewagt hatte, den Einspruch zu erheben. Er betitelte mich mehrfach als Saboteur, ohne dessen Sinn zu erfassen, schien ihm dieses Wort sehr zu gefallen. In seinen Akten hatte er private und geschäftliche Briefe von mir, die man schon vor zwei Wochen bei mir in Wurzen beschlagnahmt hatte. Am 15. Oktober brachte mir Leni etwas Wäsche. Das war gut, denn ich besaß ja nur, was ich auf dem Leibe trug. Sehen durften wir uns nicht. Das Personal war freundlich, ein Wachtmeister gab mir sogar einmal ein Wurstbrot. Bei meinem Alter brauchte ich an sich nicht zu arbeiten, meldete mich aus Langeweile aber doch dazu. Ich klopfte Ziegelsteine und schleppte Schutt aus dem Keller, denn das Polizeigebäude war teilweise zerstört.

Am 26. Oktober durfte mich Leni mit Pfarrer Magirius besuchen, auch sah ich Vetter Georg zum ersten Mal wieder. Wir alle konnten uns im Erdgeschoß lange aussprechen. Am nächsten Tag wurden wir zur Arbeit ins Innenministerium nach Dresden Neustadt gebracht. Wir setzten mit einer Fähre über, da fast alle Brücken noch zerstört waren.

Am 29. Oktober wurden Georg und ich plötzlich entlassen und mußten 1,50 Mark pro Tag zahlen. Aber unsere Freude über die Freiheit war verfrüht, denn wir beide wurden per Auto ins Sammellager Coswig bei Dresden geschafft, wo schon eine Menge enteigneter Grundbesitzer, Pächter usw. aus dem östlichen Sachsen versammelt waren. Am Mittag ging ein Transport von etwa 500 Personen ab, Achtzigjährige, Einbeinige, Säuglinge usw., dabei waren u. a. Fritsch-Seerhausen, Lüttichaus-Bärenstein, und Fürst Schönburg. Hugo Fritschs Stieftochter Herwarth konnte ich einen Brief an Leni mitgeben, da die Lagerverwaltung angeblich unsere Post festhielt. Georg wurde so schwach, daß er hinfiel und sich nur mühsam mit meiner Hilfe erheben konnte. Wir kamen in Baracke 2. Die Verpflegung - dreimal am Tag - war knapp, aber für mich ausreichend, zumal man von solchen, die versehentlich verhaftet waren und wieder entlassen wurden, in ihrer Freude allerlei geschenkt bekam. Neben Nahrungsmitteln erhielt Georg eine schöne Decke und ich ein paar derbe Schnürstiefel. Wir haben leichte Arbeit getan und wurden ab und zu von den Lagerführern angeschnauzt. Ich traf verschiedene Bekannte, so u. a. auch zwei Ehepaare Einsiedel. Am 6. November kamen aus dem geräumten Lager Königsbrück über 100 Neue, u. a. Karl Boxberg mit Frau und zwei Kindern aus Großwelka, Moritz Roon mit Frau, Anni Fallois-Paulsdorf etc. Am 7. November wurden wir in einen Güterzug verladen, der nach Stralsund ging. Nach 14stündigem Halt in Berlin erreichten wir Stralsund am Nachmittag des 9. November, wo gegenüber von uns am Hafen ein Transport aus Leisnig hielt, in dem Mama mit Christa, Beate, Judit und Dackel Nixe waren, außerdem alle Falkenhainer, Abendroths-Kössern, Elisabeth Trebra mit Neffen, Ria Minckwitz und viele andere.

Wir übernachteten noch einmal in unserem Güterwagen und gingen am nächsten Tag zu Fuß mit unserem Gepäck über den Rügendamm am russischen Posten vorbei nach Altefähr. Georg hatte wegen Schwäche zurückbleiben müssen. Endlich konnte ich mich mit den Heydaern vereinigen und fand Mama sehr schwach. Wir kamen ins Lager Prora an der Ostküste und wurden in eine Baracke eingewiesen. Es war kalt, Licht hatten wir keines, schliefen aber auf unserem Strohlager ganz gut. Es gab auch eine gute Waschgelegenheit. Am 13. November ging ich mit unserer Nichte Judit nach Binz und konnte ein Telegramm an Pastor Magirius aufgeben. Einen Tag später wurden wir wieder verladen, um nach Samtens zu fahren. Von dort ging es zu Fuß die acht Kilometer ins Lager Dreschwitz, wo wir elektrisch Licht und genügend Holz zum Heizen hatten. Christa übernahm die Krankenbaracke, wo Mama, Georg und viele andere Bekannte lagen. Die übrige Familie betätigte sich bei der Kartoffel- und Rübenernte und ich sorgte für Feuerholz. Am 22. November verließ uns Judit und gelangte gut nach Hause. Moritz Roon hielt uns am Sonntag einen Gottesdienst. Mamas Gesundheitszustand wurde immer bedenklicher, sie verließ ihr Lager gar nicht mehr, und als am 26. November das Lager Dreschwitz geräumt wurde und wir zu Fuß nach Patzig verlegt wurden, mußten wir sie bei einem Schneegestöber auf einem offenen Leiterwagen transportieren. Wir hatten Glück und bekamen in Patzig in Timms "Gasthof zur Quelle" zwei Stuben mit richtigen Betten. Mama konnte sich nur noch eine Nacht daran freuen, am nächsten Tag, dem 27. November 1945, abends halb acht Uhr, ist sie in unser aller Gegenwart entschlafen. Wir waren tieftraurig, aber für sie war es eine Erlösung. Zusammen mit Christa konnte ich eine Grabstätte an der Kirche aussuchen und mit viel Mühe einen Sarg beschaffen, der allerdings roh war, da es keine Farbe gab.

Dann legte sich Christa mit Hungertyphus. Sie wurde von Dr. Roloffs aus dem nahegelegenen Bergen behandelt und hat viele Monate krank gelegen, so daß sie auch an Mamas Beerdigung am 1. Dezember nicht teilnehmen konnte. Es waren 16 Personen gekommen und Pastor Stark, mit dem wir uns mit der Zeit anfreundeten, sprach in der Kirche sehr schön. Auf Dr. Roloffs Wunsch mußten wir Christa am 4. Dezember ins Krankenhaus Bergen bringen, sie fehlte uns sehr.

Die Falkenhainer waren zusammen mit Seckendorffs, Gräfin Zech und anderen Freunden und Verwandten im benachbarten Woorke untergebracht. Ich besuchte Georg häufig, sah ihn nach einem Schlaganfall am 7. Dezember zum letzten Male, am 9. Dezember 1945 früh ist er entschlafen. Mit seiner Frau gab es eine Tragödie. Sie war am 13. November vom Lager Prora nach Stralsund gefahren, um Georg abzuholen. Dort hatte man sie zu einer Leiche geführt, in der sie glaubte, ihren Mann zu erkennen. Anstatt nach Prora zurückzukehren, fuhr sie in ihrer Verzweiflung zu ihrer Schwester nach Pillnitz. Als ihre Kinder endlich erfuhren, wo sie war und sie telegraphisch nach Woorke zurückriefen, kam sie dort gerade am Mittag vor Georgs Todestag an. Er wurde am 12. Dezember begraben, am gleichen Tage holte ich Christa aus Bergen zurück, wo man ihr bei ihrem wenig gebesserten Typhus nicht helfen konnte. Sie mußte weiterhin mit großer Schwäche das Bett hüten und hatte noch einen schlimmen Husten und Blasenkatarrh dazubekommen.

Wir sahen uns häufig mit alten Freunden und Bekannten in Woorke und Umgebung, so u. a. mit Seydewitzens, Boxbergs, Ria Minckwitz und Frau v. Tauchnitz. Weihnachten hatten wir seit Monaten einmal wieder etwas Fleisch, Silvester und Neujahr verlebten wir still. Das Jahr 1945 war das schlimmste meines Lebens gewesen. Nach dem Verlust meines Arbeitsplatzes, von Vermögen und Heimat war ich im Gefängnis gewesen, meine Mutter war gestorben und am Ende war ich ein politischer Gefangener auf Rügen.

Für Januar war ich zu einen Westtransport gemeldet, wurde aber, wie alle Sachsen, auf Anordnung der Polizei wieder gestrichen. Am 24. Januar wollte ich den Rügendamm zu Fuß überqueren, wurde aber vom russischen Posten zurückgewiesen. Ein Versuch, Anfang Februar per Boot von Klein-Kubitz aus nach Stralsund zu gelangen, schlug fehl. So ging das Leben in Patzig weiter mit Besuchen, Gottesdiensten und Vorträgen. Ich gab Wolfram Boxberg einige Geschichtsstunden über die Sachsen- und Frankenkaiser und seine Schwester Freya hielt einen Vortrag über Graf Zinzendorf. Christa mußte noch einmal für ein paar Tage ins Krankenhaus nach Bergen, um eine abgestorbene Zehe amputieren zu lassen und eine Serie von Padutin-Spritzen zu bekommen.

In den letzten drei Monaten waren viele Sachsen aus Patzig und Umgebung abgereist, und ich entschloß mich, es nun auch zu tun, zumal mir Christa sehr zuredete, ich solle keineswegs ihre Genesung abwarten. So trat ich am 24. April 1946 die Fahrt an. Ich kam auch gut am russischen Posten vorbei über den Rügendamm, bekam eine Fahrterlaubnis bis Stendal und übernachtete in Kleinen, wo ich am anderen Morgen jedoch nicht weitergelassen wurde. Ich sollte nach Stralsund zurückkehren. Dort traf ich jemanden, der nach Berlin wollte, und der mir auf seinen Ausweis einen Fahrschein nach Wurzen beschaffen konnte. So kam ich über Berlin und Bitterfeld am Abend des 26. April bis Neu-Wiederitzsch und stand am nächsten Morgen überraschenderweise in Wurzen bei Leni vor der Haustür. Nach langen Monaten konnten wir uns wieder in die Arme schließen.

Am 30. April verließen wir Wurzen, da ich eine Zuzugsgenehmigung nach Neudorf hatte, kamen aber nur über Halle - Angersdorf bis Leinenfelde. Dort ließ uns die Polizei nicht weiterfahren, so daß wir nach Wurzen zurückmußten. Dort wäre es auf die Dauer zu gefährlich für uns beide geworden, so entschloß ich mich nach Blasewitz auszuweichen. Dort hatte ich zahlreiche Verwandte und Freunde. Man riet mir, mich an das Rückwanderer-Büro in Dresden zu wenden, das mich nach Leipzig verwies. So fuhr ich am 14. Mai dorthin, stieg zunächst bei Judit ab, die einen Landwirt, Ewald Brandt, geheiratet hatte, und wandte mich dann an das Rückwanderer-Lager Klein-Zschocher, wo ich am 17. Mai registriert wurde. Da ich schon seit Anfang des Jahres an Krätze litt, mußte ich so lange dort bleiben, bis dies einigermaßen behoben war. Leni besuchte mich dort wiederholt, was immer eine große Freude für mich war. Am 28. Mai sah ich sie zum letzten Mal, und am 1. Juni wurde unser Transport zusammengestellt. Am 2. kamen wir nach Heiligenstadt, wurden dort entlaust, fuhren bis Arndthausen und gingen zu Fuß über die Zonengrenze nach Kirchgandern, wo wir in einer überfüllten Baracke übernachteten und ich kein Auge zutat.

Am 3. Juni 1946 kam ich im Lager Friedland an, wo ich abermals entlaust wurde. Nach diversen Schwierigkeiten konnte ich am nächsten Tag weiterfahren und gelangte bis Kreiensen, wo ich zum letzten Mal die Nacht im Wartesaal verbrachte. Endlich, am 5. Juni 1946, kam ich früh nach Lammspringe und Neuhof, wo ich herzlich bewillkommnet wurde. Ein neuer Lebensabschnitt in Freiheit konnte beginnen.

Harry v. Craushaar auf Jauernick

Das Rittergut Jauernick liegt im Kreis Löbau in der Oberlausitz und hatte eine Größe von 67 ha, davon 55 ha landwirtschaftliche Nutzfläche. Es gehörte also zu den Gütern, die ihren Eigentümern Heimat und einen gesellschaftlichen Rahmen, aber keine Grundlage für den Lebensunterhalt boten. Jauernick befand sich seit drei Generationen im Craushaarschen Besitz.

Zur Familie des letzten Eigentümers gehören:

Georg Harry v. Craushaar, * Löbau, Sachsen, 10. 7. 1891, † Hettenhain bei Bad Schwalbach 7. 4. 1970, auf Jauernick (§), Dr. jur., RegPräs. a. D.;
╳ Wernigerode, Harz, 5. 9. 1929 Dorothea Gfin zu Stolberg-Wernigerode, * Ilsenburg 10. 12. 1905, T. d. Kgl. preuß. OPräs. d. Prov. Hannover a. D. Konstantin Gf zu St.-W., Fkhrn auf Jannowitz, u. d. Elisabeth Przssin zu Stolberg-Wernigerode.

Kinder:

1. Maria Dorothea Elisabeth, * Löbau 25. 10. 1930, Photographin; ╳ Wiesbaden (standesamtl.) 21. 3., (kirchl.) 4. 4. 1959 Georg (Jörg) v. Schmidt, * Klein-Machnow 28. 6. 1929, Graphiker, Designer beim ZDF.

2. Georg Constantin Götz, * Dresden 15. 1. 1932, Dr. jur., Prof. f. Bürgerl. Recht u. Zivilprozeßrecht an der Univ. Freiburg i. Br., RRr d. JohO.;
   ╳ Wertheim 24. 1. 1964 Ulrike Flad, * Dresden 25. 3. 1934, † ... 28. 4. 1990, T. d. Rechtsanwalts u. Notars Dr. jur. Hans-Friedrich F. u. d. Dorothea Albrecht.

3. Heinrich Ulrich Wolf, * Schwarzenberg, Erzgeb., 19. 3. 1935, Kaufm., Geschäftsf. einer Vers., ERr d. JohO.;
   ╳ Wiesbaden 16. 5. 1961 Maria Ramona (Gladis) Kretschmann, * Caracas, Venezuela, 20. 12. 1940, T. d. Kaufm. Richard K. u. d. Victoria Serrano.

4. Gerda Jutta Oda, * Schwarzenberg 12. 1. 1937;
   ╳ Wiesbaden 22. 4. 1961 Franz Michel, * Berlin 23. 9. 1932, Dr. rer. pol., Weingutsbes., Vorst. des Stabilisierungsfonds für Wein.

5. Karl Wilhelm Jörg, * Zwickau 13. 8. 1938, Kaufm.;
   ╳ Ettal, OBayern, 30. 5. 1970 Margaretha Reiser, * Ettal 7. 9. 1941, T. d. ... Alois R. u. d. Maria ...

Über das Schicksal der Familie und von Jauernick liegt ein ausführlicher Bericht aus der Feder von Dorothea v. Craushaar, geb. Gräfin zu Stolberg-Wernigerode vor, der nachstehend auszugsweise wiedergegeben wird:

Harry und ich hatten mit den Kindern seit Februar 1945 in Schwarzenberg, Erzgebirge, Zuflucht gefunden. Am 11. Juni nahmen wir Abschied voneinander, Harry stellte sich den Amerikanern und wurde festgenommen. Ich machte mit Harrys Schwester Gerda und meiner Freundin Carmen Jonas eine Erkundungsfahrt nach Jauernick. Das Wort "Fahrt" ist reichlich übertrieben, da wir die größte Strecke zu Fuß zurücklegen mußten, denn alle Brücken zwischen Dresden und Görlitz waren gesprengt. Bis Freiberg kamen wir per LKW, fanden dort sehr nette Aufnahme bei Hilbigs, Filialleiter des Sauerstoffwerks Schwarzenberg, und besuchten auch den Domprediger v. Kirchbach. In Dresden landeten wir am nächsten Tag auf dem Kohlebahnhof und versuchten dann vergeblich, auf dem Neustädter Bahnhof Auskunft über Züge zu bekommen. Darauf wanderten wir bei strömendem Regen zu Fuß nach Arnsdorf, wo wir bei Dunkelheit landeten. Ein Radfahrer mit roter Armbinde jagte uns zuerst durch barsches Fragen Schrecken ein, entpuppte sich dann aber als der erste Kommunist des Ortes und besonders netter Gastgeber. Er nahm uns mit in sein Häuschen, und wir unterhielten uns angeregt bis Mitternacht über Religion und Kommunismus. Die Unterbringung war eng und nicht sehr sauber, aber wir waren froh, nicht mehr draußen herumirren zu müssen. Am nächsten Tag gelangten wir bis Demitz und von dort führte uns ein schöner Abendspaziergang nach Gaußig. Graf Schall nahm uns in seinem Schloß auf, und wir erhielten erste Eindrücke von den Verwüstungen, die die Russen angerichtet hatten. Obwohl schon viel aufgeräumt war, sah es noch trostlos aus. Graf Schall hatte sich eine Zeitlang verborgen gehalten und war oft von den Russen bedroht worden. Ein Sohn und eine Schwiegertochter waren bei ihm. Sie lebten in der Küche und die dunklen Gestalten vor dem flackernden Herdfeuer ergaben ein mittelalterliches Bild. Mit einer Kerze wurden wir in ein Gastzimmer mit zwei Ehebetten geführt.

Am nächsten Morgen, dem 16. Juni, wanderten wir bei Sonnenaufgang Richtung Jauernick. In der Nähe von Hochkirch rasteten wir im Garten eines Bauern und bekamen zu unserem Brot Milch und Kirschen. In Sornßig stand die Haustür weit offen, große Verwüstung und Leere, Russen und Bevölkerung hatten gründlich geplündert. Bei der Parzivalwiese machten wir noch einmal Halt, um Kräfte für das Kommende zu sammeln. Trotz herrlichster Sonne war es uns recht schwer ums Herz.

Frau Berge, die Frau des Pächters, hatte uns schon von weitem gesehen und kam uns jammernd entgegen. Sie berichtete, daß die Russen erst vor drei Tagen abgerückt waren, welche Bewahrung, daß wir nicht vorher gekommen waren. Dann gingen wir ins Haus hinüber. Die Verwüstung war grauenhaft! Die Tür zur Gärtnerwohnung und auch die Hintertür waren versperrt mit Gerümpel und zerbrochenen Möbeln. In der Halle ein wüstes Durcheinander von Möbeln, Büchern und Vorhängen, meist sehr verschmutzt, und so sah es in allen Zimmern aus. Unser Eßzimmer war Schneiderwerkstatt gewesen, auf dem Buffet Eindrücke heißer Bügeleisen, mein Zimmer war Schusterei, überall stand schmutziges Geschirr, der Gestank war entsetzlich. Auf der Koppel hatten Mongolen eine Zeltstadt aufgebaut und mit unseren Möbeln eingerichtet. Auch Teppiche und Bilder hatten sie dorthin geschleppt und die besten Sachen mitgenommen. Was stehengeblieben war, konnte Herr Berge nur teilweise für uns retten, Deutsche waren fixer gewesen. Später hatte ich das Vergnügen, mir einen Teil der Möbel aus Häusern in Lehn und Eiserode mit Dank für die gute Aufbewahrung wieder zu holen. Am tollsten sah es auf dem Boden aus. Der verstreute Inhalt aufgerissener Bücherkisten, geplünderte Koffer, Weihnachtsschmuck und Krippenfiguren zerbrochen und ein wüstes Durcheinander demolierter Möbel, all das löste bei unseren überspannten Nerven nur noch einen Lachkrampf aus. Erst jetzt wurde einem so richtig klar, wie sehr man an Jauernick hing.

Rittergut Jauernick, Oberlausitz (bis 1945)

Draußen war nicht so viel zerstört. Das Rondell war von Pferdehufen zertrampelt, aber es standen noch die schönen Bäume, die Rosen und die Rhododendren. Es war in diesen Tagen schwer, das Wesentlichste zu tun. Ich versuchte, Briefe und Akten aus den Schutthaufen herauszufischen, Carmen sammelte im Park und auf dem Feld alles noch brauchbare Geschirr und wir machten vor dem Haus einen großen Abwasch. Aber was wir auch taten, alles war nur ein Tropfen auf den heißen Stein.

Berges hatten viel durchgemacht, alles was sie im Park und Wald vergraben hatten, war gefunden worden. Dagegen war unser Silber im Holzstall unter den Steinfliesen unversehrt. Viel zu essen hatten sie auch nicht mehr, die Ställe waren fast leer bis auf eine zugelaufene Kuh, zwei Schweine und einige Hühner. Man mußte wieder von vorn anfangen.

Auf Bitten von Berges beschloß ich, Anfang Juli mit den beiden großen Jungens Götz und Wolf sowie mit Freya Gottwald, verw. v. Kleist, einer Kusine von Harry, die uns besonders nahestand, für ganz nach Jauernick zurückzukehren, dort aufzuräumen und die anderen Kinder später nachzuholen. Am 19. Juni traten wir den Rückweg nach Schwarzenberg an. In Dresden trennten wir uns von Gerda und Carmen, in Arnsdorf hatten wir zuvor unseren Kommunisten besucht. Am 20. Juli traf ich in Schwarzenberg ein, wo die Kinder schon sehr auf mich warteten. Inzwischen hatte Freya von sich hören lassen und kam nach ein paar Tagen mit ihrer Tochter Monika zu uns. Von da an blieben wir zusammen und teilten Freud und Leid. Welche Hilfe war das für mich!

Am 1. Juli fuhren wir zu viert - Freya, Götz, Wolf und ich - per Lastwagen mit schweren Rucksäcken, einem Handkoffer und einem Bettsack bis Bautzen. Dort borgte uns eine Bekannte zwei Kinderwagen zum Weitertransport der Sachen. Bautzen war von den Kämpfen sehr zerstört. Der Fußmarsch über Hochkirch nach

Jauernick wird uns unvergessen bleiben. Erst gerieten wir in eine russische Militärkolonne hinein, dann trafen wir auf Zivilpolen. Ein gnädiges Schicksal hat uns vor Plünderung und noch schlimmeren Dingen bewahrt. Zu allem Übel brachen durch das schwere Gepäck unsere Kinderwagen zusammen und mußten repariert werden.

Ein großer Trost war Capi, unser kleiner schwarzer Pudel, der unverdrossen mitlief und bei den Russen Begeisterung auslöste. In Lehn blieben Freya und ich beim Gepäck, während die Jungens auskundschafteten, ob der Weg nach Jauernick frei wäre und keine Russen im Haus wohnten. Es wurde bereits dunkel, ein nicht sehr Vertrauen erweckend aussehender Mann machte uns auf die Sperrstunde aufmerksam, es war eine Nervenprobe, bis die Jungens zurückkamen und die erlösende Nachricht brachten, daß das Haus frei war. Ein Knecht von Berges holte das Gepäck und nun ließen die Kräfte völlig nach. Wir bewohnten zunächst wieder die Polenwohnung auf dem Hof.

Eigentlich war unser Leben recht gemütlich. Ich stand immer zeitig auf und arbeitete im Herrenhaus, während Freya die Zimmer aufräumte und das Frühstück bereitete. Die Jungens waren uns treue Helfer. Mehrere Flüchtlingsfrauen halfen beim Reinemachen und durften sich dafür Beeren pflücken. Wir begannen mit dem zweiten Stock, den wir bewohnen wollten. Die Halle blieb möglichst verwüstet und der erste Stock wurde nur vom gröbsten Schmutz befreit. Alle Toiletten waren mit Abfällen und Knochen verstopft. Im Bad waren Herrenhemden als Vorleger verwendet. Mehrere große Russenwäschen wurden zu unserem Wäschebestand, alle unsere Sachen waren gestohlen.

Nach vierzehn Tagen konnten wir den zweiten Stock beziehen. Da alle Schlüssel noch fehlten, verbarrikadierten wir die Tür zur Diele mit Stühlen und Tischen. In dieser Nacht überfielen Zivilpolen wieder das Pächterhaus. Sie schlossen die Bewohner ein, vergewaltigten die Mädels und nahmen alles, was sie an Essensvorräten und Kleidungsstücken fanden, mit. Bei uns haben sie an der Haustür gerüttelt, wurden aber wohl durch die Verwüstung in der Halle abgestoßen.

Wir fuhren nun nach Schwarzenberg zurück, um die Kinder nachzuholen, und ließen die Jungens in der Obhut von Berges. Es dauerte ein paar Tage, bis wir ein Lastauto bekommen konnten für die Fahrt nach Löbau. Der Abschied von Schwarzenberg wurde uns recht schwer, trotz allem war es eine schöne Zeit gewesen, und wir hatten viel Hilfe erfahren und treue Freunde gewonnen. Der Wagen war mit Flüchtlingen angefüllt, und wir kamen wegen einer Panne zunächst nur bis Aue. Am nächsten Morgen ging es dann um vier Uhr früh los, und wir trafen am Abend über Löbau in Jauernick ein. Unterwegs fuhren gelegentlich Russen mit und interessierten sich für das viele Gepäck. Aber alles ging gut, und es war ein herrliches Gefühl, mit allen Kindern und Sachen endlich am Ziel zu sein. Man hatte wieder viel zu danken!

Die Kinder waren glücklich, nicht mehr als Flüchtlinge angesehen zu werden. Jeder bekam sein Amt: Freya übernahm die Zimmer, ihre Tochter Monika und Elisabeth die Küche und ich die Außenarbeit, dazu das Einmachen. Götz half mir viel im Wald und Wolf war besonders nützlich für das Einkaufen. Das verteilte sich über mehrere Ortschaften in der Umgebung. Oda war meist seine treue Begleiterin.

Jauernick (1990)

Allmählich füllte sich das Haus wieder. In die Gärtnerwohnung nahmen wir die siebenköpfige Flüchtlingsfamilie Marlik aus Oberschlesien auf, der Mann war sehr geschickt und fleißig, er half mir viel im Garten und Wald. In Gerdas Zimmer wohnte ein Lehrerehepaar mit Kind. Es hätte eine schöne Zeit voller Harmonie und intensiver Arbeit sein können, wenn nicht die Sorge um das Schicksal unserer Männer alles überschattet hätte.

Als leise Gerüchte von Enteignung aufkamen, brachte ich unser Silber bei zuverlässigen Leuten in Sicherheit. Gerda und ich machten Eingaben, um zu retten was möglich war. Die Bauern bezeugten schriftlich, daß sie kein Land von uns wollten. Es wurde uns die Hälfte des Besitzes an Gerda zugesagt und mir das Wohnhaus mit Garten. Damals glaubten wir noch an Recht.

Am 21. Oktober, einem herrlichen Herbstsonntag, gingen wir alle zur Kirche nach Kittlitz und suchten auch die Gräber der Eltern auf. Es war ein unbewußtes Abschiednehmen von allem, was man liebte. Beim Heimweg über die Wiesen grüßte uns von der Ferne das rote Dach des Jauernicker Herrenhauses.

Es folgten noch zwei Tage voller Arbeit. Am Abend des 23. Oktober erschien ein Polizist aus Eiserode und überbrachte die Order, daß ich mich mit allen Kindern am nächsten Tag zu einer Besprechung in Löbau zu melden hätte. Der Kerl wußte natürlich genau, was mit uns geschehen sollte. Am nächsten Morgen erschien schreckensbleich Frau Berge, um mich zu warnen. Sie hatte gehört, daß schon einige Gutsbesitzer verhaftet und mit unbekanntem Ziel verschleppt worden seien. Da ging mir ein Licht auf, und ich beschloß, die Kinder nicht mitzunehmen, nur Götz als Meldegänger. Sein Standquartier war Café Eck. Eine telefonische Anfrage beim Landratsamt ergab, daß wir wahrscheinlich als Neusiedler nach Mecklenburg kämen. Der Landrat, den ich in Löbau auf der Straße abfing, tat ganz unbeteiligt und lehnte jede Hilfe ab. In der Turnhalle warteten schon einige Gutsbesitzer, meistens mit viel Gepäck, u. a. auch Heldreichs aus Belgersheim. Hinter uns wurde die Tür abgeschlossen und die Namen, auch der Kinder, einzeln verlesen. Als ich erklärte, sie alle wegen eines kranken Kindes zu Hause gelassen zu haben, wurde ich mit Begleitung zum Polizeichef gebracht. Er war ganz wohlwollend, gab mir seinen Wagen, um die Kinder zu holen. Mein Fall sähe günstig aus, ich würde nach einigen Tagen im Lager freigelassen und könnte dann irgendwohin fahren. Ich bat ihn, mir das Lager zu ersparen mit dem Versprechen, gleich ganz fortzufahren. Aber darauf ließ er sich nicht ein. Götz nahmen wir mit auf und heim ging es, um in 20 Minuten etwas einzupacken. Der Kopf war doch etwas wirr, und ich versuchte, unterwegs mit Freya das Wichtigste zu besprechen. Sie und Monika brauchten nicht mit, müßten aber das Haus in zwei Tagen verlassen. Sie blieben dann noch vier Wochen und wurden nie behelligt. Die Kinder hatten ihre Rucksäcke selbst gepackt, da ich sie aber nicht mehr durchsehen konnte, wurde manch Unnötiges mitgeschleppt. Von Frau Berge bekam ich fünf Brote und Eier und nahm noch Zucker und Speck mit. Zu sechs Personen mit Gepäck saßen wir in dem kleinen Auto aufeinander. Zuletzt sprang mir noch Capi auf den Schoß, wie gerne hätte ich ihn mitgenommen, ich sollte ihn nie wiedersehen. Dafür kam ich vier inhaltsreiche Wochen später wieder nach Jauernick zurück!

In Löbau mußten wir lange warten, bis uns ein Lastwagen in das Lager Radebeul bei Dresden brachte. Dieses ehemalige Arbeitsdienstlager war mit Stacheldraht eingezäunt und streng bewacht. Wir wurden gleich von Bekannten umringt, wie Gräfin Wallwitz mit drei Töchtern, Graf Schall und Frau v. Carlowitz aus Rötha sowie vielen anderen. Manche waren von der Straße weg verhaftet worden und hatten nichts mitnehmen können, andere hatten viel Gepäck, vor allem auch Lebensmittel. Für uns "Neue" war erst keine Unterkunft. Der Tagungsraum wurde als Massenquartier hergerichtet und einige Bretterwände eingezogen. Wir wurden dort zu 80 Personen - Männer, Frauen, Kinder - bunt durcheinander untergebracht. Stroh mußten wir uns selbst holen. Wir richteten uns gleich eine Ecke ein, ergatterten sogar einen Tisch und eine Bank und so war es am Tage recht gemütlich. Da wir nur eine dünne Schicht Stroh hatten, war das Nachtlager recht hart. Jeder hatte eine Decke und als Kopfkissen seinen Rucksack. Um es etwas warm zu haben, zog man alles was man hatte übereinander. An Schlaf war in der ersten Nacht nicht zu denken. Ich wanderte mit Elisabeth, die auch zu aufgeregt war, auf dem Hof umher. Ein heller Scheinwerfer erleuchtete das Lager.

Der 25. Oktober war Elisabeths 15. Geburtstag. Als einziges Geschenk bekam sie ein ledernes Uhrenarmband und zum Frühstück unser letztes Ei. Mittags wurde ein halber Liter dünne Suppe ausgeteilt und abends gab es Kaffee und 200 g Brot für den ganzen Tag. Dank unserer Vorräte mußten wir nicht hungern, zumal ich annahm, daß wir bald entlassen würden. Die Gerüchte schwirrten hin und her, aber zunächst wurden wir vernommen, d. h. deutsche Zivilisten füllten Karteikarten aus und erfragten die Vermögensverhältnisse. Nach Tagen kam ein Lastwagen aus Löbau, um einige versehentlich in das Lager gebrachte Gutsbesitzer abzuholen. Unsere Enttäuschung war groß, nicht dabei zu sein. Zu ihnen gehörten auch Heldreichs. Sie sind dann ein Tag vor Heiligabend aus ihren Häusern herausgeworfen worden. Aber ich konnte ihnen Post mitgeben und um Anruf in Jauernick bitten. Am Sonntag früh mußten wir alle antreten und es wurden die Namen verlesen derer, die noch am gleichen Tage fortkämen. Zurück blieben nur die versehentlich Verhafteten. Beim Verlesen rief eine schrille Frauenstimme: "Wo kommen wir hin? Wir werden verschleppt! Nazimethoden!" Es ging einem durch und durch. Vor dem Lager standen Autobusse, die uns ins Lager Coswig unter schärfster Bewachung brachten. Ein Polizeileutnant, der später auch den Transport nach Rügen leitete, schrie uns an. Wir würden nun endlich lernen, was Arbeit heißt! Was wußte der von einer Arbeit auf dem Land! Es dunkelte schon, als wir in Coswig eintrafen. Dort war es unbeschreiblich schmutzig, die Clo-Verhältnisse schauderhaft, die Bewachung sehr verschärft, nachts viel Schießerei. Trotzdem brachten es drei Leute fertig zu fliehen. Bekannte hatten uns einen Platz in einer großen Scheune freigehalten. Es gab dort kein Licht, dafür sollte es wanzenfrei sein. Es war sehr eng und wir lagen wie die Heringe nebeneinander. Zu essen gab es nichts. Am Montag früh hieß es wieder antreten zum Appell. Es hieß Abtransport per Bahn mit unbekanntem Ziel. Jetzt packte uns erstmals die Verzweiflung, hatten wir doch immer noch Hoffnung auf Freilassung gehabt. Wir mußten endlos warten, bis unsere Namen aufgerufen wurden, jedes Kind mußte sich selbst melden. Sogar etwas Suppe organisierten die Kinder noch. Es glückte mir, ein paar Zettel durchzuschmuggeln, nicht aber der Versuch, Jörg einer Diakonisse zu übergeben, die vor dem Lager stand. Sie hätte ihn zu Gerda nach Dresden bringen sollen, hatte aber zu viel Angst vor der Polizei. Ich sah, wie eine Frau v. Arnim ihr Baby einer Fabrikarbeiterin über den Zaun reichte, und ich werde den Ausdruck der Mutter nie vergessen. Sie hatte richtig gehandelt, unterwegs gab es keine Milch für die Säuglinge und es wäre vielleicht gestorben. Das Mitschleppen von Alten, Kindern und Kranken war das größte Verbrechen gegen die Menschlichkeit. Am späten Nachmittag wurden wir endlich zum Bahnhof gebracht, wo uns ein Güterzug aus Viehwagen erwartete. Es waren etwa 700 Personen. Wir kletterten in einen Wagen und richteten uns in einer Ecke ein. Es gab so wenig Stroh, daß überall die nackte Erde durchsah. Wir waren 51 im Waggon, der eine kleine Luke hatte, die Tag und Nacht offenstand. Andere Wagen waren noch voller und hatten kein Tageslicht.

Nach Einbruch der Dunkelheit fuhren wir ab. Wo würden wir enden? Gerüchte kamen auf, daß wir nach Rügen in ein ehemaliges KdF-Lager kommen und zu Tausenden hinter Stacheldraht eingesperrt würden. Gerda, die einen Tag zu spät nach Coswig kam, hatte man gesagt, unser Transport führe nach dem Osten. Man kann sich ihre Sorge um uns vorstellen.

Die Fahrt dauerte sechs Tage mit langen Aufenthalten, vor allem in Berlin. Die Verpflegung bestand aus einmal drei Pellkartoffeln für die ganze Zeit und täglich 200 g Brot für alle. Wasser konnten wir uns anfangs auf den Bahnhöfen holen, meist stand aber angeschrieben: "Wegen Typhusgefahr kein Trinkwasser". Später versorgten uns die Bahnleute heimlich, sie waren überhaupt sehr hilfsbereit und nahmen auch Post mit. Von den Wachleuten wurden wir Häftlinge unerhört behandelt und mit den schlimmsten Schimpfworten tituliert. Nachts gaben sie dauernd Schreckschüsse ab, was die Kinder natürlich ängstigte. Angeblich waren Fluchtversuche gemacht worden und die Bewachung wurde immer schärfer. Anfangs durften wir noch zweimal am Tag die Wagen verlassen, dann nur noch einmal, es gab auch Tage, wo die Wagen 36 Stunden nicht geöffnet wurden. Der Eimer, der in unserem Wagen stand, floß über und man kann sich den Gestank vorstellen.

Nachts konnte man nicht richtig liegen, um sechs Uhr wurde es schon dunkel und früh um halb neun erst hell. Abends sangen wir meist Abendlieder, noch nie ist wohl das Lied "Der Mond ist aufgegangen" mit dem Schlußvers "Gott laß uns ruhig schlafen und unseren kranken Nachbarn auch" mit so viel Inbrunst erklungen, und uns alle überkam das Heimweh und die Sehnsucht nach den liebsten Menschen. Da die Rationen täglich gekürzt wurden, lag man aus Schwäche, auch oft am Tage. Elisabeth hatte Angina und ertrug sie ohne ein Wort der Klage. Überhaupt waren die Kinder voll Tapferkeit und gegenseitiger Hilfe.

Nach Berlin wuchs unser Interesse, wohin der Zug sich wenden würde, und bald bestätigte sich das Gerücht mit der Ostsee. Am Freitag, 2. November 1945, trafen wir in Stralsund ein. Alle mußten mit ihrem Gepäck aussteigen. Es wurde uns eröffnet, daß uns noch ein Fußmarsch von fünf Kilometern über den Rügendamm bevorstünde und wir das schwere Gepäck stehenlassen sollten. Es würde uns im LKW nachgefahren. Da unsere Kräfte zum Tragen nicht mehr ausreichten, ließen wir die zwei kleinen Handkoffer und Elisabeths Rucksack stehen. Wir haben nur wenig davon wiedergesehen, denn gleich nach unserem Abmarsch wurde es von der deutschen Wachmannschaft geplündert. Der Weg über den Rügendamm schien kein Ende zu nehmen, da wir alle so geschwächt waren. Auf dem Inselbahnhof mußten wir lange auf den Zug warten, der uns ins Lager bringen sollte. Wir hatten schon länger nichts zu trinken gehabt, deshalb bat ich einen Bahnbeamten, uns zu einer Pumpe zu führen. Nach langem Hin und Her gab die Polizei die Erlaubnis und ein Bewacher begleitete uns drei Frauen. Die Meerluft war wie Sekt, das Waschen unter der Pumpe nach der langen Fahrt ein Hochgenuß und der kühle Trunk ein Labsal. Zum ersten Mal überkam mich ein Gefühl der Befreiung und die Zuversicht, daß noch alles gut werden würde. Mit vollen Krügen kehrten wir zurück, aber noch mußten wir die schlimmste Nacht überstehen. Natürlich kam kein Zug mehr, und es fing inzwischen an zu stürmen und zu regnen. In einigen wenigen Güterwagen, die dort standen, wurden wir in einer entsetzlichen Fülle zusammengepfercht. Die beiden Kleinen konnte ich noch auf eine Decke legen, Götz und Wolf sitzend davor, Elisabeth legte ihren Kopf in meinen Schoß. Ich saß vor der Schiebetür, durch deren Ritzen der Sturm blies. Frau v. Beyme mit ihren drei Kindern, auch aus der Oberlausitz, bekam eine Gallenkolik, so daß ich auch hier helfen mußte. Die Nacht nahm kein Ende und am nächsten Morgen hatte ich einen Hexenschuß und war völlig heiser und ohne Stimme. Auf meine Bitte ging ein Polizist mit Frau v. Beyme und mir in ein Haus, wo wir einen heißen Kaffee kochen durften, die Zutaten hatten wir selbst. Ich verteilte das letzte Stück Brot mit Zucker darauf an die Kinder. Gegen elf Uhr wurde unser Wagen an einen Zug angehängt und wir rollten in die Insel hinein. Eine 90jährige Frau wurde noch zu uns eingeladen. Sie war völlig teilnahmslos, blind und taub. Auch den Kaffee, den ich ihr anbot, verweigerte sie.

Auf der Station Prora wurden wir ausgeladen und waren dann auf der Insel Rügen frei. Alles stürzte sich auf die KdF-Blockhäuser, die von den Russen geplündert und sehr verdreckt waren. Die Inneneinrichtung lag zum größten Teil kaputt im

Wald herum. In kurzer Zeit hatte jeder seinen Platz gefunden und richtete sich so gut es ging ein. Die Kinder fanden Stroh und schleppten eine Bank heran, schon war die Einrichtung fertig. Um fünf Uhr am Nachmittag konnte man in einem Flüchtlingsheim eine Suppe holen. Wir waren so ausgehungert, daß man nur wenig auf einmal davon essen konnte und es wurde uns sehr schlecht. Außerdem war sie völlig ungesalzen, da es Salz auf der Insel nicht gab. Im Wald fand ich einen Abfallhaufen, wo Kartoffeln wuchsen. Ich buddelte sie gleich aus und entdeckte auch noch viele Pilze, so daß wir abends ein gutes Essen hatten. Es wurde draußen am offenen Feuer gekocht. Das abendliche Bild, überall lodernde Feuer und davor die sich wärmenden dunklen Gestalten, werde ich nie vergessen. Man unterhielt sich dann bis in die Nacht hinein.

Am Tage war man damit beschäftigt, etwas zum Essen zu organisieren, auf einem Kartoffelfeld konnte man stoppeln. Brot wurde täglich ausgegeben, Wasser mußten wir uns in der Nähe des Meeres holen, die Waschanlagen waren alle zerstört. Als Schüssel diente uns eine abmontierte Lampenschirmglocke.

Immer noch warteten wir vergeblich auf unser Gepäck, in dem wir warme Sachen hatten. Die Nächte waren empfindlich kalt, durch die zerbrochenen Fensterscheiben kam die kalte Novemberluft herein. Wir legten uns so eng als möglich zusammen, aber die Füße waren morgens wie Eisklötze.

Am 5. November wurden wir zur Aufnahme unserer Personalien zur Bürgermeisterei bestellt. Der Bürgermeister murmelte nur: "Welche Idioten haben Euch hierher geschickt?" Am nächsten Tag bekamen wir unseren Neusiedlerschein für Zino, das ganz abgelegen sein sollte. Der Arzt, der uns pro forma auf Ungeziefer untersuchte, riet mir, mich auf Binz umschreiben zu lassen, was der Bürgermeister nach einigem Brummen tat.

Nach dem Essen gingen wir zu Fuß nach Binz. Auf dem Wohnungsamt erklärte man mir, heute kein Quartier mehr beschaffen zu können, obwohl uns zugesagt war, daß Quartiere für uns vorbereitet seien. Aber das hat wohl überall nicht geklappt. Ich erklärte aber stur, daß ich mit den Kindern nicht auf der Straße bliebe. Man riet mir, mich polizeilich anzumelden und nannte mir einige Pensionen. Nach der Anmeldung bekam ich auch gleich Lebensmittelkarten für den ganzen Monat und Kartoffelkarten für den Winter, für erstere bekam man in Rügen nur Brot. In der Pension "Frigge" an der Strandstraße bekamen wir ein großes Zimmer mit vier Betten, und obwohl es ungeheizt war und wir keine Bettwäsche hatten, fühlten wir uns wie im Paradies. Es gab viele Decken und Federbetten und heißes Wasser aus der Küche zum Waschen.

Nach zwei Tagen fuhr ich mit Frau v. Beyme, die auch in Binz untergekommen war, zur Kreisstadt Bergen. Wir wollten auf dem Landratsamt einen Passierschein für den Rügendamm, um unser Restgepäck aus Stralsund holen zu können. Sie waren sehr wohlwollend, und nach drei Stunden Schlangestehen bekam ich ihn, aber bald kam ein Verbot. Deshalb mußte ich einige Tage später wieder nach Bergen fahren, um von den Russen einen Stempel zu bekommen. Fünf Stunden stand ich vor der Tür, und dann war es doch eine Überwindung, allein in das von Russen besetzte Zimmer zu gehen. Ich bekam gleich meinen Stempel und zog selig ab. Andere hatten nicht so viel Glück und mußten Monate in Rügen bleiben und dort schwer arbeiten.

Um uns den Fußmarsch über den Rügendamm zu ersparen, heuerte ich in Binz einen Lastwagen an, der Beymes, uns und noch viele andere nach Stralsund fahren sollte. Später habe ich das bereut, denn er fuhr um sechs Uhr früh bei eisiger Kälte los, wir saßen wie die Heringe, die Beine auf den Eisenstangen, die er geladen hatte. Elisabeth erfror sich die Füße. Wegen vieler Pannen waren wir erst am Nachmittag in Stralsund. Die Kontrolle war harmlos. Wir waren frei, ein herrliches Gefühl! Ich ging noch mit Frau v. Beyme und Fürst Schönburg, der beinahe blind war, zur Stralsunder Polizei, um nach unserem Gepäck zu forschen. Das war etwas gewagt, denn es bestand die Gefahr, daß sie uns nach Rügen zurückbrächten. Aber sie waren sehr entgegenkommend und empört über die sächsischen Kollegen, die unsere Sachen ausgeplündert hatten. Ein Lagerverwalter führte uns zu unserem Gepäck, das auf einem Speicher sichergestellt war. Ich fand gleich unsere beiden Koffer, sie waren mit fremden Sachen gefüllt. Das Suchen in der kurzen Zeit war sehr schwierig, aber wir fanden ein paar Sachen der Jungens, aber nichts von Elisabeth und mir, und keine Schuhe. Die Nacht verbrachten wir in einem Hotel, das trostlos aussah, auf den Betten nur Matratzen, das übrige Mobiliar war wohl verheizt. Der Versuch, am nächsten Morgen eine heiße Tasse Kaffee zu bekommen, scheiterte auch daran, daß wir kein Holz dafür geben konnten. Früh versuchten wir nochmals unser Glück, einige unserer Sachen zu finden, aber ohne großen Erfolg. Fürst Schönburg besaß auch nur das, was er auf dem Leibe trug, er fuhr weiter nach Greifswald, um sich am Star operieren zu lassen.

Mittags fuhren wir zu Ottos (Otto und Yvonne Stolberg, mein Bruder) nach Rostock. Wir mußten ewig auf den Zug warten und kamen erst bei Dunkelheit dort an. Dank der üblichen Stromsperre war es bei ihnen stockdunkel, und Otto geleitete uns in den kleinen Wohnraum, der von uns angefüllt wurde. Yvonne machte uns noch ein warmes Essen, das uns sehr wohl tat. Da sie kurz zuvor eine andere aus Rügen kommende Familie aufgenommen hatten, war das ernährungsmäßig ein großes Problem. Wir hatten sehr schöne Tage bei ihnen mit gemütlichem Schwatzen. Wie genoß man es, wieder mit den nächsten Verwandten zusammen zu sein und sich aussprechen zu können! Nachdem wir uns etwas ausgeruht und aufgefuttert hatten, brachte uns Otto wieder zum Zug nach Stralsund. Wir hatten guten Platz, aber kurz vor der Abfahrt wurde das Abteil für die Russen geräumt und wir konnten nur auf Koffern eng gedrängt sitzen. Alle Abteile waren ohne Licht und ein junger Russe streichelte unentwegt meinen Arm. Schließlich machte ich ihm verständlich, daß ich schon viele Kinder hätte und frug ihn nach seiner Mutter. Da ließ er mich in Ruhe. Elisabeth saß ganz dicht bei mir, aber die Jungens mischten sich unter die Russen, zu Kindern waren sie ja nett und sie schenkten ihnen auch Brot. Ich war froh, als die Fahrt endlich vorüber war. In Stralsund durften wir für eine Mark in einem völlig überfüllten Gastzimmer bleiben. Die Kleinen legte ich auf einen Tisch und ich setzte mich davor, damit sie nicht herunterfielen, die anderen schliefen auf der Erde.

Der Zug nach Berlin fuhr am nächsten Morgen zeitig ein, so daß wir schon drei Stunden vor Abfahrt unsere Sitzplätze einnehmen konnten. Aber später wurde das Abteil so voll, daß man kaum noch stehen, geschweige sitzen konnte. Unterwegs versuchten zusteigende Russen uns aus dem Abteil herauszuwerfen. Wir hielten die Tür zu. Falls wir heraus gemußt hätten, wären wir unterwegs nie wieder in einen Zug hineingekommen. Es verkehrte täglich nur ein Zug auf dieser Strecke, und die Leute saßen auf den Dächern und standen auf den Puffern und Trittbrettern. Um 23 Uhr waren wir endlich auf dem völlig kaputten Stettiner Bahnhof. Die Reisenden durften wegen der Sperrstunde nicht mehr in die Stadt, und draußen war es eisig. Schließlich entdeckte ich in einem früheren Luftschutzkeller einen Ausschank, wo es heißen Kaffee gab. Ein Russe ließ nur Frauen mit Kindern hinein. Die Kinder schliefen trotz der Enge. Ich unterhielt mich mit den Leuten, ein Russe spielte schwermütige Lieder auf einer Ziehharmonika. Mit geschlossenen Augen versetzte man sich in einen Münchener Bräukeller zur Faschingszeit. Nach längerem Marsch bekamen wir am nächsten Morgen einen Zug nach Großenhain und waren nun wieder in Sachsen. Die Kinder ließ ich zunächst auf der Bahn, denn sie waren todmüde, und machte mich allein auf die Suche nach einem Gasthaus. In der "Krone", wo ein großer Ofen eine angenehme Wärme verbreitete, belegte ich einen runden Tisch und holte die Kinder. Als wir zurückkamen, war der Tisch von Russen belegt, aber sie gingen bald und schenkten den Kindern auch noch Brot. Dazu hatte ich noch Leberwurst von Otto und man konnte ein warmes Getränk bekommen. Am nächsten Tag waren wir schon gegen Mittag in Dresden und fuhren gleich zu Gerdas Wohnung auf dem Weißen Hirsch, trafen sie aber leider nicht an. Zum Glück erschien bald der oberschlesische Flüchtling Marlik aus Jauernick und brachte einen Brief von ihr, da sie gerade dort war. Ich solle bei Dunkelheit nach Jauernick kommen, da ein Haftbefehl gegen mich erlassen sei und niemand mein Kommen bemerken dürfe. Die Kinder sollten nach Löbau fahren. Wir verzichteten auf Schlaf und Essen und fuhren in Begleitung von Marlik, der uns beim Tragen des Gepäcks half, nach Breitendorf. Die Kinder sollten dort bei Bekannten bleiben, landeten dann aber bei Superintendent Jagsch, der sie rührend aufnahm. Ich kam unbemerkt ins Haus, mußte aber erst bei Familie Marlik, die mich mit Freudentränen begrüßte, einen Teller Suppe essen. Oben fand ich dann im Blauen Zimmer Gerda, Freya und Monika vor. Das war ein Wiedersehen genau nach vier Wochen! Ich werde Freyas Ausdruck bei der Begrüßung nie vergessen, all ihre Sorge und Liebe lag darin. Sie war in den vier Wochen nicht behelligt worden und konnte noch vieles herausschaffen und bei Bauern unterstellen. Als mein Telegramm aus Rügen eintraf, war sie mit Monika in Dresden, um dann weiter in den Westen zu fahren, weil die Nachrichten über unseren Transport zu hoffnungslos geklungen hatten. Nun waren sie nach Jauernick zurückgefahren, um unsere Rückkehr abzuwarten. Gerda war oft in Jauernick gewesen und hatte dort viel geschafft. Die Zimmer waren stark verändert und sahen für mich sehr fremd aus, was die Loslösung erleichterte. Bei mir schien alle Energie wie aufgebraucht, und ich konnte nur schwer Entschlüsse fassen. Das nahmen mir Gerda und Freya ab, sie umsorgten mich mit ihrer ganzen Liebe. Schlimm war es, als ich erfuhr, daß der kleine Pudel Capi fortgelaufen war. Er hatte mich wohl gesucht. Ich bin lange nicht darüber hinweggekommen, zumal man nicht wußte, was ihm zugestoßen war. Als ich am nächsten Morgen genußvoll in der Badewanne saß, ertönte stürmisches Klingeln und bald darauf eine Männerstimme, die nach Frau Gottwald frug. Er war von der Polizei und sollte nach Gold suchen. Gerda brachte es fertig, ihn nicht in mein Schlafzimmer zu führen, wo meine geöffneten Koffer mit dem Schmuck darin ausgebreitet standen. Das waren keine schönen Minuten. Sonst aber passierte nichts, nur Berges und Marliks wußten von meiner Rückkehr, und immer wenn es klingelte, versteckte ich mich. Gerda ging gleich am nächsten Morgen nach Löbau, um die Kinder zu verteilen. Sie durften in den nächsten Tagen einzeln nach Jauernick kommen, um ihre Sachen zu packen und Abschied zu nehmen.

Von meiner Schwester Lene hatte ich die Nachricht, daß wir im Kloster Drübeck, dessen Äbtissin sie war, Unterkunft bekämen. So schlug in der Woche vor dem Ersten Advent die endgültige Abschiedsstunde. Ich nahm zunächst nur Elisabeth und Götz mit und auch Freya und Monika kamen mit uns. Früh vor Sonnenaufgang brachen wir auf, ein Wagen fuhr uns nach Löbau. Das erste Rot zeigte sich am Himmel und es lag ein solcher Frieden über der Heimat, der trotz Zerstörung und Vertreibung erhalten bleibt. Welche Gnade in dieser Stunde des Abschieds! Die Nacht verbrachten Freya und ich bei Gerda, die Kinder waren im Sanatorium Lahmann untergebracht.

Unser erster Start in Richtung Harz mißglückte. In dem Menschengewühl auf dem Bahnhof war Monika gestürzt und hatte sich ein Knie ausgekugelt. Sie kam gleich ins Krankenhaus und ich verschob unsere Abreise um einen Tag, Freya kam einige Tage später mit Monika nach. Wir übernachteten bei Bekannten in Halle und konnten dann in einem Tag bis Drübeck gelangen. Wir betraten das Kloster am Abend des Ersten Advent 1945 und kamen gerade zurecht, um noch am Kranz mitsingen zu können, was sich Götz so gewünscht hatte.

Im zweiten Stock hatten wir zwei hübsche Zimmer und bekamen später noch eine kleine Mansarde dazu. Auf die Nachttische hatte Lene für jeden eine kleine Kerze mit Tannengrün gestellt. Einige Tage später kam Freya mit Monika nach und kurz vor Weihnachten wurden auch die drei Kleinen nachgebracht. Lene mußte über Weihnachten wegen eines eitrigen Fingers ins Wernigeroder Krankenhaus. Wir durften in ihrem Schreibzimmer das Weihnachtszimmer einrichten. Die Geschenke waren sehr bescheiden, aber wir waren alle beisammen, nur die Sehnsucht nach den Männern blieb.

Eigentlich wollten wir in Drübeck nur kurz Station einlegen und weiter nach Westen ziehen. Aber Lene bot mir Arbeit im Garten an, und Freya nähte Handschuhe in Heimarbeit. Alles hoffte, daß dieser Teil des Harzes wieder englisch würde. Die Jungens kamen auf die Hermann-Lietz-Schule nach Vekenstedt und Elisabeth und Monika bekamen Privatunterricht bei dem gelähmten Fräulein Neinaber, die ich von früher her kannte, Oda und Jörg besuchten die Volksschule in Drübeck. Später meldete ich Götz und Wolf in Grovesmühle an, wo sich beide sehr wohl fühlten, und im Frühjahr kamen Monika und Elisabeth ins Stift Altenburg, wo beide gern waren. Bei der schwierigen Versorgungslage halfen uns die Ilsenburger Kaufleute in ganz rührender Weise in Erinnerung an frühere Zeiten - ich spürte erst jetzt, wieviel Segen noch von meiner Mutter ausging. All die Liebe für sie wurde jetzt auf mich übertragen.

Die erste Nachricht von Harry erhielt ich im Januar 1946. Der Brief war am Heiligen Abend in Kornwestheim geschrieben. Es gibt nur wenige Augenblicke im Leben, die man nicht beschreiben kann. Ein solcher war es, als ich die bekannten Schriftzüge sah. Dann bekam ich regelmäßig jeden Monat einen Brief und durfte auch schreiben. Wenig später bekam auch Freya Nachricht von ihrem Mann Johannes. Nun war es erst richtig schön.

Nach längeren Verhandlungen übernahm im Herbst 1946 das Hilfswerk der Evangelischen Kirche das Kloster als Erholungsheim. Lene mußte die Leitung an Oberschlesische Diakonissen abgeben. Ich wurde als Gartenhilfe, später als "Mädchen für alles" angestellt und bekam freie Station für mich und die beiden Kleinen, dazu ein Taschengeld. Durch den Verkauf eines Brillantschmuckes haben wir dann bis zu Harrys Rückkehr gelebt.

Freya wurde ihr Zimmer fortgenommen, und sie entschloß sich, in Wittenberg bei Carmen den Haushalt zu führen. Der Abschied wurde uns unendlich schwer, und ihr Besuch zu meinem Geburtstag war ein wahrer Lichtblick. Gesundheitlich ging es mir nicht gut, so daß ich beschloß, nur noch halbtags zu arbeiten. Weihnachten kamen Elisabeth und die großen Jungens. Es war so kalt, daß das Wasser beim Waschen gefror, die Hauptsache aber war, daß wir beisammen waren und regelmäßige Verbindung zu Harry hatten. Er war inzwischen nach Dachau gekommen und schickte ab und an amerikanischen Tabak, den ich zum Eintauschen benutzte. Palmarum 1947 war die Konfirmation von Götz, zu der Freya und Gerda kamen. Früh am Morgen gingen wir zusammen, um den Weg vom Kloster bis zum nächsten Konfirmanden mit grünen Zweigen und Blumen zu streuen, eine alte Sitte im Harz. Nach der Feier nahmen wir alle das Abendmahl und fühlten uns fest mit Harry verbunden. Kurz zuvor hatte mir der Leiter der Hermann-Lietz-Schule mitgeteilt, daß die Jungens, die er besonders gern hatte, von der Schule fort müßten. Die Russen würden sich die Listen vorlegen lassen und als Söhne eines Regierungsvizepräsidenten und dazu noch adelig, dürften sie nicht bleiben. Für Götz war es wohl sehr schwer, er hatte nette Kameraden und war sehr beliebt. Wolf freute sich über seine Freiheit. Da ich mit Freya eine Erkundungsfahrt in den Westen plante, die wir noch in der Woche vor Ostern ausführten, nahm ich die Jungens gleich mit. Zunächst fuhr ich allein nach Stapelburg, wo mein sehr geliebtes früheres Kindermädchen verheiratet war. Sie verschaffte mir eine Frau, die uns am frühen Morgen über die Grenze bringen würde. Der Schlagbaum war gleich hinter dem Dorf. In der Nacht brachen wir in Drübeck auf, das Gepäck auf einem geliehenen Handwagen und jeder der Jungens mit einem Handkoffer. Es dämmerte gerade, als wir am Schlagbaum waren, die Russen schliefen noch, aber es war ein unheimliches Gefühl, im Niemandsland zu sein, und wir atmeten auf, als wir englisches Gebiet erreicht hatten. Wir dankten der Frau für ihre gute Hilfe und bestiegen in Eckertal einen Zug, der uns nach Harzburg brachte. Wir kamen dann noch bis Kreiensen, wo wir die Nacht im überfüllten Wartesaal verbrachten. Als wir am nächsten Tag Gießen erreichten, war gerade der letzte Zug nach Lich fort. Auf die Idee, dort anzurufen und um Abholung per Auto zu bitten, war ich überhaupt nicht gekommen. So verbrachten wir eine schlimme Nacht im Wartesaal unter Betrunkenen und lauter finsteren Gestalten. Aber auch diese Nacht ging zu Ende, und um fünf Uhr bestiegen wir den Zug nach Lich, es war inzwischen Ostersonnabend geworden. Freya blieb mit den Jungens und dem Gepäck am Bahnhof, während ich mich auf den Weg zu Ottos machte, die ich roh aus dem Schlaf weckte. Yvonne kochte Kaffee, Otto holte die übrige Gesellschaft und wir stärkten uns erst einmal, und nach einem Bad waren wir wieder Menschen. Als wir dann hörten, daß im Schloß Lich eine Wohnung frei sei, stellten wir gleich den Antrag auf Zuzug, den wir etwas später auch bekamen.

Die Rückreise war für Freya und mich wenig erfreulich. Der Zug in Gießen war so voll, daß die Leute uns mit unseren schweren Rucksäcken nicht mehr hereinlassen wollten. Der Schaffner stieß uns aber rein und der Zug fuhr ab, als Freya noch auf dem Trittbrett stand, niemand half und es gelang mir nur mit größter Mühe, sie hereinzuziehen. Sie hatte nicht einmal Platz zum Stehen, und wenn man sich bewegte, begannen die Leute zu schimpfen oder zu schlagen. Es war eine tolle Fahrt.

Dieses Mal gingen wir ganz frech bei hellichtem Tag durch den Schlagbaum. Wir wurden von Russen kontrolliert und mußten einzeln herein, hatten aber großes Glück. Als er meinen Trauring in einer Tasche fand, drohte er mir lachend und steckte ihn mir wieder an. Freya hatte ihren Ausweis liegen lassen, und er lief ihr damit nach. Trotzdem waren wir froh, als wir in Drübeck heil ankamen. Freya fuhr wieder nach Wittenberg, und ich war Mitte Mai mit dem Auflösen des Haushaltes fertig. Elisabeth kam aus Altenburg und wir nahmen Abschied vom geliebten Drübeck, der mir - vor allem von Lene - recht schwer wurde. Mit meinem vielen Gepäck - elf Stück - wollte ich wieder schwarz über die Grenze gehen. Ein Bauer aus Vekenstedt war bereit, unser Gepäck bei Nacht über die Grenze zu befördern, gegen Tabakwaren und Schnaps. Mit einem Lastwagen fuhren wir zu ihm hin, mein einziges Möbelstück, ein Lehnstuhl, war meine Sitzgelegenheit. Als es dämmrig wurde, ging ich mit Elisabeth, Oda und Jörg wie auf einem Spaziergang über die Grenze bis zu einem Gasthof in Vienenburg, der als Treffpunkt vereinbart war. Der Bauer wollte nachkommen, sobald die Russen schliefen. Aber gerade in dieser Nacht waren sie sehr munter. So wurde unsere Geduld auf eine sehr harte Probe gestellt, und uns fiel ein Stein vom Herzen, als er endlich eintraf. Das Gepäck wurde einem Spediteur übergeben und wir fuhren nach Lich. Es waren noch andere bekannte Familien als Flüchtlinge im Schloß, auch mit Kindern, und wir hatten dort eine schöne, anregende Zeit. Zunächst sorgte ich dafür, daß die Kinder wieder zu einem geregelten Schulbesuch kamen, ich selbst übernahm vom Roten Kreuz die Schulspeisung und das Sortieren der in Säcken ankommenden Schwedenhilfe.

Harry war seit 1946 in Dachau, und die Nachrichten von ihm klangen nicht gut. Ich beschloß nach München zu fahren, um mit einem Anwalt zu sprechen. Netterweise konnte ich dort bei Verwandten von Yvonne wohnen. Da ich keine Zulassung für den Zug hatte, reiste ich per Lastwagen und schaffte das an einem Tag. Da ich für Harry "Persilscheine" brauchte, fuhr ich nach Allendorf ins Generalslager, um von einigen Generalen, die mit ihm gearbeitet hatten, Bescheinigungen zu bekommen. Ich war auch mit Götz bei General v. Falkenhausen, der krank in Marburg lag. Er war ganz reizend und riet mir, mich an Pastor Niemöller zu wenden, mit dem er im letzten Kriegsjahr zusammen im KZ gewesen war. Ich meldete mich bei ihm in Darmstadt an, aber er hatte kaum Zeit für mich und meinte, er könne hier gar nicht helfen. Es war eine arge Enttäuschung für mich.

An einem heißen Sommertag fuhr ich wieder nach München. Mit dem Anwalt hatte ich verabredet, daß ich ins Lager Dachau kommen würde, wo gerade ein Prozeß lief, bei dem Publikum erlaubt war. Der Anwalt hatte eine Besprechung mit Harry, der dazu, von zwei bewaffneten Wärtern bewacht, über einen Hof gehen mußte. Wir sahen uns ganz nahe, durften uns aber nicht zu erkennen geben. E i n

94

Blick nach fast zwei Jahren war schon ein ganz großes Geschenk! Man durfte weiter auf ein Wiedersehen hoffen!

Otto, der auch wieder in München tätig war, stand mit dem Rechtsanwalt in ständiger Verbindung. Wie oft ich selbst in München war, weiß ich nicht mehr. Ich möchte aber noch einen Besuch bei Herrn v. Jordan in Deixelfurt erwähnen. Er war Harrys Assistent in Krakau gewesen und wir saßen fast die ganze Nacht zusammen, um alle Unterlagen zu besprechen.

Von solchen Fahrten kam ich immer sehr erledigt zurück, körperlich und seelisch, denn es bestand ja immer noch die Gefahr einer Auslieferung an Polen. Elisabeth holte mich meist von der Bahn ab, um mir andere Menschen zu ersparen. Weihnachten 1947 stand unter dem Zeichen schlechter Nachrichten aus Dachau. Völlig unterernährt kam Harry in die Krankenabteilung, wo er wieder aufgepäppelt wurde. Das Fest verlebte er im Bunker. Unentwegt wurden Kameraden nach Polen ausgeliefert. Unsere Bescherung war sehr bescheiden, aber dank der Hilfe von Lene hatte ich einige Spielsachen für die Kleinen. Es waren trübe Festtage, aber auch diese gingen vorüber.

Dann kam die große Wende. Harry wurde ins Lager nach Darmstadt verlegt, wo das Spruchkammerverfahren eingeleitet wurde. Mir wurde dort ein Rechtsanwalt empfohlen, dem ich alle Unterlagen übergab. Harry selbst hat enorm dafür gearbeitet. Einmal im Monat durfte ich ihn auf Antrag besuchen, meist konnten wir es auf sechs Stunden ausdehnen. Es gab dafür ein Besuchszimmer, ich nahm Kaffee und Kuchen mit. Einmal konnte er mit einer Arbeitsgruppe das Lager verlassen und wir trafen uns im Elisabeth-Diakonissenhaus. Die Oberin gab uns für diese Stunden ein Schwesternzimmer, wo wir ganz ungestört sein konnten. Er ging dann am Abend mit der Gruppe wieder ins Lager zurück. Zu Ostern bekam Harry Kurzurlaub und konnte endlich die Kinder wiedersehen.

Ende April hatte Harry noch geschrieben, daß sich seine Entlassung noch hinausziehen würde, aber dann kam zu unserer großen Freude sein Telegramm: "Entlassung am 4. Mai!" Die Zeit der Trennung war vorbei. Voll Dank konnten wir unser Leben gemeinsam neu beginnen.

Familie v. Egidy

Mit Beginn des Zweiten Weltkrieges war die Familie v. Egidy ohne Grundbesitz. Schon im Jahre 1935 war das Familien-Majorat Naunhof bei Moritzburg aufgelöst und zu Siedlungszwecken verkauft worden. Das Herrenhaus ist Erholungsheim und daher noch heute in baulich gutem Zustand.

Das Rittergut Kreinitz bei Riesa wurde ebenfalls verkauft und 1945 im Zuge der Bodenreform aufgesiedelt. Als "unliebsames Zeichen einer vergangenen Zeit" ist das Schloß im Jahre 1950 gesprengt worden.

> Christoph **H o r s t** v. **E g i d y**, * Schmiedeberg, Erzgeb., 22. 7. 1898, † Bramsche 28. 4. 1975, Oberst a. D., RgtsKmdr, zuletzt im Deutschen Afrika-Korps;
> ✕ Weißig bei Dresden 10. 6. 1924 Elisabeth v. **E g i d y**, * Dresden 15. 9. 1903, † ... 1991, T. d. Kgl. sächs. GenMajors a. D. Ralph v. E. u. d. Marie v. Schönberg a. d. H. Purschenstein.
>
> **Kinder:**
>
> 1. Christoph **A r n d t**, * Leipzig 4. 5. 1925, kaufm. Angest.;
>   ✕ I. Hagen, Westf., 27. 2. 1953 Elvira **K ü h l e w i n d**, * Hagen 8. 8. 1931 (gesch. Arnsberg 5. 5. 1970), T. d. kaufm. Angest. Herbert K. u. d. Alwine Diersmann;
>   ✕ II. Neumünster 9. 2. 1971 Dorothea **V o l l e r t s e n**, * Neumünster 25. 4. 1928, T. d. Lehrers Karl V. u. d. Dorothea Rossow.
> 2. Margarethe **I s a** Marie, * Leipzig 18. 2. 1927, DRK-Schwester;
>   ✕ Bramsche 7. 2. 1958 Georg-Heinrich **T h o m s e n**, * Hardesbyhof, Schleswig, 2. 2. 1917, † Eckernförde 31. 7. 1983, auf Sophienhof bei Waabs.

Horst v. Egidy berichtet:

Ich war Berufsoffizier und kam als Oberst im Deutschen Afrika-Korps in Tunis in amerikanische Gefangenschaft. Im Mai 1946 erfolgte der Rücktransport aus den USA. Die Amerikaner verweigerten auf Grund ihrer bis dahin gesammelten Erfahrungen eine Entlassung in die von den Russen besetzte Zone, denn "es sei nicht der Sinn einer Entlassung, daß die Kriegsgefangenen - besonders die Offiziere - vom Russen abermals abtransportiert würden". So ließ ich mich in die englische Zone entlassen, wo meine Schwägerin auf Haus Sögele bei Bramsche (Kreis Osnabrück) lebte. Neben anderen Familienmitgliedern aus Sachsen traf ich dort auch unseren Sohn <u>Arndt</u> an, der von den Amerikanern als Fahnenjunker-Unteroffizier kurzerhand entlassen worden war, nachdem er in der Gegend von Döbeln in Gefangenschaft geraten war.

Meine Frau befand sich noch in Königsbrück, unserem Wohnsitz vor dem Kriege. Es war von den Kämpfen ziemlich unberührt geblieben. Übungsplatz und Kaserne hatten die Russen voll belegt. In den Tagen des Zusammenbruchs konnte sie noch einmal Verbindung mit unserem Sohn bekommen und erleichtert feststellen, daß seine Einheit in Richtung auf die Mulde, also zum Amerikaner hin abzog. So konnte sie sich uneingeschränkt der Obhut unserer 19jährigen Tochter annehmen. Es gelang ihr, diese dadurch vor russischen Zugriffen zu bewahren, daß sie ihr eine

Stellung als Lernschwester im Friedrichstädter Krankenhaus bei Prof. Fromme beschaffte. Dort vollendete meine Tochter ohne Belästigung ihre Ausbildung.

Meine Frau indessen hat - nach wenig glücklichen Versuchen mit dem deutschen Arbeitsamt in Königsbrück - beim Russen als Aufwartung in den Offizierswohnungen meiner ehemaligen Kaserne gearbeitet. Trotz einiger sehr unliebsamer Erlebnisse, hat sie sich einigermaßen günstig durchgeschlagen. Sie hatte das Glück, unter die Obhut eines sehr über uns unterrichteten und ebenso anständigen GPU-Hauptmannes zu kommen. Er wachte darüber, daß seine Kameraden, einschließlich der Einquartierung in unserer eigenen Wohnung, sich keine ernstlichen Übergriffe erlaubten. Er führte auch stets die nächtlichen Kontrollen selbst durch. Dabei hat er häufig auf der Bettkante meiner Frau seine Zigarette geraucht, sie aber nie belästigt. Meine Frau nannte ihn "das gute Stück" und hat ihm viel zu verdanken. Nebenbei bereitete meine Frau die Umsiedlung nach dem Westen vor. Diese glückte - wenn auch mit vielen Schwierigkeiten -, nachdem unsere Tochter ihr Staatsexamen abgelegt hatte. Viel geholfen hat ihr auch der kommunistische Bürgermeister, der ihr im Juli 1947 den Tip gab, daß jetzt die Möglichkeit zur Umsiedlung mit Hausrat gegeben sei.

Für mich war die Umstellung auf das Zivilleben unter den damaligen Verhältnissen nicht leicht. Nach zweijähriger Tätigkeit als landwirtschaftlicher Hilfsarbeiter sattelte ich auf einen kaufmännischen Beruf um. Zunächst wurde ich als Inhaber eines "Bauchladens" Vertreter. Ab 1951 war ich dann Buchhalter in einer Textilgroßhandlung.

Christoph H a n s v. E g i d y , * Frankfurt am Main 4. 3. 1905, ⚔ († in russ. Gefangenschaft) Mühlberg an der Elbe 31. 5. 1947, LdgerRat; ⋈ Roßbach an der Saale 4. 10. 1933 Margot v. R a n g o , * Frankfurt 24. 4. 1908, T. d. GenLts a. D. Ralf v. R. u. d. Ida v. Heynitz a. d. H. Groß-Radisch.
Kinder:
1. Christoph C l a u s , * Naumburg 25. 3. 1935, Ldschaftsgärtner; ⋈ Frösö, Schweden, 5. 8. 1961 Barbro W u l c a n , * Göteborg 6. 5 1939, T. d. MaschinenIng. Bror W. u. d. Tora Karlsson.
2. I r e n e Luise Marie, * Torgau 14. 5. 1937, Krankenschwester; ⋈ Aachen 3. 4. 1959 Horst R e i c h a r d t , * Eschweiler 13. 2. 1936, Filmjournalist u. Bildregisseur beim Westdeutschen Rundfunk (gesch. Porz 8. 6. 1971).
3. B a r b a r a , * Halle an der Saale 19. 2. 1941, Apothekerin.
4. M a r i e - E l i s a b e t h , * Halle 25. 9. 1944, Lehrerin; ⋈ Rodenkirchen, Bez. Köln, 8. 4. 1971 Klaus-Dieter L u b b e , * Berlin 18. 11. 1943, DiplKaufm.

Margot v. Egidy, geb. v. Rango - Auszüge aus ihrem Bericht über das Schicksal ihrer Familie:

Ihr Mann, Hans v. Egidy; trat nach bestandenem Abitur im Jahre 1924 als Offiziersanwärter im 100.000-Mann-Heer beim Reiterregiment 10 in Torgau ein. Nach einem schweren Sturz mit dem Pferd im Jahre 1925 wurde er dienstuntauglich infolge versteifter Schulter, studierte Jura und war 1940 Landgerichtsrat in Halle an der Saale, wo die Familie dann auch wohnte. Infolge der schweren Luftangriffe auf die Leunawerke wurde auch Halle stark betroffen, so daß sich die Familie vom Vater trennen mußte und nach Dröschkau bei Belgern in das dortige Forsthaus evakuiert wurde. Ostern 1945 konnte Hans für ein paar Tage seine Familie besuchen und überlebte so den Großangriff auf Halle, bei dem durch einen Volltreffer auf den Luftschutzkeller des Landgerichtes 16 Justizbeamte ums Leben kamen. Die Kämpfe um Halle hatte er einigermaßen gut überstanden, aber er konnte nichts über das Schicksal seiner Familie erfahren. Mitte Mai wollte er sie per Fahrrad besuchen, zumal sich die Gerüchte über Exzesse der Russen häuften. Aber schon kurz hinter Halle wurde er von streunenden Polen vom Rad gerissen, grün und blau geschlagen, ausgeplündert und schließlich von der Militärpolizei nach Eilenburg gebracht, weil man ihn für einen desertierten deutschen Soldaten hielt. Nach einer sehr bösen Nacht im Keller wurde er wieder entlassen und nach Halle zurückgeschickt. Nach vielen vergeblichen Versuchen über die Militärverwaltung, zog er Mitte Juni mit einem Freund, dessen Familie auch im Kreis Torgau war, zu Fuß los. Beim Mulde-Übergang fielen sie wieder den Russen in die Hände, die sie dann aber laufen ließen. So erreichte Hans dann auf Schleichwegen das Forsthaus und fand überglücklich die Seinen, zwar inmitten von russischen Soldaten, aber doch gesund und einigermaßen versorgt, wieder.

Die Familie hoffte nun auf ein Bleiben in Dröschkau, aber da erschien der russische Stadtkommandant von Belgern, der das Forsthaus für sich beanspruchte und alle Flüchtlinge binnen einer Stunde hinauswarf. Außer einem Bettenbündel durften sie nichts mitnehmen. Zu Fuß kam man bis Torgau, wo gute Freunde Fußbodenquartier für eine Nacht gaben. Von dort ging es per Lastwagen nach Halle. Wieder nahmen sie Freunde auf, zwei der Kinder konnten nach Naumburg zu den Großeltern gehen, wo der erste Stock in deren Haus frei geworden war. Ein Antrag auf Zuzug für die ganze Familie wurde mit der Begründung abgelehnt, "die Bildung von Familiencliquen sei z. Zt. nicht erwünscht". - Man schlug sich irgendwie durch. Die Männer gingen auf die Felder stoppeln und die Frauen standen Schlange nach Karten und Eßwaren. Hans war aus dem Justizdienst längst entlassen. Er hatte Arbeit als Brückenbauer an der Saalebrücke gefunden und als diese fertig war, ging er als Hilfsarbeiter für 70 Pfennig Stundenlohn ins Bunawerk Halle-Schkopau. - Obwohl alle höheren Beamten und Polizeioffiziere in Halle laufend verhaftet wurden, konnte sich Hans nicht zur Flucht über die noch offene Grenze nach Westen entschließen, weil dann wieder das Los von Frau und Kindern ungewiß war. Allmählich fühlte er sich auch sicher, da man ihn ungeschoren arbeiten ließ, zumal er ein reines Gewissen hatte, weil er sich nichts hatte zuschulden kommen lassen. Aber als er nach einer Nachtschicht am Tage zu Hause schlief, kamen am 15. Dezember 1945 zwei sehr zwielichtige Zivilisten, wiesen sich mit irgendeiner Marke als Kriminalbeamte aus und verlangten ihn zu sprechen. Sie forderten ihn auf, "zu einer kurzen Vernehmung" mit auf die Kommandantur zu kommen. Er wurde in einem Auto fortgefahren, ohne daß ihm noch Zeit zu einem Gespräch mit Frau und Kindern gelassen wurde. Mit diesem gewaltsamen Fortgang war der Abschied für immer vollzogen.

An einem der Weihnachtstage vermittelte ein Wachtmeister des Zuchthauses in Halle einen kleinen Briefaustausch, und am Silvestertag wurde dem zehnjährigen

Sohn nach stundenlangem Warten am Zuchthaustor ein Päckchen für den Vater abgenommen. Dann kam noch ein Zettel, daß es am 18. Januar nach Torgau ginge, also nach Fort Zinna, dem allen bekannten ehemaligen Wehrmachtsgefängnis. Auch von dort kam über bekannte Richterfrauen noch ab und an ein Lebenszeichen und dann, im Sommer 1946, Verladung nach Mühlberg bei Kreinitz, dem ehemaligen Gut seines Onkels Egidy. Seit dieser Zeit kam kein Lebenszeichen mehr, und als das Jahr 1947 vergangen war, erhielt ich nach zahllosen Rückfragen einen Brief von einem ehemaligen Mithäftling, der anonym mitteilte, daß Hans irgendwann "im Mai 1947" den Strapazen der Lagerzeit erlegen sei. Eine amtliche Bestätigung konnte ich nie erlangen. - Da die Familie keinerlei Unterstützung bekam, bei Tod des Vaters aber Anspruch der vier Kinder auf Waisenrente bestand, habe ich mich nach langem Zögern und mit sehr zwiespältigen Gefühlen zum Amtsgericht in Halle begeben. Auf meinen Eid hin wurde Hans v. Egidy für tot erklärt. Nach Veröffentlichung im Gesetzblatt wurde mir dann das Dokument ausgehändigt, wonach er mit dem 31. Mai 1947 für tot erklärt wurde. Das ist auf miserablem Papier und in schlechtestem Deutsch das einzige Schriftstück über sein Ende.

Ich selbst habe, da nach der Inhaftierung meines Mannes keinerlei Fürsorgebezüge bezahlt wurden, ab 1. Mai 1946 zunächst als Nachtwache für fünf Mark pro Nacht in einer kleinen Frauenklinik in Halle gearbeitet. Da diese aufreibende Tätigkeit mit der Betreuung von vier Kindern am Tage zu anstrengend wurde, und wir in dieser Zeit fünfmal von den Russen aus der Wohnung gejagt wurden, ging ich ab 1. Januar 1947 als Sprechstundengehilfin zu dem gleichen Arzt, dem auch die Klinik gehörte. Es war menschlich ein harmonisches, völlig unpolitisches Arbeiten, und mit der Familie dieses Arztes, der selber inzwischen verstorben ist, verbindet mich noch heute eine gute Freundschaft.

Den Kindern aus einer adeligen Akademikerfamilie war jeglicher Besuch einer Oberschule versagt, und als wir am "17. Juni 1953" bei dem Versuch, die politischen Häftlinge aus dem Zuchthaus zu befreien, etwas zu auffällig in Erscheinung traten, brachte ich die beiden Ältesten mit Interzonenpaß nach Westdeutschland. Im Jahre 1954 wurde mir anonym bedeutet, ich täte gut daran, die Zone auf schnellstem Wege zu verlassen. So fuhr ich mit den beiden jüngsten Kindern in den Schulferien mit leichtem Gepäck nach Westberlin und meldete mich dort im Notaufnahmelager Marienfelde. Ich setzte mich mit einer Bekannten in Aachen in Verbindung, die mir sofort Arbeit und Unterkommen in Aachen versprach. Man erkannte meine "unmittelbare Gefahr für Leib und Leben" an und reihte uns in die anerkannten politischen Flüchtlinge ein. Wir wurden nach Düsseldorf ausgeflogen, die Kinder wurden auf Bekannte verteilt und ich übernahm einen Tag nach meiner Ankunft die Vertretung der Leiterin eines evangelischen Mädchenwohnheimes in Aachen.

Nach einem totalen gesundheitlichen Zusammenbruch konnte ich nur noch halbtags arbeiten und fand eine Anstellung beim Evangelischen Krankenhaus in der Verwaltung. Inzwischen hatte auch die Pensionszahlung für meinen Mann eingesetzt und ich fand eine kleine Dreizimmerwohnung.

Da unserem ältesten Sohn Claus in der russischen Zone höhere Schulbildung und Studium verwehrt war, absolvierte er eine Gärtnerlehre und legte mit 18 Jahren die Gehilfenprüfung ab. Aber dann drohte die Einberufung zur Volksarmee, und es

wurde Zeit, daß er die Zone verließ. In Hannover arbeitete er in einer Samenbau-
firma und 1956 ging er nach Schweden, wo deutsche Gärtner sehr gesucht waren.
Er hat sich dort verheiratet und konnte sich als Landschaftsgärtner eine selbständige Existenz aufbauen.

Über meine Töchter kann ich berichten, daß Irene nach Abschluß einer Lehre als
Säuglingsschwester sehr jung geheiratet hat. Ihr Mann hat eine gute Position beim
WDR als Journalist und Regisseur bekleidet. Barbara studierte Pharmazie und hat
so ihr sicheres Auskommen. Marie-Elisabeth hat sich für ein Studium zur Real-
schullehrerin entschieden und studierte die Fächer Geographie und Französisch in
Freiburg und Bonn und fand dann eine Anstellung in Münster.

Fery Graf v. Einsiedel auf Wolkenburg

Der Gesamtbesitz bestand aus den Rittergütern Wolkenburg mit dem Vorwerk Biensdorf und der Schäferei, und Kaufungen mit Brennerei und Molkerei. Beide liegen in der Amtshauptmannschaft Rochlitz.

Wolkenburg, gelegen an der Mulde, war seit 1635 in Einsiedelschem Besitz. Das Schloß mit seinen 66 Räumen war im 11. und 12. Jahrhundert erbaut. Wolkenburg hatte eine Größe von 310 ha, davon 200 ha landwirtschaftliche Nutzfläche, 100 ha Wald und 9 ha Fischteiche. Zum Betrieb gehörte auch die Gutsgärtnerei und ein Parkrestaurant. Die früher zum Vorwerk Biensdorf gehörende Ortschaft soll in den Hussitenkriegen zerstört worden sein.

Das Rittergut Kaufungen hatte eine Größe von 333 ha, davon 195 ha landwirtschaftliche Nutzfläche und 138 ha Wald. Es lag 3 km entfernt von Wolkenburg. Zu dem alten Gutshof gehörte die Inspektoren- und sogenannte Herrschaftswohnung.

Zur Familie des letzten Eigentümers gehören:

> F e r y Graf v. E i n s i e d e l , * Dresden-Blasewitz 26. 1. 1910, † Wilhelms-haven 26. 10. 1983, auf Wolkenburg usw. (§), Ldwirt, Korrektor i. R., RRr d. JohO.;
> × I. Babelsberg bei Potsdam 1. 9. 1938 Karin-Gesa Freiin v. E e l k i n g , * Charlottenburg bei Berlin 1. 4. 1918 (gesch. Berlin 24. 7. 1942; × II. Berlin-Charlottenburg 5. 9. 1942 Erwin Tews, * Gollnow, Pomm., 30. 8. 1907, Referendar, Geschäftsf.), T. d. Hptm. a. D. Hermann Frhr v. E. u. d. Erika Krüger;
> × II. Straubing 10. 12. 1947 Rosemarie T h i e l e , * Görlitz 15. 5. 1921, Kunsterzieherin, T. d. Kaufm. Karl Th. u. d. Hilma Boesig.
> Kinder erster Ehe:
> 1. A l m a t a Huberta, * Wolkenburg 2. 8. 1939;
>   × Wilhelmshaven 30. 4. 1965 Horst K o c k , * ... 29. 5. 1927, kaufm. Angest.
> 2. D i r k - H i l d e b r a n d Gert, * Wolkenburg 13. 9. 1940, Dr., DiplPhy-siker;
>   × I. Glücksburg 19. 7. 1968 Antje B e r g e r , * Berlin 5. 5. 1941, T. d. FliegerStabsing. a. D. Hans B. u. d. Anneliese Böhling (gesch. ...);
>   × II. ... 7. 7. 1990 Ingrid U l f f e r s , * ... 7. 7. 1956, Lehrerin, T. d. DiplPhys. Dirk U. u. d. Helga Deter.

Die Witwe des letzten Besitzers von Wolkenburg und Kaufungen, Roma Gräfin v. Einsiedel-Wolkenburg, hat über die Geschehnisse des Jahres 1945 und ihre Folgen den nachfolgenden Bericht für das Schicksalsbuch geschrieben:

Im Zuge der "Bodenreform" wurden mein Mann und seine Mutter, Katharina Gräfin v. Einsiedel-Wolkenburg, enteignet. Da die Familie "wie ein Kapitän das sinkende Schiff nicht verließ", wurde sie kurz vor Heiligabend auf die Straße gesetzt. Zur Mitnahme war nur Handgepäck erlaubt. Das beschränkte sich für meinen Mann auf einen Rucksack, da er nach schwerer Kriegsverwundung mit noch offener Wunde einer Beinamputation auf Krücken ging. Die Kinder, fünf und sechs Jahre alt, konnten bei Verwandten untergebracht werden. Da die Ausweisung einen Bannkreis von 150 Kilometern beinhaltete, bedeutete dies eine lange Wanderung in der Hoffnung auf Zuzugsgenehmigung außerhalb des festgesetzten Umkreises. Meine Schwiegermutter wanderte tagsüber durch die Wälder, bei Dunkelheit suchte sie Unterschlupf in Pfarrhäusern. Nach einem Jahr vergeblicher Bemühungen erhielt sie endlich in Altenburg eine Zuzugsgenehmigung.

Mein Mann, geschwächt durch seine schwere Kriegsverwundung, versuchte zunächst, sich eine neue Existenzgrundlage aufzubauen. Da ihm verwehrt worden war, seine Schreibmaschine mitzunehmen (ebenso wie einen rechten Schuh für eine spätere Prothese), fuhr er zu Wilhelm Pieck mit dem Ersuchen, das Schloß-Kaffee zu bewirtschaften, um sich und seine Familie ernähren zu können. Es wurde abgelehnt.

Nach zweimaligen Fehlversuchen gelangte er völlig mittellos über die grüne Grenze in den Westen. Eine Zeit des physischen und psychischen Martyriums folgte, ihm wurde eine vorläufige Wohlfahrtsunterstützung von monatlich 60,- Mark gewährt. Die Arbeitssuche unterbrochen von kleinen Gelegenheitsaufträgen, war durch die erhebliche Behinderung erschwert, aber auch durch das Vorurteil "ein Graf könne nur anordnen, aber nicht selber arbeiten". Endlich fand er im Jahre 1950 fremdberuflich als Korrektor an einer kleinen niederbayerischen Zeitung eine Anstellung, unterbezahlt und ohne ein tarifliches Abkommen geschützt.

Inzwischen war das Schloß Wolkenburg zur Plünderung freigegeben worden, wobei sich die einheimischen Dorfbewohner zurückhielten. Die Vandalen wurden von außerhalb herantransportiert. Unvorstellbare historische und kulturelle Werte fielen der zerstörerischen Ignoranz zum Opfer, z. B. aus dem umfangreichen Archiv alte Handschriften, Korrespondenzen berühmter Persönlichkeiten, Erstdrucke usw.; Kunstgegenstände, unter vielen anderen auch ein Gastgeschenk August des Starken aus Porzellan, wurden über die Felsen des Schloßberges zu Bruch geworfen. Was Plünderung und Zerstörung überstanden hatte, wurde dann von amtlicher Seite abtransportiert, so u. a. wertvolles Mobiliar sowie die Ahnengalerie mit Gemälden von mitunter berühmten Künstlern wie z. B. Rayski, die im Laufe der Jahrhunderte geschaffen worden sind. Wohin die Sachen gebracht worden sind, ist uns nicht bekannt, von einigen Porträts besitze ich noch Fotos. Aus dem geplünderten Archiv wurde dann stapelweise Material in der Schule verheizt. Heute weiß ich, wo das nach der Schloßbergung 1947 noch vorhandene bewegliche Gut sichergestellt wurde. Eine Auflistung hierüber habe ich nach Anforderung erhalten.

Mein Mann starb im Jahre 1983. Es gelang mir, seine Urne in die Familiengruft der Wolkenburger Friedhofskapelle zu überführen. Zwei Jahre später, 1985, wurden auf höhere Anordnung - angeblich aus hygienischen Gründen - die Zinksärge der Vorfahren sowie die Urnen meiner Schwiegermutter und meines Mannes aus der Familiengruft entfernt und auf dem Friedhof verscharrt. Ein Erdhaufen an dieser Stelle empörte viele Dorfbewohner. An Gedenktagen soll dort immer ein Kranz liegen. Als mein Sohn und ich 1991 unseren bevorstehenden Besuch dem Wolkenburger Pfarrer mitteilten, wurde vor unserer Ankunft (Aussage eines Dorfbewohners) der Erdhaufen eingeebnet und eine Tafel an der Mauer der Kapelle angebracht: Hier ruht die Familie Graf v. Einsiedel.

Im Jahre 1984 war ich für ein paar Stunden in Wolkenburg. Die Rittergüter sind im schlechten Zustand. Dagegen ist die Bausubstanz des Schlosses gut erhalten, da

Schloß Wolkenburg (vom Muldetal aus gesehen)
Nach 1945 befanden sich im Schloß u. a. viele Wohnungen, einige Klassenräume
und ein Andachtsraum.
Die Gemeinde möchte das Schloß verkaufen.

mehrere Familien darin wohnen. Große Räume dienen als Klassenzimmer für
landwirtschaftliche Eleven, der Festsaal, jetzt mit Gestühl und Altar ausgestattet,
wird als Andachtsraum für katholische Gottesdienste verwendet. Die Schloßkirche,
von Detlev-Carl Graf v. Einsiedel in klassizistischem Stil erbaut, ist rein erhalten
geblieben. Sie wurde äußerlich renoviert, nur die Innenrestaurierung kommt nicht
voran, ich hatte dem Pfarrer eine DM-Spende als Zuschuß überlassen.
Das Schloß ist seit 1992, bis auf wenige Bewohner, geräumt, da der Bürgermeister
mit mehreren Interessenten Verkaufsverhandlungen führt. Geplant ist, ein
Tagungshotel einzurichten, wie die Lokalzeitung unter der fettgedruckten
Überschrift: "Wolkenburg braucht einen neuen Schloßherrn" berichtete. Verlegt
wurde auch die Gemeindeverwaltung, die im ehemaligen Schloßrestaurant
untergebracht war. Dieses Gebäude soll auch verkauft und seiner ehemaligen
Bestimmung zugeführt werden.
Die Restaurierung der Schloßkirche kann 1993 abgeschlossen werden, nachdem
weitere Zuschüsse vom Denkmalschutz gewährt wurden, der auch - allerdings eine
nicht ausreichende - Summe für dringende Schloßreparaturen zur Verfügung
stellte.
Mein Mann war außerdem als Nacherbe seines Großvaters Kommanditist der Wolkenburger Papierfabrik. Als seine Mutter starb, forderte man von meinem Mann
eine vierstellige Zahl an Erbschaftssteuer für das gesperrte Konto. Er ließ sie von
diesem Konto abbuchen. Als er später pensioniert wurde mit einer ganz geringen

Rente, beantragte er, entsprechend einer mit der Bundesregierung getroffenen Vereinbarung, einen Zuschuß aus diesem DDR-Sperrkonto. Das dortige Geldinstitut teilte darauf unserer Bank mit, daß das erwähnte Konto dort nicht bekannt sei!

Nach der Wende besuchten wir auch die Papierfabrik in Wolkenburg, die von dem Großvater meines Mannes gegründet wurde, sie stand kurz vor dem Ruin und der Stillegung. Einige der völlig veralteten Maschinen waren noch im Betrieb, andere standen irreparabel, der Rest verrottet auf dem Betriebsgelände. Es gibt mehrere Gründe für die Schließung des Werkes, z. B. sind Patente für besondere Herstellungsverfahren, die nur in Wolkenburg angewendet wurden und deren Erzeugnisse konkurrenzlosen Absatz verbuchten, zur Papierfabrik in Penig "abgewandert". Die Wolkenburger Fabrik wurde unter dem DDR-Regime zum Zweigunternehmen von Penig bestimmt. Vermutungen liegen nahe, daß einige Manipulationen stattfanden, um das Penig-Werk zu erhalten - zu Lasten der Wolkenburger Fabrik.

Bei diesem Besuch erfuhren wir auch, daß der Anteil meines Mannes 1972 erloschen ist, angeblich um mit dem Kapital eine alte Hypothek zu tilgen; die Einlage wurde durch VE-Anteil ersetzt.

Joachim-Hans v. Einsiedel auf Syhra

Syhra - seit 1460 Einsiedelscher Besitz - liegt in der Amtshauptmannschaft Borna in Westsachsen, etwa in der Mitte zwischen Leipzig und Chemnitz. Es hatte eine Größe von 250 ha, davon ca. 50 ha Wald, der Rest überwiegend sehr fruchtbares Ackerland.

Zur Familie des letzten Eigentümers gehören:

J o a c h i m - H a n s Horst Reinhard Ludwig Paulus v. E i n s i e d e l, * Colditz, Sachs., 10. 1. 1901, † Reckershausen 14. 7. 1989, auf Syhra u. Niedergräfenhain (§) (seit 1486 im Bes. der Fam.), auf Reckershausen (gek. 1963), Kr. Göttingen, DiplLdwirt u. LdwirtschAssessor, Khr d. Markgfn v. Meißen, Senior d. FamVereins, RRr d. JohO.;
✕ Hannover, Schloß Linden, 9. 5. 1939 Elisabeth v. A l t e n a. d. gfl. H., * Wettbergen bei Hannover 1. 8. 1902, † Grasdorf bei Hannover 30. 11. 1990, T. d. Georg v. A. auf Linden, Wettbergen, Ricklingen II, Esbeck u. Blücher u. d. Hertha v. Brünneck.

Kinder (1 Tochter jung †):

1. H o r s t - A l e x a n d e r Joachim-Hans Georg Detlev Friedrich-Christian, * Dresden 24. 9. 1942, AgrarIng., Tierarzt.

2. C u r t - H i l d e b r a n d Joachim-Hans Leo Carl, * Dresden 14. 11. 1944 (adoptiert von seiner Tante Marie v. Einsiedel-Wolftitz), RegDir., ERr d. JohO.;
✕ Aufkirchen bei Starnberg 11. 5. 1974 Amélie Fstin v. U r a c h, Gfin v. Württemberg, * Tübingen 6. 4. 1949, DiplIng. agr. (Univ.), T. d. Oberstlts a. D. Eberhard Fst v. U., Gf v. W. u. d. Iniga Przssin v. Thurn u. Taxis.

Der nachstehende Artikel stammt von dem ältesten Sohn, Horst-Alexander v. Einsiedel. Er beschreibt zunächst die Verhältnisse in Syhra vor dem Zusammenbruch.

Vor dem Zusammenbruch

Im Jahre 1931 hatte der Pächter von Syhra Konkurs gemacht, Felder und Gebäude waren so verwahrlost, daß kein neuer Pächter zu finden war, trotz der hervorragenden landwirtschaftlichen Böden. Mein Vater, Diplom-Landwirt, gab damals seine Stellung bei der Landwirtschaftskammer Dresden auf, pachtete Syhra von den Mitbesitzern und erwarb es 1938.

Syhra lieferte jede Getreide- und Hackfruchtart, es war Saatgut- und Tierzuchtbetrieb, besaß eine Spiritusbrennerei und betrieb Obst- und Gemüseanbau in größerem Maße.

Durch Anbauverträge, vor allem von Sonderkulturen mit Möhren für "Donath-Saft", Rhabarberkulturen pp., wurden die Gelderträge gesteigert. Dies ermöglichte es, Syhras Dächer neu zu decken und aus der Abfindung die Schuldenlast der früheren Mitbesitzer gänzlich abzutragen.

Etwa 1943 geriet mein Vater in Konflikt mit der NSDAP. Der Kreisbauernführer Kirsche versuchte, Syhra an sich zu bringen, da mein Vater nicht nachgab, über Zwangsbewirtschaftung mit einem Treuhänder, der ihm ergeben war. Nun wurde der Betrieb planmäßig heruntergewirtschaftet, um von Kirsche billig erworben

Schloß Syhra (vor dem Verlassen Herbst 1945)

werden zu können. Die Lieferung des zum Dreschen notwendigen Rohöls wurde unterbunden, das Vieh größtenteils abgeschlachtet und meinem Vater als Eigentümer der Zugriff auf irgendwelches Inventar verwehrt. Eine Weiterleitung der Einnahmen an meinen Vater gab es nicht. Für meine Mutter, die damals meinen Bruder erwartete, konnten deshalb die Arztrechnungen nicht aus eigenen Mitteln bezahlt werden.

Mein Vater focht den Beschluß der auferlegten Treuhandschaft vergeblich an. Es wurde ihm vorgeworfen, die Hakenkreuzfahne sei nicht gehißt, der Gruß "Heil Hitler" käme nicht über seine Lippen und seine Syhraer Leute seien nicht in der Partei. Auch habe mein Vater Brotgetreide an Hühner verfüttert (es hatte sich um Ähren mit Pilzbefall, also gerade nicht um Brotgetreide gehandelt).

Nach dem Fall Stalingrads gelangte der Name Einsiedel durch den Mitbegründer des "National-Komitees Freies Deutschland" zu umstrittener Popularität. Ein anderer Vetter, Horst v. Einsiedel, Wirtschaftsfachmann im Kreisauer Kreis, wurde von den Nazis beobachtet. Im Gefängnisbuch von Leipzig findet sich unter dem 15. April 1944 die Eintragung, daß mein Vater von der Gestapo in Einzelhaft genommen wurde.

Syhra (im Herbst 1992)
Das Torhaus von 1574 (rechts neben dem Gutshaus) ist abgerissen,
Zwei weitere Abrisse, hier links im Bild nicht sichtbar, sollten das
Junkernhafte an der Bausubstanz auslöschen.

Über die Geschehnisse des Jahres 1945, die sogenannte "Bodenreform" und seine
Flucht aus Syhra ist das Nachfolgende den persönlichen Aufzeichnungen von
Joachim-Hans v. Einsiedel entnommen:

Bodenreform und Flucht

Die Amerikaner besetzten im April 1945 Thüringen und Westsachsen und befreiten mich von ungerechten nazistischen Gewalttaten als "Opfer des Faschismus".
Meine Heimat Syhra war zunächst von Amerikanern besetzt, die uns anständig
behandelten. Doch die unseligen Potsdamer Verträge brachten die Wende. Um
auch einen Sektor der Hauptstadt Berlin zu bekommen, gaben die westlichen
Siegermächte auch meine Heimat auf. Der Kommandant in Geithain benachrichtigte mich rechtzeitig, daß seine Truppen abziehen und dafür die Rote Armee über
die Mulde vordringen würde. Er riet mir dringend, vor allem die Frauen und
Kinder nach dem Westen zu retten, aber auch selbst zu fliehen, denn die Russen
wären entschlossen, das verhaßte Junkertum restlos auszurotten. So konnten wir
rechtzeitig sämtliche in Syhra versammelten Flüchtlinge, soweit sie es wollten, im
Treck nach Westen bringen, ebenso meine Frau mit unseren beiden Jungen. Ich

107

begleitete sie zu ihren Eltern nach Esbeck, später nach Wormsthal, Kreis Grafschaft Schaumburg, zu einer entfernten Tante meiner Frau. Dann kehrte ich per Rad nach Syhra zurück, wo ich am selben Tag eintraf, als nachmittags die Russen in Geithain einzogen. Am 1. Juli 1945 wurde das bis zur Mulde besetzte Gebiet den Russen preisgegeben.

Meine Mutter und Schwester waren nicht mitgetreckt. Das war gewiß in manchen Situationen ein Trost für mich, aber oft war ihr Bleiben auch eine große Belastung, denn nun setzte bald ein beispielloser Terror ein. Besonders meine Schwester geriet mehr als einmal in größte Gefahr. Wir waren für die Rote Armee Freiwildgebiet, wo sie ungestraft plündern und die Frauen vergewaltigen konnten. Zügellose, wilde Horden erpreßten die Bevölkerung - meist mit vorgehaltener Waffe. Die Kommunisten - von den Russen gestützt - gewannen die Oberhand, und damit wurde schlagartig eine geordnete Wirtschaft unmöglich gemacht durch Sperrung aller Bankkonten, Beschlagnahme der Safes, Enteignung aller Zugmaschinen und sonstigen maschinellen Transportmittel, Wegnahme des Rohöls und aller übrigen Vorräte. Täglich erfolgten Übergriffe in das landwirtschaftliche und private Eigentum. Die Wegnahme der Maschinen machte das Dreschen unmöglich, obwohl kurzfristige Ablieferung des Getreides gefordert wurde. Ich wehrte mich energisch mit einigen treuen Arbeitern, daß mein neuester Trecker und eine Maschine nach der anderen geraubt wurden, die so dringend benötigt wurden, um die Ernte zu bergen und die Herbstbestellung rechtzeitig durchzuführen.

Einmal wäre ich um Haaresbreite erschossen worden: Unter dem in Syhra ausgelagerten fremden Gut der Flüchtlinge befand sich die komplette Einrichtung eines Vetters Geldern, der bei der Gesandtschaft in Teheran gewesen war. Alles, auch Möbel, war in Kisten verpackt, die ein großes Zimmer bis zur Decke füllten. Wir hatten immer versucht, diese Werte zu verheimlichen, aber sie müssen durch die Kommunisten den Russen verraten worden sein, denn eines Tages erschien der russische Kommandant und verlangte die Möbel zu sehen. Als ich ihm erklärte, es handele sich um Diplomatengepäck, das international geschützt sei, war er bereit, es nicht anzurühren. Doch die Kommunisten setzten sich durch und veranlaßten, daß alles nach Geithain gebracht wurde. Ich ahnte nicht, was in den Kisten war, und das wurde mein Verhängnis, denn eine war mit Jagdflinten und Munition gefüllt. Schon beim Einrücken der Amerikaner war durch Anschlag bekanntgegeben worden, daß sämtliche Waffen und Munition abgegeben werden müßten, und daß jeder unweigerlich erschossen würde, bei dem später ein Gewehr gefunden würde. Ich wußte also, was mir bevorstand, als in der nächsten Nacht (zu Verhören kamen die Russen immer nachts) der russische Kommandant mit einem Dolmetscher erschien und mir erklärte, ich soll mich verantworten wegen einiger Flinten und Munition. Meine Mutter und meine Schwester, die herbeigeeilt waren, sahen schon die Vorbereitungen. Ich mußte mich hinter meinem Schreibtisch aufstellen, der Russe saß mir gegenüber, die Linke am Fernsprecher, die Rechte hielt die Pistole, die vorher umständlich geladen wurde. Dann wurden Mutter und Schwester trotz flehentlicher Bitten herausgeführt. Und doch glaube ich, haben diese Bitten das Herz des Russen gerührt, denn sonst könnte ich mir nicht erklären, wieso er nicht schoß, wozu er ja durchaus berechtigt war. Am unsympathischsten war der ganz asiatisch aussehende Dolmetscher. Ich wurde das Gefühl nicht los, er übersetzte nicht genau, manchmal direkt falsch. Wahrscheinlich wollte er ein dramatisches Ende des Verhörs erleben, das drei Stunden dauerte, wie ich an der Schreibtischuhr feststellte.

Als einmal im September kurz vor der "Bodenreform" kein Rohöl, das zum Antrieb des Bulldogs beim Dreschen nötig war, geliefert wurde und trotzdem innerhalb von zwei Tagen 1000 Zentner Weizen gefordert wurden, sprach ich in der russischen Kommandantur vor. Auf diesem Weg begleitete mich ein Freund aus Leipzig, der perfekt russisch sprach. Nach Abschluß der Verhandlung fragte mein Bekannter den Kommandanten, ob die befürchtete Enteignung käme. Der Russe erklärte nur: "Das ist eine reine innerdeutsche Angelegenheit, die uns nichts angeht." Zur Feier der Enteignung war er aber dann anwesend.

Nach der oben beschriebenen nächtlichen Episode schien mir der Kommandant etwas freundlicher gesonnen, was ihn aber nicht hinderte, seine Soldaten weiter ungestraft plündern und schikanieren zu lassen. Eines Tages kamen sie, um den Personenwagen abzuholen, ein anderes Mal erschienen sie mit schmutzigen Ackerwagen, um mit Mistgabeln meine Bibliothek (z. T. schweinsledern gebundene Werke aus dem 18. Jahrhundert) aufzuladen und bei strömendem Regen nach Geithain zu fahren. Dort wollte man sie gar nicht haben, und so landeten sie im Straßengraben. Leider wurde mir das erst später bekannt, sonst hätten die wertvollsten Werke gerettet werden können.

Den Höhepunkt bildete die Enteignung und Aufteilung des gesamten Grundbesitzes einschließlich aller Gebäude, sowie des lebenden und toten Inventars. Syhra wurde in Siedlerstellen aufgeteilt.

Ein ehemaliger Vizepräsident der Landesverwaltung Sachsen, Dr. Lehnhardt, hat auf die schweren Nachteile hingewiesen, die durch die Zerschlagung der großen Güter für die Ernährungswirtschaft entstehen. Er hat sich nicht durchsetzen können und infolgedessen sein Amt niedergelegt. Jetzt wurde die Landesverwaltung allein von dem Ersten Vizepräsidenten beherrscht, dem Kommunisten Fischer, der nach 14jähriger Schulung aus Rußland mitgebracht worden war. Er hat auf einer Feier, bei der er auf die kommenden Ernährungsschwierigkeiten hingewiesen wurde, erklärt, daß viele Menschen in diesem Winter verhungern würden. Es würden das die alten Nationalsozialisten sein, die keine Lebensmittelmarken erhalten sollten, dann die Offiziere und alten Beamten, die kein Gehalt bzw. Pension erhalten, insbesondere der Adel, die Besitzer wolle er von den Gütern jagen, sie sollten die geringste Klasse der Lebensmittelrationen erhalten. So hat man mit den Letzten angefangen.

In dem Bodenreformgesetz wurde behauptet, daß von den werktätigen Bauern die Liquidierung des "junkerlichen Grundbesitzes" gefordert worden sei. Ich habe reichlich Gelegenheit gehabt, mit Betroffenen zu sprechen und konnte dabei feststellen, daß Bauern und Gutsarbeiter grundsätzlich gegen die Enteignung und Aufteilung waren. Nach dem Gesetz war der landwirtschaftliche Grundbesitz entschädigungslos zu enteignen. Die Durchführung lag beim Ortsausschuß. Seine Maßnahmen wurden vom Kreisausschuß bestätigt, dessen Beschlüsse wiederum durch den Landesausschuß überwacht und bestätigt wurden. Der Vorsitzende dieses Landesausschusses war der schon erwähnte Vizepräsident Fischer.

Das Gesetz sah vor, daß bestimmte Güter wie Saatgut- und Viehzuchtbetriebe von der Enteignung auszunehmen seien. Als Siedler durften nur Personen berück-

109

sichtigt werden, die die Gewähr für eine antinazistische Einstellung boten. Unter diesen Voraussetzungen war in den Ausführungsbestimmungen zum Bodenreformgesetz sogar vorgesehen, daß dem eigentlichen Besitzer bis zu 25 ha Land zugeteilt werden können.

Gemäß dieser Ausnahmebestimmungen trat ich an die Landesverwaltung, Abt. Landwirtschaft heran und erreichte, daß Syhra, von dem ich nachweisen konnte, daß seit Jahren 25 Prozent seiner Ackerfläche Vermehrungsbetrieb für Hochzuchten war, in die Liste der zu erhaltenen Saatgutwirtschaften aufgenommen wurde. Ebenso konnte ich feststellen, daß Syhra dank meiner erstklassig anerkannten Schafherde in der Liste der zu erhaltenden Tierzuchtbetriebe stand. Beide Faktoren standen einwandfrei gemäß Art. II, Abs. 5, des Bodenreformgesetzes einer Enteignung entgegen, trotzdem wurde die Enteignung meines Besitzes restlos durchgeführt.

Zur Aufsiedlung wurden schlesische Bauern vorgeschlagen, die das eigentlich gar nicht wollten. Man stellte sie vor die Alternative: entweder Siedeln oder Weitertrecken. Da zogen sie das Siedeln vor, sagten mir aber, daß sie im kommenden Frühjahr in ihre Heimat zurückgehen wollten, somit mein Gut nur vier bis fünf Monate aufgesiedelt bliebe. Auch meine Arbeiter siedelten nur durch Zwang. Sie gaben eine Stellung mit fester Arbeitszeit, sicherem Einkommen ohne Verantwortung und dem Status der Selbstversorger auf gegen 5 ha Siedlungsland, wodurch sich ihr Lebensstandard verschlechterte. Einige meiner Arbeiter wollten das Siedeln altershalber ablehnen, andere, weil sie als Spezialisten größere Verdienstmöglichkeiten hatten (Schafmeister, Obermelker). Die Behauptung, daß "der Arbeiter auf Siedlung bestehe", stimmt einfach nicht. Es zeigte sich vielmehr deutlich, daß die Russen die kommunistischen Ideen durch die deutschen Kommunisten als willige Werkzeuge ausführen ließen. Dabei verlangten sie ein unglaublich schnelles Arbeiten.

Meine Arbeiter hatten durchgesetzt, daß die Siedlerstellen erst am 10. Juni 1946 selbständig wurden. Das war bezeichnend für ihre Einstellung, denn sie hofften, daß bis dahin der bisherige Zustand wieder eintreten würde.

In dem Protokoll über die Sitzung der Gemeindekommission vom 10. Oktober 1945 ist festgehalten, daß mir zu den 5 ha Siedlungsland zusätzlich 25 ha wegen meiner allgemein bekannten antifaschistischen Einstellung zugeteilt werden. Ebenfalls mit Datum vom 10. Oktober 1945 erhielt ich jedoch vom Landrat in Borna folgenden Brief:

"An Herrn v. Einsiedel, Syhra! Mit dem 4. Oktober dieses Jahres ist Ihr Grundbesitz mit allem lebenden und toten Inventar auf Grund der Verordnung zur Durchführung der Bodenreform enteignet. Als Vorsitzender der Kreiskommission habe ich am 5. 10. Herrn Andreas Wallman als Treuhänder eingesetzt. Allen Anweisungen des Herrn Wallman ist Folge zu leisten, alle Unterlagen sind ihm auszuhändigen u. zur Verfügung zu stellen, darüber hinaus sind Sie verpflichtet, Herrn W. alle Auskünfte nach bestem Wissen und Gewissen zu geben, die er zur Durchführung seiner Aufgabe benötigt. Ab 1. 11. 45 scheiden Sie aus der Selbstversorgung aus u. haben nur Anspruch auf die Ihnen zustehenden Lebensmittelkarten für Normalverbraucher. Ich erwarte, daß Sie Herrn W. keinerlei Schwierigkeiten bereiten. Herr Wallman ist angewiesen so zu handeln, als ob er der Besitzer des Gutes wäre und gemeinsam mit der Gemeindekommission die Aufteilung des Besitzes vorzubereiten.

Vorsitzender der Kreiskommission

gez. Unterschrift

Stellvertretender Landrat"

Mir wurde also alles genommen, mein landwirtschaftliches Gut, darüberhinaus auch mein gesamtes Privateigentum. In mein Haus wurden elf Siedlerfamilien gelegt und mit meinem Mobiliar ausgestattet. Entgegen dem Gesetz wurde auch mein Gasthof, der an eine Brauerei verpachtet war, also nichts mit dem Gutsbetrieb zu tun hatte, enteignet.

Anläßlich der Übergabe wurde eine Feier mit anschließendem Festessen im Beisein des russischen Kommandanten in Zivil abgehalten, wobei die Kirchenglocken eine halbe Stunde läuteten und der Pfarrer gezwungenermaßen zu sprechen hatte. Mir war die Teilnahme durch den Treuhänder verwehrt - ich wäre sowieso nicht erschienen.

Zwei- oder dreimal hatte der Bürgermeister mir zugeraunt, ich solle schleunigst fliehen, meine Verhaftung stünde unmittelbar bevor. Ich konnte mich aber erst entschließen, Syhra zu verlassen, als ein Vetter von mir vom Hofe weg verhaftet und ohne Angabe von Gründen verschleppt wurde. Man hat ihn nie wieder gesehen.

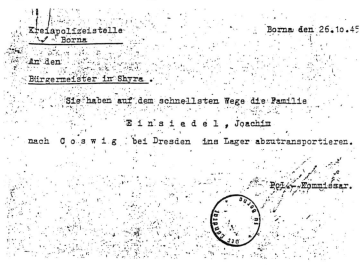

Am 26. Oktober kam das Verhaftungsschreiben. Aus meinem Arbeitszimmer sah ich das für mich bestimmte Abholkommando den Hof betreten. Durch den Garten konnte ich eben noch entweichen. Möglichst harmlos, in meinem täglichen Arbeitsanzug habe ich Syhra verlassen, das von meinen Vorfahren 500 Jahre lang

bewirtschaftet wurde. Meine Schwester brachte mir heimlich an die übernächste Bahnstation ein Fahrrad und einen Rucksack, und meine Mutter behauptete tagelang, ich läge krank zu Bett. Als man schließlich dahinterkam, hatte ich einen Vorsprung gewonnen, den die Verfolger nicht mehr einholen konnten.

Sehr belastend für mich war, Mutter und Schwester in Syhra zurückzulassen. Aber eine Flucht zu dritt wäre nie gelungen. Meine treuen Leute, die später von einem russischen Kommissar fortgejagt wurden, waren für meine Mutter und Schwester ein gewisser Schutz.

Soweit der nach den Aufzeichnungen seines Vaters zusammengestellte Bericht. Abschließend ein von Horst-Alexander verfaßter Bericht über die Erlebnisse seiner Großmutter und Tante bei dem Bombenangriff und der Flucht aus Dresden:

Angriff auf Dresden

In Dresden, Anton-Graff-Straße, lebten vor dem Bombenangriff vom 13./14. Februar 1945 meine Tante (Schwester meines Vaters) Ursula Freifrau v. Koenneritz und meine Großmutter Sophie v. Einsiedel, geb. Treplin. Dresden quoll damals über von Flüchtlingen, hauptsächlich Schlesiern, die sich vor der heranrückenden Roten Armee zu retten versuchten.

Am Vormittag des 13. Februar fuhr meine Tante nach Bautzen, wo noch Wertgegenstände im Schließfach einer Bank untergebracht waren. Die Rückfahrt war in einem überfüllten Viehwagen, in den sie bei abfahrendem Zug noch aufsprang. Der nachfolgende Zug ist dann direkt in den Bombenangriff gekommen, wobei es nach dem Bericht einer Roten-Kreuz-Schwester keine Überlebenden gab. Es sei unmöglich gewesen, die abgetrennten Beine, Arme und Köpfe den dazugehörigen Körpern zuzuordnen.

Aus dem Radiolautsprecher ertönte in dem verdunkelten Raum: "Schwere Bomber im Anflug auf Dresden." Meine Tante half einer im Haus lebenden Familie die Kinder zu wecken und anzuziehen. Trotz der Verdunkelung war die Stadt durch sogenannte "Tannenbäume" hell erleuchtet. Sie wurden von einer den Bombern vorausfliegenden Staffel abgeworfen. Nun folgte eine Bomberwelle nach der anderen. Das Haus brannte, Kohlen im Keller fingen Feuer, wohl durch die reichlich abgeworfenen Phosphorbomben. Aus Trümmerschutt gruben sich die Hausbewohner den Weg frei. Am eisernen Gartentor spießte meine Tante einen Zettel auf mit der Adresse, zu der sie mit meiner Großmutter gehen wollte. Wie durch ein Wunder blieb er von den Flammen verschont.

Über umgestürzte Bäume kletternd, brennendem Asphalt ausweichend, gelangten sie an den Rand des Großen Gartens. Hier ein grausiges Bild bombardierter Flüchtlingstrecks, Leichen über Leichen. Die wenigen Überlebenden sollten am nächsten Tag mit Bordkanonen von englischen Tieffliegern gejagt werden. Die Haare meiner Großmutter hatten unterwegs Feuer gefangen, meine Tante löschte sie.

Bereits am Tag nach der Ausbombung erschien mein Vater mit dem Rad aus Syhra kommend. Er hatte im Radio von dem Angriff gehört und die Adresse am Gartentor gelesen. Er organisierte die Fahrt nach Syhra.

Etwa ein halbes Jahr nach der Flucht meines Vaters nach Westdeutschland entschlossen sich meine Großmutter und Tante, ihm zu folgen. Im Harzer Raum wurde der Grenzübergang durch englische Soldaten verwehrt. Einer der Posten raunte meiner Tante jedoch zu, daß sie bei Einbruch der Dunkelheit den Stand verlassen würden. Wirklich erschien in der Dämmerung ein Jeep und nahm die Engländer mit. Großmutter und Tante waren ein Stück des Weges zurückgegangen und hatten sich im Chausseegraben in einer großen Röhre versteckt. Als sie dann herauskrochen, blickten sie in die Mündung eines russischen Gewehres. Zur Stärkung hatten sich die beiden eine fast 100 Jahre alte Flasche Cognac aus Syhra mitgenommen. Geistesgegenwärtig hielt meine Großmutter mit ihren 71 Jahren dem Russen die Flasche hin und sagte "Schnaps". Dieser zeigte auf sie: "Erst Du:" Er wollte wohl prüfen, ob Gift darin sei. Meine Großmutter trank einen kräftigen Schluck, worauf ihr der Russe die Flasche entriß, sie in einem Zuge austrank, in hohem Bogen fortwarf und beiden den Weg in den Westen freigab. Eine weitere Frau, die sich anschließen wollte, hielt er zurück, bis meine Großmutter erklärte, sie gehöre zu ihnen, dann gab er sie frei. Kurz darauf waren sie in Sicherheit.

Wir Kinder sahen die Zeit längst nicht so dramatisch wie die Erwachsenen, wir hatten ja auch nicht die gleichen Besitzvorstellungen wie sie. Die plündernden Russen in Syhra nachzumachen war ein beliebtes "Russenspiel" statt "Indianerspiel". Ich erinnere mich noch lebhaft, wie wir gern und aufgeregt in das Zimmer unserer Großmutter stürmten, die dann sehr ängstlich sein mußte, und nach einem bestimmten Wecker suchten, diesen dann ans Ohr hielten, enttäuscht ein "kaputt" brüllten und schweren Schrittes den Raum verließen.

Heinrich und Hans v. Erdmannsdorff

Das Geschlecht v. Erdmannsdorff ist seit dem 12./13. Jahrhundert im sächsischen Raum nachweisbar. Dort hat es bis zum Ende des 19. Jahrhunderts verschiedene Rittergüter besessen. Sein Stammsitz war der gleichnamige Ort an der Zschopau, ostwärts von Chemnitz, sein letzter Grundbesitz war das Rittergut Schönfeld bei Großenhain. Die Brüder Heinrich (1852-1916) und Hans (1858-1945) waren dort noch aufgewachsen. Als ihr Vater, Heinrich Otto v. Erdmannsdorff, im Jahre 1882 Schönfeld verkauft hatte, traten beide ganz in den Dienst des Königreiches Sachsen. Sehr zahlreich waren die Erdmannsdorffs wohl nie gewesen, jetzt waren beide die einzigen, die das Geschlecht noch fortsetzten.

A.

H e i n r i c h Gustav v. E r d m a n n s d o r f f, * Dresden 1. 1. 1852, † Schreiberhau 6. 12. 1916, Kgl. sächs. Khr, Amtshptm., GehRgRat u. Rittmeister d. Res. a. D.;
✕ Dresden 8. 10. 1887 Gertrud v. S c h ö n b e r g, * Leipzig 15. 6. 1865, † Dresden 23. 1. 1939, T. d. Kgl. sächs. WGehRats, ORechnungsKammerpräs. a. D. Bernhard v. Sch. a. d. H. Kreipitzsch u. d. Marie Fischer.

Kinder:

1. Emma H e r t h a Marie, * Kamenz 29. 11. 1889, † Starnberg, OBayern, 7. 9. 1956;
   ✕ Kamenz 17. 3. 1914 Curt v. B u r g s d o r f f, * Chemnitz 16. 12. 1886, † Starnberg 26. 2. 1962, Dr. jur., UStSekr. a. D., Oberstlt d. Res.

2. Heinrich W e r n e r Bernhard, * Bautzen 26. 7. 1891, ✕ (vermißt in jugoslaw. Gefangenschaft) Laibach 5. 6. 1945, Gen. d. Inf., Kmdr d. LXXXXI. Armeekorps;
   ✕ Langebrück bei Dresden 30. 9. 1919 Helene v. T s c h i r s c h k y u. B ö g e n d o r f f, * Dresden 30. 10. 1895, † Mainz 10. 12. 1982, T. d. Kgl. sächs. Obersten a. D. Friedrich v. T. u. B. u. d. Gabriele v. Sahr.

   Kinder:

   1) G e r t r u d Ella Marie, * Bautzen 24. 10. 1920;
      ✕ Langebrück 23. 5. 1944 Wolf K l e i k a m p, * Wilhelmshaven 11. 10. 1921, † Salzgitter 19. 9. 1956, OLt a. D.

   2) H e i n r i c h Gustav Adolph Friedrich, * Dresden 23. 12. 1921, ✕ bei Jelnja, Rußld, 3. 8. 1941, Lt im Rgt Großdeutschland.

   3) Heinrich Otto F r i e d r i c h, * Dresden 4. 8. 1930, DiplBrauing.;
      ✕ Dortmund 27. 9. 1960 Jutta R i c h t e r, * Dortmund 16. 1. 1936, T. d. Kaufm. Wilhelm R. u. d. Hedwig Underberg.

3. Heinrich Otto G o t t f r i e d, * Kamenz 25. 4. 1893, ✕ (in russ. Gefangenschaft hingerichtet) Minsk 30. 1. 1946, GenMajor u. Kmdr d. 465. InfDiv., zuletzt Kmdt von Mogilew;
   ✕ Niederlößnitz bei Dresden 29. 5. 1922 Margaretha Freiin v. H a u s e n, * Festung Königstein 20. 9. 1894, † Wuppertal-Elberfeld 11. 10. 1963, T. d. Kgl. sächs. Majors z. D. Erich Frhr v. H. u. d. Alexandra v. Collrepp a. d. H. Pottlitten, Ostpr.

Kinder:

1) C a r l h e i n r i c h, * Dresden 13. 3. 1923, BrigGen. a. D., RRr d. JohO.;
✕ Düsseldorf 31. 3. 1958 Monika v. der P f o r t e, * Dresden 2. 12.
1933, T. d. Ldwirts Hanns-Heinrich v. der Pf., vorm. auf Petershain,
u. d. Vera v. Watzdorf.

2) Gertrud Alexandra G i s e l a, * Löbau, Sachsen, 4. 1. 1925;
✕ Hermülheim 5. 3. 1955 Hans Dietrich v. Z a n t h i e r, * Rostock
6. 7. 1928, Beamter.

Über das Schicksal von Heinrich v. Erdmannsdorff und seiner Nachkommen hat
Carlheinrich v. Erdmannsdorff für das Schicksalsbuch des Sächsischen Adels das
Nachfolgende niedergeschrieben:

Als Heinrich v. Erdmannsdorff im Jahre 1916 starb, war er Amtshauptmann von
Kamenz (Oberlausitz), Geheimer Regierungsrat, Kgl. sächs. Kammerherr und
Rittmeister d. Res. Seine Söhne, Werner (1891-1945) und Gottfried (1893-1946),
haben beide als junge Offiziere im Kgl. Sächs. Jägerbataillon 13 am Ersten Weltkrieg teilgenommen. Sie wurden mehrfach verwundet. Nach dem Kriege dienten
sie in der Reichswehr, vorwiegend in sächsischen Garnisonen, und danach in der
Wehrmacht. Bei Ausbruch des Zweiten Weltkrieges waren beide Obersten.
Werner nahm als Regimentskommandeur am Polen- und Frankreichzug teil. In
Rußland wurde er im Dezember 1941 mit der Führung seiner Division beauftragt
und am 1. März 1942 zum Generalmajor befördert. Für seine Bewährung bei den
monatelangen, harten Abwehrkämpfen südlich des Ilmensees erhielt er das Ritter-
kreuz. Im August 1943 wurde Werner - inzwischen zum Generalleutnant befördert
- als Wehrersatzinspekteur nach Dresden versetzt, bis ihm Anfang August 1944 die
Führung des LXXXXI. Korps in Griechenland übertragen wurde. In einer letzten
Offensive stieß er 1945 nach Norden bis über die Drau vor und deckte dann den
Rückzug der Heeresgruppe. Am 8. Mai 1945 kam er bei der Kapitulation der deutschen Wehrmacht als General der Infanterie mit seinem Korps in jugoslawische
Kriegsgefangenschaft und wurde am 5. Juni 1945 ohne ein gerichtliches Verfahren
oder Urteil in Laibach von seinen Bewachern - betrunkenen Partisanen - erschossen. Seine Frau, Helene v. Erdmannsdorff, geb. v. Tschirschky und Bögendorff,
erfuhr erst Jahre später durch Heimkehrer von seinem Tod.
Gottfried hatte am Polenfeldzug im Stabe der 14. Armee teilgenommen. Danach
wurde er Regimentskommandeur des Sächs. Infanterieregiments 171, mit dem er
im Frankreichfeldzug über die Maas bis nach Dünkirchen angriff. Auch im Ruß-
land-Einsatz stets an vorderster Front, zeichnete er sich im Winterfeldzug 1941/42
besonders aus und erhielt dafür das Ritterkreuz. Nachdem er ununterbrochen an
harten Kämpfen teilgenommen hatte, gab er im Oktober 1942 nach einem Herzan-
fall sein Regiment ab. Im Lazarett am 1. Dezember 1942 zum Generalmajor befördert, übernahm er nach seiner Genesung im Frühjahr 1943 die 465. Division in
Stuttgart. Gottfried drängte wieder an die Front. Im April 1944 wurde er zum
Kampfkommandanten des sogenannten "Festen Platzes" Mogilew in Rußland ernannt. Er war dabei gemäß dem unsinnigen Haltebefehl Hitlers verpflichtet, den
Ort nicht ohne Befehl des Führers aufzugeben, obwohl er weder über Befestigun-
gen noch ausreichende Truppen verfügte.

Als Gottfried im Juni von einer NS-Schulung für Frontgenerale auf der Ordensburg Sonthofen zurückfuhr und bei einem kurzen Halt in Dresden seine Familie und seinen Bruder Werner zum letzten Male sehen konnte, sagte er bedrückt: "Was sollen wir tun? Die Katastrophe steht bevor, Hitler treibt uns in den Untergang!" Wenige Tage später, am 21. Juni 1944, griffen die Russen mit überlegenen Kräften die Heeresgruppe Mitte an und brachten sie in wenigen Tagen zum Zusammenbruch. Gottfried hatte Mogilew verteidigt, erlag aber am 28. Juni der Übermacht des Gegners und wurde gefangengenommen. Im offenen Lastwagen brachten ihn die Russen in das berüchtigte Gefängnis Budirka in Moskau. Am 17. Juli 1944 mußte er mit 20 deutschen Generälen an der Spitze von über 50.000 Kriegsgefangenen unter dem Johlen der Bevölkerung durch die russische Hauptstadt marschieren. Ein archaischer Siegeszug! Am 22. Juli unterschrieb er den Aufruf von 17 Generälen gegen Hitler. Nach seiner Verlegung in das sogenannte Generalslager Woikowo hat er dort am 8. Dezember 1944 - genau ein halbes Jahr vor dem Zusammenbruch des Deutschen Reiches - auch den Aufruf von 50 Generälen zum Aufstand gegen Adolf Hitler unterzeichnet. Er distanzierte sich aber bald danach vom Nationalkomitee Freies Deutschland, da er erkannte, daß dieses von den Sowjets mißbraucht wurde. Wenig später wurde er zu einem Schauprozeß nach Minsk transportiert.

In Rußland wurden damals gegen die ehemaligen Kampfkommandanten der "Festen Plätze" Prozesse geführt, in denen alle zum Tode durch den Strang verurteilt wurden. Von einer persönlichen Schuld der Betroffenen konnte nicht ausgegangen werden. Am 30. Januar 1946 wurde Gottfried auf der Rennbahn in Minsk öffentlich gehängt. Die Bevölkerung war in Massen versammelt worden. Der Tote wurde erst nach zwei Tagen abgenommen und in einem Massengrab bestattet. Über diesem wurde später eine Werkhalle der Auto- und Traktorenfabrik Molotow gebaut. Gottfrieds Frau, Margaretha, geb. Freiin v. Hausen, erfuhr von der Verurteilung und Hinrichtung ihres Mannes aus der Zeitung, eine offizielle Benachrichtigung hat sie niemals erhalten. Aus ihrer Wohnung in Bautzen ausgewiesen, fand sie nach vielen Schikanen mit ihrer Tochter Gisela ein Unterkommen am Rande der Stadt. Erst nach der Heimkehr ihres Sohnes Carlheinrich konnten beide im Jahre 1952 in die Bundesrepublik überwechseln. Nach ihrem Tode 1963 wurde sie in Solingen beerdigt, ihr Grabstein ist dort 25 Jahre später von unbekannten Tätern zerschlagen worden.

Auch die nächste Generation blieb nicht verschont. Werners ältester Sohn Heinrich (geb. 1921) fiel schon im August 1941 als Leutnant im Regiment "Großdeutschland" in Rußland. Sein jüngerer Bruder Friedrich (geb. 1930) war schon im Alter von 14 Jahren im Volkssturm zum Panzerwarndienst in einer Feldstellung bei Langebrück eingesetzt und später als Melder beim Generalkommando in Dresden. Im Oktober 1945 flüchtete er über die Zonengrenze nach dem Westen, um sich einer drohenden Verhaftung zu entziehen.

Der Schreiber dieser Abhandlung, Carlheinrich (geb. 1923), einziger Sohn von Gottfried v. Erdmannsdorff, war 1941 Soldat geworden. Nach verschiedenen Fronteinsätzen und drei Verwundungen kam er am 8. Mai 1945 im Kessel von Kurland als Oberleutnant in russische Gefangenschaft, wo er bis Ende 1949 festgehalten wurde.

B.

H a n s Heinrich v. **E r d m a n n s d o r f f**, * Schönfeld 6. 5. 1858, † Dresden
12. 12. 1945, Kgl. sächs. Oberstlt a. D.;
× Dresden 8. 10. 1887 Johanna v. **S c h ö n b e r g**, * Leipzig 16. 7. 1867,
† Nieder-Reinsberg 12. 3. 1945, T. d. Kgl. sächs. WGehRats, ORechnungs-
Kammerpräs. a. D. Bernhard v. Sch. a. d. H. Kreipitzsch u. d. Marie Fischer.

Sohn:

O t t o Bernhard Gustav, * Dresden 22. 10. 1888, † Starnberg 30. 12.
1978, Dr. jur., Gesandter 1. Kl. a. D.;
× I. Hamburg 9. 9. 1923 Irmgard **A l b e r t**, * Mexiko 1. 1. 1903,
† Berlin 6. 9. 1979 (gesch. Berlin 31. 3. 1939), T. d. Kaufm. u. Konsuls
Friedrich A. u. d. Maria Bremer;
× II. Berlin 27. 12. 1939 Erika v. **S e y d e w i t z**, * Leipzig 15. 6. 1895
(× I. Dresden 3. 10. 1924 Rochus Frhr v. Rheinbaben, † Berlin-Char-
lottenburg 19. 7. 1937, kaufm. Dir.), T. d. Kgl. sächs. Gen. d. Inf. a. D.
Max v. S. u. d. Coralie Bilharz.

Kinder erster Ehe:

1) **J u t t a** Gisela, * Berlin 4. 7. 1924;
   × Bad Godesberg 28. 3. 1953 Harald **H e n n i n g s e n**, * Husum
   3. 4. 1919, † Toblach, Prov. Bozen, 22. 8. 1963, Dr. med.

2) **W o l f - D i e t r i c h** Paul, * Berlin 1. 5. 1927, Dr. rer. pol., Industriekaufm.;
   × Köln 21. 2. 1958 Sigrid v. **E b e r h a r d t**, * Leipzig 7. 2. 1931, T.
   d. OLts a. D. u. Kaufm. Karl-Heinrich v. E. u. d. Ursula v. Brederlow.

Über Hans v. Erdmannsdorff und seine Familie schrieb ebenfalls Carlheinrich v.
Erdmannsdorff, das auszugsweise wiedergegeben wird:

Hans v. Erdmannsdorff, Kgl. sächs. Infanterieoffizier, der den Ersten Weltkrieg als
Oberstleutnant beendet hatte, wurde am 13. Februar 1945 bei dem Luftangriff auf
Dresden im Alter von 86 Jahren ausgebombt. Er irrte mit seiner kranken Frau, die
er im Handwagen hinter sich herzog, durch die brennende Stadt und gelangte so
schließlich nach Nieder-Reinsberg. Dort starb sie, Johanna v. Erdmannsdorff, geb.
v. Schönberg, nach vier Wochen. Bei der Plünderung des Schlosses durch russische
Soldaten wurde Hans niedergeschlagen, geohrfeigt und ausgeraubt. Am 12. Dezember des gleichen Jahres ist er dann dort ebenfalls gestorben.
Otto, der Sohn von Hans und Johanna, hatte Jura studiert und als Reserveoffizier
beim sächs. Gardereiterregiment am Ersten Weltkrieg teilgenommen. Bei Kriegsende befand er sich bei der Militärverwaltung in Riga und wurde nach einigen
turbulenten Wochen im Baltikum am 1. Oktober 1919 als Attaché in den Auswärtigen Dienst berufen. Nach Verwendung u. a. in Mexiko, Peking und Tokio wurde er
im Mai 1937 Deutscher Botschafter in Budapest. Dort hatte er ein gutes Verhältnis
zur ungarischen Regierung und zum Reichsverweser Admiral v. Horthy hergestellt,
wurde aber gegen deren Willen im Jahre 1941 durch einen hohen SA-Führer abgelöst. In der Folgezeit war er im Auswärtigen Amt ziemlich kaltgestellt. Im Jahre
1943 fiel sein Haus in Berlin einem Luftangriff zum Opfer. Nach Kriegsende
wurde er von den Briten zunächst verhaftet, jedoch bald wieder freigelassen. Im
Jahre 1947 wurde er von den Siegermächten erneut festgenommen und im soge-

nannten "Wilhelm-Straßen-Prozeß" unter Anklage gestellt. Er sollte Ungarn zur Beteiligung am Kriege veranlaßt haben. Der Prozeß zog sich bis April 1949 hin. Während dieser Zeit erhielt seine Familie weder Gehalt noch sonstige Unterstützung. Auf Grund von Zeugenaussagen alliierter Diplomaten wurde die Anklage Punkt für Punkt widerlegt und Otto freigesprochen. Er war einer der beiden freigesprochenen Angeklagten des gesamten "Wilhelm-Straßen-Prozesses". Otto lebte noch bis 1978.

Sein Sohn, Wolf-Dietrich v. Erdmannsdorff, Jahrgang 1927, war im Dezember 1944 noch Soldat geworden und im März 1945 auf deutschem Boden verwundet worden. Nach der Entlassung aus dem Kriegsgefangenen-Lazarett suchte er mehrere Wochen seine Angehörigen, bis er seine Stiefmutter im Westen wiederfand. Heute ist er als Dr. rer. pol. und Industriekaufmann tätig.

Joachim Freiherr v. Feilitzsch auf Kürbitz

Das Rittergut Kürbitz liegt in der Amtshauptmannschaft Plauen im Vogtland. Es hatte eine Gesamtgröße von 418 ha, davon 217 ha landwirtschaftliche Nutzfläche und 182 ha Wald sowie 19 ha Fischteiche. Die Geschichte des Ortes ist eng mit derjenigen der Familie v. Feilitzsch verbunden. Schon 1296 wurde Matthias v. Feilitzsch urkundlich als Besitzer erwähnt. Das Herrenhaus stammt aus dem 14./15. Jahrhundert, seine Anfänge gehen auf einen sehr viel älteren Wohnturm zurück. Die Kirche wurde 1626 von Urban v. Feilitzsch erbaut und sie besaß viele Grabdenkmäler.

Zur Familie des letzten Eigentümers gehören:

J o a c h i m Sigismund Freiherr v. F e i l i t z s c h , * Trogen 9. 6. 1900, auf Kürbitz (§), Vogtld, Ldwirt, Hptm. der Res. a. D.;
✕ Kürbitz 31. 8. 1937 Ilse v. F e i l i t z s c h , * Braunschweig 25. 1. 1915, T. d. Baurats a. D. Alfred v. F. u. d. Käte Bock.

Kinder:

1. J o a c h i m Alfred, * Plauen 4. 9. 1938, DiplVolksw., Bankkaufm.;
   ✕ München (standesamtl.) 17. 7., (kirchl.) 19. 7. 1980 Irene H e c h - l e r , * Coburg 11. 10. 1955, Sozialpädagogin, T. d. Oberstlts a. D. Otto H. auf Prisselwitz u. d. Lonny v. Vietinghoff gen. Scheel.

2. K a r o l i n e Gabriele Käte, * Plauen 30. 11. 1939, staatl. gepr. Kinder- gärtnerin;
   ✕ München (standesamtl.) 18. 6., (kirchl.) 19. 6. 1970 Ferdinand Prinz zur L i p p e - W e i ß e n f e l d , * Bautzen 14. 11. 1942, Betriebswirt, kaufm. Angest.

3. G a b r i e l e Esther, * Plauen 7. 2. 1942, Sekretärin;
   ✕ (standesamtl.) München 22. 5., (kirchl.) Amerang 24. 5. 1969 Adrian v. T s c h i r s c h k y u. B o e g e n d o r f f , * London 19. 4. 1937, Indu- striekaufm.

4. A l e x a n d e r Werner, * Kürbitz 19. 9. 1944, Forstrat;
   ✕ (standesamtl.) Stuttgart-Degerloch 1. 9., (kirchl.) Amerang 9. 9. 1978 Daniela S e e w a l d , * Stuttgart 15. 7. 1956, T. d. Verlegers Dr. phil. Heinrich S. u. d. Hela Kopp.

Über die Geschehnisse in der Familie berichtete Ilse Freifrau v. Feilitzsch kurz für das Schicksalsbuch:

Aus der allgemein-geschichtlichen Erkenntnis, daß nach einer Niederlage Deutschlands eine soziale Umwälzung zu erwarten sei, bei der dem Adel die Ver- nichtung in irgendeiner Form drohen würde, haben wir uns gedanklich und real auf den Verlust der Heimat beim Erscheinen der siegreichen Kommunisten vorbereitet. Mein Mann war während des Krieges bei der Wehrmacht, seit 1942 im Osten. Nach der Flucht von Königsberg nach Holstein wurde er dort von der Wehrmacht nach Bayern entlassen. Die Familie der Freiherren v. Feilitzsch stammt aus dem Vogtland, das in der Neuzeit aus dem bayerischen Oberfranken und dem südlichen Sachsen besteht. Nach dem Vormarsch der Amerikaner und der Sowjets war unsere Heimat beim Waffenstillstand zunächst von April bis Juli 1945 politisches

Niemandsland. Ein Gefangenenlager von ca. 20.000 deutschen Soldaten auf unseren Weideflächen brachte uns in Schwierigkeiten für die Versorgung unseres Viehes. Außerdem war unser Wohnhaus durch eine völlig unnötige Sprengung einer benachbarten Brücke stark beschädigt am Dach.

Aus diesen Gründen brachte ich meine alten, in Berlin ausgebombten Eltern und unsere vier kleinen Kinder sowie zehn tragende Kalbinnen und zwei Pferde nach Trogen bei Hof. Das Rittergut Trogen, mit einer Größe von etwa 500 ha, gehörte damals der Witwe des älteren Bruders meines Mannes. In Trogen verbrachten wir fast 15 Jahre, in denen mein Mann mit land- und forstwirtschaftlichen Beratungen tätig war.

Wir sind von den bei der Enteignung im September 1945 erwarteten Gewalttätigkeiten verschont geblieben. Unser unter Denkmalschutz stehendes ehemaliges Wohnhaus in Kürbitz ist im Jahre 1978 - vermutlich durch Brandstiftung - teilweise vernichtet worden. Den Neuanfang im Westen haben wohl alle Flüchtlinge gleich schwer erlebt.

Karl Freiherr v. Friesen-Miltitz auf Batzdorf

Das Rittergut Batzdorf liegt in der Amtshauptmannschaft Meißen und war der Ortschaft Scharfenberg eingemeindet. Es hatte eine Größe von 193 ha, davon 120 ha landwirtschaftliche Nutzfläche und 70 ha Wald.

Zur Familie des letzten Eigentümers gehören:

K a r l Hermann Georg Freiherr v. F r i e s e n - M i l t i t z , * Dresden 21. 5. 1880, † Jühnde 14. 2. 1960, auf Batzdorf (§) bei Meißen, ERr d. JohO.; ⨯ Dresden 31. 7. 1920 Hertha Freiin G r o t e , * Grimma 28. 11. 1887, † Rummelsberg 4. 4. 1973 (⨯ I. Oberlichtenau 10. 7. 1909 Benno v. Minckwitz, ⨯ [† an der bei Verlorenhoek, Flandern, 9. 5. erlittenen Verwundung] Görlitz 11. 5. 1915, Kgl. sächs. OLt im ResJägerBat. 25, gesch. ... 12. 1913), T. d. Oberstlts a. D. Louis Frhr G. auf Ober-Lichtenau u. d. Helene Schmidt.

Kinder:

1. D i e t r i c h Karl Ludwig, * Dresden 30. 6. 1921, ⨯ am Ilmensee, Rußld, 2. 11. 1941, Lt im InfRgt 30.
2. B e r n h a r d Karl Georg, * Dresden 7. 6. 1922, † ... 2. 1992, Kaufm., Steuerberater;
   ⨯ I. Jühnde 13. 10. 1945 Oda v. A l v e n s l e b e n , * Magdeburg 5. 10. 1921 (gesch. ... 11. 9. 1946; ⨯ II. Flensburg 11. 6. 1948 Hans Thygo Ingwersen, * Flensburg 17. 5. 1919, kaufm. Angest.), T. d. preuß. RegRats a. D. u. Rittmeisters Dr. jur. Ludolf v. A. auf Calbe u. d. Christa v. Goßler;
   ⨯ II. Berlin 24. 6. 1948 Katharina v. K a l c k r e u t h , * Hohenwalde 4. 2. 1925 (gesch. Düsseldorf 22. 11. 1956), T. d. Gottfried v. K. auf Hackpfüffel, Kr. Sangerhausen, u. Hohenwalde, Neumk, u. d. Edelgard v. Winterfeld;
   ⨯ III. Wanne-Eickel 15. 11. 1960 Anne K u r a s i n s k i , * Wanne-Eickel 11. 3. 1931, T. d. ... Johannes K. u. d. Wanda Mazur.
3. Monica Marie, * Dresden 16. 11. 1926.

Über die Geschehnisse bei der Enteignung und Flucht hat die Witwe des letzten Besitzers, Hertha Freifrau v. Friesen-Miltitz, einen eindrucksvollen Bericht geschrieben, der nachfolgend wortgetreu wiedergegeben wird.

Unsere Flucht im Oktober 1945 kann ich nur in kurzen Zügen schildern. Mein Mann hatte immer die Absicht, alles aufzuschreiben, doch unterblieb es leider durch sein vieles Kranksein.

Am 22. Oktober 1945 erschien der Scharfenberger Bürgermeister - wir waren dort eingemeindet -, den ich anstelle meines gerade abwesenden Mannes empfangen mußte. Es war ihm sichtlich peinlich, mir die Eröffnung machen zu müssen, daß wir innerhalb weniger Tage unseren Besitz zu verlassen hätten, nur so viele Sachen mitnehmen dürften, als jeder im Rucksack tragen könnte. Er ließ uns eine Frist von drei Tagen. Immerhin ganz anständig. So hatten wir wenigstens Zeit, unsere Sachen zu ordnen und einiges vorzubereiten. An einem Montag, nachdem wir den Tag vorher den Dorfleuten Gelegenheit gegeben hatten, sich unter unseren Sachen

- hauptsächlich Wäsche, keine Möbel - einiges ihnen Nützliche zu nehmen, und nachdem wir von allen Abschied genommen hatten, machten wir uns auf den Weg. Ich ging mit meiner jüngsten Tochter nach Meißen. Wir hatten etwas reichlich Gepäck auf einem Handkarren. Mein Mann ging nochmal nach Scharfenberg, um uns abzumelden. Dort sagte man ihm, daß das ganze ein Irrtum sei, was aber offensichtlich eine Finte war. Mein Mann ging noch zum Rechtsanwalt, um mit ihm zu besprechen, ob wohl die Rehbockschänke, ein kleines Gasthaus, das an der Elbe lag, aber zum Besitz gehörte und weder unter wald- noch landwirtschaftliche Nutzung fiel, zu retten sei. Dadurch blieben wir einen Tag und eine Nacht in Meißen, was uns zum Verhängnis wurde. Abends wurden wir im Hotel verhaftet und ins Amtsgericht gebracht, wo man uns Einzelzellen anwies. Da ich heftig dagegen protestierte, wurde ich zunächst mit meiner Tochter gemeinsam in eine Zelle gebracht. Den Vorstellungen meines Mannes gelang es, zu erreichen, daß wir für die Nacht ins Hotel zurück durften, wo wir in unseren Zimmern eingeschlossen wurden.

Am nächsten Tag wurden wir ins Amtsgericht zurückgebracht. Dort harrten wir der Dinge, die da kommen sollten, und wurden abends per PKW in das Lager Coswig überführt. Bei dieser Gelegenheit fuhren wir das letzte Mal an unserem Besitz vorbei. Im Lager Coswig blieben wir fünf Tage. Dort trafen wir meine Schwester und die Schwiegermutter meiner ältesten Tochter mit meinen beiden Enkeln, die während des Krieges zeitweilig von uns aufgenommen worden waren. Da sie jedoch nicht unter die "Belasteten" fielen, wurden sie wieder freigelassen. Im Lager befanden sich schätzungsweise 200 Personen, die alle nicht ahnten, was mit uns geschehen sollte.

Dann mußten wir binnen kürzester Zeit unser Gepäck - das meiste war uns schon in Meißen gestohlen worden - zusammenpacken, und wurden dann mit allen Leidensgenossen auf den Güterbahnhof getrieben und in Viehwagen verladen. Nach vielen Stunden setzte sich der Zug in Bewegung. In drangvoller Enge lagen wir nachts wie die Heringe auf ganz dünn gestreutem Stroh auf dem Boden. Zu Essen gab es einmal 200 Gramm Brot in fünf Tagen, zu Trinken nichts. Ich hatte Tee mit, und auf einer Station gelang es meiner Tochter und einem anderen jungen Mädchen, kochendes Wasser aus der Lokomotive zu bekommen, so daß wir wenigstens unseren Wagen versorgen konnten. Jeder hatte etwas Mundvorrat mit, mit dem äußerst sparsam umgegangen wurde. Die sanitären Verhältnisse spotteten jeder Beschreibung.

Schließlich endete der Transport in Stralsund, von wo wir den Rügendamm zu Fuß überqueren mußten, da die Gleise gesprengt waren. In unserem geschwächten Zustand war das eine große Strapaze, und man sah jammervolle Gestalten. Unsere Tochter trug fast das gesamte Gepäck. Wir sind dann in den ehemaligen Arbeiterbaracken der großen KdF-Bauten am Strand untergebracht worden. Es war sehr kalt - immerhin Anfang November - aber es gab wenigstens eine Kantine, wo es warmes Essen gab.

Nach einigen Tagen wurden alle auf verschiedene Dörfer verteilt. Wir kamen in zwei winzige Kammern eines Holzstalles, früher von Polen bewohnt und total verschmutzt, in einem Dorf, dessen Name mir entfallen ist. Aber in der Kammer war ein kleiner Ofen und genügend Holz, so daß wir es warm hatten. Mein Mann ging jeden Tag nach Bergen - je eine Stunde Weg - und versuchte auf der russischen Kommandantur einen Passierschein zu bekommen, was schwierig war. Schließlich gelang es ihm. Wir bauten unsere Zelte ab, gelangten mit Müh' und Not nach Bergen, wo wir ein kleines Hotelzimmer bekamen, und am nächsten Morgen überquerten wir wieder den Damm und stiegen in Stralsund in einen Güterzug. Die Wagen waren alle vollkommen überfüllt. Mein kranker Mann bekam einen Sitzplatz, meine Tochter und ich standen ununterbrochen neun Stunden lang. In Berlin angelangt, auf dem Stettiner Bahnhof, war es fürchterlich. Es goß in Strömen, das Glasdach war total kaputt, und so verbrachten wir die Nacht auf unseren Koffern sitzend. Dabei wurden wir immer von umherstreifenden Russen aufgescheucht. Sobald die Sperrstunde vorüber war, brachen wir auf. Ein Mann zog auf einem kleinen Wagen unser Gepäck zum Anhalter Bahnhof. Dort erfuhren wir, daß ein Zug erst am Nachmittag fuhr. Es wurde uns geraten, in einem kleinen Kloster, das ganz in der Nähe lag, für die paar Stunden Zuflucht zu suchen. Wir wurden dort sehr freundlich aufgenommen, bekamen heißen Kaffee und Weißbrot und später ein warmes Mittagessen. Wir schliefen den ganzen Tag. Am späten Nachmittag ging unser Zug; mein Mann und ich fuhren mit Endziel Leipzig, meine Tochter nach Dresden. Nach einer ruhigen Nacht in Wittenberg, wo wir wieder auf der Erde schliefen, erreichten wir dann nach stundenlanger Fahrt Leipzig. Dort konnten wir bei Vitzthums einige Zeit zubringen und uns etwas erholen, wofür wir sehr dankbar waren.

Dann erfolgte der Aufbruch nach dem Westen. Wir fuhren abends, mußten die Nacht in Halle verbringen. Wir waren bereits gewarnt worden, daß die Russen dort besonders unangenehm wären. So versuchte mein Mann, irgendwo ein Nachtquartier zu bekommen, was ihm auch bei einem Bahnbeamten gelang. Er brachte uns am nächsten Morgen in aller Frühe über die Gleise nach unserem Zug, der noch ganz leer war, sich aber dann erschreckend füllte. Er fuhr nach Heiligenstadt, wo wir durch Beziehungen ein gutes Nachtquartier fanden. Wir hatten einen Pferdewagen ausfindig gemacht, mit dem wir am nächsten Tag zur Grenze fuhren durch einen endlosen Flüchtlingsstrom. Bei Besenhausen gingen wir ohne Schwierigkeiten durch den Schlagbaum, und dann ging es nach Friedland, wo unendliche Massen warteten, um registriert zu werden. Wir standen stundenlang, Männer und Frauen getrennt, bei strömendem Regen in grundlosem Schmutz. Die ganze Sache wickelte sich so langsam ab, daß es ausgeschlossen war, daß wir noch an diesem Tage abgefertigt würden. So suchte mein Mann eine Gelegenheit zu telefonieren, um den Treuhänder meines väterlichen Gutes zu fragen, wo wir unterkommen könnten. Er riet uns, zu Herrn v. Schnehen zu gehen, der uns auch aufnahm. Der nächste Tag war unser letzter Fluchttag. Der Pferdewagen aus Jühnde holte uns ab, und wir fanden auf dem alten Groteschen Besitz, der Heimat meines Vaters, Unterschlupf.

Freiherren v. Fritsch-Seerhausen

Das Rittergut Seerhausen liegt in der Amtshauptmannschaft Oschatz und bildete mit der Schäferei Groptitz und dem Vorwerk Haideberg einen Gutsbezirk. Dieser hatte eine Gesamtgröße von 434 ha, davon 342 ha Ackerland. Das Herrenhaus besaß einen Turm, der als Schutzturm gegen die Daleminzier erbaut worden war. Seerhausen hatte die Gerichtsbarkeit über sieben Dörfer gehabt. Seit 1728 war es im Besitz der Herren und Freiherren v. Fritsch.

Zur Familie des letzten Eigentümers gehören:

Karl Alexander H u g o Freiherr v. F r i t s c h, * Seerhausen 26. 6. 1869, † Riesa 24. 11. 1945, auf Seerhausen (§), Ghzgl. sächs. Khr u. OHofmeister, Kgl. sächs. Major a. D.;
✕ Nowawes 30. 11. 1918 Katharina W a g e n f ü h r, * Tangerhütte bei Stendal 4. 8. 1879, † Seerhausen 30. 9. 1944 (✕ I. Berlin 15. 12. 1897 Hans-Wolfgang Herwarth v. Bittenfeld, * Berlin 23. 5. 1871, Oberst a. D., gesch. 13. 5. 1914), T. d. Hüttenbes. Johann Jakob Carl Franz W. u. d. Marie Luise Kathinka Kleinschmidt.

Thomas Ludwig Karl (K a r l o) Freiherr v. F r i t s c h, * Frankfurt am Main 7. 11. 1870, † Seerhausen 30. 11. 1945, Kgl. sächs. Oberstlt a. D., Flügeladj. d. Kgs Friedrich August III. v. Sachsen, RRr d. JohO.;
✕ I. Weimar 17. 1. 1911 Ericka v. N e u h a u ß, * Liegnitz 26. 10. 1875, † Dresden 10. 4. 1916 (✕ I. Liegnitz 2. 10. 1905 Henri v. Mutius, † Oschatz 31. 10. 1906, Kgl. preuß. OLt a. D., Vertr. der Hamburg-Amerika-Linie), T. d. Kgl. preuß. Oberstlts Erik v. N. u. d. Anna v. Plüskow;
✕ II. Dresden 6. 2. 1922 Alexandrine v. S u c k o w, * Dresden 6. 2. 1884, ✕ (ermordet bei Einmarsch der Russen) Seerhausen 5. 5. 1945, T. d. Kgl. sächs. GenLts a. D. Mortimer v. S. u. d. Katharina v. Kommerstädt.

Söhne erster Ehe:

1. Friedrich (F r i e d e l) Carl Hugo Eduard, * Dresden 11. 10. 1911, † ebd. 16. 2. 1936, Ldwirt.

2. W o l f Anton Gerhard Alexander, * Dresden 20. 9. 1915, Major a. D., Verleger, Adoptivsohn (Vertrag amtsgerichtl. bestät. Oschatz 24. 4. 1940) seines Onkels Hugo Frhr v. Fritsch, † 1945 (s. o.);
✕ Dresden 18. 12. 1943 Ingeborg Gfin v. H a h n, * Rostock 1. 1. 1913, † (beim Einmarsch der Russen) Leipnitz an der Mulde 7. 5. 1945 (✕ I. Oggerschütz 21. 9. 1934 Hans Werneyer, * ... 4. 10. 1904, ✕ El Alamain, Afrika, 6. 7. 1942, Oberstlt), T. d. Kgl. preuß. Majors a. D. Friedrich Karl Gf v. H. auf Basedow, Meckl., u. d. Carola v. Schmeling, auf Oggerschütz bei Schwiebus.

Viktor Eduard A l e x a n d e r Freiherr v. F r i t s c h, * Dresden 25. 12. 1875, † Düsseldorf 20. 2. 1967, auf Farm Streitfontein u. Osib, Deutsch-SW-Afrika, Kgl. sächs. Rittmeister a. D., RRr d. JohO.;
✕ Dresden 22. 1. 1909 Evelyn S c h u b e r t, * Dresden 28. 5. 1886, † Düsseldorf 25. 10. 1963, T. d. Kgl. sächs. GenMajors Erdmann Sch. u. d. Katharina (Käthe) Lorbacher.

Kinder (2 Töchter jung †):

1. **T h o m a s** Freiherr v. **F r i t s c h - S e e r h a u s e n**, * Chemnitz 7. 11. 1909 (adelsrechtl. Nichtbeanstandung vorstehender Namensform durch Beschluß des Ausschusses f. adelsrechtl. Fragen der Deutschen Adelsverbände Marburg an der Lahn 30. 8. 1974; Namensänderung durch das RegPräs. Stuttgart 28. 5. mit Wirkung vom 31. 8. 1979), ORegRat a. D., Dir. i. R., FamGenealoge;
   ⚭ Kauen, Litauen, 20. 8. 1943 Astrid-Maria Baronesse v. **H a h n**, * Rostock 1. 6. 1922, T. d. Kgl. preuß. Lts a. D. u. Rittmeisters a. D. Paul Baron v. H. auf Plonian u. Giedducz, Litauen, u. d. Anna Freiin v. Rosen a. d. H. Groß-Roop, Livld.

2. **R e n a t e**, * Leipzig 11. 8. 1912, auf Wildberg u. Lögow (§), Kr. Ruppin;
   ⚭ I. Dresden 26. 10. 1935 Hans-Joachim v. **Z i e t e n**, * Gnesen 20. 1. 1909, ⚔ am Volturno, Italien, 4. 11. 1943, auf Wildberg I u. II u. Lögow I, DiplLdwirt, Major d. Res. u. AbtKmdr;
   ⚭ II. Berlin 25. 9. 1954 Friedrich **L ü t t g e**, * Anderbeck 6. 9. 1900, † Schongau 16. 8. 1978, Dr. rer. pol., MagistratsODir. a. D.

3. **K a r l - E r d m a n n**, * Dresden 18. 9. 1918, ⚔ Schlackau, OSchlesien, 17. 4. 1945, Hptm. im ArtRgt 152.

Nachstehend wird ein von Thomas Freiherr v. Fritsch-Seerhausen für das Schicksalsbuch verfaßter Bericht im Wortlaut wiedergegeben.

Seerhausen

Es war nicht leicht, dies niederzuschreiben und schwer, es aus der Hand zu geben. Es geschieht nicht zur Anklage oder zum Ruhme, sondern zum Zeugnis und als Aufforderung, daß alles, was Gleiches und Ähnliches in den Häusern und Geschlechtern des deutschen Adels geschehen ist, festgehalten und niedergeschrieben wird. In diesem Bericht sind sämtliche damals lebenden Familienmitglieder dieses Hauses erwähnt.

Seerhausen liegt in Sachsen an der Straßenkreuzung Dresden - Meißen - Leipzig und Berlin - Riesa - Chemnitz - Vogtland. Es sicherte den Übergang über die Jahna, einen kleinen Fluß, der weniger durch Wasserreichtum und ein tiefeingeschnittenes Flußbett, als durch wechselnden Flußlauf, Nebenarme, totes Wasser und Überschwemmungen ein Weghindernis war. Je nach der Lage führte die alte Straße einmal südlich des Schlosses und einmal weiter nördlich entlang. Bodenfunde aus Hermundurischer Zeit liegen in der Nähe. Einer alten Überlieferung zufolge soll die Landfeste Gana, die Heinrich I. einnahm, an dieser Stelle gelegen haben.

Ein großer quadratischer Turm war der älteste Teil; er stammte wahrscheinlich aus dem 10. Jahrhundert. Man betrat ihn zu ebener Erde durch eine kleine Mauerpforte und stand innen unter dem hoch darüber liegenden Boden des untersten Geschosses, das nur durch eine Leiter oder einen Seilaufzug erreicht werden konnte. Im Lauf der Jahrhunderte wurden rechtwinkelig an den Turm Langhäuser angebaut, die zuletzt im großen Viereck einen offenen Innenhof umschlossen. Aus der Zeit der "Kemenate" Seerhausen waren Kreuzgewölbe erhalten, die Reste der Schloßkapelle. Die schmalen Fenstern der Außenmauern von zwei Meter Stärke zeigten innen sich schräg verbreiternde Nischen, die in späterer Zeit zu je einem Sitzplatz mit zwei Bänken und einem Tischchen ausgebaut wurden. Um das Schloß ging nach einem schmalen Weg ein tiefer Wassergraben, dem zwei weitere Wasserringe in größerem Abstand folgten. Hinter diesen Verteidigungsanlagen fand die Bevölkerung der Gegend Zuflucht.

Die Stürme der Zeiten sind alle darauf zugegangen! Die Hussiten, Vorfahren der Tschechen, die jahrzehntelang mordend, raubend, plündernd und sengend durch Sachsen fuhren, mußten daran vorüberziehen. Die Ereignisse der Reformationszeit fügten dem Hause keinen Schaden zu. Im Dreißigjährigen Krieg konnte sich der schwere Bau lange halten, ehe er gebrochen wurde. Die Landesfürsten haben oft rastend und übernachtend Einkehr gehalten. Friedrich der Große ist da gewesen und Napoleon hat eine seiner ruhelosen Nächte am Kamin des Rittersaales verbracht, als er im Oktober 1813 auf Leipzig zog. Der Stuhl, auf dem er saß, wurde gezeichnet und ist noch erhalten. Seine Garden haben alles, was nicht niet- und nagelfest war, einschließlich der Bäume in der Orangerie verbrannt.

Noch Jahrzehnte später berichtete ein alter Herr, der 1866 als preußischer Kavallerie-Leutnant vorgeritten war, wie schön in ihrem verhaltenen Zorn die junge Schloßherrin war, als sie ihn von der Schwelle des Schlosses in den Hof verwies. Dort hatte sie, kundig mit den Kriegsbräuchen, einen Ochsen an den Spieß gesteckt und für Getränke aus der Schloßbrennerei und Brauerei gesorgt. Sie scheuchte die Dorfschönen vom Platz, die in den Preußen nun einmal nicht den bösen Feind, sondern die lustigen jungen Männer sahen. Das alles hat sie nicht gehindert, Jahre später, als die verehrungswürdige Gestalt des greisen Kaisers Wilhelm I. im Bahnhof Seerhausen den Salonwagen verließ, um an den sächsischen Manövern teilzunehmen, einen Strauß zu winden und den Töchtern ein Huldigungsgedicht abzuhören.

Ein Ritter von Seruse ist aus alter Zeit überliefert; dann war es jahrhundertelang ein Hauptsitz der Schleinitz, bis es eine kinderlose Erbtochter 1728 dem ersten Fritsch verkaufte. Dieser hat aus dem schweren, unwirtlichen Kasten ein bewohnbares Schloß gemacht, eine Terrasse angebaut und den breit angelegten Park mit seinen Alleen alter Bäume gepflegt. Eine aus Stein gehauene Figur des Chronos von Permoser und weitere Figuren anderer Künstler, die Persönlichkeiten der römischen Geschichte darstellten, wurden aufgestellt und ein Teil der versumpften Wasseranlagen zugeschüttet. Nach 1863 wurde Burnitz, ein bekannter Frankfurter Architekt, geholt, um das Haus wieder umzubauen. Das ist ihm im Inneren gut gelungen. Der stets nasse Innenhof wurde durch ein großes Glasdach überdeckt, darunter führte eine breite, weiße Marmortreppe mit flachen Stufen in die oberen Stockwerke. Im äußeren Aufbau hat er seine Aufgabe nicht gelöst. Zwar war es richtig, einen Dachreiter auf schwachem Unterbau zu entfernen und dem Turm auf altem Unterbau eine Haube aufzusetzen. Doch glichen Dach und Turmhaube mehr den Vorstellungen einer Villa als einem Wasserschloß und konnten den schweren Würfel des großen Baus nur wenig lockern.

Seerhausen war Mannlehen und altschriftsässiges Rittergut Meißnischen Rechtes. Es ging ursprünglich zu Lehen des Stiftes in Naumburg und der Burggrafen von Meißen. Nach dem Tode des letzten Meineringers 1426 in der Schlacht bei Aussig kam es an die Wettiner. Bei jedem Wechsel des Fideikommiß-Besitzers

Schloß Seerhausen (Zustand bis Januar 1948)

vom Vater auf den Sohn wurde die Belehnung beim kurfürstlichen, dann königlichen Lehnshof in Dresden beantragt und von dort gegeben. Das wurde bis zum letzten Wechsel 1920 so gehalten, auch als das Lehnsrecht längst in moderne Verwaltungsformen übergegangen war.

In einer Ecke des Schloßparkes stand eine uralte Eiche, deren Umfang schon im vorigen Jahrhundert fünf Meter überschritt. Hier muß der Roland gestanden haben, ein Zeichen dafür, daß Seerhausen von altersher Gerichtsstätte war. Das freiherrliche Gericht, das außer den Gutsdörfern auch eine Anzahl weiterer Ortschaften, auch Alt-Oschatz umfaßte, ist erst in der Mitte des 19. Jahrhunderts auf das neugebildete königliche Amtsgericht übertragen worden. Es ist bekannt, daß es auf den germanischen Thingstätten Brauch war, daß die Sippen und Stämme auf eigenem Grund und Boden standen. Spitz zur Mitte hinlaufende Flurstücke des Thingplatzes erinnern an mancher Stelle daran. So gehörten zu Seerhausen auf dem

Der Augenblick der Sprengung des Schlosses Seerhausen
von Westen her gesehen, Januar 1948

Gipfel des nahe gelegenen Collmberges, der alten Versammlungsstätte, solche
Flurstücke. Auch dies kann vielleicht ein Zeichen sein, daß germanische Bevölkerung und Überlieferung die vorübergehende Zeit der oberflächlichen Sorbenherr-
schaft überdauerte.

Bei den letzten Kämpfen 1945 hatten einige bolschewistische Granaten dem
Schloß gegolten und Turm und Glasdach getroffen. Nur vorsichtig näherte sich
feindliche Infanterie, über die Wiesen aus Richtung Jahnishausen kommend, Dorf
und Schloß. In der Tür stand hochaufgerichtet und gelassen wie immer der über
70jährige Schloßherr Hugo Freiherr v. Fritsch-Seerhausen, einst Gardereiter und
der letzte Oberhofmarschall in Weimar. Neben ihm stand sein Bruder Karlo, einst
Flügeladjutant und Prinzenerzieher in Dresden und letzter Kommandeur der
Großenhainer Husaren. Sie wahrten den alten Brauch: dem Landesherren und
lieben Gästen vor der Tür entgegenzutreten, unerwünschten Besuch in der Tür des

Rest des Schlosses Seerhausen nach der ersten bzw. vor der zweiten Sprengung von Süden her gesehen, Januar 1948.

Hauses zu erwarten. Bereits Tage vorher waren sie von Polen niedergeschlagen worden, als sie die letzten Pferde des Gutes lieber Flüchtlingswagen, als den Plünderern überlassen wollten. Die von den Fahrzeugen abspringenden Bolschewisten stießen die beiden alten Herren beiseite, durchstreiften das Haus und bald erfüllte das geschäftige Treiben eines hohen Stabes das Gebäude. Panzer fuhren zu seinem Schutz im Park und um das Schloß auf; Kabel wurden gezogen.

Die Schloßbewohner wurden in kleine Zimmer des Dachgeschosses verwiesen. In einem lebten die Brüder Hugo und Karlo, im anderen Karlos Frau Alexandrine und Evelyn, die Frau Alexanders, des jüngsten der drei Brüder. Täglich erschienen Rotarmisten zum Plündern; einer fand im Zimmer der beiden Frauen in einer alten Kommode einige vergessene Schwarzpulverpatronen, hob die Waffe und legte auf die beiden weißhaarigen Damen an. Diese flüchteten über den Boden, die

Turmtreppe hinauf und verbargen sich an einem Ort, der auch den Kindern des Schlosses oft zum Versteck gedient hatte. Vom Turmumgang aus nicht sichtbar, führte eine schmale Eisen-Sprossenleiter außerhalb der Brüstung auf das Schloßdach. Wenn man unter der Brüstung stand, war man von oben und auch von unten nicht zu erblicken. Der Rotarmist verfolgte die beiden, die auf dem Turm spurlos für ihn verschwunden waren. Wie schon manchesmal in den letzten Tagen warteten sie stundenlang, auch nachdem alles ruhig geworden schien. Dann stiegen sie vorsichtig wieder über die Brüstung und trafen vor dem Eingang zum Turm doch auf den Soldaten, der gewartet hatte. Er riß die Maschinenpistole hoch und ein Feuerstoß fuhr in das entsetzte "Nein" von Karlos Frau. Evelyn lief die Wendeltreppe im Innern des Turmes herunter und wurde an deren Fuß durch einen gezielten Schuß, der sie vom Rücken zur Brust durchschlug, niedergeworfen. Der Rotarmist ließ sie als tot liegen. So fanden sie die Brüder. Während Karlo seiner Frau nicht mehr helfen konnte, wurde Evelyn in ihrem Zimmer auf ein Wachstuchsofa gelegt und ist ohne Arzt, der ihr verweigert wurde, und ohne Verband wieder genesen.

Ihr Gemahl Alexander, einst sächsischer Kavallerie-Offizier und dann Farmer in Deutsch-Südwest-Afrika, hatte sich trotz seiner 70 Jahre zum Volkssturm gemeldet, als mit den Flüchtlingstrecks die ersten Nachrichten von den grauenhaften Verbrechen der vorrückenden Roten Armee eintrafen. Seiner Länge wegen war er Flügelmann geworden und hatte sich freiwillig mit einer Panzerfaust im freien Feld einsetzen lassen. Er hat es stets bedauert, daß die feindlichen Panzer nicht an dieser Straße kamen. Nach Auflösung der nach Westen marschierenden Volkssturmeinheit und Aufenthalt bei Verwandten in Thüringen, kehrte er in seine Heimat zurück und wurde unterwegs denunziert. Als er in das bolschewistische Gefängnis in Oschatz, der Kreisstadt von Seerhausen, eingeliefert wurde, traf er auf seine kaum genesene Frau, die aus Seerhausen dahin verschleppt worden war. Der Systematik der Verfolgung war es gelungen, das Ehepaar im Tschekakeller zusammenzuführen. Beide kannten nicht das Schicksal ihrer Kinder.

Der älteste Sohn, Thomas, zuletzt Bataillonsführer in einem Panzergrenadierregiment, lag nach seiner fünften Verwundung in einem Lazarett im Westen und war transportunfähig. Die Tochter Renate, deren Gemahl Hans-Joachim v. Zieten als fünfter in unmittelbarer Geschlechterfolge sein Leben für das Vaterland gegeben hatte, war in Brandenburg niedergeschlagen und mißhandelt worden, als sie ihren Gutstreck, in dem kein einziger Mann war, vor den gewalttätigen Siegern schützen wollte. Der jüngste Sohn Karl-Erdmann, zuletzt Hauptmann und Batterie-Führer in einem Artillerie-Regiment, war im April in Schlesien gefallen, als er eine Infanterie-Einheit, deren sämtliche Offiziere und Unteroffiziere gefallen waren, übernehmen wollte.

Tag und Nacht wiederholte stundenlange Vernehmungen nach den Söhnen, quälten dies Ehepaar, bis es eines Tages mit der erlogenen Begründung entlassen wurde, man habe die Söhne und werde sie hängen. Als die Mutter ohnmächtig zusammenbrach, fielen von dem einzigen anwesenden deutschen Kommunisten hämische und schadenfrohe Worte. Sie kamen nach Seerhausen zurück, als der Besitz enteignet wurde und sind nach schwerer, langer Flucht und nach vielen Jahren in den Westen gekommen.

Der Trümmerberg nach der Sprengung von Schloß Seerhausen,
Blick vom Hof.

Wolf, zweitältester Sohn von Karlo, war von Hugo und dessen 1944 gestorbenen
Gemahlin Käthe vor Kriegsbeginn zum Erben von Seerhausen angenommen, nachdem Wolfs älterer Bruder Friedel, erster Sohn von Karlo, 1936 gestorben war.
Wolf, Major und Generalstabsoffizier, hatte seine Frau Inge und deren Tochter aus
erster Ehe, Ursula, von ihrem Besitz in Mecklenburg nach Seerhausen geholt. Er
glaubte sie dort sicher, nachdem die von den Alliierten ausgehandelte Grenze für
die vorrückenden amerikanischen und sowjetischen Truppen an der Elbe liegen
sollte. Als Wolf in seiner Dienststelle in Tetschen erfuhr, daß die Russen diese
Grenze, die Elbe bei Riesa, überschritten hatten, fuhr er schnellstens nach Seerhausen, um seine Familie und die dort untergebrachten Flüchtlinge zu warnen und
sie zur Flucht nach dem Westen aufzufordern. Hugo, Karlo und dessen Frau
Alexandrine bestanden darauf, in ihrer Heimat Seerhausen zu bleiben, während
Inge mit Ursula und einem Treckwagen dieser Aufforderung folgten. Als die Amerikaner ihnen und den anderen Flüchtlingen den Übergang über die Mulde verweigerten und die wilden Schändungen der Roten Armee bekannt wurden, gab Inge
sich selbst und ihrem Kind den Tod. Gegenüber den Ereignissen im Schloß blieb
das Dorf unter dem Terror des Feindes schweigend und hilfreich, wo es konnte.
Fremdes zugelaufenes Volk drang in das Schloß ein, suchte den Hausherrn, und als
sich Hugo unbeirrt durch den Ablauf der Zeiten ihnen entgegenstellte, wurde er
erneut mißhandelt und in ein Zimmer im ersten Stock gesperrt; ein schwerbewaff-
neter Doppelposten stand vor der Türe. Hugo war noch nicht lange im Zimmer, als
sich ihm sein Bruder Karlo aus der Seitenflucht der Räume näherte, im Nebenzimmer durch einen alten Schrank stieg, dessen Rückwand verschieblich war, in

131

der Wand eine Tapetentür öffnete und durch den großen Schrank im anderen Zimmer seinem Bruder heraushalf. Sorgfältig wurde alles wieder verschlossen und die Brüder hörten, wie Stunden später sich die beiden Posten wegen des unerklärlichen Verschwindens ihres Gefangenen gegen bittere Vorwürfe wehrten.

Im September 1945 wurde das Gut enteignet. Es erfolgte die allgemeine Anordnung, daß die Gutsbesitzer sich in einer Sammelstelle einfinden sollten; von dort wurden sie in tagelangem Transport in Güterwagen nach Rügen gebracht. Das nächste Ziel war zu Schiff in die Sowjetunion. Es gelang Hugo und Karlo in einer der ersten Nächte nach der Ankunft in Rügen, in einem Fischerboot auf das Festland zu entkommen. Der entbehrungsreiche Weg nach Seerhausen brachte Hugo eine schwere Lungenentzündung, der er Ende November 1945 in Riesa erlag. Wenige Tage später, nach der Beerdigung seines Bruders Hugo, nach seiner Kenntnis des Letzten seiner Angehörigen, nahm Karlo sich in Seerhausen das Leben. Er wurde neben seinem Bruder und den Frauen beim Aufgang zum Patronatsgestühl der Pfarrkirche in Bloßwitz beerdigt.

Kurz zuvor hatte Astrid, die Frau von Thomas, diesem Geschlecht am 16. Mai 1945 ihr erstes Kind, ein gesundes und kräftiges Mädchen, Adelheid, geschenkt. In den Wochen vorher hatte sie, gnädig behütet, die waffen- und eisesklirrende Flucht aus dem Warthegau, den Bombenhagel der Dresdener Hölle, die Bordwaffen der anglo-amerikanischen Tiefflieger, die die aus Dresden fliehenden Frauen und Kinder noch tagelang verfolgten, den Wirbel der letzten, verzweifelten Verteidigungskämpfe und nachtdunkle Fahrt über Alpenpässe überstanden.

Nach dem Auszug der Bolschewisten aus dem Schloß Seerhausen und der Enteignung wurde dieses zur Plünderung freigegeben. Im harten Winter 1945/46 wurde alles Brennbare herausgerissen, Dachbalken, Fenster und Türen. Als man im Arbeitszimmer über dem Schloßeingang den Parkettboden wegriß, stieß man auf eine Falltür. Sie wurde aufgestemmt und den überraschten Augen bot sich ein für sie märchenhafter Schatz. Hugo war in jungen Jahren ein erfolgreicher Herrenreiter gewesen und hatte zahlreiche silberne und goldene Pokale und Trophäen erhalten. Leuchter und Tabletts, Tafelgeschirr und ein vielfältiges Besteck aus Silber, in Generationen angesammelt, standen da mit zahlreichen anderen Wertsachen. Der Dienst bei Hofe hatte den Brüdern Bilder fürstlicher Herrschaften mit huldvoller Widmung gebracht, deren schwere, silberne Rahmen Interesse fanden. Die Nachricht, daß im Schloß an verborgener Stelle Schätze zu finden seien, lief wie ein Lauffeuer herum. Tage- und nächtelang wurde an allen Ecken und Enden mit Spitzhacke und Brecheisen gearbeitet und man fand, wie in vielen alten Häusern: Türen und Fenster, die nur leicht zugesetzt waren, im Turmgemäuer eine halbverschüttete Wendeltreppe; im Herrenzimmer eine verkleidete Fensternische, in der der Hausherr sich in besseren Zeiten einen Handvorrat an Zigarren und Wein gehalten hatte, und in der auch Silber und Kristall für den Gebrauch im Herrenzimmer stand; hinter einer Stahltür im Turm, die gesprengt wurde, das Familien- und Herrschaftsarchiv; eingezogene Doppelböden in früher hohen Räumen; Kamine und vieles andere.

Die Aufregung erreichte einen Höhepunkt, als in einer abgelegenen Ecke des Dachgeschosses Reste eines Skeletts gefunden wurden. Die Äußerung einer alten Frau, daß sie nun endlich wisse, wohin der alte Hund sich verkrochen habe, als es ans Sterben ging, wurde überhört. Alle diese Verwüstungen blieben äußerlich und taten den dicken Mauern wenig an.

1946 wurde das Haus freigegeben, um zahlreiche Flüchtlinge und Obdachlose unterzubringen. Diese fingen wieder an, Fenster einzusetzen und Öfen aufzustellen. Etwa 60 Personen lebten gedrängt im Schloß. Aufgrund einer Verfügung der sowjetischen Militäradministration sollten Schlösser gesprengt werden. So wurden im Dezember 1947 die Bewohner wiederum vertrieben. Bergmänner mit Preßlufthämmern kamen und bohrten in wochenlanger Arbeit Stollen in die meterdicken Mauern. Im Januar 1948 wurden sie gefüllt und das Schloß gesprengt. Trümmer flogen mit der gewaltigen Sprengung bis ins Dorf. Von dem Augenblick der Sprengung ist ein Lichtbild vorhanden, das ein Schuljunge aufnahm. Man sieht die sich beugenden Büsche und die Trümmer durch die Luft fliegen. Der stehengebliebene Rest wurde in einer zweiten Sprengung zerstört. Ein Schutthaufen, der wegen Einsturzgefahr der Keller gesperrt war, lag noch jahrelang an der Stelle. Dann wurde sie ein grüner Hügel mit einer Eiche auf der Spitze.

Das Haus lebt jedoch im Dorf und in der Gegend weiter im Erzählen und Sagen, das schon zur Sage wird; von der aufrechten Gestalt der alten Exzellenz in der Tür des Hauses, vom Todesschrei und dem Feuerstoß auf der Turmbrüstung, von verborgenen Schätzen und einem Skelett. Woher wir das so genau wissen? Es sind die Berichte der Überlebenden; und die Erzählungen eines Anwaltes, dessen Vater als Dorfbub solange vom Gutsherrn ein Stipendium bekommen hatte, bis er sich als Arzt niederlassen konnte; und der Bericht eines bekannten Dichters, der in Seerhausen geboren wurde. Sein Vater war Schulmeister und hatte den eigenen und den Schloßkindern in der Schulstube des Schlosses die Anfangsgründe des ABC und das Einmaleins beigebracht und den Katechismus und den Fahneneid erklärt. Und von einer alten Frau, die als junges Ding im Schloß in Diensten gestanden hatte und rufend und laufend den alten Hund gesucht hatte; und von dem und jenem, der aus der Heimat in den Westen kam, oder uns bei Besuchen in Seerhausen erzählte, deren Namen verschwiegen werden sollen, wie verlangt, damit keiner zu schwer getroffen werden kann von der Hand der roten Narren, die glauben aus Mord und Raub und Ungerechtigkeit eine bessere Welt aufbauen zu können.

Es war nicht leicht, dies niederzuschreiben, und es ist schwer, es aus der Hand zu geben. Die Mitglieder der Familie bitten, auf diesen Bericht nicht angesprochen zu werden.

Ferdinand Freiherr v. Fürstenberg

Ferdinand Maria Petrus August Hubert Freiherr v. Fürstenberg,
* Paderborn 27. 8. 1894, † Lippstadt 28. 5. 1974, Oberstlt a. D., E- u. Dev-
Rr d. souv. MaltRrO.;
✕ Dresden 11. 9. 1939 Ruth v. Carlowitz, * Dresden 18. 12. 1898,
† Erwitte, Westf., 22. 4. 1966 (kath. seit 1924), T. d. Kgl. sächs. Gen. d.
Inf. u. Kriegsmin. Adolf v. C. u. d. Priska v. Stieglitz.

Sohn:
    Hermann Joseph Michael Hubertus Maria, * Räckelwitz, Sachsen,
    16. 3. 1942, DiplIng. agr., Lic. jur. can., Priester, Pfarradministrator,
    E- u. DevRr d. souv. MaltRrO.

Unter dem Titel "Fragmente" hat Michael Freiherr v. Fürstenberg 1975 Aufzeichnungen und Manuskripte seines verstorbenen Vaters zu den von diesem geplanten
Lebenserinnerungen zusammengefaßt. Soweit sie die schicksalsschweren Jahre
während und nach dem Zweiten Weltkrieg betreffen, wurde der nachfolgende
Bericht diesem Büchlein auszugsweise entnommen.

Am 10. Januar 1945 gab ich noch eine kleine Treibjagd . . . Kurz danach griff der
Russe verstärkt an, kam über die Oder und rückte dann bis an die Neiße vor. Man
hörte mehr von den Kämpfen, Hoyerswerda wurde Etappe, was sich alles natürlich
langsamer entwickelte, als ich es schildere.
Es kamen nun auch Trecks, immer mehr und aus immer näherer Gegend. Die
Kreise Wielun und Umgegend kamen durch (Polen), dann die schlesischen Kreise.
Es herrschte eine barbarische Kälte, man hörte von erfrorenen Kindern und anderen greulichen Dingen. . .
Nun kamen auch wir in den Bereich des Feldheeres. Werkstätten, Nachschub-
dienste, Bäckereien, Lazarette, alles was hinten ist, kam heran und machte sich
brcit, dazu die Feldpolizei. Ich hatte mein Wehrmeldeamt und an sich mit dem
Feldheer nichts zu tun, aber plötzlich verschwand das Offiziersgefangenenlager
Hoyerswerda und sein Kommandeur, Generalmajor Hoffmann, so daß ich Stand-
ortältester wurde. . . Die Befehle des Feldheeres bekam ich nicht, die meiner vorgesetzten Stellen in Dresden nach dem großen Luftangriff am 13. Februar 1945
auch nicht mehr oder sehr verspätet. Jedenfalls regierte alles durcheinander und
der wilde "Oberbefehlshaber Ost", Generalfeldmarschall Schörner, fuhr herum,
schoß Leute tot und gebärdete sich wie ein wilder Mann. Ich habe damals privat
für mich Tagebuch geführt, schon weil man dauernd mit einem oder auch mit
beiden Beinen in die Nähe eines Kriegsgerichtsverfahrens rückte. Die Partei mit
ihren Bonzen machte sich zusätzlich breit, aber die wurden allmählich mit
steigender Gefahr friedlicher. . .
Als die Situation immer brenzliger wurde und die Russen an der Neiße standen,
hielten wir es für richtiger, daß Ruth und Michael weg in Richtung Westen gingen.
Man dachte damals, daß der Russe nicht über die Elbe gehen würde. Nun hatte ich
schon länger Befehle zum Auslagern meiner wichtigsten Akten. Es war zunächst
befohlen, eine Auslagerungsmöglichkeit westlich der Elbe festzustellen. . . So er-
kor ich mir als Auslagerungsort die Burg Schleinitz bei Lommatzsch, die einer

Cousine von Ruth, Mariechen Friesen-Carlowitz, gehörte, und so konnte ich dorthin Ruth und Michael mit auslagern!

Wir selbst hörten die Angriffe vom 13. Februar auf Dresden. Meine Schwiegermutter in Dresden-Neustadt machte uns große Sorge, ebenso andere Bekannte in Dresden. Sie blieb persönlich verschont, aber das Haus war zerstört. Sie kam zuerst bei einer Nachbarin, Fräulein Heine, unter, wie wir bald durch Lieselotte Wallwitz-Carlowitz aus Niedergurig erfuhren.

Die Situation in Hoyerswerda wurde nun immer ungemütlicher und ich schwebte mit meiner militärischen Stellung weiterhin zwischen Ersatzheer und Feldheer. Ich hatte zwar meinen alten Befehl, nach dem ich "bei Feindeinwirkung" mit meiner Dienststelle Hoyerswerda räumen sollte, aber Befehle des Feldheeres und Führerbefehle besagten das Gegenteil. Ich wußte nicht, ob ich womöglich "Kampfkommandant" würde, dann saß ich in der "Festung Hoyerswerda" fest und konnte nicht einmal mehr in unsere Wohnung in Dörgenhausen. Wir beschlossen nun also, daß Ruth und Michael mit den auszulagernden Akten nach Schleinitz gehen sollten. . . Am 17. Februar kam der Lastwagen auf unseren Hof durch. Gepäck, Wäsche, Silberkiste u. a. wurden verladen. Es war ein trauriger Abschied ins Ungewisse, aber ich war doch erleichtert, daß Ruth und Michael nun "hinter die Elbe" kommen und so den Russen nicht erreichbar waren, wie man dachte. . .

Da ich die Befehle des Feldheeres ja nicht bekam, hatte ich mehrfach Schwierigkeiten mit dem Kommandeur einer Heerespolizeiformation, die nach dem Abrücken des Offiziersgefangenenlagers einquartiert war. Er war mir nicht sympathisch, Gymnasialdirektor in Lauban (?) und 150prozentiger Nazi wie mir schien. Aber immerhin gingen die Geschäfte des Standortältesten an ihn als Lagerkommandanten über. Unseren Frontabschnitt hatte die 2. Panzerarmee, ihr Hauptquartier lag zuletzt in Klein-Malke. Generalqartiermeister war unser Vetter Magnus Welck, er hat mir manches erleichtert und besuchte mich auch einmal zum Mittagessen. . .

Auch in Hoyerswerda wurde unter Leitung der Partei der "Volkssturm" aufgestellt, nachmittags wurde mit Panzerfäusten geknallt. Ich bin nie hingegangen, weil ich nicht gerne sehe, wie alte und junge Unmünder Soldaten spielen. Im Kreis war ein Beamter der Grube Erika der Oberste. Als ich am Tag nach dem Bombenangriff auf Hoyerswerda in meiner Wohnung war, kam dieser Herr mit seinem Adjutanten im Auto angefahren und suchte Quartier. Er hielt sich aber nur kurz auf und rückte dann in Richtung Westen ab, ohne mir mitzuteilen, daß der Russe Hoyerswerda zu umfassen suche, und daß die Lage für Hoyerswerda hoffnungslos sei. Ich habe das vorweggenommen, weil es für die Führung des Volkssturms und der Partei typisch war. Erst hatte man ein großes Maul und dann ließ man seine Leute mit Kleinkalibern vor feindlichen Panzern im Stich. . .

In den allerletzten Tagen rief mich auch die Prinzessin Schönburg, geb. Löwenstein aus Guteborn an. Sie sollte zwei Pferde zur Musterung schicken, die aber ihrem Sohn gehörten und es seien außerdem ihre letzten. Ich habe ihr geraten, die Pferde einfach nicht zu schicken, aber bald von ihnen Gebrauch zu machen. Sie ist dann aber zu spät gefahren, ihr Treck wurde in Miltitz bei Meißen überrollt und dort ist sie auch begraben. Wir hatten sie und ihren Mann immer besonders gern gehabt. . .

Ich hatte inzwischen Befehl, mich nach Großröhrsdorf bei Kamenz zurückzuziehen, wo auch meine vorgesetzte Dienststelle, das Wehrbezirkskommando Kamenz lag. Der Abmarsch des Lastzuges erfolgte am frühen Morgen in Richtung Jannowitz, in den westlichen Teil meines Kreises, da ich nur auf Druck meinen Befehlsbereich verlassen wollte. Dort sollte in der Kneipe Halt gemacht und auf mich gewartet werden.

Meine Leute waren vollzählig da, nur der alte Angestellte namens Hauptmann fehlte, er wollte wohl in seinem Eigentum, einem Haus in der Stadt, bleiben. Frau v. Sternstein hatte sogar ihren Kanarienvogel - oder war es ein Wellensittich? - mit! Ich blieb wie geplant mit einem Feldwebel d. Res. aus Wohla bei Kamenz in unserer Wohnung in Dörgenhausen. Außer meinem privaten DKW-Meisterklasse hatte ich einen alten "Olympia", der aber nur als Anhänger gedacht war zum Transport der Personalkartei. Ich hatte auch Benzin gespart und gehamstert. . .

Die Beschießung Hoyerswerdas (19. April) dauerte den ganzen Tag an. Gegen Abend, vielleicht um 6 Uhr herum, rief ich Raack in Grube Erika an. Er sagte, daß Grube Erika noch nicht besetzt sei, der Russe aber am anderen Ende des Tagebaues sei. Er fragte mich, was er tun solle, ich habe ihm geraten, abzurücken. Danach rief ich noch einmal den Kampfkommandanten an. Er sagte mir, daß Hoyerswerda im Westen von aus Norden vorstoßenden Panzern umfaßt würde. Auf meine Frage sagte er, daß die Bahnlinie noch nicht überschritten sei und er riete mir, nun abzufahren. Das war mir selbst auch klar, denn die russischen Panzer mußten nach der Beschreibung direkt auf meine Wohnung zusteuern. Ich sagte also meinem Feldwebel und Anni Bescheid, brachte noch einige Koffer in den Wagen und fuhr ihn aus der Garage. Der zweite Wagen wurde mit einer Wäscheleine angehängt. Man hörte Motorengeräusche und Schüsse in Richtung Eisenbahn, wo wo die russischen Panzer gemeldet waren. Als ich aus dem Tor auf die Dresdener Straße fuhr und links einbog bei geringer Steigung, riß die Wäscheleine. Wir brachten sie aber wieder in Ordnung, immer etwas in Spannung, ob nicht ein Panzer auftauchen würde. Für diesen Fall hatte ich mir eine Möglichkeit über mir bekannte Feld- und Waldwege ausgedacht. Es ging gut, obwohl diese Wäscheleine noch einmal riß. In Ruhland stand Polizei auf der Straße und leitete den Verkehr über Nebenstraßen, weil die Russen, die aber noch gar nicht vorhanden waren, angeblich gerne an gerade verlaufenden Straßenzügen entlangschössen. Es war sehr wenig Verkehr. Ich fuhr zur Firma Ulrich und ließ mir eine starke Kette geben, um die Wäscheleine zu ersetzen. . .

Ich fuhr an Guteborn vorbei nach Jannowitz. Meine Leute lagen im Saal der Kneipe und hatten so ziemlich alles ausgepackt! In der Nacht kamen Truppen durch, stark mitgenommene Einheiten von Zug- und Kompaniestärke, die sich zurückzogen. Im Osten brannten Dörfer. Es sah nach weiterem Vordringen der Russen aus und ich ließ unseren Lastzug holen, der in Lindenau bei Ortrand stand. Es wurde gepackt und abgerückt. Ich fuhr zunächst dorthin um zu tanken. In Lindenau, dem Lynarschen Besitz, den ich als gepflegtes Schloß und Park kannte, sah es recht kriegsmäßig aus. Es war Ausweichstelle des Landrats von Hoyerswerda. Autos, Wagen, Lastwagen, im Schloß die Dienststellen, alles rannte durcheinander. Ich bekam aber Öl. Mein Auto hatte ich hinter den Lastwagen gebunden um Benzin zu sparen. . .

Um nun nach Großröhrsdorf zu kommen, fuhren wir von Lindenau über Ortrand in Richtung Kamenz. In Linz ließ ich an der Post halten und versuchte zu telefonieren. Ich wollte mich mit meinem Wehrbezirkskommando in Großröhrsdorf verbinden lassen, mit dem ich noch in der Nacht von Jannowitz aus gesprochen hatte. Ich bekam keine Verbindung und merkte am Gebahren des Fräuleins von der Vermittlung, daß etwas Besonderes los sei. Aber auf meine Frage, ob in Großröhrsdorf schon der Russe sei, konnte sie mir keine Auskunft geben. Ich wollte nun über Königsbrück nach Großröhrsdorf fahren. Nachdem wir an einem Wäldchen eine Rast eingelegt hatten, kamen wir auf der Weiterfahrt an eine feldwachenartige Postierung einer Luftwaffeneinheit. Ich ließ halten und erkundigte mich bei dem führenden Unteroffizier nach der Lage. Von ihm erfuhr ich, daß der Russe über Kamenz nach Königsbrück vorgestoßen sei und anschließend weiter auf Dresden vorrücke. Das war doch überraschend, und wenn ich diese Soldaten nicht getroffen hätte, wären wir geradewegs auf die Russen oder wenigstens auf die russische Vormarschstraße losgefahren. . .

Ich entschloß mich also kehrt zu machen und über die Elbe zu gehen und zwar in den bekannten und gemeldeten Aufmarschraum Lommatzsch/Schleinitz. Mir fiel dieser Entschluß nicht schwer, weil ja Ruth und Michael in Schleinitz waren und ich mich so um sie kümmern konnte. . .

Es ging dann aber alles glatt und wir fuhren nach Großenhain. Für mich tauchte die Frage auf, wo ich über die Elbe gehen solle. Die Brücke bei Riesa war vermutlich überlaufen, verstopft und offen den Angriffen der russischen und amerikanischen Flieger ausgesetzt. Ich suchte mir nun auf der Karte eine Fähre aus, wohl bei Zadel.

Die Fähre war von einem Kommando Feldpolizei bewacht. Da meine Papiere in Ordnung waren, wurde mir die Überfahrt freigegeben. Inzwischen wurde es aber in der Luft lebendig. Tiefflieger und andere Flieger, Jäger usw. rasten in der Luft herum, so daß wir zunächst festsaßen. Bei uns wurde nichts angerichtet, aber bei Riesa wurde ein großes Munitionslager beworfen und mit Erfolg: Große Detonationen, eine nach der anderen, und eine unerhört mächtige Rauchwand zeichnete sich ab und wurde immer gewaltiger. . .

Gegen Abend wurde es ruhiger und wir konnten uns wieder in Bewegung setzen und in Richtung Lommatzsch fahren, man mußte nur vor Tieffliegern auf der Hut sein. Von Lommatzsch rief ich gleich Schleinitz an und sprach mit Ruth, erfuhr, daß es ihnen gut ging und sagte mich für den nächsten Morgen dort an. . .

Ich fuhr mit meinem PKW vor und traf 1 km vor Schleinitz die Hausfrau, Mariechen Friesen-Carlowitz, die zu mir einstieg. Wir freuten uns nun, mal wieder zusammen zu sein, Michael machte ein Gesicht, als sei ich nur einen Tag weggewesen. Schleinitz war auch schon stark vom Krieg gezeichnet, bis zum 16. April hatte dort auch Generalfeldmarschall Kleist mit seinem Stabe gelegen, der sehr freundlich zu Ruth und Michael gewesen war und letzterem beim Ostereiersuchen geholfen hatte und ihn mit seinem Marschallstab spielen ließ. Jetzt lag dort ein Divisionsstab, der aber Front nach Westen gegen die Amerikaner hatte.

Ich fuhr täglich nach Lommatzsch zu meinen Leuten, wo aber auch nichts zu tun war. Dort hörte ich, daß russische Schwimmpanzer über die Elbe bei Riesa gekommen seien. Also war die Elbe nicht die Demarkationslinie zwischen den Verbündeten; für alle, die gedacht hatten, westlich der Elbe sicher zu sein, eine schwere Enttäuschung. . .

Einmal bemerkten die Damen eine gewisse Aufregung und Geschäftigkeit beim Divisionsstab. Ich ging deshalb zum Ia, der krank im Bett lag, und fragte ihn, da der General nicht da war. Er durfte eigentlich nicht über den Plan sprechen, der ihm auch nur in groben Zügen bekannt sei, aber sagte dann doch, daß man gerade hier die Ostverteidigung und die Westverteidigung zurücknehmen und eine Front nach Norden bilden wolle. Dasselbe solle weiter nördlich geschehen mit der Front nach Süden, so daß ein Korridor entstünde, in dem sich Russen und Amerikaner treffen sollten. Man hoffte, daß sie sich dabei in die Haare geraten würden. Letzteres schien uns unwahrscheinlich, aber ich hätte es gerne glauben mögen! Das Peinliche für uns war nur, daß die Hauptkampflinie durch Schleinitz gehen sollte. . .

Nach einiger Zeit kam der General zu Mariechen Friesen und sagte dasselbe. Für mich stand nun fest, daß ich nicht bleiben konnte, da meine Dienststelle in Lommatzsch weit vor der geplanten Hauptkampflinie lag. Ich konnte oder wollte meine Familie nicht in Schleinitz lassen und rief Stark bei der W.E.I. an, der mich nach Wilsdruff dirigierte. Vor Wilsdruff liegt Roth-Schönberg und ich wollte nun Ruth und Michael dorthin zu Josef Schönberg bringen.

Meinen Lastzug bekam ich wieder und dirigierte ihn mit meinem Zeug und den Leuten nach Wilsdruff. Ich fuhr mit Ruth und Michael zunächst nach Nossen, sprach dort mit Stark, und dann weiter nach Roth-Schönberg. Josef Schönberg war rührend, obwohl er seinen Bruder Michael mit Frau, Enkelkinder sowie Dela Schall-Boeselager mit Baby im Haus hatte. Es wurde ein Gastzimmer für Ruth und Michael eingerichtet und ich fuhr nach Wilsdruff, vorbei an einem Treck, der, wie sich nachher herausstellte, der von den Braunaer Stolbergs war. In Wilsdruff wohnte ich im Hotel. In der Nacht kam auch der Lastzug an, die Leute wurden gut untergebracht. Einen Abend verbrachte ich bei Planitz und seiner Frau. Ich kannte ihn schon lange, er war auch einmal einige Zeit in Hoyerswerda am Gefangenenlager gewesen. . . Etwa am zweiten Tag fuhr ich mit dem Rad nach Nossen und stellte fest, daß die Wehrersatzinspektion sich ins Erzgebirge zurückgezogen hatte. Ich traf nur den Arzt, der aber auch schon am Abfahren war.

Auf dem Rückweg war ich in Roth-Schönberg, wo ich die Stolbergs traf. Maria Stolberg war bereit, Ruth und Michael oder Dela und Elisabeth mitzunehmen. Man einigte sich auf Ruth, Dela sollte mit dem Roth-Schönberger Treck fahren. Ich habe noch in Roth-Schönberg zu Mittag gegessen, am Abend wollten die Braunaer trecken und ich mußte am Nachmittag nach Wilsdruff. Der Abschied war ziemlich schmerzlich und nicht ohne Tränen, ganz ins Ungewisse, wenn man nicht mit dem lieben Gott rechnet. Ich wollte ins Erzgebirge, aber als Soldat ist man ja nicht lebensversichert! Ruth sagte, als ich "auf Wiedersehen" sagte, "ja, im Himmel". Da habe ich allerdings doch noch widersprochen, allerdings war ich selbst nicht ganz überzeugt, daß alles gut gehen würde. Michael Schönberg wollte mich veranlassen, seinem Bruder Josef zu raten, nicht zu trecken und dazubleiben. Ich habe das abgelehnt, weil ich keine Verantwortung für Folgen, die ich nicht übersehen konnte, tragen wollte (26. April 1945). Als ich von Gut Roth-Schönberg auf die von Norden kommende Straße kam, kam von Norden her ein Oberstleutnant auf seinem Motorrad, den ich anhielt, um mich über die Lage zu orientieren. Er kam von der

Front und wollte zu seiner Division oder zum A.O.K., jedenfalls konnte er mir Auskunft geben, der Russe stand auf etwa 20 km und es sei nicht zu erwarten, daß er heute noch weiter käme. So fuhr ich nach Wilsdruff, wo ein Viadukt nahe der Stadt gesprengt wurde.

In Dippoldiswalde besuchte ich Salza, der mit seinem Dresdener Wehrbezirkskommando dorthin ausgewichen war. Mit ihm (Freiherr Wilhelm v. Salza und Lichtenau) war ich seit meiner Zeit bei der Wehrersatzinspektion in Dresden (Oktober 1937 bis November 1938) befreundet, wo er mein Vorgesetzter war. Er ist, wie ich später hörte, zunächst in Gefangenschaft gekommen, dann aber entlassen worden und lebte in seinem Haus in Dresden-Neustadt. Später wurde er erneut verhaftet und ist im berüchtigten Lager Frankfurt/Oder an Krankheit und Entkräftung gestorben. Seine Frau sei hingefahren, als sie hörte, daß er krank sei, habe ihn aber nicht mehr lebend angetroffen. Ich habe in Dippoldiswalde noch mit ihm zusammengesessen, Sorgen hatten wir beide genug. Ich fuhr dann weiter nach Falkenhain (Erzgebirge). Ich kannte Falkenhain nur durch Siegfried Lüttichau, bei dem ich in Bärenstein viel gejagt habe, dort war die Falkenhainer Jagdgrenze, eine berüchtigt schlechte Grenze! Ich wußte, daß in Falkenhain das Wehrmeldeamt Kamenz lag und traf auch die Reste dieser Dienststelle an. . .

Ich traf auch Bars Wallwitz, damals im Arbeitsdienst, der mit seiner Einheit kurz in Falkenhain lag. Ich habe ihn gefüttert, so gut es ging, da er Hunger hatte. Die Einheit hat sich aber, wie er später erzählte, bald aufgelöst, und er ist nach Freiberg zu den Kirchbachs und hat dort seine Familie wiedergetroffen.

In Falkenhain erfuhr ich auch am Radio den Tod Hitlers und all die politischen Dinge, die sich danach ergaben. . .

Bei einem Gang sah ich Bärenstein, ein schöner Blick von oben auf die Burg. Ich bin dann eines Tages zu Fuß hingegangen und trank dort Tee. Als Gast traf ich den General a. D. Schwarz. Er war um 1935/36 Chef des Stabes beim Generalkommando in Dresden. Ich kannte ihn daher und hatte auch in Bärenstein mit ihm gejagt. Er war später verabschiedet und hatte sich in seiner Heimat Ostpreußen niedergelassen. Im Krieg wieder in Dienst gestellt, war er Kommandeur des Truppenübungsplatzes Königsbrück, aber nach dem 20. Juli entlassen. Ich hörte später, daß er nach der Besetzung durch die Russen mit Siegfried Lüttichau und Alec (Alexander) Wallwitz in Bautzen eingesperrt war. Als aber die Russen sahen, daß er im Handgepäck Klosettpapier hatte, sagten sie: "General, große Kultura" und erleichterten seine Haft.

Die Lüttichaus luden mich ein, doch nach Bärenstein zu kommen, was ich nach einigem Zögern auch tat. Meinen Luftwaffenunteroffizier legte ich nach Zinnwald, während die anderen Unteroffiziere in Falkenhain in ihren Quartieren blieben. Alle, auch ich hatten wenig Lust zu einem Einsatz in der Kampftruppe in einem Augenblick, wo der Zusammenbruch fühlbar bevorstand. Am 6. Mai war ich in Zinnwald oder Geising, um meinem Luftwaffenunteroffizier Befehl zur Vernichtung der Kartei zu geben. . .

Mit meinem W.B.K. hatte ich ausgemacht, daß ich mich am 8. Mai dort persönlich melden sollte. Man hatte damals den Drang nach dem Westen, zum Amerikaner, der für die in Aussicht stehende Gefangenschaft sympathischer schien; so dachte ich, über das W.B.K. nach Westen zu kommen. Zwei meiner Unteroffiziere, einer aus Dresden, der andere aus der Lausitz bei Kamenz, hatte ich mit dienstlichen Aufträgen in Richtung Dippoldiswalde geschickt und ich nehme an, daß sie ihre Heimat erreicht haben. Mit meinem Oberfeldwebel hatte ich vereinbart, daß wir uns beim W.B.K. in Propstau treffen wollten. Soweit war die Situation für mich und meinen kleinen Befehlsbereich am Nachmittag des 7. Mai geklärt. Am Abend erschien in Bärenstein ein Divisionsstab der Feldtruppe. . .Der Russe war im Raume Pirna und Dippoldiswalde anscheinend bis ans Gebirge vorgestoßen. Ich gab mein Zimmer an den Divisionsstab ab und schlief in Siegfried Lüttichaus Anziehzimmer. Am Morgen des 8. Mai weckte mich Siegfried mit der Nachricht, daß der Divisionsstab abgerückt sei und zwar anscheinend überraschend früh und eilig. Das ist im Krieg immer ein Zeichen, daß etwas los ist. Entweder geht es dann vor oder zurück. Bei der am 8. Mai 1945 anzunehmenden Lage kam nur letzteres in frage.

Am Vormittag mußte ich mich ohnehin beim Wehrbezirkskommando melden, also aus Bärenstein abreisen. Es wurde schon morgens immer unruhiger, Bombeneinschläge anscheinend talwärts im Müglitztal.

Als ich mich rasierte, sah ich von der hochgelegenen Burg einen Flieger unter mir im Müglitztal entlangfliegen. Als es mehrere wurden, erkannte ich auch das Eiserne Kreuz. Aber diese Flieger warfen Bomben ab und wurden demnach von Russen geflogen. Noch vor dem Frühstück habe ich mich an Siegfried Lüttichaus Schreibmaschine gesetzt und einen Brief an mich geschrieben. Absender: Genossenschaft der Rhein. Westf. Malteser Devotionsritter, Datum etwas zurückliegend. Inhalt: Ich sollte mich sobald als möglich in Westfalen einfinden, um dort für den Orden zu arbeiten. Unterschrift: Bailli Rudolf Twickel. Es war dies die einzige Unterschriftenfälschung meines Lebens, ich habe sie später Rudolf Twickel gezeigt! So hatte ich wenigstens einen "zivilen" Ausweis oder wenigstens ein Alibi für alle möglichen Fälle. . . Danach packte ich meine Sachen in meinen DKW, verabschiedete mich von den Lüttichaus und startete zur letzten Fahrt mit meinem alten DKW! Auf dem Weg ins Müglitztal begegnete mir ein größerer Treck, den ich nicht erkannte. Es muß der Treck meiner Schwägerin Wallwitz aus Niedergurig gewesen sein, der gleich auf den Bünauschen Treck aus Bischheim folgte, dessen Ankunft ich in Bärenstein noch erlebt hatte. Die Straße im Müglitztal war voller Trecks, Wehrmacht, usw., ein richtiges Kriegsbild. . .

Ich kannte Aussig und das große städtische Krankenhaus, das ich mobiliarmäßig als Lazarett vorbereitet hatte. Ich kannte dort den Chefarzt, Dr. Bardachzi und andere. So zog es mich dorthin, da ich dachte, daß der Russe das Lazarett wohl zunächst einige Zeit in Ruhe lassen würde und ich nach einigen Tagen dort entschlüpfen könne.

Nach Mitternacht (9. Mai) begann ein tolles Geschieße - Freude über den Waffenstillstand, den vermeintlichen "Frieden"? Nachts hörte man die gellenden Schreie von Leuten, in deren Wohnungen die Russen kamen. Es war scheußlich, die Schreie zu hören, ohne helfen zu können. . . Im Lazarett merkte man vom Russen nichts oder wenig. Außerhalb des Lazaretts habe ich mich nicht sehen lassen. Meine gute PP Walther Pistole mußte ich abgeben. Ich habe gut mit ihr geschossen und mußte mich so von meiner letzten Waffe trennen. Meine Achselstücke und Spiegel trennte mir ein Schneider ab, einer der drei Soldaten, die mit mir auf der

Veranda lagen. Diese stammten aus Dresden oder der Umgebung von Dresden und zogen zusammen am zweiten Tag los, obwohl der eine stark gehbehindert war. Am gleichen Tag erschien auch ein Oberstleutnant Dietrich (Muckel) Graf Vitzthum, den ich kennenlernte. Er wollte schon am nächsten Tag mit Uniform ohne Abzeichen zu seiner Schwester, mit der zusammen er wohnte. Ich riet ihm dringend, noch zu warten, aber er wollte weg, da er begreiflicherweise über das Schicksal seiner Schwester beunruhigt war. Ich sah ihn 1952 in Hannover auf einem Sachsentreffen wieder. Er erzählte, daß er nicht bis zu seiner Schwester gekommen sei. Die Russen hätten ihn unterwegs gefangengenommen. In Hundsfeld bei Breslau habe er im dortigen Lager meinen Bruder Franz getroffen und sei bis 1948 in Gefangenschaft gewesen. In Hundsfeld muß es ihm recht schlecht gegangen sein, denn Franz, dem ich nach seiner Rückkehr im Herbst 1953 von ihm erzählte, wunderte sich darüber, daß Vitzthum noch lebe. In diesen Tagen habe ich auch meine Erkennungsmarke weggeworfen und meine Ringe, Siegelring, Verlobungsring und Trauring an den Faden getan und um den Hals gehängt, so habe ich sie gerettet.

Ich versuchte nun einen Plan für meine Flucht zu machen, da ich so schnell wie möglich Ruth und Michael wiederfinden wollte. Aber wie? Ich wußte nur, daß sie auf dem Stolbergschen Treck Roth-Schönberg verlassen wollten. Eine andere schwerwiegende Frage war: Wie reist man beim Russen, wenn man eigentlich nach Ansicht desselben in ein Gefangenenlager gehört? Man wußte eigentlich gar nichts, ich hatte nur das Gefühl, daß ich möglichst schnell aus Böhmen herauswollte. Nachher haben ja auch die Tschechen furchtbar unter den Deutschen gewütet. . . Eine weitere Frage war, ob ich bei Bekannten Unterkunft suchen sollte. Kulm (Westphalen), Tellnitz (Ledebur), Bärenstein (Lüttichau) lagen am Wege, außerdem Freiberg, wo mein Schwager Arndt Kirchbach Superintendent war und wo ich meine Schwiegermutter wußte. . .

Auf der Treppe begegnete mir eine junge Frau mit einem kleinen Mädchen. Es war Frau Dr. May. Ihr Mann sei in amerikanischer Gefangenschaft und es ginge ihm gut. Ich kannte ihn. Dr. Karl May war, als ich 1940 in Aussig an der Nase operiert wurde, Assistenzarzt, der Anzug müßte passen. Diese für mich bedeutsame Begegnung hatte zur Folge, daß ich schon am nächsten Vormittag in den Besitz eines Sportanzuges kam, der mir bis auf die zu enge Bundweite der Hose paßte, aber das ließ sich ertragen, die obersten Knöpfe blieben auf. . .

Ich zog nun meine Uniform aus und den Zivilanzug an und packte. Im Rucksack hatte ich Wäsche und Lebensmittel, Waschsachen. . . Es mag zwischen 12 und 13 Uhr gewesen sein, am 14. Mai 1945, als ich mit Rucksack durch das Tor des großen Aussiger Krankenhauses ging, durch das ich zum ersten Mal gegangen war, als ich im Jahre 1939 als Kommandeur des Wehrmeldeamtes mir das Krankenhaus ansah.

Oberhalb Tellnitz hielt mich ein russischer Posten an. Ich zeigte ihm in meiner Harmlosigkeit mein Soldbuch mit dem Entlassungsstempel aus dem Lazarett in Aussig. Er war auch harmlos oder wollte nicht zeigen, daß er nicht lesen konnte und ließ mich laufen. Ich ging dann den Abkürzungsweg nach Nollendorf durch den Ledeburschen Wald, in dem ich oft gepirscht und auch einige Rehböcke geschossen hatte. . .

Bald hinter Peterswald kam die sächsische Grenze. An der Straße war das "Hellendorfer Rondell", ein mit Linden bestandener Platz, über den die Grenze läuft. Im Olympiajahr 1936 hatte ich hier erlebt, wie das olympische Feuer durch einen tschechischen Läufer einem deutschen, dem Bürgermeister von Gottleuba, übergeben wurde, der mit der Fackel weiterlief. Dazu ein Riesenauftrieb mit Foto- und Filmauto (Leni Riefenstahl), Reichsstatthalter Mutschmann und anderen Bonzen. Jetzt lag der Platz verlassen, dafür war aber das erste sächsische Dorf, Hellendorf, stoppevoll von Russen, Häuser und Scheunen waren besetzt. Für mich wurde es aber Zeit, denn es ging auf 7 Uhr abends, die Sperrstunde, zu, nachher durfte man nicht mehr auf der Straße sein. Oben am Berg lag eine kleine Villa. Ich stieg da hinauf und bat um Unterkunft. Am folgenden Morgen pflegte ich meine schon etwas durchgelaufenen Füße und tippelte nach dem Frühstück in Richtung Pirna. Kurz nach dem Verlassen des Dorfes kam mir ein Zivilist mit Rot-Kreuz-Binde entgegen, ein Arzt aus Bautzen, der seine Frau suchte. Ich erzähle das, weil es typisch ist. Alles war durcheinandergewirbelt, die Frauen z. T. aus den Städten weg, als der Russe kam, die Männer im Volkssturm oder Ärzte usw. im Dienst. Ob sie sich gefunden haben und wo und wie? . . .
Bei Cotta, wo die Straße vom Dorf auf die Hauptstraße mündet, lagen einige Russen. Ich erkannte sie erst als Postierung, als ich vorüber ging. Der diensttuende Posten lag im Grase, pfiff mich an und winkte. Ich ging auf ihn zu und er erhob sich mühsam und offenbar verärgert. Dann wollte er meine Papiere sehen. Er konnte sie wohl nicht lesen und wollte sie nicht als genügend anerkennen. Ich sollte in das "Haus mit Turm" - das Schlößchen Gr. Cotta - gehen, dort würde ich gute Papiere bekommen. Ich sagte, meine Papiere genügten und ging weiter, da fing man an unfreundlicher zu werden und ging schreiend mit Maschinenpistole im Anschlag auf mich zu. Mir blieb vernünftigerweise nichts anderes übrig, als zurückzugehen und zu verhandeln, so gut das mit einem Mann ging, der kaum deutsch verstand. Ich wurde dann aber sehr freundlich und verbindlich und bedankte mich schließlich für seine liebenswürdige Absicht, mir gute Papiere besorgen zu wollen, ich würde jetzt in das "Haus mit Turm" gehen. Das lag ziemlich abseits und ich wollte durch meine Liebenswürdigkeit und Bereitwilligkeit verhindern, daß man jemanden mitschickt, der mich am Ausreißen hindern konnte. Die Russen sind anders als die Preußen und es gelang mir, er legte sich wieder ins Gras. Vor einem Häuschen wusch eine Frau Geschirr und ich fragte im Vorbeigehen, was im Schloß sei. "Durchgangslager, kommt keiner mehr raus". "Danke" und hinter dem Haus links um in die Büsche und ausreißen.
Ich kam an das bewaldete Tal, das sich von Gr. Cotta nach Norden zieht und ging parallel meiner geplanten Reisestrecke etwa 2 km weit und schwenkte dann wieder auf die Straße, der ich nach Zehista folgte. Hier war ich oft mit dem Motorrad durchgekommen, wenn ich ins Erzgebirge fuhr und mit diesen Erinnerungen ging ich weiter nach Pirna. Ich klingelte an der Wohnung meines früheren Kommandeurs Oberst Bucher. Bucher kam an die Tür, war sehr erstaunt und nahm mich mit herauf. Bei ihm lagen russische Offiziere, u. a. der Adjutant des Kommandanten, in Quartier und es war ihm streng verboten, Fremde aufzunehmen. Bucher und seine Frau orientierten mich über die Situation und rieten mir, ins Lazarett zu gehen, wo der mir bekannte Dr. Steitberger Chefarzt war. Ich bekam noch einen

Teller Suppe. Hier klärte sich für mich auch ein origineller Anschlag auf, den ich an der Straße gelesen hatte: in Pirna war der Sonntag als Ruhetag abgeschafft und stattdessen der Freitag eingeführt. Das hatte der bei Bucher einquartierte Adjutant gemacht, der fanatischer Mohammedaner war! Ich verließ die Buchers, um rechtzeitig vor der Sperrstunde ins Lazarett zu gelangen. Ich habe sie nicht wieder gesehen. Er ist, nachdem er schon bei seiner Tochter Schenck zu Schweinsberg war, wieder nach Pirna, um noch Möbel oder Sachen zu retten. Da haben ihn die Russen festgenommen und er ist im KZ Torgau gestorben.

Im Lazarett fand ich Dr. Streitberger mit Frau und Tochter und die anderen Ärzte, auch mit ihren Familien. Ich erfuhr auch einiges über die Lage und erschütternde Einzelheiten. Viele Leute hatten Selbstmord verübt, auch während wir aßen kam ein Anruf nach ärztlicher Hilfe, weil jemand Gift genommen hatte. Die Ärzte brachten im allgemeinen ihre Familien über Nacht im Lazarett bzw. Krankenhaus unter, weil die Wohnungen zu unsicher waren, auch das Abschließen der Haustüren verboten war. Alles mußte offen sein, was bei der russischen Soldateska und ihrem Hang zum Alkohol entsprechende Folgen hatte. Bevor ich zu Bett ging, erlebte ich noch, wie ein Abgesandter des Bürgermeisters kam und von den Ärzten verlangte, daß sie ihre Familien zu Hause lassen sollten. Da wurde aber Dr. Streitberger sehr energisch, sagte, das würden sie nicht machen, sie wüßten, daß man auf sie angewiesen sei, als letztes Mittel hätten sie noch Gift. Er zog ein Fläschchen aus der Westentasche und hielt es dem Kommunisten unter die Nase.

Am anderen Morgen bekam ich noch ein schönes Bad und war nun wieder ziemlich sauber. Nach dem Frühstück, das es auch noch gab, zog ich in Richtung Bahnhof Pirna los, weil Gerüchte umgingen, daß wieder Züge fahren sollten. . .

Am Bahnhof hieß es, daß ein Zug nach Dresden gehen sollte, ich bekam auch einen Platz in diesem übervollen Zug. In meinem Abteil saßen meist Oberschlesier, Frauen und Kinder, die nach ihrer Heimat strebten. Der Zug stand Stunden und hatte viel und langen Aufenthalt unterwegs. Ich war, als ich in Pirna stand, die Strecke oft, manchmal täglich, ins schöne Dresden gefahren. Man brauchte dazu nicht viel über 20 Minuten, nun fuhr ich über vier Stunden. In Dresden sah ich z. T. die Zerstörungen von der Bahn aus. Die Villa von Tante Mia Schall an der Wiener Straße, durch deren Fenster man manchmal im Vorbeifahren die Tante sah, lag in Trümmern, der Bahnhof war eine Ruine. Ein Blick nach der Prager Straße: alles kaputt, nichts Heiles mehr. . .

Nach einigen Überlegungen hielt ich mich an meinen alten Plan und schlug die Richtung Meißen auf dem linkselbischen Ufer ein. . .

In Miltitz liefen alle Kinder mit Tropenhelmen herum. Wie ich erfuhr, war dort eine Fabrik, die diese Kopfbedeckungen herstellte! . . . Später hörte ich, daß die Prinzessin Schönburg, geb. Löwenstein aus Guteborn dort begraben sei. Wenn ich es gewußt hätte, hätte ich ihr gerne einen letzten Besuch auf dem Miltitzer Friedhof gemacht. So ging ich weiter, wieder einem sehr dramatischen Intermezzo entgegen. Übrigens sah ich auf diesem Weg zum ersten Mal Leute, die auf dem Felde arbeiteten, sich also wieder mit Pferden heraustrauten.

Auf einer Höhe hatte ich ein Wäldchen durchquert und hatte nun vor mir einen weiten Blick nach Westen frei, schon in eine Gegend, durch die ich erst kürzlich auf dem Weg von Schleinitz nach Nossen mit dem Rad gefahren war. Im Weiter-

gehen sah ich zwei russische Soldaten auf mich zukommen, die Fahrräder schoben.
Etwa 40 Schritt an mich herangekommen, schmissen sie ihre Räder hin, brüllten
mich mit mir unverständlichen russischen Worten an und gingen auf mich mit
ihren Maschinenpistolen in Anschlag. Die Situation war nicht sehr heimelig.
Ausreißen konnte ich nicht mehr, weil keinerlei Deckung mehr war und das
Wäldchen, das ich eben durchschritten hatte, lag 50 Meter hinter mir. Auch fiel
mir ein, daß man mir einmal gesagt hatte, russische Maschinenpistolen hätten
keine Sicherung. Von rückwärts kamen Kinder auf der Straße entlang, die mit
diesen Sitten anscheinend schon vertrauter waren. Sie gingen munter weiter, an
den Russen vorbei und hoben die Hände hoch. Mir schien nun das Gebrüll der
Russen eine Aufforderung zu sein und machte - wohl das einzige Mal in meinem
Leben - "Hände hoch".
Nun kamen die Kerle auf mich los, immer wieder brüllend und mit ihren Maschinenpistolen im Anschlag. Als sie herangekommen waren, hielt mir der eine die
Maschinenpistole vor die Brust und den Kopf, der andere untersuchte mich immer
wieder schimpfend und brüllend. Er hatte schon einige deutsche Worte gelernt,
immer wieder kam "Schweinehund" heraus. Dann wurde ich gefragt, ob ich
"Kamerad" sei, was wohl soviel heißen sollte wie Soldat, und wenn bejaht zur
Folge hat, daß man in ein Lager kommt. Ich war also nicht "Kamerad". Nun kam
die Untersuchung. Mein Taschenmesser wanderte in seine Tasche. Als er an
meinem Hosenbein heruntergriff, kam er an meine Uhr, die an einer Kette in
Kniehöhe hing und brüllte "Pistole", worauf der andere mit der Maschinenpistole
bedrohliche Übungen machte. Ich sagte nur "Uhr" und zog sie an der Kette hervor.
Sie verschwand auch. Nun ging es an die rückwärtigen Hosentaschen. Ich hatte
etwa 2000 RM in der Geldbörse und ebensoviel in der linken Brusttasche. Letztere
wurde nicht durchsucht, wohl weil die Russen an ihren Blusen diese Tasche nicht
haben, somit ihnen diese kapitalistische Einrichtung nicht bekannt war! Die Geldbörse aber wurde aufgemacht, die Scheine länger angesehen, dann klappte der
Russe alles wieder zusammen und steckte es zu meiner größten Freude wieder in
meine Hosentasche. Ich war maßlos erstaunt, da ich noch nicht wußte, daß die
Russen soviel Geld von Plünderungen hatten, daß sie es nicht gebrauchen konnten
und ihnen wohl auch der Sinn für den Wert fehlte, da sie es wie ich später hörte,
ohne jedes Gefühl für den Wert ausgaben. Mit dem Griff, mit dem die Geldbörse
verschwand, holte der Kerl meinen Rosenkranz aus der Tasche, wackelte nur mit
dem Kopf und steckte ihn wieder herein. Gott sei Dank ließ er mir meine Brille.
Meinen Rucksack hatte er mir unsanft von den Schultern gezogen und machte sich
nun daran, ihn zu untersuchen. Saubere Wäsche verschwand bei ihm, schmutzige
ließ er mir. Ein silbernes Besteck flog in hohem Bogen ins Feld, wohl weil ein
Messer dabei war und die Gegenstände als gefährlich angesehen wurden. Man
kannte wohl auch den Wert des Silbers nicht, das man für Blech hielt. Einige Eß-
sachen, ein Topf mit Butter usw. beließ man mir, nachdem man daran gerochen
hatte. Das Reisenecessaire kam dann dran, Zahnpulver und ein Salbentöpfchen
wurden eingehend mit Fingern und Nase untersucht, weil man Parfum witterte.
Nun kam das Überraschende und Gefährliche. Ich hatte meine Sachen vorher nicht
durchsucht und plötzlich hatte der Kerl meine Ordensschnalle in der Hand und
zählte die Orden.

144

Ich wußte gar nicht, wie viele es waren, aber als der Mann mit seiner harten Aussprache auf deutsch zählte "eins, zwei" usw. bis "acht" und dann "du Schwein, acht Russen totgeschossen", schoß es mir unvergeßlich durch die Knochen, daß es acht waren; acht Orden, nicht acht Russen. Es setzte wieder eine Schimpfkanonade ein und die Mündung der Maschinenpistole wackelte mir vor der Nase herum. Große Freude machte auch noch die Auffindung meines Fernglases, eines achtfachen Hensoldt-Dialith. Er meinte nun doch, ich sei "Kamerad" und ich sah mich schon in einem Lager landen. Als er den Höhepunkt seiner Schimpferei erreicht hatte, kam aus dem Wald ein Jeep, in dem ein russischer Kommissar oder Offizier saß mit rotem Abzeichen am Kragen. Der hielt und ließ den Mann zu sich kommen, während der andere weiter Zielübungen auf mich machte. Beim Kommissar großes Geschimpfe auf Russisch über mich. Schließlich winkte er mich heran und sprach mich auf deutsch mit jüdischem Akzent an, er sah auch jüdisch aus. Die erste Frage natürlich, ob ich Soldat wäre, die ich verneinte. Dann ob ich in Rußland gewesen sei, die ich bejahte. Aber als ich nur 1914, 1915, 1916, 1917 und 1918 dort gewesen war, war das anscheinend günstig. Nun kam die Ordensspange dran unter Erklärungen von dem Räuberhauptmann. Die Orden wurden einzeln durchgefragt, da es nur Bänder waren, sah er die Hakenkreuze der neueren Orden nicht und ich erklärte ihm die einzelnen Orden so, daß ich nicht belastet war. Dann wurde ich wieder auf Wehrmacht, SS und SA geprüft und schließlich nach meinem Beruf gefragt. Ich dachte nun, daß der Moment gekommen sei aufzutrumpfen und sagte, ich sei "Kommissar!". Das rief reges Interesse hervor und löste die Frage "von Partei?" aus. Ich: "Nein, vom Malteserorden". Nun mußte ich erklären, was das sei, getrennt nach Malteser, Orden und Kommissar. Schließlich hatte er zur Genüge meine Harmlosigkeit festgestellt und winkte, ich sei entlassen. Ich sagte, das Fernglas, das neben ihm lag, habe mir meine Frau als Braut geschenkt, ich wisse nicht, ob sie noch lebe und würde gern das Glas als Andenken behalten. Da konnte er plötzlich nicht mehr deutsch sprechen und winkte ab, ich solle gehen. Mir blieb nichts anderes übrig.

Nun war es nicht mehr weit bis Schleinitz. Im Dorf erfuhr ich, daß Mariechen Friesen und ihre Kinder zu Hause wären und daß nur ein russischer Posten auf dem Gutshof sei, es kämen aber oft plündernde Russen. . . Schon beim Eintreten sah man, daß geplündert war: offene Schränke, herumliegende Sachen, nichts aufgeräumt. Ich traf niemanden an, ging ins Wohnzimmer, setzte mich in den bequemsten Sessel und dankte dem lieben Gott, daß ich mein erstes Ziel erreicht hatte. Ich mag wohl etwas geschlafen haben, sah jedenfalls, daß Mariechen mit einem Mal ins Zimmer kam. Es war eine erfreute Begrüßung, die aber auch stark unter dem Druck der Verhältnisse stand. Sie sagte gleich, ich könne gerne in Schleinitz bleiben, aber es kämen jeden Abend die Russen und plünderten. Sie selbst schlafe nachts draußen im Park unter den Fichten, die drei Töchter gingen an jedem Abend in andere Häuser in die Nachbardörfer, um den Russen nicht in die Hände zu fallen. Ich entschloß mich, zu bleiben, es war ja auch von Nutzen, wenn noch ein Mann im Hause war. . .

Am späteren Nachmittag war dann die ganze Familie Friesen zusammen. Die Mutter Mariechen, geb. v. Carlowitz (ihr Mann Oberst Dr. Stefan Freiherr. v. Friesen war 1943 gefallen), der älteste Sohn Georg-Dietrich, der im Krieg schon ein Bein verloren hatte und noch ohne Prothese war und der jüngste Stefan, die Töchter Marie-Elisabeth, Marie-Luise und Aja. An Essen mangelte es nicht, ich konnte zulangen und genoß das, in der Küchenecke stand ein Sack voll Zucker. Die Friesens waren getreckt, aber dann von den Russen überrollt und wieder zurück, nun versuchten sie, die Wirtschaft am Laufen zu halten. Abgesehen von allem Bedrängendem, was in der Zeit lag, war es in Schleinitz sehr gemütlich. Es kam auch, während ich da war, kein Russe nachts plündern, aber wohl bei Tage. Sie nahmen Bettzeug, Kleidung, kurz alles mit, was sie brauchen konnten. Man konnte auch gar nichts dagegen machen, das einzige war, daß man mit ihnen durchs Haus ging. Dabei hatte man manchmal das Gefühl, daß sie sich schämten, so toll zu plündern. In der Bibliothek waren Kisten mit altem Porzellan der Meißener Manufaktur untergebracht und auch Sammlungen von Mineralien aus Dresden. Natürlich hatten die Russen schon die Kisten aufgebrochen, die schönen Porzellane lagen herum, zum großen Teil zerbrochen. In der schönen gotischen Kapelle sah es auch toll aus. Dort waren Kisten und Koffer von Flüchtlingen, u. a. auch von uns. Wäsche, Kleidungsstücke, Silber lag herum. Unser Silber war aus den Kisten herausgenommen und zerstreut, aber wohl noch vollständig vorhanden. Dem Russen fehlte wohl das Wissen vom Wert des Silbers, ich hatte den Eindruck, daß er es für Blech hielt. Meine Münzsammlung war auf der Erde zerstreut zwischen Schafdreck. Ich habe noch Silber in mein Zimmer gebracht und in einen Schrank gestellt, warum? Vielleicht aus Ordnungsliebe oder weil man in einem kleinen Gemütswinkel doch noch hoffte, daß der Russe über die Elbe zurückgehen würde? Ich weiß es nicht mehr und bin mir auch nicht mehr klar, ob ich es damals wußte, aber ich hatte Zeit und so habe ich noch eine Rigaische Münze "Wilhelmus Vorstenberg, Magister Livoniae" in mein Zimmer geholt, die mir "Gäthi" (Marguerite) Mengersen-Fürstenberg einmal in Zschepplin schenkte. Aber mitnehmen konnte ich ja nichts, manchmal kamen die Russen sogar mit Lastwagen und plünderten. Aber sie waren nie besoffen, was sehr von Vorteil war. Eines Tages sah ich, wie ein junger Russe mit einem Mädchen über die Brücke hereinkam. Ich ging hin, er war begeistert von dem Schloß, das er anscheinend bei einer Plünderung kennengelernt hatte und nun auch noch mal in Ruhe ansehen und genießen wollte. Er sprach sehr gebrochen Deutsch, vor jedem Bild aber kam der Ausspruch "Große Kultura". Er fragte auch, ob russische Bücher in der Bibliothek seien und interessierte sich für alles. . .

Ich war von Donnerstag vor Pfingsten bis zum Pfingstmittwoch in Schleinitz, die Friesens waren sehr nett und verwandtschaftlich. Ich mußte aber weiter und wollte in Richtung Westen gehen und irgendwie über die Mulde ins damals amerikanisch besetzte Gebiet kommen. Nun gab es keine Post, keine Zeitung, kein Telefon, kein Radio, man wußte nichts. Nur Gerüchte schwirrten herum. So wurde gesagt, daß in Oschatz ein amerikanischer Offizier sei, der Pässe nach dem Westen ausstellte. Mariechen begleitete mich bis an die Grenze des Wirtschaftshofes. . . Ab und zu sah ich mich um, Mariechen stand immer noch da und sah mir nach. Wir winkten uns zu und hatten wohl dieselben Gedanken und Wünsche. Es war doch eine Trennung, bei der ein Wiedersehen nicht ganz sicher war. Ich hatte keine Karte mehr und wollte erst einmal versuchen, nach Oschatz zu kommen um zu sehen, ob dort wirklich ein amerikanischer Stab sei. Gegen Mittag kam ich durch Ostrau. Als ich

146

nach Norden heraus wollte, sah ich in einer Weide Hunderte oder Tausende von Menschen, die da anscheinend zusammengetrieben waren und bewacht wurden. Ich fragte einige Leute nach den Zusammenhängen und erfuhr, daß die Russen hier NSDAP-Funktionäre zusammengetrieben hätten, aber auch wahllos von der Straße her Leute holten und da herein steckten. Ich machte also kehrt, da ich ja wußte, wie großzügig die Russen im Einsperren waren und ging in ein etwas abseits liegendes Haus, das in meiner Marschrichtung "Westen" lag, da ich nicht noch einmal auf die Straße wollte. Dort bekam ich Wasser, was bei der Hitze sehr angenehm war. Der Mann war Schuster und sagte auf meine Frage, in Oschatz sei bestimmt kein Amerikaner, aber die Stadt sei voll russischer Truppen, ebenso die Orte weiter westlich, z. B. Hubertusburg und Umgebung. Ich glaube, er sagte mir schon, daß die Brücken über die Mulde gesperrt seien und daß man nur noch eine Fähre in Höfgen südlich Grimma benutzen könne. . .

An die Mulde gekommen, sahen wir einen Leiterwagen am anderen Ufer aus dem Wald kommen. Vollgepackt mit Menschen und Gepäck kam er durch die Furt auf uns zu. Pferde und Wagen kamen tief ins Wasser. . . Als der Wagen hielt und die Reisenden heruntergeklettert waren, nahm man Platz, wenn man das so nennen soll. Es waren alle möglichen Leute, die herüber wollten, teilweise mit Gepäck. Mich drückte ein Fahrrad, aber es war einem alles gleich, man dachte: "Nur weg vom Russen". Die Fahrt durch die Mulde ging glatt, kein Russe schoß und auf der amerikanischen Seite gings kurz durch eine Wiese in den Wald. Dort hielt der Wagen und man kletterte herunter. Nachdem ich meine Fußbekleidung wieder anhatte, verabschiedete ich mich am nächsten Straßenkreuz von den Franzosen mit "bon voyage". Sie hatten mir noch von ihren Erlebnissen mit Russen erzählt und waren wenig erbaut von ihren Bundesgenossen und auch von deren Benehmen gegen die Deutschen. . .

Ich wollte weiter nach Königsfeld zum Grafen Münster. Im Schloßhof merkte man schon, daß sehr viele Flüchtlinge dort waren. Die Münsters waren rührend und haben in der Zeit vielen Leuten geholfen. Alexander Münster kam nach einiger Zeit und sagte, es sei sehr voll, aber es sei ein Flüchtling weitergezogen und ich könne auf einer Chaiselongue übernachten. Allerdings kämen gleich einige Amerikaner, die er zum Tee bitten wollte und da wäre es wohl richtiger, wenn ich mich nicht zeigen würde, er wolle mich bei Balthasar Aulock, der mit seinem Treck auch in Königsfeld sei, zum Tee ansagen. Die Aulocks, Balthasar und Britta, geb. Prittwitz, waren sehr freundlich und wir hatten einige gemütliche Stunden. Später sah ich sie noch oft, da sie in Canstein bei den Elverfeldts landeten und ihre Tochter Inez den Gebhard Elverfeldt in Forst heiratete. Am Abend aß ich mit vielen Flüchtlingen bei den Münsters, sah auch die Gräfin wieder, eine geborene Richthofen.

Die größte Freude auf dem ganzen Marsch wurde mir auch hier: gleich nach meiner Begrüßung sagte mir Münster, daß seine Frau einen Brief von Ruth hätte und zwar aus Wechselburg, wo sie mit dem Stolbergschen Treck hingekommen sei. Er wußte aber, daß die Schönburgs aufs Westufer der Mulde nach Rochsburg gegangen wären, wo Ruth jetzt auch sei. Ich hatte ihr in Roth-Schönberg Anschriften von Bekannten gegeben, damit sie in Richtung Westfalen Punkte hatte, wo sie auf der Flucht unterkommen könnte, da war Königsfeld drauf. Nun ging aber keine Post. Aber ein Treck war durch Wechselburg gekommen und er hatte einen Zettel an die Gräfin Münster mitgegeben in der Hoffnung, daß vielleicht durch Münsters Nachrichten an meine Schwägerin Esther Kirchbach nach Freiberg und so an meine Schwiegermutter kommen könnten. Der Treck hatte den Brief besorgt und so wußte ich jetzt Ruth und Michael in der Nähe auf etwa 25 Kilometer und am nächsten Tag konnte ich sie wiedersehen...

Am nächsten Morgen nach dem Frühstück bot sich Balthasar Aulock an, mich nach Rochsburg zu fahren. Er wollte sich dort nach Ludwig-Karl ("Lude") Ballestrem erkundigen, der an Gelbsucht erkrankt noch im Krankenhaus liegen sollte. So fuhren wir im Jagdwagen mit Kutscher los und ich sah auch einmal wieder eine Eisenbahn, die anscheinend planmäßig fuhr. Es fielen mir auch die Bauern auf, die überall auf den Feldern ungestört arbeiteten. Im russisch besetzten Gebiet sah man sehr selten solche Bilder. Von Amerikanern merkte man auf dieser Fahrt sehr wenig, eine Kontrolle war nicht. Auf dem Binnenhof von Rochsburg kam uns gleich die Hausfrau, Gräfin Anna Maria Schönburg, entgegen und Maria Stolberg-Spee (Brauna). Begrüßung und dann wurde festgestellt, daß Ruth mit Michael im Garten sein sollte. Ich ging also los um sie zu suchen und sah auch bald am Ende einer Allee an einem Gartenhaus beide. Michael spielte im Sand. Ich ging nun die Allee entlang. Ruth sah einmal nach mir, aber erkannte mich offenbar nicht. Nachher sagte sie, sie habe mich wohl gesehen und auch gedacht, daß der Mann, der da komme, wie ich aussähe. Aber das habe sie oft gedacht, wenn sie von weitem Männer habe gehen sehen, und um diese Täuschung abzubiegen, habe sie weggesehen. So kam ich immer näher heran und schließlich sah sie sich um und erkannte mich auf einige Schritte. Die Begrüßung war entsprechend, nur Michael ließ sich im Sand nicht sehr stören, er stand wohl auf, sah mich und sagte "da Vata" um ohne weitere Begrüßung wieder sein Spiel fortzusetzen. Wir gingen dann zum Schloß und sahen Fritz und Alfred Stolberg... Wir aßen mit den Stolbergs, die uns rührenderweise auch verpflegten, als ich dazu kam. Sahen auch viel die Schönburgs, Carl Schönburg war noch als Volkssturmmann in Schlesien vermißt und man erfuhr erst später, daß er gefallen sei.

Für mich kam es nun darauf an, einen amerikanischen Ausweis für die Weiterfahrt nach Westfalen zu bekommen. Herr v. Haehling, der Güterdirektor von Ludwig-Karl Ballestrem, und Alfred Stolberg nahmen Beziehungen zum amerikanischen Kommandanten auf. Zuerst wurde eine deutsche Sekretärin von den Schönburgs zum Tee eingeladen, so kam man in Kontakt. Zwischendurch bekam man vom Ortsvorsteher Ausweise mit Fingerabdruck wie ein Verbrecher. Beim amerikanischen Kommandanten ging dann die Sache glatt. Ich bekam als Malteserritter einen Ausweis zur Reise nach Westfalen mit Frau und Sohn. Grund: Verwaltung landwirtschaftlichen Besitzes, gültig für vier Wochen.

(Es folgt der Bericht über die weitere Flucht über Thüringen nach Alme in Westfalen.)

Aufzeichnungen von Frau Ruth Freifrau v. Fürstenberg, geb. v. Carlowitz, über die Zeit der Trennung von ihrem Mann

Am 26. April kommt Ferdinand mittags mit einem geborgten Rad aus Wilsdruff herüber, weil ihm seins schon gestohlen war. Die Russen sind inzwischen schon in Schleinitz und Priestewitz (Ivernois) gewesen. Ferdinand kann auch zu allen

148

Überlegungen nicht mehr sagen, als daß es ernst stünde. Er ist Stolbergs dankbar, wenn sie uns mitnehmen und kann auch Josef (Schönberg) nur raten, zu fahren. Josef will nach Wechselburg und bietet mir noch an, in Wilsdruff bei seiner Schwester alles abzuwarten. Ferdinand und ich trennen uns schweren Herzens am Mittag. Dies war der schlimmste Moment im Krieg für mich. "Schau zu, daß Du zu den Amerikanern kommst", das war mein "Marschbefehl"...

Dela (Schall-Boeselager) überlegte sachlich. Von ihr fiel mir der Abschied schwer, da noch immer keinerlei Nachricht aus Gaußig da war. Roth-Schönberg sollte am Morgen des 27. April fahren...

Wir fuhren ein Stück auf der Autobahn bei kaltem Wetter und Vollmondschein, der Michael stundenlang freute. Nach 1 Uhr nachts trafen wir in Biberstein mit dem Treck Antonius Herzogenbergs zusammen, dem sich wiederum der Gutsbesitzer Görg anschloß mit zahlreichen Gästen. Wir waren ein ansehnlicher Treck mit Autos, Bulldogs, Pferden geworden. Die Fahrt im schwarzen Coupé mit Michael auf dem Schoß war komisch und anstrengend... Wir fuhren, fuhren, fuhren, Michael schlief nur selten, bis 5 Uhr nachmittags über Hainichen nach Berthelsdorf und Dittersbach... In Dittersbach war schwer Quartier zu finden. Schließlich fand sich etwas für die Pferde und unser erbarmte sich der Lehrer Eberlein sehr gutmütig. Stolbergs und der Pater in der guten Stube, die Leute teilweise am Wagen geschlafen, eine Frau General Lieber mit 9jährigem Sohn Eckart in einer Lehrmittelkammer. Michael und ich in der Schulklasse. Wir holten uns Rappstroh vom Bauern, das naß und kalt war, ich hatte noch einen Teil meiner Matratze von zu Hause mit. Gott sei Dank ging sogar das Licht und Michael war glücklich über eine Rechenmaschine...

Am Sonntag, 29. April, ging es um 7 Uhr weg über Lichtenwalde. Auf den großen Treck Herzogenberg-Görg mußten wir an der verabredeten Straßenkreuzung drei Stunden warten. Es war zwar sonnig, aber eisig kalt. Ich war einer Eisenbahnerfamilie Kuhn äußerst dankbar, daß sie uns ins Haus nahm, Suppe kochte und wir uns aufwärmten... - Todmüde kamen wir schließlich in Röllingshain an. Es gab eine mühsame Quartiersuche für 40 Personen und die Pferde.

Am nächsten Tag fuhren Maria und eine Frau Hirschberg aus Dresden nach Göritzhain, um zu sondieren, ob wir durch die amerikanischen Linien durchkämen. Es gab einen Wartetag und wir mußten noch bei den Leuten bleiben. Das ging aber auch vorbei und am 1. Mai fuhren wir nach Göritzhain, wo versprochen worden war, um 10 Uhr durchzukommen. Wir waren auch pünktlich da, Herzogenberg und Görg gingen zum Posten. Der Stolbergsche Franzose David, dem Maria beinahe ihren Schmuck zur Verwahrung gegeben hätte, ging alles im Stich lassend mit und wurde als einziger durchgelassen.. Fußtreck über Fußtreck kam zurück, nur Ausländer kamen durch. Wir warteten fünf Stunden... Etwas geknickt kamen die Herren zurück, Herzogenberg zum Trost mit einem großen Narzissenstrauß: nicht durchgelassen, jeden Tag nachfragen, möglichst in der Nähe Quartier suchen. Müde und hungrig drehten wir also die Wagen um. Für das Gros der Pferde, Wagen und für sich fand Herzogenberg Quartier auf dem Gut und in der Försterei, die zu Wechselburg gehörte...

Ich dachte mir, daß es nicht so schnell weitergehen würde und hatte von Röllingshain übergenug. Es war ein dummes Verlassenheitsgefühl, als ich Michael an der

Hand nahm, weiter ins Dorf Wiederau ging und von Tür zu Tür nach Quartier fragte. Immer waren die Leute freundlich und hätten uns aufgenommen, aber es war übervoll und ich kam mir angesichts der vielen Leute mit Handwagen recht anspruchsvoll vor, wenn ich mir ein Zimmer allein erträumte.

Beim Bauern Rothe wollte ich es als letztes versuchen. Als die gute Frau, die wohl meine Erschöpfung sah, sagte: "Erst mal essen Sie was, wir haben Hammelfleisch mit Bohnen", wäre ich auch ohne Zimmer geblieben. Es fand sich eine Kammer, von der Michael zwar fand "der Fußboden ist zu klein", aber ich war sehr froh darüber. Daß wir schließlich fast vierzehn Tage bleiben würden, konnte man nicht wissen.

Alle anderen kamen auch leidlich unter. Stolbergs beim Gärtner Schreyer in der Nähe von uns. Rothes beköstigten Michael und mich. Die Katze fraß aus dem Eßteller, aber es war äußerst nahrhaft mit Schwarzbroten, Bratwurst und Quark. Die Tochter Rothe, Frau Streine, war seit einem Jahr Witwe, man hatte viel zu reden. Aber da abends ab 7 Uhr keiner mehr auf die Straße durfte, war ja viel Zeit dazu. Im Haus war noch eine neunköpfige oberschlesische Familie, es kam auch noch ein Treck aus dem Warthegau mit acht Leuten und täglich mehr durchziehende Soldaten. Wirklich ein gastliches Haus.

Ab und zu ging Radio und wir hörten von Hitlers Tod. Amerikanische Patrouillen sausten durchs Dorf. . . Pater Schoenen las in seinem Quartier täglich Heilige Messe, die immer mehr besucht wurde, bis er zuletzt am Sonntag in die evangelische Kirche gehen mußte, weil der Raum nicht ausreichte. Michael holte "Hundeblumen" für Bauers Kaninchen, wir schälten Kartoffeln. Nur die ersten Tage in kaltem Regen waren schlimm, da waren wir oft im Kuhstall als "Salon". Bei gutem Wetter später war dann ein "Lagerleben" mit dem Herzogenberg-Treck, Michael spielte ganz nett mit den Kindern. Die Amerikaner "requirierten" in einigen Häusern und nahmen alle Radios weg. Täglich ging einer zu den Amerikanern, um Passierscheine zu bekommen, täglich Hunderte von Fußtrecks. Maria konnte zu Fuß nach Wechselburg und ging öfters hin, machte Quartier für uns. Von den durchziehenden Soldaten hörte ich, daß in Radibor und Neschwitz, von einem Franzosen, daß in Niedergurig gekämpft worden sei. Niedergurig und Radibor hätten aber noch gestanden. Zwei andere Soldaten waren aus Solingen zu Fuß gekommen und sagten, Freckenhorst stünde noch. So reimte man sich nach und nach die Nachrichten zusammen. Die Hauptaufregung war: wie weit und wie schnell kommt der Russe nach?

8. Mai, der "Frieden". - Ich war mit Michael den ganzen Nachmittag allein im Wald. Wir sahen die ersten Glockenblumen, lernten Purzelbäume machen und ich dachte nach. Freiberg war schon russisch - die Trennung von der Familie war nun ernst. Am 12. Mai nachmittags erfuhren wir, daß die Amerikaner sich von Göritzhain absetzten. . .

In Wechselburg angekommen, gingen wir um 9 Uhr in die Heilige Messe, es war wunderbar schön: die Kirche, das Kreuz, die Orgel, auch Michael war beeindruckt. Das Haus sah sonst toll aus. Ziegel, Fensterscheiben durch Explosionen zerstört, keine Tür schloß. Lis Kerssenbrock war im alten Schloß, Mimi Schönburg gab uns Frühstück und zeigte uns Zimmer. Sie waren von Soldaten her verwohnt und verdreckt.

Wir putzten, schrubbten, schleppten Koffer und Betten, als Gegensatz dazu der zauberhaft blühende Park, Michael war glücklich über die großen Treppen, den Park. Wir lebten dort 14 Tage. . . Wir hörten Radio und immer war die Sorge, ob die Russen kämen. An der Brücke stauten sich die jammervollen Fußtrecks. Witolf Schönberg kam und sagte, daß Oberreinsberg in der Nähe läge mit 80 Personen und warte, herüber zu können. Ein Treck Steiger-Schulenburg-Rochow kam durch, sie erzählten, daß Lothar Rochow beim Übergang über die Elbe gefallen sei. Dann ein Treck Richthofen, die nach Königsfeld fuhren. Denen gab ich einen Brief an Münsters mit, daß ich mit Michael in Wechselburg sei. Die Russen beschlagnahmten plötzlich das Schönburgsche Auto usw., so daß Mimi am 18. abends nach Rochsburg übersiedelte. Alfred ging als Kutscher mit. Er verschaffte uns dann in Lunzenau für alle Fälle einen Passierschein bis 26. Mai, damit wir über die Wechselburger Brücke endgültig zu den Amerikanern könnten. Arnold Vietinghoff tauchte auf, er war in Glauchau und sollte den Forst von Schönburgs übernehmen. Er war in den letzten Kriegstagen katholisch geworden. Pfingstsonntag kamen, als wir bei Tisch saßen, Russen (Kommissar und etliche Gefangene). Fritz Stolberg verteidigte seine Flasche Wein, sie wurden handgreiflich. Es war eher ungemütlich und Michael fing an zu weinen. Daraufhin ließen die Russen mit sich reden. Sie waren an sich harmlos, wollten nur Schnaps haben, beschenkten uns mit gemausten Zigarren und ließen sich von Franziska Schönburg Klavier vorspielen. Es wurde aber doch immer ungemütlicher, der Treck eines Baron Stein wurde in Wiederau ausgeraubt. Am 25. Mai treckten wir nach Rochsburg nach, nachdem vorher Ballestremsche und Schönburgsche Sachen weggefahren wurden. Mir wurde der Abschied von Wechselburg und seiner Kirche schwer. In Rochsburg war alles recht mühsam, 72 Stufen, beispielloser Dreck, da es Wehrertüchtigungslager gewesen war. Nun - wir schufteten, bis wir existieren konnten, es half ja alles nichts. An sich half auch die Schönheit der Burg als solche, man mußte über den Dreck hinwegsehen. Am nächsten Morgen - kam Ferdinand. Er war in Königsfeld gewesen und Herr v. Aulock hatte ihn herübergefahren. Es ist also begreiflich, wenn wir Rochsburg den schönsten Ort seit Schleinitz finden. Michael tat erst selbstverständlich, war aber selig, lachte und lachte und wurde ganz rot. Er sagte mir dann entsetzt "Aber Mami, warum weinst Du denn, es ist doch so schön, daß Vater uns gefunden hat."

Kurt v. Griesheim auf Schloß Falkenburg

Das Geschlecht v. Griesheim gehört zum alten thüringischen Adel, das mit dem Stammsitz Griesheim erstmals im Jahre 1133 urkundlich erwähnt ist. Kurt v. Griesheim entstammt dem Ast Netzschkau (Vogtland), seine Großeltern sind im 19. Jahrhundert in den Besitz von Schloß Falkenburg, Hinterpommern, gekommen. Das Schicksal dieser alten thüringisch-sächsischen Familie hat sie also fern ihres Stammlandes getroffen, berechtigt sie aber trotzdem, in das Schicksalsbuch des Sächsischen Adels aufgenommen zu werden.
Der Besitz Falkenburg mit Hünenberg liegt im Kreis Dramburg in Hinterpommern und hatte eine Größe von ca. 3000 ha. Das Schloß Falkenburg war ursprünglich eine Tempelritterburg gewesen, in deren Schutz sich das Städtchen Falkenburg angesiedelt hatte.

Zur Familie des letzten Eigentümers gehören:

> **K u r t** Wilhelm v. **G r i e s h e i m**, * Berlin 5. 4. 1865, † Falkenburg, Pomm.,
> 25. 1. 1945, auf Falkenburg u. Hünenberg, Kr. Dramburg, Kgl. preuß. Khr
> u. Major d. Res. a. D., Kommendator d. JohO.;
> ✕ Kassel 23. 10. 1898 Carola Freiin v. **D ö r n b e r g**, * Kassel 6. 10. 1877,
> † Hausen, Kr. Ziegenhain, 15. 9. 1969, T. d. Kgl. preuß. Khrn, OVor-
> stehers d. Rrschaftl. Stifts Kaufungen u. Mitgl. d. preuß. Herrenh. auf
> Lebenszeit Hugo Frhr v. D. u. d. Cécile Rabe v. Pappenheim.

Kinder:

1. **K u r t - A p e l** Karl Hugo Hermann, * Falkenburg 28. 7. 1899, † ...
   1. 7. 1993, auf Falkenburg (§), Kaufm., Hptm. a. D., ERr d. JohO.;
   ✕ I. Wilhelmshöhe bei Kassel 14. 10. 1933 Marie-Erika Gfin v. **S t i l l -**
   f r i e d u. **R a t t o n i t z**, * Potsdam 2. 10. 1910, † St. Ulrich, Tirol,
   11. 11. 1982 (gesch. Bielefeld 7. 2. 1947; ✕ II. [standesamtl.] Fieber-
   brunn, Tirol, 10. 8., [kirchl.] St. Ulrich 18. 9. 1981 Wolfgang Falck,
   * Berlin 19. 8. 1910, Oberst i. G. a. D.), T. d. GenMajors z. V. u.
   Kmdten von Erfurt Georg Gf v. St. u. R. u. d. Marie-Erika Burggfin u.
   Gfin zu Dohna-Schlodien;
   ✕ II. Hausen 1. 4. 1950 Maria Margherita v. **S c h a c k**, * Coburg 5. 4.
   1910 (✕ I. Coburg 30. 5. 1939 Kurt-Christoph v. Knobelsdorff, ✕ [durch
   Tiefflieger auf dem Treck] Dassow, Meckl., 30. 4. 1945, Weingroß-
   händler), T. d. Hofmarschalls d. Hzgs v. Sachsen-Coburg u. Gotha,
   OStallmeisters a. D. u. Kgl. preuß. Majors a. D. Marcel v. Sch. u. d.
   Elisabeth Freiin v. Thüngen.

2. **D a g n y** Marie Cécile Antonie, * Falkenburg 9. 8. 1901, † Timmdorf,
   Holst., 24. 4. 1976;
   ✕ Falkenburg 27. 7. 1922 Klaus Frhr v. **H a r d e n b e r g**, * Ober-Wie-
   derstedt 25. 9. 1898, ✕ bei El Alamein, NAfrika, 3. 11. 1942, auf Ober-
   Wiederstedt, Mansfelder Gebirgskr., Oberst u. Kmdr eines PzRgts.

3. **W i t i l o** Hans-Carl Hugo Günther, * Falkenburg 16. 12. 1903, Dr. rer.
   pol., DiplWirtschafter, vorm. Referent im Bundespresseamt Bonn;
   ✕ Berlin 30. 9. 1939 Martha **M e u r e r**, * Köln 23. 3. 1911, † München
   25. 6. 1974, T. d. Kgl. preuß. Lts a. D. u. Justizrats Dr. jur. Karl M.
   u. d. Maria Virnich.

4. J o a c h i m   Carl Alexander Kleophas Wilhelm, * Falkenburg 15. 4.
1906, † Bad Driburg 12. 12. 1977, Ing.;
✕ I. Wusterwitz, Kr. Schlawe, 7. 10. 1938 Ilse v. W o l f f , * Hirsch-
berg, Riesengeb., 3. 3. 1914 (gesch. Berlin ... 1944), T. d. Obersten
Horst v. W. auf Wusterwitz u. d. Ursula Görlitz;
✕ II. Bad Driburg (standesamtl.) 17. 9., (kirchl.) 10. 10. 1964 Thérese
Gfin v. O e y n h a u s e n , * Reelsen 23. 9. 1919, T. d. Kgl. preuß. Forst-
assessors u. Majors a. D. Falk Gf v. Oe. u. d. Luise Stein v. Kamienski.

Die Witwe des letzten Besitzers von Falkenburg, Frau Carola v. Griesheim, geb.
Freiin v. Dörnberg, hat während der kritischen Zeit am Ende des Zweiten Weltkrieges Tagebuch geführt. Auszüge aus diesem Tagebuch wurden von ihrem Sohn,
Witilo v. Griesheim, dem Schicksalsbuch zur Verfügung gestellt. Ihnen ist der
nachstehende Bericht entnommen.

"Die Erinnerung ist ein Paradies, aus dem man nicht vertrieben werden kann."

Wenn ich auf Bitten meiner Kinder meine Flucht aus dem von mir so sehr geliebten Falkenburg, meiner zweiten Heimat, niederschreibe, so geschieht dies, weil es
vielleicht dem einen oder anderen meiner Enkel von Interesse sein dürfte, etwas
darüber zu erfahren. Sie waren doch noch sehr jung, als die Katastrophe von 1945
über Deutschland und damit auch über unsere Familie hereinbrach, so daß die
Erinnerungen an damals im Laufe der Zeit größtenteils ausgelöscht sein dürften.
Im Gegensatz zu Millionen meiner deutschen Landsleute und Leidensgenossen bin
ich gnädig davor bewahrt geblieben, Grauenhaftes zu erleben. Trotzdem haben mir
die Strapazen mit meinen 68 Jahren und in meiner damaligen körperlichen Verfassung sowie dem "Seelischen", das noch dazu kam, sehr zugesetzt.
Ich greife zurück auf den 23. Januar 1945, an dem mein geliebter Mann heimge-
rufen wurde. Der Arzt hatte bei seiner Erkrankung eine leichte Blasenlähmung und
eine große Herzschwäche festgestellt. Er gab mir keinerlei Hoffnung auf Erhaltung
seines Lebens und meinte, er müsse eine große Aufregung gehabt haben. Ich führte
diese auf einen Besuch von Generalstabsoffizier v. Brockhusen (Enkel von Hindenburg) zurück, der meinen Mann kürzlich während meiner Abwesenheit besucht
hatte. Beide mußten sich wohl eingehend über die sehr ernste militärische Lage
und den drohenden Zusammenbruch unterhalten haben. Als ich nach Hause
gekommen war, erzählte er mir: "Ich hatte solch netten Besuch. Herr v. Brockhusen
war da, Du brauchst Dir keine Gedanken zu machen, wir bekommen keine Schützengräben auf unsere Gutsfelder" (dort waren vor einigen Tagen Vermessungen
gemacht worden). Scheinbar wollte er nicht mehr erzählen, um mich nicht zu äng-
stigen. Mein Mann hatte ein fünftägiges Krankenlager. In der Nacht vom 22. zum
23. Januar 1945 schlief er friedlich ein. Ein vorbildliches Leben war abgeschlossen. Am Donnerstag, 25. Januar, war die Trauerfeier in der Kirche, der Sarg war
vor dem Altar aufgebahrt, flankiert von unseren beiden Förstern. Auf dem Sarg lag
der Johannitermantel (er war Kommendator der Pommerschen Johanniter). Auf
dem Sarg stand der Helm des Ersten Garde Regiments zu Fuß, der Degen lag daneben. Nach der Feier betteten wir ihn auf dem Familienbegräbnisplatz auf dem
alten Friedhof zur letzten Ruhe. - Das Leben ging in all seiner Härte weiter.

Täglich kamen nun Flüchtlinge aus den Ostprovinzen. Soldaten mit Erfrierungen wurden aus Güterzügen in unser Krankenhaus gebracht. Am Tage der Beisetzung meines Mannes bekamen wir deutsche Einquartierung ins Schloß. Zuvor, als er noch auf dem Sterbebett gelegen hatte, mußte die ganze untere Etage ausgeräumt und mit Strohschütte versehen werden.

Ende Januar wurde die Situation immer schwieriger. Die Russen rückten von Süden kommend immer näher. Flüchtlinge kamen aus der Provinz Posen, aus Ost- und Westpreußen, aus Estland, Grenzmark etc. Trotz Einquartierung nahm ich noch einige im Schloß auf. Unsere Einquartierung, die täglich an die Front kam, war immer zuversichtlich, so daß ich annehmen mußte, es stünde dort gut.

Doch dann wurde ich eines anderen belehrt. Eines Morgens wachte ich durch eine starke Detonation auf und wußte nicht, was los war, da ich noch keine Bombe erlebt hatte. Wie sich herausstellte, hatte ein russischer Flieger versucht, die Militärfahrzeuge auf dem Hof zu bombardieren. Meine Wirtin war gerade im Hühnerstall und stand große Ängste aus, da der Flieger auch noch mit MG-Feuer angriff. Die Front rückte näher und die Fliegerangriffe nahmen zu. Kanonendonner war aus Richtung Kallies und Deutschkrone zu hören. Infolgedessen verließ die Bevölkerung, die bis jetzt noch in Falkenburg geblieben war, die Stadt in immer größerem Umfang. Ein Gehöft nach dem anderen blieb verschlossen, nur noch selten traf man einen Bewohner in den Straßen. In der letzten Zeit vor der Totalräumung war das Wohnen in der tot wirkenden Stadt fast unheimlich.

Für die Abreisenden standen Wehrmachtswagen und Bahntransporte zur Verfügung. Wir, die wir in Falkenburg bleiben mußten, da Treckverbot bestand, liefen Gefahr, abgeschnitten und eingeschlossen zu werden. Russische Truppen waren bei Arnswalde durchgestoßen und gingen westlich an Dramburg vorbei auf Labes und Schievelbein zu. Aber auch von der Südseite wuchs die Gefahr. Einzelne russische Panzer brachen immer wieder durch, z. B. einmal bis Hundskopf, ein anderes mal bis Klein- und Großsabin. In der Nacht vom 2. zum 3. März 1945 erging um Mitternacht der Befehl zur totalen Räumung der Stadt, nachdem ein neuer Durchbruch der Front gemeldet wurde. Am Tage zuvor, also am Freitag, 2. März, verließen die beiden letzten Eisenbahntransporte die Stadt. So waren in der Räumungsnacht nur noch der Volkssturm und einige Angehörige der wichtigsten Betriebe und Behörden in Falkenburg, die befehlsgemäß auf ihren Posten hatten bleiben müssen, sowie einige wenige Bürger, die die Stadt aus persönlichen Gründen nicht verlassen konnten oder wollten. Denjenigen Trecks, die ohne Treckbefehl schon vorzeitig auf eigene Entscheidung weggefahren waren, ist es noch gelungen, aus dem Kessel herauszukommen. Allen späteren Trecks ist das nicht mehr gelungen. Nur wer mit dem Auto oder dem Fahrrad fuhr, konnte Schievelbein vor dessen Einnahme durch die Russen erreichen und dann auch weiterkommen. Die Volkssturmmänner versuchten noch vergeblich, über Polzin-Belgard nach Westen zu kommen. Ein Teil kam in Belgard, die anderen, die nach Falkenburg zurückgegangen waren, dort in russische Gefangenschaft. Fast alle Trecks, die bis zum Treckbefehl gewartet hatten, kamen auf der verstopften Chaussee nicht recht vorwärts und fuhren nach Falkenburg zurück - wenigen ist es gelungen. Die meisten blieben kürzere oder längere Zeit bei Bauern, wurden dort ihre Gespanne und Habe los, und kehrten dann zu Fuß nach Falkenburg zurück.

Am 5. März 1945 erreichten die ersten russischen Truppen die Stadt Falkenburg, die nach kurzem Kampf genommen wurde. Die zuletzt abziehenden deutschen Truppen haben die Straßen- und Eisenbahnbrücken über die Drage und Vansow gesprengt. Dann beschossen sie vom Grundeyplatz und von Friedrichsdorf aus Falkenburg, wobei verschiedene Häuser zerstört wurden. Soweit mein Bericht über das allgemeine Kriegsgeschehen bei Falkenburg.

Unsere Falkenburger und Büddower Leute hatten noch keinen Treckbefehl von den "Braunen", und solange das nicht der Fall war, mußten sie bleiben und wollte auch ich bleiben. Der Büddower und Falkenburger Ziegelei-Treck sollten am 1. März nachmittags um halb fünf Uhr starten. Da sich aber die Büddower verspäteten, fuhr der Falkenburger alleine los und erreichte Mecklenburg, während die Büddower vor den Russen zurück mußten und wieder in Büddow landeten.

Als die Russen dorthin kamen, schleppten sie alle Männer fort. Wir verließen am 1. März 1945 unseren geliebten Falkenburger Besitz bei winterlicher Kälte und Schneetreiben. Meine Schwägerin und ich im Coupé, und meine Wirtin, gut in Pelze und Pelzdecken verpackt, fuhr den Einspännerwagen mit dem alten Milchpferd davor. Im Wagen wurden Lebensmittel und Gepäck verstaut. Heinrich Just, unser Kutscher, war im Kriege, sein Vertreter wollte nicht mitkommen, so bekamen wir einen Fahrer von unserem Gut Büddow, ein guter anständiger Mann, aber ohne Initiative, und daher wenig Hilfe für mich. Ich nahm schmerzlich Abschied von dem Schloß und den Zurückbleibenden, die am nächsten Tag von den bereitgestellten Zügen fortgebracht wurden. Duro, meine prachtvolle Dogge, lag in seiner Hütte und gab mir mit tieftraurigen Augen seine Pfote. Ich konnte ihn nicht mitnehmen, er war ja das Laufen neben dem Wagen nicht gewöhnt. Wie ich später hörte, hat das Militär ihn mitgenommen. Wie schwer mir der Abschied wurde, brauche ich nicht zu sagen, und wie sehr mir mein Mann fehlte!

Nun fuhren wir los über die frühere Zugbrücke. Die Pferde bogen aber nicht rechts herum ein, wie sie es gewohnt waren, sondern trabten in Richtung Pferdestall los, als ob sie es geahnt hätten, daß sie nie wiederkehren würden. Unsere Fahrt ging nun zunächst bis Reinfeld, unserer ersten Station. Unterwegs stießen wir in Herrenheide auf unsere Büddower Herde, die auf "höheren Befehl" wohl vor den Russen "gerettet" werden sollte. Der Schweizer und die armen Tiere, die aus dem schönen, warmen Stall in Schnee und Kälte durch den Wald getrieben wurden, taten mir so leid. Wo sie geendet sind, erfuhr ich nie.

In Reinfeld kamen wir ganz durchfroren an, und mir war so elend zumute, daß mir aller Mut verging, weiter zu fahren. Der Beamte schlug unsere Bitte um Nachtquartier ab, da das Schloß von oben bis unten mit Flüchtlingen belegt sei. Immerhin bekamen wir schönen, heißen Kaffee, was wir dankbar empfanden, und die Pferde wurden gefüttert. Ich telefonierte nun mit einer guten Bekannten, Freifrau v. Bothmer-Falkenberg, ob sie uns zur Nacht aufnehmen würde, was liebenswürdig zugesagt wurde. Wir setzten unsere Fahrt fort und kamen zwischen 19 und 20 Uhr durch Schievelbein, wenige Stunden bevor die Russen dort eindrangen.

Das Fahren wurde immer ungemütlicher und das Schneegestöber immer heftiger. Da man die Wegweiser nach Falkenberg nicht mehr entziffern konnte, ließ ich den Fahrer absteigen, um sich zu orientieren. Diesen Moment nützten die Pferde, um kehrt zu machen, wobei einige Teile des Geschirrs rissen. Während wir noch damit beschäftigt waren, das wieder in Ordnung zu bringen, kam ein Hilferuf von Fräulein Melchert, deren braves Pferd den Wagen mit den Hinterrädern in den Straßengraben geschoben hatte. Als schließlich alles wieder in Ordnung war, ging es weiter in Richtung Falkenberg, wo wir gegen 22 Uhr eintrafen. Frau v. Bothmer nahm uns rührend auf, nicht ahnend, daß auch sie einige Tage später ihre Heimat verlassen mußte.

Am nächsten Tag brachen wir nach dem Frühstück auf und erreichten am Sonnabend Kolberg. In der Bismarckstraße, der Wohnung von Hetchen (einer Schwester meines Mannes), luden wir das Gepäck ab, und dann fuhr ich mit dem Kutscher in die Stadt, wo wir mit Mühe und Not einen kleinen Stall fanden. Der Sonntag war für Mensch und Roß Ruhetag.

Inzwischen telefonierte ich mit Herrn Wilke, einem Gutsbesitzer in der Nähe, ob ich mich am Montag seinem Treck anschließen dürfte, denn allein mochte ich nicht mehr weiterfahren. Als wir dann am Montag unser Gepäck in der Bismarckstraße abholen wollten, empfing mich Hete mit der Nachricht, daß die Russen Kolberg eingeschlossen hätten und wir nicht mehr herauskönnten. Wir fuhren also zurück, mußten uns aber einen neuen Stall suchen, da unserer inzwischen anderweitig besetzt war. Dies glückte auch. Nur war unser Futter zu Ende und nichts zu bekommen. Auf Rat eines Bekannten von Hete entschloß ich mich, die Pferde der Militärbehörde anzubieten. Der Stadtkommandant war rührend zu mir, bot mir sogar Schokolade an, die damals eine große Rarität war, und mir fiel ein Stein vom Herzen, als man mir sagte, die drei Pferde mit den Wagen und dem Kutscher würden übernommen. Dabei quälte mich schon der Gedanke, was wohl aus den Verteidigern werden würde, da Hitler Kolberg zur Festung erklärt hatte, also bis zum letzten Mann verteidigt werden mußte.

Nun hieß es, an das eigene Fortkommen denken. Ein Braunhemd riet mir, beim Hafenkommandanten zu erfragen, ob und wann Schiffe kämen, um die Flüchtlinge herauszubringen. Der Kommandant ließ mich gar nicht vor, und im Hafen warteten schon seit Tagen Hunderte von Flüchtlingen vergeblich. Recht niedergeschlagen kam ich zu Hetchen zurück, denn das letzte Fünkchen Hoffnung, aus Kolberg herauszukommen, war erloschen. In den nächsten Tagen wurde Kolberg schon sehr beschossen. Es gab kein Wasser mehr, kein Licht und schließlich auch keine Feuerung mehr. Wenigstens mußten wir nicht hungern, Lebensmittel hatte ich reichlich mitgebracht. Wasser holte Fräulein Melchert aus der Persante, was aber wegen des Beschusses gefährlich war. Schließlich schmolzen wir den reichlich gefallenen Schnee. Am Bahnhof brannte ein Kohlelager, der Feuerschein färbte den Schnee rosig, was trotz aller Misere mein Malerauge entzückte.

Zehn Tage waren wir nun schon in Kolberg, als Hete eines Morgens in mein Zimmer kam und sagte, die Obermieter würden von einem Matrosen abgeholt, denn es lägen Schiffe im Hafen, und wenn ich mit Fräulein Melchert fort wollte, müßten wir binnen einer halben Stunde im Hafen sein. Sie wolle noch bleiben, weil sich ihr altes Mädchen weigerte, aufs Schiff zu gehen. In aller Eile raffte ich einen winzigen Handkoffer und einen Beutel zusammen mit dem Allernotwendigsten. Zu meinem großen Kummer mußte ich die große alte Griesheim'sche Familienbibel zurücklassen, sie war zu schwer zum Tragen. Seit Generationen waren darin nach dem Ableben eines Angehörigen Eintragungen über dessen Leben gemacht worden. Kurt hatte sehr an ihr gehangen, wie sehr hätte ihn dieser Verlust geschmerzt!

Trotz Beschuß langten wir heil am Hafen an und suchten das "Schiff". Es war nur ein kleiner "Äppelkahn" mit Deck und ohne Aufbauten und Brüstung und einem Verladeraum im Rumpf. Wir standen und standen und wurden nicht hinaufgelassen, obwohl wir nur einen Schritt zu machen brauchten, aber wir sollten über das Fallreep gehen, wo ein großer Andrang war. Ein menschenfreundlicher Polizist bugsierte uns schließlich aufs Deck. Von Hetchen, die mit zum Hafen gekommen war, nahm ich bewegt Abschied. Würden wir uns im Leben noch einmal wiedersehen? Viel später hörte ich, daß sie zwei Tage später Kolberg verlassen mußte. Ihr Schiff bekam einen Treffer in die Schraube und wurde ein Spielball der Wellen. Auf Befragen, ob das Schiff untergehen würde, antwortete der Kapitän: "Das liegt in Gottes Hand." Die ausgesandten SOS-Rufe hatten Erfolg, ein anderes Schiff kam, nahm sie ins Schlepptau und sie wurden gerettet. Nun zurück zu unserer Fahrt.

Auf den Befehl des Kapitäns sollten Fräulein Melchert und ich in den Laderaum heruntersteigen. Ich stellte mich taub. Es standen mindestens einige 20 Kinderwagen an Deck, deren kleiner Inhalt dort bereits verstaut war. Ich malte mir die Zustände dort aus, wenn es zur allgemeinen Seekrankheit käme. Schließlich führte uns ein Matrose in die sogenannte Schlosserei, einen kleinen Raum drei Viertel über Deck. Den einzigen Sitz teilte sich Fräulein Melchert mit einer Doktorsfrau aus Anklam, ich saß auf einer hochkant gestellten Apfelsinenkiste, alle anderen, die nach uns kamen, mußten auf der Erde sitzen. Wir hatten gute Luft, denn die Türe war oben offen, nun konnte mir die Seekrankheit nichts mehr anhaben. Gegen 8 oder 9 Uhr wurden die Anker gelichtet und um 18 Uhr erreichten wir Swinemünde.

Niemand von den Braunen oder der Frauenschaft war am Hafen, um sich um uns, geschweige um die vielen Babys, zu kümmern. Auf Vorschlag der Doktorsfrau gingen wir zum Bahnhof, um uns nach Zügen zu erkundigen, Soldaten halfen beim Koffertragen. Zu unserer großen Erleichterung erfuhren wir am Bahnhof, daß nachts um 1 Uhr ein Flüchtlingszug nach Vorpommern ginge, in den wir schon einsteigen könnten. Es waren Viehwagen, aus denen die Ratten heraussprangen, als wir die Türen öffneten. Fräulein Melchert und ich saßen rechts und links von ihrem Koffer, die Schmalseite des Wagens als Rückenlehne. Sie hatte so große Risse, daß es entsetzlich zog. Alle, die sonst noch zustiegen, saßen auf dem Boden. Um 1 Uhr kam eine Lokomotive, die vergeblich versuchte, den Zug in Bewegung zu setzen. So blieben wir noch die ganze Nacht auf dem Bahnhof stehen. Hätten die Engländer ihren Fliegerangriff auf Swinemünde acht Tage früher gestartet, bei dem 1200 Menschen ums Leben kamen, hätten wir dran glauben müssen, so blieben wir gnädig bewahrt. Der lange Aufenthalt auf der Station hatte auch andere Schwierigkeiten, weil kein WC zu erreichen war. Schließlich stellte eine Frau ein Gummitöpfchen zur Verfügung, das herumgereicht wurde. Morgens um 9 Uhr bekamen wir eine Lokomotive, die den Zug in Gang brachte. Zu meiner großen Freude hörte ich, daß der Zug nach Anklam fuhr. Ich wollte dorthin, um mich in Stolpe mit meiner Tochter Dagny und Enkelin Allheid zu treffen, die zu meiner Nichte Ursula Stürcken geflüchtet sein sollten.

Gegen 14 Uhr erreichten wir Anklam. Vom Bahnhof wollte ich telefonieren, was nicht gestattet wurde. So blieb Fräulein Melchert mit dem Gepäck am Bahnhof und ich versuchte mein Heil in der Stadt. Nach langem vergeblichen Versuchen glückte es im Büro des "Anklamer Anzeigers". Ich erfuhr, daß die Herrschaften in Anklam seien. Man wolle versuchen, sie telefonisch zu erreichen, sonst würde man einen Wagen schicken. Auf dem Rückweg zum Bahnhof traf ich sie durch Zufall, und Dagny stürzte mir in die Arme. Wir waren beinahe am Weinen, hatten wir doch seit Kurts Tod nichts mehr voneinander gehört, und Dagny wußte nicht, was aus mir geworden war. Nun kam noch Ursula Stürcken und wir fuhren nach Stolpe, wo wir gastlich aufgenommen wurden. Allheid begrüßte mich freudestrahlend. Einige Kindergeburtstage, die in die Zeit meines Aufenthaltes fielen, wurden noch friedensgemäß gefeiert. Aber auch viel Leid habe ich dort erlebt. Aus Hinterpommern kamen abends immer die Trecks, die auf der Flucht vor den Russen um Nachtquartier baten, viele meiner Bekannten waren darunter. Sie sahen so elend und mitgenommen aus, daß einem ganz weh ums Herz wurde. Aber alle konnten nicht aufgenommen werden.

Nach etwa 10 Tagen kam mein Neffe Sandro v. Dörnberg, um mich abzuholen. Er war Chef des Protokolls im Auswärtigen Amt, und hatte ein Auto zur Verfügung. Er riet Dagny mit Allheid mitzukommen, da sich die Lage immer mehr zuspitzte. Dagny mochte aber Ursula, deren Mann im Felde war und die ganz allein auf sich angewiesen war, nicht im Stich lassen. So nahm Sandro mich, Fräulein Melchert und Allheid mit und zwar zunächst nach Berlin ins Hotel Adlon, wo ihm ein Quartier zur Verfügung stand. Er ließ uns ein kleines Diner servieren und ich kam mir wie in frühere Zeiten zurückversetzt vor, etwas abgelenkt von all dem Jammer ringsumher. Die Nacht verbrachten wir fast ausschließlich im Luftschutzkeller, in dem sich kleine Kojen mit Betten befanden.

Sandro holte uns am nächsten Tag spät nachmittags ab. Unser Auto hatte einen Holzgasantrieb und einen Anhänger für das Gepäck. Um 18 Uhr starteten wir, gefahren von einem sehr netten Chauffeur und begleitet von Botschaftssekretär Blankenhorn, später Botschafter in Paris. In Dessau mußten wir über die Elbe. Die Ruinen der total zerbombten Stadt wirkten im Mondschein ganz gespenstisch. Dann ging es über eine Pontonbrücke zum anderen Ufer. Durch das Gewicht von Auto und Anhänger senkte sich die Brücke bis zur Höhe des Wasserspiegels, und ich war froh, als wir unversehrt das andere Ufer erreichten. Unsere Fahrt, manchmal durch Fliegeralarm unterbrochen, hatte zunächst Oberwiederstedt, einen alten Hardenbergschen Besitz, als Ziel. Dort sollten wir Allheid bei ihrer Großmutter Hardenberg absetzen. Mitten in der Nacht erreichten wir ein kleines Städtchen, wo gerade wieder einmal Fliegeralarm gegeben wurde. Wir schlossen uns den vom Mondschein beleuchteten, in den Luftschutzkeller eilenden Gestalten an, und erfuhren dort, daß wir uns in Könnern, Anhalt, befanden. Wir erfuhren dort auch, wie wir am besten nach Oberwiederstedt gelangten. Um 5 Uhr morgens waren wir dort. Nach einem guten Frühstück ging es weiter und um 19 Uhr landeten wir in Breitenbach am Herzberg. Von dort rief ich in Hausen, meinem Heimatschloß, an. Hugo war natürlich überrascht, meine Stimme zu hören, er wußte ja noch nichts vom Tode meines Mannes. Unsere Ankunft verzögerte sich aber noch. Erst mußten wir vor einem Flieger Deckung suchen und dann schaffte unser Auto einen steilen

Berg nicht. So mußte der Anhänger abgehängt werden, und nachdem es die Personen hinaufgebracht hatte, holte es den Anhänger nach. Wir nahmen den Weg Niederaula, wo keine Steigungen sind und erreichten Hausen gegen 22 Uhr. Meine Schwägerin Marie Eva und Hugo hatten sich schon geängstigt und unser Wiedersehen war sehr bewegt.

Botschaftsrat Blankenhorn blieb die Nacht in Hausen. Auftragsgemäß hatte er festgestellt, daß Wildungen nicht das richtige Ausweichquartier für das diplomatische Corps war. Wie dankbar war ich, in der alten Heimat Zuflucht gefunden zu haben. Schwer aber war es auch für mich, nicht mehr im geliebten Falkenburg sein zu können, wo ich 47 glückliche Jahre verlebt habe.

Was bleibt, ist die Erinnerung! Ein Paradies, aus dem man nicht vertrieben werden kann!

Ralph v. Heygendorff

Ralph Karl Max Alfred v. **Heygendorff**, * Dresden 15. 8. 1897, † Remscheid-Lennep 10. 12. 1953, GenLt a. D., ERr d. Joh.; ✕ Leipzig 18. 8. 1924 Edith v. **Feilitzsch**, * Zwickau 4. 10. 1899, † Pinneberg 19. 6. 1962, T. d. ReichsgerRats i. R. Dr. jur. Heinrich v. F. u. d. Anna Kraner.

Kinder:

1. Joachim (**Achim**) Alfred, * Dresden 2. 6. 1927, Baumeister, RRr d. JohO.;
   ✕ (standesamtl.) Wermelskirchen 30. 1., (kirchl.) Frankfurt am Main 29. 5. 1954 Marianne **Piper**, * Geilenkirchen 11. 6. 1928, T. d. Zollamtmanns a. D. Reinhard P. u. d. Käthe Barthold.

2. **Wolfgang** Bernhard Egon, * Dresden 27. 10. 1932, Oberst a. D.; ✕ Fritzlar 29. 7. 1959 Gisela **Mischke**, * Lauenburg, Pomm., 8. 9. 1934, T. d. Lehrers Hermann M. u. d. Charlotte Urban.

3. **Irene** Edith, * Breslau 28. 8. 1937; ✕ Köln 21. 11. 1958 Dieter **Renken**, * Kiel 19. 4. 1934, Offizier der Handelsmarine.

Auszug aus dem von Ralph v. Heygendorff verfaßten Lebenslauf:

Während ich vom ersten Tage des Zweiten Weltkrieges an auf verschiedenen Kriegsschauplätzen und zuletzt als Generalleutnant und Kommandeur der 162. (Turkvölkischen) Infanteriedivision in Italien war, lebte meine Familie in Breslau. Infolge des Vordringens der Roten Armee mußte diese unsere Wohnung am 20. Januar 1945 unter Zurücklassung aller Habe verlassen. In Dresden hat sie bei meiner Mutter den Untergang der Stadt am 13./14. Februar 1945 miterlebt. Sie zog Ende März 1945 weiter nach Heygendorf in Thüringen, September 1947 weiter nach Westdeutschland. Nach zehnmonatigem Lagerleben in den Flüchtlingslagern Siegen, Wipperfürth und Wermelskirchen fand sie in Wermelskirchen ein neues bescheidenes Zuhause.

Mein ältester Sohn Achim geriet als Kadett der Marineartillerie am 7. Mai 1945 in sowjetische Kriegsgefangenschaft, aus der er krankheitshalber am 18. November 1945 entlassen wurde.

Meine damals 74jährige Mutter wurde beim Einzug der Russen in Dresden im Mai 1945 von einem Rotarmisten mit einer Eisenstange unter den Tisch geschlagen. Sie und meine Schwester Wera verloren am 29. Mai 1945 infolge Beschlagnahme durch die Russen ihre Wohnung in Dresden mit der gesamten Einrichtung.

Benno v. Heynitz auf Heynitz

Das Rittergut Heynitz, alter Familienbesitz, liegt im Kreis Meißen und hatte eine Größe von ca. 362 ha.

Zur Familie des letzten Eigentümers gehören:

B e n n o Georg Rudolph v. H e y n i t z , * Leipzig-Gohlis 16. 9. 1887, † Hannover 24. 1. 1979, auf Heynitz u. Wunschwitz (§), Dr. jur., Domhr zu Meißen, ERr d. JohO., Schriftf. u. Archivar d. GeschlVereins; ✕ München 28. 8. 1912 Eleonore (Lore) v. C a n a l , * Düsseldorf 26. 12. 1889, † Hannover 5. 12. 1984, T. d. Kunstmalers Prof. Gilbert v. C. auf Neudenstein, Kärnten, u. d. Ida Baum.

Kinder:

1. G e o r g Gilbert Ernst, * Heynitz 31. 3. 1914, ✕ († an der 10. 7. erhaltenen Verwundung) südl. Orel 11. 7. 1943, Ldwirt, OLt d. Res. im Pz-Rgt 3.

2. S i g i s m u n d Benno Erich, * Heynitz 19. 5. 1915, Dr. med.; ✕ Hannover 2. 4. 1947 Ruth E c h t e , * Niederschöna 29. 4. 1921, Dr. med., T. d. OReichsbahnrats Wilhelm E. u. d. Maria Meusel.

3. G ü n t h e r Peter Otto, * Heynitz 19. 5. 1917, ✕ bei Krementschug am Dnjepr 28. 9. 1943, Ldwirt, OLt d. Res. u. BatterieChef im ArtRgt 108; ✕ Heynitz 11. 4. 1943 Hertha H a s s l a c h e r , * Brücklhof bei Spittal, Kärnten, 20. 12. 1918 (✕ II. Düshorn bei Walsrode 25. 12. 1945 Heinz Helmut Hoppe, * Geismar 28. 10. 1919, Ldwirt, gesch. ...; ✕ III. Klagenfurt 19. 3. 1966 Franz August Jilg, * Klagenfurt 7. 6. 1907, techn. OInsp. i. R.), T. d. BankPräs. u. Gutsbes. Franz H. u. d. Marianne Egger.

4. H a n s Joachim Curt, * Heynitz 13. 3. 1921, ✕ ... (an der deutsch-litauischen Grenze) 5. 8. 1944, stud. rer. nat., Uffz. u. OffzAnw. im PzArtRgt 76.

5. K r a f f t Erik Wolf, * Heynitz 24. 10. 1923, beratender Ldwirt; ✕ Grömitz 28. 12. 1959 Maria Renata S e i d e l , * Dresden 9. 11. 1927, T. d. OMedRats u. Dir. d. Krankenhauses Dresden-Johannstadt Prof. Dr. med. Hans S. u. d. Maria Margarethe v. Heyden.

6. E v a - M a r i a Monika Elisabeth, * Dresden 31. 7. 1927, führt wieder den Geburtsnamen; ✕ Bad Segeberg, Holst., 15. 6. 1947 Heinz R u d o l p h , * Berlin 13. 3. 1912, Dr. oec., kaufm. Dir. (gesch. ... 9. 1963).

Es folgt ein Bericht von Benno v. Heynitz mit der Überschrift:

Das Gut Heynitz im Schicksalsjahr 1945

In der Silvesternacht 1944 hatten wir alle das bedrückende Gefühl, daß das neue Jahr das Ende des Krieges bringen würde. Daß dieses nicht gut sein konnte, sagte sich jeder. Aber die Sehnsucht nach dem Frieden war so stark und die Ausweglosigkeit unserer Lage für jedermann klar erkennbar, daß das Ende der Kämpfe herbeigesehnt wurde.

Im Laufe des Januar 1945 traten die russischen Armeen auf der ganzen Ostfront zum Vormarsch an. Im Westen setzten die amerikanischen und englischen Heere den Vormarsch unaufhaltsam fort. Sachsen lag ungefähr in der Mitte und der Kreis Meißen wiederum in der Mitte des Landes. Wie alles kommen würde, konnte sich niemand vorstellen. Flüchtlinge aus dem Warthegau berichteten uns, daß sie mit dem letzten Zuge und mit knapper Not entkommen konnten. Die örtlichen Parteistellen hatten bis zuletzt jede Abreise, auch der Frauen und Kinder, streng verboten. Dagegen wurden im Westen Familien evakuiert, um sie vor den dauernden Luftangriffen zu bewahren. Demgegenüber wurde in Sachsen die Lage nicht so ernst genommen. Allgemein bemühte man sich, durch gute Organisation den Flüchtlingsstrom zu leiten und den einzelnen Trecks weiterzuhelfen. So war in Meißen, wo zahlreiche Flüchtlinge in großen und kleinen Gruppen über die Elbe gingen, eine Beratungsstelle eingerichtet, welche die Weiterfahrt auf der mittleren, nördlichen oder südlichen Straße anordnete, um eine möglichst gleichmäßige Verteilung auf die nächsten Dörfer zu erreichen.

Im Laufe des Vormittags bekam der Heynitzer Bürgermeister die telefonische Anweisung aus Meißen, wieviele Personen und Pferde das Dorf für die nächste Nacht aufzunehmen und zu versorgen hätte. Er rief mich an und wir vereinbarten, wieviele das Dorf und wieviele das Rittergut aufnehmen konnten. Wenn nun der Treck in unseren Hof kam, und die müden und hungrigen Menschen von den Wagen herunterkletterten, so galt die erste Sorge den Kindern. Meine Frau kam mit dem Schreibblock, notierte die Anzahl der Erwachsenen und der Kinder und sorgte für diese. Das Bad stand bereit und im Waschhaus war der Kessel geheizt. Inzwischen wurde in der Küche das Abendbrot gerichtet. Auf dem Hof wurde für die Kutscher und die Pferde gesorgt. Es ist nicht zu beschreiben, wie wohltuend und dankbar all diese Menschen die Fürsorge empfanden. Uns selbst war sie so selbstverständlich und beglückend, weil wir noch zu Hause waren und helfen konnten.

Die meisten Trecks legten in Heynitz einen Ruhetag ein, um dann mit neuen Kräften und frischem Mut weiterzuziehen. Von allen Familien, die damals unsere Gäste waren, möchte ich nur eine erwähnen, die Grafen von Platen-Syberg. Es kam eine alte Dame mit drei erwachsenen Söhnen und einer verheirateten Tochter, alle mit ihren Kindern. Sie hatten schon eine sehr lange Wanderschaft hinter sich, denn ihre Güter lagen in Kurland und Litauen, in Polen und im westlichen Rußland. Es ergaben sich am Abend sehr schöne Gespräche und alle spürten deutlich, daß wir gemeinsam zu dem westlichen Kulturkreis gehörten. Einer der Gäste spielte zum Schluß Chopin so hinreißend, daß wohl allen der Abend unvergeßlich bleiben wird. Sie schrieben uns ins Gästebuch: "Möge den hochverehrten Besitzern und liebenswürdigen Einwohnern unser bitteres Flüchtlingsschicksal erspart bleiben." Sie fuhren in die Gegend von Nürnberg, da sie verwandtschaftliche Beziehungen zu den Tuchers hatten. Für uns selbst war dieses Helfen eine Erleichterung von der inneren Spannung und Sorge, welche die Kriegslage zwangsläufig mit sich brachte. In diese Zeit fiel der Luftangriff auf Dresden und die Zerstörung der Stadt. Am 12. Februar hörten wir abends die Geschwader über uns hinwegbrausen, und bald sahen wir den roterleuchteten Himmel über Dresden. Dieses furchtbare Schauspiel wiederholte sich in der Nacht und am nächsten Vormittag. Dann trat eine unheimliche Stille ein. Wir warteten auf Nachrichten, auf Lebenszeichen der Menschen, von denen wir wußten, daß sie in der Stadt waren. Es dauerte noch einige Tage,

Rittergut Heynitz (bis 1945)
Schloß und Park stehen unter Denkmalschutz und werden unterhalten.
Im Schloß befindet sich die Gemeindeverwaltung, Volkspolizei,
Kindergarten und Schule.

dann kamen sie, gezeichnet vom Schrecken aller Erlebnisse. Ich lasse die Aufzeichnungen eines Gastes folgen:

"Schreckensnacht in Dresden (13. Februar 1945). Zerstörung der Stadt. Obdachlose Flüchtlinge finden in Schloß Heynitz Unterkunft. Ein Arzt, Dr. Seidel, dessen Frau und Kinder schon einige Tage dort waren, landet eines Abends abgerissen, mit schmutzigem Kragen, zerknittertem Anzug, die Schuhe abgelaufen und mit Kot bedeckt - an den Augen die Überreste seiner bei dem Brand seines Hauses erlittenen Rauchschädigung - mit dem Rest seiner Habe im Schloß. Er wird auf das gastfreundlichste aufgenommen. Der müde Wanderer wird (wie zu Homers Zeiten der edle Odysseus) mit einem warmen Bade erquickt, mit Speise und Trank gelabt und sanft im Zimmer des Hauses gebettet."

Trotz all dieser tief einschneidenden Erlebnisse wurde uns allen die Kraft geschenkt, sich auf die Erfordernisse der Zeit einzustellen. Wir haben gemeinsam die Konfirmation von Hans Dieter Seidel und meines Neffen Klaus Drechsel aus Dresden und das Osterfest in Heynitz gefeiert.

Inzwischen war die Kriegslage immer ernster geworden. Die Amerikaner waren an der Zwickauer Mulde bei Grimma stehengeblieben. Diese Stadt liegt 60 km westlich von Heynitz. Natürlich hatten wir gehofft, daß sie bis zur Elbe in den Abschnitt Meißen-Dresden vorstoßen würden. Aber das taten sie nicht. Die Russen waren bei Torgau über die Elbe gegangen und stießen von dort nach Süden vor. Reste der Armee Schörner lagen in unserem Kreise, die Kampflinie ging mitten durch Heynitz hindurch. So blieb uns keine Wahl, wir mußten Entschlüsse fassen. Am 27. April ging ein kleiner Treck, dem ich ein Panjepferd mit Wagen mitgegeben hatte, nach Westen ab. Es waren unsere baltischen Verwandten v. Hirschheydt und eine Nichte meiner Frau aus dem Rheinland, v. Canal, mit einem kleinen Kind. Erst viel später, als wir schon lange "im Westen" waren, erfuhren wir Einzelheiten dieser Flucht und der wunderbaren Behütungen. Sie alle kamen durch die amerikanischen Linien hindurch und langten schließlich dort an, wo sie zunächst bleiben und auf Nachrichten der Angehörigen warten konnten.

Am 28. April ging der große Treck aus Heynitz ab. Die meisten der Flüchtlinge und die eigene Familie wanderten mit. Die vier Wagen enthielten Lebensmittel, Futter für die Tiere und etliche Koffer. Wir hatten beschlossen, daß der Treck in Reinsberg Station machen und dort warten sollte, bis die Weiterfahrt zwingend war. (Russische Truppen waren inzwischen zurückgeworfen worden.) Ich war in Heynitz zurückgeblieben und ging mit zwei Männern in die Dörfer, wo Kämpfe stattgefunden hatten. Der Eindruck war fürchterlich. Trotzdem konnte ich meine Leute nicht bewegen, dem russischen Angriff auszuweichen und mit uns zu ziehen. Sie blieben zu Hause, weil sie fürchteten, sonst ihre ganze Habe zu verlieren. Uns begleitete eine deutsche Familie aus Ungarn (Schuster) und eine jugoslawische Familie. Diese hatte wohl Angst, von den Russen verschleppt zu werden.

In der Nacht vom 5. zum 6. Mai verließ ich zu Fuß Heynitz. Im Hause hatte ich alle Türen, Fächer und Räume aufgeschlossen, um sie vor gewaltsamem Aufbrechen zu schützen. Schweren Herzens verließ ich meine alte Schwiegermutter mit einer treuen Dienerin, ein altes Generalsehepaar und alle unsere Leute.

Am Sonntag, 6. Mai, nachmittags, rollten die russischen Panzer in Heynitz ein. Kämpfe hatten nicht stattgefunden, denn die deutschen Truppen waren vorher zurückgenommen worden und hatten den Befehl, sich nach Süden abzusetzen, wo bereits die Amerikaner standen. In Heynitz selbst waren, wie überall, die nationalsozialistischen Fahnen, Uniformen und Embleme verbrannt worden. Alle waren sich einig, keinen Widerstand zu leisten. Der Volkssturm war zum Glück aufgelöst worden. So glaubte man allgemein: "Es wird schon nicht so schlimm werden, wenn die Russen kommen."

Unser Treck war am Sonntag, 6. Mai, früh in Reinsberg aufgebrochen. Wir hatten die Absicht, über Freiberg in die Gegend von Chemnitz zu kommen. Das erste

Tagesziel war Wegefahrt, ein großes Dorf hinter Freiberg. Wir fanden in einer Scheune, zusammen mit vielen anderen Flüchtlingen, Quartier. Am Montag früh brachen wir zeitig auf, kamen aber nicht vorwärts, da ein endloser Zug von Fahrzeugen aller Art und Fußgängern in derselben Richtung sich langsam vorwärts bewegte. Alle mußten sich nach dem Tempo richten, das die ihre schweren Handwagen ziehenden Menschen und die Ochsengespanne bestimmten. So gelangten wir bis Oederan bei Chemnitz. Hier erreichten uns die Russen. Alles mußte Platz machen und mehrere Stunden warten, bis die Truppen durchmarschiert waren. Unterdessen hatten wir reichlich Zeit zu Überlegungen. Wir entschlossen uns, umzukehren und in Etappen zurückzufahren.

Als wir am 16. Mai nach Heynitz zurückkamen, war noch das ganze Dorf in Unruhe und Aufregung. Die Bevölkerung hatte Tag und Nacht die Einquartierung bedienen und alles bringen müssen, was die Soldaten wünschten. Daher waren die Menschen völlig erschöpft und verängstigt. Es war ihnen nichts erspart geblieben. In unserem Haus trafen wir die Zurückgebliebenen verhältnismäßig wohl an, zu unserer großen Freude und Überraschung auch unseren Sohn Sigismund. Seine Einheit hatte sich im Erzgebirge aufgelöst und er war mit dem Fahrrad nach Heynitz gekommen. Das Haus selbst befand sich in einem unbeschreiblichen Zustand. Einige Zimmer waren schon gereinigt worden. Im Saal der zweiten Etage hatten die Russen alles ausgeschüttet, was in zahllosen Paketen uns in den letzten Monaten zur Aufbewahrung von Bekannten zugeschickt war. - Es war ein Chaos! Im Hofe sah es nicht so schlimm aus. Das Vieh war noch da; in dem Keller waren nicht viele Kartoffeln gewesen. Diese hatte ich noch in Feldmieten, die nicht entdeckt worden waren. Die Felder hatten einige tiefe Spuren von Panzern. Aber dies alles war noch erträglich. So begannen wir sehr bald mit der Außenarbeit. Die Frühjahrsbestellung wurde restlos zu Ende geführt und wieder Ordnung geschaffen, so gut es ging.

Es ergab sich eine sehr gute Zusammenarbeit mit dem Bürgermeister, einem mir gut bekannten SPD-Mann, der eine Zeitlang im KZ gewesen war. Gemeinde und Gutsbetrieb halfen sich aus. Das war in den vielen kritischen Situationen, die bald eintraten, ungeheuer viel wert.

Eine große Hilfe war der Kartoffelvorrat in der Feldmiete und die Ernte im Gemüsegarten. Aus Dresden und Meißen kamen die Menschen, um sich Lebensmittel zu holen. Das Krankenhaus in Meißen schickte ein Gespann mit Rot-Kreuz-Flagge und kaufte für seine Kranken ein. Diese ganze Aktion, die sich über etliche Wochen erstreckte, wurde von den Russen nicht gestört.

Nach der bedingungslosen Kapitulation vom 8. Mai war die gesamte Macht im Staate an die Militärregierung übergegangen. Diese erließ zahlreiche Befehle, denen unbedingt nachgekommen werden mußte. Jeder Kreis erhielt einen Kommandanten, und diesem unterstanden die Ortskommandanturen.

Von der Landwirtschaft wurden Anbaupläne eingereicht. Das Ablieferungssoll wurde bald festgesetzt, der Bedarf für die Rote Armee verlangt, die Bevölkerung mußte sich von dem erhalten, was übrigblieb. Außerdem wurde die Ablieferung von Vieh verlangt, das zur Wiedergutmachung nach Rußland geschickt wurde. So mußte ich in Heynitz die meisten Kühe abgeben und die ganze Schafherde. Man ließ uns etwa zehn Kühe zur Versorgung der auf dem Hof arbeitenden Menschen.

Eine Bescheinigung für die Ablieferung erhielt man nicht, geschweige eine Entschädigung. An mehreren Tagen wurde die Landbevölkerung an die Bahn bestellt. Sie mußte das zweite Gleis abschrauben und die Schienen zum Abtransport zusammentragen. Dagegen beließ man uns die Zugtiere und lieferte Betriebstoff für den Traktor und Kohlen für die Lokomobile, damit gedroschen werden konnte.

Die Militärregierung richtete eine Zivilverwaltung ein. Die oberste Stelle war die Landesregierung in Dresden, die ihren Sitz im ehemaligen Luftgaukommando in Wachwitz hatte. An der Spitze stand ein SPD-Mann. Sein Stellvertreter war ein gewisser Fischer, Kommunist, den die Russen geschult und (wie Ulbricht, Matern usw.) mitgebracht hatten. Im Landratsamt arbeiteten die alten Beamten und Angestellten weiter. Der Posten des Landrates wurde mit einem zuverlässigen Mann besetzt. Ebenso war es in den Gemeinden.

Im ganzen konnte man aber sagen, es war erträglich. Manche hatten ein besonderes Geschick, mit den Russen umzugehen und sie von Fall zu Fall zu gewinnen. Sie waren aber für unsere Begriffe unberechenbar. Keiner erfuhr, was sie mit uns vorhatten. Die größten Schwierigkeiten bereiteten uns einzelne Trupps, die auf eigene Faust durchs Land fuhren, Angst und Schrecken verbreiteten und raubten, was ihnen paßte. Gegen diese Landplage gab es kein Mittel. Rief man die Militärpolizei an, und kam diese wirklich, so verschwanden die Plünderer, um sofort wieder aufzutauchen, wenn der Polizist abgefahren war. Während des ganzen Sommers hat uns der Ungarndeutsche Schuster beste Dienste geleistet. Er sprach russisch und polnisch. Kam ein Trupp auf den Hof, so war Schuster da und verhandelte. Währenddessen hatten unsere jungen Mädchen Zeit, sich zu verstecken. Ich erfuhr, was die Leute wollten und konnte mit ihnen verhandeln. Auch das Militär war leichter zu befriedigen, wenn man wußte, was verlangt und gefragt wurde. Und wieviel wollten sie wissen!

Im Juli rückte die Rote Armee in die Gebiete vor, die die Amerikaner gemäß dem Abkommen von Jalta räumten. Die Truppen marschierten im nahen Triebischtal nach Westen. Einzelne Patrouillen kamen durch Heynitz und waren sehr aggressiv. Unser Sohn kam durch sie in große Gefahr. Man vermutete in ihm einen SS-Offizier, der sich verbergen wollte, und es hätte nicht viel gefehlt, so wäre er erschossen worden. Zweimal hatten wir Einquartierung. Für die Offiziere wurde gedeckt und meine Frau und ich mußten mit ihnen essen. Dann wurde sehr laut gesungen.

Zwei Erlebnisse während solcher Einquartierungen möchte ich noch berichten: Unter den Offizieren war ein Stabsarzt, der in Leipzig studiert hatte und daher gut deutsch sprach. Er hatte große Hochachtung vor der deutschen Wissenschaft. Nun fragte er mich, ob ich ihm wohl einen Radioapparat verkaufen könnte und was dieser koste. Wir waren uns sehr bald einig und er bezahlte die gewünschte Summe und bedankte sich. Dieses Verhalten stand in so starkem Gegensatz zu allen anderen Erfahrungen während der Besatzungszeit, daß ich den Vorgang berichten muß.

Die andere kleine Begebenheit füge ich als Kuriosum hinzu. In der Truppe fiel mir ein kleiner gelber Kirgise auf, der mir beim ersten Mal etwas unheimlich vorkam. Doch einmal, als er an mir vorbeiging, sagte er ganz leise: "Alles abschließen, alles abschließen!" Am Abend vereinbarte ich mit ihm, daß er mich sofort wecken würde, wenn es notwendig wäre. Ich könnte ruhig schlafen gehen, meinte er. Es passierte in dieser Nacht aber nichts. Am nächsten Morgen ging er an mir vorbei und ließ sich nicht das Geringste anmerken.

Bald nachdem die deutsche Zivilverwaltung ihre Arbeit begonnen hatte, gab sie in der Presse ihre Ziele bekannt: Abschaffung des Privatkapitals, Vertreibung der Junker, das Land der großen Güter an die Bauern und Siedler usw. Es war so ziemlich alles in dem Aufruf enthalten, was die kommunistische Partei sich vorgenommen hatte. Hinter ihr stand die russische Militärregierung. Diese ließ aber die Deutschen alles selbst besorgen.

Die erste Verordnung über die Bodenreform wurde in Thüringen oder in der Provinz Sachsen erlassen. Inzwischen war man in Dresden nicht untätig gewesen. Der Landtag hatte sich mit der Bodenreform befaßt und sehr eingehende Vorschläge gemacht. Nach diesen sollte der örtliche Bedarf an Land gedeckt werden, damit Bauernstellen abgerundet und Siedler angesetzt werden könnten. Im Kreise Meißen wurde auch eine entsprechende Erhebung durchgeführt. Nach dieser wurden von meinem Besitz etwa 65 ha als Siedlungsland benötigt. Es wäre durchaus möglich gewesen, dieses Land abzugeben, ohne die eigene Wirtschaft zu gefährden. Ferner sollten einige Güter (z. B. das bekannte Leutewitz) als Zuchtbetriebe und Vorbildwirtschaften erhalten bleiben. Andere Güter dienten der Versorgung der Roten Armee (Schleinitz), und sollten selbstverständlich nicht verkleinert werden. Das Ganze klang also nicht ganz hoffnungslos. Anfang September wurde in Sachsen die Verordnung über die Bodenreform von der Landesregierung erlassen. Da aber die oben erwähnten Pläne vorlagen, wagten wir alle noch zu hoffen.

Mein Sohn Sigismund war inzwischen in einem Meißner Krankenhaus als Arzt angekommen. Er ging öfter auf das Landratsamt, um Fühlung zu behalten und uns zu informieren. Aber dort wurde keine klare Auskunft gegeben. Offenbar wurden die Beamten nicht über das in Kenntnis gesetzt, was die Regierung plante. Von der Verordnung wurden alle Besitzer betroffen, die 100 ha oder mehr als Eigentum hatten. Hierbei war es gleichgültig, ob es sich um ein sogenanntes großes Gut oder um zwei kleinere Höfe handelte. Es wurde auch nicht berücksichtigt, ob leichter oder schwerer Boden oder ob Wald in der Fläche enthalten war. Der Maßstab war also ganz grob, und man versuchte erst gar nicht, auf einen Einzelfall einzugehen.

Das Landratsamt war angewiesen, Treuhänder einzusetzen, deren Aufgabe es war, für die Erhaltung der Viehbestände und Vorräte zu sorgen. Wir in Heynitz erhielten einen aus dem Osten vertriebenen Landwirt, der dort 1200 Morgen besessen hatte. Er hatte natürlich volles Verständnis für unsere Lage und hat mir keinerlei Schwierigkeiten gemacht.

Im Oktober spitzte sich die Lage zu. Der Bürgermeister zeigte mir einen kleinen Zettel, auf dem zu lesen war, daß die Besitzer nur mit einem Handkoffer abziehen dürften. Dafür hätte er zu sorgen. Nun fingen wir an zu packen und gaben Möbel, deren Fächer angefüllt waren, ferner Kisten mit Silber, Porzellan und Büchern an zuverlässige Leute zum Aufbewahren. Ich selbst fuhr zur Landesverwaltung nach Dresden, um zu erfahren, was man vorhatte. Ich erhielt keine Auskunft. Man sagte mir nur, daß am nächsten Tag die große Kommission tagen würde, die zu entscheiden hätte. Die Leitung hatte der stellvertretende Präsident, der o. g. Fischer. Man wies mich an die Landespolizei. Diese wollte auch nichts wissen, man machte aber einen so üblen Eindruck, daß ich mich schleunigst entfernte.

Am 23. Oktober war die Verhaftungswelle in unserem Kreis. Volkspolizisten kamen auf die Güter mit dem Auftrag, die ganze Besitzerfamilie zu verhaften und in ein Lager bei Dresden zu bringen. Sie trafen aber niemanden von uns an. Ich war in Dresden gewesen und wurde bei der Rückkehr auf dem Bahnhof von meinem Lehrling gewarnt. Kurz vor Eintreffen der Polizei waren - durch Sigismund benachrichtigt - meine Frau und Tochter in die Schäferei geflüchtet, wo sie sich zunächst auf dem Heuboden versteckten. Dann wurden sie von einer Familie Schneider in Munzig aufgenommen und rührend versorgt. In den darauffolgenden Tagen versammelten wir uns in Dresden und fuhren am 28. Oktober zunächst nach Halle.

In Heynitz wurde das Land des Rittergutes aufgeteilt und in Parzellen von je 5 ha an die landwirtschaftlichen Arbeiter und Flüchtlinge kostenlos abgegeben. Ebenso wurden Vieh und Geräte an die Siedler verteilt. Man feierte Feste und pries die Befreiung von der Junkerherrschaft. Anschließend wurde das ganze Land vermessen, die alten Grenzsteine ausgehoben und neue gesetzt. Um alle Beweismittel zu beseitigen, wurden die Grundbücher und Akten auf dem Amtsgericht angeblich verbrannt. Durch eine Verordnung der Landesverwaltung wurden also alle Eigentumsrechte am Grund und Boden aufgehoben und für null und nichtig erklärt.

Auch das ganze Schloßinventar mit dem Archiv, der Bibliothek und den Familienbildern unterlagen der Beschlagnahme. Ebenso wurden die Bankguthaben enteignet. Um die ganze Groteske darzustellen, sei erwähnt, daß die alten Besitzer weiter für ihre Schulden haften sollten. Dies ging soweit, daß das Finanzamt in Nienburg, in dessen Bezirk wir Anfang 1946 lebten, von Meißen aus beauftragt wurde, von mir Steuerbeträge einzuziehen, die erst nach der Vertreibung fällig geworden waren. Diese Aktion blieb natürlich erfolglos. Vor unserer Abreise hatte ich den Denkmalspfleger in Dresden aufgesucht und ihn gebeten, unser Archiv, Bibliothek und Bilder sicherzustellen. Diese wurden denn auch bald abgeholt und in die Heimatmuseen in Meißen und Nossen gebracht.

Zum Abschluß eine kurze Schilderung, wie es jetzt in Heynitz aussieht: Schloß und Park stehen unter Denkmalschutz und werden unterhalten. Die Neusiedler und Bauern wurden in einer Produktionsgenossenschaft vereinigt und haben damit ihre Freiheit aufgeben müssen.

Im Jahre 1955 wurde ein großes Heimatfest gefeiert zum 950jährigen Bestehen des Dorfes. Auf dem Festzeichen war Schloß Heynitz abgebildet, in der Festschrift wurde unsere Familie erwähnt. Der Bürgermeister, ein Schlesier, zeigt gerne das Schloß mit dem kleinen Museum, an dessen Wänden die Stammbäume der Familie v. Heynitz hängen.

Ursula v. Heynitz auf Miltitz

Miltitz, zuletzt im Besitz der Familie v. Heynitz, liegt im Bezirk Dresden und hatte eine Größe von 145 ha.

Georg A d o l f v. H e y n i t z, * Königshain 10. 12. 1866, † Miltitz 22. 1. 1944, auf Miltitz (seit 1705 im Bes. d. Fam.) (eingetr. in das Kgl. sächs. Adelsbuch unter Nr 525 am 15. 6. 1918), ERr d. JohO.; ✕ Wendischbora bei Nossen 27. 11. 1900 Elisabeth v. S c h w e r d t n e r, * Großenhain 24. 5. 1879, T. d. Kgl. sächs. Khrn u. Rittmeisters a. D. Gabriel v. Sch. auf Glauschnitz u. d. Anna Freiin v. Wöhrmann, auf Wendischbora.

Kinder:

1. Anna Elisabeth Virginie Agnes S i b y l l e, * Miltitz 3. 3. 1902, staatl. gepr. Krankengymnastin;
✕ Potsdam 24. 8. 1935 Erwin R i c k m a n n, * ..., Bankangest. (gesch. ...).

2. Hildegard Hedwig Marie U r s u l a, * Dresden 14. 3. 1905, auf Miltitz (§).

3. Heinrich Christian D i e t r i c h, * Dresden 2. 9. 1908, † Bautzen (im russ. Gefangenenlager) 3. 3. 1947, auf Königshain (§) (seit 1795 im Bes. d. Fam.), Ld- u. Forstwirt;
✕ Reichenbach, OLausitz, 21. 7. 1937 Ruth W i n k l e r adopt. v o n R o o n, * Hirschberg 21. 11. 1913, † Bethel bei Bielefeld 26. 11. 1954, T. d. u. d. ..., AdoptivT. d. Majors z. V. Moritz v. R. u. d. Margherita (Rita) v. Seydewitz auf Reichenbach.

4. A l e x a n d r a Brigitte Louise Emmy, * Dresden 10. 6. 1911, Kindergärtnerin, † Sohland/Görlitz 8. 10. 1974;
✕ Bischofswerda, Sachsen, 4. 6. 1960 Richard F r o s t, * Kolmar, Westpr., 20. 3. 1886, † Bischofswerda 8. 2. 1962, Keramiker u. Bildhauer.

5. Siglinde A r m g a r d, * Dresden 24. 5. 1916, Kinderpflegerin, führt wieder den Geburtsnamen;
✕ Miltitz 28. 11. 1936 Erich N i e t n e r, * Okrilla bei Meißen 26. 3. 1909, Kaufm. (gesch. ...).

Aus fragmentarischen und unvollständigen Aufzeichnungen von Ursula v. Heynitz wurde der folgende Bericht über das Schicksal von Miltitz und ihrer Geschwister zusammengestellt.

Am Ende des Zweiten Weltkrieges war ich Wirtschafterin zu Hause in Miltitz. Den Brand von Dresden sahen wir vom Balkon aus. Dresden ist eine Stunde Bahnfahrt entfernt. Der Horizont war ein Flammenmeer und unaufhörlich fielen die Bomben in Form von Christbäumen. Am nächsten und den folgenden Tagen kamen Verwandte und Bekannte bei uns an, zum Teil Gesicht und Kleidung mit Asche bedeckt. Im Laufe des Februar 1945 kamen die ersten Flüchtlingstrecks durch Miltitz. Manche blieben bei uns und zogen später weiter. Die Durchziehenden wurden verpflegt. Wir kochten im großen Kessel, dabei bewährte sich meine jüngste Schwester Armgard ganz als echte, rechte Heynitz.

Mein Vater war am 4. Januar schon schwer leidend nach Königshain zum 50jährigen Dienstjubiläum unseres getreuen Revierförsters Klinkauf gefahren. Wie immer zu Feiern im Kreise der Familie, fand er auch hier lebensnahe, warme

Worte. Am 22. Februar ist er, erlöst von schwerem Leiden, friedvoll einge-schlummert.

Mutter weilte in dieser Zeit in Teplitz wegen der Operation des Grauen Stars. Ich besuchte sie am Tag nach der Beerdigung von Vater und lernte so dies schöne, alte deutsche Land kennen. Auch Armgard lag während Vaters Beerdigung in Meißen im Krankenhaus. Noch heute steht sie mit ihrer Gesundheit auf Kriegsfuß. Aber wir sind alle zäh, haben das von Vater geerbt. Als schwächlichster von acht Geschwistern überlebte er alle.

Mein Bruder Dietrich war aus dem Lazarett in Fulda, wo ihm wegen Erfrierungen eine Zehe amputiert worden war, gekommen. Ruth, seine Frau, war auch bei uns. Die Wunde heilte schlecht und schweren Herzens fuhr er zum Lazarett zurück. Als der Krieg zu Ende ging, kam auch Sibylle aus Berlin, die Kinder waren schon beide evakuiert, Alexandra war ebenfalls bei uns und leitete den Dorfkindergarten mit sehr viel Liebe.

Am 4. Mai, einem Sonntag, erreichte das sowjetische Heer unser Dorf. Tags zuvor waren die letzten Kämpfe bei Krögis gewesen. Mein kleines Pony mit Füllen hatte ich dem Roten Kreuz zum Transport der Verwundeten zur Verfügung gestellt. Die meisten der bei uns einquartierten Flüchtlinge waren weitergezogen. Auch wir hatten es erwogen, aber was hätte uns bei der Flucht erwartet? Beide Heykings blieben auch. Beim Eintreffen der ersten Soldaten versammelten wir uns alle im Hauskeller, wohl um der eventuellen Plünderung aus dem Wege zu gehen. Zwei Soldaten kamen zur Kontrolle runter und befanden alles in Ordnung. Meine jüngste Schwester war mit allen Kindern und ihrer Schwiegermutter ins Kalkwerk geflüchtet, und auch dort, in der Tiefe des Bergwerkes, wurden sie nur kontrolliert. Abends gingen alle soweit beruhigt zu Bett. Die Offiziere berieten im Wohn-zimmer, ich aber flüchtete in den Kükenstall und verbarg mich unter einer Futter-kiste. Die ganze Nacht hindurch hämmerte und lärmte es in Hof und Haus. Am nächsten Morgen zeitig half ich den Soldaten beim Bedienen des elektrischen Separators und kehrte alle Wirtschaftsräume, denn unsere Mädels stammten aus den Nachbardörfern und waren zu Hause. . .

Mein Bruder war bei Kriegsende in amerikanische Gefangenschaft gekommen, für vier Tage in einem Strohlager. Dann wurde er unter Berufung auf das mißglückte Hitlerattentat entlassen. Zunächst half er einem Kameraden auf seinem Hof. Im Juni schlug er sich dann über die Grenze durch. Welche Freude, als er ganz plötz-lich und unerwartet vor uns stand! Das letzte Stück von Meißen nach Miltitz hatte ihn ein LKW mitgenommen. Es war gerade Mittagszeit, und die Kartoffelklöße schmeckten ihm ausgezeichnet, bevor er dann bald weiterfuhr zu seiner Frau, Ruth, nach Königshain. Und dann ereignete sich etwas sehr Schändliches. Dietrich wurde von Fremden, die im Schloß untergebracht waren, denunziert. Ruth und er hatten noch Gelegenheit, durch den Park zu flüchten, auf sie abgegebene Schüsse trafen sie nicht mehr. So kamen beide wieder nach Miltitz zurück.

Aus einem heute ganz unverständlichen und unangebrachten Pflichtgefühl und verantwortungsbewußter Treue zum heimatlichen Besitz, gingen sie aber bald wieder zurück nach Königshain. Die Schwiegereltern Roon-Reichenbach hatten mit der Ortspolizei verhandelt und die Zusicherung freier Rückkehr erhalten. Bis Dresden begleitete ich Dieter und Ruth, in Radebeul besuchten wir noch Fräulein

v. Treskow, die Schwester von Tante Ilse-Weicha. Doch dann, schon auf der Straße zwischen Bahnhof und Schloß, wurde Dietrich verhaftet. Er kam in das berüchtigte Gefängnis nach Bautzen. Als ich im Frühjahr 1946 noch einmal aus Westdeutschland zurückkam, fuhr ich nach Bautzen, wohnte dort bei Tante Therese, und bemühte mich, auf der Kommandantur etwas zu erfahren. Aber es war alles vergeblich. Erst viel später hörte ich von zwei guten Bekannten, daß Dietrich dort im Frühjahr 1947 gestorben ist. Eine selbst Inhaftierte betreute die Kranken. Sie berichtete, daß Dieter sich bemühte - die Lagerkost hatte sich etwas gebessert - zuversichtlich und optimistisch zu sein.

Im Zuge der Bodenreform kam Ruth dann in ein großes Lager nach Coswig, wohin die Rittergutsbesitzer aus ganz Sachsen gebracht wurden. Auch ich mußte meine beiden jüngeren Schwestern, nur mit einem Handköfferchen in eigenem Gespann, aber unter polizeilicher Bewachung, dorthin fahren lassen. Allerdings hatte uns der für Miltitz eingesetzte Treuhänder zugesagt, daß sie wieder entlassen würden. Und dies hat sich dann auch bewahrheitet. Daß Mutter und ich nicht inhaftiert wurden, verdanken wir dem Wohlwollen der Ortspolizei, denn Krankheit allein war kein triftiger Grund für solch eine Ausnahme. Unsere außerordentlich treue Vorarbeiterin, Tochter unseres Vogtes und ehemaligen Steigers im Bergwerk, hatte uns am Vormittag heimlich über das Bevorstehende unterrichtet. Gut, daß Vater das alles nicht mehr erleben mußte.

Ruth war, wie alle anderen auch, von Coswig aus in Güterzügen nach Rügen in freie Lager gebracht worden. Sie machte sich sehr bald unbemerkt auf den Rückweg. Da sie uns in Miltitz nicht mehr fand, ging sie zu ihrer Mutter nach Görlitz, wo sie aber bald wieder verhaftet wurde. Sie kam in ein Frauenarbeitslager in der Nähe von Bautzen, es waren dort geordnete und menschliche Verhältnisse. Als ich sie im September 1947 besuchte, waren wir im Eingangsraum zusammengesperrt. Sie hatte sich mit der Familie des Lagerleiters gut gestellt und verbrachte die Freizeit oft bei ihnen. Nach ihrer Entlassung fand Ruth bei Friedel und Maria Zezschwitz in Obercunewalde warmherzige Aufnahme. Dort besuchte ich sie in meinen Ferien vom Deutschen Wohnheim in Meißen. Ganz besonders freute es mich, dort noch einmal Friedels Mutter, Tante Elisabeth, zu sehen. Von Maria wurden wir alle aufs trefflichste und liebevollste versorgt. Sie hatten eine anerkannte Teekultur. Im Jahre 1948 verlebte ich die Ferien in Königshain bei dem hochbetagten Revierförster Klingauf. Sein Sohn bewirtschaftet jetzt im Staatsdienst den Königshainer Forst.

Nachdem feststand, daß Dieter nicht mehr am Leben war, ging Ruth aus Obercunewalde weg. Zunächst arbeitete sie für zwei bis drei Jahre bei einem Industriellen, anschließend war sie bei Ina Seidel in vielseitiger Tätigkeit als Sekretärin, Hausdame und Chauffeur, aber nicht allzugern. So ging sie zu Herrn v. Arnim nach Hannover, um dessen Kinder zu betreuen. Dies führte zu dem Entschluß, ihnen Mutter zu werden. Aber kurz nach ihrer Verlobung erkrankte Ruth. Die letzte Zeit wurde sie bei Pfarrer Röhrigs in Bethel gepflegt. Uns beide hatte ein sehr, sehr gutes Verstehen verbunden. Ruth und Dieter waren sehr glücklich gewesen. Sie waren im Sinne der griechischen Weisheit vom Herrgott füreinander geschaffen.

Ursula v. Heynitz erwähnt in ihren Aufzeichnungen nie, wie lange sie in dem erwähnten "Deutschen Wohnheim in Meißen" geblieben ist und wann sie sich entschloß, in den Westen auszureisen. In einem Nachtrag schreibt sie:

Froh und glücklich, daß ich nun endlich reisen konnte, war ich am Palmsonntag noch einmal in Miltitz. Für die Konfirmanden hatte ich nicht, wie bisher, ein selbstgezimmertes Verschen, sondern ein Heft mit kostbarem Gut von Albert Schweitzer. Tags zuvor, kurz ehe mein Maschinchen im Koffer verschwand, hatte ich noch vier Durchschläge getippt, traf genau die Zahl der Konfirmanden, und zwar vier Hefte mit dem Bild: "Christus mit dem Zinsgroschen" für die Buben, und drei für die Mädels: "Maria mit dem Christuskind". Das achte Heft war für Pfarrer v. Kirchbach bestimmt. Die Kinder haben sich sehr gefreut, mögen sie ihnen immer Kraft und Hilfe sein.

Abends übernachtete ich bei Vetter Kirchbach, wo ich mich in dem schönen, alten Meißener Pfarrhaus recht geborgen fühlte. Morgens um 4 Uhr ging es zur Bahn und in Dresden stand der Zug schon auf dem oberen Bahnsteig bereit. Ich fand ein gutes Plätzchen, und als in Leipzig alle Sonntagsurlauber ausgestiegen waren, hatte ich das Abteil ganz für mich. Ich übernachtete in Bielefeld bei Frau Sauer, unserer ehemaligen Miltitzer Geflügelzüchterin, wo ich aufs herzlichste aufgenommen wurde. Morgens fuhr ich weiter nach Gießen ins Auffanglager und durcheilte mit meinen Papieren mindestens zehn Dienststellen mit dem Vermerk: "eilt sehr", denn Ostern stand vor der Tür. Normalerweise dauert das sechs Tage, aber so konnte ich schon am nächsten Tag reisen, erst zu Mutter nach Unna, welch ein Glück, daß ich nun endlich kam. Mutter hatte Ende Februar einen leichten Schlaganfall erlitten, saß aber schon wieder wie bisher allein am Tisch und aß mit gutem Appetit. Sprachlich war sie noch etwas behindert, aber jetzt nach vier Wochen meines Hierseins geht es ihr sichtlich besser. Wir beide sind glücklich, zusammen zu sein. Immer war es Mutters Wunsch gewesen, ich möchte in der letzten Zeit bei ihr sein, vielleicht hatten wir innerlich die Zukunft erahnt.

Günther v. Hingst und seine Familie

Heinrich Paul G ü n t h e r v. H i n g s t, * Dresden 18. 8. 1874, † ebd. 10. 5.
1929, Kgl. sächs. Oberstlt a. D. u. PolOberst i. R.;
✕ Greiz 28. 9. 1911 Elisabeth v. G e l d e r n - C r i s p e n d o r f, * Greiz
18. 3. 1890, † Hannover-Kirchrode 25. 2. 1964, T. d. Fstl. reuß. ä. L.
OJustizrats Maximilian v. G.-C., Mithrn auf Crispendorf, Kr. Schleiz, u.
Wolfersdorf, Kr. Greiz, u. d. Margarethe Timmich a. d. H. Wolfersdorf.
Kinder:

1. Liselotte (L i l o) Caroline Eveline Ida Margarethe Elisabeth, * Plauen,
   Vogtld, 23. 10. 1912, † Hannover 5. 3. 1980;
   ✕ Dresden 28. 12. 1939 Karz Viktor v. B o n i n a. d. H. Dresow, * Potsdam 8. 6. 1909, † München 11. 9. 1975, Ldwirt.

2. H a n s - J o a c h i m Albrecht Heinrich Paul Maximilian Günther, * Dresden 13. 4. 1914, † ebd. 7. 2. 1915.

3. G i s e l a Adelaide Victoria, * Dresden 9. 10. 1916.

4. K a r i n Evi Lina Elisabeth, * Dresden 3. 6. 1920, Krankengymnastin;
   ✕ Hannover ... 7. 1977 Richard B e c k a d o l p h, * ..., † ... 3. 1. 1983,
   DiplIng.

5. D a g m a r Margarethe Dela Elisabeth, * Dresden 3. 6. 1920 (Zwillingsschwester der Vorigen), Chefsekr. d. Landesverbandes Hannover der
   Inneren Mission.

6. Margarethe (G r e t a) Evi Elisabeth, * Dresden 11. 6. 1922;
   ✕ Wrisbergholzen 28. 11. 1951 Kurt G e b a u e r, * Breslau 25. 9.
   1909, † Hilden 1. 3. 1976, Ldwirt.

Da Günther v. Hingst seinen schweren Verwundungen aus dem Ersten Weltkrieg erlegen ist, und auch der einzige Sohn Hans-Joachim schon als Kind gestorben war, haben nur seine Gemahlin und fünf Töchter das Ende des Zweiten Weltkrieges erlebt. Die Zwillingstöchter Karin und Dagmar haben für das Schicksalsbuch die Erlebnisse dieser Zeit zusammengestellt.

Auszug aus der Niederschrift von Karin von Hingst-Beckadolph:

Die Kriegsjahre 1939/45 hatten unsere Familie völlig auseinandergerissen. Erst 1952 gelang es, die einzelnen Teile aus Pommern, der Tschechoslowakei und dem zerbombten Dresden im Raum Hannover wieder zusammenzuführen. Es waren Einzelschicksale, über die nachstehend berichtet wird.
Unsere Mutter, Elisabeth v. Hingst, geb. v. Geldern-Crispendorf, lebte mit meiner Schwester Dagmar v. Hingst, die im Krieg bei der Wehrersatz-Inspektion Dresden tätig war, in Dresden-Neustadt. Der Bombenangriff vom 13./14. Februar 1945 überraschte beide in der Nacht. Die wenigen Hausbewohner harrten angezogen im Keller eines Seitengebäudes des nächsten Angriffes. Der Hauswirt hatte im hinteren Teil des Hofes einen Benzintank deponiert, was die Gefahr noch vergrößerte. Ringsum brannte es bereits. Zwischen den einzelnen Angriffswellen waren Mutter und Dagmar die einzigen, die sich aus dem Keller wagten, um kleinere Brandherde zu löschen, ehe mehr daraus wurde. Während des ganzen Tages konnte man sich nur mit Brot ernähren, Gas, Strom und Wasser waren ausgefallen.

Dank guter Beziehungen nahm mich ein Busfahrer, der zwischen Teplitz und Dresden verkehrte, und mit dem ich schon öfter an den Wochenenden gefahren war, mit und so landete ich am Abend des 14. Februar in einem Vorort von Dresden. Nur mühsam konnten wir durch die uns entgegenströmenden flüchtenden Menschen an dieses Ziel gelangen. Nun hieß es, zu Fuß durch die brennende Stadt weiterzukommen. Menschen waren kaum zu sehen, es war ja noch Alarm, dafür hochgebogene Schienen, herabhängende Leitungen und Trümmer, Trümmer. Ich mußte ja nach Dresden-Neustadt und wußte nicht, ob es mir gelingen würde, über eine intakte Brücke durch die Kontrollen hindurch zu kommen.

Die Friedrich-August-Brücke (heute Dimitroffbrücke) war zum Glück noch zu passieren. Der Feuersturm machte einem das Vorwärtskommen schwer, so daß man große Umwege gehen mußte, um nicht in seinen Sog zu kommen. Ab Neustädter Markt wurde es besser und ich schöpfte Hoffnung, meine Lieben lebend zu finden. Endlich war ich am Haus und riß das große Hoftor des Hauses Theresienstraße 5 auf, was sich zunächst im Windkanal nicht öffnen ließ, und klopfte an die Kellertür. Ich hörte Stimmen und es war große Freude für alle, als sie sahen, daß es die Welt draußen noch gab. Ich sah, wie die verängstigten Menschen, die seit Stunden da unten hausten, nicht mehr wußten, was "oben" geschah. Ich half dann, mit Eimern zu löschen, immer in Sorge wegen eines neuen Angriffes. Nur mit "Wache" konnten wir die grauenvoll zugerichtete Wohnung besehen.

Ich mußte nun zurück in meinen Dienst als Krankengymnastin in das Sanatorium Theresienbad, das inzwischen ein Sonderlazarett geworden war. Zu Fuß nach der langen Nacht über den Altmarkt, wo Berge von verkohlten Leichen lagen, die weiterverbrannt wurden. Leichengeruch und Rauchschwaden schnürten einem die Kehle zu, ich rieche sie heute noch in bestimmten Situationen. Polizei nahm mich einen Teil des Weges mit über Zinnwald, und als ich am Abend am Ziel war, wollten noch viele Patienten einen Bericht von mir über das Grausen in Dresden haben.

Mutter und Dagmar wurden anschließend mit der Wehrmacht ins Erzgebirge "verlegt" und wenige Tage vor Kriegsende entlassen und so den in das Bergdorf einrückenden Russen ausgeliefert. Dabei gingen auch die letzten Erinnerungen meiner Mutter an ihren so früh verstorbenen Mann verloren. Aber das Schlimmste ist beiden erspart geblieben.

Mutter und Dagmar lebten noch mühsam in Dresden weiter, Dagmar galt unter den neuen Herren als "politisch nicht zuverlässig" und bekam keine entsprechend dotierte Tätigkeit, um zwei Personen unterhalten zu können, und Mutter erhielt keine Pension.

Vom Westen aus organisierten wir die sogenannte "Familienzusammenführung", bei der nur das Mobiliar für ein Zimmer mitgenommen werden durfte. Alles zusätzliche mußte sehr geschickt darin verpackt werden. In Oebisfelde, an der Ost-West-Grenze, mußte alles nochmals ausgeladen werden und Mutter wurde wegen ihrer Töchter und deren Verbleib verhört. Endlich fiel sie uns erschöpft im Westen in die Arme. Mit viel Mühe, so wie den meisten Flüchtlingen, aber auch mit großen Hilfen, schafften wir uns in Hannover-Kirchrode eine neue Heimat.

* * *

Meine älteste Schwester, Liselotte v. Bonin, lebte zu Beginn des Krieges mit ihrem Mann, Karz-Viktor v. Bonin/Dresow, in Löwitz, einem Schwerinschen Gut, das er als landwirtschaftlicher Beamter bewirtschaftete. Etwa im Jahre 1942 wurde ihr Mann zur Wehrmacht eingezogen. Kurz vor Kriegsende (der Gauleiter hatte eine rechtzeitige Abreise verboten) mußte Liselotte zusammen mit ihren zwei noch ganz kleinen Söhnen Jürgen und Hubertus und unserer Schwester Gisela aus Löwitz flüchten, um zum Treck ihrer Schwiegereltern in Dresow, Kreis Cammin, inklusive Dorfbewohnern und Gutsarbeitern zu stoßen. Die Flucht ging, dicht gefolgt von den russischen Armeen und mit all den Schwierigkeiten der winterlichen Natur, in Planwagen Richtung Mecklenburg-Niedersachsen in ein unbekanntes westliches Deutschland.

Erste Station war das Dorf Wrisbergholzen, Kreis Alfeld/Leine. Nach einer kurzzeitigen Unterkunft in einem Kuhstall des Grafen Görtz fand sich bald eine sehr beengte Wohnung in einem kleinen Fachwerkbau. Ohne ausreichendes Geld mußte Liselotte notgedrungen sogar Autobusse waschen, um die Kinder ernähren zu können. Im Sommer 1946 kehrte dann Karz-Viktor aus der Gefangenschaft zurück. Da er in seinem erlernten Beruf als Landwirt keine Arbeit fand, arbeitete er im Straßenbau und in einer Papierfabrik, was ihn körperlich und seelisch sehr mitnahm. Trotzdem ermöglichten sie damals anderen Familienmitgliedern ein "Schwarzüberqueren" der Zonengrenze in den Westen.

Erst in den sechziger Jahren gelang ein Umzug nach München und damit ein Neubeginn im Leben dieses Familienzweiges. Inzwischen wurde dem Ehepaar ein dritter Sohn, Albrecht, geboren.

* * *

Die letzten Wochen vor Kriegsende war ich mit meiner jüngsten Schwester, Greta, in dem ehemaligen Sanatorium, jetzt Sonderlazarett Theresienbad. Ich arbeitete dort als Krankengymnastin und hatte Greta "ausgelöst", die zwar als Gutssekretärin bei Herrn v. Lüttichau/Bärenstein tätig war, dort jedoch wieder zum Kriegshilfsdienst verpflichtet werden sollte. Da sie einen Reifensteiner Schulabschluß besaß, konnte sie bei uns als Assistentin der Diätschwester angestellt werden.

Nach den verschiedensten Parolen hieß es am Abend des 7. Mai, das Lazarett werde verlegt, das Personal mit requirierten Traktoren und Anhängern, die Verwundeten mit Sankas. In der Eile kam keinerlei Verpflegung mit, auch Decken wurden vergessen, und es waren ja noch eiskalte Nächte.

Die Russen waren bereits aus dem nördlichen Erzgebirge bis an die böhmische Grenze gekommen. Es war also nur eine Frage der Zeit, noch vor ihnen an die tschechisch-bayerische Grenze bei Asch zu kommen. Da in dem Lazarett mehrere höhere Offiziere lagen, verteilten sich diese auf die Traktoren, um die Strecke so schnell wie möglich zu bewältigen. Niemand wußte genau, wie man am besten durch die vielen Flüchtlingstrecks und Kolonnen eigener Soldaten hindurch kommen konnte.

Unser Traktor hörte immer wieder auf zu tuckern und verfuhr sich dauernd, bis sich der beinamputierte Major Bonnet neben den Fahrer hockte, damit er ihm den rechten Weg zeigte. Ihm verdanken wir es, daß wir nicht schon in Franzensbad von den Tschechen festgehalten wurden und auch Asch noch in letzter Minute erreichten. Das Ganze war wirklich abenteuerlich!

Unser Glück war, daß wir auf unserem Anhänger Margarinekartons geladen hatten, deren Inhalt dann später in gelöster Stimmung gegen Brot und Belag getauscht werden konnte. Dies übernahmen selbstlos und erfolgreich Leutnant Teuscher, von Beruf Tierarzt, und meine Schwester, so daß es unserem Lazarettzug nun etwas besser ging. Erst in Wunsiedel wurden die Verwundeten auf die Krankenhäuser verteilt und der "Troß" sollte verpflegt werden.

Nach einer Atempause zogen Greta und ich zusammen mit drei anderen zu Fuß, beladen mit unseren letzten Habseligkeiten, über den "Rennsteg" nach Thüringen, wo wir Schwestern zum großelterlichen Gut, Schloß Crispendorf, zogen. Dies hatten sich jedoch die Amerikaner als Standort eingerichtet. So mußten wir weiterziehen und kamen am 8. Juni 1945 in Wolfersdorf, Kreis Greiz, an. Auch dies gehörte den Großeltern, und da das Herrenhaus bereits mit vielen Flüchtlingen aus Berlin und Ostpreußen vollbesetzt war, wurde das sogenannte Kavalierhaus im Park unser Wohnsitz.

Damals war das Gebiet noch von Amerikanern besetzt, aber nach etwa 14 Tagen zogen diese ab und die russische Armee rückte ein. Durch die dann bald erfolgte Enteignung des großelterlichen Besitzes verloren auch wir unsere Wohnung. Kurz darauf verwies uns der verständnisvolle kommunistische Bürgermeister, wohl aus Angst vor den Russen, des Ortes. Im Harz gingen wir schwarz über die Grenze in den Westen und mußten dort von Neuem beginnen.

* * *

Ergänzend sei noch nachgetragen, daß der Vetter Wolf Werner als letzter Namensträger des Geschlechts v. Hingst zunächst vom Wehrdienst zurückgestellt worden war, sich dann aber freiwillig meldete und 1940 in Frankreich fiel.

Marie Adelheid <u>Sidonie (Sidi)</u> Freifrau v. Hodenberg, geb. v. Boxberg-Großwelka

Sidi Freifrau v. Hodenberg war ursprünglich Haus- und Gutsfrau, später, nach dem Tode ihres Mannes und Verkauf des Gutes, war sie als Hausdame und Geschäftsführerin im Garde-Kavallerie-Klub in Berlin tätig.

B a l d u i n Karl Gustav Ludwig Alfred Freiherr v. H o d e n b e r g, * Hudemühlen 14. 7. 1871, † Berlin 9. 11. 1925, auf Frelsdorfermühlen (verk.), Kgl. sächs. Hptm. a. D.; ╳ Kleinwelka 24. 5. 1898 Sidonie v. B o x b e r g, * Borna 15. 1. 1877, † Hamburg 31. 1. 1962, T. d. Kgl. sächs. Khrn u. Majors z. D. Kurt v. B. auf Großwelka, Kr. Bautzen, u. d. Josepha v. Carlowitz.

Sohn:

H a r a l d Kurt Alfred, * Dresden 3. 3. 1899, † Hamburg 6. 4. 1973, Bankkaufm.; ╳ Hamburg 20. 5. 1933 Erika S e n f f, * Hamburg 19. 4. 1904, T. d. Dr. med. Carl S. u. d. Erika Ilse Gäthe.

Im Jahre 1950 hat Freifrau v. Hodenberg ihre Erlebnisse am Ende des Zweiten Weltkriegs niedergeschrieben. Es folgt ein Auszug aus diesem Bericht. Während ihrer Tätigkeit beim Garde-Kavallerie-Klub in Berlin ist sie vielen bekannten Persönlichkeiten begegnet. Deshalb soll ausnahmsweise eine kurze Schilderung dieser Begegnungen dem eigentlichen Schicksalsbericht vorangestellt werden.

Von 1928 bis 1934 war ich Hausdame im Garde-Kavallerie-Klub in Berlin, anfangs also noch zur Zeit Friedrich Eberts. Dann wurde Hindenburg gewählt. Er kam gelegentlich in den Klub, so zum Festessen an Kaisers Geburtstag und zur Generalversammlung. So auch am 28. Februar 1933. Ich saß in meinem Büro, als ein Diener mit dem Ruf hereinstürzte: "Der Reichstag brennt!" Ich ging ans Fenster und sah die glutdurchleuchtete Kuppel, zu der oben, wo die Krone saß, die Flammen herausschlugen. Papen verließ sofort den Klub und begab sich zur Brandstelle. Hindenburg blieb noch bis Mitternacht. Es kursierte sofort das Gerücht, daß der Brand bestellte Arbeit sei. Die Zeiten wurden immer unruhiger, keiner traute dem anderen.

Der Garten unseres Gebäudes grenzte links an den Garten der Reichskanzlei, wo man Hitler gelegentlich spazierengehen sah. Rechts ging unser Garten bis zu einem Hof, der zu einem Haus in der Voßstraße gehörte, in das der SA-Sturm Brandenburg einzog. Wenig später machten sich Monteure an unserer Telefonleitung zu schaffen, da sie angeblich nicht in Ordnung sei. Wir merkten sofort an dem typischen Knacken, daß wir nun überwacht wurden.

Die Feier zu Kaisers Geburtstag 1934 wurde uns vom Polizeipräsidenten verboten, da man uns nicht schützen könne. Mit Mühe gelang es mir, alle von außerhalb anreisenden Gäste noch rechtzeitig zu benachrichtigen. Am Abend kamen tatsächlich einige Halbstarke mit Knüppeln und Revolvern, um uns zu kontrollieren, draußen patrouillierten SS-Leute.

Am 30. Juni 1934 kam unser Vizepräsident frühzeitig in den Klub und sagte: "Heute nacht sind 70 Offiziere im Hof des Lichterfelder Kadettencorps erschossen worden." Dann hörten wir vom Mord an Schleicher und seiner Frau. Auf Befehl Görings wurde Papen in der Reichskanzlei von SS bewacht. Einer seiner Herren war erschossen worden, niemand konnte zu Papen gelangen. Mackensen hatte ihm geschrieben, der Brief konnte aber nur unter Lebensgefahr befördert werden. Ich wurde gebeten, den Brief für ein paar Tage zu verstecken und nähte ihn in mein Mantelfutter ein. Am nächsten Morgen kam Herr v. T., Papens Sekretär, in mein Zimmer. Er war unrasiert mit völlig zerdrücktem Anzug und hatte einen Wolfshunger. Seit über 24 Stunden war er in der Reichskanzlei gewesen und konnte nicht nach Hause, da er gesucht würde. Ein Revolverheld hätte ihn selber gefragt, wo er sei und er habe geantwortet: "eben ist er zur Tür rausgelaufen". Da wäre der Kerl losgerannt, und er selbst sei durch die Gärten zu uns gekommen.

Merkwürdig war auch, daß einige Tage vor dem 30. Juni 1934 die "SA" das Gebäude in der Voßstraße verließ und der "Stahlhelm" dort einzog. Traute man der "SA" nicht mehr? Vom Dach dieses Hauses konnte man den Reichskanzlei-Garten beschießen.

Wir hatten ein paar Logierzimmer, in denen auch Herr und Frau v. Papen eine Zeitlang wohnten. Das Reichspräsidentenpalais wurde umgebaut, solange wohnte Hindenburg in der Reichskanzlei und Papens bei uns. Mit Papen etwas zu besprechen, machte Freude. Er war immer kurz, klar und sachlich, beide von bezwingender Liebenswürdigkeit. Frau v. Papen wünschte nichts sehnlicher, als daß ihr Mann Politik Politik ließe und sie wieder nach Wallerfangen ziehen könnten.

Außer Hindenburg waren noch andere bekannte Persönlichkeiten Gäste des Klubs. Kaiserin Hermine veranstaltete ihre Wohltätigkeitsbasare in unseren Räumen. Einmal, beim Regimentstag der 2. Garde-Ulanen, kam auch deren Chef, der König von Sachsen. Er hatte sich so wohlgefühlt, daß er versprach, im nächsten Jahr wiederzukommen. Ich war entsetzt, wie elend er aussah, er konnte auch nur sehr schlecht gehen. Nach ca. zwei Wochen kam noch sein Porträt als Geschenk für die 2. Garde-Ulanen an. Es trug keinen Namenszug des Malers, ich halte es nicht für ausgeschlossen, daß Prinzessin Mathilde es gemalt hatte. Kurze Zeit darauf kam die Trauerbotschaft vom Tode seiner Majestät.

Hindenburg erkrankte und starb am 2. August 1934. Im Oktober gab ich meine Tätigkeit im Klub auf und ging nach Hamburg. Den Luftangriff auf Dresden erlebte ich bei meiner Schwester und meinem Schwager, Jella und Max Seydewitz. Unser Haus brannte völlig aus. Wir flohen nach Nöthnitz. Max hatte eine Blutvergiftung am Fuß und konnte kaum gehen. Wir beförderten ihn auf einem Handwagen, auf einem zweiten war unser Gepäck. In Nöthnitz ließ uns der Pächter nach zwei Tagen nach Wurzen fahren, wo uns Schwager Dieter v. Gontard nach Altenhain holte und dort aufnahm.

In Altenhain befanden sich bereits General v. Schwedler mit Frau und Tochter. Abend für Abend, oft auch in der Nacht, brummten die Bombergeschwader über uns nach Leipzig oder Berlin. Anfang Mai kamen die Amerikaner nach Altenhain. Wir mußten alle das Herrenhaus verlassen und kamen im Verwaltungsgebäude unter. Die Amerikaner durchsuchten alles nach Waffen und Landkarten, beides wurde vernichtet. General v. Schwedler wurde sofort verhaftet.

In der Nähe des Gutshofes lag eine große, durch Wald getarnte Munitionsfabrik. Um sie herum lagerten Berge von fertiger Munition, meist Gas-Bomben, teils in

178

Bunkern, teils im Freien. In einen Steinbruch ganz in der Nähe hatte man riesige Mengen ölhaltiger Rückstände aus Treibstoffproduktion geschüttet. Ein leichtsinniger Ami machte dort Feuer, und es gab eine gewaltige Detonation. Ein schwarzer Rauchpilz stieg gen Himmel, und durch die enorme Hitze brannte der Wald sofort lichterloh. Nur mit großer Mühe und dem Einsatz der Dorfbewohner gelang es, das Feuer zu löschen und eine Explosion der Munition zu verhindern. Auch sonst gab es allerhand Aufregungen. Die polnischen Arbeiter beschwerten sich über Dieter, um etwas für sich herauszuschinden. Es kostete Mühe, den die Untersuchung führenden US-Offizier von der Haltlosigkeit der Beschwerde zu überzeugen. Es gelang aber und die Polen wurden abgeschoben. Dann behauptete ein französischer Arbeiter, Dieter besäße Waffen. Es kam zu mehreren Hausdurchsuchungen und Dieter wurde zur Kommandantur mitgenommen, kam aber zum Glück am nächsten Tag zurück. Schließlich fanden die Amis bei dem Franzosen selber Waffen und setzten ihn gleich fest. Die Munitionsfabrik war inzwischen Sammellager für alle möglichen Ausländer. Sie kamen oft auf den Hof, besonders zur Melkzeit holten sie sich Milch. Sie wurden mit der Zeit aber so zudringlich, daß ich schließlich den Captain um Hilfe bitten mußte. All das war aber nichts im Vergleich zu dem, was dann kam.

Eines Tages sagte der Captain: "Tomorrow you may come back in your house, we are going home." Da wußten wir, was das bedeuten würde: Russenbesetzung - Kommunismus - Bodenreform. Nach tagelanger Arbeit, um alles wieder sauber und bewohnbar zu machen, zogen wir zunächst wieder ins Herrenhaus. Allmählich kamen die Russen, sie belegten die Munitionsfabrik. Und nun ging das Stehlen los. Nachts holten sie die besten Ochsen aus dem Stall, die Schweine wurden gleich an Ort und Stelle durch Handgranaten erledigt. Einmal kam dabei ein Russe ums Leben. Widerwärtig war die dauernde Knallerei in der Nacht. Der Kommandant verlangte mehrmals, daß die Brennerei in Betrieb gesetzt würde. Es wollte ihm nicht einleuchten, daß dies aus Mangel an Material nicht möglich sei. Zuweilen kamen auch Russen von anderen Truppenteilen und verlangten Fleisch und Butter. Am besten konnte man sie loswerden, wenn man ihnen vorlog, der Kommandant sei im Haus. Dann verschwanden sie sofort.

Nun wurde es mit der Bodenreform immer brenzliger. Dieters mußten ins Dorf ziehen, und der kommunistische Bürgermeister übernahm die Verwaltung des Gutes. Dieter wurde von der Kommandantur abgeholt. Seine Familie, meine Schwester Mia und Tochter Marlies verschwanden, bevor man sie verhaften konnte. Wir wurden aufgefordert, ins Dorf zu ziehen. Als wir noch beim Packen waren, kam ein Polizist von der Kommandantur und verhaftete uns wegen unserer nahen Verwandtschaft zu Gontards. Wir konnten gerade das Notdürftigste packen, bis uns ein LKW nach Colditz brachte. Dort trafen wir Dieter wieder, aber weder er noch wir wußten, wo Mia und Marlies waren. Wir ahnten es zwar, konnten aber auf Befragen mit gutem Gewissen antworten, wir wüßten es nicht. Uns wurden kleine Zellen zugewiesen, in denen sich nur Dreck, aber kein Möbelstück befand. Es war der 31. Oktober 1945. Wir schliefen auf mitgebrachten Matratzen, morgens gab es Brot mit Marmelade und Kaffee, mittags eine dicke Suppe.

Nach drei Tagen hieß es wieder packen. Wir sollten nach Rügen gebracht werden. Es hieß, wir würden in 3.-Klasse-Wagen fahren, für Alte und Kranke gäbe es einen

Extrawagen mit Arzt und Krankenschwester. Von alledem war natürlich keine Rede. Viehwagen standen zur Verfügung. Wir waren ca. 200 bis 300 Menschen, darunter 80 Kinder und alte Leute bis zu 90 Jahren, die man zum Teil aus Stiften und Altersheimen geholt hatte, sofern sie nur das Wort "von" im Namen trugen. Der Zug wurde von 14 mit Maschinenpistolen bewaffneten Polizisten eskortiert. Sie requirierten Stiefel, Pelzjacken und Pelzwesten, man konnte sehen, wie man fertig wurde.

Gegen Mittag ging es los. In unserem Wagen waren außer Dieter, Seydewitzens und mir noch zahlreiche andere Bekannte. Als es dunkel geworden war, verschwand Dieter, auch aus anderen Wagen waren einige ausgerückt. Es gab eine große Aufregung, man suchte eine Ewigkeit vergeblich nach den Ausreißern. Acht Tage und Nächte dauerte die Fahrt. Einmal bekamen wir eine Suppe und ein paarmal Brot. Im übrigen klauten wir uns Kartoffeln von den Waggons auf den Bahnhöfen, wo wir oft und lange hielten. Aus Steinen hatten wir uns einen kleinen Herd gebaut und heizten mit gesammeltem Holz.

Endlich waren wir in Stralsund. Das Gepäck, das man nicht tragen konnte, kam zu einem Spediteur, wo es mit der Zeit verschwand. So zog man mit Rucksack und Handkoffer über den 6 Kilometer langen Rügendamm, der noch zerstört war. Drüben trafen wir die Großwelkaer, meinen Bruder Karl mit Sibylle und den Kindern Freya und Wolfram (s. auch dort). Man verlud uns wieder in Viehwagen und brachte uns zu dem noch unfertigen KdF-Lager Prora. Wir wurden in Baracken mit Holzpritschen als einzigem Möbelstück untergebracht. Man organisierte sich Stroh, und Max kam endlich wieder zum Liegen. Mittagessen gab es in einer 20 Minuten entfernten Baracke, Max konnte nicht hingehen, Jella brachte ihm das Essen mit.

Mittlerweile war es Mitte November geworden. Nach neun Tagen hieß es wieder packen. Die Russen brauchten die Baracken. Wir kamen in das ehemalige Marine-Baracken-Lager Dreschwitz, immer 30 Personen in eine Baracke. Die jüngeren Frauen und Männer mußten auf die oft weit entfernten Güter zur Feldarbeit. Wir älteren Frauen schälten Kartoffeln für das gemeinsame Mittagessen. Wasser zum Waschen gab es kaum, wenn der Strom ausfiel, gar nicht. Infolgedessen brach Typhus aus, in unserer Baracke erkrankte ein Mann und ein Kind, letzteres starb. Wir wurden geimpft, der Arzt sagte mir: "Sie wissen doch, daß Sie in einer Typhusgegend leben!"

Eines Tages mußten wir wieder packen. Es kamen Leiterwagen, die uns beim unbeschreiblich eisigen Schneesturm nach Patzig und Umgebung brachten. Auf unserem Wagen lagen auch der schwer kranke Georg Carlowitz-Falkenhain und die ebenso kranke Clementine Carlowitz-Heyda. Beide starben kurz darauf und liegen auf dem sehr schönen dortigen Friedhof. Zum Glück kamen Seydewitzens, Box-bergs und ich alle nach Patzig. Ich wohnte mit einer Frau Schnetger zusammen, wir hatten aber nur ein Bett. Auf den noch nicht abgeernteten Feldern stoppelte man Kartoffeln und konnte auf dem Gut Gemüse kaufen, beim Müller zuweilen Mehl. Holz sammelten wir im tiefverschneiten Wald, trotzdem war es in den Zimmern ohne Mantel nicht auszuhalten. Es kam Advent und Weihnachten. Freya und Wolf-ram Boxberg kamen und sangen Weihnachtslieder. Das gab uns ein Gefühl der Freude und Hoffnung.

180

Einige Zeit später hieß es, es ginge ein Transport nach dem Westen. Seydewitzens, Frau Schnetger und ich versuchten mitzukommen, es mißglückte. Aber nun bekamen wir beide ein Zimmer bei einer sehr netten Bäuerin in Woorke. Es war geräumig und jeder hatte ein Bett. Ich half der Frau im Haushalt und sie ging aufs Feld. Ich kochte, butterte, hielt alles sauber, half im Garten, drehte die Zentrifuge, hatte immer Arbeit und bekam Essen. Frau Schnetger wurde von ihrer Tochter abgeholt, und auch Seydewitzens und Boxbergs waren irgendwie fortgekommen, ebenso meine näheren Nachbarn wie Seckendorffs, Eschweges, Evchen und Job Carlowitz mit Kindern, Lelly Tauchnitz, Victor und Christa Carlowitz und eine Menge mehr. Dagegen wußte ich von Roons, Lochaus, Beate Carlowitz und Einsiedels, die gesiedelt hatten, daß sie noch auf Rügen waren.

Ich ging zum Bürgermeister und sagte, ich wolle fort. Er hatte nichts dagegen und gab mir eine regelrechte Abmeldebescheinigung. Anschließend holte ich mir in Bergen eine Reisegenehmigung und fuhr los. Zum Glück war kein Russe am Fährdampfer, der sicher nach dem Personalausweis gefragt hätte, und auf dem stand in deutsch und russisch: "darf Rügen nicht verlassen". Mit zwei Frauen und deren Kindern fuhr ich über Berlin und Halle Richtung Harz. Zehn Schritte vor der Grenze erhoben sich hinter einem Holzstapel zwei Russen - "stoi!". Sie ließen uns zum Glück aber laufen, ein paar Zigaretten taten Wunder. Sie hoben sogar noch den Stacheldraht hoch zum Durchkriechen. Im Harz lief ich mir die Füße wund und holte mir eine nette Blutvergiftung im rechten Bein. Es mußte ein paarmal geschnitten werden, und seitdem brauche ich zum Gehen einen Stock. Damals kam ich nach einer Fahrt von drei Tagen und Nächten todmüde, aber glückstrahlend wieder hierher nach Hamburg zurück.

Mein Sohn Harald und Erika, seine Frau, hatten auch bitterschwere Zeiten durchgemacht. Er hatte seine Stellung verloren und dann alle möglichen Arbeiten angenommen. Bei einem Sturz hatte er sich das Handgelenk gebrochen und konnte die Arbeit in der Maschinenschlosserei nicht mehr ausführen. Zum Glück hatte ich etwas Schmuck gerettet, mit dem wir uns etwas über Wasser hielten, aber zum Sattwerden reichte es immer noch nicht. Die arme Erika mußte wegen eines Beinleidens ins Krankenhaus, und ich konnte durch Handarbeiten, Stickerei, Stricken sowie Bemalen von Lampenschirmen etwas dazu verdienen. Endlich bekam Harald Arbeit in einem Personalbüro beim Engländer. Aber wie wird das weitergehen, wenn das einmal vorbei ist?

So muß man die Zukunft Gott überlassen, der bisher geholfen hat.

Daniel v. Hoenning O'Carroll

Henning Carl D a n i e l v. H o e n n i n g O'C a r r o l l, * Bad Lausigk, Sachsen, 7. 8. 1881, † Gersdorf bei Roßwein, Sachsen, 14. 5. 1945 (ev.), Major a. D., Ldwirt, GenBevollm. der Prinz zur Lippe'schen Güterverwaltung in Teichnitz bei Bautzen (1923—1929) und in Gersdorf bei Roßwein (1929—1945);.
⚭ I. Döben 29. 5. 1923 Louise v. B ö h l a u, * Döben 25. 6. 1897, † Gersdorf 21. 10. 1929, T. d. Carl v. B. auf Döben, Haubitz u. Ölzschau u. d. Anna v. Gersdorff;
⚭ II. Schweikershain bei Waldheim, Sachsen, 3. 12. 1931 Irene Sabine v. N o s t i t z - W a l l w i t z, * Dresden 4. 7. 1902, † Wolfhagen 31. 10. 1977, T. d. Kgl. sächs. Khrn, RegRats u. KrHptm. a. D. Karl v. N.-W. auf Schweikershain u. d. Irene v. Hartmann.

Kinder: a) erster Ehe:
1. Constantin C a r l O t t o, * Teichnitz bei Bautzen 26. 11. 1925, Dipl-Ldwirt, ORegRat, RRr d. JohO.;
⚭ I. Oelber am weißen Wege, Kr. Wolfenbüttel, (standesamtl.) 1. 8., (kirchl.) 2. 8. 1958 Christiane v. B a a t h, * Groß-Schmöllen, Kr. Züllichau, 8. 6. 1934, † Kemel bei Bad Schwalbach 2. 7. 1971, T. d. Obersten a. D. Hans Gert v. B. u. d. Benita v. Einem a. d. H. Schmöllen;
⚭ II. Bonn (standesamtl.) 28. 2., (kirchl.) 3. 5. 1975 Gabriele v. B l o c k, * Potsdam 30. 4. 1936, T. d. GenMajors a. D. Lothar v. B. u. d. Christa v. Nostitz-Wallwitz.
b) zweiter Ehe:
2. L i l l i Irene, * Dresden 16. 10. 1934;
⚭ Elberberg, Kr. Wolfhagen, 4. 7. 1959 Friedrich (Fritz) v. B u t t l a r, * Kassel 4. 4. 1935, † Gießen 2. 7. 1978, DiplLdwirt.

Über das Schicksal seiner Familie nach Kriegsende 1945 berichtet Carl Otto v. Hoenning O'Carroll:

Die nachstehenden Ausführungen beruhen einerseits auf Erzählungen meiner Mutter und ihrer Geschwister sowie meiner Schwester und ehemaliger Arbeiter des Rittergutes Gersdorf, andererseits aber auch auf eigenen Erlebnissen.
Nach meiner Verwundung Anfang April 1945 bei den Kämpfen um Wien, konnte ich mich auf eigene Faust nach Hause durchschlagen, wo die Welt, abgesehen von durchziehenden Flüchtlingstrecks und Einquartierungen, noch einigermaßen heil war. Nach dreitägigem Aufenthalt zu Hause mußte ich ins Reservelazarett der Kreisstadt Döbeln. Als die Russen schließlich sich Döbeln näherten - die Amerikaner standen schon länger neun Kilometer vor der Stadt -, wurden alle transportfähigen Verwundeten per Bahn nach Geringswalde verfrachtet und nach einigen Tagen von den Amerikanern in das berühmt-berüchtigte Gefangenenlager Bretzenheim bei Bad Kreuznach gebracht. Hier erfuhr ich von einem mitgefangenen Kameraden, daß in Gersdorf etwas Schlimmes passiert sei. Näheres wußte er aber auch nicht oder wollte es mir nicht sagen. Diese Ungewißheit war für mich entsetzlich, bis ich nach meiner Entlassung von Freunden in Leipzig, bei denen ich zunächst untergekommen war, erfuhr, daß mein Vater nicht mehr lebte.
Was war geschehen?

Der Einmarsch der Russen in Gersdorf verlief relativ diszipliniert und war für meinen Vater, dank der Fürsprache unserer auf dem Hof arbeitenden und lebenden jugoslawischen Kriegsgefangenen, ziemlich problemlos. Dies änderte sich jedoch schlagartig, als die Kampftruppen abzogen und eine wild plündernde Soldateska nachrückte. Meine Mutter und meine zehnjährige Schwester, ein gleichaltriges Berliner "Bombenkind" sowie zwei bei uns untergekommene junge Damen konnten sich noch rechtzeitig auf dem Dachboden des Gärtnerhauses in Sicherheit bringen, während die Marodeure in übelster Weise über die Bevölkerung des kleinen Dorfes herfielen. - Am 14. Mai 1945 schließlich kamen plündernde Polen auf den Hof und verlangten Vieh von meinem Vater. Als er denen erklärte, daß sie dazu eine schriftliche Genehmigung der örtlichen Kommandantur vorlegen müßten, erschlugen sie ihn ohne weiteren ersichtlichen Grund und zwangen anschließend Arbeiter des Gutes, ihn im naheliegenden Wald in den eingestürzten Schacht des ehemaligen Silberbergwerks zu werfen.

Meine Mutter hatte von dem schrecklichen Geschehen noch keine Ahnung, als ihr jemand lediglich berichtete, daß die Plünderer nach ihr gefragt hätten. Aus Angst entdeckt zu werden und voller Verantwortung für ihre Schützlinge, versteckte sie sich darauf mit diesen im Park. Beim Dunkelwerden schlichen sie sich nochmal ins Haus, um Decken und etwas zu essen zu holen. Die Nacht war warm und verlief ruhig, so daß die Kinder schlafen konnten. "Ein Kreuz, das die Zweige einer alten Kiefer gegen den heller werdenden Himmel aussparte, ist mir letzter Gruß und Sinnbild der verlorenen Heimat geblieben", schrieb meine Mutter später in ihren Erinnerungen. Am nächsten Morgen, als die Sperrstunde vorüber war, machte sie sich mit ihrem kleinen Gefolge zu Fuß auf den Weg nach Schweikershain bei Waldheim, dem Gut ihres Bruders, der in Gefangenschaft war. Gottlob erreichten sie ihr Ziel ohne Zwischenfälle. Auf dem Hof befand sich die russische Kommandantur, was zur Folge hatte, daß die im Haus lebenden Familienmitglieder vor Übergriffen der Soldaten geschützt waren und von denen weitgehend unbehelligt blieben. Nachdem meine Mutter immer noch im Ungewissen über das Verbrechen in Gersdorf war, fuhr der Schweikershainer Gärtner eines Tages schließlich mit dem Fahrrad dorthin, von wo er dann mit der erschütternden Nachricht zurückkkam. - Von Leipzig aus gelangte ich auf Umwegen über Grimma und Arnims in Kitzscher bei Borna nach dem Rückzug der Amerikaner aus dem von ihnen besetzten Teil Sachsens, in den die Russen nachrückten, endlich auch nach Schweikershain.

Am 22. Oktober 1945 - ich lag zu dieser Zeit in Leipzig im Krankenhaus - wurden alle zur Nostitzschen Familie zählenden Angehörigen zur "Vernehmung" abgeholt und auf Lastwagen nach Waldheim gebracht. Von hier aus ging es mit weiteren verhafteten Gutsbesitzern und Industriellen in ein Sammellager nach Radeberg bei Dresden, wohin noch viele andere Leidensgefährten aus Sachsen kamen. Fast täglich wurden Transporte in Viehwaggons zur Fahrt ins Ungewisse zusammengestellt, bis nach etwa acht Tagen auch die Schweikershainer an der Reihe waren, mit Ausnahme einer Schwester meiner Mutter, die mit ihren vier kleinen Kindern wieder entlassen wurde. In Stralsund ging es nicht mehr weiter und alle wurden bei Sturm und Regen mit ihrem Gepäck, das durch die Nässe immer schwerer wurde, ca. fünf Kilometer über den Rügendamm bis Altefähr getrieben. Nach nochmaliger Bahnfahrt gelangten sie schließlich ins ehemalige Arbeitsdienstlager Prora, das an sich hübsch, aber sehr kalt und nicht zu heizen war. Als Mitte November ein weiterer Lagerwechsel bevorstand, machten sich einige, darunter auch meine Mutter und Schwester, selbständig und gingen etwa zwölf Kilometer nach Rothenkirchen bei Rambin, wo Verwandte und Freunde von einem früheren Transport bereits Unterkunft gefunden hatten. Mit selbstverständlicher Hilfsbereitschaft wurden die beiden auf einem kleinen Bauernhof aufgenommen und durften sich nach längerer Zeit zum ersten Mal wieder satt essen. Ihren Gastgebern konnten sie sich durch tatkräftige Mithilfe auf dem Hof dankbar erweisen. Als die Bäuerin an Typhus erkrankte und ins Hospital mußte, übernahm meine Mutter die Führung des Haushalts und die Fütterung des Viehs.

Jeder der nach Rügen Deportierten trachtete natürlich danach, so bald als möglich von dort wieder wegzukommen. Doch das war nicht so einfach. Zum einen hatten wohl alle Sachsen den Vermerk "Darf die Insel Rügen nicht verlassen" in ihrem Registrierschein und zum anderen wurde der Rügendamm von den Russen streng bewacht. Dennoch wurde jeder Versuch zu Fuß, mit Wagen oder im Boot unternommen. Dem einen gelang es früher, dem anderen später.

Ich entging durch Zufall einer Verhaftung im Krankenhaus in Leipzig und gelangte mit viel Glück bei Marienborn über die grüne Grenze in den Westen. Nach vierwöchigem Aufenthalt bei einer Patentante im Stift Fischbeck bei Hameln, von wo aus ich mir eine weitere Bleibe suchte, durfte ich zu unseren Hoenningschen Verwandten nach Sünching bei Regensburg kommen, die mich Ende November sehr herzlich aufnahmen. Hier traf am Heiligen Abend ein Brief meiner Mutter ein mit der Anfrage, ob sie mit ihren beiden Kindern - wo ich sei, wüßte sie allerdings nicht - zu ihnen kommen dürfe. Dieser Brief war für mich das schönste Weihnachtsgeschenk. Ich besorgte nun mit Hilfe der Verwandten eine Zuzugsgenehmigung, die ziemlich lange auf sich warten ließ.

Viel schwieriger war es dagegen für meine Mutter und meine Schwester, die natürlich keine Genehmigung zum Verlassen der Insel Rügen erhielten. Mit viel List und dank des Umstandes, daß es den Posten der ersten russischen Sperre wichtiger war, von einem gerade vorbeifahrenden LKW Kohlen zu klauen statt Ausweise zu kontrollieren, worauf an den nächsten Sperren auch verzichtet wurde, erreichten sie am 9. März 1946 Stralsund. Am Bahnhof wartete die nächste Klippe, denn Fahrkarten gab es nur mit besonderer Genehmigung, die nicht vorlag. Hier sprang in einem unbeobachteten Moment eine Mitleid empfindende Schalterbeamtin über ihren eigenen Schatten und stellte die Karten über Berlin nach Leipzig aus. Die nächsten Wochen in Sachsen waren ziemlich aufreibend und glichen mehr oder weniger einem Zigeunerleben. Einerseits bestand für die "Bodenreformierten" ein Verbot, den Heimatkreis zu betreten. Andererseits brauchte man für die Übersiedlung in den Westen diverse Bescheinigungen und Genehmigungen, die man nur von der Gemeinde- bzw. Kreisverwaltung bekam. Und schließlich durfte man sich nirgends länger aufhalten, um seine Gastgeber nicht zu gefährden. Meine Mutter hat all diese Schwierigkeiten mit dem nötigen Fingerspitzengefühl und viel Glück gemeistert, so daß sie und meine Schwester schließlich Ende April im Grenzdurchgangslager Oelsnitz aufgenommen wurden. Nach einigen Tagen erfolgte endlich die Entlassung aus der russischen Besatzungszone. Am 1. Mai 1946 kamen sie in Sünching an, das zu unserer zweiten Heimat wurde.

Mit zwei Sätzen meiner Mutter möchte ich diesen Bericht abschließen: "Mit unserer Heimat haben wir vieles verloren, an dem unser Herz hing, geblieben sind schöne und dankbare Erinnerungen an den geliebten Fleck Erde, der zu uns gehört wie wir zu ihm. Geblieben ist auch die Verbundenheit mit allen, die mit uns dort aufgewachsen sind, auch mit ihnen gehören wir nach wie vor zusammen."

Xaver v. Holleuffer-Kypke auf Wiederau

Das Rittergut Wiederau mit Großstorkwitz bei Leipzig war durch die Vermählung von Heinrich v. Holleuffer mit Heloise Kypke im Jahre 1853 an die Familie v. Holleuffer gekommen. Nach Übernahme des Gutes von seinem Vater im Jahre 1932 nahm es Xaver v. Holleuffer fünf Jahre später aus der bisherigen Verpachtung in eigene Bewirtschaftung.

Zur Familie des letzten Eigentümers gehören:

X a v e r Stanislaus v. H o l l e u f f e r - K y p k e , * Wiederau 9. 9. 1906, † Neumünster 17. 3. 1984, auf Wiederau (§); ⚭ Daudieck bei Horneburg 19. 9. 1935 Christa v. H o l l e u f f e r , * Berlin-Steglitz 5. 12. 1912, T. d. Obersten a. D. Hans v. H., vorm. Fkhrn auf Daudieck, u. d. Elisabeth v. Estorff a. d. H. Veerßen.

Kinder:

1. H a n s H e i n r i c h , * Wiederau 29. 7. 1936, staatl. gepr. Ldwirt; ⚭ Horneburg 14. 1. 1966 Kristiane H e r t z - K l e p t o w , * Stettin 12. 12. 1939, T. d. Geschäftsführers Horst H.-K. u. d. Lieselotte Wiede.

2. Christa E l i s a b e t h , * Wiederau 28. 5. 1938, Hauswirtschaftsleiterin; ⚭ Horneburg 26. 2. 1965 Friedrich A n d r e a s , * Schüttorf, Kr. Gfschaft Bentheim, 6. 6. 1934, Polster- u. Dekorateurmeister.

3. Christiane, * Wiederau 8. 7. 1941; ⚭ Horneburg 7. 8. 1964 Hans M i n n e r s , * Ludwigslust 10. 8. 1941, Ldwirt

4. Karl F r i e d r i c h , * Wiederau 11. 8. 1945, VersKaufm.; ⚭ Bienebüttel 10. 4. 1970 Inge S c h a p e r , * Bevensen 16. 7. 1951.

5. G e o r g Albrecht, * Daudieck 2. 6. 1949, Ldwirt; ⚭ Neumünster 14. 8. 1972 Maria Theresa M a y o r , * Buenos Aires 29. 8. 1952.

Über das Schicksal ihrer Familie und von Wiederau hat Christa v. Holleuffer-Kypke sehr ausführlich berichtet. Nachstehend folgen Auszüge aus ihren Aufzeichnungen, insbesondere über die Jahre nach 1944.

Kurz nach der Übergabe von Wiederau an Xaver ließen sich seine Eltern im November 1932 scheiden, sein Vater bezog die sogenannte Villa an den Teichen in Wiederau, während meine Schwiegermutter das obere Stockwerk des Schlosses bewohnte. Außer ihr lebte noch Tante Mathilde v. Holleuffer, die Schwester meines Schwiegervaters im Haus, die mir in allen Lebenslagen stets eine große Hilfe war.

Als Xaver 1937 die Bewirtschaftung in eigene Hände nahm, begann er sehr bald, den Betrieb durch Feldgemüsebau zu intensivieren, wofür die Nähe zu Leipzig gute Absatzmöglichkeiten bot. Gleichzeitig konnte ich auf Grund meiner Ausbildung Hauswirtschaftslehrlinge einstellen, und ich erwarb einen guten Hennenbestand, mit dem ein Bruteierlegebetrieb angelegt wurde. Ferner richtete ich in einer ehemaligen Garage eine Entenmästerei ein. Als dann 1939 der Krieg ausbrach, waren wir durch all diese Maßnahmen für die sogenannte "Erzeugungsschlacht" gut gerüstet.

Schloß Wiederau
(Zustand 1934)

In dieser Zeit hatte ich einen sonderbaren, aber ganz deutlichen Traum von einer Flucht aus Wiederau. So begann ich ganz allmählich das wertvolle Silber und Porzellan zu verpacken und bei Vertrauenspersonen auszulagern, desgleichen andere, unersetzliche Dinge wie alte Urkunden und Lehnsbriefe (1481 bis 17. Jahrhundert) sowie Gemälde (Graff). Manches ist dadurch gerettet worden, so die Graffgemälde, deren späterer Verkauf an das Anton Graff Museum in Winterthur uns den Kauf eines Hauses in Einfeld ermöglichte.

Die Fliegeralarme, die sich bis 1945 immer mehr steigerten, brachten viel Arbeit und Unruhe. Die Vorräte an Nahrungs-, Futter- und Betriebsmitteln mußten dezentralisiert und geschützt gelagert werden. Oft hatten wir drei bis vier Alarme pro Nacht, später kamen dann am Tage noch Tieffliegerangriffe dazu. Es waren aufregende Zeiten, und ich glaube, wenn das Schloß reden könnte, würde es sich über unsere einfache Lebensweise und Kleidung wundern. So ändern sich die Zeiten! Und wir waren mit uns rundherum glücklich, auch ohne Glanz und Gloria!

Und dann setzten die Flüchtlingszüge ein. Die ersten kamen aus Schlesien, in Glaskutschen, Landauern, offenen Jagd- und Ackerwagen und anderem Gefährt. Viele kamen und wurden in alle leerstehenden Zimmer gestopft. Sie waren froh, ein Dach über dem Kopf zu haben. Wie geschickt sie ihre Ackerwagen mit Teppichen und Bettstücken ausgeschlagen hatten! Oft hörte ich von ihnen beim Abschied den Wunsch, mir möge nur nicht gleiches Unglück geschehen. Einmal kam ein Ehepaar mit Kindern und Eltern, neun Personen. Der Bürgermeister wollte sie wieder auf die Straße schicken, aber Xaver brachte sie auch noch unter. Es war die Familie Grießmann, später bekam sie von unserem Land eine Siedlung, und die Schwester, Frau Senft, mußte dann bei den Russen die Schweine füttern und sie täglich bei jedem Wetter mit Wasser abschrubben. Wir haben so gelacht, als sie mir sagte: "die Russen hätten es nötiger!" Im Januar 1945 kam einmal ein riesiger großer Treck auf den Hof, dazu eine Herde edelster Pferde mit unendlich vielen Wagen hinterher. Es war Graf Arnim, Muskau mit Familie. Alles hatten sie organisiert, brachten Verpflegung, Bettzeug und Futter für die Pferde mit, dazu als Hilfen die Kutscher. Alle meine Sorgen wegen der Verpflegung waren umsonst gewesen. Sie wurden im Saal eingewiesen. Durch meine Schwangerschaft konnte ich mich nicht um alles kümmern. Die

Schloßtreppe (1990)

Gräfin Arnim zog sofort die Gummistiefel an und ging mit Xaver aufs Feld, um den intensiven Gemüsebau zu besehen. Sie war Diplom-Landwirt.

Der Krieg ging seinem Ende entgegen. Viele Soldaten kamen vorbei, die Rangabzeichen waren entfernt. Wir durften sie nicht unterbringen, nur im Dunkeln versorgten wir sie durchs Küchenfenster. Aber auch eine Menge Zivilisten aus Leipzig bettelten, ich weiß nicht mehr, woher wir alles nahmen, wir waren ja rationiert, nur Gemüse hatten wir genug. Auch weiß ich nicht, wie wir die vielen Schicksalsgeschichten verkrafteten, zumal man ja mit den eigenen Angehörigen und Angestellten genug Probleme hatte. All diese Eindrücke und Erlebnisse wird man nie los, auch nach 40 Jahren nicht.

Unsere Besatzungsmacht waren die Amerikaner. Sie hatten genug zu essen, wilderten zum Spaß in der Flur und ließen das erlegte Wild liegen, kamen aber dafür in die Häuser, um mit aufgepflanztem Gewehr Eier und anderes zu erpressen. Bürgermeister Schöne kam verzweifelt zu mir und bat mich, mit ihm zum Kommandanten des Rundfunksenders zu gehen, um diesem Mißstand abzuhelfen. Da ich etwas englisch sprach, ging ich mit. Im Sender - ganz dicht in unserer Nähe - war ein heilloses Durcheinander. Der Kommandant ließ uns vor, Füße auf dem Tisch, was uns eine neue Mode war. Ich trug ihm vor, daß wir es sehr bedauerten, daß die US-Soldaten Hunger hätten, und bei der hungerleidenden besiegten Bevölkerung mit dem Gewehr ihr Essen holen müßten. Wir als Bauern müßten aber pro Huhn eine bestimmte Anzahl Eier abliefern, die Hühner legten aber immer nur ein Ei. Da ich Angst hatte und hochschwanger war, zog ich alles ins Lächerliche. Der Erfolg war, daß wir nie wieder belästigt wurden.

Auch Polen und andere Ausländer versuchten in der Gegend zu räubern. Eines Tages fuhr eine Horde per Lastwagen mit aufmontiertem MG vor das Haus. Wir schlossen alle Türen und versteckten uns im Haus. Sie schossen sofort durch die Fenster. In der Not ergriff Xaver den großen Essensgong und gongte hinten

188

Schloß Wiederau
(Zustand 1990)

Richtung Sender zum Fenster hinaus. Als die Amerikaner in Windeseile erschienen, war der Spuk schnell vorbei.

In dieser Zeit erkrankte Tante Mathilde v. Holleuffer, sie kam ins Zwenkauer Krankenhaus, wo sie am 10. Juni 1945 im Alter von 85 Jahren verstarb. Sie wurde in Wiederau neben ihrer Mutter, Adolfine, geb. v. Benningsen, beerdigt. Es war für uns ein großer Verlust, war sie doch ein liebevoller, stets hilfsbereiter Mensch gewesen. Die Besatzung war für sie besonders schlimm. Sie erzählte, daß sie sich nun an vier Kriege erinnern könne (1866, 1870, 1914-18 und 1939-45). Bis ins hohe Alter hat sie die Familiengeschichte vervollständigt.

Erst jetzt erfuhren wir von einem Wehrmachtsbericht von Anfang Mai, daß Horneburg schwer umkämpft sei und die Brücken gesprengt wurden. Da Vater durch seine Militärstellung in Gefahr gewesen war, wollte ich mir Gewißheit verschaffen und hinfahren. Welch Irrsinn, im achten Monat schwanger damals eine solche Fahrt zu wagen. Unser Schutzengel wies uns eine gute Gelegenheit zu dieser Fahrt. Xaver war von den Amerikanern beauftragt, sich um bessere Verpflegung zu kümmern. Meine Idee, Kartoffeln für Leipzig im Tausch gegen Braunkohlen aus Böhlen zu beschaffen, wurde realisiert. Mit Auto und entsprechenden Sondergenehmigungen fuhren Schuster Dathe aus Zwenkau - mit guten Beziehungen zur KPD - und ich, begleitet von seiner Tochter und seinem Schwiegersohn, los. Es war der 24. Juni 1945 und wir schafften die Fahrt von Wiederau nach Daudieck. Morgens um 6 Uhr wurden wir bei Moisburg von Engländern angehalten, wir hatten keinen Nachtpaß. Man brachte uns zur Kommandantur. Dort bat ich sofort um einen Arzt und gab an, daß ich Wehen hätte, "I get a baby!" Der Kommandant bekam es mit der Angst und entließ uns schnell wieder. In Horneburg hielt uns wieder ein Wachposten an, Dathe wies ein Dokument vor, womit er zufrieden war. Als ich ihn fragte, was er für ein Dokument vorgezeigt habe, zeigte er mit lachend seine Lebensversicherung mit vielen Stempeln. Endlich, nach 24 Stunden Fahrt, kamen wir um acht Uhr in Daudieck an. Es war dort tiefster Frieden und alle waren wohlauf.

Bei unserer Abfahrt hatte mir Xaver noch RM 12.000,- aus unseren letzten Gemüseverkäufen zugesteckt. Vater und ich versteckten das Geld in einem Weckglas im Garten. Er versicherte mir, daß wir jederzeit nach Daudieck kommen könnten, wenn wir Wiederau verlassen müßten. Am nächsten Morgen hörte er, daß die Russen in Sachsen einmarschieren würden. Wir konnten es nicht glauben. Alle wollten mich überreden, gleich dazubleiben. Ich wollte aber Mann, Kinder und Haus nicht allein lassen. Vater bat Herrn Dathe inständig, mir zu helfen, wenn ich in Not kommen sollte.

Am Nachmittag des 28. Juni 1945 erreichten wir Wiederau. Dort hatte man noch keine Ahnung, daß uns die Russen am 1. Juli besetzen würden. Nun wußte ich aber, wohin ich in der Not gehen konnte, und daß ich dort etwas Geld zum Aufbau einer neuen Existenz hätte.

Am 1. Juli kamen die ersten Russen nach Wiederau. Es war ein ewiges Kommen und Gehen, Durchsuchung des Schlosses, man wußte nicht, wie man sich verhalten sollte. Am Tag zuvor hatten die Amerikaner den Sender geräumt. Am 8. Juli kam ein russischer Kommandant aus Pegau mit Gefolge ins Haus. Christiane hatte Geburtstag und die Kinder saßen am Kaffeetisch, als die Soldaten das Schloß stürmten. Als der Kommandant erfuhr, daß Christiane Geburtstag hatte, schenkte er ihr eine Tafel Schokolade, damals eine langentbehrte Kostbarkeit, danach verabschiedete er sich. Am nächsten Tag kamen sie wieder, die Soldaten stöberten wahllos durch Zimmer und Säle. Sie suchten Xaver, der sich versteckt hatte, nachmittags aber doch abgeholt wurde. Schnell gab er mir Siegelring und Uhr, bevor er auf einen Lastzug verladen wurde, auf den er zuvor seine eigenen Schweine aufladen mußte. Dann wurde er zusammen mit vielen anderen in den Keller unserer Bank in Pegau eingesperrt.

An die Haustür des Schlosses klebte die neue Besatzungsmacht einen großen Zettel, wonach das Schloß beschlagnahmt sei und ein Entfernen irgendwelcher Gegenstände mit dem Tode bestraft würde. Auch die Amerikaner hatten ein Schild gleichen Inhalts angebracht, nur hatte es niemand beachtet.

Nach Xavers Verhaftung stand ich nun allein da, mit den drei Kindern und dem vierten im achten Monat unterwegs, dazu die Verantwortung für zwei Lehrlinge (Ursel Vitzthum-Lichtenwalde, und Rita Bauer), ein Pflichtjahrmädchen (Annemarie Glaser) und der Sekretärin (Gisela Ockert aus Leipzig). In meiner Not bat ich eine Frau Weigang aus Zwenkau zu mir zu kommen und mir besonders bei der Geburt zu helfen. Sie war Rotkreuzschwester gewesen und hatte mich früher schon einmal gepflegt. Es verging kaum eine Nacht in Ruhe, stets kamen Horden und durchsuchten das Haus. Elfmal mußte ich durch das Schloß vorweggehen, mit einem Revolver im Rücken, und lernte dabei, wie und mit welchen Methoden sie suchten. Einmal kam der Bürgermeister mit, erblickte in einer Kiste auf dem Boden ein Jagdgewehr, knallte die Tür vor dem Russen mit dem Fuß zu und warf

Schloß Wiederau
(1990)

Deckengemälde von
Marshiné im Saal und
im unteren Saal.
Tauben haben vom
Festsaal des Barock-
schlosses Besitz
ergriffen. Die ohnehin
angegriffenen
Decken- und Wand-
gemälde sowie die
Stuckarbeiten werden
dadurch nur noch
ärger in Mitleiden-
schaft gezogen.

das Gewehr in hohem Bogen in den Schloßgraben, ohne daß es einer sah. Unser Treckerführer führte die Horden an und sie landeten in Küche und Keller, um sich zu betrinken. Wenn es zu gefährlich wurde, türmten die Mädels durchs Kellerfenster ins Dorf und versteckten sich bei Bauern. Wie ein Wunder war es, daß uns niemand etwas tat. In einem kritischen Moment trat ein Soldat zu mir und sagte: "Ich bleibe bei Dir, daß Kamerad Dir nichts tut." Einmal habe ich nachts jedem Mädel ein Kind auf den Schoß gesetzt, die Tür abgeschlossen und den Soldaten gesagt, daß die Kinder schlafen müßten und daß die Mädels alle von den Amis krank wären. Nur Fräulein Ockert, die Sekretärin ging einmal freiwillig mit, um ihnen den Weg nach Pegau zu zeigen. Nach zwei Stunden kam sie zurück, die Soldaten seien sehr nett zu ihr gewesen. Nach dieser Episode war sie für uns verloren, bespitzelte uns und wurde von der Roten Armee als Sekretärin eingesetzt.
Einmal kam Kommandant Iwan aus Pegau mit der Nachricht von Xaver aus dem Gefängnis, er hätte zugegeben, daß sein Revolver noch im Hause versteckt sei. Er

191

drohte mir und ich erwiderte, er könne mich erschießen, es wäre keine Waffe im Haus. Um kein Risiko einzugehen, hatte ich sie gleich nach Xavers Verhaftung vernichtet. Eines Nachts, als Fräulein Ockert nicht da war, habe ich heimlich aus dem Aktenschrank das Grundbuch von Wiederau geholt und aus der Kasse im Schreibtisch die letzten Gemüseeinnahmen von RM 8.000,- eingesteckt. Am nächsten Tag hat sie gegenüber den Mädels den Verlust des Geldes erwähnt. Da habe ich es heimlich wieder hineingetan. Tags darauf brachte mir ein Molkereigeselle heimlich das letzte Milchgeld vom Juni/Juli, und der Glaser Schmidt aus Pegau brachte etliche tausend Mark zurück, die Xaver ihm als Vorschuß für die Reparatur der vielen demolierten Fenster gegeben hatte. In der Not gibt es wenige Freunde, aber die vergißt man nie!

Über den Betrieb hatte ich praktisch keine Verfügungsgewalt mehr. Bürgermeister Schöne versuchte mir zu helfen, aber es wurden nachts laufend Kühe und Schweine aus den Ställen geholt. Am 13. Juli 1945 kam eine große Abordnung auf den Hof und ließ mich holen. Alle Mitarbeiter und eine Abordnung mit russischem Kommandanten an der Spitze nahmen mich in die Mitte. Ich stand allein und wartete der Dinge, die da kommen sollten. Der Oberst mit seinen vielen Orden schrie mich plötzlich an. Ab jetzt gehöre das Gut der Roten Armee, wir hätten schlecht gewirtschaftet und die Leute hätten gehungert. Nur der Melkermeister Fischer klatschte Beifall (am nächsten Tag wurde er beim Milchklauen erwischt und entlassen). Ich fragte darauf mit lauter Stimme, wann nun mein Mann wiederkommen werde, ein hämisches Lachen war die Antwort. Langsamen Schrittes ging ich ins Haus zurück. Wenig später wurde ich ins Büro zitiert. Sie suchten nach dem Tresor. Ich verwies auf die Sekretärin Ockert, die das Büro verwaltet habe und gab keinerlei Erklärungen mehr ab.

Als Verwalter stellte die Rote Armee einen Herrn Steinberg mit Frau an. Letztere war Rotkreuzschwester und löste mich bei der Kocherei für den Wirtschaftsoffizier und seine Leute ab. Der Wirtschaftsoffizier war ein netter blonder Mann, der auf der Krim angeblich selbst einen großen Betrieb hatte. Wie sich erst später herausstellte, war der Verwalter Steinberg in Wirklichkeit ein Fürst zu Starhemberg aus Österreich. Wenn er mit den Russen getrunken hatte, grölte er auf dem Flur herum und erzählte: "Als ich noch im Führerhauptquartier war und mein guter Freund Rosenberg sagte . . . usw.", dann holte ich ihn schnell herein und kochte ihm einen Kaffee zur Ausnüchterung. Er lebt jetzt in Argentinien, sein Sohn als Schauspieler in Wien. Er konnte mir nicht viel helfen, durfte es auch nicht. Von Landwirtschaft hatte er keine Ahnung, ich mußte ihm dauernd Nachhilfeunterricht geben, alles ging drunter und drüber. Zu essen hatten wir dank meiner Tätigkeit in der Küche immer genug. Die Soldaten schleppten halbe Schweine und Rinder herbei. Wir aßen stets in der Küche und schickten das fertige Essen per Aufzug nach oben, wo im Eßzimmer meistens mit deutschen Frauen getafelt wurde. Zum Abräumen benutzten wir einen Handfeger, und wir haben unten in der Küche oft tüchtig über unsere neue Herrschaft gelästert.

Eines Tages erschien ein Herr Timm, ehemaliger Häftling bei den Erlauwerken, jetzt Bewacher von Xaver. Er erkundigte sich bei unseren Arbeitern, und ließ sich ein Bild von ihm geben. Da kam eine Abordnung von ca. 20 Frauen an die Terrasse. Sie stammten aus dem Osten, waren mit der Deutschen Armee nach hier gebracht worden und sollten nun von den Russen wieder nach dem Osten geschickt werden. Ich ging heraus, gab jeder die Hand, viele umarmten mich und fragten nach ihrem guten Chef. Es war ein bewegender Abschied. Wir alle hatten ein ungewisses Schicksal vor uns. Dies alles beeindruckte Herrn Timm so, daß er versprach, mir zu helfen, wie, wußten wir damals alle nicht. Er hat Wort gehalten. In der Nacht zum 11. August 1945 setzten die Wehen ein. Frau Weigang rief Frau Steinberg, die schon einmal bei einer Geburt dabei gewesen war, an mein Bett. Ein Soldat fuhr los, um Frau Sachse, die Hebamme zu holen. Aber er kam erst um 8 Uhr ohne Hebamme zurück, wegen der Sperrstunde. Das Baby kam mit zweimal Nabelschnur um den Hals langsam zur Welt. Das Abnabeln hatten wir nicht vorschriftsmäßig gemacht, als dann die Hebamme endlich kam, mußte es wiederholt werden. Mit einer in der Matratze versteckten Flasche Sekt haben wir - Frau Weigang, die Mädels und die Hebamme - die Geburt des kleinen Karl Friedrich gefeiert. Frau Weigang versorgte mich rührend und der Junge trank gut.

Nur zwei Tage später, am 13. August 1945, teilte mir Bürgermeister Schöne mit, ich müßte aus dem Schloß ausziehen. Freiwillig wollte ich nicht. Ein Arzt bescheinigte mir, daß ich Brustentzündung und Fieber hätte. Auch das nützte nichts. Im Nachthemd und in eine Decke gehüllt trugen sie mich auf einem Stuhl sitzend heraus. Wir konnten nicht mehr weinen, nur meinen beiden Trägern liefen die Tränen herunter. Mir war nur erlaubt, je ein Bett für mich und die Kinder, Stuhl und Schrank mitzunehmen. Ein Russe kontrollierte alles. Plötzlich kam einer von unseren Italienern zu dem Russen, er solle schnell aufs Feld kommen, dort würde gestohlen. Nun schleppten meine Hilfen viele, viele Sachen heraus, auch den Heimbügler, mit dem ich mir Geld verdienen wollte. Beim Bauer Nebe kam ich in die gute Stube, Hausschlachter Brumme setzte mir einen Ofen, Lebensmittel brachten die Nachbarn. Diese Behandlung der Russen, angestachelt von einem, der sich reinwaschen wollte, hatte das ganze Dorf erschüttert und mit mir solidarisiert. Auf dem Boden über dem Schweinestall waren meine Sachen gelagert, als ich später fliehen mußte, wurde alles geplündert.

Am Sonnabend, 27. Oktober 1945, hörte ich, daß alle Besitzer und Pächter verhaftet würden. Nachts nähten Frau Weigang und ich Rucksäcke für die Kinder und bereiteten uns für eine schnelle Flucht vor. In jedem Rucksack waren Lebensmittel, Wäsche und in einem Brustbeutel das Personalbuch und Geld. Am nächsten Tag kam Herr Dathe und der Bürgermeister zu mir. Er hatte einen Haftbefehl für die Kinder und mich. Überbracht hatte ihn der Polizist Timm mit der Bitte, mich zu warnen. Er hatte erklärt, daß er mich schützen wolle und ich solle fliehen. So hatte er also Wort gehalten! Der Haftbefehl lautete auf Abtransport nach KZ-Lager Coswig bei Dresden, dann weiter nach Rügen und Sibirien. Wir jungen Frauen sollten Russen heiraten, die Kinder in Umerziehungslager kommen.

Dathe, ein Herr Gildemeister und andere hatten schon vorgesorgt, um die Flucht zu erleichtern. Nach ihrem Plan fuhr ich mit dem Fahrrad zu Gildemeisters nach Kl.-Dalzig. Unser Gepäck war in zwei Kartoffelsäcken verstaut auf einen Handwagen geladen, den die Kinder unseres Gastwirtes zogen. Frau Weigang schob wie zu einer Spazierfahrt den Kinderwagen mit Karl Friedrich - eine Daunendecke als Matratze - zu einem Feldweg außerhalb von Wiederau, meine Schwiegermutter begleitete sie. Dort kam ein Auto mit kleinem Anhänger für den Kinderwagen, die

Kinder und ich stiegen ein, großer Abschied von allen mit der Erklärung, daß wir nach Coswig führen. So wußte niemand, wenn er gefragt würde, wohin wir gefahren seien. In Heuckewalde bei Zeitz blieben wir über Nacht. In Zeitz wurden wir am nächsten Morgen in einen Lastwagen verstaut, der Bonbons und Kunsthonig geladen hatte. Hinter dem Führersitz wurden der Kinderwagen und wir versteckt. Der Weg ging über die Autobahn, vorbei an Russen, die Vieh trieben und uns bzw. den Fahrer gelegentlich kontrollierten. Das Nähren war in dieser Situation ein besonderes Problem, aber jeder Kilometer brachte uns der Grenze näher.

In Calbe a. d. Saale wurden wir auf der Straße abgesetzt. Über den Kinderwagen hatte ich zwei Decken gelegt, rechts und links hingen zwei Beutel mit Proviant und Kinderwäsche. So versuchte ich bei einem Zahnarzt um Unterkunft zu bitten. Er beschimpfte mich über den Leichtsinn, bei diesem Wetter mit einem Baby auf die Straße zu gehen. Eine zugeschlagene Tür war das Ende der Bitte um Herberge! Die Geschichte von Maria und Joseph war nach zweitausend Jahren noch aktuell! Schließlich landeten wir bei einer hilfsbereiten Frau in der Grabengasse. Ich durfte in der Wohnstube auf einem kleinen Sofa schlafen. Die Kinder kamen in die Betten ihrer Soldatensöhne. Da wir vermutlich gesucht wurden, durften wir eine DRK-Station nicht in Anspruch nehmen. Den Kindern hatte ich eingeschärft, daß wir Weber hießen. Wie ich später erfuhr, war zwei Tage später ein Gefängniswagen in Wiederau erschienen, um uns abzuholen.

Im Nachbarhaus bekam ich für die Kinder etwas warmes Essen, dafür stopfte und nähte ich für die Bäuerin und wir saßen etwas im warmen Zimmer. Eines Tages kam Hans Heinrich mit einem Soldaten im Rollstuhl an. Er hatte beide Beine verloren, nur in Unterhosen und einer Decke darum, Polen hatten ihm seine Sachen weggenommen. Er bat Hans Heinrich, ihn in den Kuhstall zu schieben, er konnte ja nicht mehr aus dem Rollstuhl heraus. Voller Hoffnung wollte er sein Ziel - das Havelland - erreichen und er gab uns viel Mut, denn wir hatten noch unsere Füße!

Nach drei Tagen kam ein Lastwagenfahrer um 4 Uhr nachts heimlich zu mir und sagte, daß er sofort mit seinem offenen Laster nach Gardelegen müsse. So kamen wir durch Sprühregen mittags um 11 Uhr auf dem dortigen Güterbahnhof an. Ich setzte mich erst einmal auf einen Strohballen und nährte das Baby. Russen, die dort Ware verluden, störten mich nicht. Im nächsten Haus telefonierte ich dann mit Herrn Kahlers Vater nach Dannefeld (Molkerei), der mich von einem Bekannten abholen ließ. Frau Kahler nahm uns rührend auf, machte an allen Ecken Platz, die Kinder und ich bekamen richtige Betten und beste Verpflegung. Zehn Tage mußten wir dort bleiben, weil sich niemand fand, der uns mit einem schreienden Baby über die Grenze bringen wollte. Durch Rundfunk und Zeitung hörte Herr Kahler, daß eine Frau v. Holleuffer gesucht werde, es sei strengstens verboten, sie aufzunehmen. Frau M., eine Verwandte von Kahlers, erfuhr gleichzeitig, daß ein alliierter Güterzug in Oebisfelde anhielte, um Wasser zu tanken. Frau M. brachte uns morgens um sechs Uhr heimlich zum Güterbahnhof. Der Zug kam gegen vier Uhr nachmittags, ein Beamter verbot, ihn zu besteigen, aber hilfsbereite Menschen hoben den Kinderwagen in einen offenen Wagen, wo wir zwischen Leidensgenossen waren. Das Baby erweckte oft Mitgefühl und hat uns dadurch geholfen. Trotz Schüssen an der Grenze kamen wir nach Vorsfelde und einer rief laut: "Auf Wiedersehen Sowjetparadies!" Er hatte allen aus der Seele gesprochen.

In Vorsfelde standen wir drei Stunden, bis wir registriert, entlaust und mit Fahrkarten versehen wurden. Der Kreis Stade durfte keine Flüchtlinge mehr aufnehmen, nur dank meines dort abgestempelten Führerscheins bekam ich eine Fahrkarte nach Horneburg.

Abends um zehn Uhr fanden wir schließlich einen geschlossenen Kühlwagen, der nach Braunschweig fuhr. Durch die vielen Menschen wurde es warm, aber in Braunschweig konnte keiner den Patentverschluß von innen öffnen. Es entstand eine Panik im Wagen, die sich erst bei etwas Kerzenlicht löste. Nach vielem Pochen an die Wand wurden wir endlich erlöst auf einem Abstellgleis des Güterbahnhofs. Nun ging es mit dem Kinderwagen über die Gleise zum Hauptbahnhof. Er war ohne Dach und Mauern, wir warteten auf den nächsten Zug, die Kinder schliefen auf den Rucksäcken. Christiane sagte zu einem wartenden englischen Soldaten, er solle doch die verdammten Russen rausschmeißen. Er sprach deutsch, strich ihr über den Kopf und meinte, im Februar wären sie draußen. Vor Kälte steif geworden, ging es um fünf Uhr früh im Güterzug nach Lehrte und nach Umsteigen weiter nach Hannover. Dort erreichten wir einen Güterzug nach Uelzen, aber nun ging es nicht weiter, weil nur noch volle Waggons verkehrten. Viele der Flüchtlinge setzten sich auf die Kohlen oder auf die Trittbretter. Mit Kinderwagen und kleinen Kindern ging das nicht. Ich ließ Hans Heinrich mit seinen kleinen Geschwistern auf dem Bahnsteig zurück und verhandelte mit dem Bahnhofsvorstand, doch an den nächsten Güterzug einen leeren Waggon für die vielen Kinder und Kinderwagen anzuhängen. Er gab sich Mühe und nach mehreren Stunden Wartens auf dem zugigen Bahnsteig konnten so 20 Kinderwagen gegen zwei Uhr morgens ihre Reise fortsetzen.

Nach etwa vier Stunden Fahrt landeten wir auf dem Güterbahnhof Harburg-Wilhelmsburg und nun ging es wieder über Bahnschwellen und Schlackerschnee zum Bahnhof. Ein Zug brachte uns nach Neugraben, wo wir zum ersten Mal von einer Hilfsschwester in Empfang genommen wurden und uns in einer Baracke aufwärmen konnten. Als ich richtig zur Besinnung kam, erkannte ich in der Schwester eine ehemalige Hauswirtschaftsleiterin, die länger in Daudieck tätig gewesen war. Sie wusch Karl Friedrich frisch und brachte uns dann mit dem nächsten Zug nach Horneburg zu einem Arzt, der an der Bahn wohnte. Von dort telefonierte ich nach Daudieck, von wo uns meine Mutter mit dem Milchwagen abholte.

Von Kahlers in Dannefeld hatte ich meinem Vater geschrieben, daß ich unterwegs nach Daudieck sei. Meine Schwester Viktoria und eine Freundin waren sofort losgefahren, kamen unter Schwierigkeiten zu Kahlers, wo ich gerade abgefahren war wegen der Durchsage, daß ich gesucht würde und um Kahlers nicht in Gefahr zu bringen. Auf dem Rückweg wurden sie von Russen geschnappt, nur einer der Soldaten bewahrte sie vor dem Schlimmsten. Mein Vater hatte wohl unterwegs im Zug ihren Namen ausrufen lassen. Leider hat sie die Nachricht nicht erreicht. Nun waren wir geborgen am Ziel unserer Reise, meiner Heimat.

Xaver v. Holleuffer-Kypke war vom 9. Juli 1945 bis 19. Oktober 1947 in russischer Gefangenschaft. Über seine Erlebnisse berichtet er:

Am 1. Juli 1945 wurde meine Heimat von den amerikanischen Truppen plötzlich geräumt, und am nächsten Tag rückten die Truppen der Roten Armee in dieses

Gebiet ein. Wir wußten nicht, warum diese Veränderung vorgenommen wurde, und wir sagten uns, der Krieg ist vorbei und unter amerikanischer Besatzung hatten sich vollständig ruhige und friedliche Lebensverhältnisse angebahnt. Sollten die Sowjets wirklich so schlimm sein wie ihr Ruf? Wir konnten uns nicht entschließen, unsere Heimat zu verlassen, wie so viele gute Freunde und Bekannte, die über Nacht gemeinsam mit den Amerikanern in westlicher Richtung verschwunden waren. Mein Bauernhof war in mustergültiger Ordnung und höchster Produktionskraft über Krieg und Kriegsende hinweggekommen. Eine reiche und große Ernte war trotz aller großen Schwierigkeiten herangewachsen und sollte in den nächsten Wochen geborgen werden.

Konnte man als Bauer die eigene, seit Jahrhunderten im Familienbesitz befindliche Scholle verlassen, nur weil die Sowjets so schlimme Menschen sein sollten? Nein, das brachte ich nicht fertig. Ich wäre bereit gewesen, auch die größten Schwierigkeiten in Kauf zu nehmen, um auf dem Hof zu bleiben und meine Arbeit weiter zu machen. Aber was geschah? Nach einigen Tagen bangen Wartens, was sich wohl entwickeln würde, erschien bei uns ein russisches Kommando auf einem geraubten Lastwagen und verlangte, den Schweinestall zu sehen. Das beste Schwein wurde ausgewählt, und das mußte ich aufladen und dann selbst mit auf den Lastwagen steigen. Ich bat noch um ein Glas Milch, bekam es und konnte schnell noch meine Uhr und Ringe an Christa geben. Ein Abschied war nicht möglich, und damit begann eine zweieinhalbjährige Reise für mich, von der ich mir nichts geträumt hätte. Zunächst wurde ich auf die russische Kommandantur nach Pegau gefahren, dort in einen feuchten Keller gesperrt und vollständig ausgeraubt. In diesen schrecklichen Räumen traf ich bereits mehrere gute Bekannte, die schon seit Tagen hungerten und froren. Nach einigen Tagen wurden wir gemeinsam in das Untersuchungsgefängnis nach Leipzig gebracht. Dort sperrte man mich in eine Einzelzelle und behandelte mich wie einen Schwerverbrecher. Lange, bange Tage dauerte es, bis ich plötzlich nachts zur Vernehmung geholt wurde. Mir wurde gesagt, ich hätte anzugeben, wieviele Arbeiter ich hätte verhungern lassen, und man interessierte sich für die Größe meines Hofes, Viehbestand, Maschinen und Benzinvorräte und vieles andere. Zum Schluß wurde mir gesagt, ich hätte mehr als zwanzig Kühe, wäre Kapitalist und müßte deshalb dableiben. Zwei volle Monate verbrachte ich in der Einzelzelle und durfte mich mit nichts beschäftigen, nicht an die Luft gehen und ein ganz erbärmliches Essen genießen, nur wegen der zwanzig Kühe? - oder warum eigentlich? Dann war das Gefängnis so überfüllt, daß Platz geschaffen werden mußte, und so wurde ich mit den anderen nachts, mit Scheinwerfern, Schweißhunden und Maschinengewehren begleitet, in eine ehemalige Strafanstalt nach Bautzen überführt.

Hier hört Xavers eigener Bericht über seine Leidensstationen auf und wird von Christa v. Holleuffer wie folgt ergänzt:

Strafanstalt Bautzen: September 1945 bis März 1946 - Lager Mühlberg: März 1946 bis Oktober 1946 - Lager und Durchgangslager Frankfurt/O. Nunenkaserne: Oktober 1946 bis Oktober 1947.

Hier wurden die Transporte nach Rußland zusammengestellt, die aber damals stockten. Xaver wurde in die Entlausungsstation abkommandiert. Eines Tages fand er in einer Tischschublade Gemüsesamen, den er mit Erde bedeckte und nachts auf den warmen Ofen der Entlausung stellte. Bei Besichtigung durch den Lager-kommandanten wurde er daraufhin zum Lagergärtner ernannt. Mit dem Spaten mußte er im Wechsel mit anderen Kameraden den ganzen Kasernenhof umgraben und diesen zum Gemüse- und Blumengarten einrichten. Da alles wunderbar gedieh und er zudem noch für einen Essenszuschlag aus seiner großen Erfahrung Vorträge über Gemüseanbau hielt, wurde er so unersetzlich, daß die Russen ihn ständig vom nächsten Transport nach Rußland zurückstellten. Zu diesem Zweck wurden ihm und seinen im Garten helfenden Kameraden schwarze Salbe ins Gesicht gepinselt und behauptet, sie hätten Bartflechte.

Rote Tomaten und in allen Räumen schöne Blumensträuße waren für die Russen eine Sensation. Ein Loch im Kasernenzaun hatte Xaver mit Kürbis- und Gurken-ranken gut getarnt, um bei Gelegenheit entwischen zu können. In Frankfurt hatte ich einen Pfarrer erkundet, dem ich einen Ausweis und Kleidung für Xaver schickte. Dieser hatte am Kasernenzaun nach einem Xaver Daudieck gefragt, die Namen waren aber so schlecht und leise ausgesprochen, daß Xaver die Frage ver-neinte, nicht ahnend, daß er gemeint war.

Ein paar Tage später wurde das Lager aufgelöst und alle, die noch da waren, wurden nach Sachsen entlassen. Bei der letzten Entlassungsstelle ließ er den Ent-lassungsschein berichtigen, und vor das "Sachsen" ein "Nieder" setzen. So kam Xaver über Erfurt, Friedland, Munsterlager und Bremervörde nach Daudieck. Dort konnte er endlich seine Familie in die Arme schließen und seinen zweieinhalb-jährigen Sohn Karl Friedrich kennenlernen!

Rückblickend schreibt Christa v. Holleuffer-Kypke:

Das 200 ha große Gut Daudieck haben mein Mann und ich von 1949 bis 1967 gepachtet. Danach arbeitete ich zweieinhalb Jahre lang bei der Kirche Neumünster. Schon 1947 war ich Mitbegründerin des Landfrauenverbandes Hannover und wurde im Landkreis Stade für die Abnahme der Lehrlingsprüfungen ernannt.

Mein Mann war ab 1967 Landw. Sachverständiger in Holstein und im Kreis Stade Prüfer der Landwirtschaftsmeister, Vorsitzender des Forstverbandes und beim Zuckerverband. Ferner war er Beisitzer beim Oberverwaltungsgericht in Lüneburg und beim Landgericht in Buxtehude.

Man sieht, wir Sachsen lassen uns nicht unterkriegen!

Richard Freiherr v. Kap-herr auf Lockwitz

Das Rittergut Lockwitz bei Dresden hatte eine Größe von ca. 300 ha.

R i c h a r d Hermann Karl Rudolf Freiherr v. **K a p - h e r r**, * Lockwitz 29. 5. 1889, † Hannover 20. 5. 1961, Fkhr auf Lockwitz (§), auf Klein-Vielen (§) usw., Major a. D., RRr d. JohO.;
⚭ Schwerin 21. 9. 1918 Martha v. M a l t z a n , Freiin zu W a r t e n b e r g u. P e n z l i n , * Bernstorf 14. 8. 1898, T. d. Kgl. preuß. Rittmeisters Ernst v. M., Frhr zu W. u. P. u. d. Dorothea Gfin v. Bernstorff.

Kinder:

1. H e r m a n n Richard Ernst Rudolf Oswald, * Klein-Vielen 8. 7. 1919, ⚭ Oberbachen an der Donau 24. 4. 1944, Hptm. u. Gruppenkmdr im Jagdgeschwader „Udet";
   ⚭ Roschkowitz, Kr. Kreuzburg, OSchlesien, 27. 4. 1943 Catharina v. C r a m o n , * Roschkowitz 29. 9. 1915 (⚭ II. Barmen 14. 2. 1948 Eckhard v. Schack, † Ludwigsburg 10. 9. 1961, auf Waldgut Schreibendorf (§), Kr. Landeshut, Schlesien, Gesandter i. R.; ⚭ III. Wilhelm Ernst v. Carnap, † ... 12. 5. 1988), T. d. Oberstlts a. D. Bertram v. C.-Taubadel, Fkhrn auf Roschkowitz mit Ursulahof u. Albertinenhof, u. d. Susanne v. Jordan.

   Tochter:

   H u b e r t a Susanne Martha Dorothea Renate Helga Maria, * Breslau 14. 3. 1944;
   ⚭ Beihingen 7. 10. 1966 Hans Jörg H a u s e r adopt. v. G r a e - v e n i t z , * Berlin-Wedding 15. 1. 1936, DiplVolkswirt.

2. D o r o t h e a Martha Helene Gisela Anna, * Klein-Vielen 8. 8. 1920; ⚭ Dresden-Lockwitz 14. 8. 1941 Hans Jürgen v. L e F o r t , * Kassel 30. 4. 1905, ⚭ Radom 17. 1. 1945, OLt in einem PzArtRgt.

3. G a b r i e l e Elisabeth Amélie Dorka, * Klein-Vielen 18. 4. 1923; ⚭ Wennigsen 3. 8. 1949 Wolfgang K n i g g e , * Bad Reinerz, Kr. Glatz, 27. 2. 1920, Dr. phil., DiplForstwirt, o. Prof. an der Univ. Göttingen.

4. H e l e n e Elisabeth Ingeborg, * Adamsdorf bei Neustrelitz 9. 3. 1927; ⚭ Wennigsen 1. 11. 1952 Heinz B r u n o t t e , * Santa Fé, Argentinien, 13. 1. 1928, † Alsfeld, OHessen, 26. 7. 1962, DiplIng.

5. C h r i s t i a n e Margarete Johanna, * Lockwitz 17. 4. 1935, † ... 1. 9. 1990;
   ⚭ Wennigsen 10. 3. 1962 Arno D y c k , * Gleiwitz 7. 8. 1932, DiplIng.

Gefangenschaft der sächsischen Landwirte auf der Insel Rügen

Unter dieser Überschrift hat Martha Freifrau v. Kap-herr einen sehr ausführlichen Bericht geschrieben, der ähnliche Erlebnisse von vielen Angehörigen des sächsischen Adels wiedergibt. Er soll mit nur geringen Kürzungen nachfolgend festgehalten werden.

Die kommunistische Bodenreform im Freistaat Sachsen war beendet. Wer 100 ha Land und darüber sein eigen genannt hatte, war restlos und entschädigungslos enteignet worden, wie es in der Verordnung der 1945 geltenden Landesverwaltung hieß. Man hatte den Landwirtsfamilien jedoch zugesagt, daß sie eine "bürgerliche" Wohnung auf ihrem früheren Besitz und ihr Mobiliar behalten dürften, soweit es sich nicht um Kunstschätze handele, letztere wurden mit enteignet.

Auch uns war es so ergangen. Wir hatten uns der Gewalt fügen müssen. Mein Mann suchte Arbeit, die Töchter hatten Stellen im eigenen Betrieb ohne Bezahlung angenommen und ich nähte Puppen zum Verkauf. Die Bodenreform hatte aber nicht den vom Kommunismus erwarteten Erfolg. Man hatte geglaubt, die Gutsarbeiter würden ihre Herren totschlagen oder vom Hof jagen. Nichts dergleichen geschah, vielmehr waren die Gutsherren Ratgeber des Landvolkes geworden und waren den Machthabern deshalb im Wege. Da geschah es - schlagartig -, daß in den Tagen zwischen dem 20. und 23. Oktober 1945 alle "Bodenreformer", wie man uns nannte, mit ihren Familien verhaftet wurden. Bei uns erschien ein Beamter der Dresdener Kripo mit rotem Halstuch und hatte noch zwei Polizisten aus dem Dorf mitgebracht. Auf dem Haftbefehl stand: "Verhaftung zwecks Landesverweisung aller Familienmitglieder." Man ließ uns Zeit, einiges zusammenzupacken, nur mein Mann ist von dem Kripo-Mann mit gezogener Pistole streng bewacht worden und als er die Mappe mit allen wichtigen Papieren einpacken wollte, entriß sie ihm sein Bewacher mit den Worten: "Das brauchst Du bei den Russen nicht mehr" und warf sie in die Zimmerecke. Abends sollen sie dann auf dem Hof verbrannt worden sein, weil man Grundlagen für eine eventuelle spätere Existenz vernichten wollte. Selbst das Bild unseres gefallenen Sohnes durfte mein Mann nicht mitnehmen. Wir waren sieben Verhaftete: Mein Mann und ich, unsere Töchter Helene (17), Gabriele (22) und Christiane (10) sowie unsere Schwiegertochter Catharina mit ihrem eineinhalbjährigen Töchterchen Huberta.

Wir mußten mit Gepäck und Kinderwagen der Kleinen auf einen unserer Kastenwagen klettern. Mein Mann wollte lieber zu Fuß gehen, als auf einem eigenen Mistwagen vom Hof zu fahren. Aber der Rote fuchtelte mit der Pistole, es half nichts, er mußte auch auf den Wagen. Das Gespann brachte uns bei leichtem Regen in sechs Stunden zum Lager "Bodenreform II" in Radeberg, wo wir gegen 22 Uhr ankamen. Das Lager war einmal für den RAD gebaut worden, dann hatten Fremdarbeiter und schließlich Russen darin gehaust. Es war völlig verwanzt und abbruchreif, aber für uns war es noch gut genug. Es herrschte dort reges Leben. Wagen auf Wagen fuhren in den Hof, wurden abgeladen und fuhren leer wieder auf die jeweiligen Güter zurück. Ein heller Scheinwerfer beleuchtete die traurige Szene. Beim Abladen brach ein Rad unseres Kinderwagens ab, das sollte uns noch viel Not machen! Die Kinder waren so müde, daß wir sie schnell unter Dach zu bringen versuchten. Uns wurde ein Raum ohne Licht zugewiesen. Der Scheinwerfer beschien einige umgestürzte Tische und Hocker. Etwas Stroh wurde von Mitgefangenen abgegeben und man richtete sich notdürftig ein. Mein Mann und ich legten uns auf einen Tisch, annehmend, daß es dort am saubersten sei. Aber die Wanzen kamen von oben, so daß wir keine Ruhe fanden. Man war auch viel zu erregt, weil man nicht wußte, was die Kommunisten mit uns vorhatten.

Draußen kamen immer weitere Ackerwagen, die neue Gefangene brachten, und schon in der Nacht entdeckten wir viele bekannte Gesichter. Am nächsten Tag wurde uns klar, daß man alle Gutsbesitzer und Pächter aus Mittelsachsen nach Radeberg gebracht hatte. Man behandelte uns bewußt wie KZ-Häftlinge und

Hermann Christian Freiherr v. Kap-herr
* Rostock 16. 9. 1801, † Dresden 30. 10. 1877
Beide Gemälde (oben und nebenstehend) des Malers Julius Scholtz
hingen im Salon von Schloß Lockwitz. Seit dem
Raub von 1945 befinden sie sich im Albertinum, Brühlsche Terrasse in Dresden.

betonte noch, wie edelmütig es sei, daß man uns nicht schlüge oder umbrachte. Man sagte, wir müßten jetzt die Strafe dafür erleiden, daß es uns bisher so gut gegangen sei. Wir seien "Ausbeuter" und sollten nun endlich "arbeiten" lernen. Inzwischen waren 900 Personen zusammengekommen, die auf acht Baracken verteilt wurden. Wir waren 26 Personen in einem Raum. Bei den Verhaftungen war man recht wahllos vorgegangen, hatte auch Bauern, die deutsch-nationale Abgeordnete gewesen waren, einen Gärtner und sogar einen Briefträger mitgeschleppt, der gerade bei einem Gutsbesitzer sein Mittagessen eingenommen hatte. Morgens erhielten wir Kornkaffee mit 200 g Brot, mittags einen halben Liter Kartoffel-

Charlotte Dorothea Freifrau v. Kap-her, geb. v. Kap-herr
* St. Petersburg 26. 4. 1806, † ebd. 20. 10. 1886

suppe. Da aber für 900 Menschen nur neun Eimer Kartoffeln geschält wurden - unsere Töchter halfen dabei -, kann man sich die Beschaffenheit dieser Brühe vorstellen. Viele, denen man gesagt hatte, sie kämen nur zu einer Vernehmung, besaßen keinerlei Eß- und Trinkgefäße. Sie erhielten gläserne Bierseidel. Für Kinder unter drei Jahren gab es täglich einen halben Liter Magermilch, die aber beim Kochen schön zusammenlief. Man machte sich auf dem Hof Feuerstellen aus Steinen, und wir besaßen einen Kochtopf. Zum Glück hatten wir Milchpulver dabei, noch aus der Zeit, als Dresden im Frühjahr 1945 zur Festung erklärt worden war und weil unser Gut im Festungsbereich lag.

Die hygienischen Verhältnisse im Lager spotteten jeder Beschreibung. Für alle 900 Insassen gab es ein Häuschen mit zwei nicht abgeteilten Sitzreihen zu sechs Plätzen, dazu eine einzige stille Klause, die als "Führerörtchen" vom Arbeitsdienst angebaut worden war. Ähnlich war es mit dem Waschraum. Zwar waren getrennte Zeilen für Frauen und Männer vorgesehen, da das Wasser aber immer nur kurze Zeit lief, drängte sich alles an die Waschrinne. Das Ungeziefer - es blieb nicht nur bei den Wanzen - wurde immer mehr zur Plage. Eine junge mit uns gefangene Ärztin, Marie-Agnes v. Finck, Tochter einer Grundbesitzerfamilie, hatte sich freiwillig zur Betreuung der Lagerinsassen zur Verfügung gestellt. Sie hatte deshalb manchen Kampf mit der Lagerleitung und den Polizisten zu bestehen, wenn sie Alten, Kranken und Säuglingen Erleichterungen verschaffen wollte. Andererseits hörte sie manches von den Polizisten, was nicht für unsere Ohren bestimmt und deshalb für uns hilfreich war. Wir werden ihre aufopfernde Hilfe nicht vergessen.

Am dritten Tage unserer Gefangenschaft wurde mit den sogenannten Verhören begonnen, um zu demonstrieren, daß man uns nicht ungehört bestrafte. Es war eine reine Farce, die Vernehmenden waren die gleichen, die uns verhaftet hatten. Unserem rotbeschlipsten Strolch gelang es nicht, ein fehlerfreies Deutsch zu schreiben. Es war weiter nichts, als eine genauere Feststellung der Personalien, der Besitzverhältnisse und etwaige Verfolgungen durch die Nazis. An unserer Lage änderte sich dadurch nichts.

Manchmal besuchten uns tapfere Freundinnen. So war Bärbel Epperlein zweimal am Zaun und einmal Ilma Hanstein. Sie brachten Lebensmittel und Eßgeschirr und wurden dafür von den Wachen wüst beschimpft, aber man ließ uns die mitgebrachten Sachen.

In unserem Raum waren wir zusammen mit Bünaus und deren Söhnen Heini (18) und Günther (15). Sie und unsere Mädels versuchten sich die Gefangenschaft so angenehm als möglich zu gestalten. In einem entfernten Winkel des Lagers lasen sie zusammen Klassiker, von denen Günther ein Bändchen bei sich hatte. An Heinis Geburtstag gingen die vier über den Zaun nach Radeberg, tranken das widerliche Molkenbier und waren nach zwei Stunden wieder zurück. Hätten sie das nicht getan, hätte das für jeden von uns Eltern Gefängnis oder Tod bedeutet, und das wußten sie. So nahmen sie alle Unannehmlichkeiten wieder auf sich und halfen uns und unserer Schwiegertochter mit ihrer Kleinen wo sie nur konnten.

Eines Nachts wurde ein Herr Höhne aus der Nähe von Freital erschossen, weil er mitgebrachten Alkohol getrunken und einen Posten beschimpft hatte. Zur Abschreckung ließ man den Toten noch mehrere Tage offen in einem Schuppen liegen.

Am 28. Oktober wurden wir sortiert. Alle, die in Gefangenschaft blieben, mußten ihr Gepäck fertigmachen und sich zum Abtransport bereithalten. Wir gehörten dazu. Die anderen, wie z. B. der gefangene Briefträger, konnten nach Hause gehen. Wir waren 547 Personen, die nun ihren Abtransport ins Ungewisse erwarteten. Die Älteste war eine Frau v. Wiedebach (86), der Jüngste Karl-Alexander v. Finck mit sechs Wochen. Den Polizisten war es ein Vergnügen, sich in Drohungen über unsere Zukunft zu ergehen. Gottlob war es ein warmer, sonniger Oktobertag, den wir auf unserem Gepäck sitzend verbrachten. Gegen 17 Uhr rollten Autobusse an, in jedem standen zwei Polizisten, die darauf hinwiesen, daß sie scharf geladen hätten und daß jeder Fluchtversuch mit dem Tode bestraft würde. Einige Schüsse über unsere Köpfe hinweg illustrierten diese Drohungen. Die Fahrt ging durch ganz Dresden nach Coswig in ein Fremdarbeiterlager, das schon überfüllt war.

Wieder trafen wir viele Bekannte, z. B. Siegfried Lüttichau-Bärenstein mit Familie, Sohn Siegfried an zwei Krücken. Die Luft in den Baracken war zum Ersticken und die hygienischen Verhältnisse einfach unvorstellbar. In einer Ecke im Stroh saß Frau v. Arnim-Kriebstein mit ihren vier Mädels und dem wonnigen sechs Monate alten Erik. Er war geboren an dem Tage, an dem sie die Nachricht vom Tode ihres gefallenen Mannes erhalten hatte. Sie hatte nur einmal Windeln zum Wechseln, da man ihr gesagt hatte, sie müßte nur mit ihren Kindern zur Polizei zu einer Vernehmung kommen. Da es etwas länger dauern könnte, sollte sie ein Fläschchen für das Baby mitnehmen. Man hatte sie aber nicht zur Vernehmung, sondern gleich ins Radeberger Lager gebracht. Dort lag der kleine Erik mit seinem kurzen Hemdchen nackt im Stroh, während seine Windeln trockneten. Seine Mutter trug sich mit einem Plan, der uns alle sehr bewegte: Da wir nicht wußten, wohin diese Fahrt in den Winter hinein gehen würde, wollte sie ver-suchen, das Bübchen heimlich jemandem mitzugeben, der am Lager vorbeikam. Es gelang ihr tatsächlich. Sie hatte den Kleinen in eine Decke gewickelt wie ein Paket und einen Zettel darangesteckt mit Namen und Adresse einer früheren in Dresden lebenden Kindergärtnerin. Aufmerksam beobachtete sie den Zaun, und als sie sah, daß andere Lagerinsassen von Bekannten besucht wurden, schob sie rasch das Bündel unter dem Zaun durch und sagte nur mit flehenden Augen: "Bitte nehmen Sie ihn mit!" Alles mußte blitzschnell gehen, denn die Volkspolizisten patrouillierten ja ständig am Zaun entlang. Aber Gottes Schutzengel sind stärker, sie nahmen den kleinen Erik und seine tapfere Mutter unter ihre Flügel, so daß sie nicht gesehen wurden. Wie wir nach Jahren erfuhren, ist der Kleine zu guten Menschen in Pflege und Obhut gekommen, die ihn seiner Mutter gesund wiedergaben. Damit das Verschwinden des Kindes nicht bemerkt wurde, hat sie den Kinderwagen bei sich behalten, und bei den häufigen Personen-Appellen antworteten die Schwesterchen mit "hier!".

Am Nachmittag des gleichen Tages mußten wir unser Gepäck aufnehmen, auf dem wir schon seit dem Vormittag saßen, und uns unter strenger Bewachung vor dem Lager auf der Straße aufstellen. Nach einigen weiteren Wartestunden marschierten wir einige hundert Meter bis zur Bahnrampe Coswig, wo ein Zug mit zehn Viehwagen für uns bereitstand. Jeweils 50 Personen wurden abgezählt pro Waggon. Wir hatten das Glück, gerade vor einer Tür zu stehen, die wir schnell erklommen, um zusammen mit Bünaus eine Schmalwand zu besetzen. Vorn und hinten waren hoch oben Luftklappen und je ein Fensterchen mit Untertassengröße. Darunter kam der hochbepackte Kinderwagen mit Huberta darauf, wir übrigen gruppierten uns entlang der Schmalwand. Mit in unserer Ecke waren außer Bünaus noch eine Familie Gierth (Vater und Tochter) und eine Frau Günther mit zwei Töchtern. Ganz selbstverständlich teilten alle alles miteinander, was wir noch an Lebensmitteln besaßen. Die sieben Brote, die Ilma Hanstein uns noch besorgt hatte, waren unsere Rettung, denn auf der sechstägigen Fahrt haben wir nur einmal 200 g Brot (vier Scheiben) pro Kopf bekommen und einmal Kaffee. Kein Essen, höchstens Wasser aus den Schläuchen für die Lokomotiven. Meist kamen wir halb um vor Durst. An der Tür stand ein offener Kübel zur Erledigung der notwendigen Bedürfnisse. Wenn der Zug einmal länger hielt auf freier Strecke, was oft und lange vorkam, mußte der Kübel von zwei unserer Männer geleert werden, wohlgemerkt immer unter Aufsicht von Polizei mit geladenem Gewehr. Während solcher Aufenthalte durften dann auch wir in einer Reihe auf dem Nebengleis vor den Gewehrmündungen und bei zotigen Bemerkungen der Bewacher unsere Bedürfnisse verrichten.

Zunächst waren wir aber noch in Coswig; um 17 Uhr hatten wir die Waggons bestiegen, die Türen wurden mit eisernen Riegeln verschlossen. Wohin würde die Reise gehen? Nachts um 23 Uhr setzte sich der Zug in Bewegung. Keiner mochte schlafen, durch das Guckloch versuchte man, etwas zu erspähen. Nach eineinhalb Stunden "Priestewitz" - ich konnte das Schild lesen, als ich mich auf einen Koffer stellte. Würde der Zug nun nach Osten oder Norden weiterfahren? Nächste Station "Großenhain", es wurde immer aufregender. Gott sei Dank fuhren wir nach Priestewitz zurück und dann weiter in nördlicher Richtung. Die Polizisten saßen in den Bremserhäuschen, und da wir nicht wußten, ob sie uns hören konnten, waren wir vorsichtig beim Unterhalten. Drei Tage dauerte es, bis wir in die Vororte von Berlin kamen. Stundenlang standen wir auf Abstellgleisen, wenn die Russen unsere Lokomotive anderweitig verwendeten, oder bei schönstem Herbstwetter im märkischen Wald. Dann wurden die Türen geöffnet, aber wir durften nur bis zum Nebengleis gehen. Die Polizisten erboste es, daß wir zu all ihren Beschimpfungen schwiegen und sie überhaupt nicht beachteten. Dank des schönen Herbstwetters brauchten wir in den Waggons ohne Stroh nicht zu frieren.

Wie schon erwähnt, betreute uns Marie-Agnes v. Finck aus Nöthnitz als Ärztin. Sie war bei einer Krankenvisite verhaftet worden. Sie hat viel für die Schwerkranken und die kleinen Kinder erreicht, besonders auch für ihren sechs Wochen alten Neffen, dessen Mutter durch Aufregung und Hunger natürlich ihre Milch verloren hatte. Darum hatte sie viel von der Polizei auszustehen, denn sie war mit den Polizisten und einigen Schwerkranken im ersten Waggon. Dadurch konnte sie uns über manches informieren, was sie aus den Gesprächen der Polizei erlauscht hatte. Durch sie erfuhren wir, daß man uns nach Rügen bringen würde.

Bei einem längeren Stop in einem im US-Sektor gelegenen Vorort von Berlin flüchtete ein junges Ehepaar. Nun wurde es für uns erst recht schlimm. Die Wagen wurden kaum noch geöffnet, Essen und Wasser gab es nicht mehr und wir wurden mehr denn je wie Verbrecher behandelt. Ein freundlicher Lokführer reichte uns einmal einen Kochtopf mit Kornkaffee durch die Luftklappe. Davon konnte Catharina mit Milchpulver ein Getränk für die kleine Huberta zurechtmachen. Das war jetzt ihre Rettung. Das arme Würmchen litt am meisten von uns allen, denn wir konnten sie ja nicht waschen, trotzdem war sie immer lieb.

Als wir aus Berlin heraus waren, ging die Fahrt schneller. In Pasewalk gelang es mir, eine Postkarte ungesehen auf das Nachbargleis zu werfen, wo viele Menschen standen. Sie ist tatsächlich angekommen. Jeden Abend wurde ausgeknobelt, wer liegen durfte oder die Nacht im Sitzen verbringen mußte, denn für 50 Personen mit Gepäck war nicht für alle Platz zum Liegen. Merkwürdiger- und gnädigerweise schlief man trotz Hunger, Durst, Sorge und unbequemer Lage fest ein. Morgens lag dann alles kreuz und quer durcheinander, man hatte den Schuh eines anderen vor der Nase und suchte seine Glieder wieder mühsam zusammen. Aber es gab nie Streit, jeder versuchte, aus unserer Lage das Beste zu machen. Viel trug der Humor der Bünau-Jungens dazu bei! Günther war sattelfest in "Wilhelm Busch" und fand zu jeder Situation das passende Zitat. Als sein Bruder in dem morgendlichen Wirrwarr die Hand seiner Kusine zu streicheln meinte, aber die Hand einer würdigen Dame erwischt hatte, sagte er: "Mickefett das gibt Malheur, denn die Tante liebt nicht mehr"!

Am 3. November hielt unser Zug und wir konnten das Meer und die Masten eines untergegangenen Schiffes sehen. Wir waren in Stralsund! Nach Stunden wurde der Waggon geöffnet, und wir hätten viel Zeit zum Umpacken gehabt, wenn wir gewußt hätten, daß wir nur so viel Gepäck mitnehmen dürften, wie wir in unserem erschöpften Zustand tragen konnten. Stattdessen warteten wir ahnungslos und ergingen uns in Vermutungen, was weiterhin mit uns geschehen würde. Wie sich herausstellte, war die Schienenseite des Rügendammes gesprengt, so daß man die Insel nur zu Fuß erreichen konnte. Am frühen Nachmittag erscholl der Ruf: "Alles mit Gepäck aussteigen." Wieder wurden wir, Familie für Familie, aufgerufen und mußten uns neben unser Gepäck aufstellen. Dann kam der Befehl: "Alles Gepäck, das Ihr sechs Kilometer weit tragen könnt, mitnehmen, alles andere bleibt stehen!" Das Gepäck, das wir nicht tragen konnten, mußte zusammengestellt werden. Die meisten Koffer mußten wir im Stich lassen. Es gelang mir noch, den aufgeschnallten Gehpelz von Richards Koffer herunterzureißen, wofür ich von Polizisten beschimpft wurde. Aber ich war froh, denn es ging ja auf den Winter zu. Einige Kranke wurden auf einem Tafelwagen nachgefahren, wobei man sie vorher anpöbelte, sie wären ja nur deshalb krank, weil sie nie gearbeitet hätten.

Nun ging dieser Elendsmarsch der 547 halbverhungerten und vor allem verdurstenden Menschen los. Über Trümmer und Bombenkrater keuchten wir mit schweren Taschen und Bettenbündeln. Christiane hatte auf der Brust ihren Ranzen und auf dem Rücken einen Rucksack sowie in jeder Hand eine schwere Tasche. Ab und zu knickte sie zusammen, straffte sich dann aber wieder auf und stolperte weiter. Sie war ja erst zehn Jahre alt. Am schwersten hatte es Tinchen (Catharina) mit dem vollbepackten Kinderwagen, dem ja ein Rad fehlte. Oben darauf saß die weinende Huberta, todmüde, wund und durstig. Ein ganz netter Polizist schraubte auch das andere Rad los, nun ging es etwas besser, aber Tinchen mußte den Wagen jetzt wie einen Schubkarren die ganze Zeit anheben und hatte auf dem Rücken auch noch einen schweren Rucksack. Größte Sorge hatte ich um meinen geliebten Mann. Er trug ein riesiges Deckenbündel, das ihn beim Gehen hinderte, dazu die seelische Belastung. Alle litten wir unter entsetzlichem Durst, seit Tagen hatten wir kein Wasser bekommen. Er wurde dadurch noch schlimmer, daß unter uns das Meer mit seinen riesigen Wassermengen lockte. Unser Weg führte über den sechs Kilometer langen Rügendamm, der am Anfang, in der Mitte und am Ende je von einem russischen Posten besetzt war. Einheimische, die von der Arbeit kamen, sahen mit Staunen und Schrecken unsere Karawane. Die Polizei ließ sie nicht zu nahe an uns herankommen, und als einer doch zu dicht herankam, rief ihm ein Polizist zu: "Hau ab, sonst gehst Du mit verschütt!", für uns sehr ermutigend, die wir nicht wußten, was man mit uns vorhatte. Ein herzkranker Herr, der das gewünschte Tempo nicht mithalten konnte, blieb etwas zurück. Wir hörten, wie unsere Bewacher zueinander sagten: "Schmeißt ihn doch ins Wasser, dann hält er uns nicht mehr auf." Er hatte es gehört und sagte: "Macht es nur, aber vor mit geht meine gesamte Familie!"

Als die Dunkelheit kam, hatten wir den Russenposten in Altefähr erreicht. Unsere Wachmannschaft meldete uns mit dem Ruf: "Alles Faschist, Kapitalist" und illustrierte dies mit Gewehrschüssen über unsere Köpfe hinweg. Wir erklommen den Bahndamm der Station Altefähr und hofften, nun endlich Wasser zu bekommen. Aber in der zunehmenden Dunkelheit hatten unsere Bewacher Angst, daß wir fliehen könnten. So mußten wir uns dicht gedrängt auf unser Gepäck setzen und auf ein ungewisses Schicksal warten. Es dauerte aber nicht lange, und wir wurden wieder in Waggons beordert, die noch kleiner waren, als die vorherigen. Wir standen dich gedrängt, auch Bünaus waren wieder bei uns. Einen Kübel gab es hier nicht. Schließlich schüttelte man sich so zurecht, daß man in qualvoller Enge irgendwie auf seinem Gepäck hockte. Neben mir Metzschs-Reichenbach, völlig zerzaust. Sie waren im Straßenanzug verhaftet worden, seine Frau hatte nur ein Handtäschchen mit, sie waren übel dran! Die ganze Nacht blieb der Transport in Altefähr stehen, geschlafen hat niemand. Gegen Morgen hörte man überall verzweifeltes Rufen und Klopfen aus den Wagen. Die Menschen waren vor Durst halb wahnsinnig, außerdem machte sich das Fehlen der Kübel schlimm bemerkbar. Als es gegen 8 Uhr hell wurde, öffneten sie endlich die Türen, alles stürzte heraus zu einem Wasserhahn - man wurde wieder Mensch! Nun warteten wir voller Spannung, was mit uns geschehen würde. Nach einigen Stunden wurden wir an den fahrplanmäßigen Zug nach Bergen angehängt. Die Türen waren so verriegelt, daß wir durch einen schmalen Spalt die Landschaft sehen konnten. Plötzlich bemerkte Richard, daß ein unbekannter Mann auf Gabriele und Helene einsprach. Da man nie wissen konnte, was ein Fremder aus uns heraushorchen wollte, stieg er über Sack und Pack zu den Dreien hin. Es stellte sich heraus, daß der junge Mann von den Engländern geschickt war, um festzustellen, was man mit uns vorhatte. Damals unterstanden die Russen ja noch dem Kontrollrat in Potsdam. Schon im Lager Radeberg hatte Graf Adam Schall, der päpstlicher Hofjunker war, uns zu verstehen gegeben, daß es ihm gelungen sei, eine Botschaft über unsere Verschleppung an Papst Pius XII. zu senden. Wir sollten nur ganz getrost sein. Tatsächlich ist diese Nachricht an den Kontrollrat gelangt, worauf die Russen ihre Absicht, uns nach Sibirien zu verschleppen, zurückgenommen haben. Der junge Mann befürchtete aber, daß man uns auf Rügen in ein Lager bringen würde, das in unmittelbarer Nähe einer kalmückischen Reiterbrigade läge, und dadurch Gefahr für unsere Frauen und Mädchen bestünde.

In Bergen wurden wir an einen anderen Zug angehängt, der uns nach Prora bei Binz in Leys großes "Kraft-durch-Freude-Projekt" bringen sollte. An einer Rampe mitten im Kiefernwald hielten wir, und es ertönte der Befehl: "Alles aussteigen!" Und dann, wir trauten unseren Augen nicht, verließ uns unsere Wachmannschaft im Trabe, um einen leeren Wagen am Ende des Zuges zu besteigen. Ungläubig sahen wir uns nach neuen Polizisten und Stacheldraht um, aber nichts dergleichen, wir waren frei! Aber gefangen auf der Insel! Unser Zug wurde von einem freundlichen Zivilisten geführt, und bald tauchte zwischen den Bäumen das aus festen Häusern hübsch gebaute Lager auf. Es wurde uns zum Aufenthalt übergeben. Bald merkten wir allerdings, daß Russen darin "gehaust" hatten. Aber was tat das, wir waren frei und konnten uns bewegen wie und wohin wir wollten. Es war dies fast wie ein Glücksgefühl, und so herrschte direkt ein fröhliches Treiben im Lager.

Bald kam ein Wagen mit Stroh, und die flinken Bünau-Jungens und unsere praktischen Mädchen eroberten so viel, daß wie unseren gedielten Raum mit einem Lager von 5 bis 10 cm ausstatten konnten. Richard ging erst einmal an den ca. 50 Meter entfernten Strand, um sich zu waschen. Für November war die Temperatur noch recht angenehm, und es war eine Wohltat, sich mit Seewasser und Sand wieder frisch zu machen. Im Keller fanden wir einen noch funktionierenden Wasserhahn mit Leitungswasser, der noch nicht demoliert war. Wir stellten fest, daß dies das Lager der Bauleitung für das KdF-Bad gewesen war. Nach beiden Seiten erhob sich am Strand in 100 Meter Abstand immer ein Hundertmeter-Hotel neben dem anderen. Das ging im Süden bis Binz und im Norden ebenso weit, ein ungeheures Projekt. Es war im Rohbau fast fertig, dicht dahinter verlief eine Autostraße, wir sind sie einmal bis Binz gegangen, wo wir in einem Café tatsächlich eine Tasse Muckefuck mit einem winzigen Keks bekamen, für uns ein Höhepunkt der Kultur!

Schon am ersten Tag kam der Bürgermeister von Prora, ein sehr wohlgesonnener SPD-Mann und lud uns alle ein, in die ca. einen Kilometer entfernte Kantine zu kommen, wo wir eine gute warme Suppe aus Kartoffeln und Rüben bekamen. Salz war natürlich nicht dran, denn das gab es auf der Insel mitten im salzigen Meer nicht. Aber wir waren glücklich und dankbar, nach zehn Tagen mal wieder ein warmes Essen zu bekommen. Wer kein Eßgeschirr mithatte, mußte seine Suppe aus Lampenkuppeln essen, die zu Tausenden im Keller gestapelt lagen.

In Prora kamen wir auch mit Lüttichaus zusammen, die mit Sohn Siegfried dort waren. Er hatte im Felde schwere Kinderlähmung bekommen und schleppte sich mühsam an Krücken. Als Brille hatte er eine sogenannte Gasmaskenbrille auf, ein an Bändern befestigtes Drahtgestell. Es war erschütternd, ihn so wiederzusehen. Wir hatten ihn zuletzt als strahlenden Siegfried auf Dorettchens Hochzeit gesehen.

Unsere Töchter und die Bünau-Jungens gingen in den angrenzenden Wald Pilze sammeln und fanden auf einem kleinen Acker sogar noch Kartoffeln. Auf einem mit Ziegelsteinen und einem Waschkesseldeckel gebauten Herd kochten wir uns ein Göttermahl. Sogar ein Dreipfundbrot pro Familie bekam man von dem netten Bürgermeister. Noch am gleichen Abend kam Richards Klassenkamerad Zumpe mit noch einem Herren, der nicht PG gewesen war. Es sollte ein kleiner Vorstand unseres Transportes gebildet werden, der gleich zum Bürgermeister kommen sollte, um zu besprechen, was nun weiter werden sollte.

Die Situation auf Rügen war schwierig. Der Landrat hatte unsere Polizisten sofort nach Dresden zurückgeschickt, von wo sie nach einer Woche mit einem neuen Transport wieder erschienen. Man war auf Rügen über unser Kommen gar nicht entzückt. Die Insel mit normalerweise 40.000 Einwohnern war durch Flüchtlinge aus Pommern sowie Ost- und Westpreußen auf 70.000 Menschen angewachsen. Die Russen hatten Vieh und Getreide abgefahren und ließen auch keine Fische auf die Insel. So lebte man dort nur von Kartoffeln und etwas Spätgemüse. Ganz selten gab es Brot. Der Bürgermeister von Prora wollte unseren Transport auf die ganze Insel verteilen. Um den Anschein zu erwecken, daß man uns zu einer "Existenzgrundlage" verhelfen wolle, war eine Verordnung herausgekommen, daß jede Familie drei Hektar Land von einem der enteigneten Rügenschen Güter und Domänen erhalten sollte. Wir erhielten eine Bescheinigung, daß wir seuchen- und ungezieferfrei seien und drei Hektar Land zu beanspruchen hätten. Darauf war auch der Ort vermerkt, an den wir uns zu begeben hätten. Unser Bürgermeister siedelte die größeren Familien, zu denen auch wir gehörten, auf der Südspitze der Insel an, um ihnen leichtere Fluchtmöglichkeiten zu verschaffen. Zunächst verbrachten wir aber noch 48 Stunden im Lager Prora. Inzwischen war der Postverkehr zwischen Ost und West wieder eröffnet worden. So nützten wir die Zeit, um mit meiner Mutter, die bei Ortenburgs am Main war, in Kontakt zu kommen und vor allem unsere älteste Tochter, die mit ihren zwei kleinen Kindern auf einem Bauernhof bei Neustadt/Aisch (Mittelfranken) lebte, von unserem Verbleib zu unterrichten. Einige der Briefe sind auch an ihr Ziel gelangt.

Das ehemalige elegante Binz sah trostlos aus. Überschwemmt von Flüchtlingen, gab es nichts zu kaufen. Die Kinder suchten und fanden viel Bernstein am Strand. Das riesige Hotelprojekt im Rohbau hatte etwas Gespenstisches, Untergang! Zerschlagener Turmbau zu Babel! Trotzdem hatten wir uns in den zwei Tagen Prora von den Schrecknissen und Strapazen der Reise etwas erholt, waren einigermaßen sauber und ausgeruht. Richard war mit einigen anderen Herren vom Landrat zum "Bezirkslandwirt" ernannt worden. Sie sollten der Landbevölkerung und den Flüchtlingen helfen, die Güter, deren Herren man ebenfalls verschleppt hatte, wieder ordnungsgemäß zu bewirtschaften. Richard war der Bezirk Gingst im Nordwesten der Insel zugeteilt worden. Am übernächsten Tag erhielten wir die Quartierzettel und bestiegen die für uns bereitgestellten Waggons. Die Reise ging jedoch zunächst nach Altefähr, denn vier Kilometer landeinwärts ziemlich bergan lag die Domäne Jarkvitz, wo wir Wohnsitz und Land bekommen sollten. Nach mühseligem Marsch mit Gepäck und Kinderwagen langten wir in der Abenddämmerung an. Dort empfing uns der Bürgermeister - zugleich Schullehrer, Herr Krüger -, und machte für uns und eine andere eingewiesene Familie Quartier im Gutshaus. Das war aber schon voll belegt durch ein russisches Kommando und zahlreiche Flüchtlingsfamilien. Räume und Mobiliar waren von diesen schon beschlagnahmt. Schließlich fand sich für uns sieben noch eine Dachstube mit angrenzendem schrägem Kämmerchen. Reichlich Stroh wurde gebracht, so daß wir uns ein ordentliches Lager bauen konnten. Am Abend kam Herr Krüger noch mal mit einem Eimer Kartoffelsuppe mit viel Petersilie, aber wie immer ohne Salz. Dankbar, satt und müde schliefen wir fest bis zum Hellwerden. Wir durften die große düstere Küche zusammen mit den anderen Flüchtlingen benützen. Dort wurde auch für die Russen von einer älteren Frau aus Pommern gekocht, die uns auch einmal ein paar Fleischbröckchen zusteckte. Sonst gab es für uns nichts außer reichlich Möhren, Kartoffeln und Kohlrüben. Gabriele hatte im Stall ein paar den Russen "gehörende" euterkranke, elende Kühe entdeckt, denen sie trotzdem täglich noch einen Liter Milch für unser Kleines abzapfen konnte. Neben der Küche war ein leerer Raum, in den schleppten wir zwei große Gartenbänke und einen alten Gartentisch und lebten nun dort.

Da wir als "Siedler" in Jarkvitz eingewiesen waren, mußten wir eine Kraft für die Feldarbeit stellen. Obgleich es schon Mitte November war, waren Kartoffeln und Gemüse noch längst nicht eingebracht, und auch das Getreide war durch dauernden Stromausfall noch nicht gedroschen. Gabriele ging mit aufs Feld und Richard fuhr schon am zweiten oder dritten Tag nach Bergen zum Landrat, um sich wegen seines Auftrages, Bezirkslandwirt in Gingst zu werden, zu erkundigen. Man konnte ihm zwar nicht viel sagen, gab ihm aber einen Ausweis, der es ihm gestattete, den Rügendamm zu passieren und nach Stralsund zu fahren. Nach einigen Tagen fuhren Richard und ich von Altefähr nach Samtens und marschierten von dort bei Sturm und Regen nach Gingst, einem trostlosen, kleinen Nest. Erst erholten wir uns etwas in einem ungeheizten Gasthof, wo wir zwar nichts zu essen bekamen, aber unsere mitgebrachten kalten Kartoffelkeulchen verzehren konnten. Dann besuchten wir den Bürgermeister, dem unser Kommen sehr ungelegen war. Er konnte Richard weder etwas über seine Tätigkeit sagen, noch wußte er Wohnmöglichkeiten für uns. Er schickte uns zu einem zwei Kilometer entfernten Gutshof, der schon voll belegt war. Inzwischen war es dunkel geworden, und wir mußten in Gingst übernachten. Der Bürgermeister wies uns ein schauriges Quartier bei einem Handwerksmeister an. Am nächsten Morgen gingen wir bei freundlichem Wetter die zwölf Kilometer nach Bergen, dort gab es auf dem Bahnhof eine ungesalzene Kohlrübensuppe und alles in dem überfüllten Wartesaal löffelte dieses scheußliche Zeug. Hunger tut eben weh. Dort trafen wir neben anderen Bekannten auch Karlo Fritsch und seinen Bruder aus Seerhausen. Sie sahen müde und verzweifelt aus. Karlos Frau war im Sommer von den Russen erschossen worden. Hier nun waren sie auf der Flucht in die Heimat. Dort starb der Seerhäuser wenige Tage später an Lungenentzündung, und am Tage seiner Beerdigung nahm sich Karlo das Leben. Nachdem Richard auf erneute Rückfragen beim Landrat nichts über seine Tätigkeit erfahren konnte, ging unser ganzes Sinnen und Trachten auf eine Flucht. Auch Bünaus, die auf einem Nachbargut bei uns einquartiert waren, machten Fluchtpläne. Aber das war ohne Passierschein und Lebensmittel nicht so einfach. Wir waren alle durch die einseitige und gehaltlose Ernährung sehr heruntergekommen, vor allem unsere kleine Huberta litt sehr. Wir hatten erfahren, in Bergen sei ein Arzt, Dr. Oloffs, der sehr freundlich zu den Flüchtlingen sei. So machten wir uns wieder auf den Weg nach Bergen, um Medikamente gegen den Durchfall und durch Dr. Oloffs eine Einweisung in ein Krankenhaus auf dem Festland zu erhalten. Er stand aber wegen seiner anständigen Gesinnung schon unter Beobachtung durch Russen und Kommunisten und konnte im Moment nichts für uns tun. Später hat er dann doch Catharina eine Einweisung für sie und Huberta in die Greifswalder Frauenklinik gegeben. Dadurch erhielt sie drei Wochen später einen Passierschein. Bünaus hatten in Lauterbach eine Fischerfamilie namens Ratfan ausfindig gemacht, die angeblich Flüchtlinge ohne Passierschein aufs Festland brächte. Also machten Richard und ich uns auf den Weg über Putbus nach Lauterbach und fanden auch ein 40jähriges Fräulein Ratfan, die dort mit ihrem Großvater lebte und deren Bruder der besagte Fischer war. Er war aber auf See. Fräulein Ratfan war bei Richards Studienfreund Platen in Putbus Haushälterin gewesen und nahm uns sehr freundlich auf. Als ihr Bruder zwei Tage später zurückgekommen war, hatte sich die Situation völlig verändert. Ratfans hatten inzwischen erfahren, daß solche Fluchthilfen sie ins Zuchthaus bringen konnten und komplimentierten uns so schnell als möglich raus. So versuchten wir nun bei der Kommandantur in Bergen Passierscheine zu erlangen. Für Richard als "Bezirkslandwirt" war das kein Problem. So ging er allein mit einem schweren Handwagen, dem einzigen, den er auftreiben konnte, die zehn Kilometer hin und zurück zur Polizei nach Stralsund, um den Rest unseres bei der Ankunft zurückgelassenen Gepäcks zu holen. Völlig erschöpft kam er am Abend mit drei unserer Koffer wieder an, und die ganze Anstrengung war zudem umsonst gewesen, denn der Inhalt bestand nur aus wertlosem Zeug, während unsere Sachen geplündert waren. Wenigstens hatte er sich eine derbe Arbeitshose besorgen können, die ihm noch lange Jahre gute Dienste geleistet hat. Als erste sollten unsere Töchter Gabriele und Helene die Flucht versuchen. Richard hatte einen Fischer ausgekundschaftet, der sie für 50,- Mark pro Person mitnehmen wollte. Ein erster Versuch schlug fehl, aber dann hat er die Mädels unter Netzen versteckt, bis die Gefahr einer Russenkontrolle vorbei war, und sie kamen glücklich nach Stralsund. Nun wurde es auch höchste Zeit für unsere Flucht. Das letzte Vieh war weggeholt worden, so daß wir keine Milch mehr für Huberta hatten und Richard wurde auf die Kommandantur bestellt, weil die Russen herausbekommen hatten, daß er adelig und Offizier gewesen war. Einen Kutscher des Gutes Jarkvitz hatten wir bestochen, daß er Christiane und Huberta nebst Kinderwagen und Gepäck frühmorgens mit nach Altefähr nahm, und dort hatte Richard eine nette Fahrkartenverkäuferin kennengelernt, die uns durchgehende Fahrkarten nach Dresden verschaffte. So machten wir uns im Morgengrauen des 25. November 1945 auf den Weg nach Dresden. Kaum waren wir am ersten Posten glücklich vorbei, fing es an zu schneien und ein eisiger Wind fuhr über den Rügensund. Gott führte uns auch weiter gnädig auf dieser gefahrvollen Reise. Das nächste Hindernis, der zweite Russenposten, war nicht besetzt, und der dritte Posten, auf der Festlandsseite, war gerade mit einer anderen Familie beschäftigt und winkte uns ab, als Richard und Catharina mit ihren Passierscheinen wedelten. Der lange Fußmarsch zum Stralsunder Bahnhof wurde auch geschafft, und wir hatten das unglaubliche Glück, daß gerade ein Zug nach Berlin in die Halle einfuhr. Wir erklommen ein Abteil für Reisende mit Traglasten und atmeten erleichtert auf, als sich der Zug ohne Polizeikontrolle in Bewegung setzte. Es war so gegen 3 Uhr und das Abteil wurde voller und voller, weil der Zug an jeder kleinen Station hielt.

Endlich, gegen halb 12 Uhr hatten wir den Stettiner Bahnhof in Berlin erreicht. Es hatte geschneit und auf dem Fußboden der dachlosen Halle hatte sich eine braune Schlammbrühe gebildet. Wegen der "Sperrstunde" mußten wir die Nacht mit vielen Flüchtlingen, aber auch allerlei Gesindel verbringen. Erst wollten wir unsere Bündel und Rucksäcke nicht auf die schmutzige Erde stellen, aber dann waren wir so müde, daß uns alles gleichgültig war. Wir setzten uns auf unser Gepäck und dösten dem Morgen entgegen. Da wir mit dem Kinderwagen in keine Straßenbahn hineingekommen wären, ging Richard mit Catharina und der Kleinen um 5 Uhr zum Anhalter Bahnhof. Christel und ich sollten mit dem restlichen Gepäck per Straßenbahn folgen. Fast zwei Stunden haben wir naß und durchfroren auf die erste Bahn gewartet und zogen uns mit unserem vielen Gepäck den Zorn der zur Arbeit fahrenden Leute zu. Aber wir wollten so schnell als möglich zum Anhalter Bahnhof kommen, wo angeblich morgens ein Zug nach Dresden fahren sollte. Vor dem Bahnhof stand ein riesiger US-Soldat, der niemanden ohne Reisegenehmigung durchlassen sollte. Wir schoben ihn beiseite und er ließ es geschehen. Das gleiche wiederholte sich an der Sperre. Als ich sagte: "Mein Mann ist da vorn mit den Papieren", ließ uns auch dieser Soldat durch. Wirklich saßen die drei schon in dem

Zug, der gen Süden fahren sollte. Er hatte zwar keine Fensterscheiben, aber noch etwas Platz für uns, und wir hängten eine Decke vor das Fenster. Der Zug brachte uns bis Jüterbog, wo wir gegen 15 Uhr ankamen. Dort war ein ordentlicher Wartesaal, wo Huberta etwas herumlaufen konnte, und wir stärkten uns von unserem Reiseproviant. Abends kamen wir dann noch mit einem anderen Zug bis Falkenberg (Mark). In einem Gasthof in Bahnhofsnähe übernachteten wir im Tanzsaal, schliefen vor Erschöpfung auf der blanken Erde und ließen die Mäuse über uns hinwegkrabbeln. Am nächsten Morgen sollte ein Zug nach Riesa gehen. Dort gab es noch einmal einen gefährlichen Moment, als der Zug nach Dresden mit Trauben von Menschen behangen einlief. Wir mußten ja aus Riesa verschwinden, wo wir ausgewiesen waren. Wenn uns jemand dort erwischt hätte, wären wir nach Rügen zurückgeschickt worden, wie es Bünaus ergangen ist. Unser Schutzengel war wieder bei uns. Es gelang uns, Christinchen als Catharinas ältere Tochter auszugeben, und die drei samt Kinderwagen im Packwagen unterzubringen, Richard und ich schwangen uns auf den anfahrenden Zug. Der Zug hielt oft, auch auf freier Strecke, wir machten uns so gut es ging unsichtbar, immer in der Angst, daß die Russen uns raussetzen würden, was ja oft geschah. Wir waren wie erlöst, als wir in Coswig hielten und wir wieder mit den Dreien aus dem Packwagen zusammen waren. Bis zur Straßenbahnlinie Nr. 15 war es nur noch ein kurzes Stück. Dankbar und erleichtert stiegen wir alle ein.

Am Postplatz trennten sich unsere Wege, denn wir mußten uns ja möglichst unsichtbar machen und deshalb verteilen. Catharina ging mit Huberta und Christel zu Bekannten nach Lockwitz, Richard zu Elisabeth Wittern und ich zu Dorothee Maltzan. Überall wurden wir herzlich aufgenommen. Dorothee erzählte mir, daß Gabriele und Helene bei Else Saldern in Pillnitz ebenfalls gut angekommen seien. Da fiel mir ein Stein vom Herzen! Am nächsten Morgen, dem 29. November 1945, fand ich meinen armen Mann mit schwerem Herz- und Kreislaufkollaps bei Elisabeth Wittern vor. Beim Nachlassen der Anspannung war er zusammengebrochen. Gottlob war eine Ärztin im Haus, die ihm wieder aufhalf. Mehrere Rügenflüchtlinge waren in Sachsen wieder aufgetaucht. Sie wurden nach Rügen zurückbefördert, wer sich ihrer angenommen hatte, kam ins Zuchthaus. Allen, die wegen uns soviel riskiert hatten, sei nochmals ganz herzlich gedankt. Wir mußten Dresden also so schnell als möglich verlassen.

Gabriele und Helene flüchteten zu unserer ältesten Tochter Dorothea nach Franken, die vergeblich auf die Rückkehr ihres Mannes aus Rußland hoffte. Unsere gute Gölling, die ja in Lockwitz geblieben war und viele unserer Sachen nachts zu Freunden gebracht hatte, nahm unsere Christel zu sich und versteckte sie, bis sich Anfang März 1946 eine Gelegenheit fand, sie in den Westen zu bringen. Sie versorgte uns auch mit Geld und Kleidung, die sie für uns gerettet hatte und teils unter Lebensgefahr mit Nachschlüsseln aus unserer Wohnung geholt hatte. Nach 14 Tagen gelang es mir, für Richard und mich einen Lastwagen ausfindig zu machen, der bis Halle fuhr, Eisenbahnfahrkarten waren ja nur gegen polizeilichen Ausweis zu erhalten.

Am 12. Dezember 1945 verließen wir beide die Heimat für immer. Nach schwieriger Flucht über Halle, Leinefelde, Heiligenstadt und Lager Friedland kamen wir am 15. Dezember in Hannover an. Nach einer Nacht in der offenen Bahnhofshalle wurden wir früh um halb sechs Uhr von Göslings wie lang ersehnte Gäste liebevoll aufgenommen und in ihre eigenen Betten gesteckt. Am 18. Dezember gings dann nach Wennigsen zur Familie Pastor Danckwerts, die ein Zimmer für uns freigehalten hatten. Am nächsten Tag bekamen wir eine Zuzugsgenehmigung und konnten bleiben.

Catharina war mit Huberta bei der Familie eines Staatsanwaltes in Dresden untergetaucht. Im Februar 1946 kamen sie nach Wuppertal, wo Catharina als Haustochter Arbeit fand und die Kleine bei sich behalten konnte. Von Gabriele und Helene erhielten wir am Heiligen Abend 1945 die Nachricht, daß sie gut an ihrem Reiseziel angekommen waren - unser schönstes Weihnachtsgeschenk! Im Januar kamen sie dann nach Wenningsen, und Christel wurde uns am 9. März 1946 von Frau Wichmann gebracht. Am gleichen Tage besuchte uns unsere älteste Tochter Dorothea, die wir seit einem Jahr nicht mehr gesehen hatten. Als sie dann im Jahre 1949 die Nachricht vom Soldatentod ihres Mannes erhalten hatte, kam sie mit ihren Kindern Eva und Peter ebenfalls zu uns nach Wenningsen. Mein Mann fand Arbeit als Waldarbeiter im Deister.

"In wieviel Not hat nicht der gnädige Gott über uns Flügel gebreitet."

212

Familie der Herren v. Kospoth auf Leubnitz

Das Rittergut Leubnitz liegt in der Amtshauptmannschaft Plauen im Vogtland. Ehemals Bodenhausenscher Besitz, gelangte es im Jahre 1764 durch die Vermählung von Karl Erdmann v. Kospoth mit Ottonie Eleonore Freiin v. Bodenhausen in den Besitz der Kospoths und blieb dort in direkter Folge bis zur Enteignung 1945. Das ursprünglich 440 ha große Gut wurde in den 30er Jahren zwischen den beiden Weltkriegen durch Umschuldung auf etwas über 300 ha (halb Landwirtschaft mit Fischteichen, halb Wald) verkleinert und dabei in einen Erbhof umgewandelt. Das alte Herrenhaus war durch einen Brand im Jahre 1762 verwüstet und damals nur notdürftig wiederhergestellt worden. Durch Heinrich Wilhelm v. Kospoth wurde 1794 das heutige Schloß erbaut. Es gehört zu den eindrucksvollsten klassizistischen Bauwerken des Vogtlandes und ist bis auf die 1945 z. T. geplünderte Inneneinrichtung noch weitgehend erhalten.

Der letzte Eigentümer war Eberhard v. Kospoth, der als Oberstleutnant und Regimentskommandeur am 24. Januar 1945 bei Malapane in Oberschlesien gefallen war. Er hatte, da er selbst unverheiratet war, testamentarisch seinen damals noch fünfjährigen Neffen Sylvio v. Kospoth, Sohn seines jüngeren Bruders Christoph, als Erben eingesetzt. An seiner Stelle stand damals noch seine 73jährige Mutter, Angela v. Kospoth, geb. v. Schönberg, dem Besitze vor. Sie hatte auch das lebenslange Wohnrecht in Leubnitz. Dort befand sich außerdem noch die sogenannte Villa Elsenlinde, die testamentarisch den unverheirateten drei Töchtern vermacht war. Damals lebte dort Eberhards jüngere Schwester Angela v. Kospoth, die bemerkenswerterweise mit kurzer Unterbrechung auch nach der Bodenreform bis zu ihrem Tode 1971 dort bleiben durfte.

Zur Familie des letzten Eigentümers gehören:

S y l v i o Heinrich Horst v. K o s p o t h , * Rodau 19. 3. 1852, † Leubnitz 23. 3. 1939, auf Leubnitz, Vogtld, Kgl. sächs. GenLt a. D.; ✕ Dresden 28. 4. 1891 Angela v. S c h ö n b e r g , * Thammenhain 18. 10. 1871, † Ahlen, Westf., 7. 4. 1959, T. d. Ferdinand v. Sch. auf Gelenau Nied. Zwönitz, Thammenhain u. Zwochau u. d. Julia v. Stralendorff.

Kinder:

1. E b e r h a r d Heinrich Hermann, * Gropzschepa 6. 7. 1892, ✕ bei Malapane, Schles., 24. 1. 1945, auf Leubnitz, Oberstlt.

2. C h r i s t o p h Heinrich Luthold, * Thammenhain 16. 5. 1895, † Schleching 8. 3. 1973, Oberst a. D.;
✕ I. Dresden 9. 7. 1929 Eva - K a t h l e e n A s h t o n H a m e r , Rt. Hon., * Quetta, Indien, 2. 10. 1912 (gesch. ...; ✕ II. Berlin 28. 12. 1937 Karl Alfred v. Meysenburg, Assessor);
✕ II. Berlin 10. 9. 1938 Maria Anna Freiin S p i e s v. B ü l l e s h e i m , * Köln 5. 7. 1912, † Schleching 28. 11. 1990, T. d. Oberstlt a. D. Ludwig Wilhelm Frhr v. Sp. v. B. u. d. Amélie v. Kalckstein.

Kinder: a) erster Ehe:

1) S y l v i a - M o n i k a Windemuth Gertrud Christa Isabel, * Leubnitz 24. 7. 1930, Hotelbesitzerin.

2) Carl E d u a r d Heinrich Erdmann, * Breslau 20. 10. 1934.

b) zweiter Ehe:
3) S y l v i o Heinrich Horst, * Berlin 23. 5. 1939, Erbe von Leubnitz.
4) Sigrun, * Oppeln 7. 8. 1941.
3. G e r h a r d Heinrich Erdmann, * Leipzig 22. 2. 1897, † Bremerhaven 23. 11. 1961, Hptm. a. D.;
× I. Unwürde, Schlesien, 22. 2. 1922 Ernestine G i l i s s e n, * Baarn, Niederlde, 29. 6. 1897, † Hilversum 6. 8. 1986; gesch. ...;
× II. Breslau 23. 6. 1943 Annelies S e i d e l, * Breslau 17. 10. 1919.
Kinder: a) erster Ehe:
1) C h r i s t o p h Heinrich August Maria, * Nd.-Neuendorf, Schles., 6. 1. 1923, ⚔ bei Kaic, Kroatien, 3. 4. 1944, Gebirgsjäger.
2) L u t h o l d Heinrich Sylvio Emilius, * Nd.-Neuendorf, Schles., 6. 1. 1923 (Zwillingsbruder d. Vorigen).
b) zweiter Ehe:
3) Eberhard Heinrich Erdmann, * Berneck 4. 3. 1945, † Eltville 31. 7. 1945.
4. A n g e l a Elisabeth Helene Klara, * Freiberg 6. 2. 1898, † Plauen 28. 4. 1971.
5. W e r n e r Heinrich Kurt, * Thammenhain 18. 8. 1899, † Prien 13. 5. 1969;
× Leipzig 8. 11. 1937 Annemarie T h i e m e, * Leipzig 30. 8. 1903, † Prien 16. 4. 1980.
Sohn:
Stephan, * Weizenroda 7. 5. 1942, KorvKpt. im Sanitätsdienst.
6. J o s e p h a Syivia Elisabeth, * Freiberg 6. 12. 1900;
× Riga 18. 3. 1943 Wolfgang H a r l a n, * ..., † Frankfurt am Main 15. 12. 1951, GenVertreter der Opelwerke in Ostpreußen.
7. C h r i s t i n a Hedwig Margarete, * Leubnitz 10. 1. 1908, † Eschwege 14. 10. 1986;
× Leubnitz 19. 10. 1941 Günther W o h l l e b e n, * Köln 23. 2. 1915, DiplChemiker.
(Deren Tochter:
E l i s a b e t h Julia, * Leubnitz 3. 9. 1943, DiplBibliothekarin.)

Dankenswerterweise hat im März 1992 Graf Carl-Christian v. Kospoth von der schlesisch-gräflichen Linie das Material für den nachfolgenden Schicksalsbericht für die Leubnitzer Verwandten zusammengestellt. Er konnte sich dabei stützen auf erhaltengebliebene Aufzeichnungen von Günther Wohlleben, dem einzigen Zeugen, der heute noch lebt. Außerdem wurden Informationen von Stephan v. Kospoth, dem Sohn von Werner v. Kospoth, herangezogen, die sich auf Aufzeichnungen seiner Mutter Annemarie und auf eigene Kindheitserinnerungen stützen. Die Wirtschaftsdaten trug Sylvio v. Kospoth, der Erbe von Leubnitz, bei.

Wie schon erwähnt, stand Leubnitz 1945 die schon 73jährige Witwe des 1939 verstorbenen Generalleutnants Sylvio v. Kospoth, Angela, geb. v. Schönberg, vor. Außerdem hatten sich während des Krieges und der darauffolgenden Zeit folgende Familienangehörigen in Leubnitz befunden:
Die jüngste Tochter, Christina Wohlleben, die schon vor der Geburt ihrer Tochter Elisabeth aus dem bombengefährdeten Kassel im Jahre 1943 nach Leubnitz gegan-

gen war (sie führte dort den Haushalt) und ihr Mann, Günther Wohlleben (bis Ende Juli 1943 im Wehrkreissanitätslaboratorium Kassel und ab dem 2. August 1943 bei der Akkumulatorenfabrik AG in Hagen tätig). Er konnte am 3. April 1945 von einer Dienstreise nicht nach Hagen zurückkehren, weil dieses inzwischen von den Amerikanern besetzt war. Er blieb ebenfalls in Leubnitz.

Werner v. Kospoth, der vierte Sohn von Sylvio und Angela, hatte in Jugoslawien einen Gartenbaubetrieb geleitet und mußte im Januar 1945 nach einem Zwischenaufenthalt in Schlesien vor den heranrückenden Russen fliehen und kam mit seiner Frau Annemarie und seinem zweijährigen Sohn Stephan ebenfalls nach Leubnitz. Er bewirtschaftete dort die Gutsgärtnerei.

Nach dem Fliegerangriff auf Dresden hielt sich Ernestine v. Kospoth, geb. Gilissen, die geschiedene Frau des dritten Sohnes, Gerhard, vorübergehend in Leubnitz auf.

Ebenfalls vorübergehend war Gerhards zweite Frau, Annelies v. Kospoth, geb. Seidel, mit ihrem am 4. März 1945 in Berneck geborenen Sohn Eberhard in Leubnitz. Sie blieb von Ende März bis 10. April 1945 und reiste dann weiter nach Wiesbaden. Dort ist der kleine Eberhard am 31. Juli 1945 an Brechdurchfall gestorben.

Am 22./23. April 1945 hielt sich der schlesische Vetter, Oberstleutnant Friedrich-August Graf v. Kospoth, als Versprengter in Leubnitz auf. Zwei Tage später gelang es ihm, durch die amerikanischen Linien hindurch seine noch kämpfende Einheit, die 143. I.D., zu erreichen.

Gerhard selbst, Kriegsversehrter des Ersten Weltkrieges, geriet als Hauptmann in russische Kriegsgefangenschaft. Nach seiner Entlassung kam er am 6. September 1945 zum Skelett abgemagert in Leubnitz an. Kaum etwas zu Kräften gekommen, wurde er zusammen mit der übrigen Familie verhaftet und nach Coswig gebracht. Unmittelbar nach seiner Entlassung von dort zog er zu seiner Frau nach Wiesbaden.

Gerhards Sohn Christoph aus erster Ehe war am 3. April 1944 als Gebirgsjäger bei Kaic in Kroatien gefallen. Sein Zwillingsbruder Luthold geriet 1945 - zweimal verwundet - in Italien zuerst in die Hände von Partisanen und dann in amerikanische Gefangenschaft.

Auf dem Weg nach Rüsselsheim kamen im Frühsommer 1945 Josepha Harlan mit ihrem Mann Wolfgang Harlan aus Königsberg mit einem Pferdewagen durch Leubnitz. Wolfgang Harlan hatte die Generalvertretung von Opel für Ostpreußen gehabt.

Bei einem Bombenangriff im März 1945 war das Krankenhaus in Plauen schwer getroffen worden. Daraufhin ist die Chirurgie nach Schloß Leubnitz verlegt worden. Christa Wohlleben hatte hierfür alle Gesellschaftsräume und viele Zimmer räumen lassen. Auch die große Gewölbeküche wurde vom Krankenhaus übernommen, so daß sich die übrigen Hausbewohner mit Behelfskochstellen begnügen mußten. Auf dem Dachboden war das Mobiliar der geräumten Räume untergestellt. In dem zum Schloß gehörenden Pferdestall waren wertvolle Bestände des Stadtarchivs Leipzig ausgelagert worden und haben das Kriegsende unbeschadet überstanden.

Am 16. April 1945 um 13.40 Uhr besetzten amerikanische Truppen Leubnitz. Sie ließen die Bevölkerung unbehelligt. Sie rückten Ende Juni 1945 wieder ab, und am 2. Juli 1945 besetzten die Russen Dorf und Rittergut. Sie verhafteten sofort den Pächter, Herrn Wilhelm Schmidt, und verschleppten ihn ohne Verfahren in den nördlichen Ural. Von dort kehrte er erst 1948 zurück. Seine Familie mußte ihre Wohnung im Schloß räumen und kam in der Forstmühle unter.

Ansonsten verhielten sich die Russen vergleichsweise diszipliniert, und der befehlende Offizier duldete keine Plünderungen. Als ihm einmal von einem Familienmitglied der Diebstahl einer Uhr gemeldet wurde, ließ er seine Leute antreten und der Missetäter mußte seine Beute wieder zurückgeben. Etwa zur gleichen Zeit ging die Chirurgie wieder nach Plauen zurück. Um das Schloß auch weiterhin vor einer Beschlagnahme zu beschützen, wurden drei katholische Ordensschwestern, die auf der Flucht aus dem Osten an der bayerischen Grenze aufgehalten worden waren, nach Leubnitz geholt und mit deren Hilfe ein Behelfskrankenhaus etabliert.

Ein besonderes Problem waren die Jagdwaffen. Zwar waren die Gewehre längst abgegeben, aber es fanden sich immer wieder ältere Waffen und Patronen. Sie mußten dann unter größten Schwierigkeiten an den Russen vorbei aus dem Haus geschmuggelt und in einem Teich versenkt werden.

Die Russen holten sich aus den Fischteichen Karpfen und Schleien, vermochten aber die Ablaßvorrichtung nicht richtig zu bedienen und zerstörten die Stauvorrichtung. Dadurch gerieten viele Fische in den Ablauf zum bereits abgefischten Parkteich und waren eine willkommene Bereicherung der knappen Lebensmittel für die Bewohner des Schlosses. Günther Wohlleben erinnert sich, nie in seinem Leben sonst so viel Fisch gegessen zu haben.

Das Leben begann sich zu normalisieren. Der Nachlaßpfleger Dr. Müller aus Plauen schloß mit den verschiedenen Familien Mietverträge ab, um Angela, die den Nießbrauch des Schlosses hatte, finanziell abzusichern. Ebenso stand ihr auch das Nutzungsrecht der von Werner bewirtschafteten Gärtnerei zu. Günther Wohlleben bemühte sich, ein Laboratorium zur Untersuchung von Bodenproben aufzubauen. Ein Herr Schmidt wurde Bürgermeister von Leubnitz und erhielt zwei Wohnräume im oberen Flur des Schlosses.

Am 24. September 1945 fand im Dorf eine Bauernversammlung statt, bei der die "Bodenreform" erörtert wurde. Günther Wohlleben hatte zuvor einen Antrag auf Zuteilung von fünf Hektar Ackerland gestellt, um dort eine landwirtschaftliche Versuchsstation einzurichten. Tatsächlich erhielt er am 20. November 1945 bei einer Versammlung im Dorfgasthaus eine Urkunde, wonach dem "Bauern Günther Wohlleben" Grund und Boden zugeteilt wurde, allerdings ohne Flächenangabe.

Im November erhielt Angela eine Postkarte von ihrer Schwägerin, Josepha v. Schönberg, mit der Mitteilung, daß sie sich mit Kindern und Enkeln in Colditz bei Grimma befände. Zunächst war großes Rätselraten, erst später wurde offenbar, daß es sich um die Verschleppung der Familie von ihrem Besitz Thammenhain handelte. Josepha v. Schönberg ist dann kurz darauf am 9. Dezember 1945 auf Rügen gestorben (s. auch dort).

Als Günther Wohlleben am 22. November 1945 von einer Behörden- und Beschaffungsfahrt nach Leubnitz zurückkam, fand er das Schloß leer. Alle dort versammelten Familienmitglieder einschließlich der Kinder, also: Angela sen., Marianne mit

Sylvio und Sigrun, Gerhard, Angela jun., Werner und Annemarie mit Stephan und Christa Wohlleben mit Elisabeth, waren verhaftet und zusammen mit zwei anderen Grundbesitzerfamilien auf einem offenen Lastwagen nach Coswig bei Dresden gebracht worden. Der Bürgermeister erklärte Günther Wohlleben, daß er sich ebenfalls als verhaftet zu betrachten und in Coswig zu melden habe. Er folgte diesem Befehl aber nicht, sondern versuchte über verschiedene Kontakte, etwas für die Befreiung der Familie zu tun. Durch einen Mittelsmann erhielt er einige Adressen in Dresden und kam dort nach einer sehr umständlichen Fahrt über einen Herren vom SPD-Landesvorstand (1950 als stellvertretender Ministerpräsident aus der SED ausgeschlossen) zu einem Ministerialrat Hoch von der sächsischen Landesverwaltung (später von den Russen verhaftet), bei dem sich eine Gestapo-Akte befand, nach der die politische Beurteilung der Familie v. Kospoth in Leubnitz mit dem Prädikat "oberfaul" versehen war.

Am selben Tag, 24. November 1945, ging Günther Wohlleben in der Verkleidung eines katholischen Pfarrers zum rückwärtigen Lagerzaun in Coswig, wo er mit Gerhard v. Kospoth Kontakt aufnehmen konnte. Dann fuhr er nach Plauen zurück und verhandelte dort mit den Behörden. Er konnte nachweisen, daß er und Christa nicht Besitzer von Leubnitz seien und bekam ein Schreiben der Kreispolizeileitung an den Chef der sächsischen Polizei, worin gebeten wurde, seine Frau Christa Wohlleben und seine Tochter Elisabeth aus der Haft zu entlassen.

Mit diesem Papier fuhr er wieder nach Dresden und erhielt für sich selbst sowie Frau und Tochter einen Entlassungsschein. Da aber Christa nicht ohne ihre Mutter abreisen wollte, brachte er sie und Elisabeth bis zur weiteren Klärung bei der Caritas in Dresden unter. Tatsächlich erreichte er es dann durch weitere Verhandlungen am 29. November 1945, daß alle Kospoths am 30. November 1945 entlassen wurden. In der Nacht zum 1. Dezember 1945 konnte er sie in verschiedenen ungeheizten Zügen nach Leubnitz zurückbringen. Der Bürgermeister war höchst verblüfft und versicherte, er habe alles unangetastet gelassen. Dabei stand schon ein Kerzenhalter aus dem Schloß auf seinem Tisch.

Am 4. Dezember 1945 erschien der Bürgermeister mit einigen Russen im Zimmer von Wohllebens und wies Günther, Christa und Elisabeth aus dem Schloß, die übrigen Kospoths konnten zunächst noch bleiben. Sie packten in Windeseile und brachten alles in die Villa zu Christas Schwester Angela. Am selben Abend fuhr Günther zum katholischen Pfarramt in Plauen, wo Graf Schall-Riaucour als Kaplan wirkte. Dessen Vater mit Familie war in Gaußig ebenfalls verhaftet worden (s. auch dort). Der Bautzener Landrat hatte an Graf Schall geschrieben, daß "die Trennung der Gerechten von den Ungerechten nicht möglich sei", weil "die Besatzungsmacht Richter sei".

Früh am 6. Dezember war Günther wieder in Leubnitz, um den Abtransport seines noch nicht beschlagnahmten Hausrats in einen Gemeinderaum des Plauener Pfarramtes zu organisieren. Gegen 85 RM fuhr der Forstmüller mit ihm alles bei 18 Grad Kälte auf einem offenen LKW nach Plauen. Dort traf Günther Ulla Freifrau v. Schönberg (Frau von Nicol), die auf dem Fluchtweg nach Haiming bei Burghausen war. Zurück in Leubnitz, verkaufte Günther noch seine angeschafften Laborgeräte, und am 10. Dezember fuhr er zu seinen Eltern nach Mosigkau bei Dessau, um dort die Möglichkeit einer Bleibe zu erkunden. Da sich das als unmöglich erwies, wurde nach seiner Rückkehr nach Leubnitz der Entschluß gefaßt, zu den Kusinen Blücher in Schönau am Königssee zu gehen.

Am 19. Dezember ging dann mit Koffern die Reise los, zunächst nach Oelsnitz in das Ausreiselager Schloß Voigtberg. Da Günther eine Militärentlassung in die US-Zone hatte, machte die Einreise dorthin keine Schwierigkeiten. Da das Lager völlig überfüllt war, mußte die Familie auf einer Strohschütte in der eiskalten Kapelle übernachten. In leeren Güterzügen mit kleinen Kohleöfen erreichten sie am 23. Dezember um 18 Uhr das Lager Hof-Moschendorf. Der Heilige Abend wurde im Bahnsteigwartehäuschen verbracht. Günther wurde am nächsten Tag krank und zog mit der kleinen Elisabeth zu Pfarrer Nusch in das evangelische Pfarrhaus. Christa mußte derweil das Gepäck bewachen. Am 28. Dezember wurde die Familie dann bei der Familie v. Feilitzsch in Trogen aufgenommen, alten Freunden und Nachbarn der Leubnitzer. Dort brach bei Günther Wohlleben eine Gelbsucht aus. Er mußte nach Hof ins Krankenhaus, so daß die Familie erst am 6./7. Februar 1946 zu Elisabeth und Maria v. Blücher weiterreisen konnte.

Die betagte Angela v. Kospoth sowie ihre Schwiegertochter Marianne mit ihren Kindern Sylvio und Sigrun wurden kurz vor Weihnachten 1945 ebenfalls aus dem Schloß gewiesen. Sie zogen zunächst zu Angela jr. in die Villa Elsenlinde.

Ende Februar/Anfang März wurde Christoph v. Kospoth aus englischer Kriegsgefangenschaft entlassen und erschien ebenfalls bei Blüchers in Schönau. Ihm folgten wenig später am 13. April 1946 seine Frau mit den Kindern aus Leubnitz kommend. Sie zogen zunächst in die Nähe von Köln und wurden später in Schleching, Oberbayern, seßhaft.

Mutter Angela v. Kospoth verließ Leubnitz im Oktober 1946 und wurde von Wohllebens aufgenommen. An ihrem 75. Geburtstag, dem 18. Oktober 1946, kam sie in Schönau an, ging dann mit Wohllebens nach Freiburg i. Br., wo Günther sein Studium beendete, und dann nach Eschwege, wo er eine gute Position in der Chemischen Industrie fand. Dort hat Angela dann bis zu ihrem Tode gelebt.

Im Zuge der Bodenreform hatte Werner zunächst die Gutsgärtnerei als Eigentum erhalten und blieb mit seiner Familie in Leubnitz. Im Laufe des Jahres 1947 wurde er auf Grund der Vorschriften, wonach Angehörige der früheren Eigentümer sich nur in einer Entfernung von mindestens 30 Kilometer aufhalten durften, ausgewiesen. Dank seiner Beliebtheit konnte er sich aber im Nachbarort Fasendorf auf gepachtetem Grund und Boden einen Gartenbaubetrieb aufbauen. Mangels notwendiger Investitionsmöglichkeiten trug er sich aber nicht. Deshalb gründete er 1950 einen Betrieb zur Ausschmückung von Modelleisenbahnanlagen, der schließlich 20 Mitarbeiter in Heimarbeit beschäftigte. Dann begann man Werner zu beschatten und ihm das Wirtschaften durch alle möglichen Schikanen unmöglich zu machen. 1955 ging er in den Westen und lebte zuletzt in Prien am Chiemsee.

Gerhard v. Kospoth war sofort nach seiner Entlassung aus Coswig in den Westen gereist und fand eine Tätigkeit bei der Gothaer Versicherung in Bremerhaven, wo er mit seiner Frau lebte. Angela blieb bis zu ihrem Tode in Leubnitz in der Villa Elsenlinde. Sie hatte das Haus an den Kreis verkauft, behielt aber das lebenslange Wohnrecht. Als das Schloß abgerissen werden sollte, gelang es ihr, die Denkmalschutzbehörden zu alarmieren, um diesen barbarischen Akt zu verhindern. Aber die für das Gesamtbild des Schlosses unentbehrlichen, auch unter Denkmalschutz

stehenden alten Wirtschaftsgebäude wurden 1948 (?) abgerissen, alte Tonnen-
gewölbe wurden gesprengt, nur Teile des alten Kuhstalles stehen noch. Über dem
Portal des Schlosses befinden sich noch heute das kospothsche und schönbergsche
Wappen mit der Jahreszahl 1891, dem Vermählungsjahr von Sylvio und Angela,
unter dem Wappen die Buchstaben "SK" und "AS".
Das Inventar des Schlosses war völlig verstreut. Der größte Teil der Familienbilder
konnte nach dem Tod von Angela aus der Villa in den Westen gebracht werden,
ein anderer Teil und einige wertvolle Möbelstücke mußten unter dem Druck der
Verhältnisse dem Plauener Museum überlassen werden. Die gesamte Bibliothek
des Schlosses mit zahlreichen alten Folianten ist verschwunden. Nach Berichten
der Dorfbewohner wurden die Dokumente schubkarrenweise im Park verbrannt.
Die Dorfbevölkerung hatte sich während der Enteignungszeit überwiegend sympa-
tisierend mit der Familie verhalten. An Diebstählen hat sie sich nicht beteiligt.
Nutznießer der Bodenreform waren - wenigstens für die ersten Jahre - aus dem
Osten vertriebene Bauern.

Familie Krug v. Nidda auf Gersdorf

Der Ort Gersdorf liegt in der damals preußischen Oberlausitz im Kreis Görlitz zwischen Görlitz und Reichenbach. In seiner Länge von 3,2 km wird er von einem Bach durchflossen. Das Schloß und die Wirtschaftsgebäude des Rittergutes liegen in der Mitte und teilen Gersdorf in das Ober- und Niederdorf. Urkundlich wird "Gerhartesdorf" erstmals im Jahre 1241 in einer Grenzbestimmung des Königs Wenzeslaus I. von Böhmen und des Bischofs von Meißen erwähnt. Damals war Gersdorf eine Ansiedlung, die sich um eine Holzburg, umgeben von Wall und Wassergraben, gruppierte. Ein Plan aus dem Jahre 1780 zeigt das Schloß - inzwischen eine in Stein gebaute, geschlossene Vierflügelanlage - von einem Wassergraben umgeben. Durch eingreifende Um- und Neubauten 1878-1880 erhielt es seine heutige Gestalt als dreigeschossige Dreiflügelanlage: Zwei Haupttrakte mit den der Renaissance nachempfundenen zweigeschossigen Giebeln werden durch einen Mitteltrakt miteinander verbunden. Im Norden liegt der Gutshof, auf den anderen Seiten umgibt es der Park.
Das Rittergut Gersdorf war seit 1810 im Besitz der Familie Krug v. Nidda. Zuvor hatte es seit 1301 praktisch nur den zwei Familien Gersdorff und Nostitz gehört. Es hatte im Jahre 1945 eine Größe von 382 ha, davon 244 ha landwirtschaftliche Nutzfläche, 124 ha Wald, 4 ha Fischteiche, der Rest Garten, Hof und Park. Um jede Spur der früheren Besitzverhältnisse zu tilgen, wurde das Grundbuch bei Durchführung der "Bodenreform" "geschwärzt" (lt. Auskunft des Grundbuchamtes Görlitz vom Juni 1991).
Entgegen dem ursprünglichen Plan von 1945, das Schloß abzureißen, wurde es als Kindergarten und Wohngebäude erhalten, jedoch wurden die Ornamente an den Giebeln abgeschlagen. Das wertvolle bis ins 18. Jahrhundert zurückgehende Inventar wurde von der Roten Armee und von Flüchtlingen geplündert, vernichtet und verheizt. Was noch erhalten war, ist bei der "Bodenreform" mitenteignet worden. Die Gutsgebäude wurden nicht mehr genutzt und sind im Verfall begriffen.

Zur Familie des letzten Eigentümers gehören:

> C a r l   L u d w i g Hermann K r u g v. N i d d a , * Dresden 11. 6. 1885, † Darmstadt 1. 9. 1976, auf Gersdorf, MinRat a. D.;
> ⊠ I. Leipzig 16. 1. 1911 Leonore B e c k e r , * Gaschwitz 25. 8. 1891, † ... (gesch. ... 25. 3. 1924);
> ⊠ II. Frankfurt am Main 6. 6. 1928 Elisabeth Maria (Marielies) A l b e r t i , * Frankfurt am Main 26. 9. 1899, † Darmstadt 6. 1. 1986.

> Kinder zweiter Ehe:

> 1. W a l t r a u t Jutta Elisabeth, * Frankfurt am Main 29. 4. 1929; ⊠ Frankfurt am Main 20. 2. 1958 Hans-Jürgen M ü l l e r - T h e u n e , * Erfurt 28. 11. 1923.

> 2. R e i n h a r d Ludwig, * Frankfurt am Main 5. 10. 1932, Pfarrer; ⊠ Heidelberg 20. 7. 1961 Angelika B a r n e r , * ..., Dr. med.

Über die Geschehnisse des Schicksalsjahres 1945 existieren ausführliche Aufzeichnungen, sowohl von Reinhard Krug v. Nidda als auch von seiner Schwester

Schloß Gersdorf
Die Ornamente wurden alle abgeschlagen.

Waltraut. Auszüge aus beiden wurden für den nachfolgenden Bericht verwendet, wobei der jeweilige Urheber zu Beginn immer mit einem R. bzw. W. gekennzeichnet ist.

R.: Als im Winter 1944/45 die Russen schnell nach Westen vorrückten, mußten auch wir, also unsere Mutter, meine Schwester Waltraut und ich, uns zum Trecken rüsten. Am Morgen des 18. Februar ging es los, abends erreichten wir Nostitz. Dort erfuhren wir, daß die Russen bei Lauban zurückgeschlagen worden waren; also treckten wir nicht weiter, sondern blieben fast vier Wochen in Nostitz. Mutter fuhr täglich nach Gersdorf, um dort nach dem Rechten zu sehen und noch wichtige Dinge nach Nostitz zu holen, da der Treck ja jeden Tag weitergehen konnte. Durch die einquartierten Soldaten sah das Schloß innen völlig anders aus. Sie hatten die Möbel bunt durcheinandergewürfelt. Nach vier Wochen schien die Lage so gefestigt, daß wir nach Gersdorf zurückgingen, doch als wir einigermaßen Ordnung geschaffen hatten, rückten die Russen erneut in bedrohliche Nähe. Vater kam nach Gersdorf, um uns zu Abendroths nach Kössern zu bringen, die Verwandte von uns sind.

Am 4. April - Ostermontag - fuhren wir per Bahn nach Kössern. Wir kamen durch das total zerstörte Dresden, wo bei dem Luftangriff am 13. Februar 1945 Ernst Christoph Krug v. Nidda ums Leben gekommen war, da sich seine Einheit gerade auf der Durchfahrt befunden hatte. In Kössern bekamen wir als Wohnung zwei Zimmer in der Mühle direkt an der Mulde. Sobald Vater uns in Sicherheit wußte, mußte er leider wieder wegfahren, da ihn der Dienst nach Querfurt rief, wohin ein Teil des Innenministeriums verlegt worden war. In Kössern verlebten wir zunächst zwei friedliche Wochen, aber der Geschützdonner kam immer näher. Schließlich waren die Amerikaner da, von denen wir zunächst nicht viel merkten, nur daß sie gelegentlich das Haus nach Waffen, Soldaten und Fotoapparaten durchsuchten. Doch bald wurde Einquartierung in die Mühle verlegt, und wir mußten raus. Im völlig überfüllten Schloß bekamen wir ein Bodenzimmer mit Seitenkammer als Wohnung. Bald nach dem 8. Mai hieß es, die Russen würden das Gebiet bis zur Mulde besetzen. Die Amerikaner sperrten die Brücken über den Fluß, man konnte also nicht weiter nach Westen trecken. Wir kehrten in die Mühle zurück, und eines Morgens waren die Russen da!...

W.: Nun gab es keine Grenze mehr zwischen uns und Gersdorf. Es gab keinen Grund mehr, der uns hindern konnte, dorthin zurückzugehen. Der Russe war hier wie dort. Der Gedanke "Gersdorf" ließ uns keine Ruhe mehr, alle Einwände der Verwandten waren zwecklos. Zwar waren wir nur zwei Frauen, aber hätte ein Mann uns in dieser Zeit großen Schutz gewährt? Reinhard sollte vorerst in Kössern bleiben, um das Gepäck zu hüten. Nun war die große Frage: Wie hinkommen? Die abenteuerlichsten Pläne gingen mir durch den Kopf. Doch zu guter Letzt waren wir uns einig, mit möglichst wenig Gepäck unser Ziel zu Fuß zu erreichen. Wir wußten ja nicht, was uns dort erwartete. Eines Morgens, Anfang Juli, machten Mutter und ich uns auf den Weg. Die Rucksäcke wurden auf einen kleinen Holzwagen gebunden. Unser Weg führte möglichst an Bahnstationen vorüber für den Fall, daß doch einmal ein Zug führe. In Döbeln hatten wir auch wirklich Glück. Ein Güterzug sollte fahren, und tatsächlich setzte sich nach langem Warten der vollgepfropfte Menschen-Güterwagen in Bewegung. Für jeden Kilometer waren wir dankbar, den er uns unserem Ziel näherbrachte. Doch dann hielt auch er, die Strecke war zerstört. Je weiter wir nach Osten kamen, desto seltener fuhr ein Zug, und so hieß es laufen. Die Landstraßen waren endlos und unser kleiner Wagen quietschte genauso endlos. Übernachtungen fanden wir immer irgendwie: eine Baracke, eine Schule, eine Scheune war für Flüchtlinge hergerichtet, und dort verkrochen wir uns. Die Hauptsache war ein Dach über dem Kopf, die Ernährung bestritten wir aus unserem Rucksack.

Wir beabsichtigten, Tante Lilli Sahr in Döbschke bei Bautzen zu besuchen. Ordentlich waschen und ausschlafen war unser Gedanke. Am dritten Tag hofften wir abends dort zu sein. Aber der Weg nahm kein Ende, und schließlich war es zu spät, um noch bei der alten Dame anzuklopfen. Da die Nacht warm war, beschlossen wir, im Korn zu übernachten. Wir machten es uns so bequem wie möglich, doch bald zog ein Gewitter auf, und ein starker Regen prasselte auf uns nieder und hörte die ganze Nacht kaum auf. Nun versuchten wir doch noch, Döbschke zu erreichen. Nach mühseligem Gestapfe über aufgeweichte Wege durch die stockfinstere Nacht, sahen wir plötzlich das Gut vor uns. Aber deshalb waren wir noch lange nicht bei Tante Lilli! Im Herrenhaus sah man nur ein paar eingeschlagene Fensterscheiben und nirgends Licht. Wir wagten nicht zu klopfen, zumal wir durch eine Tür Schnarchen vernahmen, das wohl kaum zu Tante Lilli gehören konnte. Es blieb uns nichts anderes übrig, als uns in eine Mauernische zu verkriechen, wo uns der noch immer strömende Regen nicht erreichen konnte, und den Morgen abzuwarten. Völlig durchnäßt und kalt verging die Zeit entsprechend langsam. Beim ersten Dämmern besahen wir uns unsere Umgebung. Alles sah öde und verlassen aus, doch das Grunzen einiger Schweine verriet, daß wohl doch jemand hier wohnen mußte. Zu meinem größten Entsetzen erkannte ich plötzlich an einer Tür einen Zettel mit russischen Schriftzeichen. Eilig verließen wir den Hof und waren heilfroh, nicht geklopft zu haben.

Im Dorf fragten wir nach Frau v. Sahr und erfuhren, daß sie noch da sei. Wir gingen aber erst in die als Flüchtlingslager dienende Schule, um uns umzuziehen und aufzuwärmen. In der dort herrschenden Atmosphäre mit Fliegen, Schmutz, apathischen Menschen mit wimmernden Kindern, hielten wir es nicht lange aus, und draußen bekam alles gleich ein anderes Gesicht, weil der Regen aufgehört hatte. Tante Lilli trafen wir dann auch an. Sie nahm uns rührend auf, obwohl sie nur zwei Zimmer mit ihrer Wirtschafterin im Gesindehaus hatte. Wir konnten uns ausschlafen und wieder einigermaßen menschlich herrichten. Einen Tag blieben wir dort, und sie wollte uns gar nicht weiterlassen. Aber wir wollten unser Ziel erreichen, und weiter ging unsere Pilgerfahrt. Tante Lilli begleitete uns noch ein Stückchen auf unserem Weg.

In Bautzen kamen wir gerade noch mit einem Zug mit, an dem die Menschen wie die Kletten auf Trittbrettern, Dächern und Puffern saßen. Als wir in Löbau ankamen, war Gersdorf schon in greifbarer Nähe, und mit banger Freude sahen wir dem Kommenden entgegen. Die Ungewißheit trieb uns zu einem recht beschleunigten Fußmarsch. Als wir aus dem Wald zwischen Reichenbach und Gersdorf heraustraten, waren meine Sinne aufs äußerste gespannt: Stand das Schloß? Und es stand! Alles sah noch aus wie immer, Sicherheit und Ruhe strömte der Bau von weitem aus, und ich fühlte eine unbändige Freude in mir. Leute bestätigten, daß keine Russen im Schloß seien. Ja, was sollte da noch schlimm sein? Es war ja alles gut!

Als wir ins Oberdorf kamen, hörten wir, daß unsere Pächtersfamilie Schulze bei Fischers wohnten. Dort erfuhren wir nun, was wir später mit eigenen Augen sehen mußten: Die Verwüstungen, die auch von den Flüchtlingen fortgesetzt wurden, die das ganze Schloß überfüllten. Unsere Freude hatte einen starken Dämpfer bekommen, aber immer wieder sagte ich: Die Hauptsache ist, daß das Haus steht.

Als wir ins Haus eintraten, schlug uns ein übler Geruch entgegen. Unser erster Blick fiel rechts auf die Waschküchentreppe, auf der uns Bücher, Möbel, Teppiche, Stroh und allerhand Unrat entgegengrinsten. Im Treppenhaus war von Wandverschalung nichts mehr zu erkennen und überall demolierte Möbelstücke, Kommoden ohne Fächer, Schränke ohne Türen, zerfetzte Polstermöbel und Bilder - und ein unglaublicher Schmutz. Und in diesem fürchterlichen Chaos wohnten Menschen, die uns teils mißtrauisch, teils drohend betrachteten. Sie waren den ganzen Tag damit beschäftigt, etwas Eßbares herzustellen, und was war einfacher, als mit Möbelstücken zu heizen? Wir wollten auf den Dachboden steigen, aber da waren nur noch leere Balken, von Brettern keine Spur mehr, alles hatte das Feuer gefressen. Die Hintertreppe war von oben bis unten mit Möbeln usw. verstopft. Wenn das nur die Russen getan hätten, könnte man es noch verstehen. Aber warum Deutsche es so fortsetzten und eine Treppe als Asyl für alle möglichen Entleerungen benützen müssen, ist nicht mehr zu begreifen. Und hier wollten wir nun aufräumen? Wo überhaupt anfangen? Und das unter Menschen, die uns haßten und die uns alles so schwer wie möglich machen würden.

Zunächst brauchten wir eine Unterkunft. Im Schloß war ja alles belegt, und die Flüchtlinge wichen und wankten nicht. Im Försterhaus fanden wir ein winziges Zimmer. Und nun begann die Aufräumarbeit. Endlich bekamen wir einen Saal frei, wo wir das Gerettete bergen konnten. Mutter wirtschaftete nun Tag für Tag in diesem verpesteten Haus; mich ließ sie gar nicht mehr hinein wegen der vielen Krankheiten, die wegen des Schmutzes herrschten. Ich kochte im Försterhaus und sorgte für Lebensmittel. Mit der Zeit verschwanden einige Flüchtlingsfamilien, und wir bekamen die Zimmer im kleinen Zwischenstock des Schlosses für uns frei. Notdürftig wurde eines nach dem anderen eingerichtet, denn wegnehmen konnte man ihnen die "eigenen" Möbel ja nicht. Einmal war ein Mann mit einem Stuhl auf Mami losgegangen, sie hatte sich aber nicht einschüchtern lassen. So ging es langsam aufwärts, und es wurde Zeit, Reinhard nachzuholen, abgesehen davon, daß wir auch etwas Kleidung brauchten.

Um nicht ihre ganze Arbeit zu gefährden, wollte Mami in Gersdorf bleiben, und ich sollte allein nach Kössern fahren. Die Zugverbindungen hatten sich schon gebessert; auch wenn es eine Trittbrett- und Plattformreise war, so fuhr ich doch den größten Teil der Strecke. In Kössern wurde das Nötigste zusammengepackt: zwei Rucksäcke, drei Koffer und ein Hund waren das Endresultat. Die Rückreise war ein Hasten und Drängen, um beim Umsteigen den nächsten Zug zu erreichen, und das mit den vielen Gepäck. Doch endlich waren wir in Gersdorf und alle drei wieder vereint.

Doch nicht lange konnten wir in unseren so mühsam hergerichteten Zimmern leben. Eines Tages erschien der sogenannte Bürgermeister und versiegelte den Saal, in dem wir unsere gerettete Habe verschlossen hatten. Als Mutter dagegen protestierte, brüllte er sie an: "Nimm dich in acht, Mädel, sonst schlag ich dir vor den Kopf!" Als sie daraufhin zum Landrat nach Görlitz fuhr, wurde ihr eröffnet, daß Gersdorf bereits am 13. September enteignet worden sei. Davon erfuhren wir also durch Zufall fast zwei Wochen später, es war der 26. September, Mamis 46. Geburtstag! Nach ein paar Tagen mußten wir innerhalb von zwei Stunden das Schloß verlassen und zogen in ein winziges Zimmer im Försterhaus.

Mitte Oktober lief die Verhaftungswelle an. Der Paulsdorfer Bürgermeister ließ uns unter der Hand wissen, daß wir am nächsten Tage verhaftet würden. Was sollten wir tun? Hatte es Sinn, noch zu fliehen? Wir waren mürbe von dem ewigen Kampf geworden. Warum sollten wir uns dem entziehen, was allen bevorstand? Ruhig und gefaßt ließen wir uns am nächsten Tag abholen. Jeder hatte einen Rucksack und einen Koffer, Dackelhündin Una kam mit. Am Tor der Jägerkaserne in Görlitz mußte sie zurückbleiben, und nie vergesse ich den Anblick, wie ein Polizist das sich sträubende und traurig nach uns umsehende Tier hinter sich herzog. Das war am 18. Oktober 1945. . .

R.: In der Jägerkaserne trafen wir die anderen Gutsbesitzer des Kreises Görlitz. Schon zwei Tage darauf wurden wir nach Radeberg bei Dresden gebracht. Bei sehr schlechter Verpflegung blieben wir ca. zehn Tage mit Verhören und dem Ausfüllen von Fragebögen über unsere Vergangenheit beschäftigt. Wir wurden gefragt, ob wir in die KPD eintreten wollten, in diesem Falle würden wir freigelassen. Im ganzen Lager hat sich dazu nur eine Familie entschlossen. Beim morgendlichen Appell wurde sie besonders aufgerufen und verabschiedet. Wie mag ihr zumute gewesen sein? Alle anderen wurden auf Lastwagen verladen und in das Lager Coswig bei Meißen gebracht. Dort hörte man, daß tags zuvor Gutsbesitzer aus dem Raum Leipzig abtransportiert worden waren, wohin, wußte man nicht. Wir mußten an Abendroths aus Kössern denken.

Am folgenden Morgen - es muß Anfang November gewesen sein - bekam jeder ein Brot, und dann verlud man uns in Viehwagen. Ziel der Reise? - unbekannt. Nach zwei Tagen kamen wir durch Berlin. Auf dem Bahnsteig gelang es, einem Passanten einen Brief an Vater hinauszuschmuggeln, der auch wirklich ankam und schlimmste Befürchtungen bei ihm auslöste.

Endlich am fünften Tag sahen wir das Meer, die Ostsee, und dann waren wir in Stralsund. Dort wartete noch ein anderer Zug, in dem sich Abendroths aus Kössern befanden. Es ging das Gerücht, daß wir nach Rügen kommen. Nach abermals zwei langweiligen Tagen hungrigen Wartens - wir hatten für die sieben Tage ja nur das eine Brot bekommen - mußten wir über den Rügendamm laufen, um drüben abermals verladen zu werden. Bei dem ausgehungerten Zustand und mit dem schweren Gepäck waren das die schlimmsten sechs Kilometer, die ich je gelaufen bin. Am Wege lag eine tote alte Frau, den Kopf auf ihren Koffer gebettet. War sie vielleicht weiter vorn bei unserem Transport zusammengebrochen? Wir wurden weitergetrieben, niemand konnte sich um sie kümmern. Das war am 10. November 1945.

Auf Rügen fuhren wir mit der Bahn nach Prora nördlich Binz. Wir wurden in einem halbfertigen "Kraft-durch-Freude"-Lager untergebracht, das in Dreck und Unrat schwamm. Irgendwelche Vorgänger hatten die Glasschalen der Deckenbeleuchtung als Nachtgeschirr verwendet und stehengelassen und anderes mehr. Das Hungern ging weiter, mittags bekamen wir einen halben Liter etwas dickerer Suppe, ansonsten ernährten wir uns von dem Abfall, den wir in der benachbarten Russenküche fanden. Manchmal sammelten wir am Strand Muscheln, die wir kochten und aßen. Wir hatten hier ja etwas mehr Bewegungsfreiheit, denn da der Rügendamm scharf bewacht war, fühlten sie sich sicher, daß niemand fliehen würde.

Nach einigen Tagen wurden wir wieder in einen Güterzug verfrachtet und in ein Lager bei Dreschwitz im Inneren der Insel verlegt. Es war ein sehr primitives Barackenlager mit äußerst mangelhaften sanitären Einrichtungen. Man schlief auf langen Strohschütten, von denen jeweils zwei übereinander gebaut waren. Auf einer Strohschütte lagen acht bis zehn Personen nebeneinander, also 16 bis 20 Menschen in einem Raum. Man konnte wohl nur aus Erschöpfung schlafen, denn tagsüber mußten wir hart arbeiten. Mit bloßen Händen mußten wir Kohlrüben aus der kalten Novembererde ausmachen. Immerhin gab es dafür mittags eine kräftige Suppe, von der man soviel aß, als hineinging, denn es war die einzige Mahlzeit des Tages. Infolge der schlechten sanitären Verhältnisse und unregelmäßigen Ernährung verschlechterte sich der Gesundheitszustand. Viele erkrankten an starkem Durchfall, und langsam kam uns die Erkenntnis, daß unsere einzige Rettung die Flucht wäre.

Die Familien v. Fallois (Deutsch-Paulsdorf) und Brühl (Ebersbach bei Görlitz), einst unsere Gersdorfer Nachbarn, begannen mit uns die Flucht zu planen. Der Rügendamm wurde von den Russen streng bewacht, also blieb nur eine Flucht über die Ostsee. Kurt Brühl und meine Schwester Waltraut stahlen sich aus den Arbeitskolonnen weg, um die Umgebung zu erkunden und Fluchtmöglichkeiten auszumachen. Nach ein paar Tagen hatten sie einen Fischer gefunden, der uns für hundert Mark pro Familie nach Stralsund bringen wollte. Nun wurde nach und nach heimlich das Gepäck zur Bahn gebracht und nach Stralsund aufgegeben, um möglichst unbelastet fliehen zu können. An dem mit dem Fischer vereinbarten Tag gruben wir uns in der Dunkelheit unter dem Lagerzaun durch und verschwanden in dem trüben Novembermorgen. Es war Ende November und wir kamen gut bis zu der mit dem Fischer vereinbarten Stelle. Aber der Fischer war nicht da, und sofort gingen zwei von uns zu ihm. Er erklärte, er könne erst am nächsten Tag fahren. So mußten wir noch eine ungewisse Nacht auf Rügen verbringen. Nette Bauersleute nahmen uns auf. Seit langem bekamen wir erstmals ein sättigendes Abendbrot und Frühstück und schliefen auf Roßhaarmatratzen. Welch herrlicher Komfort nach den Böden der Viehwagen und der dreckigen Strohschütte im Lager!

Am nächsten Morgen war der Fischer mit seinem Boot tatsächlich da und brachte uns gut über die Ostsee. Wegen der patrouillierenden Wachboote mußten wir uns in der Kajüte zusammendrängen. In der Nähe von Stralsund gingen wir an Land, und Kurt Brühl sagte: "Wir wollen dankbar sein, wir sind in Freiheit!" So eindrucksvoll hat mich das Wort "Freiheit" wohl nie wieder berührt. Dahinter trat alles zurück, was nun noch an Schwierigkeiten kam.

Stralsund war zerbombt und von Flüchtlingen überfüllt. Es war sehr kalt geworden, und unser Gepäck ließ noch einige Tage auf sich warten. Jeden Mittag standen wir an der Nikolaikirche in der langen Schlange, um von der Flüchtlingsküche wenigstens einmal am Tag eine warme Suppe zu bekommen. Endlich kamen die Koffer, und wir fuhren nach Berlin, im überfüllten Zug fast erdrückt, aber frei! Anfang Dezember waren wir im britischen Sektor von Berlin. Unsere Wohnung am Lietzensee-Ufer, die wir im Jahre 1943 wegen der Evakuierung Berlins hatten verlassen müssen, hatte Bombenkrieg und russischen Einmarsch überdauert, beschädigt zwar, aber bewohnbar. Es dauerte noch bis zum 20. Dezember, bis wir die Zuzugsgenehmigung und damit Lebensmittelkarten erhielten. Solange mußten wir uns noch einmal mit einer Flüchtlingsküche behelfen.

Als einziges, aber allerschönstes Weihnachtsgeschenk kam am 23. Dezember ein Brief von Vater und gab Hoffnung, daß noch alles ein gutes Ende nehmen würde. . .

Epilog

Vom 20. bis 23. Juni 1991 feierte Gersdorf sein 750jähriges Jubiläum. Dazu schrieb die Sächsische Zeitung vom 22. Juni 1991: "Drei Adelsgeschlechter haben die Entwicklung von Gersdorf wesentlich bestimmt: Zunächst das Gründergeschlecht derer v. Gersdorff, dann die Herren v. Nostitz und schließlich die Familie Krug v. Nidda. Und alle drei Nachfahren dieser Geschlechter waren der Einladung zur Festsitzung gefolgt. Das als Rarität zu bezeichnen, ist wohl nicht vermessen."

In der Tat waren Leuther v. Gersdorff, Hans-Caspar v. Wiedebach und Nostitz-Jänkendorf und ich angereist, um das Jubiläum mitzuerleben. In der Festpredigt, die ich am 23. Juni in der Gersdorfer Kirche, die übrigens eine der ältesten Kirchen der Oberlausitz ist, halten durfte, sprach ich über das Wort, das auf ihrer Glocke steht: "Jesus Christus gestern und heute und derselbe auch in Ewigkeit" (Hebräer 12,8). Am Ende der Predigt sagte ich: "Unter diesem hellen Grundakkord wandelt vieles, was wir in unserem Leben an Schwerem erfahren, sein Gesicht; so auch die bittere Stunde, als wir unter dem Klang dieser Glocke vor fast 46 Jahren aus Gersdorf abgeführt wurden" (in der Tat geschah die Abführung aus Gersdorf damals ausgerechnet zum Morgengeläut).

Ulrich v. Lentz auf Oberschöna

Das Rittergut Oberschöna mit einer Größe von ca. 400 ha lag in der Nähe von Freiberg. Es war alter Carlowitzscher Besitz und ist durch die Vermählung von Ulrich v. Lentz mit Elisabeth v. Carlowitz an ihn gekommen.

Zur Familie des letzten Eigentümers gehören:

> U l r i c h Ludwig Oskar Xaver v. L e n t z , * Dresden 29. 2. 1888, ⚔ (von Russen erschossen) Oberschöna 7. 5. 1945, Ldwirt; ⚭ Dresden 30. 11. 1921 Elisabeth v. C a r l o w i t z , * Dresden 18. 8. 1896, † ... 25. 8. 1988, auf Oberschöna.
>
> Töchter:
>
> 1. E r i k a Thekla Elisabeth Margarethe, * Dresden 14. 9. 1922, Ldwirtin; ⚭ ... 1948 Heinz Günther G u d e r i a n , * ..., BrigGen.
>
> 2. C a r l a Therese Gabriele, * Zuschendorf 27. 12. 1923, † Kassel 21. 2. 1968, Gutssekr.; ⚭ Imbshausen bei Nordheim 8. 8. 1953 Hans Ulrich v. K l i t z i n g , * Königsberg i. Pr. 16. 5. 1920, Ldwirt, Chefredakteur, Pressereferent (⚭ II. Kassel 6. 12. 1969 Hanna Eberts, ...).

Über das Schicksal der Familie schreibt seine Witwe, Elisabeth v. Lentz, geb. v. Carlowitz.

Nachdem mein Schwager Hans-Werner v. Oppel, der Mann meiner jüngsten Schwester, im Mai 1944 ganz plötzlich im Urlaub an einem Kriegsleiden gestorben (Stalingrad-Armee) und ihr einziger Sohn im Januar 1945 im Westen gefallen war, hatte unsere Familie schwere Verluste bei dem Terrorangriff auf Dresden. Mein Vater, Günter v. Carlowitz, und meine Nichte, Jutta-Maria v. Hesler, wurden nicht gefunden. Meine Schwester, Jutta v. Hesler, und ihre jüngste Tochter Hariet starben wenige Tage danach an den Folgen des Angriffs. Am 6. Mai 1945 bekamen mein Mann und ich den endgültigen Bescheid aus Freiberg, daß die Russen kämen. Wir rüsteten Gespanne und verluden die wichtigsten Sachen. Unsere Tochter Erika und ich verließen Oberschöna am 7. Mai früh mit dem ersten Gespann (mit mehreren bei uns wohnenden Flüchtlingen). Mein Mann wollte mit dem zweiten Gespann nachkommen, aber die Russen kamen dazwischen. Sie suchten und fanden irgend einen kleinen Grund, um ihn zu erschießen. Dieses Unglück geschah am 7. Mai 1945 gegen Abend. Ich erhielt die Todesnachricht am nächsten Tag, wollte zurückkehren, aber meine Tochter und die anderen Frauen rieten mir dringend ab. So flohen wir weiter nach dem Westen. Den Treck hatten wir sehr bald einstellen müssen. Ich lief mit dem Handwagen zu Fuß bis zu Verwandten bei Altenburg in Thüringen, Erika hatte ein Fahrrad. Im Juni flohen wir weiter nach Oberbayern zu Verwandten. Die Flucht dauerte siebzehn Tage, von Altenburg aus nahm uns eine alte Dame mit ihrem Treck mit. Meine Tochter Erika nahm für zwei Jahre eine landwirtschaftliche Lehrstelle in Niederbayern an.

Unsere jüngere Tochter Carla war damals Gutssekretärin in Thüringen gewesen. Im Herbst 1945 versuchte sie in Oberschöna wieder neu anzufangen. Sie bekam zu Hause etwas Land zugeteilt, aber wenige Tage danach kam der Haft- und Enteignungsbefehl gegen uns, und sie mußte ca. am 17. Oktober fliehen. Ich hatte Ende September die erste Nachricht von ihr gehabt und kam mit großen Hoffnungen und allerdings vielen Schwierigkeiten am 20. Oktober aus Bayern zurück. Da erfuhr ich, daß sie hatte fliehen müssen, erfuhr von dem Enteignungs- und Haftbefehl gegen uns alle, hielt mich zwei Nächte bei meiner Schwester versteckt und mußte wieder fort. Seitdem sind wir im Westen. Das Schicksal war sehr wechselnd, ging aber mit kleinen Schritten bergauf. Unsere älteste Tochter Erika hatte 1948 geheiratet, die jüngere 1953. Anfang 1948 und im Sommer 1966 bin ich wieder bei meiner Schwester in Sachsen gewesen. In den ersten Jahren lebte sie noch auf ihrem Gut Kirchbach (unter 100 ha) in der Nähe von Oberschöna. Ende der 50er Jahre verkaufte sie Kirchbach und lebt jetzt auf ihrem Grundstück in Dresden. Nachdem ich drei Jahre in Oberbayern und kürzere Zeit in Mittelfranken und Hessen gewohnt hatte, lebte ich acht Jahre in Greding/Mittelfranken und habe jetzt eine hübsche Neubauwohnung in Nürnberg.

Christian Prinz zur Lippe-Weißenfeld auf Teichnitz

Das Rittergut Teichnitz liegt hart nördlich der Kreisstadt Bautzen, sozusagen "zu Füßen der Ortenburg". Es gehörte seit 1718 den Freiherrn v. Gersdorff und gelangte im Erbgang an die Grafen v. Hohenthal. 1825 erbte Teichnitz Dorothea Friederike Comtesse v. Hohenthal, die sich mit dem Grafen Christian zur Lippe vermählte. So ist Teichnitz seit 227 Jahren in reiner Erbfolge im Besitz der Vorfahren und der Familie Lippe.

Bei der Enteignung 1945 hatte Teichnitz zusammen mit Lubachau eine Größe von 312 ha, davon 253 ha landwirtschaftliche Nutzfläche und 50 ha Wald.

Weiterer Grundbesitz: das ehemalige Kammergut Proschwitz bei Meißen mit 143 ha Gesamtgröße, überwiegend Ackerland, ferner das Rittergut Gersdorf, Kreis Döbeln, mit einer Größe von 400 ha, davon 198 ha Landwirtschaft und 200 ha Wald, und schließlich Mitbesitz am Rittergut Sornitz bei Meißen mit 80 ha Landwirtschaft.

Zur Familie des letzten Eigentümers gehören:

Theodor Georg Ludwig C h r i s t i a n Prinz zur L i p p e - W e i ß e n f e l d , * Döberkitz 12. 8. 1907, auf Teichnitz (§) bei Bautzen, Lubachau (§) bei Kleinwelka, Proschwitz (§) bei Meißen u. Gersdorf (§) bei Roßwein, Mithr auf Sornitz (§), DiplLdwirt;
× Bayerhof, UFranken, 17. 10. 1935 Pauline Gfin zu O r t e n b u r g , * Bayerhof 3. 12. 1913, T. d. Kgl. bayer. LegRats a. D. u. Majors a. D. Friedrich Gf zu O. u. d. Ilka Przssin zu Löwenstein-Wertheim-Freudenberg.
Kinder:

1. Pr. C l e m e n s Friedrich-Ludwig Bernhard Simon-Ferdinand, * Dresden 16. 9. 1937, DiplIng.;
   × Schweinfurt 11. 1. 1964 Heidi F e r y , * Schweinfurt 23. 2. 1940, T. d. ... Julius F. u. d. Elisabetha Maienberger.

2. Pr. F r i e d r i c h Christian Hermann Georg Heinrich, * Dresden 18. 3. 1939, Betriebswirt.

3. Przssin E l i s a b e t h Ilka Friederike Anna-Luise, * Bautzen 8. 12. 1940; × Bischofsheim, Rhön, (standesamtl.) 8. 7., (kirchl.) 4. 8. 1961 Prosper Gf zu C a s t e l l - C a s t e l l , * Köstritz 4. 9. 1922, Hr der Hrschaft Groß-Strehlitz (§), OSchlesien, Assessor, Vorstandsvors. der Frankfurter VersAG.

4. Pr. F e r d i n a n d Jobst Hermann Carl Ernst Joachim, * Bautzen 14. 11. 1942, Betriebswirt, kaufm. Angest., ERr d. JohO.; × München (standesamtl.) 18. 6., (kirchl.) 19. 6. 1970 Karoline Freiin v. F e i l i t z s c h , * Plauen, Vogtld, 30. 11. 1939, staatl. gepr. Kindergärtnerin, T. d. Ldwirts Joachim Frhr v. F. auf Kürbitz, Vogtld, u. d. Ilse v. Feilitzsch.

5. Pr. C h r i s t i a n Franz Georg, * Teichnitz 18. 10. 1945, Dr. med., DiplKaufm.

6. Pr. G e o r g Christian Heinrich Herbert Bernhard, * Schweinfurt 25. 6. 1957, DiplIng. agr., Lt d. Res.

Für das Schicksalsbuch hat der letzte Eigentümer, Christian Prinz zur Lippe-Weißenfeld, folgendes berichtet:

Aus einer militärischen Übung heraus zog ich im September 1939 mit ins Feld und habe am Polenfeldzug als Gefreiter teilgenommen. Mein einziger Bruder, Ferdinand, fiel als Oberleutnant der Res. am 26. September 1939.

Da meine Schwägerin infolge eines Autounfalles mit mehreren Wirbelbrüchen im Krankenhaus lag, wurde ich vorübergehend aus der Wehrmacht entlassen. Weil ich Angehöriger eines "ehemals regierenden Hauses" war, durfte ich auf Grund eines Erlasses von Hitler später auch nicht wieder zur Wehrmacht eingezogen werden.

Als das Kriegsgeschehen im Frühjahr 1945 meinem Heimatdorf Teichnitz immer näherrückte und wir "Kriegsgebiet" wurden, bin ich als kommissarischer Bürgermeister mit der gesamten Bürgerschaft des Ortes den vorgeschriebenen Weg über Elstra, Bad Schandau, Bodenbach bis Schneeberg getreckt und nach dem Zusammenbruch mit dem gesamten Treck wieder nach Teichnitz zurückgekehrt.

Der Ort war von den Kriegshandlungen schwer mitgenommen, und wir haben unter denkbar ungünstigen Bedingungen versucht, wieder zu wirtschaften. Vieh war nicht mehr vorhanden, und außer einem kranken Pferd stand uns nur noch ein Schlepper mit Holzgasgenerator zur Verfügung. Die Felder waren von Blindgängern und sonstigen Sprengkörpern durchsetzt, so daß es viele Unfälle gab. Dazu wurden wir häufig überplündert und damit an einer ordnungsgemäßen Wirtschaftsführung gehindert. Später forderte die russische Kommandantur des Zuchthauses Bautzen Teichnitz als Versorgungsbetrieb an. Sie schloß einen Vertrag mit mir, nach dem sie das Gut auf unbestimmte Zeit übernahm und trotz erheblichen Widerstandes zustimmte, daß die Gutsarbeiter gegen Entgelt arbeiten durften. Ich selbst wurde als Schreiber beschäftigt. Meine Familie und ich mußten zwar mit den russischen Posten unter einem Dach wohnen, waren aber von nun an einigermaßen sicher vor Plünderungen.

Da ich während dieser Zeit fast täglich mit den deutschen Gefangenen in Berührung kommen konnte, war es mir möglich, wenigstens deren Verwandte über ihren Verbleib zu verständigen und in einzelnen Fällen sogar noch eine kurze Zwiesprache zu vermitteln.

Für meine Tätigkeit bekam ich von den Russen nichts; nur hin und wieder gaben sie mir Gelegenheit, irgendetwas zu stehlen. Die Zuteilung von Lebensmitteln war äußerst knapp: So bekam ich pro Woche ein Pfund Brot und in einem halben Jahr einmal 200 g und einmal 150 g fast verdorbenes Fleisch. Solange mich die Russen brauchten, schützten sie mich vor den deutschen Kommunisten.

Eine für die damalige Zeit bezeichnende Episode sei hier kurz erwähnt: Ein ziemlich betrunkener russischer Offizier ließ mir durch den Dolmetscher sagen, "die Deutschen seien Schweine". Als ich ihm sagen ließ, daß es sehr einfach wäre, irgendwelche Anklagen zu erheben, aber diese seien erst dann von Bedeutung, wenn sie eindeutig bewiesen wären. Ein Einzelfall oder ein geringer Prozentsatz von Fällen rechtfertige außerdem keine Verallgemeinerung. Dazu der russische Offizier: "Was haben Sie dazu zu sagen, wenn ich Ihnen mitteile, daß wir täglich große Körbe voll Post von Deutschen bekommen, die fast ausnahmslos Denunziationen gegen Deutsche enthalten? Wir entnehmen jeweils eine Handvoll der Briefe, die anderen werden ungelesen verbrannt. Wollen Sie nun bestreiten, daß die Deutschen Schweine sind?" Daraufhin hielt ich ihm vor, daß die deutschen Truppen in der Ukraine ebenfalls Denunziationen von Russen gegen Russen bekommen hätten. Das gab der Offizier zu, meinte aber, daß die Deutschen unvergleichlich mehr denunzieren würden.

Am Tag, als die "Bodenreform" rechtskräftig wurde, zogen die Russen ab und übergaben das Gut der Kommission für Bodenreform. Ich wandte mich sofort an das Arbeitsamt, um neue Arbeit zu erhalten. Dort fragte man mich erst, ob ich überhaupt etwas gelernt hätte und ob ich irgendwelche Zeugnisse vorlegen könne. Als ich diese vor ihnen ausbreitete, einschließlich das als Diplom-Landwirt, fragte man mich ganz erstaunt: "Das haben Sie wirklich alles gelernt und können wirklich alle derartigen Arbeiten selbständig ausführen?" Als ich dies bestätigte, waren sie abermals überrascht, aber versprachen mir, mich in jeder Hinsicht bei der Arbeitssuche zu unterstützen. Sie hätten zwar im Augenblick keine für mich geeignete Stellung und ich sollte daher selber suchen. Als ich dann bei einer Papierfabrik als physikalisch-chemischer Laborant ankommen konnte, hat man mir sofort genehmigt, diese Stellung anzutreten.

Später setzte die Verhaftungswelle zur Verschleppung nach Rügen ein. Mehrmals wurde ich rechtzeitig vom Pförtner der Fabrik gewarnt und war nirgends anzutreffen. Als der allerletzte derartige Transport zusammengestellt werden sollte, schien es aussichtslos, diesem zu entgehen. Ein besonderer Zufall hat es mit sich gebracht, daß uns eine Deportation nach Rügen erspart geblieben ist. Als wir bereits im Landratsamt in Bautzen inhaftiert waren und demnächst in ein Sammellager für die "Rügenleute" überführt werden sollten, traf ich zufällig den stellvertretenden Landrat Hobrack. Ich kannte ihn bereits aus der Zeit vor dem Zusammenbruch, weil ich als Bürgermeister oft mit ihm zusammenarbeiten mußte. Er war seinerzeit (als getarnter Kommunist - wie er mir selbst erzählt hat -) in der Gemeindeabteilung des Landratsamtes tätig. Er gewährte mir auch bereitwilligst eine Unterredung, in der ich ihm genau auseinandersetzte, was es für eine Bewandtnis mit der Rügendeportation habe und ihm klarmachte, daß das, was die Kommunisten da täten, wohl viel schlimmer sei als das, womit sie die Nazis anprangerten. Ferner setzte ich ihm eindeutig auseinander, daß meine Frau mit dem kleinsten Sohn (drei Wochen alt) den Transport mit aller Wahrscheinlichkeit nicht überleben würden. Trotz meiner sehr scharfen Worte wurde ich ruhig angehört und gebeten, zu warten. In meiner Gegenwart telefonierte er mit der Zentrale der KPD und stellte den Antrag, daß ich nicht nach Rügen müsse. Er begründete dies damit, daß ich stets loyal gewesen sei und auch nach meiner Enteignung durch Arbeitswillen bekundet hätte, daß ich mich am Wiederaufbau Deutschlands beteiligen wollte. Sein Antrag wurde genehmigt.

Statt nach Rügen abtransportiert zu werden, erhielt ich einen Ausweisungsschein aus der Ostzone und einen Einweisungsschein in ein anderes Sammellager. Über dieses und verschiedene Durchgangslager kamen wir schließlich nach ca. drei Wochen in Hof-Moschendorf an. Von dort gingen wir zu meiner Schwiegermutter auf den Bayerhof bei Gädheim im Kreis Schweinfurt.

Nun war Unterkunft und Verpflegung für meine Familie mit fünf Kindern vorerst gesichert. Bei einem Verdienst von 150,- Mark im Monat konnte ich als Gärtner arbeiten und habe auch die Gärtnergehilfenprüfung abgelegt. Doch vor der Möglichkeit, einen adäquaten Beruf zu ergreifen, stand die Notwendigkeit, sich entnazifizieren zu lassen. Obwohl ich eine ähnliche Prozedur schon in Bautzen erfolgreich hinter mich gebracht hatte, wurde der Entscheid der Spruchkammer entsetzlich lange hinausgezögert. Er kam endlich im Jahre 1948 mit dem Ergebnis "nicht betroffen". Allerdings mußte ich dafür noch Gebühren zahlen, die ich nach und nach abstottern konnte.

Inzwischen waren aber längst alle Stellen vergeben, die meinem Ausbildungsgrad entsprochen hätten. Unter anderem schlug ein Versuch fehl, in der Bayerischen Landwirtschaftsverwaltung ein Tätigkeitsfeld zu finden. Ich hatte sachlich und fachlich alle Voraussetzungen erfüllt, hinderlich war wohl allein - mein Name! 1956 bekam ich endlich eine Stellung als Geschäftsführer in einem Basaltwerk in Bischofsheim/Rhön. Dort konnte ich auch darangehen, mir ein Grundstück zu kaufen und unter großen Opfern und erheblicher praktischer Mithilfe der ganzen Familie ein Haus zu bauen.

Leider mußte ich die Stellung im Basaltwerk aufgeben, nachdem mich am 22. Dezember 1961 ein betrunkener Motorradfahrer schwer verletzt hatte. Mehrere Knochenbrüche und ein schwerer Schädelbruch hatten einen längeren Krankenhausaufenthalt zur Folge. Endlich einigermaßen genesen, blieb es mir nicht erspart, wieder einmal "stempeln" gehen zu müssen, was mich mit vielen schwierigen Problemen konfrontierte. Mit einer anstrengenden und wenig gut dotierten Tätigkeit bei der Gesamtkirchenverwaltung in Schweinfurt, konnte ich die Zeit bis zum Erreichen des Rentenalters überbrücken.

Trotz all dieser Schwierigkeiten ist es dennoch gelungen, allen meinen Kindern eine gute Ausbildung zu verschaffen, die es ihnen ermöglicht, sich aus eigener Kraft durchs Leben zu schlagen. Die Kinder selbst haben zu einem erheblichen Teil hierzu beigetragen.

Hans v. Loeben auf Kuppritz

Der Besitz bestand aus den beiden benachbarten Rittergütern Kuppritz und Hochkirch im Kreis Löbau, Oberlausitz. Sie hatten eine Größe von zusammen 238 ha (Kuppritz = 122 ha, Hochkirch = 116 ha). Bei Hochkirch handelt es sich um den historisch bekannten Schlachtort. Vorbesitzer war sein Großvater Dr. jur. h. c. Rudolf Elwir Hähnel.

Zur Familie des letzten Eigentümers gehören:

> H a n s v. L o e b e n , * Kuppritz 25. 3. 1898, † Laupheim, Württ., 17. 5. 1959, auf Kuppritz u. Hochkirch (§) bei Bautzen, DiplForstIng., Kgl. sächs. Lt a. D., RRr d. JohO.;
> ✕ Berlin 9. 7. 1926 Bertha Dorothee G e l p k e , * Berlin 27. 3. 1897, † Würzburg 20. 2. 1987, T. d. Bankdir. u. Handelskammerpräs. Dr. jur. Karl G. u. d. Bertha Boeckmann.

> Töchter:
> 1. M a r i a - B e a t e , * Kuppritz 28. 5. 1927, Dr. phil., Studiendir. im Hochschuldienst a. D., Schatzmeisterin d. FamVerb.
> 2. B e r t a Elisabeth Dorothee, * Bautzen 5. 11. 1932; ✕ Büderich, Bez. Düsseldorf, 22. 5. 1954 Gustav P o e l , * Hamburg 2. 8. 1917, DiplIng., Vorstandsmitgl. i. R. der Vereinigten Schlüsselfabriken A. G., KptLt a. D.

Über die letzte Zeit in Kuppritz, Enteignung und Flucht in den Westen berichtet seine Tochter, Dr. Maria-Beate v. Loeben.

Etwa am 15. April 1945 erfolgte der Durchbruch der Russen bei Guben; am 16. wachten wir nachts vom Trommelfeuer auf; am nächsten Morgen lagen in allen Schützengräben Soldaten, Gewehr im Anschlag: wir radelten dazwischen herum in Erledigung unserer Angelegenheiten. Unser Vater verhinderte die Hinrichtung von zwei Bauern, die in Rachlau die Panzersperren geschlossen und die weiße Fahne gehißt hatten. Am Abend des 17. ein Feuerschein am nördlichen Horizont: es heißt, daß Niesky brennt.
Am 18. feiern wir mittags gerade den Geburtstag einer Tante (Flüchtling aus Schlesien), vorsichtshalber wird die Geburtstagstorte als Nachtisch verteilt ("Wer weiß, wo wir am Nachmittag sind!"). Die Treckwagen stehen seit Wochen fix und fertig vor dem Haus. Gegen 14 Uhr beginnt eine endlose Treckwagenkette aus Richtung Kohlwesa in Richtung Westen zu rollen, es heißt, die Russen seien nur noch drei bis vier Kilometer entfernt. Wir füllen unsere bereitstehenden Koffer auf und schließen sie; die Treckwagen sind bereits auf den Hof gefahren. Die Arbeiter bepacken einen der Wagen, sie wollen in die Berge fahren; die Flüchtlingswagen ziehen bereits aus dem Hoftor hinaus. Als unser Wagen anfährt, schlägt die Turmuhr drei. Am Dorfausgang werden wir aufgehalten: ein Bauer tritt an unseren Wagen und verabschiedet sich unter Tränen - es war sein Sohn, sein Ebenbild, der uns 34 Jahre später, am anderen Ende des Dorfes willkommen hieß!
Die Männer bleiben im Ort. Unser Vater ist als "Kommandeur des Volkssturmes" mit der Verteidigung beauftragt, aber da sie keine Waffen bekommen haben, ist

das reine Theorie: unser Vater hat bewußt keine Waffenlieferung angemahnt: "Wenn wir welche haben, müssen wir schießen, das Dorf wird völlig sinnlos in Schutt und Asche gelegt, und die russische Armee halten wir damit nicht auf!" Unser Treck fährt nach Steinigtwolmsdorf zu Ponickaus. Am Morgen des 20. April geht es weiter nach Bärenstein zu Lüttichaus, da sich die Russen angeblich wieder nähern. Bei herrlichem Frühlingswetter überqueren wir bei Schandau die Elbe und glauben uns vor den Russen sicher. Wenn wir durch einen Ort kommen, wo Freunde oder Verwandte wohnen, sagen wir Guten Tag. Am Tor in Zehista kommt uns Frau v. Erdmannsdorff aus Bautzen entgegen. Sie und Gisela haben hier Schutz gesucht. Auf dem Kuckuckstein bei Liebstadt besuchen wir Onkel Eckart Loeben; er zeigt seinem Enkel gerade im Rittersaal alte Waffen, als ob nichts passiert sei.

Nach einigen Tagen in Bärenstein, wo wir mit der halben Lausitz zusammentreffen (Harald Vietinghoffs, Beymes aus Unwürde, Salzas aus Kittlitz, Wallwitzens aus Niedergurig), wird klar, daß die Elbe nicht die Grenze ist, an der die Russen haltmachen, aber an ein Weitertrecken ist nicht zu denken; die damals recht nahen Amerikaner lassen niemanden durch, heißt es. Am 6., spätestens am 7. Mai wird klar, daß wir die Russen zu erwarten haben. Sie kommen am 8. morgens, nachdem sich am 7. vier deutsche Stäbe auf der Burg die Türklinke in die Hand gegeben haben. Verwandte und befreundete Offiziere werden schnell noch versorgt in der Hoffnung, daß sie sich durch die Linien in den Westen in Sicherheit bringen können.

Am 9. Mai kommt unser Vater mit zwei Wagen an; er bringt Tante Barbara Salza und ihre Mutter aus Sornßig mit.

Nach vier Wochen machen sich Bars Wallwitz und Mutter zusammen mit unserem Vater als Vorhut zu Fuß auf, um das Terrain in der Lausitz zu erkunden. Station machen sie in Gaußig, wo Graf Schall (Adam Schall) alle in der Küche aufnimmt und bewirtet. Im Lichte des Herdfeuers werden Erfahrungen ausgetauscht. Die Lausitzer Güter sind praktisch sämtlichen Viehs beraubt: in Kuppritz gibt es noch drei Zugochsen, in Unwürde noch einen. Die vor der Flucht freigelassenen Tiere hatten sich fast alle wieder in ihren alten Ställen eingefunden, waren dann aber natürlich von den russischen Truppen geschlachtet, getötet oder abgetrieben worden. Im Kuppritzer Haus hatten die Russen offenbar einen Kommandostab gehabt, es sah entsprechend aus. Die Möbel fanden sich zum Teil einige Kilometer entfernt wieder, wo sie auf einer Waldlichtung der Möblierung eines Soldatenlagers gedient hatten.

Nachdem sich die Lage etwas beruhigt hatte, ließ uns Vater das Haus säubern und aufräumen und holte unsere Mutter mit meiner Schwester aus Bärenstein zurück. Ich als gerade Achtzehnjährige wurde dort belassen, wo ich weniger prominent und exponiert war. Dies erwies sich noch in einem weiteren Sinne als weise Entscheidung, denn bei der Räumung des Bärensteiner Schlosses konnte ich unser Treckgepäck bei einem Bauern in Sicherheit bringen, so daß es einige Jahre später wieder mit uns im Westen zusammentraf.

Unser Vater erzählte immer wieder, daß 1945 das ideale Erntejahr war: die Felder standen so gut wie nie und Regen und Sonne kamen immer genau dann, wenn sie gebraucht wurden. Mit den sehr willigen Leuten konnte gut gearbeitet werden.

Probleme gab es mit der "Kommandantura", die Befehle ausschickte, daß eine bestimmte Frucht an einem bestimmten Datum geerntet zu sein habe, ohne Rücksicht auf die Tatsache, daß hier die Reife der jeweiligen Frucht ausschlaggebend war. Das wurde meist dadurch ausgeglichen, daß diese Befehle erst mehrere Tage nach dem Stichtag ankamen, aber einmal kam eine Kommission, stellte fest, daß der - noch nicht reife - Raps noch auf dem Halm stand, und es setzte Prügel für die Verantwortlichen, unseren Vater eingeschlossen.

Die Enteignung wurde zunächst ignoriert. Als Druck auf die Bevölkerung ausgeübt wurde, setzte man sich zu Besprechungen zwecks Verteilung zusammen. Unser Vater nahm an den Besprechungen teil und er achtete darauf, daß bestimmte besonders verdiente Angestellte und Bauern das bekamen, was für sie besonders günstig war. Soweit wir wissen, ist das zunächst auch berücksichtigt worden, aber die spätere Kollektivierungswelle hat dann alles und mehr wieder in einen Topf geworfen.

Alle Überlegungen, wie es in Zukunft weiterzugehen habe, wurden durch die überraschende Rügendeportation abgebrochen, der unsere Familie entkam, weil der kommunistische Bürgermeister aus Hochkirch sie nicht verhaften, sondern ihnen mitteilen ließ, daß sie sich am nächsten Tag mit wenig Gepäck in Löbau einzufinden hätten. Durch die Hilfe unserer Försterfamilie, bis heute die Treuesten der Treuen, entwichen die Eltern mit der Schwester noch in der Nacht über die Berge und erwarteten dann in Dresden bei unserer Tante Jena meine Ankunft aus Bärenstein. Nach einer Fahrt von fünf Tagen - von den vier Nächten verbrachten wir eine auf einem offenen Bahnsteig und eine bei total fremden Menschen in Mühlhausen, die uns im Zug getroffen hatten - gingen wir nachts bei Treffurt über die grüne Grenze und begaben uns zu Uslars nach Sennickerode, wo wir wiederum auf eine Reihe von Schicksalsgenossen stießen.

Welche Zufälle und Kleinigkeiten über unser Leben bestimmen, wird deutlich, wenn man weiß, daß wir die glimpfliche Behandlung durch den Hochkircher Bürgermeister mit Sicherheit der Tatsache verdanken, daß unser Vater einmal einem ihm völlig unbekannten Hochkircher Schneider ein Ferkel verschaffte, das unser Schweinemeister ihm nicht geben wollte. Dieser Schneider war Kommunist und der spätere Bürgermeister.

236

Reinhold Freiherr v. Lüdinghausen-Wolff auf Glossen

Das Rittergut Glossen liegt im Kreis Löbau in der sächsischen Oberlausitz. Es war Familienbesitz seit 1869. Es hatte eine Größe von ca. 300 ha mit überwiegend gutem Ackerboden.

Zur Familie des letzten Eigentümers gehören:

Ferdinand Bernd R e i n h o l d Freiherr v. L ü d i n g h a u s e n gen. W o l f f, * Gumbinnen 10. 2. 1900, † La Tour de Peilz, Schweiz, 14. 2. 1988, auf Glossen (§), Kr. Löbau, Bankdir. i. R., Kgl. preuß. Lt a. D., Major d. Res. a. D., Honorarkonsul von Paraguay, ESenator d. TH Hannover, ERr d. JohO.; ⨯ I. Oberstdorf 23. 4. 1938 Marita S e i d e l, * Aachen 23. 10. 1912, † Stuttgart 17. 6. 1955 (gesch. Kempten 11. 10. 1948), T. d. Bankdir. Walter S. u. d. Wilhelmine Senff; ⨯ II. Buenos Aires 18. 2. 1949 Mara P e r r e t, * St. Petersburg 11. 8. 1898, † La Tour de Peilz, Schweiz, 22. 1. 1986, T. d. Prof. für Philologie u. Kais. russ. WStRats Charles Fréderic P. u. d. Mathilde Heinecke.

Kinder erster Ehe:

1. Bernd Reinhold J ö r g, * Dresden 28. 4. 1939, DiplKaufm., Bankdir., Oberst d. Res. ; ⨯ I. Schwetzingen 19. 9. 1970 Elsbeth S c h ä f e r, * Heidelberg 11. 12. 1940 (gesch. Darmstadt ... 3. 1976), T. d. Ing. u. Fabrikanten Erich Sch. u. d. Emmi Schmitt; ⨯ II. Oberstdorf 3. 9. 1978 Gisela K ö r t i n g, * Gleiwitz 12. 12. 1949 (gesch. ...).

2. I n g r i d Martha, * Prag 14. 11. 1940, DiplPäd., führt wieder ihren Geburtsnamen; ⨯ Hamburg 2. 8. 1967 Ulrich (Uli) R e c h e n b e r g e r, * Dresden 19. 1. 1940, Ing. (gesch. Freiburg 20. 8. 1975).

In seinen sehr ausführlichen Lebenserinnerungen hat Reinhold Freiherr v. Lüdinghausen auch die Jahre vom Ende des Zweiten Weltkrieges und unmittelbar danach beschrieben. Der nachstehende Bericht ist diesen Lebenserinnerungen entnommen.

Im April 1945 war der totale Zusammenbruch Deutschlands auf allen Kriegsfronten in vollem Gange. Von allen Seiten drangen die russischen, amerikanischen, englischen und französischen Armeen in das Innere Deutschlands. Im Süden entlang dem Bodensee und der Schweizer Grenze, wo französische Truppen vorrückten, war die Kampftätigkeit gering. Es genügte schon das Feuer einiger deutscher MGs, um ihren Vormarsch auf Stunden zum Stehen zu bringen.

Auf Befehl des Oberquartiermeisters der Heeresgruppe war ich im Grenzgebiet Vorarlberg - Schweiz auf der Suche nach einsatzfähigem Kriegsmaterial und hatte die Genehmigung, diese Erkundungen vom Standort Oberstdorf aus zu machen, wo sich meine Familie im Hause meiner Schwiegereltern befand. Ich hatte mir vorgenommen, möglichst in französische Kriegsgefangenschaft zu gehen. Mit meinen guten französischen Sprachkenntnissen würde ich mich dort schon arrangieren und den Lauf der Ereignisse abwarten können. So blieb ich in Oberstdorf und erwartete im "Haus am Hang" auf dem Plattenbichl die kommenden Dinge. Am Tage vor ihrem Einrücken unternahmen die Franzosen noch einen sinnlosen Luftangriff mit drei Jabos auf eine kleine Fabrik, die 500 m von unserem Haus entfernt lag. Zwei Bomben fielen in unseren Garten, wo sie große Krater aufrissen. Auf das Gebrumme der Flugzeuge wollte unser sechsjähriger Sohn Jörg gerade in den Garten laufen, um zu sehen, was vorfiel. Er kam mit dem Schrecken davon.

Drei Tage nach der Besetzung von Oberstdorf erließen die Franzosen unter Androhung der Todesstrafe den Befehl, daß alle früheren Wehrmachtsangehörigen sich zu stellen hätten, auch wenn sie schon entlassen worden waren. Darauf begab ich mich in Uniform zur Kommandantur, wo ich zum Kriegsgefangenen erklärt wurde. Die so "gefangenen" 50 Offiziere wurden in einem Hotel mit Selbstverpflegung untergebracht, so daß wir mit baldiger Freilassung rechneten. Über das Radio erfuhren wir, daß sich Hitler in der Reichskanzlei erschossen hatte, und daß Berlin gefallen sei.

Eines Morgens kam der Befehl: "Um 12 Uhr Abmarsch in die Kriegsgefangenschaft!" Von Marita konnte ich nur durchs Fenster im ersten Stock des Hotels Abschied nehmen. Ich wußte sie mit den Kindern bei der Omi in guter Obhut. Mit Ledermantel, Rucksack und kleinem Handkoffer marschierte ich ab. Abends wurden wir mit ca. 1000 Mann auf einem Sportplatz in Immenstadt eingesperrt. Als die Sterne am Himmel standen, sangen einige Gebirgsjäger mehrstimmig das Lied: "Heimat, deine Sterne." Die Wachposten schrien "silence" und schossen in die Luft, aber unbeirrt sangen die Gebirgsjäger weiter.

Am nächsten Tag ging es bis Isny und am folgenden nach Lindau, wo die Offiziere in der Bayerischen Staatsbank untergebracht wurden. Weiter ging es in offenen Güterwagen nach Tuttlingen, wo wir ohne Verpflegung drei Tage und Nächte im Freien lagen. In halsbrecherischer Fahrt fuhren uns amerikanische Neger mit Sattelschleppern durch den Schwarzwald nach Kehl, von wo aus wir über die Rheinbrücke und durch Straßburg, dessen Bevölkerung uns beschimpfte, zum Bahnhof marschierten. Nach einer Nachtfahrt in geschlossenen Güterwaggons landeten wir in Vaucouleurs an der Maas. In einem alten Gutshaus neben einer verschmutzten Gießerei war hier ein Offizierslager für 500 Mann eingerichtet. In der ersten Zeit schossen die Posten von ihren Wachttürmen fast jede Nacht in das Lager, wenn sie glaubten, einen Gefangenen sich bewegen zu sehen. Wir beklagten drei Tote und einige Verwundete. Als das Lager verkleinert wurde, kam ich mit zwölf anderen Offizieren in eine Stube voller Wanzen. 38 Wanzen in einer Nacht war meine höchste Strecke. Die Verpflegung war miserabel. Alle magerten zum Skelett ab, und einigen wurde diese gewaltsame Entschlackungskur zum Verhängnis, ich verlor in dieser Zeit 40 Pfund. Im September griff das Schweizer Rote Kreuz ein und lieferte große Mengen Hülsenfrüchte. Ausgehungerte Kameraden verschlangen solche Mengen, daß sie Magen- und Darmkoliken bekamen, an denen zwei starben.

Jeden Monat wurden wir einmal "gefilzt". Geld zu besitzen war verboten. In meinem oft erprobten Versteck zwischen meinen Einlagen und den Stiefelsohlen rettete ich meinen eisernen Bestand von fünf Goldstücken.

In den ersten Monaten erhielten wir keine Zeitungen, so daß wir über die Lage in Deutschland und der Welt nur Gerüchte hörten. Besonders schlimm war, daß wir keine Postverbindung zu unseren Familien hatten, vor allem für die Ostdeutschen.

Erst im Juli durften wir über das Rote Kreuz in Genf eine Postkarte mit 50 Worten schreiben, auf die ich Ende August die ersehnte Antwort von Marita erhielt. Um körperlich und geistig wieder fit zu werden, entschloß ich mich zu arbeiten, obwohl das für Offiziere nicht üblich war. Mit 50 jüngeren Kameraden verrichteten wir Erdarbeiten für einen schon lange geplanten Sportplatz. Unser Lohn war ein zusätzliches Mittagessen. Als dann der Befehl kam, das Lager Vaucouleurs aufzulösen und nach Baccarat zu verlegen, durften die bei öffentlichen Arbeiten Beschäftigten in Vaucouleurs bleiben. Da der Stadtplan des Ortes aus dem Jahre 1855 stammte, wollte der Maire einen neuen aufnehmen lassen. Mit zwei Landmessern und zwei Architekten und mir als Dolmetscher übernahmen wir diese Arbeit.

Vaucouleurs ist ein altes Städtchen von 1800 Einwohnern im Tal der Maas gelegen. Schon 1212 schlossen dort Philipp II. von Frankreich und der Stauffer Friedrich II. einen Vertrag. Historisch berühmt wurde es 1427, als die Jungfrau von Orleans mit König Karl VII. über Vaucouleurs nach Chinon ritt. Das Tor, durch das sie kam, heißt jetzt "Porte de France" und ist das bedeutendste Denkmal von Vaucouleurs. Bei meiner Arbeit geriet ich eines Tages im Dachgeschoß des Rathauses an einen großen Haufen Bücher, die alle vor 1914 gedruckt waren. Ich erfuhr, daß die Amerikaner 1917 im Rathaus ein Feldlazarett eingerichtet hatten, und daß die Bücher, da sie alle Räume benötigten, auf den Boden gebracht wurden. Da sich niemand gefunden hatte, sie zu sortieren und zu registrieren, ruhten sie dort seit fast 30 Jahren. Mein Angebot, diese Arbeit zu übernehmen, wurde gern akzeptiert und ich hatte reichlich Lesestoff und zugleich Heizmaterial für unseren Kanonenofen, da ich Bücher mit deutschfeindlichem Inhalt zum Feuertod verurteilte. Als alles fertig war und noch ca. 200 neuzeitlichere Bücher, die ich vorgeschlagen hatte, angeschafft waren, übernahm ich die Verwaltung der Bibliothek und beriet die Interessenten, die Bücher ausleihen wollten. Dabei bekam ich Kontakt zu allen Bevölkerungskreisen. Damals bewegte ich mich schon in Hose und Windjacke aus US-Heeresbeständen, die billig verkauft und von Arbeitern viel getragen wurden, so daß ich nirgends auffiel. Unsere Post wurde immer noch zensiert. Von Marita hatte ich erfahren, daß das Haus in Oberstdorf für die Amerikaner requiriert war, und daß sie als Untermieterin in einem Bauernhaus wohnte. Über die Situation in Deutschland informierte ich mich jedoch aus französischen Zeitungen. So hörte ich, daß die Wirtschaft darniederlag und daß großer Mangel an Lebensmitteln und Waren herrschte. Das Anlaufen vieler Prozesse gegen frühere Nazis und Wirtschaftsführer verhieß mir nichts Gutes.

Ende Februar 1946 kam überraschend der Befehl, daß ich in das Lager Bar-le-Duc zu überstellen wäre. Da ich mit baldiger Rückkehr rechnete, nahm ich nur wenige Sachen und mein Geld in den Schuhen mit. Der Maire fuhr mich mit seinem Auto nach Bar-le-Duc, wo ich erfuhr, daß ich von einer Pariser Stelle zur Vernehmung verlangt werde. Ich kam in das Gefangenenlager Noisy-le-Sec in einem alten Fort von Paris. Dort herrschten erschütternde Zustände, fast täglich ereigneten sich Selbstmorde. Von den etwa 30 Offizieren, die dort waren, versuchte man Aussagen zu erpressen entweder, um sie als Kriegsverbrecher zu überführen, oder um militärische Geheimnisse zu erfahren. Auf meiner Sechsmannstube lag z. B. ein Marineoberleutnant, von Beruf Lebensmittelchemiker, der als Kommandant eines

Schnellbootes in Lorient in Gefangenschaft gekommen war. Seit zwei Monaten wurde er über die Zusammensetzung des Treibstoffes der V2 vernommen, mit dem er nie etwas zu tun gehabt hatte.

Nach wenigen Tagen wurde ich zur Lagerleitung gerufen. Ein Capitaine gab mir die Hand und stellte sich vor. Ich schloß daraus, daß nichts Gravierendes vorlag. Zunächst fragte er nach meinem militärischen und beruflichen Lebenslauf, der ihm gut bekannt war. Dann legte er mir eine Konstruktionszeichnung vor und frug, was sie darstelle. Ich antwortete, daß ich kein Ingenieur sei und dies nicht wisse. Dann brachte er das Gespräch auf die Tschechoslowakei und ich gewann den Eindruck, daß die Franzosen über die Rüstungsproduktion dieses Landes wenig wußten. Und dann legte er mir eine andere Zeichnung vor und stellte die gleiche Frage. Ich erwiderte: "Ich weiß das nicht, aber vielleicht können Sie mir sagen, was diese darstellt." Die Antwort lautete: "Ein besonders wichtiger Teil der V2." Nun galt es schnell und richtig zu reagieren, damit es mir nicht so ginge, wie meinem Stubenkameraden. Ich sagte: "Nie habe ich mit der V2 zu tun gehabt. Ich war aber längere Zeit Abteilungsleiter bei der Rüstungsinspektion Prag und kenne in der Tschechoslowakei alle diesbezüglichen Fabriken und ihre Produktion an Kriegsmaterial. Wenn es Sie interessiert, kann ich hierüber ein Exposé machen und die wichtigsten Werke in eine Karte einzeichnen." Diese Angaben konnte ich unbedenklich machen, denn sie betrafen ja nicht Deutschland, sondern die Verbündeten der Franzosen. Zwei Tage später brachte der Capitaine Karten der Tschechei 1:200.000 und ersuchte mich, die Ausarbeitung zu machen. Eine Woche lang arbeitete ich täglich acht bis zehn Stunden, da ich noch vor Ostern in Vaucouleurs zurück sein wollte. Nach Überprüfung meiner fertigen Arbeit erschien der Capitaine am Gründonnerstag wieder und sagte: "Wir danken Ihnen für Ihr Exposé. Ich habe den Auftrag, Ihnen mitzuteilen, daß Sie frei sind."

Eine bevorzugte Entlassung wollte ich unter keinen Umständen, denn sie wurde nur Denunzianten und Verrätern zuteil, und die Betreffenden wurden mit tödlicher Verachtung gestraft, und mir wäre es kaum möglich gewesen, die Besonderheit meines Falles zu beweisen. Daher antwortete ich: "Besten Dank! Ich habe aber nur den einen Wunsch, noch vor Ostern nach Vaucouleurs zurückzukommen, um dort meine Arbeiten zu vollenden." Mein Wunsch wurde erfüllt, und am Ostersamstag traf ich abends wieder dort ein. Von den Bewohnern wurde ich mit Freude begrüßt.

Oft saß ich des Abends auf der Anhöhe neben der Porte de France und meine Gedanken gingen zu meiner Familie und nach Glossen. Wann würde ich diese wiedersehen? Und ich dachte an meine Mutter, die ich Ende 1944 zum letzten Mal gesehen hatte, als ich ihr eine Fahrgelegenheit von Glossen nach Gelnhausen zu meinem Bruder verschaffen konnte. Und von Glossen hatte ich Mitte März 1945 endgültigen Abschied genommen.

Die Vermessungs- und Planungsarbeiten gingen weiter, aber von Aussichten auf eine normale Entlassung war nichts zu hören. Deshalb bat ich die mir bekannte Dienststelle in Paris, mich Ende September 1946 zu entlassen, und ich war glücklich, als mir dies zugesagt wurde. Ich gab Baden-Baden als Entlassungsort an, da ich hoffte, dort bei einer befreundeten Familie Aufnahme zu finden. Der Maire von Vaucouleurs stellte mir ein glänzendes Zeugnis zum Abschied aus.

Ende September 1946 fuhr ich mit einem Kurieroffizier nach Baden-Baden, wo er mir auf dem Bahnhof sagte: "Sie sind frei und können hingehen, wohin Sie wollen." Wie erhofft, fand ich bei Gertrud Lequis, der Witwe meines Freundes, ein Heim, wo ich in dieser schweren Zeit bis Dezember 1947 bleiben durfte. In ihrem großen Obstgarten konnte ich mich nützlich machen. Für mich war es ein besonderer Glücksfall, daß in ihrem Haus der Chef der Geheimpolizei (Sûreté) einquartiert war, denn der Zuzug in die französische Besatzungszone bedurfte der Genehmigung der Besatzungsbehörden. Als ich ihm das Schreiben des "Kommandanten der Kriegsgefangenen" von Paris und mein Zeugnis des Maire von Vaucouleurs vorlegte, sagte er mir zu, alles für mich zu regeln. Ich blieb mit ihm in guter Verbindung, und gelegentlich holte er meine Ansichten ein über verschiedene Fragen, so über die Gefahr von Aufständen oder Sabotagen in der französischen Zone, worüber sie sehr besorgt waren.

Er führte mich auch zu einer französischen Dienststelle, die Verbindung zu deutschen Industriellen und Ingenieuren suchte, die zur Zusammenarbeit mit der französischen Industrie bereit waren. Ich erkannte, daß dies ein geeigneter Job für mich war. Für meine Bemühungen erhielt ich Ersatz meiner Reisekosten und reichlich Lebensmittelkarten, die ich für meine Familie und Gertrud Lequis gut gebrauchen konnte. Daneben versuchte ich, mir ein Bild über die Lage unseres aus so vielen Wunden blutenden Vaterlandes zu machen. Das Ergebnis war trostlos. Die Verwaltung lag in den Händen der vier Besatzungsmächte, die Demontagen gingen weiter, nur wenige Fabriken hatten Rohstoffe, um die notwendigsten Konsumgüter herzustellen, überall war Kohlen- und Brennstoffmangel und die Jagd nach früheren Nazis und Wirtschaftsführern war weiter im Gange.

Auf meinen Reisen besuchte ich auch Max Bardroff, der damals die Geschäfte der Dresdner Bank in Düsseldorf, umbenannt in Rhein-Ruhr-Bank, mit leitete. Von allen ehemaligen Kollegen der Dresdner Bank war er mein einziger wahrer Freund. Er riet mir, noch einige Zeit im Hintergrund zu bleiben und nicht gleich wieder einen leitenden Posten in der Dresdner Bank anzustreben. Auch alle anderen, die ich besuchte, äußerten sich sehr pessimistisch, glaubten nicht an eine baldige wirtschaftliche Belebung und sagten unserer RM-Währung eine Inflation wie 1920 bis 1923 voraus. Es bestand also für mich in absehbarer Zeit keine Aussicht, wieder in der Bank arbeiten zu können.

Tief bewegend war das Wiedersehen mit meiner 78 Jahre alten Mutter, die als Flüchtling mittellos bei unserem jüngsten Bruder Ferdi lebte. Sie erhielt damals noch keine Pension, ihre Bankkonten in Dresden waren gesperrt und ihren gesamten Schmuck hatte sie beim Bombenangriff auf Dresden verloren. Ohne zu klagen ertrug sie ihr Schicksal und war glücklich über das Wiedersehen mit mir. Weihnachten 1946 war ich zwei Tage in Oberstdorf bei meiner Familie. Trotz aller Einschränkungen war es ein freudiges Weihnachten, da wir es erstmals seit drei Jahren wieder zusammen verleben konnten.

Anfang Februar 1947 traf ich mich in München mit Walter Teichmann, der Material für die Verteidigung der in Nürnberg angeklagten Personen sammelte. Ausführlich besprachen wir die Anklagen wegen unserer Tätigkeit in der Tschechoslowakei, und ich konnte viele Hinweise auf Entlastungsmaterial geben. Seine Frage, ob die Amerikaner mich suchten, konnte ich verneinen. Ich wußte weder während meiner Gefangenschaft, noch in Baden-Baden oder Oberstdorf von Nachforschungen nach mir.

Von München fuhr ich am 12. Februar 1947 nach Oberstdorf, wo ich spätabends eintraf. Am nächsten Morgen, einem Sonntag, klingelte es um acht Uhr, ein deutscher Polizist fragte nach mir. Er sagte, daß die US-Militärverwaltung in Augsburg mich sprechen wolle. Ich erwiderte: "Heute ist Sonntag, da arbeiten die Amis nicht. Kommen Sie morgen wieder, ich gebe Ihnen mein Ehrenwort, daß ich hierbleibe." Zu meinem Glück ging er nicht darauf ein und bestand darauf, daß ich mich fertigmachen solle, um ihn zu begleiten. Nun wußte ich, daß es ernst war, und die nächsten drei Stunden waren die aufregendsten meines Lebens. Ich war gewillt zu fliehen und mußte blitzschnell handeln. Wegen der winterlichen Kälte zog ich mich warm an und steckte den Schlüssel zur Hintertür ein. Dann ging ich mit dem Polizisten zur inneren Vordertür, die einen besonders starken automatischen Türschließer besaß. Ich komplimentierte ihn als ersten hinaus, ließ die Tür los, die krachend ins Schnappschloß fiel, so daß er zwischen der verschlossenen inneren und äußeren Haustür stand. Mit ein paar Sätzen war ich an der Kellertür, schloß sie hinter mir ab und verließ das Haus durch die Hintertür, die ich ebenfalls wieder abschloß.

Nun stand ich im Freien, mit eiligen Schritten entfernte ich mich vom Dorf weg in Richtung Plattenbichl. Oben angekommen legte ich eine Verschnaufpause ein und überlegte - wohin nun? Bei einem amerikanischen Oberst, den wir gut kannten, lebte die verwitwete Tochter des früheren Generalstabschefs, Generaloberst Beck, der am 20. Juli erschossen worden war. Sie war aber nicht da, und mir öffnete die Frau des Obersten, die mich gleich fragte: "Was haben Sie, Sie sehen so verstört aus?" Ich erwiderte: "Ich habe ein Telegramm bekommen, daß meine Mutter schwer erkrankt ist. Heute am Sonntag gehen aber auf der Nebenstrecke Oberstdorf - Immenstadt keine Züge. Ich suche eine Fahrgelegenheit nach Kempten." Sie unterrichtete ihren Mann, und als dieser aufstand und sagte: "O. k., ich fahre Sie nach Kempten." wäre ich ihm fast um den Hals gefallen. Vorbei an unserem Haus, vor dem drei diskutierende Polizisten standen, ging es nach Kempten, wo mich der Oberst mit guten Wünschen am Bahnhof absetzte.

Als er außer Sichtweite war, marschierte ich in Richtung Memmingen. Zum Glück hielt unterwegs ein Pfarrer an und nahm mich bis dorthin mit. Nun waren es nur noch wenige Kilometer bis zur Eisenbahnbrücke über die Iller, die dort die Grenze zur französischen Zone bildete. Dank meiner einwandfreien Papiere wurde ich durchgelassen, und im Gasthof des nächsten Dorfes erholte ich mich erst einmal von all den Aufregungen.

Die französische Zone konnte ich jetzt nicht mehr verlassen und war in meiner Reisetätigkeit daher sehr eingeschränkt. Natürlich konnte ich auch nicht mehr nach Oberstdorf und traf mich mit Marita verschiedentlich am Bodensee oder in Baden-Baden. Es waren nette Tage, aber ich spürte eine wachsende Entfremdung zwischen uns. Unsere finanzielle Lage hatte sich weiter verschlechtert, die Bankkonten waren gesperrt, meine Verdienstmöglichkeiten äußerst gering, alle Zukunftsaussichten ungewiß. Als ich Marita vorschlug, uns pro forma scheiden zu lassen, um ihre Konten freizubekommen, stimmte sie sofort zu. Der mir befreundete Anwalt Dr. Grzimek in Ravensburg übernahm den Scheidungsprozeß, bei dem

242

ich die Schuld auf mich nahm. Meine Lage verschlechterte sich weiter. Die Sûreté teilte mir mit, daß die amerikanische Militärverwaltung mich suche. Sie habe geantwortet, daß ich in Baden-Baden unauffindbar wäre, aber auf die Dauer könne sie mich nicht schützen. Man riet mir, für einige Monate nach Frankreich zu gehen, die Aufenthaltsgenehmigung würde mir erteilt werden. Aber wovon sollte ich dort leben? In Nürnberg liefen noch die Prozesse gegen die Vorstandsmitglieder der Dresdner Bank. Nach Behauptung des Militärgerichts war der Einmarsch in die CSR eine Kriegshandlung, bei der aber nicht geschossen wurde. Mein Auftreten in Uniform bei den Kaufverhandlungen von Aktienpaketen wäre daher nach der Haager Landkriegsordnung zu verurteilen, da ich dadurch militärischen Druck ausgeübt hätte. Dieses Damoklesschwert hing damals also über mir, wenn man mich in Nürnberg vor Gericht gestellt hätte. Wie das Urteil der von Deutschenhaß getriebenen Richter gelautet hätte, ist ungewiß.

Bei einem Aufenthalt in Paris lernte ich Ende November 1947 durch Herrn v. Maltitz eine argentinische Kommission kennen, die Fachleute aller Wirtschaftssparten für Argentinien suchte. Ich nutzte die Gelegenheit, um zu studieren, ob ich mir dort ein neues Leben aufbauen könne. In den Tagen um Weihnachten 1947 mußte ich eine grundlegende Entscheidung treffen. Marita, die inzwischen die Scheidung eingereicht hatte, lehnte es ab, mit nach Argentinien zu kommen. Meine Vermögenslage war trostlos, an disponiblen Werten besaß ich 2000 Dollar, die politische Lage beurteilte ich äußerst kritisch und befürchtete ein weiteres Vordringen des Kommunismus. Die Argentinier boten neben freier Reise einen Arbeitsvertrag für drei Jahre und Möglichkeiten, Privatgeschäfte durchzuführen. Nach reiflicher Überlegung entschloß ich mich, nach Argentinien zu gehen.

In der Nacht vom 21. zum 22. Dezember 1947 schlief ich das letzte Mal in Paris und fuhr am Abend mit dem Nachtzug nach Marseille. Am nächsten Tag ging es weiter nach Genf, wo ich mich mit meinen früheren Glossener Nachbarn, Loebenstein, in Verbindung setzte. Sie nahmen mich mit offenen Armen auf, und ich verbrachte die Weihnachtszeit bei ihnen. Loebensteins wollten auch nach Südamerika auswandern und hatten schon die Einreisegenehmigung nach Paraguay und die Schiffspassagen nach Buenos Aires.

Am 2. Januar 1948 fuhr ich nach Bern. Dort suchte ich die argentinische Kommission auf, wo ich die Flugkarte und etwas Bargeld erhielt. Am 7. Januar bestieg ich in Genf eine DC 4 der SAS und reiste mit Zwischenlandungen in Lissabon, Dakar, Recife, Rio de Janeiro, Montevideo nach Buenos Aires.

* * *

Reinhold v. Lüdinghausen-Wolff hat mit wechselndem wirtschaftlichen Erfolg fünf Jahre in Argentinien und Paraguay verbracht. Er vermählte sich ein zweites Mal mit Mara Perret am 18. Februar 1949 in Buenos Aires. Als sich die wirtschaftlichen Verhältnisse in der Bundesrepublik Deutschland gebessert hatten, ging er 1953 dorthin zurück und wurde Direktor bei der Dresdner Bank Hannover. Nach seiner Pensionierung lebte er in der Schweiz.

Siegfried und Margaret v. Lüttichau auf Bärenstein und Kittlitz

Das Lüttichausche Stammgut Bärenstein (vorm. Fiedeikommiß) liegt in der Amtshauptmannschaft Dippoldiswalde. Es hat eine Größe von 930 ha, überwiegend Wald mit 720 ha, Feld und Wiesen mit 210 ha. Das alte Schloß Bärenstein liegt auf einem Felsen über dem Müglitztal im Erzgebirge.

Das Rittergut Kittlitz, Amtshauptmannschaft Löbau in der Oberlausitz, besaß dagegen kaum Wald, seine 300 ha bestanden überwiegend aus landwirtschaftlicher Nutzfläche. Kittlitz kaufte Margaret v. Lüttichau aus ihrem amerikanischen Vermögen 1908, als sie in erster Ehe mit dem Rittmeister z. D. Hugo Freiherr v. Salza (gestorben 1909) verheiratet war.

Beide Güter wurden von Siegfried v. Lüttichau verwaltet.

Zur Familie des letzten Eigentümers gehören:

> Siegfried Hannibal Erich Curt v. Lüttichau, * Dresden 15. 8. 1884, † Bad Godesberg 14. 7. 1959, auf Bärenstein (§) (vorm. Fkm.), Kgl. sächs. Rittmeister d. Res. a. D., Kommendator d. sächs. Genossenschaft d. JohO.; ✕ Dresden 16. 7. 1913 Margaret Soutter, * New Brighton, Staten Island, N. Y., USA, 24. 2. 1880, † Bad Godesberg 29. 1. 1967, auf Kittlitz (§) bei Löbau, Sachsen (✕ I. Dresden 12. 6. 1901 Hugo Frhr v. Salza u. Lichtenau, † Dresden 16. 8. 1909, Kgl. sächs. Rittmeister z. D.), T. d. Bankiers William Knox S. u. d. Louise Anna Meyer.
>
> Kinder:
>
> 1. Hannibal Siegfried Wolff Curt, * Dresden 2. 2. 1915, Major a. D., Ld- u. Forstwirt, RRr d. JohO., Vors. d. FamVerb., Präs. d. Deutschen Burgenvereinigung e. V.;
> ✕ (standesamtl.) Helpup/Lippe 17. 9., (kirchl.) Stapelage 18. 9. 1943 Angelika Haniel, * Wistinghausen bei Oerlinghausen/Lippe 23. 8. 1922, T. d. Friedhelm H. auf Wistinghausen u. d. Alice Bloem.
>
> 2. Margarethe Johanna Sophie, * Dresden 20. 9. 1917; ✕ Schloß Bärenstein 14.6.1941 Ferdinand Gf v. Bismarck-Osten, * Charlottenburg 20. 12. 1909, auf Heydebreck u. Piepenburg (§), bei Plathe, u. Woblanse (§), Kr. Rummelsburg, Pomm., Dr. sc. pol., Dipl-Volkswirt, staatl. gepr. Ldwirt, Vortr. LegRat 1. Kl. a. D.
>
> 3. Siegfried Hannes Lothar, * Dresden 8. 8. 1919, † Krefeld 27. 7. 1992, Vors. Richter am Ldger. i. R., Kommendator der sächs. Genossensch. d. JohO.; ✕ Wendlinghausen 13. 7. 1950 Edelgard v. Reden, * Wendlinghausen 12. 1. 1915, Dr. med., Fachärztin f. innere Krankheiten (✕ I. Wendlinghausen 9. 5. 1940 Wolf-Heinrich Frhr v. Houwald, ✕ Margate, Themsemündung, 24. 7. 1940, Hptm. der Luftw., Kmdr einer Jagdfliegergruppe), T. d. Fstl. lipp. Khrn Otto v. R. auf Wendlinghausen u. d. Martha Freiin v. Werthern.

Über die Ereignisse von 1945/46 und die Enteignung des Besitzes hat Siegfried v. Lüttichau einen Bericht geschrieben, den sein Sohn Siegfried v. Lüttichau dem Schicksalsbuch zur Verfügung gestellt hat. Nachstehend ein Auszug daraus:

Im Herbst 1945 wurden im Zuge der "Bodenreform" im Lande Sachsen unsere beiden Rittergüter, das mir gehörende Bärenstein in der Amtshauptmannschaft

Dippoldiswalde und das meiner Frau gehörende Kittlitz in der Amtshauptmannschaft Löbau, entschädigungslos enteignet. Diese Enteignung erstreckte sich auch auf Besitztümer, die absolut nichts mit Land- oder Forstwirtschaft zu tun haben, wie z. B. ein Sägewerk, Gasthof, Markthalle, städtische Wohnhäuser und der ganze persönliche Besitz an Mobiliar und Kleidung.

So bin ich am 12. Oktober 1945 mit meiner Familie im Auftrage der Landesverwaltung vom kommunistischen Bürgermeister von Bärenstein und einem dortigen Polizeioffizier binnen 24 Stunden in eine kleine Zweizimmerwohnung im Ort evakuiert worden. Unter genau kontrollierter Beschränkung auf das Allernötigste durften wir sonst nichts mitnehmen. Alle Kulturgüter wie alte Möbel, Bilder, Bibliothek und Dokumente von unersetzlichem Wert mußten zurückgelassen werden.

Ich bin ein anerkannter Gegner des Dritten Reiches gewesen, war 1934 vor einem Sondergericht in Freiberg angeklagt und bin aus allen meinen öffentlichen und leitenden Ämtern in der Wirtschaft entfernt worden. Ich bekenne mich auch zu der Notwendigkeit einer gewissen Bodenreform, um bewährten Landwirten aus dem Osten sowie landarmen Bauern und Landarbeitern, die es verdienen, eine Existenzmöglichkeit zu geben. Aber das, was hier geschehen ist, hat mit einer Reform nichts zu tun. Wir wurden unserer gesamten Habe beraubt, weder mir, noch meiner Frau oder einem unserer Söhne ist auch nur ein Quadratmeter Boden von unseren beiden Gütern belassen worden, obwohl ich sie seit 1907 bzw. 1913 selbst anerkannt einwandfrei bewirtschaftet habe. Wir wurden schlimmer behandelt als Verbrecher.

Am 19. Oktober 1945 wurden meine Frau mit unserem durch spinale Kinderlähmung auf einem Bein gelähmten und soeben aus Kriegsgefangenschaft zurückgekehrten jüngsten Sohn in Bärenstein, und ich am 24. Oktober in Kittlitz bei Löbau verhaftet. Wir durften keinerlei Gepäck mitnehmen, da es angeblich nur zu einer Vernehmung ging. Aber dann fanden wir uns zusammen wieder in einem Lager in Dresden, in dem wir bis zum 29. Oktober blieben. Da erfolgte der Abtransport von ca. 800 Personen, darunter Frauen mit vier bis fünf Kindern jeglichen Alters, Kranken im Rollstuhl und Greisen bis zu 88 Jahren per Eisenbahn in Viehwagen. Mit zwei kleinen Bund Stroh zu 50 Personen in einem Wagen ging die Fahrt nach der Insel Rügen. Sie dauerte fünf Tage und nur einmal wurde für diese Zeit Verpflegung von 200 g Brot pro Kopf verteilt. Auch bei stundenlangen Aufenthalten blieben die Wagen geschlossen, und die Inhaftierten durften nur selten die Wagen verlassen, um unter Aufsicht der Polizei ihre Notdurft zu verrichten. Auch Wasser durfte höchstens einmal in 24 Stunden geholt werden. Von den uns begleitenden Polizisten wurden wir als der Abschaum der Menschheit bezeichnet, bei jeder Gelegenheit mit den übelsten Schimpfworten belegt und sogar geschlagen.

In Stralsund mußten wir aussteigen und zu Fuß über den Rügendamm zur Insel gehen. Gepäck, das man nicht tragen konnte, mußte zurückgelassen werden. Wie wir später hörten, wurde es von den sächsischen Polizisten erbrochen und ausgeplündert. Sie wurden von der Stralsunder Polizei teilweise dafür verhaftet.

An sich durften wir uns auf der Insel Rügen nun frei bewegen, sie war aber so durch Flüchtlinge überfüllt, daß sie keine Möglichkeiten für Unterkunft und Verpflegung bot, geschweige denn Platz für eine Siedlung, die man uns in Aussicht gestellt hatte. Die meisten von uns wurden wie Flüchtlinge behandelt, das heißt in ganz primitiven Massenunterkünften untergebracht und einmal am Tag mit einem Teller dünner Suppe beköstigt. Ohne Genehmigung der Russen durfte niemand Rügen verlassen. Vermutlich war das der Grund, warum wir gerade dorthin gebracht worden waren.

Vom Rüger Landrat wurden wir als Neusiedler bezeichnet, und es wurden uns drei Hektar Land zugesagt. Zunächst kamen wir für einige Tage in das leere, unheizbare Barackenlager des ehemaligen KdF-Bades. Dann wurden wir auf Ortschaften verteilt. Wir kamen mit einigen anderen nach Putbus, wo wir wegen Überfüllung mit Flüchtlingen weder verpflegt, noch untergebracht, geschweige denn angesiedelt werden konnten. So ist es den meisten Leidensgenossen gegangen. Ich habe mich mit Frau und Sohn auf eigene Faust untergebracht. Wir hatten keine Lebensmittelkarten und waren darauf angewiesen, von freundlichen und verständnisvollen Menschen beköstigt zu werden. Der Gesundheitszustand meiner 65jährigen und laut ärztlichem Attest leidenden Frau und unseres gelähmten Sohnes war so schlecht, daß ich den Aufenthalt in ungeheizten Flüchtlingsquartieren auf kaltem Fußboden, ohne Decken und warmer Bekleidung sowie ohne gesicherte Beköstigung nicht länger verantworten konnte.

Sowohl beim Landratsamt als auch bei der russischen Kommandantur beantragte ich, Rügen verlassen zu dürfen, um Frau und Sohn in fachärztliche Behandlung zu geben. Mein Antrag wurde genehmigt, und ich brauchte keinerlei Verpflichtung einzugehen, nach Rügen zurückzukehren, was nach den gemachten Erfahrungen Selbstmord bedeutet hätte. Ich habe mich also in keiner Weise strafbar gemacht.

Das Gesetz über die "Bodenreform" sah in keiner seiner Bestimmungen vor, die ehemaligen Besitzer um jedes Existenzminimum zu bringen. Es ist grausam und unmenschlich, sie zu Beginn des Winters ohne das Notwendigste an Bekleidung und Ausrüstung in einer gänzlich fremden Gegend ansiedeln zu wollen.

Unser Aufenthalt auf Rügen währte vom 3. bis 10. November 1945. Am 10. November erhielt ich beim Landratsamt in Bergen die entsprechenden Papiere und nach stundenlangem Warten von der russischen Kommandantur die erforderlichen Stempel. Am gleichen Abend verließen wir die Insel über den Rügendamm zur gleichen Zeit, als ein neuer Transport von Leidensgenossen aus Sachsen eintraf. Wir übernachteten in Stralsund sehr primitiv in einem leidlich erhaltenen Hotel am Bahnhof, wo wir zwar frieren mußten, aber bescheiden verpflegt wurden. Unser in Stralsund zurückgelassenes Gepäck hatte unser polizeiliches Begleitpersonal zwar ausgeplündert, dennoch fand ich noch einiges, das ich gegen Quittung erhielt.

Nach einer tagelangen Fahrt in fast fensterlosen Wagen trafen wir am 12. November abends auf dem Stettiner Bahnhof in Berlin ein. Diese Nacht in dem zerstörten, zugigen und kalten Bahnhof, in dem wir mit Tausenden von Menschen auf dem Steinfußboden der offenen Hallen auf unseren Rucksäcken saßen, war wohl die kälteste und daher schlimmste, die wir verbringen mußten. Früh um sieben Uhr trennten wir uns von unserem Sohn, der trotz seiner Lähmung den Weg nach Sachsen allein riskieren wollte.

Bepackt mit unseren drei Rucksäcken, begaben wir uns - Margaret und ich - zu Verwandten nach Berlin-Zehlendorf, wo wir sehr freundliche und fürsorgliche Aufnahme fanden. In den drei Wochen, die wir in Berlin blieben, sorgten wir in den Westsektoren sowohl beim katholischen wie auch beim evangelischen Bischof und auch bei anderen Stellen für Aufklärung über die Durchführung der "Bodenreform" in Sachsen. Überall begegneten wir großem Mitleid und Verständnis.

Am 7. Dezember 1945 war ich beim Magistrat in Berlin-Zehlendorf, um uns Ausweise nach der westlichen Zone zu verschaffen. Dort erfuhr ich, daß am Nachmittag um 17 Uhr ein offizieller Flüchtlingszug vom Schlesischen Bahnhof Berlin nach dem Westen gehen sollte. Ich erhielt Zulassungskarten und pünktlich waren meine Frau und ich, je beladen mit einem Rucksack und zwei Gepäckstücken in den Händen, am in der sowjetischen Zone gelegenen Bahnhof. Zusammen mit ca. 2400 anderen Flüchtlingen warteten wir bei sechs Grad Kälte dort vor den Toren des Güterbahnhofes, später in einer offenen Halle, bis gegen ein Uhr in der Nacht die Verladung begann. Außer einigen geschlossenen Güterwagen für Frauen mit Kinderwagen, bestand der Zug nur aus Personenwagen 3. Klasse ohne Fenster. Nach 48 Stunden, in denen der Zug nur von einem Bahnhof zum anderen verschoben wurde, waren wir immer noch in Berlin. So langten wir erst nach fünf Tagen, am 12. Dezember 1945, in Ilsenburg am Harz an. Unterwegs hatten wir etwa 50 Personen, meist in sterbendem Zustand, an Krankenhäuser abgegeben. Weitere ca. 1600 der Mitreisenden mußten in Flüchtlingslagern bleiben, da angeblich nur 800 Personen die Grenze zur englischen Besatzungszone passieren dürften.

Schon in Berlin hatte ich Kontakt zu unserem Transportführer gesucht. Er war ein in Sachsen geborener, jetzt in Berlin lebender Kommunist, dessen Tätigkeit es war, Flüchtlingstransporte zu leiten. Ihm hatten wir es zu verdanken, daß wir nach zwei Tagen den überfüllten eiskalten, fensterlosen Wagen verlassen durften und Plätze im Wagen der Transportführer bekamen. Dieser hatte als einziger Fenster und war durch Kanonenöfen geheizt, da einige Abteile durch Russen belegt waren, die den Transport begleiteten, um auf dem Rückweg Russen aus dem Westen zurückzubringen. Wir saßen, wenn auch eng gedrängt, mit netten Menschen aus dem Westen zusammen und genossen die Wärme. Das war unsere Rettung, denn auf die Dauer hätten wir mit unserer mangelhaften Bekleidung die große Kälte von fünf bis zwölf Grad kaum überstanden. Die armen Menschen froren auf diesem Transport furchtbar und versuchten, sich durch kleine offene Feuer sowohl in den Abteilen als auch draußen bei den langen Aufenthalten etwas zu erwärmen.

Die Fahrt dauerte so lange, weil die Russen häufig die Lokomotiven wegnahmen oder die Hergabe von Kohlen verweigerten. Zwar hatten die meisten von uns Brot und Aufstrich als Reiseproviant mit dabei, aber man entbehrte warme Getränke, die man nicht ein einziges Mal bekommen konnte. In Ilsenburg wurden wir auf die Gaststätten verteilt, endlich wieder einmal verpflegt und registriert.

Schon am nächsten Morgen ging es unter strenger russischer Bewachung in einem Fußmarsch von eineinhalb Stunden durch Stolbergschen Wald bei schrecklichem Glatteis zum britischen Zonenübergang. Ich hatte für uns und einige Bekannte Handwagen organisiert, so daß wir unser Gepäck nicht zu schleppen brauchten. Nun ging es in einem geheizten Zug weiter ein Flüchtlingslager nach Goslar, wo wir zunächst entlaust, und dann verpflegt und registriert wurden. Das Lager war ziemlich primitiv, hatte keinen Waschraum, aber die Verpflegung war gut und reichlich.

Da wir ja aus Sachsen ausgewiesen waren, war unser Reiseziel Wistinghausen in Westfalen-Lippe, ein Hanielsches Gut, auf dem unser ältester Sohn Hannibal mit seiner Familie lebte. Vor unserer Verhaftung hatten wir ja in einer kleinen Wohnung in Bärenstein gelebt, wo sich noch die bescheidene Menge an Hausrat, Kleidung und Mobiliar befand, die man uns seinerzeit zugebilligt hatte. Ein Bote, den ich hingeschickt hatte, um danach zu sehen und einiges mitzubringen, kam unverrichteter Dinge zurück. Über die Wohnung war anderweitig verfügt worden, und wir waren unserer allerletzten persönlichen Habe beraubt.

Aus Goslar ging schon am Morgen nach unserer Ankunft ein geschlossener Flüchtlingszug in Richtung Westen, der am Abend um 20 Uhr in Bünde, Westfalen, ein Ende nahm. Wir erreichten noch einen Anschlußzug nach Herford, wo wir die Nacht in einem überfüllten aber geheizten Wartesaal auf unseren Rucksäcken verbrachten.

Am nächsten Tag gelangten wir dann glücklich über Lage nach Wistinghausen, wo wir ein frohes Wiedersehen mit Sohn und Schwiegertochter sowie mit ihrem eineinhalbjährigen Sohn feierten, und wo wir eine liebevolle und fürsorgliche Aufnahme fanden.

Marie v. Minckwitz, geb. Gräfin v. Hohenthal

A l b e r t Wilhelm Bernhard Leopold v. M i n c k w i t z , * Dresden 8. 11. 1880, † Karlsbad 5. 9. 1943, Oberstlt a. D., ERr d. JohO.; ⚭ Püchau 25. 8. 1907 Maria Gfin v. H o h e n t h a l , * Wartenburg 16. 10. 1887, † Kassel 13. 12. 1961, T. d. Kgl. sächs. Khrn Carl Gf v. H. auf Püchau u. d. Maria Gfin v. der Schulenburg a. d. H. Vitzenburg.

Kinder:

1. W i l h e l m Rudolf Karl Albert, * Püchau 31. 7. 1908, ⚔ Allonsville bei Amiens, Frankr., 10. 5. 1940, DiplSportlehrer, OLt im SchützenRgt 3.

2. I l s e Klementine Karola, * Oschatz 7. 4. 1912; ⚭ Berlin 7. 2. 1942 Richard K e l l e r m a n n , * Berlin 5. 4. 1908, † Kassel 4. 10. 1978, Dr. med. prakt. Arzt.

3. E r a s m u s Erwin Peter Lothar, * Dresden 13. 11. 1913, Baumeister, Hptm. a. D., Vors. d. FamVerb.; ⚭ I. Berlin-Dahlem 28. 12. 1939 Marie v. L i l i e n f e l d , * Hamburg 28. 12. 1906 (gesch. ...; ⚭ I. London 31. 5. 1928 Walter Pabst v. Ohain, * Naumburg 16. 6. 1877, † Berlin-Dahlem 3. 6. 1938, Dir. der Pintsch A.-G., Oberstlt a. D.), T. d. Kgl. preuß. Kürassierlts Karl v. L. u. d. Marie Luise Freiin v. Tiesenhausen; ⚭ II. Essen ... 1965 Barbara R u d o l p h i , * Havelberg 9. 10. 1928.

4. M a x i m i l i a n Bernhard Benno Leopold, * Dornreichenbach 20. 9. 1920, ⚔ Tarussa, Rußld, 25. 10. 1941, Lt im ReiterRgt 13.

5. M o r i t z - A u g u s t Werner Nickel, * Dornreichenbach 30. 10. 1921, ⚔ Szirok, Matrageb., Ungarn, 30. 11. 1944, OGefr. im ReiterRgt 24.

Nach dem Tode ihres Mannes, der an den Folgen der "Behandlung" durch die Prager SS 1943 in Karlsbad gestorben war, und dem Verlust von drei ihrer vier Söhnen, die ihr Leben dem Vaterland hingegeben hatten, wohnte Maria v. Minckwitz zu Kriegsende auf dem Gut ihres Bruders in Börnichen bei Oederan. Ihr einzig überlebender Sohn, selbst auch schwer verwundet, Erasmus v. Minckwitz, hat für das Schicksalsbuch des Sächsischen Adels die Erlebnisse seiner Mutter niedergeschrieben.

Als sich die Amerikaner nach Westen zurückzogen, treckte meine Mutter quer durch Sachsen nach ihrer Heimat Püchau an der Mulde zwischen Wurzen und Eilenburg. Beim Start wollte sie die Truhe mit den Dokumenten der Familie mitnehmen. Mit Hilfe einer bei ihr einquartierten Flüchtlingsfrau schleifte sie die eiserne Truhe aus dem zweiten Obergeschoß über die Treppe vor die Haustür. Da kein Mann anwesend war, konnte niemand die Truhe auf den Wagen heben. So diente die gesammelte "Familie" ihr zum Besteigen des Milchwagens, mit dem sie dann die Strecke bewältigte. Erst wohnte sie noch kurze Zeit mit meiner Schwester, Ilse Kellermann, und deren Zwillingen im Schloß Püchau zusammen, bis mein Schwager, Dr. Kellermann, seine Familie abholte und die Kinder betäubt über die Zonengrenze bei Walkenried nach Kassel brachte. Die Russen hatten Mutter und Ilse in Ruhe gelassen, weil sich eine völlig alleinstehende Flüchtlingsfrau, die mit im Schloß wohnte, den Russen "aufopfernd" entgegenstellte, wenn diese mit "komm Frau" "Beute" machten.

Meiner Mutter wurde der Auszug aus dem Schloß "nahegelegt". Sie zog zu einem Bauern ins Unterdorf Püchau, bei dem das der Familie Hohenthal schon langjährig treu verbundene Fräulein M. Lange auch schon Unterkunft gefunden hatte. Mutters Bruder, Karl Graf v. Hohenthal, hatte sich noch rechtzeitig nach Loga, der Heimat seiner Frau, Vonty, geb. Gräfin Wedel, in Sicherheit bringen können. So war Mutter in ihrer Heimat noch die einzige Repräsentantin der Hohenthals. Mit dem beauftragten Forstdirektor Ziegler, später Professor an der Forstakademie Tharandt, besprach sie die Lage, insbesondere die Versorgung der Flüchtlinge im Schloß.

Nach einigen Wochen wurde meine Mutter nachts gewarnt, daß sie am nächsten Morgen verhaftet würde. So kam es. Sie stand bereit mit Rucksack, im Regenmantel und Motorradhose, am Koppel ein Brotbeutel. Zusammen mit anderen Bauern wurde sie nach dem Zuchthaus Colditz gebracht. Dort wurde sie von Ferdi Abendroth-Kössern als erstem begrüßt. Wieder nach Wochen, wurden die Insassen in geschlossene Güterwagen verladen und nach "Osten" abtransportiert. Durch das Weichengeräusch vermuteten die Eingepferchten, daß sie sich in einem großen Bahnhof befänden. Es gelang Mutter, eine auf den Rand eines Zeitungsblattes geschriebene Nachricht durch den Spalt an der Schiebetür nach draußen zu schieben. Dieser Zeitungsstreifen war die erste Nachricht von Mutter, die mich in Imbshausen erreichte. Ich hatte dort - selbst schwer kriegsbeschädigt - bei dem großherzigen Bauern, Herrn Hunzelmann, Aufnahme gefunden, als das Schloß für Polen und Tschechen geräumt werden mußte.

Mutters Transport ging weiter nach Stralsund und von dort weiter zur Insel Rügen. Zusammen mit anderen Sachsen wurde sie in den Baracken des ehemaligen KdF-Bades Binz untergebracht. Durch Zufall traf sie Dr. Bader, der die Witwe des Freiherrn v. Barnekow, geb. Freiin v. Pentz-Zwethau, geheiratet hatte. Baders halfen aufopfernd. Durch ihren pflegerischen Einsatz hatte sich Mutter eine schwere Diphtherie zugezogen. Dadurch war sie eine der letzten, die das Lager verlassen konnte. Mit Herz- und Kreislaufbeschwerden wurde sie über das Krankenhaus Stralsund ins Krankenhaus Eilenburg an der Mulde eingewiesen, das von einer Kusine Recke geleitet wurde. Diese überwies sie nach Northeim. Die Reise hatte sie so angestrengt, daß sie auf der Bahnhofstraße zusammenbrach. Ein Bote brachte mir diese Nachricht. Herr Hunzelmann erklärte sich bereit, nach Northeim zu fahren. Dort wurde sie im Rinnstein sitzend von uns aufgehoben und auf Stroh gebettet nach Imbshausen gefahren. Schweigend hielt sie die Hand ihres letzten Sohnes.

Alexander Graf zu Münster, Freiherr v. Oër auf Königsfeld

Das Rittergut Königsfeld mit Köttwitzsch und Heida liegt im Kreis Rochlitz, unmittelbar nördlich des Rochlitzer Berges. Es hatte eine Größe von 393 ha, davon 215 ha guter rübenfähiger Ackerboden, 36 ha Wiesen und 136 ha Wald. Königsfeld war seit 1899 im Besitz der Grafen zu Münster. Es liegt direkt an der Zwickauer Mulde und besaß über mehrere Kilometer Wasser- und Fischereirechte an der Mulde. Zum Betrieb gehörte ein großer Steinbruch und er besaß eine bekannte Zucht von schwarzbunten Holsteiner Rindern und eine große Herde von Merino-Schafen.

Zur Familie des letzten Eigentümers gehören:

Alexander Carl August Graf zu Münster, Freiherr v. Oër, * Moritzburg 8. 3. 1899, † Bamberg 2. 4. 1987, auf Königsfeld mit Köttwitzsch u. Heida (§), Sachsen, RRr d. JohO.;
✕ Gäbersdorf, Kr. Neumarkt, Schles., 28. 6. 1923 Sophie Freiin v. Richthofen, * Breslau 10. 11. 1901, † Ebern, UFranken, 3. 1. 1990, T. d. Ldeshptm. der Prov. Schlesien u. OLts a. D. Hermann Frhr v. R. auf Thomaswaldau, Oberfaulbrück u. Striegelmühle u. d. Hedwig Freiin v. Rotenhan.

Söhne:

1. Ernst Hermann Alexander, * Königsfeld 3. 4. 1924, ✕ ..., Kurld, 22. 12. 1944, Lt in einer AufklAbt.

2. Hermann Siegfried Ernst Karl, * Königsfeld 19. 10. 1925, Dr. ..., M. A., Bankier, RRr d. JohO.;
✕ Genf 5. 11. 1955 Suzanne Berthout van Berchem, * Genf 19. 11. 1934, T. d. Architekten Charles B. van B. u. d. Françoise Wagnière.

3. Wolf Alexander, * Königsfeld 8. 2. 1928, † Henrichenburg, Kr. Recklinghausen, 6. 10. 1956, DiplBergIng., ERr d. JohO.;
✕ Ebelsbach, UFranken, 28. 12. 1955 Ingeborg Ruprecht, * Breslau 27. 2. 1925, Rechtsanwältin (✕ II. München 10. 12. 1958 Guido Lehmbruck, * Zürich 2. 2. 1917, † Ostfildern bei Stuttgart 16. 10. 1985, Rechtsanwalt), T. d. Obersten a. D. Wolfgang R. u. d. Hildegard Hammann.

4. Ludbert Ernst Alexander, * Königsfeld 31. 7. 1931, DiplKaufm., B. Sc., Geschäftsführer, RRr d. JohO.;
✕ Kaiserswerth 20. 9. 1959 Hedwig Boltze, * Eberswalde 13. 3. 1937, T. d. Oberstlts a. D. Dr. jur. Friedrich-Otto B. u. d. Bertha Freiin v. Rotenhan.

5. Alexander Ernst Siegfried, * Königsfeld 25. 7. 1938, Rechtsreferendar, Bankkaufm., RRr d. JohO.;
✕ (standesamtl.) Frankfurt am Main 23. 12. 1971, (kirchl.) Tutzing, OBayern, 1. 5. 1972 Bettina v. Mitschke-Collande, * Augsburg 9. 4. 1946 (kath.), T. d. GerAssessors u. Kaufm. Christoph v. M.-C. u. d. Eva Freiin v. Schnurbein.

Über das Schicksal von Königsfeld und seiner Familie hat Dr. Hermann Graf zu Münster den folgenden Bericht geschrieben:

Graf und Gräfin Alexander zu Münster hatten alsbald nach ihrer Verehelichung den bis dahin verpachteten Besitz Königsfeld im Jahre 1923 selbst übernommen. In dem wirtschaftlichen Engagement wurden sie voll gefordert, dies um so mehr, als die schwierigen Verhältnisse während der Zeit nach dem Ersten Weltkrieg, begleitet von einer gravierenden Inflation, die Übernahme des heruntergewirtschafteten Betriebes sehr erschwerten. Neben der Betreuung der Familie mit fünf Söhnen stand auch ihr starkes soziales Engagement im Mittelpunkt des Handelns. Die soziale Frauenarbeit auf Gemeinde-, Kreis- und Landesebene hat zu allen Zeiten Sofie Münster voll in Anspruch genommen. Sie setzte ihre ganze Kraft ein, die Landfrau durch Aus- und Weiterbildung in die Lage zu versetzen, ihr Schicksal besser meistern zu können, und zum anderen die weibliche Landjugend durch konsequente Berufsausbildung auf den Lehr- oder Pflegeberuf vorzubereiten. Diese Vielzahl von Pflichten und Verantwortung füllten das Leben beider Eheleute; und sie meisterten es.

In der zweiten Hälfte ihres Dortseins waren es besonders die politischen Widrigkeiten, die sich ihnen entgegenstellten. Als eines der Zentren der Bekennenden Kirche in Westsachsen widersetzte sich Sofie Münster, besonders als alleinstehende Frau im Kriege, der politischen Macht. Ihr blieb, wie allen Soldatenfrauen, mit der Erfüllung vieler Pflichten im heimatlichen Haus und Hof, dem Beistand in Not und Bedrängnis geratener Mitbürger, politisch Verfolgter oder Gedemütigter, sozial Schwacher und der inneren und äußeren Abwehr politischer Zwänge, das ungleich schwerere Los. Graf Alexander konnte sich noch rechtzeitig der gefährlicher werdenden politischen Verfolgung durch Reaktivierung im alten Truppenteil und Versetzung an die Ostfront entziehen.

Der große Freundes- und Familienkreis, besonders in Schlesien, brachte mit fortschreitenden Kriegseinwirkungen einen nicht enden wollenden Strom von Flüchtlingen aus den zerbombten Städten, wie Leipzig, Berlin oder Dresden und später aus den von den Russen bedrohten Ostgebieten. Das stets offene und gastfreie Haus nahm jeden auf. Es war belegt bis zur Grenze des Möglichen, beherbergte zeitweise weit über hundert Freunde und Verwandte, wobei das geringere Problem die materielle Betreuung war, die Anteilnahme an deren Leiden und unaussprechlichem Schmerz das ungleich größere.

Gegen Kriegsende hatte das Ehepaar Münster den Verlust ihres ältesten Sohnes Ernst zu beklagen. Er fiel als junger Leutnant in Kurland. Das Kriegsende fand Königsfeld unter amerikanischer Besatzung. Die Mulde war Besitzgrenze und zugleich Demarkationslinie zwischen amerikanischen und russischen Truppen. Täglich spürte man die Sowjetarmee auf dem Ostufer der Mulde. Schnell verschlossen sich alle Passagemöglichkeiten über Stege und Brücken. Es blieb nur die Möglichkeit, mit vier- oder sechsspännigem Vorspann im Dunkel der Nacht die verzweifelnden Flüchtlinge und deren Treckfahrzeuge über eine Furt durch das kalte Wasser der Mulde zu retten. Das Land versank in eine Verzweiflung und alles lähmende Agonie. Systematisch wurden Besitzer größerer Höfe und Güter in dem von Russen besetzten Ostsachen erschossen, erschlagen und in die Konzentrationslager Waldheim, Bautzen oder Rügen verschleppt; ihre Ehefrauen vergewaltigt und von deren Familien getrennt. Nach dem 1. Juli 1945 geschah Gleiches dann auch diesseits der Mulde. Daneben schienen alte und neue Kommunisten,

Nationalsozialisten und daheimgebliebene Drückeberger jede offene Rechnung der vergangenen Jahrzehnte begleichen zu wollen. Zusätzlich durchzogen in ihre Heimat wandernde, marodierende Gruppen polnischer Arbeiter die Ortschaften, plünderten und verwüsteten das wehr- und rechtlose Land. Das Königsfelder Schloß und seine Kunstschätze schienen ausgespart. Die Polen verschonten es. Dort wurde in dem ausschließlich evangelischen Umfeld, durch einen von Gräfin Sofie herbeigeholten katholischen Kaplan den polnischen Mitarbeitern in der Kapelle im Krieg die Messe gelesen. Das Gut zahlte pünktlich Löhne und sonstige Sachleistungen; auch fanden sie stets eine verständnisvoll sachliche Behandlung. Auf Hinweise der amerikanischen Besatzungsoffiziere über deren baldigen Abzug und das Eintreffen russischer Besatzungstruppen, sah sich die Familie alsbald veranlaßt, sich um einen amerikanischen Passierschein zu bemühen, was sich bei der Überwindung von Kontrollen und Hindernissen als besonders hilfreich erweisen sollte. Da trat auch schon das Unheimliche, Nichtgewollte und doch bewußt Erwartete ein. Gestern noch ein fast idyllisches Landleben mit der besonders in diesen Monaten des Jahres 1945 Vielzahl an Verantwortung und sozialen Aufgaben, heute der plötzliche Entschluß unfreiwillig zu weichen und morgen dann die Leere eines im eigenen Lande Asylsuchenden. Es war ein Schicksal, wie das von Millionen anderer. Aber verglichen mit denen, die unter russischer Besatzung und deutscher kommunistischer Diktatur blieben, war es ein Privileg, den, wenn auch schweren Entschluß, fassen zu können, in die Freiheit zu entweichen. Schmerzlichen Abschied nahmen auch die Söhne. Teils mitgegeben auf einem Treckwagen, teils zu Fuß nach Bayern marschierend oder auch mit Traktor und ein wenig Hausrat und Vorräte mitnehmend, verließen sie schweren Herzens Königsfeld. Wenige Stunden nach Verlassen der Familie erreichten russische Soldaten das Schloß. Sie zerschlugen und zerstörten was beweglich war. Jede Erinnerung an Vergangenheit und Gewesenes war auszulöschen. Des Materials konnte sich jeder bedienen.

In drei großen Sprengaktionen - 1947, 1953 und schließlich nochmals 1963 - wurden die aus dem frühen Mittelalter stammenden Gebäude gesprengt. Sie hatten ursprünglich als Umspann- und Relaisstation für die Salztransporte von Halle nach Prag gedient und waren in verschiedenen Baustufen zu dem weitläufigen Schloßkomplex mit Innenhof gewachsen. Das Inventar des Schlosses zerstob. Es wurde gestohlen, geraubt und zerstört. Geblieben ist ein baumloser, schweigender Hügel. Der Park ist seiner schönsten Bäume beraubt. Trampelpfade der LPG-Kühe kennzeichnen die gewandelte Situation. Der Wald mit jahrhundertealten vornehmlich Eichen- und Buchenbeständen ist abgeholzt. Das Land und seine Menschen wurden mißbraucht, ja verachtet. Man nahm ihnen alle geistigen und materiellen Werte. Gegeben wurde ihnen der Zwang zum Gehorsam, die Unterwerfung unter Willkür und Staatsgewalt.

Gräfin Sofie deutete die Zeichen der Zeit richtig und verstand alsbald die aufgezwungene Freiheit als willkommene Herausforderung für ihre Familie. In einer an Selbstaufgabe grenzenden Initiative unterstützte sie Gründung und Aufbau einer Kunsttischlerei ihres Mannes in Franken, Heimat ihrer Mutter Richthofen-Rotenhan. Sie erhielt durch eigene Arbeit als Reisesekretärin des Zentralverbandes der Äußeren Mission ihre Familie. Im Rahmen der Frauensozialhilfe des Bayerischen Mütterdienstes baute sie gleichzeitig im Kreis Haßberge eine Mütterdienstorganisation auf, deren Aufgabe es war und noch ist, das geistige Niveau der Landfrauen und ihre soziale Stellung zu verbessern. Neben einer Vielzahl anderer ehrenamtlicher Aufgaben, war sie fast fünfzig Jahre, auch über die deutsch-deutsche Grenze hinweg, aktives Vorstandsmitglied der Leipziger Mission in Leipzig/Erlangen. 1986 wurde ihr für ihre verdienstvolle Arbeit das Bundesverdienstkreuz verliehen.

Alexander Graf zu Münster, ursprünglich Land- und Forstwirt, weitete seine Kunsttischlerei nach Kräften aus, restaurierte ganze Sammlungen, Museumsbestände und insbesondere intarsierte Einzelstücke erster Provenienz und höchster Qualität. Seine Werkstatt war gesuchte Lehrfirma und wurde erfolgreich von nahezu dreißig Lehrlingen durchlaufen. Seine ausdauernde Zähigkeit, gepaart mit Phantasie und künstlerischen, wie auch handwerklichen Kenntnissen, waren Garanten des Erfolges. Sein Leben hatte wieder lohnenden Inhalt und Sinn erhalten. Er wurde im 90. Lebensjahr mitten heraus aus befriedigendem Schaffen abberufen. Sofie Münster folgte ihm zwei Jahre später, dankbar wissend um die Befreiung der alten Heimat.

Ernst-Georg Graf zu Münster-Linz-Meinhövel auf Linz mit Ponickau

Linz gehörte zur Amtshauptmannschaft später Landratsamt Großenhain und liegt etwa 18 km nordöstlich der Kreisstadt. Urkundlich wird Linz erstmals im Jahre 1219 erwähnt. Damals gehörte es zum Bistum Meißen. Das Schloß war eine alte Wasserburg, die vermutlich zu Ende des 12. Jahrhunderts angelegt wurde. Man findet diese Wasserburgen in der dortigen Gegend häufig, weil das wasserreiche, vielfach sumpfige Gelände mit in die Verteidigungsanlagen einbezogen wurde. Die Burg war von einem tiefen Wallgraben umgeben. In einiger Entfernung befand sich ein zweiter Befestigungsring aus mehreren kleinen Teichen und Morastflächen. In größerem Abstand folgte eine halbringförmige von West über Nord nach Ost verlaufende Sumpffläche, die damals leicht zu sperren war. Gegen Süden war der heutige "Wachberg" vorgelagert, der zweifellos befestigt war und von dem aus man die sogenannte "Hohe Straße", die von Magdeburg nach Schlesien führte, überwachen konnte. Um 1860 wurde das Schloß in wenig vorteilhafter Weise umgebaut.

Am 28. März 1948 hat das Kreisamt Großenhain den Behörden in Linz mitgeteilt, daß das Schloß zum Abbruch freigegeben sei. Noch im gleichen Jahre wurde damit begonnen und es dem Erdboden gleichgemacht und der bekannte Park mit vielen seltenen Bäumen vernichtet.

Das Rittergut Linz, zusammen mit dem Vorwerk Ponickau, hatte eine Größe von 627 ha, davon etwa über die Hälfte Wald, der Rest war landwirtschaftliche Nutzfläche und Teiche. Im Jahre 1907 erbte es Ernst Graf zu Münster, Kgl. sächs. Landstallmeister in Moritzburg, von seiner Tante Marie Freifrau v. Palm. Diese hatte drei Jahre zuvor Linz mit Ponickau zum Fideikommiß gemacht und bestimmt, daß der jeweilige Fideikommißbesitzer seinem Familiennamen den Namen "Linz" anzufügen habe. Noch zu seinen Lebzeiten teilte er sich mit seinem Sohn Ernst-Georg im Jahre 1922 die Leitung des Besitzes. Letzterer übernahm die Bewirtschaftung des Waldes. Als sein Vater im Jahre 1938 starb, trat Ernst-Georg die Nachfolge an und führt seitdem den Beinamen "Linz". Ebenso als Inhaber des Familienseniorates - später Familienstiftung - den Beinamen "Meinhövel".

Durch die Umwandlung des fast reinen Kiefernbestandes in einen Mischwald - zunächst von Fachleuten angefeindet, später jedoch voll anerkannt -, hat sich Ernst-Georg einen Namen gemacht. Sein besonderes Augenmerk verwandte er auch auf den Vogelschutz. Weit über 1000 der sogenannten "Linzer Nistkästen" wurden aufgehängt und für die Bodenbrüter Reisighaufen aufgeschichtet. Über 80 Vogelarten waren in Linz heimisch und hielten die Waldschädlinge kurz.

Zur Familie des letzten Eigentümers gehören:

Ernst-Georg Alexander Graf zu Münster-Linz-Meinhövel, Freiherr v. Oër, * Moritzburg 4. 8. 1897 (führt als Inh. d. FamSeniorats ad pers. den Beinamen „Meinhövel"), auf Linz mit Ponickau (§); ⨯ Linz, Sachsen, 15. 9. 1922 Erna v. Oven, * Liegnitz 28. 11. 1903, † Schwäbisch Gmünd 26. 4. 1993, T. d. Kgl. preuß. GenMajors Georg v. O. u. d. Helene v. Dresler u. Scharfenstein.

Kinder:

1. G o d e l a , * Linz, Sachsen, 26. 7. 1923.
2. I l s e , * Linz, Sachsen, 21. 7. 1924;
   ⚯ Schwäbisch Gmünd 28. 6. 1968 Emil K u h n , * Schwäbisch Gmünd
   29. 8. 1908, † ebd. 7. 10. 1983, ...
3. G e o r g , * Linz, Sachsen, 8. 10. 1927, AgrarIng., Industriekaufm.;
   ⚯ Bad Godesberg 25. 7. 1959 Christiane v. C o e l l n , * Berlin 20. 10.
   1935, T. d. MinRats a. D. Dr. jur. Carl Günther v. C. u. d. Esther-
   Maria Küstermann.
4. H e i l a , * Linz, Sachsen, 5. 5. 1931, ...
5. A g n e s , * Linz, Sachsen, 29. 12. 1943;
   ⚯ (standesamtl.) Berlin-Zehlendorf 21. 8., (kirchl.) Schwäbisch Gmünd
   9. 9. 1967 Henning v. K o p p - C o l o m b , * Berlin-Wilmersdorf 21. 6.
   1938, Assessor jur., Bundesbahndir., RRr d. JohO., Vors. d. Verb. „Der
   Sächsische Adel".

Über das Schicksal der Familie und die Geschehnisse der Zeit am Ende des Zweiten Weltkrieges hat Georg Graf zu Münster, Sohn des letzten Eigentümers, einen Bericht verfaßt, dem der nachstehende Artikel entnommen ist.

Schon im August 1939 wurde mein Vater eingezogen, da sich ein Krieg abzeichnete. Er machte die Feldzüge in Polen, Frankreich und Rußland mit. Bis 1944 erlebte er die Heimat nur noch als gelegentlicher Urlauber oder als Kranker nach seiner Verwundung. In all den schweren Jahren lag die Verantwortung für den Betrieb bei meiner Mutter. Sie wurde von unserem treuen Förster Franke tatkräftig unterstützt.

Trotz schwerer Verwundung im April 1942 in Rußland, empfand es mein Vater als unerträglich, wie die Heimatgarnisonen immer mehr unter den Einfluß der Partei gerieten. So meldete er sich erneut an die Front und kam im Januar 1944 wieder nach Rußland. Später geriet er mit der eingekesselten Kurland-Armee in russische Gefangenschaft. Dies hat ihm, so widersinnig es klingen mag, bestimmt das Leben gerettet. Das Kriegsende zu Hause hätte er schwerlich überlebt.

Die Kriegsjahre gingen dahin und schließlich glaubte keiner mehr an die Wunder. Die Bombenangriffe auf die Industriezentren und Städte verschonten auch die Zivilbevölkerung nicht, so daß viele Familien aufs Land evakuiert wurden. In Linz fanden auch viele Verwandte von uns ein Unterkommen. Dagegen war meine älteste Schwester Godela zur "Fluko" Berlin dienstverpflichtet und wohnte dort bei meiner Großmutter und Tante Oven. Meine zweite Schwester Ilse wurde zu einer MUNA kriegsdienstverpflichtet.

Anfang 1944 wurde ich von der Schule Roßleben aus als Luftwaffenhelfer nach Leuna bei Halle geschickt, anschließend absolvierte ich ein Wehrertüchtigungslager und den Arbeitsdienst. Im Dezember 1944 trat ich bei Reiter 13 in Lüneburg ein, erlebte das Kriegsende in Dänemark und die Gefangenschaft in Holstein.

Mit dem Näherrücken der Front setzte der Flüchtlingsstrom ein. Unzählige Trecks machten in Linz Station und belegten jeden freien Raum. Zog ein Treck weiter, stand schon der nächste vor dem Hof, um sich und den Tieren ein wenig Rast zu gönnen. Unter vielen anderen kamen Anfang 1945 unsere Verwandten Perbandt

Schloß Linz
1945

aus Ostpreußen, später folgten die Lievens aus dem Wartheland und die Massenbachs aus Schlesien.

Anfang März kam Vetter Wolf Münster aus Königsfeld mit einem Pferdegespann, um einige Sachen vor den anrückenden Russen in Sicherheit nach dort zu bringen. Neben Ölbildern, einigen Teppichen, Bettsachen und einigen wichtigen Akten war es herzlich wenig, was so gerettet werden konnte. Am 20. April 1945 kam Prinzessin Schönburg mit einem großen Treck aus Guteborn. Gleichzeitig kam noch Einquartierung für eine Nacht und brachte viel Unruhe, da die Kradmelder kamen und gingen. Als sich der Major am nächsten Morgen verabschiedete, beruhigte er meine Mutter mit den Worten, daß es noch nicht so eilig sei, aufzubrechen. Dabei war der Russe schon bis auf 30 Kilometer herangerückt. Es war nicht erlaubt, einfach aufzubrechen ohne Treckbewilligung der Partei. Oft war es dann zu spät. Die Bonzen hatten sich meist in aller Stille abgesetzt.

Meine Mutter drängte die Flüchtlinge zum Aufbruch, denn sie wollte mit ihrem Treck auch Linz verlassen. Schließlich wurde es später Nachmittag, bis der Linzer Treck fortkam. Förster Franke leitete alles sehr umsichtig, sorgte auch dafür, daß die in Ponickau lebenden Verwandten abgeholt wurden. Mutter sagte ihm beim Abschied, er solle gleich nachkommen. Das sagte er zu, nur wolle er noch nachsehen, ob das Vieh überall abgebunden sei.

Nur kurz hinter Linz wurde der Treck von einer berittenen russischen Einheit überholt. Jetzt fing das Plündern an, auf Uhren hatten sie es besonders abgesehen. Die Pferde vor den Wagen wurden weggenommen und die ersten Frauen hatten sehr zu leiden.

Bei Dunkelheit kehrte der Treck nach Linz zurück, wo das Schloß inzwischen von nachfolgenden Flüchtlingen belegt war. Die erste Begegnung mit den Russen hatte dem Förster Franke, Inspektor Otto, Teichvogt Keitz und dem Wachsoldaten der Gefangenen das Leben gekostet. Unser schon seit 50 Jahren auf dem Gut tätiger Stellmacher zimmerte in aller Eile die Särge, um die Erschossenen würdig beisetzen zu können. Meine Mutter übernahm die schlichte Feier.

Laufend durchstöberten die Russen das Schloß. Besonders irritierte sie die Ritterrüstung in der Eingangshalle, die dann auch unzählige Einschüsse aufwies.

Auf Befehl der Russen mußte die Bevölkerung Linz am 1. Mai verlassen, da der Ort Kriegsschauplatz wurde. Da nur noch drei Pferde verfügbar waren, konnten nur die Alten und Kinder sowie das notwendigste Gepäck gefahren werden. Die erste Nacht verbrachten sie in Kraußnitz. Ständig kontrollierten die Russen die Häuser nach versteckten Soldaten und jungen Frauen. Am nächsten Tag ging es weiter nach Guteborn, wo alle in den Wirtschaftsgebäuden unterkamen. Dort blieben sie zehn Tage. Da Mutter über das Schicksal von Linz und Ponickau nichts hörte und meine Schwestern von den Russen zu Straßenbauarbeiten herangezogen wurden, entschloß sie sich, nach Linz zurückzukehren. Inzwischen war nur noch ein Pferd vorhanden, deshalb mußten die alten Leute vorerst zurückbleiben. Meine Großmutter Oven schob den Kinderwagen unserer kleinen Schwester Agnes und hatte so einen Halt auf dem mühsamen Heimweg. Unser Melker fing unterwegs drei herumirrende Kühe, damit es Milch für die Kinder gab. Zuerst kamen sie nach Ponickau. Das Herrenhaus stand noch, aber wie! Weiter ging es nach Linz. Das Gefühl, wieder nach Hause zu kommen, war für alle überwältigend. Aber wie sah es aus! Das Schloß allein hatte vier Treffer bekommen, die meisten Fenster waren kaputt. Nicht viel besser sah es in den Wirtschaftsgebäuden aus. Der Stellmacher hatte wieder viel Arbeit. Nach drei Tagen war der ärgste Dreck beseitigt und ein wenig Ordnung geschaffen, man konnte die Zurückgebliebenen aus Guteborn nachholen.

Gleich zu Anfang brachte meine Schwester Ilse mit einem Forstjungen die versteckten Jagdgewehre fort und versenkte sie in einem der Teiche. Als aber die Russen wieder einmal das Haus durchstöberten, fanden sie doch noch ein altes Gewehr auf dem Boden in einem Gewehrkoffer.

Meine Schwestern wurden miteingeteilt, das viele tote Vieh in der Gegend zu vergraben. Der Wald hatte durch Beschuß und Brand sehr gelitten und war vielerorts vermint. Das Gut wurde durch je einen Förster und Inspektor kommissarisch verwaltet. Letzterer war Nazi gewesen und hoffte, mit besonders rücksichtslosem Verhalten seine Vergangenheit zu vertuschen.

Unser treuer alter Sekretär Schmid war die ganze Zeit in Linz geblieben und versah jetzt wieder die Büroarbeiten. Zugleich wurde er als Standesbeamter eingesetzt. Da die Bankkonten gesperrt waren, gab Mutter einen großen Teil ihres Bargeldes für die Löhne aus. Man hoffte ja noch immer, den Besitz halten zu können.

Im Juli wurde unser Pfarrer Gretzschel vom Wehrdienst entlassen. Jetzt gab es wieder Gottesdienste, allerdings im Salon des Schlosses, da auch die Kirche einige Treffer abbekommen hatte. Unser Kronleuchter und eine Anzahl Stühle wurden somit gerettet und kamen später in die Kirche. Aus der von Pfarrer Gretzschel verfaßten "Linzer Chronik" seien hier ein paar Sätze zitiert:

"Die Kirche war schwer getroffen und wurde mehr und mehr zur Ruine. Kein Fenster war noch ganz. Der Turm war zerschossen. Das Dach war abgedeckt, die Decke heruntergebrochen, die restlichen Dachziegel wurden noch gestohlen. Die Behörden - auch die kirchlichen Instanzen - wollten die Ruine abreißen. Aber Kirchenvorstand und Pfarrer bestanden auf Wiederaufbau und scheuten keine Mühe. Durch Architekt Kiesling erhielt sie einen anmutigen Zwiebelturm. Die alte Orgel war restlos verdorben, viele der Orgelpfeifen waren in die Hände der Kinder geraten. Eine neue Orgel wurde am 5. August 1951 geweiht. Die fehlende Glocke konnte noch vor der Kirchenweihe auf den neuen Turm gebracht werden. Inschrift: "Im Kriege zersprang mein ehern Kleid, zum Frieden-Einläuten bin neu ich bereit." Ihre biblische Inschrift lautet: "Siehe, ich verkündige euch große Freude. . ." Luk. 2,9. Das benötigte Geld von 2101 Mark war bei der Weihe von der Gemeinde gesammelt worden." Soweit Pfarrer Gretzschel.

Da ich seit Monaten nichts über das Schicksal meiner Familie gehört hatte, drängte es mich, schwarz über die Zonengrenze in die Heimat zu fahren. Nach einem abenteuerlichen Grenzübergang bei Helmstedt mit einer Lüneburger Gruppe kam ich Anfang Oktober 1945 nach Linz. Bis auf Vater traf ich alle wohlbehalten an. Ich erlebte einige sehr schöne Tage im Kreise der Familie, ohne zu ahnen, daß es mein letzter Aufenthalt dort sein sollte. Ich hatte mich mit der Lüneburger Gruppe auf den 12. Oktober in Magdeburg verabredet. Ich hielt als einziger den Termin ein, ohne zu wissen, daß ich mir dadurch große Schwierigkeiten erspart habe. Am 13. Oktober 1945 traf die Nachricht ein, daß die Familie enteignet würde und am 14. Oktober in das Lager Zschieschen bei Großenhain abtransportiert werden sollte. Agnes, meine jüngste Schwester, blieb in der Obhut von Großmutter Oven und einer Tante zurück. Im Gasthof von Zschieschen wurden die Gutsbesitzer und Gutsbeamten zusammen auf Strohschütten untergebracht und ständig von Russen bewacht. Nach einer Woche durften Mutter und die Schwestern dank der guten Auskunft des Linzer Bürgermeisters wieder nach Hause. Auf eigenem Grund und Boden wurden ihnen 7 ha Siedlungsland zugeteilt. Mutter hoffte immer noch, uns damit die Heimat erhalten zu können und der Mann und Vater könnte jederzeit nach Hause kommen. Schon viele Monate hatte sie von ihm keine Nachricht erhalten.
Leider sind von den in Zschieschen Inhaftierten nur wenige entlassen worden. Die meisten wurden auf die Insel Rügen transportiert, wo große Not und Elend herrschten. Viele überlebten die Verbannung nicht. Durch diese moderne "Völkerwanderung" wollte man sie gänzlich entwurzeln. Dafür kamen die Mecklenburger nach Thüringen oder Sachsen.
Als Neusiedler durften sie sich zwei Kühe kaufen, die von meiner ältesten Schwester Godela versorgt und gemolken wurden. Meine jüngere Schwester Heila bekam in Großenhain bei unserem ehemaligen Sekretär eine Wohnmöglichkeit und besuchte von dort aus die Schule.
Weihnachten konnte die Familie noch still und friedlich begehen. Am 30. Dezember 1945 kam das erste Lebenszeichen meines Vaters aus russischer Gefangenschaft. Trotz der großen Freude ahnte Mutter ein neues Unheil. Der Silvester-Gottesdienst war der letzte, den die Familie gemeinsam mit der Gemeinde erleben

durfte. Am 2. Januar abends um 18 Uhr kam der Befehl, unverzüglich Linz zu verlassen, mit Gepäck, soviel man tragen konnte. Das Schloß wurde umstellt und bewacht. Mutter fuhr noch zur Landesregierung nach Dresden, jedoch ohne Erfolg. Es sei nicht gut, wenn die Junker auf eigenem Grund Siedlungsland bekämen. Sie solle nach Thüringen gehen und dort siedeln. Auf jeden Fall durfte die Familie nicht im Kreis Großenhain bleiben. Durch Vermittlung von Pfarrer Gretzschel bekam sie in Lüttichau im Kreis Kamenz ein Notquartier. Dort konnte sich Mutter durch emsige Näherei den notwendigen Lebensunterhalt verdienen. Sie wurde bei den Behörden vorstellig, um die ihr zustehende "bürgerliche Einrichtung" zu erhalten, doch ohne Erfolg.

Mit der Ausweisung aus dem Kreise mußten auch die Verwandten, die bei uns Aufnahme gefunden hatten, Linz verlassen. Sie bekamen in Ortrand, unserer Bahnstation, ein Unterkommen.

Ende Februar 1946 zog meine älteste Schwester Godela zusammen mit Tante Margot Kameke schwarz über die Grenze in den Westen Deutschlands. Durch Vermittlung meines Onkels, Alexander Münster, bekam Mutter mit den Schwestern eine Zuzugsgenehmigung nach Meßbach bei Künzelsau in Württemberg. Ende Mai 1946 war es endlich soweit, daß sie offiziell ausreisen durften. Bei Freiherrn v. Palm, einem entfernten Verwandten, fanden sie Aufnahme. Alle drei Monate kamen Grüße von Vater mit anhängender Antwortkarte. So wurde er über die neuen Anschriften immer informiert.

Mutter und die Schwestern bekamen schnell guten Kontakt zu den Bauern des kleinen Dorfes. Mit ihrer Nähmaschine konnte sich Mutter Geld und Nahrungsmittel erarbeiten, denn eine staatliche Unterstützung gab es nicht. Im Herbst wurden eifrig Bucheckern gesammelt, um Öl daraus schlagen zu lassen. Leseholz und Reisig mußten über den Winter helfen, die Bauern schafften es mit Pferd und Wagen heran.

Am 21. Juli 1946 konnten wir Heilas Konfirmation feiern. Einige Verwandte fanden trotz der beschwerlichen Reise und dem langen Fußmarsch von Bad Mergentheim den Weg nach Meßbach.

Den Flüchtlingen wurde ein Stück umgebrochene Wiese zugeteilt. Auch hier halfen die Bauern mit Pflanzen bei der schweren Arbeit. Sehr liebe Menschen aus Stuttgart, die mein Großvater Oven bei seinen Evangelisationsreisen kennengelernt hatte, schenkten die notwendigsten Haushaltseinrichtungen für den Sechs-Personen-Haushalt. Ein Versuch meiner Mutter, mit Godela schwarz nach Ortrand zu fahren, um dort deponierte Wintersachen zu holen, endete leider im Gewahrsam der russischen Grenzstreife. Nach zwei Tagen wurden sie den Amerikanern übergeben. Für den strengen Winter 1946/47 reichte das gesammelte Reisig natürlich nicht. Da Agnes noch ein Kleinkind war, bekamen sie eine Zuteilung von drei Zentnern Kohle. Während meines Urlaubes über Weihnachten, das wir alle zusammen verlebten, konnte ich für Nachschub sorgen.

Hier sei der Bericht von Georg Graf zu Münster kurz unterbrochen, um Frau Jutta Borchhardt, geb. Freiin v. Bernewitz, das Wort zu geben, die mit ihren drei Buben auf ihrem Treck aus Schlesien in Linz gelandet war. Für diese, die damals noch Kinder waren, hat sie ihre Erlebnisse des Jahres 1945 in Linz aufgeschrieben.

Soweit sie in Zusammenhang mit den Münsters stehen, seien einige Passagen daraus als Ergänzung nachstehend festgehalten.

". . . In Ortrand fragte ich bei der Treckleitstelle, ob ich bleiben könne, wegen unseres kranken Ochsen. 'Hier nicht, noch bis Linz, das ist das nächste Dorf' . . . Schön lag Linz, von Wald und Wiesen umgeben. Für eine Nacht machten wir Quartier, nicht ahnend, daß daraus ein ganzes Jahr werden würde. Der sehr nette Bürgermeister schickte uns in das letzte Häuschen oben am Wald zu Vater und Mutter Naumann. Dabei war es schon so voll! Aber sie machten alles möglich, sogar ihre eigenen Betten gaben sie uns. Mir wird warm ums Herz, wenn ich an sie denke. Später zogen die Flüchtlinge aus Naumanns Auszugshäusel aus. Da sagten sie: 'Ziehen Sie mit Ihren Kindern dort ein, da habt Ihr alle Platz!' Das war herrlich. Es folgten ruhige vierzehn Tage, im Schloß lernte ich Gräfin Münster und ihre Mutter, Frau v. Oven, kennen. Am Spätnachmittag des 21. April kam für Linz der Befehl zum Trecken. Schnell wurde gepackt und dann ging es los in den Wald in Richtung Weißig. Dort staute es sich mächtig und der Treck hielt. Plötzlich Schüsse und Pferdegetrappel, ich überlegte noch schnell, ob Flucht in den Wald möglich, da preschten schon die ersten Russen an uns vorüber. Kurz vor unserem Wagen hielt das Auto der Gräfin Münster. Sie rief mir zu. 'Uhr ab, meine ist schon fort!' Dadurch rettete sie mir meine. Zum Glück standen wir an einer Waldlichtung und konnten die Wagen in den Wald führen. Solange es hell war, kamen sie dauernd, viermal wollten sie das Zugpferd Peter ausspannen, aber es war ihnen zu mager. Auch wurde unser Wagen nicht geplündert, weil zu viele Kinder darauf waren. Es wurde dunkel, in endlosen Kolonnen zogen die Russen durch, man hörte Schreie und Schüsse. Dann wurde es still um uns. Gegen Mitternacht kamen Linzer vorbei und rieten uns, ins Dorf zurückzufahren, es sei ganz leer. Gegen drei Uhr waren wir wieder im Häuschen. Viele Pferde hatte das Dorf verloren, viele Wagen waren geplündert. Der Förster und der Inspektor sowie der Pächter des Gasthauses waren erschossen worden.
Der nächste Tag, ein Sonntag, war voller Unruhe. Die Anordnungen - Trecken/Dableiben - wechselten mehrfach. Um 18 Uhr hieß es wieder, das ganze Dorf treckt. Wir standen als erste auf der Straße nach Großenhain, da wurden wir wieder zurückgewinkt. Nun wurde es mir zu bunt und wir gingen allein in den sinkenden Abend. In Lampertswalde kamen wir auf einem Heuboden unter. Zwei Tage später waren wir nach mancherlei Abenteuern wieder in Linz. Naumanns schlossen uns wieder in die Arme, und auch Münsters freuten sich, daß wir wieder da waren. Es folgten unruhige Tage, täglich kamen die Russen, holten Milch und Eier, fragten nach Uhri und Schnaps, zogen Vieh aus den Ställen. Häuser, wo viele Frauen waren, hatten es schlimm.
Am 1. Mai wurde es kritisch. Russisches Militär kam von Ortrand her, deutsches Militär saß hinter uns im Wald. Eine tolle Schießerei begann. Da traf eine Granate Naumanns Haus, zwei russische Soldaten holten uns aus dem Keller und trieben uns das Dorf hinunter. Aus allen Häusern trieben sie die Menschen dem Walde zu. Jetzt gingen die Geschosse über uns hinweg. Es wurde kalt und fing an zu regnen. Immer enger krochen wir zusammen. Wir hofften, ins Dorf zurückzukommen, aber der Russe ließ uns nicht durch. In Kraußnitz machten wir halt. Gräfin Münster

stand an einem Gartenzaun und winkte uns zu. In einem Kuhstall hofften wir etwas Ruhe und Wärme zu finden, aber Ruhe fanden wir nicht. Immerzu kamen Russen und suchten nach Frauen. Also weiter nach Ortrand, wo uns Verwandte von Naumanns aufnahmen. Ein warmes Zimmer, wir wurden trocken und bekamen auch etwas zu essen, da kam der russische Befehl, ganz Ortrand zu räumen. In einer unendlichen Kette von Flüchtenden ging es nach Ruhland.

Bei Dunkelwerden Halt, die Russen ließen keinen mehr durch. Sollten wir die ganze Nacht auf der Straße stehen? Wir fanden ein leeres Häuschen, durchwühlt und geplündert, machten Feuer und legten die Kinder schlafen. Wir waren an die vierzig Menschen, dauernd kamen Russen, suchten Uhri, Schnaps und Frauen, aber wir wurden verschont. Am nächsten Morgen ging es weiter bis Ruhland, wo Naumanns Verwandte hatten. Abends zogen wir auf den Heuboden, etwa fünfzig Leute mit vielen Kindern. Bauer Naumann schloß uns ein, zog die Leiter ab und wir schliefen wunderbar warm und geborgen. Tagsüber wurden wir zu Arbeiten eingesetzt, bekamen dafür mittags ein warmes Essen in der Feldbäckerei und durften zu zweit ein Brot mitnehmen. Die Russen hatten herausbekommen, daß Frauen und Mädchen auf dem Boden waren und nun ging die grauenhafteste Nacht los, die wir erlebt haben. Wir wachten von russischen Lauten auf, hörten wie sie eine Leiter anlegten, das Schloß aufbrachen und im Scheine der Stallaterne sahen wir sieben Russen. Überall leuchteten sie hin und nun ging eine Jagd nach den Frauen los, die unsagbar war. Halbnackt liefen sie umher, trampelten mit den dicken Nagelschuhen auf die Kinder, alles schrie und weinte - die Hölle war los. - Was habt ihr, meine Kinder, da gebetet. Immerzu haben wir gerufen 'Jesus Christus hilf'. Wir haben gerungen mit den besoffenen Bestien, ihr Kinder habt geweint und gebetet und ich habe nicht nur gerufen, nein, geschrien 'Jesus Christus hilf'. Da hat der Kerl versucht, mir den Mund zuzuhalten, dann umklammerte er meinen Hals und dann ließ er doch ab.

Am 8. Mai 'Waffenstillstand', wir packten unsere paar Habseligkeiten und zurück ging es nach Linz! Was würden wir vorfinden? Ausgebrannte Gehöfte, totes Vieh, von Panzern überfahren auf den Straßen, fast kein Haus mit heilem Dach, die kleine Kirche zerschossen, tote Russen, tote Deutsche, immer näher kamen wir dem Naumannschen Haus. Es steht noch, aber wie kaputt. In unserem Auszugshäuschen zwei Volltreffer, es war nicht mehr zu bewohnen. Unsere Habseligkeiten waren fast alle fort. Zweimal war der Kampf um Linz hin- und hergegangen, um Ortrand waren die letzten Kämpfe des Krieges gegangen, daher war alles so furchtbar verwüstet.

Die gute Stube bei Naumanns war der einzige bewohnbare Raum. Wir säuberten ihn, holten Matratzen zusammen und haben dort viele Wochen hindurch gehaust. Oft kamen nachts Russen, leuchteten herein, 'alles Kinder', sagten wir, und sie zogen immer ab.

Gräfin Münster und ihre Familie waren wieder da. Sie hatten in Guteborn schlimme Tage erlebt. Anfang Juni hieß es: 'Alle Flüchtlinge in ihre Heimat zurück.' Gräfin Münster gab uns einen Handwagen und einen alten Kinderwagen mit ganz hohen Rädern. Am 8. Juni zogen wir los. Das war ein großer Abschied von unseren lieben Naumanns und der Familie der Gräfin Münster. Viel Leid und Freude hatte man zusammen getragen. Am Spätnachmittag zogen wir in Guteborn ein. Alle Gehöfte waren verrammelt, nach langem Suchen fanden wir ein nettes Quartier. Am nächsten Morgen sagte die Wirtin: 'Oben im Dorf ist gestern abend ein Treck von der Neiße zurückgekommen.' Woche um Woche hatten sie an der Neiße gelegen. Es gab nichts mehr zu essen, so waren sie umgekehrt. Ich betrachtete das als Wink des Himmels und beschloß, nach Linz zurückzukehren. Wir besahen uns noch das zauberhafte Schloß der fürstlichen Familie Schönburg, ein kleines Moritzburg! Aber wie sah es innen aus! Verwüstet, geplündert, man watete in Briefen, Büchern und Fotografien, das Parkett aufgebrochen, Spiegel und Vasen zertrümmert, die Ahnenbilder zerschossen!

Am 10. Juni kamen wir zurück nach Linz, große Freude bei Naumanns und bei Gräfin Münster, als wir wieder auftauchten. Jetzt müssen wir Euer Haus wieder in Ordnung bringen, meinte Vater Naumann, sein Schwiegersohn hat das dann auch getan.

Ich ging aufs Landratsamt, trug meinen Fall vor und bat, in Linz bleiben zu dürfen. Der Beamte sagte ganz stur: 'Sie müssen raus.' Ich bin ja draußen gewesen, wir kommen doch nicht über die Neiße! 'Das wissen wir, aber Sie müssen raus.' Ich konnte sagen, was ich wollte, er blieb bei seinem 'Sie müssen raus'! Schließlich wurde ich wütend und sagte: 'Dann schicken Sie uns einen Russen, der uns alle erschießt, ich gehe nicht noch einmal mit meinen Kindern bettelnd auf die Landstraße.' Der Linzer Bürgermeister war zum Glück sehr vernünftig, er behielt uns und gab uns Lebensmittelkarten. Er verlangte aber, daß ich arbeiten müsse. Ich bekam Arbeit auf dem Gut, habe alles gelernt, Garben binden, Puppen aufstellen, Rüben hacken und verziehen, aufladen und abladen, ausmisten. Das ging jeweils einen halben Tag, die andere Hälfte waren wir im Wald zum Pilze- und Beerensuchen.

Es kamen weitere Flüchtlinge aus der alten Heimat, zwölf Menschen waren wir nun in dem Häuschen, hatten nur eine Waschschüssel, ab und an wurde noch der Salat darin angerichtet. Gräfin Münster sorgte für Geschirr und Betten, und was hat sie uns mit Lebensmitteln geholfen. Wieviel Brote habe ich nachts überglücklich zu uns hinaufgetragen! Überhaupt, die Gräfin Münster mit ihren drei großen Töchtern Godela, Ilse und Heila und der süßen kleinen Agnes, ihrer lieben Mutter Frau v. Oven und ihrer Schwester Sigrid Diehl. Das Herz wird mir warm, wenn ich an sie denke, und ich kann Gott nicht dankbar genug sein, daß er uns gerade nach Linz brachte.

Ende August hieß es wieder: 'Alle Flüchtlinge raus. Nur wer ein Gespann hat oder eine feste Anstellung, darf bleiben.' Der Inspektor konnte uns wegen unserer Freundschaft zur Münsterschen Familie nicht leiden. Wir standen auf der Liste derer, die raus sollten. Da wußte wieder Gräfin Münster Rat. 'Ich spreche mit dem Förster, der braucht noch Kräfte.' So wurde ich festangestelltes Puschweib. Zuerst wurde mir die Arbeit sehr schwer, aber die anderen Frauen halfen mir, und langsam lernt sich alles.

Im Oktober schmissen die Kommunisten alle Gutsherren von ihren Gütern. Gräfin Münster bekam abends den Befehl, nur mit Handgepäck mit ihren Töchtern das Schloß am nächsten Morgen zu verlassen. Da haben wir die Nacht tüchtig gepackt und die Pastorenfrau, Ilse und ich sind zweimal mit dem Handwagen durch den Wald nach Ponickau gefahren. Am anderen Morgen hielt der Pastor eine kleine

Schloß Linz
Zustand 1993, die Grundmauern werden in Arbeitsbeschaffungsmaßnahmen
gesichert, der Graben gereinigt.

Andacht im Schloß, und mit dem Lied 'So nimm denn meine Hände und führe mich' stieg Erna Münster mit ihren drei großen Töchtern auf den Trecker, der sie ins Lager brachte. Nie werde ich ihre Haltung vergessen bei dem schweren Abschied. Von ihrem Mann wußte sie immer noch nichts. Agnes durfte bei der Großmutter bleiben. Mir war sehr schwer ums Herz, ich hatte unendlich viel mit ihnen verloren. Wie unbeschreiblich groß war die Freude, als sie wenige Tage später wieder da waren. Sie bekamen einen Neubauernschein und durften siedeln. Weihnachten kam Vater wieder. Unser Linzer Weihnachten.
Es war eine so schöne Silvesterandacht in der Halle des Linzer Schlosses. Und das ganze Jahr 1945 rollte noch einmal an dem inneren Auge vorbei. Das große Heimweh nach all dem Verlorenen, das Grauen und die Angst, aber auch alle Treue und Liebe, die wir erfahren durften und die großen und kleinen Wunder Gottes. Und mein Blick umfaßte Euch alle, meine geliebten, gesunden Buben, meinen Mann und alle, die mir lieb sind. Und ich kann nur danken und danken. So viel und noch in Ewigkeit!
Meine Buben, dies ist unser kleines Erleben. Winzig klein, gemessen an dem Leid, was ein ganzes Volk tragen mußte. Vergeßt nie die viereinhalb Millionen, die ermordet wurden und verhungert sind im Osten, die eineinhalb Millionen Verschleppten."

Soweit die Auszüge aus den Aufzeichnungen von Frau Borchhardt aus Schlesien, die manches ergänzen und zeigen, wie sich Erna Gräfin zu Münster trotz genügend eigener Sorgen der Nöte ihrer Mitmenschen angenommen hat. Zum Schluß soll nun wieder ihr Sohn Georg zu Wort kommen:

Am 3. Februar 1947 kam von meinem Vater ein Telegramm aus Frankfurt/O., am 7. Februar abends um 23 Uhr traf er endlich in Dörzbach ein. Ilse ging ihm bei klirrendem Frost zu Fuß entgegen. Ein dankbares, frohes und erschütterndes Wiedersehen nach so langer Zeit und unter den veränderten Verhältnissen. Voller Dankbarkeit war Vater, daß er seine Familie gesund um sich haben konnte. Obwohl er krankheitshalber entlassen worden war, erholte sich Vater erstaunlich schnell und fügte sich gut in die beengten Verhältnisse ein. Zweimal mußte er in der Woche nach Dörzbach zum "Stempeln", so kam doch etwas Bargeld herein. Sobald er kräftiger war, sorgte er für Trockenholz, zimmerte einen Schuppen für das Holz und für einige Hühner. Im August 1947 feierte er seinen 50. Geburtstag und im September des gleichen Jahres konnten die Eltern ihre silberne Hochzeit begehen.

Im Jahre 1948 wurde das Schloß Linz zum Abbruch freigegeben und abgerissen. Das gleiche Schicksal hatte auch das Herrenhaus in Ponickau.

Im Juni 1948 läutete die Währungsreform eine neue Zeit ein. Das Wirtschaftswunder begann - nur nicht für alle.

Benno v. Nostitz-Wallwitz auf Sohland

Sohland an der Spree liegt im Süden der Amtshauptmannschaft Bautzen am Oberlauf der Spree. Der Besitz bestand aus den Rittergütern Obersohland, Mittelsohland, Niedersohland und Wendischsohland und hatte eine Größe von insgesamt 787 ha, davon 215 ha landwirtschaftliche Nutzfläche und 555 ha Wald. Der alte Nostitzsche Besitz war im Jahre 1906 von Hermann v. Nostitz-Wallwitz an die Söhne seines Bruders Oswald vererbt worden. Durch Verzicht seiner beiden Brüder und deren Auszahlung wurde Benno v. Nostitz-Wallwitz im gleichen Jahre alleiniger Besitzer von Sohland. Da er aber selbst unvermählt blieb, adoptierte er im Jahre 1932 den ältesten Sohn seines jüngeren Bruders Alfred, seinen Neffen Oswalt, den er zum Erben von Sohland bestimmte.

Zur Familie des letzten Eigentümers gehören:

> Benno v. Nostitz-Wallwitz, * Dresden 11. 1. 1865, † Sohland an
> der Spree 5. 2. 1955, auf Sohland, Kr. Bautzen, Dr. jur., Kgl. sächs. Khr,
> Major a. D., Ldesältester d. sächs. OLausitz, Mitgl. der Ersten Kammer d.
> sächs. Ständeversammlung, RRr d. JohO.;
> Adoptivsohn: (Vertrag vom 19. 9. 1932, bestät. Bautzen 18. 11. 1935):
> Oswalt v. Nostitz-Wallwitz, * Dresden 4. 4. 1908, s. u.

> Oswalt, * Dresden 4. 4. 1908 (kath. seit 18. 11. 1945) (Adoptivsohn
> [Vertrag ... 19. 9. 1932, amtsgerichtl. bestät. Bautzen 18. 11. 1935] seines
> Onkels Benno v. Nostitz-Wallwitz, * 1865, v. Jur.), Assessor,
> Beamter i. R. der Europäischen Gemeinschaft, Schriftsteller;
> ✕ I. Berlin 24. 3. 1934 Gisela Gfin v. Einsiedel, * Creba, OLausitz,
> 25. 7. 1909, GerReferendar a. D. (gesch. Berlin 24. 7. 1943; ✕ II. Berlin
> 9. 10. 1943 Wolfgang Frhr v. Richthofen, * Pleß, OSchles., 28. 3. 1909,
> Farmer, Hptm. a. D.), T. d. Oberstlts a. D. Herbert Gf v. E. u. d. Irene
> Gfin v. Bismarck-Schönhausen;
> ✕ II. (standesamtl.) Paris 28. 2. 1944, (kirchl.) Brühl, Bez. Köln, 5. 6. 1954
> Maria Mercedes Freiin v. dem Bottlenberg gen. v. Schirp, * Wiesbaden 31. 8. 1912 (kath.), T. d. Kgl. preuß. Rittmeisters Wilhelm Frhr v.
> dem B. gen. v. Sch. u. d. Delia-Maria Böhl de Liagre.

Die Unterlagen für den vorliegenden Schicksalsbericht wurden von Oswald v. Nostiz-Wallwitz zur Verfügung gestellt.

Nach einem Jahr Jurastudium trat Benno im Jahre 1885 in das Kgl. sächs. Gardereiter-Regiment in Dresden ein. Ab 1883 war er für viereinhalb Jahre als Prem.-Leutnant Adjutant des Prinzen Johann-Georg v. Sachsen, eines jüngeren Bruders des späteren Königs Friedrich-August III. Doch wollte Benno nicht ständig im Hofdienst bleiben und ging deshalb für weitere drei Jahre zur Truppe zurück. Anschließend beendete er sein Jurastudium im Jahre 1905 mit einer Dissertation über "Den militärischen Ungehorsam". Ein für ihn charakteristischer Satz daraus sei hier im Wortlaut zitiert: "Der militärische Ungehorsam ist keineswegs ein blinder. Immer muß sich der Untergebene Rechenschaft geben über das, was er tut. Er soll keine Maschine sein, sondern ein denkender Mensch. Er soll sich stets ein selbständiges Urteil bewahren und den Mut haben, gegebenenfalls auch gegen einen Befehl zu handeln."

Im Jahre 1906 übernahm Benno Sohland und bezog das Gutshaus. Neben der damit verbundenen Verwaltungsarbeit hielt er Kontakt zur Außenwelt, verbrachte einige Monate in seiner kleinen Dresdener Stadtwohnung und betätigte sich in der konservativen Partei. König Friedrich-August III. ernannte ihn zum Kammerherrn, und während des Ersten Weltkrieges wurde er wieder Soldat und tat Dienst an der Westfront. Nach der Novemberrevolution konzentrierte er seine Tätigkeit auf die Oberlausitz, vor allem widmete er sich deren Landständen, die nicht nur die Tradition pflegten, sondern durch die Landständische Bank und ein landwirtschaftliches Versuchsgut aktiv am Wirtschaftsleben beteiligt waren, und die mit der Landständischen Oberschule und zahlreichen karitativen Einrichtungen wesentlichen Anteil an der Entwicklung der Oberlausitz hatten.

Im Jahre 1920 wurde Benno zum Landesbestallten und drei Jahre später zum Landesältesten gewählt. Dies blieb er bis 1945 und sollte somit der letzte Inhaber dieses höchsten Amtes der Landstände sein. Er war darum bemüht, daß die Landständische Bank ein tüchtiges Direktorium erhielt. Seine Dienstwohnung im Ständehaus Bautzen stattete er mit eigenen Möbeln aus und machte sie zum Mittelpunkt eines regen geselligen Verkehrs, vor allem in den Wintermonaten. Er war zugleich Vorsitzender des Provinzialverbandes der Inneren Mission und Präsident der Oberlausitzer Gesellschaft der Wissenschaften.

Als sich im April 1945 der Zusammenbruch ankündigte und sich die Rote Armee der Stadt Bautzen näherte, verließ er Sohland zunächst zusammen mit den deutschen Truppen, kehrte aber mit ihnen nach zwei Wochen für wenige Tage zurück. Als dann der russische Einmarsch erneut bevorstand, begab er sich auf das Gut seines Bruders Karl nach Schweikershain bei Leipzig.

Nach Kriegsende entschloß er sich dann aber trotz der sowjetischen Besetzung zur Rückkehr nach Sohland. Dort traf er Ende Juli 1945 ein. Über den Zustand, den er dort vorfand, berichtete er:

"Durch Kampfhandlungen hatte Sohland wenig gelitten. Die Gutswirtschaft war noch in Betrieb. Das Vieh war auch noch vorhanden. Doch im Herrenhaus sah es schlimm aus. Was verschlossen gewesen war, ist aufgebrochen worden. Von meinen Kleidungsstücken war nichts mehr vorhanden. Das traf mich um so härter, als auch meine Dresdener Wohnung beim Luftangriff zerstört worden war und die Russen die Einrichtung meiner Bautzener Dienstwohnung abtransportiert hatten. Viele wertvolle Dinge und Erinnerungsstücke sind dahin."

Benno versuchte zu retten, was noch zu retten war. Er bemühte sich um die Versorgung der landständischen Angestellten. Doch im September kam die "Bodenreform" mit der Enteignung des gesamten Grundbesitzes und der Einziehung des Kapitalvermögens. Da auch die Militärpension fortgefallen war, hatte er keinerlei Einnahmen mehr.

Er kämpfte aber um sein Verbleiben in Sohland, und wider Erwarten wurde ihm dieser Wunsch erfüllt. Dank seiner großen Beliebtheit bei der Bevölkerung, setzte sich der kommunistische Bürgermeister für ihn ein und erwirkte, daß er nicht wie die anderen Gutsbesitzer nach Rügen deportiert wurde, sondern in Sohland bleiben durfte. Allerdings mußte er sein Haus verlassen, fand aber Unterkunft bei einer

Familie Hentschel, Fabrikanten in Sohland. Von treuen alten Angestellten betreut, lebte er dort noch zehn Jahre, allerdings in finanziell und räumlich sehr beengten Verhältnissen.

Mit seinen Verwandten, vor allem seinem Bruder Alfred, stand er in Briefwechsel. Zu einer persönlichen Begegnung kam es aber nicht mehr. Aus allen Zeugnissen geht hervor, daß er bis zuletzt die innere Haltung beibehielt, die er am 1. Juli 1946 wie folgt kennzeichnete:

"Der Herr hat es gegeben, der Herr hat es genommen, der Name des Herrn sei gelobt (Hiob 1, 21).

Auch die letzten Worte dieses Spruches unterstreiche ich. Ich hatte mir eingebildet, daß Gottes Gnade mir erhalten bleiben würde bis an mein Lebensende und darüber hinaus. Nun habe ich die Lehre erhalten, daß ich mich viel mehr darum bemühen muß als bisher. Doch liegt auch darin wieder eine besondere Gnade."

Benno v. Nostitz-Wallwitz starb am 5. Februar 1955 und wurde in der Familiengrabstätte auf dem Sohlander Friedhof beigesetzt.

Claus-Dietrich v. Oppel auf Zöschau

Seit Mitte des 19. Jahrhunderts befand sich das Rittergut Zöschau im Besitz der Familie v. Oppel. Es liegt im Kreis Oschatz, an der Straße Oschatz - Nossen. Seine Größe betrug ca. 265 ha, davon 70 Prozent landwirtschaftliche Nutzfläche, 10 Prozent Wald und Seefläche und 15 Prozent Weiden.

Zur Familie des letzten Eigentümers gehören:

C l a u s - D i e t r i c h Hans Wilhelm v. O p p e l , * Oschatz 18. 11. 1893, † Bad Pyrmont 30. 4. 1968, auf Zöschau (§), Major d. Res. a. D., ERr d. JohO.;
⚭ Dresden (standesamtl.) 4. 4., (kirchl.) 5. 4. 1921 Margaretha v. T ü m p - l i n g , * Straßburg, Elsaß, 5. 9. 1900, T. d. Kgl. sächs. Obersten a. D. Horst v. T. u. d. Marie Anna v. Heynitz.

Kinder:

1. C l a u s Horst Julius-Wilhelm Benno, * Zöschau 26. 1. 1922, ⚔ (untergegangen mit U 166) im Golf von Mexiko 3. 8. 1942, Lt z. See.

2. J o a c h i m Karl Dietrich, * Zöschau 4. 2. 1923, ⚔ († an der bei Caen 25. 6. erlittenen Verwundung) Seés-sur-Orne, Frankr., 28. 6. 1944, Lt im PzRgt 3.

3. R o s e m a r i e Barbara Margarete, * Jena 23. 6. 1924, Krankenschwester;
⚭ (standesamtl.) Vörden, Kr. Höxter, 8. 4., (kirchl.) Marienmünster, Kr. Höxter, 9. 4. 1960 Ulrich L e i d e n f r o s t , * Naumburg an der Saale 22. 11. 1913, Major a. D.

4. Horst Christoph P e t e r , * Zöschau 20. 1. 1928, Ldwirt.

5. G e o r g C h r i s t i a n Karl Helmuth, * Zöschau 26. 10. 1930, Ing. chem., OLt d. Res., ERr d. JohO.;
⚭ (standesamtl.) Berlin-Wilmersdorf 1. 6., (kirchl.) Marienmünster, Kr. Höxter, 16. 7. 1961 Isa v. D i n c k l a g e , * Berlin-Wilmersdorf 7. 9. 1939, Kinderkrankenschwester, T. d. Kaufm. Georg Friedrich v. D. u. d. Dorothea Ammann.

6. M a r g a r e t h e Christiane, * Zöschau 17. 7. 1937;
⚭ (standesamtl.) Vörden, Kr. Höxter, 27. 10., (kirchl.) Marienmünster, Kr. Höxter, 28. 10. 1960 Hilmar v o n G r ü n h a g e n , * Gumminshof, Kr. Greifenberg, Pommern, 16. 4. 1929, Angest. bei der Lufthansa.

Über das Schicksal seiner Familie und ihre Erlebnisse schreibt Claus-Dietrich v. Oppel: Die NSDAP hatte mir 1932 schriftlich mitgeteilt, daß sie mich nicht als PG gebrauchen könne. Als ich später unter Hinweis auf dieses Schreiben das Ansinnen, Ortsbauernführer zu werden oder andere "Ehren"-Ämter zu übernehmen, ablehnte, kam es kurz vor Ausbruch des Krieges zu einer kritischen Lage. Ich bat darum im Sommer 1939 mein Regiment (Panzer-Regiment 3), bei dem ich als Hauptmann d. R. geführt wurde, mich durch eine Einberufung dem Zugriff der Partei zu entziehen. Während dieser Wehrübung begann der Krieg. Dank der Einsicht und Gradheit meiner jeweiligen militärischen Vorgesetzten, ist es mir während des gesamten Krieges trotz fünfmaliger Vernehmung durch ein Kriegsgericht gelungen, den Nachstellungen der NSDAP zu entgehen.

In den ersten Maitagen 1945 besetzten und plünderten russische Truppen Zöschau. Das Gutshaus war zu diesem Zeitpunkt voller Flüchtlinge; teils aus dem Westen, um den Bomben zu entgehen, teils aus dem Osten auf der Flucht vor den Russen. Meine Frau, meine beiden Töchter und mein jüngster Sohn überstanden wie durch ein Wunder Gottes die ersten fürchterlichen Stunden heil und unbeschädigt. Viele Menschen aus dem Dorf und vom Gut haben damals Hilfe gespendet. Besondere Unterstützung bekam meine Familie durch einen Bahnbeamten in Oschatz, der meine Frau mit den Kindern in seinem Hause vor den Russen versteckte. Erst nach vier Wochen wagte es meine Frau, wieder nach Zöschau zurückzukehren, mußte aber noch weitere Wochen zusammen mit den Bewohnern des Hofes und vielen Flüchtlingen auf einem Kornboden hausen. Dann ließen die ständigen Plünderungen der Sowjets nach, und das völlig devastierte und durchplünderte Gutshaus konnte wieder bewohnbar gemacht werden.

Ich selbst wurde im Juli 1945 von den Engländern nach kurzer Kriegsgefangenschaft entlassen und gelangte über Bethel nach Zöschau zurück. Die russischen Behörden, bei denen ich mich immer wieder melden mußte, ließen mich in Frieden. Ich übernahm wieder die Führung des Gutes aus den Händen meiner Frau, die diese Aufgabe in den vergangenen fünf Jahren vorbildlich und erfolgreich gelöst hatte.

Am 9. September 1945 fand ohne Ankündigung an mich in der großen Halle des Gutshauses die Enteignungsfeier statt. Anschließend wurde mir vom neuen Bürgermeister, meinem früheren Brennmeister, mitgeteilt, daß ich restlos und entschädigungslos enteignet sei.

Dann erfuhren wir, daß wir am 22. Okober 1945 deportiert werden sollten. Wir bereiteten die Flucht vor und verließen am 22. Oktober 1945 frühmorgens Zöschau, fuhren auf einem LKW nach Halle/Saale und mischten uns dort unter rheinländische Evakuierte, die in einem Sammeltransport per Bahn in ihre Heimat zurückgeführt werden sollten. Kurz vor der Zonengrenze mußten alle den Zug verlassen und wurden in ein ehemaliges RAD-Lager oberhalb von Heiligenstadt getrieben. Dort entgingen wir nur mit knapper Not der Registrierung, d. h. der Verhaftung, bekamen aber auch keine Verpflegung. Wir gelangten dann im Pulk der Rheinländer zu Fuß über die Grenze ins Lager Friedland. Am 26. Oktober 1945 kamen wir bei meinem Schwager, Dr. Fritz v. Bernuth, in Bethel an.

Das Gutshaus Zöschau wurde im Januar 1946 zunächst von einer Kommission nach Wertsachen, Akten und Kunstgegenständen durchsucht, dann der Dorfbevölkerung zur Plünderung freigegeben und anschließend durch Abbruch des Daches, des ersten Stockes und des Mittelteils unbewohnbar gemacht. Die Erinnerung an die "Junkerknechtschaft" sollte getilgt werden. Die Unterkunft suchenden Menschen waren nun gezwungen, den Schweinestall und den Kuhstall zu menschlichen Wohnungen umzuwidmen.

Im Krieg sind meine beiden ältesten Söhne gefallen.

(Nach einer Niederschrift vom 20. September 1953.)

Ergänzend zum Bericht seines Vaters schreibt sein Sohn, Christian v. Oppel, damals 15jährig, folgendes (auszugsweise):

. . . Ich hielt die Verbindung zu den Geschäften in der nahen Kreisstadt. Manchen Morgen radelte ich trotz Tieffliegerbedrohung mit irgendwelchen Aufträgen die vier Kilometer nach Oschatz. Einmal ging ich auch zum Frisör. "Guten Morgen!" grüßte ich an der Ladentür, wie ich das immer gemacht hatte. "Heil Hitler! heißt das", rief der Meister Blumenschein. "Wenn du das immer noch nicht gelernt hast, dann laß' ich dir Beine machen, und deinen Eltern auch. Ein Wort nur an der richtigen Stelle und du bekommst den passenden Unterricht!" Als ich mir wenige Wochen später, nach dem Einmarsch der Russen, wieder die Haare schneiden lassen wollte, fand ich das Geschäft noch an seinem alten Ort unter der bewährten Führung des Herrn Blumenschein. Der Laden war leer. "Heil Hitler!" sagte ich. Meister Blumenschein erbleichte. "Guten Tag! heißt das, Oppel! Du gehörst wohl zu den Unbelehrbaren? Wenn ich dich anzeige bei der Kommandantura, dann gehts ab nach Sibirien, Junkersöhnchen!"

. . . Kaum hatten die Kadetten den Hof geräumt, erschienen SS-Wachsoldaten eines KZs und baten dringend darum, daß auf dem Hof mit allen verfügbaren Mitteln Kartoffeln gekocht würden. Sie kämen am Abend mit einer Kolonne KZ-Häftlingen hier durch, die seit längerer Zeit nicht mehr verpflegt worden seien. Jeden Morgen beim Zählapell seien es weniger Leute, die sie bewachen sollten, und jeden Morgen müßten sie erneut Gräber ausheben. Ihnen sei zwar streng verboten worden, sich an die Zivilbevölkerung zu wenden, aber nun könnten sie nicht mehr anders. Strohlager in den Scheunen wurden ausgelegt und bald standen allerwärts große Töpfe und Kessel mit Kartoffeln auf offenem Feuer. Der Bürgermeister Wittig kam, um sein amtliches Veto einzulegen. Da aber kamen schon die ersten Kolonnen angetrottet. Ihr Anblick machte diesen - allerdings schon immer als erbärmlich mißachteten Braunrockträger - weich und duldsam. Bald geriet alles in Unordnung. Die Häftlinge in ihren gestreiften Kleidern waren vom Hunger und dem langen Marsch so erschöpft, daß sie nicht mehr zu halten waren. Angesichts der Kartoffelberge rafften sie die letzten Kräfte zusammen und rannten die machtlosen Wachen um. Nach Stunden, in denen immer neue Kartoffeln gekocht und immer neue Gruppen von Gefangenen gesättigt waren, glich der Hof und vor allem die Scheunen einem Denkmal menschlicher Not. Ich schlich mich in die Scheunen und begann mit den KZlern zu sprechen. Sie waren aus einem Arbeitslager bei Aue gekommen und sollten irgendwohin gebracht werden. Kaum einer wußte, wo er war. Aber alle waren sich ihres nahen Todes sicher. Als ich den Erschöpften und Hoffnungslosen beiläufig erzählte, daß nur etwa 30 km von hier die amerikanischen Linien seien, baten sie mich, ihnen den Weg dahin zu beschreiben. Am nächsten Morgen hatte die SS-Wache nicht viel zu zählen, nur die Allerschwächsten blieben zurück und wurden weiter verpflegt, verschwanden aber auch nach und nach. Im Umkreis des Gutes konnte man in den nächsten Tagen Litzen, Hoheitsabzeichen und andere Aufnäher von SS-Uniformen in Mengen finden.

. . . Unter den Flüchtlingen war auch ein Arzt aus Oberschlesien. Dr. Schlanzki wagte sich als einziger Erwachsener im weißen Kittel mit Rot-Kreuz-Binde aus dem Versteck heraus. Eine Tätigkeit hielt den Doktor in Atem und machte ihn zu einem reichen Mann: Er ließ die Tätowierungen ehemaliger Angehöriger der Waffen-SS verschwinden. Diesen war an der Innenseite des linken Oberarmes ihre

Blutgruppe eintätowiert worden und sie trugen damit ein tödliches Kennzeichen für die Russen mit sich herum.

Die russische Armee trieb alle Kühe gen Osten. Nur auf dem Oppelschen Gut war es gelungen, die Milchkühe vor dem Zugriff der Rotarmisten zu schützen. Der Inspektor hatte alle Zugänge zum Kuhstall mit Strohballen verrammelt. Die Kühe standen nun ständig im Dunkel und mußten nachts heimlich gefüttert und gemolken werden. Dafür war der Hof nun ohne Pferde. Diese waren schon in der ersten Russennacht davongetrieben worden. Auf einem befreundeten Gut war es umgekehrt: Hier hatte man die Pferde behalten können und die Kühe verloren. Nun mußte ein Austausch stattfinden. Eine Milchkuh gegen ein Gespann Pferde. Die Landwirtschaft mußte auf Befehl der Russischen Kommandantura weitergehen! Ich machte mich mit meinem Freund Alexander auf, diesen Austausch zu bewerkstelligen. Auf Nebenwegen und durch Waldungen ging der Viehtransport in aller Heimlichkeit vonstatten. Die Kühe mußten nachts marschieren und am Tage, wenn der Transport in abgelegenen Waldstücken rastete, durften sie nicht muhen. Der Übergang über die Elbe war dann nach zwei Nachtmärschen nur am Tage zu bewerkstelligen. Es waren nebelige Tage. Können Kühe überhaupt schwimmen? Ja, sie konnten es! Und als sie erst einmal im Wasser waren, beeilten sie sich sogar, das andere Ufer zu erreichen. Der Rückmarsch auf den Pferden war dann eine Leichtigkeit.

. . . Nun erfuhr man auch, was sich in der Nachbarschaft in den Schreckenstagen der ersten russischen Besetzung ereignet hatte. Nicht alle Ereignisse sind mir im Gedächtnis geblieben, aber eine besondere Untat der Befreier verdient unvergessen zu bleiben: Eine junge Mutter war von Russen aus ihrer Wohnung gewiesen worden. Den Säugling auf dem Arm, hatte sie beim Verlassen des Raumes nach einer Decke gegriffen, um ihr Kind warmhalten zu können. Der Russe hatte ihr dafür den Kolben seiner Maschinenpistole ins Gesicht geschlagen. Die Mutter wurde mit ihrem Kind dann von den Russen ohne ärztliche Hilfe in den Schweinestall gesperrt. Zwei Tage lang hat man noch das Geschrei des Kindes neben dem Jammern der Frau hören können, dann noch zwei Tage lang nur die gurgelnden Hilfeschreie der Frau. Als die Russen erstmals deutsche Nachbarn zu der Unglücklichen ließen, waren Kind und Mutter gestorben. Der Schlag mit dem Gewehrkolben hatte der Frau den Unterkiefer zertrümmert. . .

. . . Das große Gutshaus wurde wieder bewohnbar gemacht und das Leben schien da weiterzuziehen, wo es im September 1939 aufgehört hatte. Die Landwirtschaft wurde sogar von der Roten Armee für wichtig gehalten und der Gutsbetrieb ging fast ungestört bis September 1945 weiter bis die Bodenreform ausgerufen und alle Großgrundbesitzer restlos und entschädigungslos enteignet wurden.

Walter Freiherr v. Pentz auf Zwethau

Das Rittergut Zwethau liegt im Kreis Torgau und wurde im Jahre 1908 durch Walter Freiherr v. Pentz durch Kauf erworben. Später hat er 1934 noch die Rittergüter Berg und Friedrichshöhe bei Eilenburg dazugekauft. Der gesamte Grundbesitz hatte eine Größe von 1080,66 ha.

Zur Familie des letzten Eigentümers gehören:

W a l t e r Hans Christian Freiherr v. P e n t z , * Brandis 23. 11. 1882, † Bad Pyrmont 7. 2. 1968 (eingetr. in das Kgl. sächs. Adelsbuch 24. 9. 1903 unter Nr 10), auf Zwethau (§), Kr. Torgau, Friedrichshöhe u. Berg (§), Kr. Delitzsch, Rittmeister d. Res. a. D., Land- u. Forstwirt, RRr d. JohO.;
✕ Dresden 27. 3. 1909 Erika Freiin v. R o c h o w , * Dresden 12. 12. 1886, † Bad Pyrmont 17. 6. 1974, T. d. Kgl. sächs. Khrn u. Rittmeisters a. D. Theodor Frhr v. R., Fkhrn auf Strauch u. Merzdorf, u. d. Ida v. Anderten.

Kinder:

1. Ida Marie E d e l g a r d e , * Zwethau 3. 6. 1910;
   ✕ I. Zwethau 20. 5. 1931 Joachim Fhr v. B a r n e k o w , * Hannover 24. 4. 1899, ✕ bei Gomel, Rußld, 13. 8. 1941, auf Klein-Kubbelkow, Rügen, Oberstlt u. Adj. der 31. InfDiv.;
   ✕ II. Hiddensee, Rügen, 18. 6. 1945 Günter B a d e r , * Berlin 12. 3. 1920, Dr. med., prakt. Arzt, OStabsarzt a. D.

2. Erika Ernestine I n g e b o r g , * Zwethau 30. 1. 1914;
   ✕ Bad Pyrmont 5. 8. 1952 Franz P u m p l u n , * Körlin, Pomm., 23. 11. 1891, † Bad Pyrmont 5. 7. 1968, Lt a. D.

3. Helene Hedwig S i g r i d , * Leipzig 22. 2. 1916, † Cappel bei Öhringen, Württ., 18. 12. 1962;
   ✕ I. Zwethau 8. 10. 1937 Georg Gf v. L ü t t i c h a u , * Riemberg 26. 5. 1911, ✕ am Ilmensee, Rußld, 24. 7. 1942, auf Laasnig, Kr. Goldberg, Schlesien, Bes. der Farmen Niederhagen u. Hoheacht, SWAfrika, Dr. jur., Referendar a. D., OLt d. Res. u. Batterieführer im ArtRgt 28;
   ✕ II. (standesamtl.) Züttlingen 26. 7., (kirchl.) Seeshaupt am Starnberger See 27. 7. 1946 Ulrich L e T a n n e u x v. S a i n t P a u l , * Otten, Ostpr., 28. 7. 1911, † Weinsberg, Württ., 14. 1. 1948, Ldwirt, Rittmeister a. D.;
   ✕ III. Cappel bei Öhringen 5. 11. 1948 Kraft-Dietrich E b b i n g h a u s , * Tübingen 21. 6. 1912, † Cappel 27. 7. 1986, Ldwirt, OLt a. D.

4. Friedrich Gotthard D i e t r i c h , * Zwethau 22. 1. 1919, ✕ bei Aachen 8. 10. 1944, OLt d. Res. in der Schnellen Abt. 504.

5. Walter H a n s - D e t l e f , * Zwethau 15. 5. 1927, Dr. rer. nat., ERr d. JohO.;
   ✕ Bensheim an der Bergstraße 7. 7. 1956 Jutta R ö s s l e r , * Heidenau 2. 5. 1936, T. d. Fabrikbes. Helmut R. u. d. Ella Kimmel.

Es folgen Auszüge aus den Erinnerungen von Walter Freiherr v. Pentz, gewidmet

"Meiner tapferen Frau"

Wer das Recht hat und Geduld,
für den kommt auch die Zeit. (Goethe)

Nach Ausbruch des Zweiten Weltkrieges mußten die zum Wehrdienst eingezogenen Männer und polnischen Saisonarbeiter durch Kriegsgefangene ersetzt werden. Von Anfang an wurden die Lebensmittel rationiert, Landwirte waren Selbstversorger und erhielten ein festgelegtes Liefersoll für Milch, Schlachtvieh, Getreide, Gemüse und sonstige Früchte. Dem Forstbetrieb wurde ein Einschlags-Soll von 150-160 Prozent des normalen Einschlages auferlegt. Dagegen wurden die Zuteilungen von Kunstdünger, Rohöl und sonstigen Betriebsmitteln reduziert.

Unser ältester Sohn Dietrich hatte nach bestandenem Abitur in Roßleben eine Ost-Afrika-Reise unternommen, leistete dann seinen Arbeitsdienst während des Polenkrieges teilweise dort ab und machte dann eine kurze landwirtschaftliche Lehre. Anschließend wurde er zum Reiter-Regiment 10 in Torgau eingezogen, kam nach seiner Beförderung zum Leutnant d. Res. an die Ostfront. Bei den Kämpfen um Sewastopol wurde er verwundet. Nach längerem Lazarettaufenthalt kam er an die Westfront zu einer "Mot. schnellen Abt.", erhielt dort das EK 1 und wurde zum Oberleutnant befördert. Dietrich ist am 8. Oktober 1944 bei Mariadorf im Bezirk Aachen gefallen.

Als Rittmeister a. D. des ehemaligen Kgl. sächs. Ulanen-Regiments Nr. 17 mußte ich schon am ersten Mobilmachungstag meinen Dienst als Leiter der Pferdebeschaffungskommission 4/161 antreten. Zwar fand der Dienst nicht täglich statt, war aber trotzdem anstrengend und zeitraubend.

Mit fortschreitendem Bombenkrieg wurden militärische Dienststellen immer mehr dezentralisiert. Ende des Jahres 1943 wurde nach Zwethau der Stab für das Kriegsgefangenenwesen verlegt. Er bestand aus fünf Offizieren, einem Stabsfeldwebel, Schreibpersonal, Fahrern und Burschen. Leiter war der General der Infanterie Roettig, sein Vertreter Oberstleutnant Müller. Der Stab wurde im oberen Stockwerk des Schlosses untergebracht.

Nach dem Heldentode ihres Mannes am 24. Juli 1942 war auch unsere jüngste Tochter, Sigrid Gräfin Lüttichau, mit ihren zwei Kindern Leo und Renate aus Schlesien nach Zwethau gekommen, so daß jetzt unsere beiden jüngeren Töchter bei uns waren. Dagegen war unsere älteste Tochter, Edelgarde Freifrau v. Barnekow, auf ihrem Gut Kl.-Rubbelkow mit ihren Kindern Ingrid und Rutger geblieben. Zum Schutz gegen Fliegerangriffe war vom Ende der Schloßrampe ein Laufgraben im Park bis zu einem in einen Hügel getriebenen Stollen gegraben worden. Die Annäherung feindlicher Flieger wurde uns telefonisch aus Torgau gemeldet und dann Alarm und Entwarnung durch unseren Sohn Hans-Detlef per Hornsignal dem Dorf übermittelt.

Zur Zeit des Attentates auf Hitler im Juli 1944 war meine Nichte, Marie Luise v. Stülpnagel, gerade bei uns. Am 22. Juli kam die Nachricht, daß der Oberbefehlshaber in Frankreich, General der Infanterie v. Stülpnagel, ihr Vater, durch einen Anschlag französischer Partisanen schwer verwundet sei. Um ihre Angst um den

Vater zu beheben, ließ General Roettig auf seiner Dienstleitung in Paris nach-fragen, was passiert sei. Die Antwort war sehr zurückhaltend, und als am nächsten Tag angefragt wurde, wer telefoniert habe, wurde uns klar, daß Stülpnagel zu den Verschworenen gehörte. Er wurde später hingerichtet, seine Familie in Sippenhaft genommen.

Die Zahl der feindlichen Geschwader nahm von Tag zu Tag zu, oft zählten wir über hundert Flugzeuge. Als dann Jäger und Nachtjäger auf den Flugplatz Lönne-witz verlegt wurden, fanden oft Luftkämpfe über uns statt, nun waren wir durch Notabwürfe von Bomben gefährdet. Am 8. März 1944 wurde Zwethau direktes Angriffsziel von 18 Flugzeugen. In wenigen Sekunden waren über Gut und Dorf ca. 40 Bomben gefallen. Das Schloß blieb zum Glück unbeschädigt, aber die Wirt-schaftsgebäude erhielten mehrere Treffer und wir verloren 15 hochtragende Herd-buchfärsen, und fast alle Fensterscheiben waren zersprungen.

Im Oktober 1944 wurde der Stab "Kriegsgefangenenwesen" aufgelöst und die Herren zu anderweitiger Verwendung versetzt. Als Nachfolger wurde uns Anfang November der Chef des Reichskriegsgerichts, General der Infanterie v. Scheele, zugewiesen. Dieser bat uns, seine ausgebombte Frau und Tochter mitbringen zu dürfen. Alle drei wurden durch ihre Hilfsbereitschaft Freunde unseres Hauses. Die Dienststelle, die aus 46 Generalen bestand, blieb in Torgau, General v. Scheele fuhr täglich hin und zurück. Zu den monatlichen Herrenabenden des Reichskriegs-gerichts nahm mich General v. Scheele immer mit.

Nach Schulabschluß durch Notabitur wurde unser Sohn Hans-Detlef Anfang Januar 1945 zur Flak einberufen und sollte sich im April bei der Fahnenjunkerschule in Rokizan melden. Dazu kam es aber nicht mehr, so daß er zunächst beurlaubt wurde.

Ende Januar 1945 begann das Flüchtlingselend sich auch in Zwethau bemerkbar zu machen. Die Menschen waren durch Berichte über unmenschliche Grausamkeiten der vordringenden Russen in Panik versetzt. Es kam oft auch nicht zu dem zuge-sagten rechtzeitigen Signal für den Aufbruch durch die Funktionäre der NSDAP, da diese sich als erste in Sicherheit brachten. So kam es bei Kälte und Schnee zu unentwirrbaren Verstopfungen vor allem an den Flußübergängen. Die ersten Flüchtlingstrecks traten noch nicht in Massen auf und konnten noch in Zimmern untergebracht werden. Später sammelte sich dann eine nicht abreißende Kolonne an der Elbbrücke in Torgau. Hier regelte die Polizei den Verkehr über die Brücke. Meine Frau ließ in der Schloß- und in der Wirtschaftsküche große Kessel mit Erb-sensuppe und Milch für die Kleinkinder bereitstellen. In den großen Räumen des Schlosses wurden Massenquartiere mit Matratzen entlang den Seiten und langen Tischen in der Mitte eingerichtet. Abends empfingen Oberinspektor Mühling und ich die Ankommenden und verteilten sie auf die freigewordenen Räume. Viele Flüchtlinge mit bekannten Namen kamen durch Zwethau, um nur einige zu nennen: Frau v. Kalckreuth, Frau v. Schwerin, Baronin Keyserlingk, Gräfin Stolberg, Frau v. Schumann und Gräfin Finckenstein. Stellmacherei und Gutsschmiede waren in dieser Zeit ausschließlich für die Flüchtlinge eingesetzt, um die Fuhrwerke wieder flott zu machen.

Inzwischen war Torgau zur Festung bestimmt worden und es kamen Pioniere nach Zwethau, um dort Verteidigungsstellungen auszubauen. Der Volkssturm übte fleißig, obwohl er außer wenigen Panzerfäusten über keine Waffen verfügte. Nach Vollendung der Artilleriestellung zog eine Batterie in Zwethau ein und begann im Park mit dem Einbau von zwei schweren Geschützen und dem Lagern von Granaten. Die Stimmung der Soldaten war vernichtend schlecht. Selbst von alten Unteroffizieren hörte man: "Wir denken nicht daran, uns für den Lumpen (Hitler) totschlagen zu lassen."

Die feindlichen Flieger hatten sich eine neue Taktik ausgedacht. Sie flogen am späten Abend ausgeschwärmt über die Dörfer, um sie zu bombardieren. In Zwethau ließ eine Splitterbombe auf dem Gutshof das massive Kühl- und Schlachthaus buchstäblich verschwinden und beschädigte noch den anschließenden Ochsenstall. Im Dorf brannten zwei Gehöfte nieder. Von diesem Tage an nächtigten meine Frau und ich angekleidet auf Matratzen im Büro, die übrige Familie im Apfelkeller mit Notausgang ins Freie.

Mittags am 19. April 1945 fuhren vier große Autos vor dem Schlosse vor, denen Regierungspräsident Sommer, der stellvertretende Gauleiter Übelöhr, der Torgauer Landrat Dr. Kortz und zahlreiche weitere Herren entstiegen. Mir wurde eröffnet, daß das Schloß sofort gänzlich geräumt werden müsse, da der Reichsverteidigungskommissar, Gauleiter Eggeling, mit seinem großen Stabe jeden Raum benötige und schon am nächsten Morgen einziehen würde. Auch die Einquartierung müsse aus dem Schloß heraus. Ich erklärte, es stünde nicht in meiner Macht, General v. Scheele und seinen inzwischen hier eingezogenen Adjutanten auszuweisen, dies müßten die Herren schon selbst tun. Nach einer erregten Auseinandersetzung erklärte General v. Scheele, er ginge, wann es ihm passe. Den Bewohnern des Schlosses wurde als Bleibe der Raum Dommitzsch zugewiesen und wir bekamen einen Passierschein für die Torgauer Elbbrücke. Auf meine Frage, was mit der Belegschaft des Gutes und den Einwohnern des Dorfes geschehen solle, erhielt ich zur Antwort: Der Volkssturm bleibt hier, der übrigen Einwohnerschaft steht es frei, auf die andere Elbseite zu gehen oder bei Kampfhandlungen in den Wald auszuweichen. Wer auf die andere Elbseite ausweichen wollte, bekam dafür Gespanne vom Gut. General v. Scheele erlebte noch den Einzug des Reichsverteidigungskommissars in das Schloß, aber auch dessen Auszug schon nach vier Stunden, der Boden Zwethaus war ihm zu heiß geworden. . .

Rabenschwarz war die Nacht vom 19. zum 20. April 1945, als zwei überdachte Gummiwagen und zwei Kastenwagen vor dem Schloß beladen wurden. Der Aufbruch war auf 4.30 Uhr festgelegt worden, um die Torgauer Brücke noch bei Dunkelheit passieren zu können. Als wir dort eintrafen, sollte die Brücke wegen Panzergefahr auf Befehl des Festungskommandanten geschlossen werden, nur mit Mühe gelang es, unsere Wagen noch passieren zu lassen. Unser nächstes Ziel war Trossin, wo wir von den Besitzern des Rittergutes, der Familie Küstner, mit offenen Armen aufgenommen wurden. Am 24. April kam die Nachricht, daß die Amerikaner das Muldeufer besetzt hätten, die Russen jedoch bei Dommitzsch bis zur Elbe vorgestoßen seien. Das veranlaßte alle in Trossin Versammelten, ihre Trecks zur Abfahrt gen Westen bereitzustellen. Am 25. April, mittags, brachen wir auf, die Ortskundigen wählten einen Weg durch den Wald, wir fuhren auf der Straße über Boitzsch und weiter auf der großen Straße Torgau - Pressel, Treffpunkt sollte der Neumühlenteich vor Pressel sein. Hans-Detlef war nach Pressel vorausgefahren, um uns bei dem dortigen Gutsbesitzer, Herrn Dr. Gereke, anzumelden. Er kam mit der Nachricht zurück, daß er sich in seinem Vorwerk Winkelmühle befände. So fuhren Herr Küstner und ich zusammen mit Herrn v. Hehn in dessen leichtem Wagen dorthin und trafen ihn dort im Gespräch mit Landrat Dr. Kortz. Dr. Gereke erklärte sich sofort in liebenswürdigster Weise bereit, uns bei sich aufzunehmen. Wir erfuhren dort aber auch, daß die Brücke über die Mulde bei Eilenburg gesprengt sei, wogegen die Brücke bei Düben angeblich noch heil sei. Da meine Absicht, unsere Güter Berg oder Friedrichshöhe bei Eilenburg zu erreichen, nur gelingen konnte, wenn ich noch über diese Brücke fahren konnte, entschloß ich mich, nicht in Pressel zu bleiben, sondern gleich weiter in Richtung Düben zu trecken.

Bis in den Wald kurz vor Görschlitz ging die Fahrt gut, dann blieb alles halten. Es hieß, die Amerikaner hätten das ganze Westufer der Mulde besetzt und die Brücke gesperrt. Hans-Detlef, der nach vorn geeilt war, mußte die Richtigkeit der Meldung bestätigen. Kurz entschlossen, bevor andere auf den gleichen Gedanken kamen, führte ich unseren Treck in eine Waldschneise und wir suchten einen geschützten Platz zum Nächtigen. Plötzlich trafen wir auf Leute des Zwethauer Dorftrecks mit einem Gespann des Rittergutes. Die Freude der Leute war groß, wieder Anschluß an ihre Gutsherrschaft gefunden zu haben. Wegen der Flieger durfte kein Feuer gemacht werden, so verzehrten wir unsere mitgebrachten Brote. Am nächsten Morgen erkundeten wir einen Seitenweg nach Pressel zurück, und dort war dann das Hallo groß, als der untreue Zwethauer Treck wieder erschien. Im Herrenhaus herrschte eine derartige Fülle, daß jede Treppenstufe als Lagerplatz dienen mußte. Trotzdem brachte meine Frau es fertig, einen aus Zwethau mitgebrachten Puter zu braten, der dann auf dem großen Rondell vor dem Herrenhaus verspeist wurde. An diesem Tage rückten die Amerikaner über die Mulde vor. Einzelne Panzer hatten auf der Straße nach Torgau das Dorf Pressel passiert. Am 27. April früh erhielten wir die Nachricht, daß Trossin soeben von den Amerikanern besetzt sei. Unsere Freude war groß, und der Entschluß, dorthin zurückzukehren, stand fest.Unterwegs wurden wir von einem Wagen mit zwei US-Soldaten angehalten, die uns nach Waffen untersuchen wollten. Wie sich dann herausstellte, handelte es sich um Polen in amerikanischen Uniformen, die uns ausplündern wollten. Ich wurde meine goldene Uhr los und unsere Tochter Sigrid Lüttichau büßte ihren Fotoapparat und Projektor sowie ihre Filme ein. Schlagartig wurde die "Kontrolle" eingestellt, als auf der Straße eine motorisierte Abteilung erschien. Einige Tage später hat der US-Bezirkskommandant zwei Soldaten wegen Plünderns erschießen lassen.

In Trossin angekommen, war unsere erste Frage: "Wo sind denn die Amerikaner?" Es hieß: "Die sind wieder abgerückt, würden aber wahrscheinlich gegen Abend zurückkommen." Wir bezogen wieder unsere alten Räume im Schloß. Als wir beim Abendbrot versammelt waren, ertönte plötzlich von der Dommitzsch-Trossiner Straße her Pferdegetrappel, Räderrollen und lautes Geschrei. Das sind die Russen, sagten alle einstimmig. Bis zu dem durch einen See und hohe Bäume gegen die Straße gedeckten Rittergut kam aber zunächst niemand. Während der ganzen Nacht vom 27./28. April rollten aber die russischen Fahrzeuge ununterbrochen auf der Chaussee in Richtung Falkenberg. Ein besonderes Problem waren die 4000 Liter

Spiritus, die im Brennereikeller lagerten. Sie bildeten eine große Gefahr, da die Russen in betrunkenem Zustand völlig unberechenbar sind. Aber Herr Küstner konnte sich nicht entschließen, sie zu vernichten, da er fürchtete, wegen Sabotage belangt zu werden.

Bis zum 2. Mai, dem Tag, an dem das Radio den Fall von Berlin und den Tod Hitlers meldete, blieb alles einigermaßen ruhig. Am 3. Mai erschien zunächst eine US-Patrouille und requirierte unseren Personenwagen. Kaum hatten die Amerikaner den Hof verlassen, schnüffelten sechs Russen überall herum und fanden in kürzester Zeit den Sprit in der Brennerei. Der 4. Mai war ein besonders kritischer Tag. Schon frühmorgens trabte eine Kosaken-Patrouille auf den Gutshof und musterte alle Pferde leichten Schlages. Sie entschieden sich für eines unserer beiden Kutschpferde, die schon unter Sattel gegangen waren. Gegen 9 Uhr war dann der ganze Hof schwarz von russischen Soldaten, russischen Landarbeitern und Polen, die alle Sprit wollten. Als Gefäße holten sie zunächst die Milchkannen, dann drangen sie ins Schloß ein und suchten Flaschen, Krüge und Töpfe, ja sogar Wärmflaschen zusammen. Wer Fruchtschnäpse bevorzugte, holte Obstsäfte und Kompott aus den Vorratsräumen. Gierig begannen sie den hochprozentigen Alkohol zu trinken, um die Gefäße erneut füllen zu können. Dann fanden sie in den Scheunen die dort untergestellten Treckwagen der Zwethauer. Alle Wagen, Kisten und Koffer wurden erbrochen, der Inhalt auf einen großen Haufen geworfen, von dem sich jeder herausfischte, was ihm gefiel. Sogar ein Sanitätsauto wurde beladen. Unser polnischer Treckerfahrer mischte sich unter die Menge, nahm, was er erwischen konnte und brachte es uns abends zurück. Wir konnten hinter Scheibengardinen das ganze Treiben beobachten. Gegen Abend verzogen sich die Russen, um sich im Dorf der Weiblichkeit zu widmen. Auch der kommende Tag verlief nicht besser. Unter Führung eines Offiziers erschien ein Trupp Soldaten, zog aus der Scheune unseren Trecker und die beiden verdeckten Gummianhänger heraus und zwangen unseren Treckerfahrer mit ihnen nach Oschatz zu fahren. Er kam am nächsten Tag zu Fuß zurück. Unterdessen hielt das Rennen nach der Brennerei und das Durchstöbern des Haufens Flüchtlingsgutes unvermindert an. Am 6. Mai stand ein russischer Offizier vor dem Haufen. Auf die Frage meiner Frau, ob die Flüchtlinge sich von ihrer Habe noch das Brauchbare entnehmen dürften, erteilte er gnädige Erlaubnis. Je mehr der Sprit zur Neige ging, desto größer wurde die Wut der Nachfolgenden. Durch Androhen von Erschießen forderten sie weiteren Schnaps. Herr Küstner wurde mit Fußtritten die Kellertreppe hinuntergestoßen und als er dann aus den Rohrleitungen noch etwas herausholte, wurde er gestreichelt und mit "Brüderchen" tituliert.

Am Tage nach der Kapitulation ging es wieder böse zu. Zunächst wurden die Trossiner Kühe und Schweine weggetrieben, und am Abend erfolgte der Großangriff auf das Schloß. Er galt den Mädchen und jungen Frauen. Herren, die diesen zur Flucht verhelfen wollten, wurden beschossen. Die meisten entkamen durch die Fenster und hielten sich die kalte Nacht hindurch im Schilf des Sees oder im Wald verborgen. Drei Damen waren den Russen zum Opfer gefallen. Dank der sofortigen Bemühungen des Gynäkologen, Prof. Küstner, blieben sie vor weiteren Folgen bewahrt. Mit verschiedenen Variationen hielten die täglichen Besuche der Russen im Schloß bis zum 16. Mai an. Der kleine Zwethauer Terrier "Stubbs" konnte die

Russen nicht leiden und kläffte sie immer wütend an. Einmal wollte ein Soldat ihn mit dem Messer erstechen, doch sprang die kleine Renate Lüttichau ihrem Liebling zu Hilfe. Da alle Russen kinderlieb sind, ließ er von dem Hund ab, nahm das Kind auf den Arm und streichelte es.

Der 17. Mai brachte eine völlig neue Lage. Gegen Mittag kamen neue russische Truppen ins Schloß und verlangten die völlige Räumung binnen einer Stunde. Die letzte Habe der Zwethauer war schnell auf den noch verbliebenen Kastenwagen verladen, für die Familie Küstner war es schwieriger, das Wichtigste in aller Eile zusammenzupacken. Pünktlich nach Ablauf einer Stunde wurden alle aus dem Haus gejagt. Die älteste Tochter Küstner hatte sich verspätet, und als das 17jährige Mädchen nicht aus dem Haus herauskam, ging Hans-Detlef zurück in die Halle und fand sie dort von johlenden Russen umringt. Er erklärte den Russen, sie sei seine Matka und Mutter seiner drei kleinen Kinder. Da haben sie sie freigelassen.

Auf die Frage "wohin nun?", entschieden wir uns für die etwas abgelegene Schäferei, die zwar auch schon von Flüchtlingen belegt war. In der Heuscheune wurden enge Quartiere bezogen, in der Küche der Schäferwohnung wurde nach vereinbartem Zeitplan gekocht und auf dem Hof gegessen. Da sich bis zum Abend des 18. Mai kein Russe blicken ließ, fühlten wir uns einigermaßen sicher, bis dann bei Einbruch der Nacht Gejohle der Russen mit Hilferufen deutscher Mädchen darauf schließen ließ, daß die Russen Schnaps gefunden hatten und betrunken waren. Die Nacht war stockdunkel, und Herr v. Hehn hielt am Osttor, ich am Westtor Wache. Plötzlich rief es bei mir draußen: "Hilfe - Einlassen!" Ich öffnete und konnte gerade noch die Riegel vorlegen, als die Russen ans Tor donnerten. Kurz darauf krachten beide Hoftore und ein Schwarm betrunkener Asiaten ergoß sich in den Hof. Inzwischen hatten sich alle jungen Frauen und Mädchen tief ins Heu verkrochen, die alten Frauen lagen mit den kleinen Kindern im Stall. Die unsicheren Russenbeine konnten den Heustapel in der Scheune nicht mehr schaffen und zogen endlich wieder ab. Nur ein Russe hatte sich ins Heu geworfen und war sofort eingeschlafen. Als Gräfin Strachwitz am nächsten Morgen erwachte, war ihr Schreck nicht gering, als ein Russe unmittelbar neben ihr lag.

Am 19. Mai mußten wir schon wieder umziehen, ein Offizier hatte uns bedeutet, daß die Schäferei auch von ihnen belegt würde. Der Trossiner Treckerführer bot uns sein Häuschen an. Seine Familie rückte in ein Zimmer zusammen, die übrigen Räume wurden mit 60 Personen belegt. Die Engigkeit war fast unerträglich. Ich fühlte mich sehr schlecht, es war der Beginn einer Typhuserkrankung, die sich im Laufe der nächsten Wochen auf alle übertrug. Am nächsten Tag wurden einige Frauen in die Schäferei zum Kartoffelschälen bestellt, meine Frau ging mit ihnen. Einen Tag später wurden die jungen Mädchen zum Waschen der blutigen und eitrigen Lazarettwäsche geholt, unsere Tochter Ingeborg machte sich als altes Weib zurecht. Dieser Einsatz dauerte zwei Tage, zur gleichen Zeit fielen 16 Russen dem Alkohol zum Opfer, zum Ausheben der Gräber wurden unsere Herren beordert. Unsere Verpflegung wurde knapp, und Frau Küstner schlich sich heimlich in ihren eigenen Gemüsegarten und Kartoffelkeller, um etwas heranzuschaffen.

Am 26. Mai ging Hans-Detlef mit seinem Schulkameraden Retmeyer nach Zwethau, um sich von dort ein Bild zu verschaffen. Nach mancherlei Gefahren erreichten sie ihr Ziel. Was sie dort sahen und hörten war folgendes: Am 23. April mittags waren die russischen Panzerspitzen vor Zwethau erschienen. Die Artilleristen in der Verteidigungsstellung im Park hatten sich nach Süden abgesetzt, nur der Volkssturm hatte Widerstand geleistet, fünf zertrümmerte Panzer waren Zeugen. Später entspann sich ein Artillerieduell, dem der Gutsgasthof, die große Scheune und schließlich auch das Schloß zum Opfer fielen. Auch am 24. April hielt das Bombardement noch an, das brennende Schloß wurde erneut getroffen. Hans-Detlef und sein Freund kamen nach einigen Tagen zurück. Sie meinten, eine Rückkehr nach Zwethau sei zwar möglich, aber zur Zeit nicht ratsam.

Am 12. Juni hatte Hans-Detlef nochmals Gelegenheit, nach Zwethau zu fahren um die Rückkehr unserer Familie in die Heimat vorzubereiten. Vom Torgauer russischen Kommandanten hatte er die schriftliche Genehmigung erwirkt, daß sein Vater das Gut wieder übernehmen und leiten dürfe. Nach einigen Instandsetzungsarbeiten hatte er das Pfarrhaus als Quartier bestimmt. Am 13. Juni schickte er die Nachricht nach Trossin, daß der 15. Juni als Umzugstermin vorgesehen sei, und am 14. Juni ein zweiter Kastenwagen von Zwethau eintreffen würde. Sie faßten bequem die ganze Familie und die ihr verbliebene Habe. Der Abschied von all den Menschen, mit denen wir so lange gemeinsame Not geteilt hatten, fiel uns schwer, als wir am 15. Juni 1945 das gastliche Trossin verließen, um den Weg in die Heimat anzutreten. Hans-Detlef empfing die Seinen am Dorfeingang und brachte sie vorbei an den zerstörten Häusern des Dorfes zum Pfarrhaus. Mit Bangen und klopfendem Herzen gingen wir noch am selben Abend zur Ruine unseres so heißgeliebten Schlosses. Der Weg führte über den Kirchhof, wo sich tiefe Gleise der Panzer durch die Gräberreihen zogen. Auf unserer Begräbnisstätte war das große Steinkreuz umgestürzt. Die alte Kirche mit den Gemälden von Lucas Cranach war nur wenig beschädigt. Stroh und Mist im Innern zeigten an, daß sie als Pferdestall benützt worden war. Aus der Orgel waren mehrere Pfeifen herausgerissen, sie dienten den Russen als Spielzeug. An der Toreinfahrt zum Park blickte das Rohr einer zerschossenen deutschen Kanone aus dem Gebüsch. Neben dem eingeknickten eisernen Tor lag das zertretene Gemälde Augusts des Starken.

Vom alten Teil des Schlosses waren die Umfassungsmauern bis zur Hälfte des ersten Stockes eingestürzt. Die Gewölbe hatten zum großen Teil standgehalten, wiesen aber Risse auf. Die Räume im Parterre waren ausgebrannt. Der große Panzerschrank war erbrochen, sein Inhalt - Gutspapiere und Familiendokumente - lagen verstreut umher. Der neue Flügel des Schlosses hatte den Brand besser überstanden, bis zum Dachgeschoß standen sämtliche Umfassungsmauern und Innenwände, die Decken waren natürlich heruntergefallen. Der Keller war intakt, im Raum der Zentralheizung lag der Kokshaufen unverbrannt neben den heilen Kesseln.

Die weitere Besichtigung wurde durch die Russen unterbrochen, die lautstark und gestikulierend klarmachten, daß die Ruine zu verlassen sei. Den Gutshof durften wir nicht betreten, er war mit Stacheldraht eingezäunt, Posten bewachten die Zugänge zu den dort einquartierten Truppen.

Am Abend begrüßten Herr und Frau Wenzel, Großbauern im Dorf, die Heimgekehrten. Sie konnten ihren Hof nicht lange verlassen, der zu jeder Tages- und Nachtzeit von durchziehenden Russen und Polen aufgesucht wurde. Ein Teil ihres Hauses war von Russen belegt. Da das Rittergut nicht betreten werden durfte, hatten sie sechs Pferde und acht Ochsen des Rittergutes, die sich aus zurückgekehrten Trecks eingefunden hatten, bei sich aufgenommen. Nun kamen noch unsere beiden Pferde hinzu. Herr Wenzel und ich beschlossen, gemeinsam zu wirtschaften, um so viel wie möglich von der Ernte zu bergen. Unser Gespannmeister, Schmeißer, war dabei eine große Hilfe, denn er verstand es vortrefflich, den Russen das abzujagen, was die Wirtschaft unbedingt benötigte.

Während unserer Abwesenheit war Herr van Appen, ein Flüchtling aus Lübeck, den wir aufgenommen hatten, von den Russen als Bürgermeister eingesetzt worden. Er hatte an Stelle des noch nicht aus dem Kriege zurückgekehrten Gutsgärtners dem schon über 20 Jahre bei uns tätigen Ukrainer Kiritschenko die Gärtnerei übergeben. Mit diesem als Dolmetscher begab ich mich am 16. Juni zu unserem russischen Ortskommandanten, der die Wohnung unseres Chauffeurs Benedict bezogen hatte, um die Genehmigung zum Betreten des Gutshofes und der Entnahme von Gegenständen aus der Schloßruine zu erwirken. Zu dieser Unterredung ließ der Kommandant noch drei weitere Offiziere und einen zweiten Dolmetscher kommen. Nach langem Hin und Her wurde vereinbart, daß ich und meine Familienangehörigen die Schloßruine betreten dürften. Um den Hof zu besuchen, sei Meldung bei dem Posten erforderlich, der das Nötige veranlassen würde. Ferner wurde der Düngerschuppen auf der Schäferei zur Aufnahme der Heuernte freigegeben. Abschließend sagte der Dolmetscher: "Wir Russen sind anständige Leute. Ihr habt uns in Rußland nur Asche hinterlassen. Wir zünden Eure Häuser nicht an, aber was darin ist und von uns nicht gebraucht wird, wird kaputt gemacht."

Nachdem Herr van Appen zum Dezernenten für Handel und Industrie in Torgau avanciert war, wurde der Kommunist Wendt, der die Dorfbäckerei übernommen hatte, unser Bürgermeister. Ihm galt mein nächster Besuch. Ich traf ihn, von einem ansehnlichen Stab umgeben, in der Backstube. Alle versprachen mir, mich in jeder Hinsicht zu unterstützen und mir beim Wiederauffinden unserer gestohlenen Möbel behilflich zu sein.

Auf Grund der Genehmigung durch den Ortskommandanten ging meine Frau mit unserer Tochter Ingeborg gegen Abend ins Schloß, kamen aber bald fluchtartig zurück, weil die Russen ihnen schimpfend gefolgt waren. Weitere Versuche ergaben, daß die Mittagszeit am günstigsten war. So konnte im Laufe der Zeit manches geborgen werden. Das Betreten des Gutshofes war mit größten Schwierigkeiten verbunden. Es dauerte oft bis zu einer dreiviertel Stunde bis ein Offizier zu meiner Begleitung kam. Das Wirtschaftsgebäude und den Raum um die Schmiede durfte ich nicht betreten, da dort Fahrzeuge abgestellt waren. Im übrigen war auf dem Hof kaum noch etwas Brauchbares vorhanden.

Meine erste Sorge galt der Wiederherstellung der Dächer und Fenster der Wohnhäuser. Da Dachsteine nicht zu bekommen waren, wurden weniger wichtige Scheunen und Schuppen abgedeckt, Balken und Sparren ausgeflickt, in einer Torgauer Glasfabrik gegen Feldfrüchte Glas eingetauscht und so unter Einsatz aller verfügbaren Kräfte die Wohnhäuser trockengelegt. Im Laufe weniger Tage war ein Haus nach dem anderen wieder bewohnbar geworden. Aber nicht nur die früheren Bewohner konnten wieder einziehen, es kamen auch fremde Leute, die zu Hause verjagt worden waren und arbeitsuchend herumirrten. Da die Polenkolonne Zwethau verlassen hatte, konnte manchen geholfen werden. Erschütternd war der

Bericht von Oberforstwart Zweigert. Nach seiner Schätzung waren 91,5 ha Altholz und 30 ha Schonungen und Dickungen, sowie die Jagdhütte durch Feuer vernichtet. Löschversuche hatten die Russen unterbunden. Mutwillig war der Wald angesteckt worden.

Für den 23. Juni hatte der kommunistische Bürgermeister von Beilrode in seiner Eigenschaft als Amtsvorsteher eine Sitzung bei sich anberaumt. Aus Zwethau waren außer mir noch Herr Wenzel und einige andere eingeladen. Die übrigen Teilnehmer waren bis an die Zähne bewaffnete GPU-Leute, die die Zwethauer Gäste kurzerhand abführten und mit Fußtritten ohne Verhör in einen feuchten, dunklen Keller beförderten. Unsere Zelle wurde abgeschlossen, und als sich die Augen an die Dunkelheit gewöhnt hatten, bemerkten wir, daß die anderen Zellen auch belegt waren. Den Inhalt unserer Taschen hatten die Russen vorschriftsmäßig an sich genommen. Zwei Tage dauerte unsere Freiheitsberaubung. Am 25. Juni gegen Mittag wurde unsere Zelle aufgeschlossen, ein Offizier sagte ein paar unverständliche Worte, wir erhielten unsere Geldbörsen - jedoch ohne Inhalt - zurück und waren entlassen.

Die nächste Zeit war mit intensiver Arbeit angefüllt. Mit geborgten und reparierten Geräten wurden die Elbwiesen gemäht und das Heu getrocknet. Als ein Teil der Ernte geborgen war, erschienen ca. 30 russische Pferdewagen mit Soldaten und fuhren den Rest ab. Ähnliches passierte auch mit den anderen Erntegütern, so daß man versuchen mußte, ihnen unbemerkt zuvorzukommen. Um dem Mangel an Milch und Fleisch zu begegnen, wurden auf allen möglichen Wegen zwei Kühe, eine Ziege und einige Hühner angeschafft. Die Milch ging nur zum kleinen Teil ins Pfarrhaus, den größeren Teil erhielten die Kleinkinder der Leute.

Eines Abends wurde bemerkt, daß die Russen ihre Fahrzeuge beluden, und durch das Dorf klang der Freudenruf: "Die Russen hauen ab!" In der Nacht weckte uns Sigrid. Die hellerleuchtete Straße ließ, soweit das Auge reichte, amerikanische Panzer im vollen Scheinwerferlicht erkennen. Von einem Amerikaner erfuhren wir, daß ihr Ziel Berlin sei, wo eine große Parade stattfände. Anschließend müßten sie ihre dortigen Truppen ablösen. Ihr Marsch hielt noch den ganzen Tag an. Am nächsten Morgen waren die Russen wieder da. Es war ein Prinzip, jegliche Tuchfühlung mit den Russen zu vermeiden, damit es zu keinen unliebsamen Reibereien käme.

Der Bürgermeister erließ jetzt einen Aufruf für die Rückgabe von Möbeln und Hausrat, die jemand unrechtmäßig an sich gebracht hatte und setzte dazu eine Frist. Nach deren Ablauf fanden Haussuchungen statt, an denen sich die Geschädigten beteiligten. Auf diese Weise erhielten wir eine ganze Menge unseres Mobiliars zurück.

Die Russen hatten beschlossen, ein Gleis der zweigleisigen Bahnstrecke Cottbus-Torgau-Halle bzw. Leipzig abzubauen. Zu dieser Arbeit zogen sie alle Männer der benachbarten Ortschaften heran. Auch Hans-Detlef mußte sich beteiligen. Die Landwirte und Bauern erreichten es beim Kommandeur in Torgau, daß die Landarbeiter freigegeben wurden. So wurde Hans-Detlef jetzt Treckerführer des inzwischen reparierten Gutsbulldogs. Sonntags mußten alle arbeitsfähigen Männer mit Spaten und Schaufel antreten und die Schützenlöcher, die den Elbdeich gefährdeten, dann die Schützengräben in den Feldern zuwerfen und schließlich die im Park herumliegende Artillerie-Munition abtransportieren. Auch ich mußte mich daran beteiligen. Wir taten das aber gern, denn diese Arbeit diente dem Wohle und der Sicherheit aller. Meine Frau hatte inzwischen mit unseren Töchtern und anderen Frauen die Kirche gesäubert, so daß jetzt wieder Gottesdienst gehalten werden konnte. Eine russische Patrouille kontrollierte, daß die Männer sich nicht in der Kirche vor der Gemeinschaftsarbeit zu drücken versuchten. Die Pfarrer genossen nach einer Vereinbarung der vier Siegermächte Sonderrechte. Am 7. Juli 1945 verließ die starke russische Besatzung den Ort. Sie nahmen mit, was sie irgend gebrauchen konnten. Nur zwei junge Soldaten, die offenbar keine Lust mehr hatten, Krieg zu spielen, blieben zurück. Sie hatten Angst vor den russischen Feldjägern, waren aber gefällig und besorgten uns Fahrräder und sonstige Mangelwaren.

Jetzt galt es nun, alle Räume des Rittergutes zu belegen. Zuvor mußten das Wirtschaftsgebäude, die Ställe und der Hof einer gründlichen Säuberung unterzogen werden. Wagen auf Wagen mit Unrat wurde abgefahren. Besonders schwierig war die Räumung der zugeschütteten Brunnen. Was noch an zerfledderten Akten und Büchern des Rentamtes auffindbar war, wurde zusammengetragen und sortiert, die gröbsten Schäden an den Gebäuden waren zu reparieren.

Inzwischen war Oberinspektor Mühling auch wieder zurückgekehrt, und aus den eingestellten Flüchtlingen wurden Handwerker zur Reparatur der defekten Maschinen und Bauern als Gespannführer eingesetzt. Die übrigen wurden vom alten Stamm unserer Leute angelernt. Vordringlich war neben dem Einbringen der Ernte das Säubern der total verunkrauteten Rübenfelder. Unter größten Schwierigkeiten wurden auch wieder die vordringlichsten Maschinen beschafft oder geborgt. Die Russen hatten die Landwirtschaft inzwischen "organisiert". Ein Wirtschaftsoffizier erteilte Instruktionen und Befehle, ein Ablieferungssoll wurde festgelegt für die einzelnen Getreide- und Hackfruchtarten. Den Rittergütern wurde eine Sonderabgabe für Weizen und Kartoffeln auferlegt, abgesehen davon, daß zwei Drittel der Anbaufläche dieser Früchte den Russen zur Selbstwerbung überlassen werden mußte.

In all diese schwierigen Arbeiten platzte am 3. September 1945 die Bodenreformverordnung, die von den Russen und Kommunisten beschlossen worden war, hinein. Bevor sie veröffentlicht wurde, war man nur auf Gerüchte angewiesen. Nach einigen Tagen mußten alle Bürgermeister einen Aufruf verlesen. Dazu wurden alle Einwohner von Zwethau - außer uns - zusammengetrommelt. Hans-Detlef und ich gingen aber auch hin. Der Aufruf begann mit einer unglaublichen Schmähung der Fürsten, Grafen, Barone und Junker, die ihren gewaltigen Besitz gestohlen hätten, die die Arbeiterschaft seit eh und je ausbeuteten, die Hitler zur Macht verholfen, den Krieg verschuldet und sich daran bereichert hätten. Endlich sei die Zeit gekommen, Vergeltung zu üben, ihnen den Raub wieder abzunehmen und ihren Grund und Boden an die rechtmäßigen Besitzer, die Arbeiter und Kleinbauern, zurückzugeben. Darauf wurden alle aufgefordert, die Land haben wollten, sich in eine Liste einzutragen.

Aus dem Kreis der Versammelten war kein Wort der Zustimmung zu hören. Nach einer bedrückenden Pause sagte Rentmeister Poppe: "Ich schlage vor, den Aufruf einstimmig abzulehnen." Nach einer wiederum langen Pause forderte der kommunistische Bürgermeister erneut zur Eintragung in die Liste auf. Er knüpfte daran die Drohung, daß jeder Landarbeiter, der nicht siedeln wolle, seine Wohnung für auswärtige Bewerber freimachen müsse, und wer zu feige sei, sich hier öffentlich einzutragen, könne dies noch eine Stunde lang in seinem Amtszimmer tun. Von der Gutsbelegschaft meldeten sich jetzt zwei Leute, die in der NSDAP einen Posten bekleidet hatten und die sich nun das Wohlwollen der Kommunisten erwerben wollten. Ich sagte meinen Leuten, daß es mir lieber sei, wenn sie mein Land bekämen, anstatt daß es Fremden übergeben würde. Es mag sein, daß sich anschließend noch einige im Haus des Bürgermeisters eingetragen haben, doch klingt die Zeitungsmeldung, daß die Landarbeiter 100prozentig gezeichnet hätten, reichlich unwahrscheinlich.

Nach ein paar Tagen erhielt jedes Gut über 100 ha einen Treuhänder. Am 8. September kam der Landrat nach Zwethau und bestellte nach längeren Verhandlungen Oberinspektor Mühling zum Treuhänder. Von dieser Anordnung hörte ich nur von Herrn Mühling, die Behörde hielt es nicht für notwendig, mich zu benachrichtigen. Herr Mühling war dafür verantwortlich, daß unsere Familie weder Erzeugnisse noch sonstige Gegenstände vom Gut entnehmen dürfte. Der frühere Besitzer habe nichts mehr mit der Wirtschaft zu tun und solle in eine Werkswohnung ziehen. Von unserer alten Belegschaft wurden uns heimlich Lebensmittel gebracht, und da über den Gutsforst noch keine Verfügung getroffen worden war, nahm ich die Forstkasse an mich.

Unter großen Schwierigkeiten fuhren meine Frau und ich nach Torgau, um die Situation mit unserem Anwalt zu besprechen. Es war jedoch offensichtlich, daß ihm unser Besuch äußerst peinlich war, denn die Russen hatten ihm kurz zuvor mitgeteilt, daß er keine Großgrundbesitzer mehr vertreten dürfe, wolle er nicht seine Praxis verlieren. Somit waren wir also recht- und schutzlos geworden.

Da sich Kirche und Pfarre nach einem Abkommen der vier Siegermächte eines besonderen Schutzes erfreuten, schloß ich mit dem Pfarrer einen gültigen Mietsvertrag ab und führte den monatlichen Mietzins pünktlich an das Kirchenrentamt ab.

Fast jeden Tag fanden in Gegenwart des Treuhänders Versammlungen statt, bei denen die Aufteilung des Gutes besprochen sowie Karten und Pläne angefertigt wurden. Und dann kam der 18. Oktober 1945, am Nachmittag gegen 5 Uhr brachte der Ortspolizist einen Zettel folgenden Inhalts:

Der Landrat   Torgau, 15. Oktober 1945
des Kreises Torgau

An Herrn Walter v. Pentz
Zwethau

Betr.: Durchführung der Bodenreform.

Auf Grund der Durchführungsverordnung der Bodenreform werden Sie hiermit aus dem Kreise Torgau ausgewiesen. Bis Freitag 12 Uhr haben Sie Ihren bisherigen

Wohnsitz zu verlassen. Aufnahmegebiet ist für Sie der Saalkreis. Sie haben sich sofort bei der Ankunft bei der Kreispolizeibehörde zu melden.

Stempel   Der Landrat
                                            i.V. Pradelb

Ich stellte fest, daß sich der Ausweisungsbefehl nur auf mich bezog, und daß die Aushändigung offensichtlich verzögert worden war, um uns keine Gelegenheit zum Wegbringen von Sachen zu geben. Auf Rückfrage wurde mir mitgeteilt, daß selbstverständlich die ganze Familie ausgewiesen sei. Eine Bitte beim russischen Kommandanten um Terminverlängerung wurde genehmigt, vorausgesetzt, daß Bürgermeister und Gemeindebodenkommission einverstanden seien. Diese lehnten aber ab.

Nun machte sich die ganze Familie ans Packen. Es wurde beschlossen, nicht gleich nach Halle zu fahren, sondern erst einmal von einem Ort außerhalb des Kreises zu beobachten, was mit den Ausgewiesenen in Halle geschehen würde. Als Ziel wählten wir ein Dorf bei Wurzen, wo ein befreundeter Herr aus Leipzig eine Jagdhütte besaß. Er war oft bei uns in Zwethau zur Jagd gewesen und hatte uns angeboten: "Wenn es brenzlig wird, kommen sie zu mir." Mitnehmen konnten wir nur das Lebensnotwendige, schweres Gepäck aufzugeben oder nachschicken zu lassen, war unmöglich. Hans-Detlef fuhr heimlich das schwere Gepäck zu mehreren Schulfreunden in anderen Ortschaften. Herr Mühling hatte sich ein Herz genommen und uns einen zweiten Kastenwagen zur Verfügung gestellt, um uns und unser Handgepäck zum Bahnhof nach Torgau zu bringen.

Am Mittag des 19. Oktober war es dann soweit. Auf dem Pfarrhofe hatten sich die Beamten, Angestellten, ein großer Teil der Belegschaft und Leute aus dem Dorf versammelt, um von uns, ihrer langjährigen Herrschaft, Abschied zu nehmen. Mit Tränen in den Augen riefen sie uns ein letztes "Lebe wohl" zu. Es war 11.45 Uhr, als sich die brave "Liese", die als Einspänner vor unseren Ackerwagen gespannt war, in Bewegung setzte. Wir waren heimatlos geworden.

Unsere Tochter Sigrid Lüttichau hatten wir zurücklassen müssen, da ihre beiden Kinder an Diphtheritis erkrankt waren. Mit Hilfe eines ärztliches Attestes war ihnen ein Verbleiben bis zur Genesung erlaubt worden. So waren mit uns nur Ingeborg, Hans-Detlef und wir Eltern gefahren. Von Torgau fuhr Hans-Detlef noch einmal nach Zwethau zurück, wo er sich noch ein paar Tage schwarz aufhalten wollte, um Sigrid beizustehen.

Mit Fahrkarten nach Halle verließen wir Torgau, stiegen aber in Eilenburg wieder aus, um den amtierenden Bürgermeister, einen alten Stahlhelmkameraden, aufzusuchen. Er berichtete, daß meine Rittergüter Berg und Friedrichshöhe auch enteignet seien. Er riet mir dringend, die russische Zone, in der ich nichts mehr zu erhoffen hätte, so bald als möglich zu verlassen. Trotzdem begaben wir uns nach Berg, wo ein gutmütiger, aber ängstlicher Treuhänder berichtete, daß das Gut - genau wie Friedrichshöhe - mit allem Inventar beschlagnahmt und daß der Pächter schon seit Tagen nicht mehr da sei. Ein Verbleiben des Besitzers sei ausdrücklich verboten worden. Die Nacht verbrachten wir im völlig überfüllten Warteraum des Eilenburger Bahnhofs, von wo erst am nächsten Morgen ein Zug nach Wurzen gehen sollte. In Wurzen gingen wir sofort zur Straße nach Reichen - dem ersten Ziel unserer Reise - und hatten auch das Glück, von einem Wagen mitgenommen zu werden. Leider war unser Jagdfreund verreist, so daß wir dank der Hilfsbereitschaft eines Bauern wieder nach Wurzen zurück mußten. Dort war unsere einzige Bekannte Frau v. Carlowitz, geb. v. Arnim. Da ihre beiden Töchter schon in den Westen geflüchtet waren, nahm sie uns mit rührender Gastfreundschaft auf, aber da wir keine Lebensmittelkarten hatten, wurde die Verpflegung ein großes Problem. Ingeborg ging schweren Herzens auf "Betteltour" zu den Bauern der Umgebung. Mit Brot, Mehl und sogar Fleischwaren bepackt, kehrte sie abends zurück.

Am 23. Oktober besuchte uns Hans-Detlef und berichtete aus Zwethau. Er habe gehört, daß auf Intervention der Westmächte die Bodenreform gemildert werden solle. Er fuhr noch am gleichen Tag nach Zwethau zurück, begleitet von Ingeborg, die noch einige Sachen von dort holen wollte.

Am Sonntag, dem 28. Oktober 1945, kam Hans-Detlef wieder nach Wurzen und schilderte die Lage als so hoffnungslos, daß die Abreise in den Westen für den nächsten Tag beschlossen wurde. Gegen 15 Uhr sollte ein Zug nach Leipzig gehen. Dort war der Hauptbahnhof ein wüster Trümmerhaufen und überfüllt mit Flüchtlingen. Manche warteten schon den zweiten Tag auf einen Zug. Und dann verkündete ein Bahnbeamter: "Auf Befehl der russischen Militäradministration verkehren die durchgehenden Züge nach der Zonengrenze bis auf weiteres nicht mehr." Hans-Detlef ging auf Erkundungstour und kam mit der Nachricht zurück, daß außerhalb der Bahnhofshalle in ca. einer dreiviertel Stunde ein Lokalzug nach Weißenfels ginge. Er war nur schwach besetzt und brachte uns gegen 10 Uhr dorthin. In Weißenfels lebte die Familie der Verlobten unseres gefallenen Sohnes Dietrich, die sofort bereit war, uns unterzubringen. Mit liebevollem Verständnis wurden wir aufgenommen und bewirtet, und jeder fand ein weiches, warmes Lager. Aber es war nur eine kurze Rast, schon am nächsten Morgen ging ein Zug nach Gotha, dessen Bahnhof einem Heerlager glich. Die Meldung, daß die Grenze bei Eisennach geschlossen sei, hatte die Flüchtlingsmassen angestaut. Es hieß, daß bei Mühlhausen ein Grenzübergang offen sei. Mit Mühe fanden wir nach achtstündigem Warten Platz in einem Zug nach Mühlhausen, das wir bei einbrechender Dunkelheit erreichten. Nach längerem Suchen fand Hans-Detlef ein kleines Hotel, das noch Platz für uns hatte. Es war auch höchste Zeit, daß er zurückkam, denn eine Kompanie Russen war dabei, den Wartesaal zu besetzen und alles Gepäck hinauszuwerfen. Am nächsten Morgen stellte sich heraus, daß auch dieser Grenzübergang inzwischen geschlossen war, dafür sei er im 20 Kilometer entfernten Großtöpfer geöffnet. Die Bauern im Zonengrenzgebiet verschafften sich aus dem Flüchtlingselend einen zusätzlichen Verdienst. Zusammen mit drei anderen Flüchtlingen mieteten wir ein Gespann, das unser Gepäck nach Großtöpfer fuhr, die meisten von uns gingen zu Fuß nebenher. Als wir dort anlangten, hatten die russischen Grenzer bereits Feierabend gemacht. Wiederum gegen ein stattliches Entgelt konnten wir bei einem Bauern übernachten. Am 1. November 1945 früh standen wir in der Menschenschlange und näherten uns Schritt für Schritt dem Schlagbaum. Gegen 11.30 Uhr hatten wir die amerikanischen Kontrollbeamten erreicht. Wir besaßen unsere Reisepässe und den Ausweisungsbefehl. Als der US-

Soldat letzteren gelesen hatte, wurde er sehr höflich, öffnete den Schlagbaum und sagte: "Bitte!" Freudentränen standen in unseren Augen, wir waren in der Freiheit! Dicht hinter dem Schlagbaum standen US-Lastwagen, um die Eingewanderten nach Wanfried zu bringen. Dort mußten sich alle aus der russischen Zone Kommenden entlausen lassen, erst dann durften sie die Autobusse nach Eschwege besteigen.

Wir hatten uns entschlossen, zu meiner Schwester, Frau v. Wolffersdorff, nach Bad Pyrmont zu gehen. Der Übergang in die britische Zone bereitete keine Schwierigkeiten. Mit dem Bus bis Eschwege und dann weiter per Bahn über Kassel, Altenbeken nach Bad Pyrmont. Dort war nach einer weiteren Übernachtung am 2. November 1945 gegen 16.30 Uhr unsere Reise beendet.

Es folgte das Wiedersehen mit der geliebten Schwester, die uns liebevoll aufnahm, und die uns alle Wege ebnete zur Erlangung von Zuzugsgenehmigung, Bezugsscheinen und zuletzt auch zu einer Wohnung. Ingeborg fand Arbeit und Wohnung im dortigen Blindenheim. Als die Kinder einigermaßen reisefähig waren, brach auch Sigrid ihre Zelte in Zwethau ab. Nach beschwerlicher Reise landete sie im Schwärzerhof bei Möckmühl, dem Wohnsitz ihrer Schwiegereltern.

Hanns-Heinrich v. der Pforte auf Petershain

Das Rittergut Petershain liegt im Kreis Rothenburg, Oberlausitz. Es hatte eine Größe von 540 ha und war seit 1934 im Familienbesitz. Kurt v. der Pforte hatte es für seinen einzigen Sohn gekauft, um die Familie wieder im sächsischen Raum ansässig zu machen.

Zur Familie des letzten Eigentümers gehören:

Hanns-Heinrich Braun Maximilian Kurt v. der Pforte, * Grünberg, Sachsen, 24. 7. 1902, † Windhuk, SWAfrika, 14. 9. 1981, auf Petershain (§), Kr. Rothenburg, OLausitz;
× Dresden-Loschwitz 16. 3. 1932 Vera 'v. Watzdorf, * Pirna 29. 2. 1908, † Farm Burgkeller, SWAfrika, 21. 5. 1977, T. d. Kgl. sächs. Khrn u. Amtshptm. Karl v. W. u. d. Katharina Wunderlich.

Kinder:

1. Gertraude Elisabeth Katharina Anna-Monika, * Dresden 2. 12. 1933; × Düsseldorf 31. 3. 1958 Carlheinrich v. Erdmannsdorff, * Dresden 13. 3. 1923, BrigGen. in der Bundeswehr.

2. Karl-Alexander Hanns Adolf Siegmund, * Dresden 6. 5. 1935, Kaufm.; × Windhuk 17. 11. 1962 Karin v. Scheliha, * Swakopmund, SW-Afrika, 21. 12. 1937, T. d. Farmers Siegfried v. Sch. u. d. Elisabeth v. Knobelsdorff.

3. Maximilian Hanns Dam Kurt-Christian, * Dresden 7. 10. 1938, Kaufm.; × Windhuk 29. 1. 1966 Irmgard Cyriax, * Lüderitzbucht 2. 6. 1938 (× I. ... Lohmeier, * ..., gesch. ...), T. d. Farmers Otto Hermann C. u. d. Paula Niendorf.

4. Max Gottfried Werner Hanns-Hubertus, * Dresden 30. 6. 1942, Bankkaufm.

Den Aufzeichnungen der Tochter des letzten Besitzers von Petershain, Monika v. Erdmannsdorff, geb. v. der Pforte, über das Schicksal der Familie ist der nachfolgende Bericht entnommen.

Die Familie v. der Pforte wird erstmalig 1193 mit Wernherus de Porta urkundlich erwähnt. Sie gehört zum meißnischen bzw. thüringischen Uradel und ist in Sachsen bis 1950 nachweisbar. Als ursprünglicher Stammsitz wird Pforten bei Gera angenommen. Die thüringische Linie ist schon seit langem ausgestorben. Als Güter der Familie werden Puschwitz, Wessening, Struppen, Pinnewitz, Dallwitz, Döbritzgen und Walda bis ins 18. Jahrhundert genannt. Die verschiedenen Kriege im Laufe der Jahrhunderte forderten ihren Blutzoll, und in den Kriegen des 18./19. Jahrhunderts gingen auch die Güter verloren. Die nachfolgenden Generationen traten eine Forst- oder Offizierslaufbahn an. Zuletzt bestand die Familie noch aus zwei Linien. Die erste Linie starb aus, als der letzte männliche Nachkomme, Alfred, im Alter von 19 Jahren in Rußland 1944 als Fahnenjunker fiel. Die zweite Linie hat Curt Adolf (1826-1904) zum Stammvater. Er war Kgl. sächs. Oberst. Seine beiden Söhne, Kurt (1867-1947), Kgl. sächs.

Schloß Petershain
Das Haus steht noch. Der Verfall ist vorwiegend im Innern sichtbar.

Oberst a.D., und Max (1871-1946), Oberstleutnant a.D., nahmen beide aktiv am Ersten Weltkrieg teil und erlebten auch noch den Zweiten Weltkrieg. Kurt war zweimal verheiratet, sein Sohn aus erster Ehe setzte die Familie fort. Der Bruder Max heiratete erst im hohen Alter, seine Ehe blieb kinderlos. Kurt starb im Jahre 1947 unter kümmerlichen Verhältnissen, nachdem er 1945 aus seinem eigenen Haus in Dresden ausgewiesen worden und mit seiner Frau in zwei Dachkammern ärmlich untergekommen war. Seine Frau, Annemarie, geb. v. Hennig, ist dann im Jahre 1983 in einem Altersheim in Dresden gestorben. Max war 1945 nach der Kapitulation verhaftet und verschleppt worden. Er ist in einem Lager unter unbekannten Umständen 1946 gestorben.

Im Jahre 1934 hatte Kurt v. der Pforte für seinen Sohn Hanns-Heinrich das Rittergut Petershain in der Oberlausitz gekauft. Die Familie sollte im sächsischen Raum wieder bodenständig werden. Da Hanns-Heinrich eine Tochter und drei Söhne hatte, waren alle Hoffnungen und finanziellen Anstrengungen gerechtfertigt.

Das Rittergut Petershain war durch die Vorbesitzer stark heruntergewirtschaftet. Hanns-Heinrich ging als gelernter Landwirt mit viel Liebe zur Scholle und großer Tatkraft an die Arbeit, die ersten Jahre waren nicht leicht. Die Teichwirtschaft mit ihrer Karpfenzucht ging damals auch nicht mehr gut. Hanns-Heinrich war ein passionierter Heger und Jäger.

Mit Kriegsbeginn 1939 wurde er zur Wehrmacht einberufen. Nur mit kurzen Unterbrechungen konnte er sich noch um seinen Betrieb kümmern. Während des ganzen Krieges waren Kriegsgefangene mehrerer Nationen, zuletzt Russen, zur Landarbeit in Petershain eingesetzt. Daß Hanns-Heinrich immer sehr menschlich mit ihnen umgegangen ist, sollte ihm später noch gedankt werden.

Am Ende des Krieges, 1945, tat Hanns-Heinrich in Oberschlesien Dienst. Seine Frau, Vera, geb. v. Watzdorf, mußte im Februar 1945, selbst schwer krank, mit ihren vier kleinen Kindern und zwei in ihrer Obhut befindlichen alten Tanten, die als Flüchtlinge aus Berlin gekommen waren, vor der heranrückenden Roten Armee aus Petershain flüchten. Ihr erstes Ziel war Dresden, um von dort gegebenenfalls ihre Mutter mit auf die weitere Flucht zu nehmen. Als sie am 15. Februar unmittelbar nach dem Luftangriff dort eintraf, bot sich ihr ein schrecklicher Anblick, und es qualmte und brannte noch überall.

Von Dresden aus ging die Flucht weiter zu Verwandten im Vogtland. Als sie dort zusammen mit einer Verwandten einkaufen ging, kam sie in amerikanisches Artilleriefeuer und wurde dabei schwer verwundet. Nach sehr bitteren Monaten in deutschen und amerikanischen Lazaretten und mit der völligen Ungewißheit über das Schicksal ihres Mannes sowie über die Zukunft, drängte es sie, im August 1945 wieder nach Petershain zurückzugehen. Mit allen vier Kindern und den beiden alten Berliner Tanten traf sie in Petershain ein.

Das Schloß stand noch, im Gegensatz zu vielen Nachbargütern, wo die Herrenhäuser niedergebrannt worden waren. Als Dank für die menschliche Behandlung hatten die russischen Kriegsgefangenen dies in Petershain verhindert. Doch als die Familie das Haus betrat, zeigte sich, daß es total ausgeplündert war. Vera mußte während der ersten Zeit mit ihrer Familie beim Pächter ein Unterkommen suchen. Vor dem Schloß türmte sich das zerbrochene Meißner Porzellan, unter anderem war ein Service für 36 Personen restlos zerschlagen worden. Der Tresor im Keller, in dem alles Silber, wertvolle Bilder, Jagdwaffen usw., sowie auch die Wertsachen eines Angestellten sichergestellt waren, ist aufgesprengt und ausgeplündert worden. Der besagte Angestellte hatte durch seine Prahlerei im Dorf den Tresor selbst verraten.

Um das Maß voll zu machen, erschienen wenig später einige Kommunisten, um Wertgegenstände zu konfiszieren. Anschließend sollte die Familie nach Rügen abtransportiert werden. Aber der Dorfkommunist stellte sich vor die Familie und bewahrte sie vor diesem Schicksal.

Vera war immer noch allein, durch ein Hüftleiden stark behindert und ohne jegliche finanzielle Reserven. Etwas Milch und andere Nahrungsmittel für die Kinder bekamen sie gelegentlich bei einigen Bauern im Dorf. Es gab nichts mehr im Hause, nicht einmal Betten. Die Brotscheiben mußten abgezählt zugeteilt werden, die Kinder hatten ständig Hunger. Bei jedem abgerissenen, halbverhungerten Soldaten, der sich dem Dorf näherte, hoffte man den Mann und Vater wiederzusehen. Aber er kam nicht. Erst Ende des Jahres 1945 traf eine Postkarte als Lebenszeichen von ihm ein. Hanns-Heinrich war in den Westen entlassen worden. Er hielt sich zeitweilig in West-Berlin oder Dresden auf. Bis zur Ausweisung der Familie 1947 kam er nur gelegentlich nachts manchmal nach Petershain, damit er nicht von den Kommunisten gesehen wurde. Dann wurden die Pfortes aus dem Ort ausgewiesen.

Bis Februar 1950 lebten sie bei der Großmutter Watzdorf in Dresden-Loschwitz. Hanns-Heinrich verdiente in dieser Zeit nur das Allernötigste als Kammerjäger zum Lebensunterhalt. Da waren Pakete von Freunden aus Afrika eine dringend notwendige Unterstützung. Zusätzlich wurde der Familienschmuck in Berlin auf dem Schwarzen Markt verkauft, denn die vier Kinder brauchten auch Kleider und Schuhe. Im Hause der Großmutter herrschte eine schreckliche Enge, denn in dem Einfamilienhaus lebten acht verschiedene Parteien. Allein in der oberen Etage mußten fünf Familien mit zwölf Personen ein WC, ein Bad und eine Küche benutzen. Für die Kochzeiten in der Küche gab es einen Stundenplan für den einzigen Herd.

Bei den englischen Besatzungsbehörden in West-Berlin stellte Hanns-Heinrich schon bald einen Ausreise- und Einwanderungsantrag nach Südwestafrika, der dann nach drei Jahren qualvollen Wartens und unendlicher Schwierigkeiten genehmigt wurde. Er war schon vor seiner Verehelichung mehrere Jahre, und nachdem er verheiratet war mit Vera bis Mitte 1933 dort gewesen. Um nicht aufzufallen, wurde die Flucht von Dresden nach West-Berlin in zwei Gruppen gestartet. Von dort ging es per Flugzeug nach London und dann von Southampton weiter mit dem Schiff nach Afrika.

In Südwestafrika erwarteten Hanns-Heinrich und Vera unendlich schwere Jahre. Es war ein Neubeginn ohne jegliches Vermögen, an den Kauf einer eigenen Farm war also nicht zu denken. So konnte er nur Verwaltungen von Farmen annehmen, die von vornherein zeitlich begrenzt waren. Die Wohnverhältnisse waren oft äußerst primitiv. Vera litt sehr darunter, aber auch unter der Hitze und den andauernden finanziellen Schwierigkeiten. Ihre Arthritis wurde mit den Jahren immer schlimmer, so daß sie Schmerzen auszuhalten hatte.

Die Kinder mußten alle in ein Internat in Windhuk, um dort die Schule zu besuchen. Dadurch hatten die Eltern viel zu wenig Einfluß auf ihre Entwicklung.

Mit den Jahren wurde es für Hanns-Heinrich immer schwieriger, eine gute Stellung zu finden, und auch Vera war gesundheitlich nicht mehr in der Lage, einen Farmhaushalt zu führen. So zogen sie im Jahre 1971 in Windhuk in ein Altersheim, wo sie ein kleines Appartement bewohnten. In den Genuß eines Lastenausgleiches sind sie nie gekommen. Erst 1978 erhielt Hanns-Heinrich nach einem Prozeß beim Bundesverfassungsgericht als Härtefall eine bescheidene Rente.

Die Kinder stehen alle ihren Mann. Nur Alexander ist in Südwestafrika geblieben, Christian arbeitet für eine große Firma zur Zeit in Istanbul, Monika und Hubertus leben in Deutschland.

Vera wurde 1977 von ihrem Leiden erlöst, Hanns-Heinrich folgte vier Jahre später. Beide haben auf dem wunderschönen Friedhof von Windhuk ihre letzte Ruhe gefunden.

Bernhard Edler v. der Planitz auf Naundorf

Das in der Amtshauptmannschaft Oschatz am Rande der Lommatzscher Pflege liegende Rittergut Naundorf mit dem Vorwerk Stennschütz umfaßte eine Größe von 386 ha, davon 321 ha landwirtschaftliche Nutzfläche. Es besaß eine Brennerei und seine Schafzucht war in Fachkreisen bekannt.

Das Herrenhaus war Ende des 16. Jahrhunderts erbaut worden. Auffallend waren die mächtigen, zu vier Geschossen aufsteigenden Giebel. Bei einem Umbau (1739-1749) erhielten die mittleren Fenster und das Hauptportal Barockdekorationen und die Innenräume Stuckdecken. Im Schloß befanden sich Sammlungen von Delfter und Meißner Porzellan sowie zahlreiche Ahnenbilder - auch von den Vorbesitzern - von zum Teil namhaften Künstlern wie Anton Graff und I. H. Tischbein. Diese Sammlungen fanden eine Fortsetzung im Park mit lebensgroßen Sandstein-Statuen von Figuren aus der antiken Mythologie. All dies, einschließlich der Bibliothek, ist, sofern es nicht vorher geplündert bzw. zerstört wurde, nach dem Abriß des Schlosses im Jahre 1949 verlorengegangen. Die Bibliothek hatte Leopold v. der Planitz angelegt; sie barg nahezu alle Literatur von und über Goethe und seine Zeitgenossen.

Ende des 18. Jahrhunderts ist Naundorf durch Heirat in den Besitz der Familie v. der Planitz gekommen. Letzter Eigentümer von Naundorf mit Stennschütz war, nachdem sein Vater, Leopold Edler v. der Planitz im Ersten Weltkrieg am 22. Oktober 1914 an der Westfront gefallen war, sein ältester Sohn:

Karl B e r n h a r d Ferdinand Edler v. d e r P l a n i t z , * Dresden 17. 3. 1908, † (an einem im Felde zugezogenen Herzleiden) Melkow bei Jericho 4. 5. 1945, auf Naundorf u. Stennschütz, Hptm. d. Res.; ⚭ Leissienen 25. 5. 1934 Renate v. B o d d i e n , * Leissienen 27. 6. 1914 (⚭ II. Hannover 18. 9. 1946 Philipp v. Hesse, * Rostock 13. 6. 1915, gesch. ... 25. 10. 1951; ⚭ III. Hannover 24. 1. 1953 Martin Haller, * Hamburg 23. 5. 1902, † Schickelsheim bei Helmstedt 25. 7. 1962), T. d. Hptm. a. D. Karl v. B. auf Leissienen u. Georgenberg bei Allenburg, Ostpr., u. d. Paula v. Windheim.

Geschwister des Vorigen:

Karl Gottlob F e r d i n a n d , * Dresden 23. 10. 1909, ⚭ Oschilko, OSchles., 18. 4. 1945, Oberstlt u. Kmdr eines PzGrenRgts; ⚭ Berlin 9. 1. 1940 Christa-Maria (Chia) Freiin v. P a l e s k e , * Liegnitz 5. 3. 1920 (⚭ II. München 8. 10. 1949 Peter Erber, * Ebersbach, OFranken, 14. 11. 1904, Dr. jur., MinDirigent), T. d. Majors d. Res. a. D. Harald Frhr v. P. auf Spengawsken u. d. Christa v. Prittwitz u. Gaffron.

Sohn:

Karl B e r n h a r d Leopold, * Berlin 26. 2. 1941, auf Naundorf (§) u. Stennschütz (§), z. Zt. Legationsrat 1. Kl. in Helsinki.

Charlotte Eleonore Karoline B a r b a r a , * Grimma 26. 9. 1913; ⚭ Naundorf 20. 5. 1936 Hans-Erhard v. S p e r b e r , * Lenken 18. 2. 1904, † Mölln 28. 9. 1992, auf Lenken (§) bei Rautengrund, Kr. Tilsit-Ragnit, Rittmeister a. D.

Herrenhaus Naundorf (Südfront),
1949 abgerissen.

Die Unterlagen für den Schicksalsbericht hat Frau Barbara v. Sperber, geb. Edle v. der Planitz, zusammengestellt. Neben eigenen Erinnerungen sind sie in wesentlichen Teilen Tagebuchaufzeichnungen von Fräulein Wolters, damals Gutssekretärin in Naundorf, entnommen.

Gegen Ende des Krieges rückten die Fronten aus beiden Seiten immer näher auf uns zu, und es stellte sich die Frage: Wer kommt zuerst, die Russen oder die Amerikaner? Landkarten lagen griffbereit, um zu berechnen und zu messen. Die Landstraßen sind mit Trecks verstopft. Jede Nacht sind bei uns ca. 100 Menschen und 20 bis 30 Pferde unterzubringen und zu versorgen. Die Menschen sind müde, abgekämpft und trostlos. Gleichzeitig kommen offizielle Einquartierungen von Gefangenen und Ausländern, die in zwei Scheunen untergebracht werden, mangel-

293

haft von kriegsmüden Soldaten bewacht, verfeuern sie in kurzer Zeit den Koppelzaun, ohne daß man etwas daran ändern kann.

Ein kanadischer Schafzüchter besieht sich begeistert unsere Schafherde. Um die zwei Kessel mit gedämpften Kartoffeln entstehen wilde Schlachten. In der Turnhalle ist ein Sammellager eingerichtet, von dort strömen die ausgehungerten Menschen in den Park und zu den Kartoffelmieten und stehlen, was nicht niet- und nagelfest ist. Durch rücksichtslose Fliegerangriffe ist an richtiges Arbeiten nicht mehr zu denken. Ein polnischer Kutscher ist das erste Todesopfer, eine Frau wurde verletzt.

Ende April 1945 sind die Amerikaner bei uns, Amerikaner, nicht die Russen! Wir sind froh, das weiße Laken wird gehißt. Alle Waffen müssen abgeliefert werden. Ein schreckliches Geräusch, als die geliebten Jagdgewehre zerschlagen auf dem Scheiterhaufen enden! Die schönste Waffe gibt der Offizier zurück: "Zu schade, gut verstecken!"

In Oschatz beginnt das Plündern des Proviantamtes. Unsren Polen hatten wir ein Gummiwagen-Gespann gegeben, mit dem sie, vollbeladen mit den schönsten und seltensten Sachen und total betrunken wieder nach Hause kamen. Sie versorgten auch unsere Leute und uns mit Ware. Diese recht wilden Zustände dauerten an, bis der furchtbare 5. Mai herankam. An diesem Tage sind die Amerikaner abgerückt und die Russen setzten über die Elbe und rollten mit Massen von Soldaten und Panzern auf uns zu. Von Oppels aus Zöschau hörten wir telefonisch, daß dort die ersten Russen eingetroffen seien, bald darauf waren sie auch bei uns. Die erste Begegnung mit der kämpfenden Truppe verlief ganz sachlich. Sie warnen uns aber vor dem, was nun kommt. Ein Offizier riet uns sogar, das Haus zu verlassen.

Was nun auf uns zukam, ist wirklich kaum zu beschreiben. Betrunkene Soldatenhorden fuchtelten mit Pistolen herum, die sie gelegentlich auf einen richteten. Sie drangen in das mit Flüchtlingen überfüllte Herren- und Pächterhaus sowie alle weiteren Gutsgebäude ein, plündernd und vergewaltigend. Ein Bauernhof wurde in Brand gesetzt, weil der Bauer angeblich einem Russen etwas angetan habe. Wir flüchteten ans Ende des Dorfes zum Tischler Thomas, von wo man notfalls in den Wald entkommen konnte.- Es folgten schreckliche Wochen der Gesetzlosigkeit. Bürgermeister Kaiser wird von Banditen erschossen. Im Herren- und Pächterhaus waren russische Soldaten als Bewacher der unglücklichen Wlassow-Kämpfer, die in großem Massen in Ställen und Kellern gefangengehalten werden. Als diese dann abgezogen waren, fanden wir Haus und Hof als unübersehbare Wüstenei vor. Im Herrenhaus war geplündert, zerschlagen und zerstört worden, überall Fäkalien und ein atemberaubender Gestank.

Ab Juni wurde die Landwirtschaft wieder dürftig aufgenommen, aber es tauchten schon die Begriffe "Enteignung" und "Bodenreform" auf. Wir hausen immer noch in schrecklicher Enge bei Thomas, versuchen aber, einige Sachen und auch etwas Vieh nach Stennschütz zu bringen, ein gefährliches und mühsames Unterfangen, denn die Russen wollten alles Vieh wegtreiben. In diesen Tagen kommt die Nachricht, daß Ferdinand v. der Planitz am 28. April 1945 gefallen ist. Vor einem halben Jahr hätte dieses Ereignis noch das ganze Haus erschüttert, jetzt sind wir alle schon ganz abgestumpft, können Chia, seiner Witwe, nur still die Hand drücken.

Inzwischen sind wir nach Stennschütz in eine Arbeiterwohnung umgezogen und haben es uns dort ganz gemütlich eingerichtet. Wir arbeiten auf den Feldern und beginnen Mitte Juni, im Schloß wieder aufzuräumen. Alles Unbrauchbare und Zerstörte sowie Stroh und Dreck wird mit Mistgabeln zum Fenster hinausgeworfen und auf dem Hof verbrannt. Nach einer Woche harter Arbeit können wir wieder einziehen und schlafen auf Feldbetten in der Balkonstube, aber nur eine Nacht! Am nächsten Abend erscheinen vier russische Offiziere und wollen im Schloß schlafen. Wir packen unsere Habe und ziehen wieder zu Thomas. Am nächsten Tag erfahren wir, daß die Vier wieder fortgingen, es hatte sich wohl nicht gelohnt!

Die Tage gehen mit ununterbrochenen Aufräumungsarbeiten in Ställen und Hof mit der gesamten Belegschaft weiter. Nebenbei mußte ja auch noch die Außenwirtschaft weitergehen. Nachts wurde in Dorf und Hof eine mit Knüppeln und "P"-Armbinde versehene Wache aufgestellt. Sie kann gegen bewaffnete Banden natürlich nicht viel ausrichten, aber eine gewisse Sicherheit stellt sie doch dar. Eines Nachts kommt ein Auto voll Polen, nehmen die Dorfwache mit zur Feldscheune, wo sie von einem Mann mit MP bewacht wird. Die anderen schlachten drei Schweine, die die Wache dann aufladen muß. Sie wird bis zum nächsten Dorf mitgenommen und darf dann nach Hause laufen, nachdem sie Uhren, Messer und sonstiges losgeworden war.

Eines Abends im August: Alarm!, Russen im Dorf, Schüsse fallen, ein Hund heult, das Auto fährt wieder fort. Inspektor Holschke kommt und berichtet: Bürgermeister Kaiser und noch ein Mann tot, zwei andere schwer verwundet. Ein schwerer Verlust für uns alle. Die Chefin fährt schnell hin, Frau Kaiser kann es noch gar nicht fassen. Zur Beerdigung bringen wir vom Rittergut einen herrlichen Rosenstrauß.

Nur wenige Tage später kommt der nächste Schlag. Die Chefin war gerade über die Felder geritten, da kommt per Auto der Superintendent aus Oschatz zur Mutter v. der Planitz und überbringt die Nachricht, daß Bernhard an der Front an Herzschlag gestorben ist. Ihren Mann hatte sie im Ersten Weltkrieg verloren, nun beide Söhne im Zweiten! Bei der Trauerfeier in der Kirche sitzt sie zwischen ihren zwei Schwiegertöchtern, alle drei gaben ihre Männer dem Vaterland.

Ein neuer Bürgermeister wird gewählt, natürlich ein Kommunist. Bei dessen Amtseinführung spricht ein Genosse aus Oschatz schon ganz offiziell über die zu erwartende Enteignung des Großgrundbesitzes über 100 ha. Auf allgemeines Anraten fährt Chia mit ihrem kleinen Sohn Bernhard, dem letzten Naundorfer Planitz, mit Rucksack ins Hannöversche.

Am 4. Oktober 1945 erfolgt dann die offizielle Enteignung. Es erscheint der neue Bürgermeister, murmelt was von enteignen, Inspektor Holschke wird Treuhänder, und es werden Kommissionen gebildet, die nun ewig Versammlungen abhalten und beraten. Die Chefin, ihre Eltern v. Boddien, und ich (Gutssekretärin) bekommen ohne Schwierigkeiten je 5 ha Land zugeteilt. Die Belegschaft ist fest entschlossen wie bisher weiter zusammenzuarbeiten, und wir Optimisten glauben, daß sich gar nicht so viel geändert habe, nur daß die Chefin und ihre Schwester Lia v. Boddien mit auf dem Feld arbeiten mußten.

Am 13. Oktober 1945 fand die Übergabe der Urkunden statt, und wir glauben, nun glückliche 5-Hektar-Besitzer zu sein. Ein Mutterschaf wird geschlachtet, "schöne Reden" werden gehalten, es kommt einem wie Theater vor und ist doch bitterernst.

Vater Boddien arbeitet Bestellungspläne und Satzungen für unsere neue "Arbeitsgemeinschaft Rittergut Naundorf" aus, die abends mit den Leuten besprochen werden und volle Zustimmung finden. Alle haben gleiche Rechte und gleiche Pflichten, alles ist bestens.

Aber genau das war ganz und gar gegen die Absichten der neuen Herren. Als wir zwei Tage später den Stennschützern das gleiche vorschlagen, kommt es, aufgehetzt durch den neuen Bürgermeister, zu Krawallen, und von dort aus wird die Bodenkommission in Oschatz alarmiert. Tatsächlich kommt dann eine Woche später, am 22. Oktober, eine wilde Horde von Kommunisten per Auto angefahren und will die Chefin verhaften. Mit Mühe gelingt es Holschke, das zu verhindern und das Oberhaupt der Kommission soweit zu beruhigen, daß er sich damit begnügt, die Familienmitglieder nebst Sekretärin wieder zu enteignen. Wir sind wieder ohne Land und haben hier eigentlich nichts mehr zu suchen. Aber die Chefin darf die Gärtnerei pachten, hat also einen Grund, noch zu bleiben. Wir hören vom Abtransport der Gutsbesitzer, es geht also wieder ans Verstecken und vorsorglich werden Koffer und Kisten gepackt.

Rings in der Umgebung beginnt eine große Verhaftungswelle. Frau v. Pflugk und die Freiherren v. Fritsch werden abgeholt und mit Güterwagen nach Rügen transportiert. Frau v. Pflugk reißt aus und kommt zurück, Freiherr v. Fritsch auch, überlebt es aber nicht. Andere Nachbarn haben es geschafft, über die Grenze zu entkommen, sie lassen alles im Stich, um ihr Leben zu retten.

Am 30. Oktober 1945 kommt der Bürgermeister mit zwei Schupos. Von Holschke erfahren wir, daß die ganze Familie mit allen Kindern Planitz, Boddien und Sperber sich bis 11 Uhr mit Handgepäck in Oschatz zum Abtransport zu melden hat. Die Schupos haben zu warten und Fluchtversuche zu verhindern. Es wird versucht, bei allen möglichen Stellen zu intervenieren, und tatsächlich kommt der Bürgermeister und berichtet, daß nur die Besitzer, also die Chefin und Mutter v. der Planitz fortmüssen. Und dann kommt noch die Freudenbotschaft, daß auch diese beiden bleiben dürfen. Alle sinken sich in die Arme, aber der Kampf um Naundorf geht weiter.

Am 9. November wird eine neue Kommission gebildet, sie nennt sich "Bauernhilfe", ist aber in Wahrheit ein "Bauernschreck". Fräulein Wolters, die Sekretärin, wird mit hineingewählt, erfährt so von allen Vorhaben und man kann sich wehren. In der ersten Versammlung wird die endgültige Trennung von Stennschütz beschlossen, später wird das Vieh zwischen beiden Gütern aufgeteilt. Am 20. November erscheint der Bürgermeister wieder mit Polizei und holt unser letztes Silber ab.

Nun wird die Abreise der Familie v. Boddien beschlossen. Mit drei überladenen Handwagen werden sie nach Oschatz gebracht. Es ist ein Abschied mit geteilten Gefühlen, werden sie es schaffen, sich in Hamburg eine neue Existenz aufzubauen? Nach einer abenteuerlichen Reise erreichen sie Hamburg und fassen dort Fuß.

Eines Nachts, kurz vor Weihnachten stürmen etwa 20 Polen das Haus vom Bauer Plaschke. Mit Eisenknüppeln schlagen sie auf die ganze Familie - ein altes Ehepaar, eine junge Frau mit zwei Kindern - ein und räumen das ganze Haus aus. Wir gehen am nächsten Tag hin und bringen allerhand Sachen. Man hält es nicht für möglich, die ganze Familie sitzt zitternd in ihren Trümmern, blutüberströmt die

Betten. Das ganze Dorf sammelt spontan und jeder gibt gern. Schon am nächsten Tag ein neuer Raubüberfall in Stennschütz. Mit vorgehaltenen Schlachtermessern werden Flüchtlinge so lange in Schach gehalten, bis alles ausgeräumt ist. So lebt man in dauernder Ungewißheit.

Am gleichen Abend erscheint die Kommission "Bauernhilfe". Die Schafherde und alle Getreide- und Futtervorräte sollen aufgeteilt werden. Wir sitzen bis spät in die Nacht zusammen, jeder Neubauer erhält ein Zugtier, eine Kuh, ein Schwein und ein Schaf. Inzwischen werden in der ganzen Gegend die Schafe abgeholt, unsere wertvollen, hochtragenden Muttertiere verschwinden in der dunklen Nacht. Der Schafmeister steht verzweifelt zwischen seinen blökend durcheinander laufenden Schafen. Es ist gut, daß Bernhard das nicht mehr erleben muß, seine Schafherde war sein ganzer Stolz.

In trüber Stimmung wird der Weihnachtsbaum geschmückt. Unser russischer Posten, den wir zum Schutz gegen Banden haben, besucht uns. Es gefällt ihm und er macht es sich gemütlich. Die Chefin findet das unnötig, mit "Rabotta, rabotta" wird er zum Wollewickeln angestellt. Ihm gefällt das und er macht bei seinen Kameraden Reklame für uns: "Kleine Frau in große Haus prima!" So erscheint der Posten des nächsten Tages auch und es gefällt ihm so gut, daß er nicht gehen will, als wir ihm bedeuten, daß wir schlafen gehen wollen: "Na gut, Du schlafen da, ich schlafen hier." Um 11 Uhr am nächsten Mittag erwachte er wieder, spuckte dreimal ins Zimmer, nahm seinen Schießprügel und verschwand!

Noch wird bei uns das den Siedlern zugeteilte Vieh gemeinsam gehalten wie bisher. Da erscheint am 29. Dezember ein russischer Offizier und es gibt einen Riesenkrach, alle müssen sofort ihr Vieh zu sich holen und es irgendwo unterstellen und füttern.

Es kommen auch wieder Gerüchte auf, daß Besitzer, die Land zugeteilt bekommen hatten, binnen 24 Stunden wegmüssen. Wir gehen zu Herrn Lehmann, dem Vorsitzenden der "Bauernhilfe". Er wohnt in Oschatz, lädt uns zu Kaffee und Kuchen ein und beruhigt uns. "Sie können bleiben."

Das neue Jahr beginnt mit neuer Aufregung. Der kommunistische Ortsgruppenleiter erscheint mit einem Hetzbrief gegen die Planitzschen Familienmitglieder. Er soll den Anlaß geben, daß der Chefin die Pacht der Gärtnerei genommen wird. In einer im Kuhstall einberufenen Versammlung wird der Brief vorgelesen und löst große Empörung aus. Der KP-Kreisleitung wird über das Bekenntnis zu uns berichtet. Anfang Februar erscheint der Landrat und verlangt, daß wir das Schloß verlassen müßten und ins Drescherhaus umziehen sollten, die Drescher dagegen ins Schloß. Wieder allgemeine Empörung und die Drescher weigerten sich. Zwei Tage später erneute Aufregung. Ein Auto mit Polizei soll die Chefin und eine Frau Gühne nach Mügeln zur Kommandantur bringen. Fräulein Wolters fährt mit. Der eine Polizist beteuert, daß sie am Abend zurückkämen. Es stellt sich dann heraus, daß sie Frau v. der Planitz nach PGs befragen. Als wir erleichtert nach Hause kommen, erwarten uns Trauergesichter. Es ist die Nachricht gekommen, daß wir demnächst alle Naundorf verlassen müssen. Nun wird ein Gummiwagen mit Möbeln beladen, um nach Oschatz gebracht zu werden. KP-Chef Grunert kommt im letzten Moment, benachrichtigt sofort den Landrat, und dieser befiehlt dem Bürgermeister, daß sofort alles zurückgeholt werden muß. Die Leute müssen also nochmals nach Oschatz fahren, bringen aber nur die Hälfte unserer Sachen und freuen sich über diesen Streich.

Am 12. Februar 1946 erscheinen zwei Polizisten mit traurigen, langen Gesichtern. Wir sollen unter Bedeckung alle um 11 Uhr am Volkshaus Oschatz sein. Als sie von den Leuten beschimpft werden, packen sie selber aus, man verlange von ihnen Grausameres und Schlimmeres als zu SS-Zeiten. Jemand fährt zum Landrat, um eine Rücknahme des Befehles zu erwirken, kommt ewig nicht wieder. Gegen 16 Uhr kommt ein Anruf an die Polizei, wo wir blieben. Der Polizist erwidert, er solle selbst kommen und die sieben Kinder von Sperbers die Treppe hinuntertragen. Die Intervention beim Landrat blieb ergebnislos. Wir entschließen uns, loszufahren, um den Schupos weitere Unannehmlichkeiten zu ersparen. Unter Tränen verabschieden sich unsere Leute von uns. Max Franke, einer unserer treuen Ackerkutscher, fährt uns, wir hocken auf dem Wagen, Großmutter Planitz mit eisernem Gesicht und Fassung in der Mitte. Es ist 18 Uhr geworden, ein Schneesturm zieht am Himmel auf, Max Franke erklärt uns immer wieder: "Wenn Max fährt, habt Ihr Glück, ich bringe Euch wieder." Und tatsächlich, kurz vor dem Volkshaus kommt uns der Fuhrunternehmer Claus entgegen, der uns nach Kamenz fahren sollte. Er sagt: "Fahrt gleich wieder heim, das Unternehmen ist wegen Mangel an Beteiligung ausgefallen." Er berichtet, daß die letzten 25 Besitzer- und Inspektorenfamilien, die noch im Kreise waren, heute abtransportiert werden sollten. Nur drei Familien waren erschienen, alle anderen hatten dem Landrat und Kommandanten das Haus eingerannt und dachten gar nicht daran, zu erscheinen. Wir fahren doch noch zum Volkshaus und einer der Schupos telefoniert mit dem Landrat: "Wir sollen wieder nach Hause fahren und morgen unsere Ausweisungspapiere abholen." Also freier Abzug! Ein Riesenjubel, als wir nach Naundorf zurückkommen. Die Leute heben uns vom Wagen und umarmen uns!

Am nächsten Tag holen wir unsere Ausweisungspapiere beim Landrat. Bis zum 17. Februar 1946 müssen wir den Kreis verlassen. Es bleibt also beim Abschied, aber nicht wie Schwerverbrecher mit Polizeibegleitung und nicht in ein Lager. Wieder wird ein Wagen voll bepackt. Früh um 5 Uhr am 15. Februar fahren zwei unserer treuen Leute die Sachen an einen Ort außerhalb des Kreises. Anschließend folgt der definitiv letzte Abschied von Naundorf für die Chefin, Renate v. der Planitz. Wir anderen folgen am 16. Februar 1946 nach. Nach einem Zwischenaufenthalt in Halle, wo es aber keine Existenzmöglichkeit für uns gibt, bereiten wir die Abreise in den Westen vor.

Gerade elf Jahre lang hatte Renate Edle v. der Planitz in Naundorf gelebt. Sie muß es verstanden haben, die Liebe und Achtung der Belegschaft und der Dorfbewohner zu erwerben. Getragen von dieser Solidarität hat diese kleine zarte und doch so tapfere Frau den Kampf um Naundorf - obwohl selbst kinderlos - auch dann noch weitergeführt, als sie die Nachricht vom Tode ihres Mannes erhalten hatte. Es war ein aussichtsloser Kampf, und sie mußte der Übermacht der Verhältnisse weichen. Schloß Naundorf wurde im Jahre 1949 abgerissen, sein Standort ist heute eine Wüstenei von Brennesseln und Holunderbüschen. Das Grab ihres 1915 in Frankreich gefallenen Schwiegervaters - Leopold Edler v. der Planitz - wurde zerstört, aber das hohe Granitkreuz steht noch fast unversehrt mit dem Spruch: "Liebet die Heimat, wie ich sie liebte, laßt nicht von ihr ab."

Erich v. Polenz auf Obercunewalde

Das Rittergut Obercunewalde, Amtshauptmannschaft Löbau, war seit 1627 Zieglerscher Besitz und kam Anfang des 19. Jahrhunderts durch Heirat und Kauf in den Besitz des Kgl. sächs. Geh. Finanzrates Wilhelm Karl Heinrich v. Polenz. Dessen Enkel war der bekannte sozialkritische Romanschriftsteller Wilhelm v. Polenz. Aus seinen Erkenntnissen hat er schließlich die Konsequenz durch freiwillige Abtretung von Land an die Gutsarbeiter gezogen.
Unter dem Kgl. sächs. Kammerherrn Julius v. Polenz wurde nach dem verheerenden Gutsbrand von 1877 ein Teil des ursprünglich dazugehörenden Rittergutes Mittelcunewalde verkauft, der Gutshof durch einen kleineren Neubau ersetzt und ein Teil des alten Hofes in den Park mit einbezogen. Das Herrenhaus wurde im neuromanischen Stil restauriert und erweitert und erhielt im Jahre 1899 noch einen spitzen, neugotischen Dachreiterturm. Die vorgeschichtlichen Wallanlagen "die Schanze" wurden erhalten und in die Anlage mit einbezogen.
Im Frühjahr 1945 hatte das Rittergut Obercunewalde eine Größe von 450 ha Wald, 110 ha landwirtschaftliche Nutzfläche und 3 ha Fischteichen.

Zur Familie des letzten Eigentümers gehören

Wilhelm E r i c h Benno v. P o l e n z , * Obercunewalde 2. 1. 1895, † Bautzen 23. 4. 1991, auf Obercunewalde (§), Dr. jur., Ld- u. Forstwirt;
× Weißbach bei Schmölln, Thür., 14. 9. 1925 Angela S c h u t t e Edle v. S p a r r e n s c h i l d , * Weißbach 2. 3. 1902, T. d. K. u. K. GenMajors a. D. Karl Sch. Edler v. Sp. u. d. Magdalena Friedrich.
Söhne:
1. Christoph W o l f Bernhard, * Schmölln, Thür., 20. 8. 1926, Facharbeiter;
   × I. München 27. 8. 1953 Margot G l a u e r , * Haynau, Schles., 16. 6. 1927, VersAngest. (gesch. München 7. 1. 1960), T. d. Maschinenschlossers Reinhold G. u. d. Frieda Simon;
   × II. Friedrichshafen 29. 5. 1963 Hildegard W o l f , * Zschopau, Sachsen, 26. 4. 1932, T. d. Maschinenschlossers Albert W. u. d. Ida Heinrich.
2. P e t e r Karl Heinrich, * Bautzen 1. 3. 1928, Dr. phil., UnivProf.;
   × Hagen, Westf., 6. 11. 1953 Erika E l b e r s , * Vollmershain, Thür., 7. 4. 1930, T. d. Dr. rer. nat. Erich E. u. d. Margrit Herrmann.
3. H a n s Wigand Berengar, * Bischofswerda, Sachsen, 11. 4. 1936, Dipl-Ing., Reichsbahn-Amtmann;
   × Bautzen 4. 3. 1961 Eva K r ö h n e r t , * Nikolaiken, Ostpr., 12. 5. 1939, T. d. Ldwirts Curt K. u. d. Paula Borchert.

Für das Schicksalsbuch hat Dr. Peter v. Polenz den nachfolgenden Bericht verfaßt.

Die Ereignisse, die im Jahre 1945 zum Ende dieses traditionsreichen Grundbesitzes führten, fasse ich im folgenden nach dem ausführlichen Tagebuch des letzten Besitzers, meines Vaters, kurz zusammen.
Von dem wochenlangen Kriegsgeschehen in der Ebene zwischen Löbau und Bautzen blieb das Cunewalder Tal so gut wie verschont. Zahlreiche Flüchtlinge aus

dem Osten fanden im Schloß wie im Dorf Aufnahme. Die Übernahme der Ortsgewalt durch befreite Serben und Polen im Mai und einige Härten und Übergriffe durch die Einquartierung sowjetischer Truppen im Mai und Juni hielten sich in Grenzen. Unsere Familie konnte im Hause wohnen bleiben und in eingeschränkter Weise weiter wirtschaften. Sie blieb politisch zunächst relativ unbehelligt, u. a. wegen der Kriegsverwundung meines Vaters und der englischen Staatsangehörigkeit seiner Mutter, auch weil die Landwirtschaft zu 85 % verpachtet war, er also nicht in kriegsbedingte politische Schwierigkeiten verstrickt war und weil seine Ehefrau, Angela v. Polenz, durch kulturelle Tätigkeiten in der Gemeinde sehr angesehen war. Die beiden älteren Söhne, Wolf und Peter, befanden sich seit Frühjahr in Kriegsgefangenschaft.

Nach einem erstaunlich ruhigen Sommer, der so trügerisch idyllisch verlief, daß in den letzten Kriegswochen vorsorglich ausgelagerte Habseligkeiten wieder zurückgeholt wurden, vollzog sich schrittweise die politische und wirtschaftliche Katastrophe: Am 19. September 1945 wurde das Rittergut Obercunewalde auf Grund der von den Landesregierungen der Sowjetischen Besatzungszone erlassenen "Bodenreform"-Gesetze entschädigungslos enteignet und an Siedler aufgeteilt. Dem enteigneten Besitzer, Dr. Erich v. Polenz, wurde jedoch gleichzeitig von der Bodenreformkommission der Gemeinde Cunewalde eine Siedlerstelle zugesprochen, ein in der SBZ sehr seltener Vorgang.

Nach der kollektiven Verhaftung der Enteigneten ins Lager Radeberg am 24. Oktober 1945 wurde die Familie v. Polenz zusammen mit etwa 40 anderen Personen aufgrund einer Fürsprache des Landrats von Löbau am nächsten Tag wieder entlassen und zu Hause vom Treuhänder Wagner und vom Vorsitzenden der Cunewalder Bodenreformkommission, Fahland, begrüßt. Bei dieser unerwarteten Wendung mag es eine Rolle gespielt haben, daß sich am 24. Oktober im Rittergut Niedercunewalde wegen Pressionen eines rücksichtslos agierenden Treuhänders Herr v. der Horst das Leben genommen hat und seine Familie nach Bayern geflohen ist. Am 6. November 1945 wurde dem "Bauer Erich v. Polenz" in einer Siedlerversammlung im Gasthof "Blaue Kugel", Obercunewalde, durch den Vorsitzenden der Kreisbodenkommission, Penther, mit Stempel des Landrats von Löbau eine "Urkunde" überreicht, in der ihm dokumentiert wurde, daß er nach Erfüllung der gesetzlichen Bestimmungen rechtmäßiger Besitzer des von der Gemeindebodenkommission zugeteilten Grundes und Bodens wird. Die ursprünglich nach Lage und Fläche zum Wirtschaften nicht hinreichende Siedlerstelle wurde - nach Beschwerde des Inhabers und mehreren Beratungen in der Gemeinde - am 17. November 1945 mit neuer Größe (10 ha) und neuer Begrenzung von der Gemeindebodenkommission endgültig festgelegt. Deren Vorsitzender Fahland erwies sich aber zunehmend als Gegner dieser Siedlerstelle. Mehrere Altbauern von Obercunewalde verhielten sich in dieser heiklen Situation sehr hilfreich.

Die Familie v. Polenz konnte, zusammen mit zahlreichen Flüchtlingen, weiterhin im Schloß wohnen und damit beginnen, das zugeteilte Land, zu dem auch der Park gehörte, für landwirtschaftliche Nutzung vorzubereiten. Einziges Inventar waren zwei von der sowjetischen Einquartierung zurückgelassene Kühe. Der ebenfalls enteignete Hauptpächter mußte, trotz Zuteilung einer Siedlerstelle, das gesamte gepachtete Gutsinventar abliefern. Eine Eingabe meiner englischen Großmutter,

Schloß Obercunewalde
Um 1900.
Nach der Enteignung 1945, Vertreibung und Plünderung noch von etwa
40 Ostvertriebenen bewohnt.

Beatrice v. Polenz, geb. Robinson, auf Rückgabe ihres viertel Anteiles an Obercunewalde hatte keinen Erfolg, u. a. weil es während des Krieges nicht möglich gewesen war, ihren englischen Paß zu verlängern.

Das dramatische Ende nahte am 18. Dezember 1945 in Gestalt zweier sowjetischer Offiziere, die - wohl aufgrund von Denunziation - auf dem Hof und im Haus erschienen und über eine Dolmetscherin anordneten, die enteignete Familie dürfe nicht auf dem enteigneten Gut wohnen, sondern müsse "anderswo siedeln". Am gleichen Abend überbrachte der Gemeindebote den folgenden Ausweisungsbefehl:

"Zufolge Anordnung der Kommandantur gebe ich Ihnen nachstehenden Befehl bekannt: Sie haben bis morgen, Mittwoch, den 19. Dezember, vorm. 10 Uhr mit Ihrer Familie Cunewalde in Richtung Bautzen zu verlassen. Das Geschirr des Gringmuth wird morgen früh halb 8 Uhr bei Ihnen vorfahren, und wird das Gepäck, welches Sie mitnehmen können, aufnehmen. Wenn Sie diesem Befehl nicht nachkommen, werden Sie morgen von der Kommandantur abgeholt. Der Bürgermeister. Kutschke."

Befehlsgemäß verließ unsere Familie fünf Tage vor Weihnachten 1945 auf dem Einspännerfuhrwerk eines Flüchtlings zu sechs Personen mit wenig Handgepäck das Kreisgebiet. Sie fand in Bautzen in der Hausmeisterwohnung der Eltern eines ehemaligen Pflichtjahrmädchens eine vorläufige notdürftige Bleibe, bemerkenswerterweise im Bautzener Gerichtsgebäude, das später als Stasi-Zentrale eine berüchtigte Rolle spielen sollte.

Im Januar 1946 ist Schloß Obercunewalde geplündert worden, trotz treuhänderischer Zusicherung von der Gemeinde. Dabei ist auch die untergestellte signierte Habe von Bombenflüchtlingen der Kriegszeit abhanden gekommen, ebenso wie das von meinem Vater zusammengestellte "Wilhelm von Polenz-Archiv", das im Auftrag des Landrates Dr. Bobeth von der Gemeinde eigentlich gesichert werden sollte. Viele - zum Teil noch unveröffentlichte - Manuskripte und Briefe des Schriftstellers wurden dabei vernichtet. Ein kleiner Rest davon ist später in der Manuskriptenabteilung der Sächsischen Landesbibliothek, Dresden, gesammelt worden.

Im Jahre 1949 ist das Schloß Obercunewalde, in dem etwa 40 Personen, meist Flüchtlinge, wohnten, aus ideologischen Gründen abgerissen worden. Die Siedlerstellen des aufgeteilten Gutes sind später in eine LPG umgewandelt worden, die Forstflächen unter besonderer Verwaltung. Wie durch eine Ironie des Schicksals ist am Giebel des Kutschpferdestalles eine Inschrift aus Sandstein, die durch ein rotes Spruchband verdeckt war, erhalten geblieben: "Erbaut im Jahre 1878. J. v. Polenz." Der größte Teil der Hofgebäude steht noch heute, allerdings ziemlich verwahrlost. Durch Bemühungen kulturell interessierter Personen ist auch ein Teil des Parks mit der jahrhundertealten dreistöckigen Linde vor dem ehemaligen Hauseingang und mit den Fischteichen in der "Schanze" erhalten geblieben. In den achtziger Jahren wurde die v. Polenzsche Familiengruft am Friedhof bei der Kirche Cunewalde vom staatlichen Denkmalschutz im Auftrag der Gemeinde renoviert und zu einer "Wilhelm von Polenz-Gedenkstätte" umgestaltet, die Straßenkreuzung mit dem von der Gemeinde gepflegten Wilhelm v. Polenz-Denkmal offiziell als "Wilhelm-von-Polenz-Platz" benannt, ebenso eine Nebenstraße im Oberdorf als "Wilhelm-v.-Polenz-Straße". 1990 wurde die polytechnische Oberschule Cunewalde zur "Wilhelm v. Polenz-Schule" umbenannt, 1992 in einem Cunewalder Fachwerkhaus ein "Wilhelm v. Polenz-Heimatmuseum" eingerichtet. So ist wenigstens auf öffentlich-kultureller Ebene einiges zur "Wiedergutmachung" der politischen Verwüstungen der Jahre 1945 bis 1949 getan worden.

Wegen des Besitzanspruches auf die zuerkannte und bis zur Ausweisung bewirtschaftete Siedlerstelle ist mein Vater, zusammen mit meiner Mutter, Großmutter und einem Teil meiner Geschwister nicht - wie die allermeisten Enteigneten - nach dem Westen gegangen, sondern in Bautzen geblieben. Meine Großmutter ist am 30. März 1947 am gleichen Tag mit ihrer unverehelichten Tochter Leni in Bautzen an Unterernährung gestorben. Beide wurden hinter der Cunewalder Familiengruft in aller Stille begraben. Trotz seiner schweren Kriegsverwundung am rechten Arm hat mein Vater den Lebensunterhalt für sich und seine Familie durch körperliche Arbeit in einer Gärtnerei und am Bau verdient, bis er schließlich Anstellung in einem Büro fand. In seiner Freizeit und als Rentner trug er durch Forschungen im Staatsarchiv Bautzen viel zur Geschichte der Familie und von Cunewalde bei. Mutter war viele Jahre als Chorsängerin und Chargenschauspielerin am Stadttheater Bautzen tätig, zuletzt war sie drei Jahre Krankenschwester in der Chirurgie des Bautzener Krankenhauses. Die beiden älteren Söhne, Wolf und Peter, gingen in den frühen fünfziger Jahren als "Republikflüchtige" in die Bundesrepublik, und der jüngste Sohn Hans konnte sich nach Überwindung großer politischer Schwierigkeiten eine Existenz als Dipl.-Ing. bei der Reichsbahn in Bautzen aufbauen.

Schloß
Obercunewalde

Nach dem Beginn
und während des
Abrisses 1949.

Die Eltern lebten hochbetagt mit sehr geringer Rente in einem Altersstift der Inneren Mission in Bautzen, mein Vater bis zu seinem Tode im April 1991. Er starb zufällig an dem Tag, als der Bundesgerichtshof in Karlsruhe die "Rechtmäßigkeit" der "Bodenreform"-Enteignungen bestätigte. In den Herbststürmen des gleichen Jahres stürzte die vierhundertjährige Linde vor dem abgerissenen Haus Obercunewalde um. Die LPG auf dem ehemaligen Rittergut ist aufgelöst, und die Gemeinde Cunewalde hat Mühe und Not mit deren Überresten.

Lothar v. Ponickau auf Steinigtwolmsdorf

Das Rittergut Steinigtwolmsdorf liegt in der Amtshauptmannschaft Bautzen, etwa 20 Kilometer südlich der Kreisstadt. Es hatte eine Größe zusammen mit dem benachbarten Ringenhain von insgesamt 337 ha, 79 ha Feld und 240 ha Wald. Sein letzter Besitzer war Lothar v. Ponickau, der den Besitz im Jahre 1905 von seinem Onkel Richard v. Oppen-Huldenberg geerbt hatte. Von dem in kleinen Einzelparzellen verpachteten Feld nahm er, als er nach 16monatiger englischer Kriegsgefangenschaft aus dem Ersten Weltkrieg zurückkehrte, 40 ha in Eigenbewirtschaftung und widmete sich vor allem dem Wald mit besonderer Hingabe, was allgemein Anerkennung fand. Sein Patronat über die 2500 Seelen zählende Kirchengemeinde Steinigtwolmsdorf/Weifa übte er mit hohem sittlichen Ernst aus. Mit dem Nationalsozialismus hatte er nichts gemein und er hat wohl nie die Hand zum "deutschen Gruß" erhoben.

In den ersten Tagen des Rußlandfeldzuges fiel sein jüngster Sohn Nikol als Leutnant in einem Inf.-Rgt.

Zur Familie des letzten Eigentümers gehören:

Johann Georg Victor L o t h a r v. P o n i c k a u, * Pohla 11. 4. 1880, † Naundorf bei Pirna 2. 2. 1960, auf Steinigtwolmsdorf u. Ringenhain (§), Major a. D.;

⚔ I. Großfahren 23. 4. 1907 Mathilde Freiin v. S e e b a c h, * Großfahren 28. 8. 1879, † ebd. 1. 1. 1909;

⚔ II. Zehista 5. 10. 1911 Elisabeth Gfin v. R e x, * Zehista 25. 5. 1890, † Groß-Grau 4. 7. 1972.

Kinder: a) erster Ehe:

1. Johann Lothar Georg Tilo Hans W i t h o, * Dresden 24. 7. 1908, auf Pohla (§), Major a. D., BatKmdr im InfRgt 455;
   ⚔ Bautzen 3. 6. 1939 Ingeborg v. L e n g e r k e, * Dresden 19. 10. 1918.

   b) zweiter Ehe:

2. Anna-Marie S o p h i e Elisabeth Johanna, * Dresden 10. 9. 1913;
   ⚔ Steinigtwolmsdorf 7. 6. 1942 Guido v. K r i e s, * Thorn 6. 5. 1908, † Stockstadt, Kr. Groß-Grau, 10. 9. 1960, auf Colmansfeld, Kr. Briesen, Dr. agr., DiplLdwirt.

3. N i k o l Johann Lothar Georg Egon, * Dresden 30. 4. 1918, ⚔ Lachowce bei Maloryta, UdSSR, 25. 6. 1941, Lt, Ldwirt.

Den Aufzeichnungen von Elisabeth v. Ponickau, der Witwe des letzten Besitzers von Steinigtwolmsdorf, über die Ereignisse am Ende des Zweiten Weltkrieges ist der nachfolgende Bericht entnommen.

Bereits im Januar 1945 zogen die Trecks aus Schlesien in immer dichter werdender Folge durch Steinigtwolmsdorf. Außer den winterlichen Schwierigkeiten verursachten die Berge beiderseits des Ortes zusätzliche Mühsal, so daß Schlepper und Gespanne ständig unterwegs waren, um den Fahrzeugen Vorspann zu leisten. So waren auch immer Flüchtlinge im Haus, Hof und Scheune, wie auch bei allen

Bauern im Dorf. Sie kamen nicht nur aus Schlesien, Posen und Westpreußen, sondern auch aus dem Sudetenland, der Ukraine und der Bukowina. Zum Teil kamen sie mit Kuhherden. Meist trafen sie am Nachmittag ein und mußten am nächsten Morgen weiterziehen, um Stauungen zu vermeiden. Zwei Kessel zum Kochen und zwei zum Wäschewaschen waren dauernd in Betrieb. Von uns aus wurde ein Teil der Trecks ins Sudetenland geleitet, nach dem Zusammenbruch kamen sie dann ausgeplündert auf dem gleichen Wege wieder zurück; ein unsagbares Elend! Auch zwei Kompanien eines Baubataillons kamen auf den Hof. Geführt von zwei deutschen Offizieren waren es meist Russen, die wie die Raben mausten. Überall im Garten machten sie ihre Feuerchen, um ihre Beute zu kochen. So war der Strom der Durchziehenden ein einziges Durcheinander: Wehrmacht, Volkssturm, Flüchtlinge und Kriegsgefangenen-Kompanien.

Auch unsere Tochter war - hochschwanger - mit ihrem Schwiegervater aus Westpreußen getreckt. Sechs Wochen waren sie aus dem Raum Thorn unterwegs gewesen, bei eisiger Kälte über die vereiste Weichsel gegangen, nachdem schon alle Brücken gesprengt waren. Die Russen im Nacken, wurden sie bis Stolp hinaufgetrieben. Am letztmöglichen Tag konnten sie Stettin durchqueren. Unser Schwiegersohn war zum Volkssturm eingezogen worden und kam erst später nach. Er wurde gleich zum Wehrdienst eingezogen.

Inzwischen rückte die Front immer näher. Es ging das Gerücht, die Russen gingen nur bis zur Elbe und würden dort mit den Amerikanern zusammentreffen. Da auch Bautzen bedroht war, kam unsere Schwiegertochter mit beiden Kindern und ihrer Mutter zu uns. Nach wenigen Tagen zogen sie - zusammen mit unserer Tochter - nach Berggießhübel zu meinem Bruder auf dem linken Elbufer. Aber sie wurden auch dort von den Russen überrollt. Im Juni kamen sie ausgeplündert wieder zurück.

Noch am 8. Mai gab es im Dorf eine Schießerei zwischen Wehrmacht und Polen. Die Folge waren Hausdurchsuchungen und Plünderungen sowie Kontrollen der Trecks, zum Teil mit Minensuchgeräten. Überall wurde alles aufgebrochen, was verschlossen war. Die Kühe wurden zum Abtransport nach Polen zusammengetrieben, Zugmaschinen, Wagen und Pferde beschlagnahmt. Zu den Flüchtlingen - auf dem Hofe stand gerade ein großer Treck - kam nun die polnische Einquartierung: vier Offiziere und 50 Mann, die alle Essen verlangten. Die ganze Nacht mußten Hühner geschlachtet und gebraten werden. Manchmal mußte Lothar mitessen, weil man Vergiftungen befürchtete. Höchst unangenehm waren Zivilpolen, die acht Tage blieben. Sie hatten Nachschlüssel und stahlen überall. Unsere Mädchen mußten wir nach Hause entlassen, da sie bei uns noch mehr bedroht waren. Aber auch im Dorf wurden Frauen und Mädchen dauernd belästigt.

Das schlimmste Erlebnis war wohl, als Lothar - völlig zu Unrecht - beschuldigt wurde, Waffen in den Teich geworfen zu haben. Nachdem er ins Gesicht geschlagen worden war, mußte er in den Teich steigen, um die Waffen zu holen. Triefend naß wurde er dann zum polnischen Kommandanten geschleppt, an die Wand gestellt und die Gewehre waren schon auf ihn gerichtet, aber plötzlich kam er wieder frei.

So kam der schicksalsschwere 1. Oktober 1945. An diesem Tage erschien ein Mitglied der örtlichen Bodenreformkommission und erklärte, ohne daß er etwas

Schriftliches vorweisen konnte, daß er als Treuhänder über die Güter eingesetzt sei und nun die Leitung übernähme. Er forderte die Schlüssel und übernahm sofort die Arbeitseinteilung für die Landwirtschaft. Wir durften vorläufig in unserem Haus bleiben, in dem allerdings noch vier Flüchtlingsfamilien einschließlich unserer Tochter wohnten. Es war also sehr eng. Ich hatte das Federvieh und die Milchwirtschaft zu übernehmen. Dazu gehörte es, die vorgeschriebenen Mengen Milch, Butter und Eier an die Flüchtlinge zu verteilen.

Wie wir erfuhren, standen wir auch auf der Liste derjenigen, die nach Rügen abtransportiert werden sollten. Eine Eingabe sämtlicher Parteien in Steinigtwolmsdorf verhinderte dies jedoch und ersparte uns ein ungewisses Schicksal. Wir konnten also bleiben, aber niemand wußte wie lange. Unternehmen konnte man auch nichts, denn man wurde scharf beobachtet.

Dann erschien ausgerechnet am 24. Dezember 1945 gegen 15 Uhr der russische Kommandant von Bautzen, der Bürgermeister und eine Kommission der Bodenreform und erklärten, wir müßten bis zum Mittag des nächsten Tages das Haus geräumt haben. Der Russe behauptete, wir hätten das ja gewußt, was auch der Bürgermeister bestätigte. Dagegen hatte uns der Vorsitzende der Bodenreform noch am Vormittag erklärt, daß wir wohnen bleiben könnten: Er müsse es ja schließlich wissen. Nach langem Hin und Her wurde der Räumungsbefehl zwar aufrechterhalten, der Termin aber auf den 27. Dezember verschoben.

Eine kleine Ausgedinge-Wohnung unmittelbar neben dem Garten wurde uns zugewiesen. Dorthin durften wir die uns zustehenden Möbel für Stube und Kammer mitnehmen. Alles andere müßte im Hause bleiben. Auch unsere Tochter müßte das Haus verlassen und die Wohnung mit dem Schweizer tauschen! Unsere sechs Monate alte Enkelin wurde mit den nötigsten Sachen in die Pfarre gebracht, und schon wurde behauptet, wir hätten Möbel "verschoben"!

Nun stellte sich uns die Existenzfrage. Alles war uns ja weggenommen bzw. beschlagnahmt, aber Ernährung, Heizung, Strom, Miete usw. mußten doch bezahlt werden. So begann Lothar ab 1. Januar 1946 in einer kleinen Holzfirma zu arbeiten. Sein erster Wochenlohn betrug 14 Mark. Als aber der Anbau, in dem die Maschine stand, an der er arbeitete, vermutlich infolge eines Racheaktes abbrannte, wurde er bald darauf als der älteste Arbeiter entlassen. Eine andere Arbeit war nicht zu finden, auch nicht bei der im Gutshaus eingerichteten Spielzeugfabrik. Ich selbst bekam Arbeit in einer Textilfabrik im Nachbarort, konnte aber meine Arbeit - Nähen von Mützen - zu Hause verrichten.

So ging das mehr schlecht als recht, aber es ging während des ganzen Jahres 1946 bis zum 19. September 1947. Da erschien der Bürgermeister mit der Weisung, wir hätten sofort das Dorf zu verlassen und uns im Flüchtlingslager Leipzig zu melden. Nach langen Telefongesprächen und Eingaben der Gemeinde wurde erreicht, daß wir bis zum nächsten Morgen Steinigtwolmsdorf verlassen haben mußten. Wir könnten umsiedeln, wohin wir wollten, nur müßten wir den Kreis verlassen. Und das alles ohne Geld! In der Nacht wurde das Nötigste zusammengepackt: Betten, Kleidung, Eß- und Kochgeschirr. Früh mußten wir uns ja noch bei der Gemeinde abmelden, was bedeutete, daß wir nun auch keine Lebensmittelkarten mehr hatten. Am 20. September 1947 um 8.35 Uhr verließen wir mit Handwagen und Fahrrad endgültig die Heimat. Eine vorläufige Bleibe fanden wir im staatlichen Forsthaus, zwei Kilometer westlich von Steinigtwolmsdorf im Hohwald, unmittelbar jenseits der Kreisgrenze. Mit dem dortigen Forstwart verbanden uns seit Jahren gutnachbarliche Beziehungen. Die Reviere grenzten aneinander, und er war ständiger Jagdgast bei uns gewesen. Ich verrichtete weiter meine Heimarbeit. Später durften wir tagsüber ins Dorf, um unsere restlichen Sachen zu holen.

Per Fahrrad suchte Lothar eine Wohnung, Geld für Bahnfahrten war ja nicht vorhanden, und bald war er erfolgreich. In der Stadt Wehlen a. d. Elbe fand sich eine kleine Kellergeschoßwohnung in einem Wochenendhaus. Es lag wunderschön am Waldrand in einer landschaftlich reizvollen Umgebung, aber nur auf einem sehr steilen Weg zu erreichen. Um den Umzug möglichst billig zu gestalten, trieben wir einen LKW auf, drei junge Leute aus dem Dorf halfen uns beim Ausladen, denn alles mußte das letzte Stück zum Haus getragen werden. Die Lage unserer neuen Behausung war außerordentlich günstig. Wir konnten Beeren, Pilze und Holz, später auch Zapfen sammeln. Letztere wurden getrocknet, verlesen und per Schiff nach Pirna gebracht und dort an eine Blumenbinderei verkauft. Ich bekam wieder Heimarbeit, die aber sehr bald zu Ende ging. Man überschrieb mich dann zu Arbeiten in der Land- und Forstwirtschaft, konnte mir aber keine Arbeit zuweisen, sondern zahlte mir Arbeitslosenunterstützung. Da mein 60. Geburtstag bevorstand, wurde ich invalide geschrieben und ich erhielt Rente. Eines Tages erhielt auch Lothar eine höhere Rente, wohl auf Grund seines früheren Status als aktiver Offizier.

1956 wurden auch Porzellan, Bücher und Bilder, die wir aus Platzmangel in den Behelfswohnungen bei Bekannten untergestellt hatten, beschlagnahmt. Nach einer Eingabe an Pieck bekamen wir diese Sachen größtenteils wieder frei.

Lothar starb am 2. Februar 1960, kurz vor seinem 80. Geburtstag. Da ich mit meinen 70 Jahren nicht allein in dieser Waldeinsamkeit bleiben wollte, stellte ich einen Antrag auf Übersiedlung zu meiner Tochter in die Bundesrepublik. Nach viel Schreiberei erhielt ich im Dezember 1960 diese Genehmigung für mich und einen Waggon. Sophie führte nach dem Tode ihres Mannes eine kleine Fabrik in Stockstadt am Rhein, dort fand ich meine endgültige Bleibe.

Witho v. Ponickau auf Pohla

Das Rittergut Pohla liegt fünf Kilometer nordostwärts vom Stadtkern Bischofs-
werda und drei Kilometer südlich der Autobahn Dresden - Bautzen (Anschlußstelle
Uhyst a. T.). Es hatte eine Größe von 229 ha, davon 130 ha Feld und 80 ha Wald.
Die Flur des Rittergutes ist im Süden und Südosten des Pohlaer Berges (334 m
hoch) gelegen.
Pohla war nachweisbar seit 1556 in Familienbesitz. Dem letzten Besitzer, Witho v.
Ponickau, staatlich geprüfter Landwirt, war es nach schwierigen Verhandlungen
gelungen, eine Ausnahmegenehmigung hinsichtlich der Größe (§§ 3 u. 5 des
Reichserbhofgesetzes) zu erwirken, so daß Pohla im Jahre 1940 in die Reichserb-
höferolle eingetragen wurde und die Bauernfähigkeit seines Besitzers anerkannt
wurde. Noch war allerdings der Betrieb bis 1946 verpachtet.

Zur Familie des letzten Eigentümers gehören

Johann Lothar Georg Tilo Hans W i t h o v. P o n i c k a u , * Dresden 24. 7.
1908, auf Pohla (§), Major a. D., BatKmdr im IR 455;
⋊ Bautzen 3. 6. 1939 Ingeborg v. L e n g e r k e , * Dresden 19. 10. 1918,
T. d. Reg- u. Ldjägerrats a. D., Majors a. D. Friedrich v. L. u. d. Elisabeth
Paul.

Kinder:
1. Johanna Elisabeth Mathilde I n g e b o r g Dorothea, * Bautzen 30. 4.
1940;
⋊ Hurlach 28. 10. 1967 Bernd Freiherr v. S c h n u r b e i n , * München
30. 1. 1939, auf Hurlach, AgrarIng.
2. Johann Lothar Georg H a n s - W i t h o , * Bautzen 20. 6. 1943;
⋊ Trappstadt 6. 11. 1964 Elisa Maria T r e u t i n g , * Königshofen
16. 3. 1944.

Da Witho v. Ponickau als aktiver Offizier im Felde war, lebten seine Frau und
beide Kinder in seiner Dienstwohnung in der König-Albert-Kaserne in Bautzen,
dem Standort des Inf.-Rgts. 103. Über die Ereignisse des Frühjahres 1945 berichtet
Frau Ingeborg v. Ponickau für das Schicksalsbuch.

Am 18. April war den ganzen Tag über Artilleriefeuer zu hören, und abends
21 Uhr wurde mir mitgeteilt, daß sich Frauen mit Kindern um 23 Uhr an der
Maria-Martha-Kirche einfinden sollten, um abtransportiert zu werden. Nun bat ich
meinen Schwiegervater in Steinigtwolmsdorf telefonisch, mir einen Wagen nach
Bautzen zu schicken. Ich ging zu meiner Mutter in die Paulistraße, um mit ihr
gemeinsam die Stadt zu verlassen. Ihre Mieter, ein Oberstlt. und seine Frau baten
sie, doch dazubleiben (sie wurden später erschossen und erhängt aufgefunden).
Gott sei Dank konnte ich sie bewegen, mitzukommen. Da das erwartete Auto nicht
kam, verließen wir mit meinem Mädchen und den Kindern mit Fahrrad und
Handwagen die bereits unter Beschuß liegende Kaserne. Am Taucherfriedhof
begegnete uns das Steinigtwolmsdorfer Auto, und wir waren froh und dankbar, aus
dieser Hölle zu entkommen. Mühselig erreichten wir auf verstopften Straßen
Steinigtwolmsdorf. Am nächsten Tag bekam meine Schwägerin von einem

Bekannten einen Holzgaser-LKW geschickt, um sie über die Elbe zu bringen, was angeblich die Rettung vor den Russen bedeutete. Sie wollte, daß ich mit den Kindern mitkommen sollte. So fuhren wir nach Berggießhübel und wohnten dort bei einem Onkel 14 Tage verhältnismäßig ruhig.

Am 6. Mai bekam meine Schwägerin ihr Baby, eine Tochter, und am 8. Mai waren die Russen da. Wir erlebten furchtbare Tage, da in der Nähe ein russisches Gefangenenlager und daneben eine Schnapsfabrik war! Ende Mai ging es zurück nach Steinigtwolmsdorf. Dort erfuhr ich, daß meine Wohnung total ausgebrannt war, so entschloß ich mich, gleich nach Pohla zu gehen, um dort leben und wirtschaften zu können, sobald mein Mann aus dem Kriege zurückkäme.

Doch alles kam ganz anders. Schon die Plakate an Bäumen und Häusern, "Junkerland in Bauernhand", sagten nur allzu deutlich, was man zu erwarten hatte, und daß ich auf dem Hof nicht mehr lange würde bleiben können. Die Ortskommission beantragte für uns ein Restgut von sechs Hektar, die unser Pächter mitbewirtschaftet hätte. Aber als ich diesen Antrag bei der zuständigen Behörde in Bautzen vorlegte, wurde ich schroff abgewiesen. "Frau des Besitzers kommt gar nicht in Frage!" Nun war ich mit meinen Überlegungen allein! Mein Schwiegervater wollte gar nichts davon wissen, daß ich Pohla verließ, und meine Mutter war krank und wollte, daß ich zu ihr nach Bautzen käme. Wie oft bin ich nach Bautzen (15 Kilometer) und nach Steinigtwolmsdorf (20 Kilometer) hin- und hergelaufen!

Ständig waren Kommissionen auf dem Hof und holten sich von unserem Pächter, was sie wollten. Fohlen versteckten wir mit einem polnischen Arbeiter in einer abgelegenen Scheune, einen Zuchtputer rettete ich mit einem Kinderwagen.

Ende Oktober steigerten sich die Aktivitäten der Kommunisten und der Fremden, so daß ein Verbleiben für mich nicht mehr tragbar war. Durch Vermittlung einer Freundin bekam ich Verbindung zum amtierenden Landrat, der mir dringend riet, sobald als möglich Pohla mit Kindern und Möbeln zu verlassen. Mehr dürfte er nicht sagen.

Daraufhin wieder Besprechungen mit meinem Schwiegervater, der noch immer nicht mit meinem Weggang aus Pohla einverstanden war und der solche Gedanken abwegig fand. Trotz der ständigen Russentransporte auf den Straßen ging ich die 20 Kilometer nach Pohla allein zurück. Am nächsten Tag besprach ich mich dann mit unserem Pächter, der mir beim Abtransport meiner Möbel rührend half. Er stellte mir einen Wagen zur Verfügung, und ich schickte mein Mädchen mit den Kindern und den Möbeln zu meiner Mutter nach Bautzen. Ich selbst wollte am nächsten Tag nachkommen, da sich aber abends eine günstige Fahrgelegenheit nach Bischofswerda bot, fuhr ich noch in der Nacht fort. Am nächsten Tag, es war Sonntag, kam der Bürgermeister mit einem Russen, um mich für einen Transport - wahrscheinlich nach Rügen - abzuholen.

Es war mein Glück, daß ich nun in Bautzen war, Pohla aber im Kreis Bischofswerda lag, deshalb hatte man nun kein Interesse mehr an mir. Günstig war auch, daß ich vor dem 1. November zurückkam, so galt ich als "von der Flucht zurückgekehrt". Später hätte ich kein Wohnrecht mehr bekommen. In Bautzen war die Lebensmittelzuteilung schlecht, weil Bautzen von den Nazis zur Festung erklärt worden war. Dafür sollten nun die Bewohner büßen.

Obwohl ich beschattet wurde, ging ich ab und an nach Pohla und wurde vom Pächter und den anderen Leuten vom Hof rührend versorgt. Sie kamen mit dem Tafelwagen nach Bautzen und brachten mir Kartoffeln, Kraut, Butter usw., alles Kostbarkeiten damals, und viel Holz. Als ich letzteres bezahlen wollte, hieß es: "Sie werden doch nicht Holz aus ihrem eigenen Walde bezahlen!" Ein auch auf dem Hofe lebender Onkel, Wolff v. Ponickau, und seine Frau, Lanny, geb. v. Levetzow, wurden am Heiligen Abend 1945 gezwungen, binnen zwei Stunden und nur mit Handgepäck versehen Pohla zu verlassen. Sie fanden in dem vier Kilometer entfernten Bischofswerda eine notdürftige Unterkunft bei Freunden. Erst im April 1946 bekam ich die erste Nachricht von meinem Mann. Er war in russischer Gefangenschaft und wußte nichts von uns, nichts, ob wir in Bautzen geblieben oder rechtzeitig weggekommen wären! Nun begann eine lange Wartezeit, jedesmal war es ein Fest für uns, wenn eine Nachricht von 25 Wörtern eintraf. Im November 1948 kam ein Freund von ihm, brachte Grüße und meinte, daß er bestimmt mit dem nächsten Transport käme. Dieser ließ aber noch ein ganzes hartes Jahr auf sich warten, erst am 1. Advent 1949 meldete er sich aus Gronenfeld.

Nun berichtet Witho v. Ponickau selbst weiter:

So kam ich also nach viereinhalbjähriger Gefangenschaft heim, besuchte erst meine Eltern für ein paar Stunden, die nach der Bodenreform in Wehlen an der Elbe eine Bleibe gefunden hatten. Dann ging es weiter nach Bautzen, wo mich meine Frau und meine Tochter um Mitternacht auf dem Bahnsteig begrüßten. Die Frist dieses "Heimaturlaubs" war kurz bemessen, denn die entscheidenden Entschlüsse für die Zukunft mußten gefaßt werden. Wir waren uns schnell einig, daß ich nach dem Westen weiterreisen müßte zu meiner Schwester nach Burgsinn bei Gemünden a. M. Nun begann die schwierige Suche nach Arbeit. Sie war zunächst erfolglos, genauso wie der Antrag, eine Aufenthaltsgenehmigung für meine Familie zu erlangen. Keine Arbeit, keine Wohnung - also keine Zuzugsgenehmigung für die Familie. So drehte sich alles immer wieder im Kreise. Eine vorübergehende Tätigkeit als Textilreisender war keine Lösung und brachte keine finanzielle Verbesserung. Ihr einzig Gutes war, daß ich als Vertreter der Firma zur Leipziger Frühjahrsmesse reisen konnte. Dort hatte ich mich mit meiner Frau verabredet. Wir trafen uns in Großbothen, wo uns der ehemalige Kantinenpächter unserer Bautzener Kaserne ein Quartier anbot. Alle Gespräche drehten sich um die Möglichkeit einer Übersiedelung, denn die Koreakrise ließ befürchten, daß auch quer durch Deutschland ein Vorhang zwischen den Besatzungszonen heruntergelassen würde. Von Großbothen zurück, gelang meiner Frau das schier Unmögliche. Die Übersiedelung mit zwei Kindern wurde sofort genehmigt. Aber bei den Möbeln begannen die Schwierigkeiten. Eigene Möbel konnte sie, da total ausgebrannt, nicht haben, den Kauf neuer Möbel konnte sie nicht nachweisen, Erbgut war vom Transport in den Westen ausgenommen. Erst die Angabe, die Möbel seien nach Pohla ausgelagert gewesen, wurde akzeptiert. Es begann ein unendlicher Papierkrieg, bis nach einem Vierteljahr die Genehmigung erteilt wurde. Silber,

Meißner Porzellan und Buntmetalle waren ausgenommen, die Transportpapiere - siebenfach, für jede Kiste extra - mußten alles bis zum letzten Bleistift enthalten. In Probstzella ging es über die Zonengrenze. Als sie ankamen, hieß es: Kontrolle am nächsten Tag um 10 Uhr. Da mußte der gesamte Waggon mit Hilfe eines Spediteurs entladen werden. Bei Stichproben hatte es ihnen eine große Kiste mit "Küchengeräten" besonders angetan. Nach drei Reihen leerer Weckgläser hörten sie zum Glück auf, denn unten steckte das Meißner Porzellan und Silber! Anschließend begann in einer winzigen Kabine ein Kreuzverhör. Zwei Vopos wollten meiner Frau einreden, daß ich bei der Waffen-SS gewesen sei. Nach drei Stunden durfte sie alles wieder einräumen lassen, Kaffee und Zigaretten an den Zöllner sollten den Weitertransport beschleunigen. Da ein Zug zur Weiterfahrt erst in zehn Stunden ging, machte sie sich zu Fuß auf den Weg über die Grenze.

Am 21. Juni 1951 konnte ich nun meine Frau mit Sohn Hans-Witho in Gemünden a. M. in Empfang nehmen. Dorothea hatten wir noch bei Großmutter gelassen. Erst als wir gegen Ende des Jahres in Sachsenheim durch einen ehemaligen Rekruten eine Wohnung bekommen haben, konnte ich sie nachholen. Zu Weihnachten 1951 war die Familie dann endlich beisammen.

Wenzel Freiherr v. Reiswitz auf Podelwitz und Collmen

Die beiden aneinandergrenzenden Rittergüter Podelwitz und Collmen liegen in der Amtshauptmannschaft Grimma und hatten eine Größe von 366 ha, davon 312 ha landwirtschaftliche Nutzfläche. Eine Brennerei, Ziegelei und zwei Wassermühlen gehörten zum Betrieb. Podelwitz war im Jahre 1850 zusammen mit Collmen durch Erbschaft von der Familie der Freiherren v. Lorenz an die Freiherren v. Reiswitz gelangt.

Zur Familie des letzten Eigentümers gehören:

Alfred Wilhelm W e n z e l Freiherr v. R e i s w i t z u. K a d e r s i n , * Dauzogir 17. 11. 1908, auf Podelwitz u. Collmen (§) (vorm. Fkm.), Ldwirt; ╳ Döben, Sachsen, 6. 9. 1932 Jutta v. B ö h l a u , * Döben 22. 1. 1912, † Bad Camberg 24. 12. 1987, T. d. Carl v. B. auf Döben u. Ölzschau u. d. Anna Freiin v. Gersdorff.

Kinder:

1. Helene Annie Else Ursula Hedwig M a r i a , * Podelwitz 26. 9. 1933, † Paimio, Finnld, 29. 9. 1990; ╳ Riihimäki, Finnld, 30. 1. 1960 Aaro H u r s k a i n e n , * Helsinki 15. 10. 1934, Pastor.

2. Waldtraut Marga Elsbeth N o r a , * Podelwitz 16. 9. 1934, Übersetzerin.

3. Jutta Sigrid (S i r i), * Podelwitz 22. 2. 1937; ╳ Santiago de Chile 26. 1. 1958 Peter G o l o w a s h , * Uralsk, Rußld, 23. 1. 1922, Kaufm.

4. Wenzel Carl A l f r e d , * Leisnig, Kr. Döbeln, Sachsen, 3. 1. 1941, Dipl-Volkswirt; ╳ Santiago 22. 8. 1970 Annemarie S e n g , * Santiago 23. 2. 1947.

Für das "Schicksalsbuch des Sächsischen Adels" hat der letzte Herr auf Podelwitz und Collmen den nachfolgenden Bericht über die Geschichte der Güter und die Ereignisse des Jahres 1945 zur Verfügung gestellt.

Das Rittergut Podelwitz im Landkreis Grimma hat eine wechselvolle Geschichte. Das Dorf "Po-Dol-Wiesz" (Dorf im Tal) mit seinem aus dem 16. Jahrhundert stammenden Renaissance-Schloß liegt an einer Furt der Freiberger Mulde am linken Ufer, etwa drei Kilometer ostwärts ihres Zusammenflusses mit der Zwickauer Mulde, also im sogenannten "Muldenwinkel". Der Bau steht auf einem eichenen Pfahlrost, einem älteren gotischen Unterbau, da das Gebiet früher stark sumpfig gewesen sein muß. Wenn die Mulde Hochwasser führt, füllen sich die Keller heute noch bis zum jeweiligen Niveau des Wasserspiegels mit Druckwasser. Urkundlich belegt ist der Besitz erstmalig um das Jahr 1500 im Eigentum der Familie v. Schellenberg durch Eintragungen in den Kirchenbüchern des zuständigen Pfarramtes Collmen. Podelwitz hat sehr oft den Besitzer gewechselt, es wurde insgesamt 23mal verkauft. Nur drei Jahre lang, 1680 bis 1683, besaß es z. B. Maximilian Freiherr v. Rechenberg, dann verkaufte er den Besitz wieder, sicher nicht freiwillig. Er hatte nämlich einen großen, vermutlich allzu kostspieligen Umbau vorgenommen: Der Haupteingang wurde von der West- auf die Ostseite verlegt und die neue Haustüre mit einem darüber liegenden, in rotem Porphyr gemeißelten, rechenbergischem Wappen verziert (mitten in dieses hinein installierte die russische Besatzung 1945 eine moderne Außenlampe). In den drei Repräsentationsräumen im Erdgeschoß ließ Rechenberg die Kreuzgewölbe entfernen und durch ein mächtiges Balkenwerk ersetzen, eine Wand herausnehmen und dann die Decken durch italienische Künstler mir barockem Stuck ausgestalten. In drei großen Medaillons war die von Homer berichtete Sage der Io dargestellt: Io als Geliebte des Zeus wurde von Hera aus Rache in eine Kuh verwandelt und der "hundertäugige Argos" zum Wächter bestellt. Der Göttervater Zeus schickt seinen Götterboten Hermes los, der Argos den Kopf abschlägt und Io wieder in ein Mädchen rückverwandelt. Die Darstellungen waren höchst realistisch, besonders der kataraktähnliche Blutstrom, der aus dem Hals des geköpften Argos herausschießt. In den 50er Jahren unseres Jahrhunderts wurden die unersetzlichen Stuckdecken abgeschlagen und damit endgültig vernichtet.

Im Jahre 1781 erwarb Johann-Gottfried Freiherr v. Lorenz Schloß und Rittergut Podelwitz. Als er 1792 starb, vermachte er den Besitz seiner Tochter Wilhelmine, die dort 58 Jahre, bis zu ihrem Tode im Jahre 1850, lebte und hervorragend wirtschaftete. 1826 kaufte sie das Rittergut Collmen hinzu, das durch eine lange gemeinsame Gutsgrenze mit Podelwitz verbunden war. Erst durch diese Verbindung wurden die Grundlagen für eine rationale Bewirtschaftung geschaffen, da Podelwitz allein aus betriebswirtschaftlichen Gründen immer unrentabel gewesen ist. Das war wohl auch der Grund für den häufigen Besitzerwechsel. Von Wilhelmine v. Lorenz, "Tante Minchen", war noch ein Jahrhundert später die Rede, vor allem wegen ihrer sozialen Stiftungen, die ihrer Zeit weit voraus waren; so z. B. die "Kinder-Bewahr-Anstalt", die es mit einem modernen Kindergarten durchaus aufnehmen konnte.

Sie galt als erklärte Männerfeindin und blieb unverheiratet; so vermachte sie den ganzen Besitz ihrer Nichte Auguste Freifrau v. Reiswitz, geb. v. Lorenz, meiner Urgroßmutter. Meine Urgroßeltern wandelten Podelwitz und Collmen in ein Fideikommiß um, das 1930/31 durch ein neues Gesetz wieder aufgelöst wurde. Ich war im Alter von 14 Jahren beim Tode meines Vaters 1923 Fideikommißherr geworden und wurde nun freier Eigentümer - der letzte "Herr auf Podelwitz und Collmen".

Am 1. Juni 1945 kam ich nach einer schweren Verwundung, nur notdürftig wiederhergestellt, zu Fuß aus Berlin in meine Heimat zurück. Inzwischen war die Zwickauer- mit der vereinigten Mulde zur Demarkationslinie zwischen amerikanischen und sowjetischen Besatzungskräften geworden. Ich fand meine Familie gottlob unversehrt im Hause treuer Freunde und Gutsnachbarn auf der damals amerikanischen Seite vor. Podelwitz lag in Sichtweite in nicht zu großer Entfernung vor unseren Augen, und war doch unerreichbar.

Nach vier Wochen, die ich zum größten Teil krank im Bett verbracht hatte, rückten die Amerikaner am 1. Juli still und leise über Nacht ab und überließen uns auch auf dieser Muldenseite den Russen.

Die Sowjets hatten inzwischen in Podelwitz einen "Gutsverwalter" namens Mohaupt eingesetzt, dessen persönliche und fachliche Eignung zur Führung eines Gutsbetriebes einzig in seiner kommunistischen "Glaubensüberzeugung" begründet war. Entsprechend sah es in Hof und Feld aus, soweit nicht treue Leute aus unserer Gefolgschaft noch retteten, was irgend zu retten war.

Schloß Podelwitz
Das Schloß wurde kürzlich in Zusammenarbeit des Landrates mit dem Landesdenkmalamt Dresden und der Ortsgemeinde umfassend renoviert. Leider hat man die
schönen roten Porphyr-Einfassungen der Fenster und Türen graublau angestrichen.

Da ich selbst noch viel zu krank und geschwächt war, um persönlich eingreifen zu
können, erreichte meine Frau mit unglaublichem Einsatz von Beharrlichkeit, Sach-
verstand und persönlichem Mut, daß wir wieder in unser Haus zurückkehren und
unsere Arbeit (vorläufig, wie sich bald zeigen sollte) wieder aufnehmen konnten.
Herr Mohaupt war verschwunden. Zuvor brachte meine Frau mit Hilfe des treuen
Gärtnerehepaares Lindner das Haus wieder in Ordnung. Es war gründlich geplündert worden, verschlossene Schränke mit der Axt aufgebrochen, viele wertvolle
Dinge geraubt; z. B. hatte eine nicht unbegüterte "Dame" aus Leipzig, die noch aus
der Zeit der Bombenangriffe im Dorf evakuiert gewesen war, eine Sammlung von
36 Meißner Mokkatassen u. a. m. mitgehen heißen. Das Haus muß chaotisch aus-
gesehen haben.
Die Tage gingen in Unsicherheit hin. Am 20. Juli wurde ich verhaftet, ohne
Angabe von Gründen nach Grimma gebracht und dort im Keller eines Hauses, in
dem die Offiziersfamilien der Garnison Grimma wohnten, in Einzelhaft eingesperrt. Die Offiziere waren natürlich nicht da, aber die Damen waren uns alle gut
bekannt vom gesellschaftlichen Verkehr vor dem Kriege. Einer dieser Damen
gelang es, meiner Frau Nachricht zukommen zu lassen, wo ich zu finden sei. Das
Bitterste in diesen Tagen war, daß ich gezwungen wurde, zusammen mit einem
russischen Soldaten, Möbel und Einrichtungsgegenstände aus den Wohnungen
dieser meiner Bekannten in ihrem Beisein fortzuschleppen.
In den ersten beiden Tagen wurde ich stundenlang verhört, und zwar in höflichem
Ton und per "Sie", aber mit der bekannten, gnadenlosen und endlosen Wieder-
holung immer der gleichen Fragen und Unterstellungen. Dann - nichts weiter als

315

ein Vegetieren in der Eintönigkeit meines etwa 2 x 3 m großen kahlen Keller-loches, ausgestattet mit einer Pferdedecke, unrasiert und fern der Heimat. Nach drei Wochen wurde ich, ebenfalls ohne Angabe von Gründen, entlassen; d. h. praktisch hinausgeworfen: "Mach, daß Du fortkommst", hieß die Formel. Ich habe auch nicht gefragt, wieso und warum!

Zwei Tage zuvor hatte meine Frau Mittel und Wege gefunden, mich aufzusuchen und im Garten hinter dem Haus kurz mit mir zu sprechen. So erfuhr ich, daß inzwischen, gleich nach meiner Verhaftung, das Gut Podelwitz von der Roten Armee als Versorgungsbetrieb beschlagnahmt worden war. Also hatte man mich höchstwahrscheinlich einfach aus dem Weg haben wollen, damit die Beschlagnahme reibungslos vor sich gehen konnte. Ungewöhnlich dabei war, daß man meine Familie nicht einfach ausquartiert, sondern nur einen Teil der Räumlichkeiten im Schloß für einen kleinen Stab von zwei Offizieren, zwei Ordonnanzen und einer Dolmetscherin requiriert hatte.

Unsere Familie bestand damals aus meiner Frau und mir mit unseren vier Kindern, einer damals noch unverheirateten Schwester und einer anderen Schwester mit drei Töchtern, von denen die älteste als erwachsen gelten konnte. Von ihrem Mann und drei erwachsenen Söhnen, die alle noch nicht aus dem Krieg zurückgekehrt waren, wußte meine Schwester damals nichts.

Die nächsten Wochen gingen dahin. Ich durfte meinen Gutshof nicht betreten, wo inzwischen meine Hochleistungskühe nach und nach abgeschlachtet wurden. Meine Frau, die eine Schwester und die älteste Nichte wurden zur Feldarbeit gezwungen, "um sich den Unterhalt zu verdienen" - unsere Landarbeiterfrauen haben sie in bewunderungswürdiger Weise unterstützt und ihnen geholfen. Meine andere Schwester hütete die sechs verbleibenden Kinder.

Am 6. September wurde ich erneut verhaftet, kam aber nach wenigen Stunden wieder frei. Nun bereitete ich meine Flucht vor, ein drittes Mal würde ich nicht so billig davonkommen. Am 2. Oktober verließ ich meine Heimat, und richtig: Am nächsten Morgen standen die Häscher wieder vor der Tür, diesmal vergeblich. Die Familie folgte zwei Wochen später nach.

Bald nach der Gründung des "Arbeiter- und Bauernstaates" zogen die Russen ab, Podelwitz wurde zur LPG, ebenso wie Collmen, das im Gegensatz zu Podelwitz eine Reihe größerer Bauerngüter aufzuweisen hatte. Die Grundbücher, die im Amtsgericht Colditz aufbewahrt waren, sollen damals auf dem Colditzer Marktplatz öffentlich verbrannt worden sein.

Das Schloß war seit dem Ende des Zweiten Weltkrieges stark verwahrlost. Nach der Wiedervereinigung ist es aber unter hohen Kosten sehr gründlich renoviert worden. Das ist vor allem dem persönlichen Einsatz und der zielgerichteten Tatkraft des neuen Landrates des Kreises Grimma, Dr. Gey, zu verdanken. Er hat es verstanden, die entsprechenden Stellen, vor allem das Landesdenkmalamt in Dresden, dafür zu interessieren und zu mobilisieren. Die Wirtschaftsgebäude waren aber zum großen Teil bereits abgerissen worden. - Segnungen des real existierenden Sozialismus.

Welche Schicksale wird die Zukunft bringen?

316

Alexander Graf v. Rex auf Zehista und Friedrichsthal

Rittergut und Schloß Zehista liegen 1 Kilometer südlich von Pirna an der Elbe. Es hatte eine Größe von 356 ha, aufgeteilt in: 188 ha Ackerland, 65 ha Wald, 70 ha Wiesen und Weiden, 33 ha Teiche, Garten, Park und sonstiges. Zu Zehista gehörte eine Brennerei mit 265 hl Brennrecht. Die jüngste Tochter des Eigentümers, Marie Gräfin v. Rex, lebte dort und war als Gutssekretärin tätig.

Der Eigentümer selbst bewohnte das Schloß Friedrichsthal in Berggießhübel, 10 Kilometer südlich von Pirna im Gottleubatal gelegen. Beide Güter waren durch die alte Heerstraße Dresden - Prag verbunden.

Das Gut Friedrichsthal hatte eine Größe von 243 ha, davon 111 ha Ackerland, 83 ha Wald, 42 ha Wiesen und Weiden, 7 ha Park und sonstiges. Zu Friedrichsthal gehörten die Kneipp-Kurhäuser: Meißner Haus, Johann-Georgen-Bad, Sächsisches Haus, Talfrieden und Im Wiesengrund.

Zur Familie des letzten Eigentümers gehören:

Alexander Hannibal Paul Caspar Graf v. Rex, * Hannover 10. 8. 1881, † Dannenbüttel, Kr. Gifhorn, 24. 10. 1948, auf Friedrichsthal (§) bei Berggießhübel u. Zehista (§) bei Pirna, Kgl. sächs. Kjkr, Rittmeister d. Res. a. D., RRr d. JohO.;
✕ (standesamtl.) Frauenstein, (kirchl.) Schlangenbad, Taunus, 21. 2. 1909 Léonie Freiin v. Krauskopf, * Hohenbuchau bei Schlangenbad 1. 9. 1886, † Leiferde, Kr. Gifhorn, 17. 6. 1983, T. d. Großindustriellen Ferdinand Frhr v. K. auf Hohenbuchau u. d. Julie Simons.
Kinder:
1. Caspar Egon Ferdinand Alexander, * Friedrichsthal 17. 2. 1910, ✕ Berlin-Wannsee 30. 4. 1945, Volkssturmmann, Fabrikant, Anw. d. JohO.;
✕ Zehista 20. 5. 1934 Sigrid Georgi, * Berlin-Treptow 18. 12. 1912 (✕ II. Immenstaad am Bodensee 30. 8. 1950 Werner Wilke, * Güstrow 20. 7. 1916, † Osterode, Harz, 3. 10. 1969, Kaufm., Major a. D.), T. d. KptLts d. Res. u. Fabrikanten Constantin G. u. d. Adelaide Schultz.
2. Alexandra Leonie Marie Elisabeth, * Friedrichsthal 11. 6. 1912; ✕ Zehista 12. 2. 1933 Hans v. Carlowitz, * Dresden 7. 3. 1907, † Heidelberg 27. 10. 1985, staatl. gepr. Ldwirt.
3. Egon-Ferdinand Caspar Alexander Arthur Hindenburg, * Zehista 1. 11. 1914, techn. Angest. i. R., Vorst. u. Senior d. FamVerb.; ✕ Heuckewalde, Kr. Zeitz, 2. 11. 1941 Margarete Freiin v. Herzenberg, * Merseburg 16. 1. 1920, Lehrerin i. R., T. d. ProvVerwRats a. D. Erich Frhr v. H. auf Heuckewalde u. d. Gertrud v. Massow.
4. Marie Julie Elisabeth Arthura, * Friedrichsthal 2. 2. 1920; ✕ Dannenbüttel 17. 2. 1950 Adolph v. Flöckher, * Rom 16. 5. 1913, † Eickenrode 27. 2. 1970, Ldwirt.

Über die Ereignisse in Zehista und Friedrichsthal am Ende des Zweiten Weltkrieges und über das Schicksal der Familie hat der zweite Sohn des letzten Besitzers, Egon-Ferdinand Graf v. Rex, berichtet.

Im Juni 1945 wurde ich von den Amerikanern in Naumburg an der Saale aus dem Wehrdienst entlassen. Eine abenteuerliche Fahrt mit einem Flugsicherungsboot

Rittergut Zehista-Schloß
Zustand 1910.

von der Halbinsel Hela nach Kappel an der Schlei, dann von dort die Rückver-
legung der Führungsstaffel des XII. Stellvertr. Generalkommandos nach Hamburg
und die Weiterreise in geborgtem Zivil lagen hinter mir. Zu Fuß und per Anhalter
erreichte ich Schloß Heuckewalde bei Zeitz. Dies war die Heimat meiner Frau,
welche kurz vor der Besetzung von Zehista und Berggießhübel durch die Russen
mit unserem Sohn Alexander dorthin zu ihren Eltern ausgewichen war.
Als dann im Juni 1945 mit der endgültigen Festlegung der Besatzungszonen der
Kreis Zeitz zum sowjetischen Besatzungsgebiet kam, konnte ich es wagen, allein
zu meinen Eltern nach Hause zu fahren. Mit dem Zug erreichte ich Dresden über
Chemnitz. Erschütternd war das Wiedersehen mit der zerstörten Stadt. In Dresden-
Laubegast, wo ich im Hause meines Nennonkels, Freiherr Max v. Müller, übernachten wollte, erreichten mich die ersten Nachrichten über meine Eltern und
Geschwister: Mein älterer Bruder Caspi war in den letzten Kriegstagen beim
Kampf um Berlin gefallen, meine Eltern waren nach der ersten turbulenten Nacht
mit dem Nötigsten im Rucksack nach Göppersdorf geflohen. Nach Tagen kamen
sie von dort nach Zehista zurück. Das Schloß war geplündert und die Räume übel
zugerichtet worden. Die Gemeinde Dohma, zu der das Rittergut eingemeindet war,
erlaubte meinen Eltern, auf dem Gut zu wohnen. Ebenfalls war meine jüngste
Schwester Marie nach kurzer Flucht in ihre Wohnung im Inspektorhaus zurückgekehrt. Sie war vor, während und auch nach dem Kriege als Gutssekretärin auf
Zehista tätig. Meine älteste Schwester, Alexandra v. Carlowitz, wohnte in der
Försterwohnung von Zehista, seitdem ihr Mann nicht mehr für die Verwalter-
stellung im Sudetengau freigestellt worden war. Mein Schwager war aus dem
Krieg inzwischen zurückgekommen. Im Schloß lebte seit dem Tode meiner Groß-
mutter meine Tante Edelgarde. Alle Wohnungen waren behelfsmäßig zusammen-

Rittergut Zehista-Schloß
Zustand 1991.

gestellt worden aus dem, was die Plünderer übrig und heil gelassen hatten, bzw. aus dem, was aus Schloß Friedrichsthal herangeholt werden konnte. Letzteres war kurz nach dem Waffenstillstand von den Russen für "befreite" Fremdarbeiter und Gefangene beschlagnahmt und von diesen geplündert worden. Jeder Raum des Schlosses war von Verwandten, guten Bekannten und Freunden bewohnt. Sie hatten sich mit ihren Wertsachen (Schmuck, Silber, Wäsche) dorthin geflüchtet, weil allgemein angenommen wurde, daß die Elbe die Demarkationslinie zwischen Russen und Amerikanern werden würde.

Obwohl der Gutsbetrieb auf beiden Besitzen langsam, aber stetig wieder in Gang gebracht worden war, wurde meinem Vater bald alle Verfügungsgewalt genommen. In Friedrichsthal wurde unser während des Krieges UK-gestellter Inspektor Mäbert als Treuhänder eingesetzt, in Zehista ein Gutspächter aus Schlesien, Herr Brosig. Letzterer hatte meinen Schwager Hans Carlowitz als Verwalter eingestellt, weil "er schon eher aus dem Krieg zurückgekommen war". So bekam ich als Sohn des Eigentümers nur Arbeit als "Tagelöhner" und war noch froh darüber, weil ich damit Deputat, Wohnung und Verdienst hatte. Ich konnte mir die leerstehende ehemalige Schweinemeisterwohnung einrichten, in der zuletzt Polen gehaust hatten. So konnte ich nun meine Frau und unseren dreijährigen Sohn Alexander aus Heuckewalde zurückholen.

Obwohl ich als Junker und ehemaliger Offizier mit meiner Verhaftung rechnen mußte, bewarb ich mich, als die Bodenreform begann, um eine Siedlerstelle. Wider Erwarten wurde mein Antrag genehmigt, während gleiche Anträge meines Vaters und meiner Schwester Marie abgelehnt wurden. Auf einer "Festveranstaltung" im Gasthof von Dohma im September 1945 wurden 17 Neusiedlern, darunter auch mir, die Besitzurkunden feierlich überreicht. Die anderen Siedler waren größtenteils ehemalige Belegschaftsmitglieder von Zehista und Flüchtlinge aus dem Sudetenland, die im Schloß Wohnung bekommen hatten.

Ein Telegramm meiner Schwiegereltern aus Heuckewalde vom 17. Oktober 1945 veranlaßte mich und meine Frau, dorthin zu fahren, um unsere noch dort befindlichen Sachen zu holen. Eile war geboten, da meine Schwiegereltern im Zuge der Bodenreform aus dem Kreis Zeitz ausgewiesen waren mit der Erlaubnis, die notwendigsten Möbel mitzunehmen. Sie wurden in das Gutshaus Rösa des Grafen Solms im Kreis Bitterfeld eingewiesen. Unsere Sachen konnten wir zunächst in Zeitz unterstellen. Da mir hierzu ein Fahrzeug für die nächsten Tage zugesagt worden war, blieb ich in Zeitz, während meine Frau nach Zehista zurückfuhr. Dort nach beschwerlicher Fahrt angekommen, stand sie nachts vor verschlossenen und versiegelten Türen. Nur in unsere Wohnung konnte sie sich Einlaß verschaffen. Meine Eltern, meine Schwester Marie, unser kleiner Alexander und Tante Edelgarde waren verhaftet und in das Gefängnis Radeberg bei Dresden gebracht worden. Am nächsten Tag kam Tante Edelgarde mit Alexander zurück, da beide noch nicht zu dem Kreis der "direkt Betroffenen" gehörten, die nach Rügen transportiert wurden. Bei einer später folgenden Verhaftungswelle gehörten dann auch sie uns und mir dazu. Ein Telegramm meiner Frau vom 27. Oktober 1945 riet mir, alles in Zeitz zurückzulassen und sofort nach Zehista zu kommen. Nach Sicherstellung der Möbel fuhr ich auf schnellstem Wege nach Zehista.

Weil unsere Verhaftung nun ernstlich drohte, entschlossen wir uns, mit unserem kleinen Sohn "schwarz" über die Grenze zu gehen. Vom Bürgermeister erhielt ich unseren Abmeldeschein und eine Bestätigung, daß ich die Urkunde über die Siedlerstelle zurückgegeben hätte. Die erste Station unserer Flucht war Laubegast. Dann ging es in einem überfüllten Zug über Chemnitz und Plauen nach Gutenfürst. In einem Bauernhaus in Gefell, nahe der Zonengrenze, warteten wir die Nacht ab. Kurz vor dem Durchwaten der Saale, Alexander saß auf meinen Schultern, stellte uns eine sowjetische Streife und führte uns ins Wachlokal. Unser Junge wurde nicht durchsucht, so fanden sie auch meine goldene Taschenuhr in seiner Manteltasche nicht. Uns wurde alles belassen, nur der Hausschlüssel von Friedrichsthal wurde mir abgenommen, sie hatten wohl bemerkt, daß ich ihn gern behalten hätte. Am nächsten Morgen ging es mit vielen anderen "Geschnappten" zu Fuß zur sowjetischen Kommandantur im Ort. Dort wurden wir in einen schon vollbesetzten Keller gesperrt. Nach ein paar Tagen und einem fünfzehn Kilometer langen Fußmarsch kamen wir in einen anderen Keller, wo wir uns mit vielen anderen Leidensgenossen auf Apfelrosten ein notdürftiges Lager einrichteten. Nach einem Verhör kam ich in Einzelhaft, aber nach einigen Tagen der Ungewißheit wurden wir entlassen. Wohin nun? Eigentlich blieb uns nur der Onkel Max in Dresden-Laubegast, wo wir hinkonnten. Von dort nahm ich Verbindung mit Tante Edelgarde in Zehista auf und bat beim Kreis Pirna um Aufenthaltsgenehmigung. Ich erhielt sie mit dem Vermerk: "Das müssen Sie mit ihrer Tante ausmachen, wenn sie dort wohnen wollen." Daraufhin zogen wir wieder in Zehista ein. Diesmal richteten wir uns im Schloß das untere Turmzimmer und die anschließenden zwei Räume ein. Dann begab ich mich auf Arbeitssuche - ein fast aussichtsloses Unterfangen, denn einmal gab es keine Arbeit und dann hatten die Leute Angst, mich meines Namens wegen einzustellen.

In den ersten Dezembertagen 1945 verdichteten sich die Gerüchte, daß alle Verwandten der ehemaligen Eigentümer ins Lager kommen sollten. Das galt dann auch für uns und Tante Edelgarde. Als sie vielerlei Sachen in Zehista und Pirna sichergestellt hatte und fertig zum Abmarsch war, spürte die Polizei sie im Hause unseres Stellmachers auf. Mit ein paar Habseligkeiten im Rucksack konnte sie durch die Hintertür entkommen. Ihr glückte die Flucht in den "Westen" nach Dannenbüttel bei Gifhorn zu ihrer Schwester, Therese v. Laffert.

Wir konnten unseren geringen Hausrat bei guten Bekannten in Berggießhübel (Baumeister Pfennig) unterstellen. Am Tage der geplanten Flucht in den Westen verhaftete uns die Polizei am frühen Morgen aus den Betten heraus. Auf dem Bahnhof in Berggießhübel trafen wir meinen Schwager Carlowitz mit seinen drei Kindern. Sie waren nach Kleppisch, dem ehemaligen Waldgut seines Vaters, bevor dieser nach Südafrika ausgewandert war, ausgewichen. Dort war es ihnen genauso ergangen wie uns. Meine Schwester Alexandra war zur Zeit in Dresden auf "Bittstellergang" bei den Behörden. Unter Polizeiaufsicht wurden wir zur Kreispolizeistation nach Pirna gebracht. Dort spürte uns eine Bekannte aus Pirna auf, Frau Eckelmann, die uns rührend versorgte. Sie verpflegte uns nicht nur, sondern nahm uns sieben Personen über Weihnachten bei sich in ihrer kleinen Wohnung auf. Die Polizei gab dazu die Erlaubnis mit der Auflage, daß mein Schwager und ich uns täglich melden mußten.

Meiner Schwester glückte es, Mann und Kinder am 23. Dezember 1945 freizubekommen. Nach kurzem Aufenthalt in Ballenstedt am Harz bei Frau Hentsch, der Witwe unseres 1927 beim Hochwasser ertrunkenen Chauffeurs, gelangten sie schwarz über die Grenze und erreichten ebenfalls Dannenbüttel.

Am 28. Dezember 1945 erhielten wir eine Reisegenehmigung nach Rösa im Kreis Bitterfeld, wohin meine Schwiegereltern deportiert waren. Zuvor mußten meine Frau und ich jedoch unterschreiben, daß wir den Kreis Pirna und überhaupt das Land Sachsen nicht mehr betreten würden. Wir hofften nun, in Rösa bleiben zu können, wo meine Schwiegereltern in zwei Zimmern im Schloß des Grafen Solms lebten. Aber kaum hatten wir uns bei der Gemeinde angemeldet, wurden wir aus dem Kreis Bitterfeld mit der Begründung ausgewiesen, sie seien nicht zuständig für die Bodenreformenteigneten des Kreises Pirna. Da ich wegen meines kranken Beines das Bett hüten mußte, versuchte meine Frau den Landrat umzustimmen. Unflätig und höhnisch wurde diese Bitte abgelehnt, und ihr eine Rücküberweisung nebst Reisegenehmigung für den 4. Januar 1946 nach Pirna übergeben. Dieser unsinnigen Anordnung konnten wir keinesfalls Folge leisten. Zum Glück hatte der Flüchtlingsbetreuer von Rösa Verständnis für unsere Lage. Mit Lichtbildern aus unseren Pirnaer Personalpapieren stellte er uns Flüchtlingspässe aus, die auf Gifhorn lauteten. Anstandslos bekamen wir nun Fahrkarten nach Berlin. Dort wohnten wir bei meiner Schwägerin Sigrid, der Witwe meines gefallenen Bruders.

Das Haus lag in Zehlendorf-West in der Nähe des Bahnhofes an der Argentinischen Allee. Verpflegung konnte ich täglich im Flüchtlingslager Zehlendorf holen. Ein besonderes Glück war es, daß der Vater meiner Schwägerin einen LKW nach Berggießhübel schicken konnte, um Möbel und andere von ihm ausgelagerte Sachen zu holen. So kamen auch für uns wichtige Dinge mit: z. B. Erbstücke von meinem Großonkel, dem Botschafter Graf Arthur Rex, und der Koffer mit dem gesamten Schmuck meiner Eltern. Am meisten freuten wir uns jedoch über acht Schwarzbrote aus der Mühle in Zuschendorf bei Zehista. Aus meiner Tagelöhnerzeit hatte ich dort noch ein Guthaben von Deputatroggen stehen. Da es in Berlin nur Mais-, allenfalls mal Weißbrot gab, war das Roggenbrot eine wahre Wohltat!

Ende Januar besorgte uns Herr Georgi, der Vater meiner Schwägerin, Fahrkarten über Magdeburg nach Weferlingen an der Zonengrenze. Dort sollten wir einem Rücksiedlertransport nach dem Westen zusteigen. Bei eisiger Kälte im ungeheizten Abteil mit zerbrochenen Fensterscheiben ging die Fahrt vom Bahnhof Zoo für uns drei los. Vor Magdeburg mußte alles aussteigen, weil die Elbbrücke zerstört war. Mit sowjetischem LKW ging es dann über eine Notbrücke zum Bahnhof Magdeburg. Nach einer durchwachten Nacht im überfüllten Warteraum ging die Fahrt am nächsten Morgen weiter nach Weferlingen. Bevor wir dem Rücksiedlertransport zusteigen konnten, hatten wir noch einige Tage und Nächte in kalten Wartekellern bzw. Holzbaracken zu überstehen. Dann ging es ganz einfach, nachdem wir uns in dem überfüllten Zug einen Platz erkämpft hatten, über die "grüne Grenze" in das Auffanglager Marienborn bei Helmstedt im Westen. Dort wurden wir auf sauberem Stroh in den Fahrzeughallen des ehemaligen Fliegerhorstes untergebracht, verpflegt und entlaust. Nach unserer Registrierung konnten wir nach Gifhorn weiterfahren. Da jedoch die Brücke der direkten Bahnverbindung nach Gifhorn kaputt war, mußten wir den Umweg über Hannover fahren. Bei Lafferts in Dannenbüttel fanden wir Unterkunft, obwohl das Herrenhaus von beiderseitigen Verwandten bis unter das Dach voll war. Meine Eltern und jüngste Schwester sowie Tante Edelgarde und Carlowitzens waren schon da. Im Inspektorhaus bekamen wir ein Zimmer und erhielten auch die amtliche Aufenthaltsgenehmigung, obwohl die Kreise an der Demarkationslinie für die Aufnahme von Flüchtlingen gesperrt waren. Ebenso wichtig war es, daß ich durch Vermittlung meines Onkels Arbeit als Prüfer in der englischen Motorenreparaturwerkstatt im Volkswagenwerk bekam. Diese Stellung behielt ich auch, als das VW-Werk wieder in deutsche Hände überging.

Meine Frau hatte das Glück, durch Beziehungen die Leitung des ehemaligen NSV-Kindergartens in Vorsfelde übernehmen zu können, den die evangelische Kirche dort neu eröffnete. Deshalb zogen wir, versehen mit allen Erlaubnisscheinen, am 15. Mai 1946 nach Vorsfelde um.

Für die Zukunft sahen wir unsere Aufgabe darin, uns und unseren Kindern - am 27. September 1947 wurde in Wolfsburg unsere Tochter Angelika geboren - ein neues Zuhause auf eigenem Grund und Boden zu schaffen. Dankbar ergriffen wir die Möglichkeit, in Dannenbüttel von der Realgemeinde ein Grundstück zu erwerben. Wir kauften 16 ar mit Kiefern bestandenen Sandboden für RM 30,- je ar. Bezahlt wurde die Hälfte sofort, die andere Hälfte zu einem späteren Zeitpunkt. Das war dann nach der Währungsreform, was uns damals ganz besonders schwer gefallen ist. Im Jahr der Währungsreform baute ich als Handlanger und Beschaffer von Baumaterial mit Leuten aus dem Ort, die mein Onkel mit Brenntorf aus seinem Torfwerk bezahlte, ein Siedlerhaus. Bezahlt wurde neben dem normalen RM-Preis mit Kaffee, Wurst und dergleichen. Das Haus durfte nicht mehr Grundfläche haben, als meiner Familie nach Kopfzahl zustand. Das waren 68 qm unten und für oben mußte ich mich verpflichten, einmal eine Einliegerwohnung auszubauen. Obwohl noch keine Haustür vorhanden war, auch kein elektrisches Licht und das Wasser aus der Handpumpe vorm Haus geholt werden mußte, zogen wir mit unserem wenigen Hausrat, der auf einem landwirtschaftlichen Gummianhänger Platz hatte, Mitte September 1948 in "unser" Haus ein.

Nachtrag 1980:

Am 24. Oktober 1948 starb mein Vater, am 9. Juli 1949 meine Tante Edelgarde und am 19. November 1955 verunglückte meine Tante Therese v. Laffert. Die drei Geschwister liegen nun auf dem Dorffriedhof von Dannenbüttel.
Nach fast 29jähriger Tätigkeit im Volkswagenwerk, schied ich 1975 aus dem Arbeitsleben aus. Zuletzt war ich als technischer Sachbearbeiter in der PKW-Konstruktion in der technischen Entwicklung des Volkswagenwerkes tätig gewesen. Meine Frau ist seit dem 1. April 1962 als Vertragslehrerin in der Alfred Teves Volksschule in Gifhorn angestellt. Unser Sohn Alexander ist verheiratet, hat zwei Kinder (Alexandra und Carsten) und ist z. Z. als Regierungsdirektor in der Vertretung des Landes Niedersachsen in Bonn, wo er das Kultus- und Wissenschaftsministerium vertritt. Tochter Angelika ist Lehrerin an der Mittelpunktschule in Hollenstedt, Kreis Buchholz in der Nordheide.

* * *

Als Margarete Gräfin v. Rex Ende Oktober 1945 aus ihrer Heimat Heuckewalde bei Zeitz nach Zehista zurückkam, fand sie das Haus verschlossen und versiegelt vor, die ganze Familie war verhaftet und verschleppt worden. Über das, was in diesen Tagen und Wochen geschehen ist, existieren erschütternde Aufzeichnungen ihres Schwiegervaters, Graf Alexander v. Rex, die auch vieles über andere Leidensgenossen aussagen. Mit ihnen soll dieser Bericht abgeschlossen werden.

Alexander Graf v. Rex, 65 Jahre alt, und Gräfin v. Rex, 60 Jahre alt, haben am Sonntag, 21. Oktober 1945, nachmittags 4 Uhr, durch einen Kriminalpolizisten in Uniform und einen in Zivil mit roter Armbinde und Gewehr Mitteilung erhalten, in einer halben Stunde mit Handgepäck fertig zu sein zum Abtransport. Weshalb, warum und wohin, darauf war keine Antwort zu erhalten. In aller Eile einige Decken und zwei Brote zusammengepackt. Da noch ein dreijähriger Enkel für einige Tage in Obhut war, mußte auch dieser mitgenommen werden. Ebenso mußte sich auch der auf dem Gut als Verwalter angestellte Schwiegersohn v. Carlowitz mit Frau und drei Kindern im Alter von eindreiviertel, acht und zwölf Jahren zur gleichen Zeit fertig machen. Das gleiche galt für die unverheiratete Schwester des Eigentümers, Gräfin Edelgarde v. Rex und für seine jüngste Tochter, die seit Jahren angestellt war, und auch nach der Aufteilung die Buch- und Kassenführung auf Verlangen der Ortskommission weiter in der Hand hatte. Auf Befürwortung der Orts- und Kreiskommission war ihr, Marie Gräfin v. Rex, 25 Jahre alt, eine Siedlerstelle von acht Hektar zugesagt worden.
Nach längerem Warten am Hoftor erschien ein kleiner Lieferwagen, besetzt mit den nächsten Nachbarn. Die alleinstehende Gräfin Breßler, 76 Jahre alt, vom

Rittergut Gersdorf, der über 80 Jahre alte Eigentümer des Gutes Ottendorf, Gliemann mit Frau, die vor einigen Jahren goldene Hochzeit gefeiert hatten. Der Mann hatte vor einigen Wochen einen schweren Schlaganfall, so daß er nicht allein gehen konnte. Herr Dr. med. Till vom Rittergut Giesenstein mit Frau und Kindern im Alter von drei bis elf Jahren. Herr Louis Glück aus Dresden, 78 Jahre alt, der zufällig auf dem Rittergut Haselberg anwesend war und absolut nichts, nicht einmal eine Decke mithatte.

Wir wurden nach Pirna in den Hof des Landratsamtes befördert. Alles geschah unter Bedeckung von Polizei. Dort gewartet, bis ein großer Omnibus kam, in dem sich weitere Landwirte und Nichtlandwirte befanden. Ein Graf Wallwitz mit Frau und zwei Töchtern im Alter von zehn und dreizehn Jahren. Er hatte keinen Besitz, sondern nur ein Haus gemietet und hatte aus Schlesien wegen der Kriegsereignisse zu seinem Bruder nach Rittergut Borthen flüchten müssen. Sein 66 Jahre alter Bruder, Eigentümer von Borthen, litt an Gelenkrheumatismus und konnte mit seinen geschwollenen Füßen kaum laufen. Ferner ein Herr Bünsch mit Frau, Besitzer von 30 ha Land, zwei Gebrüder Klinger mit Schwester, Pächter des Rittergutes Burkhardtswalde, Frau v. Carlowitz-Röhrsdorf, hoch in den Siebzig, mit Tochter, Frau v. Palombini, vom Rittergut Röhrsdorf, Frau Schön mit dreizehnjährigem Sohn vom Rittergut Mösegast, der Mann noch in Kriegsgefangenschaft.

Nach Aufnahme der Personalien ging die Fahrt im Dunkeln nach Radeberg ins Amtsgerichtsgefängnis. Dort waren wir 22 Personen, darunter neun Kinder, in einem Zimmer mit sechs Pritschen untergebracht. Bei leidlicher Verpflegung, früh Kaffee mit 150 g Brot, einem Liter Suppe mittags und abends, verblieben wir dort bis Mittwoch, den 24. Oktober. Plötzlicher Abtransport in ein ehemaliges Dienstlager in Radeberg. Spät abends wurde etwas, aber unzureichendes Stroh angefahren. Verpflegung bestand aus 200 g Brot und Wassersuppe mit wenigen Kartoffeln, abends etwas Kaffee.

Am Sonntag, den 28. Oktober früh plötzlich fertigmachen zum Abtransport, der sich von früh 8 Uhr bis nachmittags 5 Uhr hinzog. Keine Verpflegung an dem Tage. Unterbringung in Baracken in Coswig bei Dresden. Montag, den 29. Oktober, früh 8.30 Uhr Abtransport nach Güterbahnhof Coswig, was sich bis nachmittags 5 Uhr hinzog. An dem Tage bekamen alle 200 g Brot und ein Teil mittags etwas Suppe. Verladung in geschlossene Güterwagen, in jedem Waggon zwei Schippen Stroh. Belegung zunächst mit 25 Personen. Nachts um 11 Uhr wurde der Wagen plötzlich geöffnet. Wir standen immer noch in Coswig, und noch weitere 25 Personen wurden zugeladen. In unserem Waggon befanden sich 46 Personen, darunter vierzehn Kinder, das jüngste war drei Monate alt und hatte Keuchhusten.

Ein Begleitkommando von ca. 40 Mann Polizei bewachte und begleitete den Transport unter Führung von zwei Polizeileutnants, von denen sich der eine durch Rohheit, Grobheit, Brüllerei, Mißhandeln, Pistolenschießen etc. besonders hervortat. In diesen Güterwagen mußte der Transport fünf Tage und fünf Nächte zubringen. Außer 200 g Brot gab es keinerlei Verpflegung. Einmal am Tage wurde der Wagen geöffnet, so daß die Insassen wie das Vieh herausgelassen wurden, um ihre Notdurft zu verrichten. Sonst befand sich ein großer Blechkübel im Wagen, der nur vor aller Öffentlichkeit benutzt werden konnte.

Neben uns 46 Personen hatten wir noch drei Kinderwagen und einen kleinen Handwagen in unserem Waggon. Viele der Güterwagen hatten nicht einmal eine Luke, um Licht und Luft hereinzulassen, so daß die Insassen die ganze Zeit im Dunkeln zubringen mußten. Ohne jegliche Sitzgelegenheit mit nur zwei Schippen Stroh für 46 Menschen waren die Tage und Nächte eine nicht zu beschreibende Qual, vor allem für die Alten, Gebrechlichen und Kranken. An irgendwelches Schlafen war während dieser Zeit nicht zu denken. Bei den oft stundenlangen Aufenthalten auf den Güterbahnhöfen schoß die Polizei mit Revolvern in die Luft und unter den Wagen herum, um uns einzuschüchtern. Ausdrücke wie: "Die Brut muß vernichtet werden, die Schweine, die Verbrecherbande" waren an der Tagesordnung. Dazu Handgreiflichkeiten, erhebliche Rippenstöße, wenn die alten Leute nicht schnell genug in die Viehwagen aus- und einstiegen, was für viele recht beschwerlich war. Für alle war aber während der ganzen Fahrt das Entsetzlichste und Nervenaufreibende die Frage: "Wohin?" Ein jeder, auch der jüngste Mensch, hatte mit seinem Leben abgeschlossen und schickte sich in das, was er noch durchmachen müsse.

Schließlich wurde es uns am fünften Tage klar, daß wir nach der Insel Rügen gebracht werden sollten. Wir wurden in Stralsund ausgeladen. Was jeder an Handgepäck tragen konnte, wurde mitgenommen, denn von dort ging es über den Rügendamm zu Fuß. Das restliche Gepäck sollte unter polizeilicher Bewachung bis zum nächsten Tage dableiben, um dann mit einem Wagen nachgebracht zu werden. Verschiedene hatten noch einige Lebensmittel in den Koffern, die aber von der Polizei ausgeplündert wurden.

Im Dunkeln in Rügen angekommen, stand der ganze Transport von ca. 700 Menschen, vom Kleinkind bis zum Greis, auf offenem Bahngelände. Dauerndes Schießen und Brüllen der Polizei sollte uns einschüchtern. Nach stundenlangem Warten wurde bekanntgegeben, daß kein Zug mehr eingestellt werde. Wir wurden, wieder ohne jegliche Verpflegung, im Stockfinstern in Trupps von 25 Menschen eingeteilt und in völlig leere, geschlossene Güterwagen eingesperrt. Kübel, um die Notdurft zu verrichten, gab es nicht, das erschwerte die Lage, vor allem für die Frauen mit kleinen Kindern, auf das Erheblichste. Am nächsten Morgen gegen 10 Uhr erschien eine Lokomotive, und nach längerem Rangieren setzte sich der Zug in Richtung Binz in Bewegung. Dort kamen wir am zeitigen Nachmittag an, wurden auf dem Bahnhof zum soundsovielten Mal registriert. Das Begleitkommando der sächsischen Polizei zog sich schweigend zurück.

Wir wurden in ein völlig leeres Arbeitsdienstlager gewiesen, kein Licht, kein Wasser, keine Heizung. Wir suchten uns Farnkraut, um die Nässe des Bodens und die Kälte der Räume zum Schlafen etwas zu mildern. Am späten Nachmittag erhielten wir einen Liter Suppe, aber ohne jegliches Salz. In den nächsten Tagen bekamen wir früh Kaffee, mittags Suppe und abends Kaffee. Wer noch einigermaßen bei Kräften war, suchte Kartoffelfelder, um noch zu stoppeln, und sammelte Pilze, um in behelfsmäßigen Kochgefäßen, alten Konservenbüchsen, Behältern von Gasmasken, die gefaßte Suppe zu verlängern. Am zweiten Tag gab es pro Person ein halbes Brot.

Am Dienstag, den 6. November 1945, wurden die Insassen des Lagers auf verschiedene Ortschaften verteilt, um auf der Insel angesiedelt zu werden, pro Siedler drei Hektar Land. Wie in Erfahrung gebracht wurde, sollen noch ca. 80.000 Umsiedler nach der Insel verlegt werden. Dagegen soll auf der Insel Rügen die Enteignung und Verschickung der Besitzer nach Thüringen und Sachsen vollzogen werden. Die Verschickung aus Sachsen ist mehr als willkürlich vorgenommen worden. Nicht nur, wie immer gesagt wurde, waren die "Junker" betroffen, sondern auch Bauern, die in ihrer Heimat 5, oder 12, 30, 50, 60, auch über 100 ha Land hatten, die aber auch nicht in der NSDAP gewesen waren, im Gegenteil, im KZ gesessen hatten. Auf einem Gut wurde selbst der Briefträger verhaftet, der gerade dort war, um seinen Dienst auszuüben. Dieser wurde dann aus dem Lager Radeberg nach einigen Tagen wieder entlassen.

Unter anderem haben wir dort getroffen: Einen Herrn v. Wiedebach mit seiner Familie und 88jährigen Mutter, die kaum noch laufen konnte; den fast blinden Fürsten Günther Schönburg-Waldenburg; die Gräfin Solms, deren Mann vor sechs Wochen gestorben war, mit vier Kindern; Frau v. Arnim-Kriebstein, mit vier Kindern; Frau v. Craushaar mit fünf Kindern; Frau v. Beyme mit drei kleinen Kindern; Frau v. Finck mit zwei Töchtern, einer Schwiegertochter und einem Säugling von sechs Wochen; den Großindustriellen Niethammer aus Kriebstein mit Familie; Herrn v. Schönberg-Purschenstein, mit seiner gleichfalls 70jährigen Schwester und seinem Bruder; einen Herrn Däwaritz aus dem Kreis Großenhain. Einige Herren waren abgeholt worden mit der Begründung, zu einem Verhör bzw. einer Besprechung zum Landrat mitzukommen. Sie befanden sich auf dem Transport ohne ihre Familien, und sie durften diese auch nicht benachrichtigen, daß sie abtransportiert würden. Dies waren z. B. Herr Boeger, Herr Kirchner, Graf Schall-Gaußig, und verschiedene andere. In einem Fall wurde eine hochschwangere Frau mitgenommen, die dann im Lager Radeberg ihr Kind zur Welt brachte. In einem anderen Fall wurde ein Kind mit Scharlach aus dem Bett gerissen und mit ins Lager gebracht; Gräfin Wallwitz aus Niedergurig mit vier Kindern, der Sohn wurde mit Gelbsucht ins Krankenhaus eingeliefert; Herr v. Lüttichau, Bärenstein, mit Frau und einem Sohn, der durch Kinderlähmung stark behindert war.

Gute Freunde und alte Bekannte erkannte sich kaum wieder, so heruntergekommen waren sie nach all den Strapazen und der seelischen Zermürbung. Dies sind nur einige Tatsachen, herausgegriffen von den so unendlich vielen traurigen Geschehnissen und Mißhandlungen durch die Polizei. Welches Elend und welchen Jammer man in diesen Wochen bei Frauen und Kindern gesehen hat, läßt sich gar nicht in Worte fassen.

Elinor Freifrau v. Salza und Lichtenau, geb. v. Boxberg

Elinor Julie Freifrau v. S a l z a u. L i c h t e n a u, geb. v. Boxberg a. d. H.
Zschorna, * Zschorna 3. 2. 1893, † Hamburg 11. 10. 1989;
✕ Zschorna 30. 9. 1918 Hermann Freiherr v. S a l z a u. L i c h t e n a u,
* Dresden 12. 8. 1888, † Wuischke bei Pommritz 19. 7. 1927, auf Wuischke,
Kr. Bautzen, Referendar a. D., erbl. EBürger von Neusalza.

Nach dem Tode ihres Mannes war Elinor v. Salza nach Bautzen gezogen, um ihre
dort lebende Mutter, Wanda v. Boxberg, geb. v. Arnim a. d. H. Planitz, zu betreuen. Diese war am 27. Oktober 1944 in Bautzen gestorben.
Nach dem Zweiten Weltkrieg war Elinor v. Salza aushilfsweise bei der Bahnhofsmission in Bautzen tätig, wobei auch viele Flüchtlinge aus Schlesien zu
betreuen waren. Während einer Behandlung bat sie ihr Zahnarzt, Herr Boitz, der
bei der Ost-CDU eine führende Rolle in Bautzen spielte, einige Notizen zu machen
über das, was die schlesischen Flüchtlinge berichteten. Es ging ihm vor allem
darum, Material über die Behandlung der Deutschen durch die Polen und über
Zustand und Bearbeitung der Felder zu bekommen, um bei künftigen Friedensverhandlungen, an die man damals noch glaubte, beweisen zu können, daß die
Polen gar nicht das ganze Schlesien brauchten. Daß Elinor v. Salza diesem
Wunsche in einigen wenigen Fällen entsprach, sollte ihr zum Verhängnis werden
und war Ausgangspunkt eines langen Leidensweges. Dessen Stationen waren, in
einem Überblick zusammengefaßt, die folgenden:

1. 8. 1947	Verhaftung in ihrer Wohnung in Bautzen, Paulistraße 28
1. 8. 1947— 3. 8. 1947	Untersuchungshaft im Landgerichtsgebäude Bautzen
3. 8. 1947	Überführung (in „Grüner Minna") unter Bewachung durch durch drei Russen nebst Hund in das Untersuchungs-gefängnis Berlin-Hohenschönhausen/Weißensee
3. 8. 1947— 4. 5. 1948	dort als Untersuchungsgefangene; 38 Verhöre!
4. 5. 1948— 5. 7. 1948	Strafanstalt Berlin-Lichtenberg, dort vom 22. bis 24. Juni Verhandlung vor dem Militärtribunal; Verurteilung zu 25 Jahren Gefängnis ab 1. Januar 1947
6. 7. 1948—25. 5. 1949	Strafanstalt Bautzen („Gelbes Elend")
25. 5. 1949—28. 5. 1949	Güterwagentransport zum Straflager Sachsenhausen
28. 5. 1949—12. 2. 1950	Lager Sachsenhausen, dann Übergabe an die deutschen Behörden zur Verbüßung der Reststrafe
13. 2. 1950— 7. 5. 1955	Frauen-Zuchthaus Hoheneck bei Chemnitz
5. 5. 1955	zur Entlassung aufgerufen
7. 5. 1955	per Kleinbus zum Lager Eisenach
9. 5. 1955	per Bus über Wartha an der Zonengrenze nach Friedland
10. 5. 1955	abends Ankunft bei ihrer Schwägerin Sabine v. Salza, Göttingen

Elinor v. Salza hat ihre Erlebnisse dieser Zeit sehr ausführlich niedergeschrieben,
leider aber nur über die ersten Jahre bis einschließlich Zuchthaus Bautzen und

dann wieder über ihre Entlassung in Hoheneck. Dazwischen fehlt eine lange Zeit. Aber nun soll sie nachfolgend selbst auszugsweise zu Wort kommen.

Um die Erlebnisse dieser fast achtjährigen Haftzeit im Gedächtnis zu behalten, will ich diese, soweit noch in Erinnerung, aufschreiben und fange bei der Vorgeschichte an, die bis Herbst 1946 zurückreicht.

Damals war ich aushilfsweise bei der Bautzener Bahnhofsmission tätig, wo auch durchreisende schlesische Flüchtlinge zu betreuen waren. Dies erzählte ich meinem langjährigen Zahnarzt Boitz bei einer Behandlung, der mich bat, doch kurz aufzuschreiben, was die Flüchtlinge über Feldbestellung in Schlesien und die Behandlung seitens der Polen usw. erzählten. Denn wenn erwiesen wäre, daß die Felder nicht bestellt, also demnach nicht gebraucht würden, bekäme man bei den Friedensverhandlungen vielleicht noch ein Stück von Schlesien zurück. Ich willigte also ein, nicht ahnend, welche Folgen aus den drei oder vier kurzen Aufzeichnungen, die ich Boitz in den Briefkasten steckte, entstehen würden. Ausgefragt habe ich niemanden, aber die Menschen, die sich nach allerlei Ängsten und Abenteuern nunmehr in Sicherheit wußten, erzählten allerhand über mannshohes Unkraut, Wolken von Distelsamen, sowie schlechte Behandlung und Mißstimmigkeiten zwischen Russen und Polen. Von militärischen Dingen wurde überhaupt nicht gesprochen.

Unter großen Schwierigkeiten bekam ich Ende Juni 1947 die Reiseerlaubnis zu einer Kur in Bad Pyrmont und fuhr am 26. Juni zu meinen Geschwistern nach Halchter, Kreis Wolfenbüttel. Ich besuchte aber auch meinen jüngsten Bruder Uli in Mengeringshausen bei Verwandten Breitenbuchs und meine Schwiegermutter in Göttingen.

Als ich am 31. Juli 1947 wieder in Bautzen eintraf, erzählte mir eine Dame der Bahnhofsmission, daß bald nach meiner Abreise ein Russe nebst deutschem Polizisten nach mir gefragt hätten, wußte aber nicht, weswegen. Außerdem würde ich ausziehen müssen, da das ganze Viertel um die Paulistraße für die Russen geräumt werden müßte.

Zwei unerfreuliche Nachrichten! Auf dem Weg in die Paulistraße traf ich viele Menschen mit Handwagen voller Sachen, Möbelwagen und Pferdegespanne, und auch im Haus war man am Packen. In meiner Wohnung lag ein Zettel von einer Bekannten, die mir als vorläufige Unterkunft ein Zimmerchen anbot. Ich ging gleich zu ihr, und dabei erzählte sie mir u. a., daß unser gemeinsamer Zahnarzt B. verhaftet worden sei. Diese Nachricht tat mir zwar sehr leid, aber ich kam nicht auf die Idee, daß ich damit in Zusammenhang stehen könnte! Unterwegs traf ich den Vorsitzenden vom Wohnungsamt, der eben von einem russischen Major kam und sagte, daß die Räumung für einige Wochen verschoben sei. Also verbrachte ich den Abend zu Haus. Am anderen Morgen holte ich meine Lebensmittelkarten und kehrte nach ein paar Besorgungen zurück, als es klingelte und fünf Russen vor meiner Tür standen. Es waren zwei Frauen in Uniform und drei Herren, sie wollten die Wohnung sehen, da sie doch beschlagnahmt würde. Wir gingen durch alle Räume, und sie erklärten, selbstverständlich bekäme ich eine neue Wohnung. Noch ahnte ich nicht, daß mir Logis und Kost für 25 Jahre zugedacht waren! Erst an der Gartenpforte kam mir der Gedanke, daß ich vielleicht wegen unerlaubten Grenzübertritts verhaftet werden sollte. Zwei meiner Begleiter - drei waren schon früher gegangen - brachten mich die wenigen Schritte zur GPU-Kommandantur, die im Amts- und Landgericht untergebracht war. Nach kurzer Wartezeit, in welcher ich meine Perlennadel im Rocksaum verstaute, wurde ich in den großen Sitzungssaal geführt, wo ein hemdsärmeliger Russe mit seiner Dolmetscherin saß, die mich fragte, ob mir meine Reise gut bekommen sei. Nach Aufnahme meiner Personalien hieß es: "Sie werden einige Tage in unserem Gefängnis bleiben, bis sich Ihre Angelegenheit geklärt hat." Welche Angelegenheit - blieb im Dunkel, und ich hatte Zeit, mir darüber in meiner großen, hellen Zelle den Kopf zu zerbrechen. Im übrigen belustigte ich mich damit, auf den Decken der zwei Betten ungezählte Wanzen zu zerdrücken - ein Vorgeschmack auf Berlin-Lichtenberg und Sachsenhausen.

Das Essen war nicht schlecht, wenn man sich auch erst daran gewöhnen mußte, daß der Posten den Kanten Brot mit einem Klecks Marmelade darauf aus der Faust überreichte und mich dabei meist anschrie, weil ich das Melden vergessen hatte, was ich im Laufe der Zeit noch gelernt habe! Nicht gelernt dagegen habe ich die Klopfzeichen zu den Nachbarzellen!

Am Sonntag früh hieß es "Sachen packen"! Nun, das erledigte sich bei mir mangels Masse. Ich folgte dem Posten vor die große Portaltüre zum Friedrich-August-Platz, wo eine große "Grüne Minna" (Gefangenen-Transport-Wagen) stand. Zunächst sträubte ich mich, einzusteigen, aber als es hieß "heim, heim", dachte ich, daß mich vielleicht noch ein Verhör im "Gelben Elend" erwarte und ich dann entlassen würde. Also sprang ich rein, es war kurz nach neun Uhr an der Marie-Martha-Kirche, darum war der Platz ganz leer, alle waren schon in der Kirche.

Wir fuhren ein derartiges Tempo, daß ich nicht feststellen konnte, in welcher Richtung wir Bautzen verließen. Ich mußte nur immer die Hände vorhalten, um bei den vielen Schlaglöchern nicht mit dem Kopf gegen die Blechtür zu schlagen, denn die Kabinen in solch einer "Minna" sind sehr eng und der Sitz nur schmal. Es war ein glühend heißer Tag und ich dem Ersticken nahe. Als der Wagen einmal hielt, klopfte ich so lange an die Tür, bis geöffnet wurde. Ich bat, einen Spalt aufzulassen, denn die Blechwände um mich herum fingen an heiß zu werden. Außerdem wollte ich endlich mal sehen, wohin ich eigentlich gebracht wurde. Die Gegend war mir aber gänzlich unbekannt. Ich durfte mich ja auch nicht vorbeugen aus Angst, daß mein Verließ wieder geschlossen würde. Als der Wagen abermals hielt, bat ich, austreten zu dürfen. Und als ich mich auf der Autobahn fragend umschaute, wurde mir mit Zeichen bedeutet, ich solle die Böschung hinauf in den Wald gehen. Anscheinend trauten mir meine fünf bewaffneten Beschützer nichts Böses zu. Bevor ich aber wieder einstieg, konnte ich mir die Bemerkung nicht versagen, daß ich noch gar nicht gewußt hätte, welch' wichtige Person ich anscheinend sei, daß sie so viel Benzin für mich opferten! Darauf meinten sie: "Oh, viel Benzin, Brest-Litowsk!" Darauf ich: "Ach was, Brest-Litowsk ist viel zu weit!" - "Doch, doch, Brest-Litowsk!" war die Antwort. Aber ich ließ mich nicht irre machen und stieg lachend ein. Endlich, endlich! erspähte ich einen Wegweiser und las "Berlin-Mitte - 22,5 km"! Das wird mir unvergessen bleiben, und ich zerbrach mir den Kopf, was ich in Berlin sollte?! Im Vorbeifahren konnte ich die Station Grünau lesen, aber sonst wußte ich nicht, in welchem Stadtteil ich abgesetzt wurde. Es war wohl ein Uhr durch, als ich an der Wache meine Ringe und die

Handtasche abgeben mußte. Im Kellergeschoß wurde ich in eine schmutzige Zelle eingeschlossen, und bekam dann die erste "Kapusta". In diesem Gebäude waren wohl bloß zehn Zellen, und zum Essenfassen mußte man rasch einen Gang durchlaufen, an dessen Ende graue, abgeschlagene Emailleschüsseln nebst Blechlöffeln auf der Erde standen, die man sich holte, ohne etwas von seinem Nachbarn zu sehen.

Nach drei Tagen wurde ich in den großen Keller des Untersuchungsgefängnisses Hohenschönhausen/Weißensee verlegt, das im gleichen Gebäudekomplex lag, und in dem ich bis zum 4. Mai 1948 blieb. Es soll die umgebaute Schnapsfabrik von Kantorowitsch gewesen sein. Die ersten vier Wochen war ich in Einzelhaft in der sehr kleinen Zelle Nr. 56 neben der Tür zu den Höfen. Für höchstens 20 Minuten kam ich täglich ins Freie auf einen Hof von vier mal vier Meter, zum Gehen also zu klein, also machte ich Freiübungen und Fahnenschwingen mit meiner feuchten Decke, gewiß zum Ergötzen des Türpostens, der über mir stand.

Am nächsten Morgen, als ich zum Waschen geführt wurde, sollte ich den von meinem Vorgänger bis oben gefüllten schweren Kübel zum Säubern mitnehmen. Aber der Gang war endlos, und ich mußte ihn alle paar Schritte absetzen. Schließlich bat ich den Posten Sascha, einen gut aussehenden jungen Menschen, der uns meist zu den Verhören holte, um Hilfe, aber der lachte nur, und ich mußte mich allein weiterplagen. In meinem winzigen Waschraum konnte ich kaum stehen, zum Abtrocknen hatte ich nur mein kleines Taschentuch, das ich dann auf meinem Oberschenkel trocknete, denn in der Zelle war ja nur die schmutzige Holzpritsche und der Kübel. Immerhin hatte ich an der Decke ein Milchglasfenster und saß so nicht bei künstlichem Licht.

Gleich am ersten Abend wurde ich um 9 Uhr zum Verhör geholt zu einem sehr scharfen Major und höchst unsympathischen jüdischen Dolmetscher. Nach Aufnahme der Personalien sollte ich alle Bautzener Bekannten nennen. Natürlich nannte ich nur solche, die nicht gefährdet waren, also auch meinen Zahnarzt Boitz. Und nun hieß es gleich, was ich mit ihm gehabt hätte. Da erst ging mir ein Licht auf, warum ich verhaftet war! Bis Mitternacht mußte ich nun mein Gedächtnis zermartern, was auf meinen Notizen gestanden hatte, brachte aber nur mühsam drei zusammen. Ob es eine vierte gab, wußte ich nicht hundertprozentig, wollte aber auch nicht zu wenig angeben und legte mich deshalb auf drei bis vier fest. Beide wollten meinem Gedächtnis durch Anbrüllen aufhelfen, aber vergeblich. Die nächsten drei Tage wiederholten sich diese unerfreulichen Verhöre von 11 bis 17 Uhr und von 21 bis 24 Uhr. Man kann nur immer staunen, mit welcher Beharrlichkeit solche Verhöre durchgeführt werden. Mein nächster Verhörer war ein sehr anständiger älterer Capitain. Auch sein Dolmetscher war nett und die Verhöre nicht mehr so zahlreich.

So hatte ich Zeit, mein ganzes bisheriges Leben an mir vorüberziehen zu lassen und fühlte mich gar nicht einsam dabei. Der Geburtstag meines Schwagers Watzdorf am 21. August begann für mich bereits um 3 Uhr morgens! Solch nächtliches Wecken verursachte nie angenehme Gefühle. Aber diesmal ging es darum, Fingerabdrücke zu nehmen, war also harmlos.

Nach vier Wochen kam eine Kommission in meine Zelle mit allerlei Fragen. Die Folge davon war, daß ich an einem der nächsten Abende in eine andere Zelle verlegt werden sollte. Beim Öffnen dieser Tür schlug mir ein solch heißer Gestank entgegen, daß ich zurückprallte. Aber der Posten versetzte mir einen Stoß und ich war drin. Schemenhaft gewahrte ich fünf Gestalten, die sich von der Liege aufrichteten. Meine erste Frage war: "Seid Ihr alle Deutsche?" Sie wurde bejaht, obgleich eine Russin darunter war, die aber am nächsten Tag strafverlegt wurde. Zunächst stellte ich mich vor, und es hieß: "Ah, blaues Blut!", dann mußte ich noch meinen "Fall" erzählen und bekam ein schmales Plätzchen auf der für sechs Personen zu engen Pritsche. Diese an sich nette Zelle mit Milchglasfenster mußten wir leider nach zwei Tagen räumen und mit der fensterlosen Zelle 22 vertauschen, in der ich mit kurzer Unterbrechung bis Anfang Mai 1948 blieb.

Nun ein paar Worte zu meinen Leidensgenossen: Da war Gerda Belitz aus Berlin, ursprünglich Medizinstudentin. Während der Kämpfe um Berlin als Schwester eingesetzt, hatte sie im Rücken durch Einschuß eine tiefe Narbe und ein noch wanderndes Geschoßteil machte ihr Beschwerden. Dann Irmchen Schulz aus Burg bei Magdeburg, spätere Frau v. Korff, die reizend sang und uns die Zeit mit Erzählungen aus der elterlichen Pfefferkuchenbäckerei und Eisfabrik vertrieb. Die dritte war auch aus Berlin, Toni Mamsch, etwas verwachsen und sehr unglücklich, die Spur ihrer ebenfalls verhafteten Freundin, der Sängerin Mara Sackisch, verloren zu haben. Und schließlich Herta Friedrich aus Halle, die sich unbeschreiblich um ihre verhaftete Tochter sorgte. Erst im Spätherbst 1949 konnte ich ihr bei einem verbotenen Besuch in der Rußlandbaracke von Sachsenhausen deren Entlassung mitteilen. Ich hatte dies in Bautzen im "Gelben Elend" erfahren. Gerda Belitz hatte einer Untergrundbewegung angehört, ohne sich beteiligt zu haben, da sie zur Zeit ihrer Zusage im Krankenhaus lag und nur auf der Namensliste stand. Die drei anderen gehörten zum sogenannten "großen Fall Chayka". Von irgendwelchen Vergehen konnte auch bei keiner von ihnen die Rede sein. Trotzdem kamen sie im Winter 1949/50 nach Workuta am Eismeer und kehrten erst im Oktober 1955 von dort zurück. Trotzdem hatte ich mit diesen vier ersten Leidensgefährten großes Glück. Wir vertrieben uns die Zeit so gut es ging mit Ratespielen, Singen und Erzählen, denn die Tage waren lang und die Verhöre seltener.

Morgens nach sieben Uhr fuhr der Essenswagen durch die Gänge und brachte 400 g Vollkornbrot, um 17 Uhr täglich "Kapusta" mit Rindfleisch (Krautsuppe), und um 19 Uhr eine Schüssel schwarzen Kaffee. In der langen Pause zwischen Frühsuppe und 5-Uhr-Essen konnten wir unser trockenes Brot kauen, und zum abendlichen Kaffee belegten wir ein Stück Brot mit Krautrippen oder Fleischstückchen aus der Kapusta. Seltsamerweise bekamen wir "Spione" einen Liter Suppe und 400 g Brot, die anderen etwas weniger. Rührenderweise beantragte Gerda Belitz für mich Unterwäsche und ein Handtuch, denn außer den dünnen Sommersachen, die ich bei meiner Verhaftung trug, besaß ich ja nichts. So hatte ich es während des Winters etwas wärmer.

Unsere Pritsche, die etwa 2,25 m breit und 1,70 m lang sein mochte, ging durch die ganze Zelle. Das einzige Mobiliar war ein kleiner viereckiger Schemel, um den wir von den uns spärlich gespendeten Lumpen abgerissene Nähte als Leinen spannten für unsere "Läppchen", denn Toilettenpapier gab es nicht. Darüber lagen unsere Brotkanten. In der anderen Ecke stand unser Kübel, der infolge seines fest angebrachten Deckels sehr schwer zu reinigen war.

Über der Tür brannte Tag und Nacht eine sehr helle Birne hinter einem Gitter, so daß wir sie nicht abschrauben konnten. Die Entlüftung sollte durch einen Exhaustor geschehen, aber das kleine, vergitterte Loch ließ so gut wie keine Frischluft herein, und wenn man von einem Verhör zurückkam, merkte man erst, in welchem Gestank wir existieren mußten.

Inzwischen war ich bei meinem dritten und letzten Verhörer gelandet. Leutnant Morrosow war Mitte 20, groß, blond und sehr gut deutsch sprechend, aber reichlich faul. Nicht immer, wenn er mich holen ließ, hieß es: "Erzählen Sie konkret!" Oft nahm er auch keine Notiz von mir, las eine Zeitung nach der anderen oder riet Rätsel. Aber sicher vor unliebsamen Fragen war man natürlich nie, und atmete erleichtert auf, wenn er um Mitternacht zum Telefon griff, um den Posten zum Abholen zu bestellen. Zweimal brüllte er mich wahnsinnig an und belegte mich mit wenig schmeichelhaften Schimpfworten. Da das aber nicht den gewünschten Erfolg bei mir hatte und ihn zudem der nette Capitain von nebenan zum Schweigen brachte, unterblieb dies in der Folgezeit. Morrosow konnte aber auch anders. Eines Abends hatte ich eine Gegenüberstellung mit Zahnarzt Boitz. Zunächst erkannte ich die zusammengesunkene Gestalt, die neben der Tür saß, gar nicht. Erst als ich auf einem Hocker ihm gegenüber saß, sah ich seine flehentlich auf mich gerichteten Augen, als wenn er sagen wollte: "Erkennen Sie mich denn nicht?" Er machte einen vollkommen gebrochenen, verprügelten Eindruck und war sehr gealtert. Zunächst wurden wir von dem unangenehmen Major, der mich die ersten Abende verhört hatte, gefragt, ob wir gegenseitig bekannt seien, worauf ich sagte, ich hätte Herrn Boitz zunächst gar nicht erkannt. Dies war keine Empfehlung für den "Sanatoriumsaufenthalt". Nach vielen Fragen, die wir übereinstimmend beantworteten, folgte die, wo mich Boitz um Informationen gebeten habe. Er blieb hartnäckig bei der Behauptung, es sei auf der Straße gewesen, wogegen ich hundertprozentig wußte, daß es während einer Behandlung geschah. Die Aussagen wurden zu Protokoll genommen. Als es zum Schluß vorgelesen wurde, stellte ich fest, daß man die Bemerkung eingeflochten hatte, daß ich auch militärische Auskünfte gegeben hätte. Bevor ich unterschrieb, bat ich, mich dazu äußern zu dürfen, ein solches Ansinnen hatte mir Boitz niemals gestellt. Ein anwesender Offizier veranlaßte sofort eine neue Ausfertigung ohne diesen Passus. Wir mußten dann an einem anderen Tag getrennt unterschreiben.

Viele von uns unterschrieben alles, weil, was auch im Protokoll stünde, doch der vorher festgelegte "Einheitspreis" von 25 Jahren fällig sei. Ich stand auf einem anderen Standpunkt, sehr zum Ärger Morrosows, der das erste Protokoll wütend verbrannte.

Morrosow konnte, wie gesagt, auch anders. Eines Tages ließ er mich holen und fragte: "Was ist heute für ein Tag?" - "Donnerstag." - "Was noch?" - "Der 8. März!" - "Was noch?" Meine Weisheit, die ich von seinem Kalender hatte - andere Anhaltspunkte hatten wir ja nicht - war nun am Ende und ich schwieg. Darauf er: "Wissen Sie denn nicht, daß heute der Internationale Frauentag ist?" Ich war ahnungslos: "Nie etwas davon gehört." Darauf er: "Nennen Sie mir berühmte Frauen!" Ich wartete mit Rosa Luxemburg und Klara Zetkin auf und er verklärte sich. Wir haben uns dann noch lange über sozialistische Errungenschaften in der UdSSR unterhalten, ohne immer ganz einig zu sein.

Mir fallen noch einige Streiflichter bei Verhören ein: Meine Tätigkeit in der Bahn-hofsmission war ihm nur schwer zu erklären, da es in der Sowjetunion nichts Vergleichbares gibt. U. a. nannte ich auch, daß wir mit Kaffeekannen an den Flüchtlingszügen entlanggingen. Er: "Also Kellnerin." Ein andermal: "Was haben Sie für ihre Nachrichten von Boitz bekommen?" - "Natürlich nichts." - "Hat Ihnen Boitz nichts angeboten?" - "Nein!" - "Warum nicht?" - "Weil er genau wußte, daß ich nichts nehmen würde." Als das Protokoll verlesen wurde, hatte Morrosow meine Antworten so formuliert, daß ich nichts genommen hätte, weil ich Aristo-kratin sei! "Nicht wahr, es stimmt, Sie sind Aristokratin?" - "Ja es stimmt!"

Etwas kitzlig war die Frage nach der Tätigkeit meiner Brüder, die ja im Krieg alle im Einsatz gewesen waren. Also erwähnte ich nur, daß der eine Maler sei, der andere ein Fuhrgeschäft hätte, der dritte war wohl Gartenarbeiter (in Remerings-hausen). Bei der Frage nach unserem Vater, sagte ich vorsichtshalber "Gutsbesitzer". Da diese Bezeichnung ihm nicht bekannt war und auch nicht im Lexikon zu finden war, einigten wir uns auf: "Bauer".

So hatte man nach Stunden des Verhörs mitunter Amüsantes zu berichten. Aller-dings gab es auch Tage, wo man so mit seinen Nerven fertig war, daß man sich auf seinem Armesünderschemel die Knie festhalten mußte, damit sie nicht zu sehr zitterten. Eine diesbezügliche Frage beantwortete ich mit: "Weil ich friere!", denn den Triumph, Angst zu zeigen, gönnte man diesen Herren doch nicht! Einmal beantwortete ich die übliche Eingangsfrage: "Wie geht es Ihnen?" mit "Es ist gut, daß Sie nur den Körper und nicht die Seele einsperren können!"

Leider hatten im November 1947 die Kameradinnen bis auf Gerda gewechselt. Da kam die mit einem Franzosen verheiratete Russin Sinaida Schlösser zu uns. Sie fiel sowohl uns, als auch dem Wachpersonal mit ihren dauernden Extrawünschen auf die Nerven, hatte aber eine so naive, unbekümmerte Art, daß man ihr nicht lange böse sein konnte. Als sie einmal einen russischen Major um Zigaretten anbettelte, gab es ein riesiges Donnerwetter und kurz darauf wurde sie strafversetzt.

Ein sehr viel erfreulicherer Zuwachs war die noch sehr junge Dänin Agnete Darr (Nete). Sie taumelte eines Tages mit aufgelöstem blonden Haar, den Arm voller Kleidungsstücke, in unsere Zelle. Nachdem sie sich etwas erholt hatte, erzählte sie, daß ihr im Magdeburger Gefängnis ein Sack über den Kopf gestülpt und unter den Armen zugebunden wurde. Zuvor hatte sie noch einen Kanten Brot in die Hand bekommen. Beim Aussteigen in Berlin sei sie hingefallen, aber der Major hätte ihr freundlich weitergeholfen. Während des Krieges hätte sie sich in Dänemark mit einem deutschen Offizier verlobt, dann aber keine Einreisegenehmigung nach Deutschland bekommen. Erst später hatte sie erfahren, daß ihr Verlobter amerika-nischer Agent gewesen war. Dann hatte sich wohl das dänische Konsulat einge-schaltet, so daß sie vorzeitig entlassen wurde.

Nett war auch Hilde Grunicke aus Berlin, die in einen französischen Fall ver-wickelt war, 1948 ein Sonderurteil bekam und in Workuta landete.

Wir fünf feierten also zusammen Weihnachten - das erste der acht Weihnachten meiner Haftzeit. Keine von uns hat eine Träne vergossen. Gerda Belitz hatte alles so reizend, wie bei unseren beschschränkten Mitteln möglich, vorbereitet. Aus einer Persilschachtel hatte sie eine Krippe im wahrsten Sinne des Wortes gezaubert und mit einer stumpfen Schere, die wir zum Nägel- und Haareschneiden hatten, den Stall, eine kleine Krippe mit dem Christuskind und Maria und Joseph ausge-schnitten. Auf dem Hof hatte sie etwas Stroh für die Krippe gefunden. Aus unserer grauen Tonseife und ausgezupften Fäden entstanden zwei Lichter zu beiden Seiten der Krippe. Abends, nach der Krautsuppe, wurde ein sauberes Laken ausgespannt und Stall mit Krippe darauf aufgebaut. Dann stellten wir uns mit dem Rücken zur Tür, um den Spion zu verdecken, und sangen Weihnachtslieder. Gerda hielt eine kleine Ansprache, und dann wurden die Geschenke verteilt. Mein Glanzstück war ein kleiner blauer Kissenbezug, denn den meinen hatte ich aus Lumpen genäht. Dazu noch ein gesäumtes Tuch, um mein Brot darin einzuschlagen. Es stammte aus einem Hemd von Nete und hat mir jahrelang gute Dienste geleistet. Nete hat auch jedem von uns kleine Talismänner mit ausgezupften Fäden aus ihrer Wolldecke gemacht. Zum Schluß sprach ich einen Vers, den ich als Dank an Gerda gedichtet hatte. Für die nächste Zeit blieb die Krippe natürlich auf unserem einzigen Schemel stehen, und die Posten besahen sie sich oft mit Interesse. Ich muß über-haupt sagen, daß die meisten russischen Posten in Berlin, Bautzen und Sachsen-hausen anständiger waren als später die ostzonalen VoPos in Hoheneck, die sich täglich neue Schikanen ausdachten. Nur wenn sie uns zu Verhören abholten, machte es ihnen Spaß, uns alle zu erschrecken. Sie rissen die Türen mit viel Getöse auf und zeigten mit dem Finger auf jede von uns, um dann dem Opfer zu winken. Traf man unterwegs andere Opfer, mußte man sich sofort mit dem Gesicht zur Wand stellen. Es passierte ganz selten, daß man andere Gefangene von weitem sah. Einmal wurde eine Dame in Abendtoilette gesehen, als sie ihren "Kübel" zum Waschraum brachte. Sie tat uns innig leid!

Es wird im April gewesen sein, als unser "Fall Noske" den sogenannten "Abschluß" hatte. In einer Gruppe kamen wir vor einen Offizier, und nach und nach wurde jeder einzelne Fall der Anwesenden aus neun Folianten vorgelesen. Zur Freude aller gab es dabei Zigaretten - ich kam nach Stunden mit fünf Stück zum großen Jubel meiner vier Kumpel in die Zelle zurück. Gerda, die an diesem Tag Geburtstag hatte, bekam zwei!

Am 4. Mai 1948 abends, ich entsinne mich des Datums so genau, weil es der Geburtstag meines Bruders Uli war, wurde ich aufgerufen und mit meiner Habe in eine Einzelzelle verlegt. Dies war ein Zeichen dafür, daß ich bald nach Berlin-Lichtenberg zum Tribunal kommen würde. Nach einigen Formalitäten am nächsten Tag, fuhr ich abends mit Männern meines "Falles", allerdings ohne sie zu sehen, in der "Grünen Minna" nach Lichtenberg. Dort schloß man mich in eine verwanzte, unsaubere Zelle ein, deren Holzpritsche voller Glassplitter lag. An Hinlegen war nicht zu denken, denn meine Decke hatte ich in Hohenschönhausen abgeben müssen. Also setzte ich mich auf den Schemel vor den kleinen Klapptisch und legte den Kopf in die Arme. An Schlaf war der munteren Wanzen wegen nicht zu denken. Nicht einmal einen Kübel gab es in der Zelle, und die Nacht war bitter kalt dank des zerbrochenen Fensters. Aber als es hell wurde, sah ich nach oben ein Stück Kirchturmspitze und hörte später die Glocken läuten, denn es war Himmel-fahrt! Nach neun Monaten Kellerdasein kam einem volles Tageslicht und Glocken-geläut wie Auferstehung vor!

Im Laufe des Tages kam ein Offizier mit einem Arzt, die ich um eine Decke oder einen Mantel bat. Sie nickten zwar, aber dabei blieb es, und ich fror weiter.

Kurz vor dem Tribunal kam Morrosow noch dreimal nach Lichtenberg, um mich zu bewegen, beim Tribunal zuzugeben, daß ich Spionage getrieben hätte, was ich bei den 38 Verhören, die ich hinter mir hatte, stets abstritt, da nach meiner Auffassung Spionage mit Auskünften über militärische Geheimnisse gleichzusetzen ist. Schließlich fragte ich, ob er Unannehmlichkeiten durch meine Weigerung bekäme. Natürlich wies er dies weit von sich, er meinte nur, daß ich mit einer niedrigeren Strafe bei einem Geständnis davonkäme.

Ob ich zwei oder drei Tage in meiner Zelle blieb, weiß ich nicht mehr, nur daß meine Zähne klapperten, daß der Posten Mitleid mit mir bekam und mich zwei Etagen höher führte, eine Zelle aufschloß und sich gewiß an dem Jubelausbruch ergötzte, denn der Gute hatte mich zu meinen vier netten Kameradinnen aus Schönhausen gebracht und ich flog von einem Arm in den anderen. Zwei legten sich dicht neben mich auf das Klappbett und über uns alle verfügbaren wärmenden Hüllen, aber trotz aller Wiedersehensfreude hörte das Klappern erst nach Stunden auf. Unsere Einmannzelle war zwar bescheiden für fünf Personen, und wenn nachts eine aufstehen mußte, war es ein Balanceakt, nicht auf andere zu treten. Als dann Hilde Grunicke bald zum Sondergericht kam, hatten wir vier Restlichen mehr Platz. Leider waren die Fenster zur Hofseite mit langen Schuten versehen, so daß man nur mit großer Mühe durch einen schmalen Spalt auf den Hof sehen konnte. Wenn andere Rundgang hatten, war es doch sehr spannend, ob man Freunde oder Verwandte entdecken konnte. Das Essen war nicht schlecht, nur mußten wir immer sehr rasch essen, weil Löffel und Schüsseln für die nächste Etage gebraucht wurden. Unser Vollkornbrot war so reichlich, daß wir jeden dritten oder vierten Tag ein Brot abgeben konnten an die Männer, die mehr brauchten als wir. Nur war es äußerst schwierig, es unbeobachtet an den "Mann" zu bringen. In unserer Nebenzelle hatten wir in einem netten jungen Mann einen Dauerabnehmer. Er stammte aus Niedergebra, hatte viel mit Hagens gespielt und war sehr erschüttert zu hören, daß Christoph und Wulf-Dietrich gefallen waren und auch Miechen tot war. Leider war der junge Mann schwer lungenkrank und hatte öfter einen Blutsturz, bekam aber weniger Essen als wir.

Die hygienischen Verhältnisse waren unbeschreiblich. Meine Kameradinnen mußten sich im gleichen Wasser erst den Oberkörper, dann untenherum waschen, anschließend mußte das Wasser noch zum Wäschewaschen und Scheuern der Zelle verwendet werden. Mir grauste bei dem Gedanken, die fünfte zu sein, und so schlüpfte ich früh und abends beim Kübeln mit raus, füllte rasch das Waschbecken und der kleine Krug blieb frei für die anderen, so war allen geholfen. Als die Wanzen zu toll wurden, kamen wir in diverse andere Zellen.

Nicht lange vor meinem Tribunal kamen wir wieder zusammen in eine Zelle ohne Schuten und konnten so die Transporte beobachten. Doch kurz darauf wurde ich von meinen Kumpels getrennt und in eine Einzelzelle im gegenüberliegenden Flügel verlegt. Es war eine winzige Zelle, in der das Bett fast die volle Breite einnahm und neben der Tür nur noch Platz für Kübel und Waschgelegenheit war. Als ich am nächsten Tag, dem 22. Juni 1948, in den Saal gebracht wurde, in dem das Tribunal stattfand, staunte ich nicht schlecht, daß zu meinem "Fall" 42 Männer gehörten. Ich war die einzige Frau und saß allein hinter ihnen. Das Haupt unseres "Falles" war Herr Großkopf, bei dem die Fäden unseres "Vereines" zusammengelaufen waren, nachdem sich Herr Noske von der Berliner CDU in den Westen abgesetzt hatte. Dies alles erfuhr ich erst während der dreitägigen Verhandlungen. Vor uns war ein langer Tisch mit rotem Stoff bespannt, an dem eine Anzahl von Offizieren mit viel Lametta saß, und als Dolmetscher erkannte ich den vom ersten Abend von Hohenschönhausen/Weißensee.

Jeder von uns mußte vortreten und Rede und Antwort stehen. Mir wurde sogar ein Stuhl angeboten, für den ich aber dankte. Das ganze Theater unseres Tribunals dauerte drei Tage, obwohl ja schon vorher feststand, daß jeder mit dem Einheitspreis für Spione von 25 Jahren bedacht werden würde. Es begann immer in der elften Stunde und endete gegen sechs Uhr, unterbrochen durch eine Mittagspause, in welcher wir in unsere Zellen geführt wurden, wo die Schüssel mit dem kalten Essen auf dem Bett stand. Die Zigaretten, die ab und zu verteilt wurden, ließ ich Boitz zukommen, den ich aber nur ganz kurz sprechen konnte, da wir ja bis auf den dritten Tag nie ohne Aufsicht waren. Als nämlich jeder von uns sein letztes Wort gesprochen hatte, zog sich das Hohe Gericht auf Stunden zur "Beratung" zurück, und wir mußten bis 7 Uhr abends mit knurrendem Magen ausharren!

Zu diesem "letzten Wort" muß ich noch sagen, daß mir die Männer, die zum Teil Offiziere gewesen waren, nicht imponierten. Sie baten mit bewegten Worten, ihnen die Möglichkeit zu geben, ihre Verfehlungen wieder gutzumachen. Aber man muß ihnen wohl zugute halten, daß sie im Untersuchungsgefängnis noch härter angefaßt wurden als wir Frauen. Als ich an die Reihe kam, mein letztes Wort zu sagen, tat ich es kurz und bündig mit den Worten: "Wenn ich gewußt hätte, daß ich mit dem, was ich getan habe, mich gegen die sowjetische Besatzungsmacht vergehen würde, hätte ich es nicht getan." Auf die verwunderte Frage, ob ich nicht mehr zu sagen hätte, antwortete ich mit "nein" und setzte mich wieder auf meinen Platz. Als nach Stunden bangen Wartens das Urteil für jeden einzelnen verlesen wurde, hörte man staunend, zu was für einem Verbrecher man gestempelt wurde, es konnte einem schaudern! Wir bekamen alle durch die Bank 25 Jahre, lediglich ein junger Mann kam mit "nur" 20 Jahren davon. Er hatte, ohne es zu wissen, auf einer Liste gestanden und sollte erst noch geworben werden! Am Schluß des Tribunals bat ich einen Major, sich dafür zu verwenden, daß ich meine Trauringe wiederbekäme - leider vergeblich! Als mich mein Posten in die Zelle zurückbrachte, fragte er: "Wieviel Jahre?" und meinte dann tröstend, fünf Jahre sitzen, und dann nach Haus. Er hatte sich verrechnet, es wurden acht daraus!

Am nächsten Tag wurde ich in eine größere Zelle verlegt, zu neuen Kameradinnen. Unter ihnen befand sich auch eine SS-Frau, Lisbeth Haselow, die "lebenslänglich" bekommen hatte, und eine Frau Kammer, eine sehr unsympathische Zeitgenossin, der ich - sonst friedlich - erklärte, ich hoffe nur, nicht mit ihr ins gleiche Lager zu kommen. Dieser Wunsch sollte nicht in Erfüllung gehen, denn als wir am Morgen des 4. Juli 1948 auf einen LKW verladen wurden, wurde ihre rechte an meine linke Hand an eine Handschelle angeschlossen, so daß man dank der scharfen Spitzen die geringste Bewegung zu spüren bekam. Mit 18 jungen SS-Frauen saßen wir auf dem harten Boden des LKW, immer eine in den gespreizten Beinen der dahinter Sitzenden und fuhren zu einem Abstellgleis, wo ein langer Gefängniswagen auf uns wartete. Aneinandergeschlossen mußte man vom LKW herunterspringen und einsteigen. Ich wurde mit einer anderen Gefangenen in eine winzige Zelle einge-

336

schlossen, die schmale, eiserne Bank war nicht gerade bequem und es dauerte stundenlang, bis wir abfuhren. Ein Küchenwagen ließ auf Verpflegung hoffen, aber er war nur für die Bewachungsmannschaft. Abends feierte ich Wiedersehen mit dem Bautzener Güterbahnhof, aber wir mußten die Nacht in unserem Käfig verbringen. Auf Wunsch gab es etwas Wasser.

Am nächsten Morgen wurden wir - gefesselt wie tags zuvor - wieder auf LKW verladen und bewacht von bewaffneten Posten mit scharfen Hunden fuhren wir über die Äußere Lauenstraße, Kornmarkt, Steinstraße ins "Gelbe Elend". Es war 7 Uhr früh und die Straßen noch fast menschenleer. Ich hatte so gehofft, irgendwelche Bekannte zu sehen, die meinen Angehörigen hätten Nachricht geben können.

Nach stundenlangem Warten auf Stroh landeten wir endlich im sogenannten Corpus II, wo nur Frauen untergebracht waren. Es kamen noch welche aus Dessau und Halle dazu. Im Parterre waren die sogenannten "Internierten". Meist hatten sie wohl Funktionen bei der NSDAP gehabt, saßen ohne Urteil seit 1945 und fühlten sich über uns, zu 25 Jahren Verurteilten, weit erhaben. Sie hatten allerlei Vergünstigungen, z. B. Schwesterndienste im Lazarett und nahrhafte Arbeit in Magazin, Küche und Garten. Im Frühjahr 1949 wurden sie ins Zuchthaus Waldheim verlegt und dort abgeurteilt, ohne daß ihnen die abgebüßten Jahre angerechnet wurden. Dort ging es ihnen sehr viel schlechter, bis 1950 durften sie weder Briefe schreiben noch empfangen und der berüchtigte Kriminalrat Protze ließ ihnen die Köpfe kahl scheren. Wir hingegen durften zwei Briefe im Jahr schreiben und unbegrenzt Post bekommen. Manche bekamen bei der seltenen Postzuteilung dann bis zu einem Dutzend Briefe und Karten.

Zunächst waren wir in Bautzen ohne jede Arbeit, saßen in einem neu vorgerichteten Raum auf zweistöckigen Betten mit Strohsäcken oder Matratzen, wurden aber bald in das anschließende Zellenhaus verlegt. Unsere Kommandantin war Lydia Bambeck, eine geborene Russin, die außerdem Dolmetscherin war. Von vielen wurde sie sehr angefeindet - ob zu Recht oder Unrecht, sei dahingestellt. Zu mir war sie jedenfalls von Anfang an sehr nett und fand, daß ich, weil sehr abgemagert, Essen-Nachschlag haben müsse. Darum setzte sie mich im Wischkommando ein, so daß ich zu meinem großen Kummer in eine andere Zelle umziehen mußte. Diese hatte den Vorteil, daß wir nur nachts eingeschlossen wurden. Mit der dortigen Kommandantin, einer Tschechin, konnte ich mich nicht vertragen, und sie schikanierte mich so lange, bis ich sie einmal darauf hinwies, daß ich nicht als Scheuerfrau geboren sei.

Zu den Obliegenheiten des Wischkommandos gehörte es, schon früh kurz nach 6 Uhr die langen Gänge vor den Zellen zu kehren, was dadurch erschwert wurde, daß gleichzeitig gekübelt wurde, also alle Frauen mit Kübeln und Waschgefäßen unterwegs waren. Dann mußten wir vor dem Appell noch die Toiletten sauber gemacht haben. All dies wiederholte sich nachmittags zwischen 5 und 6 Uhr, nur gründlicher. Einstens hatte ich mir nicht träumen lassen, Klofrau im Zuchthaus zu werden!

Essen und Kaffee wurden in großen Holzkübeln von Männern aus der Küche bis zu dem Flur der Internierten gebracht. Dort mußten wir sie abholen, sie waren furchtbar schwer und wir trugen sie an Holzstangen, die durch die seitlichen Griffe geschoben wurden. Während das Essen ausgeteilt wurde, standen stets zwei Frauen als Aufpasser dabei und mußten dann laut und vernehmlich rufen: "Das Essen, resp. die Produkte wurden gerecht verteilt!" Beim Zurückbringen der leeren Gefäße steckte mir ab und an eine internierte Lehrerin aus Löbau etwas Eßbares zu, und einmal bekam ich von einer ganz Fremden zwei oder drei heiße Kartoffeln in die Hand, damals ein königliches Geschenk!

Jeden Freitag blieben die Kübel vor den Zellentüren stehen, um von zwei gut aussehenden internierten Männern desinfiziert zu werden. Natürlich war es verboten, mit ihnen zu sprechen, aber ich tat es doch und fragte den einen, ob er vielleicht meinen Vetter, Herrn v. Burgk, kennen würde (Arthur Freiherr v. Burgk, Schönfeld, gen. Thurus, s. dort). Darauf er ebenso leise: "Natürlich, mit dem bin ich jeden Abend zusammen!" Ich konnte ihm nur Grüße auftragen, dann mußte er weitergehen. Aber am nächsten Freitag sagte ich ihm, was aus seiner Frau, Jutta, geworden sei und so fort alle Tage eine Nachricht über alle seine Geschwister. Er hat ihm alles treulich weitergegeben. Später erfuhr ich, daß er Generaldirektor bei ? gewesen sei. Einmal, als wir zum Baden geführt wurden, sah ich Thurus von weitem, er sah erbärmlich aus.

Die Badetage waren überhaupt eine hochwillkommene Abwechselung. Auf dem Wege dorthin kamen wir an einem Gebäude vorbei, an dem kranke Männer, in Decken gehüllt auf und ab gingen. Man sah jammervolle Gestalten aller Altersstufen, auch noch halbe Kinder. Einmal sah ich dort den Staatsanwalt Schmidt-Chemnitz, den ich aus der Zeit kannte, als er für die Deutsch-Nationale Partei in Bautzen tätig war. Verschiedentlich begegnete ich auch dem Lausitzer Heimatdichter Max Zeibig, der sich als Essensträger betätigte. Er erkannte mich auch, kam später nach Rußland.

In dieser Zeit war meine liebste Tätigkeit, nachmittags am großen Hydranten Wasser auszugeben. Dies spielte sich etwas abseits ab, und so konnte man, während das Wasser einlief, kurz mit allen reden und kleine Gefälligkeiten übernehmen. Bei dieser Gelegenheit sprach ich einmal die mir bis dahin unbekannte Frau von Gauleiter Mutschmann an, die aus der Ambulanz kam. Wir hatten gemeinsame Bekannte in Schlesien. Aber erst als sie mit anderen Waldheimer Frauen 1954 zu uns nach Hoheneck und in unser Stoffputzkommando kam, lernten wir uns näher kennen.

Jeden Sonnabend mußten wir den Baderaum der russischen Posten im Erdgeschoß unseres Hauses saubermachen. In seiner Einteilung erinnerte mich der Raum immer an einen Schweinestall, da halbhohe Mauern die Duschen voneinander abtrennten. Innen lagen schwere Holzroste, die wir bei guter Witterung draußen auf dem Rasen scheuern mußten, weil sie ganz schlierig von Seife waren. Zurückgelassene Reste von Kernseife nahmen wir gern mit, denn wir bekamen nur die damals übliche Ton- und Fischseife.

Freitagnachmittags durften wir Frauen regelmäßig unsere Decken draußen ausschütteln. Man war ja dankbar für jede noch so kurze Gelegenheit, an die frische Luft zu kommen, denn das Leben hinter Schuten ist schwer zu ertragen.

Zweimal in der Woche hörte man, wenn abends in der zehnten Stunde die Wagen vom gegenüberliegenden Krankenrevier wegfuhren, um die vielen Verstorbenen zur Kalkgrube zu bringen. Es war dann immer Totenstille in den Zellen, besonders wenn man wußte, daß diesmal Bekannte dabei waren. So einmal, als Herr

Lattemann gestorben war, alle unsere Frauen wußten Bescheid, nur seine sehr nette Frau nicht, bis es ihre Freundin, Evchen Witt, für ihre Pflicht hielt, es ihr zu sagen. Das Foto mit ihren drei kleinen Kindern ist mir noch gut in Erinnerung.

Viele unserer Frauen wußten ihre Männer in den anderen Häusern, aber erst unmittelbar vor unserem Abtransport nach Sachsenhausen durften sie auf Antrag ihre Männer kurz sprechen.

Leider enden hier zunächst die Aufzeichnungen von Elinor v. Salza, so daß wir über die Zeit in Sachsenhausen und vor allem in Hoheneck nichts genaueres wissen. Später war sie dann körperlich zu schwach, um diese Lücken noch füllen zu können.

Nur über die Tage ihrer Entlassung aus dem Zuchthaus Hoheneck hat sie zwei Jahre später Einzelheiten niedergeschrieben. Die Freude über das Glück der Befreiung wollte sie wohl nicht durch das Grauen und die Qualen der Vorjahre überschatten lassen. So geben wir ihr noch einmal in Auszügen das Wort:

7. Mai 1957. Heute sind es zwei Jahre, daß ich aus dem Frauenzuchthaus Hoheneck zusammen mit 34 anderen Glücklichen entlassen wurde. D. h., der Aufruf erfolgte schon am 5. Mai morgens sechs Uhr, aber da drei von uns in den Westen wollten, kamen wir erst in Quarantäne.

Die seelische Verfassung dieser Tage weckt eine Karte in mir, die ich heute von Lieselotte Schmidt bekam. Zu unserem größten Kummer mußte sie zurückbleiben und wurde erst Ende April 1956 entlassen. Sie schreibt: "In diesen Tagen gehen meine Gedanken besonders stark zu Dir! Unvergeßlich ist mir der 5. Mai 1955 ins Herz gebrannt und als ich dann voll Angst an Deiner Zellentür war! (unter Bunkergefahr). Es war doch alles so schwer! Meine Sehnsucht ist groß nach meiner kleinen Familie." Zu dieser kleinen Familie, die hoffentlich bis ans Lebensende treu zusammenstehen wird, gehörten: Wera Sidow, geb. v. Wurmb, Mutter von acht Kindern, Lieselotte Schmidt aus Pommern, Ursula Serichow aus Potsdam, Wilfriede Görke aus Wittenberge, Gerdi Schulze aus Frankfurt/O. (dritte von drei inhaftierten Schwestern und einem Schwager), Helene Glemau aus der Gegend von Greifswald und ich. Ursula Serichow verließ uns schon bei der Großentlassung von 750 Frauen im Januar 1954, Frau Sidow ging mit mir und Frau Glemau folgte im Dezember 1955. Gerdi Schulze, die unsere "Familienfeste" immer durch reizende Gedichte verschönt hatte, starb bei einer TB-Operation im Zuchthaus Waldheim am 15. Januar 1955. Ihre Freundin Wilfriede Görke blieb allein zurück, fast ausschließlich unter lauter Kriminellen.

Aber nun zurück zu dem aufregenden Donnerstag, 5. Mai 1955. Schon am Abend zuvor munkelte man, wie so oft, von Entlassungen, aber ich rechnete nicht damit, dabei zu sein und war völlig überrascht, als um 5 Uhr leise an unsere Zellentür geklopft wurde und der Kalfaktor, eine Kriminelle, leise sagte, sie hätte eine sehr schöne Nachricht für mich, ich würde heute entlassen, die Liste wäre eben in die Ambulanz gekommen, die Mädels hätten es gesagt. Wie immer, hatte auch diesmal der Hausinformationsdienst, wenn auch unter Gefahren, bestens funktioniert. Da wir bei den Stoffputzern Spätschicht gehabt hatten, und ich erst um Mitternacht zu Bett gekommen war, durfte ich bis 10 oder 11 Uhr liegenbleiben. Ich verschwand also, nachdem wir den Fall besprochen hatten, wieder in meinem Bett, um den Kalfaktor und die Mädels im Revier nicht zu verraten, und wartete mit bangen Gefühlen der Dinge, die da kommen sollten. Gegen 6 Uhr erschien dann auch eine der nettesten Wachtmeisterinnen und es hieß: "Salza, Sachen packen!" Nun wurde es ernst! An allen Gliedern schlotternd wusch ich mich rasch, machte die Haare und packte meine ganze Habe in die Decken. Aber als eine andere Kommissarin kam, war ich natürlich noch nicht fertig und als sie donnerte: "Salza, Sie sind als erste aufgerufen worden und noch nicht fertig. Beeilen Sie sich!" Nach herzlichem Abschied von meinen Zellengenossen wurde ich die Treppe heruntergeführt und stellte mich als zehnte zu den an der Haustür Wartenden, neben Wera Sidow. Vor der Verwaltung mußten wir dann wieder warten, bis wir zu zweit eintreten durften, um unsere Personalien und unser Reiseziel anzugeben. Alle waren mehr oder weniger aufgeregt und erschüttert, die Tränen flossen reichlich. Frau Sidow flüsterte mir noch zu: "Geben Sie meinen Kindern Nachricht!", denn sie fuhr erst zu ihrer Mutter nach Neustadt a. d. Orla. Dort mußte sie hören, daß zwei ihrer Töchter zu fünf bzw. sechs Monaten Gefängnis verurteilt worden waren, weil sie ein paar Sachen nach Westberlin bringen wollten und dabei geschnappt wurden. Ihrem ältesten, im Westen verheirateten Sohn konnte ich ausführlich Nachricht geben, was der Mutter von der Ostzone aus nicht möglich war.

Da ich Briefe und Pakete immer nur aus Halchter, dem Wohnort meiner Geschwister Watzdorf, bekommen hatte, machte meine Entlassung nach dem Westen zum Glück keinerlei Schwierigkeiten. Anschließend ging es zur Ärztin, die uns einige Fragen über unseren Gesundheitszustand stellte. Und dann trennten sich unsere Wege, denn wir drei "Westlichen", Rosa Wittig, die nach Braunschweig wollte, Johanna Neumann, deren Mann sich nach Darmstadt abgesetzt hatte, und ich wurden in Zellen der zweiten Etage isoliert. Diejenigen, die in der DDR blieben, verließen Hoheneck alle noch am gleichen Tage. Nur wir drei in unserer Abgeschiedenheit bangten noch, ob und wann wir abfahren würden, denn es war schon vorgekommen, daß sich vorgesehene Entlassungen in letzter Minute als Irrtum erwiesen, und man noch Monate oder gar Jahre dablieb. Also saßen wir auf unseren gepackten Sachen und warteten, was wir ja in langen Jahren gelernt hatten. Willkommene Abwechselung bot die Essensausgabe, bei welcher leise Grüße gewechselt wurden, und unter Gefahr, im Bunker zu landen, huschten die liebsten Freunde in den Arbeitspausen zu unserer Tür, um unter Tränen drinnen und draußen, Abschiedsworte zu wechseln. Das einzige Gefühl, das man eigentlich nicht hatte, war das der Freude - der Trennungsschmerz überwog noch und die völlige Ungewißheit der nächsten Tage. In den langen Haftjahren habe ich kaum eine Träne vergossen.

Endlich, am Sonnabend, den 7. Mai, morgens 9 Uhr, hieß es zum letzten Mal "Sachen packen"! Rasch versteckte man noch in der Zelle einige verbotene Dinge, die Nachfolgern unschätzbare Dienste leisten würden, unter der Matratze, verteilte Paketreste und das zu erwartende Maipaket zedierte ich dann schriftlich an eine "Lebenslängliche", die keine Verbindung zu Angehörigen hatte und deshalb ohne Pakete war. So war die Erbschaft geregelt und wir drei wurden zunächst ins Bad geführt, wo uns zum letzten Mal die Dusche angestellt wurde - diesmal hatte man ja eine für sich allein, aber die Hauptwachtmeisterin ließ uns nicht aus den Augen.

Dann ging es in das "Dienststück", wo Frau Metzner und Frau Hirschowitz schon Sachen parat gelegt hatten. Letztere wartete schon seit Monaten auf ihre Entlassung, da ihre Zeit schon 1954 um war, aber durch Schreibfehler der Russen in ihren Akten verzögerte sich diese. Jede von uns mußte sich splitterfasernackt in Sicht der vier Wachtmeisterinnen auf eine Decke stellen, und nun wurde ein Stück nach dem anderen anprobiert. Nr. 1 war ein sogenannter "Rollan", ein unmöglicher Hüfthalter aus Gummi, der viel zu eng war, und als ich mit Atembeklemmung um die nächste Größe bat, wurde diese nur sehr ungern herbeigeholt. So folgte ein Stück dem anderen, die ganze Situation entbehrte nicht der Komik, nur war man nicht dazu aufgelegt. Zum Schluß wurde mir ein viel zu kurzes braunes Kleid übergezogen, aber da wehrte ich mich energisch und sagte, daß ich in meinem Alter auf gar keinen Fall kniefrei in die Freiheit gehen würde. Nach langem hin und her brachte man höchst unwirsch ein kratziges graues Kleid mit großen kornblumenblauen Karos. Kopfschüttelnd meinte man später in Halchter, "eigentlich sollte man Scheuertücher draus machen". Das Glanzstück meiner Ausstaffierung war ein dunkelgrüner Mantel mit unmöglichem Schnitt, aber wenn ich auch dagegen protestiert hätte, wäre der Zorn grenzenlos gewesen. Er schien das beste Stück des Lagers zu sein. Anstandshalber mußte man sich ja nun für die noble Einkleidung bedanken, wobei mir bedeutet wurde, daß diese mindestens 300 Mark gekostet habe.

Jetzt ging es wieder in die Verwaltung, wo wir schon vor zwei Tagen gewesen waren. Diesmal wurde uns nahegelegt, im Westen nur Gutes über die DDR zu erzählen und uns nicht im politischen Sinne verführen zu lassen. Ich mußte noch unterschreiben, daß ich keine Forderungen an die Anstalt hätte. Das verdiente Geld, etwas über 60 Mark, lag auf einer Stollberger Bank zu meiner Verfügung. Nach einigem hin und her, wurde es an meinen Bruder Friedrich v. Boxberg in Dresden überwiesen. Zum Schluß mußte ich noch schriftlich bestätigen, daß ich durch Gnadenerlaß von Wilhelm Pieck entlassen würde. Ich tat ihnen diesen Gefallen, obwohl ich ja wußte, daß unsere Entlassung allein von den Sowjets abhing. Zur Vollständigkeit sei noch erwähnt, daß die Einkleidung unserer ostzonalen Kameradinnen weit bescheidener, und die Freßpakete dürftiger waren als bei uns - man ließ sich die Propaganda eben etwas kosten! Wie oft hatte ich mir in den vergangenen Jahren die Heimfahrt ausgemalt und mit Freunden, die auch in den Westen wollten, darüber gesprochen. Dabei hatte man nie an eine reguläre Entlassung gedacht, vielmehr an eine "Befreiung" von außerhalb oder an ein Entweichen bei dem so oft erwarteten Putsch in der DDR. Nun war alles ganz anders gekommen, großmütig fuhr man uns drei im Auto nach Eisenach. Prompt kam auch von unserem Betreuer die Frage, welchen Eindruck wir vom "humanen Strafvollzug" gehabt hätten. Zum Glück war ich gerade damit beschäftigt, in meinen Mettwurstring zu beißen und konnte so die Antwort den anderen überlassen. Sie beeilten sich denn auch, ihn skrupellos zu preisen. Da konnte ich nur noch murmeln, daß es doch recht harte Jahre gewesen seien.

Nach stundenlanger Fahrt über Meerane landeten wir zwischen 13 und 14 Uhr in Eisenach. Kurz zuvor waren dort zwei Busse mit je 20 entlassenen Männern aus Torgau und Bautzen angekommen, die bei unserer Ankunft gleich riefen: "Da kommen ja die Hohenecker Frauen!" Es waren viele nette Herren darunter und wir waren gleich gut Freund mit ihnen. Wir drei wurden dann von einer freundlichen Rotkreuzschwester in ein helles großes Zimmer gebracht mit weichen Betten und fließendem Wasser. Hernach gab es gutes Essen und Apfelsaft, soviel man trinken wollte. Die Bedienung in der Kantine war während der zwei Tage unseres Aufenthaltes sehr zuvorkommend.

Natürlich schrieb ich gleich Karten nach Halchter und an meine Schwägerin Sabine Salza in Göttingen, und brachte sie noch in die Stadt. Denn endlich, nach fast acht Jahren, konnte man sich wieder frei bewegen, das zu lernen mir nicht die geringsten Schwierigkeiten machte. Am Abend unternahmen wir drei einen reizenden Spaziergang in den nahen Wald. Am Wegrand blühten Schlehen, und wir pflückten Hundsveilchen und Himmelschlüssel und konnten es gar nicht fassen, daß diese bezaubernde Frühlingswelt wieder für uns da sein sollte! Nur der Gedanke an die in Hoheneck Zurückgebliebenen dämpfte die Freude.

Am Sonntagmorgen nach dem Frühstück, das wir aufs Zimmer bekamen, erschienen unsere Herren aus Bautzen und Torgau, natürlich auch in bester Stimmung, zeigten Fotos von ihren Angehörigen und erzählten von ihren Plänen. Einer von ihnen freute sich, in mir die Kusine von Nickel Salza zu finden, der seiner Familie in den Jahren seiner Gefangenschaft sehr geholfen hatte. Besonders gefiel mir ein junger Mann Mitte 20 aus Düsseldorf, der seiner Mutter mit primitivsten Mitteln eine reizende kleine Decke gestickt hatte. Es war mir unfaßlich, wie er sie durch all die Razzien hindurchgerettet hatte.

Am Nachmittag gingen wir dann mit einigen unserer Männer auf die Wartburg, wo wir zur Führung "Freien Eintritt" hatten. Sehr hübsch war der Weg und der äußere Teil der Burg, da ich aber nicht sehr für "Altdeutsch" schwärme, sprach mich das Innere nicht restlos an. Unsere Begleiter, die sehr gut eingekleidet waren, genierten sich vermutlich etwas mit uns. Sie waren empört, wie geschmacklos wir ausstaffiert waren, und dabei war es doch die erste Garnitur, die Hoheneck zu vergeben hatte.

Endlich, am Montagmittag, wurden wir nach zweitägigem Aufenthalt alle 43 mit einer Rotkreuzschwester und einem Begleiter per Bus an die Grenzstation Wartha gefahren, wo die letzte Kontrolle war und jeder einzelne (unter Herzklopfen) durch russische Offiziere aufgerufen wurde. Dann mußte man die wenigen Meter durchs Niemandsland nach Herleshausen gehen, wo uns Polizei der Bundesrepublik, Vertreter des Roten Kreuzes und der Presse sowie Menschen mit Blumen und großer Herzlichkeit empfingen.

Alle Ängste und Ungewißheit der letzten Jahre fielen von uns ab, und es war wohl keiner, der sich seiner Tränen schämte. Nun erst war man ja ganz frei, und die Erschütterung war so groß, daß man nur mit Mühe die Fassung bewahren konnte! Nach kurzer Begrüßungsansprache wurden wir mit Tee, Obst, Gebäck und Süßigkeiten bewirtet. Dann brachte uns ein Bus durchs blühende Werratal nach Friedland - eine unvergeßliche Fahrt nach der düsteren Umgebung der letzten Jahre! Unter Glockengeläut erreichten wir Friedland gegen 17 Uhr. Pfarrer, Lagerleiter und Rotes Kreuz führten uns an eine große, hübsch gedeckte Tafel. Dann verteilten die Schwestern die notwendigsten Toilettenartikel, nett in Handtücher verpackt, und nach einer kurzen Ansprache, die uns allerlei Wissenswertes mitteilte, durfte jeder zu einem vorgedruckten Telegramm Adresse und Absender angeben und bekam für die ersten dringenden Ausgaben 10,- DM. Für alles war gesorgt.

Nach Einweisung in die Zimmer konnten wir ein Wannenbad nehmen, das erste seit meiner Ankunft in Berlin-Hohenschönhausen im August 1947 - damals allerdings mit unangenehmen Leibesvisitationen und dem Verlust meiner Perlennadel verbunden. Inzwischen hatte meine Schwägerin Sabi Salza telefonisch ihr Kommen für den Abend angekündigt. Sie kam mit meinem Neffen Sigurd Pfeil und dem jungen Ehepaar Götz-Olenhusen, und wir saßen zusammen im Garten, hatten viel zu erzählen und verabredeten, daß mich Sabi am nächsten Abend nach Göttingen holen würde.

Der nächste Morgen brachte als erstes eine Andacht mit Abendmahlsfeier. Nach dem Frühstück ging es von einem Büro ins andere, nur von einer Mittagspause unterbrochen. Dafür war ich am Abend im Besitz sämtlicher Papiere als Bürgerin der Bundesrepublik und zudem von DM 300,-. Zum Schluß wurde man noch durch eine Diakonisse des Ev. Hilfswerkes eingekleidet. Eine reizende Unterbrechung der diversen Wartezeiten war das Auftauchen von Evchen Witt gewesen, die beim Roten Kreuz in Göttingen angestellt war und dort von meiner Ankunft erfahren hatte. Wir waren in Hoheneck viel zusammen gewesen und sie war schon im Januar 1954 entlassen worden. Wir waren auch im "Gelben Elend" in Bautzen am gleichen Tag angekommen.

Gegen 19 Uhr waren alle Formalitäten erledigt, so daß ich im Auto mit Sabi und Frau v. Götz-Olenhusen nach Göttingen abfahren konnte. Die nächsten drei Tage vergingen mit Besuchen von und bei zahlreichen Freunden und Bekannten, die mich nach allen Richtungen beschenkten und verwöhnten, auch noch manches für meine Garderobe taten. Einen Nachmittag fuhren Frau Witt und ich noch nach Friedland, um Herrn v. Rosen die von uns aufgestellten und ergänzten Listen der in Hoheneck zurückgebliebenen "Lebenslänglichen" und SMT-Verurteilten (SMT = Sow. Mil. Tribunal) zu übergeben.

Am Sonnabend, 14. Mai 1955, brachten Frau v. Götz und Sabi mich nach Halchter in die weit geöffneten Arme meiner Geschwister und der Familie Itzenplitz, wo ich im gastfreien Haus Wätjen ein über alles Erwarten schönes neues Zuhause fand. Und voll Dank gegen Gott, der mich gesund an Leib und Seele durch die harte Schule dieser acht Jahre geführt hat, galt es nun, wieder Anschluß ans Leben zu finden, was mir durch die Fürsorge der Meinen sehr leicht wurde.

* * *

"Es kommt nie auf das Äußere und die oft maßlose Härte des Leidens an, sondern darauf, wie das Leiden überwunden wird. Die Kräfte zu finden und zu fühlen, aus denen der einzelne bewußt oder unbewußt das Schwere immer neu trägt, <u>das</u> ist der harte und tiefste Sinn des Leidens."

(Ausstellung der Kriegsgefangenen, Wolfenbüttel, den 8. Juni 1955)

Adam Graf Schall-Riaucour auf Gaußig

Das ehemalige gräfliche Riaucoursche Fideikommiß Gaußig umfaßte die Rittergüter Brösa, Crostau, Diehmen, Drauschkowitz, Gaußig, Gleina, Guttau mit Wartha, Medewitz sowie Malschwitz und Putzkau mit Tröbigau. Es lag in der sächsischen Oberlausitz und zwar in der Amtshauptmannschaft Bautzen. Der größte Teil des Besitzes erstreckte sich über den südwestlichen Teil des Kreises mit seinen sehr wertvollen Fichtenwaldungen. Einige der Güter gehörten zu dem nördlichen Teil der Oberlausitz mit seinen ausgedehnten Karpfenteichen. Insgesamt hatte das Fideikommiß zuletzt eine Größe von ca. 3460 ha, davon ca. 1520 ha landwirtschaftliche Nutzfläche, ca. 1740 ha Wald und 200 ha Fischteiche.
Die Familie Schall v. Bell, nachweisbar seit dem 12. Jahrhundert, gehörte zum Kölner Patriziat. Sie wurde 1745 in den Reichs- und bayerischen Grafenstand erhoben (und führte zunächst den Namen Graf Schall v. Bell). Am 23. Juni 1777 vermählte sich Karl-Theodor Graf Schall v. Bell mit Henriette Gräfin v. Riaucour, welche beim Tode ihres Vaters im Jahre 1794 das von diesem gestiftete Fideikommiß Gaußig erbte und in den Schallschen Besitz brachte. Damit verbunden war die Bestimmung, den Namen "Riaucour" an den eigenen Namen anzuhängen und die beiden Wappen miteinander zu verbinden. Seitdem ist die Familie der Grafen Schall-Riaucour in Sachsen ansässig und war vor 1945 der größte Grundbesitzer in der Oberlausitz.

Zur Familie des letzten Eigentümers gehören:

A d a m - F e r d i n a n d Karl Borromäus Otto Joseph Maria Graf S c h a l l -
R i a u c o u r , * Gaußig 28. 7. 1883, † Heimerzheim, Kr. Bonn, 29. 4. 1949,
auf Malschwitz, Brösa, Guttau u. Wartha (§), Mithr auf Gaußig u. Gleina
(vorm. Fkm.) (§), Kgl. sächs. Khr, EBailli d. souv. MaltRrO.;
✕ Prag 30. 9. 1907 Maria Rosa Przssin v. L o b k o w i c z , * Eisenberg 9. 10.
1887, † Capellen bei Euskirchen 3. 2. 1967, StkrD., ED. d. souv. MaltRrO.,
T. d. K. u. K. GehRats u. Km. Ferdinand Zdenko Fst v. L. u. d. Anna-
Bertha Gfin v. Neipperg.

Kinder:

1. J o s e f Ferdinand Zdenko Adam Maria Rosario Hieronymus, * Gaußig
30. 9. 1908, † (verunglückt) Dresden 15. 4. 1944, auf Crostau, Putzkau
mit Tröbigau, Medewitz, Diehmen u. Drauschkowitz (§), Mithr auf
Gaußig (§), ForstDiplIng., ERr d. souv. MaltRrO.;
✕ Buchberg, NÖsterr., 30. 5. 1943 Franziska Przssin v. C r o y , * Wien
30. 1. 1917, † ebd. 23. 10. 1991, StkrD., T. d. K. u. K. Km. u. Rittm.
i. R. Klemens Pr. v. C. auf Buchberg u. Gars u. d. Christiane Przssin
v. Auersperg.

Tochter:

C h r i s t i a n e Maria Annunciata Josefine Benedikta Thadäa,
* Gaußig 21. 3. 1944, akadem. Restauratorin;
✕ Retz, NÖsterr., 27. 9. 1969 Andreas S é t h y de B i c s k e , * Bu-
dapest 27. 8. 1932, Dr. rer. pol., DiplIng., DiplKonsul.

2. **Karl** Borromäus Andreas Michael Maria Rosario Hieronymus, * Gaußig 30. 9. 1908 (Zwillingsbruder d. Vorigen), ⚔ († an der bei Dünkirchen 30. 5. erlittenen Verwundung im Feldlazarett) Thourout, Belgien, 2. 6. 1940, Mithr auf Gleina, Dr. phil., Ld- u. Teichwirt, Lt in einem ArtRgt, ERr d. souv. MaltRrO.;

⚭ München 28. 1. 1939 Marie-Gabrielle Gfin v. **Tattenbach**, * München 8. 4. 1913, T. d. Kgl. bayer. Km. u. Oberstlts a. D. Gottfried Gf v. T. u. d. Marie Gfin v. Quadt zu Wykradt u. Isny.

Sohn:

> **Georg** Adam Gottfried Josef Petrus Hubertus Maria Felix, * Gaußig 21. 2. 1940, Dr. jur., Rechtsanwalt;
>
> ⚭ München (standesamtl.) 26. 8., (kirchl.) 4. 9. 1965 Heidemarie **Seiderer**, * Wiener Neustadt 8. 1. 1941, Dr. phil., DiplPubl., T. d. Obersten a. D. u. BauIng. Georg S. u. d. Irmengard Halder.

3. **Moritz** Adam Ferdinand Josef Maria Georg Hubertus Erasmus, * Gaußig 1. 6. 1910, † Hamm, Westf., 19. 5. 1955, Kunstmaler, ERr d. souv. MaltRrO.;

⚭ Herten, Westf., 14. 4. 1948 Bertha Gfin v. **Brühl**, * Pförten 14. 3. 1912, T. d. erbl. Mitgl. d. preuß. Herrenhauses Friedrich-Joseph Gf v. B., Freien Standeshrn auf Forst u. Pförten, NLausitz, auf Straußfurt, Kr. Weißensee, Oegeln usw., Kr. Guben, u. d. Mathilde Freiin v. Twickel.

Sohn:

> **Adam-Petrus** Friedrich Andreas Maria Mauritius, * Kirchhellen, Westf., 17. 9. 1949, stud. art.

4. **Adam** Clemens Josef Maria Alfons Hubertus, * Gaußig 30. 11. 1911, † (infolge Kraftwagenunfalls) Aachen 28. 3. 1956, Kaplan, ERr d. souv. MaltRrO.

5. **Johannes** von Nepomuk Maximilian Josef Maria Felix Anastasius Georg Hubertus, * Gaußig 28. 1. 1913, ⚔ (vermißt) bei Brody, Galizien, seit 22. 7. 1944, Hptm. u. Kmdt eines DivStabsquartiers;

⚭ Schloß Haag, Niederrhein, 5. 1. 1944 Marie-Rose Gfin v. u. zu **Hoensbroech**, * Münster, Westf., 6. 2. 1920 (⚭ II. Kevelaer 11. 2. 1955 Kurt Riedel, * Mährisch-Kotzendorf 5. 5. 1926, OLehrer; gesch. Geldern 26. 3. 1969), T. d. Rittmeisters a. D. u. Erbmarschalls d. Hzgt. Geldern Franz-Lothar Gf u. Marquis v. u. zu H., Fkhrn auf Haag, u. d. Maria-Agnes Gfin v. Westerholt u. Gysenberg.

Tochter:

> **Anna Monika** Eugenie Johanna Maria (posthuma), * Körtlinghausen 24. 3. 1945, Heilpädagogin;
>
> ⚭ Geldern 24. 2. 1968 Hans Ralf Lutz **Hendel**, * Meerane, Sachsen, 24. 10. 1941, Sozialarbeiter, Heilpädagoge.

6. Maximilian (**Max**) Damian Sixtus Carl Borromäus Josef Maria Hubertus Georg, * Gaußig 27. 4. 1914, ⚔ bei Witebsk 21. 6. 1944, auf Gaußig, Hptm. u. Kmdr einer ArtAbt.;

⚭ Heimerzheim 23. 6. 1942 Adelheid (Dela) Freiin v. **Böselager**, * Bonn 25. 2. 1920, T. d. Rrhptm. d. rhein. Rrschaft Albert Frhr v. B. auf Heimerzheim u. Kreuzberg u. d. Maria-Theresia Freiin v. Salis-Soglio.

Kinder:

1) W i l d e r i c h Karl Borromäus Adam Maria, * Dresden 10. 7. 1943, DiplIng., WirtschaftsIng.;
⚭ Vorhelm, Westf., 20. 4. 1974 Christina (Christa) Gfin D r o s t e zu V i s c h e r i n g, * Vorhelm 24. 7. 1947, T. d. Erbdrosten d. Fstt. Münster Dr. jur. Georg Gf D. zu V. auf Vischering usw. u. d. Clara-Luise (Clarissa) Freiin v. Brenken.

2) E l i s a b e t h Maria (posthuma), * Gaußig 8.11.1944, Studienrätin; ⚭ Capellen 7. 7. 1973 Christoph Gf v. K o r f f gen. S c h m i s i n g - K e r s s e n b r o c k, * Schurgast, Schlesien, 26. 2. 1928, Kaufm.

7. M a r i a B e r t h a Josepha Anna Donata Ignazia Thadaea, * Gaußig 5. 8. 1916, † Herford 20. 2. 1982;
⚭ Gaußig 4. 5. 1938 Franz Anton Gf v. B a l l e s t r e m, * Ober-Gläsersdorf 18. 8. 1912, † Kloster Grafschaft 19. 10. 1982, auf Kostau (§), Kr. Kreuzburg, OSchlesien.

8. F r i e d r i c h A u g u s t Georg Hubertus Benno Josef Maria, * Gaußig 27. 5. 1922, † (durch Kraftwagenunfall) bei Aachen 16. 3. 1956, Fotograf, JustizRr d. souv. MaltRrO..

9. O c t a v i o Wilhelm Georg Michael Thadäus Josef Maria, * Gaußig 27. 10. 1924, ⚔ bei Tscherkassy 17. 2. 1944, Gefr. u. ResOffzAnw. in einem PzArtRgt.

Die Witwe von Adams zweitem Sohn Karl, Marie-Gabrielle Gräfin Schall-Riaucour, hat für das Schicksalsbuch dankenswerterweise Briefe und Aufzeichnungen zusammengestellt, aus denen die Geschehnisse in Gaußig am Ende des Zweiten Weltkrieges sowie Enteignung und Flucht ersichtlich werden. Auch wurde eine kurze Übersicht über das wohl einmalige Schicksal der neun Kinder in seiner zeitlichen Abfolge dargestellt. Es sei ihr hier sehr dafür gedankt.

Im April/Mai 1945 gehörte Gaußig zu dem Gebiet, das hart umkämpft war und mehrmals den Besitzer wechselte. So gaben sich auch die "Gäste" die Klinke in die Hand. Bevor die Russen kamen, erhielt das Gaußiger Gästebuch folgenden Eintrag: "Als letzte Gäste, bevor die Feinde kamen, in Gaußig. Herzlichen Dank für die Gastfreundschaft bis zum letzten Moment. Hoffentlich können wir in wenigen Tagen wieder erscheinen. Nach Regen folgt Sonnenschein. Gott gebe, daß dieses Gästebuch sehr bald wieder in Gaußig weitergeführt werden kann. 19./20. 4. 1945, Generalleutnant v. Medem." Es folgt noch ein Eintrag vom Hausherren, Adam Schall-Riaucour, selbst: "Da unser Gästebuch ein 'Dokument der Zeit' geworden war, nahm ich es am 20. April 1945 mit, als wir vor den Russen zunächst auf den Gickelsberg flüchten mußten. . . Ich selbst wurde in der Nacht vom 21./22. April von Russen, mit denen ich verhandeln wollte, in Gaußig festgehalten und um ein Haar in der Bibliothek erschossen, blieb aber in der nächsten Zeit als einziger der Familie dort und hatte als Gäste im Haus den Oberst Djatschenko mit seiner wilden Horde ('freie Ukraine' von General Schandruck) und später wieder einen deutschen Stab unter Major Eckart aus Würzburg mit einer Menge von Offizieren. . . Am 6. Mai mußten wir alle Gaußig räumen und mit dem Militär nach Rosental (Schweizer Mühle) ziehen, wo wir am 8. früh eintrafen. Dorthin hatte ich den Rittergutstreck dirigiert unter Führung von Oberinspektor

Berndt und rückte mit ihm - da inzwischen der Waffenstillstand proklamiert worden war - am 10. Mai nach Hütten bei Königstein an der Elbe. Am 18. brachen wir von dort auf. . . und trafen am 19. Mai alle wohlbehalten wieder in Gaußig ein. Dort blieben wir. . . bis zu meiner Verhaftung am 19. Oktober 1945."
Soweit seine stichwortartigen Eintragungen im Gaußiger Gästebuch, das zum Glück gerettet wurde und sich heute in der Obhut seines Enkels Wilderich Graf Schall befindet. Nähere Einzelheiten aus dieser bewegten Zeit wurden diversen Briefen an seine Kinder entnommen, wobei gelegentliche Wiederholungen gern in Kauf genommen werden sollten.

In einem Brief von Adam Graf Schall an seinen vierten Sohn, Adam, lesen wir u. a.: "Gaußig, 5. Juni 45 . . . Am 20. April sind wir mit zwei Autos und allen Gespannen auf den Gickelsberg - Hunderte von Leuten! Nacht im Freien. Am 21. waren die ersten Russen in Gaußig. Sie verlangten abends, daß alle Leute herunterkämen und alle Wertsachen abgäben. Strömender Regen und Stockfinsternis. Darauf ging ich allein mit Janoschka (Jäger) zum 'Major', der aber ein ganz gemeiner Kommissar war. Er verlangte hohe Stiefel und ich führte ihn, seinen Dolmetscher und zwei Kerle mit Maschinenpistolen ins Haus. Es war kein Strom, und sie hatten nur eine schlechte Taschenlampe und meinen Stabscheinwerfer. Stiefel paßten! Einzige Seele im ganzen Haus war der alte Präses (Hausgeistlicher), dem sie sofort eine goldene Uhr und einen Handkoffer stahlen. Mußte alle Zimmer aufmachen. Noch ein Koffer von Mami ging mit und vier alte Pistolen. Plötzlich, in der neuen Bibliothek, wurden sie ungemütlich, blendeten mir in die Augen, hielten mir beide Pistolen auf die Brust und verlangten Gold. Dann habe ich den Dolmetscher ganz wahnsinnig angebrüllt: 'Ich habe Dir schon einmal gesagt, daß ich alter Offizier und kein Nazi bin! Ich bin genausoviel wie Dein Major und Offizierswort gilt in Rußland genausoviel wie in Deutschland! Wenn Dein Major mir sagt, er hat kein Gold, dann muß ich das glauben, und wenn ich ihm sage, ich habe kein Gold, so muß er das glauben, sonst ist das große Schweinerei - und jetzt übersetze ihm das!' Das tat er, und der Erfolg war verblüffend. Halb besoffen waren sie ohnehin und jetzt verlangten sie nur "Schnaps". Mußte ihnen helfen, die Weinkellertür einzutreten und gab ihnen die 'besten' Sorten. Beide Handkoffer voll durfte ich dann ins Büro tragen, wo sie mich bis 7 Uhr früh mit Janoschka festhielten. Früh ging derselbe Spuk noch einmal los, weil sie binnen einer Viertelstunde ein Auto verlangten. Ich gab ihnen den Ford von Max, der zwar nicht ging, aber so gefiel, daß sie mich entließen. Natürlich waren sie bis dahin vollends besoffen!

Ich war selbstredend bei unseren Leuten längst totgesagt, weil sie dauernd die ganze Nacht geschossen hatten. Ging über die Gickelshäuser ins Georgensbad am Valtenberg, wohin abends Friedl, Fannerl (Witwe seines ältesten Sohnes Joseph, Franziska), Magajella (Witwe seines zweiten Sohnes Karl, Marie-Gabrielle), deren Vater und Schwester und die drei Kinder (Tochter von Franziska, Sohn von Marie-Gabrielle und ein Rantzau-Kind) mit DKW und Super-6 von Karl gefahren waren. Riesenfreude! Sie fuhren am selben Abend (22. April) nach Eulau bzw. Kulm, und ich ging hierher zurück und schlief allein mit dem Präses im Haus, da die Russen inzwischen abgezogen waren. Übertags immer beim Treck am Gickelsberg, von wo wir die 'Schlacht um Bautzen' beobachten konnten.

Dann kam ein Ukrainerstab ins Haus, Halbwilde, die wie die Raben stahlen. Dann kam der Nachschubstab einer Inf.-Division mit einem netten, jungen bayerischen Major, mit dessen Hilfe es mir am 1. Mai gelang, die arme Mami mit zehn anderen Menschen aus Räckelwitz (Krankenhaus vom Kloster Marienstern) herauszuholen, das unter starkem russischen Beschuß lag und sehr gelitten hatte. Expeditionen nach Bautzen oder Putzkau sind nur zu Fuß möglich und daher sehr zeitraubend. In Malschwitz war ich überhaupt noch nicht.

Am 6. Mai abends mußten wir unser altes Gaußig räumen! Du kannst Dir meine Gefühle denken! Der Major hatte mir einen Sanitätswagen für Mami zur Verfügung gestellt, in dem auch der alte, sehr mühsame Präses mitsaß. In der Nacht erreichten wir ein Nest bei Neustadt, krochen in einem Haus unter und kamen in der Nacht vom 7./8. Mai in Schweizer Mühle bei Rosenthal unweit der Landesgrenze an. Dorthin hatte ich auch schon am Samstag vorher den Rittergutstreck geschickt und alles klappte gut. Nur kam mit dem Zusammenbruch der fatale Moment, daß das Militär abhaute, uns sitzen lassen mußte, und ich die ungezählten Leute am Hals hatte, die sie in zwei Autobussen und anderen Fahrzeugen hierher mitgenommen hatten. Die Russen waren unerträglich und ich zog daher am Himmelfahrtstag, den 10. Mai, mit allen meinen Fahrzeugen (Mami im DKW, von Friedl gelenkt, im Schlepp einer Zugmaschine) nach Hütten bei Königstein, wo wir mit den Fahrzeugen (Pferde und Zugmaschinen waren von den Russen unterwegs x-mal ausgetauscht worden) im Fabrikhof einer Papierfabrik gut unterkamen und selbst in einer kleinen Wirtschaft daneben zwei kleine Zimmer fanden. Allerdings sind wir in Hütten am 12. Mai früh von einer Horde Polen derartig ausgeraubt worden, daß wir sozusagen "blank" waren. Weißglühend vor Zorn mußte ich zusehen, wie die Bande die Koffer aufschnitt, die Kisten erbrach und alles raubte: Anzüge, Wäsche, Dokumente, Schuhe, die Sachen unserer Schwiegertöchter, alle Andenken, Fotos, mein Jagdbuch - alles zum Teufel! Meine Leute wurden nervös und waren nur noch mit größter Ruhe zu halten. Aber ich hatte gar keine Lust, von rückwärts nochmals in den offenbar nach Osten abziehenden Wespenschwarm hineinzustoßen. Inspektor Berndt war vollkommen kopflos, seine Frau eine weinende Masse.

Am Freitag vor Pfingsten waren die Leute nicht mehr zu beruhigen, sie wollten heim. Aber das Unheil kam schon in Polenzthal, wo wir abermals von Polen ausgeplündert wurden, und dann alle Nester derartig überfüllt und von plündernden Banden verängstigt vorfanden, daß wir in einem riesigen Gewaltmarsch bis zum Forsthaus Putzkau vorstoßen mußten, wo wir die erste ruhige Nacht seit langer Zeit erlebten. Ich hatte selbst die Lage vorher durch den Wald erkundet.

Am Pfingstsonntag um 15 Uhr waren wir dann glücklich wieder hier und brachten Mami für die ersten acht Tage im Pfarrhaus unter, da das Haus ganz unbeschreiblich aussah (in der Kapelle waren sie Gott sei Dank nicht gewesen, hatten aber von außen durchs Türschloß geschossen!). Keine Schublade, keine Schachtel, die nicht erbrochen oder geöffnet und auf dem Boden ausgeleert wurde. Alle Schubladen am Boden und die Sachen vom dritten Stock im Keller und umgekehrt. Außer Polen, die alles plünderten, haben natürlich auch die in Massen im Haus übernachtenden Treckleute mitgenommen, was sie nur irgendwie brauchen konnten, auch zwei meiner besten Böcke! Aber immer wieder Gott sei Dank, daß sie das Haus nicht angezündet haben, wie das schöne Neschwitz, von dem nur noch die gewölbte Küche stehengeblieben ist. So findet sich mit der Zeit doch einiges wieder. Anzuziehen habe ich zwar nichts mehr, als was ich am Leibe trage. Wir werden immer noch von kleinen Trupps von zwei bis fünf Mann, die unter dem Vorwand, Waffen zu suchen, ins Haus eindringen, bedroht und bestohlen, aber seit drei Tagen ist etwas mehr Ruhe. Das schlimmste ist die absolute Viehlosigkeit auf allen Gütern! Wie soll das alles je wieder in Gang kommen?!"

Mit dieser sorgenvollen Frage endet der Brief an seinen Sohn Adam. Über die unendlichen Schwierigkeiten der nächsten Monate eines wirtschaftlichen Neubeginns auf den Gütern erfahren wir nichts. Seine Gemahlin, Gräfin Maria Rosa Schall, mußte in dieser Zeit wieder ins Krankenhaus nach Räckelwitz gehen. Erst über den Beginn der "Bodenreform" und ihre dramatischen Ereignisse berichtet ein Brief von ihm an seine einzige Tochter, Marie-Bertha Gräfin v. Ballestrem, vom 18. November 1945 folgendes:

". . . Am 19. Oktober 1945 wurde ich zu einer angeblichen Befragung in Sachen Inspektor Berndt nach Bautzen geholt und dort für vier Tage auf Befehl des Landrats in Haft gesetzt. Ich war aus allen Wolken gefallen, denn von der Aktion 'Bodenreform' war bis dahin noch kein Wort gefallen! Ich saß in einer 'Einzelzelle' im alten Stadtgefängnis am Lauengraben, in der bereits drei andere 'wohnten', darunter ein Mörder, der 20 Jahre im Zuchthaus Waldheim gesessen hatte (er war aber der netteste). Am 24. Oktober kam ich mit dem Lastauto samt Lieselotte Wallwitz - ihre vier Kinder waren bereits während ihrer zufälligen Abwesenheit in Bautzen in Niedergurig am 22. verhaftet worden - ins Sammellager Radeberg. Dort reine 'Grüne Woche'. Baracken stark verwanzt und Verpflegung sehr mäßig, aber alle guten Freunde und Nachbarn zusammen. Am 26. Oktober Übersiedlung ins Sammellager Coswig, daneben ein zweites Lager, in dem Westsachsen fast vollzählig vertreten war.

Am 29. Oktober nachmittags 4 Uhr wurden wir in Viehwagen ohne Stroh und Fenster eingesperrt. In unserem Wagen waren wir 52 Menschen, darunter 14 Kinder, und um 11 Uhr nachts ging die Reise los. Sie war arg, denn die kommunistische Landespolizei, die den 800 Personen starken Transport begleitete, benahm sich viehisch. Verpflegung gab's so gut wie gar keine, und einmal ließen sie uns 30 Stunden nicht einmal einen Spalt öffnen! Du kannst Dir die 'Luft' vorstellen! Gemeinsamer Blechkübel, immer im Finstern und nichts zu trinken. Endlich, am 2. November, nachmittags in Stralsund gelandet. Fußmarsch über den Rügendamm im Finstern und wieder in Viehwagen eingesperrt. Sehr kalte Nacht. Am 3. November früh endlich Abfahrt von Altefähr und gegen 14 Uhr am Bestimmungsort. Charmanter Hubertustag!

Unterbringung im Lager 'Hamburg' in der Arbeiterbaracke, die für die Arbeiter des 'KdF'-Strandbades von Robert Ley gebaut waren. Keine Heizung, kein Licht und kein Wasser, sonst prima! Gemeinschaftsküche ein Kilometer entfernt, abends warme Suppe, doch sehr dünn und ganz ungesalzen, aber das erste Warme seit Coswig! Wir konnten uns aber frei bewegen, Polizei war zurückgefahren, aber es wimmelte von Russen. Ich war immer mit den Niedergurigern zusammen. Am 4. November übersiedelte Lieselotte Wallwitz mit der kleinen Eilika nach Bergen zu einem bekannten Arzt. Am 6. wurde das Lager aufgelöst und wir nach Putbus gewiesen, dort aber vom kommunistischen Bürgermeister sehr übel begrüßt. Ich machte mich mit den beiden Mädels selbständig und marschierte drei Kilometer weit in ein Fischerhaus am Bodden, wo die Wirtschafterin eines Vetters der Wallwitze, Herr v. Platen, der mit mir im Vitzthumschen Gymnasium gewesen war, rührend für uns sorgte. Am 9. sind wir dann zusammen (Platen und die Wallwitze - Bars war mit Gelbsucht im Krankenhaus Radeberg geblieben) per Frachtkahn nach Stralsund.

Am Nachmittag waren wir bereits in Demmin, wo wir von den Russen aus dem Zug geworfen wurden und deshalb dort übernachteten. Am 11. November früh weiter mit Güterzug, und am 12. früh trennte ich mich von den Wallwitzen in Oranienburg und fuhr mit der Bahn nach Hermsdorf ins Dominikusstift. Dort erfuhr ich, daß Bischof Preysing vor drei Tagen nach Zehlendorf übersiedelt sei, nachdem er zwei Jahre in Hermsdorf gewohnt hatte. Ich suchte ihn dann im Ordinariat auf, und er nahm mich dann rührend abends in Zehlendorf auf. Ich blieb zwei Nächte bei ihm und erholte mich etwas. Am 14. fuhr ich nach Zossen hinaus, mußte die Nacht bei großer Kälte in der Vorhalle auf dem Bahnhof Elsterwerda verbringen, da alles überfüllt war, und landete endlich am 15. zu Mittag in Dresden, wo ich in der Theresienstraße erfuhr, daß Mami noch in Räckelwitz sei.

Am 16. November fuhr ich mit Dela wieder nach Gaußig, wie ein Einbrecher ins eigene Heim! Wir konnten nicht ins Haus, da alles voller Herren der CDU und wurden am Park gewarnt und in die Brauerei geleitet. Dela schlich sich abends allein ins Haus, man durfte nichts hören. Das Kaminzimmer war auch bewohnt, daher alles sehr schwierig. Die Wache in der Küche ließ Dela zur Spiegelsaaltür hinein, und sie haben in der Nacht doch noch allerlei herausgebracht, was wir brauchten. Früh um 5 Uhr brach Dela dann auf, um nach Dresden zu fahren - das war gestern - und ich marschierte bei stockfinsterem Nebel los und tippelte zu Mami nach Räckelwitz zu Fuß.

Was soll ich Dir sonst erzählen? Wir sind restlos enteignet. Der Wald verstaatlicht und von dem ganzen schönen Besitz ist uns gar nichts geblieben - momentan! Das Rittergut Gaußig, der Park und das Schloß sind von der CDU übernommen, und es war mir versprochen worden, daß wir im Haus wohnen bleiben könnten. Jetzt sind wir "landesverwiesen" und die CDU hat Angst vor den Kommunisten, die sich hinter den Russen verstecken und sich gegenseitig die Bälle zuwerfen. Jedenfalls ist die Situation jetzt so, daß die Kommunisten mich - aber auch Dela und die Kinder - sofort verhaften und vermutlich wieder verschleppen würden, wenn sie uns erwischten!

Ich will versuchen, zunächst mit Dela nach Heimerzheim (Delas Heimat im Westen) zu fahren und Mami dann nachzuholen. . ."

Soweit der persönliche Bericht von Adam Graf Schall-Riaucour. Der Plan, nach Heimerzheim zu gelangen, um dort eine neue Heimat zu finden, konnte auch verwirklicht werden. Dort hat er dann am 29. April 1949 sein Leben beschlossen.

Den Abschluß dieses Schicksalsberichtes möge die erschütternde Darstellung bilden, die in kurzen Stichworten beschreibt, wie die gesamte nächste Generation dieser Familie - acht Söhne und eine Tochter - innerhalb weniger Jahre ihr Leben verlor. Niedergeschrieben wurde dies von Gräfin Marie-Gabrielle Schall-Riaucour, der Witwe des zweiten Sohnes Karl.

1940: Karl wurde als vorgeschobener Beobachter der Artillerie bei Dünkirchen verwundet und starb am 2. Juni 1940 in einem Kloster in Thourout, Belgien, das damals Feldlazarett war.

1944: Joseph war lange unabkömmlich, war nur in Prag und Meißen stationiert und verunglückte tödlich am 15. April 1944 in Dresden.
Johann war Hauptmann und Kommandant eines Div.-Stabsquartiers in Rußland. Er gilt seit dem 22. Juli 1944 als vermißt und wurde später für tot erklärt.
Max war Hauptmann und Kommandeur einer Artillerie-Abt. und gilt seit dem 21. Juni 1944 als vermißt und wurde später für tot erklärt.
Octavio war Gefreiter in einem Panzer-Gren.-Rgt. und fiel im Kessel von Tscherkassy am 11. Juli 1944 durch Kopfschuß.

1955: Moritz war Kunstmaler, er kam im Krieg zum Afrika-Korps. 1943 wurde sein Schiff bei der Überfahrt torpediert und er schwamm stundenlang, sich an einem Floß festhaltend, im Wasser, bis ein italienisches Schiff ihn rettete. Er wurde dann gefangengenommen und war bis zum 11. Juli 1947 in einem Lager in Marokko. 1948 heiratete er Bertha Gräfin Brühl. Als bald darauf die in Afrika erlittene Krankheit wieder ausbrach, starb er am 19. Mai 1955.

1956: Friedrich August (Friedl) ist wegen seiner diversen Behinderungen nicht eingezogen worden. Er war Fotograf. Am 16. März 1956 überrollte ein belgischer Panzer in Aachen sein Auto und verletzte ihn dabei tödlich.
Adam Clemens war Kaplan. Er saß zusammen mit seinem Bruder Friedl im gleichen Wagen und starb an den Folgen des Unfalles am 28. März 1956 in einem Aachener Krankenhaus.

1982: Marie Bertha Gräfin v. Ballestrem, die einzige Tochter, kam 1945 über Gaußig nach Bayern, hatte sechs Kinder und lebte lange Zeit in Aßling bei Grafing. Sie starb am 20. Februar 1982 in Herten. Ihr Mann, Franz Graf v. Ballestrem, folgte ihr wenige Monate später am 19. Oktober 1982.

Ihre Söhne, die alle ihr Leben so jung enden mußten, haben ihren Eltern sechs Enkel hinterlassen, drei Töchter und drei Söhne. Möge es ihnen vergönnt sein, einmal in ihre Heimat zurückkehren zu können.

Zusammenstellung des durch die Folgen des Zweiten Weltkrieges verloren-
gegangenen Grundbesitzes der Herren v. Schönberg, v. Schönberg-Roth-Schönberg, v. Schönberg-Poelting, Sahrer v. Sahr v. Schönberg, Freiherren v. Schönberg

Besitz	ha	letzter Besitzer	Lage	seit/Bericht	
Wasserjentsch	232	Caspar v. Sch.	bei Breslau	1854	ja
Bornitz	472	Caspar v. Sch.	A. Oschatz	1669	ja
Nd.-Reinsberg	280	Caspar v. Sch.	A. Meißen	1387	ja
Reichstädt	804	Hans v. Sch.	A. Dippoldiswalde	1717	ja
Krummen-hennersdorf	300	Otto-Friedrich v. Sch.	A. Freiberg	?	ja
Kreipitzsch	307	Wolf v. Sch.	Kr. Naumburg/S.	?	ja
Ob.-Reinsberg	350	Wolf-Erich v. Sch.	A. Meißen	1377	ja
Herzogswalde	114	Wolf-Erich v. Sch.	A. Meißen	1420	ja
Roth-Schönberg		Joseph v. Sch. Roth-Sch.	A. Meißen	1307	ja
Wilsdruff	908	Joseph v. Sch. Roth-Sch.	A. Meißen	1420	ja
Limbach		Joseph v. Sch. Roth-Sch.	A. Meißen	1445	ja
Wald u. Lotzen		Joseph v. Sch. Roth-Sch.	A. Meißen	?	ja
Tanneberg	196	Horst v. Sch.-Pötting	A. Meißen	1675	ja
Dahlen	1 053	Hanns-Heinr. Sahrer v. Sahr v. Sch.	A. Oschatz	?	ja
Purschenstein	2 352	Georg v. Sch.	A. Freiberg	?	nein
Thammenhain	1 490	Karl-Friedr. Frhr. v. Sch.	A. Grimma	1666	ja
Zwochau	308	Karl-Friedr. Frhr. v. Sch.	A. Grimma		ja
Hohburg	207	Karl-Friedr. Frhr. v. Sch.	A. Grimma		ja
Voigtshain	229	Karl-Friedr. Frhr. v. Sch.	A. Grimma		ja
Niederzwönitz	622	Nikol Frhr. v. Sch.	A. Chemnitz	1475	ja

20 Besitze mit 10 224 ha

Dr. Bernhard v. Schönberg a. d. H. Kreipitzsch

B e r n h a r d Christian Kaspar v. S c h ö n b e r g, * Dresden 26. 5. 1882,
† Karlsruhe 14. 3. 1963, Dr. jur., Rechtsanwalt, sächs. RegRat a. D.

Bernhard v. Schönberg war in der fraglichen Zeit in Dresden als Rechtsanwalt tätig
und hat dort den Bombenangriff im Februar 1945 miterlebt. Seinem Augenzeugen-
bericht ist die nachfolgende Niederschrift entnommen.

Dresden hatte bis dahin zu den wenigen Städten gehört, die von Luftangriffen
verschont geblieben waren. Militärisch war dies verständlich, denn durch ihre
frühere Grenznähe besaß die Stadt keine nennenswerte Kriegsindustrie, und ihre
Verkehrslage war so ungünstig, daß die Zerstörung ihrer Bahnanlagen sinnlos
gewesen wäre. Man glaubte auch, daß Dresden als führende deutsche Ausländer-
stadt mit seinem amerikanischen, englischen und russischen Viertel bei den Alliierten in wohlwollender Erinnerung stünde. Infolgedessen waren keine nennens-

werten Schutzmaßnahmen getroffen worden. Bis auf einen Feuerlöschteich auf dem Altmarkt und wenigen öffentlichen Schutzräumen, wie z. B. am Hauptbahnhof, gab es nur die privaten Luftschutzkeller in den Häusern. Manche, so auch wir, hatten außerdem Splittergräben im Garten, die sich dann bestens bewährt haben. Wie sicher man sich fühlte, zeigt auch, daß man Teile der Feuerwehr zu anderen, angeblich mehr bedrohten Städten geschickt hatte.

Da ich angesichts der sich steigernden Terrorangriffe immer unruhiger wurde, schickte ich am 13. Februar 1945 (Faschingsdienstag) meine Wirtschafterin mit zwei Handkoffern - für jeden von uns einen - in eine kleine Stadt zu Verwandten von ihr. Um 8 Uhr abends sollte sie wieder zurück sein, war aber um 10 Uhr noch nicht da, was bei den damaligen Bahnverhältnissen nicht beunruhigte. Ich wollte mich zu Bett legen, trat aber nochmals im Nachthemd auf den Balkon und sah gerade den "Christbaum", also die Lichtsignale, die vor einem Bombenangriff gesetzt wurden. Ich zog mir schnell etwas über und rannte zum Splittergraben, wo ich die Hausnachbarn schon versammelt fand. Ich hatte die Warnung nicht gehört. Gleich darauf begannen die Bombenabwürfe und mehrere Maschinen flogen niedrig über uns hinweg. Als es dann längere Zeit ruhig war, kamen wir aus unserer Deckung heraus und sahen nun den hellen Feuerschein über der Stadt. Man soll ihn noch in 70 Kilometer Entfernung gesehen haben. Da man im Moment nichts unternehmen konnte, legte ich mich wieder nieder. Nach einiger Zeit kam meine Wirtschafterin. Ihr verspäteter Zug war noch bis zum Hauptbahnhof durchgekommen, als der Fliegeralarm kam. Sie war in ein Haus in der Wiener Straße gegangen, das zum Glück nicht getroffen wurde. Da keine Straßenbahnen mehr gingen, ist sie dann die eineinhalb Stunden zu Fuß nach Hause gegangen, zuerst immer an brennenden Häusern vorbei, später dann zu ihrer Beruhigung außerhalb der Brandzone, denn mein Holzhaus wäre natürlich sehr gefährdet gewesen. Nachdem sie berichtet hatte, legte ich mich schlafen. Plötzlich erwachte ich durch einen hellen Schein und meine Wirtschafterin kam hereingestürzt und rief: "Sie kommen wieder!" Ich fuhr wieder in die Hose und rannte zum Splittergraben. Die Gartentür war verschlossen, beim Überklettern verlor ich einen Schuh und rannte mit einem weiter zum Splittergraben, der ebenfalls verschlossen war. Beim ersten Angriff war die Warnanlage zerstört worden, so daß kein Fliegeralarm gegeben werden konnte. Ich rannte zurück und verbrachte diesen Angriff mit meiner Wirtschafterin im eigenen Keller. Plötzlich gab es ein starkes Krachen. Wie sich dann herausstellte, hatte unser Dach einen Schaden. Offenbar hatte sich das Haus geschüttelt, alle Bilder waren heruntergefallen, aber zum Glück waren die Fensterscheiben heil geblieben.

Am anderen Morgen - Aschermittwoch - versuchte ich in die Stadt zu kommen, um zu helfen. In der Hauptverkehrsstraße war kein Durchkommen, nur entlang der Elbe konnte man gehen, mußte aber gegen den Strom der Flüchtlinge ankämpfen. Im Johannstädter Krankenhaus sah ich nach meiner Schwester Erdmannsdorff, die dort mit einem Schenkelhalsbruch lag. Das Krankenhaus hatte mehrere Treffer erhalten, aber ihre Abteilung war verschont geblieben. Gegen Mittag erschien dann endlich mein Schwager. Seine Wohnung war wie die ganze Zinzendorfstraße schwer getroffen. Er hatte sich selbst aus dem Luftschutzkeller befreien müssen und war dann beim zweiten Angriff in den Großen Garten gegangen, wo die Flüchtigen wie die Hasen abgeschossen wurden. Als alter Soldat hatte er sich von

Deckung zu Deckung durchgekämpft. Vor dem auf jeden solchen Angriff folgenden Sturm und Regenguß hatte er sich in ein auf der Straße parkendes Auto geflüchtet, aus dem er nach kurzer Zeit von dem zurückkehrenden Besitzer hinausgeprügelt wurde. Dann hatte er sich mit seinen 86 Jahren, dazu augenleidend, allmählich zum Krankenhaus durchgekämpft (s. dort).

Am Donnerstag ging ich wieder in die Stadt, um nach Verwandten, Freunden und meinen Angestellten zu suchen. Jetzt war es möglich, in die Stadt zu kommen. In den Straßen traf man noch auf viele Leichen, teils scheinbar unverletzt, teils ohne jedes Kleidungsstück, aber ohne Brandwunden, teils in verschiedenen Verbrennungsstadien. Die Häuser brannten vielfach noch, überall bestand Einsturzgefahr, manche Straßen waren unzugänglich.

Nachdem ich die Altstadt abgesucht hatte, ging ich in die Neustadt. Hier traf mich gegen Mittag der nächste Angriff. In den Kasematten der früheren Festung fand man ausgezeichneten Schutz. Nach Hause zurückgekehrt sah ich, daß der letzte Angriff unserer Gegend gegolten hatte. In der unmittelbaren Umgebung meines Hauses waren zum Teil riesige Bombentrichter, 16 davon waren vom Haus aus zu erkennen. Dem Haus war aber wiederum nichts geschehen.

Die Stadt behielt ihren Ruinencharakter. Immer neue Leichen wurden aus den Trümmern geborgen und in Massengräbern beigesetzt, vor allem auf dem Tolkewitzer Friedhof. Von den beiden Schutzräumen am Hauptbahnhof, die je 2.000 Menschen faßten, waren in dem einen alle umgekommen, da ein Dampfrohr zerstört worden war. Die Gesamtzahl der Todesopfer habe ich nie genau erfahren können, sie wird auf 250.000 bis 300.000 geschätzt, da Dresden damals von Flüchtlingen aus dem Osten überfüllt war. Die Züge standen von Coswig bis Pirna, auf dem Hauptbahnhof konnte man sich nicht bewegen, weil auf dem Fußboden Mensch an Mensch lag.

Von den 200 Dresdener Anwaltsbüros sind nur acht unberührt geblieben, darunter meines. In der Innenstadt war auf einer Fläche von neun Kilometer Länge und vier Kilometer Breite kein Haus unversehrt. Am wenigsten abbekommen hatten militärische Anlagen, insbesondere die Kasernen in der Neustadt. Dagegen waren die Friedhöfe zum Teil schwer getroffen, verschiedene Beigesetzte haben das Licht früher wiedergesehen als gedacht. Ein Glück bei allem war noch, daß es die kalte Jahreszeit zu keiner Epidemie kommen ließ, andererseits aber auch kein strenger Winter herrschte.

In den nächsten Monaten waren die Menschen wie gelähmt. Trotz aller Mahnungen taten die Banken nichts, um wichtige Unterlagen für ihre Kunden zu retten und die im allgemeinen unversehrten Safes zu öffnen, so daß den Kunden später wichtige Nachweise fehlten, und der Inhalt der Safes später den Eroberern in die Hände fiel. Die Post funktionierte zunächst überhaupt nicht, später brauchten Briefe innerhalb der Stadt ein bis zwei Wochen. Die Eisenbahn fuhr nur bis zu den Vororten und auch mit der Straßenbahn existierte keine Verbindung zwischen den Vorstädten. So löste sich die Großstadt in sieben Bezirke auf, die wirtschaftlich und zeitweilig auch politisch selbständige Städte mit eigenen Bürgermeistern bildeten, ein Kranz von Städten um einen toten Ruinenkomplex.

Nachträglich stellte sich heraus, daß die Zerstörung der Stadt durch die Westalliierten auf der Konferenz von Jalta beschlossen worden ist. Dabei blieb ungeklärt, ob die Initiative von Stalin ausgegangen ist. Jedenfalls gab sie ihm Anlaß zu starker Propaganda, zuerst gegen Hitler, später gegen den Westen. Die aufgestellten Schilder: "Hitlers Werk" wurden ausgetauscht in: "Das Werk des Westens".

Als dann Dresden in letzter Stunde zur befestigten Stadt erklärt und eine Artilleriestellung unmittelbar neben meinem Grundstück postiert wurde, begab ich mich Ende April zu meinem Vetter Friedrich, unserem damaligen Senior, nach Niederreinsberg. Dort traf ich neben meinem Schwager Erdmannsdorff - meine Schwester war kurz zuvor dort gestorben - eine Reihe von Flüchtlingen, die trotz aller Schwierigkeiten von Friedrich und zwei seiner Schwestern gastfrei aufgenommen wurden. Angesichts der Nachrichten über die Greuel, die die Russen bei ihrem Vormarsch verübten, verließen wir - die Gastgeber und die Flüchtlinge - in einem gemeinsamen Treck Anfang Mai, kurz vor dem Einrücken der Roten Armee, Niederreinsberg. Als die Besatzungswirren angeblich vorbei waren, gingen die Niederreinsberger wieder nach Hause zurück. Dort wurden sie bei ihrer Ankunft von polnischen Zivilarbeitern überfallen, verprügelt und ihrer Habe beraubt.

Ich selbst wanderte mit einem schweren Rucksack mit Übernachtung im Heu eines Bauernhauses die 80 Kilometer nach Leisnig, das in amerikanischer Hand war, zur Schwester meiner Wirtschafterin. Unterwegs wurde ich von Russen gestellt und, nachdem ich um Zigaretten, meine Armbanduhr und mein Hörgerät erleichtert worden war, zu einem russischen Panzer gebracht. Der Offizier entließ mich ohne weiteres und - Ehre wem Ehre gebührt - der russische Soldat kam mir nachgekeucht und brachte mir meinen Hörapparat zurück. Nun lief ich etwa zwei Stunden entgegen den russischen Truppen auf der gleichen Straße, und sie benahmen sich einwandfrei. Wie im Film nahm ich die Parade ab, erst schwere Panzer, dann tänzelnde Kosakenpferde. Gefahr bestand nur von den abseits streunenden Marodeuren, denen ich später begegnete. In der Gegend von Grimma gelang es mir, über einen Mühlensteg die Mulde in das amerikanische Gebiet zu überqueren. Als ich dann vollkommen erschöpft in Leisnig anlangte, war es inzwischen von den Russen besetzt worden. So war ich in zwei Tagen zu Fuß von Deutschland durch Rußland und Amerika nach Rußland gelangt! Die Russen benahmen sich in der Stadt nicht schlecht, weil sich Deutschland inzwischen ergeben hatte und nirgends Widerstand geleistet wurde.

Nach einigen Tagen lief ich nach Dresden zurück und blieb dort noch ein Jahr lang. Vorsorglich hatte ich mir Zeugnisse von ausländischen Mandanten besorgt, die ich politisch verteidigt hatte (Luxemburger, Franzosen, Tschechen usw.), und blieb daher unbehelligt. Nur bei Versuchen, Freunden auf dem Land zu helfen, wurde ich wiederholt festgenommen und ausgeplündert. So konnte ich weiter als Anwalt tätig sein, bis sämtliche ehemaligen PG's ausgeschlossen wurden. Meine Wiederzulassung, die bereits auf bestem Wege war, scheiterte, weil das Vorstandsmitglied der Anwaltskammer, das sie befürwortet hatte, ein Jude, festgenommen wurde, da er im Dritten Reich seine Rassengenossen an den SD ausgeliefert hatte.

Nachdem ich rechtzeitig gewarnt worden war, verließ ich Dresden mit kleinem Rucksack und blieb zunächst im Flüchtlingslager Heiningen. Nach einem Zwischenaufenthalt in Wolfenbüttel, wo ich als Rechtsanwalt wieder zugelassen wurde, übersiedelte ich Ende 1951 mit fast 70 Jahren nach Karlsruhe und eröffnete dort eine neue Praxis.

Caspar v. Schönberg auf Wasserjentsch, Bornitz und Niederreinsberg

Die Besitzungen des Caspar v. Schönberg erstreckten sich auf Schlesien und Sachsen. Seinen Hauptwohnsitz hatte er in Wasserjentsch bei Breslau. Es war zuletzt in "Schönwasser" umbenannt worden. Das Rittergut war seit 1854 in Schönbergschem Besitz und hatte eine Größe von 232 ha. Rittergut Bornitz in der Amtshauptmannschaft Oschatz war mit 472 ha das größte der drei Güter und es befand sich seit dem Jahre 1669 im Besitz der Familie. Niederreinsberg hat Caspar nur wenige Wochen besessen, als Erbe seines am 10. August 1945 gestorbenen Bruders Friedrich v. Schönberg. Es liegt in der Amtshauptmannschaft Meißen und hatte eine Größe von 280 ha. Niederreinsberg gehörte zu den ältesten, seit 1387 nachweisbaren Besitzungen der Familie.

Zur Familie des letzten Eigentümers gehören:

C a s p a r Dietrich Christoph v. S c h ö n b e r g, * Wasserjentsch 4. 5. 1878, † Essingen bei Aalen, Württ., 21. 9. 1966, auf Wasserjentsch (§) (seit 1854 im Bes. d. Fam.), Kr. Breslau, Bornitz (§) (seit 1669 im Bes. d. Fam.), Amtshptmschaft Oschatz, u. Niederreinsberg (§) (seit 1387 im Bes. d. Fam.), Amtshptmschaft Meißen, Kgl. sächs. RegRat a. D., RRr d. JohO.; ✕ Dresden 18. 2. 1911 Sibylla S a h r e r v. S a h r, * Dresden 23. 3. 1885, † Essingen 15. 11. 1969, T. d. Kgl. sächs. Khrn u. OLts a. D., Vors. der Stände d. Meißener Kr. Dr. jur. Leo S. v. S. auf Dahlen, Amtshptmschaft Oschatz, u. d. Frida Gfin v. Einsiedel a. d. H. Radibor.

Kinder:

1. F r i e d r i c h Otto Georg Christoph, * Dresden 4. 7. 1917, † Uelzen 29. 11. 1958, Hptm. in der Bundeswehr; ✕ (standesamtl.) Obernigk 25. 10., (kirchl.) Breslau 26. 10. 1943 Irmgard v. B o e h m - B e z i n g, * Breslau 5. 4. 1918, Dipl. agr., Redakteurin, T. d. Gen. d. Kav. a. D. Diether v. B.-B. u. d. Ellinor v. Prittwitz u. Gaffron.

2. Friedrich August Leo C h r i s t o p h, * Dresden 13. 4. 1919, ✕ († an der bei Bobrowice, Rußld, 13. 9. 1941 erlittenen Verwundung) Berlin 3. 12. 1941, OLt im ReiterRgt 8.

3. M a r i e - A d e l h e i d Frida Mathilde, * Wasserjentsch 16. 10. 1921, Sprachlehrerin.

4. H a n n s H e i n r i c h Caspar Christoph S a h r e r v. S a h r v. S c h ö n b e r g, * Wasserjentsch 9. 4. 1924, Adoptivsohn (Vertrag Breslau 17. 10. 1938, amtsgerichtl. bestät. Oschatz 15. 3. 1939) seines Onkels Dr. jur. Siegfried Sahrer v. Sahr, † 1953, auf Dahlen (§), adelsrechtl. Nichtbeanstandung des Namensform Sahrer v. Sahr v. Schönberg durch Beschluß d. Ausschusses f. adelsrechtl. Fragen d. Deutschen Adelsverbände Marburg an der Lahn 9. 9. 1977, Industriekaufm., AbtLeiter d. Gerresheimer Glashütte, Lt a. D., ERr d. JohO.; ✕ Wuppertal 23. 4. 1952 Marie Luise Freiin v. F r i e s e n, * Schleinitz bei Lommatzsch 30. 7. 1924, T. d. Obersten Dr. jur. Stefan Frhr v. F. auf Schleinitz u. Marie-Josephe v. Carlowitz a. d. H. Falkenhain.

5. C a s p a r Albert Siegfried Christoph, * Wasserjentsch 24. 12. 1925, † (an einer im Lddienst erlittenen Verwundung) ebd. 29. 9. 1942.

Rittergut Bornitz
Es wurde nach der Vertreibung vollkommen zerstört.

Dem Schicksalsbuch liegt ein Bericht von Caspar v. Schönberg vor, der nachfolgend auszugsweise wiedergegeben wird.

Im Kriege hatte ich die Güter Schönwasser (Wasserjentsch) und Bornitz zu bewirtschaften. Niederreinsberg fiel mir erst nach dem Tode meines älteren Bruders Friedrich am 10. August 1945 zu. Ich war außerdem stark in Anspruch genommen durch meine Stellung als Zweiter Vorsitzender des Repräsentanten-Kollegiums der Bergwerksgesellschaft "Georg von Giesches Erben", da der Erste Vorsitzende in Berlin wohnte.

Beide Güter erforderten viel Arbeit, zumal Schönwasser im Interesse der Ernährung von Breslau und des starken Heeresbedarfs seinen Kartoffelanbau verdoppeln und einen starken Gemüseanbau einführen mußte. Für den Hackfruchtanbau benötigten wir zuletzt 50 Prozent der Ackerfläche.

Ende November 1944 wurde die Lage durch das Vordringen der Sowjettruppen in Polen immer bedrohlicher. Seit Mitte Januar 1945 hörte man von Osten her immer näherkommendes Geschützfeuer, und es begannen die ersten Trecks aus den Kreisen Lublinitz, Kreuzburg und Großwartenberg westwärts bei uns durchzuziehen. Am 21. Januar veranlaßten wir auf eigene Verantwortung unsere Arbeiter und die Dorfbewohner, ohne Aufheben die nötigste Habe transportfähig zu machen. Als ich am 23. nach Breslau ins Giesche-Haus fuhr, fand ich dies auf behördliche Anordnung geräumt, die Büros nach Greifenstein verlegt und einen großen Teil der Angestellten zum Volkssturm eingezogen. Die Rote Armee stand mit ihrer Spitze bereits zwischen Hundsfeld und Breslau. Am 24. Januar kam der Befehl des Kreisleiters, am 25. früh 7 Uhr zum Abtransport bereit zu sein. Er wurde widerrufen. Am 25. vormittags befahl der Kreisleiter für halb 12 Uhr den Abtransport aller Kinder unter zehn Jahren und ihrer Mütter durch zwei von mir zu stellende Trecker mit Gummiwagen nach Liegnitz. Der Rest der Bevölkerung war damit der Haupttransportmittel beraubt. Die leeren Wagen kehrten aber am nächsten Morgen zurück und um 12 Uhr erging der Befehl zum Abtransport des Restes der Bevölkerung in Richtung der Grafschaft Glatz. Zum Transportleiter war mein Inspektor Ernst Weidmann bestimmt, der diese Aufgabe mit viel Geschick und Umsicht bis Mai 1945 gelöst, und der sich dabei viel Dank und Anerkennung erworben hat.

Es herrschte Frost von 19 Grad Celsius und starkes Glatteis. Die Straße war oft durch andere Trecks verstopft. In einer Kurve stürzte unser Gummiwagen um und fiel in den Straßengraben. Um wieder hochzukommen, mußten die Planen aufgeschnitten werden, was für die Weiterfahrt bei der Kälte sehr unangenehm war, aber wie durch ein Wunder war niemand verletzt. Am 27. Januar gegen 16 Uhr bezogen wir Nachtquartier auf Stühlen und Sofas im Schloß Heidersdorf der Baronin Richthofen. Ihr Gutshof war belegt von ca. 200 englischen Kriegsgefangenen und etwa ebensovielen Zuchthäuslern aus Brieg. Die letzteren trugen nur weiß-blau gestreifte Leinenanzüge auf bloßem Leib, ihre nackten Füße steckten in Holzpantoffeln. Uns erschütterte besonders der Anblick des in ganz Schlesien hochangesehenen Grafen Sierstorpff-Zülzhoff, den wir als politischen Gefangenen wiedersahen. Er ist dann nach diesem Fußmarsch auf dem Hof tot zusammengebrochen.

Die nächste Nacht verbrachten wir bei Prinzessin Sibylle v. Schoenaich-Carolath in Mettendorf. Sie ist die Schwiegertochter der Kaiserin Hermine, eine geb. Freiin v. Zedlitz, Tochter einer Lieres. Sie nahm uns besonders verwandtschaftlich auf. Von dort ins Riesengebirge und weiter nach Sachsen zu gelangen, scheiterte am Widerstand der Polizei. So fuhren wir nach Heidersdorf zurück und kamen am 28. Januar nach Bad Dirsdorf, wo wir im Schloß Oberdirsdorf bei Graf und Gräfin Pfeil liebevolle Aufnahme fanden. Hier mußten wir ein paar Tage rasten, um unseren Pferden etwas Ruhe zu gönnen.

Hier baten mich nun die Väter und Ehemänner unseres Trecks, nach Bornitz weiterzufahren, um von dort aus nach ihren in den Westen abtransportierten Familien zu fahnden. Ich glaubte ihnen diesen Wunsch erfüllen zu müssen, obwohl mir klar war, daß dies den endgültigen Abschied von der Heimat bedeuten würde. Am 4. Februar morgens 4 Uhr verließen wir Oberdirsdorf und trafen nach einer abenteuerlichen Fahrt in den von Deserteuren überfüllten Zügen über Gnadenfrei, Königszelt, Hirschberg, Görlitz gegen 16 Uhr in Dresden und 19 Uhr in Riesa ein. Von dort wurden wir auf telefonischen Anruf abgeholt und fuhren um 22 Uhr durch das alte Hoftor in Bornitz ein. Dank der Tatkraft von Frau Weidmann, der Frau unseres Inspektors, die einen Zugführer mit Hilfe von einigen Bratwürsten bewogen hatte, statt nach Halle, dorthin zu fahren, waren die Frauen und Kinder schon vor uns in Bornitz.

Das Bornitzer Schloß fanden wir bis zum letzten Winkel mit Flüchtlingen belegt. Wir persönlich fanden zunächst Quartier im sogenannten Dorfhaus bei Base Marie

Schönberg, geb. v. der Planitz. Sie war die Witwe des Vorbesitzers, Heinrich v. Schönberg. Am nächsten Tag konnten wir uns dann im Schloß unser Schlafzimmer und ein daneben liegendes Zimmerchen einigermaßen behaglich einrichten.

Am 7. Februar 1945 brannte durch spielende Flüchtlingskinder die erst 1937 neu aufgebaute und modern ausgestattete Hofscheuer mit allen Vorräten nieder. Sie fehlte uns sehr für die Unterbringung ungezählter schlesischer Flüchtlinge, die in den nächsten Wochen bei uns durchtreckten. Schlimm waren jetzt auch die Quartiermöglichkeiten für die häufigen Transporte von Sträflingen, russischen Gefangenen, Insassen von Internierungslagern oder einmal 200 Juden, die manchmal ein bis zwei Tage rasteten. Sie machten alle einen halbverhungerten und elenden Eindruck. Einmal war die Brennerei mit einer Einheit von Ungarn drei Wochen belegt. Sie sollten der deutschen SS entsprechen, benahmen sich aber absolut unmilitärisch und fielen sehr gegen das zum Schutz der Elbbrücken hier eingesetzte Landsturm-Bataillon ab. Diese Elbbrücken war zunehmend Ziel amerikanischer Flieger, die gelegentlich auch den 500 Meter von uns entfernten Bornitzer Bahnhof angriffen.

Am 24. April wich der größte Teil der Bornitzer Bevölkerung auf behördliche Anordnung in einem Treck für 24 Stunden nach Salbitz aus. Während ihrer Abwesenheit fand zwischen Schloß und Brückenschänke Bornitz ein Gefecht zwischen deutschen Einheiten und russischen Vortruppen statt. 18 Deutsche gerieten in russische Gefangenschaft und wurden, soweit sie dem Volkssturm angehörten, sofort an der Bornitzer Feldscheune erschossen.

Von jetzt an lag Bornitz zwischen der amerikanischen Armee, die von Wurzen aus langsam auf Oschatz vorrückte und oft bis Riesa vorfühlte, und den bolschewistischen Truppen bei Riesa und Strehla. Die Russen fingen schon an, in den Häusern zu plündern, Frauen zu vergewaltigen und Gespanne mitzunehmen. Aber auch anderes zwielichtiges Gesindel machte sich breit und das Leben unsicher. Bornitz war für diese Elemente besonders anziehend, denn die Brennerei barg einen größeren Spiritusvorrat, dessen Vernichtung der Kreisleiter mir ausdrücklich verboten hatte. Auf dem "Katzenboden" lag zudem das Gepäck eines hohen Pionierstabes, das als Kriegsbeute der Plünderung freigegeben war.

Am 28. April wurden Sibylle und ich das erste Mal von einem russischen Offizier und Kommissar in Begleitung von drei Mann und einem polnischen Arbeiter als Dolmetscher sehr eingehend vernommen. Der Dolmetscher nahm aber so energisch für uns Partei, daß wir unbehelligt blieben. Nur unsere Armbanduhren und zwei Flaschen Branntwein erbaten sich die sowjetischen Würdenträger in aller Bescheidenheit. Während unserer Vernehmung war aber Herr Meyer, unser Gutsinspektor, von russischen Soldaten so schwer mißhandelt worden, daß ihn unsere Schwiegertochter Irmgard, geb. v. Boehm-Bezing, auf längere Zeit vertreten mußte. Sie tat dies dank ihrer landwirtschaftlichen Ausbildung mit großer Umsicht.

Am 2. Mai versammelten sich um die Mittagsstunde auffallend viele gutsfremde Polen auf meinem Hof. Als ich ins Inspektorhaus gehen wollte, trat einer meiner mehrjährigen polnischen Arbeiter an mich heran und flüsterte: "Chef schnell fort, in Viertelstunde kommen Russen Dich holen" und war verschwunden. Auf Drängen von Sibylle kehrten wir sofort ins Schloß zurück, rafften das Nötigste zusammen und verließen Bornitz durch Hintertür und Garten in Richtung Zöschau. Dort nahm uns Frau v. Oppel, geb. v. Tümpling, die selbst in größter Sorge um das Schicksal ihres im Kriege stehenden Mannes war, ohne Bedenken liebevoll auf, obwohl auch ihr Haus bis zur letzten Bodenkammer mit Flüchtlingen belegt war. Am 5. Mai flutete das deutsche Heer seit Mittag von Torgau über Dahlen, Oschatz in Richtung Nossen auf Lastautos, Panzern und Fahrrädern an uns vorbei. Man konnte nur noch von Flucht sprechen. Gegen 19 Uhr erschienen 25 russische Offiziere und erbaten für sich und Begleitmannschaften sehr höflich Quartier. Frau v. Oppel übernahm die Unterbringung und erbat meine Hilfe bei der Betreuung der Flüchtlinge. Durch ihre Konzentrierung auf nur zwei wenig beleuchtete Räume gelang es, sie vor dem Schlimmsten zu bewahren. Aber bis tief in die Nacht hinein mußte ich Leute der Begleitmannschaften durch alle Räume begleiten, um die Frauen vor Belästigungen zu bewahren und der Suche nach Soldaten, besonders SS-Leuten, beizuwohnen.

Am 6. Mai verließen auf geheimen Rat eines der russischen Offiziere alle Flüchtlinge das Zöschauer Herrenhaus. Während die übrigen sich bei Bürgern in Oschatz einquartierten, kehrten wir nach Bornitz zurück. Dort war das Schloß bis zum letzten Winkel voller Russen. Wir gingen daher wieder zur Kusine Marie und beobachteten durchs Fenster, wie gegen 11 Uhr die Russen unter Mitnahme fast des gesamten lebenden Inventars abzogen. Das Schloß fanden wir in einem wüsten Zustand. Kein Raum durfte abgeschlossen werden. Überall stieß man auf beutegierige Russen und Polen. Wochenlang verbargen sich Frauen und Mädchen in den schützenden Kornfeldern über die Nacht.

Nach vierzehn Tagen durften wir wieder ins Schloß ziehen, aber die Gutswirtschaft wurde der Kommandantur Oschatz zu ihrer Versorgung unmittelbar unterstellt. Diese holte sich nun ihrerseits wiederVieh aus allen Himmelsrichtungen zusammen. Die Arbeiter sollten ohne Barlohn in einer Gemeinschaftsküche beköstigt werden, wovon aber sollten die Frauen und Kinder leben? Ohne alle Einnahmen zahlte ich ihnen trotz Verbotes ihren Barlohn weiter, bis mir am 14. August 1945 meine Bankkonten gesperrt wurden. Als Verwalter hatte die Kommandantur einen invaliden Eisendreher eingesetzt, der von Landwirtschaft nichts verstand. Er war aber klug genug und mir wohlgesinnt, deshalb nahm er sich meine Schwiegertochter, die ja Diplomlandwirtin ist, als Gutssekretärin.

Am 25. Oktober fuhr ich nach Dresden zur Familienratssitzung. Alle anderen Mitglieder blieben aus. Nichts Gutes ahnend, fuhr ich am 26. nach Niederreinsberg. Als ich das Zimmer betrat, erschraken meine beiden Schwestern sehr und berichteten, daß alle Großgrundbesitzerfamilien in der letzten Nacht im Kreis Meißen verhaftet und nach Coswig gebracht worden seien. Wenige Minuten später erschien eine Ortskommission, um "die Wohnung zu besichtigen". Man hatte meine Ankunft bemerkt. Ich konnte gerade noch im Klo verschwinden, das sie merkwürdigerweise bei der folgenden Durchsuchung ausließen. Nach zwei Stunden zogen sie wieder ab, und ich kehrte am nächsten Morgen über Nossen nach Borna zurück. Der kommunistische Landrat von Oschatz hatte den Befehl nur gegenüber drei bis vier Gutsherren ausgeführt, und der kommunistische Ortsgruppenleiter Nitzsche in Bornitz erklärte mir, er habe sich ihm mit aller Energie widersetzt und gedenke, das auch weiter zu tun. Er halte diese Ausweisung für ein Unrecht, besonders Familien gegenüber, die immer ihre sozialen Pflichten erfüllt hätten. Nitzsche war uns schon im "Dritten Reich" als Kommunist bekannt, aber er war ein grundanständiger Charakter und dankte es uns, daß wir ihn nicht den Schergen Hitlers verraten hatten. Was nun kam, geschah durch die russische Kommandantur in Oschatz und lag außerhalb seiner Macht. Am 23. Dezember 1945, nachmittags 3 Uhr, fuhr plötzlich ein russischer Offizier mit einer jüdischen Dolmetscherin vor, die uns bereits bekannt war, da sie einige Zeit im Schloß einquartiert gewesen war. Mit arrogantem Auftreten verkündete sie uns höhnisch, wir hätten mit Schwiegertochter und Köchin Bornitz innerhalb einer Stunde zu verlassen. Als ich mich darauf berief, daß mir der Anspruch auf Belassung einer Schlaf-, Wohn- und Kücheneinrichtung zustehe, sagte sie: "Ja, aber ich gebe Dir zum Transport nur einen Einspänner." Auf meinen Ruf durchs Fenster kamen von allen Seiten Helfer und verstauten das Nötigste auf einen verhältnismäßig kleinen Tafelwagen.

Als wir auf den Schloßhof traten, stand dort unsere ganze Arbeiterschaft mit Kindern und anderen Ortseinwohnern zur Verabschiedung. Die Frauen fielen meiner Frau und Schwiegertochter um den Hals und es erhob sich ein allgemeines Weinen. Aber die Dolmetscherin kreischte immer wieder: "Nicht weinen, lachen, lachen!" Der Bürgermeister, ein schon seit Jahren ortseingesessener verständiger Tscheche, fragte, wohin der Transport gehen solle. Die Jüdin geriet in Verlegenheit und stammelte: "Nach Col-Col-Col", offenbar war ihr der Name Colditz entfallen. Ich sagte schnell "nach Collm" und wie erlöst sagte sie: "Ja, nach Collm." Damit blieben wir wenigstens in einem uns vertrauten Bereich und konnten unser Ziel noch vor völliger Dunkelheit erreichen.

Der Bürgermeister hatte uns auf eigene Verantwortung zwei kräftige Pferde gegeben, aber die Fahrt war bei dem harten Frost und der Glätte auf dem offenen Wagen noch schlimm genug. Als wir bei dem gefürchteten Polenlager vorbeikamen, hatten wir das Glück, daß gerade die Glocke zum Abendessen läutete, so daß wir unbehelligt vorbeikamen. Dann führte unser Weg durch hohen Kiefernwald, und Irmgard mußte absteigen und den Weg mit der Laterne durch das undurchdringliche Dunkel suchen. Gegen 19.30 Uhr landeten wir glücklich in Collm, wo unser Bürgermeister uns bei seinem Kollegen schon angemeldet hatte. Die erste Nacht fanden wir Obdach bei einer netten Bäuerin, und am nächsten Tag, dem Heiligen Abend, zogen wir in die Villa des kürzlich verstorbenen Jagdpächters. Seine Witwe kam aus Leipzig und machte es uns so behaglich wie möglich. Nach ein paar Tagen schickte uns unser guter Bürgermeister aus Bornitz auch noch ein paar Möbel. Da mein Wald bis Collm reichte, hatten wir gute Beziehungen zu den Collmern, sie rechneten uns zu den ihren.

Unsere Schwiegertochter Irmgard verließ uns nun, um sich im Westen etwas zu suchen und ihren Fritz (unser ältester Sohn Friedrich) zu erreichen. Unsere Tochter Adelheid hatte sich in Ludwigsburg von einem Optiker einen Auftrag für die Leipziger Messe geben lassen, kam mit leeren Koffern nach Collm, nahm einen Teil unserer Garderobe und Sibylles noch vorhandenen Schmuck mit und drängte uns, möglichst bald nachzukommen.

Die Geschäftsführung von "Georg von Giesches Erben" war nach Hamburg ausgewichen und meldete, daß der Vorstand des Repräsentantenkollegiums in Berlin verhaftet und gestorben sei. Meine Anwesenheit sei dringend nötig; für eine bescheidene Honorierung seien die Mittel vorhanden.

Unsere Geschwister Woellwarth in Essingen bei Aalen boten uns ein Unterkommen in ihrem Haus an. So war also eine Wiedervereinigung mit den Kindern und eine bescheidene Existenzgrundlage gegeben. Am 26. Juni 1946 verließen wir Collm und trafen über das Durchgangslager Oelsnitz im Vogtland nach einem zweimonatigem Erholungsurlaub bei unserem früheren Wasserjentscher Gutsinspektor Weidmann in Tambach bei Gotha am 4. September 1946 in Essingen (Württemberg) ein.

* * *

Über das Schicksal der nächsten Generation liegt ein Bericht über Hanns Heinrich Sahrer v. Sahr v. Schönberg, dem dritten Sohn von Caspar und Sibylle v. Schönberg vor.

Um den sehr wertvollen Besitz Dahlen, Amtshauptmannschaft Oschatz, der Familie zu erhalten, war Hanns Heinrich als Vierzehnjähriger von seinem Onkel (Bruder seiner Mutter) am 17. Oktober 1938 adoptiert worden. Seitdem trägt er den Namen Sahrer v. Sahr v. Schönberg.

Hanns Heinrich Sahrer v. Sahr v. Schönberg

Über seine schicksalschweren Erlebnisse schreibt Hanns Heinrich unter anderem:

Aufgewachsen auf dem Gut meiner Eltern, Wasserjentsch bei Breslau, machte ich im Frühjahr 1942 das Kriegsabitur und trat nach einer halbjährigen Arbeitsdienstzeit meinen Militärdienst bei der Panzer-Ersatz- und Ausbildungsabteilung 15 in Sagan an. Es folgte ein Offiziersbewerberlehrgang, den ich im Herbst 1943 mit der Beförderung zum Unteroffizier abschloß. Anfang Oktober 1943 kam ich zur kämpfenden Truppe am Südabschnitt der Ostfront und nahm an mehreren Gefechten u. a. der Kesselschlacht von Tarnopol teil. Nach der Sprengung des Kessels durch deutsche Entsatzungstruppen im April 1944 kam ich Ende Juli ins Heimatkriegsgebiet zur Umschulung als Panzergrenadier. Es folgten Einsätze zur Partisanenbekämpfung im Osten und nach Absolvierung eines Lehrgangs in der Waffenschule Wischau bei Brünn Ende März meine Beförderung zum Leutnant. Bei Kriegsende war ich Kurieroffizier beim AOK 17.

Nach dem vergeblichen Bemühen, auf eigene Faust nach dem Westen zu entkommen, geriet ich am 14. Mai 1945 in Gefangenschaft. Ich blieb zunächst in einem Lager südlich von Prag, bis ich mit einem Transport am 5. August 1945 in überfüllten Güterwagen über Wien, Budapest, Klausenburg nach Fokschani kam. Nach acht Tagen ging es in einer zweiwöchigen Fahrt in den Kaukasus nach Tscherkesk. Auf diesem Transport mit anschließendem Marsch in ein Arbeitslager starben sehr viele an Entkräftung.

Bei wechselnden Einsätzen in verschiedenen Arbeitslagern im Kaukasus, so u. a. im Kohlebergbau (17 Stunden unter Tage) und bei einem Kanalbau, der den Kuban mit dem Therek verbinden sollte, hatte ich weit über ein Drittel meines Gewichtes verloren. Als man mich noch in ein NKWD-Gefängnis steckte, um mich zu Aussagen zu zwingen, die zu einer langjährigen Freiheitsstrafe geführt hätten, war ich mit Herz und Nerven so fertig, daß man mich vom Januar bis Juni in ein Lazarett brachte. Von dort ging am 4. August 1947 ein Transport in die Heimat, mit dem ich mitfuhr. Es ging über Rostow, Kiew, Brest-Litowsk nach Frankfurt/Oder, wo uns Otto Grotewohl empfing. Er ermahnte uns, stets der großen Freundschaft der Sowjetunion eingedenk zu bleiben.

Der endgültige Heimtransport brachte mich dann über Erfurt, Würzburg nach Ulm, wo ich im US-Besatzungsgebiet am 4. September 1947 meine Eltern in Essingen bei Aalen wiederfinden konnte.

Hans v. Schönberg auf Reichstädt

Das Rittergut Reichstädt liegt in der Amtshauptmannschaft Dippoldiswalde, etwa 4 km von der Kreisstadt entfernt. Das seit dem Jahre 1717 im Besitz der Familie v. Schönberg befindliche Reichstädt umfaßte 804 ha, 368 ha landwirtschaftliche Nutzfläche und 435 ha Wald. Zum Betrieb gehörte eine Brennerei.

Der letzte Eigentümer:

> H a n s Rudolf v. S c h ö n b e r g , * Stuttgart 29. 1. 1880, † Nonnenhorn am Bodensee 5. 9. 1953, auf Reichstädt (§) (seit 1717 im Bes. d. Fam.), Major a. D.;
> ⚭ (standesamtl.) Berlin 12. 11., (kirchl.) Purschenstein 13. 11. 1918 Margarete S e i t z , * Berlin 19. 10. 1893, T. d. Kaufm. Emil S. u. d. Else Berdau. Die Ehe war kinderlos.

Über die schicksalhaften Ereignisse des Jahres 1945 hat Hans v. Schönberg Aufzeichnungen gemacht:

Das sehr geräumige Schloß war schon im Herbst 1941 von der sächsischen Landesregierung zum großen Teil beschlagnahmt worden, um Teile der staatlichen Kunstsammlungen dort unterzubringen. Im einzelnen waren dort ausgelagert: Teile der altchinesischen und altjapanischen Porzellansammlungen, der Meißner Porzellansammlung, des Brühlschen Schwanenservices, des Kunstgewerbemuseums und die Akten der sächsischen Gesandtschaft in München sowie ein großer Teil der Akten aus der Zeit des Dreißigjährigen Krieges.

Nach dem Bombenangriff auf Dresden am 14. Februar 1945 begann ein Zustrom von Flüchtlingen nach Reichstädt von über 2000 Obdachlosen. Das große Schloß mit seinen vielen Räumen wurde förmlich bestürmt. Die Landesregierung hatte bestimmt, daß die von ihr beschlagnahmten Räume unbedingt frei zu halten seien. So haben meine Frau und ich so viel Hilfesuchende aufgenommen, daß uns selbst nur noch ein Raum als Schlafzimmer blieb. Unter den Flüchtlingen befanden sich auch meine Schwester Elisabeth Wirth, geb. v. Schönberg, und mein Schwager Walter Seitz, ferner die Familie des Geheimrats Dr. Max v. Loeben, dessen 87jährige Schwiegermutter nach wenigen Tagen an den überstandenen Strapazen starb, und die ihre letzte Ruhe auf dem Reichstädter Friedhof fand.

Anfang Mai hörte man den ersten Kanonendonner bei uns, und am 6. Mai 1945 vernahmen wir, daß die Rote Armee die Elbe überschritten habe. Wir waren zunächst entschlossen zu bleiben und unser geliebtes Reichstädt nicht zu verlassen. Doch am Nachmittag des 6. Mai wurde das Schloß für den Kommandeur einer SS-Panzerdivision und seinen Gefechtsstand requiriert. In deren Gesellschaft wollten wir nicht in die Hände der Sowjets fallen. So packten meine Frau und ich die ganze Nacht unsere notwendigsten Habseligkeiten zusammen, verluden sie auf einen Planwagen und verließen Reichstädt um 3.30 Uhr am 7. Mai 1945 zusammen mit unserer Gärtnerfamilie, ebenfalls mit einem Wagen. Wir wollten versuchen, die amerikanische Front zu erreichen. Wir fuhren in Richtung Altenburg, kamen aber nur bis Nassau, wo wir unter russischem Artilleriefeuer in einen Strom von flüchtenden Heeres- und Arbeitsdiensteinheiten gerieten. Es war ein beschämendes Bild, wie alles lief und flüchtete, Offiziere und Mannschaften auf allen nur denkbaren Fahrzeugen. Wir wurden mit dem Strom mitgerissen und konnten uns erst in Seyda wieder freimachen und fuhren nun nicht mehr wie beabsichtigt Richtung Olbernhau, sondern nach Purschenstein zu meinem Bruder. Dort hat es Gott gnädig mit uns gemeint, denn gerade hatten wir unsere Pferde in den Stall gebracht, da kamen die Tiefflieger. Wir übernachteten in Purschenstein mit der Absicht, am nächsten Morgen möglichst früh in Richtung Süden bis ins Gebirge und dort dann nach Westen weiterzufahren. Doch gegen 5 Uhr waren die Russen in Purschenstein und ihre Kolonnen befuhren die Straße nach Süden. So blieb uns nichts übrig, als in Purschenstein zu bleiben.

Wir erlebten dort einen scheußlichen Tag und eine fürchterliche Nacht. Die Russen hatten bei der Durchsuchung des Hauses zwei Pistolen und etwas Jagdmunition gefunden, obwohl meine Frau und ich eine Pistole und ganze Pakete Jagdmunition im Klo (kein WC) versenkt hatten. Was die Russen besonders interessierte, war der gefüllte Weinkeller. Ganz besonders schlimm war, daß ein deutscher General, der dort einquartiert gewesen war, seine Uniform nebst geladener Pistole zurückgelassen hatte, als er in Zivil geflohen war. Eine unverantwortliche Rücksichtslosigkeit gegenüber seinen Gastgebern, die er damit in höchste Gefahr brachte. Wir wurden dauernd verhört, mit Erschießen bedroht und geschlagen. Es war wenig erfreulich! Am Nachmittag konnte ich Margarete, meine Frau, vor Behelligung von einem Russen retten. Nachts hatten wir uns - etwa 24 Personen - in zwei Fremdenzimmer auf allen möglichen Lagerstätten zur Ruhe begeben, als sehr bald eine Anzahl Russen erschien, die Türe eintrat, die Koffer aufschnitten und ausplünderten und schließlich die Frauen und Mädchen in fürchterlicher Weise drangsalierten und vergewaltigten. Die Männer konnten gar nichts machen, da sie dauernd mit Erschießen bedroht wurden. Meine Frau konnte ich wunderbarerweise so verstekken, daß sie unbehelligt blieb.

Nach einem Vormittag, der mit Verhören und Schikanen ausgefüllt war, entschlossen wir uns, Purschenstein zu verlassen und nach Reichstädt zurückzuwandern. Mein Bruder Horst war mit der Generaluniform verschleppt worden.

Als gegen Mittag der Hof einmal ganz frei von Russen war, machten wir uns auf den Weg, mußten allerdings alles zurücklassen und gingen wie wir waren, ohne Rucksack und ohne jede Verpflegung los. Zunächst begegneten wir keinem Russen, erst als wir in Bienenmühle auf die Staatsstraße kamen, war diese dicht befahren von russischen Kolonnen. Wir mußten an ihnen entlang marschieren, aber sie kümmerten sich in keiner Weise um uns. So ging es bis Reichenau, es begann Abend zu werden, und wir waren inzwischen sieben Stunden unterwegs. Die Russen hatten dort ein großes Lager aufgeschlagen, um mit mehreren Panzerformationen zur Ruhe zu gehen. Wir hatten nun zwei Möglichkeiten, entweder über Frauenstein auszuweichen oder durch das Lager hindurchzugehen. Ersteres hatten wir zum Glück nicht getan, denn es war dort schlimm zugegangen, an der Frauensteiner Straße lagen 34 zu Tode geschändete Frauen. Wir vertrauten also Gottes Führung, kamen ganz unbehelligt durch das Lager und gelangten schließlich gegen 10 Uhr abends todmüde bei unseren treuen Waldarbeitern auf dem Lehngut bei Hennersdorf an. Wir wurden mit großer Freundlichkeit aufgenommen und verpflegt. Als auch dort Tag und Nacht Russen erschienen, zogen wir in eine Fichtendickung und wohnten dort bei Gott sei Dank schönem Wetter. Am nächsten Tag ging ich nach dem Fohlengut Reichstädt, um mich über die Vorgänge im Schloß und Rittergut zu orientieren. Dort erfuhr ich, daß nach einem großen Besitzer gesucht werde, das konnte ja nur ich sein. Nach ein paar Tagen ging eine Waldarbeiterfrau mit ihrer Tochter, die einmal Wirtschafterin bei uns gewesen war, ins Schloß; sie konnte feststellen, daß sich etwa 40 italienische Fremdarbeiter dort einquartiert hatten. Die am 7. Mai einrückenden Russen hatten das Schloß zuerst ausgeplündert, später hatten Ausgebombte, Flüchtlinge und ausländische Fremdarbeiter mitgenommen, was sie schleppen konnten. Die Frauen konnten nur Ungünstiges berichten. Nach einigen Tagen wagten wir uns, auf Umwegen in Begleitung unserer Gärtnersfrau, einmal hinzugehen. Unser Heim bot ein Bild grauenhafter Verwüstung. Alle Eingänge waren offen, drei davon zertrümmert. Es konnte also jedermann hineingehen. Die Fenster im Erdgeschoß waren ausgehängt und in einem russischen Barackenlager in der Nähe verwendet. Sämtlich Spiegel und Kronleuchter waren zerschlagen, die Familienbilder zum größten Teil zerstochen oder mit Säure übergossen. Die wertvollen Barockmöbel waren völlig ruiniert oder verschwunden, die Kästen der antiken Kommoden, Sekretäre und Schränke haben wir später als Futterkrippen im Park wiedergefunden. Bücher, Dokumente und andere Gegenstände lagen zu Bergen auf dem Fußboden, mit Tinte, Tusche oder Leim übergossen. Wände und Decken, aber auch Polstermöbel waren verschmiert, alles war mit Überlegung und Gemeinheit zerstört worden, kurz - es bot sich uns ein Bild der Vernichtung, wie ich es nicht für möglich gehalten hätte. Und im ganzen Haus lungerten die übel aussehenden italienischen Gestalten herum.

Nachdem wir uns klar waren, daß zunächst unbedingt die italienische Bande entfernt werden mußte, berichtete ich an das Landratsamt und an die russische Kommandantur. Von beiden Stellen wurde mir Hilfe zugesagt, und tatsächlich, am ersten Pfingstfeiertag 1945 mußten die Italiener abziehen. Am gleichen Tag wurden vom russischen Kommandanten 40 Frauen aus dem Dorf mit Besen, Eimern und Scheuerlappen bestellt, die das Haus säubern sollten. Die Frauen kamen auch, und mußten aus hygienischen Gründen zuerst mit den Küchen- und Vorratsräumen beginnen. Dort waren Kälber, Schafe und Geflügel geschlachtet worden, und die liegengelassenen Häute und Innereien begannen zu verwesen, und niemand konnte den Verwesungsgeruch auf Dauer aushalten.

Wo Türen und Fenster fehlten, war das Haus mit Brettern zugenagelt worden. Ein Eintrittsverbot der Kommandantur wurde kaum beachtet, jeder russische LKW, der auf Beute aus war, riß die Verschläge wieder auf.

Wir hatten inzwischen freundliche Aufnahme bei unserem Getreide- und Düngemittelhändler in Dippoldiswalde gefunden, bei dem wir zehn Wochen wohnten, bis die Türen und Fenster im Schloß wieder notdürftig in Ordnung gebracht worden waren. Jeden Tag wanderten wir nach Reichstädt, um unser Haus wieder bewohnbar zu machen. Im Fremdenzimmerflügel hatten wir uns drei Zimmer ganz behaglich eingerichtet, so daß wir Anfang Juli wieder einziehen konnten. Daß wir zu allen Tages- und Nachtstunden Besuch von Russen erhielten, die noch unsere letzten Möbel abholten, daran hatten wir uns gewöhnt. Als eines Tages wieder ein

LKW mit russischen Offizieren für eines ihrer Lager Teppiche, Gobelins und andere Kunstgegenstände abholten, schrieb ich an Marschall Schukow, den damaligen Oberbefehlshaber, und machte ihn auf den hohen Wert der staatlichen Sammlungen aufmerksam. Von da an hatten wir Ruhe.

Im Betrieb sah es ganz böse aus. Erst hatten die SS-Leute vier Halbblut-Zuchtstuten requiriert, dann kamen die Russen. Sie nahmen wertvollstes Zuchtvieh, sowohl von Pferden - darunter zwei Lippizaner Zuchtstuten aus den Gestüten Pieber und Lipizza - als auch von Schweinen und Schafen sowie von hochprämiertem Federvieh mit oder schlachteten es bei uns in der Küche. Ferner verschwanden zwei Autos, sämtliche Kutschwagen nebst Geschirren und Reserveteilen und natürlich alle Vorräte an Hafer, Heu und Saatkartoffeln.

Trotzdem ist es mir gelungen, den Betrieb aufrechtzuerhalten und weiterzuführen. Das ist mir mit Hilfe der Bauern gelungen. Sogar drei Gespanne standen wieder im Stall und zwölf Kühe konnten wir wieder einfangen. Alles ging seinen geordneten Gang, sämtliche Felder waren bestellt bzw. geerntet, da kam die Bodenreform. Man versprach mir erst 100 Hektar, dann 25 Hektar durch Beschluß der Kreiskommission und Wohnung im ehemaligen Forsthaus. Damit hatten wir uns abgefunden.

Am 20. Oktober 1945 kam plötzlich ein LKW unter Polizeibegleitung und brachte uns 30 Häftlinge ins Schloß, die dort bleiben sollten, da in Dippoldiswalde keine Unterkunft mehr zu beschaffen war. Zu meinem Erstaunen erkannte ich lauter bekannte Gesichter, alles Grundbesitzer aus dem Kreis mit ihren Angehörigen, die man nachts aus den Betten geholt hatte. Wir nahmen diese Unglücklichen so gut wir konnten auf und sorgten für Unterkommen und Verpflegung. Von seiten der Behörden war für nichts gesorgt.

Am nächsten Tag wurden wir alle registriert. Die Polizisten bewachten uns Tag und Nacht, wußten aber nicht, was mit uns geschehen sollte. Am 27. Oktober erklärte die örtliche Bodenkommission meiner Sekretärin zwischen Tür und Angel, daß wir die 25 Hektar nicht bekommen könnten. Darauf gingen wir am 28. Oktober zum Vorsitzenden der Kreiskommission, der uns bestätigte, daß die Landesregierung es nicht wünsche, daß wir in Reichstädt wohnen blieben. Damit stand für uns fest, daß wir nach Westen fliehen mußten. Wir packten die notwendigsten Sachen und Verpflegung in einen Kartoffelsack - einen Koffer besaßen wir nicht mehr - und verließen am 29. Oktober 1945 gegen fünf Uhr heimlich unser geliebtes Reichstädt. Über Dresden, Leipzig, Halle, Halberstadt fuhren wir bis Ilsenburg an der Zonengrenze, und kamen schließlich nach viertägiger abenteuerlicher Reise bei Eckertal im Harz in britisches Gebiet.

Da wir keinerlei Papiere und somit auch keine Lebensmittelkarten hatten, schlossen wir uns in Goslar einem Flüchtlingstransport an und gelangten so nach Unna in Westfalen. Unser erstes Quartier war in Wasserkurl bei einer Bergarbeiterfamilie, wo wir fünf Monate blieben. Inzwischen hatten wir die Familie v. Bodelschwingh kennengelernt, die uns im März 1946 eine Wohnung bei sich im Haus Velmede anbot, wo wir seitdem wohnen. Mit unseren treuen Leuten in Reichstädt halten wir Verbindung und erfahren so, was dort im Gut und in der Gemeinde vor sich geht.

Otto-Friedrich v. Schönberg a. d. H. Krummenhennershof

Zur Familie des letzten Besitzers gehören:

Otto-Friedrich (O t f r i e d) August Leo Christoph v. S c h ö n b e r g, * Dresden 24. 10. 1924, DiplAgr., MdL., Lt a. D., Senior d. FamVerb.;
⋈ Barntrup, Lippe, 2. 11. 1951 Elisabeth Freiin v. u. zu G i l s a , * Barntrup 1. 7. 1930, auf Hof Wierborn, T. d. Gen. d. Inf. Werner Frhr v. u. zu G., Mithrn auf Unterhof Gilsa u. Zimmersrode, u. d. Sidonie v. Kerssenbrock.

Kinder:

1. G e o r g Werner Christoph, * Hannover 24. 1. 1953, DiplIng. agr.
2. A l b r e c h t Christoph, * Lemgo 16. 6. 1955, DiplVolkswirt, OLt.
3. F r i e d r i c h Christoph, * Lemgo 31. 3. 1957, DiplIng. agr.
4. E l i s a b e t h Sidonie, * Lemgo 30. 9. 1963.

Das väterliche Gut Krummenhennersdorf liegt in der Amtshauptmannschaft Freiberg. Es hatte eine Größe von 300 ha, überwiegend Ackerland. Der letzte Besitzer, Otfrieds Vater, war der am 8. Oktober 1948 in Göttingen verstorbene Oberstleutnant a. D. Georg v. Schönberg.

Über die Schicksalsjahre am Ende des Zweiten Weltkrieges existieren Aufzeichnungen von Otfried.

Mit Kriegsabitur trat ich am 10. Juli 1942 beim Reiter-Rgt. 10 in Torgau ein. Nach Ausbildungszeit und entsprechenden Lehrgängen wurde ich am 1. Dezember 1944 zum Leutnant befördert. Nach Rückkehr zur Truppe erlebte ich die chaotischen Verhältnisse in Ostpreußen mit Flüchtlingstrecks, plündernden Polen und umherirrenden deutschen Soldaten. Mit eigenen Augen konnte ich die von den Eroberern verübten Greueltaten sehen, und ich beschwor meine Eltern in einem Brief, den ich einem Kurier mitgeben konnte, sich vor Einmarsch der Russen in Sicherheit zu bringen.

Im Februar erhielt ich ein besonderes Kommando. Mit einer Spezialeinheit sollten wir auf besondere Weise den russischen Vormarsch aufhalten. Gottlob wurde aus dem Unternehmen nichts, so daß wir im Endeffekt eine Spezialsturmtruppe des OB der zweiten Armee wurden. Wir wurden nun an allen Brennpunkten der Weichselfront eingesetzt, und als ich nach zehn Tagen schwer verwundet wurde, waren von meiner Kompanie noch sechzehn Leute am Leben. Mein Leben verdanke ich dem kaltblütigen Schneid eines meiner Unteroffiziere, der mich damals im Alleingang zurückschleppte. Kurz darauf wurde ich per Schiff von Gotenhafen nach Dänemark in ein Lazarett gebracht, wo ich dann das Ende des Krieges erlebte. Im Sommer 1945 wurden wir nach Deutschland verlegt, wo mir der Kontakt zur Familie gelang.

Nach meiner Entlassung aus dem Lazarett lernte ich in Imbshausen bei Hannover Landwirtschaft. Dort war meine Schwester Resi als Gutssekretärin tätig. 1947 bis 1950 studierte ich in Göttingen Landwirtschaft mit Diplomabschluß. Anschließend ging ich zur BASF und 1951 zu Hanomag in Hannover.

Im gleichen Jahr verheiratete ich mich mit Elisabeth Freiin v. u. zu Gilsa. Im Jahre 1955 verließ ich meine Stellung bei Hanomag und pachtete zusammen mit meinem Freund Georg Friesen das Gut Wierborn von meiner Schwiegermutter, das wir seit 1960 als Eigentümer bewirtschaften.

Nachtrag

Heute ist Herr Otto-Friedrich v. Schönberg sehr aktiv für die Arbeitsgemeinschaft für Agrarfragen tätig, welche die Interessen der bei der sogenannten "Bodenreform" Enteigneten vertritt. Er berät deren Mitglieder kostenlos in Fragen der Rückerstattung ihrer ehemaligen Betriebe und vermittelt für diejenigen, die ihr altes Eigentum nicht selbst übernehmen können (z. B. Erbengemeinschaften), auf Wunsch langfristige Verpachtungen über die Treuhandgesellschaft.

369

Wolf v. Schönberg auf Kreipitzsch

Das Rittergut Kreipitzsch liegt im Kreis Naumburg an der Saale, Prov. Sachsen. Zu dem Besitz mit einer Größe von 307 ha gehört auch die bekannte Rudelsburg. Wolf v. Schönberg hatte ursprünglich keinen eigenen Besitz. Er ging nach dem Ersten Weltkrieg nach Deutsch-Südwest-Afrika und wurde dort durch Fleiß und Tüchtigkeit Besitzer der Farm Spatzenfeld. Im Jahre 1939 ging er nach Deutschland zurück, um nach dem Tode seines Vetters Kurt v. Schönberg sein Erbe an Kreipitzsch anzutreten.

Zur Familie des letzten Eigentümers gehören:

> W o l f Otto Kaspar Ferdinand v. S c h ö n b e r g , * Gohlis bei Leipzig 11. 3. 1888, † Gobabis, SWAfrika, 30. 10. 1950, auf Kreipitzsch (§) u. Farm Spatzenfeld, SWAfrika;
> ╳ I. Langebrück 12. 12. 1912 Irene v. G r o e l i n g , * Weißenfels 10. 1. 1891, † Helsingfors 2. 9. 1920, T. d. Kgl. preuß. Hptm. Alexander v. G. u. d. Elisabeth Wolff;
> ╳ II. Swakopmund ... 9. 1931 Erika v. P e l c h r z i m , * Herford 10. 8. 1892, † Kapstadt, SAfrika, ... 4. 1970 (╳ I. Wüstenhayn, Kr. Calau, 6. 7. 1918 Ernst Günther v. Heynitz, ╳ Odessa 10. 12. 1918, auf Wüstenhayn, Kgl. preuß. RegReferendar, Lt d. Res. im Jägerbat. 3), T. d. Kgl. preuß. Hptm. Arthur v. P. u. d. Elly Küchler.
>
> Söhne erster Ehe:
> 1. H a r a l d Alexander Wolf, * Reval 9. 8. 1914, ╳ († an der erlittenen Verwundung) Schönebeck bei Magdeburg 11. 2. 1945, Major u. Adj. einer InfDiv.;
>   ╳ Hamburg 20. 10. 1942 Ingeborg v. W i e s e u. K a i s e r s w a l d a u , * Köln 21. 2. 1920, führt wieder den Geburtsnamen, T. d. Prof. f. Soziologie, Philosophie u. Psychologie an der Univ. Köln Dr. phil. Leopold v. W. u. K. u. d. Daisy Findlay.
> 2. W o l f D i e t r i c h Xaver, * Dresden 13. 11. 1918, Dr. med., Facharzt f. innere Krankheiten, OLt a. D.;
>   ╳ Hamburg 15. 3. 1947 Nina A r z o u m a n i a n z , * Recht, Persien, 27. 7. 1920, T. d. Kaufm. Mirman A. u. d. Alexandra Gordobajew.

Infolge seines Deutschlandbesuches im Jahre 1939 konnte Wolf v. Schönberg nicht mehr nach Südwest-Afrika zurückkehren und meldete sich zum Heeresdienst. Dank seiner russischen Sprachkenntnisse fand er an verschiedenen Stellen im Osten Verwendung, wurde dann aber am 7. Februar 1944 krankheitshalber aus dem Heeresdienst entlassen. Er ging nach Kreipitzsch. Seinen Aufzeichnungen über die nachfolgende Zeit ist die Beschreibung seines weiteren Schicksals entnommen.

Nach Abzug der amerikanischen Truppen wurde Kreipitzsch am 1. August 1945 von den Russen beschlagnahmt. Die Witwe des Vorbesitzers, meine Tante Alice, und ich durften wohnen bleiben und den Garten bewirtschaften und für uns nutzen. Der Pächter wurde zunächst Verwalter der Russen, aber sein Hab und Gut wurde von ihnen beschlagnahmt.

Am 11. Oktober 1945 wurde ich durch thüringische Polizei verhaftet, hatte eine halbe Stunde Zeit bis zum Abtransport nach Camburg, von dort mit Sammeltransport nach Stadtroda, wo wir im ehemaligen Franzosenlager inmitten der Stadt eingesperrt wurden. Wir mußten Erdarbeiten für die Stadt ausführen, Kost und Behandlung waren leidlich.

Am 13. Oktober wurde auch Erika, meine Frau, verhaftet und in ein getrenntes Barackenlager in Stadtroda gebracht. Allmählich versammelten sich so im Verlauf der Bodenreform alle Besitzerfamilien des Kreises Stadtroda, die mehr als 100 Hektar besaßen. Auch die Kinder und Greise dieser Familien wurden mit verhaftet

Inzwischen hatte man bemerkt, daß Kreipitzsch gar nicht im Kreis Stadtroda liegt, und daß somit die Polizei der Provinz Sachsen für uns zuständig war. Am 20./21. Oktober fuhren Erika und ich nach Kreipitzsch zurück, und am 23. Oktober 1945 kam der Ausweisungsbefehl der preußischen Polizei, demzufolge wir nur mitnehmen durften, was wir tragen konnten. Erika und ich zogen in das sechs Kilometer entfernte thüringische Dorf Leißlau, wo ich ein Zimmer mit einer kleinen heizbaren Kammer mieten konnte. Ein paar Tage nach uns mußte auch Tante Alice Kreipitzsch verlassen und zog nach Bad Kösen. Sie durfte einige Grundstücke behalten, die bei der Übertragung von Kreipitzsch auf mich für sie abgetrennt worden waren.

In Leißlau war ich zunächst als Gartenarbeiter bei einem Gutsbesitzer tätig, ging dann im Frühjahr 1946 nach kurzem Zwischenaufenthalt in Südwestdeutschland auf das Gut eines Herrn Millberg in Quarnbeck, Schleswig-Holstein. Inzwischen war unser zweiter Sohn, Wolf Dietrich, zu mir gestoßen, der schwarz über die österreichische Grenze gekommen war. Er bezog die Universität Hamburg, um sein Medizinstudium zu vollenden.

Am 15. Januar 1947 zog ich nach Hedwigenkoog, wo ich im Kreiskrankenhaus eine Anstellung in der Verwaltung erhielt. Hier wartete ich auf die Ausreisegenehmigung nach Südwest-Afrika, wo meine Farm Spatzenfeld nicht enteignet worden war. Dort konnten die deutschen Farmer, sofern sie politisch nicht belastet waren, ihre Farmen wieder frei bewirtschaften.

Nachtrag

Wolf v. Schönberg erhielt mit seiner Frau 1949 die Einreisegenehmigung nach Südwest-Afrika. Er konnte seine Farm Spatzenfeld bei Gobabis wieder in Besitz nehmen, sie war von einem Bekannten gut verwaltet worden. Doch nach den schweren Jahren konnte seine geschwächte Gesundheit den Klimawechsel nicht mehr verkraften. Er starb am 19. November 1950 in Gobabis. Seine Frau blieb in Afrika, zog aber in die Südafrikanische Union und starb im April 1970 in Kapstadt.

Wolf Erich v. Schönberg auf Oberreinsberg und Herzogswalde

Das Rittergut Oberreinsberg mit einer Größe von 350 ha liegt in der Amtshauptmannschaft Meißen und befand sich seit dem Jahre 1377 im Schönbergschen Besitz. Zu dem Besitz gehörte das historische Schloß, erbaut zwischen 1100 und 1300. Herzogswalde mit 114 ha gehörte seit 1420 der Familie Schönberg.

Zu Oberreinsberg hatte vormals auch Czónak, ein 11000 ha großer Besitz in Ungarn gehört, der schon gleich nach dem Polenfeldzug verkauft wurde, da er ganz dicht an der russischen Grenze lag.

Zur Familie des letzten Eigentümers gehören:

Wolf Erich v. Schönberg, * Csónak 27. 6. 1895, † Bad Wiessee 21. 8. 1981, auf Oberreinsberg (§) (vorm. Fkm., seit vor 1377 im Bes. d. Fam.) u. Herzogswalde (§) (seit 1420 im Bes. d. Fam.), Mithr auf Csónak (§), RRr d. JohO.;
× Reinhardtsgrimma, Kr. Dippoldiswalde, Bez. Dresden, 29. 8. 1922 Auguste Senfft v. Pilsach, * Dresden 25. 8. 1897, † ... 17. 4. 1989, T. d. Kgl. sächs. Khrn u. GenMajors a. D. Maximilian S. v. P. auf Reinhardtsgrimma u. d. Jkvr. Alpheda Teding van Berkhout.

Kinder:

1. Hanns Witold, * Oberreinsberg 22. 7. 1923, staatl. gepr. Ldwirt, Kaufm.;
   × Rötteln bei Waldshut 26. 7. 1952 Dietlind v. dem Knesebeck, * Schwerin, Meckl., 1. 9. 1932, T. d. Obersten a. D. Wedig v. dem K. u. d. Luise v. Usedom.

2. Emma Luisella Elisabeth, * Dresden 20. 9. 1924, staatl. gepr. Lehrerin;
   × Senickerode 30. 6. 1951 Georg-Dietrich Frhr v. Friesen, * Schleinitz 20. 1. 1923, DiplLdwirt.

3. Donald Dietrich (Dietz), * Dresden 19. 4. 1926, Kaufm.;
   × I. Göttingen 17. 8. 1948 Christiane v. Reinersdorff-Paczensky u. Tenczin, * Ober-Stradam, Kr. Groß-Wartenberg, 19. 1. 1926 (gesch. Melbourne 2. 6. 1976), T. d. Kgl. preuß. Ldrats Detlev v. R.-P. u. T. auf Görnsdorf, Kr. Groß-Wartenberg u. Reinersdorf, Kr. Kreuzburg, OSchlesien, u. d. Huberta Gfin Maltzan, Freiin zu Wartenberg u. Penzlin;
   × II. (standesamtl.) Melbourne 21. 12. 1976, (kirchl.) Gmund am Tegernsee 3. 1. 1977 Denise Avon Sadleir, * Melbourne 23. 7. 1940 (gesch. Melbourne ... 1981; × I. ... Antony Charles Sturge, * ..., ... gesch. ... 26. 4. 1976), T. d. Marineoffz. Cyril Arthur Roy S. u. d. Dauris Irene Parker.

4. Margot Alpheda Johanna Maria, * Dresden 7. 4. 1929, staatl. gepr. Säuglings- u. Kinderschwester;
   × (standesamtl.) Parsberg, OBayern, 28. 7., (kirchl.) Miesbach, OBay., 17. 9. 1955 Rüdiger v. Oheimb, * Charlottenburg bei Berlin 12. 12. 1917, Major a. D., Restaurator.

5. Hans Christian, * Dresden 10. 2. 1937, Innenarchitekt, Adoptivsohn (Vertrag Berlin 23. 8. 1954, amtsgerichtl. bestät. Miesbach 14. 2. 1955) des Kgl. sächs. Hptm. a. D. Georg v. Schönberg, † 1956, auf Purschenstein (§), Amtshptmschaft Freiberg, Sachsen.

Von Wolf Erich v. Schönberg existieren ausführliche Aufzeichnungen über die Geschehnisse am Ende des Zweiten Weltkrieges.

Gleich nach dem Polenfeldzug entschloß ich mich, den Verkauf meiner Hälfte an der Herrschaft Csónak in den Ostkarparten in die Wege zu leiten. In der Nähe zur sowjetrussischen Grenze sah ich für die künftige Erhaltung des Besitzes eine zu große Gefahr, zumal die ruthenische Bevölkerung schon seit 1918 nach Rußland tendierte. Der Erlös sollte zum Ankauf eines Gutes für einen meiner Söhne verwendet werden, was aber erst nach Kriegsende möglich gewesen ist. So beteiligte ich mich an zwei kleinen Industrieunternehmen in Berlin, wovon wenigstens einige Wertpapiere erhalten geblieben sind.

Nach der Bombardierung und Vernichtung Dresdens beherbergten wir in Oberreinsberg lange Zeit zwischen 50 und 60 Menschen, obdachlose Freunde, Verwandte; aber auch Flüchtlinge aus Schlesien. Meine Frau und Töchter sowie das Hauspersonal leisteten mit Unterbringung und Verpflegung vorbildliche, mühevolle Hilfe.

Seit Oktober 1944 waren drei karpartendeutsche Jägerfamilien aus Csónak, zunächst nach Schlesien evakuiert, nach Oberreinsberg geflüchtet. Eine der Familien behielt ich bei uns, die beiden anderen brachte ich bei Nachbarn unter. Der bei meinem Vetter Heynitz auf Heynitz war diesem später mit seinen ukrainischen Sprachkenntnissen und anständigem Charakter eine große Hilfe (s. auch dort).

Seit Januar 1945 machte ich detaillierte Pläne für einen Treck nach Westen. In einen sicheren Keller, der noch unter einem darüberliegenden Kellerraum lag, wurden die wertvollsten Sachen, auch Kunstwerke und Silber der Nachbargüter Bieberstein, Niederreinsberg, Krummenhennersdorf und Roth-Schönberg gebracht und zugemauert. Dazu noch viele Koffer und Kisten von Freunden und Bekannten aus ganz Deutschland, die uns zum Schutz vor Bomben anvertraut worden waren. Die Vermauerung war so gut gelungen, daß trotz wochenlangem Suchen in dem leeren, offenen Schloß der Eingang nicht gefunden wurde. Erst später fand durch einen unglücklichen Zufall der Stadtarchivar von Meißen, der Gegenstände aus einem kleinen Heimatmuseum suchte, den Eingang. Davon erfuhren die Russen, ließen den ganzen Kellerinhalt abtransportieren, so daß nichts übriggeblieben ist.

Ein ehemaliger Schulkamerad unseres Sohnes Witold, Arno Hennig, war 1945 als bekannter SPD-Politiker Oberbürgermeister von Freital bei Dresden. Seit Oktober 1945 hatte er eine schützende Hand auf Oberreinsberg gelegt, Schloß und Gut für die SPD in Ordnung gebracht. Aus der Kelleraffäre wurde ihm im Frühjahr 1946 von den Kommunisten ein Strick gedreht, was dazu führte, daß viele anständige SPD-Funktionäre nach dem Westen fliehen mußten.

Seit Anfang April 1945 lagen schwache Kräfte der Roten Armee nördlich von Meißen bei Lommatzsch und zeigten uns, was sie an Plünderung und Grausamkeiten fertigbrachten. Die schwachen deutschen Kräfte - leider nach zwei Fronten kämpfend - zeigten bereits Auflösungserscheinungen. Kein Wunder! Mit Mühe konnten wir den Volkssturm, den ich in den letzten Tagen noch als Batterieführer im Raum Nossen führen mußte, vor Einsatz und Bewaffnung bewahren, sowie die Sprengung der großen Autobahnbrücke bei Siebenlehn verhindern. Das war für uns das Signal für die letzten Vorbereitungen zum Treck nach Westen.

Am 5. Mai 1945 früh 4 Uhr - einem Sonnabend - sollte der Treck nach genauer Beratung mit den Herren v. Studnitz (Schlesien), Luttitz und General v. Schweinitz starten, vier Pferdewagen und ein Schlepper mit Gummiwagen. Nach einer aufregenden Nacht ging der Zug schließlich um 6 Uhr ab mit 53 Menschen, neun Pferden, einem Dackel und zehn Hühnern. Außer meiner Frau mit unseren fünf Kindern waren alle anderen Flüchtlinge und fünf Ukrainer. Ich blieb allein zurück, mitten in einem tollen Heerlager von versprengten und wenigen intakten Einheiten. Von unseren Leuten hatte trotz meines Angebotes niemand mitfahren wollen, es wäre für sie eine ungewisse Zukunft geworden.

Schon am Tage darauf, abends, mußte ich ihnen folgen, da die Rote Armee bereits sechs Kilometer entfernt in Deutschenbora stand. Ich fuhr zu Georg nach Krummenhennersdorf und zusammen mit ihm am nächsten Morgen um 4 Uhr weiter. Kurz nach der Abfahrt platzte ein Reifen und bei dem Versuch, in Freiberg den Reifen zu wechseln, scheuten die Pferde vor dem letzten deutschen Panzer und der Wagen stürzte um. Wir mußten alles in einer Scheune verstecken, Georg wollte einen Regimentskameraden aufsuchen, und ich per Fahrrad unseren Treck erreichen. Ich kam aber nicht mehr aus Freiberg heraus, da alles von russischem Militär verstopft war.

Die nächsten Tage blieben Georg und ich als Landarbeiter verkleidet bei einem Bauern in Falkenberg. Ein heimlicher Besuch in Oberreinsberg ergab, daß eine Rückkehr dorthin zur Zeit nicht ratsam war. In dem offenen Schloß ging es laut und toll zu. Inzwischen hatten wir erfahren, daß unser Treck vor Rochlitz festlag. So beschlossen Georg und ich, den Fußmarsch dorthin anzutreten. Bei Sommerwärme mit schweren Rucksäcken, vorbei an Dörfern voll mit Russen, erreichten wir am Pfingstsamstag nach einem Marsch von fast 80 Kilometer Pürsten, ein kleines Bauerndorf kurz vor Rochlitz. Dort waren sie bei netten Bauern untergekommen. Das Wiedersehen war eine große Freude. Die gemeinsamen Pfingsttage waren eine physische und seelische Erholung, und ich gab auf allgemeines Zureden meine Absicht, nach Falkenberg und Oberreinsberg zurückzukehren, vorläufig auf.

Die Amerikaner ließen nur Fußgänger ohne Gepäck über die Muldenbrücke nach Rochlitz durch. Nach fünf Tagen wurden wir von Graf Münster in Königsfeld auf der anderen Muldenseite gewarnt. Wir suchten uns eine Furt und packten den Gummiwagen auf die Pferdewagen um, weil der Schlepper nicht durch die ein Meter tiefe Mulde fahren konnte. Nach fast zwölfstündiger harter Arbeit hatten wir alles auf der anderen Seite. Der Besitzer der jenseitigen Wiese verlangte für jeden Wagen 250,- und 450,- Mark, ein gutes Geschäft aus der Not der anderen!

Nach einer Nacht im von Schlesiern überfüllten Königsfeld bei sehr herzlicher Aufnahme, fuhren wir am nächsten Tag die 30 Kilometer bis Kitzscher, wo uns mein Vetter Curt Arnim und seine Frau herzlich aufnahmen und uns die nächsten Tage gut unterbrachten. Die Gerüchte verdichteten sich, daß die Russen noch bis zu ihrer späteren Zonengrenze vorrücken würden. Wir beschlossen daher, etwa am 10. Juni nach Bayern zu unserem Schwager Hohenthal weiterzutrecken. Zuvor ging Witold, Dietz und ich nochmals über die Mulde nach Pürsten zurück, um noch einige dort zurückgelassene, versteckte Koffer nachzuholen. Auf dem Rückweg ging es wieder durch unsere Furt, und als Witold und ich mitten im Fluß, das Wasser bis zum Kinn und das Gepäck über unseren Köpfen haltend, waren, holten uns zwei Russen mit Maschinenpistolen wieder zurück. Sie waren aber anständig; als ich ihnen auf Ukrainisch etwas vorjammerte, ließen sie uns bei Anbruch der Dunkelheit im Tausch gegen ein Rasiermesser wieder laufen. Nie waren uns die Last und unser zehn Kilometer langer Fußmarsch so leicht gefallen wie danach. In Königsfeld fanden wir Dietz mit Graf und Gräfin Münster allein in großer Sorge um uns. Am nächsten Tag fuhren wir mit ein paar leichten guten Stuten unserem Treck nach und fanden ihn in Oberlohsa. Von dort ging es nach einer Nacht bei Zeidlers auf Nebenwegen über die Zonengrenze nach Trogen in Bayern zu Feilitz-schens. Unser Treck war inzwischen kleiner geworden und bestand noch aus 19 Personen mit neun Pferden und der Dackelhündin, die uns an der Grenze zwei Junge geschenkt hatte. Nach einem Marsch von dreieinhalb Wochen landeten wir - außer unserer Familie noch Ehepaar Luttitz und die zwei Karpartenjägerfamilien - am 6. Juli 1945 in Maxlrain bei Hohenthals, wo wir eine leere, gute Waldarbeiter-wohnung eingerichtet bekamen. Das war nun unser Heim bis September 1947.

Ende Juli rief mich mein vorbildlich treuer Förster Loderstädt durch einen Boten nach Reinsberg zurück. Nach drei Tagen Fahrt in Güterzügen landete ich mit dem jungen Mann bei meinem Bauern Hennig in Falkenberg, und war am nächsten Tag, dem 11. August, bei meinem Förster in Oberreinsberg. Tags zuvor war unser von allen sehr verehrter Senior Friedrich in Niederreinsberg nach entwürdigenden, kummervollen Monaten verstorben. Bürgermeister von Reinsberg war ein von mir nach kurzer Dienstzeit hinausgeworfener Schweinefütterer, der mir nur nach Genehmigung des russischen Kommandanten in Nossen eine Zuzugsgenehmigung geben wollte. Meine Bemühungen dazu waren noch im Gang, als ich abends um halb elf Uhr von einem russischen Oberleutnant mit einer widerlichen Dol-metscherin verhaftet wurde. Ein stockbetrunkener Fahrer brachte mich nach Nossen, wo ich zwei Tage und Nächte in einem total verschmutzten Keller des ehemaligen Finanzamtes über Russen und Schicksal nachdenken konnte.

Nach einem kurzen Verhör am dritten Tage wurde ich nachts ins Gefängnis des Amtsgerichtes Meißen eingeliefert. Es folgten Wochen starker seelischer Belastun-gen, immer in der Angst, in eines der berüchtigten Lager Bautzen oder Pirna abtransportiert zu werden. Nach fünf Wochen wurde ich endlich vernommen, wobei mir meine ruthenischen Sprachkenntnisse vielleicht geholfen haben. Nach sechs Tagen wurde ich nochmals, wörtlich genau, verhört und dann nach einer Stunde entlassen. Voller Dankbarkeit gegen unseren Herrgott ging ich zu unserem Superintendenten Böhme, gleich neben der Fürstenschule, und wurde dort herzlich aufgenommen und bewirtet. Am Abend landete ich in Siebeneichen bei Mariechen Friesen, deren Schloß in Schleinitz von den Russen beschlagnahmt war. Ich blieb dort drei Wochen, wohlversorgt von Bauern in Reinsberg und Dittmannsdorf und unterstützt von unserer Wirtschafterin. Zahlreiche Eingaben wegen der Boden-reform nützten nichts. Da ich dort allmählich zu sehr bespitzelt wurde, zog ich nach Herzogswalde, wo mir der Bürgermeister sehr wohlgesinnt war. Dort bekam ich eines Abends einen Brief der Gemeinde ausgehändigt mit der Verordnung, daß alle Besitzer und Pächter von Gütern, die unter die Bodenreform fielen, mit ihren Familien ihren Hof und das Land Sachsen sofort verlassen müßten und sich nach Mecklenburg begeben sollten. Dies war eine Warnung und ich fuhr am nächsten Tag nach Dresden, sprach mit Heynitz und Frau v. Friesen, die aus Siebeneichen ausgewiesen war. Nach drei Tagen konnte ich einen LKW ausfindig machen, der nach Leipzig fuhr und überredete Frau v. Friesen, sich mir anzuschließen. Nach aufregenden Erlebnissen in Leipzig erreichten wir dann mit mühevollen Märschen und schweren Rucksäcken am dritten Tag die bayerische Grenze bei Ludwigsstadt. Per Güterzug kamen wir dann über Bamberg am nächsten Abend nach München. Frau v. Friesen fuhr weiter zu Verwandten nach Bissingen und ich kam am nächsten Morgen bei strahlender Sonne gerade zum Sonntagsfrühstück in unserem Heim in Maxlrain an. Auch dieser Augenblick bleibt unvergessen. Auguste, meine liebe Frau, hatte über Freunde von meiner Verhaftung gehört, lebte also in sorgenvoller Ungewißheit über mein Schicksal bis zu meiner Rückkehr.

Von April 1946 bis Oktober 1951 übernahm ich mehrere größere Güterverwaltungen im Wesergebiet und im Hessischen, bis ich nach einem unglücklichen Unfall mit schwerem Schädelbruch diese Tätigkeit aufgeben mußte. Nach einigem Suchen fanden wir in Miesbach, nahe Maxlrain, ein neues kleines Haus, das wir am 1. November 1952 bezogen. Später arbeitete ich ehrenamtlich im Bayerischen Landesverband der Sowjetzonen-Flüchtlinge, dessen Landesvorsitzender ich im November 1956 wurde.

Über das Schicksal ihrer fünf Kinder berichtet Wolf Erich v. Schönberg kurz wie folgt:

Witold machte nach einem zweiten landwirtschaftlichen Lehrjahr und einem anschließenden Jahr auf der Höheren Landbauschule in Michelstadt (Odenwald) die Prüfung als staatlich geprüfter Landwirt. Darauf ging er in Frankfurt ins Bankfach, um dann in der Industrie zunächst in Frankfurt, später in Trier tätig zu sein. Im Juli 1952 vermählte er sich mit Dietlind v. dem Knesebeck. Dieser Ehe entstammen zwei Söhne und eine Tochter.

Elisabeth legte 1949 nach dreijährigem Besuch eines Seminars in Memmingen die Prüfung als Lehrerin ab und heiratete im Juni 1951 den Schulfreund unserer Söhne, Georg v. Friesen-Schleinitz, Dipl.-Landwirt und Landmaschinenspezialist, zunächst bei der Ruhrstahl AG, dann seit 1955 bei Hanomag in Hannover. Sie sind die Eltern von drei gesunden Töchtern.

Dietrich (Dietz) bekam im Sommer 1944 beim Militärdienst in Dänemark Gehirnhautentzündung, die zwar durch viele Spritzen geheilt wurde, holte sich aber vermutlich durch eine unreine Spritze eine sehr schwere Sepsis im Bein, das total aufgeschnitten werden mußte. Am 13. Februar 1945 rollte er mit einem Lazarettzug drei Stunden vor dem schweren Angriff aus Dresden heraus. Vier Tage später kam er auf Krücken nach Oberreinsberg. Sein Bein ist im Laufe der Jahre fast völlig ausgeheilt. Nach einjähriger Arbeit als Fahrer bei den Amerikanern, legte er 1947 in München das englische Dolmetscherexamen ab und arbeitete dann als Dolmetscher für einen Schweizer Wirtschaftsverlag in München. Im August 1948 verehelichte er sich mit Christiane v. Reinersdorff in Göttingen und wanderte auf Rat eines englischen Freundes im Juli 1952 mit Frau und dreijährigem Sohn nach Australien aus, wo er sich nach harter Arbeit ein eigenes Bauunternehmen aufbaute, das ihm heute Lebensgrundlage für seine fünfköpfige Familie (zwei Söhne sind noch dazugekommen) ist.

Margot ließ sich in Marburg in der Kinderklinik als Säuglingsschwester ausbilden, war nach der Prüfung noch ein Jahr dort tätig, anschließend bei einem jungen befreundeten Ehepaar in England, zuletzt ein Jahr bei Mirbachs in Kairo. Im September 1955 heiratete sie in Miesbach Rüdiger v. Oheimb, lebt seit 1956 in Frankfurt a. M. und ist Mutter eines gesunden Sohnes.

Christian ist seit 1952 im Internat Neubeuern bei Rosenheim, wo er Anfang 1957 die Reifeprüfung ablegen wird. Anschließend will er nach praktischer Ausbildung im Baufach Architektur studieren.

Horst v. Schönberg-Pötting auf Tanneberg

Das Rittergut Tanneberg liegt in der Amtshauptmannschaft Meißen. Es hatte eine Größe von 196 ha und befand sich seit 1675 im Besitz der Familie v. Schönberg. Zur Familie des letzten Eigentümers gehören:

H o r s t Günther Joachim v. S c h ö n b e r g - P ö t t i n g, * Stralkowo, Posen, 5. 2. 1915, auf Tanneberg (§), Versandleiter i. R., Lt a. D., Schatzmeister d. FamVerb.;
✕ Tanneberg 30. 11. 1940 Hildegard G r a b o w, * Beuthen, OSchlesien, 9. 10. 1921, † Lippstadt 30. 8. 1975, T. d. Ing. u. Kaufm. Otto G. u. d. Gertrud Gehrmann.

Söhne:

1. Hans - C a r l, * Dresden 1. 10. 1941, geschäftsf. Vorstand d. Intersport Deutschland e. V.;
✕ Köln 7. 2. 1969 Ursula S t a j e n d a, * Köln 18. 3. 1946, T. d. Justizamtm. a. D. Wilhelm Paul St. u. d. Edeltraut Masurat.

2. Götz V o l k e r, * Dresden 6. 12. 1942, † Tanneberg 3. 12. 1945.

3. W o l f - D i e t e r Horst, * Tanneberg 20. 3. 1946, Molkereimeister, Leiter d. Personalverw. d. Rhein-Ruhr-Milchhofes Essen;
✕ Homberg, Niederrhein, 22. 8. 1969 Heidrun U l m e r, * Rheinhausen 7. 10. 1950, T. d. Möbelkaufm. Ernst U. u. d. Leonie Fechner.

4. V o l k m a r Franz Otto, * Lippstadt 22. 6. 1950, Molkereimeister, Versandleiter d. Molkereizentrale Milchwerk Münster;
✕ Lippstadt 8. 11. 1974 Brigitte S c h i e f k e, * Liesborn, Kr. Beckum, 6. 9. 1952 (kath.), T. d. Installateurmeisters Herbert Sch. u. d. Änne Geistor.

5. F r a n k - D e t l e f, * Lippstadt 15. 5. 1956, Chefkoch eines Restaurants.

Aufzeichnungen von Horst v. Schönberg über das 1945 in Tanneberg erlebte Kriegsende ist der nachfolgende Bericht entnommen.

Seit Februar 1945 war ich als Leutnant d. Res. beim Volks-Art.-Korps 404 im Raum Seelow an der Oderfront im Einsatz. Man erwartete den Generalangriff der Russen auf Berlin. Die zum Teil sehr schönen Besitzungen bekannter Familien hatten durch den Krieg schon schwer gelitten. Um so mehr mußte man den Mut und das Pflichtbewußtsein bewundern, mit dem noch im März/April unter den widrigsten Umständen, mitunter im direkten Kampfgebiet, die Frühjahrsbestellung durchgeführt wurde. Der endgültige Zusammenbruch war vorauszusehen, manche klammerten sich als letzte Hoffnung an ein Gerücht, die Amerikaner würden zusammen mit uns die Russen an die europäischen Grenzen zurückwerfen.
Am 17. April 1945 erfolgte nach einem vierstündigen Trommelfeuer der Angriff der Roten Armee. Ich wurde durch einen Granatsplitter an Schulter und Hals verwundet, war aber zum Glück gehfähig und fieberfrei, so daß ich über den Hauptverbandsplatz Marxdorf und das überfüllte Lazarett Wünsdorf bei Berlin einen Marschbefehl zu meinem Heimatlazarett Meißen erhielt. Dort wurde ich sofort nach meinem Eintreffen am 20. April 1945 zur ambulanten Behandlung nach Tanneberg entlassen.

Dort hatten sich inzwischen Verwandte und Bekannte aus Schlesien und dem sinnlos zerstörten Dresden eingefunden, mit denen wir die Not der folgenden Zeit teilten. Die Stimmung war gedrückt, da niemand wußte, was uns bevorstand. Die Amerikaner waren bereits an der Autobahn bei Hainichen, und wir klammerten uns an die Hoffnung, daß die Elbe die Grenze zwischen dem amerikanischen und russischen Besatzungsgebiet werden würde. Es sollte aber anders kommen.

In der Zwischenzeit hatte ich noch einmal die Möglichkeit eines Trecks nach Westen erwogen, zumal einige Bauern aus Tanneberg in Richtung Freiberg geflüchtet waren. Sie waren aber nicht weiter als bis Dittmannsdorf gekommen, es war also für eine Flucht zu spät. Wir beschlossen daher, das Ende in Tanneberg zu erwarten, wie gefährlich das auch sein mochte.

Am 5. Mai 1945 wollte ein deutscher Regimentsstab, der Platz brauchte, uns dazu bewegen, Tanneberg zu verlassen. Am nächsten Abend verließen sie uns fluchtartig innerhalb von fünf Minuten, wobei sie Waffen und Nachrichtengerät zurückließen. Tanneberg lag da schon unter russischem Beschuß.

Für die kommende Nacht hatten wir uns auf die Keller des Herren- und Pächterhauses verteilt. Unaufhörlich rollten die Panzer- und Wagenkolonnen der Russen auf der benachbarten Autobahn und der durch das Dorf führenden Landstraße in Richtung Dresden. Meine Frau und ich haben in aller Eile die Hinterlassenschaften des Regimentsstabes (Panzerfäuste, Handgranaten, Karabiner mit Munition und zwei Kisten mit Spirituosen) im Parkteich verschwinden lassen. Den in der Brennerei noch lagernden Rohspiritus mußten wir in der Not eiligst in den Kanal laufen lassen.

Das in der Nacht von der Straße aus schwer einsehbare Rittergut entdeckten die Russen erst im Morgengrauen des 7. Mai 1945. Nur dem Umstand, daß unsere polnischen und ukrainischen Arbeiter bei der Vernehmung durch russische Politruks gut über uns ausgesagt haben, verdankten wir es, daß meiner Familie und mir das Schicksal vieler anderer erspart geblieben ist.

In der Folgezeit jagte ein Schrecken den anderen. Wir erfuhren, was ein Mensch alles an nervlicher und körperlicher Belastung ertragen kann. Gleich am ersten Tag wurden innerhalb von zehn Minuten sämtliche Pferde weggeholt. Mit den verbliebenen drei Paar Ochsen versuchten wir, die Frühjahrsbestellung wieder in Gang zu bekommen. Die beiden Traktoren waren von den Russen schnell gefunden und abtransportiert worden. Täglich wurden große Schaf- und Rinderherden Richtung Dresden bei uns durchgetrieben, und wir wissen nicht, wann wir dran sind. Eines Morgens erscheint ein russisches Kommando, um mit Hilfe der Gutsarbeiter alle Futter- und Saatkartoffeln vom Feimenplatz abzufahren. Dafür erhalten wir am nächsten Tag eine in der Nachbarschaft zusammengetriebene Schweineherde. Auf meine Frage an den Kommandanten, womit wir die Tiere füttern sollen, nachdem sie unsere Kartoffeln abgefahren hätten, wird mir bedeutet: "Morgen wird sein." Am nächsten Tage kamen tatsächlich Militärlastwagen mit Kartoffeln. Wir hatten in dieser turbulenten Zeit das Glück, daß sich die jeweiligen Kommandanten für unseren Distrikt bei uns einquartierten. Das bewahrte uns vor allen möglichen Übergriffen russischer Soldaten und streunender Fremdarbeiter. Da sich dies herumgesprochen hatte, kamen nachts die Mädchen aus unserem Dorf und den Nachbardörfern, um sich auf unserem Heuboden zu verstecken. Gegen Ende Juni

1945 wird die in Tanneberg liegende russische Einheit durch eine andere abgelöst. Es beginnt insbesondere für meine Frau eine furchtbare Zeit. Wir wissen noch nicht, ob unseren Frauen und Mädchen das Schlimmste erspart bleibt. Die deutsche Bevölkerung ist anscheinend zum Freiwild geworden.

Eines Tages wird mir eröffnet, daß das gesamte Gut geräumt werden muß, lediglich zwei Räume werden meiner Familie zugestanden. Das Herrenhaus wird Kaserne, die Möbel werden auf den Oberboden geworfen und aus unseren Brettervorräten werden Pritschen gezimmert. Wir sind mit einem Hausmädchen und unseren damals zwei Jungens ganz allein auf dem Gutshof.

Am 1. Juli 1945 wurde ich durch deutsche sogenannte Hilfspolizei verhaftet und zu einer angeblichen Vernehmung zur russischen Kommandantur im Amtsgericht von Wilsdruff gebracht. Nach einwöchigem Aufenthalt im dortigen Gefängnis ging es ins Kriegsgefangenenlager Wilschdorf bei Dresden und nach wieder einer Woche ins Kriegsgefangenenlager Pirna. Auf dem Wege nach Pirna gelang es mir, einen Zettel mit einer Nachricht an meine Frau in eine entgegenkommende Straßenbahn zu werfen. Sie hat diese Nachricht auch tatsächlich erhalten. So hatten wir kurz vor meinem Abtransport nach Rußland Gelegenheit, über den Zaun miteinander zu sprechen, und ich erfuhr bei dieser Gelegenheit, daß sie mit den Kindern den Hof verlassen müßte. Meinen damals dreijährigen Sohn Volker sah ich durch den Zaun zum letzten Mal. Er starb im Dezember 1945, weil kein Arzt da war, der ihm helfen konnte. Erfahren habe ich dies erst Weihnachten 1946 mit der ersten Nachricht, die mich in der Gefangenschaft von meiner Frau erreichte. Im März 1946 wurde dann unser Sohn Wolf-Dieter geboren, den ich nach meiner Entlassung im Juli 1948 zum ersten Mal sah.

In Tanneberg werden die Verhältnisse für meine Frau, die mit den Kindern ganz allein zurückgeblieben ist, immer schwieriger. Immer wieder erscheinen nachts Banden, schlachten Vieh ab und stehlen. Durch einen russischen Posten, der schon länger da war, erfuhr sie, daß sie das Rittergut verlassen müßte. Mit Hilfe eines dreizehnjährigen Jungen konnte sie noch einige Sachen bei Herrn Träber, einem unerschrockenen Maurerpolier, unterstellen. Gewarnt durch Bürgermeister Johne verläßt sie in der Nacht mit den Kindern Tanneberg und wird von ihrem Onkel in Mücheln bei Merseburg vorübergehend aufgenommen. So entging sie dem Schicksal vieler, die nach Rügen verschleppt wurden. Nach längerer Zeit durfte sie wieder nach Tanneberg zurückkehren, jedoch ohne jeglichen Anspruch auf Lebensmittelkarten usw. Bekannte und ein Stück Garten halfen über die größte Not. Kartoffeln und Brennholz holte man heimlich vom eigenen Feld und Wald. Meine Mutter wurde im September 1945 für sechs Wochen im Freiberger Gefängnis inhaftiert, weil zwei meiner Schwestern mit meinem Schwager in den Westen geflüchtet waren. Man wollte von ihr deren Aufenthaltsort erfahren.

Am 17. September 1945 verlasse ich mit dem letzten Transport von ca. 1700 Offizieren Pirna, Ziel unbekannt. Wir sind in Viehwagen in zwei Etagen zusammengepfercht, können weder sitzen noch stehen. Die z. Z. herrschende furchtbare Hitze macht den Aufenthalt in den Wagen unerträglich. Die Türen sind verschlossen, die Fenster mit Stacheldraht verschlagen. Die für uns bestimmte Verpflegung wird vom Begleitpersonal verschoben. In meinem Waggon waren die Hälfte ungarische Offiziere, deren Haltung beispielhaft war. Unterwegs wurden wir des öfteren von den russischen Posten "gefilzt". Am 17. Oktober 1945, nach genau 31 Tagen, trafen wir im Offizierslager Tscherepowez, Rayon Wolodka, ein. Wir waren so schwach, daß wir uns kaum noch auf den Beinen halten konnten. Während des ganzen Transportes von 31 Tagen sind wir zweimal zehn Minuten herausgelassen worden. Täglich starben Kameraden. Ein Arzt, der die Toten heimlich registriert hatte, kam zu dem Ergebnis, daß bis zum Sommer 1948 mehr als die Hälfte unseres Transports gestorben war.

Entgegen der Genfer Konfession mußten ab März 1946 auch Offiziere bis einschließlich Hauptmann arbeiten. Mich betraf das insofern nicht, als ich mich schon vorher freiwillig zu einem Arbeitskommando gemeldet hatte, um dem "Barackenkoller" zu entgehen. Im Sommer 1946 wurde ich in ein Nebenlager kommandiert, wo Torf gestochen wurde. Nach vier Monaten war ich bereits krank und arbeitsunfähig, so daß ich an Neujahr 1947 ins Hauptlager zurückkam. Von den in diesem berüchtigten Torflager erlittenen Strapazen habe ich mich während der Gefangenschaft nicht wieder erholt. So wurde ich zu meiner Überraschung im Juni 1948 aus russischer Kriegsgefangenschaft nach Lippstadt entlassen.

Inzwischen waren alle Familienmitglieder, die unseren Namen tragen, aus Tanneberg endgültig ausgewiesen worden. Meine Mutter ging nach Tölpeln, Kr. Döbeln, mit meiner jüngsten Schwester. Meine Frau wurde zunächst mit den Kindern von ihrer Großmutter in Eisleben aufgenommen und erkämpfte sich im Sommer 1948 - genau drei Wochen vor meiner Entlassung - eine Wohnung in Halle.

Nach meiner Rückkehr nach Lippstadt - also in den Westen - begann für sie eine neue Zeit der Ungewißheit. Im Oktober 1948 gelang ihr mit den Kindern die Flucht in den Westen. Da ich noch arbeitsunfähig war, arbeitete sie in einer Fabrik, bis ich im Mai 1949 eine Anstellung im Trockenmilchwerk Lippstadt fand. Im Jahr 1954 habe ich eine Nebenerwerbssiedlung übernommen, um meinen Kindern einen kleinen Begriff von Freiheit auf eigenem Lande zu vermitteln.

Joseph v. Schönberg-Roth-Schönberg

Die Besitzungen Roth-Schönberg mit Wilsdruff, Limbach, Wald und Lotzen liegen in der Amtshauptmannschaft Meißen. Der Hauptsitz befindet sich seit 1307, Wilsdruff mit Schloß seit 1420 und Limbach seit 1445 im Besitz der Familie Schönberg. Die Gesamtgröße der Güter betrug im September 1945 insgesamt 908 ha.

Zur Familie des letzten Eigentümers gehören:

> J o s e p h Maria Michael Erwin Benno Ägid Johann Nepomuk v. S c h ö n -
> b e r g - R o t h - S c h ö n b e r g , * Lukawitz, Böhmen, 1. 9. 1873, † Starnberg,
> OBayern, 24. 4. 1957, auf Roth-Schönberg (§) (seit 1307 im Bes. d. Fam.),
> Wilsdruff (§) (seit 1420 im Bes. d. Fam.) u. Limbach (§) (seit 1445 im Bes.
> d. Fam.), Kgl. sächs. Khr, Major a. D.;
> × Dresden 17. 4. 1907 Elisabeth Gfin v. M o n t g e l a s , * Rom 1. 2. 1884,
> † Dresden 25. 3. 1944, T. d. Kgl. bayer. Km. u. Gesandten Eduard Gf v.
> M. u. d. Maria Magdalene Peterson (aus russ. Adel).

Tochter:

> Maria Immaculata (M a r i l l y) Josepha Elisabeth Michaela Anna Thaddea Antonia Franziska, * Dresden 3. 4. 1917;
> × I. Dietramszell bei Holzkirchen, OBayern, 23. 9. 1939 Joseph Wilhelm v. S c h i l c h e r , * Dietramszell 23. 9. 1910, auf Dietramszell
> (gesch. ... 23. 10. 1943, kirchl. annulliert München 25. 3. 1944);
> × II. Leoni am Starnberger See 10. 10. 1944 Wolfram M ü l l e r , * Immenstadt 12. 6. 1907, † ... 27. 6. 1981, Kaufm.

Einer persönlichen Niederschrift des letzten Herrn auf Roth-Schönberg ist der nachfolgende Bericht entnommen.

Mit dem Vordringen der feindlichen Armeen, der englischen, französischen und amerikanischen von Westen her, der russischen von Osten, begann im Frühjahr 1945 die entsetzliche Flucht der deutschen Bevölkerung kreuz und quer durch das Land. Unzählige Kolonnen der Unglücklichen füllten die Straßen und suchten vorerst in Sachsen und Thüringen Fuß zu fassen. Aber auch ein schließlich planloses Abtransportieren von Kunstgut und Wertsachen begann. Die Landesregierung in Dresden beschlagnahmte eine Anzahl von Räumen im Roth-Schönberger Schloß zur Unterbringung von einigen hundert Stück Möbeln aus dem Dresdener Residenzschloß und einigen siebzig Kisten mit wertvollen Stücken aus der Dresdener Porzellansammlung. Sie sind später restlos der Plünderung zum Opfer gefallen. In Ermangelung trockener Räume brachte ich selbst die wertvollsten Familienbilder sowie die Lehnsbriefe aus dem Archiv nach Schloß Reinsberg, wo Vetter Wolf über einen trockenen, schwer auffindbaren Keller verfügte. Silber, Kleidung, Wein und Wertsachen wurden im Bereich des Schlosses Roth-Schönberg versteckt, später von den Russen aufgefunden und verschleppt.
Als erste Flüchtlinge von der schlesisch-polnischen Grenze beherbergte ich einige Tage Frau v. Studnitz und Tochter sowie einen alten Grafen Ballestrem, die dann weiter westwärts treckten. Später Baronin Fürstenberg, geb. Carlowitz, und ihr Kind, sowie Graf und Gräfin Stolberg-Brauna und einen Sohn, meinen Bruder

Michael (s. auch dort), seine Frau, später auch deren Mutter, Frau v. Weber, geb. de Liagre, deren Wohnung bei einem Bombenangriff in Leipzig zerstört worden war. Die älteste Tochter Michaels, Frau Moers mit zwei kleinen Söhnen, fand sich auch in Roth-Schönberg ein.

Am 13. Februar abends überflogen feindliche Flieger, wie schon vorher fast täglich, Schloß Roth-Schönberg in östlicher Richtung. Sie kamen diesmal in erschrekkender Anzahl. Ihr Ziel war Dresden. In zwei Angriffen während dieser Nacht wurde die Stadt vollkommen zerstört. Schätzungsweise über 300.000 Einwohner, einschließlich Flüchtlinge aus dem Osten, wurden unter den Trümmern begraben. Dresden war diejenige Stadt in Deutschland, die am radikalsten vernichtet wurde. Die innere Stadt hatte aufgehört zu existieren. Ein Feuerschein am östlichen Himmel in einem ungeahnten Ausmaß ließ die Furchtbarkeit der Katastrophe ahnen.

Im April 1945 reichten sich die feindlichen Armeen an der Elbe die Hände. Ihr Erscheinen auch in Sachsen war täglich zu erwarten. Ein Baurat Hasemann, Berater des Reichsstatthalters Mutschmann, hatte auch Quartier im Schloß bezogen. Er hatte in Lengenfeld im Erzgebirge ausgedehnte unterirdische Anlagen zur Bergung Dresdener Kunstschätze ausgeführt, u. a. der Sixtinischen Madonna. Die Russen haben das Versteck gefunden, die Madonna wurde mit anderen kostbaren Gemälden nach Rußland gebracht, später zurückgegeben. Der Baurat hatte Nachrichten, wonach amerikanische Truppen unser Gebiet besetzen würden. Sie waren bereits bis an die Zwickauer Mulde gelangt. Amerikanische Flieger beschossen die Autobahn zwischen Nossen und Wilsdruff. Es kam anders!

Die Amerikaner rückten nach Süden ab und überließen das Feld der Roten Armee. Diese drang nach der Einnahme von Berlin unaufhaltsam nach Süden vor. Ausgeplünderte Schlösser und größere Güter, ermordete Besitzer, geschändete Frauen bezeichneten ihren Weg.

Unterdessen war noch Gräfin Schall, geb. Freiin v. Boeselager, von Gaußig, dem Besitz ihres Schwiegervaters, geflohen und mit ihrem Baby in Roth-Schönberg angekommen, außerdem zwei ältere Damen, Baroninnen Schorlemer. Der Kreis Meißen wurde zum Kampfgebiet erklärt, ein Räumungsbefehl ordnete die Evakuierung der Frauen und Kinder innerhalb 48 Stunden an. Am 6. Mai bezogen einzelne Infanterie-Gruppen eiligst aufgeworfene Feldstellungen in der Linie Deutschenbora - Roth-Schönberg - Munzig. Den ganzen Tag schossen sie sich mit russischen Vortruppen herum. Gegen Abend lief die Meldung ein, daß russische Panzer von Heynitz her im Anmarsch seien. Mit zwei vom Rittergut Limbach gestellten Kastenwagen verließen wir gegen sechs Uhr abends das Schloß, während ein Teil der Bevölkerung in den Schloßkellern Schutz suchte. Zehn Minuten später waren die Russen im Schloßhof. Wir fuhren die ganze Nacht hindurch bei strömendem Regen und erreichten unbehelligt um sieben Uhr früh Freiberg. Frau v. Kirchbach, Frau des dortigen Superintendenten, der sich in US-Gefangenschaft befand, nahm uns auf und bewirtete uns. Die Nachricht aber, daß die russischen Truppen vor Freiberg stünden, veranlaßte uns, unsere Fahrt westwärts fortzusetzen. Alsbald gerieten wir auf der Chemnitzer Straße in einen unübersehbaren Flüchtlingsstrom von drängenden, sich überholenden Fahrzeugen aller Art. Westlich Oberschöna sahen wir uns plötzlich von russischen Schützen umgeben. Sie verlangten Schmuck, Uhren und Waffen, ließen uns im übrigen unbehelligt, ordneten nur die sofortige Rückkehr nach Freiberg an. Ein Panzerkorps, durch aufgesessene Infanterie verstärkt, verlegte uns zunächst auf seinem Vormarsch nach Chemnitz den Weg. Wir sahen Russen aller Typen, mongolische Asiaten, ukrainische Bauern, weißrussische, ausgesprochen slawische Erscheinungen, an uns vorbeiziehen. Der Eindruck dieser asiatischen Streitmacht, die, wenn auch längst erwartet, nun plötzlich wie das wilde Heer mit Motorengedröhn erschien und von unserer Heimat Besitz nahm, war erschütternd. Das waren also die neuen Herren! Als ob es nur ein Mittel gäbe, sich des Grauens dieser Erscheinungen zu erwehren, hörte man schon an diesem Nachmittag und seitdem immer wieder sich wiederholende Stimmen, die das Abrücken der Roten Armee aus unseren Gefilden für einen unmittelbar bevorstehenden Termin prophezeiten.

Gegen Abend erreichten wir wieder Freiberg, das sich kampflos ergeben hatte und die Unterwerfung durch weiße Fahnen dokumentierte. Von der in der folgenden Nacht einsetzenden Plünderung blieb die Superintendentur laut Befehl des russischen Kommandanten, und somit auch wir, verschont. Dank der Gastfreundschaft von Frau v. Kirchbach durften wir einige Tage in Freiberg bleiben, bis der russische Vormarsch die Straßen nach Norden wieder freiließ. Am 11. Mai traten wir die Rückfahrt an. Gräfin Dela Schall und Marielis Moers mit den Kindern blieben im sicheren Asyl der Superintendentur zurück.

Kurz bevor wir Roth-Schönberg erreichten, fuhr ein Radler voraus, um die Lage dort zu sondieren. Nach etwa einer Stunde kam er mit der Nachricht zurück, daß das Schloß am 7. Mai von russischen Soldaten, polnischen Arbeitern und schließlich auf Grund eines ausdrücklichen Befehles des russischen Kommandanten von den Ortsbewohnern ausgeplündert worden war. Ich sollte mich nicht sehen lassen, das werde mir übel bekommen, war gedroht worden. Der zufällig vorbeikommende Forstaufseher Neidhardt verschaffte uns Nachtquartier auf dem Hof seiner Eltern im benachbarten Elgersdorf. Hier begann ein ruheloses Nomadenleben von einem Quartier zum anderen. Aus Sicherheitsgründen übersiedelte ich am folgenden Tag zum Bauern Seifert, Vater unserer treuen Köchin Irmgard Seifert, nach Neukirchen. Bruder und Schwägerin folgten nach einigen Tagen dorthin.

Von Neukirchen aus versuchte ich nun wieder Fühlung mit den Gütern zu bekommen. In Roth-Schönberg war der Pächter Gappich schon einige Tage vor meinem Aufbruch von dort mit zahlreichen Pferden, Ochsen und Inventar geflohen. Er hatte lediglich einen Hofarbeiter mit seiner Vertretung beauftragt, sehr zum Schaden der Wirtschaft, denn die Plünderung und das rücksichtslose Auftreten der russischen Soldateska kannte keine Grenzen. Die Gemeindeverwaltung war inzwischen in radikale Hände übergegangen. Sie sabotierte meine Versuche, einen geeigneten Vertreter für den geflüchteten Pächter einzusetzen. Schließlich aber gelang es, Herrn Weinhold, langjährigen erprobten Inspektor auf Rittergut Neukirchen, mit Genehmigung des Landrates als Verwalter einzusetzen. Sein erfolgreiches Wirken wurde aber alsbald dadurch behindert, daß die Rote Armee das Rittergut beschlagnahmte, das noch vorhandene Vieh abtrieb und das unterdessen gereifte Getreide abtransportierte. Jegliches Verfügungsrecht über die Gutsbestände wurde unterbunden. Der russische Kommandeur verbot mir erneut das Betreten des Schlosses. Ich konnte es nicht verhindern, daß die Plünderung des Schloßinventars durch die ständig geöffneten Türen ihren Fortgang nahm.

Ähnlich entwickelte sich die Lage in Limbach. Im Einverständnis mit der russischen Kommandantur Wilsdruff bezog ich Anfang Juni ein Zimmer im Schloß. Es gelang zunächst mit Hilfe des sehr tüchtigen Inspektors Burau, die Wirtschaft, die auch durch radikale Plünderung schwer gelitten hatte, wieder in Gang zu bringen. Mit zwei Traktoren, Spannvieh war nicht mehr vorhanden, auch der Schafstall war geräumt, konnte die Gerstenernte eingebracht werden. Aber Anfang August beschlagnahmte die Rote Armee auch das Rittergut Limbach. Meinem Verbleiben wurde zunächst nicht widersprochen. Herr Burau behielt die Leitung des Betriebes für Rechnung der Roten Armee. Auch hier wurde die gesamte Ernte ohne Zurücklassung des Saatgutes abtransportiert.

In Wilsdruff war im Augenblick des Erscheinens der Russen Herr Starke, der Pächter, geflohen. Es gelang mir, den Dipl.-Landwirt Biber, der schon mehrere Güter der Umgegend nach der Flucht der Besitzer verwaltete, für die Leitung der Wirtschaft zu gewinnen, Anfang August den gut empfohlenen Herrn Brückmann als Nachfolger Herrn Starkes zu verpflichten. Nach wenigen Tagen erfolgte auch hier die Beschlagnahme durch die Rote Armee. In Wilsdruff hatten die Gebäude durch Beschuß schwer gelitten.

Der Forst unterstand der Aufsicht eines durch den Landrat in Meißen eingesetzten Sachverständigen, Herrn Zasch. Mit Hilfe des Forstaufsehers Neidhardt konnte einigermaßen planmäßig gewirtschaftet werden.

So kam der 10. September 1945 heran. An diesem Tag erschien in der Tagespresse ein Gesetz der sächsischen Landesverwaltung, das die restlose, entschädigungslose Enteignung jeglichen Grundbesitzes in den Händen der "Junker und Grafen" und jeglichen Besitzes über 100 Hektar verfügte. Den Besitzern wurde zunächst die Bildung eines Restgutes, das Besitzrecht am Schloß oder Herrenhauses zugebilligt, später nur die Möglichkeit, ein Siedlungsgesuch für 25 Hektar einzureichen, dann unter Aufhebung dieser Konzessionen erlaubt, unter Mitnahme von 60 Pfund Gepäck das Gut zu verlassen. Schließlich aber wurden die Besitzer und ihre Familien ohne Rücksicht auf Alter und Gesundheitszustand verhaftet und auf die Insel Rügen deportiert. Es gelang mir, mich dieser Maßnahme zu entziehen.

Ich hatte die Genugtuung, daß der kommunistische Bürgermeister von Roth-Schönberg die Bitte der Gemeinde, mir das weitere Wohnrecht dort zuzubilligen, an den Landrat weitergab, daß mir der Bürgermeister von Limbach sein aufrichtiges Bedauern aussprach, und daß der Bürgermeister von Wilsdruff, ein Kommunist, erklärte, das Gesetz treffe auch Unschuldige. Der Besitz aller drei Güter wurde uns abgesprochen, der Stand der "Junker und Grafen" sollte dem Elend preisgegeben werden.

Am 2. November 1945 erreichte ich nach sechstägiger, beschwerlicher Reise und dem Rest meiner Habe in zwei Rucksäcken Leoni, den Wohnsitz meiner Tochter am Starnberger See, die mich liebevoll aufnahm. Das Grab meiner Frau blieb in Roth-Schönberg zurück, mögen die, die ich darum bat, es treu pflegen.

Michael v. Schönberg-Roth-Schönberg

M i c h a e l Joseph Maria Ernst Wilhelm Peter Paul Johannes v. **S c h ö n -
b e r g - R o t h - S c h ö n b e r g**, * Roth-Schönberg 25. 6. 1883, † Lövenich-
Königsdorf 26. 4. 1971, sächs. RegRat a. D.;
× Dresden 28. 9. 1911 Ellinor v. **W e b e r**, * Bautzen 19. 2. 1889, † Löve-
venich-Königsdorf 13. 11. 1972, T. d. Kgl. sächs. Hptm. a. D. Kurt Anton
v. W. auf Puschwitz u. d. Alice de Liagre.

Kinder:

1. Marie-Elisabeth (**M a r i e l i s**) Alice Michaela Ursula, * Dresden 26. 10.
   1912;
   × Dresden 28. 5. 1939 Hermann **M o e r s**, * Bonn 5. 3. 1908, † Köln
   21. 11. 1978, Dr. med., Prof. f. innere Medizin, Chefarzt d. inneren Abt.
   d. Franziskushospitals in Köln.

2. **F r a n z d e P a u l a** Ernst Joseph Maria Michael Hermann, * Leipzig
   7. 4. 1914, Oberstlt a. D.;
   × Köslin 3. 4. 1941 Betty Agnes **Q u a d e**, * Funkenhagen, Kr. Köslin,
   20. 12. 1910 (kath.), T. d. städt. Beamten a. D. Otto Qu. u. d. Anna
   Bonin.

3. Pius Michael Maria Johannes Dietrich **L e o**, * Leipzig 4. 5. 1915, Indu-
   strieangest. i. R.;
   × Donauwörth 28. 12. 1950 Erika **S c h a u e r**, * Gosbach, Kr. Göppingen, 31. 7. 1923, T. d. Bürgermeisters Alfred Sch. u. d. Maria Gran-
   dinger.

4. **M o n i k a** Maria Paula Michaela Notpurga, * Leipzig 13. 9. 1917;
   × Dresden 11. 9. 1942 Hans Gf **F i n c k** v. **F i n c k e n s t e i n**, * Dresden 18. 9. 1914 (kath. seit 1949), auf Nieder-Schönbrunn (§), Kr. Lauban, DiplPsychologe (gesch. ... 3. 1958).

Michael v. Schönberg-Roth-Schönberg ist der jüngere Bruder von Joseph; beide
verbrachten einen Teil des Schicksalsjahres 1945 gemeinsam (s. auch dort). Seinen
Aufzeichnungen ist der nachstehende Bericht entnommen.

Nach meiner Pensionierung und Entlassung aus dem Staatsdienst zogen Ellinor,
meine Frau, und ich zu unserer jüngsten Tochter Monica Gräfin Finckenstein nach
Niederschönbrunn bei Görlitz, um den Bombenangriffen zu entgehen. Auch unsere
älteste Tochter Marielis Moers hatte sich mit ihren beiden Söhnen Michael (4) und
Peter (2) aus Bonn dorthin in Sicherheit gebracht.
Unser Aufenthalt dort war aber nur von kurzer Dauer. Schon nach einem Vierteljahr, im Anfang Februar 1945, mußten Marielis mit den Kindern und wir vor der
sich nähernden russischen Heeresmacht Niederschönbrunn verlassen und nach
Westen ausweichen. Dagegen waren Finckensteins gezwungen, dort auszuharren.
Zwar konnten sie den eindringenden Russen entkommen, mußten dann aber auf
Befehl der inzwischen eingesetzten polnischen Verwaltung nach Niederschönbrunn
zurückkehren. Da das Schloß ausgeplündert und zerstört war, bezogen sie ein Notquartier im Pfarrhaus. Ein Jahr später wurden sie dann von den Polen ausgewiesen
und gingen nach Hämelerwald in der Gegend von Hannover.
Wir gelangten mit unseren Angehörigen Mitte Februar 1945, gerade in den Tagen
der Zerstörung von Dresden, nach Roth-Schönberg, wo uns mein Bruder Joseph

aufnahm. Das Schloß füllte sich in diesen Tagen mit Flüchtlingen, die alle von Joseph freundliche Aufnahme fanden. Damals glaubten wir alle, daß die Russen nicht über die Elbe vordringen würden, zumal die Amerikaner schon Thüringen und Westsachsen besetzt hatten. Erst als sich diese Hoffnung als Illusion erwies, versuchten wir, vor den Russen in die US-Zone zu entkommen. In der Nacht vom 6. zum 7. Mai 1945 verließen wir in zwei Treckwagen Roth-Schönberg, gelangten am Morgen des 7. Mai nach Freiberg, von dort, nach kurzer Rast bei unseren Freunden Kirchbach, auf dem Weg nach Chemnitz bis Oberschöna, wo wir von russischen Verbänden überholt und zur Umkehr gezwungen wurden. Dies bedeutete für uns das Miterleiden der Zerstörung und Plünderung all dessen, was bisher für uns die Heimat gewesen war. Diese Phase des Heimatverlustes haben wir mit Joseph gemeinsam durchlitten bis zu seiner Flucht in den Westen im Herbst 1945. Ich möchte in meinem Bericht nur ergänzen, was wir und unsere Angehörigen erlebt haben, bis auch wir uns im Herbst 1947 in den Westen absetzen mußten.

Mit herzlicher Dankbarkeit gedenken wir der Wohltaten, die wir in der Superintendentur von Frau Esther v. Kirchbach und später nach seiner Rückkehr aus der Gefangenschaft von Arndt Kirchbach erfuhren. Wir haben in diesen zwei Jahren dort oft Zuflucht und Trost gefunden. Die Superintendentur war laut Kommandanturbefehl vor den Zugriffen der russischen Besatzung geschützt. So war Marielis dort aufs beste aufgehoben und konnte unter der Obhut ihrer gütigen Gastgeberin ihren dritten Sohn, Wilhelm, im Juli 1945 zur Welt bringen. Im Herbst 1946 gelangte Marielis mit ihrem Baby nach abenteuerlicher Reise wohlbehalten in ihre Heimatstadt Bonn. Auch ihre beiden anderen Söhne, Michael und Peter, wurden durch eine zuverlässige Kinderpflegerin heil nach Bonn zurückgebracht.

Ellinor und ich wohnten noch bis Herbst 1947 im Pfarrhaus Limbach, das von der Beschlagnahme befreit war. Als ich im Herbst 1946 zwei Monate in Bonn war, um mich um eine Anstellung zu bewerben, war Ellinor mit ihrer Mutter, Frau v. Weber, im Pfarrhaus Limbach geblieben. In dieser Zeit ist Schloß Roth-Schönberg von der russischen Belegung freigeworden. Ellinor benutzte die Gelegenheit, um sich über dessen Zustand ein Bild zu verschaffen. Besonders interessierten die Bibliotheks- und Archivräume. Zusammen mit einem Vertreter der Gemeinde besichtigte sie die Räume, und deren desolater Zustand veranlaßte sie, sich an das Hauptstaatsarchiv in Dresden zu wenden, und den Transport der Bestände nach dort durchzusetzen. So konnte wenigstens der noch vorhandene Teil des Archivs gerettet werden. Von der Bibliothek war leider nichts mehr vorhanden.

Mein Versuch, in Bonn oder Köln eine Anstellung zu erhalten, ist zwar mißlungen, aber ich konnte unseren späteren Zuzug in Bonn vorbereiten und mich um die Auszahlung meiner Pension bemühen.

Im Oktober 1946 kehrte ich nach Limbach zurück. Daß wir dort so lange unbeanstandet bleiben konnten, haben wir wohl auch dem Umstand zu verdanken, daß wir infolge der Vernichtung der Grundbücher weder von der russischen Ortskommandantur noch von den Zonenbehörden als der verhaßten Besitzerkategorie zugehörig erkannt wurden.

Ende 1947 war Ellinors Mutter, Frau v. Weber, nach schweren Leiden gestorben. Inzwischen wurde unser Inkognito doch ruchbar. Als uns das Betreten der Gutshöfe

Limbach und Wilsdruff polizeilich untersagt und ich wiederholt vom Landratsamt Meißen vorgeladen wurde, um im Zusammenhang mit der "Bodenreform" verhört zu werden, stand für uns fest, daß nun der Moment unserer geplanten Flucht nach dem Westen gekommen sei. Durch einen glücklichen Zufall konnten wir Ende September 1947 mit einem Rot-Kreuz-Transport die Grenze unbeanstandet passieren. Mit dem kleinen Rest unserer Habe gelangten wir nach Bonn, wo wir von Marielis und Hermann Moers zunächst in ihrem Haus aufgenommen wurden, bis es uns gelang, eine eigene Wohnung in Bonn zu erhalten.

Das Schicksal der Söhne Franz und Leo v. Schönberg-Roth-Schönberg

Leo kehrte von seinem dritten Einsatz an der Ostfront nach dem Waffenstillstand zunächst nach Ostsachsen zurück, kam dann zu uns nach Freiberg, wo er aus dem Heeresdienst entlassen wurde. Im Sommer war er mehrere Wochen in der Landwirtschaft in Limbach tätig. Nach der Beschlagnahme und Enteignung des Gutes erkrankte er, arbeitete dann noch bis zum Sommer 1946 bei Bauern in Ostsachsen, um sich im Spätherbst 1946 nach Bayern abzusetzen. Dieser Versuch gelang zwar, trug ihm aber ein halbes Jahr Gefängnis bei den Amerikanern wegen unerlaubten Grenzübertrittes ein.

Franz hat über sein weiteres Schicksal folgendes berichtet:

Im November 1943 war ich als Batl. Kmdr. im Gren. Rgt. 758 zum Hauptmann d. Res. befördert worden. Mitte August 1944 wurde das Regiment zusammen mit einer Art.-Abt. aus dem Divisionsabschnitt herausgelöst, behelfsmäßig beweglich gemacht und per Bahntransport nach Mittelfrankreich verlegt. Bereits vor Erreichen unseres Transportzieles, Orleans, wurden wir südlich Fontainebleau ausgeladen und in einer Auffangstellung eingesetzt. Mit unserer ungenügenden Ausrüstung und ohne Nachschub wurden wir von amerikanischen Panzertruppen aufgerieben, die Masse kam in US-Gefangenschaft. Mit einer Gruppe von sechs Mann versuchte ich, mich nach Südwesten durchzuschlagen. Nach sechs abenteuerlichen Nachtmärschen wurden wir von französischen Freischärlern umzingelt und schließlich in das Gefängnis nach Auxerre gebracht. Dort wurden neben Kriminellen deutsche Kriegsgefangene und sogenannte Kollaborateure gefangen gehalten.
Die Erlebnisse dieser acht Wochen im Gefängnis haben mir bestätigt, daß Brutalität und Willkür überall herrschen, wo der Mensch nicht durch Gesetze gebunden und kontrolliert wird. Ich erlebte aber auch Beweise großer Menschlichkeit. Erst in Einzelhaft, dann mit mehreren Offizieren in einer Zelle, gelang es mir, unsere Überführung in ein Offizierslager nach Dijon zu erreichen. Die dortigen Zustände spotteten jeder Beschreibung, erst eine Inspektion durch Vertreter des Roten Kreuzes aus der Schweiz brachten einige Besserung. Wegen schwerer Hungerödeme kam ich im Sommer 1945 in ein Kriegsgefangenen-Lazarett, wo ich mich von den überstandenen Entbehrungen etwas erholte. Unser Offizierslager in der Zitadelle von Dijon wurde im Februar 1946 aufgelöst und die gesamte Belegschaft in die Nähe von Le Mans überführt. Dort waren 6000 Offiziere in einem Sammellager untergebracht. Die hygienischen und ernährungsmäßigen Verhältnisse besser-

ten sich allmählich, vor allem unter Einfluß entlassener französischer Kriegsgefangener und durch Vermittlung der Kirchen. Allmählich erhielt ich auch Post aus der Heimat und ab und zu eine Lebensmittelsendung, u. a. auch von Vetter Wolff aus Schweden.

Im Juni 1947 begannen die ersten planmäßigen Entlassungen, zunächst der Reserveoffiziere. Ich wurde über das Lager Bretzenheim, Munsterlager und Münster nach Bonn entlassen, wo meine Frau mit ihrer Mutter und ihrer Schwester ein Unterkommen gefunden hatte. Der Anfang in der Heimat war schwer, zumal bei meinem schlechten Gesundheitszustand. Nach den unterschiedlichsten Betätigungen sowohl in der Landwirtschaft als auch Industrie, bewarb ich mich 1955 bei der Bundeswehr, wo ich im April 1956 als Hilfsreferent im Verteidigungsministerium eingestellt und im August 1956 als Berufssoldat übernommen wurde. Meine Beförderung zum Major erfolgte am 27. September 1960.

Karl-Friedrich Freiherr v. Schönberg auf Thammenhain

Das in der Amtshauptmannschaft Grimma gelegene Rittergut Thammenhain war Hauptsitz der Familie. Es hatte eine Größe von 1490 ha, davon 447 ha landwirtschaftliche Nutzfläche und 1015 ha Wald. Es befand sich seit 1666 im Besitz der Schönbergs. Zu Thammenhain gehörte noch das Vorwerk Zwochau mit einer Größe von 308 ha, überwiegend Wald. In Anbetracht des großen Waldbesitzes hatte Thammenhain ein eigenes Sägewerk, außerdem eine Brennerei. Zum Gesamtbesitz gehörten noch - ebenfalls in der Amtshauptmannschaft Grimma gelegen - die beiden Rittergüter Hohburg mit 207 ha und Voigtshain mit 229 ha. Das Rittergut Hohburg hatte früher einmal den Kurfürsten von Sachsen gehört. An diese Zeit erinnerte die im Park stehende Statue des Hofnarren Josef Fröhlich. Später wurde Hohburg vom Kurfürsten den Nachkommen von Martin Luther überlassen, blieb aber nicht lange im Besitz der Familie Luther.

Zur Familie des letzten Eigentümers gehören:

Joseph Severin Caspar K a r l - F r i e d r i c h Dam Freiherr v. S c h ö n b e r g, * Thammenhain 23. 10. 1903, † Mettlach an der Saar 15. 1. 1975, auf Thammenhain (§) (seit 1666 im Bes. der Fam.), Zwochau (§) u. Hohburger Wald (§) bei Wurzen;
× Mettlach 9. 9. 1931 Renata v. B o c h - G a l h a u, * Mettlach 5. 4. 1907, † Bad Nauheim 4. 3. 1963, T. d. Industriellen Dr. sc. pol. Roger v. B.-G. auf Linslerhof u. Mettlach u. d. Maria Freiin v. Fürstenberg.

Kinder:

1. Monika Theresia M a r i a - J o s e p h a, * Wurzen 30. 7. 1932;
× Tholey an der Saar (standesamtl.) 29. 5., (kirchl.) 31. 5. 1954 Hubert (Hubertus) B u n g, * Köln 17. 5. 1920, Dr. jur., BrigadeGen. a. D., StabsabtLeiter a. D. im Bundesmin. für Verteidigung.

2. Julia Maria Hedwig Appolinaria Gabriele B r i g i t t a, * Wurzen 7. 12. 1933;
× Mettlach 11. 10. 1958 Uve Gf v. W e d e l a. d. H. Gödens, * Frankfurt am Main 15. 8. 1925 (ev.), Dipl. agr., Beamter der Internat. Arbeitsorganisation der Vereinten Nationen.

3. Maria-Immaculata Julia Monika Appolinaria Elisabeth G a b r i e l e, * Wurzen 1. 12. 1935;
× Mettlach (standesamtl.) 25. 1., (kirchl.) 26. 1. 1963 Franz-Josef Frhr v. T w i c k e l, * Vogelsang, Kr. Recklinghausen, 2. 7. 1931, † Köln 26. 7. 1978, Ldwirt.

4. Marie Agnes C h r i s t i a n a, * Wurzen 1. 6. 1937, Krankengymnastin;
× (standesamtl.) Mettlach 30. 8., (kirchl.) Bonn-Röttgen 4. 10. 1969 Otto Gf v. S c h w e r i n, * Wildenhoff 17. 1. 1939, HauptverwRat bei der Europ. Gemeinschaft.

5. Michael Roger Kaspar A d o l f Dam, * Wurzen 29. 9. 1938, † Homburg 7. 7. 1969, Praktikant.

6. Friedrich Kaspar R ü d i g e r, * Wurzen 17. 11. 1940, Dr. jur., Richter am Finanzgericht, Lt d. Res., ERr d. souv. MaltRrO.;
× Schwäbisch Gmünd (standesamtl.) 21. 11., (kirchl.) 22. 11. 1975 Elisabeth Gfin S c h a f f g o t s c h gen. S e m p e r f r e i v. u. zu K y n a s t

u. G r e i f f e n s t e i n, Freiin zu Trachenberg, * München 17. 9. 1947, Sozialpädagogin, T. d. Fabrikanten Gotthard Gf Sch. gen. S. v. u. zu K. u. G., Frhr zu T. u. d. Marie-Rose Przssin v. Croy.

7. Eberhard Luitwinus F r i e d r i c h, * Dornreichenbach 21. 3. 1945, Dipl-Volkswirt, Angest.;
⨯ (standesamtl.) Mettlach 25. 6., (kirchl.) Freiburg 9. 7. 1977 Alexandra v. F r a n k, * Bad Kösen 13. 2. 1945 (ev.), Gymnasiallehrerin, T. d. Vertriebsleiters Friedrich-Karl v. F. auf Benkheim, Kr. Angerburg, Ostpr., u. d. Jutta v. Burkersroda.

Über die Geschehnisse des Jahres 1945 und die folgenden hat Karl-Friedrich Freiherr v. Schönberg Aufzeichnungen hinterlassen, denen der folgende Artikel entnommen wurde.

Im Januar 1945 waren meine Schwester Julia und ihr Mann, Stephan Thielmann, nach Thammenhain geflüchtet, nachdem die Russen in Oberschlesien eingefallen waren. Kurz zuvor waren mein Bruder Nikol und ich aus Tressow in Mecklenburg zurückgekommen, wo wir an der Beerdigung unseres Schwagers Johann Albrecht Graf v. der Schulenburg, der einem schweren Kriegsleiden erlegen war, teilgenommen hatten.

Da ihnen die Lage in Sachsen zu unsicher schien, treckten Thielmanns im Februar weiter nach Hessen. Es kamen andere Schlesier zu uns nach Thammenhain, so Gräfin Cara Arnim, Cousine meiner Mutter, aus Muskau, die von ihrem Neffen Hermann Arnim gebracht wurde, und bis zuletzt bei uns in Thammenhain blieb. Auch meine Schwiegermutter, Frau v. Boch, war seit ihrer Evakuierung vom Saarland bei uns.

In Torgau an der Elbe hatten sich Russen und Amerikaner zum ersten Mal getroffen. Wir glaubten, die Amerikaner würden das Land bis zur Elbe besetzen. Die deutschen Einheiten waren in Auflösung begriffen, marschierten von Süden nach Norden und dann wieder in entgegengesetzter Richtung. Riesige Kolonnen von Kriegsgefangenen wurden von einer deutschen Einheit in südlicher Richtung geführt, auch ein Konzentrationslager war zwei Nächte und einen Tag bei uns.

Am 21. März 1945 wurde unser jüngster Sohn Friedrich geboren. Die Heimat zu verlassen und der amerikanischen Front entgegenzufahren, schien uns unter diesen Umständen nicht richtig. Es folgte dann eine Zeit schwacher amerikanischer Besetzung und die Freilassung der alliierten Kriegsgefangenen. Die Fremdarbeiter bemächtigten sich der weggeworfenen deutschen Waffen. Die Muldebrücken waren gesprengt.

Völlig überraschend erschien am 5. Mai 1945 die Rote Armee von Norden und eines Morgens standen die Russen vor der Türe. Es begannen für uns alle in Thammenhain schwere Tage. Ich war den Russen an der Haustüre entgegengetreten und hatte sie mehrmals durchs ganze Haus geführt. Am Abend des gleichen Tages wurde ich verhaftet und zusammen mit einigen Zivilgefangenen, die sie mitgeführt hatten, im Pferdestall eingesperrt, wurde aber am nächsten Tag wieder freigelassen. Meine Familie hatte sich mit allem Anhang in das Haus meiner Mutter geflüchtet, und wir blieben dort dicht gedrängt mehrere Wochen, was für alle einen gewissen Schutz bedeutete. Zu unserem großen Bedauern nahmen die

Russen unseren hervorragenden Rentmeister, Herrn Heinze, mit. Auf meine dringenden Vorstellungen versicherten sie, daß er in drei Tagen zurückkommen würde. Später hörte seine Frau, daß er in einem Lager in Schlesien an Ruhr gestorben sei. Die russischen Einheiten, die unser Haus besetzt hatten, wechselten. Als die letzten abzogen, konnte ich den Betrieb wieder übernehmen und unter größten Schwierigkeiten weiterführen. Es waren fast sämtliche Pferde, die Hälfte des Rinder- und Schweinebestandes und 80 Prozent der Schafe weggetrieben bzw. geschlachtet worden. Zweimal haben wir Haus und Hof wieder leidlich in Ordnung gebracht. Die Kartoffelbestellung wurde beendet, die Getreideernte eingebracht und die Herbstbestellung und Hackfruchternte begonnen.

Schon seit einiger Zeit fiel das Wort "Bodenreform". Das Dorf und meine Belegschaft waren keineswegs begeistert davon. Erst hieß es, ich könne 100 Hektar behalten, Mitte Oktober wurden daraus 25 Hektar. Es war keine Behörde da, mit der man hätte verhandeln können. Ein kommunistischer Instrukteur in Falkenhain bekam seine Anweisungen aus Dresden. Der Landrat in Grimma sagte mir, es sei durchaus möglich, einen Rest zu behalten. Unter schwierigen Umständen war ich nach Dresden vorgestoßen, leider erfolglos.

Am 13. Oktober 1945 mußten wir unser Haus in Thammenhain verlassen und in unser Vorwerk Zwochau übersiedeln, wo wir einen Hof mit 25 bis 30 Hektar behalten sollten. Auch meine Mutter mußte ihr Haus verlassen.

Meine Schwiegermutter, Frau v. Boch, war nicht mit uns nach Zwochau gegangen, sondern wollte sich nach Westen durchschlagen. Nach sechstägiger, beschwerlicher Reise ist es ihr auch gelungen, Mettlach zu erreichen.

Nach der zweiten Nacht in Zwochau wurden wir abgeholt, nach Colditz gebracht und dort interniert. Ohne zu wissen wohin, traten wir von dort aus die achttägige Fahrt im Güterwagen, in den es hereinregnete, nach Rügen an. In Stralsund trafen wir mit einem Transport aus dem Lager Coswig zusammen. Im Fußmarsch ging es über den Rügendamm. Zuerst waren wir in einem Lager Prora und dann in Dreschwitz, von wo aus wir auf den umliegenden Gütern arbeiteten. Als das Lager Dreschwitz aufgelöst und die einzelnen Familien auf Dörfer verteilt wurden, kamen wir drei großen Familien Carlowitz-Falkenhain, Eschwege-Sachsendorf und wir Thammenhainer in ein Haus, in dem schon zwei Ostflüchtlingsfamilien untergebracht waren. Jede Familie bekam ein kleines schmales Zimmer und alle zusammen eine Kochgelegenheit. Das Dorf hieß Woorke. Wir lagen auf Stroh, zunächst nur mit wenigen Decken, bis ich kurz vor Weihnachten unser in Stralsund zurückgelassenes Gepäck nachholen konnte.

Anfang Dezember verschlechterte sich der Gesundheitszustand meiner Mutter durch ruhrähnliche Erscheinungen. Kein Arzt war aufzutreiben. Ich mußte Mutter, in einem Kastenwagen auf Stroh liegend, nach Bergen ins Krankenhaus bringen. Dort ist sie nach fünf Tagen am 9. Dezember 1945 an Entkräftung gestorben. Zweimal konnte ich sie im Krankenhaus besuchen und war auch während ihres letzten Atemzuges bei ihr. Pfarrer Böhmer, der uns schon vorher in Woorke besucht hatte, spendete ihr die Sterbesakramente und hat sie dann auch auf dem alten Friedhof von Bergen beigesetzt. Fünf Menschen gingen hinter ihrem Sarg her: Echen und Job Carlowitz, Herr v. Eschwege, Renata und ich. Von den übrigen Kindern wußte sie nichts und hatte daher auch nicht erfahren, daß mein Bruder

Ferdinand schon am 9. November 1945 in einem Sanatorium an Lungenentzündung gestorben war.

Es war der zweite Adventssonntag, an dem Mutter starb. In der Nacht davor war Oberst v. Carlowitz, Falkenhain, in unserem Nebenzimmer, in dem seine ganze Familie wohnte, gestorben. Er hatte wegen des schlechten Wetters nicht mehr nach Bergen gebracht werden können. Wenige Tage zuvor war Frau v. Carlowitz-Heyda, in Patzig gestorben. Das Weihnachtsfest 1945 verlebten wir noch in Woorke. Mit Unterstützung einiger lieber Menschen hatten wir sogar einen Christbaum und konnten auch das Essen etwas weihnachtlicher gestalten. Ganz überraschend erschien dann ein Mann, den uns mein Schwager Franz Egon Boch aus Mettlach mit guten Papieren geschickt hatte. So brachen wir am Tage vor Silvester 1945 von Rügen auf und gelangten nach sechstägiger Reise an die Saar. Dank der guten Papiere konnten Renata und die Kinder in einem Pferdegepäckwagen der Reichsbahn über den Rügendamm fahren. Auch der Zonenübertritt erfolgte ohne Zwischenfall.

Zunächst betreute ich den meinem Schwager gehörenden Britterhof. Nach einer schweren Erkrankung im Herbst 1946 zogen wir dann nach Mettlach und wohnen dort in einem Haus, das meinem Schwager gehört.

Nikol Freiherr v. Schönberg auf Niederzwönitz

Das in der Amtshauptmannschaft Chemnitz gelegene Rittergut Niederzwönitz hatte eine Größe von 622 ha, überwiegend Wald. Schon seit dem Jahre 1473 befand es sich in Schönbergschem Besitz.

Zur Familie des letzten Eigentümers gehören:

Anton Benno Levin Caspar N i k o l Freiherr v. S c h ö n b e r g, * Thammenhain 12. 6. 1905, † ... 15. 2. 1982, auf Niederzwönitz (§), Erzgeb. (seit 1473 im Besitz der Fam.), Jurist;
✕ Chemnitz 17. 5. 1934 Ursula N e u b e r t, * Chemnitz 15. 1. 1913, † ... 11. 8. 1982, T. d. Facharztes Dr. med. Walter N. u. d. Louise Albrecht.

Kinder:

1. G e o r g - H e i n r i c h Caspar Adolf Benedikt Friedrich, * Chemnitz 8. 3. 1935, B. Sc., M. A., VerwDir.;
✕ Ottawa, Canada, 24. 9. 1960 Katharina Fstin zu S a y n - W i t t g e n - s t e i n, * Czernowitz 10. 1. 1937, T. d. Leo Fst zu S.-W. u. d. Eva Gfin Wassilko v. Serecki.

2. A n g e l a Hella Julia Maria, * Chemnitz 29. 2. 1936;
✕ Québec 29. 7. 1970 Georg K o u l o m z i n, * Moskau 6. 6. 1918, Architekt.

3. B e n e d i k t a Agathe Hedwig Louise Karoline, * Zwönitz, Erzgeb., 12. 10. 1937;
✕ München 27. 10. 1964 Ingo P a u l i g, * Grünberg 10. 8. 1939, Dipl-Ing., Fabrikant.

4. M a r i a - L u i s e Josepha Ursula, * Chemnitz 5. 5. 1939;
✕ Winnipeg, Canada, 3. 6. 1971 Donald MacLachlan B u c h a n a n, * Glasgow 5. 2. 1942, Stadtplaner.

5. G u d u l a Renata Theresia, * Chemnitz 14. 6. 1940, B. S.;
✕ Québec 12. 10. 1963 Duncan M a r s h a l l, * London, Ontario, Canada, 12. 5. 1940, Stadtplaner im canad. Min. f. indianische Angelegenheiten.

6. C a s p a r - D i e t r i c h Walter Leo Gerhart Joachim, * Leipzig 15. 10. 1944, B. A., lic ès lettres, Revisor;
✕ Québec 1. 7. 1969 Brigitte D o d i e r, * Thetford-Mines, Canada, 6. 4. 1943, T. d. ... Lucien D. u. d. Gabrielle Lessard.

Einem Bericht von Nikol Freiherr v. Schönberg über die Geschehnisse in Niederzwönitz und in seiner Familie im Jahre 1945 und den folgenden, ist der nachstehende Bericht entnommen.

Auf meinen Antrag hin war Niederzwönitz in die Erbhöferolle aufgenommen worden. Die entsprechende Benachrichtigung erhielt ich während des Krieges.
Wegen Unabkömmlichkeit und als Jahrgang 1905 war ich zunächst nicht zum Wehrdienst eingezogen worden. Bei einer Musterung im Jahre 1944 wurde ich aus Gesundheitsgründen freigestellt. Erst zum Schluß wurde ich zum Volkssturm eingezogen, der aber nur zu Nachtwachen und zum Barrikadenbau, zu denen ich das Holz liefern mußte, eingesetzt wurde.

Bis Ende 1944 merkten wir außer überfliegenden Bombenverbänden nicht viel vom Kriege. Dann füllte sich das Haus mit Flüchtlingen, hauptsächlich aus dem Kreis unserer Verwandten und Bekannten, so daß unser Haushalt auf über 20 Personen anschwoll. Gegen Ende des Krieges waren es dann schließlich über 30 Personen, dazu die Flüchtlingstrecks, die Ställe und Scheunen füllten. Im April 1945 ließ sich dann noch ein Divisionsstab bei uns nieder.

Am 20. April 1945 erfolgte ein unangenehmer Luftangriff auf Zwönitz. Zunächst auf einen Güterzug, dann wurden mehrere größere Häuser und Fabriken in Brand geschossen. Während des Angriffes war zufällig General v. Lüttwitz, Schwager meiner Schwester Thielmann, bei uns zu Besuch. Er brachte Grüße von ihnen. Am gleichen Tage war auch das schöne Schloß Hartenstein des Fürsten Schönburg in Brand geschossen worden, weil es keine weiße Flagge gezeigt hatte.

Am Tage des Waffenstillstandes war Chemnitz zuerst von den Russen, dann von den Amerikanern besetzt. Die Russen kamen südlich nicht über das Zschopau-Tal hinaus und die Amerikaner standen an der Zwickauer Mulde. So war ein Dreieck bis zur tschechischen Grenze unbesetzt, in dem die östlichen Fremdarbeiter hausten, so daß sich die Bevölkerung den Schutz entweder der Russen oder Amerikaner herbeiwünschte. Nach sechs Wochen zogen dann die Russen ein, allerdings in bester Ordnung. Dinge, von denen wir anderorts gehört hatten, haben wir nicht erlebt. Nur ein einziger Russe hat mein Haus betreten, verlangte allerdings mit vorgehaltenem Gewehr ein Motorrad.

Ein kommunistischer Bürgermeister wurde eingesetzt und ein Gemeinderat gebildet aus je drei Christlichen Demokraten, Kommunisten und Sozialisten. Ich entschloß mich, selbst diesem Gremium beizutreten und blieb bis zu meiner Enteignung dabei. Zweimal habe ich abenteuerliche Radtouren nach Thammenhain unternommen, und so zum letzten Mal meine Mutter gesehen, bevor sie alle nach Colditz abtransportiert wurden. Ursula ist dann noch einmal in Colditz gewesen, eine Woche, bevor auch wir fortmußten. Denn es hatten die Gerüchte über unsere Enteignung begonnen. Die örtlichen Stellen, einschließlich der Kommunisten, beruhigten mich zwar, ich sei doch Antifaschist gewesen, aber bald nahmen außerörtliche Kräfte Einfluß und machten durch Hetze und Drohungen die Wohlmeinenden mundtot. Das Haus mit einem Restbesitz wurde mir zwar zugesagt. Aber am 18. Oktober 1945 wurde in einer Versammlung der "Landhungrigen" beschlossen, daß ich kein Antifaschist sei, und mir auch das Haus und der Restbesitz nicht verbleiben solle.

Am 20. Oktober 1945 erfolgte auf dem Rittergut die feierliche Übergabe meiner Felder an zahlreiche Neusiedler. Zu der Zeit wußte ich noch nicht, daß für den gleichen Tag unsere Verhaftung und unser Abtransport nach Colditz angeordnet war, und daß mich nur der kommunistische Landrat davor bewahrt hatte. Am folgenden Tag wurde mein Wald beschlagnahmt, was mir durch eine gewöhnliche Postkarte mitgeteilt wurde. Abrechnung wurde zum 1. November verlangt.

Am 2. November 1945 erschien mittags ein Polizist und teilte uns den Abtransport für den nächsten Morgen mit. Noch am Nachmittag brachten wir mit Hilfe unserer Schwägerin die fünf älteren Kinder auf den Weg. Wie selbst verließen Niederzwönitz in der Nacht und fuhren mit den Rädern nach Chemnitz. Am nächsten Abend war die Familie - drei Erwachsene und fünf Kinder - in Leipzig versammelt.

Unseren Jüngsten, den einjährigen Caspar, hatten wir in der Obhut meiner Schwägerin, Dr. Irmhild Neubert, zurückgelassen. Sie hatte ihre Arztpraxis in unserem Haus. Einen Monat später brachte ihre Oberschwester den kleinen Caspar nach Oberbayern zu meinem Schwager Ow. Nach einiger Zeit mußte Frau Dr. Neubert auch unser Haus räumen, bezahlte 3000,- Mark für unseren Hausrat und bekam eine andere Wohnung zugewiesen, wo sie noch heute ihre Praxis betreibt.

Durch den damaligen Probst von Leipzig, heute Bischof von Meißen, Dr. Spülbeck, bekamen wir Fahrkarten nach dem Westen, und es begann eine langwierige Fahrt in überfüllten Zügen, von der wir zu Beginn nicht wußten, daß sie vierzehn Tage dauern würde. Über Halle - Nordhausen ging es zur Zonengrenze bei Ellrich und nach bangem Warten an der russischen Kontrolle waren wir im Westen in der britischen Zone. Nach langen Fahrten kreuz und quer durch Westdeutschland, fanden wir schließlich Platz bei Ows in Haiming bei Burghausen in Oberbayern, wo die Kinder in Burghausen zur Schule gehen konnten. Dort schlossen wir Freundschaft mit Wittgensteins, die aus Rumänien dorthin geflohen waren. Sie waren es auch, die uns überredeten, nach Kanada auszuwandern. Nach langen Vorbereitungen war es dann soweit. Am 20. September 1952 bestieg ich zunächst nur mit unseren beiden ältesten Kindern, Georg-Heinrich und Angela, in Bremerhaven das Schiff und am 2. Oktober erreichten wir Montreal. Schnell fanden wir alle Arbeit und nach einem Jahr konnte ich dann Ursula mit den übrigen Kindern nachholen. Wegen der katholischen Schulen wählten wir Quebec als Wohnort. Im August 1953 waren wir dann alle wieder vereint.

Hans v. Schönfels auf Ruppertsgrün und Beiersdorf

Das Geschlecht derer v. Schönfels war von Anbeginn - urkundlich seit 1323 nachweisbar - im Raum Zwickau auf der gleichnamigen Burg, 8 km südwestlich von Zwickau, ansässig. Auch das Rittergut Ruppertsgrün, etwa 3 km südlich von Werdau, mit dem Vorwerk Beiersdorf, hat sich damals schon im Besitz der Familie befunden. Aber während das Burglehen Schönfels bereits im Jahre 1591 verkauft wurde, blieben Ruppertsgrün mit Beiersdorf bis zur Enteignung Sitz der Schönfelsschen Familie, und zwar in ununterbrochener Erbfolge bis 1945.

Das Rittergut Ruppertsgrün, Amtshauptmannschaft Zwickau, hatte eine Größe von 132 ha, überwiegend Ackerland mit Zuckerrübenanbau und Weizenvermehrung. In der Viehhaltung bildete die Milchwirtschaft den Schwerpunkt.

Seit dem 17. Juni 1933 hatte der jüngste Sohn des Eigentümers, Dr. Joachim v. Schönfels, den Betrieb als Pächter seines Vaters übernommen und auch während des Krieges - uk-gestellt - bis zur Enteignung bewirtschaftet.

Das Vorwerk Beiersdorf schloß sich südlich an Ruppertsgrün an. Mit seiner Größe von 45 ha, fast ausschließlich Feld, wurde intensive Milchwirtschaft betrieben. Friedrich v. Schönfels, drittes Kind des Eigentümers (gen. Fritz), hatte Beiersdorf seit 1930 von seinem Vater gepachtet, und als er im Sommer 1939 zur Wehrmacht einberufen wurde, hat seine Frau den Betrieb allein bis zur Enteignung weitergeführt. Ihr 1930 geborener Sohn Friedrich mußte seine Mutter schon sehr frühzeitig mit unterstützen.

Zur Familie des letzten Eigentümers gehören:

H a n s Philipp Eduard v. S c h ö n f e l s , * Ruppertsgrün bei Werdau, Sachsen, 16. 8. 1867, † Binz 29. 1. 1946, auf Ruppertsgrün (§) u. Beiersdorf (§), Sachsen, GenMajor a. D., Kmdr II. Kl. des sächs. MilStHeinrichs-O., RRr d. JohO.;
× Dresden 18. 5. 1896 Marie Q u a a s , * Dresden 18. 2. 1876, † Zarnekau, Holst., 11. 4. 1956, T. d. Fabrikbes. Robert Qu. u. d. Marie Hofmann.

Kinder:

1. Marie Luise B r i g i t t e Bertha, * Dresden 19. 6. 1898, † Waldenburg, Kr. Öhringen, Württ., 23. 3. 1962;
   × Dresden 4. 6. 1927 Wolf v. H ü l s e n , * Berlin 1. 10. 1899, † Kehl am Rhein 26. 7. 1973, Oberst a. D.

2. F r i e d r i c h Christian Wolf Joachim Georg Heinrich, * Leipzig-Gohlis 13. 2. 1900, † Oldenburg, Holst., 28. 6. 1973, Ldwirt;
   × Schleswig 3. 1. 1930 Erika W ö l f e r , * Hohenwestedt, Holst., 24. 5. 1900, † Oldenburg, Holst., 13. 5. 1978, T. d. Dipl. agr. u. Dir. der Landbauschule in Schleswig Dr. phil. Theodor W. u. d. Anna Jensen.

   Söhne:

   1) H a n s F r i e d r i c h Theodor Heinrich, * Beiersdorf bei Reichenbach, Vogtld, 14. 10. 1930, Ldwirt;
      × Puttgarden 3. 3. 1961 Frieda W i l d e r , * Puttgarden 17. 2. 1931, T. d. Ldwirts Friedrich W. u. d. Gertrud Becker.

2) **H a n s G e o r g** Woldemar Heinrich, * Beiersdorf 11. 3. 1933, Ldwirt; ╳ Langenlonsheim an der Nahe 9. 5. 1959 Christa **A c k v a**, * Butzbach, Hessen, 15. 1. 1937, T. d. RegOInsp. Heinrich A. u. d. Hanna Becker.

3. Hans Georg Heinrich **J o a c h i m**, * Wurzen 22. 4. 1902, † Eutin, Holstein, 15. 5. 1987, ⬚ FamGruft Ruppertsgrün, Dr. phil., DiplLdwirt; ╳ Dresden 10. 3. 1933 Karin Gfin v. **P f e i l** u. **K l e i n - E l l g u t h**, * Danzig-Langfuhr 14. 3. 1905, † Eutin, Holstein, 25. 5. 1983, ⬚ Fam-Gruft Ruppertsgrün, T. d. Kgl. preuß. GenMajors a. D. Friedrich-Wilhelm Gf v. Pf. u. K.-E. u. d. Hedwig v. Johnston.

Kinder:

1) **K a r i n - M a r i a**, * Ruppertsgrün bei Werdau, Sachsen, 6. 2. 1934; ╳ Großgoltern, Hann., 9. 6. 1956 Anno v. **H e i m b u r g**, * Hannover 26. 11. 1926, auf Eckerde bei Hannover.

2) Joachim Siegmund **R ü d i g e r**, * Ruppertsgrün 6. 1. 1935, Major in der Bundeswehr; ╳ Delmenhorst 11. 12. 1961 Gerlinde **B i e g g e r**, * Bad Reichenhall 9. 3. 1935, T. d. Zollinsp. Joseph B. u. d. Martha Russ.

3) Johann Heinrich **W i t t c h e n**, * Ruppertsgrün 20. 1. 1936, Hptm. in der Bundeswehr; ╳ (standesamtl.) Augustdorf 11. 11., (kirchl.) Eutin 12. 11. 1960 Brigitte **U h d e n**, * Frankfurt an der Oder 16. 11. 1938, T. d. Ldwirts Hans-Joachim U. u. d. Marie-Luise Weinhausen.

4) Friedrich Wilhelm Hans Eduard **H e i n r i c h**, * Ruppertsgrün 24. 3. 1937, DiplIng., Architekt; ╳ München 19. 11. 1971 Dorothea v. **H a u s e n**, * Weimar 30. 5. 1937.

5) Margarete Brigitte **U t e**, * Ruppertsgrün 12. 2. 1939, Lehrerin; ╳ Eutin 6. 7. 1974 Henning v. **K a m p t z**, * Dresden 25. 12. 1936, Prof., Dr.-Ing.

6) **A d e l h e i d**, * Ruppertsgrün 22. 2. 1940; ╳ (standesamtl.) Süsel, (kirchl.) Eutin 5. 3. 1969 Jürgen **K r ö b e r**, * Wien 12. 2. 1942, DiplIng.

7) **J o a c h i m** Hans Kaspar, * Ruppertsgrün 20. 9. 1941, Ing.; ╳ Preetz 13. 5. 1972 Elisabeth v. **K l i n g g r ä f f**, * Preetz 29. 7. 1945.

8) **H a n s - K a s p a r** Joachim, * Ruppertsgrün 28. 2. 1943, Lokalreporter; ╳ Berlin 22. 7. 1968 Renate **R e i c h**, * Georgenthal, Ostpr., 18. 1. 1945, T. d. Schneidermeisters Adolf R. u. d. Frieda Heinrich.

Rüdiger v. Schönfels (zweites der genannten acht Kinder) hat die Unterlagen zum Schicksalsbericht der Familie v. Schönfels zusammengestellt. Hierbei wurde über die Wege der "Ruppertsgrüner" und der "Beiersdorfer" getrennt berichtet.

1. Die Ruppertsgrüner Linie

Seit Februar 1945 lebte nach der Bombardierung Dresdens auch der Eigentümer Hans v. Schönfels mit seiner Gemahlin Marie in Ruppertsgrün. Dazu kamen noch weitere Verwandte, die aus Schlesien und der Lausitz dorthin geflohen waren.

Karin v. Schönfels, die Frau des Pächters (Joachim), hat in ihrem Lebensbericht die nun folgende Zeit sehr eindrucksvoll geschildert. Auszüge davon wurden für den Schicksalsbericht der Familie zusammengestellt.

"Am 20. April 1945 (Hitlers Geburtstag) rückten die Amerikaner in Ruppertsgrün ein. Ein Trupp kam auf den Hof. Durch einen Befehl wurde Ausländern jedwede Arbeit verboten. Auch unsere Ausländer legten die Arbeit nieder. Die Fabriktore öffneten sich und Arbeitskräfte verschiedener Nationalitäten strömten aufs Land, um etwas Eßbares zu erlangen. Unsere Polen hatten sich bei uns häuslich niedergelassen, sorgten aber dafür, daß der Strom der anderen nicht zu uns hereinkam. Aber es waren unsichere Zeiten und mein gesamtes Geflügel, Gänse wie Hühner, wurden geraubt. Das wurde erst besser, als die Amerikaner die gesamten Fremdarbeiter abtransportierten. Die Russen wurden nach Chemnitz gebracht und dort ihren Landsleuten übergeben. Unsere Polen wollten alle nach Amerika, sie hatten die Russen in keiner guten Erinnerung. Bei uns flossen bittere Tränen, Natalia, eine Ukrainerin, die im Haushalt beschäftigt gewesen war, umarmte mich. Aus einem liegengebliebenen Treck wurden Arbeitskräfte für den Betrieb eingestellt. Alle bewohnbaren Gelasse waren von Flüchtlingen belegt.

Eine allgemeine Unsicherheit machte sich breit. Wie man hörte, rückten die Russen den weichenden Amerikanern bis zur Mulde in Zwickau nach. Was würde werden mit uns? Diese bange Frage bedrückte uns alle, und eines Tages war es geschehen. Plötzlich war der Ami verschwunden und die russischen Soldaten waren da. Zusammen mit ihnen kamen auch sofort die Kommunisten in die Gemeindeverwaltung.

Auch wir bekamen sehr bald das neue Regime zu spüren. Achim (Joachim) wurde am 23. September 1945 von der Straße weg verhaftet und, wie ich erst viel später in Erfahrung bringen konnte, ins Zuchthaus nach Zwickau gebracht. Daß hier ein Unrecht geschah, ging den Menschen unter die Haut. Gleich am 24. September sammelte unsere älteste Arbeiterin im ganzen Dorf Unterschriften, durch die bestätigt wurde, daß wir nie Parteigenossen waren oder dem Nazi-Regime gedient hätten.

Am 27. September 1945 mußte ich mit meinen acht Kindern und den Schwiegereltern innerhalb weniger Stunden den Hof und alles, was mir lieb und wert war, verlassen. Nur das Notwendigste für den Haushalt durfte auf einen Wagen verladen werden und wurde zu der uns zugewiesenen Fabrikantenwohnung in Niederdorf gebracht. Ich vermag nicht zu schildern, wie mir zumute war, als ich mit den Kindern, die zwei Kleinsten an der Hand (das Jüngste zweieinhalb Jahre), hinter dem Wagen herging. Entsetzte Gesichter aus den Häusern folgten dem Trauerzug. Ich richtete mich so gut es ging in der Wohnung ein. Da ich meine Vorräte mitgenommen hatte, war die Ernährung zunächst gesichert. Eine treue Seele war mir in aller Not geblieben. Annerose, unser von allen Kindern geliebtes Kindermädchen, war mit uns gezogen. Sie hielt so gut es ging Verbindung zu den Verwandten auf dem Hof und versorgte mich mit allen Neuigkeiten.

Eines Abends wurden Schwiegervater und ich von Kommunisten empfangen, die uns für verhaftet erklärten. Eine Begründung gab es nicht. Wir hatten innerhalb einer halben Stunde die Wohnung zu räumen. Unter strenger Bewachung mußten die Kinder aus dem ersten Schlaf geweckt, angezogen und mit dem Nötigsten versehen werden. Annerose half mir rührend und verstand auch, wo ich die 2000 RM versteckt hatte, die mir Achim kurz vor seiner Verhaftung gegeben hatte.

Der Bus war mit Gutsbesitzern der Umgebung besetzt. Als wir kamen hieß es: 'Ach Gott, Frau v. Schönfels, Sie auch mit Ihren acht Kindern!' Wir wurden ins Zuchthaus nach Zwickau gebracht, kamen in einen großen Raum mit Eisenbetten und jeder konnte sich eine Decke von einem großen Stapel nehmen. Eine fürstliche Unterbringung war es nicht gerade! Am nächsten Morgen behielt ich vier von den Decken, die wir wieder stapeln sollten, und gab sie den größeren Kindern zum Tragen. Schwiegervater meinte entsetzt, das sei Diebstahl. Ich konnte nur erwidern: 'Dir haben sie doch zwei Güter gestohlen!' Es gab ein Stück trockenes Brot und schwarzen Kaffee, bevor wir zu einem wartenden Bus geführt wurden. Plötzlich sagte die fünfjährige Heidi: 'Mutti, dort ist Vati!' Ich huschte beim Pförtner zurück und drückte Achim nur die Hand, ein Abschied ins Ungewisse!

Wir kamen in das Lager Coswig bei Dresden hinter Stacheldraht und wurden in eine Baracke eingewiesen. Wir holten uns einige Ballen Stroh, machten uns daraus ein Lager und flochten uns Strohmatten zum Zudecken. Am nächsten Morgen hieß es Brot holen beim Bäcker. Ich beorderte dazu unseren Wissi (drittes Kind), der sich so nützlich machte, daß er von der Lagerverwaltung fest dazu eingeteilt wurde. Die kleine Extraration dafür teilte er mit den Geschwistern. Frauen ohne Kinder mußten Briketts in Körbe schaufeln und zur Heizung tragen. Meine Kinder übernahmen das für ihre Großmutter. Mittags gab es eine undefinierbare dünne Suppe, und ein Drei-Pfund-Brot war die Tagesration für uns elf Personen.

Eines Tages wurden wir zum Appell gerufen; es hieß sofort, unsere Sachen zusammennehmen und in Reih und Glied antreten. Familienweise wurden wir zum Bahnhof geführt und in Viehwagen verladen. Kein Stroh, keine Sitzmöglichkeit, nur ein Kübel für die Notdurft stand an der Tür. Der Zug fuhr los, blieb häufig stehen, manchmal stundenlang, bis er endlich nach drei Tagen in Stralsund ankam. Bei eisigem Wind mußten wir in Viererreihen ewig warten, bis sich der Zug von über 700 Menschen in Bewegung setzte, um über den drei Kilometer langen Damm zur Insel Rügen zu gehen. Die Bahngleise waren ja zerstört. Schwiegervater nahm mir den kleinen Hans-Kaspar ab und trug ihn, bis er mit seinen 79 Jahren nicht mehr konnte. Dann nahm ich ihn, und er trug meinen Koffer. Bei unserer körperlichen und seelischen Verfassung und dem leeren Magen schien der Weg kein Ende zu nehmen. Endlich am Ziel, mußten wir wieder stundenlang im eisigen Wind warten, bis ein Zug einlief. Beim Einsteigen stellte ich fest, daß eines der Kinder fehlte. Auf der nächsten Station sagte mir ein Bekannter, daß unser Wissi bei ihm sei und ein Wurstbrot äße.

Der Zug brachte uns nach Prora. Eine Rotkreuz-Schwester nahm mir Hans-Kaspar ab und begleitete mich ins Lager. Stroh gab es nicht, so rauften wir Farnkraut zusammen und machten in einer Ecke ein Lager für uns elf Personen. Es war empfindlich kalt und ich war an den vier geklauten Decken sehr froh. In der Nacht kroch ich um mein Grüppchen herum und deckte sie so gut es ging zu. Dadurch erlebte ich auch, wie ein älterer Herr, der trotz schwerer Krankheit verhaftet worden war, in dieser Nacht starb. Die arme Frau! Wir beide sammelten ein paar Sachen und deckten den Toten damit zu. Es war erschütternd. Am Morgen suchte ich nach einem Verantwortlichen für das Lager, überall wies man mich ab, erst als ich wütend wurde, kamen zwei Männer und holten den Toten ab.

Um Essen zu fassen, mußten wir ein ganzes Stück über die Dünen laufen. Essen konnten wir zwar bekommen, aber wie transportieren? Wir hatten ja nur zwei Löffel. Die Jungens besorgten eine Lampenglocke, die uns als Eßnapf diente. So aßen wir reihum aus der Glocke und es war ein sonderbares Gefühl, nach so vielen Tagen endlich etwas zu essen zu haben. Zwei Tage blieben wir in Prora, dann ging es weiter nach Binz. Die Unterkunft in einem kleinen Hotel war schlimm, denn es regnete durch die Decke ins Zimmer. Nach drei Tagen nahm uns Frau Körner ganz rührend in ihrem Haus auf. Sie stellte mir Wäsche zur Verfügung und einen kleinen Herd in ihrer Küche. Die Ernährung war sehr problematisch. Außer Brot und etwas Butter gab es keine Zuteilung. Auf den abgeernteten Feldern wurden Kohlrüben, Kartoffeln und Kohlblätter gesammelt und gelegentlich etwas Schrotmehl erbettelt. Feuerung war selbst für Geld und gute Worte nicht zu haben, also ging es mit den Buben in den nahen Wald, auch die Eltern mußten mitversorgt werden. Eine große Hilfe war mir meine zwölfjährige Mia, mit ihr konnte ich auch meine Gedanken besprechen. Eine Zeitlang half sie bei einer Familie mit Kind und bekam dafür Eßbares. Aber es ging nicht lange, denn sie holte sich dort Läuse.

Der November ging zu Ende, und noch immer keine Nachricht von Achim. Ich machte mir sehr große Sorgen. Da geschah das Wunder, meine Gebete waren erhört worden. Aus Dresden kam ein Telegramm von Onkel Fritz Quaas: 'Achim zu Euch unterwegs.' Welch ein Jubel! Wir umarmten uns alle. Wir liefen zu jedem der beiden täglich ankommenden Züge. Am dritten Tag endlich kam er an. Glücklich fielen wir uns in die Arme. Schwerbeladen kam Achim mit Sachen, die er in Ruppertsgrün unter Bewachung hatte zusammenpacken dürfen. Aber er mußte sofort mit Diphtherie ins Krankenhaus. Nach 20 Tagen, gerade am 24. Dezember, wurde er wieder entlassen. So konnten wir alle zusammen mit der guten Frau Körner und ihren Verwandten den Heiligen Abend begehen. Mit unseren großen Kindern führte ich sogar ein kleines Krippenspiel auf.

Am 1. Januar 1946 bekam Achim eine Anstellung als Berater für die vielen Neusiedler. Dem guten Schwiegervater gingen die Kräfte bei der schlechten Ernährung rapide zu Ende. Still und ohne zu klagen wanderten seine Gedanken anscheinend zurück in bessere Tage. Am 29. Januar 1946 dämmerte er hinüber, ich konnte ihm die Augen zudrücken. Am 2. Februar 1946 wurde er in einer sehr würdigen Trauerfeier auf dem Binzer Friedhof beigesetzt und im September 1965 in die Ruppertsgrüner Familiengruft umgebettet. Achim konnte dem Sarg nur schwer folgen. Die Spritzen gegen die Diphtherie bewirkten eine allmähliche Lähmung, die so stark wurde, daß er sich nicht mehr selbst an- und ausziehen konnte. Mit dem Milchwagen nahm ich ihn mit nach Bergen und der Arzt gab ihm alle zwei Tage eine Strychnin-Spritze. Die Wirkung war phantastisch, nach kurzer Zeit stellte sich wieder die alte Beweglichkeit ein. Mit Gottes Hilfe war ich wieder von einer großen Sorge befreit.

In Neklade, einem Besitz des Fürsten v. Putbus, war das einstmals herrlich eingerichtete Herrenhaus vom NKWD geräumt und zur Besiedlung freigegeben worden. Jetzt war es stark devastiert, aber Achim hatte zwei große noch bewohnbare Räume für uns belegt. Am 21. März zogen wir mit einem Lastwagen, beladen mit den

Spenden zahlreicher Binzer Bürger, wie Bettstellen und anderem Hausrat, dort ein. Mit noch einigen unzerstörten Möbeln schafften wir uns eine schöne Zwei-Zimmer-Wohnung. Ernährungsmäßig war Neklade unser Rettungsanker. Ein netter, deutschsprechender Pole mästete Schweine für die Russen. Von ihm bekam ich Kartoffeln und Magermilch und wenn er schlachtete, die Innereien. Wir wurden auch mit einer Siedlerstelle bedacht, die uns einen Sack Mehl einbrachte, aber wir mußten auch mit Rüben hacken.

Gefährlich war das verstreut herumliegende Kriegsmaterial wie Infanteriegeschosse oder Zünder aller Art. Ein Schreckenstag ist mir in besonderer Erinnerung. Die vier ältesten Kinder gingen die zwei Kilometer nach Bergen zur Schule. Heini hatte bei einem Ausflug einen Sprengsatz gefunden und trotz Verbotes eingesteckt. Trotz warnender Schreie der Brüder warf er ihn in den Ofen. Eine mächtige Explosion und mein Heiner stand blutüberströmt und schreckensbleich davor. Seine Hand war zerschossen. Ich umwickelte sie und lief mit dem kleinen Kerl die drei Kilometer zum Krankenhaus in Bergen. Er hat sich tapfer gehalten, an seiner rechten Hand mußten an Daumen und Zeigefinger ein- bzw. zwei Glieder abgenommen werden.

Achim hatte sich als Direktor der wieder einzurichtenden Landwirtschaftsschule in Ludwigslust beworben. Er bekam die Stelle und verließ uns Ende September. Wir sollten nachkommen, sobald er eine Wohnung gefunden hätte. Das war am 31. Oktober 1946 der Fall. Zunächst hatten wir eine Wohnung zugewiesen bekommen, doch bald bezogen wir eine Dienstwohnung, da die Russen das Pförtnerhaus geräumt hatten, wenn auch unter Hinterlassung von Wanzen. Mit der Verpflegung kam ich einigermaßen zurecht, da es nicht problematisch war, Kartoffeln und Gemüse zu bekommen. Wir hatten ein nettes Verhältnis mit den Lehrkräften und den betreffenden Ehefrauen. Die Kinder gingen regelmäßig zur Schule, Sorge bereitete es mir nur, daß sie unter den herrschenden Verhältnissen wohl niemals studieren dürften.

Im März 1948 wurde Achim zur Kriminalpolizei beordert. Bei den Verhören stellte sich heraus, daß aus der Heimat eine Beschwerde eingegangen sei. Der neue Staat dürfe es nicht zulassen, daß ein bodenreformierter Junker eine leitende Stellung innehabe. Dieser Wink von dem Schicksal machte uns klar, daß die Flucht in den Westen unabänderlich war. Ein erster Versuch, bei Dömitz über die Elbe in den Westen zu kommen, scheiterte. Ein zweiter Versuch am 10. März, unserem Hochzeitstag, war dann erfolgreich, am 14. März kam ein Telegramm aus Braunschweig, mein schönstes Geburtagsgeschenk.

Für mich begann nun wieder eine schwere Zeit. Der neue Direktor war sehr unangenehm und bediente sich aller denkbaren Schikanen, um mich aus der Wohnung zu vertreiben. Es wurde mir klar, daß ich irgendwie versuchen mußte, auch in den Westen zu kommen. Bei verschiedenen Erkundigungen wurde mir Dutzow als Grenzübergang empfohlen. Die großen Ferien hielt ich für die günstigste Zeit, uns abzusetzen. Als es soweit war, wurde für jedes Kind seinen Kräften entsprechend ein rucksackähnliches Bündel mit den notwendigsten Dingen zusammengepackt. Auch die beiden Puppenwagen der Mädels dienten als Transportmittel. Die Kollegenfamilie Seebeck half in jeder Beziehung und nahm auch unser Mobiliar in Verwahrung.

Mitte August 1948 ging es dann los, zunächst mit der Bahn, dann zu Fuß nach Dutzow. Dort ließ ich zunächst die Kinder in einem Hof zurück und sondierte mit unserer Ältesten, der vierzehnjährigen Karin-Maria, den Weg zur Grenze. Die Luft schien rein, und wir holten die übrigen Kinder nach. Aber wir kamen nicht weit, denn deutsche Polizei - Gewehr im Anschlag - hinderte uns daran. Ich schrie sie an: 'Schämt Euch, das Gewehr auf eine Mutter von acht Kindern zu richten!' Da nahmen sie ihre Knarren runter und führten uns zu einer Gruppe von Menschen, die bereits an der Grenze geschnappt worden waren. In zwei Tagesmärschen - Gepäck und Kleinstkinder auf einem Pferdewagen - kamen wir nach Herrnburg, dem Grenzübergang nach Lübeck.

Jetzt stand mir noch das Verhör beim Russen bevor. Ich wurde als erste aufgerufen. Der russische Offizier sah meinen Personalausweis und fragte: 'Du kommen aus Danzig?' 'Ja, ich bin dort geboren', erwiderte ich. 'O, Polen schlecht', meinte der Russe. Ich hatte schon auf Rügen erfahren, wie unmenschlich die Polen mit den Deutschen verfahren seien. Auf die Frage, wo mein Mann wäre, tischte ich ihm ein ganzes Märchen auf, wie: Kriegsgefangenschaft, Entlassung in den Westen. Ich wolle zu ihm, um eine Landwirtschaft zu betreiben. 'Gut, gut, Robota, Robota, Du gehen und nicht wiederkommen', sagte er. Das konnte ich ihm guten Gewissens versprechen. Was waren wir froh, als wir über die nahe Grenze nach Lübeck in die Freiheit liefen!

Von Achim hatte ich erfahren, daß wir erst das Flüchtlingslager in Uelzen durchlaufen müßten. Die Bahnhofsmission in Lübeck nahm uns sehr liebevoll auf, gab uns zu essen und brachte uns für die Nacht in einer Baracke unter. Am nächsten Tag fuhren wir nach Uelzen. Erst als wir tüchtig mit Läusepulver gepudert waren, durften wir das Lager betreten. Es war so überbelegt, daß uns nur drei Betten zur Verfügung gestellt werden konnten. Achim hatte beim Flüchtlingsministerium den Zuzug erwirkt, so daß wir nicht lange im Lager bleiben mußten. Wir bekamen eine Wohnung bei einem Heidebauern in Leitzingen bei Soltau.

Das Leben dort war schwierig, die Wohnung bestand aus zwei Räumen, von denen nur einer den Ausdruck 'Zimmer' verdiente, der andere war ein Abstellraum, dessen Decke aus gestapelten Stangen bestand. Der Zugang ging über die Scheunendiele, deren Tor abends um 7 Uhr abgeschlossen wurde und damit auch der Zugang zur Toilette - sprich Häuschen mit Herz. Allmählich gelang es uns auch, die Ratten aus unserer Behausung zu vertreiben. Das notwendigste Mobiliar wurde angeschafft und ich begann zur Aufbesserung der Finanzen mit der Lohnbrut von Gänseküken. Darin hatte ich Erfahrung aus Ruppertsgrün, das Geschäft lief gut, so daß ich nach der Brutzeit das Darlehen für den Brutapparat bezahlen konnte. Nach etwa einem Jahr besorgte Achim mit Hilfe des Landrats eine Baracke in einem aufgelösten Internierungslager in Oerbke bei Fallingbostel, die wir am 2. September 1949 bezogen. Hier hatte ich nun Platz und konnte die Brüterei auf drei Brutkästen erweitern. Ich schaffte mir nun auch eigene Zuchtgänse an. Ein großer Schritt vorwärts war getan.

Am 1. November 1951 hatte Achim die Stelle eines Leiters eines landwirtschaftlichen Beratungsringes in Holstein bekommen. Er wohnte dort in Untermiete bei einer Familie in Cismar. Im Jahre 1954 gelang der Kauf eines eigenen Hauses in Zarnekau und am 4. September 1954 zogen wir dort ein. Ein lang gehegter Wunsch ging in Erfüllung. Neun Jahre hatte es gedauert. Nun war es erreicht, ein eigenes Haus, Grund und Boden unter den Füßen und die Familie wieder beisammen."

2. Die Beiersdorfer Linie

Über das dortige Geschehen hat Rüdiger v. Schönfels einen Bericht zusammengestellt, der sich im wesentlichen auf Briefe seiner Tante, Erika v. Schönfels geb. Wölfer, abstützt. Nachfolgend ein Auszug aus diesem Bericht (wörtlich wiedergegebene Brieftexte in Anführung):

Seit Sommer 1939, als Fritz (Pächter seines Vaters von Beiersdorf) wieder Soldat geworden war, führte seine Frau Erika allein den landwirtschaftlichen Betrieb in Beiersdorf mit gutem Erfolg. Ihr Schwager Joachim in Ruppertsgrün stand ihr dabei mit Rat und Tat zur Seite.

Am 14. Oktober 1945 erfolgte die Enteignung und Vertreibung vom Hofe. Erika war jetzt mit ihren beiden Söhnen Hans Friedrich und Hans Georg (15 und 11 Jahre) ganz allein auf sich gestellt, denn die Verwandten in Ruppertsgrün waren ja schon verhaftet und deportiert. Sie bekam mit ihren Söhnen vorübergehend Unterkunft in Beiersdorf, die Menschen waren dort auf ihrer Seite und halfen ihr selbstlos in jeder Hinsicht. Den älteren Sohn konnte sie beim Bauer Wagner im Dorf als landwirtschaftlichen Lehrling unterbringen. Den Lebensunterhalt für sich und den jüngeren verdiente sie durch Arbeit in einer Fabrik.

Das Mobiliar und fast den gesamten Hausrat hatte sie in einem versiegelten Raum im Gutshaus zurücklassen müssen. Dort wurde eingebrochen und viel gestohlen. Bei der Polizei in Neumark, wo sie Anzeige erstatten wollte, sagte man ihr: "Dagegen können wir nichts machen. Die Sachen sind vogelfrei, da enteignet. Hat die Besitzerin noch mehr Sachen anderswo untergestellt, dann müssen die beschlagnahmt werden." Sie hatte noch Sachen beim Bäcker Sieg untergebracht.

Bei ihren zahlreichen Vorsprachen rieten ihr Bürgermeister und Landrat dringend, fortzuziehen. Sie würde sonst keine Ruhe finden. Auch zöge der Russe laufend junge, arbeitsfähige Leute zum Arbeitseinsatz ein. Alle Versuche, auch außerhalb des Kreises, Wohnung und Arbeit zu finden, schlugen fehl. Sie war rechtlos, weil Fritz Mitglied der NSDAP (unbedeutender Mitläufer) gewesen war. Dazu aus einem Brief vom 17. Oktober 1946: "Ich war doch im vorigen Jahr beim russischen Kommandanten in Zwickau und fragte: 'Warum werde ich ausgewiesen, wo ich doch schon in der Fabrik arbeite?' Antwort: 'Ihr Mann war Parteigenosse!' Weiter nichts. Damals galten die ehemaligen PGs ja noch als Kriegsverbrecher. Ich hatte ja nicht einmal ein Anrecht auf meine Möbel. . ." Aus einem anderen Brief: ". . . Möckel und die ganze Bevölkerung haben es ungern zugelassen, daß wir gingen, aber keiner konnte sich für uns einsetzen. Wie oft war ich deswegen in Zwickau und Werdau. Auch außerhalb des Kreises habe ich versucht, unterzukommen, bis mir Möckel nahelegte, es sei höchste Zeit, daß ich fortginge. . ."

Der Druck auf diese tapfere Frau verstärkte sich zusehends. Am 22. Dezember 1945, abends um fünf Uhr, hatte sie die Ausweisung erhalten. Sie mußte sofort Wohnung und Kreisgebiet verlassen, durfte eigentlich nichts mitnehmen. Sie schreibt darüber: ". . . Abends um fünf erhielt ich meinen Ausweisungsbefehl.

Zugleich sollte alles, was ich besitze, beschlagnahmt werden. Ich durfte nichts mitnehmen. Du kannst Dir denken, wie ich die Nacht gearbeitet habe. Und da habe
ich kennengelernt, wie die Beiersdorfer zu uns hielten. . ."
Erika wollte mit ihren beiden Söhnen zu ihrer Mutter nach Hamburg. Eine fast
sechswöchige Irrfahrt durch mehrere Flüchtlingslager führte sie schließlich in das
von Flüchtlingen völlig überfüllte Schleswig-Holstein. Jeglicher Zugang nach
Hamburg war gesperrt. Aus einem Brief vom 9. April 1946 aus Garding/Eiderstedt:
". . . Mein Ziel war Hamburg. Die Reise klappte ganz gut, nur unser Gepäck war
so entsetzlich schwer, besonders mein Rucksack, daß ich schon drauf und dran
war, ihn stehen zu lassen, so weh tat mein Rücken vom Schleppen. Dazu mußten
wir vier Wochen auf dem Fußboden schlafen; und nun habe ich davon eine
scheußliche Nervenentzündung im Rücken. - Ich bin hier oben in der nördlichsten
Ecke von Schleswig-Holstein gelandet und habe bei Verwandten sehr liebevolle
Aufnahme gefunden. Sie sorgen und teilen rührend mit uns und versuchen, uns das
Leben erträglich zu machen. Wir gingen durch verschiedene Lager: in Heiligenstadt, Friedland und Bad Segeberg. Letzteres war das Lager für alle Heimatlosen,
zu denen wir gehören, denn nach Hamburg durfte ich nicht, weil jeglicher Zuzug
gesperrt war.
Von Segeberg bekamen wir ein Quartier im Kreis Rendsburg: ein nettes Zimmer,
aber keine Feuerung, kein Bett und keine Kartoffeln gab's, ebenso kein Gemüse.
Von da wollte ich besuchsweise nach Hamburg fahren, aber Georg wurde am
ersten Tag krank: Diphtherie. So nahm uns denn unsere Wirtin in ihre winzige
Wohnküche, die aber warm war und wo wir die Zeit bis zu Georgs Genesung auf
dem Fußboden schlafen durften. - Dann ging's endlich nach Hamburg, wo wir uns
in einem Bett endgültig auskurierten und gepflegt wurden, wie eben eine Mutter es
nur kann. Von da holte uns dann ein Onkel hierher zu sich nach Garding. Aber es
tun sich auch hier wieder Schwierigkeiten auf. Das Wohnungsamt genehmigt
unsere Umsiedlung nach hier nicht, und es kann sein, daß wir wieder in den Kreis
Rendsburg zurück müssen, was ich nicht hoffen will. . ."
Doch da gibt es in dieser trostlosen Zeit einen ganz hellen Lichtblick. Erika erhält
von ihrem 1944 in russische Kriegsgefangenschaft geratenen Mann das erste
Lebenszeichen, eine Postkarte. Darüber schreibt sie im gleichen Brief:
". . . Ein merkwürdiges Zusammentreffen der Umstände war, daß ich vier Tage
nachdem ich hier gelandet war, ein Lebenszeichen von Fritz bekam über das Türki-
sche Rote Kreuz. - Nun haben wir doch Gewißheit, daß er lebt und eines Tages zu
uns zurückkehren wird."
Wenige Tage später erfährt sie vom Tode ihres verehrten und geliebten Schwiegervaters Hans v. Schönfels, der am 29. Januar 1946 in Binz gestorben war. Damals
war die Post sehr lange unterwegs, viele Briefe und Päckchen kamen nicht an.
Dadurch war der Kontakt innerhalb einer Großfamilie sehr schwierig, was für
jeden einzelnen psychologisch sehr belastend war.
Aus weiteren Briefen von Erika aus dem Jahr 1946 erfahren wir:
". . . Wir sind hier bei Verwandten gut untergebracht, hatten im Winter eine warme
Stube, setzten uns an den gedeckten Tisch und fanden in jeder Weise Unterstützung und tatkräftige Hilfe. . . Sobald ich weiß, wo ich hingehöre, muß ich mich
nach einer Tätigkeit umsehen. Erst muß ich mich jedoch auskurieren. Eine

Nervenentzündung im Rücken - ich konnte die letzte Zeit der Reise nur im Bett sitzen, solche Schmerzen hatte ich. Ich bekomme Bestrahlungen. Georg hat scheinbar die Diphtherie gut überstanden. . . Frieder habe ich seit vierzehn Tagen (mit Hilfe ihres Onkels) hier in der Landwirtschaft unterbringen können, in einer anerkannten Lehrwirtschaft, fünf Kilometer von hier entfernt. Ich bin sehr froh darüber, denn ich wußte nicht mehr, wie ihn satt kriegen. . . Die Tante hat für Frieder aus unseren Zeltplanen zwei Arbeitshosen und eine Mütze genäht und sie haben ihm Schuhe gegeben. . . Frieder muß sich natürlich erst in alles hineinfinden, er verwindet die Ausweisung aus Beiersdorf nur schwer. Aber sein Lehrherr war soweit ganz zufrieden mit ihm. . . Aber nun stellt sich wieder eine Schwierigkeit in den Weg. Meine Umsiedlung vom Kreis Rendsburg hierher wird nicht genehmigt. Nun will mein Onkel morgen mal nach Rendsburg fahren und sehen, ob er es doch noch zurechtbekommt. . . Mir täte es auch so leid für Frieder, wenn wir nun wieder weiter auseinanderkämen. Wir müssen immer wieder abwarten."
In einem Brief vom 17. Oktober 1946 schreibt Erika v. Schönfels:
". . . Ich hatte im Sommer allerhand zu tun im Haus meiner Tante. Ich hatte mir ein Stück Gartenland gepachtet, der Haushalt selbst betrug zehn Personen, darunter fünf Kinder, wofür es allerhand zu kochen galt. Dann habe ich, wo ich konnte, beim Bauern gearbeitet, Kartoffeln gelegt, Rüben gepflanzt pp., um immer einen Beitrag zur Ernährung mitzugeben. Dann habe ich bei Storms in Friedrichstadt den Haushalt besorgt, wo die Mutter krank zu Bett lag und wo vier Kinder waren. Da hatte ich zu tun wie in Beiersdorf, und es machte mir auch Freude. Ich bekam dafür in der Woche 20,- RM. So bin ich nicht untätig, aber eigener Herd ist Goldes wert. Ich bemühe mich immer, das zu bekommen, aber dazu gehört: 1. eine Arbeit, 2. eine Wohnung und 3. Hausrat und Mobiliar. Beruflich ist es hier sehr schwer. Garding ist ein kleines Nest, keine Fabriken, keine Betriebe. Im Büro verdiene ich zu wenig, weil ich nicht 'perfekt' bin, und außerdem habe ich da nichts zu essen. Auf dem Lande ist gar nicht anzukommen, weil jeder mit Flüchtlingen überfüllt ist und somit Arbeitskräfte genug hat. Ich habe mich auf dem Arbeitsamt gemeldet - nichts. Man riet mir, Familienunterstützung zu beziehen, aber das ist mir sehr unsympathisch. Ich habe einen Antrag auf Siedlungsland gestellt, aber das kann noch lange dauern, denn die Bodenreform ist hier noch nicht durchgeführt. Außerhalb hätte ich leichter Verdienstmöglichkeiten, aber nirgends bekomme ich Zuzugsgenehmigung. . .
Im September kam wieder eine Karte von Fritz. Er hatte unsere zweite Karte erhalten, die vier Monate gegangen war. Vaters Tod hat ihn stark mitgenommen, schreibt er. Ein Satz auf der Karte war durch die Zensur gestrichen worden. Ich konnte nur noch den Rest des Satzes entziffern '. . . und bin zur Zeit recht matt!'. Dazu kam die Sorge um uns alle. . ."
Die Umstände, die im Winter 1946/47 in Schleswig-Holstein das Leben erschwerten, läßt ein Auszug aus einem Brief vom 13. März 1947 erkennen:
". . . Hier ist noch unentwegt tiefster Winter. Die ungeheuren Schneemassen sind schon eine Naturkatastrophe. Seit acht Tagen kommt und fährt kein Zug mehr. Die Bäcker backen kein Brot mehr, weil das Mehl nicht ankommt, auch andere Lebensmittel kommen nicht heran. Elektrischen Strom gibt es kaum. Da wir weder Petroleum noch Kerzen haben, gehen wir nach einer langen Schummerstunde zu

Bett. . . Seit Weihnachten ist wegen Kohlenmangel kein Schulbetrieb und bis
Ostern wird auch nichts. Für Georg ist das ganz schlimm. Sie gehen nur dreimal die Woche, um Schulaufgaben zu holen, und wir üben zu Hause, so gut es
geht. Es ist ein Jammerbetrieb, es gibt kein Lehrbuch, kein Schreibheft. Oft sind
nur drei Kinder in der Klasse, die anderen haben keine Schuhe, nicht einmal
Holzpantoffel. . ."

Durch entlassene Kriegsgefangene erfuhr Erika Einzelheiten über die Lebensverhältnisse ihres Mannes, die einigermaßen annehmbar zu sein schienen. Er befand
sich in einem Offizierslager nördlich von Moskau, in einem Waldgebiet gelegen.

Am 1. Dezember 1948 kam Fritz dann endlich heim nach Garding. Er war gesundheitlich schwer angeschlagen und brauchte lange, um sich wieder einigermaßen zu
erholen. Er war lange arbeitslos. Sein schlechter Gesundheitszustand und sein
Beruf als Landwirt ließen ihn in Schleswig-Holstein keine Arbeit finden. Erika
mußte mit gelegentlichen Arbeiten bei Verwandten und Bauern in der Umgebung
dazuverdienen. Auch ein großer Gemüsegarten und eine kleine Hühnerfarm trugen
zum Unterhalt bei. Auch der zweite Sohn Georg begann nach der Schule eine
landwirtschaftliche Lehre.

Endlich im Sommer 1956 konnte Fritz mit Mitteln aus dem Lastenausgleich einen
landwirtschaftlichen Betrieb von 24 Hektar in Darry bei Lütjenburg erwerben, den
dann im Jahre 1963 der älteste Sohn Frieder übernahm.

Die beiden Berichte enden mit folgenden Worten von Rüdiger v. Schönfels:

Zum Schluß dieses Berichtes bleibt uns, ihren Kindern und Enkeln, nur noch, uns
in Ehrfurcht und liebevoller Dankbarkeit vor den beiden großartigen und tapferen
Frauen zu verneigen, die in einer schweren und grausamen Zeit als Mütter ganz
allein auf sich gestellt, ohne ihre in Haft oder Gefangenschaft befindlichen Ehemänner, ihre Kinder selbstlos durch alle Gefahren brachten; die sich nicht zu
schade waren, auch durch ganz niedere Arbeiten für das Überleben zu sorgen, die
dabei auch noch die Kraft zur Hilfe für andere aufbrachten, trösten und Mut
zusprechen konnten, die uns allen ein Beispiel für Gottvertrauen, Zuversicht, Liebe
und Selbstlosigkeit bleiben werden. Und als ihre Männer dann endlich wieder mit
der Familie vereint waren, bauten sie mit diesen eine neue Existenz auf und halfen,
ihren Kindern eine bessere Zukunft zu sichern. Auch ihren Männern, unseren
Vätern, ein Denkmal! Sie sind uns ebenso Beispiele für Treue, Pflichterfüllung,
Gradlinigkeit und Aufrichtigkeit. Ganz im Sinne des Schönfelsischen Wappen-
spruchs: "In Treue fest!"

Job Werner v. der Schulenburg-Beetzendorf auf Beetzendorf-Apenburg

Der Besitz Beetzendorf in der Altmark, früher Kreis Salzwedel, seit 1945 Kreis Klötze, war die Urzelle des Schulenburgischen Geschlechtes und seit dem Jahre 1345 in deren Besitz bis zur Enteignung im Jahre 1945.

In Beetzendorf hatten beide Linien der Schulenburg ihren Sitz: die "Weißen" (Grafen) im sogenannten "Großen Hof" und die "Schwarzen" (nichtgräfliche Linie) im "Apenburger Hof". Zu diesen Zentren in Beetzendorf gehörten noch weitere Höfe bzw. Vorwerke. Für den Apenburger Hof waren dies: Wohlgemuth, Nieps und Rittleben mit einer Gesamtgröße von 2050 ha, davon ca. 750 ha Landwirtschaft und 1300 ha Wald. Der Wald befand sich durchweg in Eigenbewirtschaftung, die Landwirtschaft war nur teilweise verpachtet.

Die aus der Zeit um 1300 stammende "Schulenburg" südlich Salzwedel ist seit dem 14. Jahrhundert Ruine und nur noch als Hügel sichtbar. Die Burg in Apenburg besteht aus dem erhaltenen Bergfried und einer Umfassungsmauer. Darin befindet sich seit 1871 ein Familienbegräbnis. Die Burg in Beetzendorf liegt im Park der Weißen Linie (Großer Hof) und ist auch eine Ruine. Das Herrenhaus der Schwarzen Linie in Beetzendorf (Apenburger Hof), z. T. Fachwerk aus dem 17. Jahrhundert, ist von einem 25 ha großen Park im englischen Stil umgeben.

Zu den Besitzungen beider Linien gehörten über 40 Patronatskirchen mit 25 Pfarrern.

Der vorliegende Bericht behandelt die "Schwarze Linie". Zur Familie des letzten Eigentümers gehören:

Job Werner Friedrich Wilhelm Hans Joachim Albrecht v. der Schulenburg, * Gerbstedt 1. 12. 1909, auf Beetzendorf u. Apenburg (vorm. Fkm.) (§), u. Amt Gerbstedt (vorm. Fkm.) (§), Ing. agr., LdesgeschFührer d. JohUnfallhilfe i. R., RRr d. JohO.;
✕ Berlin 25. 7. 1939 Renate Gfin v. Stillfried u. Rattonitz, * Charlottenburg bei Berlin 18. 10. 1916, auf Baumühle bei Laderholz (verk.), T. d. GenMajors a. D. Waldemar Gf v. St. u. R. u. d. Luise (Lola) Schwerin.

Kinder:

1. Achaz Joachim Waldemar Wilhelm, * Salzwedel 20. 7. 1940, Dipl rer. pol.;
✕ Bad Godesberg (standesamtl.) 11. 7., (kirchl.) 12. 7. 1969 Susanne Freiin v. Richthofen, * Traunstein, OBayern, 4. 7. 1948, Lehrerin, T. d. MinRats a. D. Gotthard Frhr v. R. u. d. Rose Lehmann.

2. Freda Mathilde Luise Brigitte, * Beetzendorf 10. 8. 1944, Redaktionsassistentin;
✕ (standesamtl.) Ahrensbök 19. 6., (kirchl.) Glasau-Sarau bei Eutin, Holst., 20. 6. 1970 Hanno Frhr v. Mirbach a. d. H. Cremitten, * Stralsund 6. 10. 1941, Syndikus.

3. Gero Wiprecht Dieter Wilhelm Egbert, * Laderholz 3. 2. 1953, Kaufmann;
✕ Bad Godesberg 30. 8. 1986 Christiane Rosbund, * Kiel 16. 10. 1955, BiblAss., T. d. OLts z. See u. MinRats a. D. ... R. u. d. Edith Wohlert.

In der kritischen Zeit gegen Ende des Krieges und den folgenden Monaten war Job Werner im Felde bzw. in Kriegsgefangenschaft. Aber seit Ende 1943 lebten seine in Berlin ausgebombten Schwiegereltern - Generalmajor a. D. Waldemar Graf v. Stillfried und Rattonitz und seine Gemahlin Luise Gräfin v. St. u. R. - im Apenburger Hof. Dem nachfolgenden Schicksalsbericht liegen Tagebuchaufzeichnungen von Graf Stillfried zugrunde.

Im Oktober 1943 war es über Beetzendorf zu einem Luftkampf zwischen englischen Bombenflugzeugen und deutschen Jägern gekommen. Dabei haben die Briten im Notwurf ihre Brandbomben abgeworfen. Im Apenburger Hof fiel eine Brandbombe in den Kuhstall, richtete aber dank des gut organisierten Löschdienstes keinen Schaden an. Anders im "Großen Hof", wo Werner Graf v. der Schulenburg im Felde stand und seine Gemahlin verreist war. Dort mußte die Feuerwehr die Löscharbeiten im Schloß übernehmen. Im Dorf ist ein Stallgebäude abgebrannt.

Als der Roten Armee im Sommer 1944 der Durchbruch durch die deutsche Front am Dnjepr gelungen war und sie bis zur Grenze Ostpreußens - Warschau - Karpaten vordringen konnte, mußten einige Lazarette aus Polen zurückverlegt werden. Dabei wurde ein Lazarett aus Lublin nach Beetzendorf verlegt. Beide Schlösser mußten einen Teil ihrer Räume zur Verfügung stellen. Einer der ersten Patienten war Dieter Graf Stillfried, Renates (Renis) Bruder, der sich in Italien bei einem KFZ-Unfall das rechte Schulterblatt gebrochen hatte. Er wohnte bei Reni und wurde ambulant behandelt. Am Neujahrstag 1945 konnte er wieder zur Front abreisen. Wenige Tage später starb meine Schwester Hildegard v. Denicke, geb. Gräfin Stillfried. Dadurch erbte Dieter den Denickeschen Besitz Evensen mit dem Vorwerk Baumühle bei Hannover, den ich nun für ihn von Beetzendorf aus verwaltete.

Mitte Januar 1945 brachte ein neuer Großangriff die Russen bis weit nach Ostpreußen hinein und durch den Warthegau bis an die Oder. Vom Westen her drangen die Alliierten ebenfalls in Deutschland ein. Job Werner war mit seiner Dienststelle nach Bad Liebenstein in Thüringen unterwegs, Reni konnte einmal mit ihm telefonieren. Wir mußten damit rechnen, daß der Feind bald in Evensen aber auch hier in Beetzendorf erscheinen würde. Wir trafen entsprechende Vorbereitungen. Waffen und Uniformstücke wurden in der Kaserne in Salzwedel abgeliefert, zur Verminderung des Risikos wurden Teile von Kleidung und Wäsche in Koffern verpackt in Nieps oder im Dorfe ausgelagert.

Die Kampfkraft des hiesigen Volkssturms war gleich Null, die letzten einigermaßen wehrtauglichen Männer waren eingezogen, an Waffen standen italienische Infanteriegewehre zur Verfügung, fast ohne Munition, es gab weder MGs noch Panzerfäuste. Die Bauern waren deshalb auch der Aufforderung zum Bau von Panzersperren nirgends gefolgt. Es ist hier und in den Nachbardörfern jeder Versuch eines Widerstandes gegen den Feind unterblieben.

Am 12. April 1945 trafen gegen 8 Uhr die ersten Panzerspitzen ein. Ohne jeden Aufenthalt fuhren sie in Richtung Apenburg weiter. Beim Bürgermeister ließ ein amerikanischer Offizier die bekannten Proklamationen anschlagen und erließ ein Ausgangsverbot für alle Deutsche. Noch vorhandene Waffen waren beim Bürgermeister abzugeben, wurden gar nicht erst registriert, sondern von den Amerikanern zerschlagen. Mit dem Lazarett waren etwa 1000 deutsche Verwundete in Feindeshand gefallen. Nur sehr wenige hatte man in den letzten Tagen noch abschieben können. Zwei Tage später wurde der Ortsgruppenleiter der NSDAP abgeführt und man sprach von der Erschießung eines SS-Mannes, der früher einmal einen Pfarrer ermordet haben sollte.

In Klötze wurde die Obstkelterei erobert, in der sich außer Obstwein auch noch riesige Bestände von erbeutetem französischem Wein befunden haben. Das war eine Riesengefahr im Hinblick auf die polnischen und russischen Fremdarbeiter, die in betrunkenem Zustand gefährlich wurden. Am 14. April kam am Nachmittag Einquartierung und alle besseren Häuser im Dorf mußten geräumt werden. Dank des Lazaretts waren wir nur durch einige Betriebswohnungen davon berührt. Die Amis betrugen sich sehr korrekt, teilweise zogen sie schon nach wenigen Tagen wieder ab, wobei sie oft noch unverbrauchte Nahrungsmittel zurückließen. Die Verbindung zu den Schulenburgs in der Neuen Wolfsburg bei Tangeln war schwierig, da plündernde, oft betrunkene Banden von Russen und Polen die Gegend unsicher machten. Ein Russe, der schon früher durch kommunistische Hetzreden aufgefallen war, und den wir deshalb abgeschoben hatten, erschien jetzt wieder und wurde natürlich sehr gefährlich. Er hetzte die "befreiten" Fremdarbeiter auf, wollte einen unserer Traktoren beschlagnahmen, was ich gerade noch verhindern konnte, aber nach wenigen Tagen entschwand er auf Nimmerwiedersehen.

Eines Mittags fuhr ein US-Lastwagen vor mit einigen deutschen Soldaten aus den anderen Lazarettstellen und sollte einige einigermaßen geheilte Verwundete bei uns noch zuladen, um sie in ein Gefangenenlager zu bringen. Reni und meine Frau organisierten noch schnell etwas zu essen, da sie noch keine Verpflegung erhalten hatten. Auch wurde ihnen Apfelsaft für die Fahrt und Kaffee in den Feldflaschen mitgegeben. Die Begleitmannschaft nahm die Verspätung verständnisvoll in Kauf. Ein Bote aus Nieps traf ein und berichtete, daß dort auf dem Hofe und beim Förster Schulz alles in Ordnung sei. Solche Botengänge waren nicht ungefährlich, denn das Verlassen des Ortes war immer noch verboten, sogar zur Feldarbeit. Die Wälder von Nieps waren voller Banden von Russen, Polen und anderem Gesindel, und man hörte auch dauerndes Schießen.

Am 19. April wurde der Geschützlärm immer stärker, sowohl von Flak als auch Artillerie. Gegen Abend fuhren einige deutsche Sanitätswagen vor und brachten deutsche Verwundete und das Personal eines Hauptverbandsplatzes. Von ihnen erfuhren wir, daß eine neugebildete deutsche Division von Uelzen aus in die Flanke der Amerikaner gestoßen sei. Es war zu einem Kampf um das Dorf Hanum gekommen, und die Deutschen seien wieder nach Norden ausgewichen. Eine US-Flakbatterie nördlich Siedengrieben (Nachbardorf) hatte das ganze Dorf für sich beschlagnahmt und die deutschen Bewohner in ein Nachbardorf abgeschoben. Anschließend strömten Polen und Russen in das Dorf und plünderten es vollkommen aus. Unter dem Schutz der schwerbewaffneten Amerikaner zogen sie ganz ungeniert mit ihrer Beute auf dem Rücken durch Beetzendorf.

Seit dem Einmarsch der Amerikaner hatten wir keinen elektrischen Strom, was nicht nur bedeutete, daß Pumpen und Aggregate stillstanden, sondern auch das Radio nicht mehr ging. Wir waren gänzlich von aller Welt abgeschnitten und den

410

wildesten Gerüchten ausgesetzt. Am 20. April hatten wir dann plötzlich wieder Licht und Wasser und auch Nachrichten. Wir erfuhren, daß die Russen in Berlin eingedrungen waren und daß dort erbitterte Straßenkämpfe stattfanden. In Beetzendorf wurde am Ostrand des "Großen Hofes" ein Gefangenenlager eingerichtet, wo alle versprengten deutschen Soldaten eingeliefert wurden. Alle Männer zwischen 16 und 60 Jahren mußten sich bei der Militärpolizei registrieren lassen und ihre Papiere wurden abgestempelt. Alle Angehörigen der Partei wurden ernstlich vermahnt, alle Feindseligkeiten zu unterlassen.

Am 24. April meldet das Radio, daß die Sowjets den Ring um Berlin praktisch geschlossen hätten, Hitler sei in der Stadt und habe dort den Oberbefehl übernommen. Am nächsten Tag kommen wieder Nachrichten aus Nieps, in dem keine Kämpfe stattgefunden haben, Förster Schulz ist dort, gearbeitet wird aber auch noch nicht. Schlimm ist es dagegen Herrn Hockemeyer, dem Pächter von Rittleben, gegangen. Erst hatten die Amerikaner bei ihm nach einem völlig unbekannten SS-Mann gesucht, ihn mit der Waffe bedroht, wobei er eine leichte Schußverletzung am Fuß erhielt. Am nächsten Tag kamen sie betrunken wieder, verlangten von ihm, sie zu den Mädchen zu führen und verletzten ihn bei den Auseinandersetzungen mit mehreren Schüssen, darunter einem Bauchschuß. Jetzt liegt er bei uns im Lazarett, und man hofft, ihn durchzubringen. Wenige Tage später ist er dann doch seinen Verletzungen erlegen.

Die Amerikaner haben in Tangermünde einen Brückenkopf über die Elbe gebildet, die deutschen Truppen haben an der Elbe kehrtgemacht und kämpfen mit dem Rücken zu den Amerikanern gegen die Russen, die vor Prenzlau - Rathenow - Brandenburg stehen. In Berlin wird im Zentrum im Raume Potsdamer Platz - Schloß - Bahnhof Friedrichstraße und um den Bunker am Zoo gekämpft. Die Gerüchte überschlagen sich, und es ist schwer, deutsche und Feindsender zu unterscheiden. Am 29. April heißt es, die Kämpfe seien zu Ende, Hitler tot und Himmler auf der Flucht gefangengenommen. Hinterher stellte sich alles als amerikanische Lügen heraus.

Nach Beetzendorf kam am 1. Mai 1945 ein neuer amerikanischer Kommandant. Er machte einen ausgezeichneten Eindruck und schien bemüht, die deutsche Bevölkerung vor Plünderung und Gewalttaten zu schützen. Es gab freien Ausgang von 6.30 Uhr bis 20 Uhr und Bewegungsfreiheit bis sechs Kilometer. Reni verhandelte mit ihm und erreichte, daß Nieps in diese Zone einbezogen wurde. Am Abend um 22.25 Uhr brachte Sender Hamburg folgende Nachricht: Hitler ist am Nachmittag bei der Verteidigung Berlins gefallen, er hatte am Vortage Großadmiral Dönitz zu seinem Nachfolger bestimmt. Dieser sprach anschließend zur Wehrmacht und zum deutschen Volk kurz, es müsse gegen die Bolschewisten so lange weitergekämpft werden, bis es gelungen sei, die Bevölkerung bedrohter Gebiete in Sicherheit zu bringen.

Am nächsten Tag fuhr Reni nach Neumühle und besuchte dort die Wolfsburger Schulenburgs, die in einem Beamtenhaus sehr beengt untergekommen waren. Anschließend machte sie eine Fahrt durch den Niepser Forst, der zum Teil schwere Spuren von den Kämpfen durch ausgebrannte Schützenpanzer und große Brandflächen sowie zerschossene Bäume davongetragen hatte. Auf dem Gut in Nieps sind die Polen auch aufgehetzt worden und weigern sich zu arbeiten. Man hat Mühe, noch das Vieh zu versorgen.

Am Abend fuhren dann zehn US-Sanitätswagen vor und brachten deutsche Verwundete. Sie kamen aus der Nervenstation eines Berliner Lazarettes und waren auf Wohnschiffen auf dem Wannsee über die Havel bis in die Nähe von Wittenberge gebracht worden. Als sie schon auf dem Westufer der Elbe waren, wurden sie noch von russischen Tiefffliegern angegriffen, gegen die die Amerikaner das Feuer erwiderten. Sie hatten zehn Tage von Berlin hierher gebraucht. An den Kämpfen um Berlin waren sie nicht beteiligt gewesen.

Es geht aufs Ende zu. Hamburg wurde als offene Stadt übergeben, Kiel und Flensburg zu offenen Städten erklärt. In Italien haben sich die deutschen Truppen - abgeschnitten von jeglichem Nachschub von Munition und Verpflegung - den Engländern ergeben. Bei uns kommen erstmals Gerüchte auf, daß unser Gebiet den Russen übergeben würde, dies sei auf der Konferenz von Jalta so festgelegt worden.

Bei uns mehren sich die Diebstähle von Hammeln; hauptsächlich von seiten der Polen, die immer aufsässiger werden. Am 6. Mai wird Inspektor Rudorff verhaftet und zum Kreisbefehlshaber nach Klötze gebracht. Dieser schickt ihn nach kurzer Vernehmung zurück nach Beetzendorf zum Zivilkommandanten. Grund war eine Beschwerde der Polen wegen zu geringer Milchbelieferung. Reni fährt zum Kommandanten und überzeugt ihn von Rudorffs Unschuld und kann mit ihm zurückkommen.

Vom letzten deutschen Sender in Flensburg hören wir am 7. Mai 1945, daß Deutschland bedingungslos kapituliert habe und am nächsten Tag dann eine Ansprache von Dönitz über die Notwendigkeit der Kapitulation, nachfolgend dann die großen Siegesfeiern der Feinde mit dauernder Schießerei.

Bei uns erschien die Schwester-Oberin Gertrudis vom Kloster Obermarchtal bei Ulm und drei evangelische Rotekreuzschwestern. Sie waren ursprünglich in einem Lazarett in Litzmannstadt gewesen, dann nach Kolmar verlegt worden und zuletzt in Perleberg. Kurz vor dem Eintreffen der Russen war das Lazarett dort aufgelöst worden und sie sind dann in Lenzen von den Russen überrascht worden. Sie berichteten Furchtbares, was sie dort in zwei Nächten erlebt hatten, bis die Russen sie endlich freiließen. Sie waren dann über die Elbe zu den Amerikanern gekommen und wollten jetzt von uns aus zurück nach Württemberg. Reni versuchte, bei den Amerikanern eine Fahrterlaubnis für sie zu bekommen, was aber nicht gelang. So legten sie ein paar Ruhetage bei uns ein. Später wurden sie dann von einem Treck mitgenommen.

Unsere alten Gendarmen waren zunächst im Dienst belassen worden, nach vierzehn Tagen wurden sie aber abgelöst und kamen nicht wieder. Auch wurde Oberfeldarzt Dr. Steinbrecher als Chefarzt des Lazaretts abgelöst. Wir hatten seinem Entgegenkommen manches zu verdanken, aber er war ein kranker Mann und diesem Posten nicht mehr gewachsen. Der Mai war außergewöhnlich warm mit Temperaturen von 25 bis über 30 Grad. Wir beobachteten, daß in der Nähe offensichtlich Waldbrände ausgebrochen waren. Allmählich wurde ein Teil der Polen und Russen abtransportiert. Die Amerikaner hatten wohl die Weisung, daß Wünsche der Polen durch die Deutschen zu erfüllen seien. Auch Reni wurde gezwungen, Kleidungsstücke für sie abzugeben. Gelegentlich gelang es Flüchtlingen aus dem Osten, zu uns durchzukommen, sie berichteten schlimme Dinge über die Zustände dort. Das nährte natürlich die Gerüchte und die Sorge, daß unser Gebiet doch noch an die Russen übergeben werde.

Am 16. Mai besucht uns die Kusine aus Wolfsburg. Es geht ihnen viel schlechter als uns, sie haben immer noch US-Einquartierung im Schloß und es sehe nicht so aus, als ob es bald freigegeben würde. Sie dürfen nicht einmal in ihren Gemüsegarten und die Bevölkerung wird drangsaliert. Jemand bringt die Nachricht, daß Berg- und Transportarbeiter sowie Landwirte aus Kriegsgefangenschaft entlassen würden. Dann müßte Job Werner, der nur Unteroffizier ist, bald entlassen werden, wenn er noch lebt. Ob aber Dieter, der aktiver Offizier ist, als Landwirt anerkannt wird, ist fraglich.

Einem Landser, der den Russen entronnen ist und weiter nach Westen will, gebe ich einen Brief nach Evensen mit. Ich beauftrage sie, im Radio auf Nachrichten zu achten, ob unser Gebiet zur russischen Zone kommen soll. Sie sollen sich darauf vorbereiten, daß wir in diesem Falle mit einem Treck von 15 Männern, 25 Frauen und 20 Kindern sowie 40 Pferden, 60 Rindern und 70 Schafen zu ihnen kommen würden. Das Wort "unmöglich" dürfe es in diesem Falle nicht geben, denn wäre Dieter da, dann ginge es bestimmt.

In Kalbe war das Gefangenenlager inzwischen auf 85.000 Mann angewachsen. Die Amerikaner begannen, eine größere Anzahl von ihnen zu entlassen, aber nicht nach Hause, sondern als Landarbeiter in die Wirtschaft. Auch wir bekamen sieben Leute, darunter aber keinen, der etwas von der Landarbeit verstand. Sie berichteten, die drei Wochen in Kalbe seien die schlimmsten im ganzen Kriege gewesen. Sie waren völlig ausgeplündert, hatten ohne Zelte und Decken im Freien liegen müssen und wurden kümmerlich ernährt.

Ein Herr v. Kloth erschien am 23. Mai 1945 bei uns. Er hatte ein Gut bei Fürstenwalde, seine Frau und Kinder waren schon im Februar bei uns durchgetreckt. Er war damals allein auf dem Gut zurückgeblieben, hatte dann beim Volkssturm die Kämpfe um Fürstenwalde mitgemacht und hatte anschließend sein Gut völlig verwüstet vorgefunden. Alles Vieh war weggetrieben und jegliche Bewirtschaftung war ihm untersagt. Die Behandlung der Bevölkerung, besonders der Frauen, war entsetzlich. Da ein weiteres Dortbleiben sinnlos war, ist er geflohen und nachts südlich von Magdeburg durch die Elbe geschwommen. Es herrscht dort schon eine große Hungersnot, es gibt nur noch ein halbes Brot für sechs Personen pro Woche. Wie er berichtet, belassen die Russen entlang der Elbe, soweit die Amerikaner es durch Ferngläser vom anderen Ufer aus beobachten können, einen Streifen von Dörfern völlig unberührt; moderne Potemkinsche Dörfer!

Nach einer Radiomeldung soll die Post im Juni wieder den Betrieb aufnehmen, zunächst aber noch nicht für die deutsche Bevölkerung, sondern nur Dienstpost und für Ausländer. Wir hoffen so sehr, daß dann wenigstens Rote-Kreuz-Briefe der Gefangenen an ihre Angehörigen befördert werden. So könnte man doch von Job Werner und Dieter etwas hören, wenn sie noch leben. Wie es heißt, würden die Amerikaner von den Briten abgelöst, in Salzwedel sind schon ganze Straßen für sie beschlagnahmt. Am 1. Juni rollen auf Befehl der Engländer jede Menge Autos mit Anhängern, Motorrädern, Traktoren und Zugmaschinen, angeblich zur Musterung, bei uns auf den Hof. Es erschien aber niemand zur Musterung, dafür wurde fleißig gestohlen. Es wird bekanntgegeben, daß jeder zur Arbeit verpflichtet ist, und daß denen, die nicht arbeiten, die Lebensmittelkarten entzogen werden. Wir unterstehen jetzt der Kommandantur in Salzwedel. Wer zum Kommandanten will, muß einen Erlaubnisschein vom Landrat haben. Ich fahre gleich nach Salzwedel, um mir einen solchen Erlaubnisschein zu holen. Über Job Werners Mutter bekommen wir Nachricht aus Gerbstedt, daß er sich in US-Kriegsgefangenschaft in einem Lager bei Goslar befinde, und daß es ihm gut ginge.

Die Gerüchte, daß die Russen zu uns kämen, wollen nicht verstummen, obwohl die englische Kommandantur in Salzwedel dies energisch bestreitet. Sie bekommen neue Nahrung durch ein Mitglied der schwedischen Gesandtschaft in Hamburg, das behauptet, es bestünde kein Zweifel darüber. Ich vermute, daß die Entscheidung erst bei der für Juli angekündigten Konferenz zwischen Truman, Churchill und Stalin fallen wird. Wir beschließen, den vorsorglich beladenen Treckwagen aufzubocken und nachts in der Scheune zu bewachen. Von überall her hört man über Plünderungen und Überfälle durch bewaffnete polnische Banden. Vielerorts bildet sich ein Selbstschutz, der tatsächlich hilft. In Beetzendorf kann sich der Bürgermeister aber nicht dazu entschließen.

Am Abend des 16. Juni bringt das Radio die böse Nachricht, daß sich die US-Truppen bis zum 21. Juni aus den an die Russen zu übergebenden Gebieten zurückziehen werden. Welches diese Gebiete sind, wird nicht gesagt. Es besteht durchaus die Möglichkeit, daß auch Gerbstedt dazu gehört. Reni schreibt ihrer dort wohnenden Schwiegermutter. Am nächsten Tag wird beschlossen, daß meine Frau die Enkel nach Evensen bringen soll, der Treckwagen wird gepackt und am 18. Juni früh 5 Uhr fährt er los. Am nächsten Tag kommt sie mit dem leeren Treckwagen zurück, die Fahrt war glatt gegangen, ohne Kontrollen unterwegs, Evensen vom Kriege kaum berührt, aber voll von Flüchtlingen und auch dort plündernde Polen. Zwei Tage später fährt Mutter erneut nach Evensen, diesmal um dort zu bleiben und für Ordnung zu sorgen. Sie nimmt Christa Schulenburg mit ihren drei Kindern mit, die zu einem Grafen Hardenberg in der Nähe von Hildesheim weiter wollen. Reni und ich bleiben allein in Beetzendorf zurück. Unser Treckwagen steht aber fertig beladen bereit. Dann kam aus Wolfsburg die Nachricht, die Russen beginnen heute mit dem Einmarsch, auch in den Kreis Salzwedel. In der kommenden Nacht würden die Grenzen gegen Hannover gesperrt. Darauf beschlossen Reni und ich abzufahren. Gegen 11.30 Uhr am 20. Juni 1945 ging es bei großer Hitze zu Fuß los. Unangefochten kamen wir über die Grenze nach Brome, wo wir bei einer Rast die Familie Albrecht Schulenburg aus Wolfsburg trafen. Nach einer Fahrt von 30 Kilometer hielten wir um 20 Uhr in Ehra, wo wir bei einem Bauern unterkamen.

Als wir am nächsten Morgen gegen 6 Uhr startbereit waren, erreichte uns die Nachricht von Inspektor Rudorff aus Beetzendorf, der uns sagen ließ, die Russen kämen nicht. Wir stellten den Treckwagen in Ehra unter und fuhren auf den Kotflügeln der Zugmaschine nach Beetzendorf zurück. Als wir so unerwartet zurückkamen, überraschten wir die ersten Liebhaber für unsere Sachen in Haus und Garten. Ein Motorradfahrer, den Reni nach Gerbstedt geschickt hatte, meldete, daß dort keine Russen seien. Es hatte alles den Anschein, daß ein ursprünglich gegebener Befehl zur Übergabe des Gebietes wieder zurückgezogen bzw. aufgeschoben sei. Angeblich sei alles auf den Herbst vertagt.

Tatsächlich erschienen am 23. Juni britische Quartiermacher und kündigten 70 Mann Einquartierung einer englischen Aufklärungsabt. mot. an, Zeitpunkt des Eintreffens noch unbestimmt. Während die Engländer noch im Hause waren, erschien Dominik Stillfried (Silbitz) in voller Uniform eines Fähnrichs der Luftwaffe. Er war bei einem Arbeitskommando in der Nähe und war ohne jeden Urlaub gekommen. Reni gab ihm erst mal schnell Zivilsachen von Job Werner. Er wollte versuchen, nach Beetzendorf überwiesen zu werden. Wir verbrachten einen vergnügten Abend zusammen.

Die nächsten Tage vergehen mit viel Arbeit in Haus, Hof und Garten und mit sich widersprechenden Nachrichten. Dann erhalten wir von den Wolfsburgern am 30. Juni 1945 abends um 22.30 Uhr einen Brief mit folgender Mitteilung: In der Nacht vom 1. zum 2. Juli wird die Grenze gegen Hannover geschlossen. Die Russen besetzen das Land in dem Maße, wie die Briten es räumen. Die Beetzendorfer Gegend wird am 3. Juli mittags geräumt. Reni und ich beschließen, am Vormittag des 1. Juli zu fahren.

Dieser 1. Juli 1945 war ein Sonntag. Früh um 6 Uhr erschien die angekündigte britische Einquartierung, kurz darauf ertönte die Klingel des Gemeindeausrufers. Er verkündete, "der deutschen Bevölkerung sei ab sofort das Verlassen ihrer Häuser verboten bis zum Einmarsch der Russen am Dienstag. Auf jeden, der versuchen sollte, den Ort zu verlassen, würde sofort geschossen. Wer bei einem Fluchtversuch ergriffen würde, werde den Sowjetbehörden zur Bestrafung übergeben." An allen Hauseingängen standen britische Posten. Sie hielten uns Zettel entgegen, auf denen lediglich stand: "Auf jeden, der das Haus verläßt, wird geschossen." Somit war ein Fortkommen mit Wagen und Pferden unmöglich. Rudorff riet uns, bis zur Nacht zu warten, aber dies hielt ich für falsch.

Reni und ich machten uns zur sofortigen Flucht fertig, viel Zeit zum Überlegen blieb nicht, wir mußten einen günstigen Augenblick zum Verlassen des Hauses benutzen. Ich traute mir mit meinen 69 Jahren einen längeren Fußmarsch wohl zu, konnte allerdings dabei kein schweres Gepäck tragen. Es gelang uns, ungesehen herauszukommen. Reni, die die besten Augen und Ohren hatte, immer etwa 80 Meter voraus. Die Ortschaften mußten umgangen werden und auf den Straßen fuhren Streifenwagen. Durch Wald und unter Ausnutzung jeder möglichen Deckung kamen wir auf großen Umwegen bis 12 Uhr nach Neumühle, wo jetzt Graf Günther Schulenburg im Beamtenhaus wohnte. Wir hatten Glück. Ein Gepäckwagen, der nach Nordsteimke fahren sollte, hatte sich verspätet, und so konnten wir mitfahren. Günther Schulenburg selbst wollte mit seinem Bruder in Neumühle bleiben und versuchen, mit den Russen zu arbeiten. Solange er nicht verhaftet wurde, war es für ihn nicht schwierig, über die nahe Grenze zu kommen. Er riet uns, bis zur Burg Brome mitzufahren, die ihm gehörte. Dort ging ein Fußsteg über die Ohre zu seinem Waldwärterhaus, und dort wären wir in Sicherheit. Dort trafen wir die Gemeindeschwester aus Apenburg, der wir auftrugen, zu berichten, daß wir gut hinübergekommen waren. Nun ging es zu Fuß weiter bis zu unserem damaligen Quartier in Ehra. Dort erfuhren wir, daß in dem sechs Kilometer entfernten Forsthaus Lessien ein Fuhrunternehmer auf Lastwagen die Leute nach Braunschweig und Hannover führe. Trotz unserer Müdigkeit gingen wir sofort weiter und blieben die Nacht im Forsthaus. Am nächsten Tag kamen wir dann heil nach Evensen.

Soweit Auszüge aus Tagebuchaufzeichnungen von Job Werners Schwiegervater Graf Stillfried.

Ergänzend schreibt Job Werner v. der Schulenburg: Gerbstedt mit seinen 750 Hektar Ackerland war Mitbesitz und Wohnsitz meiner Mutter Mathilde v. der Schulenburg-Beetzendorf. Sie konnte sich rechtzeitig der Verschleppung nach Rügen entziehen und über das Forsthaus Nieps ebenfalls nach Evensen kommen. Dies wurde 1945 zum Zufluchtsort unserer Familie. Das Vorwerk Baumühle mit seinen 62 Hektar nahmen wir von 1948 bis 1958 aus der Pacht und bewirtschafteten es selbst. Auf die Dauer war dies aber kein wirtschaftliches Fundament für unsere Familie.

Wolfgang v. Schweinitz

Edmund Allwill W o l f g a n g v. S c h w e i n i t z , * Leipzig 25. 2. 1876,
⚔ (von Russen verschleppt) ... 1945, GenMajor z. V., RRr d. JohO.,
letzter Vorsitzender des Landesverbandes Sachsen der Deutschen Adelsgenossenschaft (1933—1945);
⚯ Dresden 9. 9. 1919 Christa v. S c h l i e b e n , * Dresden 13. 7. 1885,
† Hamburg 4. 1. 1959 (⚯ I. Dresden 1. 10. 1906 Bernhard v. Schweinitz,
⚔ Amifontaine 30. 6. 1916, Kgl. sächs. Hptm.; s. u.), T. d. sächs. GenLts
a. D. Egon v. Sch. u. d. Margarete Bach.

Georg Hermann B e r n h a r d v. S c h w e i n i t z , * Leipzig 7. 7. 1880,
⚔ Amifontaine, Nordfrankr., 30. 6. 1916, Kgl. sächs. Hptm. im Leib-
GrenRgt 100 u. Adj. der 1. InfDiv. 23;
⚯ Dresden 1. 10. 1906 Christa v. S c h l i e b e n , * Dresden 13. 7. 1885,
† Hamburg 4. 1. 1959 (⚯ II. Dresden 9. 9. 1919 Wolfgang v. Schweinitz,
⚔ ... 1945, GenMajor z. V. s. o.), T. d. sächs. GenLts a. D. Egon v. Sch.
u. d. Margarete Bach.

Söhne:

1. Hermann Egon W o l f - J o a c h i m , * Dresden 19. 8. 1907, techn.
   Kaufm., Oberstlt a. D.;
   ⚯ Rostock 15. 9. 1934 Ingeborg C o r d e s , * Blankenese 14. 9. 1909,
   T. d. Werftdir. Tönjes C. u. d. Juliane Behrmann.

2. Bernhard Christoph G e o r g , * Charlottenburg 18. 2. 1912, Oberst
   i. G., deutscher Verbindungsoffz. in den USA, ERr d. JohO.;
   ⚯ Siek, Holst., 26. 4. 1952 Gabriele v. R a u c h h a u p t , * Hamburg
   13. 2. 1930, T. d. Kaufm. u. Oberstlts d. Res. Wilhelm v. R. u. d. Esther
   Krogmann.

Wolfgang v. Schweinitz war nach bestandenem Abitur im Jahre 1896 in die Kgl.
sächs. Armee eingetreten und schon 1897 zum Leutnant befördert worden. Nach
dem Ersten Weltkrieg in die Reichswehr übernommen, schied er 1926 als Char.
Oberst aus dem aktiven Dienst aus, führte aber zunächst als Angestellter, später
reaktiviert als Oberst (E) die Personal-Bearbeitung im Wehrkreis IV fort, bis er am
1. April 1936 pensioniert wurde.
Trotz seines fortgeschrittenen Alters von über 65 Jahren stellte sich Wolfgang v.
Schweinitz zu Beginn des Rußland-Feldzuges im Sommer 1941 wieder zur Verfügung. In Dresden stellte er den Stab Feldkommandantur 244 auf und wurde mit
diesem im Winter 1941/42 im besetzten Rußland zunächst in Witebsk, später in
Borissow an der Beressina eingesetzt. Am 1. Januar 1942 zum Generalmajor
befördert, war er für die Militärverwaltung eines großen Bereiches verantwortlich.
Hierbei widersetzte er sich erfolgreich den von SS-Kommandos vorbereiteten
Aktionen gegen die Juden in seinem Befehlsbereich. Darauf wurde er im Juli 1942
wieder in den Ruhestand versetzt und kehrte nach Dresden zurück.
In seiner Führung der Landesabteilung Sachsen in der Deutschen Adelsgenossenschaft war Wolfgang v. Schweinitz auch sehr erfolgreich. Sie erhöhte ihren Mit-
gliederbestand während seines Vorsitzes um 50 Prozent. Sein besonderes Bemühen
galt der Jugend und der Fortführung des ehemaligen Kgl. Sächs. Adelsbuches in

der nach dem Ende der Monarchie gegründeten Sächs. Stiftung für Familienforschung (heute Adelsmatrikel).

Nachdem er mit seiner Frau die Luftangriffe im Februar 1945 in seinem bombengeschädigten Dresdener Haus überstanden hatte, zogen sie kurz vor dem Eindringen der Russen mit einem Treck befreundeter Landwirte nach Thüringen, wo sie in Wolkramshausen eine Unterkunft fanden. Obwohl die Sowjets inzwischen auch dieses Land besetzt hatten, lehnte er eine Fortsetzung der Flucht nach Westen ab. So wurde er am 16. Oktober 1945 vom sowjetischen NKWD gefangen genommen und nach Weimar ins Gefängnis gebracht. Wie später durch Mithäftlinge bekannt wurde, ist er dort pausenlos verhört und gefoltert worden, wobei er eine vorbildliche Haltung bewahrt habe.

Über sein weiteres Schicksal blieb die Familie trotz vieler Nachforschungen 31 Jahre lang im Unklaren. Erst im November 1966 gab das Russische Rote Kreuz bekannt, daß er am 10. Dezember 1945 verstorben sei. Sterbeort und Todesursache sind dabei verschwiegen worden. So fand das Leben dieses untadeligen Mannes ein tragisches Ende.

Werner Freiherr v. Seebach auf Groß- und Kleinfahner

Bei den Seebachschen Besitzungen Groß- und Kleinfahner, gelegen im Kreis Gotha, handelt es sich um drei getrennte Güter, und zwar Großfahner-Schieferschloß mit 140 ha, Großfahner-Ziegelschloß mit 123 ha und Kleinfahner mit 122 ha Ackerland. Dazu kamen 300 ha Wald, von dem je ein Drittel auf die Güter entfiel. Bei dem Ackerboden handelt es sich um tiefgründigen, weizen- und rübenfähigen Boden, dessen Wert nur durch relativ geringe Niederschlagsmengen gemindert wurde. Die drei Güter erstreckten sich über die Gemarkungen Großfahner, Kleinfahner und Gierstädt.

Im Jahre 1412 wurden die Herren v. Seebach und v. Vitzthum mit dem Besitz belehnt, von 1463 an besaßen ihn die Seebachs allein. Trotz zahlreicher Erbteilungen blieben die Güter bis 1945 ununterbrochen in ihrer Hand.

Die beiden bedeutenden Schloßbauten in Großfahner, bezeichnet nach ihrer Bedachung, waren ursprünglich eine mit Wassergräben umgebene und mit vier Ecktürmen versehene Anlage aus dem 17. Jahrhundert. Zwei parallele, nicht zusammenhängende Flügel ließen einen schmalen, langen Hof zwischen sich frei. Das größere Schieferschloß besaß in der Mitte des Daches ein Türmchen. Das Portal und der Rittersaal in der Ecke des zweiten Obergeschosses ähnelten in ihrer Bauweise dem Gothaer Residenzschloß. Das kleinere Ziegelschloß hatte eine klarere Gliederung und barg eine wertvolle Innenausstattung mit bedeutsamen Wandbehängen, Gemälden und einer sehenswerten Geweihgalerie.

Ziegelschloß Großfahner und Kleinfahner befanden sich gemeinsam in der Hand von Werner Freiherr v. Seebach und wurden von ihm zusammen mit seinem Sohn Alexander bewirtschaftet. Seit 1927 hatte Werner auch die Felder von Schieferschloß Großfahner dazugepachtet. Dort war die letzte Besitzerin Frau Brigitte v. Rappard, geb. Freiin v. Seebach, ihre Nacherbin wäre ihre Tochter gewesen.

In den zwanziger Jahren hatte Werner Freiherr v. Seebach für Ziegelschloß Großfahner und Kleinfahner eine Familiengesellschaft gegründet, derzufolge er selbst acht Zwölftel Anteil besaß, sein ältester Sohn Alexander zwei Zwölftel und seine beiden anderen Söhne jeder ein Zwölftel.

Zur Familie des letzten Eigentümers gehören:

Werner Freiherr v. Seebach, * Großfahner 1. 10. 1873, † Erfurt 20. 4. 1956, auf Großfahner u. Kleinfahner (§), Kr. Gotha, Kgl. sächs. Oberstlt a. D.;
⚭ Dresden 26. 10. 1897 Elisabeth v. Broizem, * Dresden 19. 8. 1878, † Erfurt 11. 1. 1953, T. d. Kgl. sächs. Gen. d. Kav. z. D. à la suite Hermann v. B. u. d. Alexandra Gfin v. Fersen.

Kinder:

1. Elisabeth Edith, * Dresden 1. 8. 1898;
   ⚭ Kleinfahner 28. 9. 1919 Hilmer Frhr v. Bülow, * Bückeburg 26. 7. 1883, † Celle 7. 1. 1966, GenLt a. D.

2. Georg Alexander, * Dresden 26. 8. 1900, † Oldenburg in O. 26. 11. 1991, RegDir. a. D., Major d. Res. a. D., RRr d. JohO.;

$\times$ Ober-Örtmannsdorf, Kr. Lauban, 10. 6. 1925 Lisette (Setty) Gfin v. R e x , * Dresden 3. 11. 1901, T. d. Kgl. sächs. Khrn, OHofjägermeisters a. D. u. Rittmeisters a. D. Victor Gf v. R. auf Ober-Örtmannsdorf u. Hermsdorf bei Döbeln, Sachsen, u. d. Luise v. Oppell.

Kinder:

1) M a r g a r e t e Lisette, * Großfahner 27. 7. 1926, DiplLdwirt; $\times$ Emden 14. 2. 1958 Klaus B r a n d y , * Holzminden 20. 9. 1923, Dr. agr., DiplLdwirt.

2) M a r i e - E l i s a b e t h Alexandra, * Großfahner 18. 9. 1927, Oberin d. DRK-Schwesternschaft Bremen.

3) G e o r g - T i l o , * Großfahner 12. 2. 1929, Studiendir.; $\times$ Dortmund 2. 4. 1961 Ruth K r ü g e r , * Swinemünde 16. 11. 1934, T. d. Bankdir. i. R. Paul K. u. d. Dorothea Lembke.

4) C h r i s t i n e Luise, * Erfurt 18. 7. 1934, OStudienrätin.

5) J o h a n n - W i l h e l m , * Erfurt 26. 12. 1938, Oberstlt i. G.; $\times$ Deckbergen, Kr. Grafschaft Schaumburg, 26. 3. 1965 Heilwig v. V o g e l , * Hannover 6. 12. 1940, T. d. Prof. Dr.-Ing. Hans-Ulrich v. V. u. d. Anna-Margarethe (Annemete) Freiin v. Blomberg.

3. Werner C h r i s t o p h , * Dresden 17. 7. 1904, LdForstmeister a. D., RRr d. JohO., Vors. d. FamVerb.; $\times$ Kleinfahner 4. 10. 1936 Marie-Adelheid Freiin v. B r a n d i s , * Biebrich am Rhein 26. 2. 1914, T. d. Ghzgl. luxemburg. Khrn u. Hofjägermeisters, Kgl. preuß. Rittmeisters d. LdwKav. a. D. Eberhard Frhr v. B. u. d. Jenny Freiin Quadt-Wykradt-Hüchtenbruck.

Töchter:

1) E l i s a b e t h , * Niederaula bei Hersfeld 8. 7. 1938; $\times$ Kassel 28. 5. 1960 Friedrich-Wilhelm (Fritz) Frhr v. der R e c k e , * Bielefeld 22. 12. 1933, auf Obernfelde u. Burgmannshof in Lübbecke, Westf., Ldwirt.

2) M a r i e - A g n e s Hertha, * Niederaula 15. 2. 1940; $\times$ Kloster Arnsburg bei Lich 22. 4. 1967 Wilhelm Gf zu S t o l b e r g - W e r n i g e r o d e , * Galazki, Kr. Krotoschin, 6. 4. 1938, Bankkaufm.

3) G a b r i e l e Sophie Christine, * Niederaula 1. 10. 1941; $\times$ Kassel 27. 12. 1964 Hans Christian B e c k e r , * Kassel 7. 4. 1934, OStudienrat.

4) C h r i s t i a n e Edith Ebba, * Altmorschen 9. 5. 1950, Beschäftigungstherapeutin.

4. Mathilde Elise H e r t h a , * Dresden 11. 6. 1909; $\times$ Kleinfahner 4. 10. 1930 Otto Frhr v. M ü n c h h a u s e n , * Steinburg, Kr. Eckartsberga, 19. 2. 1903, † Clausthal- Zellerfeld 23. 2. 1965, auf Steinburg (§), DiplLdwirt.

5. Tilo W e r n e r , * Dresden 3. 9. 1913, $\times$ bei Stuhlweißenburg, Ungarn, 7. 3. 1945, Dr. jur., Assessor, Hptm. d. Res. im SchützenRgt 1.

Die Enkelsöhne von Werner Freiherr v. Seebach, Georg-Tilo und Johann-Wilhelm, haben es dankenswerterweise übernommen, Unterlagen und Aufzeichnungen für das Schicksalsbuch zusammenzustellen.

Im Frühjahr 1945, nach den Kämpfen in der Eifel und der Einnahme der Brücke von Remagen, stießen Verbände der US-Armee nach Thüringen und Sachsen vor.

In diesen Monaten waren die Schlösser Groß- und Kleinfahner Herberge für viele Verwandte und Bekannte, die als Flüchtlinge aus dem Osten eine Bleibe suchten. Von der engsten Familie lebten zu Ende des Krieges unsere Großeltern Werner und Elisabeth in Kleinfahner, und unsere Mutter Lisette mit ihren beiden jüngsten Kindern Christine und Johann-Wilhelm im Ziegelschloß Großfahner. Unser Vater, Alexander, stand als Reserveoffizier im Felde und befand sich zuletzt als Kriegsgefangener der Amerikaner in Frankreich. Unsere drei älteren Geschwister, Margarete, Marie-Elisabeth und Georg-Tilo, befanden sich als Lehrlinge auf benachbarten Gütern.

Am 29. April 1945 besetzten die Amerikaner Großfahner. Tage voller Unruhe folgten. Die Schloßbewohner mußten den Hof vorübergehend verlassen. Das Haus wurde teilweise verwüstet und die Einrichtung willkürlich beschädigt. Unschätzbare Werte, wie alte Jagdwaffen, Rüstungen und Kunstgegenstände, wurden zerstört bzw. geraubt. Am 21. Mai 1945 wurden die Männer des Dorfes, vor allem ehemalige Nationalsozialisten, gezwungen, in den versumpften Burggraben zu steigen und dort nach Waffen und Gerät zu suchen. Nach der Entdeckung der grauenhaften Zustände im nahegelegenen KZ Buchenwald waren die Amerikaner verständlicherweise sehr aufgebracht.

Im Juni 1945 fiel die Entscheidung, Berlin in vier Besatzungszonen aufzuteilen und dafür Sachsen und Thüringen der sowjetischen Besatzungszone zuzuschlagen. Demgemäß zogen die Amerikaner am 25. Juni ab und am 1. Juli 1945 verbreitete sich im Dorfe die Nachricht, daß die Sowjetarmee Thüringen besetzen würde. Die Enttäuschung war natürlich sehr groß. Am 5. Juli war es dann soweit. Die Panjewagen, die an diesem Tage in Groß- und Kleinfahner die Rote Armee brachten, wirkten im Vergleich zur modernen Ausstattung der Amerikaner primitiv und armselig.

Unser Betrieb wurde sofort beschlagnahmt und die Sowjets übernahmen die Verwaltung. Ein Teil des Schlosses mußte geräumt werden, dort wurde eine russische Kommandantur eingerichtet.

Am 10. September wurden die Bodenreform-Gesetze verkündet. Für unsere Familie bedeuteten sie, daß unser Land dem sogenannten Bodenfonds zufiel. Im Gegensatz zu den meisten Ländern der SBZ, wo die Enteigneten selbst auf Verlangen keine schriftliche Verfügung in die Hand bekamen, erhielten wir mit Datum vom 29. September 1945 eine entsprechende Mitteilung vom Landrat in Gotha. Da sie einen gewissen Seltenheitswert besitzt, soll sie nachstehend im Wortlaut wiedergegeben werden.

Der Landrat des Kreises Gotha, Kreisausschuß   den 29. 9. 45
für die Durchführung der Bodenreform

Herrn Alexander von Seebach

z. Hd. Frau Lisette von Seebach, Großfahner

Laut Gesetz vom 10. September 1945 fällt Ihr Besitz dem Bodenfonds zu. Sie haben über Grund und Boden, Gebäude, lebendes und totes Inventar kein Verfügungsrecht mehr. Es darf von dem Grundstück weder etwas entfernt noch sonstwie veräußert werden. Mit der treuhänderischen Verwaltung des Betriebes ist

Herr Hugo Grüterich

von mir beauftragt.
Sie haben dem Herren in alle Bücher Einsicht zu gewähren und seinen Anordnungen, die für die Aufrechterhaltung des Betriebes erforderlich sind, Folge zu leisten.
Die russische Militärverwaltung, die in dem Betrieb noch einsitzt, behält sich zu ihrer eigenen Bewirtschaftung einen gewissen Teil der Ländereien und Wirtschaftsgebäude vor. Die Anordnungen, die von dieser Seite getroffen werden, laufen der Bewirtschaftung der übrigen Ländereien nicht zuwider, sondern sind eine Verwaltung für sich.

Kreisausschuß für die Durchführung der Bodenreform

Am 15. November 1945 kam für die Seebachs ein Verhaftungsbefehl des Landrats in Gotha. Noch am gleichen Abend wurde Lisette v. Seebach mit ihren jüngsten Kindern Christine (11) und Johann-Wilhelm (6) im Gefängnis von Gotha eingeliefert, ebenso die Großeltern Werner (72) und Elisabeth (67) v. Seebach. Bereits am Tag darauf wurden sie wieder entlassen, da die Kinder noch zu klein waren. Auch die Großeltern konnten nach schweren Tagen mit Krankenhausaufenthalten nach Kleinfahner zurückkehren. Eigentlich war - so wie es den meisten Gutsbesitzern ergangen ist - eine Internierung auf der Insel Rügen vorgesehen.
Im Januar 1946 mußten die Großeltern in Kleinfahner und die anderen Familienmitglieder im Ziegelschloß Großfahner ihre Herrenhäuser verlassen. In Kleinfahner fanden sie Unterkunft im Pfarrhaus, in Großfahner im sogenannten Großmutterhaus, das der Familie gehörte.
Am 21. Januar 1946 bekam die Familie die schriftliche Mitteilung, daß sie bis zum 25. Januar 1946 den Kreis Gotha zu verlassen hätte. Die Großeltern fanden zunächst Aufnahme im Ursulinenkloster zu Erfurt, wenig später konnten dann alle zusammen unter sehr beengten Verhältnissen zweieinhalb Zimmer in der Steigerstraße in Erfurt beziehen. Einige Dorfbewohner haben in den Jahren 1946 bis 1950 mitgeholfen, daß Teile des verbliebenen Inventars aus den Herrenhäusern gerettet wurden und wieder in den Besitz der Familie kamen.
Im Vergleich zu anderen Vertreibungen und besonders den Flüchtlingstragödien, die sich im Frühjahr 1945 im Osten Deutschlands abspielten, war unsere Enteignung und Vertreibung weniger dramatisch. Der Verlust von Heimat und Besitz traf sie aber genauso schwer. Hinzu kamen menschlich sehr hohe Verluste: Gefallen waren Werner Freiherr v. Seebach (Bruder von Alexander); die Grafen Albert und Hans v. Rex (Brüder von Lisette) und ihr Vater Victor Graf v. Rex starben während der Flucht im Lager bei Döbeln.
Die Schlösser in Großfahner und das Gutshaus in Kleinfahner wurden gemäß Befehl der sowjetischen Militäradministration im Winter des Jahres 1947/48 abgerissen nach dem Motto: "Die Zwingburgen müssen fallen!"

422

Über das soziale Gefüge eines Dorfes mit adeligen Grundherren ist viel geschrieben worden. Fest steht jedenfalls, daß es zwar eine Hierarchie in der Dorfgemeinschaft gegeben hat, die aber immer ihre Rechtfertigung fand in Verantwortungsbewußtsein und Fürsorge der Gutsherren für "ihr Dorf". Viele Dorfbewohner haben auch in unserem Fall trotz aller Schwierigkeiten unter der kommunistischen Herrschaft unserer Familie Freundschaft und Treue gehalten. Dafür sei ihnen hier am Schluß gedankt.

Johann August v. Stein

Sein ältester Sohn, Dr. Hans-Joachim v. Stein, hat für das Schicksalsbuch folgenden Text eingereicht:

J o h a n n August Helmut Gottlob v. S t e i n , * Leipzig 26. 9. 1891, † München 23. 1. 1967, GenMajor a. D., Landesbeauftragter der Joh-Unfallhilfe in Bayern 1952—1965, RRr d. JohO.; × Moys bei Görlitz 12. 5. 1921 Charlotte H o e s e , * Dessau 10. 3. 1899, † Bad Pyrmont 16. 6. 1969, T. d. Hüttendir. u. Chefing. Otto H. u. d. Minna-Luise Schreiber.

Söhne:

1. H a n s - J o a c h i m Karl Otto, * Leipzig-Gohlis 14. 7. 1922, Lt d. Res. im KavRgt 10, Dr. jur., MinRat a. D. (Bundesmin. für wirtschaftl. Zu-sammenarbeit), Ldwirt, vorm. Mitgl. d. Rates der Stadt Bad Godes-berg, Mitgl. im Kuratorium d. JohKrankenhauses Bonn, RRr d. JohO.; × Bad Godesberg (standesamtl.) 8. 3., (kirchl.) 12. 3. 1955 Huberta E n g e l s , * Laacherhof bei Monheim 31. 12. 1918, ldwirtsch.-techn. Assistentin, T. d. Rittmeisters a. D. Clemens August E. auf Laacherhof bei Monheim, Kr. Solingen, u. Marienforst bei Bonn-Bad Godesberg, u. d. Maria Elisabeth (Lilli) Schuchard.

2. F r i t z - Aribert, * Leipzig-Gohlis 18. 4. 1924, † Essen 18. 8. 1988, Dr. med., Facharzt f. Hals-, Nasen- u. Ohrenkrankheiten, MarineSan-OFähnrich a. D., vorm. Mitgl. d. Aufsichtsrats der Johanniterheim Velbert gGmbH., Leiter der JohSubkommende Essen, RRr d. JohO.; × I. Stuttgart 17. 1. 1953 Inga H a e h l i n g v. L a n z e n a u e r , * Stettin 24. 5. 1930 (gesch. Dortmund 5. 1. 1955; × II. Stolberg, Rheinld, 1. 6. 1958 Rainer v. Lindenau, * Aachen 5. 8. 1923, auf Junkershammer, Eifel, Kaufm., gesch. Aachen 2. 8. 1961; × III. Bad Herrenalb 20. 6. 1964 Günter Grosse-Schönepauck, * Melle 9. 1. 1924, Kaufm.), T. d. Obersten a. D. Friedrich H. v. L. u. d. Irmgard v. Frankenberg u. Lud-wigsdorf; × II. Essen 1. 4. 1966 Gisela B e l l e n b a u m , * Berlin 10. 3. 1937, Sekr., T. d. Prokuristen Johann B. u. d. Anne Prahl.

3. Heinz - J ü r g e n Wilhelm, * Leipzig-Gohlis 8. 6. 1926, FahnenjkrUffz. d. Res. in d. AufklAbt. d. 16. PzDiv., Dipl.-Ing., Inh. einer Wirtschafts-beratungsges., ERr d. JohO.; × Düsseldorf (standesamtl.) 18. 8., (kirchl.) 30. 9. 1967 Irmgard K a c z m a r e k , * Gelsenkirchen 18. 1. 1928 (× I. Düsseldorf 20. 1. 1952 Walter Siegfried Berthold, * Dresden 28. 11. 1924, Kaufm.; gesch. Düsseldorf 29. 11. 1962), T. d. VersDir. i. R. Karl Eugen K. u. d. Alber-tine Dembski.

Johann August v. Stein nahm am Zweiten Weltkrieg als Oberst und Kommandeur des Grenadier-Regiments Nr. 185 teil und wurde 1942 zum Generalmajor befördert. 1945 geriet er in amerikanische Gefangenschaft. Aus dem Generalslager in Garmisch-Partenkirchen wurde er 1947 entlassen mit der Auflage, seinen Wohnsitz in der amerikanischen Besatzungszone zu nehmen und nicht in der russischen Zone, wo in seiner Heimatstadt Leipzig seine Ehefrau in der dortigen Wohnung auf ihn wartete. Nach ihrem Zonenwechsel wurde München der neue Wohnsitz.

Sein Schicksal, Beruf und Heimatstadt verloren zu haben, wurde einige Jahre noch dadurch erschwert, daß gemäß Artikel 131 des Grundgesetzes die Rechtsverhältnisse der früheren Angehörigen des öffentlichen Dienstes durch ein Bundesgesetz zu regeln waren. Erst nach Erlaß dieses Gesetzes erhielt Johann v. Stein seine Pension, bis dahin nur ein Überbrückungsgeld und seine Kriegsversehrtenrente. Während dieser Zeit arbeitete er anfangs als Kundenempfangschef und im Lohnbüro einer Papierfabrik, später war er Vertreter einer Mineralwasserfirma und zusätzlich Repräsentant einer Fabrik für wetterfeste Mäntel.

Für sein segensreiches Wirken zum Allgemeinwohl als ehrenamtlicher Landesbeauftragter der Johanniter-Unfall-Hilfe in Bayern, getreulich unterstützt von seiner Ehefrau, wurde Johann August v. Stein mit dem Bundesverdienstkreuz I. Klasse und seine Ehefrau mit dem Ehrenzeichen und dem Ehrenzeichen am Bande der Johanniter-Unfall-Hilfe ausgezeichnet.

Ernst-Achim Freiherr v. Thuemmler auf Selka

Das Rittergut Selka gehört zur Gemeinde Weißbach im Landkreis Schmölln, Thüringen, und liegt etwa 7 km südwestlich der Kreisstadt. Es besaß 165 ha landwirtschaftliche Nutzfläche und war seit 1817 im Besitz der Freiherren v. Thuemmler.

Zur Familie des letzten Eigentümers gehören:

Alexander Ernst-Achim Freiherr v. Thuemmler, * Leipzig 8. 4. 1897, † Obernkirchen 29. 4. 1964, auf Selka (seit 1817 im Bes. der Fam.; §), Amtmann d. Stifts Obernkirchen, Kgl. preuß. Lt a. D., RRr d. JohO.; ✕ Potsdam 19. 5. 1922 Walpurgis Freiin Hugo v. Spitzemberg, * Linden bei Hannover 22. 12. 1901, † Hannover 8. 3. 1974, T. d. Kgl. preuß. Khrn u. KabRats der Deutschen Kaiserin u. Kgin v. Preußen Lothar Frhr H. v. Sp. u. d. Jutta v. Alten a. d. H. der Gfn v. A.-Linsingen.

Kinder:

1. Paul-Giselher Alexander-Lothar Joachim-Albrecht, * Selka 28. 2. 1923, Domänendir. i. R., RRr d. JohO.; ✕ (standesamtl.) Würzburg 10. 7., (kirchl.) Kloster Isenhagen, Kr. Gifhorn, 31. 7. 1954 Carla Hoffmann-Lüth, * Stettin 29. 4. 1921 (✕ I. Stettin 18. 12. 1943 Otto Saenger, ✕ Talwadi, Kurld, 1. 2. 1945, kaufm. Angest., OLt d. Res.), T. d. Bankdir. Carl H.-L. u. d. Ilse Lüth.

   Sohn:

   Carl Albrecht Alexander, * Würzburg 1. 6. 1955, DiplKaufm., Hptm., ERr d. JohO.; ✕ Steinbach, Taunus, (standesamtl.) 16. 3., (kirchl.) 17. 3. 1984 Sabina v. Keil, * Lissabon 4. 9. 1959, Assessorin jur., T. d. Lts a. D., Exportkaufm. u. Dir. i. R. Hartmut-Alexander v. K. u. d. Christa v. Schwerin.

2. Maria-Elisabeth Hanna Jutta Hildegard, * Selka 19. 5. 1926; ✕ (standesamtl.) Hannover 3. 7., (kirchl.) Kloster Isenhagen 7. 7. 1956 Jürgen Saathoff, * Oberstdorf, Allgäu, 21. 12. 1917, † Köln 26. 4. 1967, Dr. med.

3. Lothar Ernst Michael Hubertus, * Selka 12. 12. 1938, † Antwerpen 22. 12. 1990, Kaufm.

Der Enkel des letzten Besitzers von Selka, Sohn von Joachim-Albrecht Freiherr v. Thuemmler und seiner Gemahlin Carla Freifrau v. Thuemmler, Alexander Freiherr v. Thuemmler, hat für das Schicksalsbuch den nachfolgenden Beitrag erstellt.

Seit Ende 1944 war unser Haus in Selka gemäß den Eintragungen im Gästebuch Durchgangsstation für hauptsächlich schlesische Flüchtlinge. Nach Kriegsende gesellten sich zu den Flüchtlingen unzählige Wehrmachtsangehörige, die auf dem Weg zu ihren Familien waren. Die meisten blieben nur eine Nacht. Aber es gab auch Frauen mit Kindern, die sich mehrere Monate bei uns aufhielten. Zeitweise sollen 60 bis 80 Menschen untergekommen sein.

Nachdem Selka zunächst zum amerikanisch besetzten Teil Deutschlands gehörte, schien unserer Familie die Heimat erhalten zu bleiben. Doch am 1. Juli 1945 wurde Thüringen gegen Westberlin eingetauscht und so erschienen quasi über Nacht die sowjetischen Besatzungstruppen, und die Familie mußte nun auch zum

Rittergut Selka
Zustand 1900.

Schutz von Leib und Leben Selka verlassen, was dann endgültig im Oktober 1945 geschah. Betroffen waren davon meine Großeltern sowie ihre drei Kinder (s. oben). Der landwirtschaftliche Besitz wurde enteignet und aufgesiedelt. Wie fast alle Gutshäuser der Umgebung, wurde auch das Herrenhaus von Selka durch Sprengung und Abriß nahezu völlig zerstört. Das geschah allerdings erst im Sommer 1948. Auch unser Erbbegräbnis wurde im Laufe der Jahre zerstört. Verantwortlich für diese sinnlosen Vernichtungen waren offensichtliche Sympathisanten der sowjetischen Besatzungsmacht.

Dank der tatkräftigen und mutigen Unterstützung mehrerer ortsansässigen Familien, gelang die Flucht über die innerdeutsche Grenze ohne Schwierigkeiten. Außerdem war es dank dieser Hilfe möglich, im Laufe der Jahre bis 1991 Eigentum der Familie, wie Bilder, Porzellan und Möbel, zu erhalten. All denjenigen, die dazu beigetragen haben, uns diese Erinnerungen an Familie und Heimat zu bewahren, gilt unser aller herzlicher Dank.

Auf Initiative unserer Familie wurden im Frühjahr 1991 die noch auffindbaren Reste des Erbbegräbnisses durch die ortsansässige Agrargenossenschaft wieder in einen würdigen Zustand versetzt.

Das unverständliche Urteil des Bundesverfassungsgerichtes vom 23. April 1991 hat alle Hoffnungen auf Rückkehr in die Heimat begraben. So bleiben uns außer gelegentlichen Besuchen nur Erinnerungen bzw. Überlieferungen aus der Zeit vor dem Schicksalsjahr 1945.

Rittergut Selka
Der verbliebene Rest der Hofgebäude im Herbst 1989. Sie sind im Bild von 1900
von der Kapelle verdeckt. Hinter den Bäumen stand das Schloß.

Rittergut Selka
Ansicht vom Park
nach der Sprengung
des Haupttrakt-
turmes, 20. 7. 1948.

428

Friedrich v. Trebra-Lindenau auf Polenz und Oberforchheim

Das Rittergut Polenz liegt in der Amtshauptmannschaft Grimma. Es befand sich durch Einheirat seit 1841 im Besitz der Familie v. Trebra-Lindenau. Seine Größe betrug ursprünglich 702 ha, davon 269 ha Landwirtschaft und 433 ha Wald. Im Jahre 1934 mußten 100 ha Feld und 63 ha Wald für militärische Zwecke abgegeben werden. Zum Betrieb gehörte eine Brennerei sowie ein Sägewerk und eine Tongrube (30-35 Prozent Aluminium). Züchterisch wertvoll war die Merino-Schaf-Zucht.

Das Rittergut Oberforchheim hatte Carl v. Trebra durch Kauf im Jahre 1819 erworben. Es liegt in der Amtshauptmannschaft Marienberg. Die Gesamtgröße von 250 ha teilte sich auf in 150 ha Landwirtschaft und 100 ha Wald. Durch die Höhenlage (500 m über NN) und den Regenreichtum lag der Schwerpunkt der Landwirtschaft mit 40 Prozent Grünland bei der Tierzucht. Auch hier gehörte zum Betrieb eine Brennerei.

Zur Familie des letzten Eigentümers gehören:

Hans Kurt F r i e d r i c h v. T r e b r a - L i n d e n a u, * Polenz 15. 4. 1890, † Unterweilbach bei Dachau, OBayern, 28. 12. 1973, auf Polenz u. Ober-Forchheim (§), RRr d. JohO., Rittmeister d. Res. a. D.; ⚭ (standesamtl.) Glösa bei Chemnitz, (kirchl.) Polenz 7. 9. 1924 Charlotte U h l i c h , * Glösa 16. 12. 1903, † Wiesbaden 13. 2. 1988, T. d. Baumeisters Alfred U. u. d. Martha Pfundt.

Kinder:

1. Hans Kurt J o a c h i m , * Wurzen 3. 7. 1925, staatl. gepr. Ldwirt, ERr d. JohO.; ⚭ Unterweilbach 26. 9. 1961 Ingrid Freiin K r e ß v. K r e s s e n s t e i n , * München 26. 1. 1935, auf Unterweilbach, T. d. MinRats, GenIntendanten d. Luftw., Lts z. See a. D. Kurt Frhr K. v. K. u. d. Martina Gfin v. Spreti, vorm. auf Unterweilbach.

2. Maria H u b e r t a Elisabeth, * Wurzen 20. 3. 1927; ⚭ I. Göttingen 27. 12. 1963 Joseph W o l f , * Siegburg 12. 8. 1909, † ebd. 25. 1. 1964, Architekt; ⚭ II. (standesamtl.) Kaarst 6. 4., (kirchl.) Brüssel 7. 4. 1973 Dieter H a l s t e n b a c h , * Wuppertal 3. 12. 1923, Textilkaufm.

3. Hans Christoph M a n f r e d , * Wurzen 20. 4. 1928, Ing.; ⚭ Nenndorf bei Tötensen (standesamtl.) 28. 12., (kirchl.) 29. 12. 1966 Kathrin C h r i s t i a n s , * Hamburg 18. 9. 1939, T. d. Kaufm. Kurt Ch. u. d. Floride Köhnk.

4. Felicie Brigitte R e i n h i l d , * Polenz 9. 8. 1930; ⚭ (standesamtl.) Kassel 14. 8., (kirchl.) Berlepsch bei Witzenhausen 18. 10. 1958 Hartmut S c h u l z e , * Erfurt 18. 7. 1930, Dr. agr., Dipl-Ldwirt.

5. H a n s - H e i n r i c h Eberhard, * Polenz 30. 8. 1936, techn. Holzkaufm.; ⚭ Abidjan, Elfenbeinküste, 23. 9. 1967 Ottilie (Tile) L o h m e y e r , * Chemnitz 14. 12. 1938, T. d. Dr. med. Kurt L. u. d. Erika Willms.

Über das Schicksal der Familie hat der älteste Sohn, Joachim, kurz berichtet:

Friedrich v. Trebra-Lindenau lebte mit seiner Familie in Polenz. Als 1944 die Fliegerangriffe häufiger wurden, und durch die unmittelbare Nähe des Flugplatzes auch in Polenz mit solchen zu rechnen war, entschloß er sich, 75 Prozent des Herrenhauses als Lazarett zur Verfügung zu stellen. Daher zog die Familie auf den zweiten Besitz Oberforchheim im Erzgebirge. Außer einer kleinen Restwohnung und der Wohnung seiner Schwester war das Haus in Polenz nun Lazarett.

Er selbst war seit Oktober 1939 wieder Soldat. Kurz vor Kriegsende kam er zu seiner Familie nach Oberforchheim zurück, wo er auch mit seiner Frau und seinem jüngsten Sohn Hans-Heinrich das Kriegsende erlebte. Unter schwierigsten Verhältnissen arbeitete er dort unter der russischen Besatzung weiter. Zwischendurch besuchte er illegal den Betrieb in Polenz, welcher bis zum 1. Juli 1945 in der amerikanisch besetzten Zone lag.

Durch die kurzfristige Warnung durch treue Mitmenschen entging er der Verhaftung mitsamt seiner Familie. So konnte er mit seiner Frau und dem jüngsten Sohn bei Nacht entkommen. Auf abenteuerlichen Wegen erreichten alle drei ihr Ziel Göttingen in Niedersachsen. Kurz darauf wurden beide Güter durch die Bodenreform entschädigungslos enteignet.

Der älteste Sohn Joachim war seit April 1943 Soldat, wurde Ende Juni 1945 aus amerikanischer Kriegsgefangenschaft entlassen und blieb in Bayern. Der zweite Sohn Manfred war Flakhelfer und anschließend Soldat. Er kam Ende Juni aus amerikanischer Gefangenschaft nach Polenz, wo noch die Schwester seines Vaters lebte. Dort wurde er bei der Bodenreform vom Feld weg verhaftet, ins Gefängnis gebracht und von dort auf die Insel Rügen verschleppt. Von dort konnte er alsbald fliehen und gelangte über Umwege zu seinem ältesten Bruder nach Bayern. Seine Tante, Elisabeth v. Trebra-Lindenau, hatte das gleiche Schicksal ereilt. Auch sie konnte später von Rügen entkommen und landete dann bei der Familie in Göttingen.

Die beiden Töchter waren bereits vor den Russen nach Thüringen geflohen. Als diese auch dorthin kamen, setzten sie ihre Flucht fort und gelangten ebenfalls nach Göttingen. Dort begann ein bescheidenes Leben. Doch die Freude, daß die ganze Familie unversehrt beisammen war, überwog alles.

Hans v. Trützschler, Freiherr zum Falkenstein auf Dorfstadt

Das Rittergut Dorfstadt in der Amtshauptmannschaft Auerbach liegt dicht bei Falkenstein, dem Stammsitz der Familie. Als es 1945 enteignet wurde, hatte es sich schon 550 Jahre ununterbrochen im Besitz der Familie befunden. Dorfstadt war ein Waldgut mit ca. 830 ha Forsten, die Landwirtschaft umfaßte ca. 120 ha Acker und Weiden.

Das Schloß Dorfstadt, Anfang des 19. Jahrhunderts nach einem Brand im alten Stil wieder aufgebaut, steht unter Denkmalschutz. Seit 1945 dem Verfall preisgegeben, hat es seinen baulichen Wert völlig verloren. Die Hofgebäude wurden in eine LPG-Schweinemästerei umfunktioniert.

Zur Familie des letzten Eigentümers gehören:

H a n s August Konrad v. T r ü t z s c h l e r, Freiherr zum F a l k e n s t e i n, * Dorfstadt 21. 6. 1882, † Plauen, Vogtld, 8. 1. 1966, auf Dorfstadt (§), Dr. jur., Hptm. d. Res. a. D.; ✕ Leipzig 8. 1. 1920 Annemarie v. S t i e g l i t z, * Leipzig 17. 9. 1889, † Ebenhausen, Isartal, 17. 5. 1972 (✕ I. Leipzig 1. 7. 1908 Walter d'Elsa, * Dresden 15. 7. 1877, ✕ La Roste, Belgien, 24. 8. 1914, Hptm.), T. d. Hzgl. sachs.-altenb. Khrn Hugo v. St. u. d. Olga Hüfter.

E b e r h a r d Hugo Oskar d'E l s a, * Dresden 24. 6. 1913, führt als Adoptivsohn (Vertrag Falkenstein, Vogtld, 28. 11. 1945, amtsgerichtl. bestät. ebd. 4. 6. 1946) seines Stiefvaters den Namen „v. T r ü t z s c h l e r - d'E l s a", Oberstlt a. D., Ldesgeschäftsführer der JohUnfallhilfe München, RRr d. JohO.; ✕ Berlin 4. 1. 1940 Ingrid S u a d i c a n i, * Berlin 4. 1. 1918, T. d. Freg-Kpt. Günther S. u. d. Greta Engström.

Adoption von Eberhard, dem zweiten Sohn seiner Gemahlin aus ihrer ersten Ehe im Jahre 1945 durch Hans v. Trützschler, Freiherr zum Falkenstein, da seine Ehe kinderlos war und um Dorfstadt der Familie zu erhalten. Eberhard und Ingrid führen seitdem den Namen v. Trützschler-d'Elsa.

Für das Schicksalsbuch hat Eberhard v. Trützschler-d'Elsa Tagebuchaufzeichnungen seiner Mutter, Annemarie v. Trützschler, Freifrau zum Falkenstein, zur Verfügung gestellt. Aus diesen wurde der nachfolgende Bericht zusammengestellt.

Mitte April 1945 spitzte sich die Lage immer mehr zu. Laut Wehrmachtsbericht kamen die amerikanischen Truppen immer näher und am Freitag, 13. April, wurden wir offiziell zum Frontgebiet erklärt. Wir zogen uns nachts nicht mehr ganz aus. Fast den ganzen Tag besteht Fliegeralarm, an eine geregelte Arbeit ist praktisch nicht mehr zu denken.

Wir verstauen immer mehr Sachen unten, die Zimmer sehen nach Umzug aus. Da keine Post mehr kommt und auch das Telefon nur noch stundenweise im Ortsverkehr funktioniert, wuchern Panik und Gerüchte. Am Montag, 16. April, ist plötzlich alles voll Militär. Die Lager werden geräumt, Lebensmittel und Textilien werden verkauft. Die große Frage ist: Wird hier noch irgendwo Widerstand geleistet? Hat man mit dem Wehrwolfunfug zu rechnen? Mal heißt es ja, mal nein, niemand weiß Genaues. Am nächsten Tag wird dann bekannt, daß Falkenstein verteidigt werden sollte, drei Panzer erschienen bei uns und stellten sich an der Feldscheune, im Park und hinter unseren Arbeiterhäusern auf. Nachts setzte dann ein wildes Kanonenfeuer ein. Wir konnten Abschuß und Einschlag gut unterscheiden und hörten die Geschosse über uns hinwegheulen. Wir legten uns angezogen aufs Bett und erwarteten stündlich den Angriff. Es erfolgte aber nichts. Am nächsten Morgen gingen wir zu den Panzerbesatzungen, die sehr nett und diszipliniert waren, offensichtlich hatten sie das Kriegspielen reichlich satt. Der Wachtposten bei den russischen Gefangenen hatte sich leider schwach gemacht, was uns sehr beunruhigte, da diese nun ganz ohne Aufsicht waren. Hans und ich blieben nachts umschichtig wach.

So vergingen die nächsten Tage und Nächte in Erwartung der Amerikaner. Unsere Panzer waren abgezogen worden. In Falkenstein hatte sich der Bürgermeister abgesetzt, niemand wußte ob getürmt oder gefangen. Am Sonntag, 22. April, erschien plötzlich wieder Militär in Falkenstein und machte Verteidigungsanstalten, aber man hatte den Eindruck, daß eine klare Führung fehlte. Mitunter ziehen Trupps waffenloser Soldaten durchs Land, wollen verpflegt und untergebracht werden und machen einen schlechten Eindruck. In den nächsten Tagen blieb es ruhig, so daß wir es wagen konnten, die Kartoffeln fertig zu legen. Hans ging einmal nach Falkenstein, um sich die Schäden zu besehen. Die Gebäude hatten durch den Artilleriebeschuß ziemlich gelitten, aber es hatte keine Brände gegeben.

Ich muß noch erwähnen, daß unsere Schwiegertochter Ingrid (Inga) mit ihrer Kusine Bruni mit ihren Kindern mit bei uns im Hause lebten. Je nach Gefahrenlage mußten sie immer einmal von ihren Zimmern im zweiten Stock nach unten umquartiert werden. Erheblich litten wir darunter, daß der Strom gänzlich ausgefallen war. Abgesehen von der Dunkelheit, war man ohne Telefon und Radio gänzlich von der Außenwelt abgeschnitten und auf Gerüchte angewiesen. Auch begannen die Lebensmittel knapp zu werden, da nichts herangebracht werden konnte.

Zu unserer großen "Freude" erschien am Freitag, 27. April, ein SS-Feldwebel mit einem zusammengewürfelten Trupp Soldaten und legte uns einen Infanterie-Gefechtsstand ins Haus. Alles Sträuben half nichts, immerhin war der Panzer-Unteroffizier, den er als Führer der Gefechtsstelle einsetzte, sehr nett und anständig. Am Nachmittag kam unser Oberförster Wölting aus Grünbach zu uns und berichtete auch, daß die eigenen Truppen z. T. wie die Vandalen gehaust und sinnlos Bäume geschlagen hätten. Das Aufklärungsflugzeug war den ganzen Tag über uns im Einsatz, mit dem Ergebnis einer elfstündigen Kanonade in der nächsten Nacht. Am nächsten Morgen, Sonntag, 29. April, waren wir halbtot vor Erschöpfung. Zum Glück war der Tag einigermaßen ruhig, bevor es dann wieder weiterging. Am Mittwoch, 2. Mai, wurde bekannt, daß Hitler tot sei, und daß er Dönitz zu seinem Nachfolger bestimmt habe. Mussolini soll von seinen eigenen Leuten gefangen und umgebracht worden sein. Am nächsten Tag kam es noch zu einem schweren Unfall. Ohne daß jemand etwas davon wußte, hatten sie im Gelände hinter dem Hof eine Sperre eingebaut. Abends beim Einholen der Fohlen geriet einer unserer Arbeiter und ein Soldat daran und wurden schwer verletzt. Sie

Schloß Dorfstadt
Zustand in der Zeit vor dem Zweiten Weltkrieg.

konnten noch in eine Klinik gebracht werden, sind dann aber wenige Tage später gestorben.

Am Sonnabend, 5. Mai, kam plötzlich einige Post aus Dresden und Berlin. Auf welchem Wege, war völlig unerklärlich, denn es ging ja seit Wochen kein Zug mehr. Irgend etwas mußte sich geändert haben, denn das Schießen hatte ganz aufgehört. Doch urplötzlich ging ein wildes Gewehr- und MG-Feuer los und wir stürzten mit den Kindern in den Keller. Die Soldaten verschwanden schneller, als man es beschreiben kann, ohne einen Schuß abzugeben. Nach einer halben Stunde war alles ruhig und wir krochen wieder hervor. Wir wollten uns gerade mit einem Kaffee stärken, da hörte man Schritte auf der Treppe und im nächsten Augenblick war die Stube voller Amis, die Gewehre im Anschlag. Ganz ruhig fragte ich sie auf englisch, was sie wünschten? "Pistols and watches!" Meine alte Pistole hatte ich schon bereitgelegt, die Uhren waren natürlich versteckt. Sie sausten in den Stuben herum - ich immer mit - öffneten etliche Fächer und Schranktüren, wühlten aber nicht und benahmen sich gesittet. Es fehlte dann der Fülli von Hans und ein altes Uhrenarmband von Inga, sonst hatten sie nichts genommen. Zum Schluß wünschten sie Wein und zogen befriedigt mit ein paar Flaschen ab. So war das also zunächst überstanden.

Natürlich war es klar, daß welche wiederkommen würden, und so war es dann auch. Aber zunächst war es ein Labsal, daß die Schießerei nun zu Ende war, und wir nun wieder in unseren Betten schlafen konnten. Zuvor tranken wir ein Püllchen, um unsere ramponierten Geister etwas aufzufrischen. Die nächsten beiden Tage verliefen verhältnismäßig ruhig, bis dann zu unserem großen Schrecken unsere Russen, die vor ein paar Tagen abgezogen waren, wieder erschienen und noch ein Dutzend anderer mitgebracht hatten. Sie traten nun sehr frech auf, drohten dauernd und lungerten herum. Ein Versuch von Hans, von den Amis Schutz zu bekommen, schlug fehl, sie hielten zu den Russen.

Am nächsten Tag, 8. Mai 1945, wurde der Waffenstillstand bekannt. Man war aber viel zu sehr von den örtlichen Nöten beansprucht, um den Umfang der ganzen Katastrophe voll zu erfassen, an der man doch nichts ändern konnte. Jetzt, nachdem die Waffen schwiegen, kam die Hauptgefahr von den plündernd durchs Land ziehenden "befreiten" Zwangs-

Schloß Dorfstadt, Vorderseite denkmalgeschützt, 1991.

arbeitern. Es gelang Hans aber, daß unsere Russen einigermaßen vernünftig blieben und daß einige sogar wieder arbeiteten. Inzwischen hatten wir auch ganz netten Kontakt zu einem Sergeanten der US-Militärpolizei (MP), der immer mal eine Streife bei uns vorbeischickte.

In der Nacht vom 10. zum 11. Mai klopft es plötzlich bei uns an der Tür, und zu unserer unbeschreiblichen Freude steht Eberhard draußen. Ich hatte mir schon große Sorgen um ihn gemacht. Er hatte sich auf Schleichwegen aus dem Sudetengau durchgeschlagen. Da er ja gemeldet werden mußte, brachten wir ihn gleich am nächsten Tag zu unserem MP-Freund. Theoretisch war er ja Kriegsgefangener, auf Grund seines fehlenden Armes durfte er aber in Zivil zu Hause bleiben und mußte nicht in ein Lager.

In den nächsten Tagen wurden wir unsere Russen endgültig los und die Tage verliefen verhältnismäßig ruhig. Immer mehr verdichten sich die Gerüchte, daß wir auch zur sowjetischen Besatzungszone kommen sollen, und am 7. Juni meldeten die russisch kontrollierten Sender, daß der Rest von Sachsen sowie Thüringen und die Provinz Sachsen von den Russen besetzt würden. Alles bemüht sich nun um Passierscheine, auch für die Kinder, was mich sehr beunruhigt, da sie gänzlich ins Blaue fahren würden. Unsere Flüchtlings-Einquartierungen verließen uns nun auch einer nach dem anderen. Zur Beruhigung der Bevölkerung verbreiteten die Amis Karten, wonach sie unser Gebiet behalten würden. Als sie dann aber am 28. Juni in Falkenstein marschbereit sind, bricht eine Panik aus. Wenige Tage später, am 3. Juli 1945, rückten die Amerikaner dann nachts tatsächlich ab. Am 4. Juli trafen die Sowjets ein.

434

Schloß Dorfstadt, Rückseite
denkmalgeschützt, 1991.

Das Tagebuch von Annemarie v. Trützschler erfährt hier eine Unterbrechung, und über die nächsten Wochen schreibt ihr Sohn, Eberhard v. Trützschler-d'Elsa, in knappen Worten:

In unser Haus zog ein russischer Offizier mit kleinem Stab ein. Kurz danach begannen die Verbote: zunächst das Betreten des Parterres, eine Woche später des ersten Stockes, wiederum eine Woche später des zweiten Stockes. Die Eltern und ich wurden nachts in den Keller gesperrt. Ingrid durfte die nötigste Bekleidung sammeln und mitnehmen. Einige Frauen aus dem Dorf halfen ihr dabei spontan mit ihren Handwagen und brachten die Kinder gleich in Sicherheit. Am nächsten Morgen wurden wir wieder freigelassen, aber aus dem Haus ausgewiesen, und mußten im Dorf unterkommen. Damit war die entschädigungslose Enteignung unseres Besitzes eingeleitet.

Soweit Eberhard v. Trützschler-d'Elsa, dann folgen wieder Aufzeichnungen seiner Mutter über die Verschleppung der Familie nach der Insel Rügen.

Am Montag, 22. Oktober 1945, erschien unser Bürgermeister sehr betreten, um uns zu eröffnen, daß wir uns beide umgehend bei der Polizei in Falkenstein melden müßten. Ich erklärte sofort, daß es für mich nicht in Betracht käme, weil ich nicht zu Fuß dorthin gehen könnte. Hans machte sich fertig und nahm auf mein Geheiß etwas Nachtzeug mit, da uns bedeutet wurde, es könne sich einige Tage hinziehen. Es handele sich um Fragen der Bodenreform. Da mir nichts Gutes ahnte, verpackte ich alles einigermaßen Wertvolle und verstaute es in Häusern von uns Wohlgesinnten. Kaum damit fertig, erschien der Bürgermeister wieder mit einem Bauern und Gespann, da ich ebenfalls dringend verlangt würde. Zunächst mußte ich zum Amtsarzt zur Begutachtung, und obwohl er meine Gebrechen genau kannte, schrieb er mich zwar nicht geh- aber transportfähig.

Der Polizeileiter war ganz freundlich und meinte, es stünde günstig für uns, da wir ganz "parteifern" wären, es handle sich um Fragen der Neu-Ansiedlung. Doch dann erschienen nach langem Warten gegen 6 Uhr zwei Polizisten in Zivil mit einem Bus. Sie meinten, wir hätten zu wenig Sachen und könnten noch einiges holen, da wir sowieso bei uns vorbeiführen. Sie beaufsichtigten uns aber die ganze Zeit mit dem Bürgermeister, der schon abgeschlossen und versiegelt hatte, und da zudem noch das Licht ausfiel, konnten wir in der Eile nur wenige Sachen in zwei Taschen und einem Bündel zusammenpacken. Leider hatte man uns nichts von Fourage gesagt, so daß wir ohne Lebensmittel abzogen.

Zunächst ging nun die Fahrt bis Treuen, wo wir nach langem Warten die Familien Sörgel und Grimm zu je drei Personen aufluden. Dann in Lengenfeld kamen Arnims-Irfersgrün und Facilides-Weißensand, zwei alte Ehepaare, dazu. In Rodewisch wurde nach Wunderlichs-Plohn gefahndet, aber niemand war da. Frau Wunderlich hatte ihren Mann ins Krankenhaus gebracht, wo er dann später auch gestorben ist. Zum Schluß hielten wir in Wernesgrün, wo die Familie Günnel mit elf Personen, davon sechs kleine Kinder, dazu kam. Niemand wußte, was man mit uns vorhatte.

Die Fahrt ging nun weiter bis Kirchberg, wo man uns in einem eiskalten Festsaal des Gasthofes unterbrachte, denn es war inzwischen 1 Uhr nachts geworden. Wenigstens gab es reichlich Stroh, so daß wir uns einbuddeln konnten und einigermaßen schliefen. Am anderen Morgen verkaufte uns die Wirtin Kaffee und Arnims gaben uns etwas Brot ab. Dann wurden wir ins Amtsgericht verwiesen, wo wir stundenlang auf das angekündigte Verhör warteten, zunächst im Freien auf dem Hof, dann zum Glück in einem geheizten Raum. Gegen 6 Uhr abends hieß es plötzlich "Abtransport" und unsere Gesichter wurden immer länger, als uns ein Bus nach Zwickau ins Zuchthaus Osterstein brachte. Dort verblieben wir zwei Tage bei quälendem Warten in angeblicher "Schutzverwahrung" bei leidlicher Unterbringung und Verpflegung. Am Abend des zweiten Tages hieß es, wir sollten uns zum Weitertransport bereithalten. Nachts um 3 Uhr wurden dann Günnels mit den kleinen Kindern abgeholt, wir anderen sollten erst am Morgen folgen. Es dauerte dann wieder bis zum Abend, bis uns ein Bus mit vier Mann Bewachung holte. Über das völlig zerbombte Chemnitz ging es in Richtung Dresden nach Coswig, wo wir um 1 Uhr nachts ankamen. In der Baracke, in die wir eingewiesen wurden, lagen schon 20 Personen auf Stroh entlang den Wänden. In der Mitte standen zwei Tische, etliche Stühle und ein Ofen. Die Luft war schauderhaft. Plötzlich wurde ich angerufen, und fand Herta Friesen-Batzdorf mit Mann und Tochter vor. Auch die übrigen Insassen entpuppten sich als sehr nett.

Am anderen Morgen zeigte sich, daß das ganze Lager voll guter Bekannter war, die man zum Teil jahrelang nicht gesehen hatte. Am nächsten Tag wurde dann noch ein zweites Lager gegenüber der Straße mit der Lausitz belegt, unter denen ich Liselotte Wallwitz-Carlowitz herausfand. Wir wurden sehr scharf von ehemaligen KZ-Leuten bewacht, die uns Verbrecher nannten und mit dem Gummiknüppel bedrohten. Nun begannen dauernde Verhöre, und es wurden Leute, die gar nichts mit den Gütern zu tun hatten, aussortiert und entlassen.

Am Montagfrüh, 29. Oktober 1945, hieß es plötzlich "Antreten" und "Fertig mit Gepäck". Hans hatte vergeblich versucht, einen Arzt zu erreichen, der mich in meiner körperbehinderten Lage von Weiterem befreien sollte. So fuhr ich wieder mit dem Gepäckwagen, als sich der Zug in Viererreihen gegen Mittag in Marsch setzte. Auf dem Bahnhof warteten 28 Viehwagen mit dürftig Stroh auf uns, die wir mit 20 bis 25 Personen nach Wunsch belegen konnten. Zu Essen gab es an diesem Tage nichts. Wir taten uns mit Sibylle (Witwe vom Bruder Otto meines Mannes, der im Ersten Weltkrieg gefallen war), ihren Geschwistern und einigen anderen guten Bekannten zusammen. Am Nachmittag wurde dann noch das zweite Lager verladen und alles wieder herausgerissen. Wir mußten unseren Wagen räumen und wurden zu anderen hineingestopft, und das bei völliger Finsternis, denn es war inzwischen Abend geworden. Jetzt waren wir 40 statt 25 Personen, und mit der Gemütlichkeit war es vorbei. Gegen Mitternacht ging die Fahrt endlich los und gegen Morgen landeten wir in Wittenberg auf einem Abstellgleis. Es wurden 200 Gramm Brot verteilt, das war alles für die ganze Reise. Die nächsten Tagesstationen waren Jüterbog, Marienfelde, Pasewalk, und am Freitag, 2. November, landeten wir nachmittags gegen 4 Uhr in Stralsund.

Den Weg von fünf Kilometer über den Rügendamm ging es zu Fuß. Da die Polizei für mich und einige andere Gehbehinderte kein Fahrzeug auftreiben konnte, verbrachten wir noch eine Nacht in unserem Zug. Am nächsten Morgen brachte uns dann, auf dem Gepäck sitzend, ein Tafelwagen hinüber, und es war ein Wunder, daß niemand von uns heruntergefallen ist. Es war mir noch gelungen, an Bekannte eine Nachricht zu schicken, und als wir dann zum Bahnhof kamen, fanden wir die anderen wieder. Dann wurden wir wieder in Viehwagen - diesmal gänzlich ohne Stroh - verladen und landeten nach zwei Stunden in einem Lager hinter Lietzow mitten im Wald. Hier verließ uns - o Wonne - unsere üble Begleitmannschaft, und wir versuchten uns einzurichten. Wir verteilten uns nach Geschmack über das Lager, es gab weder Licht noch Heizmöglichkeiten, anfangs nicht einmal Wasser. So wanderten wir ans Meer, um uns wenigstens nach sechs Tagen endlich wieder einmal die Hände waschen zu können. Das Lager war einmal ein sehr gut eingerichtetes Maidenlager gewesen, aber von den Russen total ausgeraubt und demoliert. Für die Nacht rauften wir uns etwas Farnkraut aus, um darauf zu schlafen. Am Abend bekamen wir nach einem 2 Kilometer langen Fußmarsch einen recht guten Eintopf. Ich machte diesen Weg dann täglich zweimal mit, da man sich dort etwas aufwärmen konnte. Sonst froren wir entsetzlich, konnten vor Kälte fast nicht schlafen.

Am Dienstag, 6. November, wurde uns eröffnet, daß wir jetzt außer Polizeiaufsicht wären und zum Siedeln angesetzt würden. Jeder bekam einen Anweisungsschein nach einem Ort der Umgebung, wir nach Sagard, wohin wir am Nachmittag gefahren wurden. Als wir dort ankamen, war es schon dunkel und wir sollten noch zu einem 5 Kilometer entfernten Gut laufen. Das war natürlich nicht mehr möglich, und wir verbrachten die Nacht im Wartesaal 3. Klasse, wo uns die Wirtin noch eine Suppe kochte. Den nächsten Tag verbrachten wir noch in Sagard und hörten von vielen unserer Leidensgenossen, daß sie versuchen wollten, die Insel wieder zu verlassen. Auch wir waren entschlossen, nicht mit auf das Gut zu gehen, wohin uns ein Wagen am Nachmittag fahren sollte. Während der Zeit, in der er uns abholen sollte, verkrümelten wir uns.

Hans wollte zunächst einen legalen Weg versuchen, deshalb fuhren wir am nächsten Tag nach Bergen, wo Sibylle und ich im Wartesaal blieben, während Hans zum Landratsamt ging. Wir warteten in dem kalten Raum stundenlang und aßen unsere kalten Pellkartoffeln. Als Hans dann endlich kam, hatte er nichts erreicht, und so fuhren wir weiter nach Altefähr, um dort den "Schwarzen Weg" zu versuchen. Es war aber ein furchtbarer Sturm, so daß kein Fischerboot fahren konnte. Wir fanden gerade noch drei Betten in einem ungeheizten Hotel ohne Licht und um

7 Uhr leuchtete uns das Mädchen nach einem Eintopf mit der einzigen Kerze in unser dunkles, kaltes Zimmer, und wir froren jämmerlich.

Im Morgengrauen wanderten wir mit unserem Gepäck zu der entlegenen Bucht, wo die Schifferboote sich einfinden sollten. Aber keine waren da, und wir warteten vergebens den ganzen Tag. Das Hotel wollte uns nicht noch eine Nacht behalten, und so verbrachten wir die Nacht in der Glasveranda des Kurhauses auf Rohrstühlen. Es war dies bei bitterer Kälte unsere schlimmste Nacht. Frühmorgens folgte nochmals ein Versuch in der Bucht, aber wieder vergeblich. Da gaben wir auf und versuchten es nochmals in Bergen. Diesmal hatten wir mehr Erfolg. Hans brachte vom Landratsamt einen Entlassungsschein nebst ärztlichem Attest unserer Siedlungsunfähigkeit. Damit sollten wir den Passierschein der Russen bekommen. Da aber inzwischen mit dem 10. November deren größter Feiertag war, so daß dort für Tage die Arbeit ruhte, riet uns der Landrat, zunächst nach Sagard zurückzufahren, da wir dort auch wegen der Lebensmittelkarten eingetragen seien. Dort bekamen wir bei einer Beamtenwitwe ein kleines Zimmerchen, und sie sorgte rührend für uns. So konnten wir uns dort ein wenig erholen. Dann fuhr Hans nochmals nach Bergen und brachte nun alle erforderlichen Papiere incl. Russenpaß mit.

Am Mittwoch, 14. November 1945, früh um 7 Uhr reisten wir ab. Wir kamen glücklich durch die Russensperren des Rügendammes, und der Fußmarsch bis zum Bahnhof war eine furchtbare Anstrengung für mich. Kurz vor der fahrplanmäßigen Abfahrt des Zuges kamen wir dort an. Hans und ich bekamen mit Mühe noch einen Platz im Schwerbeschädigtenabteil, die arme Sibylle mußte versuchen, anderweitig unterzukommen. Mit dreistündiger Verspätung fuhren wir dann endlich los, und diese Verspätung wurde immer größer, so daß wir Berlin erst am nächsten Morgen um 9 Uhr erreichten. Unterwegs hatten sich immer mehr Menschen in unser Abteil hineingedrängt, so daß man sich buchstäblich nicht mehr rühren konnte und wir halbtot ankamen. Noch viel schlimmer war es der armen Sibylle ergangen. Ab Neu-Strehlitz mußte sie bei dem kalten Novemberregen auf dem Tender fahren, die Russen hatten den Wagen, in dem sie gesessen hatte, räumen lassen. Wir hatten ihr ja nicht helfen können und mußten uns nun ernstlich um ihre Gesundheit sorgen. Mit mehrfachem Umsteigen und Fußmärschen bei eisigem Regen gelangten wir gegen 3 Uhr nach Zehlendorf. Um zu Eberhards nach Kleinmachnow zu gelangen, mußten wir zu Fuß gehen, denn der Bus ging noch nicht wieder. Zum Glück fanden wir trotz der Bombenveränderungen ohne große Umwege zu ihnen in die Wißmannstraße und wurden mit großer Freude von ihnen aufgenommen. Wir blieben fünf Tage bei ihnen, für länger bekamen wir keine Lebensmittelkarten. Sibylle fuhr am Dienstag, 20. November 1945, nach Großenhain, wir beide am nächsten Tag nach Dresden. Wieder war es eine drangvolle Enge, und wieder hatten wir so viel Verspätung, daß unser Anschlußzug nach Zwickau fort war. Das bedeutete erneut eine Nacht auf der Erde im Wartesaal des Neustädter Bahnhofs, eingequetscht in Menschenmassen. Am nächsten Morgen um 5 Uhr brachen wir auf, das letzte Stück zum Hauptbahnhof mußten wir zu Fuß gehen, und dieser Gang durch die toten Ruinen erschütterte mich so, daß ich die ganze Zeit geheult habe.

Obwohl wir erst zehn Minuten vor Abgang des Zuges am Bahnhof waren, bekamen wir noch gut Platz und erreichten Zwickau auch einigermaßen pünktlich. Auch der

Zug nach Falkenstein war nicht sehr voll, und man denke - sogar beleuchtet! Wir schlichen uns hintenherum zu unserer Schule, aber leider waren unsere Prüfungen noch nicht zu Ende. Wir fanden unsere Zimmer total ausgeräumt. Gleich am Tage nach unserem Abtransport war die Falkensteiner Kommune erschienen und hatte alles - angeblich für die Russen - abgeholt. Der Bürgermeister hatte sich nicht anders zu helfen gewußt, als den Rest ins Gemeindehaus umzuräumen. So fanden wir nichts als ein wüstes Durcheinander von Briefen, Papieren und Fotos, in dem man tüchtig herumgewühlt hatte. Wir fanden rührende Aufnahme bei einer Familie Ruderich, wo wir auch kochen und uns aufhalten konnten. Am anderen Morgen hatte sich unsere Rückkehr bereits herumgesprochen und die Polizei alarmiert. Sie war aber von unseren Rügener Papieren befriedigt, so daß wir Zeit hatten, etwas Ordnung in unsere Papiere zu bringen. Aber wir konnten dort natürlich nicht bleiben.

Unser vorläufiges Ziel war Brambach, das wir nach telefonischer Voranmeldung mit Zwischenstationen in Grünbach und Muldenberg am Sonntag, 2. Dezember, erreichten. Doch wer beschreibt unseren Schrecken, als wir das ganze Haus voller Russen vorfanden, die am Tag zuvor dort eingezogen waren. Obwohl wir dort fünfmal umziehen mußten - immer wenn ein Flügel durchgewärmt war, wurde er von Russen beansprucht -, fanden wir dort schließlich wieder ein menschenwürdiges Dasein, und wir waren dankbar, daß wir allen Fährnissen ohne Dauerschaden entronnen waren.

Arnold Freiherr v. Vietinghoff v. Riesch auf Neschwitz

Neschwitz liegt im Nordwesten der Amtshauptmannschaft Bautzen in der Aueniederung des Schwarzwassers an der Straße Bautzen - Hoyerswerda, dort, wo der fruchtbare Lehmboden in die Teich- und Heidelandschaft der Oberlausitz übergeht. Das Familienfideikommiß Neschwitz war im Jahre 1800 durch die Herren - zuletzt Grafen - v. Riesch begründet worden. Aber die Familie starb aus und 1887 übernahm Baron Arnold Julius v. Vietinghoff, ein Urenkel der Schwester des Majoratsstifters, den Besitz. Gemäß der Stiftungsurkunde des Majorats führte er nun den Namen Freiherr v. Vietinghoff v. Riesch.

Das Fideikommiß Neschwitz bestand aus folgenden Gütern
(Größenangaben in Hektar)

Gut	Landwirtschaftl. genutzte Fläche	Wald	Teiche	Sonstiges	Gesamt
Neschwitz	159	56	1	20	236
Neudorf	43	178	1	1	223
Lomske	33	102	1	—	136
Holscha	112	399	40	4	555
Uebigau	132	20	—	1	153
Zescha	131	220	—	6	357
Milkwitz	173	27	2	6	208
Gesamtgröße	783	1002	45	38	1868

Als im Jahre 1928 die Fideikommisse aufgelöst wurden, war der letzte Fideikommißherr Arnold Gustav Heinrich (Harry) Freiherr v. Vietinghoff v. Riesch, Kgl. sächs. Kammerherr und Landesältester der Stände des Markgrafentum Oberlausitz. Im November 1939 übergab er aus Alters- und Gesundheitsgründen bis auf Milkwitz den gesamten Besitz an seinen ältesten Sohn Arnold. Lediglich das Rittergut Milkwitz hatte sein zweitgeborener Sohn Harald bekommen.
Das "Alte Schloß", das heute noch steht, wurde Anfang des 18. Jahrhunderts an der Stelle des bisherigen Schlosses errichtet. Des weiteren entstand Mitte des 18. Jahrhunderts im Park des "Alten Schlosses" durch den Baumeister Krubsacius die einmalige Schöpfung des "Neuen Schlosses". Der Park wurde im englischen Stil angelegt und wesentlich vergrößert, und die Orangerie mit Palmen, Orangen- und Zitrusbäumen sowie einem einzigartigen Bestand an Kamelien und anderen mediterranen Zierpflanzen ausgestattet. Das "Neue Schloß" war ein Juwel unter den Oberlausitzer Landsitzen, bis es 170 Jahre später zu Pfingsten 1945 völlig sinnlos einem Brandanschlag zum Opfer fiel.
Das "Alte Schloß" hat die Nachkriegszeit einigermaßen überlebt. In ihm hatte sich ein Museum der Familie v. Riesch befunden. Später hatte es dann die wertvolle ornithologische Sammlung von Prof. Arnold v. Vietinghoff-Riesch aufgenommen. Sie bestand aus über 600 Exemplaren aus der heimischen Vogelwelt, überwiegend präpariert von Arnolds Gemahlin. Auch diese Sammlung wurde ein Opfer des 1945

Neues Schloß Neschwitz

sinnlos wütenden Vandalismus. Das "Alte Schloß" war auch Stand- und Tagungsort der von Arnold gegründeten "Vogelschutzstation Neschwitz des Landesvereins Sächsischer Heimatschutz" gewesen. Diese sehr geschätzte Vortrags- und Tagungsstätte ist dann auch nach dem Zweiten Weltkrieg fortgesetzt worden.

Letzter Eigentümer von Neschwitz und den dazugehörenden Gütern war also seit November 1939:

A r n o l d Harry Konrad Oskar Freiherr v. V i e t i n g h o f f v. R i e s c h , * Neschwitz 14. 8. 1895, † Unna 2. 4. 1962 (kath. seit 24. 4. 1945), auf Neschwitz (§), Dr. oec. publ. habil., o. UnivProf. f. Forstgesch., Forstschutz u. Naturschutz, sächs. Forstmeister a. D.; ✕ München 9. 2. 1923 Editha Freiin v. S e h e r r - T h o ß , * Breslau 9. 7. 1894, † Unna 23. 3. 1962 (✕ I. Breslau 29. 9. 1913 Manfred v. Haugwitz, † München 15. 1. 1941, OLt a. D., gesch. ... 18. 8. 1921), T. d. Stanislaus Frhr v. S.-Th., vorm. auf Klein-Hennersdorf, Kr. Namslau, u. d. Elisabeth v. Damnitz a. d. H. Schmardt, Kr. Kreuzburg.

Stief- u. Adoptivtochter (Vertrag ... 1942, amtsgerichtl. bestät. Bautzen 22. 2. 1943):
Ingeborg (I n g e) Elisabeth Agnes Klara v. H a u g w i t z , * Hirschberg 3. 9. 1914, † München 20. 11. 1985, führt seit 12. 11. 1970 den Namen „F r e i f r a u v. V i e - t i n g h o f f v. R i e s c h";
✕ Göttingen 3. 8. 1951 Hans B r e i t h a u p t , * Raguhn, Kr. Köthen, Anhalt, 2. 1. 1915, Oberstlt a. D. (gesch. Bonn 20. 10. 1959).

Die fünf Söhne von Harry Freiherr v. Vietinghoff-Riesch haben keine männlichen Nachkommen gehabt, so daß die Neschwitzer Linie ausgestorben ist. Die Unterlagen für das Schicksalsbuch hat Christian v. Grumbkow zur Verfügung gestellt. Seine Mutter war Ellen v. Grumbkow, geb. Freiin v. Vietinghoff, eine Schwester von Arnold.

In Neschwitz hatte sich Arnold neben den Verwaltungsaufgaben in besonderem Maße dem Wald gewidmet und war dabei, die Monokulturen vergangener Zeit in

441

Neues Schloß Neschwitz
Zustand im Winter 1946/47, nachdem es am 20. 5. 1945 einer Brandstiftung zum Opfer gefallen war. 1949 wurde die Ruine abgebrochen und 1951 an dieser Stelle die Neschwitzer Zentralschule eingeweiht.

Mischwaldkulturen umzuwandeln. Im Kriege wechselten Zeiten, in denen er zur Wehrmacht eingezogen wurde und UK-Stellungen. Die letzte Zeit des Krieges erlebte er als Soldat.

Nach dem großen Durchbruch der Roten Armee im Januar 1945 griffen die Kämpfe im April 1945 auch auf die Oberlausitz über. Eine Zeitlang diente das "Neue Schloß" als Quartier des Stabes der 4. Panzerarmee des Generals Graeser. Arnolds Mutter hatte dort noch gewohnt, bis sie ins Kreiskrankenhaus Bautzen gebracht werden mußte, wo sie am 24. Februar 1945 starb. Keines ihrer vielen Kinder konnte in den letzten Stunden bei ihr sein.

Die Kämpfe um Neschwitz begannen nach Evakuierung der Bevölkerung ins Elbsandsteingebirge am 19. April und dauerten bis zum 6. Mai. Sie wurden mit allen Mitteln - Infanterieangriffen, Artillerieduellen und Bombardierungen - geführt. Der Ort war zu 85 Prozent zerstört, auch die Kirche mit ihrem schönen Zwiebelturm war nur noch ein Trümmerhaufen. Das "Alte Schloß" hatte nur einige leichte Artillerietreffer abbekommen und auch das "Neue Schloß" stand vorläufig noch.

Die Bevölkerung hatte am Tage der Kapitulation den Rückweg angetreten und traf am 13. Mai wieder in ihrer verwüsteten Heimat ein und begann sofort mit den nötigsten Aufräumungsarbeiten.

Es nahte der unheilvolle 20. Mai 1945. Von unserer Familie befand sich niemand in Neschwitz. Arnold war nach seiner Entlassung für die Forstverwaltung der Grafen Schönburg-Glauchau in Westsachsen dienstverpflichtet worden. Ein vorbestrafter Kommunist hatte sich inzwischen in Neschwitz zum Bürgermeister aufgeschwungen. Die von den Deutschen verschleppten Zwangsarbeiter, an ihrer Spitze die Polen, zogen plündernd und raubend durchs Land und ließen ihren Rachegefühlen freien Lauf. Am Pfingstsonntag zogen sie vors "Neue Schloß" und erlangten vom Bürgermeister die Genehmigung zur Plünderung und Brandschatzung. Mit Leuchtgeschossen setzten sie es mit seinem wertvollen Inventar und den einmaligen Beständen der Orangerie in Brand. Nur einige wenige Gemälde sowie ein winziger Teil des Silbers und Porzellans war von Arnold in Sicherheit gebracht worden und war zum Teil im Mausoleum versteckt. Im Herbst 1945 hat sein Stiefsohn, Hilmar v. Haugwitz, einiges davon in einer Nacht- und Nebelaktion von Westberlin aus gerettet.

Arnold wagte per Fahrrad einige Besuche in Neschwitz, um sich ein Bild über die Lage zu verschaffen. Dabei bestand immer die Gefahr der Verhaftung. Am 4. Oktober 1945 konnte er, auf seinem eigenen Sessel sitzend, vom Bürgermeister einen Zettel in Empfang nehmen, der ihm die vollständige Enteignung mitteilte. Um der drohenden Verhaftung zu entgehen, flüchtete er. Da Westsachsen ja inzwischen auch von den Sowjets besetzt und der Schönburgsche Besitz ebenfalls enteignet war, ging er in den Westen. Er fand dort zunächst in der Berlepschen Forstverwaltung in Steinkrug bei Hannover eine Anstellung und später eine Professur an der Universität von Göttingen. Bei einem tragischen Autounfall fanden er und seine Frau den Tod.

Karl Graf Vitzthum v. Eckstädt

Karl Max Ernst Erwin Graf Vitzthum v. Eckstädt, * Berlin 6. 10. 1879, ✕ († im Internierungslager) Mühlberg an der Elbe 24. 10. 1946, Oberst a. D., ERr d. JohO., Rr d. hohenzoll. HausO. m. Schw.; ✕ Dresden 11. 6. 1911 Elisabeth v. Haugk, * Großenhain 29. 11. 1884, † Frankfurt am Main 12. 2. 1966, T. d. Kgl. sächs. GenLts z. D. u. OStallmeisters Philipp v. H. u. d. Charlotte v. Tietzen u. Hennig.

Söhne:

1. Wolfgang Karl Alexander Dietrich Siegfried, * Berlin 30. 4. 1912, ✕ († beim Luftangriff auf) Dresden 14. 2. 1945, Major; ✕ Berlin 25. 2. 1940 Helga Schöningh-Diehl, * Hamburg 6. 11. 1919 (✕ II. Bad Godesberg [standesamtl.] 29. 8., [kirchl.] 4. 10. 1958 Hans-Dietrich Berendt, * Bonn 8. 3. 1928, Dr. phil., MinRat), T. d. Kaufm. Friedrich D. u. d. Maggie Nickel.

   Kinder:

   1) Angelika Elisabeth Therese, * Berlin 27. 8. 1941; ✕ Tegernsee 29. 5. 1965 Karl Mühlbauer, * Tegernsee 18. 2. 1938 (kath.), Dr. med. dent.

   2) Burghard Heino Ernst-August Gerhard Heinz, * Landsberg an der Warthe 10. 3. 1944, AbtLt. d. Mercedes Benz AG Stuttgart; ✕ Murnau 22. 12. 1976 Anne Greveldinq, * Köln 30. 11. 1948, Dr. med., Ärztin für Allgemeinmed. u. Allergologin, T. d. ... Wilhelm G. u. d. Katharina Jost auf der Stroth.

2. Heinrich (Heino) Philipp Arthur Woldemar Paul Fritz, * Leipzig 13. 8. 1914, Oberst i. G. a. D.; ✕ Leipzig 29. 10. 1939 Rosemarie Edelmann, * Leipzig 22. 6. 1914, † Neunkirchen, Bez. Köln, 16. 4. 1978, T. d. Verlagsbuchhändlers Wolfgang E. u. d. Andrea Beckmann.

3. Hasso Alexander Karl Herbert Alfons, * Leipzig 6. 3. 1924, Ltd. RegDir. a. D.; ✕ (standesamtl.) Kassel 27. 8., (kirchl.) Schloß Berlepsch 1. 12. 1956 Ingeborg Blaut, * Kronberg, Taunus, 22. 1. 1927, T. d. Lehrer Wilhelm B. u. d. Therese Hartmann.

Für das Schicksalsbuch hat Karls dritter Sohn, Hasso Graf Vitzthum, einen Bericht zusammengestellt, der zunächst einige Angaben über das Lager Mühlberg enthält, dann, soweit nachvollziehbar, den Leidensweg seines Vaters schildert, und der zum Schluß noch auf die Bemühungen eingeht, den Todestag von Karl Graf Vitzthum zu ermitteln.

Ein Opfer von Mühlberg

Zu trauriger Berühmtheit ist die Kleinstadt Mühlberg, zwischen Riesa und Torgau an der Elbe gelegen, durch das nach ihr benannte "Lager" gekommen. Es wurde einige Kilometer ostwärts des Ortes im freien Gelände bei Kriegsbeginn 1939 als "STALAG IV B" für Kriegsgefangene der deutschen Wehrmacht errichtet. Von 1945 bis 1948 war es dann als "Speziallager Nr. 1 des sowjetischen Geheimdienstes (NKWD)" Ort der Verwahrung für Zehntausende deutscher "Internierter". Die bei Auflösung des Lagers noch Lebenden und nicht Entlassenen wurden nach

Buchenwald verlegt und dort, soweit sie auch dies überstanden, erst Jahre später entlassen.

Eine Reihe von Angehörigen des deutschen, namentlich auch des sächsischen Adels wurde, neben vielen hohen Richtern, Verwaltungsbeamten und sicherlich auch einer ganzen Anzahl von nationalsozialistischen Würdenträgern und Nutznießern des Regimes, nach Mühlberg verschleppt. In Korrespondenzen des Verfassers mit ehemaligen Lagerinsassen finden sich Namen wie v. Burmeister, Max v. Müller mit dem Hinweis "früher Reiterregiment 12 Dresden", Max v. der Pforte "früher Schützen-Regiment 108 Dresden", v. Teßmar "Schlesien" und Freiherr Hans-Karl v. Waldenfels (aus dem LK Hof über die Zonengrenze entführt) erwähnt. In keinem Fall lag der jahrelangen Inhaftierung eine gerichtliche Untersuchung oder gar ein Urteil mit Schuldfeststellung zugrunde.

Exekutiert wurde, ebenfalls soweit bekannt, in Mühlberg niemand. Dennoch kamen dort nach vorsichtigen Schätzungen zwischen 1945 und 1948 mindestens 6500 Menschen, ein Vielfaches der in der Zeit des Kriegsgefangenenlagers Verstorbenen, zu Tode. Man starb an Entkräftung, Hunger sowie Mangel an Hygiene und medizinischer Versorgung im Krankheitsfalle. Wer alt und leidend dorthin kam, hatte kaum eine Überlebenschance.

Exemplarisch mag das Schicksal des Vaters des Verfassers, Graf Karl Vitzthum v. Eckstädt, sein. Er kehrte, nach ziviler Karriere als Folge des verlorenen Ersten Weltkrieges, mit der Wiederaufrüstung in den Militärdienst zurück, wurde bei Kriegsbeginn mit etwa 60 Jahren als Oberst reaktiviert, zum 31. Dezember 1944 aber - das war in Kriegszeiten ungewöhnlich - nach einem Herzinfarkt, den er nur knapp überlebte, als dienstunfähig aus der Wehrmacht entlassen und pensioniert. In Leipzig am 20. Februar 1944 total ausgebombt und mit einigen geretteten Sachen nach Großröhrsdorf in der Oberlausitz gezogen, mußte er und seine Frau Elisabeth, geb. v. Haugk, beim Nahen der Roten Armee zunächst ins Erzgebirge und sodann in damals noch amerikanisch besetzte Gebiet nach Kohren-Salis flüchten.

Im Herbst 1945 zogen Karl und Elisabeth Vitzthum wieder nach Leipzig in ein möbliertes Zimmer in der Nähe der früheren Wohnung. Der Gedanke, das inzwischen zur "Sowjetischen Besatzungszone" gewordene Gebiet - was noch möglich gewesen wäre - in Richtung Westen zu verlassen, konnte wegen Karls angegriffenem Gesundheitszustand und in Erwartung der enormen Schwierigkeiten einer derartigen Reise in dem damals auf allen Gebieten herrschenden Chaos nicht verfolgt werden. Karl hätte ein solches Unternehmen, das schon für junge und gesunde Leute eine Strapaze war, schwerlich überlebt.

So wurde er am frühen Morgen des 3. Januar 1946 quasi aus dem Bett heraus verhaftet. Der Grund ist unbekannt. Einiges deutete damals auf die Denunziation durch einen früheren hohen Polizeioffizier und Bekannten von Karl hin, der möglicherweise durch das "Aufspüren" ehemaliger Offiziere und anderer Amtsträger und Meldung von deren Aufenthaltsort an die Besatzungsmacht sein eigenes Schicksal verbessern wollte. Ein Beweis für oder gegen diese Vermutung wird sich wohl nie mehr führen lassen.

Man brachte Karl Vitzthum zunächst in das Leipziger Polizeigefängnis in der Wächterstraße unweit des Reichsgerichtes. Von dort gelang es ihm noch, seiner

Frau einige Notizen als "Kassiber" zukommen zu lassen. Am 8. Februar 1946, so stellte sich später heraus, wurde er mit einem größeren Transport von Leidensgenossen aus Leipzig weggebracht. Von da an hörte man nichts mehr von ihm, nur der Name "Mühlberg" sickerte als vermutlicher Aufenthaltsort solcher Verschwundener durch Flüsterparolen allmählich durch.

Karl Vitzthums Frau ließ nichts, was damals möglich schien - es war wenig genug -, unversucht, um den Aufenthaltsort ihres Mannes herauszufinden und ihn womöglich freizubekommen, natürlich ohne jeden Erfolg. Wer allzu intensiv die "Mauer des Schweigens" um diese Vorgänge zu überwinden versuchte, brachte sich selbst in Gefahr. Unter ihren Bemühungen war auch eine Anfrage beim damals noch im Aufbau befindlichen Suchdienst nach Gefallenen und Vermißten des Deutschen Roten Kreuzes in Hamburg. Sie sollte viel später zu einem überraschenden Effekt führen.

Ende 1947 kam von einem entlassenen Mithäftling, dem Arzt Dr. Siegfried v. Sivers aus baltischem Adel, die Mitteilung vom Tode Karl Vitzthums. Er konnte berichten, ihn in Mühlberg unter denkbar primitiven Umständen, so gut es ging, ärztlich betreut zu haben und Zeuge seines Sterbens an allgemeiner Entkräftung gewesen zu sein. Über den genauen Todeszeitpunkt konnte er nichts sagen. Unter seinen Händen seien Hunderte gestorben, - Kalender hätten sie weder besessen noch führen können, er meine aber, es müsse irgendwann "im Herbst 1946" gewesen sein. Über die Art der Bestattung der Toten, so beantwortete er eine entsprechende Frage, möge man ihm die Schilderung ersparen. . . ! Hierüber wußte ein damals jugendlicher Augenzeuge aus der Umgebung des Lagers, den der Verfasser bei seinem letzten Besuch auf dem Gelände im Oktober 1992 traf, Bedrückendes zu berichten.

Mit Sivers' Angaben mußte sich Karl Vitzthums Familie zunächst und anscheinend für alle Zeiten zufrieden geben. Anfang 1966 starb in Frankfurt a. M. Karls Witwe. Auf ihrem Grabstein wird auch Karls als "im Herbst 1946 in Mühlberg" umgekommen gedacht.

Ende 1966 erreichte den Verfasser, völlig überraschend, vom Suchdienst Hamburg des Deutschen Roten Kreuzes eine formularmäßige Mitteilung über Karl Vitzthums Tod auf der Grundlage von Heimkehreraussagen. Offenbar war es nicht früher möglich gewesen, die Fülle solcher Informationen zu bearbeiten. Das Überraschendste dabei war das Aufkommen zeitlich viel später liegender angeblicher Todesdaten als Herbst 1946, was den Verfasser veranlaßte, durch Korrespondenz mit den vom Suchdienst benannten noch lebenden Heimkehrern zu versuchen, mehr Licht in die Sache zu bekommen. Das führte zunächst nicht weiter. Die Angesprochenen, die durchweg bereitwillig und eingehend Auskunft gaben, blieben mit der Behauptung, sich jeweils genau erinnern zu können, bei ihren unterschiedlichen Zeitangaben. Im Mai 1967 erbot sich dann der Suchdienst, den der Verfasser über seine Recherchen auf dem laufenden gehalten hatte, wegen des Todesdatums ein Nachforschungsgesuch an das Sowjetische Rote Kreuz in Moskau zu richten, manchmal habe man damit schon Erfolg gehabt. Und tatsächlich kam sieben Monate später eine regelrechte Urkunde in russischer Sprache mit deutscher Übersetzung vom Sowjetischen Roten Kreuz mit einem Auszug aus einer Liste, laut deren Karl Vitzthum am 24. Oktober 1946 verstarb. Nachdem der Suchdienst

Lager Mühlberg

Gedenkstein am ehemaligen Haupttor   Ein Opfer:
(Westseite)   Karl Graf Vitzthum v. Eckstädt

sich auf Grund seiner Erfahrung für die Zuverlässigkeit dieser Aussage aussprach und das genannte Datum auch völlig im Einklang mit der oben erwähnten Siverschen Mitteilung steht, sind für die Familie die Zweifel über den Todeszeitpunkt beendet.

Inzwischen war der Verfasser mehrfach, erstmals Anfang April 1990, am Ort des Geschehens. Das Lager ist seinerzeit nach der Auflösung "geschleift", das Gelände damals - auch nach der Wende - im wesentlichen der Natur überlassen worden, nachdem man offenbar zur Spurenverwischung große Teile mit schnell wachsenden Hölzern bepflanzt hatte. Nach Überresten des Lagers, z. B. Fundamenten von Baracken, muß man daher suchen. Heute macht es mit dem so entstandenen jungen Mischwald und dazwischen heideähnlichen Flächen fast den Eindruck eines "Naherholungsgebietes". Nur einige Schilder, die die Lagerbezirke und einige markante Punkte bezeichnen, ein Gedenkstein am ehemaligen Haupttor und eine schlichte Gedenkstätte mit Orientierungstafel dort, wo man die Massengräber der im Lager Umgekommenen und Verscharrter vermutet und wo auch - es werden ständig mehr - Hinterbliebene Kreuze mit Namen und Daten ins Gelände gestellt haben, erinnern noch an die Schrecken der nun schon so lange zurückliegenden Zeit.

Die Errichtung der Gedenkstätte und ihre Betreuung ist offensichtlich Ergebnis einer bereits 1986 begonnenen Initiative der Evangelischen Kirche in der Person des Mühlberger Gemeindepfarrers Matthias Taatz, der nun auch, unterstützt von freiwilligen Helfern, in vorbildlicher Weise behutsam Gelände für die Aufstellung

447

weiterer Gedenkzeichen durch Angehörige vorbereitet hat. So haben auch die beiden noch lebenden Söhne Karl Vitzthums am 15. Juli 1993 dort ein schlichtes Kreuz mit Namen und Daten ihres Vaters aufgestellt. Unweit davon findet man übrigens gleichartige Kreuze für Christoph Holm und für Christoph Hans v. Egidy, etwa zur selben Zeit in Mühlberg umgekommene Mitglieder dieses ebenfalls sächsischen Geschlechts.

Es ist der Wunsch von Karls Familie und vermutlich auch der meisten Angehörigen, daß man von dem Versuch von Exhumierungen, die niemandem mehr nützen können, absieht und die Toten ruhen läßt, wie sie dort liegen.

Familie der Freiherren v. Wangenheim

In den "Wangenheim-Nachrichten" vom Mai 1971 lesen wir:

"Die schwerste Last der jüngsten Vergangenheit haben unsere Frauen getragen; in den Kriegsjahren und in der ersten Zeit danach standen sie meist auf sich allein angewiesen, dem harten Geschehen gegenüber. Das ist nun gut 25 Jahre her, und die Jüngeren wissen von dem allen wenig. Ist es eigentlich richtig, daß die ältere Generation schweigt? Wenn sie auf die Schicksale zurücksieht, die sie gemeistert hat, könnte ihr da nicht auch die Sorge vor der Zukunft leichter werden?"

Als Folge dieser Gedanken sind neun Erlebnisberichte aus jener Zeit von Wangenheim-Frauen entstanden. Die Schicksale, die darin geschildert wurden, haben sich nicht nur im Heimatgebiet dieses alten thüringischen Geschlechtes zugetragen. Aber es geht in diesem Buch ja in erster Linie um die Menschen und um das, was sie erlitten haben, gleichgültig, wo es sie ereilt hat.
Joachim Freiherr v. Wangenheim, derzeit 1. Vorsitzender des Familienverbandes der Freiherren v. Wangenheim e.V., hat diese Erlebnisberichte, mit einigen Ergänzungen und Erläuterungen versehen, dem Schicksalsbuch zur Verfügung gestellt.
Daß hier das Schicksal einer sehr großen Familie aus der Sicht von neun ihrer weiblichen Mitglieder dargestellt wird, verdient besonders dankbar hervorgehoben zu werden. Sie konnten wörtlich mitsamt den von den Autorinnen gewählten Überschriften übernommen werden.

1. Die Zeitspanne 1945 bis 1946
von Gisela Freifrau v. Wangenheim, geb. Bürkner

Personen:

Ernst-August Kurt Othmar Emmo Georg Freiherr v. W a n g e n h e i m, * Hannover 12. 5. 1911, Brigadegen. a. D.; × Berlin-Dahlem 5. 12. 1939 Gisela B ü r k n e r, * Müritz, Meckl., 1. 8. 1918, T. d. Obersten a. D. Felix B. u. d. Emmy Engelhard.
Kinder:
1. L u t z, * Berlin 5. 5. 1941, DiplKaufm.; × Hannover 24. 8. 1972 Gabriele R ü d i g e r, * ... 27. 4. 1943, Dipl. soc., T. d. Fabrikanten Dr. ... Fritz R. u. d. Annemarie Gruber.
2. R e n a t e, * Berlin 31. 12. 1942, Chemotechnikerin; × Hannover 7. 10. 1969 Peter B o r n i t z, * ... 16. 6. 1932, Dipl-Betriebswirt.

So sah es bei uns aus: Ich war mit unseren beiden kleinen Kindern, Lutz und Renate, damals vier und zwei Jahre alt, wegen der pausenlosen Luftangriffe nicht mehr in unserer Wohnung in Potsdam, sondern bei meiner Schwester in der Mark Brandenburg auf dem Land. Da sie selber vier kleine Kinder hatte, entschloß ich mich, schon relativ bald von dort fortzuziehen, hatte auch schon immer einiges zu den Verwandten von Ernst-August nach Ascheberg in Holstein vorausgeschickt.

Damals war's ein reines Rätselraten, wo sollte man hin? Wo war Sicherheit gewährleistet? Ich schwankte zwischen Österreich, wo meine Eltern ein kleines Häuschen hatten, und Holstein. Auf meine Anfrage in Ascheberg bekam ich von Onkel Brockdorff eine so reizende Aufforderung zu kommen, daß mir die Entscheidung leicht gemacht wurde. März 1945 war unsere Abreise das zweite Mal geplant, das erste Mal mußte alles kurzfristig abgeblasen werden, weil die Kinder Masern bekamen.

Nachts um 1 Uhr kam der Kutscher mit dem Wagen, nachts, um möglichst nicht aufzufallen wegen unerwünschter Panikmache. Wir fuhren mit dem notwendigen Gepäck nach Friesack. Eine Stunde nur Wagenfahrt, dann 18stündige Bahnfahrt nach Ascheberg, endlos lang, mit vielen Zwischenstationen und Tieffliegerangriffen bei strahlendem Winterwetter. Das Gutshaus war schon voller Flüchtlinge, meistens Verwandte; die Aufnahme unserer kleinen Familie war trotzdem herzlichst. Beinahe jeden Tag kamen neue Flüchtlingstrecks. Das Haus schien aus den Nähten zu platzen.

Im Mai mußten wir alle aus dem Schloß, die Engländer hatten es beschlagnahmt. Wir zogen in das Verwalterhaus, und ich lebte mit den Kindern in einer winzigen Stube, einer Dachkammer eigentlich. Wir hatten aber ausreichend zu essen, tauschten uns dieses und jenes zusammen. Ich erinnere mich noch an meinen Stolz über ein Wehrmachts-Herrenfahrrad, welches ich für einen Leib Schwarzbrot und ein kleines Stückchen Speck bekam, auch an eine altmodische Nähmaschine, die mir gute Dienste leistete, die ich für meine Pelzjacke eintauschte. Ich nähte später viel für andere Leute, um mein Überbrückungsgeld von 64 Mark im Monat ein bißchen aufzubessern. Geistig-kulturell spielte sich in dieser Zeit überhaupt nichts ab. Anregung geselliger Art gab nur ein menschlich reizender Zusammenhalt zwischen den Flüchtlingen. Man lud sich ein und hatte an den simpelsten Dingen seine Freude, war einfach nur dankbar für ein bißchen Ablenkung.

Von Ernst-August hörte ich nichts - er war in russischer Kriegsgefangenschaft -, das war das Schlimmste in dieser Zeit. Ich sollte erst 1947 etwas von ihm erfahren. Bei aller Geborgenheit und ausreichender Nahrung - die Kinder waren schrecklich zart und dünn - zerrte doch vieles an den Nerven. Ich werde nie eine kleine Begebenheit vergessen, als ich wegen im Grunde belangloser Dinge weinte, da sagte unser kleiner Lutz: "Mutti, wein doch nicht wegen Holz und wegen Wasser, die Hauptsache, unser Vati kommt wieder." Er kam 1950!

2. Flucht mit dem Treck aus Pommern
von Anna Freifrau v. Wangenheim, geb. v. Bünau

Personen:

Karl O t t o Kurt Freiherr v. W a n g e n h e i m , * Klein-Spiegel 18. 1. 1883, † Ludwigshafen 29. 9. 1953, auf Klein-Spiegel u. Rahnwerder (§), Pommern, RRr d. JohO.;

✕ Klein-Spiegel 4. 5. 1921 Anna v. B ü n a u , * Mörchingen, Lothringen, 19. 3. 1895, T. d. Kgl. preuß. GenMajors z. D. Heinrich v. B. u. d. Therese v. Borries.

Als die Ostfront in den Wintermonaten 1944 auf 1945 ständig zurückverlegt wurde, sahen wir in Klein-Spiegel mit zunehmender Sorge dem Ausgang des Krieges entgegen. In der letzten Januarwoche kam unsere Tochter Heilwig nach einer Tage- und Nächtefahrt aus Schlesien von ihrer landwirtschaftlichen Lehre zurück. Ihr Lehrherr hatte sie nach Hause geschickt, als die Russen die nahe Oderbrücke mit Panzern angriffen. Nun wurde es auch für uns Zeit, die Flucht vorzubereiten. Wenige Tage vorher fuhr unsere Kleinbahn zum letzten Mal und nahm alle unsere "Bombenflüchtlinge" mit, die schon seit langem Obdach bei uns gefunden hatten. Während der letzten zwei Wochen vor unserem Aufbruch fuhr Otto, der bei seinem Alter von über 60 Jahren vom Kriegsdienst befreit war und unseren Besitz bewirtschaftete, täglich zum Kommandanten des nahegelegenen kleinen Flugplatzes, um zu hören, wie die Front verlief. Als am 7. Februar die ersten russischen Patrouillen in unserem Wald gesehen wurden, war dies für uns das Signal, den Treck in Bewegung zu setzen. Mit allen unseren 160 Leuten zog ich an diesem Tag mit einem Trecker, sieben mit Pferden bespannten Gummiwagen und unserem leichten Jagdwagen bis nach Rahnwerder, unserem nahegelegenen anderen Gut. Als wir in Klein-Spiegel vom Hofe fuhren, sangen wir "So nimm denn meine Hände", es war ja eine Fahrt ins Ungewisse. Einige Jahre standen Haus und Hof noch, dann wurde alles dem Erdboden gleichgemacht.

Wir hatten auf dem Wagen, den wir mit unseren Leuten teilten, jeder einen Koffer, einen Rucksack, einige Decken und Federbetten, schließlich noch einen Korbkoffer, in den ich zuunterst etwas Silber, obenauf Schinken und Speckseiten gelegt hatte. Das war alles. Otto blieb noch eine Nacht in Spiegel, um sich am nächsten Tag noch einmal nach dem Verlauf der Front zu erkundigen. Als er unser Haus verließ, begegneten ihm deutsche Panzeroffiziere, denen er den Schlüssel zu unserem Weinkeller gab. Nichts war sonst zu übergeben und unser Schweizer war fassungslos, als Otto ihm sagte, daß er die Tiere nicht mit auf die Flucht nehmen könne. Er konnte es nicht begreifen. Wie sollten wir aber einige hundert Stück Rindvieh bei Winterkälte mitnehmen?

Die nächste Nacht verlebten wir bei unserem Vetter Klitzing in Grassee, nördlich von Klein-Spiegel. Otto führte den Treck bewußt zuerst nach Norden, weil wir den schon weit nach Westen vorgestoßenen Russen sonst in die Arme gefahren wären. So gelangten wir denn auf einem Umweg, aber wohlbehalten, nach mehreren Tagen auf die Autobahn. Nun kam der schwierigste Teil der Flucht, weil die Autobahn keine Ausweichmöglichkeit bot. Durch den Massenansturm bestand die Gefahr, daß sich fremde Wagen zwischen unsere drängten und dadurch der Zusammenhalt verlorenging. Aber es ging alles glatt. Nachmittags setzten Otto und ich uns stets in unseren Jagdwagen und fuhren voraus, um für den ganzen Treck Quartier zu machen. Man kam uns überall mit großer Hilfsbereitschaft entgegen, obgleich die Häuser ja schon seit Wochen täglich mit Flüchtlingen voll belegt waren und ihre Bewohner selbst vor der Flucht standen.

So ging es denn drei Wochen bis zu dem Dorf Kenz bei Stralsund. Anfang Mai, als sich die Russen näherten, zogen wir weiter westwärts nach Schleswig-Holstein. Dort fanden wir Unterkunft bei Hubert und Irene in Langfeld. Wer ähnliches in diesen Wochen erlebt hat, weiß wie uns ums Herz war.

451

3. Wie es mir heute durch den Kopf geht . . .
von Dorothee v. Bandemer, geb. Freiin v. Wangenheim

Personen:

O t h m a r Julius Leopold Freiherr v. W a n g e n h e i m , * Gotha 4. 9. 1866, † Winterstein 30. 12. 1947, Ldwirt, Fstl. hohenzoll. Hofmarschall a. D., Kgl. preuß. Khr u. Major a. D., ERr d. JohO.; ✕ Großenbehringen bei Gotha 27. 7. 1910 Mathilde (Maud) v. T r ü t z s c h - l e r , Freiin zum F a l k e n s t e i n , * Dresden 10. 12. 1880, † Sigmaringen 28. 4. 1913, T. d. Kgl. sächs. Khrn, Hzgl. sachs.-cob. u. goth. OHofjäger- meisters Maximilian v. T., Frhr zum F. auf Großenbehringen usw. u. d. Isidore Freiin v. Uckermann-Bendeleben.

Töchter:

1. E l i s a b e t h Mathilde Isidore Caroline Magdalene Maria, * Tübingen 16. 1. 1912; ✕ Wartburg bei Eisenach 4. 10. 1944 Carl-August Erbghzg v. S a c h - s e n - W e i m a r - E i s e n a c h , Hzg zu S a c h s e n , * Schloß Wilhelms- thal bei Eisenach 28. 7. 1912, führt den Titel u. Namen „Graf Carl- August v. W e t t i n ".

2. D o r o t h e e Ehrengard Helene, * Tübingen 16. 1. 1912 (Zwillings- schwester der Vorigen); ✕ Selesen 18. 4. 1944 Olaf v. B a n d e m e r , * Selesen 2. 8. 1909, Major a. D. (gesch. Reutlingen 30. 8. 1978).

Anfang April rückten die amerikanischen Truppen ein - fünf Minuten später war das Schloß besetzt und man teilte uns mit: "You have to leave the whole castle - time 15 minutes." (Es handelt sich um das Schloß Großenbehringen bei Gotha, ein architektonisches Schmuckstück aus dem 17. Jahrhundert. Es gehörte dem Vater der Zwillinge.)

Peinlich war, daß wir kaum die eigenen notwendigsten Dinge, geschweige denn die damals unersetzliche Babyausstattung mitnehmen konnten. Wir siedelten in zwei Räume der Schäferei um - zusammen mit Kusine Ada, die dort für uns alle kochte. Totale Plünderung durch russische Arbeiter und amerikanische Truppen, schreck- liche Bilder der Verwüstung von schönem alten Mobiliar, Porzellan, Fayencen. Nach anfänglichem Entsetzen beschlossen wir zu lachen, als wir Russinnen in unseren Nachthemden, die sie als Staatsgewänder betrachteten, einherstolzieren sahen, oder Männer tagsüber im Frack auf dem Hof Schweine schlachtend. Den Siegelring meines Bruders Jobst, den einer auf dem Zeigefinger trug, gab er uns tatsächlich zurück. Babywäsche, die so dringend notwendige, holten wir uns mit Hilfe des CIC aus der Russenwohnung wieder.

Nach 14 Tagen Rückkehr ins verwüstete und verschmutzte Haus. Mühsam wurden einige Räume bewohnbar gemacht. Am 14. Mai 1945 Geburt meiner Ältesten, Luise Henriette, sehr mühsam unter diesen Umständen. Die amerikanische Besat- zung hatte Stablampen gestiftet für die Nacht.

Zwei Wochen später erfuhren wir, Thüringen werde den Sowjets übergeben. Wir konnten und wollten es nicht glauben, vor allem, da einige Amerikaner uns beruhigten, wohl selber im Unklaren. Am 2. Juli 1945 wachten wir nachts von endlosem Pferdegetrappel und erneutem Rasseln von schweren Fahrzeugen auf:

Die Russen waren da, zogen aber zunächst durch, um die Westlinie bei Eisenach abzuriegeln. Meine Schwester Elisabeth und ihr Mann tauschten letzte versteckte Weinvorräte gegen Benzin und fuhren im zweisitzigen BMW über den Thüringer Wald, wo wir versteckte Wege kannten, Richtung Bamberg. In Bamberg hatte Carl-August einen Regimentskameraden, und dort wurde Elisabeths Älteste geboren.

In Behringen Einzug der Russen zwei Tage darauf. Mein Baby stand im Garten - rosig und rund, wurde neugierig und grinsend betrachtet! "Wo ist Papa? Papa weg? Nix gut. Woina kaputt - Papa kaputt!" Ich hatte keine zu schlechten Erfahrungen mit den neuen "Gästen", sie ließen meinen alten Vater relativ ungeschoren, ihr dauerndes Fragen nach Schnaps konnte ich nicht befriedigen, aber man einigte sich irgendwie. Ich hatte damals die Verantwortung für den "normalen" Ablauf des Betriebes und war damit voll beschäftigt. Groteskes Erlebnis: Frau Dorothee wurde abgeholt zu großem Essen in Tabarz, wo getafelt wurde an großer Tafel, gedeckt mit KPM-Porzellan auf Damast mit eingewebtem preußischem Adler. Es war das Haus, in welchem die Prinzessin Friedrich Wilhelm von Preußen gelebt hatte. Vor jedem Platz ein Riesenglas Wodka und eines mit Sahne. Beide mußten getrunken werden, denn sonst "Frau stolz - nix gutt!"

Dann kam die Enteignung und die dreitägige Verhaftung meines Vaters, Drangsalierung durch die inzwischen groß und mächtig gewordenen Deutschen. Trotz Enteignung hoffte ich, wenigsten noch den Winter über bleiben zu können, schon wegen der prekären Essenslage für Vater und Luise Henriette. Erneute Verhaftung von Vater, Verhaftung von mir - es gab nichts mehr zu halten. Ich lief von Gotha, wo ich dem Gefängnis entkommen war, nachts nach Winterstein, alarmierte Kusine Lu (vgl. Artikel 5) mit ihren beiden Kindern, wir verabredeten einen Treff in Eisenach. Von dort wollte ich den Übertritt über die Zonengrenze vorbereiten. Unser Getreidehändler ließ sich bewegen, das Baby und die Kinderschwester auf Lastwagen versteckt nach Eisenach zu holen. Für Vater, der nicht aus dem Gefängnis herauskam, hatte ich in Tabarz noch einen Mann der LPG aufgetan. Der erwirkte seine Freilassung wegen Haftunfähigkeit und brachte ihn selber aus Erfurt, wohin er inzwischen transportiert worden war, nach Winterstein ins Haus seiner Schwester Magdalene. Dort drohte keine weitere Gefahr, da weder er noch sie zu der "kriegsverbrecherischen Sorte der Großgrundbesitzer" gehörte! Ich konnte also in dieser Hinsicht beruhigt das Land verlassen.

So zogen wir denn los, ein kleiner Trupp, Lu mit ihren Kindern, die Kinderschwester, das Baby im Wagen und ich. Die Grenzposten wurden mit geretteten Schinken und Geld bestochen - und ab ging es über die Werra nach Herleshausen in Hessen. Im Nachbarort Wommen waren inzwischen meine Schwester Elisabeth mit ihrem Mann und ihrem Baby aufgenommen worden. Sie hatten schon durch Grenzgänger von der Verhaftungswelle in Thüringen erfahren. Überglücklich wieder zusammenzusein, sanken wir uns in die Arme. Wir bewohnten dann zwei Zimmer, eine Kammer und ein Bad: immerhin fünf Erwachsene, zwei Kinder und zwei Babys. Alles wurde geteilt, vom ergatterten Sirup bis zu den gestohlenen Kohlen, und alles ermöglicht. Man diskutierte und hoffte und lebte.

Im März erfuhr ich durch einen mir überbrachten Zettel, daß Olaf aus der amerikanischen Gefangenschaft freigekommen wäre und sich nach Thüringen entlassen ließe - direkt seinem Verderben in die Arme. Ich ging sofort schwarz über die Grenze, konnte aber nur seine Spur in Erfurt aufnehmen, wo alle Stabsoffiziere zum Weitertransport nach Oranienburg gesammelt worden waren. Ich fuhr nach Berlin, wo ich drei Monate blieb, von einer Freundin aufgenommen. Mit vielen Zigaretten und viel Zucker gelang es mir, nach vier Tagen in Oranienburg brieflich Verbindung herzustellen. Leider riß sie bald ab, nirgends gelang es mir, weiterzukommen, um seine Entlassung zu erflehen. Olaf blieb im ehemaligen Konzentrationslager Oranienburg.

Die Monate in Berlin waren sehr mühsam, aber auch sehr bunt. Man traf viele Bekannte aus den Ostgebieten, die zunächst in Berlin hängengeblieben waren. Man saß nächtelang zusammen und überlegte, wie alles weitergehen solle, wie man von neuem beginnen könne. Der erreichte Nullpunkt erschien noch so furchtbar und noch erfüllt mit tausend Möglichkeiten! Äußerlich war es sehr schwer, die Währung war die Zigarettenstange aus Ami-Beständen. Wir sammelten Brennesseln zum vitaminreichen Salat - sie wuchsen reichlich zwischen den Trümmern - ebenso Löwenzahn, dazu wurde geschrotetes Getreide gekocht, was wir in der Umgebung erschlichen. Dafür stand man aber stundenlang nach den ersten Theaterkarten und lebte wirklich intensiv.

Rückkehr nach Wommen im Juni, ein herrlicher Sommer in den hessischen Wäldern mit Blick nach Thüringen. Im Herbst Umsiedlung nach Weikersheim, Taubertal, wo wir die nächsten Jahre bei Verwandten meines Schwagers wohnten. Umzug dorthin im offenen LKW mit beiden Babys auf dem Arm, denn Elisabeth war zur Geburt ihres zweiten Kindes, Michael, in der Klinik. In Weikersheim wurde das Leben wieder normaler. Wir bewohnten in einem Flügel des herrlichen Schlosses eine Etage und die Kinder hatten eine wunderbare Zeit. Im großen Park wurde gespielt und getobt, das Leben war wieder "geregelt". Eine glückliche Familie waren wir erst wieder, als Olaf Silvester 1949 aus russischer Gefangenschaft heimkehrte.

4. Keine Arbeit zu niedrig . . .
von Adelheid Freifrau v. Wangenheim, geb. Freiin v. Wangenheim

Personen:

Heinz Friedrich Eugen Freiherr v. Wangenheim, * Immendingen 27. 12. 1901, † Remagen 5. 10. 1957, DiplLdwirt;
⚭ Hof Hayna 21. 8. 1926 Adelheid Freiin v. Wangenheim, * Hof Hayna 2. 6. 1907, T. d. Ldwirts Julius Frhr v. W. u. d. Ada Schwarz.

Hof Hayna war eine ursprüngliche Domäne, die Heinz vom Staat gekauft hatte.

Am 27. Februar 1945 wurde unser jüngstes Kind, Jochen, geboren. Kaum drei Wochen danach mußten die Kinder und ich auf Anweisung des Landrats in den Odenwald ausweichen. Unser Garten wurde zu einer Verteidigungsstellung ausgebaut, so blieb uns keine andere Wahl. Heinz mußte im letzten Augenblick zum Volkssturm. Im Dörfchen Heimstadt bei Höchst fanden wir eine ganz reizende

Aufnahme, und noch heute verbindet mich mit den Menschen dort eine herzliche Freundschaft.

Nach neun Monaten gelang es mir endlich, nach Hayna zurückzukommen, drei Tage vor Weihnachten, am 21. Dezember 1945. Ein trostloses Fest stand uns bevor! Die Dorfbewohner aus Leheim brachten mir einen geschmückten Weihnachtsbaum und Lebensmittel, was mich zutiefst bewegte. Heinz war als ehemaliger Kreislandwirt in einem Lager inhaftiert; Monate wußte ich nicht wo, aber Weihnachten kam die erste Post aus dem amerikanischen Internierungslager Kornwestheim bei Stuttgart. Der landwirtschaftliche Betrieb war inzwischen an einen Landwirt zwangsweise verpachtet, der mich auftragsgemäß in - wie es hieß - "niedriger Arbeit" beschäftigte. Meine erste Arbeit war das Zuschöpfen der Latrinen, die in unserem Obstgarten nach der Räumung des dort vorübergehend eingerichteten Kriegsgefangenenlagers übriggeblieben waren.

Durch die Arbeit in der Landwirtschaft erhielt ich wenigstens Milch und Butter für die Kinder. Unsere Wohnung im eigenen Haus in zwei Zimmern war so entsetzlich armselig eingerichtet, daß selbst die Spruchkammer Einspruch erhob. Wir haben viel Leid und Aufregung ertragen müssen, doch ich wußte ja, Heinz hatte sich in all den Jahren nichts Unrechtes aufs Gewissen geladen; so mußte es eine Frage der Zeit sein, bis sich alles einmal zu unseren Gunsten lösen würde.

Über unserem Leben stand der Spruch, mit dem mein Vater mich als Vierzehnjährige, als ich nach Altenburg ins Stift kam, ins Leben entließ: "Bleib Wangenheim stets fest und treu / Gott fürcht allein, sonst niemand scheu . . ."

5. Verwandte helfen sich . . .

von Luise Freifrau v. Wangenheim, geb. Prinzessin v. Sachsen-Meiningen

Personen:

G ö t z Ernst Moritz Hans Freiherr v. W a n g e n h e i m , * Berlin 18. 1. 1895, ✕ Tschernatzkoje, Rußld, 5. 10. 1941, Dr.-Ing., Major d. Res.; ✕ Detmold 25. 10. 1936 Luise-Marie Przssin v. S a c h s e n - M e i n i n g e n , Hzgin zu S a c h s e n , * Köln 13. 3. 1899, T. d. Kgl. preuß. GenLts z. D. Friedrich Pr. v. S.-M., Hzg zu S., u. d. Adelheid Przssin zur Lippe.

Kinder:
1. K a r i n Renate Adelheid Dorothea Feodora Luise, * Berlin-Dahlem 29. 10. 1937, Schauspielerin; ✕ München 5. 8. 1963 Hans Dieter S c h w a r z e , * Münster i. W. 30. 8. 1926, Schriftsteller u. Regisseur.
2. E r n s t - F r i e d r i c h Klaus Georg Melchior, * Detmold 14. 4. 1941, Studienrat; ✕ Bad Homburg vor der Höhe 6. 7. 1963 Christa Margret B i n n i n - g e r , * Frankfurt am Main 20. 3. 1941, T. d. Speditionskaufm. Alfred B. u. d. Franziska Weiser.

Von 1938 bis 1943 lebten wir in Wien. Götz war dort technischer Direktor der Osram-Niederlassung. Als er 1941 im Osten fiel, waren die Kinder Karin vier Jahre und Ernst-Friedrich eineinhalb Jahre alt. Um der Gefahr der Verbombung zu entgehen, entschloß ich mich, die sehr schön eingerichtete Wohnung in Wien aufzugeben. Ich konnte mit den Kindern nach Winterstein übersiedeln, wo wir die Hälfte eines kleinen Landhauses zu eigen hatten, das aber nur als Sommersitz gebaut war und erst für den Winter mit Öfen eingerichtet werden mußte. Zu unserer Erleichterung fanden wir für den ersten Winter Aufnahme in Großenbehringen bei Onkel Othmar Wangenheim. Das letzte Kriegsjahr waren wir in Winterstein. Das Haus in Winterstein steht auf dem sogenannten Schloßhof, dem Ruinengrundstück der Wangenheimschen Stammburg. Der restliche Ruinenturm mit Gemäuer, der Wallgraben, eine Zinnenmauer zur Straße und eine Scheune aus alter Zeit sind noch vorhanden, dazu gehörig ein großes Obstgrundstück und der alte Familienfriedhof. Unterhalb der Zinnenmauer führt die alte Dorfstraße zum Wald hin. Ein großes Rasenstück vor dem Haus wurde von uns zu Gemüseland umgegraben - von den Bauern bekamen wir Butter und Milch, so brauchten wir in dieser Zeit nicht zu hungern. Das Dorf liegt so günstig, daß die Abwinde vom Walde kommend, Angriffe der Tiefflieger zu Ende des Krieges verhinderten. Zum Ende des Krieges konnte man den Kanonendonner von Eisenach hören. Hungrige Soldaten in abgerissenen Uniformen kamen einzeln und in Trupps aus den Waldungen. Kurz zuvor hatten wir den erschütternden Anblick abgemergelter, sich hinschleppender Menschen, die von wachhabenden Männern an unserem Grundstück vorbeigetrieben wurden. Wir hörten später, es habe sich um Lagerhäftlinge gehandelt. Bedrohlich wurde unsere Situation, als ein paar deutsche Soldaten auf unserem Grundstück einen Graben aushoben, um ein Maschinengewehr zu montieren. Sie wollten die Amerikaner damit empfangen, was natürlich böse Folgen für uns hätte haben können. Ich protestierte energisch mit dem Hinweis auf die acht Kinder in unserem Haus; die Soldaten hatten Gott sei Dank ein Einsehen und verschwanden stillschweigend. Kurz darauf zogen die Amerikaner ein - in tadellosen Uniformen, wohlgenährt, als gäbe es keinen Krieg - welch ein Gegensatz zu den unseren! Sie ließen sich im Dorf nieder und verlangten die Abgabe von Waffen, Fotoapparaten und Ferngläsern. Dann wurden überall Hausdurchsuchungen gehalten, bei vielen wurden Sachen demoliert und Bilder von Soldaten beschädigt. Bei uns passierte nichts dergleichen. Sie gingen nur durchs Haus, hier und da eine Schublade aufziehend. Ein schönes Gemälde von Götz in Uniform schauten sie nur an - ehrfürchtig, so schien es mir, bei der späteren Hausdurchsuchung durch die Russen war es nicht anders.

Im Herbst 1944 hatte ich Frau Anna Andersen, die umstrittene letzte Zarentochter Anastasia, zu mir genommen. Mein Vetter Friedrich Ernst v. Altenburg hatte sie aus dem bombenbedrohten Hannover weggeholt. So kam sie zu mir, abgerissen, elend, verängstigt - keiner durfte wissen, wen ich bei mir hatte. Daß sie es ist, für die sie sich ausgibt, ist mir zur Gewißheit geworden. Trotz ihrer Behinderungen und seelischen Belastungen, war sie mir in Winterstein immer wieder eine Hilfe. Zum Kriegsausgang brachte sie mein Vetter zu Freunden in den Schwarzwald.

Die Ablösung der Amerikaner durch die Russen Anfang Juli 1945 machte einen unheimlichen Eindruck. Sie zogen - fast anzusehen wie ein Hunnenzug in kilometerlanger Reihe hintereinander - die Dorfstraße entlang in Richtung Rennsteig, mit Wagen, von Panjepferden gezogen, überladen mit geplündertem Gut, Möbeln und Hausrat jeder Art, obendrauf je ein Soldat im Uniformmantel. Nicht viel später kam dann ein Trupp, der im Dorf die Häuser durchsuchte. Zwar mußte ich Sorge haben wegen eines Kartons mit Briefen und Fotos, in dem ich 1500 Mark versteckt hatte. Diesen Karton ausgerechnet holte sich der Russe vom Schrank herunter, aber die Kinderbilder darin lenkten ihn ab - die Situation war gerettet. Hinterher hatte ich allerdings das größte Schreckenserlebnis: In einem Schrank fand ich eine Armeepistole mit 50 Schuß Munition, diese Entdeckung durch die Russen hätte mich das Leben kosten können.

Bis November lebten wir unbehelligt. Dann kam die entscheidende Schicksalswende, die für mich und die Kinder einen völlig anderen Lebensabschnitt brachte. Doro Bandemer, aus dem Gothaer Gefängnis entflohen, kam mit alarmierenden Nachrichten. Ihr Vater sei noch im Gefängnis - alle Adeligen sollten nach Rügen verschleppt werden. Sie wolle nun alles zur Flucht richten und mich und die Kinder mitnehmen (vgl. auch Bericht Nr. 3, dort als Kusine Lu bezeichnet). Schweren Herzens entschloß ich mich, ihrem Vorschlag zu folgen, voller Dank, daß sie alles Erforderliche für die Flucht in die Hand nahm. Ich konnte nur das Notdürftigste in Rucksäcken mitnehmen. Im Abschiednehmen von der Heimat stand plötzlich in mir ein Wissen, daß vor 20 Jahren eine Rückkehr nicht möglich sein würde - genau 20 Jahre darauf konnte Ernst-Friedrich in Winterstein Einschau halten.

Unser Weg zur hessischen Grenze ging erst über Gotha, wo wir bei Kusine Gisela Glanz nächtigen konnten, von da nach Eisenach, von wo wir nun zusammen mit Doro, dem halbjährigen Baby und der Kinderschwester im Bus an die Werra fuhren. Die Brücke hinüber nach Herleshausen war der von den Russen bewachte Grenzübergang. Wir warteten in einem kleinen Dorfgasthof die Dunkelheit ab und kamen tatsächlich unbemerkt hinüber. Drüben mußten wir bei Kälte und Schnee lange warten, bis uns endlich ein Wagen nach Wommen an der Werra brachte. Dort waren Doros Schwester Elisabeth Weimar mit Mann und Kind untergekommen, sie nahmen uns auf. Wir lebten ein halbes Jahr miteinander, wie es Dorothee beschrieben hat. Keiner wußte, wie sich alles entwickeln würde.

Zu der Zeit, als die Weimaraner und Doro andere Zufluchtsstätten fanden, wurde ich auf das für Flüchtlinge eingerichtete Kinderheim Rittershain aufmerksam. Um die Kinder dort unterzubringen, mußte ich mich von ihnen trennen, fand aber im Nachbardorf eine Bleibe. Die Dörfer waren mit Flüchtlingen übervoll, so bekam ich nur ein Notquartier, ein kleines Durchgangszimmer neben der Kornkammer, so daß man es mit Mäusefang zu tun hatte - schwirrende Fliegen - rauchender Ofen! Die nächste Bahnstation 12 Kilometer entfernt, nur mit dem Post- oder Milchauto zu erreichen, meistens zu Fuß! Auch zu Fuß die Wege nach Rittershain, zu jeder Tages- und Nachtzeit, bei Wind und Wetter. Die Kinder aber im Heim geborgen, obgleich die Heimleitung mit großen Schwierigkeiten zu kämpfen hatte, kein elektrisches Licht, sehr knappe Ernährung, trockenes Brot als Delikatesse. Nasses Holz aus dem Wald in den Ofen, aber die Verbindung zu ihrer Mutter so eng und der Waldorfunterricht so schön und ausfüllend, daß alles andere nicht ins Gewicht fiel.

Später bekam ich ein Nebenzimmer dazu, so daß Frau v. Hodenberg zu mir ziehen konnte. Sie war Mitarbeiterin der uns beiden eng befreundeten Heimleiterin. Andererseits konnte ich wegen meiner zunehmenden Erblindung nicht mehr gut alleine sein. Wir leben seither zusammen. Als das Heim verlegt wurde, fanden wir für uns und die beiden Kinder eine Zweizimmerwohnung in Kassel. Leider war es nach dem Neubau so naß, daß wir alle krank wurden. Zum Glück konnten wir bald mit einer größeren Wohnung im Haus tauschen und durch glückliche Umstände bekam ich die nötigen Möbel aus Wien wieder. Damit war die Notzeit überstanden.

6. Es gab tiefergreifende Nöte . . .
von Irmgard Freifrau v. Wangenheim, geb. Hollesen

Personen:

U d o Gustav Adolf Ludwig Freiherr v. W a n g e n h e i m , * Hamburg 28. 1. 1900, † München 1. 1. 1978, Oberst a. D.;
⨯ I. München 18. 9. 1928 Hildegard D o s s o w , * Berlin 11. 8. 1905, Verlagsinh. (gesch. ... 1938), T. d. Kaufm. Franz D. u. d. Anna Schwarz;
⨯ II. München 21. 2. 1944 Irmgard H o l l e s e n , * Flensburg 23. 3. 1920, T. d. Bibliothekars Oskar H. u. d. Sophie Petersen.

Kinder zweiter Ehe:

1. D e t l e v Carl Rüdiger Roland Kay, * Bad Wiessee 9. 2. 1945, Immobilienkaufm.;
   ⨯ (standesamtl.) München 22. 7., (kirchl.) Rottach-Egern 23. 7. 1969 Beatrice J u l e n , * ..., T. d. Dr. med. Siegfried J. u. d. Emilia Waller.
2. G e r n o t Holger Oskar Luitpold Udo, * Garmisch-Partenkirchen 4. 8. 1948, Werbekaufm.;
   ⨯ Budapest 15. 6. 1973 Alexandra Freiin v. W a n g e n h e i m , * Bad Ischl 21. 3. 1946 (kath.), T. d. Dr. jur. Alexander Frhr v. W. u. d. Gabrielle Allodia-Toris.
3. B r i t a Swanhild Olga Irmgard Henriette, * München 5. 3. 1950, ...

Mein Schicksal war nicht herausgehoben aus dem von Millionen anderer. Udo und ich hatten im Februar 1944 geheiratet. Unsere Münchner Wohnung - zum Teil mit schönen, alten Möbeln aus meinem Flensburger Elternhaus eingerichtet - mußte ich im Herbst desselben Jahres unbeaufsichtigt verlassen. Alle Frauen, die ein Kind erwarteten, wurden behördlich in das weniger durch Luftangriffe gefährdete Bayerische Oberland evakuiert.

Mein schwer zuckerkranker Vater lag schon seit Monaten im Krankenhaus, mein jüngerer Bruder befand sich als POW in Amerika und meine Mutter war somit allein in unserem Haus, in dessen Nähe die Bahnlinie München - Regensburg verläuft - bevorzugtes Ziel bei Luftangriffen. Dadurch nervlich sehr belastet, begleitete sie mich nach Gut Steinbach, dem mir vorgeschriebenen Ziel. Udo hatte schon von Jugoslawien aus meine Aufnahme im Luftwaffen-Lazarett Bad Wiessee für die Entbindungszeit in die Wege geleitet; dort wurde am 9. Februar Detlev geboren. Als ich gegen Ende April, nach Kreuz- und Querfahrten mit LKW und Bahn, mit Säugling in Gut Steinbach war, kamen dort die ersten farbigen US-Soldaten als Besatzungstruppe an.

Im Sommer 1945 starb mein Vater infolge Entkräftung und Insulinmangel. Vom Schicksal und Verbleib meines Mannes wußte ich nichts. Durch Rot-Kreuz-Suchkarten erfuhr ich erst im Winter 1946, daß er sich in britischer Gefangenschaft in einem Lager bei Ostende befand; Verbindung mit ihm - hungerödemkrank - infolge Zensur und Schreibverbot spärlich.

Bald war ich mit meinen Mitteln am Ende, denn unser Geld befand sich in Großenhain (Sachsen), Udos Friedensfliegerhorst; die Verbindung zu dem Geldinstitut war seit März 1945 abgerissen. Es gelang mir, Zuzug nach Garmisch zu erhalten, denn dort hoffte ich durch Zeichnen und Bildermalen (meine Akademieausbildung kam mir zustatten) für das Kind und mich das Notwendigste zum Leben zu verdienen. Zum Glück gab es dort Käufer, darunter auch amerikanische Familien, welche mit Lebensmitteln bezahlten, die Detlevs Kleinkinderzeit erleichterten.

Im Spätsommer 1947 kam Udo - krank und arbeitsunfähig - nur mit der abgerissenen Kleidung, die er auf dem Leibe trug, nach "Hause". Sein Übertritt von der britischen in die US-Zone war ihm auch nur unter erheblichen Schwierigkeiten gelungen. Die folgenden Monate lassen mich an einen uneigennützigen Wohltäter von Arzt denken, der Udo unter Zurückweisung jeder Gegenleistung wieder zur Gesundheit mit Behandlung und Medikamenten verhalf.

Bis April 1949 retteten wir unser Dasein mit Verkauf von Bildern, die ich nun massenweise "fabrizierte", wobei sich Udos werbliches Talent erwies. Als wir im Mai 1949 - nun zu viert, denn am 4. August 1948 hatte sich unser zweiter Sohn Gernot dazugesellt - wieder realen Existenzaufbau angehen wollten und nach München kamen, standen wir vor dem Nichts. Udos gesamter Besitz und unsere Wohnung war zu gleichen Teilen von den eigenen Volksgenossen, Polen, Diebesgesindel und den Siegern ausgeraubt und das Inventar in alle Winde zerstreut. Das kleine Einfamilienhaus meiner Eltern war überbelegt; ein Zimmer von etwa 16 qm wurde für uns vier unser Heim. Mit Britta, die am 5. März 1950 zur Welt kam, waren wir dann zu fünft. Die Stunde Null hatte am 19. Mai 1949 begonnen. Von da an gings bergauf.

7. Zwischen Chaos und Geborgenheit
von Gertrud Zinke, verw. v. Bernardi, geb. Freiin v. Wangenheim

Personen:

Victor Ludwig W e r n e r Freiherr v. W a n g e n h e i m , * Hütscheroda 31. 3. 1864, † Gotha-Siebleben 15. 7. 1951, auf Hütscheroda (§), Kgl. preuß. Major a. D., Hzgl. sachs.-cob. u. goth. Khr;
✕ Hamburg 18. 10. 1916 Martha V o g e m a n n , * Vegesack 7. 10. 1881, † Jena 20. 7. 1942, T. d. Reeders Johann Heinrich V. u. d. Meta Haesloop.

Kinder:

1. G e r t r u d Wilhelmine, * Erfurt 4. 7. 1918;
   ✕ I. Hütscheroda 27. 12. 1939 Hubertus v. B e r n h a r d i , * Königsberg 25. 3. 1914, ✕ Tarchowo, Rußld, 2. 7. 1942, Hptm.;
   ✕ II. Hütscheroda 23. 11. 1943 Johannes Z i n k e , * Breslau 20. 5. 1917, † Celle 14. 12. 1963, städt. Angest.

2. W a l r a b Werner, * Erfurt 7. 12. 1919, ✕ bei Tundsa, Lappld, 22. 2. 1942, Feldwebel.

3. W e r n e r Bruno, * Erfurt 10. 1. 1921, Kaufm.;
⚮ I. Wesselburen, Holst., 30. 11. 1945 Marie-Louise G r u b e r , * Kö-
nigsberg i. Pr. 14. 11. 1920, † Hamburg 20. 9. 1964, T. d. Otto G.,
vorm. auf Adlig-Jucha, Ostpr., u. d. Charlotte Neubacher a. d. H. Gayen;
⚮ II. Hamburg 26. 3. 1966 Eva W i n k l e r , * ... 1. 5. 1936, T. d.
Kaufm. Hans Edmund Paul W. u. d. Emmy Köhler.

4. Gisela (D i e t l i n d e), * Erfurt 5. 4. 1922, † Gotha-Siebleben 18. 2. 1945.

Sommer 1944 hatte ich mit meinem Mann einige Wochen in Böhmen verbracht,
wo seine Truppe lag. Dann kam er wieder zum Einsatz in Italien. Ich ging mit
Johannchen, unserem dreijährigen Töchterchen, wieder nach Hütscheroda, um
meinem Vater hauszuhalten, der nach dem frühen Tod unserer Mutter, 1942, dort
alleine lebte.

Im November bekamen wir Ausgebombte aus Gotha ins Haus, und Johannchen war
selig, Spielgefährten zu haben. Weihnachten war noch einmal wunderschön. Dann
kam das Jahr 1945 - als einziger Lichtblick im Januar die Geburt unseres Jungen.
Wir nannten ihn nach meinem gefallenen ersten Mann Hubertus.

Ende Januar kamen die ersten Flüchtlinge zu uns, Freundinnen meiner Schwester
Dietlind und meiner Heiligengraber Freundin Bismarck mit ihren Familien. Wir
wohnten sehr gedrängt. Heizmaterial war äußerst knapp. Mitte Februar wurde
Dietlind lebensgefährlich krank an Diphtherie. Es war herzzerreißend, Dietlind
leiden zu sehen. Sie tröstete uns noch mit ihrer humorvollen Art und flüsterte
lächelnd "ich geh schon nicht tot". Am 18. Februar starb Dietlind, und wir begru-
ben sie auf unserem Friedhof - am selben Tag, an dem drei Jahre zuvor unser
Bruder Walrab in Finnland gefallen war.

Ein bißchen lebensfroh wurden wir erst wieder, als mein Bruder Werner (bei der
Kriegsmarine) sich bei uns ansagte, er brächte noch jemanden mit, kündigte er ge-
heimnisvoll an. Er kam mit einem jungen Mädchen, Flüchtling aus Königsberg, die
zufällig mit dem gleichen Schiff geflohen war, auf dem er Dienst tat. Marie-Louise
Gruber, seine spätere Frau, blieb gleich bei uns, während mein Bruder leider vorzeitig nach Kiel zurück mußte, da sein Schiff, die "Emden", ausgebrannt war.

Um Ostern bekamen wir Flak-Einquartierung. Die Ostereier konnten wir noch an
der frischen Luft suchen, dann begannen die Kellersitzungen. Trotz allem machten
meine Freundin und ich noch eine bezaubernd schöne Fahrt mit dem Einspänner
durch den Frühling, holten Blumen aus dem Wald für die Gefallenen-Gedenk-
tafeln. Ziemlich nah war schon der Kriegslärm zu hören, bei Eisenach war ein
Gefecht im Gange. Wir fuhren wie zwischen zwei Lebensabschnitten, Geborgenheit und Chaos. Auf dem Rückweg ging es schon mit den Tieffliegern um die
Wette; auf der Straße neben unseren Feldern brannte ein PKW.

Anfang April kamen die Amerikaner. Hütscheroda hatte kein elektrisches Licht
und so schlechte Wege, so war es ihnen zu unserem Glück zu primitiv. Umso mehr
nahmen nun die frei gewordenen russischen Gefangenen mit, was sie schleppen
konnten. Als die Russen dann Anfang Juli auch den westlichen Teil Thüringens
besetzten, wurde mit "amtlichem" Anschein weggeschleppt, und manchmal sogar
bezahlt. Wir hatten viel Einquartierung.

Alle wurden wir zur Feldarbeit herangezogen, mir machte das eigentlich Spaß. Im Sommer zog eine Militärschneider- und Schusterwerkstatt in unser Haus und wir wurden ein Zimmer nach dem anderen los. Dann zog die Werkstatt aus und die Siedler zogen ein. Im Spätherbst erhielt ich - wie ein Hohn - die Siedlerurkunde überreicht, nach der ich "aus der Hand der Bodenreform" 30 Morgen Land bekam. In der ersten Winterhälfte wurde alle Arbeit gemeinsam gemacht, und für mich arbeitete meistens einer unserer Arbeiter. Ich mußte aber jede Versammlung der Siedler besuchen.

Januar 1946 begann dann jeder Siedler allein loszukrebsen, im Rückwärtsgang! Land, Wald und totes Inventar waren durch Los verteilt, somit war ich "Besitzerin" von einem guten und einem schlechten Stück Land, einem Achtel einer Wiese, dem Hühnerhof, einem Viertel unseres Gemüsegartens, alles an verschiedenen Ecken von Hütscheroda gelegen, einer guten Kuh, dem schlechtesten Pferd, vier Schafen, vier Lämmern, dem schwersten Ackerwagen, einer Holzwalze, eines halben Anteils an einer Schubkarre, eines Viertels des Kuhstalles, eines Zehntels einer Scheune und eines Zwölftels des Schweinestalles. In der Arbeit mußte ich mit bestem Beispiel vorangehen, damit mich niemand für unfähig erklären konnte. Hilfskräfte waren mir verboten.

Werner war zu uns zurückgekehrt. Doch weil ihn die Russen einsperren wollten, ging er mit Marie-Louise schwarz über die Grenze nach Holstein. Auch andere Hausbewohner hatten sich "schwarz" oder "weiß" nach dem Westen verflüchtigt, weil nur Siedler wohnen bleiben durften.

Vater wurde im Oktober 1945 von der Polizei nach Gotha gebracht, kam aber Gott sei Dank wegen seines hohen Alters von 81 Jahren nach drei Tagen wieder. Der endgültigen Abtransportierung nach Rußland entging er durch zufällige Krankheit am Tage der Zugabfahrt. Totensonntag 1945 kam die Nachricht, daß mein Mann lebt!

Den meisten Siedlern waren Vater und ich natürlich ein Dorn im Auge und sie erreichten es, daß bald ein Polizist kam mit der Mitteilung, wir hätten innerhalb von 24 Stunden den Landkreis zu verlassen. Wir packten fieberhaft und konnten dank hilfreicher Menschen eine Fuhre mit Sachen an den Pfarrer im Nachbarkreis schicken, der Johannchen getauft hatte und uns aufnehmen wollte. Doch erst Anfang Mai wurde es ernst, und ich zog mit den Kindern in zwei Dachstuben nach dem nahen Großenbehringen, dem Hütscheroda eingemeindet ist. Mein Vater und seine Wirtschafterin kamen, von der Polizei mit einem Ackerwagen rausgefahren, und erhielten zwei Stuben im Haus neben mir. Dort hat Vater bis kurz vor seinem Tode 1951 gewohnt.

Am 1. September 1946 war mein Mann aus Gefangenschaft in Italien entlassen worden und ging nach Westdeutschland zu seiner Schwester in Celle. Bei Ellrich im Harz mußte ich mehrmals schwarz über die Grenze gehen, bis ich die Kinder und das Nötigste in Celle hatte. Glück, wie aus einem Traum erwachend und geborgen, lernten wir langsam begreifen, daß wir uns gesund wiederhatten.

8. Nur drei Episoden
von Gisela Glanz, geb. Freiin v. Wangenheim

Personen:

Alexander Julius Friedrich Ernst Freiherr v. Wangenheim, * Berlin
15. 6. 1861, † Gotha 11. 3. 1935, auf Alexanderhof in Sundhausen bei
Gotha, Kgl. preuß. Oberst a. D., RRr d. JohO.;
⚭ Königsberg i. Pr. 5. 10. 1892 Eva Guthzeit, * Königsberg i. Pr.
26. 8. 1869, † Alexanderhof 17. 9. 1933, T. d. Großkaufm. u. Kgl. schwed.
Konsuls Otto Ferdinand G. u. d. Katharina Eugenie Adelson (aus russ.
Adel).

Tochter:

Gisela Eva Cecilie Katharina, * Magdeburg 11. 2. 1899, † Frankfurt am Main 9. 3. 1978;
⚭ Alexanderhof 5. 10. 1921 Franz Glanz, * Essen 13. 12. 1892,
† Erfurt 2. 3. 1942, Dr. med., Facharzt für innere Krankheiten, Stabsarzt d. Res.

Kurz nachdem 1945 die letzten deutschen Truppen von Ost nach West an unserem
Haus in Gotha vorbeigezogen waren, kamen Vortrupps der Amerikaner und schickten einzelne Kommandos herum, die die Räumung der Eckhäuser an der Ein-
marschstraße und das Heraushängen von weißen Fahnen aus den Fenstern aller
Häuser zum Zeichen der Übergabe befahlen. Da sie zuerst auf unserer gegenüberliegenden Straßenseite zum Eckhaus gingen, dem Haus von Tante Magdalene v.
Selchow, hatte ich Zeit, außen am Haus ein Pappschild anzumachen, auf dem ich
groß geschrieben hatte "Caution! Dangerous illness". Dann wickelte ich mit Lysol
getränkte Lappen um die Türklinken. An unserem Eckhaus wurde an diesem Tage
nicht geklingelt!
Daß ich mich mit weißem Laken ergeben sollte, war sehr gegen mein Ehrgefühl.
Ich fand einen Ausweg - in der Mitte von weißen Handtüchern heftete ich im Kreuz
breite rote Streifen und es entstand eine "Rotekreuzfahne". Dazu fühlte ich mich
berechtigt als aktives Rot-Kreuz-Mitglied seit 1915, zumal ich ein medizinisches
Strahleninstitut in den Räumen der Praxis meines gefallenen Mannes führte.
1945 wurden von einer Flüchtlingsfrau, die ich mit ihren Kindern bei mir aufgenommen hatte, zwei Revolver (eingefettet und luftdicht verpackt) unter unserer
Eiche im Garten heimlich vergraben. Um im Winter Holz zu haben, hatte ich die
Eiche fällen lassen, den Arbeitslohn konnte ich mit Holz bezahlen. Als ich vorher
die leichtsinnig versteckten Waffen unter der Eiche herausholen wollte, waren sie
spurlos verschwunden. Ich erfuhr später, daß beim Ausbuddeln der Eichenstubben
statt dessen ein Maschinengewehr gefunden wurde.
Später verkaufte ich das Haus in Gotha, um Geld für meine geplante Übersiedlung
nach Frankfurt am Main zu haben.
Die amerikanische Besatzung in Winterstein war eines Tages abgezogen (in
Winterstein am Thüringer Wald befand sich der "Eichhof", das Wohnhaus der
Familie Glanz). Zwei Tage waren wir ohne Druck. Dann erschienen die Panzer der
Russen auf der Dorfstraße. Alles regelte sich ohne unser Zutun. Statt amerika-
nischer Posten standen jetzt Russen an denselben Stellen. Das Leben ging weiter

wie bisher. Eines Tages wurde ich angezeigt, ich hätte Waffen im Eichhof versteckt. Ein russisches Kommando kam, das alles absuchte, sogar die Fliesen von Küche und Keller wurden aufgerissen, Kästen geleert, jedes Bett und jede Ecke untersucht, im kleinen Bach im Garten wurde im Wasser herumgestochert, nichts! Nur als der russische Offizier im Kellerschrank in einem Etui die Paradeepauletten meines Vaters mit den blanken Raupen entdeckte, da glaubten offenbar die Besucher, Angehörige eines sehr hohen Militärs vor sich zu haben. Ich erklärte ihnen, daß diese Epauletten von jedem Offizier nur zur Parade getragen wurden und war bereit, sie ihm zu schenken. Aber er lehnte eisig ab. Als sie nach stundenlangem Suchen abzogen, blieb der Offizier stehen, während die anderen weitergingen und fragte in weichem Privatton, ob ich ihm die Epauletten tatsächlich schenken würde und ob mein jüngster Sohn (13 Jahre) sie aus dem Keller holen würde. Wir taten es gerne.

Trotz der schweren Zeiten konnte der Eichhof manchen Verwandten eine vorübergehende Zufluchtsstätte gewähren und Freunden helfen. Als mein vermißter Sohn 1945 wieder heimgekommen war, feierten wir ein stilles Weihnachtsfest in unserem geliebten Eichhof mit einem Weihnachtsbaum aus den Wangenheimschen Wäldern. Unvergeßlich - jemals wieder? - Der Eichhof, der meinem ältesten Sohn gehört, wurde 1946 als "Mütterheim" an die Caritas verpachtet.

1946 verkaufte ich auch das Herrenhaus vom Alexanderhof (Besitz meines Vaters), damit dort ein christliches Kinderheim eingerichtet würde. Ich stehe jetzt noch in einem sehr netten Schreibverhältnis zu den Betreuern der Kinder, und ich weiß, daß es im Sinne meiner Eltern ist, wenn in dem mit so viel Liebe erbauten Haus fröhliche Kinder herumtoben. Da ich später selber noch dreimal dort war, weiß ich, daß es so ist.

9. Mit Dämonen rechnen . . .
von Elisabeth Freifrau v. Wangenheim, geb. v. Richter

Personen:

Hans-Heinz Freiherr v. Wangenheim, * Berlin 30. 6. 1889, † Wiesbaden 7. 8. 1981, OVerwGerRat a. D., Senior der Fam.;
✕ Berlin 7. 11. 1916 Elisabeth v. Richter, * Minden, Westf., 5. 8. 1893, † Wiesbaden 21. 2. 1985, T. d. Hzgl. sachs.-cob. u. goth. WGehRats u. preuß. St- u. FinanzMin. a. D. Dr. phil. h. c. Ernst v. R. u. d. Clara v. Blum.

Söhne:

1. Hans-Werner, * Hannover 16. 8. 1917, StAnwalt;
   ✕ Burg auf Fehmarn 6. 7. 1954 Hannelore Schröder, * Burg auf Fehmarn 22. 2. 1928, T. d. Zahnarztes Dr. med. dent. Franz Sch. u. d. Leonie Hennig.

2. Ernst Dieter Hubertus, * Hannover 3. 11. 1918, ✕ (untergegangen mit dem Schlachtschiff „Tirpitz") Tromsö-Fjord, Norwegen, 12. 11. 1944, OLt z. See d. Res. u. Bord-Nachrichtenoffz.

3. Heinz Joachim, * Liegnitz 24. 4. 1925, Bankdir., Vors. d. FamRats;
   ✕ Wiesbaden 22. 8. 1952 Irene Lux, * Berlin 29. 5. 1928, T. d. Vorstandsmitgl. d. Allianz-Vers.-AG Dr. jur. Paul L. u. d. Annemarie Heerwagen.

Zum Grundbesitz: Schloß und Gut Siedelhof in Stotternheim bei Erfurt waren seit 1841 in Wangenheimschen Besitz. Das aus dem 18. Jahrhundert stammende Schloß ist nach der Enteignung 1945 verfallen und wurde 1976 abgerissen. Das Schieferschloß in Sonneborn, Kreis Gotha, war ein Wasserschloß in typisch thüringischer Fachbauweise aus dem 16. Jahrhundert, das auf wesentlich älteren Fundamenten stand. In ununterbrochener Erbfolge seit dem 13. Jahrhundert war es auf Hans-Heinz Freiherr v. Wangenheim gekommen. Es wurde 1946 abgerissen. Oesterbehringen: Vorwerk des Gutes Sonneborn.

Das Schicksalsjahr 1945 hatte schon genug Kummer und Aufregungen gebracht. Lange konnten wir kaum Hoffnung haben, einen der drei Söhne wiederzusehen, dazu war unser Erfurter Haus schwer durch Bomben zerstört. Trotzdem hielt Hans-Heinz dort aus, als Regierungsdirektor arbeitend, während ich schon lange in den äußerst wirren Stotternheimer Zuständen den Posten halten mußte. Dem Schlußkampf dort mit großen Bränden im Dorf, Überfüllung mit verängstigten Flüchtlingen im Siedelhof, war die korrekte Besetzung durch die Amerikaner gefolgt. Beim Nahen der Russen im Laufe des Sommers veränderte sich die Atmosphäre völlig. Die "Bodenreform", an die wohl niemand auch von den Dorfbewohnern ernstlich glaubte, wurde vorbereitet.

Gottlob war Joachim inzwischen aus dem Krieg heimgekehrt, mußte sich aber aus dieser gefährlichen Situation schnell nach Jena absetzen und sich dort durch monatelanges Trümmerräumen die Anwartschaft auf den Studienbeginn erwerben. Hans-Heinz wurde dann von seiner Behörde entlassen. Die neue russische Besatzung plünderte das Erfurter Haus gründlich. Unser Stotternheimer Obergärtner, schon lange vor dem Kriege als aktiver Kommunistenbekämpfer aus Rußland geflohen, verschwand nicht, wie wir geglaubt hatten mit den Amerikanern, sondern ging als Dolmetscher in wichtiger Stellung zu den Russen über - es herrschte so im Verhältnis zu ihm eine Balance der Angst: Mir hatte er sein Leben fast ebenso in die Hand gegeben, wie wir ihm jetzt ausgeliefert waren.

Es erschien dann im Siedelhof im Oktober eine Kommission mit einem neuen Landrat an der Spitze, setzte uns von der entschädigungslosen Enteignung in Kenntnis und davon, daß wir, um unsere Verhaftung zu vermeiden, Haus und Gut binnen 24 Stunden zu verlassen hätten. Hans-Heinz mußte dieser Aufforderung folgen, ich erwirkte einen kleinen Aufschub. Die meisten Zimmer wurden sofort versiegelt. Die Flüchtlinge halfen aber noch, Koffer zu packen und den hilfsbereiten Nachbarn über die Zäune zu reichen.

Hans-Heinz fand in dieser schlimmen Lage am Land- und Amtsgericht Anstellung (wohlgemerkt nur als Lückenbüßer, bis man in Schnellkursen die fehlenden Richter ausgebildet hatte). Später wurde das Oberverwaltungsgericht in Jena eingerichtet, an dem er eine bessere Tätigkeit mit fürchterlichem Hin- und Herfahren erkaufen mußte.

Die Nachrichten von Sonneborn lauteten sehr bedrohlich: Das schöne alte Schieferschloß wurde dann auch wenig später ganz niedergerissen. Unser langjähriger Pächter kam hilfesuchend bei uns an, aus einem Lager entwichen, und all seines Besitzes und des ganzen Inventares beraubt. In Oesterbehringen ging es glimpflicher ab, die Pächterfamilie konnte sich auf dem Schafhof halten und blieb uns noch lange in hilfsbereiter Weise verbunden.

Die folgenden Zeiten in Erfurt waren mit großer Not so angefüllt, daß man oft glaubte, nicht mehr durchhalten zu können: Erfolglose Scherereien mit den Behörden, die auch z. B. ergaben, daß das Schicksal des Waldes in keiner Weise mehr zu beeinflussen war (ca. 1300 ha genossenschaftlich bewirtschafteter Waldbesitz der Familie v. Wangenheim in Winterstein/Thüringer Wald). Dazu fast unerträgliche Kälte in dem nur notdürftig wiederhergestellten Haus. Nur mit ständigen Fußmärschen nach Stotternheim konnte ich genug Eßbares für die Familie heranschleppen. - Wenn ich rückschauend nach Lichtblicken in dieser Finsternis suche, so war es hauptsächlich die tröstende Nähe von Joachim, der oft aus Jena herüberkam: Eine ganz neue Vorstellung vom Sinn des "guten Nachbarn" lehrten mich die Stotternheimer. Oft zeigten gerade die kleinen und bescheidenen Leute ihre hilfsbereite und rechtliche Gesinnung, während andere sich gern bereicherten.

Wie das Satyrspiel zur Tragödie, so konnte es einem vorkommen, als einige der neuen Machthaber heimlich nächtlicherweise bei den zu Tode erschrockenen Flüchtlingen in unserem Haus einbrachen, um sich das legendäre "göldene Bett" zu stehlen. Dieses Bett "aus purem Gold" hatte schon seit einiger Zeit in aufreizenden Reden als Beweis unseres unermeßlichen Reichtums herhalten müssen und die Gemüter etwas erregt. Die Entdeckung, ein nicht allzu geschmackvolles Messingbett aus den Zeiten des Onkel Ernst an Land gezogen zu haben, mag eine herbe Enttäuschung gewesen sein.

Die unwürdigen Zustände in Stotternheim, Kampf aller gegen alle, fanden bald in der rücksichtslosen Entfernung aller Hausbewohner und dem Abtransport der meisten neuen und alten wertvollen Inventarstücke einen vorläufigen Abschluß. Niemand hätte damals bei den verzweifelten Anstrengungen, noch etwas vom Hab und Gut irgendwo in Sicherheit zu bringen, die politische Entwicklung, wie sie sich dann vollzog, für möglich gehalten. Für uns kam durch das erste selbstgeschriebene Lebenszeichen von Hans-Werner nach Jahren aus russischer Gefangenschaft die große Befreiung von qualvoller Ungewißheit über sein Schicksal und gab unseren Mühen mehr Sinn und unserer Hoffnung mächtigen Auftrieb. - Verse, die jetzt aus unserer alten Heimat herüberklingen, sprechen etwas verschlüsselt aus, was schon damals galt: "Nicht einwilligen / damit uns eine Hoffnung bleibt / Mit den Dämonen rechnen / Die Ausdauer bitten, sie möge mit uns leben / Die Zuverlässigkeit der Unruhe nicht vergessen!" Wir brauchten sie noch jahrelang, diese Ausdauer, die mit uns lebte.

Rudolf v. Watzdorf (Haus Störmtal) auf Luttowitz, Kreis Bautzen, Oberlausitz.

Luttowitz liegt ca. 10 Kilometer nördlich von Bautzen. Es hatte eine Größe von 280 ha, davon 163 ha landwirtschaftliche Nutzfläche, 80 ha Wald und 78 ha Fischteiche. Außerdem gehörten zu dem Besitz eine Glas-Sand-Grube und ein Granit-Steinbruch; diese beiden Betriebe waren verpachtet. Luttowitz war im Jahre 1910 durch Erbschaft von Franz Freiherr v. Uckermann, dem unvermählten Bruder von Rudolfs Mutter, in Watzdorfschen Besitz gekommen.

Zur Familie des letzten Eigentümers gehören:

R u d o l f v. W a t z d o r f , * Sollschwitz 21. 8. 1879, † Halchter bei Wolfenbüttel 25. 6. 1966, auf Luttowitz (§), Kr. Bautzen, Kgl. sächs. Major a. D., Ldesbestallter a. D. des Markgfnt. OLausitz, RRr d. JohO.; ⋉ Zschorna 19. 1. 1907 Isolde v. B o x b e r g , * Rochlitz 30. 9. 1880, † Halchter 9. 2. 1968, T. d. Kgl. sächs. Khrn u. Majors z. D. Ulrich v. B. auf Zschorna u. d. Wanda v. Arnim a. d. H. Planitz.

Kinder:

1. E r i k a , * Zschorna 30. 5. 1908, † Dannenberg 8. 12. 1981; ⋉ Luttowitz 6. 12. 1934 Wilfried v. I t z e n p l i t z , * Lüben, Schles., 6. 11. 1908, † Hamburg 8. 6. 1979, auf Grieben u. Scheeren (§), Kr. Stendal, Prov. Sachsen, Ldwirt, Rittmeister a. D.

2. A d a m Friedrich Erik, * Großenhain, Sachsen, 28. 3. 1910, Ldwirt, Kaufm., Senior d. GeschlVerb.; ⋉ Grieben 17. 5. 1935 Ruth v. I t z e n p l i t z , * Lüben 19. 7. 1907, T. d. Deichhptm. u. Kgl. preuß. Rrschaftsrats u. Rittmeisters a. D. Joachim v. I. auf Grieben u. Scheeren u. d. Therese Jouanne.

3. E l i n o r Agnes, * Luttowitz 29. 9. 1914; ⋉ Florenz 18. 6. 1945 Robert W i l s o n , * Durban, Südafrika, 25. 1. 1914, † Bryanstone, Südafrika, 18. 9. 1990, Dozent für Wirtschaftswissensch. an der Univ. Johannesburg.

Rudolfs Frau, Isa v. Watzdorf, geb. v. Boxberg, hat die Ereignisse von Flucht, Enteignung und Deportation in den Jahren von 1945/46 in einem Bericht festgehalten, dem der nachfolgende Auszug entnommen ist.

Das schicksalsschwere Jahr 1945 begann für uns in Luttowitz damit, daß der Flüchtlingsstrom aus Schlesien einsetzte. Hof und Haus waren manche Nacht ganz voll, wenn nicht gerade militärische Einquartierung, an der auch kein Mangel war, allen verfügbaren Raum benötigte.

Am 18. April wurde uns dann von den im Haus liegenden Offizieren eröffnet, daß auch wir am nächsten Morgen trecken müßten. Uns blieb nur noch die Nacht zu den Vorbereitungen. Der Ortsbauernführer, der zum Treckführer bestimmt war, weigerte sich mitzukommen, sondern wollte auf eigene Faust fahren. So mußte Rudolf (ihr Mann) das saure Amt übernehmen, den großen Treck von ca. 150 Personen zu führen. Er hatte die ganze Nacht zu tun, und am nächsten Morgen gegen 9 Uhr verließen wir unser liebes, freundliches Haus und Dörfchen, um es so nicht wiederzusehen.

In unserem Landauer saßen noch zwei junge verwandte Frauen mit ihren Kindern, die nach Luttowitz evakuiert worden waren. Die erste Nacht verbrachten wir in der Nähe von Storcha und wurden am nächsten Morgen von gewaltigen Detonationen geweckt, die die Sprengung der Munitionsfabrik von Königswartha verursachte. Trotz der Entfernung riß es an unserem Fenster den Vorhang weg. So wurde der 20. April, der letzte Geburtstag des "geliebten Führers", eingeleitet. Kurz vor unserem Aufbruch stieß meine Schwester, Elinor Salza, die unseren Spuren gefolgt war, zu uns. Sie bei mir zu wissen, war eine große Beruhigung, denn Bautzen mußte ja geräumt werden. Sie hatte mit einer Nachbarin einen großen Handwagen bepackt und zog ihn tapfer.

Die nächste Nacht verbrachten wir in einer kleinen Ortschaft, wo wenig Übernachtungsmöglichkeiten bestanden, so daß Rudolf und ich im Wagen sitzen blieben. Auch die nächste Nacht war es nicht anders. Dann kamen wir in die Sächsische Schweiz, wo wir uns sicher genug fühlten, einige Tage Ruhe einzulegen. Wir fanden Obdach in einem großen Bauernhof, ein Teil der Leute suchte sich Quartiere im übrigen Dorf. Unsere Wirtsleute zeigten sich sehr willig und gastfrei. Etwas Ruhe hatten wir alle nötig, besonders Rudolf, denn es ist kein Spaß, einen so riesigen Treck mit überwiegend Handwagen zusammenzuhalten und nicht von anderen Trecks zerreißen zu lassen. Ehe wir weiterzogen, trennten sich Elinor und einige Verwandte von uns. Sie hatten in einem Hotel in Bad Schandau Quartier gefunden. Wir treckten weiter in Richtung Dresden und blieben wiederum mehrere Tage in einer Ortschaft gegenüber von Pirna. Wir bekamen ein gutes Quartier in der Schule und versorgten uns selbst aus mitgenommenen Lebensmitteln. Eines Tages überraschte uns mein Bruder Max, der uns aufgestöbert hatte, und von Burgk zu uns geritten kam. Sicherheitshalber übergab ich ihm meinen Schmuck. Von dort aus fuhr ich auch mit dem Wagen nach Pillnitz und weiter mit der Straßenbahn zu meinem Bruder Friedrich nach Dresden. Das war ein Lichtblick auf dieser Partie, die im übrigen meinem Geschmack wenig entsprach. Einige Tage später mußten wir auch dieses Asyl verlassen und auf das andere Elbufer übersetzen. Die Elbe hatte Hochwasser, das stündlich stieg, da in Böhmen die Talsperren geöffnet waren. Aber es gelang, den ganzen Treck heil hinüber zu bringen. Wir wollten die Nacht in Zehista bleiben, hatten uns bei Graf Rex auf dem Gutshof einquartiert. Aber Rudolf schien die Sache nicht mehr sicher, da alle Soldaten, die überall herumwimmelten, plötzlich verschwunden waren. Das war immer ein Zeichen dafür, daß die Russen nahten. Wir trommelten noch abends um 10 Uhr unsere Leute zusammen und rückten ab in Richtung Böhmen. Das war unser Glück, denn die Armen von Zehista wurden noch in derselben Nacht überfallen und hatten Schlimmes auszustehen.

Wir zogen nun bis an die tschechische Grenze, wo der Waffenstillstand erklärt wurde und ein nicht enden wollender Zug von russischem Militär an uns vorbeizog. Nach zwei recht ungemütlichen Nächten, in denen aber keiner Frau ein Leid geschah, begannen wir die Rückfahrt bei schönem Wetter und ebensolcher Landschaft wieder bis Pirna. Dort blieben wir einige Tage in leidlichen Unterkünften, da die Nachrichten über die Sicherheit der Wege sehr ungünstig waren. In Blasewitz fuhren wir über die nur wenig beschädigte Elbbrücke und wandten uns wieder in Richtung Heimat.

Am Pfingstsonntag kamen wir endlich wieder in Luttowitz an. Ich ging dem Wagen voraus und betrat, auf Böses gefaßt, unser Haus. Es war ein trauriger Anblick und ein trauriges Heimkommen, unmöglich in diesem schmutzigen Chaos mit meist zerschlagenen Fenstern zu wohnen. Wir fanden sehr freundliche Aufnahme bei einem der beiden Bauern des Dorfes, der in der Nähe geblieben war, um seine zwei Kühe etc. zu versorgen. Wir fanden natürlich kein einziges Stück Vieh oder Geflügel mehr vor. Rudolf ging mit viel Tatkraft daran, die Maschinen und Geräte instand setzen zu lassen. Der Traktor war uns zum Glück unterwegs nicht fortgenommen worden, nur Pferde hatten wir verloren, sie waren gegen abgetriebene Russengäule eingetauscht worden. So hatten wir sechs elende Pferde und zwei Ochsen, zwei waren uns abgenommen worden, ein dritter wurde später nachts geklaut. Sobald es möglich war, zogen wir in die Wohnung unseres Sohnes Adam im Hof, der ja nach seiner Verheiratung bis zur Einberufung zu Beginn des Krieges Luttowitz bewirtschaftet hatte. Wir richteten uns da allmählich ganz gemütlich ein. Jede Woche besuchte uns meine Schwester Elinor für drei bis vier Tage, und sonntags kamen Freunde und Verwandte aus der Nachbarschaft. Irgendwelche Nachrichten von den Kindern waren jedoch nicht erhältlich.

Im September begann die widerliche Hetze gegen die Rittergutsbesitzer. Unsere Leute benahmen sich aber sehr anständig, waren auch den ganzen Sommer bei der Arbeit willig und fleißig mitgegangen und die Ernte war, soweit möglich, gut hereingekommen und abgeliefert. Am 20. Oktober 1945 wurden wir abgeholt. Ein greulicher kommunistischer Polizist kam und erklärte uns für verhaftet. Wir sollten warme Sachen mitnehmen und Nahrungsmittel für drei Tage. Wir glaubten in das Gefängnis nach Bautzen zu kommen. Zum Glück war Elinor da und konnte nach unserer Abfahrt einige Garderobe in Sicherheit bringen. Wir wurden auf einen offenen LKW verladen, auf dem schon mehrere Leidensgenossen saßen., u. a. die Kinder Wallwitz aus Niedergurig und Frau v. Krauß-Gröditz mit ihren drei Kindern. Die erste Nacht verbrachten wir in einem verlassenen Lager in Königswartha. Am anderen Tag ging die Fahrt weiter nach Radeberg in ein Lager, in dem keinerlei Vorbereitungen getroffen waren, so daß wir die erste Nacht auf Stühlen verbringen mußten. Dank einer Panne, die einiger Stunden Reparatur bedurfte, hatten wir unterwegs Zeit gefunden, in einem Gasthof ein reichliches Mahl einzunehmen. In dem Lager wurde nun allmählich Ordnung geschaffen. Nachdem unsere "Betreuer" gleich in der ersten Nacht einen Fabrikbesitzer, der wohl versehentlich unter uns "Bodenreformierte" geraten war, erschossen hatten, zeigten sie sich ziemlich friedlich und gaben sich sichtlich Mühe, das Lager so einigermaßen gebrauchsfähig zu gestalten. Man hätte ohne jede Mühe fliehen können, aber wo sollte man hin? Dem Fahrer unseres LKW hatten wir einen Zettel an Elinor mitgegeben und sie gebeten, uns Sachen und Nahrungsmittel zu bringen. Sie hatte unsere Nachricht auch bekommen, aber zu spät.

Wir blieben nur kurz in diesem Lager und wurden dann für eine Nacht nach Coswig gebracht. Dort waren schon zahlreiche Leidensgenossen zusammengetrieben. Die rührende Elinor versuchte, uns nach Coswig zu folgen und schleppte einen schweren Packen uns nach, konnte uns aber nicht mehr erreichen, denn wir wurden schon am nächsten Nachmittag verladen.

Diese Fahrt mit unbekanntem Ziel war furchtbar. In einem Viehwagen ohne Stroh waren wir zu 50 Personen, darunter mehrere Kinder. Zum Glück hatten wir noch unsere eigenen Stühle, die wir, um auf dem ersten Auto sitzen zu können, mitgenommen hatten, was übrigens die meisten getan hatten. Von dieser furchtbaren Fahrt, die fünf Tage und Nächte dauerte, da wir immer wieder viele Stunden liegenblieben, kann ich nur sagen, daß sie an Leib und Seele die härtesten Anforderungen stellte und mich aufs Äußerste erschöpfte. Hunger und Durst waren nicht so quälend wie die Unmöglichkeit, wenigstens stundenweise zu liegen. Als wir halbtot in Stralsund ausgeladen wurden, mußten wir noch über den Rügendamm marschieren, mindestens zwei Kilometer weit. Wir waren beide nicht mehr imstande, unser ganzes Gepäck zu tragen. Es sollte ein Wagen mit diesem nachkommen. So ließen wir unsere Stühle und den Sack mit den Betten zurück und schleppten nur mühsam zwei Decken und zwei Handkoffer. Von dem großen Gepäck hat niemand etwas wiedergesehen. Auch die nächste Nacht sperrte man uns noch einmal in einen Güterwagen, diesmal ohne Stuhl am Boden hockend, zum Ausstrecken war auch diesmal kein Platz.

Der nächste Tag brachte uns, wie zum Hohn, in das geplante "Kraft-durch-Freude-Bad", wo neben den noch völlig unfertigen Hotelbauten die Baracken eines Arbeitsdienstlagers waren. Dies war eine schöne Anlage, nur leider völlig leer. Allmählich kam etwas Stroh herzu, wenn auch ganz ungenügend. Die Waschgelegenheiten wurden instandgesetzt und man richtete sich so leidlich ein. Das ganz unzureichende Essen wurde weitab vom Lager ausgegeben. Man watete durch meist nasses, hohes Strandgras zu einer Kneipe und mußte froh sein, wenigstens einmal am Tag dort eine warme Suppe zu bekommen. Dieser Aufenthalt bot also weder Kraft noch Freude. Zum Glück dauerte er nur wenige Tage. Dann wurden wir auf die Insel verteilt. Wir kamen, im ganzen rund 50 Menschen, auf ein einsames Gut, Quoltitz. Es war ein ganz verwahrlostes Haus, irgendwelche einheimische Einrichtung bestand nicht. Wir taten uns mit Eulitzens aus Klein-Bautzen zusammen, das Ehepaar und eine 18jährige Tochter, so daß wir gerade ein kleines Zimmer ausfüllten. Ein wackeliger Tisch, drei Stühle, ein kleiner Kanonenofen und reichlich Stroh wurden organisiert. Man kochte selbst und lebte von Kartoffeln, Kohlrüben und etwas Getreide für Morgensuppe. Gänzlicher Mangel an Salz erhöhte nicht gerade den Reiz dieser Kost.

Im übrigen durfte man sich frei bewegen. Wer dazu fähig war, mußte auf dem Feld arbeiten. Ein ärztliches Attest befreite mich davon, ich wäre dazu nicht fähig gewesen. Als die Postverbindung mit Bautzen wieder hergestellt war, schickte uns Elinor, was irgend möglich war, in Päckchen, ebenso konnte sie Geld überweisen. Aus Grieben, dem letzten Wohnort unserer ältesten Tochter Erika v. Itzenplitz, erfuhren wir, daß sie jetzt in Halchter, Kreis Wolfenbüttel lebte. Da sie uns dringend aufforderte, dorthin zu kommen, beschlossen wir, die Flucht zu versuchen, die schon vielen Leidensgenossen geglückt war. Es war vereinbart, über Grieben zu reisen, wo uns Erika allerhand Kleidung hinterlassen hatte, und wo noch eine Frau Jouanne, Verwandte ihres Mannes, lebte.

Am 16. Dezember 1945, einem naßkalten, trüben Sonntagnachmittag, verließen wir Quoltitz und verbrachten die Nacht im Gastzimmer eines bescheidenen Gasthauses des nächsten Städtchens. Dort erfuhren wir, daß der Bootsverkehr mit dem

Festland völlig eingestellt sei, da die Russen die Boote beschossen. Uns blieb also nur der Versuch, Stralsund über den Damm zu erreichen. Unser Schutzengel war mit uns, wir blieben völlig unbehelligt von der russischen Wache und gingen im Schneeregen einem peitschenden Wind entgegen über den Damm. Nach kurzer Verhandlung mit der deutschen Wache wurde uns der Ausgang freigegeben. Wir fragten uns den sehr weiten Weg zum Bahnhof durch und fanden dort einen nach Berlin bereitstehenden Zug, in dem wir noch Sitzplätze bekamen. Dies war gegen 12 Uhr mittags. Gegen 4 Uhr hieß es dann: "Alles aussteigen, der Zug fährt nicht." Alles stürzte in den Wartesaal, da wir am Ende des sehr langen Zuges gesessen hatten, fanden wir natürlich keine Sitzplätze mehr vor. Ich eroberte endlich noch einen kleinen Hocker hinter der Theke und Rudolf setzte sich auf die Theke, wo schon viele saßen, da kein Ausschank erfolgte. Da der große Raum sehr warm war, trockneten wenigstens unsere nassen Sachen und der sonst unerwünschte Aufenthalt bewahrte uns vor schwerer Erkältung, die uns im Zug mit zerbrochenen Fensterscheiben geblüht hätte. Ich sehnte mich in dieser Nacht bereits nach meinem bescheidenen Winkel in Quoltitz, wo die Strohschütte ein ersehnter Luxus war. Am nächsten Morgen stand man zunächst einmal drei Stunden an der Sperre an, um einen Sitzplatz im Zug zu erobern, was uns auch wirklich glückte. Natürlich wechselte man sich während der endlos langen Fahrt mit weniger glücklichen Reisegenossen ab, die eng gedrängt zwischen den Bänken standen. Nach langem Warten ging die Reise los und endete nachts um 2 Uhr auf einem völlig zerbombten Bahnhof in Berlin. Bis früh um 5 Uhr durfte man den Bahnhof nicht verlassen, mußte also, erschöpft und gerädert wie man war, diese kalte Dezembernacht unter freiem Himmel verbringen. Wenigstens von oben war es trocken. Für einen Kanten Brot ließ mich ein Mann längere Zeit auf seinem Sack sitzen, sonst hätte ich mich auf den feuchten, schmutzigen Boden setzen müssen, denn ich hatte nicht mehr die Kraft, drei Stunden zu stehen.

Um 5 Uhr gingen wir mit einem ortskundigen Mitreisenden auf einen anderen Bahnhof, um nach Stendal zu fahren. Ohne Führung hätten wir uns in dem zerbombten, dunklen Berlin kaum zurechtgefunden. Es wäre zuviel Glück gewesen, wenn ein Zug nach Stendal an diesem Tage gefahren wäre. Es wurde uns geraten, über Magdeburg zu fahren, und es gelang auch wirklich, einen Zug dorthin zu erwischen - natürlich auch mit zerbrochenen Fenstern, aber wenigstens hatten wir Sitzplätze. Wir kamen mit einer Dame ins Gespräch, schilderten ihr unsere Erlebnisse und erregten ihr Mitleid so sehr, daß sie uns für alle Fälle die Adresse von Verwandten in Magdeburg gab nebst einem kurzen Begleitschreiben.

Da die Eisenbahnbrücke vor Magdeburg gesprengt war, mußten wir aussteigen und 12 km zu Fuß in die Stadt laufen. Es gelang Rudolf, mir einen Platz auf einem Gepäckwagen zu erobern, denn nach zwei schlaflosen Nächten war ich nicht mehr sehr leistungsfähig. Wenn der fahrplanmäßige Zug nach Stendal gegangen wäre, hätten wir ihn noch erreicht. Aber so viel Glück war uns nicht beschieden. Nach stundenlangem Warten auf dem Perron hieß es, der Zug führe erst früh um 7 Uhr. Daraufhin stürzte alles in den Bahnhofsbunker, wo wir auch glücklich eine Bank ergatterten. Aber diese Erholung war nur kurz, es kamen Russen und warfen uns herunter. Ich setzte mich auf die Erde. Rudolf entdeckte einen Raum, wo sich Helfer vom Roten Kreuz aufhielten und uns auf sein Bitten aufnahmen, so daß ich die Wohltat hatte, auf einem einfachen Lager ein paar Stunden auszuruhen. Am nächsten Morgen hieß es, der Zug nach Stendal ginge erst abends um 6 Uhr. Im Bunker durfte man sich tagsüber nicht aufhalten, ein Lokal, wo man hätte essen können, gab es in dem stark zerstörten Magdeburg natürlich auch nicht. So nahmen wir zu der uns gegebenen Adresse Zuflucht und suchten die uns völlig fremden Leute auf. Sie waren selbst ausgebombt und hatten nur ein enges Quartier, nahmen uns aber sehr freundlich und hilfsbereit auf, und ließen mich gleich, nachdem wir uns im Bad etwas gesäubert hatten, im eigenen Bett schlafen. Mein Anblick war allerdings mitleiderregend. Nach einer reichlichen Mahlzeit, die ja unter den damaligen Ernährungsverhältnissen ein großes Opfer bedeutete, fuhren wir auf den Bahnhof und fanden glücklich einen Zug in Richtung Stendal.

Am Morgen hatten wir unsere Ankunft telegraphisch in Grieben angezeigt und um Abholung gebeten. Es wäre des Glückes zuviel gewesen, wenn dieses Telegramm angekommen wäre. Im Städtchen Tangerhütte, unserer Endstation, war der mir einzig bekannte Mensch die Hebamme, die ich bei vier Wochenbetten von Erika kennengelernt hatte. Da ich ihre Wohnung wußte, machten wir uns auf - es war abends 9 Uhr - und fanden auch wirklich ein Asyl bei dieser guten Frau. Ich bekam das Bett des abwesenden Gatten, Rudolf einen Diwan, und so fühlte man sich das erste Mal auf dieser Fahrt einigermaßen geborgen. Am nächsten Mittag kam ein Wirtschaftswagen aus Grieben, der Flüchtlinge zur Bahn brachte, und der uns mitnahm. Wir hatten auf der ganzen Fahrt das Glück, daß keine strenge Kälte herrschte, denn sonst wäre auch dieser letzte Teil unserer Reise im offenen Kastenwagen recht unangenehm gewesen.

Nachmittags um 3 Uhr kamen wir endlich am vorläufigen Ziel von unserer fürchterlichen Fahrt an und wurden sehr liebevoll aufgenommen, erst bei den treuen Förstersleuten im Forsthaus, später in der Pfarre. So feierten wir Weihnachten mit heißem Dank für die gelungene Flucht in Grieben. Der gute alte Förster, der 36 Jahre im Dienste der Familie Itzenplitz war, ist ein Jahr später von Einbrechern erschossen worden. Wir hatten beide Ruhe und Erholung nötig und fühlten uns nicht fähig, die Grenze schwarz zu überwinden. So warteten wir einen Flüchtlingszug ab, und verließen Grieben erst Ende Januar 1946.

Die Fahrt im Flüchtlingszug bedeutete nochmals eine große Strapaze. Bis ins Lager Marienborn dauerte die kurze Fahrt alles in allem 24 Stunden. Nach einer schrecklichen Nacht in diesem Elendslager fuhren wir am nächsten Morgen nach Braunschweig. Da solche Züge nur weit draußen auf den Güterbahnhöfen abgefertigt wurden, hatten wir wiederum einen weiten Marsch in die Stadt. Da wir den nächsten Zug nach Wolfenbüttel abwarten mußten, kamen wir erst gegen 8 Uhr abends dort an. Auf unseren Anruf holte uns ein Auto ab, und so kam endlich die heiß ersehnte Stunde, wo wir wenigstens diese Kinder und Enkel wieder hatten. Unsere Dankgefühle waren grenzenlos. In der Wohnung von Wilfried und Erika war kein Platz für uns, aber Erika hatte uns in der Schule ein Zimmer gesichert, wo wir seitdem in größter Eintracht mit dem freundlichen Lehrerehepaar wohnen.

Freiherr Alfred und Freifrau Johanna v. Welck auf Radibor

Das Rittergut Radibor liegt in der Amtshauptmannschaft Bautzen, etwa 10 km nordwestlich der Kreisstadt. Es hatte eine Größe von rund 231 ha, davon 166 ha landwirtschaftliche Nutzfläche (einschließlich 28 ha Fischteiche) und 65 ha Wald. Radibor war ursprünglich ein Einsiedelscher Besitz gewesen. Es ist im Jahre 1924 durch Erbschaft durch ihre mütterliche Familie über Johanna Freifrau v. Welck, geb. Sahrer v. Sahr, an die Welcks gekommen. Radibor war als Erbhof anerkannt worden, was zur Folge hatte, daß es nach den damals geltenden Bestimmungen unveräußerlich, unteilbar und unbelastbar sowie von der Erbschaftssteuer befreit war.

Im Keller des Schlosses waren in einem Bunker die wichtigsten Wertgegenstände wie Silber, Teppiche und Gemälde, aber auch das Welcksche Familienarchiv mit unersetzlichen Urkunden eingemauert. Dieser ist erbrochen worden, sein Inhalt wurde geplündert und ausgeraubt. Ein noch vorhandener Rest sowie eine wertvolle Bibliothek mit vier- bis fünftausend Bänden sind dann später von der sogenannten "Schloßbergung" vereinnahmt worden.

Zur Familie des letzten Eigentümers gehören:

> Kurt Robert A l f r e d Freiherr v. W e l c k, * Riesa 13. 12. 1866, † Bad Godesberg 22. 4. 1963, Kgl. sächs. Khr, sächs. GehRegRat a. D., Domhr des Hochstifts Meißen, RRr d. JohO.;
> ╳ Ehrenberg 3. 9. 1901 Johanna S a h r e r v. S a h r, * Dresden 19. 7. 1875, † Ellwangen an der Jagst 9. 11. 1956, auf Radibor (§), Bez. Bautzen, T. d. Kgl. sächs. Khrn u. Mitgl. der Ersten Kammer der sächs. Ständeversammlung Georg S. v. S. auf Ehrenberg, Amtshptmschaft Döbeln, u. Prietitz, Amtshptmschaft Kamenz, u. d. Helene Gfin v. Einsiedel a. d. H. Radibor.
> Söhne:
> 1. Curt Clemens G e o r g - M a g n u s, * Glauchau 4. 3. 1911, Oberst i. G. a. D., DiplLdwirt, MinDirigent i. R., EKommendator d. JohO.;
>   ╳ Laubach (standesamtl.) 10. 5., (kirchl.) 11. 5. 1948 Krista Ilse K e r - s t e n s, * Kassel 18. 2. 1921, T. d. Ldwirts Hans K. u. d. Käthe Schaeper.
> 2. Kurt D e t l e v Alfred Nikolaus, * Dresden 19. 10. 1912, Wirtschaftsberater;
>   ╳ (standesamtl.) Radibor 20. 9., (kirchl.) Berlin 24. 9. 1942 Agnes-Elisabeth (Agneli) v. R e n t h e gen. F i n k, * Tiefhartmannsdorf, Schlesien, 11. 4. 1920, T. d. Gesandten a. D. Dr. jur. Cécil v. R. gen. F. u. d. Christa Gfin Vitzthum v. Eckstädt.
> 3. Kurt D i e t r i c h, * Dresden 28. 10. 1915, ╳ bei Orel 4. 5. 1943, Hptm. u. KompChef, stud. forest.

Für das Schicksalsbuch hat der älteste Sohn, Georg-Magnus Freiherr v. Welck, folgendes über die damaligen Ereignisse berichtet:

Nach Beginn des Krieges am 1. September 1939 standen bald alle drei Söhne im Felde. Der jüngste, Dietrich, fiel als Kompaniechef in einem sächsischen Res. Inf.-Rgt. am 4. Mai 1943 bei Orel an der Ostfront.

Im Frühjahr 1945 wurde auch die Lausitz Kriegsschauplatz. Das Herrenhaus in Radibor war schon seit langem durch militärische Einquartierung und nun in den letzten Monaten auch von durchziehenden Flüchtlingstrecks aus dem Osten voll belegt. Als die Abwehrfront an der Lausitzer Neiße Mitte April 1945 zerbrach, mußten auch meine Eltern fliehen. Der Höhere Kommandostab, der zuletzt im Hause lag, mußte sich selbst auch in den Westen absetzen und empfahl ihnen, sich anzuschließen. Am 19. April 1945 verließen meine Eltern Radibor in einem ihnen dazu zur Verfügung gestellten Wehrmachtsfahrzeug, in dem sie die Hausgenossen, die Familie des Gärtners und weitere deutsche Frauen und Kinder des Dorfes mitnahmen. Die wendische Bevölkerung sah, wie mir meine Mutter schon vorher einmal gesagt hatte, in den russischen Truppen angesichts der slawischen Blutsverwandtschaft keine große Gefahr für sich und blieb zum großen Teil da.

Die Fahrt ging zunächst nach Priestitz bei Elstra, wo bereits sowjetische Truppen durchzogen, und dann nach einer Woche weiter nach Ehrenberg bei Waldheim (beides waren Besitzungen des Bruders meiner Mutter, Nikolaus Sahrer v. Sahr). Aber auch dieser Teil Sachsens zwischen Elbe und Zwickauer Mulde wurde bald von russischen Truppen besetzt. In Ehrenberg hatten sich auch mein Bruder Detlev, der sich zur Ausheilung einer Verwundung in einem nahegelegenen Lazarett befand, mit seiner Frau Agnes-Elisabeth und ihrer kleinen Tochter Bettina eingefunden.

Zwar war der Krieg durch die Kapitulation vom 8. Mai 1945 beendet, aber friedliche Zustände herrschten noch lange nicht. Die meisten Städte lagen in Trümmern, die Äcker verwüstet, Flüchtlinge aus dem Osten übervölkerten die Ortschaften oder machten sich wieder auf den Weg zurück in ihre Heimat. Ehemalige Soldaten suchten ihre Angehörigen, und befreite Kriegsgefangene und Häftlinge sowie verschleppte Zwangsarbeiter zogen zum Teil plündernd durchs Land. Die ersten Berichte, die meine Eltern aus Radibor erhielten, lauteten: "Hofscheune abgebrannt, Schloß von außen unbeschädigt, inwendig ein Bild der Verwüstung, aufgebrochen und ausgeraubt."

Nachträglich stellt sich die Frage, ob ein früheres Absetzen aus Radibor für meine Eltern besser gewesen wäre. Wir haben damals, als ich im März 1945 mit meinem Stabe in die Oberlausitz kam, verschiedentlich darüber gesprochen. Aber einmal war ein vorzeitiges Absetzen für die Zivilbevölkerung ohne Anordnung durch die Kreisleitung der NSDAP unter Strafandrohung strengstens verboten. Eine Mitnahme von "großem Gepäck" oder gar mehr wäre dabei unmöglich gewesen. Zum anderen waren wir der Auffassung, daß die Angehörigen der Führungsschicht auf dem Lande sich selbst nicht vorzeitig in Sicherheit bringen könnten, und daß man die Menschen, mit denen man zusammen lebte, nicht ihrem Schicksal überlassen dürfe. Rückblickend läßt sich sagen, daß, wie sich dann gezeigt hat, ein vorzeitiges Ausweichen niemandem etwas genützt hätte, weder meinen Eltern noch Radibor.

Im Sommer 1945 gelang es zunächst meinem Bruder Detlev mit seiner Frau, nach Radibor zurückzukehren. Sie bemühten sich, dort wieder Ordnung zu schaffen, und halfen bei der Einbringung der Ernte. Meine Eltern folgten Ende des Sommers nach, aber ihr Aufenthalt war nur von kurzer Dauer. Nach dem Erlaß der Bodenreformgesetze in der sowjetischen Besatzungszone bestand für sie keine Möglich-

Das schmale parkseitige Portal in ruinöser Fassade

Fotos (2): Autor

Hinter einem grünen Vorhang verfällt das Radiborer Schloß

keit mehr, in ihrem Heimatort zu bleiben. Das gleiche Schicksal traf ja alle Gutsbesitzer über 100 ha, die unter die "Bodenreform" fielen.

Eines Tages im November 1945 wurde meinen Eltern durch die Tochter des kommunistischen Bürgermeisters übermittelt, sie müßten Radibor innerhalb der nächsten zwei Stunden verlassen haben, andernfalls drohe ihnen Verhaftung und Abtransport. So machten sie sich nur mit dem nötigsten Handgepäck auf den Weg ins benachbarte Luppa, der Kirchengemeinde für die evangelischen Einwohner von Radibor, wo sie für die Nacht im Pfarrhaus aufgenommen wurden. Am nächsten Tag brachte sie mein Bruder Detlev teils per Bahn, teils zu Fuß zur thüringisch-bayerischen Grenze, über die sie in die amerikanische Besatzungszone gelangten. Dort fanden sie dann Aufnahme bei Verwandten. So ist ihnen die Verhaftung und Verschleppung nach Rügen erspart geblieben. Mein Vater stand damals kurz vor der Vollendung seines 79. Lebensjahres, meine Mutter war 70 Jahre alt.

Der Bruder und die Schwester meiner Mutter in Ehrenberg, wo die Eltern nach der ersten Flucht aus Radibor Anfang Mai 1945 Aufnahme gefunden hatten, konnten sich der Verhaftung und Deportation nach der Insel Rügen nicht entziehen. Onkel Nikolaus Sahr ist dort im Dezember 1945 infolge Entkräftung an der Ruhr gestorben. Tante Elisabeth gelang es nach einiger Zeit, unterstützt von hilfreichen Menschen, die Insel über den Rügendamm zu verlassen. Sie fand dann zusammen mit meinen Eltern Aufnahme bei Verwandten in Süddeutschland.

Das Rittergut Radibor war entschädigungslos enteignet worden. Ein Teil der Flurstücke wurde an Bauern oder auch landlose Dorfbewohner vergeben, der größere Teil wurde als sogenanntes Volkseigentum kollektiv durch die dafür gegründete

474

Schloß Radibor
Wie es sich bis 1945 zeigte.

Landwirtschaftliche Produktionsgenossenschaft (LPG) bewirtschaftet. Später wurden die kleinen Landbesitzer dann auch in die LPG gezwungen. Das Herrenhaus in Radibor diente zunächst als Lehrerbildungsanstalt, teilweise auch als Kindergarten. Dann wurde es einige Zeit als Großküche der LPG und als Dorfgemeinschaftshaus genutzt. Viele Jahre hindurch war es unbewohnt und diente der Zivilverteidigung für Lagerzwecke. Es verfällt zusehends, da seit dem Kriege keinerlei Instandsetzungen vorgenommen wurden. Es befindet sich infolgedessen in einem äußerst desolaten Zustande.

Mit dem land- und forstwirtschaftlichen Vermögen wurde auch das gesamte private Inventar des Schlosses enteignet. Von der sehr wertvollen Einrichtung ist nur ein ganz kleiner Teil nach Plünderung und Vernichtung durch die sogenannte "Schloßbergung" vom Staat vereinnahmt worden. Sobald die erwarteten gesetzlichen Regelungen vorliegen, wollen mein Bruder und ich deren Rückerwerb beantragen.

Siegfried Freiherr v. Welck

Kurt Christian Friedrich S i e g f r i e d Freiherr v. W e l c k, * Chemnitz 6. 3. 1914, AmtsgerRat, RRr d. JohO.; ⨯ Belgershain 10. 10. 1942 Barbara R a u s c h, * Belgershain 28. 2. 1921, T. d. Pfarrers Friedrich R. u. d. Margarete Pinkau. Kinder:

1. Marianne Barbara J u l i a n a, * Belgershain 17. 12. 1943, † Münster i. W. 19. 8. 1965.
2. Ordalie Katharina U l r i k e, * Diersfordt bei Wesel 21. 8. 1953; ⨯ St. Gallen, Schweiz, 10. 4. 1980 Johannes Frhr v. W a r s b e r g, * Heidelberg 28. 12. 1952.
3. Curt C h r i s t i a n, * Oberhausen, Rheinld, 20. 12. 1960, † ebd. 14. 2. 1961.

Über sein und seiner Familie Schicksal in den Kriegs- und Nachkriegsjahren hat Siegfried Freiherr v. Welck einen Bericht verfaßt, der nachfolgend im Wortlaut wiedergegeben wird.

Im Sommer 1938 zogen meine Eltern nach Belgershain und mieteten dort das dem Fürsten Günther v. Schönburg-Waldenburg gehörende Schloß. Ich selber wurde, nachdem ich meine erste juristische Staatsprüfung (Referendarexamen) bestanden hatte, am 1. Oktober 1940 zur Wehrmacht eingezogen, von der ich bis dahin wegen einer Nierenerkrankung zurückgestellt war. Zunächst war ich bei der Aufklärungsabteilung 24 in Holland und machte dann als Zugführer in einer Radfahrschwadron den Vormarsch durch die Ukraine bis zur Krim mit.

Während eines Genesungs- und Arbeitsurlaubs heiratete ich im Oktober 1942 Barbara Rausch, deren Vater Pfarrer in Belgershain war. Wir richteten uns im zweiten Stock des Belgershainer Schlosses eine kleine Wohnung ein. Dieses Glück war jedoch nur von kurzer Dauer, denn sehr bald wurde ich zur Ersatzabteilung nach Torgau einberufen und von dort als Abt.-Adjutant zur 104. Jägerdivision versetzt, die damals in Serbien lag und dann nach Griechenland verlegt wurde.

Auf dem Rückmarsch von dort geriet ich zum Zeitpunkt der Kapitulation als persönlicher Begleitoffizier des kommandierenden Generals des XXI. Geb. A. K.'s, Gen.-Lt. v. Ludwiger, am 13. Mai 1945 bei Cilly in jugoslawische Kriegsgefangenschaft. Nach Trennung der Offiziere von den Mannschaften wurden wir im Fußmarsch (Hungermarsch) nach Peterwardein und von dort in das Offiziers-Gefangenenlager Werschetz im Banat gebracht. Während die Masse der deutschen Kriegsgefangenen bis Januar 1949 zurückgeführt wurde, wurde ich mit noch 1350 Kameraden unter dem Vorwand, Kriegsverbrechen begangen zu haben, zurückgehalten. Nach zwei Vernehmungen im Frühjahr und Oktober 1948, in denen mir keine strafbaren Handlungen vorgeworfen werden konnten, wurde ich Ende Dezember 1948 in das Militärgerichtsgefängnis Sarajewo überführt. Nachdem ich eine Anklageschrift in jugoslawischer Sprache erhalten hatte, fand am 3. Juni 1949 die Verhandlung vor dem Kriegsgericht in Sarajewo statt. Sie verlief äußerst schnell, ein Verteidiger wurde nicht gestellt. Nach Verlesung der Anklageschrift in jugoslawischer Sprache erhielt ich Gelegenheit zur Stellungnahme, die ohne Zwischenfragen vom Gericht entgegengenommen wurde. Nach kurzer Pause wurde das Urteil verkündet, das auf sieben Jahre Freiheitsentzug und Zwangsarbeit lautete. Ich legte gegen dieses Urteil Berufung ein. Einige Wochen später legte der Militärankläger ebenfalls Berufung ein. Im September 1949 wurde ich in das frühere Offizierslager in Werschetz, das zum Vernehmungslager gemacht worden war, überführt. Dort blieb ich bis zu meiner zweiten Verurteilung. Bereits bei der Ankunft wurden ein Kamerad und ich mit Ohrfeigen empfangen. Wir mußten uns unter dem Gelächter der Wachmannschaften auch gegenseitig ohrfeigen. Nachdem wir einige Tage im Arrest-Bunker des Lagers verbracht hatten, wurden wir die letzten drei Tage vor der Vernehmung in einen Holzverschlag gesperrt, der sich in der großen Halle befand, in der die Folterungen durchgeführt wurden. Der Verschlag war gerade so groß, daß wir dicht gedrängt nebeneinander auf dem Zementfußboden liegen konnten. Unsere kleine Notdurft verrichteten wir in der Halle außerhalb des Verschlages, wozu wir rausgelassen wurden. Die große Notdurft wurde in einen Karton verrichtet. Auf dem Fußboden der Halle waren große Urinlachen. Die Verpflegung war ausreichend, doch waren wir infolge der äußersten Nervenanspannung kaum in der Lage, etwas zu essen.

Diese drei Tage waren das Furchtbarste, was ich in meinem Leben mitgemacht habe und stellt alle schweren Erlebnisse im Kriege und in der Gefangenschaft weit in den Schatten. Von morgens bis abends mit kurzer Mittagspause hörten wir und sahen durch die Ritzen des Verschlages, wie zahlreiche Kameraden mit den Armen an einen Galgen gehängt wurden, so daß die Fußspitzen gerade noch den Boden berührten, stundenlang geschlagen, mit Füßen getreten und gepeitscht wurden, um aus ihnen Geständnisse zu erpressen. Stundenlang hörten wir die Geräusche des Schlagens, oft höhnisches Gelächter der Vernehmenden, lautes, immer stärker werdendes Stöhnen, Röcheln und dann wieder lautes Schreien der unter fürchterlichen Schmerzen gequälten Kameraden. Da ich in diesen drei Tagen erleben mußte, mit welch fürchterlichen Methoden die Geständnisse erpreßt wurden, und ich außerdem zu Beginn meiner am vierten Tage folgenden Vernehmung durch einen deutschen Vernehmer, den ich von früher kannte, eindringlichst ermahnt wurde, ein "Geständnis" abzulegen, andernfalls ich nicht lebend aus dem Vernehmungsraum kommen würde, entschloß ich mich - wie viele andere vor und nach mir - ein solches, frei von mir erfundenes Geständnis mit insgesamt 58 Erschießungen zu Protokoll zu geben. Ende Oktober 1949 erhielt ich die Anklageschrift in deutscher Sprache. Sie ist das einzige Dokument, das ich noch im Original im Besitz habe.

Die sogenannte Gerichtsverhandlung vor einem Sondergericht fand im Werschetzer Gerichtsgebäude statt. Die Verhandlung wurde gleichzeitig gegen etwa 50 bis 70 Kameraden geführt und hatte nur den äußeren Rahmen mit einer Gerichtsverhandlung gemein. Da sämtliche Geständnisse erpreßt und andere Beweismittel nicht vorhanden waren, blieb uns nichts anderes übrig, als zu sagen, daß wir die in der Anklageschrift aufgeführten Verbrechen begangen hätten und uns schuldig fühlten. Meines Wissens hat in dieser oder einer anderen Verhandlung keiner gewagt, sein "Geständnis" zu widerrufen. Ein für sämtliche Angeklagten bestimmter Pflichtverteidiger, den wir erstmals während der Verhandlung sahen, sprach einige Worte zu unserer Entlastung. Wir hatten den bestimmten Eindruck, daß die Höhe der Strafen bei allen Angeklagten schon vor Beginn der "Verhandlung" festgelegt war und nur notdürftig der Form einer Gerichtsverhandlung Genüge getan werden sollte. Nach einer kurzen Pause, während wir den Saal verlassen hatten, wurden zunächst die zum Tode und zu lebenslänglichem Freiheitsentzug Verurteilten, und sodann alle übrigen zusammen hereingerufen. Die Strafen bewegten sich zwischen 15 und 20 Jahren Freiheitsentzug. Ich erhielt 17 Jahre.

Nach der Verurteilung wurden wir in das Zuchthaus Sremska Mitrowitza gebracht, wo wir bei einer sehr kärglichen Verpflegung dicht gedrängt in überfüllten Zellen untergebracht und äußerst streng behandelt wurden. Nach einigen Wochen dort kam ich in verschiedene Außenlager des Zuchthauses und arbeitete dort am Bau der Autobahn Belgrad - Agram (heute Zagreb).

Nach Aufnahme der diplomatischen Beziehungen zwischen der Bundesrepublik Deutschland und Jugoslawien gelang es der Regierung in mühevollen Verhandlungen, unsere Freilassung durch wirtschaftliche Zugeständnisse zu erkaufen.

So wurde ich am 24. Dezember 1951 nach sechseinhalbjähriger Gefangenschaft entlassen und fand meine Mutter, meine Frau und unsere am 17. Dezember 1943 geborene Tochter Juliana, die ich nur einmal während des letzten Urlaubs gesehen hatte, wieder. Erst jetzt erfuhr ich auch von dem Schicksal meiner Familie während meiner Abwesenheit.

Mein Vater war am 18. Mai 1944 im 71. Lebensjahr gestorben. Als in Sachsen im Herbst 1945 die sogenannte Bodenreform durchgeführt wurde, mußten meine Mutter und meine Frau innerhalb von 24 Stunden das Schloß räumen. Meinem Schwiegervater gelang es, die damaligen Funktionäre davon zu überzeugen, daß meine Mutter keine Verwandte des Fürsten Schönburg war. Damit konnte ihr die Ausweisung aus dem Kreis und die Verschickung nach Rügen erspart werden. Sie erhielt eine kleine Wohnung im Dorf, in die sie einen Teil unserer Möbel mitnehmen konnte. Meine Frau und Tochter fanden im Pfarrhaus liebevolle Aufnahme.

Im Frühjahr 1951 ergab sich für meine Mutter die Möglichkeit, nach Westdeutschland umzuziehen. Auf dem Besitz ihres Bruders, Stolberg-Wernigerode, Diersfordt, fand sie eine neue Heimat. Meine Frau und Tochter folgten ihr im Herbst des gleichen Jahres.

Harry v. Wiedebach und Nostitz-Jänkendorf auf Wiesa, Thiemendorf und Arnsdorf

Als Harry v. Wiedebach die im Kreis Rothenburg, Oberlausitz, gelegenen Rittergüter Wiesa und Thiemendorf von seinem Vater erbte, waren diese noch Fideikommiß und seit 1577 in Familienbesitz. Das Rittergut Arnsdorf, Kreis Görlitz, grenzte an Thiemendorf und wurde von ihm 1931 von seinem Vetter Paulfriedrich v. Wiedebach erworben. Der Gesamtbesitz hatte ein Größe von 1135 ha, davon 577 ha Feld und 555 ha Wald.

Thiemendorf war verpachtet und wurde gegen Ende des Krieges in ziemlich desolatem Zustand zurückgegeben. Wiesa bewirtschaftete Harry selbst. Er hat durch Meliorationen und Neubau von Arbeiterwohnungen viel zur Wertverbesserung getan. Das Schloß wurde 1922/23 erheblich an- und umgebaut. Arnsdorf übergab Harry seinem Schwiegersohn Hans-Heinrich Schnorr v. Carolsfeld zur Bewirtschaftung. Als dieser zu Kriegsbeginn eingezogen wurde, übernahm Harry auch die Bewirtschaftung dieses Betriebes. Bei den ersten Anzeichen der drohenden Enteignung versuchte er, einen Teil der Ländereien auf seine Kinder zu überschreiben. Dazu kam es dann aber nicht mehr.

Zur Familie des letzten Eigentümers gehören:

Harry Georg v. Wiedebach u. Nostitz-Jänkendorf, * Wiesa 20. 6. 1883, † Bad Boll 26. 9. 1957, Fkhr auf Wiesa u. Thiemendorf (§), Kr. Rothenburg, OLausitz, u. Arnsdorf (§), Kr. Görlitz, Major a. D., Rr d. hohenzoll. HausO. m. Schw., RRr d. JohO., Stiftsverweser des weltadel. Fräuleinstiftes Joachimstein, Vorsitzender des v. Wiedebachschen Familienverbandes;
✕ Breslau 8. 2. 1911 Annemarie v. Cleve, * Wiesau, Kr. Glogau, 25. 2. 1889, † Bad Boll 6. 9. 1967, T. d. Ernst v. C. u. d. Marianne Bierbaum, auf Wiesau.

Kinder:

1. Astrid Marianne Helene Antonie, * Breslau 22. 2. 1912, Dr. rer. nat.;
✕ Bad Pyrmont 9. 4. 1948 Johannes Hein, * Groß-Reichenau, Kr. Sagan, 26. 9. 1895, Studienrat.

2. Irmgard Elisabeth Marie Anna, * Lüben 23. 3. 1913;
✕ Wiesa 2. 7. 1932 Hans-Heinrich Schnorr v. Carolsfeld, * Metz 7. 2. 1905, staatl. gepr. Ldwirt, kaufm. Angest.

3. Karl-Georg Johannes Fritz Hermann Paul, * Wiesa 29. 3. 1920, ✕ Staraja Russa am Ilmensee 18. 8. 1943, OLt d. Res. im Reiterrgt 8.

4. Hans-Caspar Harry Karl Gottlieb, * Wiesa 7. 4. 1921, staatl. gepr. Ldwirt, Mitinh. d. Fa Glasstahlbetonbau Ulm, Gebr. v. Wiedebach, RRr d. JohO., Vors. u. Senior d. FamVerb.;
✕ Brunskappel, Kr. Brilon, Westf., 20. 9. 1952 Elisabeth v. Braunschweig, * Stettin 23. 9. 1931, T. d. Rittmeisters a. D. Vollrath v. B. auf Standemin (§), Kr. Belgard, Pomm., u. d. Ilse v. Holtzendorff.

5. Ursula-Margarete Annemarie Friederike, * Wiesa 18. 6. 1922, Heimleiterin.

6. **C h r i s t o p h**-Friedrich Carl Adalbert, * Wiesa 21. 5. 1926, DiplKaufm.,
Mitinh. d. Fa Glasbau Wiedebach Mannheim;
× I. (standesamtl.) Göppingen 2. 6., (kirchl.) Bad Boll 3. 6. 1954 Bar-
bara v. L i n d e i n e r gen. v. W i l d a u, * Schweidnitz 6. 11. 1935
(gesch. Mannheim 25. 3. 1970; × II. [standesamtl.] Krailling, [kirchl.]
Planegg bei München 9. 4. 1973 Eberhard Gf zu Stolberg-Wernigerode
a. d. H. Jannowitz, * Hirschberg, Schles., 19. 6. 1931, Industriekaufm.),
T. d. Oberstlts a. D. Christoph v. L. gen. v. W. u. d. Ruth Stockhausen;
× II. Mannheim 29. 5. 1970 Ute S o m m e r l a t t e, * Köln 16. 8. 1939
(× I. Hamburg 9. 11. 1967 Carl Gf zu Stolberg-Stolberg, * Reichen,
Schles., 7. 6. 1925, Hotelier, gesch. Innsbruck ... 12. 1968), T. d. Dr.
phil. Herbert S. u. d. Thea Traut.

Der nachfolgende Bericht über die Geschehnisse innerhalb der Familie und der
Besitzungen ist Tagebuchaufzeichnungen von Harry v. Wiedebach entnommen, die
sein Sohn Hans-Caspar zur Verfügung gestellt hat sowie einem Aufsatz, den letzterer aus Anlaß des hundertsten Geburtstages seines Vaters für die Wiedebachsche
Familien-Chronik verfaßt hat.

Das Weihnachtsfest 1944 war das letzte gewesen, das wir in Wiesa feiern durften.
Die Kriegslage war außerordentlich ungünstig geworden. Die Westmächte waren
in bedrohliche Nähe der deutschen Westgrenze gelangt, und man mußte mit einem
großangelegten Angriff der Russen über kurz oder lang rechnen. Tatsächlich
begann ihre Offensive Anfang Januar 1945 auf deutsches Gebiet überzugreifen.
Unser jüngster Sohn Christoph war schon im Spätherbst 1944 von der hollän-
dischen Grenze zu einem neu aufgestellten Truppenteil an die Ostfront versetzt
worden. Seit Dezember befand er sich in der Festung Graudenz zur Ausbildung als
Scharfschütze. Dort besuchte ich ihn kurz vor Beginn der russischen Offensive und
man hörte schon deutlich den Kanonendonner. Auf meine Bitte wurden ihm ein
paar Tage Urlaub genehmigt, aber als wir zu Hause ankamen, lag wegen der
bedrohlichen Lage schon sein Rückruf vor. Er kam zu seiner Truppe zurück, kurz
bevor Graudenz eingeschlossen wurde, und wir waren lange Monate hindurch in
großer Sorge um ihn. Als er dann Mitte August 1945 sehr elend nach Wiesa
zurückkam, erfuhren wir, daß ihm am 27. Februar ein Granatsplitter die rechte
Hand abgerissen hatte. Als er dann noch wegen mangelnder Pflege die Ruhr
bekam, hing sein Leben an einem seidenen Faden. Die Sowjets haben ihn dann als
schwer Verwundeten entlassen.
Im Januar 1945 begannen sich dann die Landstraßen mit Flüchtlingstrecks zu
füllen, deren Unterbringung von Tag zu Tag wechselte. Auch militärische Einquartierung hatten wir oft und haben dabei manche trefflichen Leute unter den
Offizieren und Mannschaften kennengelernt. Eine besondere Überraschung war es
für uns, als eine Anzahl von Soldaten Annemarie an ihrem Geburtstag mit einem
Choral weckten. Selbstverständlich wurde dann noch ordentlich gefeiert.
Bereits im Februar war die Rote Armee über Bober und Queis vorgedrungen und
wurde vor Görlitz durch hartnäckigen Widerstand unserer Truppen aufgehalten.
Schon damals hatte die "Partei" einen allgemeinen Treckbefehl für die Zivilbevöl-
kerung erlassen. Als ich aber erklärte, ich würde Wiesa nicht verlassen, blieb die

ganze Gemeinde da. Nichtsdestoweniger waren die Treckwagen gepackt und alles für einen Abmarsch vorbereitet.

Am 8. März meldete der Wehrmachtsbericht die Rücknahme unserer Front zwischen Düsseldorf und Köln auf das rechte Rheinufer. Im Osten war Graudenz gefallen, wo wir Christoph wußten, und in Pommern stand der Russe bei Stettin und Küstrin. Überraschend erscheint abends zu unserer großen Freude unser Sohn Caspar. Er ist von Dänemark nach Königgrätz versetzt worden und will auf der Durchreise einen Tag bei uns bleiben. Er fährt dann am 10. März über Rengersdorf nach Görlitz weiter. Die Kreisleitung ist noch immer ärgerlich über uns, daß wir noch nicht abgerückt sind. Es heißt, daß die Russen vor Görlitz eine starke Panzerarmee massieren. Die Lage wird immer ernster. Überall wird geschanzt und ein fünf Meter tiefer und vier Meter breiter Panzergraben nach Kodersdorf zu ausgehoben, sowie Splitterlöcher entlang den Wegen.

Unter großen Schwierigkeiten gelangte ich am 24. März nach Joachimstein, dessen Stiftsverweser ich ja bin. Der Forstmeister berichtete über die Evakuierung des Stiftes vor fünf Wochen. Inzwischen sind zwei Schwestern Nostitz-Wallwitz wieder zurückgekommen und haben sich notdürftig eingerichtet. Ein dort einquartierter Kampfkommandant benimmt sich sehr unerfreulich. Zurück bin ich über Görlitz gefahren, das schon von den Russen beschossen wird.

Am nächsten Tag erhielten wir die Nachricht, daß unser Schwiegersohn Hans-Heinrich Schnorr v. Carolsfeld im November 1944 in US-Gefangenschaft geraten ist und sich in einem Lazarett bei New York befindet, welche Beruhigung und Freude für uns alle, besonders für Irmel (Irmgard), die ja noch bei uns in Arnsdorf lebt. Nach Wiesa wird der Stab einer Ausbildungseinheit mit einem Oberst Kunow verlegt. Überraschend kommt am 6. April Nachricht von Caspar aus Gardelegen, wohin er inzwischen versetzt wurde. Wenige Tage später wurde in der Nacht vom 12. zum 13. April höchste Alarmbereitschaft durchgegeben. Alle Frauen und Kinder sollten sich ab 5 Uhr bereithalten. Die Rote Armee soll bei Muskau zum Großangriff angetreten sein. Am Montag, 16. April, setzt ein Trommelfeuer ein, wie ich es zuletzt in der Somme-Schlacht im Ersten Weltkrieg erlebt habe. Als unsere Artillerie hinter unserem Haus in Stellung geht, halte ich die Lage für so gefährlich, daß ich die Treckwagen fertigmachen lasse und den Befehl zum Abmarsch gebe, dem sich die ganze Gemeinde anschließt. Der Abmarsch erfolgt gegen 10 Uhr abends und gegen 2 Uhr nachts landet der Treck in Arnsdorf. Annemarie und ich bleiben allein in Wiesa zurück und verbringen dort eine ziemlich schlaflose Nacht.

Am nächsten Morgen gegen 6 Uhr folgen wir dem Treck, und bei der großen Nervenanspannung wird uns die Schwere der Trennung gar nicht in voller Größe bewußt. Am Abend versuche ich mit Fräulein Giersberg, unserer langjährigen treuen Sekretärin, nochmals nach Wiesa zu fahren. Wir müssen aber wegen des starken Artillerie-Beschusses, der von deutscher Seite mangels Munition kaum erwidert wird, wieder umkehren. Es wird mir klar, daß wir schleunigst wegmüssen, und nach eingehender Beratung gebe ich den Abmarschbefehl für nächsten Morgen 4 Uhr, allerdings in Richtung Reichenbach und nicht nach Löbau, wie von der Kreisleitung gewünscht, denn dann wären wir den Russen in die Arme gelaufen. Nach vielen Mühen, man hatte uns noch einen Wagen requirieren wollen,

verließen wir Arnsdorf gegen 5 Uhr. Bei leichtem Nebel, der uns vor Fliegerangriffen schützte, gelangten wir über Reichenbach nach Obersohland, wo wir in dem dortigen Remontegut ordentlich unterkamen.
Unser Treck war inzwischen sehr groß geworden, Wiesa und Arnsdorf mit vielem Anhang. Kurz nach unserem Abmarsch wurde Arnsdorf beschossen, inzwischen soll der Russe dort mit Panzern gelandet sein. Aller Zweifel, ob wir noch in Obersohland bleiben sollten, wurden wir enthoben, als am 20. April ein Divisions-Stab unsere Unterkunft beschlagnahmte, so daß wir uns gegen halb 11 Uhr mit dem ganzen Treck in Marsch setzten. Wir fuhren über Strahwalde und bekamen Quartier in Ober-Cunnersdorf. Annemarie, Fräulein Giersberg und ich wohnten im Schloß, Irmel und ihre Kinder zogen zu ihrer Schwiegermutter nach Herrnhut. Am 21. April meldete der Wehrmachtsbericht schwere Kämpfe bei Bautzen, Berlin von drei Seiten eingeschlossen, Leipzig und Magdeburg halten sich noch. Aus Wiesa hörten wir, daß dort neun russische Panzer abgeschossen wurden, der Kampfkommandant v. Wietersheim liegt im Schloß, im Ort viel Schaden durch Fliegerbomben. Aus den von den Sowjets eingenommenen Ortschaften werden schlimme Greueltaten gemeldet, besonders in Gröditz und Maltitz.
Am 28. April fahre ich früh mit Fräulein Giersberg über Sohland, Reichenbach, Arnsdorf nach Wiesa mit dem Einspänner. Im Schloß liegt ein Regiments-Stab, dessen Kommandeur einen sehr netten Eindruck macht. Er orientiert mich über die Lage. Die Front ist ganz nahe und die Russen versuchen Verbindung mit den bei Bautzen eingekesselten Truppen zu bekommen. Wenn ihnen das nicht gelingt, nimmt er an, daß sie es südlich über Görlitz versuchen werden. Ferner berichtet er, daß von der Laubaner Front starke russische Kräfte nach Berlin abgezogen worden seien, und daß die Amerikaner offenbar an der Elbe stehenblieben, so daß dort deutsche Kräfte für die Entsetzung von Berlin frei würden. In Wiesa hatte in der Nacht vom 19./20. April eine einzige Pak innerhalb von drei Minuten neun russische Panzer T 34 erledigt. Nach vierstündiger Fahrt sind wir dann gegen halb 10 Uhr abends wieder in unserem Quartier gelandet.
Durch den Rundfunk erfahren wir am 2. Mai, daß Hitler in Berlin gefallen sei und daß Großadmiral Dönitz seine Nachfolge übernommen habe. In Proklamationen an Volk und Wehrmacht wird verkündet, daß nur noch gegen die Bolschewisten gekämpft werde, gegen die Westalliierten nur, wenn sie uns daran behindern würden. Ausländische Sender haben angeblich gebracht, daß die deutschen Armeen in Nordwesten und Süden kapituliert hätten. Dönitz fordert die drei letzten Heeresgruppen auf, weiter zu kämpfen, um noch große Teile der Zivilbevölkerung zu retten. Am Abend des 3. Mai erfahren wir, daß Wiesa - unser geliebtes Wiesa - von der Wehrmacht aufgegeben wird.
Da die Rote Armee immer näher kommt, müssen wir am 8. Mai weiterziehen. Unter dauernden Fliegerangriffen und Artilleriebeschuß - wir hatten zwei Tote und drei Verwundete - gelangen wir bis Warnsdorf. In der kommenden Nacht geht einer der schrecklichsten Kriege, der je über diese Erde gegangen ist, zu Ende. Deutschland liegt zum zweiten Male geschlagen am Boden. Man kann die Größe des Unglückes noch nicht im Entferntesten erfassen.
Am nächsten Morgen Weitermarsch in Richtung Tetschen-Bodenbach, wo man angeblich noch über die Elbe käme. Zwar hielt ich das für ziemlich unwahrschein-

lich, wollte aber nichts unversucht lassen. Nach einigen Stunden in Niedergrund ist der Russe da, und das Plündern beginnt. Als erstes wird uns unser Pferd und Wagen genommen. Da an ein Weiterkommen nicht zu denken ist, treten wir den Rückmarsch an, dauernd behelligt von Plünderern, die uns unseren Bulldog und Trecker abnehmen und die Pferde gegen alte Klepper eintauschen. Endlich, am 12. Mai erreichen wir Arnsdorf, wo wir von Russen überfallen werden, die mich hinter ein Haus führen und mit Revolver und Handgranaten bedrohen. Da wir ohnehin kein Gepäck mehr besitzen, fahre ich weiter nach Wiesa, wo es sehr übel aussieht, zumal die Russen die Verstecke im Keller gefunden haben. Zunächst finden wir eine Unterkunft in Thiemendorf, erst am 20. Mai ziehen wir mit Irmel und den Kindern in Wiesa ein und beginnen uns - immer wieder von Plünderungen unterbrochen - mit unendlicher Mühe einzurichten. Zwei Tage später erscheint ein Kommissar mit Dolmetscher und bringt mich zu einer Vernehmung nach Niesky. Dort wird mir alles abgenommen, ich werde verhaftet und bekomme eine von Russen bewachte, verhältnismäßig anständige Lagerstatt. Am nächsten Tag werde ich nach Kodersdorf gebracht und verbringe die Zeit mit Warten, Übernachtung auf Stroh. Am folgenden Tag, Freitag, 24. Mai 1945, Abfahrt nach Tschirna, der Kommissar in einem zweiten Wagen. Als wir dort gegen 2 Uhr ankommen, werde ich von einem Kosaken-Sergeanten in Empfang genommen, ausgeplündert, aber sonst anständig behandelt. Nach wiederum stundenlangem Warten werde ich nachts eineinhalb Stunden vernommen über Besitz, Person etc. Dann heißt es weiter warten, auch am nächsten Vormittag, bis dann die Fahrt mit dem Kommissar weitergeht, aber zu meinem Kummer nicht nach Hause, sondern nach Bunzlau, wo wir gegen 5 Uhr ankommen, wo ich in einer kleinen Bodenstube ohne Stuhl und Lagerstatt untergebracht werde. Das Warten ist schwer, erst gegen Mitternacht werde ich vor den Oberkommissar gebracht. Nach einer theatralischen Verhandlung bekomme ich meine in Niesky abgenommenen Sachen zurück und werde als "freier Bürger" entlassen. Am nächsten Tag geht es dann auf mühsamen Wegen nach Hause zurück, wo ich recht ermüdet gegen halb 8 Uhr ankomme. Ich danke Gott von Herzen, daß er mich bewahrt hat und daß ich zu Hause alles wohlauf vorfinde. Die nächsten Wochen sind damit angefüllt, die Arbeit in den Betrieben wieder notdürftig in Gang zu bringen und die Frühjahrsbestellung mit dem wenigen, das uns an Zugvieh und Maschinen gelassen wurde, zu bewältigen. Dazwischen kommt es immer wieder zu Plünderungen in Haus und Hof. Vor allem die freigelassenen Fremdarbeiter machen uns sehr zu schaffen, und sie werden von der Besatzungsmacht auch nicht an ihren Raubzügen behindert. In Görlitz herrscht große Hungersnot, die Menschen kommen in Scharen aufs Land, um sich Kartoffeln zu holen, und wir helfen, soweit wir es können. Flüchtlingstrecks, die nach Schlesien zurück wollen, werden von den Polen an der Neiße zurückgetrieben, und Deutsche, die östlich davon wohnen, müssen Hab und Gut zurücklassen und werden brutal ausgewiesen.

Von dieser Situation bin ich auch unmittelbar in meiner Eigenschaft als Stiftsverweser von Joachimstein betroffen. Es ist schlimm, daß man zunächst gar keine Reisemöglichkeit hat. Von Bekannten aus Görlitz höre ich, daß das Dorf Radmeritz mit dem Stift Joachimstein, das auf dem den Polen zur Verwaltung übergebenen Gebiet liegt, von Russen und Polen besetzt ist. Die Bevölkerung mußte den

Ort fluchtartig räumen. Forstmeister Großer und die Damen sollen unter Zurücklassung aller Habe in Tauchritz sein. Am 2. Juli erhielt ich dann die Bestätigung
mit einem Brief von Großer, der mir die Evakuierung, auch der Damen, am
22. Juni aus Joachimstein nach Tauchritz mitteilt. Am nächsten Tag erfuhr ich
dann von Förster Hennig, der jetzt in Görlitz lebt, nähere Einzelheiten. Am 12. Juli
treffe ich mich mit Forstmeister Großer in Groß-Radisch. Er berichtet von seinem
dramatischen Weggang aus Joachimstein und seine Übersiedlung in das verwüstete
Forsthaus Thräna. Die Güter Linda, Küpper und Radmeritz sind jetzt vom Stift
abgetrennt. Nach Hause zurückgekehrt, treffe ich dort Fräulein v. Oertzen aus
Joachimstein an.

Inzwischen haben die Erntearbeiten begonnen, begünstigt durch gutes Wetter
kommen wir gut voran. Anfang August kommt die Nachricht, daß die Neiße
tatsächlich die neue polnische Grenze werden soll. In Anbetracht der unsicheren
Zukunft treffe ich Vorbereitungen, das Gut Arnsdorf an Irmel zu überschreiben.
Die Übernahme von Thiemendorf aus der Pacht macht große Schwierigkeiten und
es findet sich zunächst auch kein neuer Pächter. Ich denke daran, einzelne
Parzellen an Bauern zu verpachten. Dann meldet sich ein netter Landwirt aus
Oppeln, der an der Pacht von Thiemendorf interessiert ist. Wir bleiben in
Verbindung.

Am 24. August, nachts um 11 Uhr - wir waren schon schlafen gegangen -, ruft
unter dem Fenster Christoph. Welch unbeschreibliche Freude, den Jungen wieder-
zuhaben. Er hatte viel zu erzählen, hatte viel durchmachen müssen mit seiner
schweren Verwundung und Verlust der rechten Hand, aber auch schwerer Krankheit. Er war in elendem Zustand mit hohem Fieber, und es hat noch Wochen
gedauert, bis er wieder zu Kräften kam.

Anfang September kamen die ersten Nachrichten über bevorstehende Enteignung
der Güter. Bei einer Gemeindeversammlung verliest der Bürgermeister Jurke eine
diesbezügliche Verordnung der Provinz Sachsen, und am nächsten Tag steht in der
Zeitung, daß auch im Land Sachsen, zu dem wir gehören, die Aufteilung der Güter
angeordnet ist. Das war am 15. September 1945. Nach mühseliger, ganztägiger
Fahrt gelange ich am Donnerstag, 27. September, zu Benno Nostitz nach Sohland.
Er ist der Landesälteste der sächsischen Oberlausitz und wir teilen uns die
Verantwortung für Joachimstein. Wir diskutieren ausführlich über die bevorstehende Enteignung. Nostitz hält es nach dem Gesetz für aussichtslos, etwas zu
unternehmen. Ich bleibe über Nacht in Sohland und am anderen Morgen begleitet
mich der alte Herr mit seinen 81 Jahren noch ein ganzes Stück zu Fuß Richtung
Schirgiswalde. Unterwegs in der Bahn traurigste Eindrücke von Menschen, die
ihre Angehörigen suchen, andere fahren aufs Geratewohl los, um irgendwo zu
kampieren oder sie wollen nach Schlesien. Es ist entsetzlich, dieses Stimmungs-
bild! Und da hinein nun noch die Unruhe mit der Aufteilung der Güter! Wo soll
das hin? Gegen halb 5 lange ich in Arnsdorf an, wo ich erfahre, daß inzwischen ein
Ausschuß eingesetzt wurde. Der neue radikale Landrat will, daß Arnsdorf völlig
aufgeteilt wird und läßt kein Restgut zu. Gegen 7 Uhr bin ich dann endlich zu
Hause in Wiesa. Am 1. Oktober fahre ich bei strömendem Regen im Kastenwagen
nach Görlitz, um mit Rechtsanwalt Canitz meinen Antrag an die Sächsische
Landesregierung wegen Erhaltung des Stiftsgrundbesitzes zu besprechen. Bei ihm

erfahre ich, daß Gregorys durch einen Genossen Greiner binnen kürzester Frist aus Trebus herausgesetzt worden sind.

Nach Arnsdorf kommt als neuer Treuhänder ein Herr Badstübner. Ich gehe am 5. Oktober zu ihm, er macht einen netten, verständnisvollen Eindruck. Das freut mich besonders für Irmel, der er Verschiedenes besorgen will. In meinen Betrieben habe ich nichts mehr zu sagen. Man hört vom Schicksal der Nachbarn, die teilweise schon fort sind. Andere leben in erbärmlichen Verhältnissen. In Mückenhein, wo wochenlang erbittert gekämpft wurde, sieht das Schloß schlimm aus. Frau v. Lucke wohnt kümmerlich in einer Stube ohne Fenster im Inspektorhaus.

Es ist Dienstag, 23. Oktober 1945. Früh um 4 Uhr erscheint Irmel bei uns im Schlafzimmer und berichtet, sie sei von zwei Polizisten in Arnsdorf abgeholt worden und solle nun auch uns holen, angeblich zu einem Verhör nach Görlitz. Christoph muß auch mit. Die Kinder von Irmel sind krank und konnten zu Hause bleiben. Wir packen ein paar Sachen zusammen und fahren im zweiten Wagen mit den beiden sehr ordentlichen Polizisten mit. In der Görlitzer Jägerkaserne werden wir um 8 Uhr von dem wenig angenehmen kommunistischen Kommissar Elias empfangen, einem ehemaligen Zuchthäusler (er kam später wohl wieder ins Zuchthaus). Dort treffen wir weitere Bekannte: Fallois mit Tochter, Schwiegersohn und Enkel, Roons, Müller-Schlauroth, Brühl-Ebersbach mit Sohn und Tochter Daniels-Krobnitz und andere mehr. Wie Verbrecher werden wir eingesperrt, an das Schlafen auf harten Strohballen gewöhnt man sich. Zwischendurch werden wir zum Verhör zu Elias bestellt, was meist in eine unflätige Pöbelei ausartet. Einige von uns sprechen am nächsten Tag beim Landrat vor, aber ohne Erfolg. An einem Tag dürfen wir einzeln in die Stadt, treffe mich dort mit Dr. Raschke und verabrede mit ihm noch die Bergung von wichtigen Archivsachen und Silberzeug in Wiesa. Am Sonntag hält Mohrchen Roon Gottesdienst, und am Nachmittag wird uns mitgeteilt, daß wir am Montagfrüh abtransportiert würden.

Am Montag, 29. Oktober, früh allgemeiner Aufbruch. Christoph hat schwere Gelbsucht. Ich fordere Elias auf, ihn hier zu lassen. Darauf steckt er mich unter tätlicher Androhung mit der Pistole in Arrest. Auf meine Vorhaltung, daß ein Transport nach Aussage des Arztes lebensgefährlich für Christoph sei, erklärt Elias: "Dann stirbt er eben!" Vor der Abfahrt werden Müller und ich etwas ramponiert aus dem Arrest durch die Stadt geführt. Die Bevölkerung benimmt sich sehr anständig. Wir kommen in besonders bewachte Eisenbahnwagen und landen am Abend in Radeberg bei Dresden. Dort werden wir in ein Lager gebracht, angeblich, um verhört zu werden. Wir haben einen Raum zu etwa 20 Personen, u. a. auch Roons. Tags darauf kommen noch Boxbergs aus Großwelka, auch enteignet, drei Töchter Nostitz aus Schweikersheim und ein Industrieller, Herr Niethammer, mit Verwandtschaft. Mit vielen netten Menschen zusammen ist der Aufenthalt erträglich, abends sind wir meist bei Boxbergs zu einer kurzen Andacht. Eines Tages werden wir verhört - nur eine Farce. Sonntags besuchen Annemarie und ich in Begleitung eines Polizisten Christoph, der in der Stadt im sogenannten Flüchtlingslazarett zusammen mit zwei Grafen Wallwitz ganz gut versorgt ist.

Am Dienstag, 6. November, werden wir wie Vieh, immer 40 Mann, in einen Waggon verladen und nach Coswig gebracht, wo wir bei einbrechender Dunkelheit ankommen. Die Unterbringung ist ähnlich wie in Radeberg und wir treffen hier mit einem anderen Transport von sächsischen Großgrundbesitzern zusammen, die hier schon acht Tage liegen, darunter auch unsere Vettern Einsiedel. Unter starker Bewachung von zum Teil jungen Bengels, die in Polizeiuniform stecken und auch bewaffnet sind, marschieren wir zum Güterbahnhof, wo wir in Viehwagen nach Rügen verladen werden. Auf dem Bahnhof steht die liebe Gräfin Recke (früher Oberwitz) und betreut uns während des ganzen Transportes. Im Waggon sind wir zum Glück mit sehr netten Menschen zusammen, was den unangenehmen Transport erträglicher macht. Die Verpflegung besteht aus trockenem Brot. Am ersten Abend gelangen wir bis Berlin, am nächsten bis Pasewalk, wo wir stundenlang warten. Am Freitag werden wir an einen Zug nach Rostock angehängt. Christoph, der wie die anderen Kranken in besonderen Wagen liegt, benützt die Gelegenheit, unbemerkt in diesen Zug umzusteigen und bleibt in Rostock bei Tante Ännchen, meiner Schwester, wo er herzlichste Aufnahme findet. Später gelingt es ihm, in den Westen nach Wendlinghausen zu fliehen. Wir selbst werden in Stralsund in den Hafen geschoben und müssen dort 24 Stunden stehen. Neben uns steht ein anderer Güterzug, auch mit vertriebenen Gutsbesitzern aus Sachsen. Sie haben viele kleine Kinder mit und durften unterwegs nie aussteigen. Wir können uns durch die Luken unterhalten.

Am nächsten Tag, Sonnabend, 10. November, werden wir ausgeladen und müssen mit allem Gepäck bei strömendem Regen die drei bis vier Kilometer zu Fuß über den Rügendamm gehen. Das war unendlich anstrengend und ohne die Hilfe von Irmel hätten wir es kaum geschafft. Unsere "Bewacher" haben sich nicht geschämt, uns noch auszuplündern. In Altefähr, der ersten Bahnstation auf Rügen, trafen wir eine Menge Bekannte aus dem anderen Zug, so auch Wedels aus Nieder-Olsa. Sie erzählten, wie ihr Transport von den sie begleitenden Schergen gepeinigt wurde. Gegen halb 4 Uhr wurden wir - über 300 Menschen - verladen und über Bergen ins KdF-Lager Binz gebracht. Da die Heizung in den Baracken nicht funktioniert, frieren wir entsetzlich. Die Verpflegung in einer 15 Minuten entfernten Eßbaracke ist leidlich. Annemarie und Irmel haben durch gelegentlichen Küchendienst kleine Erleichterungen. Ich besuche Wedels und Müller-Schlauroth und nehme an den Abendandachten bei Seydewitzens und Boxbergs teil.

Angeblich wollen die Russen das Lager beziehen, deshalb werden wir am Mittwoch, 13. November, wieder in einen Güterzug verladen und nach Samtens gebracht, und nach einem Fußmarsch von 8 km landen wir in einem Marinelager bei Dreschwitz. Gegen 5 Uhr sind wir endlich da. Das Lager besteht aus nur wenigen Baracken und wir kommen zum Glück in eine Stube mit Boxbergs, Brühls, Fallois', Daniels und Krugs. Es ist ein sehr angenehmes Zusammensein. Roons und Wedels sind in Samtens zurückgeblieben, da sie zu erschöpft waren. Sie kommen am nächsten Tag in unsere Nachbarstube.

Nach einem Ruhetag müssen die meisten der ca. 350 Flüchtlinge zur Feldarbeit auf den umliegenden, auch enteigneten Gütern. Meine Gruppe wird von einem Polizisten nach Urow gebracht, wo wir mit der Hand Zuckerrüben auszuziehen hatten. Bei dem nassen Boden gelang dies ganz gut. Gegen 11 Uhr werden ca. 20 von den "Männern" aufgerufen und besteigen einen Leiterwagen, der uns zu einem anderen Gut bringen soll, um Kartoffeln einzumieten. In meinem dünnen Sommermantel und den kaputten Schuhen friere ich jämmerlich. Fast am Ziel angelangt, verlassen wir den Wagen. Auf die Frage an den Kutscher, ob er uns wieder zurückbringt, erfahren wir, daß wir dort bleiben und in einem von Russen bewachten Lager auf der Insel Umansk untergebracht würden. Ich gehe darauf sofort mit Brühl und einem Herrn v. Carlowitz zurück. Unterwegs versuche ich noch einen Fischer zu überreden, uns zur Flucht zu verhelfen, aber vergebens. Abends sind wir wieder im Lager, die anderen mußten ohne jegliche Decken usw. vier bis fünf Tage dort bleiben und arbeiten. Allmählich haben wir uns leidlich eingerichtet, die Frauen arbeiten abwechselnd in der Küche und bekommen dort etwas bessere Kost und bringen auch immer noch etwas mit. Wir älteren Männer holen am Vormittag im nahen Wald Holz, um es zu sägen und die Baracke mit Brennholz zu versorgen. Der deutsche Lagerleiter ist wie die meisten Angestellten ein übler unmanierlicher Geselle.

Der junge Kurt Brühl geht am Montag, 19. November, zur Küste, um die Möglichkeit einer Flucht mit einem Fischer auszukundschaften. Es scheint möglich über Samtens, Altefähr nach Güstrow und von dort mit einem Fischer aus Poser nach Stralsund. Die Flucht von Brühls mit Frau v. Krug soll am Donnerstag, unsere mit Fallois' am Sonnabend stattfinden. Alle Vorbereitungen werden getroffen. Brühls brechen am Donnerstag zeitig auf, haben ihr Gepäck schon am Vortag nach Samtens gebracht. Abends fahren auch die Daniels mit einem Fischer. Boxbergs ziehen bei uns ein. Am Freitag bringen Irmel, Ika Fallois, Ruth Heynitz, die sich uns anschließt, und rührenderweise auch Freya Boxberg unser Gepäck unbemerkt nach Samtens. Am Nachmittag erscheint überraschend der Landrat aus Bergen mit einer Kommission, um eine Verteilung des Lagers auf sieben Dörfer vorzunehmen. Zum Glück geschieht dies nur auf dem Papier und sie verschwinden gegen 17 Uhr wieder. Klopfenden Herzens machen Frau v. Fallois, Annemarie und ich uns bei Anbruch der Dunkelheit auf den Weg nach Samtens und erreichen dort unser vorbereitetes Quartier bei einer netten Pastorenfamilie. Wir bekommen noch ein herrliches Abendbrot und schlafen seit langem einmal wieder in bezogenen Betten. In der Nacht frißt eine Katze unsere letzte Wurst von zu Hause, aufgehoben für die Flucht!

Am nächsten Morgen, die Pastorin hatte uns noch rührend versorgt, sind wir zusammen mit Abendroths, die auch bei Pastors übernachtet hatten, beizeiten am Bahnhof und fahren zunächst nach Altefähr, wo wir ewig auf die Kleinbahn nach Güstrow warten müssen. Hier sollte der Fischer sein, aber niemand war da. Ich mache mich sofort auf den zweistündigen Weg zu ihm, um dort zu erfahren, daß er erst am Dienstag fahren könne, da sein Schiff leck sei, außerdem müsse er pro Person RM 50,- verlangen, was ich schweren Herzens akzeptiere. Unterwegs kommen mir Annemarie und Irmel entgegen, die auf mich gewartet hatten. Wir sind recht unglücklich und wir entschließen uns, das Gepäck in einem Gasthof unterzustellen und, da das Dorf mit seinem sehr kommunistischen Bürgermeister überfüllt ist, zu einer Frau Poppendorf zu gehen, die wir zufällig unterwegs kennengelernt hatten. Sie hat uns alle ganz rührend aufgenommen. Am kommenden Tag, es ist Totensonntag, plagt uns die Sorge ums Weiterkommen. Frau v. Fallois bestellt kurz entschlossen einen Wagen, der unser Gepäck am Montag nach Altefähr bringen soll, von wo aus wir versuchen wollen, über den Damm zu gehen.

Am Montag ist dann um 7 Uhr früh Abschied von der Villa Poppendorf. Die Damen fahren, Irmel und ich gehen zu Fuß, und gegen 9 Uhr sind wir am Damm. Der russische Posten ist gerade mit einem Gemüseauto beschäftigt, und so kommen wir mit unserem Gepäck im Gänsemarsch unbemerkt an ihm vorbei. Wir hören Rufe, gehen aber ruhig weiter und kommen unbehelligt über den Damm. Es ist wie ein Wunder! Der deutsche Posten am anderen Ende läßt uns durch, als Irmel ihren Ausweis zeigt. Und plötzlich steht ein Mann mit einem Handwagen vor uns, der unser Gepäck zum Bahnhof bringt. Das war eine große Erleichterung, denn der Weg ist weit. Wir nehmen Abschied von Fallois und Frau v. Heynitz, denn wir wollen zu meiner Schwester Aenni nach Rostock, wo wir nach dreistündiger Fahrt liebevolle Aufnahme finden.

Nach einigen Tagen der Erholung geht es am Freitag, 30. November, wieder weiter. In überfüllten, fensterlosen Zügen erreichen wir über Stralsund Berlin, wo wir gegen 11 Uhr nachts auf dem Stettiner Bahnhof eintreffen. Auch die Nacht in der offenen, schmutzigen, völlig überfüllten Bahnhofshalle geht zu Ende. Im Lazarus-Krankenhaus werden wir freundlich aufgenommen, können uns waschen, etwas schlafen und essen. Wider Erwarten finden wir am Anhalter Bahnhof noch Platz in einem D-Zug nach Dresden, wo wir gegen 21 Uhr ankommen und im geheizten Wartesaal die Nacht mit unserem Gepäck auf der Erde verbringen.

Es ist Sonntag, Erster Advent, wir fahren mit der Straßenbahn zu Zobels nach Briesnitz, wo wir reizend aufgenommen werden. Bei ihnen erholen wir uns ein paar Tage, besuchen Bekannte und genießen ein Konzert. Irmel und Fräulein Giersberg waren in Wiesa und haben noch eine Menge Sachen geholt. Am Freitag, 7. Dezember 1945, geht es auf die letzte Etappe unserer Reise. Unter den damals üblichen Schwierigkeiten gelangen wir über Leipzig bis Halle, wo wir ein nettes Nachtquartier über Bekannte vermittelt bekommen. Zeitig am nächsten Morgen geht es zum Bahnhof und wir bekommen einen Platz in einem Zug, der uns bis Heiligenstadt bringt. Da das Flüchtlingslager überfüllt ist, finde ich nach langem Suchen ein nettes Quartier bei einem Lehrer Zwingmann. Sein in Göttingen studierender Sohn war gerade da und brachte uns am nächsten Tag über die Grenze bei Duderstadt, wo wir durch Gottes Güte gleich ein nettes Unterkommen finden. Die nächste Etappe ist Göttingen, wo unsere älteste Tochter Astrid alles liebevoll für unseren Empfang vorbereitet hat. Im Lager Friedland besorgen wir uns die erforderlichen Papiere, besuchen von dort aus Frau v. Bodenhausen in Nieder-Gandern und sind abends wieder in Göttingen. Am Donnerstag, 13. Dezember 1945, endet unsere Odyssee, wir fahren bis Hameln, wo wir mit Christoph verabredet sind, und dann zusammen mit ihm das letzte Stück nach Wendlinghausen. Dort sind außer unseren Kindern Ursula und Christoph auch unsere Schnorr-Enkel versammelt. Wir haben unser Ziel erreicht und sind unendlich dankbar! Die Losung dieses Tages lautete: "Der Herr hat Dich den Weg geführt", 1. Mose 24, 27. Das haben wir in den hinter uns liegenden Wochen ganz sichtbar erfahren!

Paulfriedrich v. Wiedebach u. Nostitz-Jänkendorf

Die Rittergüter Beitzsch (1300 ha) und Grötzsch lagen im Kreis Guben, Niederlausitz, das später hinzugekommene Rittergut Mahlen (400 ha) im Kreis Trebnitz, Schlesien.
Der letzte Eigentümer war:

> Paulfriedrich Theodor v. Wiedebach u. Nostitz-Jänkendorf, * Arnsdorf, Kr. Görlitz, 31. 8. 1884, † Elmischwang 28. 10. 1961, auf Beitzsch u. Grötzsch (§), Kr. Guben, Kgl. preuß. OLt, Kjkr, RegReferendar a. D., RRr d. JohO.;
> ✕ I. Berlin 5. 6. 1915 Inga v. Wesendonk, * Berlin 18. 7. 1887, † Paudex, Schweiz, 21. 1. 1967 (gesch. Berlin 28. 1. 1916; ✕ II. Berlin 26. 8. 1916 Albrecht Frhr v. Woellwarth-Lauterburg, † Essingen 11. 1. 1969, gesch. Berlin 21. 3. 1925), T. d. PrivDozenten Dr. phil. Karl v. W. u. d. Eveline Gfin v. Hessenstein;
> ✕ II. Mahlen 9. 10. 1916 Asta v. Löbbecke, * Charlottenburg 24. 12. 1895, † Sommershausen 25. 3. 1950, auf Mahlen mit Riesenthal (§), Kr. Trebnitz, Schles., T. d. Kgl. preuß. RegAssessors a. D. Erik v. L., Fkhrn auf Wiese usw., auf Mahlen mit Riesenthal, u. d. Anna v. Reibnitz;
> ✕ III. Achstetten 6. 7. 1956 Betina Ewerbeck, * Berlin 10. 12. 1910, Dr. med., Fachärztin für Nervenkrankheiten (✕ I. ... Kurt Blome, * ..., Dr. med., Prof., gesch. ... 1947), T. d. Prof. Ernst Hermann E. u. d. Wilhelmine Windorfer.

Mit Datum vom 12. Juni 1959 berichtet Paulfriedrich v. Wiedebach u. Nostitz-Jänkendorf folgendes für das Schicksalsbuch:

1914 war ich mit meinem Regiment (1. Garde Ulanen) im Felde als Oberleutnant d. Res. und wurde 1915 zur Kaiserlichen Botschaft nach Konstantinopel kommandiert, nachdem ich meine Gesundheit im Felde verloren hatte.

1916 heiratete ich in Mahlen bei Trebnitz Fräulein Asta v. Löbbeke, lernte Landwirtschaft und übernahm dann die Güter Beitzsch und Grötzsch im Kreis Guben, Niederlausitz, die ich selbständig bewirtschaftete. Später kam dann das Rittergut Mahlen, Kreis Trebnitz bei Breslau, dazu.

Wir lebten auf diesen Gütern bis zur Vertreibung im Februar 1945. Als ausgesprochener Royalist und Christ versuchte ich so zu leben, wie es sich gehört, treuestens unterstützt von meiner Frau. Obwohl wir ausgesprochene Gegner des Hitlertums waren, hat man uns nur bisweilen angeärgert. Politisch gehörten wir der altkonservativen Partei des Herrenhauses an.

Im Februar 1945 mußten wir eine halbe Stunde vor dem Einmarsch der Russen den Besitz verlassen und wohnten bis 1. Juni 1946 in Hildrungen bei Erfurt. Dort wurde meine Frau von den Russen verhaftet und blieb fünf Wochen im Gefängnis in Sömmerda. Davon hat sie sich körperlich und nervlich nicht mehr erholt. Dann sollten wir beide verhaftet werden. Wir flohen nach Württemberg zu meinem Schwager Freiherr v. König nach Sommershausen. Dort war es schwer zu ertragen. Meine Frau ging freiwillig aus dem Leben. Ich zog gleich danach zu meinem Freund, Graf Reuttner, nach Achstetten bei Laupheim. Er wollte mich aus der traurigen Umgebung fortholen. Ich lebe seitdem hier, dankbar für sehr vieles an Güte und Freundschaft.

Weitere Informationen über die Geschehnisse des Jahres 1945 in Beitzsch und über die Familie v. Wiedebach können wir aus einer Niederschrift von Frau Serena Wiesner, geb. Töpfer, entnehmen. Sie ist die Tochter von Otto Töpfer, der seit September 1907 Revierförster bei Paulfriedrich v. Wiedebach u. Nostitz-Jänkendorf in Beitzsch war. Daraus entnehmen wir.

"Kurz vor Beendigung des Krieges waren verwundete Soldaten zur Genesung im Theater untergebracht und wurden im Forsthaus verpflegt. Daran anschließend waren die Unterlagen der Deutschen Presse aus Berlin dorthin verlagert.
In den letzten Stunden, ehe der Kriegszustand in Beitzsch begann, wurde kurzfristig vom Gut ein Flüchtlingstreck zusamengestellt. Wer gewillt war, mit zu fliehen von den Gutsangestellten, konnte es tun. Ein Traktor mit Hänger und einige Pferdewagen, und so begann die Flucht. Der Traktor mit der Familie Wiedebach, dem Hauspersonal sowie Wertgegenständen, Ölgemälde und dergleichen, ging nach Thüringen. In unserem Planwagen fuhren der Fischmeister Schmidt mit seiner Familie und wir nach Chrinitz, Kreis Luckau. Dort lebten wir nur zehn Tage und zogen dann weiter zu Verwandten nach Sonnewalde. Dort fand unsere Flucht ein schreckliches Ende. Mein Vater und ein Vetter von mir fanden unter furchtbaren Mißhandlungen den Tod und wurden in einem Massengrab beigesetzt. Am 7. Mai 1945 zogen meine Mutter und ich mit unserem letzten Hab und Gut auf einem Handwagen nach Beitzsch zurück. Das Forsthaus war mit Polen unter sowjetischer Führung besetzt. Das Schloß, das Theater und die Gutsgebäude standen leer.
Die Dorfbewohner, die nicht mit dem Treck mitgezogen waren, sind von den sowjetischen Besetzern aus dem Dorf ausgewiesen worden und wurden hinter den Bober getrieben. Nach Beendigung der Kampfhandlungen durften sie wieder zurückkommen. In den ersten Junitagen wurden wir alle von polnischen Soldaten nach Forst über die Neiße ausgewiesen. Dort wohnten wir zehn Wochen und hofften immer, unsere Heimat einmal wiederzusehen, aber leider bis heute vergeblich.
In den siebziger Jahren fuhren wir zu einem Besuch nach Beitzsch. Bis auf eine Familie, die darin wohnte, stand das Schloß leer. Der gesamte Anblick war schrecklich, das Unkraut stand meterhoch vor dem Schloßeingang und die kleine Parkbrücke war halb zerfallen. Im Theater wohnte ein Arzt, und das sah ganz ordentlich aus. Die lange Treppe zur Brennerei hing fast in der Luft, ein scheußlicher Anblick! Das einzig Schöne vom gesamten Ort waren das Pfarrhaus und die Kirche. Während des Krieges wurde die Kirche renoviert. Die Gruft der Familie Wiedebach sah schlimm aus, alles war zertrümmert und ausgeraubt. Auch auf dem Friedhof sahen die Gräber sehr unansehnlich aus . . .
Wir waren seitdem nicht mehr dort, wir wollten die alte Heimat lieber von früher in Erinnerung behalten."

Freiherren v. Wilmowsky auf Marienthal

Die Herren v. Wilmowsky mußten bereits einmal im 17. Jahrhundert im Zuge der Gegenreformation ihre Heimat Wilmowitz im Herzogtum Teschen verlassen. Im Gegensatz zu 1945 war es ihnen jedoch gestattet, ihre Güter zu veräußern und den Erlös über die Grenze zu bringen. Karl v. Wilmowsky war u. a. Chef des Zivilkabinetts (1870-1888) Kaiser Wilhelms I. Nach seiner Heirat mit Anna v. Seebach gelangte das Seebachsche Gut Marienthal (mit Burgholzhausen und Lindenberg zusammen 888 ha) in den Besitz der Herren, später Freiherren v. Wilmowsky. Anfang August 1944 wurden Tilo Freiherr v. Wilmowsky und seine Frau Barbara, geb. Krupp, wegen ihrer Beziehungen zu Goerdeler verhaftet. Während Barbara Freifrau v. Wilmowsky im Januar 1945 vor dem Oberlandesgericht Jena von der Anklage wegen der "Wehrkraftzersetzung" freigesprochen wurde, kam ihr Mann nach einer Serie von dreizehn Verhören ohne Gerichtsverfahren in das Konzentrationslager Sachsenhausen. Am 7. Mai 1945 wurde er nach strapaziösen Verlegungsmärschen von den Amerikanern befreit. Er kehrte nach Marienthal zurück.

Zur Familie des letzten Eigentümers gehören:

Adolf Karl T i l o Freiherr v. W i l m o w s k y, * Hannover 3. 3. 1878, † Essen-Bredeney 28. 1. 1966, auf Marienthal, Burgholzhausen u. Lindenberg (§) bei Naumburg an der Saale, Dr. rer. nat. h. c., Kgl. preuß. Ldrat a. D., Vizepräs. der Landwirtschaftskammer der Prov. Sachsen, Mitgl. d. preuß. StRats, Mitgl. d. Verwaltungsrates der Deutschen Bundesbahn, Domhr zu Naumburg an der Saale, RRr d. JohO.; ⚭ Hügel bei Essen 7. 5. 1907 Barbara K r u p p, * Hügel 25. 9. 1887, † Essen-Bredeney 30. 9. 1972, T. d. Großindustriellen u. Kgl. preuß. WGehRats Friedrich Alfred K. u. d. Margarethe Freiin v. Ende.

Kinder:

1. U r s u l a Margarethe Mathilde, * Bonn 12. 5. 1908, † Santa Cruz, Tenneriffa, 1. 3. 1975; ⚭ Marienthal 3. 12. 1933 Rudolf v. W a l d t h a u s e n, * Stettin 9. 7. 1903, † ... 26. 4. 1986, Bergassessor a. D., Bergwerksdir. i. R.

2. Karl F r i e d r i c h Hubert, * Berlin-Grunewald 19. 6. 1911, † ... 22. 11. 1988, auf Groß-Rössen (§), Kr. Schweinitz, u. Waldgut Buchenau bei Bad Hersfeld; ⚭ I. Marienthal 26. 8. 1939 Erika v. N a t h u s i u s, * Erfurt 28. 6. 1917, † Otjiwarongo, SWAfrika, 9. 7. 1954, T. d. Kaufm. u. Mitinh. der Firma J. A. Lucius in Erfurt Walter v. N. u. d. Erika Berg; ⚭ II. Eberslanding bei Baden-Baden 11. 2. 1956 Gudula P e t z, * Berlin-Wannsee 5. 3. 1925 (gesch. Fulda 14. 5. 1964; ⚭ II. [standesamtl.] Bork bei Cappenberg, Westf., 5. 3., [kirchl.] Georgshausen bei Lindlar 6. 3. 1965 Theodor Bock, * Klein-Köthel, Meckl., 5. 11. 1911, † Ottobeuren 16. 6. 1977, Oberstlt), T. d. Dr.-Ing. Walter P. u. d. Edith Palm; ⚭ III. (standesamtl.) Gersfeld, Rhön, 12. 8., (kirchl.) Eichhofen bei Regensburg 21. 8. 1965 Sabine Gfin v. H o h e n t h a l, * Leipzig 8. 4. 1925 (gesch. Fulda 30. 9. 1971; ⚭ I. Durban, SAfrika, 2. 4. 1955 Douglas Thompson, † Salisbury, Rhodesien, 12. 11. 1956, ...), T. d. Rittmeisters a. D. Georg Gf v. H. auf Hohenprießnitz usw. u. d. Gabriele Baronesse v. Plessen;

$\times$ IV. Göttingen 10. 12. 1971 Ehrengard v. T r o t h a , * Göttingen
5. 7. 1920, † ... 26. 10. 1984 ($\times$ I. Dresden 28. 11. 1944 Erich Neizert,
† Haina bei Frankenberg an der Eder 20. 7. 1969, DiplKaufm., gesch.
Göttingen 6. 1. 1947), T. d. Kgl. preuß. Majors a. D. Thilo v. T. u. d.
Pauline Langerfeldt.

3. Bertha R e n a t e , * Merseburg 9. 11. 1914, auf Arnim (§), Kr. Stendal;
$\times$ Marienthal 28. 4. 1940 Richard H a n s e n , * Nortorf, Holst., 10. 7.
1912, Dr. agr., GartenbauORat i. R., HonProf. an der Techn. Hoch-
schule München.

4. K u r t Heinrich Gottfried, * Hügel 16. 5. 1916, $\times$ († beim Untergang
der torpedierten „Arandora Star" im Atlantik) zw. England u. Canada
2. 7. 1940, stud. jur., Graduierter des Balliol College in Oxford, Lt der
Res.

5. Marie B r i g i t t e , * Oberstdorf, Allgäu, 17. 9. 1918, Bes. von Haller-
hof bei Pähl, OBayern;
$\times$ I. Marienthal 26. 8. 1939 Detloff v. H e y d e n , * Ückeritz, Kr. Dem-
min, 1. 8. 1911, $\times$ Stalingrad 26. 1. 1943, DiplLdwirt, OLt d. Res. im
InfRgt 92;
$\times$ II. (standesamtl.) Pähl 9. 9., (kirchl.) Herrsching 25. 9. 1950 Bogis-
lav v. H e y d e n , * Ückeritz 21. 7. 1920, auf Leistenow, Buschmühl u.
Flemmendorf (§), Kr. Demmin, DiplBraumeister, Brauereidir., Lt a. D.

6. Agnes Barbara R e i n h i l d , * Marienthal 31. 3. 1925;
$\times$ Essen 2. 4. 1949 Wolfgang H u b e r , * Straßburg, Elsaß, 6. 9. 1913,
Dr. jur., Vorstandsmitgl. i. R. der Raab-Karcher GmbH.

Tilo Freiherr v. Wilmowsky schrieb 1951 seine Erinnerungen für Kinder und
Enkelkinder. Einen kleinen Auszug daraus wollen wir hier bringen:

. . . Jetzt erst erfuhr ich, daß unser Inspektor Hanisch noch bis zum letzten
Augenblick als "Volkssturmführer" Widerstand gepredigt und Barrikaden hatte
errichten wollen; die Vernünftigen hatten dies verhindert und mit Bettlaken die
weiße Fahne markiert. So vollzog sich die Besetzung Marienthals durch die Amerikaner reibungslos. Sie quartierten sich im Schloß ein, beließen uns aber unseren
halben Flügel und waren von jungenhafter Gemütlichkeit.
48 Stunden nach meiner Rückkehr erschien der "Herr Polizeipräsident" von
Merseburg - diesmal um mich zu dem Regierungspräsidenten Götte zu entführen,
der mich gemeinsam mit seinem Vorgänger Sommer veranlassen wollte, Ober-
präsident der Provinz zu werden, wozu ich durch meine KZ-Haft geradezu präde-
stiniert sei. Man drang auf eine Entscheidung vor Ablösung der Amerikaner durch
die Russen; ich erklärte schließlich mein Einverständnis unter der ausdrücklichen
Bedingung, daß ich binnen kurzem einen geeigneteren Kandidaten ausfindig
machen würde. Dies gelang mir binnen drei Tagen; der "rote" Landrat Zimmermann in Weißenfels, mit dem ich früher im Provinziallandtag gut zusammenge-
arbeitet hatte, erklärte sich bereit, so daß ich überhaupt nicht in Funktion zu treten
brauchte. Herr Zimmermann besaß die nötige Robustheit, doch auch ihn rettete ihn
nicht, denn nach wenigen Monaten bereits verschied er, wie es hieß, durch die
Russen umgebracht.
Drei Monate harrten wir in Marienthal unter Russenherrschaft aus. Gewiß warf
man sich später diese Torheit vor; wir hätten mit den Amerikanern gen Buchenau

trecken und die wertvollste Habe retten sollen. Doch einmal war von Freund Reinhardt, der wieder Präsident der Landwirtschaftskammer geworden war, die Parole ausgegeben worden: "Wer sein Gut halten will, bleibt", sie wurde fast von allen Besitzern befolgt. Zudem war die Verstopfung und Unsicherheit der Straßen unvorstellbar. Vor allem aber widerstrebte es uns, unsere braven Leute im Stich zu lassen. So falsch, materiell gesehen, unser Entschluß zum Bleiben sich sehr bald herausstellte - wir haben ihn nicht bereut, denn wir haben bis zum Letzten bei denen ausgeharrt, die uns anvertraut waren. Ich versage es mir, auf die Einzelvorkommnisse dieser letzten Periode im schönen Marienthal einzugehen, auf die nicht endenwollenden "Besuche" von Offizieren, die Wein, Zigarren usw. forderten, das Haus durchsuchten, die nächtliche Einquartierung von 800 Soldaten, die Verhaftung in Schwerstedt, die grotesk anmutenden Vorbereitungen zur Bodenreform und ähnliches. Das hat unsere Brigitte mit dem ihr eigenen drastischen Humor geschildert. Über eines herrschte restlos Klarheit: jede Grundlage des Rechts war zerstört, es herrschte ein sinnlos erscheinendes Befehlsdurcheinander und -gegeneinander, es war indes geleitet von einem wahrhaft satanischen rücksichtslosen Streben, die gesamte gehobene Schicht zu beseitigen. Das Ende nahte Mitte Oktober. Friedrich und ich wurden in das Gerichtsgefängnis in Kölleda gebracht; die elf Tage, die wir dort unter der Ägide meines einstigen KZ-Kameraden Schneekopf verbrachten, erinnerten lebhaft an die "Fledermaus"-Operette. Doch nachträglich mutet es mich immer wieder wie eine unerforschliche Fügung an, daß wir von dort nicht nach Rußland verschleppt wurden, sondern daß plötzlich der "Herr Landrat", begleitet von seinem "Polizeichef" erschien, mir einen Wisch in die Hand drückte, ich sei mit der ganzen Familie aus dem Kreis verwiesen, zugleich aber die Gefängnispforte öffnete, damit aber auch - hoffen wir, nur vorübergehend - den Verlust der Heimat besiegelte. . .

Seine Tochter Brigitte, die ihren Mann vor Stalingrad verloren hatte und deren Schwiegervater im Lager Sachsenhausen bei Oranienburg am 26. März 1946 umkam, berichtet:

Die letzten Erlebnisse in der alten Heimat Marienthal, August bis Oktober 1945

Brigitte war 1944 von Plötz, Pommern, dem Gut ihrer Schwiegereltern, nach Marienthal zu ihren Eltern gekommen mit ihren Kindern Dietrich (vier Jahre) und Sophie (drei Jahre). Anfang Januar 1943 hatte sie von ihrem Mann die letzte Nachricht bekommen vom Nordabschnitt vor Stalingrad. In Marienthal führte sie den Haushalt in Abwesenheit ihrer Eltern, als diese im Herbst 1944 von der Gestapo in Haft genommen und nach Halle ins Gefängnis gebracht worden waren. Sie betreute ihre Geschwister Ursula, die mit ihren fünf Kindern schon 1943 vor den Bomben in Essen geflohen war, und Reinhild, den Forstlehrling. Im Januar 1945 wurde ihre Mutter aus dem Gefängnis entlassen, ihr Vater kehrte erst am 26. Juni aus der KZ-Haft zurück. Erika schickte Anfang Februar ihre beiden Buben mit "Hemmi" von Großrössen, Kreis Herzberg, nach Marienthal, und sie selbst folgte im März, als die Russen vor ihrer Tür standen. - Renate flüchtete im Februar mit ihren beiden Buben per Treck von ihrem Waldgut Arnim bei Stendal - und im

April erschien Friedrich nach vierzehntägigem Marsch aus der Tschechoslowakei (Armee Schörner); er vertrat Inspektor Hanisch, der als SS-Mann von den Amerikanern in Haft genommen war. Renate, mit ihren Buben, treckte beim Annahen der Russen nach Buchenau, und Reinhild folgte ihr Ende Juni, nachdem sie noch gerade den Vater nach seiner Rückkehr hatte begrüßen können. . .

10. August. - Heute abend hat sich eine russische Polizeitruppe in Burgholzhausen einquartiert zur Registrierung der Männer. Sie liegen im Gasthof, haben ein Schwein geschlachtet und sind sonst ruhig. Nur der arme Vater muß täglich mit mindestens drei Besuchen rechnen, die hauptsächlich seinem Weinkeller gelten, sich aber meist eine Stunde hinziehen. Als nach ein paar Tagen der Gesprächsstoff ausging, drückte ihnen Vater in seiner Verzweiflung einige Münchener Bilderbogen in die Hand und hatte damit den großen Coup gemacht. Nur ein Abend war weniger gemütlich, als zwei Leutnants, bis zum Rande voll, hier ankamen, mit einem Muschkoten mit RP, und das ganze Haus von oben bis unten nach Waffen und Frauen durchsuchten. . .

15. August. - . . . Graf Hardenberg aus Neuhardenberg, der kürzlich erst zurückkam (KZ Sachsenhausen), besuchte Vater; Hauptthema natürlich KZ. Eigentlich muß man Adolf dankbar sein, er hat uns für die kommenden Zeiten gut vorbereitet; es ist unvermeidlich, Vergleiche zu ziehen. . .

1. September. - Abends 8 Uhr Kommunistenversammlung in der Schule. Thema "Enteignung"! Mich treibt die Neugier, und ich gehe mit Eva Heßler auch hin. Fünfzehn Mann waren ungefähr da. Der Vorsitzende, Verwalter der Molkerei Eckartsberga, hielt eine stockende Ansprache, er ist ein Zugereister! Mir wurde ganz schwach, als er bei 1848 auf die Krautjunker zu wettern anfing, Hitler griff wenigstens nur bis 1918 zurück, aber es ging dann doch ganz schnell und endete mit der Aufforderung, Land zu zeichnen. Hm . . . Schweigen im Walde! - Dann redeten sie den einzelnen zu. "Ich bin zu olt, iche bin froh, wenn ich mit meenem Zeiche so dorchkumme", meinte der Bürgermeister. "Ich bin erscht zugezogen und weeß mit de Arbeit nich so Bescheed", sagte ein Arbeiter. Ein anderer: "Nu, un forwas sull ische mich placken, guck dir doch meenen Sohn an!" (Der ist gelähmt.) "Ach, du bist also verheiratet?" "Meenste, iche ha die Bengel vo ner Durdeltaube?" Es war nicht recht was zu machen. Ich überlege noch, ob ich zeichnen soll, aber dann hätte am Ende einer angefangen zu grinsen, und die Pleite hätte gefährlich werden können. Nur über die vielen Zigaretten, die Molker qualmte, habe ich mich geärgert, die Männer stierten auch alle mit Stielaugen darauf. Ob die auf Butter wachsen? Wir kriegen schon lange keine mehr zu sehen. . .

Am 3. September kommt endlich die letzte Fuhre herein, lange genug hats gedauert, und viel Freude werden wir nicht mit dem ausgewachsenen Zeug haben, na, im Grunde ist es doch ganz egal, denn die Russen holen das ganze Getreide nach und nach ab. Erst mußte alles nach Tromsdorf gefahren werden, dann wurde es im alten Schloß aufgeschüttet, den ganzen Tag fuhren die Bauernwagen, und im Hof stehen sie dicht an dicht. Zu guter Letzt hieß es dann, alles nach Eckartsberga, von da nach Kölleda, und als es dort angekommen war, war's glücklich dumpfig und verschimmelt; der Kommandant tobte; alles zurück und neues liefern! Das dürfte etwas schwierig sein! Jedenfalls kann der größte Optimist nicht mehr daran zweifeln, daß es im Winter eine Hungersnot gibt, die sich sehen lassen kann. In

494

den Städten, besonders in Leipzig, ist es schon soweit. . . . - Auf den Koppeln haben wir jetzt lauter von den Russen zusammengetriebenes Vieh und im Haus das dazugehörige Hirtenvolk. Die Leutchen sind ganz ordentlich und für Dieter und Fike natürlich von größtem Interesse. Kinderlieb sind die Russen, das muß man ihnen lassen, und mit großer Ausdauer unterhalten sie sich mit einem deutschsprechenden Ukrainer am Küchenfenster. Eine Weile mußte ich für sie kochen. . . - Der Bürgermeister ist schon immer der geplagteste Mann im Dorf gewesen, aber jetzt kommt er erst in die richtige Mühle. Außer allem anderen Kram wie Verpflegung- und Quartierschaffen für die Russen, muß jeden Abend ein Kurier mit den täglichen Druschergebnissen zum Kommandanten laufen. Jetzt sollen nun noch mehr Ostflüchtlinge untergebracht werden. Vor allem muß ein Krankenzimmer eingerichtet werden, und ich benutze die Gelegenheit, unter dem Motto Krankenzimmereinrichtung noch ein paar Möbel in Sicherheit zu bringen. . .

Am nächsten Tag kam ein Bekannter vom Vater aus dem RKW vorbei mit einem baltischen Freund. Gesprächsthema am Abend Politik! Der Balte entwarf ein so düsteres Zukunftsbild, daß die Stimmung am nächsten Tag noch völlig unter Null war (nebenbei hat er völlig recht behalten, die Balten kannten ihre Pappenheimer eben schon). Nun, wir jetzt auch! - . . .

In der nächsten Woche hatten sie wieder unsere Möbel vor. Ich war gerade in der Waschküche mit Aktenverbrennen beschäftigt, als ich ins Büro zum "Verhör" gerufen wurde. Dort erkundigte sich "Polizeichef" Möckel eingehend nach verborgenen Reichtümern. Die Krankenzimmereinrichtung konnte sich ja ruhig sehen lassen. "Sonst habe ich nichts weggefahren! - Ach doch, ein paar Teppiche . . ." - Ha! triumphierende Stielaugen. . . "Aber darüber wissen Sie ja Bescheid, die hatten Sie selber ja mitgenommen!" Enttäuscht setzt er sich wieder (Möckel ist vierzehnmal vorbestraft). Die acht Fässer mit Devisen und Goldbarren stellten sich leider als leere Rohölfässer heraus, und der geheime Gang vom Schloß zum Gut ließ sich auch nicht finden. Anschließend wieder Haussuchung. Ich tarnte meine Aktenverbrennung mit großer Wäsche. Der große Coup war zum Schluß ein Schreiben von der Provinz, daß Marienthal unter Kulturschutz stände und nichts angerührt werden dürfte. Möckel verließ zornbebend das Lokal. Auf die Dauer hat das aber doch nichts genutzt. Wer weiß, wo jetzt die Marienthaler Möbel modern, in Kölleda haben sie jedenfalls erst mal drei Tage im Regen gestanden; unter Hakenkreuz und unter Hammer und Sichel geht die westliche Diplomatie ein wie meine Primel.

Oktober. - Hiermit beginnt der dramatische Oktober mit dem Höhepunkt des Trauerspiels: Untergang des Schlosses und Ritterguts Marienthal! . . .

Am 3. ging's los. Wir kommen von Kösen zurück und finden Möckel vor dem großen Haus, der Inventur aufnimmt. Zwischen ihm und unserm zuständigen Polizisten hatte es noch großen Krach gegeben, aber trotzdem mußten wir am Abend raus und trippelten im Regen nach Burgholzhausen (Eltern, Reinhild, ich, Dietrich, Sophie wohnen im Gemeindezimmer, das zum Krankenzimmer zurechtgemacht worden war). Schwester Else und Frau Pastor Heßler verpflegten uns rührend. Es lebe das Behelfsheim! Ich muß sagen, ich fand das Leben da unten ideal. Aber dann holten sie Vater und Friedrich weg (warfen Sabotage gegen Bodenreform vor; schoben die Bittschrift der Arbeiter, es möge alles beim alten bleiben, Vater in die

Schuhe). Uns erfreute Möckel in der Nacht mit einem Besuch, machte einen Mordsklamauk; es fehlten drei Koffer aus Vaters Zimmer! Da stellten wir uns ganz dumm, verschlafen, wie ich war, fiel mir das auch nicht schwer. Meine Befürchtung, daß Pips Dummheiten gemacht hätte, stimmte zum Glück nicht; es war bloß Schikane gewesen. Gelebt haben wir in Burgholzhausen wie die Götter, die Vorräte hatte ich so ziemlich runtergeschafft, und nun ging's aus dem Vollen. Rührend waren die Leute, bis auf zwei schwarze Schafe halten sie alle zu Vater. Pum und ich machen große Pläne bei Pastors auf der Ofenbank mit dem Restgut Holzhausen, aber dabei bleibt's denn.

Am 8. Oktober, auf der Bodenreformversammlung, wird für sämtliche Güter restlose Aufteilung ausgesprochen. Ich versuche noch, für mich eine Siedlerstelle zu beantragen, wird aber vom Landrat abgelehnt.

Am 12. Oktober werden die Eltern mit sämtlichen Verwandten des Kreises verwiesen und haben sich in Wittenberg zu melden. Handgepäck darf mitgenommen werden, außerdem ist Vater auf der schwarzen Liste der Kriegsverbrecher. In Wittenberg winkt Sammellager und Transport auf eine russische Insel. Die Grenzen seit acht Tagen doppelt bewacht, an der Westgrenze Mongolen, einheimische Grenzführer werden erschossen. . .

. . . kommt, Jaus unser Polizist, mit dem Ausweisungsbefehl und Meldung in Wittenberg. Zum Glück bewirkt Erika, daß Vater und Friedrich am Abend aus Kölleda entlassen werden. Friedrich und Erika mit Tilo und Hubertus und Hemmi wollen am nächsten Morgen über die grüne Grenze und packen die ganze Nacht. Die Eltern sind sich nicht im klaren, und für mich steht nur fest, daß ich erst mal die Kinder in Sicherheit bringe.

Mit Schwester Olgas (Frau Oberin vom Diakonissenhaus Halle, von dem Vater Vorsitzender des Vorstandes ist) Hilfe, die von Schwester Else hergerufen war, fuhr ich am nächsten Morgen nach Halle. Nachmittags ging ich zu Hecken und traf auf der Straße, wie vom Himmel gefallen, Inspektor Man aus Plötz mit seinem Freund Schele. Natürlich erörterte ich gleich die Frage Wittenberg. "Um Gottes willen, in Pommern sind die Besitzer auch alle ausgewiesen worden, in Sammellager gebracht und sollen nach Rußland verschleppt werden!" Von den Sammellagern hatte mir Ebbo Münchhausen schon in der Bahn erzählt. Nun war mir sonnenklar, nichts als über die grüne Grenze, das Ganze ist nicht Bodenreform, die ist den Russen ganz egal, sondern altbewährte Ausrottungsmethode! Dann kann man die Kriegsverbrecher bei den Amis ruhig in Kauf nehmen als das kleinere Übel. Unangenehm machen sich die Russen in der Stadt bemerkbar. Als verfolgte Kaste wittert man nun auch in jedem von den Idioten einen GPU-Fritzen. Widerlich die uniformierten Weiber mit ihren platten, verlebten Gesichtern. Als die Eltern am nächsten Morgen mit Pum kamen, waren sie auch schnell überzeugt, besonders nach einem ausgedehnten Besuch bei Hecken. Das Diakonissenhaus hatte uns wieder unter seine Fittiche genommen, und Schwester Olga organisierte, ganz groß, unsere Flucht ins "Gelobte Land". . .

Am 15. Oktober starteten wir. Stockfinster war's noch, als wir zur Elektrischen gingen, und das war ganz gut, denn unsere Aufmachung war seltsam genug. Jeder hatte mindestens zwei Schichten übereinander an. Sophiechen konnte man beinahe rollen, wenn sie hingefallen wäre. Meinen Rucksack hatte ich mit größter Umsicht gepackt, und seine Ausmaße und sein Gewicht waren ganz beachtlich geworden, 60 Pfund hatte er mindestens, und mit allem Drum und Dran werde ich wohl einen Zentner mitgeschleppt haben. Wenig genug, wenn man bedenkt, daß es nun für uns drei eine ganze Zeit reichen muß. . . Erstmal quetschten wir uns in den Packwagen und kamen bis Naumburg, dort hatten wir bis Mittag Aufenthalt, aber, o welch Dusel, wir paßten gerade Schwester Else ab, die mit einer Bescheinigung vom Landrat (Kommunist) nach Halle fuhr: daß der Vater wegen Krankheit und Alter nicht nach Wittenberg brauche, sondern ins englische Gebiet fahren könne. Natürlich war uns klar, daß "Dokumente" bei den Russen gleich Null sind, aber immerhin konnte es doch von Nutzen sein. . .

Nachmittags waren wir in Saalfeld. . . Jetzt sind sämtliche Brücken gesprengt und alle größeren Bahnhöfe zerstört. - In den Saalfelder Ruinen brauchten wir zum Glück nicht lange zu warten und fuhren am Abend mit dem Waldbähnchen nach Lobenstein hinauf. . . Vertrauend auf die grenzbewanderte Gemeindeschwester, die sich aber als rechte Nachteule herausstellte, stolperten wir so richtig den Russen in die Arme. Blankenstein hieß das Nest. Wir waren morgens ein Stück mit der Bahn gefahren und eine Station vorher ausgestiegen. Durch Blankenstein fließt der Grenzbach zwischen russischem und amerikanischem Gebiet; wenn man ungesehen übers Wehr käme, wäre man drüben. Anstatt nun erst das Gelände zu sondieren, tüffeln wir los, kommen auch bis an den Bach und verkriechen uns in eine Laube, direkt am Wasser, hatten aber nicht bemerkt, daß dahinter ein Steg entlangging, auf dem prompt ein Posten erschien, der sich auf nichts einließ und uns zur Brückenwache schleppte; da standen wir erst eine Weile herum, bis sich noch mehrere Pechvögel einfanden, und wurden dann zum Kommandanten gebracht. Nach ewigem Warten wurden Vater und Pum verhört, Rucksäcke durchsucht, was sie gebrauchen konnten blieb da, und Papiere studiert. Unsere schönen amerikanischen Registrierscheine, mit denen wir bluffen wollten, flogen in den Papierkorb, und dann zog unser ganzer Trupp nach Kiesling in den Kartoffelkeller. Oh, wie einzigartig schön war das! Der Morgennebel hatte sich in Landregen aufgelöst, die Kinder micksten, Vater keuchte unter seinem schweren Rucksack. Dort saßen schon einige achtzig Leute herum; wir quetschten uns noch an ein einigermaßen trockenes Plätzchen, dann eröffneten sich strahlende Aussichten. Ja, zum Teil saßen die Leute schon vier Tage drin; der Kommandant, der verhörte, erschiene frühestens am nächsten Morgen, und nachts ginge das Theater erst richtig los, dann würden die Frauen alle raufgeholt! Verdammt, dachte ich . . . es war mir aber gar nicht lächerlich zumute. Die Sache wäre auch schief gegangen, wenn Schwester Hildegard nicht ihre Fähigkeiten voll entfaltet hätte. Die letzte Pulle Schnaps (bis auf meine) mußte auch noch herhalten, aber wir kamen raus, unter Peitschenhieben, und zogen erleichtert zum Bahnhof. . .

Am 17. Oktober kamen wir bis Erfurt und konnten dort im Diakonissenhaus übernachten. Eine neue Schwierigkeit erwuchs, als wir die Fahrkarten nach Heiligenstadt nehmen wollten. Nein, nach dem Westen würden keine Fahrkarten mehr ausgegeben, der Andrang wäre dort nicht zu bewältigen. Nun, wir stiegen mit unseren alten Fahrkarten ein, die bis Gotha liefen, und hatten Glück bei einem netten alten Schaffner nachher, im Zug ließ er uns nachlösen. Wir kamen bis Nordhausen. Hier stand der Bahnhof gerammelt voll. Menschen über Menschen mit Bergen von Gepäck. Das kann ja gut werden, denn der Zug von Halle wird ja auch nicht gerade leer ankommen. Wir stehen eine Weile, da heißt es: "Achtung, Sonderzug nach dem Westen!" Nun aber ran! Ein langer Zug mit Viehwagen erwartet uns. Das einzig Wahre, da kommt man wenigstens mit seinen Siebensachen unter. Voll wurde es aber trotzdem. Nachmittags kamen wir nach Teistungen, dem Grenznest, ein ganz kleines Fachwerkdörfchen, vollgestopft mit Flüchtlingen oder Rückkehrern. Es wurde nun immer wahrscheinlicher, daß die Grenze offen sei, und nun waren wir auch so in den Menschenstrom hineingekommen, der nach dem Westen zog, daß es eigentlich glücken müßte. Schwester Hildegard lieferte noch ein Meisterstück, indem sie unsere Startnummer, auf die andere Leute sonst drei bis vier Tage warten mußten, am gleichen Nachmittag beim Bürgermeister erkämpfte. Am nächsten Tage war unsere Nr. 16 allerdings zweimal vertreten, aber das fiel nicht weiter auf im Gedränge. - Wir gingen dann auf Quartiersuche und kamen noch in einer Scheune vom Meierhof unter. Diesen Abend konnte ich unsere Menkenke sogar mit Milch zusammenrühren, und Sophiechen konnte ihren "Milchdurst" stillen. Rührend, daß die Leute immer noch abgeben, denn schließlich lassen sie diesen Flüchtlingsstrom doch seit fast einem halben Jahr über sich ergehen. . .

19. Oktober. - Am nächsten Morgen um 4 stellten wir uns an am Schlagbaum, ein endloser Schwanz stand schon da, auch Fuhrwerke mit den seltsamsten Bespannungen, vom Eselskarren bis zum Belgiergespann; wenn wir doch nur unsere Haflinger mitgekriegt hätten! Bis 8 Uhr standen wir in Fünferreihen, den Rucksack vor den Füßen, darauf saßen Dieter und Fieken, in meine blaue Decke gewickelt und an meine Knie gelehnt, und holten ihren Morgenschlaf nach. Neben uns, vor der kleinen Dorfkirche, die auch als Massenlager diente, brannte ein großes Feuer, an dem die Mütter ihren Kinderpapp kochten. Die deutsche Hilfspolizei hatte ihr Tun, die Kolonne in Marschordnung zu halten, die russische Laune nicht zu trüben. Langsam wurde es hell, und der rote Sowjetstern auf der anderen Seite verblaßte. Der Schlagbaum öffnete sich, ein fetter Offizier wirft einen flüchtigen Blick auf unseren Ausweis, und wir sind drüben, d. h. zwei Kilometer müssen wir erst noch durch Niemandsland, und da gibt es auch noch zweimal einen Stop: das erstemal wird das Gepäck durchsucht, wobei wir zum Glück verschont bleiben, bei anderen flogen aber Wäsche und Habseligkeiten mitten in den Straßenschlamm. Dann standen wir ewig vor den englischen Grenzpfählen und wurden abgezählt wie eine Hammelherde. Es werden täglich nur 300 ausgetauscht. Sinnloses Verfahren, wenn man bedenkt, daß täglich Hunderte schwarz rüberlaufen, sinnlos wie überhaupt die ganze Grenze. Genau wie Versailles, trägt dieser sogenannte Friede den nächsten Krieg schon wieder in sich. Das haben Krieg und Frieden wohl so an sich. . . - In die Züge kamen wir immer gut hinein und waren am nächsten Vormittag in Friedland (20. Oktober). Dort noch ein Stück zu Fuß (über die englisch-amerikanische Grenze), und wir kamen gerade noch zurecht zum zweiten Frühstück zu Frau Henschel in Hebenhausen. . . - Das letzte Nachtquartier war auf dem Bahnhof Bebra, wo ein Bahnbeamter Vater kannte und uns einen "Privatsalon" aufschloß, und am Sonntag, 21. Oktober, früh, feierten wir Wiedersehen mit Renate im Forsthaus Buchenau. - Von Sonntag, 14. Oktober, früh, bis Sonntag, 21. Oktober, früh, hat die Überwindung von 165 Kilometer gedauert!

Elinor Wilson, geb. v. Watzdorf a. d. H. Luttowitz

Elinor Agnes Wilson, geb. v. Watzdorf, * Luttowitz 29. 9. 1914;
✕ Florenz 18. 6. 1945 Robert Wilson, * Durban, SAfrika, 25. 1. 1914,
† Bryanstone, SAfrika, 18. 9. 1990, Dozent für Wirtschaftswissensch. an
der Univ. Johannesburg.

Es war im Juni 1944, als ihre Eltern, Rudolf und Isa v. Watzdorf in Luttowitz, von
ihrer damals noch unvermählten jüngsten Tochter Elinor eine kurze, eilige Nachricht erhielten mit dem Inhalt: "Ihr werdet länger nichts von mir hören, macht Euch
keine Sorgen." Knapp zwei Jahre später, Ende Mai 1946, kam das nächste, so lang
ersehnte Lebenszeichen von ihr aus Johannesburg in Südafrika. Über das, was sich
in der Zwischenzeit begeben hatte, liegt ihr nachfolgender Bericht für das Schicksalsbuch des Sächsischen Adels vor.

Seit Anfang 1940 war ich wieder in Florenz, wo mir eine Anstellung in einem
italienischen Verlagshaus angeboten war. Ich hatte meinen italienischen und englischen Dolmetscher abgelegt und dort schon vorher in einer deutschen Exportfirma
gearbeitet. In Florenz hatte ich das Glück, die Wochenenden in der zauberhaft
gelegenen Villa von Verwandten außerhalb der Stadt verbringen zu können.
Damals war Italien noch neutral, trat aber wenig später auf unserer Seite in den
Krieg ein. Zunächst änderte sich nicht viel für uns. Es gab keine Privatautos mehr,
aber das Fahrrad war ohnehin das beliebteste Verkehrsmittel. Meine Urlaube
konnte ich zu Hause verbringen, wo das Leben allerdings immer schwieriger
wurde. Da konnte ich etwas helfen, vor allem Schuhe für dir Kinder waren sehr
erwünscht!
Inzwischen näherte sich der Krieg Florenz immer mehr. Mussolini mußte abdan-
ken, und als die Deutschen nach dem kurzen Badoglio-Intermezzo Italien besetzten,
verlor ich meine Stellung in dem italienischen Verlag, fand aber sofort eine neue
bei einer deutschen Tabakfirma. Leider lag sie neben einem der wenigen noch
nicht zerstörten Eisenbahn-Reparaturwerke, das viel von Fliegern angegriffen
wurde. Wir verbrachten viele Stunden im nahen Park, wo wir nicht nur von
Bombern angegriffen, sondern auch von Tieffliegern beschossen wurden.
In dem Verlagshaus hatte ich mich mit einer deutschen Kollegin angefreundet. Sie
war mit ihren drei Kindern und ihrer alten Mutter nach Italien gegangen, da sie
selbst, ihre Mutter und die Kinder jüdisch waren. Ihr Mann - Nichtjude - war bei
dem Versuch, eine Anstellung in England zu finden, dort vom Krieg überrascht
worden. Als Mittel- und Norditalien nun von Deutschland besetzt wurden, war es
für sie zu gefährlich, in Florenz zu bleiben. Überall waren Plakate angeschlagen
mit dem Aufruf: "Todesstrafe für alle, die Juden helfen!" Sie beschloß daher zu
versuchen, in das von den Alliierten besetzte Süditalien durchzukommen. Sie
konnte aber nur die Kinder mitnehmen, die alte gebrechliche Mutter, die nur
deutsch konnte, mußte sie zurücklassen, und sie bat mich, für sie zu sorgen. Diese
hatte zwar genug Geld, um zu leben, wußte aber nicht wohin. Durch unseren deutschen Konsul, der mich und meine Familie kannte, war es mir möglich, für meine
Freundin und ihre Kinder neue Pässe zu bekommen. Er war in jeder Hinsicht stets

sehr hilfreich und riskierte seine Karriere, wenn nicht sogar sein Leben. Mit Hilfe meiner guten italienischen Wirte, die stets durch dick und dünn zu mir hielten, fand ich bei deren Verwandten in Lucca in einer kleinen Pension Unterkunft für die Mutter meiner Freundin. Wann immer ich konnte, besuchte ich sie, oder schickte ihr, wenn das nicht möglich war, Briefe über einen guten Bekannten. Ich hatte sie beschworen, diese Briefe zu vernichten, sobald sie sie gelesen hatte. Leider behielt sie einen, der ihr besonders tröstlich war, in ihrer Handtasche. Meiner Freundin war es unterdessen gelungen, die deutsche Front im Süden zu erreichen. Dort gab sie sich den deutschen Offizieren zu erkennen. Diese waren sehr anständig und halfen ihr in jeder Beziehung. Sie gaben ihr eine Anstellung, so daß sie sich und die Kinder ernähren konnte. Als die Front zurückgehen mußte, ließen sie sie da, und sie konnte sich nun den Alliierten ergeben. Diese haben sie dann nach Rom gebracht, wo sie blieb.

Die Zeit kam nun, wo man in Florenz den Geschützdonner von den Kämpfen um Livorno hören konnte. Es hieß, wir Deutschen müßten nun bald nach Verona zurückgehen. Unsere Tabakfabrik hatte ihr Hauptbüro in einem requirierten Hotel, und mein Chef fragte mich eines Tages, ob ich nicht zwei Nächte dort bleiben könnte, um zu packen und Akten zu verbrennen usw. Ich tat dies auch, und am ersten Morgen kam eine gute Bekannte aus meiner Pension und berichtete, der Wirt habe sie geschickt, denn am Vorabend seien drei deutsche Soldaten gekommen und hätten nach mir gefragt, sie wollten mir Grüße von zu Hause bringen. Dies war schon öfters geschehen, und ich hatte auch gelegentlich Pakete mit Urlaubern nach Hause geschickt. Der Wirt hatte aber Verdacht geschöpft, weil die drei draußen warteten, bis die Haustür abgeschlossen wurde und am nächsten Morgen vor Tagesgrauen schon wieder da waren und nicht wichen. Sie hatten auch mein Zimmer angesehen, wo sie zum Glück gepackte Koffer vorfanden. Ich hatte viel zu tun und beunruhigte mich nicht so sehr, zumal meine Wirte nicht gesehen hatten, daß die drei sogenannten Soldaten von der Gestapo gewesen waren. Zu meinen Aufgaben in der Firma gehörte das Ausschreiben von Gutscheinen für Zigaretten an Urlauber. Ich saß an meiner Schreibmaschine, vor mir eine lange Schlange von Soldaten. Als ich einmal wieder sagte "der nächste, bitte", standen da die drei Gestapoleute in Uniform und sagten, sie wollten mich sprechen und ich sollte ins Nebenzimmer kommen. Da fiel bei mir der Groschen, und ich versuchte mich dahinter zu verschanzen, daß ich allein im Büro sei, und daß dann alle diese Soldaten warten müßten. Es half aber nichts. Im Nebenzimmer wurde ich dann mindestens eine halbe Stunde verhört. Zwei von ihnen stellten die Fragen, der dritte beobachtete mich bloß die ganze Zeit. Sie sagten, sie hätten die alte Dame gefunden und verhaftet. Dabei hätten sie einen Brief von mir in ihrer Handtasche gefunden. Allerdings hatte ich den Eindruck, daß sie nicht wußten, daß sie eine Jüdin sei. Die Fragen waren auch so unbeholfen, daß es gar nicht schwierig war, unschuldig zu erscheinen. Sie erwähnten auch immer einen mir völlig unbekannten Namen. Später stellte sich heraus, daß sie die alte Dame für die Schwiegermutter von Rudolf Heß gehalten hatten. Na, das Verhör endete wohl unbefriedigend für sie. Eigentlich wollten sie mich gleich mitnehmen, da aber das ganze Büro voller Soldaten und mein Chef glücklicherweise abwesend war, konnten sie das nicht. Sie sagten aber, ich hätte mich um 5 Uhr bei ihnen zu stellen und sie würden mich

dann selbst nach Verona mitnehmen. Zum Glück für mich waren die Alliierten schon sehr nahe und die Gestapo war natürlich die erste, die sich in Sicherheit brachte.
Mit zitternden Händen setzte ich mich wieder an meine Schreibmaschine und schrieb weiter Gutscheine aus. Inzwischen kam auch mein Chef zurück, wollte aber nichts mit meinen Nöten zu tun haben. Er meinte, ich hätte mir das selbst eingebrockt. In diesem Augenblick sah ich das Auto unseres Konsuls auf dem Platz vor dem Hotel, rannte schnell hinunter und erzählte ihm alles. Er war höchst mitfühlend und hilfsbereit. Er sagte, ich dürfe mich unter keinen Umständen der Gestapo stellen, sondern müsse versuchen, mit Hilfe von Freunden zu fliehen um mich zu verstecken, bis die Alliierten kämen. Er erklärte mir auch genau, wie ich es machen sollte. Eine Freundin und ich sollten auf unseren Fahrrädern mit einigem Abstand hintereinander herfahren und von Zeit zu Zeit die Plätze wechseln. Wir sollten auch Rückspiegel haben, damit wir besser beobachten könnten, ob wir verfolgt würden.
Ich schickte nun einen Boten mit einem kurzen Brief an meine Bekannte zu meiner Pension, die zum Glück auch bald kam. Ich erzählte ihr dann alles. Sie kannte ein Kloster, wo sie mich hinbringen wollte und ging, um die Fahrräder und ein paar Sachen für mich zu holen. Am Nachmittag machten wir uns auf den Weg, wurden zum Glück nicht verfolgt und landeten im Kloster; dieses war riesengroß und hatte wie ein Kaninchenbau viele Gänge und Ausgänge. Die Äbtissin zeigte mir alle für den Fall, daß das Kloster durchsucht würde. Außer mir waren schon viele Flüchtlinge dort, meist jüdische Familien. Ich sah sie nur zum Essen, und die Äbtissin riet mir, mich möglichst von den anderen fernzuhalten. Sie installierte mich in einem Klassenzimmer, die Kinder waren alle nach Hause geschickt worden.
Ungefähr einen Monat später waren die Alliierten ganz nahe von Florenz, und es konnte nur noch Tage dauern, bis sie die Stadt einnehmen würden. Meine Freundin holte mich nun ab, denn es schien besser, bei Freunden zu sein, die mich kannten, als allein bei Fremden. Ich zog mit in ihr Zimmer, und wir hofften, ich würde so unbemerkt wie möglich bleiben. Meine Wirte standen durch dick und dünn zu mir. Der arme Pensionsinhaber war aufs Land geflohen, denn die Gestapo war natürlich zurückgekommen, als ich mich nicht gestellt hatte, und hatte eine Menge Leute vernommen, hauptsächlich meine Freundin, die aber kühl und ruhig blieb, so daß sie ihr nichts anhaben konnten.
Es folgten nun sehr ungemütliche Tage. Die Stadt war noch von Deutschen besetzt, die Alliierten standen vor den Toren. Alle Wasserleitungen waren gesprengt, nur die Frauen durften für bestimmte Zeit auf die Straßen, und erstmals kamen die Partisanen zum Vorschein, und ausgerechnet von unserem Dachgarten aus wurde auf sie geschossen. In der Pension lebten u. a. zwei Universitäts-Professoren mit ihren Familien, deren Häuser ausgebombt waren. Mit der Tochter des einen war ich befreundet. Sie studierte Musik und hatte sich auf Bach spezialisiert. Ihr beim Üben zuzuhören, hat mir über viele schwere Stunden hinweggeholfen. Ihr Vater war seinerzeit als Faschist denunziert und ins Gefängnis gesteckt worden. Mit Hilfe unseres Konsulates war es mir damals gelungen, ihn freizubekommen. Die andere Familie hatte drei Söhne, sie lebten erst seit kurzem in der Pension. Der älteste Sohn war den Partisanen beigetreten. Nach dem Beschuß der Partisanen von

unserem Dachgarten fand im Speisesaal eine hitzige Diskussion statt, die so laut war, daß ich sie in meinem Zimmer verstehen konnte. Der Partisanen-Sohn sagte, er wisse, daß ich hier versteckt sei, und er würde mich bei den Partisanen anzeigen, denn ich hätte ihn wahrscheinlich verraten. Mein Professoren-Freund, aber auch die anderen Gäste verteidigten mich aber und sagten, das sei völlig ausgeschlossen. So beruhigte er sich zum Glück wieder.

Inzwischen half es aber nichts, ich mußte auch auf die Straße gehen, um am Brunnen nach Wasser für mich Schlange zu stehen. Ich hatte ja jahrelang in Florenz gelebt, und viele Leute kannten mich und wußten, daß ich Deutsche war. Der Gedanke, bei der allgemeinen Aufregung mitten unter den vielen Frauen anstehen zu müssen, war nicht gerade angenehm. Ich wurde kräftig geschminkt, sowie durch Kopftuch und Sonnenbrille getarnt und wurde auch wirklich von niemanden erkannt. Dann kam die böse Nacht, als die Brücken und Palazzi gesprengt wurden. Da wir ganz nahe wohnten, mußten wir alle in den Keller, und die Empörung über die wirklich unnötigen Zerstörungen waren enorm. Auch das war für mich nicht angenehm, aber meine Freunde hatten mich in ihre Mitte genommen und niemand erkannte mich. Nun, alles geht vorüber und am nächsten Morgen kamen die ersten alliierten Truppen über den Arno. Es waren Südafrikaner.

Ich hatte eine österreichische Freundin mit einem südafrikanischen Paß. Nach ein paar Tagen kam sie zu mir und brachte mich zur englischen Geheimpolizei, mit der sie über mich gesprochen hatte. Ich wurde sehr höflich behandelt und verhört, wurde nicht interniert, sondern durfte nach Hause gehen. Nun hatte ich natürlich keine Anstellung mehr und auch nur noch sehr wenig Geld, mein Chef hatte mir nicht einmal mehr mein letztes Gehalt ausgezahlt. Wieder war es Margot, meine österreichische Freundin, die mir zu Hilfe kam. Sie ging mit mir zur UNRRA, einer internationalen Hilfsorganisation, und Wunder über Wunder, diese erklärte sich bereit, mir monatlich eine Unterstützung zu zahlen, von der ich gut leben konnte.

Die Zeit verging, der Sommer wurde zum Herbst und dann zum Winter. Ich lebte still vor mich hin, immer natürlich in gräßlicher Sorge um meine Lieben, von denen ich nichts wußte. Der Winter war ungewöhnlich hart, und ich hatte nicht genug Geld, um mein Zimmer zu heizen. Zu Essen gab es natürlich schon seit langem nicht mehr genug. So verbrachte ich viele Stunden im Bett, da wurde man mit der Zeit wenigstens warm und im Schlaf fühlte man den Hunger nicht so.

Eines Tages kam Freundin Margot und sagte: "So kannst Du nicht weiterleben, komm heute abend mit mir in den südafrikanischen Offiziersclub zu einem Tanz. Niemand ist dort deutschfeindlich, alle sind besonders nett." Ich hatte gar keine Lust und streubte mich. Es half aber nichts und sie erklärte, sie würde einen ihrer Freunde schicken, einen gewissen Captain Wilson, und er würde mich abholen. Wenn ich ihn nicht nett fände, könnte ich immer noch "nein" sagen. Na, ich fand ihn aber durchaus nett, und wir gingen zusammen zu dem Club. Es blieb dann nicht dabei, und wenn er nur konnte, kam er nach Florenz. Sein Regiment stand damals vor Monte Sole in den Apenninen. Im Frühjahr zog ich dann zu einer deutschen Freundin, die außerhalb der Stadt lebte, und wo es etwas leichter war, Lebensmittel zu bekommen. Das Gut meiner Tante war auch ganz nah, und ihr

Verwalter versorgte uns mit Obst und Gemüse. Manchmal konnte man etwas Pferdefleisch bekommen, Katzen gab es schon lange nicht mehr, die hatten wir längst gegessen, sie wurden als Kaninchen verkauft.

Im Juni 1945 bekamen wir nach vielen Schwierigkeiten die Erlaubnis zu heiraten und gingen im Herbst nach Rom, wo wir auf den Transport warteten. Dort wohnten wir bei meiner Freundin, die nun wieder mit ihrer Mutter vereint war. Die Gestapo hatte sie in Florenz zurückgelassen. Endlich bekamen wir die Erlaubnis, mit einem Truppentransport nach Südafrika zu fahren. Mit Aufenthalten in Süditalien und Kairo ging es dann durch den Suezkanal nach Durban, wo wir kurz vor Weihnachten landeten.

Es dauerte noch bis Ende Mai 1946 bis es mir gelang, meiner Familie Nachricht zukommen zu lassen, obwohl wir es schon in Italien bei vielen verschiedenen Stellen versucht hatten und viele Formulare und Dokumente ausfüllen mußten. Am Ende war es ein Brief, den ich nach Hause geschickt hatte, der die Verbindung zustande brachte. Unser alter Briefträger erkannte meinen Vornamen, und der Gute brachte ihn zu Fuß nach Bautzen, wo, wie er wußte, meine Tante lebte. Als ich Antwort bekam, hörte ich, daß alle zwar vertrieben, aber Gott sei Dank noch am Leben waren.

Luise v. Witzleben auf Dornheim

Das Rittergut Dornheim liegt im Kreis Arnstadt, Thüringen, und war etwa seit dem Jahre 1800 im Familienbesitz. Die Dornheimer Witzlebens gehören dem Zweig der Familie an, deren Hauptsitz das benachbarte Rittergut Angelroda war. Letzteres gehörte einer Erbengemeinschaft, an der 1945 die Dornheimer einen Anteil von 50 Prozent hatten.

Zur Familie des letzten Eigentümers gehören:

Georg Alfred Gottlieb v. Witzleben, * Angelroda 16. 3. 1870, † Dornheim, Kr. Arnstadt, Thür., 21. 11. 1936, auf Dornheim, Mithr auf Angelroda u. Martinroda, Kgl. preuß. Major a. D., ERr d. JohO.; ✕ Lennep 15. 4. 1902 Luise Hardt, * Lennep 16. 4. 1876, † Remscheid-Lennep 16. 9. 1965, T. d. Fabrikbes. Arnold Wilhelm H. u. d. Mathilde Rheinen.

Neffe u. Adoptivsohn (Vertrag ... 9. 11., amtsgerichtl. bestät. Arnstadt 21. 12. 1936): Alfred Adalbert Hans Lutze v. Wurmb, * Danzig 17. 11. 1898, † (im russ. Gefangenenlager) Tscherepowez bei Moskau 5. 12. 1945, führte den Namen „v. Witzleben-Wurmb".

Alfred Adalbert Hans Lutze v. Wurmb, * Danzig 17. 11. 1898, † (im russ. Gefangenenlager) Tscherepowez bei Moskau 5. 12. 1945, führte als Adoptivsohn (Vertrag ... 9. 11., amtsgerichtl. bestät. Arnstadt, Thür., 21. 12. 1936) seines Onkels Georg v. Witzleben (* 1870, † 1936) den Namen „v. Witzleben-Wurmb", Mithr auf Angelroda (§), Dr. phil., DiplLdwirt, OLt d. Res.; ✕ Potsdam 8. 5. 1929 Clementine v. Bassewitz, * Spandau 3. 7. 1907, T. d. Kgl. preuß. Majors Gerhard v. B. u. d. Luise Freiin Quadt-Wykradt-Hüchtenbruck.

Kinder:

1. Conrad Gerhard Job, * Bremervörde 22. 6. 1933, Buch- u. Kirchenkünstler, DiplDes., RRr d. JohO.; ✕ Hoya an der Weser 3. 9. 1960 Jutta v. Klüfer, * Berlin-Charlottenburg 9. 7. 1936, T. d. Kaufm. Georg-Theodor v. K. u. d. Hedwig Beelitz.

2. Theda Helene Luise, * Otterndorf bei Cuxhafen 2. 7. 1936, RegDir.

3. Günther Fritz Hermann, * Arnstadt 13. 11. 1943, Biotechniker; ✕ Essen 2. 1. 1976 Elke Ruffmann, * Elbing 22. 12. 1943.

Die Unterlagen für das Schicksalsbuch hat Conrad v. Witzleben-Wurmb zur Verfügung gestellt. Sie bestehen aus Teilen der Witzlebenschen Familiengeschichte mit Beiträgen von Clementine v. Witzleben-Wurmb und ergänzenden Erläuterungen von ihm. Hieraus wurde der nachfolgende Schicksalsbericht zusammengestellt.

Das Hauptgut Angelroda wurde von Alfred v. Witzleben-Wurmb bis zu seiner Verhaftung mitbewirtschaftet, da er der einzige Landwirt innerhalb der Erbengemeinschaft war und einen Anteil von fünf Zehntel besaß. Im Zuge der Bodenreform wurde Angelroda 1945 entschädigungslos enteignet und das Schloß 1946 zerstört.

Schloß Angelroda
Zustand vor 1945.

Aufnahme 1990: Hier stand das Schloß.

Schloß Dornheim
Zustand bis 1945.

Während des Krieges lebte Luise v. Witzleben mit ihrem Adoptivsohn und dessen Familie in Dornheim. Gegen Ende des Krieges wurden sie allmählich immer mehr eingeengt, zuerst von Evakuierten aus den zerbombten Städten des Westens, dann von Flüchtlingen aus den östlichen Teilen Deutschlands. Zuletzt waren es 45 Menschen, die dort Unterschlupf gefunden hatten, davon 25 Kinder.

Im März 1945 jagte eine Hiobsbotschaft die andere, und die Flüchtlingsströme aus Ostpreußen, Westpreußen, Pommern und Schlesien, die endlosen Trecks in Schnee und Kälte brandeten auch nach Dornheim. Alfred hielt es nicht mehr zu Hause. Am Karfreitag zog er seine Uniform an, fuhr nach Weimar und meldete sich zur Truppe. Indessen, er wurde nicht angenommen, "der Name v. Witzleben sei seit dem 20. Juli 1944 in der Armee verboten".

Über das Ende von Dornheim schreibt Alfreds Frau, Clementine v. Witzleben-Wurmb:

". . . Anfang April hörten auch wir in Dornheim, die wir uns so sicher fühlten, Kanonendonner. Auch Tiefflieger suchten uns heim und machten die Landbestellung unmöglich. In diesen Tagen ging unsere liebe Tante Marie-Luise v. Witzleben heim. Sie hatte bei uns eine Zuflucht gefunden, nachdem sie ihr Haus in Dresden verloren hatte. Nur Alfred und Mutter gingen mit auf den Friedhof, da die Tiefflieger furchtbar waren. Sie hat nicht mehr erlebt, daß wenige Tage später die Amerikaner einrückten und auf dem Dornheimer Kirchturm die weiße Fahne gehißt wurde.

Unser Hof wurde ein Heerlager von 200 Mann und ungezählten Fahrzeugen. Sämtliche Flüchtlinge mußten innerhalb einer Stunde unsere Häuser verlassen, und wir, die Familie, hausten zweieinhalb Wochen zu neun Personen in einem Raum. Die Amerikaner benahmen sich anständig, und doch spürten wir mit aller Unbarmherzigkeit 'Wehe dem Besiegten'!

Januar 1990: Schloß abgerissen, vorne Rest der zugeschütteten Gracht, eine statt früher fünf Pappeln, Inspektorhaus.

Von Mai bis Juli lebten wir verhältnismäßig geordnet unter amerikanischer Herrschaft. Unsere russischen und polnischen Arbeiter lohnten uns die anständige Behandlung und schützten uns vor fremder Plünderung. Ende Juni häuften sich die Gerüchte, daß nach dem Potsdamer Abkommen die Russen Thüringen besetzen würden. Wir Nachbarn waren uns darin einig, daß wir alle fliehen würden, wenn der Russe kommt. Nicht einer ist geflohen, alle sind überrascht worden. Am 3. Juli 1945 morgens früh wurde der Russe mit roten Fahnen in Arnstadt begrüßt! Das Verhängnis nahm seinen Lauf, die Amerikaner waren über Nacht abgerückt. Noch am gleichen Tage kamen die Kommissare ins Dorf, und von diesem Augenblick an war es wie bei einer Treibjagd. Tag und Nacht kamen wir nicht zur Ruhe. Mit quietschenden Bremsen brausten Russenautos auf den Hof, leerten Ställe und Kornböden. So ging das drei bis vier Wochen, dann kamen die Männer mit den grünen Mützen, die GPU. Wenn bisher nur Vieh und Korn, Möbel und Bilder, Bücher und Geld geholt wurden, jetzt kamen die Menschen an die Reihe. Überall wurden die Gutsbesitzer verhaftet und höhergestellte Persönlichkeiten. Ein ehemaliger Offizier, der bei uns geholt worden war, kehrte nach vierzehntägiger Haft zurück. Mit den Nerven völlig zerrüttet, nahm er sich mit Frau und drei reizenden Kindern das Leben. Zur Beerdigung kam fast das ganze Dorf; fünf Gräber, eine furchtbare Anklage! Am 25. Juli 1945 wurde auch Alfred weggeholt. Zwei entsetzliche Kerle und ein aufgetakeltes Weib schleppten ihn in ein Auto und setzten sich mit geladenen Gewehren neben und hinter ihn. 'In drei Tagen bin ich zurück', war das letzte, was ich von Alfred hörte. Nun waren wir Frauen allein. Wie durch ein Wunder, nur durch Fürsprache unseres roten Bürgermeisters, entging ich der Verschleppung. Als Alfred fort war, zog die GPU in unser Haus ein. Wir mußten für sie den Haushalt führen und sie haben uns nichts getan, obgleich sie oft betrunken waren und ab und zu mit gezücktem Revolver an unserer Schlafstatt erschienen und Schnaps forderten. So gingen acht Wochen in der verzweifelten Hoffnung auf Nachricht von Alfred ins Land. Noch glaubten wir, wenigstens 60 Morgen für die Kinder retten zu können, aber auch das war vergebens.

Nach Hetzreden über die ostelbischen Junker wurden wir Mitte September 1945 enteignet. Auf telefonische Anfrage beim Landratsamt, kam die Antwort: 'Militärkreise!' Das besagte alles. Unter unseren Leuten schied sich der Weizen von der Spreu. Vielen saß selbst die Angst im Nacken, viele waren treu bis zum letzten Augenblick.

Am 24. Oktober, abends 8 Uhr, kamen russische Offiziere im Auto auf den Hof: 'In einer Stunde den Hof verlassen, mitnehmen, was Ihr tragen könnt, nicht mehr.' Die Kommunisten im Dorf bewirkten einen Aufschub von zehn Stunden zum Packen. Als der Morgen des 25. Oktober graute, weckte ich meine drei Kinder - zwölf, neun und eineinhalb Jahre alt - und wir machten uns fertig. Als wir im kalten Nieselregen in einem Ackerwagen zum Hoftor hinausfuhren, wurde die rote Fahne auf dem Hause gehißt. Im Dorf sah man uns hinter den Gardinen nach und manch guter, stiller Blick traf uns.

Von Alfred erhielt ich noch einen Zettel, den er aus dem Zug abgeworfen hatte: Fahren in Richtung Osten. Bis dahin war er von einem Gefängnis ins andere gesteckt worden, schließlich drei Wochen ins Lager bei Pirna. Vergeblich suchten ihn die Gedanken im fernen Rußland. Schon am 5. Oktober 1945 ist er dort nach schweren Leidenswochen gestorben. Ich erfuhr es erst zwei Jahre später durch einen Heimkehrer.

Unsere erste Station nach unserer Ausweisung aus Dornheim war Gotha, wo mein Onkel Bassewitz wohnte. So, wie von den Russen befohlen, kamen wir nur mit dem, was wir tragen konnten. Wir fanden liebevolle Aufnahme. Bald aber verdichteten sich die Gerüchte, daß man mich suchte, um mich nach Rügen zu verschleppen. Deshalb entschloß ich mich, mit den Kindern in den Westen zu fliehen. Meine Schwiegermutter hielt noch viereinhalb Jahre in Arnstadt aus, sie tat uns noch unendlich viel Gutes in ihrer Fürsorge. Sie hat die Jahre unter kommunistischer Herrschaft in Arnstadt mit großer Tapferkeit durchgestanden. Im Jahre 1949 wurde sie von ihrem Bruder in ihre Mädchenheimat Remscheid-Lennep zurückgeholt. Dort starb sie hochbetagt am 16. September 1965 in ihrem 90. Lebensjahr.

Das Herrenhaus in Dornheim wurde, ebenso wie in Angelroda, von den Kommunisten abgerissen. Darüber wurde unter der Überschrift 'Solidaritätsaktionen im Landkreis Arnstadt' vom 'Freien Deutschen Gewerkschaftsbund' besonders anerkennend berichtet.

Dies war das Ende der alten thüringischen Besitzungen unserer Familie."

508

Arndt v. Wolffersdorff auf Schwepnitz

Das Rittergut Schwepnitz, Amtshauptmannschaft Kamenz in der Oberlausitz, liegt etwa 40 km nordöstlich von Dresden. Nachdem kurz vor dem Ersten Weltkrieg der größte Teil des Waldes zur Vergrößerung des Truppenübungsplatzes Königsbrück verkauft werden mußte, hatte das Gut noch eine Größe von 165 ha, davon ca. 90 ha landwirtschaftliche Nutzfläche und ca. 50 ha Teiche, der Rest war Wald. Eine Ziegelei gehörte zum Betrieb. Das Herrenhaus war nach einem Brand im Jahre 1848 neu in italienisierendem Stil erbaut worden. Schwepnitz war zuvor im Besitz der Freiherren v. Rochow und war Mitte des 19. Jahrhunderts durch Erbschaft an die Wolffersdorffs gelangt.

Zur Familie des letzten Eigentümers gehören:

> Wilhelm Bernhard A r n d t v. W o l f f e r s d o r f f, * Dresden 5. 7. 1877, † Hamburg 15. 6. 1965, auf Schwepnitz (§), OLausitz, ERr d. JohO.; ╳ Hülseburg, Meckl.-Schwer., 1. 3. 1910 Lucia v. C a m p e, * Hamburg 11. 8. 1879 (kath.), † Soltau 1. 12. 1970 (╳ I. Hamburg 4. 2. 1899 Carl v. Studnitz, † Schneitheim bei Heidenheim, Württ., 15. 6. 1948, Rittmeister a. D., gesch. ... 1908), T. d. Karl v. C. auf Isenbüttel, Öhren u. Nienhagen u. d. Lucia Oetling.

> Tochter:
> Melanie Amélie Lucia V e r a, * Dresden 11. 2. 1911, Äbtissin des Klosters Walsrode.

Frau Äbtissin i. R. Vera v. Wolffersdorff berichtet für das Schicksalsbuch des Sächsischen Adels.

Nachdem meine Eltern und ich am 20. April 1945 nachts per Pferdetreck nach Feindalarm im letzten Moment Schwepnitz verließen, kamen wir bis in die Gegend von Oschatz, wo uns die russischen Soldaten einholten, denn das jenseitige Ufer der Mulde konnten wir nicht mehr erreichen. Unser Gepäck wurde geplündert. Nach einigen Wochen Unterschlupf bei Freunden zogen wir in unser geplündertes Haus zurück. Dieses und der ganze Ort befanden sich in einem grauenhaften Zustand: Flüchtig bedeckte Massengräber von Menschen und Pferden - zerstörte Häuser - verbrannter Wald - Hunger und Typhus.

Am 15. Oktober 1945 bekamen wir den Enteignungsbescheid. Auf meine Beschwerde hin erlaubte man uns, noch einige Zeit im Hause zu wohnen. Ende Oktober jedoch wurden meine Eltern und ich verhaftet und ins "Bodenreform-Lager Coswig" bei Dresden verbracht. Wie viele andere Gutsbesitzer blieben wir dort, bis wir - aus mir rätselhaften Gründen - kurz vor Weihnachten nach Schwepnitz entlassen wurden.

Unser ehemaliger Fischmeister hatte uns in Schwepnitz gegen geringe Miete ein Quartier besorgt. Ich fand Arbeit in einem von Russen geleiteten landwirtschaftlichen Betrieb und konnte so für etwas zusätzliche Ernährung sorgen. Doch auf die Dauer wurden die Zustände mitten unter der Soldateska - das Militärlager Königsbrück beherbergte ein großes Kontingent, das den Ort regelmäßig überplünderte -

Schloß Schwepnitz

Das Haus wurde immer genutzt. Allerdings sind kleine Türmchen an den Ecken und Ziergitter auf dem Dach verschwunden. — Seit der Wende steht das Haus leer. Die Gemeinde verfügt über keine Mittel, es zu unterhalten und das Dach instand zu setzen.

unhaltbar für uns. Das gleiche galt für die sich wiederholenden Drohungen seitens des Bürgermeisters, der uns schließlich auswies, trotz eines Verweises durch den russischen Kommandanten von Kamenz, den ich aufsuchte, und der sich erstaunlich freundlich zeigte.

Im Mai 1946 schließlich nahmen Verwandte von uns meine Eltern in der ihnen bislang verbliebenen Elgersburg in Thüringen auf. Ich fuhr oft mit Lebensmitteln und einiger uns noch verbliebener Habe zu ihnen hin, denn ich war noch etwa zwei Jahre bei Freunden in Schwepnitz geblieben, wo "man" mich wohl vergessen hatte! Im November 1948 ging ich über die grüne Grenze in den Westen und zwar in die Nähe von Braunschweig, wo ich Unterschlupf und einen kleinen Verdienst bei Verwandten fand. Später konnte ich noch einen kleinen Raum bekommen, in dem die Eltern, wenn auch arg beengt, inoffiziell wohnen konnten. Im Sommer 1952 gelang es ihnen endlich, legal in den Westen zu kommen. Sie konnten später in Hamburg in ein Zimmer ziehen und im Jahre 1961 durch Vermittlung von sächsischen Johanniter-Freunden in ein ordentliches Heim in Blankenese. Wieder war es sehr eng in dem einen Zimmer, aber sie waren gut versorgt.

Mein Vater starb nach kurzer Krankheit in Hamburg am 15. Juni 1965. Daraufhin nahm ich meine Mutter zu mir nach Walsrode bis 1969. Sie starb nach einem Jahr im Pflegeheim in Soltau. Beide liegen auf dem Walsroder Klosterfriedhof begraben.

Bis zu meinem Grenzübertritt in den Westen verdiente ich mir meinen Unterhalt so gut es ging in der Gegend von Schwepnitz und später in Elgersburg. Im Westen arbeitete ich an verschiedenen Stellen, bis ich durch Vermittlung von Freunden den Platz im Kloster und somit eine Wohnung bekam. In Walsrode fand ich Arbeit bis mir im Jahre 1963 die Leitung des Klosters übertragen wurde.

Unser Haus in Schwepnitz wurde nicht abgerissen und diente verschiedenen Zwecken. Stabil wie es ist, hat es sich daher in einem noch immer leidlich guten Zustand erhalten. Die übrigen Gebäude sind inzwischen nicht gerade schöner geworden, werden aber bewohnt. Das Herrenhaus ist es leider nicht mehr, da zu groß und ohne Heizung!

Laut Bescheid meines Anwalts vom Juni 1993 verhandelt die Treuhand über einen Kaufvertrag des Grundstückes. Ich halte meinen Entschädigungsanspruch aufrecht.

Ehrenfried v. Wolffersdorff-Weisin auf Weisin, Mitherr auf Leipzig-Abtnaundorf und Elgersburg

Das Rittergut Weisin im Amt Lübz, Mecklenburg, war durch Erbschaft von seinem Großvater mütterlicherseits, Arnold v. Frege-Weltzien, an Ehrenfried v. Wolffersdorff-Weisin, Mitglied einer alten sächsisch-thüringischen Familie, gelangt. Weisin hatte eine Größe von 561 ha, davon 406 ha landwirtschaftliche Nutzfläche. Der Betrieb wurde von ihm bewirtschaftet. Als er während des Krieges als Reserveoffizier eingezogen war, wurde er vertreten durch den bevollmächtigten Schwager Waldemar Gans Edlen Herrn zu Putlitz auf Groß-Pankow, Kreis Perleberg, und zuletzt von Herrn Paul Rekow.

Auch das in der Stadt Leipzig N 24, Heiterblickstraße 17, gelegene Rittergut Abtnaundorf, 202 ha, hatte zum Besitz von Arnold v. Frege-Weltzien gehört. Ehrenfried v. Wolffersdorff-Weisin erhielt, nachdem er am 3. November 1943 mit der Ausübung der Funktion des Verwaltungsrates betraut war, durch Urkunde vom 17. Oktober 1944 Generalvollmacht der Mitglieder der "Besitzgemeinschaft Abtnaundorf" mit dem Recht unter Aufhebung der Beschränkung des § 181 BGB, über alle Grundstücke und Vermögensteile des verstorbenen Rittergutsbesitzers Kammerherrn Dr. Arnold Woldemar v. Frege-Weltzien zu verfügen.

1944 war es in die vier Erbstämme aufgeteilt worden: v. Rössing, Jay, v. Wolffersdorff und v. Rochow. Die Bewirtschaftung verblieb in den Händen der Pächterin Frau Wanda Bohrisch. Da Leipzig zunächst amerikanisch und Mecklenburg russisch besetzt war, und in Mecklenburg besonders die Rittergüter von der Roten Armee verwüstet wurden, kündigte v. Wolffersdorff Frau Bohrisch die Pachtung Abtnaundorf vorsorglich zum 1. Juli 1946, um dann eventuell das Gut selbst zu bewirtschaften. Nachdem auch in Sachsen der Sozialismus mit der Roten Armee einzog, erfolgte auch dort die entschädigungslose Enteignung und Vertreibung.

Für die Elgersburg, Kreis Ilmenau (vormals Arnstadt)/Thüringen, hatte sein Großvater die "Marie-Agnes-Stiftung" gegründet. Sie sollte ein Ruhesitz alleinstehender Damen des evangelischen und katholischen Adels sein. Da das dazu gestiftete Kapital von 75.000,- Mark in der Inflation von 1923 entwertet wurde, konnte die Burg nur noch als "Erholungsheim" genutzt und erhalten werden. Nutznießungsrechte bestanden zunächst für die Familie v. Welck; als diese in den zwanziger Jahren verzichtete, dann für seine Mutter und nach deren Ableben die beiden älteren Schwestern.

Zu der Familie des letzten Eigentümers gehören:

Arnold Emil Alexander Alfred E h r e n f r i e d v. W o l f f e r s d o r f f, * Abtnaundorf 8. 6. 1910, Fkhr auf Körchow (verk. 1934), auf Weisin (vorm. Fkm.; §), staatl. gepr. Ldwirt, VersKaufm., Rechtsbeistand in Lastenausgleichssachen, I. Beis. u. Geschäftsf. d. FamVerb.;
⨯ Lüneburg 5. 12. 1953 Ingeborg v. M a n s b e r g , * Hamburg 6. 4. 1930, Hauswirtschaftsleiterin, T. d. Majors a. D. Carl v. M. u. d. Hildegard Lührs.

Über das Schicksal von Familie und Besitzungen liegt ein Bericht von Ehrenfried v. Wolffersdorff-Weisin für das "Weißbuch über die Demokratische Bodenreform" von Joachim v. Kruse vor, den er überarbeitet und mit Ergänzungen dem Schicksalsbuch zur Verfügung gestellt hat.

Als die Russen am 2. Mai 1945 in Weisin einmarschierten, plünderten sie das Gut vollständig aus, vergewaltigten fast alle Frauen, die versuchten, sich im Seeschilf zu verbergen und führten alles Vieh - 23 Pferde, 600 Schafe, 150 Stück Rindvieh, 180 Schweine - weg, sowie den größten Teil der Möbel, die meiner Mutter und mir gehörten. Außerdem legten sie im Keller des Gutshauses Feuer, welches der Stellmacher löschte. Mein letzter Kriegsvertreter, Herr Paul Rekow, war dabei anwesend, er wurde oft geschlagen und auch ausgeraubt, u. a. 20.000,- RM in bar. Die "Bewirtschaftung" wurde von einem russischen Oberleutnant Maurer aus Leningrad mit einem Kommando von sechs Mann übernommen. Der Statthalter und Bürgermeister, Wilhelm Hennings, vor dessen Augen seine zwölfjährige Enkelin vergewaltigt worden ist, ging mit seiner Familie in den See und schnitt sich die Pulsadern auf.
Ich selbst kehrte am 4. Juni 1945 nach Weisin zurück, nachdem ich mich mit meiner Kompanie, der Kraftfahrersatzabteilung 4 Grimma, in der Nähe von Aue, Erzgebirge, aufgehalten hatte. Der Russe erlaubte mir, im Dorf (bei Frau Baustian), aber nicht in meinem Haus zu wohnen. Es waren auch fast alle Möbel verschwunden, Elektrizität und Wasseranlagen zerstört. Ich durfte auf dem Felde mitarbeiten. Meinen Antrag, die Wirtschaft zu übernehmen, wurde von ihm und der SMA in Schwerin abgelehnt. Ich wurde verwarnt, den Hof nicht anzuzünden, da die Enteignung und die Vertreibung wohl programmiert war, was ich nicht wußte.
Da ich mich auch um Abtnaundorf kümmern mußte, reiste ich öfters zwischen beiden Gütern hin und her. Mein Schweinemeister Rathmann, den der Russe als Bürgermeister eingesetzt hatte, erzählte mir öfters, daß die GPU Parchim während meiner Abwesenheit nach mir gesucht habe. Die Verordnung der "Bodenreform" erreichte mich nach dem 15. September (der Verkündigung in Mecklenburg) in Leipzig-Abtnaundorf. - Das staatliche Verordnungsblatt erschien erst sehr viel später, desgleichen das für die Bodenreform in Sachsen am 15. Oktober 1945. Am 25. Oktober 1945 mußte ich das Gut (das Inventar gehörte der Pächterin) an die Gemeindekommission zur Durchführung der Bodenreform übergeben - Vorsitzender war der Bürgermeister von Leipzig-Schönfeld. Das weitere Betreten des Gutes wurde mir verboten. Ein Protokoll wurde im Gutshaus ausgefertigt.
Am 13. November 1945 wurde ich vom Polizeipräsidenten in Leipzig (Zeich. Ri/Ki, unterzeichnet "Wagner") aufgefordert, die Stadt innerhalb von zwei Tagen zu verlassen und mich in Dresden bei der Landesverwaltung zur Einweisung nach Mecklenburg zu melden (von meiner dortigen Ausweisung wußte man in Leipzig nichts).
Nach meiner Übergabe am 25. Oktober sagte mir der Bürgermeister, im Falle meines Widerspruchs habe er schon den Verhaftungsbefehl in der Tasche gehabt.
Während meines Aufenthaltes in Abtnaundorf erhielt ich über die Enteignung von Weisin eine schriftliche Mitteilung durch den Bürgermeister Rathmann. Weisin

513

wurde teilweise aufgesiedelt und später eine LPG Typ III. Heute bestehen dreierlei Eigentumsverhältnisse:

1. Staats-Treuhandland   50 Prozent der Gesamtfläche,
2. Siedlerland   25 Prozent der Gesamtfläche,
3. herrenloses Land   25 Prozent der Gesamtfläche.

Obwohl entschädigungslos enteignet, wurden mir von der Treuhand Schwerin bei drei Verkäufen an Ortsfremde das Rechtsmittel "Widerspruch" eingeräumt - nach Ablehnung das gleiche bei der Treuhand in Berlin und nach dortiger Ablehnung das Rechtsmittel Anfechtungsklage beim Verwaltungsgericht Schwerin. Die Klage zum Verkauf I ist dort anhängig. Ebenfalls wurde ich vom Landratsamt Lübz zur Stellungnahme zu zwei weiteren Grundstücksverkehrs-Genehmigungsverfahren aufgefordert. Dies betrifft Verkäufe von Bodenreformsiedlern an Dritte. Meine Widersprüche wurden ebenfalls abgelehnt, aber das Rechtsmittel Verwaltungsgericht Schwerin eingeräumt.

Weisin wird jetzt vom früheren LPG-Leiter, Herrn Wolfgang Just, als Pächter in einer Genossenschaft nach westdeutschem Muster weiterbewirtschaftet. Die Schlampewirtschaft geht genau so weiter wie unter Herrn Honecker, nur mit dem Unterschied, daß Herr Just das nötige Wirtschaftsgeld nicht aus Ostberlin, sondern aus Bonn bekommt. Man spricht von bisher 500.000,- DM Subventionen für die drei Güter der Genossenschaft Weisin, Passow und Brüz. Passow gehörte bis 1945 Herrn Franz Beese, Brüz gehörte Frau Lipke.

Abtnaundorf wurde nicht aufgesiedelt, weil es einer Vielzahl von Eigentümern gehörte und weil die Stadt Leipzig es anderen Zecken zuführte. Die Aufteilung von 1944, die ich vornahm, kam nicht mehr ins Grundbuch, wurde daher von der Landesbodenkommission der Bodenreform nicht anerkannt.

Es wurde u. a. Schönfeld durch Häuserblocks erweitert, ein Heizkraftwerk mit Anschlußgleis errichtet, der Rest wurde Schrottplatz, der sich zwei bis drei Meter hoch bis zum Horizont erstreckt. Das Gelände auf dem Vorwerk "Heiterblick" wird von der jetzigen Genossenschafts-Nachfolgerin der LPG Taucha noch landwirtschaftlich genutzt, ist aber in den letzten zwei Jahren weitgehend zur wilden Müllkippe geworden (Paunsdorfer Wäldchen).

Die Brennerei ist 1950 stillgelegt worden.

Das Nutzungnießungsrecht für die Elgersburg, Kreis Ilmenau, vormals Kreis Arnstadt, hatte 1945 meine Mutter, Marianne v. Wolffersdorff, geb. v. Frege-Weltzien, die mir am 11. März 1938 Generalvollmacht erteilt hatte. Ich hatte die Burg zuletzt an Herrn Regierungsrat Dr. Brauer verpachtet, der im Herbst 1945 verhaftet und nach dem Konzentrationslager Buchenwald bei Weimar verschleppt wurde, wo er verhungerte.

Ich übernahm nach den Enteignungen in Mecklenburg und Sachsen die Burg selbst und erhielt eine Gaststättenkozession vom Landkreis Arnstadt. Bei der Bewirtschaftung half mir meine Schwester, Frau Anna-Elisabeth Gans Edle Herrin zu Putlitz aus Groß-Pankow, nachdem mein Schwager Waldemar beim Einmarsch der Roten Armee in Groß-Pankow umgekommen war.

Meine Mutter war vor dem Einmarsch aus Weisin nach Kletkamp (Graf Brockdorff), Holstein, geflohen und von dort zur Familie Degener, Rittergut Heiningen,

Kreis Goslar. Von dort holte ich sie über die Grenze zurück nach Elgersburg, weil sonst die Burg ebenfalls alsbald enteignet worden wäre.

Wir schlossen dann zunächst mit dem Hilfswerk der Evangelischen Kirche in Eisenach - Herrn Diakon Prenzler unter dem Landesbischof Mitzenheim - einen Belegungsvertrag über die Elgersburg ab, der dann 1948, als der staatliche Druck auf uns immer stärker wurde, in einen Pachtvertrag umgewandelt wurde. Die Kirche beließ uns das Wohnrecht.

Am 31. Dezember 1949 erschien im Amtsblatt Thüringen die Mitteilung, daß der Thüringer Landtag die "Marie-Agnes-Stiftung" aufgelöst und die Burg den "Jungen Pionieren", einer Parteiorganisation der SED, überschrieben habe.

Ein Prozeß verlief erfolglos. Meine Mutter und ich wurden aus der Burg zwangsweise ins Dorf Elgersburg umgesiedelt, meine Schwester Putlitz war schon ein halbes Jahr früher nach Erlangen verzogen. Meine Mutter erhielt eine Umzugsgenehmigung nach Göttingen, wo sie am 10. Dezember 1968 gestorben ist, und durfte auch Möbel und Haushaltsgegenstände mitnehmen. Ich zog nach Braunschweig.

Die Elgersburg ist verhältnismäßig gut erhalten und wurde zuletzt vom "Feriendienst Schmiedefeld", einer Organisation des Freien Deutschen Gewerkschaftsbundes (FDGB) bewirtschaftet. Über die Rückgabeansprüche wird noch mit dem Landrat des Kreises Ilmenau als Vertreter der "Treuhand" verhandelt; über sie wurde noch nicht entschieden.

Brigitte v. Wurmb auf Lausnitz

Zu den durch die sogenannte "Bodenreform" enteigneten Gütern der Familie v. Wurmb gehörte auch das Rittergut Lausnitz, Unterer Hof, das sich seit 200 Jahren im Familienbesitz befand. Zuvor hatte die Familie v. Stein nachweislich 250 Jahre dort gesessen.

Lausnitz liegt oberhalb des Orlatales in den Ausläufern des Thüringer Waldes bei Neustadt an der Orla. Seit dem Jahre 1458 hat es dort zwei Rittergüter gegeben. Seine Glanzzeit erlebte der "Untere Hof" im 18. Jahrhundert, als seine Besitzer in enger Verbindung zum Hof des Markgrafen von Bayreuth standen. Schloß und Parkanlagen wurden im Geschmack und Stil des Bayreuther Hofes gestaltet. Die Einrichtung mit wertvollen Rokokomöbeln, einer wertvollen Sammlung von Meißener Porzellan und einer Bibliothek mit handschriftlichen Aufzeichnungen alter Reisebeschreibungen nach China, Indien, Afrika und Sibirien wurde vervollständigt durch Gemälde von Pesne, Krafft d. Ä., Graff, Rotari und anderen. Im Park befanden sich u. a. ein amerikanischer Gelbholzbaum, Ginkgo- und Pyramidenbäume und eine Bluteiche.

Das Rittergut Lausnitz, Unterer Hof, hatte eine Größe von 193,63 ha, davon 103,42 ha Wald.

Zur Familie der letzten Eigentümerin gehören:

> L u t z e Friedrich Wilhelm Alfred v. W u r m b, * Dresden 13. 3. 1903,
> ⚔ bei Korostyschew bei Schitomir, Rußld, 18. 11. 1943, Major in der
> 1. PzDiv., auf Lausnitz-Unterer Hof;
> ✕ Wittenberg an der Elbe 3. 10. 1928 Brigitte v. T r e b r a, * Potsdam
> 4. 10. 1904, † Timmendorferstrand 7. 1. 1993, Mithrin auf Wolferstedt (§),
> Thür., u. Bretleben (§), Prov. Sachsen, T. d. preuß. Ldrats d. Kr. Witten-
> berg Hans v. T. auf Wolferstedt u. Bretleben u. d. Almuth v. Hassell.
>
> Kinder:
>
> 1. M a r i a Helene Jenny Almuth, * Wittenberg 20. 1. 1930;
>   ✕ Timmendorferstrand, Holst., 24. 4. 1954 Karl Friedrich v. B e l o w,
>   * Serpenten 31. 1. 1926, BauIng., Bauunternehmer.
> 2. L o t h a r Hans Ludwig, * Ranis 9. 4. 1931, Gartenarchitekt, Inh. einer
>   Garten- u. Ldschaftsbaufirma;
>   ✕ München 19. 8. 1960 Gundula v. P a w e l, * Insterburg, Ostpr., 5. 4.
>   1939, † Damp 25. 11. 1990, T. d. Oberstlts a. D. Hans v. P. u. d.
>   Ulrike v. Hassell.
> 3. L e o p o l d Hans-Lutze, * Lausnitz 12. 6. 1938, † Hamburg 9. 12. 1969,
>   Dr. jur., Rechtsanwalt, VorstMitgl. der Albingia-Vers. AG.

Maria v. Below, geb. v. Wurmb, älteste Tochter von Lutze und Brigitte v. Wurmb, hat für das Schicksalsbuch den Text eines Briefes zur Verfügung gestellt, den sie aus Anlaß einer für die Opfer der "Bodenreform" diffamierenden Sendung an den Autor geschickt hat. Besagter Autor hat sich daraufhin entschuldigt und zugegeben, daß er nicht ausreichend informiert war. Das Schreiben von Frau v. Below ist so beeindruckend, daß es nachstehend im Wortlaut wiedergegeben wird. Es trägt die Überschrift:

Die Bodenreform in der SBZ, wie ich sie erlebt habe

Wenn ich in diesen Tagen und Wochen immer einmal wieder Stellungnahmen zur sogenannten demokratischen Bodenreform höre und lese (z. B: in der "Zeit" oder aus Kreisen der Kirchen), dann frage ich mich, ob die, die da so abfällig und verletzend über die Betroffenen urteilen und sprechen, überhaupt wissen, wovon sie reden. Deshalb will ich, weil ich die Bodenreform als Fünfzehnjährige bewußt erlebt habe und auch heute noch in urteilsfähigem Alter bin, berichten, was uns damals traf. Ich bin auf einem kleinen Gut, Lausnitz, bei Neustadt an der Orla in Thüringen in einem wunderbar eingerichteten Gutshaus - die Menschen im Dorf nannten es das Schloß - aufgewachsen. Zweihundert Jahre hat es meiner Familie gehört.

Ende der zwanziger Jahre war der Besitz so hoch verschuldet, daß er eigentlich nicht mehr zu halten war, denn mein Großvater fiel im Alter von 40 Jahren im Jahre 1914 an der Westfront, und die Jahre danach hätten zur Bewirtschaftung statt einer Witwe mit drei Kindern einen versierten Landwirt erfordert. 1932 übernahm mein Vater, der zu diesem Zwecke Landwirtschaft gelernt und studiert hatte, den Besitz. Er baute Gemüse im Feldbau an und siedelte einen Industriebetrieb an. Meine beiden Eltern haben hart gearbeitet, bis der Zweite Weltkrieg begann und der Betrieb schuldenfrei war. Mein Vater durfte erst im Mobilmachungsfalle Offizier werden, weil er als politisch unzuverlässig galt. Er fiel im November 1943 mit 40 Jahren, genau wie sein Vater im Ersten Weltkrieg. Zurück blieb meine Mutter mit drei Kindern im Alter von dreizehn, zwölf und fünf Jahren.

In meinem Elternhaus wurde schlicht gelebt. Im Kriege war nach den Schularbeiten Rübenverziehen, Heuwenden, Kartoffellesen usw. angesagt. Die Erdbeeren, die auf dem Feld angebaut wurden, wurden auch von uns Kindern schon vor der Schule ab 5 Uhr morgens für den Verkauf gepflückt. Als die amerikanischen Tiefflieger in unserer Gegend tätig wurden, wagte meine Mutter nicht, die Frauen aufs Feld zu schicken, um die Kartoffeln für die Ernte im Oktober 1945 zu legen; das machte sie mit unseren Kusinen und uns allein. Wenn die Tiefflieger kamen, legten wir uns in die Furchen. Die Kartoffeln haben wir dann weder geerntet noch gegessen.

Am 15. April 1945 eroberten die Amerikaner unser Dorf. Das war für meine Mutter eine große Erleichterung. Sie hatte selbst die weiße Fahne aus dem Kirchturm gehängt und war in diesem Zusammenhang nur durch den Einsatz eines Polen der Erschießung durch den Wehrwolf entgangen. Wir bekamen unser Auto frei und reichlich Saatgut etc. Am 13. Juli rückten die amerikanischen Truppen ab, es folgte die sowjetische Besatzung.

Anfang September begann die unbeschreibliche Hetze gegen die Junker. Daß ich zu dieser Spezies Mensch gehörte, hatte ich bis dahin nicht gehört und nicht gewußt. Wir waren im Dorf in die Schule gegangen. Mein Vater trank regelmäßig sein Bier mit den Bauern im Dorf. Die einheimische Bevölkerung reagierte bis auf ganz wenige Ausnahmen sauer auf die Hetzerei durch die Kommunisten. Am 13. September beschloß das Land Thüringen per Gesetz die Bodenreform: "Junkerland in Bauernhand". Russische Revolution in Deutschland? Später erfuhren wir: Das war das Vorbild. Voller Entsetzen lasen wir in der Zeitung, was man mit uns vorhatte: Bodenreform zum Zwecke der Sozialisierung der SBZ, das hieß Wegnahme der Heimat, unserer Felder, unseres Waldes, unserer Teiche, unseres Zuhauses, unserer Möbel, Bilder, Bücher usw., Verteilung all unserer Habe, schließlich Verhaftung und Flucht ins Nichts. Mit meiner verzweifelten Mutter fuhr ich nach Neustadt. Wir sprachen mit dem Bürgermeister, Herrn Schönewolf. Wir fuhren zu den Verwandten, denen in der Nachbarschaft das gleiche Schicksal drohte. Keiner konnte es fassen, was da über uns geschrieben wurde und welche Pläne man mit uns hatte. Aber unser Heimatdorf stand zu uns. Das Dorfkommitee tagte und stimmte mit großer Mehrheit gegen unsere Enteignung. Meinen Eltern wurde soziale Haltung, Antifaschismus und Einsatzbereitschaft bescheinigt. Und dann stand in der Zeitung, daß Antifaschisten nur auf 400 Morgen reduziert würden.

Inzwischen war die Agitation gegen die sogenannten Junker so weit gediehen, daß sie in vielen Fällen auf ihren Besitzen geschlagen, erschlagen oder verhaftet wurden. Dieser Haß und seine Auswirkungen war so beängstigend, daß meine Mutter trotz des uns zugesagten Restgutes mit mir zur Landeskommission zur Durchführung der Bodenreform nach Weimar fuhr. Dort übergab uns der Regierungsbeauftragte zur technischen Durchführung der Bodenreform, Herr Rothfuß, ein Schreiben, in dem uns die Belassung des Restgutes und die Aufhebung des Haftbefehls gegen meine Mutter - von dem wir bis dahin nichts ahnten - bestätigt wurde. Wir sollten dieses Schreiben dem Bürgermeister unseres Dorfes, Herrn Drognitz, geben, schlichen aber vor der Rückfahrt - wie damals üblich auf offenen Güterwagen oder Zug-Trittbrett - zu Rechtsanwalt Otto Mrose, der uns eine Abschrift bestätigte. Mit diesem Dokument, das uns hoffen ließ, kehrten wir am 23. September 1945 nach Hause zurück und übergaben es unserem Bürgermeister. Am nächsten Tag, 24. September, kam Herr Höfer aus Neustadt/Orla und enteignete uns. Wir sollten aus dem Haus heraus und pro Person wurde uns ein Stuhl und ein Bett zur Mitnahme zugestanden. Meine Mutter brach zusammen. Während wir noch mit der Sorge um sie beschäftigt waren, kam plötzlich der kommunistische Bürgermeister Drognitz und teilte uns mit, daß dieser Beschluß rückgängig gemacht worden sei. Wir dachten, daß nun das Schlimmste für uns überstanden sei. Aber nein, am 4. Oktober, dem Geburtstag meiner Mutter - wir aßen gerade einen Karpfen aus einem unserer Teiche, den uns der Bürgermeister großzügig spendiert hatte -, stand plötzlich ein Polizist aus Neustadt am Eßtisch. Der teilte uns mit, daß wir bis zum nächsten Mittag, 12 Uhr, das Haus zu räumen hätten. Der Bürgermeister Drognitz milderte das dann dahingehend ab, daß wir in drei Zimmer in unserem Hause ziehen durften. Bei diesem Blitzumzug in unserem eigenen Hause zog ich mir eine Rückenverletzung zu, die mir noch heute zu schaffen macht. Jeder Flüchtling kennt die Qual der Entscheidung: Was ist lebensnotwendig - woran hängt mein Herz? Nun waren wir also Flüchtlinge im eigenen Hause, alles andere war uns genommen worden. Aber wir hatten, was wir liebten und wofür wir gearbeitet hatten, wenigstens noch vor Augen.

In unser Drei-Zimmer-Domizil platzte am 13. Oktober 1945 die dritte Enteignung, diesmal per Telefon. Wir wurden nunmehr enteignet und vertrieben auf direkten Befehl des Vizepräsidenten Busse. Die Präsidenten der Länder der SBZ waren damals ausgesuchte Persönlichkeiten. Aber ihnen allen wurde ein Vizepräsident

Kleitschhaus oder das „Wahrzeichen von Lausnitz"
Es stand auf der letzten Anhöhe des Terrassenparkes und war bis weit hinaus
ins Land von allen Seiten sichtbar — deshalb das „Wahrzeichen von Lausnitz".
Anfang der fünfziger Jahre zerstört; heute wächst an dieser Stelle nur wildes
Gestrüpp.

beigegeben, der ein verläßlicher Kommunist war. Auf unsere Frage, wie denn das
mit dem zugesagten Restgut und der Aufhebung des Haftbefehles zusammenpasse,
bekamen wir zur Antwort: Antifaschisten sind Sie, aber Junker bleiben Sie doch!
Zwei Leiterwagen durften wir mit dem Notwendigsten beladen. Ich ging noch einmal durch das geliebte Elternhaus. Dicke Tränen liefen mir aus den Augen,
obgleich ich mir geschworen hatte: Stolz bleiben! Aber wer kann das schon, wenn
einen die Ahnenbilder und die Meißener Teller von der Wand anschauen, die vertrauten Möbel in den verlassenen Zimmern bleiben. Die Hand der Fünfzehn-
jährigen nahm Mutters letztes langes Kleid, angeschafft für die Taufe des jüngsten
Bruders, aus dem Schrank. Mit dem Kleid über dem Arm stieg ich auf den zweiten
Leiterwagen. Wir verließen unser Dorf nicht, weil es vom Feind erzwungen wurde,
sondern wegen einer Ideologie, die sich 45 Jahre später als völliges Fiasko dar-
stellen sollte. Die Menschen in unserem Dorf zeigten Haltung: Niemand war auf
der Straße, ein einziges Gesicht sah ich hinter einer Gardine hervorlugen. Meine
Fäuste waren geballt: Alles was ich von der Russischen Revolution 1917 wußte,
fiel mir ein, aber ich schwor mir: Die können viel mit uns machen, aber so leicht
werden wir nicht zerbrechen. Das bewußte Kleid von meiner Mutter trug ich fünf
Jahre später an dem Abend, an dem ich meinen Mann zum ersten Mal sah.
Unser Hab und Gut wurde bei einem Verteilungsfest am 28. Oktober 1945 in unserem Garten unter die Leute gebracht. Dazu spielte jemand auf dem Steinway-
Flügel meiner Mutter. Er blieb in der Nacht draußen und ein gnädiger Regenguß
nahm ihm die Stimme für immer.

519

Wir kämpften weiter, aber nun wurde es gefährlich. Meine Mutter wurde gesucht, damit sie verhaftet würde. Per Fahrrad, meinen jüngsten Bruder auf dem Gepäckträger, flüchtete sie von Ort zu Ort, von Quartier zu Quartier. Ich bekam jeden Morgen von der Polizeiverwaltung in Neustadt zugesteckt, wo und in welchem Aufzug meine Mutter gesucht wurde. So konnte ich sie zwei Monate lang warnen und sie konnte sich verstecken. Es passierte trotzdem, daß die Polizei nachts an der Haustür ihres Fluchtquartiers auftauchte. Wir verdanken es der Schlagfertigkeit oder dem schnellen Handeln der Gastgeber, daß sie nicht verhaftet wurde. Am 17. November fuhr ich noch einmal nach Weimar und versuchte am 18. und 19. November erneut bei Herrn Rothfuß eine Restgutregelung zu erreichen. Am 20. November kam mir Herr Dr. Kolter, der der CDU angehörte, entgegen und warnte mich, da nunmehr der Befehl vorläge, daß ich verhaftet werden müsse. Ich fuhr nach Neustadt zurück und versuchte ganz mutig, für uns Lebensmittelkarten zu holen. Aber da kamen mir Herr K. und Herr E. entgegen, weil auch dort ein Haftbefehl für mich vorlag, außerdem war die Abgabe von Lebensmittelkarten an uns untersagt worden. Was nun?

Wir wußten, daß die Verhafteten aus Thüringen in ein Lager nach Rügen gebracht würden, das viele schon nicht lebend erreichten. Noch mehr sind später dort umgekommen. Ich sprach und überlegte mit Freunden in den nächsten Tagen. Am 28. November schlich ich noch einmal nach Hause, wohl wissend, in welche Gefahr ich mich damit brachte. Ein Klassenkamerad aus dem Dorf benachrichtigte meine Verwandten, die als Flüchtlinge in unserem Haus bleiben durften. Wir dachten über eine mögliche Flucht nach.

Am 4. Dezember ging ich, wie meistens in diesen Wochen, in unsere Neustädter Schule. Keiner durfte merken, daß es das letzte Mal war, denn unser Plan war gefaßt. Wie schwer fiel es mir nach all den Wochen der Hilfe durch die Freunde, nicht einmal "Danke" oder gar "Auf Wiedersehen" sagen zu dürfen. Am 6. Dezember fanden wir uns alle in Hammerstein ein. Unser Aufbruch zur Grenze begann damit, daß eine russische Kontrolle kam und wir uns deshalb über eine Stunde still in den Schnee legten. Dann liefen wir auf den Bahngleisen entlang. Mein kleiner Bruder, der nicht von Schwelle zu Schwelle treten konnte, übergab sich dauernd. Als wir durch den Tunnel gehen wollten, kam - weil wir die Zeit nicht hatten einhalten können - ein Zug. Wir drückten uns vor dem Funkenflug an die Wand. Dann wateten wir am Bahnhof Blankenstein durch die Saale, rannten über eine Wiese auf ein Gehöft zu und die russischen Grenzer schossen auf uns, trafen aber keinen. Unser Führer war ein entkommener KZler, wie sich bald herausstellte, einer der echten Kriminellen, die es dort auch gab. Er beraubte uns der letzten Gepäckstücke.

Nach sieben Tagen kamen wir in Schleswig-Holstein an. Diese furchtbare Reise will ich nun nicht mehr schildern. Auch das, was an Hunger und Not folgte, soll hier nicht mehr berichtet werden. Ich konnte nicht mehr zur Schule gehen, geschweige denn ein angestrebtes Studium antreten, und habe mir in Nachtarbeit eine Ausbildung erarbeitet. Da ich "nur" Zonenflüchtling war, gab es auch keine Ausbildungsbeihilfe. Meine Mutter mußte sich von uns beiden "Großen" trennen, weil sie uns weder unterbringen noch ernähren konnte. Sie schlug sich mit unserem jüngsten Bruder mühsam als Köchin in fremdem Haushalt durch. Aber Klagen gab es nicht. Das gehörte wohl zur Erziehung fast aller von der Bodenreform Betroffenen. Dieser Umstand ist wohl daran schuld, daß die unbeschreiblichen Menschenrechtsverletzungen, die in diesem Zusammenhange begangen worden sind, kaum bekannt wurden. Fünfzehn Jahre, nachdem wir ihn gebraucht hätten, bekamen wir "Lastenausgleich", knapp die Pacht für unser Land für ein Jahr oder den Gegenwert für ein halbes Gemälde aus meinem Elternhaus. Und was ist mit der Nutzung unseres Eigentums während der restlichen 44 Jahre? Böden und Gebäude sind verkommen; Kunstschätze, Möbel, Bilder gestohlen, in Museen der DDR oder vielleicht gegen Devisen verkauft.

Was hatten wir für ein Pech(!): Wir paßten nicht in das Tausendjährige Reich Hitlers. Wir paßten nicht in das sozialistische Deutschland, wie Stalin es haben wollte. Jetzt fallen auch in der Bundesrepublik Bemerkungen, Kommentare und Beschlüsse, die wiederum einer Verletzung gleichkommen. Schade, wir hatten gedacht, daß das vorbei sei. Aber die Israelis leben mit ihrem angeblichen Makel, die Sinti und Roma auch - warum nicht auch wir Junker?

24247 Mielkendorf bei Kiel, 1. August 1990

gez. Maria v. Below, geb. v. Wurmb

Wie Maria v. Below abschließend noch berichtet, hat ihre Mutter, Brigitte v. Wurmb, geb. v. Trebra, im Dezember 1989 im Vorgriff auf ihr Testament den Besitz Lausnitz an ihren ältesten Sohn, Lothar v. Wurmb, Inhaber der Gartengestaltungsfirma Osbahr in Uetersen, vermacht.

Sonja v. Zanthier

H a n s   G e o r g   Erich Eugen v. Z a n t h i e r , * Treblin 21. 8. 1891, † Wiesbaden 2. 9. 1969, GenLt a. D., RRr d. JohO.;
✕ Berlin-Steglitz 5. 10. 1931 Sonja S c h u s t e r , * Moskau 15. 2. 1902, † Wiesbaden 31. 5. 1979 (✕ I. Berlin 20. 4. 1921 Heinrich v. Schweinichen, † Überlingen am Bodensee 18. 4. 1959, Dr. jur., Großkaufm.; gesch. Berlin 8. 5. 1931), T. d. Großkaufm. Oskar Sch. u. d. Sonja Noack.

Im Umgang mit Russen bewandert, berichtet Sonja v. Zanthier mit viel Humor über ihre Erlebnisse in den Jahren 1945/46.

Schon im Februar 1945 war ich, der ständigen schweren Luftangriffe auf den mitteldeutschen Industrieraum wegen, zu Verwandten in die Gegend von Bamberg ausgewichen. Nachdem die Kampfhandlungen zu Ende gegangen waren und wieder einigermaßen friedliche Verhältnisse herrschten, faßte ich im Frühjahr 1946 den Entschluß, doch einmal nach meiner Wohnung in Magdeburg zu sehen, um vielleicht noch zu retten, was zu retten wäre.

Da noch keine Zugverbindungen hergestellt waren, mußte ich schwarz über die Grenze zwischen den Besatzungsmächten gehen. Diese Grenzübergänge, stundenlange Märsche durch Wald und Flur, waren nicht ungefährlich. Aber da ich fürchtete, daß wir uns jahrelang keine neuen Möbel würden anschaffen können, wollte ich es wagen. Zusammen mit anderen "Grenzgängern" standen wir plötzlich mitten im Wald einem bolschewistischen Posten gegenüber. Er räuberte uns aus, fand meine sorgsam versteckte Armbanduhr und nahm auch den kostbaren Proviant aus dem Rucksack. Als er sich den anderen zuwandte, packte ich blitzschnell und unbemerkt meinen Proviant wieder ein. Der Russe hatte gerade bei einer anderen Grenzgängerin 300,- Mark gefunden und mich dabei völlig vergessen. Aber er ließ uns nicht durch und schickte uns zurück. Während die anderen aufgaben, blieb ich hartnäckig bei meinem Plan. In schmutziger, bereits mehrfach benützter Bettwäsche schlief ich - zwar für viel Geld - aber prächtig. Am nächsten Morgen brachte mich ein sogenannter "Führer" - ebenfalls für viel Geld - wieder hinüber auf die russische Seite. Nun ging es weiter nach Magdeburg, das ich nach vielen Strapazen teils "per pedes", teils per Anhalter erreichte.

Bei meinen guten Freunden "F" wohnte ich fast drei Wochen, allerdings ohne russischen Ausweis. Das war für meine Quartiergeber wie für mich gleich gefährlich. Aber alle hielten zusammen, und es ging gut. Wie ein Detektiv kundschaftete ich nun aus, wer meine Möbel gestohlen hatte und erfuhr, daß in meinem schönen Louis-XIV.-Bett ein russischer Koch und seine Frau schliefen. Es war klar, daß ich vom russischen Kommandanten die Erlaubnis einholen mußte, mein Bett zurückholen zu dürfen. Nach den damaligen Verhältnissen konnte das nur gelingen, wenn ich in Magdeburg geblieben wäre. So aber lief ich Gefahr, verhaftet und nach Sibirien verschickt zu werden. Sollte alles umsonst gewesen sein? Also machte ich mich auf den Weg zur Kommandantur!

Dort stand ein großer, schrecklich aussehender kalmückischer Soldat als Posten und wollte mich nicht durchlassen. Vor Angst zitternd, schnauzte ich ihn auf Moskowiter-Russisch an: "Hoch Dein Gewehr, ich bin zum Kommandanten bestellt, Du Durak (Narr)! Ich spreche besseres Russisch als Du, Moskowiter-Russisch!" - und ich ging hocherhobenen Hauptes an ihm vorbei zum Kommandanten. Der Kommandant: "Wie kommen Sie hier herein?" Ich: "Na, durch diese Tür" und grinste. Der Kommandant: "Stand denn da kein Posten?" Ich: "Doch", und ich erzählte ihm meine Unterhaltung mit dem Posten. Er lachte laut und anhaltend und fragte, woher ich so gut russisch könne und was ich wollte. "Mein Bett!" sagte ich kurz und energisch, worauf ein noch schallenderes Gelächter erfolgte. Ich erzählte ihm, daß ich in Moskau geboren wäre und daß meine Mutter eine Russin gewesen sei. Er bot mir einen Stuhl an, und ich wiederholte meine Bitte um mein Bett. Ich sagte: "Ich bin jetzt arm, Ihr seid eine siegreiche Armee, und außerdem sind die Bolschewisten dafür, daß alle alles gleich haben. Nun, Ihr habt Euere Betten, und ich muß heute auf dem Fußboden schlafen. Mein Mann ist gefallen und ich weiß nicht, wo meine einzige Tochter ist. Gebt mir mein Bett zurück!" Der Kommandant zum Leutnant: "Geh mit der Frau, laß ihr das Bett zurückgeben!" - Der Leutnant in seinem Büro: "Ihr Mann ist aber deutscher General!" (Daß sie das alles wußten!) Ich: "Na und, warum soll ich auf dem Fußboden schlafen?" Er: "Und überhaupt, Sie sind wohl Emigrantin, die 1918 vor uns Bolschewisten geflohen sind?" Ich: "Nein, Sie irren, Sie sind wohl noch zu jung und kennen die damaligen Verhältnisse aus dem Ersten Weltkrieg gar nicht richtig. Mein Vater war Deutscher und ließ sich nicht naturalisieren, und so habt Ihr uns Deutsche schon 1915, nicht erst 1918 ausgewiesen. Aber wozu verhören Sie mich denn noch, wo Ihr Kommandant Ihnen doch befohlen hat, mit mir zu meinem Bett zu fahren. Ich gehe jetzt zu ihm und sage ihm das!" Erschrocken sprang er auf und fuhr mich mit seinem Auto - zu meinem Bett - morgens um halb neun Uhr.

Der russische Koch und seine Frau schliefen noch in meinem Bett. Ich setzte mich gemütlich auf das Fußende und weckte sie sanft! Sie waren ebenfalls Moskowiter, recht nette und gemütliche Leute. Ich erklärte ihnen alles. Sie standen auf, räumten das Bett ab, holten aus dem dazu passenden (auch meinem) Schrank die Kleider heraus und sagten: "Nehmen Sie Ihr Bett, Hauptsache wir kriegen bis heute abend ein anderes!" Und als ich sagte, daß ich einen unbändigen Hunger hätte, gaben sie mir auch noch einige Fleischkonserven mit. Großzügigkeit und Gutmütigkeit kennzeichneten von jeher den Volkscharakter der Russen. Später konnte ich noch einige andere Möbel aus unserer Wohnung ausfindig machen, darunter unseren schönen Barockschrank und einen großen Spiegel. Mit einem organisierten LKW transportierten wir all die Sachen zu einem guten Bekannten, der in Magdeburg völlig ausgebombt war und gerade eine neue, leere Wohnung bezog. Dann ging es wieder zurück nach Bamberg.

Nach zwei Jahren schrieb mir der Bekannte aus Magdeburg, ich solle ihm doch die Möbel verkaufen, da sowieso keine Möglichkeit bestehe, sie über die Grenze zu bringen. Schweren Herzens sagte ich zu, und er schickte mir durch seinen Bruder aus München Westgeld. Da wir damals kein Geld, aber ständig Hunger hatten, war ich über diese wenigen Mark froh. Eines Tages, es war mittlerweile 1948, bekamen wir von unserem Magdeburger Freund ein Telegramm aus München: "Mußte aus Magdeburg fliehen, hatte die Möglichkeit, die Möbel mitzunehmen. Sie stehen im Harz. Bitte holen Sie sie ab und schicken Sie dasselbe Geld, daß ich Ihnen damals bezahlt habe." Mein Mann sagte: "Soviel Glück kannst nur Du haben!"

Achaz v. Zehmen, Mitherr auf Mannichswalde und Markusgrün

Das Rittergut Markersdorf liegt bei Berga an der Elster. Es bestand bis zur Ausraubung durch die sogenannte Bodenreform 1945 aus den Gütern Neumühl, Markersdorf und Obergeißendorf, insgesamt etwa 1000 ha, je zur Hälfte Feld und Wald. Neumühl war der älteste Besitz und wurde von Moritz Bastian v. Zehmen im Jahre 1597 erworben. Sein Enkel, Hanns Bastian, kaufte dann 1684 Markersdorf.

Zur Familie des letzten Eigentümers gehören:

> A c h a z Curt Christoph v. Z e h m e n , * Borna 28. 4. 1915, † (ertrunken) Forza d'Agro, Sizilien, 10. 4. 1973, Mithr auf Mannichswalde (§) u. Markusgrün (§), Vogtld, staatl. gepr. Ldwirt, Khr d. Mkgfn Christian v. Meißen, RRr d. JohO.;
> ╳ (standesamtl.) Plauen 11. 7., (kirchl.) Heinersgrün 26. 9. 1938 Franziska v. Z e h m e n , * Dresden 29. 4. 1917, † Fulda 30. 8. 1992, T. d. Kgl. sächs. Rittmeisters a. D., Kgl. preuß. Khrn Moritz-Bastian v. Z., Mithrn auf Markersdorf usw., u. d. Irmgard v. Studnitz.

> Kinder:

> 1. F r a n z i s k a Ruth Marie, * Potsdam 4. 7. 1939, † ... 24. 5. 1991 (kath.); ╳ Koblenz 25. 8. 1960 Franz Frhr v. E y n a t t e n , * Geilenkirchen 3. 1. 1932 (kath.), vorm. auf Trips, Kr. Geilenkirchen, staatl. gepr. Ldwirt.

> 2. C h r i s t o p h Moritz-Bastian Achaz, * Heinersgrün 6. 5. 1941, Hr auf Markersdorf, Neumühl u. Obergeißendorf (§), Industriekaufm., RRr d. JohO.;
> ╳ (standesamtl.) Brockwede 7. 4., (kirchl.) Winningen an der Mosel 15. 4. 1966 Rosemarie A r t o i s , * Brockwede 2. 2. 1946, T. d. Kaufm. Winfried A. u. d. Klara Artois.

> 3. B r i g i t t e Franziska Marie, * Markersdorf 3. 6. 1945, † (durch Unfall) Reuland bei St. Vith, Belgien, 22. 8. 1966, Fremdsprachenkorrespondentin.

> 4. C h a r l o t t e Franziska Marie, * Koblenz 3. 3. 1952; ╳ (standesamtl.) Koblenz 18. 12. 1970, (kirchl.) Winningen 26. 10. 1971 Otto-Dietrich Gf v. u. zu E g l o f f s t e i n , * Gerdauen, Ostpr., 27. 7. 1940, Mithr auf Arklitten (§), Gr. Gerdauen, Ostpr., Mithr auf Egloffstein, Kunreuth, Schmölz, Theisenort u. Thurnau, OFranken, DiplLdwirt, LdwirtschaftsORat, gesch. ...

Nach den Aufzeichnungen des letzten rechtmäßigen Eigentümers, Achaz v. Zehmen, gibt dessen Witwe, Franziska, geb. v. Zehmen, den nachfolgenden Bericht für das Schicksalsbuch.

Achaz wurde 1915 in Borna geboren. Sein Vater starb als Kgl. sächs. Rittmeister und Divisionsadjutant der 219. Inf.-Div. an den Folgen einer Gehirngrippe, die er sich im Felde zugezogen hatte. Nach dem Tode seiner Großmutter, Marie v. Zehmen, geb. v. Egidy-Kreynitz, die das altererbte Markersdorf bis dahin verwaltet hatte, zog seine Mutter nach dort. Laut Testament gehörten dieser drei Achtel und Markus ein Achtel, die andere Hälfte war der Schwester seines Vaters, Elisabeth v. Zehmen, geb. v. Zehmen, zugesprochen worden.

1927 kaufte mein Vater, Moritz Bastian v. Zehmen, Markersdorf, und Achaz zog mit seiner Mutter nach Naumburg. Auf dem dortigen Dom-Gymnasium bestand er 1936 das Abitur mit Auszeichnung, aber man versagte ihm wegen seiner monarchistischen Betätigung, die man ihm als "politische Unreife" auslegte, die Hochschulreife.

Nach einem halben Jahr Arbeitsdienst in Mecklenburg lernte er Landwirtschaft in Lampertswalde und bestand 1936 die sogenannte Lehrlingsprüfung. 1936/37 leistete er seinen aktiven Wehrdienst bei der Flak in Dresden ab. Nach einem weiteren Jahr als Verwalter auf dem Rittergut Mechelsgrün im Vogtland besuchte er die Höhere Landbauschule in Potsdam mit dem Abschluß "sehr gut" als staatlich geprüfter Landwirt. Im Jahre 1938 hatten wir geheiratet und zogen nach Potsdam auf das 1937 erworbene Rittergut Heinersgrün bei Plauen.

Nach Ausbruch des Zweiten Weltkrieges wurde Achaz 1940 zum Wehrdienst eingezogen und nahm an den Feldzügen in Belgien und Frankreich teil. Danach wurde er mit der Flak zum Schutz der Leunawerke eingesetzt. Dort infizierte er sich an einer eingeschleppten Kinderlähmungsepidemie, an der er sehr schwer erkrankte. Achaz wurde 1944 als neunzig Prozent schwerkriegsbeschädigt aus dem Wehrdienst entlassen.

Da mein Bruder gefallen war, wollte mein Vater gern, daß wir nach Markersdorf zögen. So verkaufte Achaz das Schloß Heinersgrün mit einem Teil der Landwirtschaft und behielt nur das Waldgut mit Herrenhaus Markusgrün, wo meine Schwiegermutter wohnen blieb und wir eine Zweitwohnung behielten. Mir ist der Umzug ins Jägerhaus nach Markersdorf nicht schwergefallen, denn es war mir fast unmöglich, Heinersgrün ohne Achaz und ohne Verwalter zu bewirtschaften, zumal mir die Behörden, da ich als Antinazi bekannt war, reichlich Schwierigkeiten machten. So fühlte ich mich in Markersdorf recht wohl. Wir waren alle zusammen, konnten uns gegenseitig helfen, und ich brauchte die Sorge um meinen erkrankten Mann nicht allein zu tragen. Die nur wenigen anglo-amerikanischen Erkundungsflüge und gelegentlichen Bombenalarme beunruhigten uns nicht allzusehr.

Eines Tages im März 1945 - ich badete gerade die Kinder - hörte ich das Heranrollen amerikanischer Artillerie auf den Hof, und sofort wurde auch über das Herrenhaus hinweg geschossen. Als wir aus dem Haus traten, hörte das Schießen sofort auf. Man ließ uns ungehindert gehen. Im Herrenhaus hängten wir sofort ein weißes Bett-Tuch heraus, ein Zeichen, auf das die Amerikaner offensichtlich nur gewartet hatten. Ein Offizier fragte sehr höflich, ob Soldaten im Haus wären, was wir getrost verneinen konnten. So zogen sie wieder ab, und wir merkten wenig von ihnen. Natürlich gab es Haussuchungen nach Waffen, wobei einige Souvenirs verschwanden, aber im allgemeinen waren sie sehr höflich. Es ist nicht geplündert worden, noch wurden Greueltaten verübt.

Dann sagte mir eines Tages ein US-Offizier, daß sie jetzt abzögen und die Russen einmarschieren würden. Er riet uns, mit ihnen zu gehen. Hierzu konnten wir uns aber nicht entschließen. Die erste Begegnung mit den Russen bestand darin, daß sie etwas zu essen und zu trinken haben wollten. Damit gaben sie sich zufrieden. Belästigt wurden wir weder jetzt noch später.

Schlimm wurde es erst, als die übereifrigen deutschen Behörden mit der Bodenreform anfingen. Eines Tages wurde mein Vater abgeholt und mit mehreren Rittergutsbesitzern in einem Krankenhaus interniert. Achaz sollte auch mitgenommen werden, aber er war gerade unterwegs, um herauszubekommen, ob und was noch zu retten sei. Mein Vater hatte ausgesagt, daß sein Sohn gefallen sei, und merkwürdigerweise gab man sich damit zufrieden.

Eines Tages wurde uns mitgeteilt, daß das Herrenhaus geräumt werden müßte. Sofort erklärten sich einige Bauern aus der Nachbarschaft bereit, zu helfen und unsere Sachen zu speichern. Uns wurde ein Arbeiterhaus neben dem Jägerhaus zugewiesen, in dem meine Mutter bleiben durfte. Dabei wurde kontrolliert, daß ich mit den Kindern auch wirklich im Arbeiterhaus schlief. Achaz, der dauernd unterwegs war, hatte von dem bevorstehenden Transport nach Rügen gehört und konnte uns rechtzeitig warnen. So verließen wir mit Kinderwagen und Rucksäcken nächtlicherweise die Heimat und zogen über die Felder zu einem Bauern, der uns noch in der gleichen Nacht mit Pferdewagen nach Greiz zu Bekannten brachte. Dort mußten wir uns zunächst verstecken.

Meine Mutter war tapfer zurückgeblieben und blieb vorerst unbehelligt. Sie konnte uns sogar noch Lebensmittelkarten besorgen. Bald wurde sie jedoch zu meinem internierten Vater ins Krankenhaus gebracht, von wo aus ihr die Abreise nach dem Westen gelang. Meinem Vater hatte man als "Antinazist" einen Resthof zugesichert. Darauf wartete er, aber am Heiligen Abend 1945 wurde er ins Gefängnis nach Erfurt gesteckt.

In all diesem Wirrwarr hatte es Achaz fertiggebracht, eine Stellung im Landwirtschaftsamt in Weimar zu finden. Sogar eine Wohnung bekam er, und mit viel Mühe und Aufregung konnten wir ein paar Möbel hinholen. Nun waren wir wieder vereint, welch großes Glück! Wir konnten auch unsere 91jährige Großmutter zu uns nehmen, die inzwischen in einem unheizbaren Zimmer einer Arbeiterin Aufnahme gefunden hatte. Das tägliche Leben verlief nicht ohne Schrecknisse. Ständig wurden Leute verhaftet, und die Beschaffung von Lebensmitteln wurde trotz Karten immer schwieriger. Doch wir waren zusammen!

Im Februar 1950 war es für Achaz nicht mehr möglich zu arbeiten, ohne einer Partei anzugehören. So entschloß er sich, nach dem Westen zu gehen. Er bekam sogar einen Paß und reiste - nichts Böses ahnend - einen Tag früher als vorgesehen. So entging er seiner Verhaftung. Die Zeit danach war nicht schön für mich. Ich wurde beobachtet und mit Verhören belästigt. Doch auch das ging vorüber.

Achaz hatte bald Arbeit bei der Oberfinanzdirektion in Koblenz gefunden, und so stand unserer Übersiedlung nichts im Wege. Doch ich wurde vom Umsiedleramt gewarnt. Trotzdem gelang es uns, die Möbel aus der Wohnung zu holen, die dann später auch tatsächlich in Koblenz ankamen. Mit den Kindern konnte ich im August 1950 über das Berliner Flüchtlingslager nach endlosen Verhören durch die Deutschen, Amerikaner und Franzosen nach Westdeutschland gelangen.

Zunächst mußten wir noch im Flüchtlingslager in Worms bleiben, während Achaz die Finanzschule in Edenkoben besuchte. Aber dann, welches Glück, welche Seligkeit, als wir uns in einer kleinen Wohnung in der Kaserne auf dem Asterstein bei Koblenz wiederhatten. Daß wir uns zunächst nur mit Kisten, Matratzen und geliehenen Möbeln und Gartenstühlen einrichten konnten, spielte keine Rolle, denn wir waren wieder beisammen! So sind wir gnädig behütet worden und hatten allen Grund zur Dankbarkeit.

Nur meinem armen Vater war dieses Glück nicht beschieden. Er ist in Buchenwald verhungert, und er muß wohl ganz entsetzlich gelitten haben.

1952 wurde uns noch eine Tochter (Charlotte) geboren. Dank der unsagbaren Sparsamkeit von Achaz und seinem enormen Geschick, erwarben wir in Lay an der Mosel eine sogenannte Nebenerwerbssiedlung, ein wunderschönes Einfamilienhaus, das 1950 gebaut worden war, mit einem großen Garten. Im Sommer 1956 konnten wir dort einziehen. Zwei Jahre später konnten wir noch zwei Zimmer anbauen. Nun konnte auch meine Schwiegermutter wieder zu uns kommen, die in Heinersgrün so lange die Stellung gehalten hatte.

Nun hatten wir alles geschafft, was für uns möglich war. Wir hatten wieder eigenen Boden unter den Füßen, wenn es auch nur dreiviertel Morgen waren, und wir lebten glücklich und zufrieden. Doch unser Glück blieb nicht ungetrübt. Durch einen Autounfall verunglückte unsere Tochter Brigitte, 21jährig, tödlich. Dieser Schmerz mußte gemeinsam getragen werden.

Das Leben ging weiter, alle unsere Kinder heirateten, Enkel wurden geboren. Wiederum hatten wir Grund dankbar zu sein. Doch im April 1973 geschah das Unfaßbare: Achaz wurde vor meinen Augen in Sizilien am Meer von den unerbittlichen Wellen hinweggerissen. Dies war das Ende einer erfüllten, glücklichen Zweisamkeit.

Georg v. Zehmen auf Weißig

Das Rittergut Weißig liegt im Kreis Kamenz, 8 km nordnordöstlich der Kreisstadt an der Straße Kamenz - Wittichenau. Im Jahre 1723 hatte es Hanns Bastian v. Zehmen von Carl v. Ponickau gekauft. Es hatte zur Zeit des letzten Eigentümers eine Größe von 438 ha, davon nur 69 ha Feld, 242 ha Wald, der Rest Teiche.

Zur Familie des letzten Eigentümers gehören:

Hans Horst Ernst G e o r g v. Z e h m e n, * Dresden 30. 7. 1907, ⚔ († an den Folgen seiner Verwundung) bei Juchnow 10. 1. 1942, auf Weißig; ⚭ Dresden 12. 6. 1935 Margot V a s a k, * Dresden 11. 12. 1912 (kath.), † Buenos Aires, Argentinien, 18. 9. 1988, T. d. Baumeisters Hanns V. u. d. Elisabeth Gertrud Froede.

Söhne (kath.):

1. Hans Ernst Georg C h r i s t i a n, * Dresden 30. 10. 1938, Maschinentechniker.

2. Hans Bastian Gerd H u b e r t u s, * Dresden 21. 8. 1941, DiplKaufm.; ⚭ Buenos Aires 15. 3. 1969 Beatriz Elena P e r e z - Naya, * ... 19. 12. 1946, T. d. ... Odilo Gelasio P. u. d. Manela Elena Naya.

Margot v. Zehmen, die Witwe des letzten Eigentümers, hat das Schicksal der Familie geschildert.

Nach dem Tode meines Mannes stand ich mit meinen beiden Söhnen Christian (1938) und Hubertus (1941) im wahrsten Sinne des Wortes allein. Im Jahre 1942 wurde ich von der damaligen Obrigkeit aufgefordert, das Schloßgebäude an die Hitlerjugend zu verkaufen. Falls ich mich geweigert hätte, wäre ich wahrscheinlich entschädigungslos enteignet worden. Im Einvernehmen mit dem Testamentsvollstrecker wählte ich das damals scheinbar kleinere Übel und verkaufte. Ich hoffte dabei, das gesamte väterliche Erbe leichter für unsere Söhne erhalten zu können.

Ich zog also in das vorgerichtete Kavaliershaus auf dem Gutshof und blieb auch dort, da ich den Greuelberichten, die den heranrückenden sowjetischen Truppen vorauseilten, keinen Glauben schenkte. Am 20. April 1945 erschienen dann auch die ersten roten Vorhuten. Sie richteten sich sofort häuslich ein und plünderten was sie fanden: Möbel, Kleider, Schmuck usw., bedrohten mich mit der Waffe und verlangten zu essen und vor allem zu trinken. Dann vergnügten sie sich damit, die Teichanlagen zu sprengen. Diesen ersten Ansturm mußte ich allein durchstehen, waren doch die Weißiger Bauern mit ihren Trecks in die Wälder geflohen. Als sich scheinbar alles wieder etwas beruhigt hatte, kehrten sie in das Dorf und auf ihre Höfe zurück.

Dann aber erschienen, lautlos wie ein Geisterzug, die russischen Kampftruppen. Ich wurde sofort aus meiner Wohnung vertrieben und fand in der Wohnung einer unserer Gartenfrauen ein kümmerliches Quartier in einem Zimmerchen. Ein betrunkener russischer Offizier holte mich dreimal in einer Nacht aus dem Bett und drohte mich zu erschießen. Jedesmal gelang es mir zu entkommen und Lärm zu schlagen, bis der Kommandant - wohl um das Gesicht zu wahren - dem Treiben ein Ende bereitete. Das war aber nur der Anfang.

Die Stadt Kamenz war zur "Festung" erklärt worden und wurde auch verteidigt. Somit waren wir plötzlich mitten im Kampfgebiet, wobei auch das Schloß stark beschädigt wurde. Als die Kämpfe weitergingen, wurden die Kampftruppen durch die Nachschub- und Versorgungseinheiten abgelöst. Diese blieben monatelang, Gut und Dorf glichen einem Heerlager. Alles war fremd, als sei es nicht mehr das altvertraute und geliebte Zuhause. Nichts blieb uns erspart in dieser Zeit! Keine Bedrohungen und Erniedrigungen jeder nur erdenkbaren Art, gegen die es keine Abwehrmöglichkeiten gab. Ich hatte nur einen Gedanken, meine Kinder zu schützen und aus all dem Grauen in ein besseres Dasein zu retten.

Tagelang mußte ich bis in die späte Nacht auf meiner Nähmaschine aus meiner Tisch- und Bettwäsche, die die russischen Soldaten freundlich grinsend in Fetzen rissen, Feldpostsäckchen nähen. In diesen schickten sie alles was sie in meinem Hause fanden, einschließlich alter zerbrochener Buntstifte und Söckchen der Kinder, nach Rußland.

Natürlich hatte all das Entsetzliche, das sich um uns herum abspielte, tiefe Wunden in unsere Seelen geschlagen. Aber was half es, zwar waren wir eine verschworene Notgemeinschaft geworden, aber keiner konnte den anderen schützen: nicht der Mann die eigene Frau, nicht der Vater die Tochter!

Ebenso schlimm war, was nach Abzug der regulären Truppen geschah: vereinzelt streunende russische Soldaten und schlimmer noch die erbitterten polnischen Fremdarbeiter, die man zwangsweise nach Deutschland gebracht hatte. Diese, nun frei, überfielen unser Dorf und hausten wie die Vandalen. Als Gutsherrin litt ich für das ganze Dorf, denn die Bauern beteuerten, daß sie nichts mehr hätten und schickten die Plünderer zum Gut, wo sie sich holten, was noch übrig war.

Als die russischen Truppen abzogen, erkannte ich mein Haus nicht wieder: es war unbewohnbar! Die Badewanne hatte man als Klosett benutzt, und als sie voll war, den Raum abgeschlossen und den Schlüssel fortgeworfen. Geschirr, Kleidung oder etwas Eßbares gab es nicht mehr. Elektrischen Strom gab es natürlich auch nicht, und somit funktionierte auch die Wasserpumpe nicht. Das bedeutete, jeden Eimer Wasser aus dem Brunnen vom Dorfplatz heranschleppen. Trotzdem gelang es mir mit nur einer Hilfskraft, das Haus bis zum Pfingstsonntag 1945 wieder einigermaßen in Ordnung zu bringen.

Da geschah ein neuer Überfall durch Polen. Als sie mit der Axt hinter mir her waren - vermutlich in dem Glauben, ich gehöre zu denen, die an ihrem Schicksal Schuld gehabt hatten -, erreichte ich mit der allerletzten Atemkraft ein nahegelegenes dichtes Waldstück. Dort konnte ich mich den ganzen Tag gut versteckt halten. Meine Jungens waren zum Glück sicher, da sie verstaubt und ungekämmt in einer Schar von Dorfkindern unbekümmert spielen konnten. Am Abend fand mich einer von unseren Arbeitern, der mich in einen benachbarten Bauernhof brachte. Dort erhielt ich über mein zerfetztes Sommerkleid wenigstens eine alte Männerjacke. Wir hatten nun buchstäblich nichts mehr! Im Dorf sammelte man Brot und Fett, und nach und nach fanden sich auch wieder einige Kleidungsstücke, die die Polen bei ihrem eiligen Aufbruch vergessen oder verloren hatten.

Man versuchte sich wieder zurechtzufinden, genährt von der Hoffnung, daß es ja wieder besser werden müßte, daß es Friede und neuen Aufbau und vor allem Entschädigung in irgend einer Form für all das Verlorene und Erlittene geben würde.

529

Diese Hoffnung trug über alle Nöte, und es war gut, daß man sich nicht ausmalen konnte in seinen schlimmsten Befürchtungen, wie die Herrscher Nachkriegsdeutschlands über uns hinweggehen würden.

Ende Oktober 1945 wurden wir dann völlig unerwartet von einem Volkspolizisten in Zivil mit roter Armbinde abgeholt. Ohne Gepäck, nur mit Handtuch, Kamm und einem Stück Brot ging es auf einem Leiterwagen nach Kamenz und von dort mit der Eisenbahn ins Auffanglager Radeberg. In den dortigen Holzbaracken, durch die der Wind pfiff, blieben wir zehn Tage. Nackter Fußboden, keine Decken und ein Minimum an Verpflegung! Schreiberlaubnis gab es nicht. Etwa tausend Personen waren unter diesen Umständen auf engstem Raum zusammengepfercht. Sanitäre Einrichtungen bestanden aus einem einzigen Wasserhahn im Freien. Wir waren hungrig, verzweifelt und von Scharen von Wanzen geplagt! Was sollte werden oder vor allem, was hatte man mit uns vor?

Wie durch ein Wunder gelang es meinem Vater durch Vermittlung eines bekannten Schulrates, der der SPD angehört hatte, uns aus dem Lager herauszubringen! Wir gingen nach Dresden, wo mein Vater mit meiner Schwester total ausgebombt, notdürftig untergebracht war. Eine Tante am Stadtrand nahm die Jungens auf. Ich selbst war auf der Straße wie ein herrenloser Hund. Bei Freunden und Bekannten konnte ich mal hier, mal da eine Nacht auf der Couch zubringen. Doch meine Nerven begannen um diese Zeit zu erlahmen. War es ein Wunder? Ich litt an Weinkrämpfen, einen Arzt hatte ich nicht und hätte ihn auch nicht bezahlen können. - Nach Wochen bekam ich endlich eine Unterstützung von "40 Mark" und fand auch ein Untermieterzimmer. Ich nahm jede Arbeit an, die sich bot: so beim Rundfunk, bei der Werbung und auch bei Bunten Abenden mit Gedichtvorträgen auf der Bühne. Nirgends aber konnte ich lange bleiben, denn jeder hatte Angst, eine "Junkerin" zu beschäftigen

Vier Jahre hielt ich so in Dresden durch. Eines Tages wurde ich von einer Polizistin abgeholt und zu einer sowjetischen Dienststelle und von da in Begleitung bewaffneter russischer Soldaten ins GPU-Gefängnis in der Bautzner Landstraße gebracht. Dort stand ich ein achtstündiges Verhör durch, und dann ließ man mich überraschenderweise frei, obwohl dort von 100 Inhaftierten 95 nicht wieder herauskamen. Durch Zufall erfuhr ich von einer in Westberlin befindlichen Flüchtlingshilfsstelle. Dorthin beschloß ich zu fliehen, denn nach dem Vorfall mit der GPU hatte ich keine Ruhe mehr. Nichts hatte ich verbrochen, aber ich war die Mutter zweier kleiner "Junker", und diese wollte ich retten.

Die Flucht kostete die letzte Nervenkraft, aber sie gelang. Wir wurden als Flüchtlinge anerkannt, und eineinhalb Jahre später gelang die Auswanderung nach Argentinien. Die Sehnsucht nach der Heimat Weißig und nach Gerechtigkeit ist mit uns gegangen.

Familie v. Zeschau

Das außerordentlich umfangreiche und wertvolle Familienarchiv der Zeschaus war zuletzt im Schloß von Rittergut Cottewitz aufbewahrt. Dort ist es 1945 bei Kampfhandlungen von der Roten Armee vollständig vernichtet worden. Nur ein kleiner Teil des Materials war an Ernst v. Zeschau in Strehla ausgegeben worden, der an einer Familiengeschichte arbeiten wollte. Auch dort ging es verloren, bis auf einen Band mit dem Titel "militaria", der als einziges erhalten blieb.

A n d r e a s Leopold Heinrich Adolf Ernst v. **Z e s c h a u**, * Dresden 14. 8. 1896, † Gartrop bei Dinslaken 24. 4. 1971, auf Lampertswalde (§), Bez. Leipzig, Major d. Res. a. D., ERr d. JohO.; ✕ Leuben bei Oschatz 10. 8. 1921 Marie-Luise v. **P f l u g k**, * Dresden 3. 9. 1901, † Bielefeld 11. 3. 1979, T. d. Kgl. sächs. Khrn u. Majors a. D. Otto v. P. u. d. Marie v. Stammer.

Kinder:

1. **C h r i s t o p h** Andreas Otto Adolf, * Leipzig 22. 6. 1922, Inh. d. Fa Glasstahlbau Standard, OLt a. D.; ✕ Cottewitz-Lorenzkirch 6. 1. 1945 Ursula v. **S c h w e i n g e l**, * Dresden 22. 6. 1919, T. d. Kurt v. Sch. auf Lichstedt bei Rudolstadt u. d. Margarete (Daisy) v. Usedom.

2. **J o b s t - H e i n r i c h** Andreas Georg Ernst, * Lampertswalde 27. 4. 1925, techn. Kaufm., vorm. Dir. u. Mitinh. einer Maschinenfabrik, Lt a. D.; ✕ Rinteln 16. 6. 1989 Marie-Elisabeth **T ü r k**, * Köslin 26. 3. 1944 (✕ I. Dankersen bei Rinteln 29. 8. 1964 Egbert-Constantin Frhr v. Nagell, * Gartrop 4. 8. 1934, auf Gartrop u. Rodeläuw, gesch. Wesel 18. 8. 1978), T. d. Güterdir. Friedrich Karl T. u. d. Ingeborg Freiin v. Rüxleben.

3. **S a b i n e** Marie Elisabeth, * Leuben 17. 12. 1928; ✕ Gartrop 4. 10. 1969 Karl-Heinrich **B i a g o s c h**, * Leipzig 27. 6. 1910, DiplIng., Fabrikbes.

Andreas v. Zeschau trat im Zuge der Wiederaufrüstung am 1. Dezember 1936 als Hauptmann d. Res. beim Panzer-Rgt. 3 ein. Im Zweiten Weltkrieg nahm er u. a. an den Invasionskämpfen in der Normandie (Falaise-Kessel) teil und geriet im August 1944 in US-Gefangenschaft, die er überwiegend in den USA verbrachte, und aus der er am 15. November 1946 entlassen wurde.
Der Besitz Lampertswalde bei Oschatz ist inzwischen im Zuge der "Bodenreform" entschädigungslos enteignet worden.
Sein ältester Sohn, Christoph, war aktiv ab September 1940 beim Schützen-Rgt. 1, später Panzergrenadier-Rgt. 1 in Weimar. Bei zahlreichen Kämpfen an der Ostfront erlitt er drei Verwundungen und ist mit dem EK 2 und 1 ausgezeichnet worden. Kurz vor Kriegsende zum Oberleutnant befördert, geriet er in US-Kriegsgefangenschaft, aus der er bald entlassen wurde und im Westen nach schwerem Anfang eine eigene Firma aufbaute.
Sein jüngerer Bruder, Jobst-Heinrich, meldete sich, gerade 18 geworden, direkt von seiner Bautzener Schule im April 1943 zum Heeresdienst beim Inf.-Rgt. 11 in

Leipzig. Nach seinem Einsatz in Kurland und Beförderung zum Leutnant wurde er zur neu aufgestellten In.-Div. 45 versetzt und kam zu Kriegsende in britische Kriegsgefangenschaft. Die Entlassung erfolgte im November 1945. Jahre später wurde er Geschäftsführer in einer Hamburger Firma.

> W o l f g a n g Heinrich Richter v. Z e s c h a u , * Zwickau 20. 7. 1884, † Adelebsen 14. 4. 1955, Oberst a. D., ERr d. JohO.;
> ⚔ I. Dresden 1. 4. 1911 Hertha v. S c h i m p f f , * Rochlitz, Sachs., 25. 4. 1887, † Hof an der Saale 4. 5. 1957 (gesch. Dresden 4. 3. 1924), T. d. Hzgl. anhalt. Khrn u. Kgl. sächs. Oberstlts a. D. Günter v. Sch. u. d. Marie Wunnerlich;
> ⚔ II. Schliestedt bei Schöppenstedt 17. 6. 1924 Ernamarie Freiin v. U s l a r - G l e i c h e n , * Marienberg, Sachs., 20. 10. 1894, † Göttingen 3. 9. 1969, T. d. Kgl. sächs. Obersten a. D. Curt Frhr v. U.-G. u. d. Adelheid v. Adelebsen.

Sohn erster Ehe:

> J o a c h i m Wolfgang Heinrich Emil Günther, * Bautzen 26. 1. 1912, ⚔ vor den Shetland-Inseln 23. 3. 1945, preuß. RegAssessor, KptLt d. Res. u. Kmdt eines U-Bootes;
> ⚔ Bückeburg 21. 12. 1943 Sibylle Freiin v. R e c h e n b e r g , * Bückeburg 15. 9. 1919 (⚔ II. Bückeburg 29. 3. 1951 Herbert Luckner, * Göppingen 30. 12. 1907, Dr. med., Prof., Chefarzt), T. d. Fstl. schaumburglipp. Khrn Franz-Georg Frhr v. R. u. d. Marguerite Brinck.

Wolfgang v. Zeschau wurde im Jahre 1936 als Major reaktiviert. Im Zweiten Weltkrieg fand er Verwendung als Chef der Heeres-Pferde-Musterung in Polen, Frankreich und Italien. Er wurde 1942 zum Oberst befördert und am Kriegsende folgten schwere Monate in Gefangenschaft.

Sein einziger Sohn Joachim nahm an der Norwegen-Offensive teil, erwarb sich das EK 2 und meldete sich dann zur Fliegerei. Bei seinem Einsatz als Beobachter über England am Kanal erhielt er das EK 1. Nach seiner Beförderung zum Kapitänleutnant wurde er zum U-Boot-Dienst ausgebildet. Am 13. Februar 1945 lief er mit seinem U-Boot zur letzten Fahrt aus. Am 23. April 1945 versenkte ein Fliegerangriff sein Boot vor den Shetland-Inseln.

> A d o l f v. Z e s c h a u , * Derewjenki, Gouvt Kursk, 26. 3. 1881, † Gebhardsdorf, Schles., 7. 8. 1933;
> ⚔ Tropowo, Gouvt Podolien, 19. 12. 1910 Alice B r a n d t , * Rachny 28. 2. 1888, † ..., T. d. Gutspächters August B. u. d. Louise Ulman.

Kinder:

> 1. A u g u s t , * Moskau 3. 10. 1911, ⚔ bei Palinowo, Rußld, 14. 3. 1942,;
> ⚔ Gebhardsdorf, Schles., 22. 7. 1940 Irmgard H e i d r i c h , * Alt-Gebhardsdorf 31. 12. 1914 (⚔ II. Neudorf, MFranken, 22. 5. 1947 Ludwig Baum, * Forchheim, OFranken, 21. 3. 1909, DiplLdwirt), T. d. Ldwirts Robert H. u. d. Frieda Knobloch.

> 2. A l i c e , * Tambow 15. 9. 1913, † ...;
> ⚔ Eckardsdorf 27. 12. 1941 Karl G ü n t h e r , * Langenöls 18. 12. 1918, Ing.

3. B o r i s , * Tambow 23. 5. 1915, Ldwirt, Angest. i. R.;
   ✕ Dresden 23. 3. 1940 Elfriede L a m m , * Dresden-Leubnitz 29. 2.
   1920, T. d. Johannes L. u. d. Elsa Limbach.
4. G e o r g , * Friedeberg, Schles., 12. 1. 1920, † Radebeul 6. 5. 1983,
   Ldwirt;
   ✕ Gebhardsdorf, Schles., 23. 8. 1943 Else S c h u l z , * Gebhardsdorf
   30. 7. 1920, T. d. Martin Sch. u. d. Selma Hermann.

Adolf v. Zeschau lebte vor dem Ersten Weltkrieg als Landwirt in Rußland und
verlor bei der russischen Revolution 1917 sein gesamtes Vermögen. In
Gebhardsdorf (Schlesien) begann er von vorn und erarbeitete für sich und seine
Familie durch den Erwerb eines kleinen Gutes eine neue Existenzgrundlage. Er
starb früh und seine Witwe und Kinder verloren dieses Gut 1945.
Sein Sohn August wurde 1939 Soldat und fiel 1942 an der Ostfront als Unter-
offizier und Fernsprech-Truppführer bei Palinowo.
Der zweite Sohn Boris war wie sein Vater Landwirt. Während des Krieges nahm er
an den Kämpfen in Rußland und Italien teil. Nach dem Zusammenbruch 1945
baute er sich unter schweren Verhältnissen eine neue Existenz in Bayern auf.
Der dritte Sohn Georg war noch Landwirtschaftslehrling, als er 1940 zur
Wehrmacht eingezogen wurde. Im Art.-Rgt. 18 in Liegnitz nahm er am Krieg gegen
Rußland teil und geriet 1945 in Gefangenschaft. Nach seiner Entlassung stand er
vor dem Nichts.

Familie v. Zezschwitz auf Deutschbaselitz

Das Rittergut Deutschbaselitz, schon seit Generationen im Besitz der Familie v. Zezschwitz, liegt in der Amtshauptmannschaft Kamenz. Es hatte eine Größe von 396 ha, davon 121 ha landwirtschaftliche Nutzfläche, 99 ha Wald und 176 ha Teiche. Es gehörte zu den in der nördlichen Oberlausitz bekannten Karpfenzuchtbetrieben.

Die letzten Eigentümer von Deutschbaselitz waren zu einem Fünftel Ida v. Zezschwitz, die Witwe des 1936 verstorbenen Clemens v. Zezschwitz und zu vier Fünftel deren Adoptivsohn Hans v. Zezschwitz. Bewohnt wurde das Herrenhaus zuletzt von Ida v. Zezschwitz.

Zu der Familie des letzten Eigentümers gehören:

C l e m e n s Gotthelf Theodor v. Z e z s c h w i t z , * Dresden 27. 12. 1854, † Deutschbaselitz bei Kamenz, Sachsen, 5. 3. 1936, auf Deutschbaselitz, Oberst a. D., ERr d. JohO.;
✕ Fürth, Bayern, 8. 3. 1909 Ida P o p p , * Würzburg 1. 12. 1875, † Langebrück, Sachsen, 26. 4. 1955, Mithrin auf Deutschbaselitz (§), T. d. Kgl. bayer. GenLts Carl Rr v. P. u. d. Rosina Seitz.

Adoptivsohn (seit 2. 10. 1926):
H a n s Heinrich v. Z e z s c h w i t z , * 1887, † 1948.

Franz Edmund F e r d i n a n d v. Z e z s c h w i t z , * Dresden 29. 4. 1856, † Arnsdorf, Sachsen, 22. 7. 1934, Kgl. sächs. Oberstlt a. D.;
✕ Stuttgart 21. 9. 1886 Anna K o c h , * Gaildorf, Württ., 5. 1. 1864, † Meißen 25. 1. 1947 (gesch. Dresden 19. 2. 1906), T. d. OMedRats Dr. med. Karl v. K., Präs. d. Kgl. württ. MedKollegiums, u. d. Karoline Keerl.

Sohn (von 6 Kindern):
H a n s Heinrich, * Dresden 29. 9. 1887, † Filseck, Württ., 10. 2. 1948 (seit 2. 10. 1926 Adoptivsohn seines Onkels Clemens v. Zezschwitz, s. o.), Mithr auf Deutschbaselitz (§), RegVizePräs., ERr d. JohO.;
✕ Dresden 7. 5. 1921 Charlotte v. M e t z s c h , * Karlsruhe 11. 2. 1902, † Marburg 20. 1. 1994, T. d. Ldwirts Hans-Ulrich v. M. u. d. Gertrude Schmidt.

Sohn:
Wolf Kaspar E c k e , * Wünschendorf, Erzgeb., 23. 4. 1922, Dipl.-Ing. agr., Dr. agr., Oberlandesgeologe, Lehrbeauftragter an der Univ. Göttingen;
✕ I. Essen 5. 10. 1959 Eva-Elisabeth E i f e r t , * Königsteele bei Essen 2. 4. 1920 (✕ I. Essen 13. 11. 1940 Friedrich Wilhelm Walter, * ... 29. 7. 1913, ✕ ..., Rußld, 3. 10. 1943, OLt) (gesch. 17. 8. 1976), T. d. Beamten Heinrich E. u. d. Elise Peter;
✕ II. Meschede 23. 12. 1977 Vera S i e g e r t , * Gassen, Kr. Sorau, 25. 3. 1943, Fachschwester f. Anästhesie u. Intensivmedizin, T. d. Ldwirts Alfred S. u. d. Else Rattke.

Ecke v. Zezschwitz berichtet:

1945 bricht das Ende aller abendländischen Gesittung über unsere Oberlausitz herein. Am 20. April um drei Uhr wurden die Einwohner von Deutschbaselitz

Herrenhaus Deutschbaselitz

Hofseite. 1948 auf Befehl des sowjetischen Kommandanten des Truppenübungsplatzes Königsbrück abgerissen. Der damalige CDU-Bürgermeister Reinhold Röseberg (1901—1991) hatte sich mehrfach geweigert, diesem Befehl nachzukommen.
Diesen Einsatz mußte er mit über einem Jahr Haft im Gefängnis büßen.

alarmiert; das nahe Piskowitz war zu dieser Stunde bereits umkämpft. Ida v. Zezschwitz hat berichtet, wie sich der Treck in stockfinsterer Nacht in Bewegung
setzte. Meine Großeltern Hans und Gertrud v. Metzsch waren ebenfalls dabei,
nachdem sie erst drei Monate zuvor auf abenteuerlicher Flucht quer durch den
Warthegau die rettende Bahnstation Schneidemühl gerade noch vor den sowjetischen Panzerspitzen erreicht hatten. Auf den von Flüchtlingen verstopften Straßen
quälte sich der Treck über Elstra, Bischofswerda, Oberottendorf bis nach Langen-
burkersdorf. Da Kamenz und Umgebung durch deutsche Truppen inzwischen
wieder freigekämpft worden war, fuhr Ida am 24. April zusammen mit Bürgermeister Herzog und unserem Pächter Opitz im Auto nach Deutschbaselitz zurück.
Im Dorf, das zeitweise von Russen besetzt gewesen war, sah es nach Idas Bericht
grauenvoll aus. Sieben Bauerngehöfte waren abgebrannt; alle anderen Häuser zeigten Spuren des Artilleriebeschusses. Im Herrenhaus, in dem eine unbeschreibliche
Unordnung herrschte, lag deutsche Flak. Idas Bitte, im Herrenhaus bleiben und die
deutschen Soldaten versorgen zu dürfen, wurde vom Kompanieführer abgelehnt.
An diesem Tage wehte auf dem Hause des späteren (kommunistischen) Bürgermeisters Janasch bereits die weiße Fahne, nicht einmal hundert Meter vom
Herrenhaus entfernt.
Ida und ihren Begleitern wurde befohlen, zum Treck zurückzukehren, der inzwischen weitergezogen war und am 6. Mai in Krischwitz an der Elbe ankam. Vom
nächsten Tage an zog ununterbrochen plündernde und mordende Soldateska durch

Krischwitz. Zwischen dem 10. und 21. Mai gelangte der ausgeplünderte, völlig auseinandergerissene Treck größtenteils zu Fuß in furchtbarem Wirrwarr zurück nach Deutschbaselitz. Die Großeltern Metzsch blieben erschöpft in Krischwitz zurück.

Am 8. September 1945 wurde unser Rittergut Deutschbaselitz im Zuge der sogenannten Bodenreform entschädigungslos enteignet. Am 22. Oktober 1945 wurde Ida in Deutschbaselitz verhaftet und zu Verhören in das Lager Radeberg gebracht. Hier befanden sich bereits Hunderte von Lausitzer Grundbesitzern (Ida nennt u. a. Bünaus, Wiedebachs, Sahrs, Johns, Naumanns, Arnims, Niethammers, Schönbergs, die Grafen Schall und Rex). Je 40 Personen in einem Güterwagen wurden die Insassen nach Rügen verschleppt. Frierend und hungernd auf dem Boden unfertiger Holzbaracken starben viele sehr bald vor Erschöpfung.

Aber lassen wir hier noch einen Deutschbaselitzer Nachbarn, Arnold Freiherrn v. Vietinghoff-Riesch, den letzten Herrn auf Neschwitz, zu Wort kommen. Auf der Straße nach Hochkirch stieß er mit unserem Heimatdichter Max Zeibig zusammen, der die letzten Kriegstage im Bautzener Volkssturm miterlebt hatte. Zeibig berichtete, wie die Russen von den Kreckwitzer Höhen zum Angriff auf die Stadt niedergestiegen seien. Hundert Volkssturmleute wurden in die Gutsscheune von Niederkaina (drei Kilometer nordöstlich von Bautzen) eingeschlossen und bei lebendigem Leibe verbrannt. Etwas derartiges war in der Lausitz seit dem Hussiten-Massaker von Gräfenstein 1428 nicht mehr passiert.

Im Herbst 1948 ist das Herrenhaus von Deutschbaselitz dem Erdboden gleichgemacht worden. Mit dem Schutt wurde der Gartenteich gefüllt. Der wappengeschmückte Schlußstein des Hauptportales ist vom damaligen Bürgermeister Röseberg gerettet worden.

Nahezu alle Wirtschaftsgebäude sind später ebenfalls abgerissen worden. Nur das baufällig gewordene kleine Gärtnerhaus und die alte steinerne Bogenbrücke, die über die Jauer auf das Gebiet des ehemaligen Gutshofes führt, fand meine Frau bei ihrem letzten Besuch 1982 noch vor. Etwa dort, wo das Herrenhaus stand, ist ein Denkmal errichtet worden. Es stellt einen Bären dar - etwa den russischen? - und was soll der dort?

Glossar

Amtshauptmannschaft, bis 1939 die unterste staatliche Verwaltungsbehörde in Sachsen.

Altschriftsässiges Rittergut, altschriftsässige Rittergutsbesitzer hatten die Patrimonialgerichtsbarkeit (erste Instanz der freiwilligen Gerichtsbarkeit) inne und bis 1831 das Recht, persönlich auf den Landtagen zu erscheinen.

AOK. Armee-Oberkommando.

Arbeitsdienstlager, siehe RAD.

BDM, Bund Deutscher Mädel, in der HJ (Hitlerjugend) Organisation für 14—18-jährige Mädchen. Entstand im Frühjahr 1930 mit der Zusammenfassung mehrerer nationalsozialistischer Mädchengruppen.

Char. Oberst, Charakterisierter Oberst. Oberstleutnant, dem bei der Pensionierung der Rang („Charakter") eines Obersten verliehen wurde.

CIC, Counter Intelligence Corps, geheimer militärischer Abschirmdienst der USA, zum Schutz der Streitkräfte und ihrer Einrichtungen gegen Spionage, Sabotage und politische Zersetzung.

E-Offizier, Wehr-Ersatz-Ofizier.

Erbhof, ein Bauernhof, der im nationalsozialistischen Erbhofrecht zum Schutz vor Überschuldung und Zersplitterung unveräußerlich und unbelastbar war. Land- und fortwirtschaftlicher Besitz in der Größe von mindestens einer „Ackernahrung" (etwa 7,5 ha) und von höchstens 125 ha war ein Erbhof, wenn er im Alleineigentum einer „bauernfähigen" Person stand. Der Erbhof samt Zubehör ging ungeteilt auf den Anerben über.
Der Erbhof wurde in der Erbhöferolle registriert.

Fkm., Fideikommiß (lat. „fidei commissum" zu treuen Händen anvertraut) im früheren deutschen Recht ein unveräußerliches und unteilbares Familienvermögen, in der Regel Grundbesitz, das stets geschlossen in der Hand eines Familienmitgliedes blieb. Das Fkm. diente vor allem der Festlegung und Erhaltung des Grundbesitzes des Adels. Der Fkm.-Inhaber konnte nur über den Ertrag frei verfügen und hatte nur Nutzungsrechte, für seine Schulden konnte das Fkm. nicht zur Zwangsvollstreckung herangezogen werden. Art. 155 der Weimarer Verfassung verfügte die Abschaffung der Fkm., das Reichsgesetz vom Juli 1938 löste die noch bestehenden zum 1. 1. 1939 auf (bestätigt durch Kontrollratsgesetz Nr. 45 von 1947).

Fluko, Flugwachkommando, angeschlossen mehrere Flugmeldestellen.

Gestapo, die Geheime Staatspolizei des Dritten Reiches hatte die Aufgabe, „alle staatsgefährlichen Bestrebungen im gesamten Staatsgebiet zu erforschen und zu bekämpfen" (§ 1 des Gesetzes für die Gestapo, 10. 2. 1936). 1936 wurde der Reichsführer-SS Heinrich Himmler von Hitler zum Chef der Gestapo ernannt, so war die Gestapo der SS unterstellt und arbeitete mit dieser zusammen.

GPU, Gossudarstwennoje Polititscheskoje Uprawlenwije, sowjetische Geheimpolizei, hervorgegangen 1922 aus der Tscheka, 1934 dem Volkskommissariat für

Inneres (NKWD, s. u.) und 1941 dem Volkskommissariat für Staatssicherheit (NKGB) unterstellt.

IR-mot. Motorisiertes Infanterie-Regiment.

Jabos, Jagdbomber.

KdF, Kraft **d**urch **F**reude, eine Organisation der nationalsozialistischen Gewerkschaft Deutsche Arbeitsfront (DAF), sollte als „Freizeitbewegung" die Freizeitbeschäftigung der Arbeiter und Angestellten aller Berufsgruppen im Sinne des NS lenken.

Komitee Freies Deutschland, s. Nationalkomitee Freies Deutschland.

Kommandantur, Befehlsstelle über einen räumlich und personell abgegrenzten Bereich. Die **Kommandantura** war die Verwaltung und eine Außenstelle der Roten Armee in den besetzten Gebieten.

KZ, Konzentrationslager, Bezeichnung für alle im nationalsozialistischen Herrschaftsbereich errichteten Häftlingslager. In den KZ wurden seit 1933 Gegner des NS und Menschen, die zu Gegnern erklärt wurden — später auch Juden, Zigeuner und Kriegsgefangene — inhaftiert und ermordet.

Die sowjetische Militär-Administration in Deutschland nutzte nach dem Mai 1945 z. T. die alten KZ (Bautzen, Buchenwald, Mühlberg, Neubrandenburg, Sachsenhausen u. a.), um Personen zu inhaftieren, die als „aktive Faschisten" und Kriegsverbrecher beschuldigt wurden oder der Intelligenz angehörten. Insassen litten besonders unter Hunger und Tuberkulose. Bis Februar 1950 wurden einige KZ aufgelöst, andere (Bautzen, Torgau) als Strafanstalten den Strafvollzugsbehörden der DDR übergeben.

Landesschützen, im Zweiten Weltkrieg deutsche Verbände, vorwiegend aus beschränkt Tauglichen und dem Landsturm rekrutiert und bestimmt für rückwärtige Sicherungsaufgaben. In der Schlußphase des Krieges wurden sie auch im Kampf eingesetzt.

Luftgaukommandos bestanden entsprechend den Wehrkreisen des Heeres im Reichsgebiet als territoriale Dienststellen der Luftwaffe.

Mannlehen, das nur im direkten Mannesstamm vererbliche Lehen.

MUNA, Munitions-**An**stalt.

Nationalkomitee Freies Deutschland (NKFD), 12. 7. 1943 unter Beteiligung deutscher kommunistischer Emigranten (u. a. Pieck, Ulbricht) und deutscher Kriegsgefangener (z. T. nach der Schlacht von Stalingrad) unter sowjetischem Patronat gegründet. Das NKFD war ein Instrument sowjetischer psychologischer Kampfführung gegen das Deutsche Reich. Aufgelöst 2. 11. 1943.

NKWD, russ. **N**arodnyij **k**ommissariat **w**nutrennich **d**jel, Volkskommissariat für innere Angelegenheiten; übernahm 1934 die Aufgaben der GPU (s. o.).

NS, National**s**ozialismus. Vertreten wurde diese national- und sozialrevolutionäre Bewegung durch die NSDAP (s. u.), die in Deutschland 1933—1945 die Macht ausübte.

538

NSDAP, Nationalsozialistische Deutsche Arbeiterpartei, gegründet 1920, Parteiführer Adolf Hitler (sein Buch: „Mein Kampf"). 1933 wurde Hitler Kanzler und verwandelte Deutschland in einen totalitären, nationalsozialistischen Einparteienstaat. Das militärisch-politische Machtsystem des NS erhielt sich bis zum Selbstmord Hitlers (30. 4. 1945).

NSV, Nationalsozialistische Volkswohlfahrt.

OB, Oberbefehlshaber.

Oflag, Offizierslager.

PAK, Panzerabwehrkanone.

Persilscheine, umgangssprachliche Bezeichnung für Formulare, mit deren Hilfe man sich jeglicher Belangung und Schuldzuweisung zu entziehen versuchte. Im Dritten Reich wies man damit auf seine arische Abstammung hin. Nach dem Krieg dienten die im Rahmen der Entnazifizierung ausgeteilten Fragebögen zur Aufklärung der nationalsozialistischen Aktivität.

Pg, Parteigenosse/Parteigenossin, Mitglieder der NSDAP. 1945 zählte die NSDAP rund 8,5 Millionen Mitglieder.

POW, prisoner of war. Kriegsgefangener der amerikanischen und britischen Streitkräfte in Deutschland.

rabotaij (russ.), arbeite!

RAD, der Reichsarbeitsdienst war seit 1935 eine staatliche Einrichtung, durch die alle Jugendlichen ab 18 Jahren zu einem sechs Monate dauernden Arbeitseinsatz und zum Lagerleben (Arbeitsdienstlager) mit militärischer Disziplin verpflichtet wurden.

RKW, Rationalisierungs-Kuratorium der Deutschen Wirtschaft e. V., Frankfurt/Main. Gemeinnützige Organisation zur Pflege und Förderung der Rationalisierungsbestrebungen, gegründet 1921 als Reichskuratorium für Wirtschaftlichkeit der Wirtschaft mit Unterstützung des Reiches. 1947 Neugründung als Rationalisierungs-Ausschuß der Deutschen Wirtschaft (RAW).

SA, Sturmabteilung, nationalsozialistischer Wehrverband, förderte die Machtergreifung Hitlers. In ihren Erwartungen nach einem eigenständigen Aufgabenbereich unter der Kanzlerschaft Hitlers enttäuscht, erstrebte sie eine „zweite Revolution" und die Verschmelzung mit der Reichswehr zu einem nationalsozialistischen Volksheer. Am 1. 7. 1934 ließ Hitler Ernst Röhm, weitere hohe SA-Führer und andere der Partei mißliebige Personen unter dem Vorwand ermorden, Röhm und seine Anhänger hätten einen Putsch vorbereitet. Die SA war danach zu politischer Bedeutungslosigkeit verurteilt.

SMAD, Sowjetische Militäradministration in Deutschland als oberste Verwaltung im Gebiet der Sowjetzone (1945—1949).

SMT, vor dem Sowjetischen Militärtribunal wurden bis 1957 nicht nur sowjetische Soldaten, sondern auch Deutsche angeklagt und nach sowjetischem Recht verurteilt. Mit allen Mitteln versuchten die Kommissare, ein Geständnis zu erlisten oder zu erpressen. Die Protokolle wurden in russischer Sprache abgefaßt.

Dem Angeklagten konnte das Recht auf mündliche Selbstverteidigung genommen werden. Das Gericht durfte auch Beweisstücke verwenden, die dem Angeklagten unbekannt blieben, konnte also Spitzelmeldungen heranziehen, ohne daß der Angeklagte etwas dagegen vorbringen konnte. Die Verfahren wurden oft in fünf oder zehn Minuten abgewickelt. Die Strafe lautete im Regelfalle auf 25 Jahre Zwangsarbeit. Die Verurteilten blieben bis 1950 zum größten Teil im KZ, mit deren Auflösung wurde der größte Teil der Verurteilten in die UdSSR deportiert, ein Teil in Strafanstalten der DDR eingeliefert und der Rest freigelassen.

SSD, Staatssicherheitsdienst in der DDR, 1950 nach sowjetischem Vorbild zur Überwachung der Bevölkerung, der Verwaltungen und Betriebe geschaffen. Ende 1945 begann der Aufbau eines geheimen Polizeiapparates zur Verfolgung politischer Gegner des SED-Regimes. Nach der DDR-Gründung wurde es zum Ministerium für Inneres, ab 1950 verselbständigt zum Ministerium für Staatssicherheit.

Stahlhelm, Bund der Frontsoldaten, 1918 gegründete Vereinigung von Teilnehmern des Ersten Weltkrieges. 1933 Eingliederung des Wehr-Stahlhelms (bis zum 35. Lebensjahr) in die SA, 1935 Auflösung des Stahlhelms der alten Soldaten.

STALAG IV B, das am 29. 9. 1939 eingerichtete Kriegsgefangenenlager Mühlberg, als Speziallager Nr. 1 des NKWD 1945 fortgeführt.

Stempeln gehen, Bezug von Arbeitslosengeld.

Tscheka, Tschreswitschajnaja komissija, Außerordentliche Kommission, 1917 geschaffene bolschewistische politische Polizei, die in die GPU (s. o.) umorganisiert wurde.

Uk-Stellung, Unabkömmlichstellung, während des Zweiten Weltkrieges amtliche Freistellungsformel für Personen, die wegen kriegswichtiger Tätigkeit nicht zum Wehrdienst herangezogen wurden, z. B. besonders wichtige Facharbeiter, Ingenieure und Wirtschaftsfachleute in Rüstungsbetrieben, Untertagearbeiter, manche Bauern und Fachkräfte in der Landwirtschaft.

UNRRA, United Nations Relief and Rehabilitation Administration, 1943 in Atlantic City gegründete, 1945 von den Vereinten Nationen (UN) übernommene Hilfs- und Wiederaufbauorganisation zur Unterstützung, Versorgung und Rückführung von rund 9 Millionen nichtdeutschen Flüchtlingen („Displaced Persons"), aufgelöst 1947.

Volkssturm, letzter Versuch der nationalsozialistischen Führung, dem ausweglos gewordenen Krieg unter Einsatz aller Mittel eine Wende zu geben. Durch Erlaß Hitlers vom 25. 9. 1944 wurden alle 16—60jährigen Männer zur Territorialmiliz verpflichtet. Die Ausbildung des Volkssturms war unzureichend. Junge und meist alte Männer wurden hauptsächlich mit Nahkampfwaffen wie Panzerfäusten, Gewehren, Handgranaten, aber auch nur mit Spaten ausgerüstet. Angehörige des Volkssturms waren „während ihres Einsatzes Soldaten im Sinne des Wehrgesetzes". Verweigerung des Dienstes beim Volkssturm konnte die Todesstrafe bedeuten. Militärische Erfolge wurden durch den Volkssturm nicht erzielt. Für viele Männer bedeutete der sinnlose Einsatz Verwundung, Gefangenschaft oder Tod.

VoPo, Deutsche **Volkspolizei** in der DDR, 1945 gegründet. Sie umfaßte Schutz-, Kriminal-, Verkehrs- und Wasserschutzpolizei, ferner die Feuerwehr. Sie erfüllte einerseits normale Polizeiaufgaben, andererseits war sie ein politisch geschultes und überwachtes Werkzeug der SED und Hilfsorgan der SSD. Den diktatorischen Zielen der SED dienten auch die Abteilung Paß- und Meldewesen, Erlaubnisswesen (Zulassung aller, auch religiöser Veranstaltungen) und „Volkseigentum" (Untersuchung von „Wirtschaftsvergehen", die meist dem politischen Zweck des SED-Regimes diente). Die Vopo hatte bis 1956 gesonderte militärische Verbände der Kasernierten Volkspolizei (Heer), der Luftpolizei (Luftwaffe) und der Seepolizei (Marine), ab 1956 bildeten diese Verbände die Nationale Volksarmee.

WBK, **W**ehrbezirkskommando.

WEI (auch **WI**), **W**ehrersatz-Inspektion.

Werwolf, Freischärlerbewegung, Ende des Zweiten Weltkrieges durch die nationalsozialistische Führung befohlen.

Woijna (russ.), Krieg.

QUELLENANGABEN:

(1) Der neue Brockhaus, Lexikon und Wörterbuch in fünf Bänden, Wiesbaden 1971.

(2) Der Große Knaur, Lexikon in vier Bänden, Deutscher Bücherbund Stuttgart/Hamburg 1967.

(3) H. Kammer, E. Bartsch, Jugendlexikon Nationalsozialismus — Begriffe aus der Zeit der Gewaltherrschaft 1933–1945, Rowolth Taschenbuch Verlag GmbH Hamburg 1982.

(4) SBZ von A bis Z — Ein Taschen- und Nachschlagebuch über die Sowjetische Besatzungszone Deutschlands, Hrsg. Bundesministerium für gesamtdeutsche Fragen, Deutscher Bundes-Verlag, Bonn 1966.

(5) Niekammer's Güter Adreßbuch für das Königreich Sachsen Band IX, Leipzig 1910.

(6) E. Bayer, Wörterbuch zur Geschichte, Alfred Kröner Verlag Stuttgart, 1974.

Quellen-Nachweis

Wichtigste Quelle war das von den Familien zur Verfügung gestellte Material wie Berichte, Aufzeichnungen, Korrespondenz sowie die folgenden Broschüren:

Familiengeschichte der Familie v. Arnim von Hermann Graf Arnim, Muskau *).

Fragmente von Ferdinand Frhr. v. Fürstenberg, zusammengestellt von seinem Sohn Michael Frhr. v. Fürstenberg, 1975.

Reinhold Frhr. v. Lüdinghausen-Wolff, Lebenserinnerungen *).

Die Enteignung von Linz mit Ponickau in Sachsen von Georg Graf zu Münster, 1989.

Rittergut Obercunewalde, sein Untergang in den Jahren 1945 bis 1949 von Peter v. Polenz, 1990.

Erlebnisberichte der Mitglieder der Familien Herren und Freiherren von Schönberg 1939—1963 von Wolf Erich v. Schönberg, 1964.

„Erinnerungen" von Tilo Frhr. v. Wilmowsky, 1951.

Dieses gesamte Material kann im Archiv des Verbandes „Der Sächsische Adel e. V." beim Deutschen Adelsarchiv in Marburg eingesehen werden. Die mit *) bezeichneten Artikeln sind ausgenommen, da nur leihweise zur Verfügung gestellt.

Weiteres Quellenmaterial:

Die jeweils zutreffenden Genealogischen Handbücher des Adels, fürstliche, gräfliche, freiherrliche und adelige Häuser.

Weißbuch über die „Demokratische Bodenreform" in der Sowjetischen Besatzungszone Deutschlands von Joachim v. Kruse, Neuauflage 1988.

Die Rittergüter des Königreichs Sachsen von Dr. H. L. Hofmann, 1901.

Die Güteradreßbücher der Oberlausitzer Amtshauptmannschaften Bautzen, Kamenz, Löbau und Zittau.

Niekammer's Güter-Adreßbücher Band IX.
Güter-Adreßbuch für das Königreich Sachsen, Leipzig 1910, Reichenbach'sche Verlagsbuchhandlung Hans Wehner.

Abkürzungsverzeichnis

Abkürzungen, welche den letzten Buchstaben des Wortes enthalten, sind am Ende ohne Punkt gesetzt.

a. D. — außer Dienst
a. d. H. — aus dem Hause
Adj. — Adjutant
A. E. — Allerhöchste Entschließung (Erlaß)
A. KO. — Allerhöchste Kabinettsorder
Abg. — Abgeordnete(r)
Abt. — Abteilung
ADB — Allgemeine Deutsche Biographie
adel. — adelige (n, -r, -s)
AppGer. — Appellationsgericht
Art. — Artikel
Art. — Artillerie
AT — Ahnentafel(n)

B. A. — Bachelor of Arts
Bat. — Bataillon
Bes. — Besitz, Besitzer
Bez. — Bezirk

D. — Dame
Dept — Departement
DevRr — Devotionsritter
DGB — Deutsches Geschlechterbuch
Dipl. — Diplom
Dir. — Direktor
Dr. — Doktor
Durchl. — Durchlaucht

E 1—4 — Ausgewählte Ahnentafeln der EDDA 1—4
ebd. — ebendort
ED. — Ehrendame
Ehzg, Ehzgin — Erzherzog(in)
Erl. — Erlaucht
ERr — Ehrenritter

Fkhr — Fideikommißherr
Fkm. — Fideikommiß
FregKpt. — Fregattenkapitän
Frfr. — Freifrau
Frhr — Freiherr
frhrl. — freiherrliche (n, -r, -s)
Frhrn — Freiherren
Fst, Fstin — Fürst, Fürstin
Fstl. — Fürstlich

Fstn — Fürsten
Fstt. — Fürstentum

GehRat — Geheimer Rat
Gem. — Gemahlin
Gen. — General
GenLt — Generalleutnant
Ger. — Gericht
gerichtl. — gerichtlich
Gesch. — Geschichte
gesch. — geschieden
Gf, Gfin — Graf, Gräfin
gfl. — gräfliche (n, -r, -s)
Gfn — Grafen
Gfst, Gfstin — Großfürst, Großfürstin
GHdA — Genealogisches Handbuch des Adels
Ghzg, Ghzgin — Großherzog, Großherzogin
Ghzgl., Ghzgt. — Großherzoglich, Großherzogtum
Goth. Hofkal. — Gothaischer Hofkalender
Gouv. — Gouverneur
Gouvt — Gouvernement

h. c. — honoris causa
Hdb. — Handbuch
Hdb. Bayern — Genealogisches Handbuch des in Bayern immatrikulierten Adels
Hptm. — Hauptmann
Hzg, Hzgin — Herzog, Herzogin
Hzgl., Hzgt. — Herzoglich, Herzogtum

i. R. — im Ruhestand
Inf. — Infanterie
Ing. — Ingenieur
Inh. — Inhaber
Insp. — Inspektor

Jb. — Jahrbuch
Jg — Jahrgang
Jhr — Jonkheer
Jkvr. — Jonkvrouw
JohO. — Johanniterorden

K. K. — Kaiserlich-Königlich [1]
K. u. K. — Kaiserlich und Königlich [1]
Kav. — Kavallerie
Kg, Kgin — König, Königin
Kgl., Kgr. — Königlich, Königreich
Khr — Kammerherr
Kjkr — Kammerjunker
Km. — Kämmerer
Kmdr — Kommandeur
Kmdt — Kommandant
KO. — Kabinettsorder
Kom. — Komitat
KorvKpt. — Korvettenkapitän
Kpt. — Kapitän
Kr. — Kreis
Ksp. — Kirchspiel

ld — -land
Ldgf, Ldgfin — Landgraf, Landgräfin
Ldw. — Landwehr
Ldwirt — Landwirt
LegRat — Legationsrat
Lic. — Lizentiat
Lt — Leutnant

M. A. — Master of Arts
Mag. — Magister
MagRr — Magistralritter
MaltRrO. — Malteser-Ritter-Orden
MdB. — Mitglied des Bundestages
MdR. — Mitglied des Reichstages
Min. — Minister, Ministerium, Ministerial
MinRat — Ministerialrat
morg. — morganatisch

nat. — natürlich
NDB — Neue Deutsche Biographie
Nob. — Nobile

O — Ober-
O. — Orden
O. vom GVließ — Orden vom Goldenen Vließ

o. Prof. — ordentlicher Professor
PD. — Palastdame
PLt — Premierleutnant
Pr. — Prinz
Präs. — Präsident
primog. — Primogenitur
Prssa — Principessa
Prsse — Princesse
Przssin — Prinzessin
Pz. — Panzer

RegRat — Regierungsrat
Res. — Reserve
Regt — Regiment
Rr — Ritter
RRr — Rechtsritter
Rt Hon. — Right Honourable

s. o. — siehe oben
s. S. — siehe Seite
s. u. — siehe unten
Schw. AdlerO. m. Br. — Schwarzer Adler-Orden mit Brillanten
SecLt — Secondeleutnant
Sekr. — Sekretär(in)
St — Staats-
StkrD. — Sternkreuz-Ordensdame

Tschb. — Taschenbuch

U — Unter-
Urk. — Urkunde(n)
urkundl. — urkundlich
UStSekr. — Unterstaatssekretär

v. (abgekürzt) — Adelsprädikat
verk. — verkauft
Vers. — Versicherung(s)
vgl. — vergleiche
von (ausgeschrieben) — Namensbestandteil

---

1 Mit Wirkung vom 1. 1. 1868 wurden die g e m e i n s a m e n Institutionen des österreichischen Kaiserreichs und des ungarischen Königreichs (Kaiserhaus, Hof, Außenministerium, Finanzministerium, Oberster Rechnungshof usw.) und ihre Angehörigen mit Ausnahme des gemeinsamen Heeres und der Kriegsmarine, die erst am 17. 10. 1889 folgten, mit „K. u. K." bezeichnet. Dagegen wurde allen Institutionen der im ö s t e r r e i c h i s c h e n Reichsrat vertretenen Königreiche und Länder die Bezeichnung „K. K." belassen. Diese Regelung bestand bis 1918.

vorm. — vormals
Vors. — Vorsitzender

WGehRat — Wirklicher Geheimer
    Rat
wiss. — wissenschaftlich(er)

z. D. — zur Disposition (Dienstver-
    wendung)
z. V. — zur Verfügung
z. Wv. — zur Wiederverwendung

* — geboren
∾ — getauft
⚭ — vermählt
⚯ — in Verbindung mit
† — gestorben
☐ — beerdigt
⚔ — gefallen
§ — Im Osten belegener Grundbesitz
    ist nach dem Stande vor 1945 an-
    geführt. — Die rechtmäßigen Eigen-
    tümer sind entweder „enteignet"
    oder vertrieben

Bilderverzeichnis

Dokumente und Bilder entstammen privaten Sammlungen.

Ortsverzeichnis

554

Giesdorf (Kr. Namslau) 55
Giesenstein 324
Gießen 93, 172, 182
Gifhorn 321, 322, 323
Gilsa 368
Gingst (Rügen) 208, 209
Glasau-Sarau (Holst) 408
Glasgow 394
Glatz 358
Glauchau 151, 472
Glauschnitz 169
Gleina (OLausitz) 344
Gleiwitz 198, 237
Glossen (Kr. Löbau) 237, 240
Glösa b. Chemnitz 429
Glücksburg 101
Gmund a. Tegernsee 372
Gnandstein 20
Gnesen 125
Gobabis (SWAfrika) 370, 371
Goldap 40
Gollnow (Pomm) 101
Gomel (Rußld) 273
Gonzenheim 59
Gosbach (Kr. Göppingen) 386
Goslar 26, 247, 248, 367, 414
Gotenhafen 368
Gotha 286, 421, 452, 453, 457, 459-462,
    497, 508
Gottleuba 142
Göda 33
Göppersdorf 318
Göppingen 480, 532
Göritzhain 149, 150
Görlitz 59, 101, 121, 171, 224, 358, 386,
    480, 481, 482-485
Görnsdorf (Kr. Groß-Wartenberg) 372
Görschlitz 277
Göteborg 55, 97
Götemitz 13
Göttingen 1, 2, 8, 9, 21, 47, 327, 328, 342,
    343, 368, 372, 376
Göttingen 429, 430, 443, 488, 492, 515,
    532, 534
Grasdorf b. Hann. 105
Grassee 451
Graudenz 480, 481
Greding (MFranken) 229
Greifenstein 357
Greifswald 20, 38, 90, 209
Greiz 9, 173, 526
Grieben (Kr. Stendal) 466, 469, 471
Griesheim 152

Grimma 1, 2, 24, 29, 36, 38, 66, 68, 121,
    164, 183, 292, 315, 316, 355
Grimma 390, 392, 513
Gronenfeld 311
Gropzschepa 213
Groß-Gerau 305
Groß-Pankow (Kr. Perleberg) 512, 514
Groß-Radisch 484
Groß-Reichenau (Kr. Sagan) 479
Groß-Roop (Livld) 125
Groß-Rössen (Kr. Schweinitz) 491
Groß-Schmöllen (Kr. Züllichau) 182
Groß-Storkwitz 186
Groß-Strehlitz (OSchlesien) 230
Großbothen 311
Großböhla (Oschatz) 55, 56
Großenbehringen b. Gotha 452, 456, 461
Großenhain XXIV, XXV, XXVI, XXVIII,
    XXX, 9, 10, 27, 57, 91, 137, 169,
    204, 260, 261, 438, 444, 459, 466
Großfahner (Kr. Gotha) 419, 421
Großgoltern (Hann) 398
Großröhrsdorf (OLausitz) 136, 137, 445
Großrössen (Kr. Herzberg) 493
Großtöpfer 286
Großwartenberg 357
Großwelka (Bautzen) 32, 34, 78, 180, 485
Grovesmühle 92
Gröba (Riesa) 9
Grödel XXIX, XXXI
Gröditz 468, 482
Grömitz 161
Grötzsch (Kr. Guben) 489
Grünbach 432, 439
Grünberg 288, 394
Guben 33, 234
Gumbinnen 237
Gumminshof (Kr. Greifenberg, Pomm) 269
Guteborn 135, 136, 143, 257, 258, 262
Gutenfürst 320
Guttau (OLausitz) 344
Güstrow 317, 487

H

Hackpfüffel (Sangerhausen) 121
Hagen 96, 215, 299
Haiming (OBayern) 217, 396
Haina b. Frankenberge/Eder 492
Hainichen 149, 379
Halberstadt 367

I

Ilmenau 515
Ilmensee (Rußld) 121, 273
Ilsenburg 81, 247, 367
Imbshausen b. Nordheim 47, 228, 250, 368
Immendingen 454
Immenstaad a. Bodensee 317
Immenstadt 238, 382
Ingolstadt 57
Insterburg (Ostpr) 516
Irfersgrün 15, 18, 19
Isenbüttel 509
Isny 238

J

Jahnishausen XXIX, XXXI
Jalta 354
Jannowitz 81, 136, 137, 480
Jarkvitz (Rügen) 208, 210
Jauernick (Löbau) 81, 82, 84, 91, 92
Jelnja (Rußld) 114
Jena XXXIV, 269, 464, 491
Joachimstein (Radmeritz) 481, 483, 484
Johannesburg 466, 499
Juchnow 528
Jühnde 121, 123
Jüteborg 211, 437

K

Kaarst 429
Kaic (Kroatien) 214, 215
Kairo 377, 503
Kaiserswerth 251
Kalbe 413
Kallies 154
Kamenz 34, 43, 114, 115, 136, 137, 139, 140, 510, 529, 535
Kappel a. d. Schlei 318
Kapstadt (SAfrika) 370, 371
Karlsbad 249
Karlsruhe 54, 534, 355
Kassel 152, 182, 198, 215, 228, 249, 287, 420, 429, 458, 472
Katyn XX
Kauen (Litauen) 125

Kaufbach 57
Kaufungen (Rochlitz) 101
Kaufungen b. Kassel XV
Kehl 238
Kehl a. Rhein 397
Kemel (b. Bad Schwalbach) 182
Kempten 237, 242
Kenz b. Stralsund 451
Kevelaer 345
Kiel 1, 23, 160, 408, 412,
Kiesling 497
Kiew 363
Kirchau 33
Kirchbach b. Oberschöna 229
Kirchberg 19, 436
Kirchgandern 80
Kirchhellen (Westf) 345
Kittlitz (Löbau) 85, 235, 244, 245
Kitzscher (Leipzig) 21-23, 183, 374
Klagenfurt 161
Klausenburg 363
Klein- u. Groß-Sabin 154
Klein-Bautzen 469
Klein-Dalzig 193
Klein-Hennersdorf (Kr. Namslau) 441
Klein-Köthel (Meckl) 491
Klein-Kubbelkow (Rügen) 273, 274
Klein-Kubitz 6, 80
Klein-Machnow 81, 438
Klein-Malke 135
Klein-Spiegel 450, 451
Klein-Vielen 198
Klein-Zschocher 80
Kleinfahner (Kr. Gotha) 419-422
Kleinwelka 37, 177
Kleppisch 321
Kletkamp 514
Kleve 54
Kloster Arnsburg b. Lich 420
Kloster Grafschaft 346
Kloster Isenhagen (Kr. Gifhorn) 426
Klötze 410, 412
Koblenz XV, 524, 526
Kodersdorf 481, 483
Kohlwesa 234
Kohren-Salis 445
Kolberg 26, 156, 157
Kolmar (Westpr.) 169, 412
Kornwestheim 92
Korostyschew (Rußld) 516
Koschelew (Westpr) 54
Koselitz XXXI
Kostau (Kr. Kreuzburg, OSchles) 346

558

T

U

V

Personennamen-Verzeichnis

I

J

W

Wagenführ 124
Wagner XXV, 513
Wagnière 251
Waldenburg 61
Waldenfels 445
Waldthausen 491, 493
Waller 458
Wallmann 110, 111
Wallwitz 65, 86, 135, 139, 140, 235, 324, 326, 349, 350, 436, 468, 485
Walter 534
Wangenheim 449-465
Warsberg 476
Wassilko v. Serecki 394
Watzdorf XIV, XVI, XVII, XXI, 31, 37, 115, 288-290, 330, 340, 466-471, 499
Weber 383, 386, 387
Wedel 250, 390, 486
Wegener 76
Weidmann 358, 362
Weigang 190, 193
Weinhausen 398
Weinhold 384
Weiser 455
Welck XXI, XXIV, XXXVI, 4, 135, 472-478, 512
Wendt 281
Wenzel 280, 281, 282
Werneyer 124
Werthern 244
Wesendonk 489
Westerholt u.Gysenberg 345
Westphalen 141
Wichmann 212
Wiede 186
Wiedebach 37, 202, 227, 326, 479-490, 536
Wiese u.Kaiserswaldau 370
Wiesner 490
Wietersheim 482
Wilder 397
Wilke 156, 317
Willms 429
Wilm 15
Wilmowsky 491-498
Wilson 466, 499-503
Wilucki 28, 58
Winckler 32
Windheim 292

Windorfer 489
Winkler 460
Winkler von Roon 169
Winterfeld 121
Wintzingerode-Knorr 1
Wirth 364
Witt 339, 343
Wittenburg 2, 4
Wittern 211
Wittgenstein 396
Wittig 271, 340
Witzleben(-Wurmb) 22, 504-508
Wlassow 294
Woellwarth-Lauterburg 362, 489
Wohlert 408
Wohlleben 214-217
Wolf 13, 299, 429
Wolff 153, 370
Wolffersdorff XXI, 287, 509-515
Wolfframsdorff 26
Wolters 293, 297
Wöhrmann 169
Wölfer 397, 404
Wölting 432
Wrisberg 1
Wunderlich 288, 436
Wunnerlich 532
Wurmb 516-521

Z

Zanthier 522, 523
Zasch 385
Zech 67, 71, 79
Zedlitz 358
Zehmen XV, XXI, 524-530
Zeibig 338, 536
Zeschau XXI, 531-533
Zetkin 332
Zezschwitz XXI, 171, 534-536
Ziegler 250
Zieten 125, 130
Zietlow 40
Zimmermann 64, 492
Zinke 459
Zobel 488
Zumpe 207
Zweigert 282
Zwingmann 488

Spenderliste

v. Abendroth, Friedrich (Ferdinand v. Abendroth auf Kössern)
v. Albert, Hans-Gernot und Wilhelma
v. Altrock, Monika (Wilhelm v. Altrock auf Gröba)
v. Arnim, Arndt (Curt v. Arnim auf Kitzscher)

Bader, Edelgarde, geb. Freiin v. Pentz (Walter Frhr v. Pentz auf Zwethau)
Bandel, Gisela, geb. v. Boxberg (Max-Albrecht v. Boxberg, Haus Zschorna)
v. Below, Maria, geb. v. Wurmb (Brigitte v. Wurmb auf Lausnitz)
v. Block, Christa, geb. v. Nostitz-Wallwitz
v. Boxberg, Wolfram (Karl v. Boxberg auf Großwelka)
v. Breitenbuch, Asta (Bernhard v. Breitenbuch auf Brandenstein)
v. Carlowitz-Hartitzsch, Hans-Christoph
    (Viktor v. Carlowitz-Hartitzsch auf Heyda)

v. Einsiedel, Gräfin Roma (Fery Gf v. Einsiedel auf Wolkenburg)
v. Einsiedel, Curt-Hildebrand (Joachim-Hans v. Einsiedel auf Syhra)
v. Einsiedel, Horst-Alexander (Joachim-Hans v. Einsiedel auf Syhra)
v. Erdmannsdorff, Carlheinrich (Heinrich und Hans v. Erdmannsdorff)
v. Erdmannsdorff, Monika, geb. v. der Pforte
    (Hanns-Heinrich v. der Pforte auf Petershain)

v. Feilitzsch, Freifrau Ilse (Joachim Frhr v. Feilitzsch auf Kürbitz)
Flury-von Bültzingslöwen, Regina (v. Bültzingslöwen auf Großböhla)
v. Fritsch-Seerhausen, Freiherr Thomas (Frhrn v. Fritsch-Seerhausen)

v. Graevenitz, Huberta (Richard Frhr v. Kap-herr auf Lockwitz)
v. Griesheim, Reimund (Kurt v. Griesheim auf Falkenburg)

Haacke, Dorothea, geb. v. Zehmen (Georg v. Zehmen-Weißig)
Habenicht, Marie-Luise, geb. v. Abendroth (Ferdinand v. Abendroth auf Kössern)
v. Hahn, Dirk und Ada
v. Hartmann, Hans-Harald (Krug v. Nidda auf Gersdorf)
v. Heyden, Brigitte, geb. Freiin v. Wilmowsky
    (Frhr v. Wilmowsky auf Marienthal)
v. Heygendorff, Achim (Ralph v. Heygendorff)
v. Heynitz, Krafft (Benno v. Heynitz auf Heynitz)
von Hingst-Beckadolph, Karin (Günther v. Hingst)
v. Hoenning O'Carroll, Carl Otto (Daniel v. Hoenning O'Carroll)
v. Hoffmann, Germuth und Annegret
v. Holleuffer-Kypke, Christa (Xaver v. Holleuffer-Kypke auf Wiederau)

v. Kopp-Colomb, Agnes und Henning (Graf zu Münster-Linz)
Krug v. Nidda, Reinhard (Familie Krug v. Nidda auf Gersdorf)

v. Loeben, Dr. Maria-Beate (Hans v. Loeben auf Kuppritz)

v. Minckwitz, Erasmus (Maria v. Minckwitz, geb. Gfin v. Hohenthal)
zu Münster, Graf Alexander (Alexander Gf zu Münster-Königsfeld)
zu Münster, Graf Ernst-Georg

zu Münster, Gräfin Hedwig (Alexander Gf zu Münster-Königsfeld)
zu Münster, Graf Hermann Siegfried (Alexander Gf zu Münster-Königsfeld)

v. Nostitz, Oswalt (Benno v. Nostitz-Wallwitz auf Sohland)

v. Oppel, Christian (Claus-Dietrich v. Oppel-Zöschau)

v. Polenz, Dr. Peter (Erich v. Polenz auf Obercunewalde)
v. Ponickau, Witho (Lothar v. Ponickau auf Steinigtwolmsdorf)

v. Reiswitz, Freiherr Wenzel
    (Wenzel Frhr v. Reiswitz auf Podelwitz und Carl v. Böhlau auf Döben)
v. Rex, Graf Egon-Ferdinand (Alexander Gf v. Rex auf Zehista)
Roggelin, Kai

Sahrer v. Sahr v. Schönberg, Hanns-Heinrich (f. 12 Berichte)
Schall-Riaucour, Gräfin Marie-Gabrielle (Adam Gf Schall-Riaucour auf Gaußig)
v. Schönfels, Hans-Friedrich (Hans v. Schönfels auf Ruppertsgrün u. Beiersdorf)
v. Schönfels, Rüdiger (Hans v. Schönfels auf Ruppertsgrün u. Beiersdorf)
v. der Schulenburg, Job Werner (auf Beetzendorf)
v. Schweinitz, Wolf-Joachim (Wolfgang v. Schweinitz)
v. Seebach, Freiherr Johann-Wilhelm und Freifrau Heilwig
    (Werner Frhr v. Seebach auf Groß- und Kleinfahner)
v. Seebach, Freifrau Ruth (Werner Frhr v. Seebach)
v. Seebach, Freiherr Christoph (Werner Frhr v. Seebach)
v. Sperber, Barbara, geb. Edle v. der Planitz
    (Bernhard Edler v. der Planitz auf Naundorf)
v. Stein, Hans-Joachim (Johann August v. Stein)
v. Stein, Heinz-Jürgen (Johann August v. Stein)

v. Thuemmler, Freiherr Alexander (Ernst-Achim Frhr v. Thuemmler auf Selka)
v. Trebra-Lindenau, Joachim (Friedrich v. Trebra-Lindenau auf Polenz)
v. Trützschler-d'Elsa, Eberhard (Hans v. Trützschler, Frhr zum Falkenstein)
Erbengemeinschaft der Freiherren v. Vietinghoff v. Riesch auf Neschwitz

Vitzthum v. Eckstädt, Prof. Dr. Graf Wolfgang

Waller-Wohlleben, Elisabeth (Herren v. Kosposth auf Leubnitz)
v. Wangenheim, Freiherr Joachim (Frfr Elisabeth v. Wangenheim)
Familienverband der Freiherren v. Wangenheim e. V. (8 Berichte)
v. Watzdorf, Adam (Rudolf v. Watzdorf und Elinor Wilson, geb. v. Watzdorf)
v. Welck, Freiherr Georg-Magnus (Frhr Alfred v. Welck auf Radibor)
v. Welck, Freiherr Siegfried
Wilcke, Wurt
v. Witzleben-Wurmb, Theda (Luise v. Witzleben auf Dornheim)
Wohlleben, Günther (Herren v. Kosposth auf Leubnitz)
v. Wolffersdorff, Vera (Arndt v. Wolffersdorff auf Schwepnitz)
v. Wolffersdorff-Weisin, Ehrenfried (auf Weisin)

v. Zanthier, Eckhart (Sonja v. Zanthier)
v. Zezschwitz, Ecke (v. Zezschwitz auf Deutschbaselitz)

und verschiedene Spender, deren Namen wir leider nicht entziffern konnten.

„Aus dem Deutschen Adelsarchiv" Band 9

HANS PHILIPPI

Die Wettiner
in Sachsen und Thüringen

XVI und 208 Seiten, 79 Bilder, 2 farbige Karten, DIN A 5, gebunden
Preis 38,— DM

Inhalt: Die älteren Wettiner — Die Ernestiner nach 1547 — Das Haus
Sachsen-Weimar-Eisenach — Das Haus Sachsen-Gotha — Das Haus Sachsen-
Meiningen — Das Haus Sachsen-Hildburghausen und Altenburg — Das
Haus Sachsen-Coburg-Saalfeld bzw. Coburg und Gotha — Die Albertini-
sche Linie — Zusammenfassung — Bibliographie — Die Stammtafeln (1—8)
mit Vorwort — Namen- und Ortsregister

Die hier vorgelegte Darstellung ist keine Landesgeschichte. Sie ist als Profil
eines der bedeutendsten Fürstengeschlechter zu verstehen.

Die gedrängte Darstellung wendet sich weniger an den Fachgelehrten. Sie
soll einer wissenschaftlichen Geschichte des Hauses Wettin nicht vorgreifen,
vielmehr die Notwendigkeit einer solchen unterstreichen. Sie will dem Leser
den Auftsieg und den schicksalsbedingten Niedergang einer der berühmte-
sten Fürstenfamilien in ihren vielfältigen Verästelungen vor Augen führen
und die Verdienste vieler ihrer Angehörigen um die Entfaltung der höheren
Kultur andeuten.

— Bitte fordern Sie unseren Sonderprospekt an! —

**C. A. Starke Verlag, 65549 Limburg an der Lahn, Frankfurter Straße 51-53
Telefon (0 64 31) 4 20 33, Telefax (0 64 31) 4 39 27**

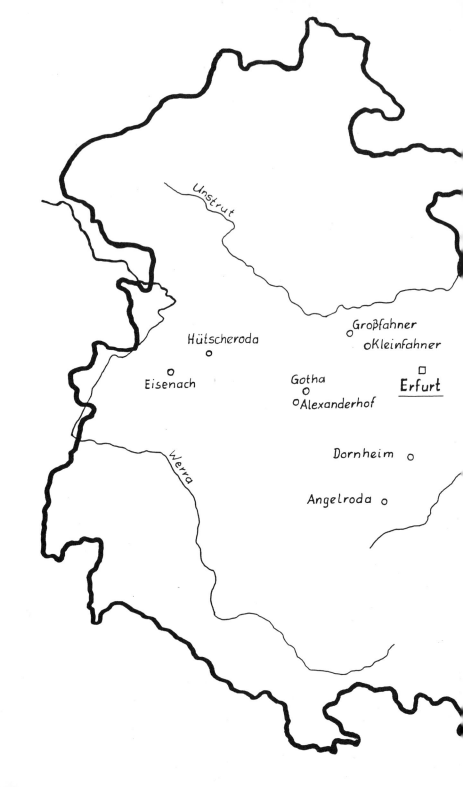